Handbuch der Außenhandels-finanzierung

Das große Buch der internationalen Zahlungs-, Sicherungs- und Finanzierungsinstrumente

Von

Professor Dr. Siegfried Häberle

Dritte, durch Anhang aktualisierte und erweiterte Auflage

R. Oldenbourg Verlag München Wien

Die Deutsche Bibliothek - CIP-Einheitsaufnahme

Häberle, Siegfried Georg:
Handbuch der Außenhandelsfinanzierung : das große Buch der internationalen Zahlungs-, Sicherungs- und Finanzierungsinstrumente / von Siegfried Georg Häberle. – 3., durch Anh. aktualisierte und erw. Aufl.. – München ; Wien : Oldenbourg, 2002
ISBN 3-486-25884-2

Rosenheimer Straße 145, D-81671 München
Telefon: (089) 45051-0
www.oldenbourg-verlag.de

Gedruckt auf säure- und chlorfreiem Papier
Druck: R. Oldenbourg Graphische Betriebe Druckerei GmbH

ISBN 3-486-25884-2

Vorwort zur dritten Auflage

Aufbau der dritten Auflage

Seit dem Erscheinen der 2. Auflage dieses Handbuchs haben sich einige Veränderungen ergeben, deren wichtigste die Einführung des Euro ist. Über weite Teile bleiben die Ausführungen der 2. Auflage jedoch aktuell. Der Verlag und ich haben uns deswegen entschlossen, den bewährten Druckstock der 2. Auflage zu belassen, zumal diese 2. Auflage eine ausgezeichnete Resonanz gefunden hat (z.B. in der FAZ: „Leitfaden zur Außenhandelsfinanzierung ... ein Standardwerk").

Die **Aktualisierung** dieser 3. Auflage wird aus diesem Grund mit einem **Anhang** vollzogen.

Anhang

Der Schwerpunkt des Anhangs umfasst – wegen der Einführung des Euro und dem damit verbundenen Übergang auf die Mengennotierung am Devisenmarkt – das Kapitel **„7 Wechselkurse und Devisengeschäfte"**.

Zur Aktualisierung der übrigen Kapitel sind die wichtigsten Änderungen im Anhang jeweils in einer **Kurzfassung** vorgestellt. Darüber hinaus genügt es in der Regel, die in den Anwendungsbeispielen der 2. Auflage ausgewiesenen DM-Beträge durch den Euro zu ersetzen, ohne dass der Aussagewert dieser Anwendungsbeispiele dadurch eine Einschränkung erfahren würde.

Die **Gliederungssystematik** des Anhangs entspricht der Systematik des Gesamtwerks.

Weiterführende Werke

Zur Vertiefung und zur Erweiterung des vorliegenden Erkenntnisgegenstandes habe ich zwei weitere Werke herausgegeben und dazu international erfahrene (Mit-)Autoren aus der Praxis und den Hochschulen gewonnen:

- **Handbuch der Akkreditive, Inkassi, Exportdokumente und Bankgarantien** – Arten, Abwicklungen, Fallbeispiele, Problemlösungen, Prüflisten, Richtlinien und Kommentare – R. Oldenbourg Verlag München und Wien,

  sowie als praxisorientierter Brückenschlag zwischen den Rechtswissenschaften und den Wirtschaftswissenschaften das
- **Handbuch für Kaufrecht, Rechtsdurchsetzung und Zahlungssicherung im Außenhandel** – Internationale Kaufverträge, internationale Produkthaftung, Eigentumsvorbehalt, Schiedsgerichtsbarkeit, gerichtliche Durchsetzung und Vollstreckung, internationale Zahlungs- und Sicherungsinstrumente, Incoterms – R. Oldenbourg Verlag München und Wien.

Laichingen (Schwäbische Alb) Siegfried Georg Häberle

Vorwort zur zweiten Auflage - gekürzt-

Aktualisierungen in der zweiten Auflage

Die erste Auflage des 1994 erschienen Handbuchs der Außenhandelsfinanzierung war bereits Mitte 1996 vergriffen. Der Verlag und ich haben uns entschlossen, an der Stelle eines unveränderten Nachdrucks eine aktualisierte und erweiterte zweite Auflage zu schaffen, die 1998 erschienen ist.

Die darin aufgenommenen Aktualisierungen waren erheblich:

- Neufassung der **Einheitlichen Richtlinien für Inkassi** (ERI 522 bzw. URC 522 der ICC),
- Neufassung der **Einheitlichen Richtlinien und Gebräuche für Dokumenten-Akkreditive** (ERA 500 bzw. UCP 500 der ICC),
- Weiterentwicklung von **UN/EDIFACT**,
- Modifikationen bei den Ausfuhrkreditversicherungen und bei den staatlichen **Ausfuhrgewährleistungen**
- sowie viele weitere ins Detail reichende Änderungen bei den übrigen Zahlungs-, Sicherungs- und Finanzierungsinstrumenten des betrieblichen Außenhandels.

Erweiterungen in der zweiten Auflage

Die Neuauflage hat mir darüber hinaus die Chance eröffnet, eine Komplettierung vorzunehmen und nunmehr auch die mittel- und langfristige Außenhandelsfinanzierung sowie weitere Erkenntnisbereiche in das Handbuch aufzunehmen:

- **Mittel- und langfristige Exportfinanzierungen der Geschäftsbanken**,
- **Exportfinanzierungen der AKA Ausfuhrkredit-Gesellschaft mbH**,
- **Exportfinanzierungen der KfW Kreditanstalt für Wiederaufbau**,
- **Exportleasing**,
- **Bankgarantien im Außenhandel**.

Dank

Bei vielen **Damen und Herren der betrieblichen Praxis** habe ich Informationen über die aktuelle Abwicklung der Außenhandelsfinanzierung eingeholt. Ihnen allen danke ich für die Ergiebigkeit der Gespräche.

Herr Dipl.-Betriebswirt **Richard Staiger** hat nicht nur meine Abbildungsentwürfe grafisch gestaltet, sondern mit außergewöhnlichem Engagement auch das Manuskript in druckfertige Vorlagen umgesetzt. Frau **Doris Schall** hat für diese zweite Auflage viele Passagen mit bewährter Sorgfalt geschrieben. Beiden gilt mein besonderer Dank und meine Anerkennung.

Herrn Dipl.-Volkswirt **Martin M. Weigert**, Cheflektor WiSo-Steuern-Recht, und seinen Mitarbeitern – insbesondere Herrn **Alois Reichinger** – im R. Oldenbourg Verlag, München und Wien, danke ich für die qualifizierte und umfassende Betreuung sowie für die Umsetzung meiner anspruchsvollen Gestaltungswünsche für dieses Buch.

Erneuter Dank gebührt meiner **Familie** für das Verständnis und für die Unterstützung meiner literarischen Arbeit.

Laichingen (Schwäbische Alb) — Siegfried Georg Häberle

Vorwort zur ersten Auflage

Wissensbedarf

Die ausgeprägte und weiterhin zunehmende Export- und Importorientierung führt bei den Industrie-, Handels- und Bankbetrieben zu einem großen Wissensbedarf über die **Abwicklung von Auslandsgeschäften** und über die damit verbundene Außenhandelsfinanzierung.

Auf dem Gebiet der **Außenhandelsfinanzierung** umfasst dieser Bedarf an Wissen insbesondere

- die im Kaufvertrag zu vereinbarenden Zahlungsbedingungen sowie die damit verbundenen Risiken;
- die Auskunftsquellen über die Zahlungsfähigkeit und Seriosität von Importeuren und Exporteuren;
- die verfügbaren Zahlungs- und Sicherungsinstrumente zur Abwicklung von Export- und Importgeschäften, insbesondere Auslandsüberweisungen, Auslandsschecks, Auslandswechsel, Dokumenteninkassi und Dokumentenakkreditive;
- die Refinanzierungsinstrumente, die häufig zugleich eine Absicherung für Exporteure und Importeure bieten, z.B. Eurokredite, Exportfactoring und Forfaitierung;
- die reinen Sicherungsinstrumente, die von den Devisen(termin)-geschäften bis hin zu den privatwirtschaftlichen Warenkreditversicherungen und den staatlichen Ausfuhrgewährleistungen (sog. Hermes-Deckungen) reichen.

Leserkreis

Ich habe das vorliegende Handbuch für die **betriebliche Praxis** sowie für die **wirtschaftsorientierten Hochschulen und Schulen** geschrieben. Schwerpunktmäßig richtet sich das Buch

- an die Führungskräfte und Mitarbeiter in den Export- und Importabteilungen sowie in den Marketing- und Finanzabteilungen der Industrie- und Handelsbetriebe;
- an die Führungskräfte und Mitarbeiter in den Auslandsabteilungen der Kreditinstitute;
- an Führungskräfte und Mitarbeiter, die in der Aus- und Fortbildung der Betriebe, Akademien und Verbände tätig sind;
- an die Professoren und Studenten der wirtschaftswissenschaftlichen Universitäten, Fachhochschulen und Berufsakademien;
- an die Lehrer der wirtschaftsorientierten Berufsschulen, Gymnasien, Fachschulen.

Selbststudium

Wer bei der Einarbeitung in einen Erkenntnisbereich ausschließlich oder überwiegend **auf Bücher angewiesen** ist, erwartet von einem Lehrbuch, dass der Erkenntnisgegenstand systematisch und umsichtig erklärt wird.

Im vorliegenden Buch habe ich versucht, diesen Aspekten besonders Rechnung zu tragen. Dieses Bestreben gründet sich auch auf meine eigenen (guten und schlechten) Erfahrungen mit Büchern: Ich habe mich auf das Abitur neben der Berufstätigkeit und -weil ich seinerzeit als Bankprüfer an jeweils wechselnden Einsatzorten beschäftigt war- weitgehend ohne Schulbesuch, d.h. im Selbststudium vorbereitet. Teile meines Universitätsstudiums habe ich mir ähnlich erarbeitet. Getragen von diesen Erfahrungen meine ich, dass ich mein Buch auch denjenigen zum Selbststudium empfehlen kann, die **keine Möglichkeit zum Besuch von Seminaren** haben bzw. die sich auf die Teilnahme an einem Seminar vorbereiten oder gehörte Seminarinhalte vertiefen wollen.

Aufbau/Methodik

Die Außenhandelsfinanzierung ist ein weit reichender und zugleich komplexer Erkenntnisgegenstand. Beim Aufbau und bei der Methodik eines Buches über dieses Fachgebiet müssen deswegen die **Übersichtlichkeit** der Darstellung sowie eine durchgängig **gleichartige Systematik** im Mittelpunkt stehen. Ich versuche diese Ziele mit folgenden Instrumenten zu erreichen:

- Gliederung des Erkenntnisgegenstandes nach der Chronologie der Abläufe in der Praxis bzw. nach den Instrumenten der Außenhandelsfinanzierung;
- Randstichwörter pro Abschnitt sowie Hervorhebungen im Text durch Fettdruck;
- Grafische Darstellungen der Zahlungs-, Sicherungs- und Refinanzierungsinstrumente sowie deren schrittweise Erläuterung;
- Abbildung von Dokumenten und Vordrucken, einschließlich der Erklärung ihrer Anwendung;
- Übersichten, Tabellen, Prüflisten, zusammenfassende Darstellungen sowie Empfehlungskataloge für Exporteure, Importeure und Kreditinstitute.

Erfahrungen

Beim Schreiben des vorliegenden Buches konnte ich mich zunächst auf meine langjährigen Erfahrungen in der **betrieblichen Praxis** stützen.

Darüber hinaus habe ich die Konzeption dieses Buches auf Grundlage meiner methodisch-didaktischen Erkenntnisse entwickelt, die ich in einer Vielzahl von **Seminaren, Vorträgen und Vorlesungen** vor in- und ausländischen Praktikern und Studenten gewonnen habe, so insbesondere

- an der Fachhochschule für Technik und Wirtschaft Reutlingen,
- an der Wirtschaftswissenschaftlichen Fakultät der Universität Tübingen,
- an der Exportakademie Baden-Württemberg,
- an der Berufsakademie Baden-Württemberg,
- an weiteren in- und ausländischen Hochschulen sowie Managementakademien,
- bei Wirtschaftsverbänden usw.

Haftungsausschluss

Ich habe mich in diesem Buch um eine **richtige und aktuelle Darstellung** der Außenhandelsfinanzierung bemüht. Gleichwohl vermag ich -auch angesichts der Vielschichtigkeit und des Wandels des vorliegenden Erkenntnisgegenstandes- nicht auszuschließen, dass mir Fehler unterlaufen sind. Ich bitte deswegen die Leser um Verständnis dafür, dass ich die Haftung für die Richtigkeit meiner Ausführungen ausschließen muss.

Anregungen

Bücher können nur fortentwickelt werden, wenn ihre Autoren für Anregungen offen bleiben. In diesem Sinne bitte ich die Leser um **konstruktive Kritik.**

Dank

Ein Handbuch, das einen derart umfassenden und anspruchsvollen Erkenntnisbereich zum Gegenstand hat, wie ihn die Außenhandelsfinanzierung darstellt, wird im Allgemeinen von einem Autorenteam geschrieben. Im Interesse einer durchgängig gleichen Strukturierung von Form und Inhalt habe ich mich jedoch dazu entschlossen, dieses Buch allein zu verfassen. Die sozialen Lasten dieses Entschlusses waren erheblich: Über mehrere Jahre hinweg habe ich meine ohnehin knapp bemessene Freizeit in das vorliegende Buch investiert.
Zuallererst und besonders herzlich habe ich deswegen **meiner Frau Ruth und unseren Kindern** zu danken, dass sie -was die Kinder anlangt, allerdings nicht immer mit Verständnis- jahrelang auch an Wochenenden und an Feiertagen auf meine Gesellschaft verzichtet haben. Mein besonderer Dank gilt darüber hinaus Frau **Doris Schall**, Stuttgart, die das Manuskript vom Rohentwurf bis zur endgültigen Fassung mit außergewöhnlichem Engagement und mit vorbildlicher Sorgfalt geschrieben hat. Ebenso habe ich Herrn Diplom-Betriebswirt (FH) **Richard Staiger** zu danken, der Teile meiner handschriftlichen Entwürfe mit großer Sachkunde und mit viel Freude an der Arbeit in Abbildungen umgesetzt hat.

Bei vielen **Damen und Herren der betrieblichen Praxis** habe ich Informationen über die aktuelle Abwicklung der Außenhandelsfinanzierung eingeholt. Ihnen allen danke ich für die Ergiebigkeit der Gespräche. Zu besonderem Dank bin ich jenen Damen und Herren Direktoren und Prokuristen verbunden, die darüber hinaus jeweils Teile meines Manuskripts einer kritischen Durchsicht unterzogen oder anderweitig besondere Hilfestellung geleistet haben:

Jürgen Diercks, SEL; Günter Dopjans, Prof. Dr. jur., Herbert Falk, Commerzbank AG; Gebhard Geiselhart, Deutsche Bank AG; Eugen Gunzenhauser, Allianz Versicherungs-Aktiengesellschaft; Herbert Heiler, Südwestdeutsche Landesbank; Eberhard Holl, Baden-Württembergische Bank; Rudolf Hundertmark, Bayerische Vereinsbank AG; Thomas Klenk, Commerzbank AG; Susanne Mader Mendes, Deutsche Bank AG; Peter Maiwald, Commerzbank AG; Fritz Nägele, Dresdner Bank AG; Jürgen Sachse, Deutsche Bank AG; Franz-Josef Sailer, Volksbank Laichingen eG; Günther Tutecki, Schwenninger Volksbank eG; Gerhard Weber, Bayerische Vereinsbank AG; Gerhard Weihing, Commerzbank AG.

Laichingen (Schwäbische Alb)

Siegfried Georg Häberle

Inhaltsverzeichnis - Grobgliederung -

Hinweis: Das Inhaltsverzeichnis mit Feingliederung findet sich auf den folgenden Seiten.

Inhaltsverzeichnis - Feingliederung -

Abkürzungsverzeichnis

Hinweise:

- In **Abschnitt 2.2.3** finden sich (weitere) englische/deutsche **Abkürzungen und Kurzbezeichnungen maßgeblicher Zahlungsklauseln im internationalen Handelsverkehr.**
- In **Kapitel 10** ist ein **Fachwörterverzeichnis** in deutscher, französischer, englischer, italienischer und spanischer Sprache abgedruckt.
- Beispiele (zahlungsbezogener) **UN/EDIFACT-Nachrichtentypen** finden sich u.a. in den **Abschnitten 3.2.4 und 4.1.1.5.**

a.a.O.	-	am angegebenen Ort
Abb.	-	Abbildung
a.F.	-	alte Fassung
AGB	-	Allgemeine Geschäftsbedingungen
AHK	-	Auslandshandelskammer
AKA	-	Ausfuhrkredit-Gesellschaft mbH
APG	-	Ausfuhr-Pauschal-Gewährleistungen
Art.	-	Artikel
ATS	-	Österreichischer Schilling
AWG	-	Außenwirtschaftsgesetz
AWV	-	Außenwirtschaftsverordnung
BEF	-	Belgischer Franc
BfAI	-	Bundesstelle für Außenhandelsinformation
bfr	-	Belgischer Franc
BGB	-	Bürgerliches Gesetzbuch
B/L	-	Bill of Lading
BOOT	-	Build-Own-Operate-Transfer
brit. £	-	Britisches Pfund / Pfund Sterling
ca.	-	circa, zirka
CAD	-	Kanadischer Dollar
CHF	-	Schweizer Franken
CIF	-	cost, insurance and freigth... named port of destination
CIM	-	Convention Internationale concernant le transport des Marchandises par chemin de fer
CIP	-	freight/carriage and insurance paid to named point of destination
CIRR	-	Commercial Interest Reference Rate
CLC	-	Commercial Letter of Credit
CMR	-	Convention relative au contrat de transport international de Marchandises par Route

c.p.	-	ceteris paribus (unter sonst gleichen Umständen)
d/a	-	documents against acceptance
DEM	-	Deutsche Mark
DIN	-	Deutsches Institut für Normung e.V.
DKK	-	Dänische Krone
dkr	-	Dänische Krone
DM	-	Deutsche Mark
d/p	-	documents against payment
ECE	-	Economic Commission for Europe
ECU	-	European Currency Unit
EDI	-	Electronic Data Interchange
EDIFACT	-	Electronic Data Interchange for Administration, Commerce and Transport
EG	-	Europäische Gemeinschaft(en)
EGBGB	-	Einführungsgesetz zum Bürgerlichen Gesetzbuch
ERA	-	Einheitliche Richtlinien und Gebräuche für Dokumenten-Akkreditive
ERI	-	Einheitliche Richtlinien für Inkassi
ERP	-	European Recovery Program
Esc	-	Portugiesischer Escudo
ESP	-	Spanische Peseta
ESZB	-	Europäisches System der Zentralbanken
EU	-	Europäische Union
evtl.	-	eventuell
EWS	-	Europäisches Währungssystem
FAZ	-	Frankfurter Allgemeine Zeitung
FBL	-	FIATA Combined Transport Bill of Lading
FCR	-	Forwarders Certificate of Receipt
FCT	-	Forwarders Certificate of Transport
f.	-	folgende Seite
ff.	-	folgende Seiten
FF	-	Französischer Franc
FIATA	-	Fédération International des Associations des Transporteurs et Assimilés
FIBOR	-	Frankfurt Interbank Offered Rate
FOB	-	free on board
FRF	-	Französischer Franc
GBP	-	Britisches Pfund/Pfund Sterling
Hermes	-	Hermes Kreditversicherungs-AG, Hamburg; häufig Gleichsetzung mit den staatlichen Ausfuhrgewährleistungen (sog. Hermes-Deckungen)
hfl	-	Holländischer Gulden
HGB	-	Handelsgesetzbuch
HK	-	Handelskammer
IATA	-	International Air Transport Association
IBCA	-	IBCA Banking Analysis Limited, London
IBR	-	Interbank Rate

ICC	-	International Chamber of Commerce
i.d.R.	-	in der Regel
IHK	-	Industrie- und Handelskammer
INCOTERMS	-	International Commercial Terms
ITL	-	Italienische Lira
i.V.m.	-	in Verbindung mit
IWF	-	Internationaler Währungsfonds
JPY	-	Japanischer Yen
kan. $	-	Kanadischer Dollar
KfW	-	Kreditanstalt für den Wiederaufbau
K/T	-	Konvertierungs-/Transfer-(Verbote, Beschränkungen usw.)
L/C	-	Letter of Credit
lfr	-	Luxemburgischer Franc
LIBOR	-	London Interbank Offered Rate
Lit	-	Italienische Lira
Mio.	-	Million(en)
n.F.	-	neue Fassung
NfA	-	Nachrichten für den Außenhandel (der Bundesstelle für Außenhandelsinformation)
NLG	-	Holländischer (Niederländischer) Gulden
o. Ä.	-	oder Ähnliches
OECD	-	Organization for Economic Cooperation and Development
o.J.	-	ohne Jahr
o.O.	-	ohne Ort
ÖS	-	Österreichischer Schilling
o.V.	-	ohne Verfasser(angabe)
ODETTE	-	Organisation de Données Echangées par Téletransmission en Europe
p.a.	-	pro anno
PIBOR	-	Paris Interbank Offered Rate
Rdn.	-	Randnummer
ScheckG	-	Scheckgesetz
SEDAS	-	Standardregeln Einheitlicher Datenaustausch-Systeme
sfr	-	Schweizer Franken
span. Pta	-	Spanische Peseta
SWIFT	-	Society for Worldwide Interbank Financial Telecommunication
TZ	-	Textziffer
u.a.	-	und andere(s)
u. Ä.	-	und Ähnliches
UCP	-	Uniform Customs and Practice for Documentary Credits
UN	-	United Nations
UN/ECE	-	United Nations/Economic Commission for Europe
UN/EDIFACT	-	United Nations/Electronic Data Interchange for Administration, Commerce and Transport

URC	-	Uniform Rules for Collections
US-$	-	US-amerikanischer Dollar
USD	-	US-amerikanischer Dollar
Val.	-	Valuta
Verf.	-	Verfasser
vgl.	-	vergleiche
WechselG	-	Wechselgesetz
Yen	-	Japanischer Yen

0 Einführung

Begriffliche Grundlagen

Außenhandelsfinanzierung

Erkenntnisgegenstand der **Außenhandelsfinanzierung** sind alle Vorgänge und Instrumente der Zahlung, der Refinanzierung und der (finanzwirtschaftlichen) Absicherung, die im Zusammenhang mit dem grenzüberschreitenden Handels- und Dienstleistungsverkehr der **Industrie-, Handels- und Bankbetriebe** stehen.
Der Ausdruck "Außenhandelsfinanzierung" ist ein **Oberbegriff**, dem die Exportfinanzierung, die Importfinanzierung und die Auslandsfinanzierung untergeordnet werden können:

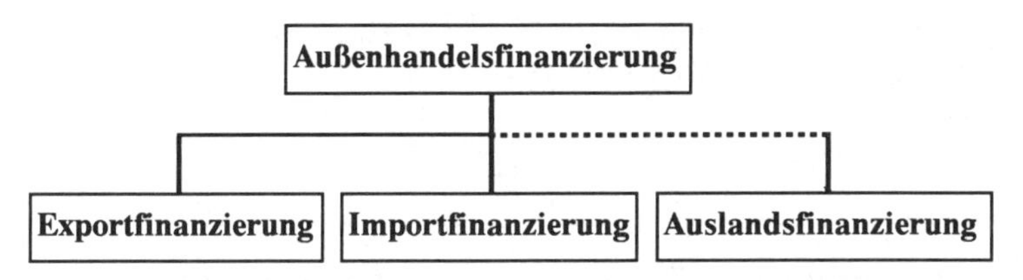

Export- und Importfinanzierung

Exportfinanzierung und **Importfinanzierung** hängen zusammen: Ausgehend von der Exportfinanzierung erfordert die Darstellung der Importfinanzierung häufig nur die **Umkehrung der Sichtweise der Beteiligten**. Dies gilt für die Zahlungsbedingungen ebenso wie für die meisten (Re-)Finanzierungs- und Sicherungsinstrumente. Nicht selten wird deswegen in der betrieblichen Praxis und in der Literatur vereinfachend von Exportfinanzierung gesprochen, obwohl in Wirklichkeit auch die Importfinanzierung gemeint ist.

Auslandsfinanzierung

Der Ausdruck **"Auslandsfinanzierung"** erfährt in der Praxis **keine einheitliche Interpretation**: Zum Teil werden mit dem Begriff "Auslandsfinanzierung" (in Bankbetrieben mit dem Begriff "Auslandsgeschäft") dieselben weit reichenden Vorstellungsinhalte verbunden wie mit dem Begriff "Außenhandelsfinanzierung". Zum Teil wird unter "Auslandsfinanzierung" aber auch nur eine Kreditaufnahme im Ausland verstanden.

Erkenntnisbereiche

Übersicht

Es ist offenkundig, dass ein Außenhandelsgeschäft vielfältige und gewichtige Risiken aufweist. Diese Risiken reichen von der Gefahr der Lieferunfähigkeit des Exporteurs oder der Zahlungsunfähigkeit des Importeurs über den Eintritt politischer Ereignisse, die sowohl die Ware als auch die Ansprüche der Beteiligten bedrohen können, bis hin zu Wechselkursverlusten. Exporteure und Importeure bedürfen deswegen zunächst eines fundierten Wissens, das sie befähigt, diese **Risiken** zu **analysieren**. Darauf aufbauend brauchen sie umfassende Kenntnisse über die anwendbaren und auf das Einzelgeschäft hin gestaltbaren **Zahlungsbedingungen** sowie über die damit verbundenen **Zahlungs-, Sicherungs- und Refinanzierungsinstrumente.** Diese Erkenntnisbereiche der Außenhandelsfinanzierung können nach der zeitlichen Abfolge ihrer Abwicklung in Blöcke aufgeteilt werden (siehe **Abbildung 0-01**).

Abbildung 0-01

Prof. Dr. Siegfried G. Häberle

Erkenntnisbereiche und Ablaufskizze der Außenhandelsfinanzierung

Risikoanalyse von Exporteuren und Importeuren

Erhebung der wirtschaftlichen, politischen und wechselkursbezogenen Risiken eines Außenhandelsgeschäfts

Vereinbarung der Zahlungsbedingungen im Kaufvertrag

Darstellung und Abwicklung der Zahlungsinstrumente

Nichtdokumentäre (einfache) Zahlungsbedingungen:
An- bzw. Vorauszahlung, Zahlung bei/nach Erhalt der Ware gegen einfache Rechnung, eventuell mit (längerem) Zahlungsziel und Wechselziehung
Zahlungsinstrumente: Überweisung, Scheck, Wechsel

Dokumentäre Zahlungsbedingungen (-instrumente):
Dokumenteninkassi gegen Zahlung oder Akzeptleistung, Dokumentenakkreditive mit Sichtzahlung oder Zahlungsziel. Dokumentäre Zahlungsbedingungen sind zugleich **Zahlungs- und Sicherungsinstrumente**

Refinanzierungsalternativen

(z.T. zugleich Absicherungsinstrumente), z.B. Bankkredite, Wechseldiskontkredite, Eurokredite, Exportfactoring, AKA-/KfW-Finanzierungen, Forfaitierung, Exportleasing

Reine Sicherungsinstrumente

Bankgarantien, Wechselkurssicherung, staatliche Exportabsicherung, Warenkreditversicherung

Risikoanalyse

Der Vereinbarung der Zahlungsbedingungen eines Außenhandelsgeschäfts geht die **Risikoanalyse** der Beteiligten voraus. Insbesondere die Exporteure suchen Erkenntnisse darüber zu gewinnen, welche **wirtschaftlichen Risiken** (z.B. Warenabnahmerisiko, Zahlungsverzug, Zahlungsausfall), welche **politischen Risiken** (z.B. Beschlagnahme oder Zerstörung der Ware, Zahlungsausfall und Zahlungsverzögerungen durch staatliche Maßnahmen oder politische Ereignisse) und -bei Fremdwährungsgeschäften- welche **Wechselkursrisiken** mit den beabsichtigten Außenhandelsgeschäften verbunden sind.
Zu einer solchen Risikoanalyse stehen den Exporteuren und Importeuren verschiedene **Informationsquellen** zur Verfügung, die von den Auskünften der Banken und der gewerblichen Auskunfteien über sog. Länderindizes bis zu den eigenen Erfahrungen mit dem ausländischen Geschäftspartner reichen.

Zahlungsbedingungen/ Zahlungsinstrumente

Der zweite Erkenntnisbereich der Außenhandelsfinanzierung umfasst die verschiedenartigen, auf das einzelne Außenhandelsgeschäft hin modifizierbaren **Zahlungsbedingungen**, wie beispielsweise die Voraus- bzw. Anzahlung des Importeurs, die Zug-um-Zug-Zahlung bei Dokumentenakkreditiven und bei Dokumenteninkassi, die Einräumung von Zahlungszielen an den Importeur usw.
Konsequenterweise ist diesem Erkenntnisbereich der Außenhandelsfinanzierung auch die Darstellung und die Abwicklung der entsprechenden Zahlungsinstrumente zugeordnet, die zum Teil zugleich eine Sicherungsfunktion erfüllen. Zum einen sind dies die sog. **reinen** (nichtdokumentären) **Zahlungsinstrumente** wie Scheck, Überweisung und Wechsel, zum anderen sind dies die sog. **dokumentären Zahlungs- und Sicherungsinstrumente**, nämlich Dokumenteninkassi und Dokumentenakkreditive.
Welche Zahlungsbedingung bzw. welches Zahlungsinstrument die Beteiligten im konkreten Fall vereinbaren, ist von vielen Einflüssen bestimmt; ein maßgeblicher Faktor ist aber stets das Ergebnis der Risikoanalyse der Beteiligten. Dieser Zusammenhang ist durch den Pfeil zwischen den beiden Erkenntnisbereichen angedeutet.

Refinanzierungsalternativen und (reine) Sicherungsinstrumente

Als dritter Bereich sind die Alternativen zur **Refinanzierung von Außenhandelsgeschäften** dem Erkenntnisgebiet der Außenhandelsfinanzierung zuzuordnen.
In den meisten Fällen wird weder der Exporteur das dem Importeur eingeräumte Zahlungsziel noch der Importeur die an den Exporteur geleistete Vorauszahlung aus eigenen Mitteln finanzieren können. Vielmehr suchen die Beteiligten bei diesen und bei allen übrigen Zahlungsbedingungen regelmäßig nach geeigneten Refinanzierungsalternativen, die **zum Teil zugleich** eine **Absicherung** des Außenhandelsgeschäftes einschließen. Das Spektrum der Refinanzierungs- und Absicherungsinstrumente reicht vom traditionellen Bankkontokorrentkredit und Wechseldiskontkredit über Eurokredite bis zum Forderungsverkauf. In die Gruppe der **(reinen) Sicherungsinstrumente** (Sicherungsinstrumente, die nicht zugleich eine Refinanzierung umfassen) sind neben den Bankgarantien und den Wechselkurssicherungsinstrumenten auch die Warenkreditversicherung sowie die staatliche Exportabsicherung einbezogen.

Der in beide Richtungen weisende Pfeil zwischen dem zweiten und dem dritten Erkenntnisbereich der Außenhandelsfinanzierung deutet an, dass die zu vereinbarende Zahlungsbedingung ebenso wie das zu wählende Zahlungsinstrument in starkem Maße auch von den verfügbaren Refinanzierungs- und Absicherungsalternativen bestimmt wird.

Auslandsgeschäft der Banken

Die **Kreditinstitute** sind in vielfältiger Weise in die Abwicklung der Export- und Importfinanzierung von Industrie- und Handelsbetrieben eingeschaltet:

- Die Banken, Sparkassen und Spezialinstitute **informieren** die Exporteure und Importeure über die wirtschaftlichen, politischen und wechselkursbedingten **Risiken von Auslandsgeschäften** und sie **beraten** die Außenhändler bei der Abfassung der Zahlungsbedingungen im Kaufvertrag.
- Die Kreditinstitute übernehmen nicht nur den reinen **Zahlungsverkehr** mit dem Ausland, sondern auch die Abwicklung von **Dokumenteninkassi** und **Dokumentenakkreditiven.**
- Darüber hinaus bieten die Kreditinstitute ein breites, auf die Außenhändler zugeschnittenes Spektrum von Finanzierungs- und Sicherungsinstrumenten, das sowohl die verschiedenen **Kreditarten** als auch den **Forderungsankauf** und die **Devisengeschäfte** umfasst.

Der Erkenntnisbereich "Außenhandelsfinanzierung der Industrie- und Handelsbetriebe" schließt somit den Erkenntnisgegenstand **"Auslandsgeschäft der Banken"** weitgehend ein.

Ausschnittweise Vertiefung

Zusammenhänge

Um dem Leser die Struktur des komplexen Gebiets der Außenhandelsfinanzierung zu verdeutlichen, erscheint es angebracht, den soeben angesprochenen **Zusammenhang** zwischen **Zahlungsbedingungen** und **Refinanzierungsalternativen** ausschnittweise und vertiefend darzustellen: Die **Abbildung 0-02** weist einerseits die maßgeblichen kurz-, mittel- und langfristigen Zahlungsbedingungen aus und andererseits die damit typischerweise korrespondierenden Refinanzierungsinstrumente, die im Übrigen zum Teil zugleich Instrumente zur Absicherung vor Wechselkurs- bzw. Zahlungsausfallrisiken sind.

Besorgung der Refinanzierung

Anzumerken ist zu der Darstellung 0-02, dass die **Refinanzierung von Zahlungszielen in der Regel** durch den **Exporteur** besorgt wird. Im Einzelfall kann aber auch die Vereinbarung getroffen sein, dass der Importeur die Refinanzierung zu bewerkstelligen hat. Die in der Abbildung angeführten Refinanzierungsinstrumente können somit grundsätzlich auch vom Importeur beansprucht werden. Bei den Bestellerkrediten tritt der Importeur von Anfang an als Kreditnehmer in Erscheinung.

Wechselnder Einsatz

Während die Zahlungsbedingung im Kaufvertrag nur in Ausnahmefällen nachträglich geändert wird, erweist sich die Refinanzierung dem Ziel zugänglich, die jeweils **günstigsten (Zins-)Konditionen**

Prof. Dr. Siegfried G. Häberle

Überblick über Zahlungsbedingungen und maßgebliche Refinanzierungsinstrumente im Außenhandel

Kurz- bzw. mittelfristige Zahlungsbedingungen und Refinanzierungsinstrumente

Kurz- bzw. mittelfristige **Zahlungsbedingungen** im Außenhandel:

- **Nichtdokumentäre Zahlungsbedingungen:**
  - An- bzw. Vorauszahlungen
  - Zahlung bei Lieferung, evtl. durch Nachnahme
  - Zahlung nach Lieferung (Liefervertragskredit, evtl. auf Wechselbasis)
- **Dokumentäre Zahlungsbedingungen:**
  - Dokumenteninkassi
    - Dokumente gegen Zahlung
    - Dokumente gegen Akzept
    - Dokumente gegen unwiderruflichen Zahlungsauftrag
  - Dokumentenakkreditive
    - Sichtzahlungsakkreditiv
    - Deferred-Payment-Akkreditiv
    - Akzept-(Rembours-)Akkreditiv
    - Sonderformen

Kurz- bzw. mittelfristige **Refinanzierungsinstrumente** im Außenhandel:

- **Kontokorrentkredite**
- **Negoziierungskredite**
- **Wechseldiskontkredite**
- **Bankakzepte(-kredite)**
- **Eurokredite**
- **AKA-Globalkredite**
- **Exportfactoring**
- **Forfaitierungen**

Teilweise erfolgt ein kombinierter Einsatz dieser Instrumente. Grundsätzlich sind Kreditaufnahmen auch bei ausländischen Kreditgebern (z.B. als Fremdwährungskredite) möglich. Die Abgrenzung zwischen mittel- und langfristigen Instrumenten ist schwierig (z.B. bei Forfaitierungen).

Langfristige Zahlungsbedingungen und Refinanzierungsinstrumente

Langfristige **Zahlungsbedingungen** im Außenhandel (insbesondere bei Investitionsgütern):

- **In der Regel werden verschiedene Zahlungsbedingungen kombiniert**
- **Beispiel für die Elemente einer kombinierten Zahlungsbedingung:**
  - Anzahlung bei Vertragsabschluß (evtl. gegen Anzahlungsgarantie, z.B. 5 %)
  - Dokumenteninkasso oder Dokumentenakkreditiv auf Basis der Verschiffungsdokumente (sog. Dokumentenrate, z.B. 10 %)
  - Ratenzahlung, evtl. mit Solawechseln oder Akzeptierung einer Anzahl von gezogenen Wechseln mit zeitlich gestaffelten (i.d.R. halbjährlichen) Wechselfälligkeiten (i.d.R. mit Garantie der Importeurbank, z.B. 85 % des Kaufpreises)

Langfristige **Refinanzierungsinstrumente** im Außenhandel:

- **Bankkredite an Exporteure**
  - Geschäftsbankenkredite
  - AKA-Kredite
  - KfW-Kredite
- **Forfaitierungen**
- **Bestellerkredite bzw. Bank-zu-Bank-Kredite**
  - Geschäftsbankenkredite
  - AKA-Kredite
  - KfW-Kredite
- **Roll-over-Kredite (insbesondere Euromarktkredite)**
- **Internationale Konsortialkredite**
- **Exportleasing**

Abbildung 0-02

bzw. die **optimale Refinanzierungsstruktur** durch wechselnden Einsatz der Refinanzierungsinstrumente zu erreichen. In der Praxis erfolgt beispielsweise die Refinanzierung der Herstellungsphase häufig mit (teuren) Kontokorrentkrediten, die nach Forderungsentstehung eventuell durch (zinsgünstigere) Wechseldiskontkredite oder -falls der auf den Importeur gezogene Wechsel nicht bundesbankfähig sein sollte- durch eine Kreditaufnahme am Euromarkt ersetzt werden.

1 Risikoanalyse

1 Risikoanalyse

1.1 Übersicht über die Risiken von Exporteuren und Importeuren sowie über die Informationsquellen zur Risikoanalyse

Hinweis

Die Ausführungen in diesem Abschnitt dienen lediglich der **Einführung** und der **Übersicht**. Detailliert sind die Risikoarten und die Informationsquellen in den folgenden Abschnitten beschrieben und beurteilt.

Risiken des Exporteurs

Vielfältige Risiken des Exporteurs

Der **Exporteur** ist einer **Vielzahl von Risiken** ausgesetzt, die insbesondere dann in Erscheinung treten, wenn er dem Importeur ein **Zahlungsziel** einräumen muss (Forderungsrisiken) und/oder wenn die Warenlieferung auf **Fremdwährungsbasis** erfolgt (Wechselkursrisiken); vgl. **Abbildung 1.1-01**.
Indessen entstehen die Risiken des Exporteurs keineswegs erst mit der Entstehung seiner (Fremdwährungs-)Forderung. Vielmehr ist der Exporteur bereits **ab dem Zeitpunkt des Abschlusses des Kaufvertrags** bzw. **mit Beginn der Fabrikation** besonderen Risiken ausgesetzt, weil bereits in dieser Phase politische oder wirtschaftliche Ereignisse eintreten können (z.B. die Zahlungsunfähigkeit des Importeurs oder Krieg bzw. Revolution im Importland), die den Abbruch der Fabrikation notwendig machen können (Fabrikationsrisiken). Desgleichen muss der Exporteur im Einzelfall damit rechnen, dass der Importeur die vertragsgemäß gelieferte **Ware nicht abnimmt** (Warenabnahmerisiko) oder dass die Ware von ausländischen Staaten **beschlagnahmt**, beschädigt oder vernichtet wird (politische warenbezogene Risiken).

Risikokategorien

Die vielfältigen Risiken des Exporteurs werden in Literatur und Praxis im Allgemeinen in den folgenden **Kategorien** erfasst:

Wirtschaftliche Risiken

Charakterisierung

Darunter sind Risiken des Exporteurs zu verstehen, die in der **Zahlungsunfähigkeit**, der **Zahlungsunwilligkeit** oder im **Zahlungsverzug** bzw. in der **mangelnden Seriosität** des Importeurs begründet liegen. Wirtschaftliche Risiken können **in allen Phasen** der Abwicklung eines Exportgeschäfts in Erscheinung treten: Unmittelbar nach Abschluss des Kaufvertrags als Fabrikationsrisiko, in der Liefer-/Versandphase insbesondere als Warenabnahmerisiko und während der Forderungsphase als Delkredererisiko.
Einzelheiten zu den wirtschaftlichen Risiken siehe Abschnitt 1.2.

Informationsquellen

Informationen über die Eigenart bzw. über den Umfang seines wirtschaftlichen Risikos gewinnt der Exporteur bei längerer Geschäftsbeziehung aus **eigenen Erfahrungen**, darüber hinaus aus **Bank-**

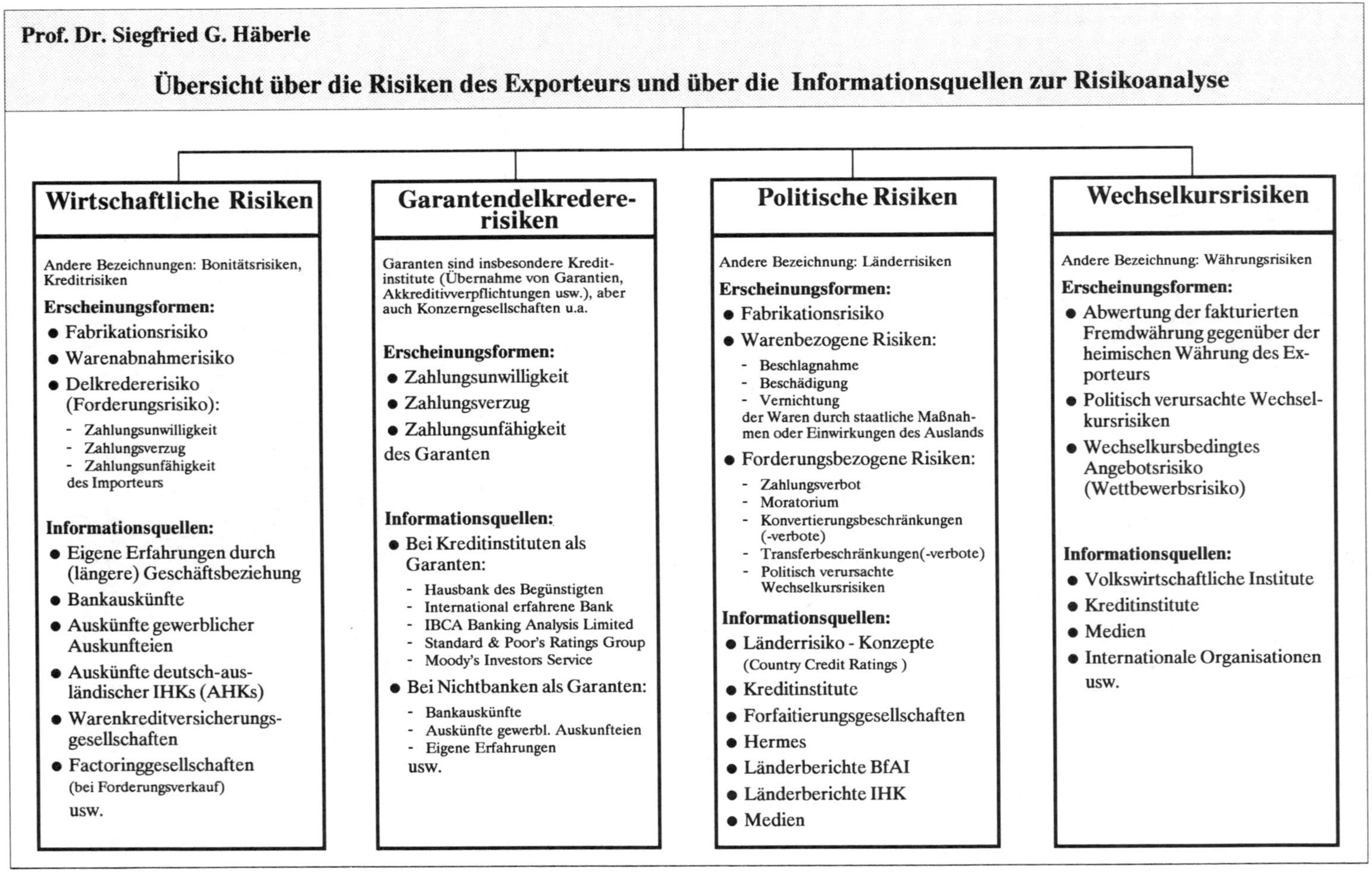

Prof. Dr. Siegfried G. Häberle

Übersicht über die Risiken des Exporteurs und über die Informationsquellen zur Risikoanalyse

Wirtschaftliche Risiken

Andere Bezeichnungen: Bonitätsrisiken, Kreditrisiken

Erscheinungsformen:

- Fabrikationsrisiko
- Warenabnahmerisiko
- Delkredererisiko (Forderungsrisiko):
  - Zahlungsunwilligkeit
  - Zahlungsverzug
  - Zahlungsunfähigkeit

  des Importeurs

Informationsquellen:

- Eigene Erfahrungen durch (längere) Geschäftsbeziehung
- Bankauskünfte
- Auskünfte gewerblicher Auskunfteien
- Auskünfte deutsch-ausländischer IHKs (AHKs)
- Warenkreditversicherungsgesellschaften
- Factoringgesellschaften (bei Forderungsverkauf)

usw.

Garantendelkredererisiken

Garanten sind insbesondere Kreditinstitute (Übernahme von Garantien, Akkreditivverpflichtungen usw.), aber auch Konzerngesellschaften u.a.

Erscheinungsformen:

- Zahlungsunwilligkeit
- Zahlungsverzug
- Zahlungsunfähigkeit

des Garanten

Informationsquellen:

- Bei Kreditinstituten als Garanten:
  - Hausbank des Begünstigten
  - International erfahrene Bank
  - IBCA Banking Analysis Limited
  - Standard & Poor's Ratings Group
  - Moody's Investors Service
- Bei Nichtbanken als Garanten:
  - Bankauskünfte
  - Auskünfte gewerbl. Auskunfteien
  - Eigene Erfahrungen

usw.

Politische Risiken

Andere Bezeichnung: Länderrisiken

Erscheinungsformen:

- Fabrikationsrisiko
- Warenbezogene Risiken:
  - Beschlagnahme
  - Beschädigung
  - Vernichtung

  der Waren durch staatliche Maßnahmen oder Einwirkungen des Auslands
- Forderungsbezogene Risiken:
  - Zahlungsverbot
  - Moratorium
  - Konvertierungsbeschränkungen (-verbote)
  - Transferbeschränkungen(-verbote)
  - Politisch verursachte Wechselkursrisiken

Informationsquellen:

- Länderrisiko - Konzepte (Country Credit Ratings)
- Kreditinstitute
- Forfaitierungsgesellschaften
- Hermes
- Länderberichte BfAI
- Länderberichte IHK
- Medien

Wechselkursrisiken

Andere Bezeichnung: Währungsrisiken

Erscheinungsformen:

- Abwertung der fakturierten Fremdwährung gegenüber der heimischen Währung des Exporteurs
- Politisch verursachte Wechselkursrisiken
- Wechselkursbedingtes Angebotsrisiko (Wettbewerbsrisiko)

Informationsquellen:

- Volkswirtschaftliche Institute
- Kreditinstitute
- Medien
- Internationale Organisationen

usw.

Abbildung 1.1-01

auskünften, aus Auskünften der **gewerblichen Auskunfteien** bzw. der **deutsch-ausländischen Handelskammern (AHKs)** oder von **Warenkreditversicherungsgesellschaften** oder von **Factoringgesellschaften**, sofern die Versicherung oder der Forderungsverkauf vorgesehen ist.
Einzelheiten zu den Informationsquellen siehe Abschnitt 1.3.

Garantendelkredererisiken

Charakterisierung

Außenhandelsgeschäfte werden häufig mit Garantien, mit Akkreditiven oder mit anderen **Zahlungsversprechen der Banken** abgesichert. **Zum Teil** geben auch **Nichtbanken** (z.B. Konzernobergesellschaften für Beteiligungsgesellschaften) Garantien, Bürgschaften oder ähnliche Verpflichtungserklärungen zur Absicherung von Auslandsgeschäften ab.
Das Garantendelkredererisiko des Exporteurs umfasst die Gefahr, dass der Garant nicht mehr willens oder **nicht mehr in der Lage** ist, die übernommene **Verpflichtung (rechtzeitig) zu erfüllen**.

Informationsquellen

Sofern eine ausländische Bank zu Gunsten eines Exporteurs ein Garantie- oder Zahlungsversprechen abgibt, erlangt der Exporteur am ehesten von seiner **Hausbank** oder von einer anderen international tätigen Bank Informationen über die Seriosität und über die Zahlungsfähigkeit der Garantiebank. Die **IBCA's, Standard & Poor's oder Moody's Ratings**, in denen führende Banken beurteilt sind, stehen den Exporteuren im Allgemeinen nicht zur Verfügung; im Übrigen sind darin nur relativ wenige Banken erfasst.
Wird ein Auslandsgeschäft von einer Nichtbank garantiert, dann kann der begünstigte Exporteur dieselben Informationsquellen nutzen, wie sie zur Beurteilung wirtschaftlicher Risiken zur Verfügung stehen.
Einzelheiten zum Garantendelkredererisiko und zu den Informationsquellen siehe Abschnitt 1.4.

Politische Risiken

Charakterisierung

Die politischen Risiken des Exporteurs sind durch **Maßnahmen von Regierungen** und Behörden, aber auch durch **Revolution**, **Aufruhr**, **Krieg** u. Ä. verursacht. In der Regel liegen die Ursachen politischer Risiken im Ausland (im Importland). Im Einzelfall kann der Exporteur aber auch von inländischen staatlichen Maßnahmen betroffen sein, z.B. wenn nach Abschluss des Kaufvertrags von der inländischen Regierung ein Embargo verhängt wird.
Ebenso wie die wirtschaftlichen Risiken können die politischen Risiken **in allen Phasen** der Abwicklung eines Exportgeschäftes in Erscheinung treten. Demzufolge können das politisch verursachte **Fabrikationsrisiko**, die politisch verursachten **warenbezogenen Risiken** (Beschlagnahme, Beschädigung, Vernichtung) und die politisch verursachten **forderungsbezogenen Risiken** (Zahlungsverbot, Moratorium, Konvertierungsbeschränkungen, Transferbeschränkungen usw.) unterschieden werden.

Informationsquellen

Informationen über das politische Risiko erlangt der Exporteur aus den Länderberichten der **Bundesstelle für Außenhandelsinforma-**

tion, von den **Handelskammern**, von den **Kreditinstituten**, die eigene Länderreferate unterhalten, von der **Hermes Kreditversicherungs-AG** bzw. von **Forfaitierungsgesellschaften**, sofern die sog. Hermes-Deckung des Exportgeschäfts bzw. der Forderungsverkauf beabsichtigt ist. In gewissen -unten näher untersuchten- Grenzen vermögen auch die sog. **Länderrisikokonzepte** dem Exporteur Entscheidungshilfen zu vermitteln.
Einzelheiten zu den politischen Risiken und zu den Informationsquellen siehe Abschnitt 1.5.

Wechselkursrisiken

Charakterisierung

Wechselkursrisiken des Exporteurs können in verschiedenen Formen in Erscheinung treten. Zunächst entsteht dem Exporteur ein Wechselkursrisiko, wenn diejenige **Fremdwährung**, in der er die Rechnung ausgestellt hat, während der Laufzeit seiner Fremdwährungsforderung gegenüber seiner heimischen Währung **abgewertet** wird.
Politisch verursacht sind Wechselkursrisiken des Exporteurs z.B. dann, wenn das Importland die Devisenzuteilung bzw. den Devisentransfer behindert und der zahlungswillige Importeur den Rechnungsbetrag ersatzweise in seiner heimischen Währung bei seiner Zentralbank hinterlegen muss und diese Währung gegenüber der im Kaufvertrag vereinbarten Währung abgewertet wird.
Schließlich kann dem Exporteur das Wechselkursrisiko als **Angebots- bzw. Wettbewerbsrisiko** begegnen. Dies gilt dann, wenn er ein Angebot in Fremdwährung zu unterbreiten hat und er wegen des seiner Kalkulation zu Grunde gelegten Wechselkurses (in dem er eine erwartete Abwertung der Fremdwährung vorweggenommen hat) vom Importeur den Zuschlag nicht erhält. Analoges gilt, wenn der deutsche Exporteur in DM anbietet und der Importeur eine DM-Aufwertung gegenüber seiner eigenen Währung erwartet.

Informationsquellen

Aktuelle Informationsquellen über den Umfang der Wechselkursrisiken sind insbesondere die **Medien**. Hilfestellung bei der mittel- bis längerfristigen Einschätzung künftiger Wechselkursentwicklungen vermögen die **Analysen und Prognosen der Kreditinstitute** und der volkswirtschaftlichen **Institute** zu geben.
Einzelheiten zu den Wechselkursrisiken siehe Abschnitt 1.6.

Risiken des Importeurs

Risiken und Informationsquellen

Die Risiken des Importeurs lassen sich -trotz ihrer zum Teil anderen Erscheinung und Bedeutung- in denselben **Risikokategorien** erfassen, wie sie für die Exporteure dargestellt sind.

Wirtschaftliche Risiken

Das wirtschaftliche Risiko des Importeurs drückt sich zunächst in der Gefahr aus, dass der Exporteur die **Liefertermine** nicht einhält oder die gelieferte Ware nicht der vereinbarten **Qualität** entspricht. Sofern der Importeur (ungesicherte) Vorauszahlungen oder Abschlagszahlungen an den Exporteur zu leisten hat, ist darüber hinaus die Frage der **Zahlungsfähigkeit des Exporteurs** in den Mittelpunkt des wirtschaftlichen Risikos des Importeurs zu rücken.

Garantendelkredererisiken

Im Rahmen der Abwicklung von Außenhandelsgeschäften geben die **Banken** im Auftrag der Exporteure manchmal **Garantien** und ähnliche Zahlungsversprechen zu Gunsten von Importeuren ab. Auch Importeure sind deswegen der Gefahr ausgesetzt, dass der Garant zahlungsunwillig ist oder zahlungsunfähig wird.

Politische Risiken

Politische Risiken des Importeurs sind primär auf die **Ware** bezogen. **Forderungsrisiken** entstehen dem Importeur nur dann, wenn er eine Vorauszahlung geleistet hat und sein berechtigter Rückerstattungsanspruch aus politischen Gründen unterbleibt oder verzögert wird.

Wechselkursrisiken

Das Wechselkursrisiko des Importeurs entsteht, wenn die **Fremdwährung**, in der er den Rechnungsbetrag zu zahlen hat, gegenüber seiner heimischen Währung eine **Aufwertung** erfährt. Ein **politisch verursachtes Wechselkursrisiko** tritt für den Importeur ein, wenn er laut Kaufvertrag für Wechselkursverluste einstehen muss, die beispielsweise durch verzögerte Zuteilung des von ihm zu zahlenden Devisenbetrages entstehen.

Informationsquellen

Die Informationsquellen über die Eigenart und über den Umfang der Risiken sind für den Importeur **dieselben wie für den Exporteur** und analog anwendbar.

Hinweis

Trotz der etwas anderen Erscheinungsformen der Risiken des Importeurs richtet sich seine Fragestellung bei der Risikoanalyse letztlich auf dieselben Kriterien wie die des Exporteurs. Unter diesem Blickwinkel und auf Grund der Tatsache, dass der Importeur ohnehin dieselben Informationsquellen nutzt, ist es zu rechtfertigen, dass in den **folgenden Ausführungen** das **Risiko des Exporteurs** in den **Mittelpunkt** der Darstellung gerückt ist.

1.2 Wirtschaftliche Risiken des Exporteurs

1.2.1 Übersicht über die chronologische Entstehung wirtschaftlicher Risiken des Exporteurs

Phasen des Exportgeschäfts

In zeitlicher Hinsicht kann ein Exportgeschäft in die folgenden Phasen aufgeteilt werden:

- **Angebotsphase:** Zeitraum zwischen Angebotsabgabe und Vertragsabschluss;

- **Fabrikationsphase:** Zeitraum zwischen dem Abschluss des Kaufvertrags und dem Zeitpunkt des Versands der Ware;
- **Liefer-/Versandphase:** Zeitraum zwischen dem Versand der Ware und dem Zeitpunkt der Abnahme der Ware durch den Importeur;
- **Forderungs-/Kreditphase:** Zeitraum zwischen der Abnahme der Ware durch den Importeur und dem vorbehaltlosen Zahlungseingang beim Exporteur.

Chronologie wirtschaftlicher Risiken

Abgesehen vom **wirtschaftlichen Risiko des Exporteurs** in der Angebotsphase, das im Allgemeinen als gering eingestuft werden kann, umfassen die wirtschaftlichen Risiken des Exporteurs in **zeitlicher Abstufung** die in **Abbildung 1.2-01** dargestellten Ausprägungen.

Prof. Dr. Siegfried G. Häberle

Chronologische Entstehung wirtschaftlicher Risiken des Exporteurs

Wirtschaftliche Risiken des Exporteurs

während der...

Fabrikationsphase

Notwendigkeit zum Abbruch der Fertigung bzw. zur Unterlassung des Versands (sog. wirtschaftliches Fabrikationsrisiko) z.B. wegen
- Zahlungsunfähigkeit des Importeurs;
- Lossagung vom bzw. Verstoß gegen den Kaufvertrag durch den Importeur.

Liefer-/Versandphase

Nichtabnahme bereitgestellter bzw. versandter Waren durch den Importeur (sog. Warenabnahmerisiko) z.B. wegen
- Zahlungsunfähigkeit des Importeurs;
- Lossagung vom bzw. Verstoß gegen den Kaufvertrag durch den Importeur.

Forderungs-/Kreditphase

Uneinbringlichkeit bzw. verzögerte oder nur teilweise Einbringlichkeit der Forderung (sog. Delkredererisiko) z.B. wegen
- Zahlungsunwilligkeit,
- Zahlungsverzug,
- Zahlungsunfähigkeit

des Importeurs.

Abbildung 1.2-01

1.2.2 Wirtschaftliches Fabrikationsrisiko und Warenabnahmerisiko des Exporteurs

Fabrikationsrisiko

Die zunächst in Erscheinung tretende Schadensmöglichkeit des Exporteurs umfasst die Gefahr, dass während des Zeitraums zwischen dem Abschluss des Kaufvertrags und dem Zeitpunkt der Bereitstellung bzw. des Versands der Ware (Fabrikationsphase) **gefahrerhöhende Ereignisse** eintreten, die es notwendig machen, die **Fertigung** der Ware **abzubrechen** bzw. den **Versand** der Ware zu **unterlassen** (Fabrikationsrisiko).
Solche gefahrerhöhenden Ereignisse sind beispielsweise

- endgültige **Lossagung** des Importeurs vom **Kaufvertrag**;
- schwerwiegende **Verstöße** des Importeurs gegen seine **Vertragspflichten**, sodass mit einer Durchführung des Vertrags nicht mehr gerechnet werden kann;
- Eintritt der **Zahlungsunfähigkeit** (Konkurs, Vergleich) des Importeurs;
- **Zahlungseinstellung** in Gänze oder in wesentlichem Umfang wegen Verschlechterung der wirtschaftlichen Verhältnisse des Importeurs.

Wegen dieser, vom Importeur verursachten Ereignisse wird im vorliegenden Zusammenhang von wirtschaftlichem Fabrikationsrisiko gesprochen (im Gegensatz zum politisch verursachten Fabrikationsrisiko).

Warenabnahmerisiko

Die nach Bereitstellung bzw. nach Versand der Ware eintretende Schadensmöglichkeit des Exporteurs besteht darin, dass der **Importeur** die bestellte **Ware** -unter Verstoß gegen den Kaufvertrag- **nicht abnimmt**.
Gründe für die Nichtabnahme der Ware durch den Importeur sind beispielsweise

- die **Zahlungsunfähigkeit** des Importeurs;
- eine inzwischen anderweitig eröffnete, **günstigere Einkaufsmöglichkeit** des Importeurs;
- die Absicht des Importeurs, die bestellte Ware bei einem evtl. **Notverkauf** des Exporteurs **billiger erwerben** (ersteigern) zu können.

Risikofolgen

Die Folgen des Eintritts des Fabrikationsrisikos bzw. des Warenabnahmerisikos sind für den Exporteur erheblich. In beiden Fällen hat der Exporteur nach **Verwertungsmöglichkeiten** für die eingekauften oder (teil-)fabrizierten bzw. versandten Waren zu suchen. Beim Warenabnahmerisiko steht der Exporteur außerdem vor der Entscheidung, ob er die gelieferte **Ware zurücktransportieren** oder im Importland (durch Notverkauf) **verwerten** lassen soll. In der Regel muss davon ausgegangen werden, dass der Verwertungserlös den mit dem Importeur vereinbarten Kaufpreis nicht erreicht.
Besonders ausgeprägt sind die Risikofolgen bei **Spezialerzeugnissen**, die der Exporteur nach den Plänen des Importeurs fertigt, weil sich für solche Erzeugnisse ein anderer Abnehmer nicht findet. Ebenso hoch sind die Risikofolgen bei leicht verderblichen und bei modischen Erzeugnissen.

Ansprüche des Exporteurs

Zwar verbleibt dem Exporteur nach Eintritt des Fabrikationsrisikos bzw. des Warenabnahmerisikos grundsätzlich weiterhin der **Anspruch auf Erfüllung des Kaufvertrags** bzw. auf **Schadensersatz**. Inwieweit solche Ansprüche jedoch realisierbar sind, hängt zum einen von den Gegebenheiten des Einzelfalls ab (bei Zahlungsunfähigkeit des Importeurs bestehen im Allgemeinen geringe Chancen auch nur einen Teil der Ansprüche erfüllt zu bekommen). Zum anderen hängt dies von der (schnellen) rechtlichen Durchsetzbarkeit der Ansprüche im Importland ab.

Erkenntnisziele

Für den Exporteur kommt es deswegen darauf an, nicht nur Erkenntnisse über die **Zahlungsfähigkeit**, sondern auch über die **Zuverlässigkeit** (Vertrauenswürdigkeit, Seriosität) des Importeurs zu gewinnen. Obwohl die beiden Merkmale Solvenz und Seriosität eine enge Verwandtschaft aufweisen, sollte sich der Exporteur davor hüten, die in einer Auskunft bestätigte Zahlungsfähigkeit des Importeurs stets und vorbehaltlos mit dessen Seriosität gleichzusetzen. Ein unseriöser Importeur hat viele Möglichkeiten, die Bedingungen des Kaufvertrags zu unterlaufen, z.B. durch Behauptung angeblicher Mängel an den gelieferten Waren mit dem Ziel, Zahlungsverzögerungen herbeizuführen oder Preisnachlässe zu erlangen.

1.2.3 Delkredererisiko

1.2.3.1 Charakterisierung und Erscheinungsformen

Charakterisierung

Das (wirtschaftliche) Delkredererisiko des Exporteurs besteht in der Gefahr, dass der Importeur den im Kaufvertrag begründeten **Zahlungsanspruch** des Exporteurs (ganz oder teilweise) **nicht bzw. nicht fristgerecht erfüllt**. Neben der Hauptforderung bezieht sich das Delkredererisiko des Exporteurs auch auf eventuelle Schadensersatzforderungen und sonstige Nebenforderungen, die beispielsweise Verzugszinsen, Vertragsstrafen u.a. umfassen können.

Zeitliche Abgrenzung

Gemäß der in diesem Buch verwendeten Abgrenzung der Phasen eines Exportgeschäfts beginnt die Forderungs- bzw. Kreditphase und damit das Delkredererisiko des Exporteurs mit der **Abnahme der Ware** durch den Importeur. Das Delkredererisiko endet mit Eingang der **vorbehaltlosen Zahlung** des Importeurs beim Exporteur. Zu beachten ist, dass in der Literatur und von den (Kredit-) Versicherungsunternehmen das Delkredererisiko inhaltlich und zeitlich zum Teil anders abgegrenzt wird (siehe Kapitel 9.1 "Privatwirtschaftliche Ausfuhrkreditversicherungen" und Kapitel 9.2 "Ausfuhrgewährleistungen des Bundes" sowie folg. Abschnitt 1.2.3.2).

Andere Bezeichnungen

Für den oben charakterisierten Inhalt des Delkredererisikos werden zum Teil andere Ausdrücke verwendet wie z.B. **"Kreditrisiko"**, **"Debitorenrisiko"**, **"Bonitätsrisiko"**, **"Zahlungsrisiko"**, **"Ausfallrisiko"**, **"kommerzielles Risiko"**, **"Inkassorisiko"** u.a. Anzumerken ist, dass sich manche dieser Ausdrücke nicht vollständig mit dem hier vertretenen Vorstellungsinhalt des Delkredererisikos decken.

Im Folgenden wird der Ausdruck "Delkredererisiko" beibehalten, weil diese Bezeichnung in der betrieblichen Praxis überwiegend Anwendung findet.

Erscheinungsformen

Das **Delkredererisiko** des Exporteurs entsteht durch:

- Zahlungsunfähigkeit,
- Zahlungsverzug oder
- Zahlungsunwilligkeit

des Importeurs.

Zahlungsunfähigkeit

- Charakterisierung

In betriebswirtschaftlicher Sicht drückt sich die Zahlungsunfähigkeit (Insolvenz) des Importeurs im **voraussichtlich dauernden Unvermögen aus, fällige Verbindlichkeiten zu erfüllen. Anhaltspunkte** für drohende Zahlungsunfähigkeit des Importeurs können beispielsweise Scheck- oder Wechselproteste sein. Verläuft darüber hinaus eine Zwangsvollstreckung in das Vermögen des Importeurs fruchtlos, dann ist der Schritt zur Zahlungseinstellung bis hin zur Eröffnung des Konkurs- oder amtlichen Vergleichsverfahrens, d.h. zur amtlich festgestellten Zahlungsunfähigkeit des Importeurs erfahrungsgemäß nicht mehr weit.

- Folgen

Die Folgen der Zahlungsunfähigkeit des Importeurs sind für den Exporteur erheblich: **Uneinbringlichkeit** und **Abschreibung der Forderung**, falls sich im Zuge der Verwertung von eventuell bestellten Sicherheiten bzw. der Verwertung des Vermögens des Importeurs Erlöse nicht erzielen lassen.

Zahlungsverzug

- Charakterisierung

Zahlungsverzug des Importeurs liegt grundsätzlich bei jeder **Überschreitung des eingeräumten Zahlungsziels bzw. eines vereinbarten Zahlungstermins** vor. Indessen bedarf eine Zielüberschreitung der **individuellen Beurteilung** des Verhaltens und der Situation des Importeurs durch den Exporteur: Eine Überschreitung kann in einem (vorübergehenden) Mangel an liquiden Mitteln begründet liegen und deswegen mit Zahlungsschwierigkeiten gleichzusetzen sein, die nicht selten in die Zahlungsunfähigkeit des Importeurs einmünden. Eine Überziehung des Zahlungsziels kann aber auch auf der Nachlässigkeit des Importeurs oder auf dessen gezielter Strategie beruhen, von den Lieferanten (im Interesse der Erhaltung künftiger Absatzchancen von den Exporteuren häufig tolerierte) zinslose Überziehungen von Zahlungszielen zu erlangen.

- Folgen

Zahlungsverzug des Importeurs kann dem Exporteur auch dann, wenn die Forderung zu einem späteren Zeitpunkt voll erfüllt wird, **erhebliche Aufwendungen** verursachen, z.B. in Form von Überziehungsprovisionen bei eigenen Kreditaufnahmen, in Form von Kreditverlängerungen zu ungünstigen Konditionen, in Form von Prolongationen von Kurssicherungsgeschäften u.v.a.m. Bei größeren Forderungen und bei längerem Verzug des Importeurs sind gravierende Auswirkungen auf die **eigene Liquiditätslage** des Exporteurs nicht ausgeschlossen.

Zahlungsunwilligkeit

- Charakterisierung

Wenn ein **solventer Importeur die Zahlung** trotz Fälligkeit **verweigert** und dieses Verhalten nicht mit berechtigten Einreden begründen kann, dann wird von Zahlungsunwilligkeit gesprochen.

- Vorgeschobene Mängelrügen

In der betrieblichen Praxis macht der Importeur nicht selten **Mängelrügen** geltend, die sich bei näherem Hinsehen als **unbegründet** und somit als ein vorgeschobenes Argument zur Hinauszögerung der Zahlung erweisen. Es liegt auf der Hand, dass eine derart begründete Zahlungsunwilligkeit eng mit der Frage der Vertrauenswürdigkeit (Seriosität) des Importeurs verbunden ist.

- Abgrenzungen

Zahlungsunwilligkeit kann sowohl bei privaten Käufern als auch bei staatlichen Stellen des Importlandes auftreten. Im ersten Fall ist die Abgrenzung zum **Zahlungsverzug** bzw. zur Zahlungsunfähigkeit manchmal schwierig, im zweiten Fall ist letztlich ein **politisches Risiko** (Länderrisiko) zu erblicken.

Nichtzahlung

Charakterisierung

In den Bedingungen von **Kreditversicherungsunternehmen** wird statt von Zahlungsverzug oder Zahlungsunwilligkeit **verallgemeinernd** von **Nichtzahlung** gesprochen. Im Mittelpunkt dieser Risikodefinitionen steht die Nichtzahlung einer Forderung innerhalb einer bestimmten Frist nach Fälligkeit der Forderung als Tatsachenfeststellung, ohne dass auf die tiefere Ursache der Nichtzahlung wie z.B. (vorübergehende) Zahlungsschwierigkeiten oder Zahlungsunwilligkeit des Importeurs definitorisch eingegangen wird.

1.2.3.2 Definitionsprobleme und Abgrenzungsfragen

Definition des wirtschaftlichen (Delkredere-)Risikos durch den Bund bzw. durch die Versicherungsgesellschaften u.a.

Unterschiedliche Definitionen

Beabsichtigt der Exporteur die Absicherung (Versicherung) seines Exportgeschäfts, z.B. durch die staatliche Exportabsicherung (Hermes), durch eine (privatrechtliche) Warenkreditversicherung oder durch Forderungsverkauf, dann hat der Exporteur die jeweiligen **Definitionen** des (Delkredere-)Risikos dieser Einrichtungen heranzuziehen. Das versicherbare bzw. auf Dritte überwälzbare (Delkredere-)Risiko kann von den vorstehenden Charakterisierungen **erheblich abweichen**:

- So erhebt sich beispielsweise die Frage, ob bereits ein **Zahlungsverzug** des Importeurs, der dem Exporteur erhebliche Finanzierungslasten verursachen kann, in das versicherte Delkredererisiko einbezogen ist.
- Ebenso ist die Frage zu klären, ob die Versicherungsgesellschaft den Schaden erst ab dem Zeitpunkt der amtlich festgestellten **Zahlungsunfähigkeit** (z.B. Eröffnung des Konkursverfahrens oder des amtlichen Vergleichsverfahrens) reguliert oder ob dazu bereits **andere Kriterien** wie z.B. eine fruchtlose Zwangsvollstreckung, Wechselproteste o. Ä. ausreichen.
- Analoge Überlegungen sind bezüglich der **Zahlungsunwilligkeit** des Importeurs anzustellen, nämlich der Gefahr ungerechtfertig-

ter Zahlungsverweigerung trotz Fälligkeit und trotz offenkundiger Solvenz des Importeurs.

- Eine Abgrenzungsfrage ist es außerdem, inwieweit eine im Kaufvertrag nicht vereinbarte **Ratenzahlung** des Importeurs oder eine Zahlung des Importeurs in **nicht vereinbarter Währung** (eventuell mit der Folge von Wechselkursverlusten) Gegenstand des Delkredererisikos sind.
- Eine Abgrenzungsfrage ist es auch, ob und gegebenenfalls inwieweit das **Warenabnahmerisiko** (im Sinne der vertragswidrigen Nichtabnahme bereitgestellter bzw. versandter Ware durch den Importeur) in die Risikodeckung (des Bundes) einbezogen ist.
- Ebenso ist von Fall zu Fall zu prüfen, ob und gegebenenfalls inwieweit **Schadensersatzforderungen** an den Importeur, die während der **Fabrikations- sowie Liefer-/Versandphase** entstehen (z.B. wegen Verstoß des Importeurs gegen den Kaufvertrag bzw. Lossagung vom Kaufvertrag) in das versicherte Risiko einbezogen sind.
- Je nach Einbeziehung oder Ausschließung bestimmter Risiken sind dementsprechend auch die **Definitionen** des versicherten Fabrikationsrisikos sowie des versicherten Warenabnahmerisikos **anders vorzunehmen** als sie in den obigen Abschnitten vollzogen sind.

Abgrenzung zum politischen Risiko

Staatlicher Auftraggeber

Handelt es sich bei dem ausländischen Besteller (Importeur) um eine **staatliche Stelle** (Regierung bzw. sonstige Körperschaft des öffentlichen Rechts), dann entsteht dem Exporteur kein wirtschaftliches Risiko, sondern im Prinzip ein **politisches (Delkredere-)Risiko**, weil die Zahlungsunwilligkeit bzw. Zahlungsunfähigkeit usw. eines solchen Importeurs gleichzusetzen ist mit der Zahlungsunwilligkeit bzw. Zahlungsunfähigkeit usw. des ausländischen Staates.

Abgrenzungsproblem

Anzumerken ist jedoch, dass die Grenzziehung zwischen wirtschaftlichem und politischem Risiko zum Teil schwierig ist, unter anderem deswegen, weil in einigen Ländern auch **Staatsbetriebe insolvenzfähig** sind.

Wirtschaftliches Risiko im weiteren Sinne

Weitgefasste Definition

Fasst man den Ausdruck wirtschaftliches Risiko im Sinne aller Gefahren auf, die einem Betrieb aus dem Auslandsgeschäft entstehen können, dann sind **weitere Sachverhalte** in das wirtschaftliche Risiko einzuschließen, z.B.:

- Aufwendungen zur **Erforschung** und **Erschließung** von **Auslandsmärkten**, sofern diese langfristig gesehen nicht zu hinreichenden Erträgen führen;
- **Unterauslastung** von (Fertigungs-)Kapazitäten, die für Auslandsmärkte geschaffen wurden;
- **Fehlinvestitionen** im Ausland.

Weil sich letztlich alle Risiken für einen Betrieb wirtschaftlich niederschlagen, könnten schließlich auch das politische Risiko und das Währungsrisiko als wirtschaftliche Risiken im weitesten Sinne angesehen werden. Indessen ist eine derart umfassende Charakterisierung des wirtschaftlichen Risikos unüblich.

Besonderheit: Risiken aus gestellten Bankgarantien

Widerrechtliche Inanspruchnahme

Insbesondere Exporteure, die Investitionsgüter liefern, sowie Anlagenbauer haben im Zuge der Abwicklung von Auslandsaufträgen regelmäßig Bankgarantien zu stellen, die von Bietungsgarantien über Anzahlungsgarantien bis zu Vertragserfüllungs- und Gewährleistungsgarantien reichen können. Es ist das Risiko nicht vollkommen ausgeschlossen, dass derartige **Bankgarantien widerrechtlich in Anspruch genommen** werden, wobei die garantierende Bank Regress auf den Garantieauftraggeber (den Exporteur) nimmt.

1.2.4 Zusammenfassende Darstellung wirtschaftlicher Risiken des Exporteurs

Prof. Dr. Siegfried G. Häberle

1.2.4 Zusammenfassende Darstellung wirtschaftlicher Risiken des Exporteurs

Erscheinungsform	Charakterisierung	Anmerkungen
• **Fabrikationsrisiko**	Schadensmöglichkeit des Exporteurs wegen der Notwendigkeit zum Abbruch der Fertigung oder zur Unterlassung des Warenversands, z.B. wegen Zahlungsunfähigkeit des Importeurs, wegen Lossagung des Importeurs vom Vertrag oder wegen schwerwiegender Vertragsverstöße des Importeurs. Folgen: Anderweitige Verwertung der (teilweise) fertiggestellten Waren mit u.U. erheblichen Verlusten. Anspruch auf Schadensersatz an den Importeur. Problem: Durchsetzbarkeit	Das Fabrikationsrisiko ist besonders ausgeprägt bei Spezialerzeugnissen, die nach Plänen des Auftraggebers (Importeurs) gefertigt werden.
• **Warenabnahmerisiko**	Schadensmöglichkeit des Exporteurs wegen vertragswidriger Nichtabnahme bereitgestellter bzw. versandter Waren durch den Importeur. Folgen: Rücktransport der Waren bzw. Verwertung im Importland mit u.U. erheblichen Aufwendungen bzw. Verlusten. Anspruch auf Schadensersatz an den Importeur. Problem: Durchsetzbarkeit	Das Warenabnahmerisiko ist besonders ausgeprägt bei leicht verderblichen oder modischen Exportgütern bzw. bei Spezialgütern. Die Frage der Vertrauenswürdigkeit (Seriosität) des Importeurs stellt sich darüber hinaus auch bezüglich der möglichen Nichterfüllung aller übrigen Bedingungen des Kaufvertrags.
• **Delkredererisiko**		
- **Zahlungsunfähigkeit des Importeurs**	Voraussichtlich dauerndes Unvermögen zur Erfüllung fälliger Verbindlichkeiten. Amtlich festgestellte Zahlungsunfähigkeit: Konkurs u. amtl. Vergleichsverfahren	Mögliche Anzeichen: Scheck- oder Wechselproteste, fruchtlose Zwangsvollstreckung u.ä.
- **Zahlungsverzug des Importeurs**	Überschreitung vereinbarter Zahlungstermine bzw. eingeräumter Zahlungsziele	Individuelle Beurteilung erforderlich: z.B. Nachlässigkeit, Strategie oder Zahlungsschwierigkeiten des Importeurs
- **Zahlungsunwilligkeit des Importeurs**	Ungerechtfertigte Zahlungsverweigerung trotz Fälligkeit und trotz Solvenz des Importeurs	Importeur begründet Zahlungsverweigerung häufig mit unberechtigten Mängelrügen. In Wirklichkeit liegt Zahlungsverzug vor, evtl. auch Zahlungsschwierigkeiten

1.3 Informationsquellen zur Beurteilung der wirtschaftlichen Risiken

1.3.1 Bankauskünfte

1.3.1.1 Abwicklung und Aussagewert

Abwicklung

Internationale Verkehrssitte

Es entspricht einer internationalen Übung, dass Lieferanten ihre Banken beauftragen, bei der Hausbank des Importeurs eine **Auskunft** einzuholen. Weil den Beteiligten diese Übung bekannt ist und seit vielen Jahrzehnten praktiziert wird und weil auch der anfragende Exporteur damit rechnen muss, dass seine Lieferanten bei seiner Bank über ihn anfragen, gilt das Bankauskunftsverfahren als **Verkehrssitte** und wird nicht als Durchbrechung des Bankgeheimnisses gewertet.

Anmerkung: Direkte Anfragen der Lieferanten (Exporteure) bei den Banken der Abnehmer (Importeure) sind unüblich und werden im Allgemeinen nicht beantwortet.

Anfrage über Korrespondenzbank

In der Regel kann der anfragende Exporteur seiner Bank die **Bankverbindung(en) des Importeurs** angeben (z.B. auf Grundlage des Briefbogens des Importeurs oder einer bereits vorliegenden Auskunft einer gewerblichen Auskunftei). Falls diese Bankverbindungen nicht bekannt sind, schaltet die Exporteurbank eine Korrespondenzbank bzw. eine Bank ihres Sektors am Firmensitz des Importeurs ein, mit der Maßgabe zur Weiterleitung der Auskunftsanfrage an die Hausbank des Importeurs. Allerdings führt dieser Weg nicht immer zum Erfolg.

Ergiebigkeit/Abwicklungsdauer

Banken in den **Industrieländern** sind erfahrungsgemäß zur Auskunftserteilung eher bereit als Banken in den Schwellenländern bzw. in den osteuropäischen Ländern.
Ein Problem liegt in der oft langen **Abwicklungsdauer**, die bei schriftlichen Anfragen in Europa bis zu 4 Wochen, in USA bzw. Kanada mehrere Monate umfassen kann. Eilbedürftige Auskunftsanfragen werden deswegen über **SWIFT**, **Telefax** bzw. **Telex** abgewickelt. Zur Beschleunigung der Bearbeitung richten die Banken ihre Anfrage manchmal an bestimmte, ihnen bekannte Mitarbeiter in den befragten Banken.

Anfrageinhalt

Die Anfrage des Exporteurs umfasst üblicherweise einen bestimmten **Kreditbetrag** (gegebenenfalls mit Angabe der Stückelung dieses Betrags) sowie die sog. **allgemeinen Verhältnisse** des Importeurs (die Frage nach der Unternehmenstätigkeit, Unternehmensgröße, Marktstellung, aber auch nach den Geschäftsführern bzw. Gesellschaftern u.a.).

Anfrage bei verschiedenen Banken

Der Exporteur sollte Bankauskünfte nicht nur über **Neukunden** einholen, sondern auch zur **Kreditüberwachung** bei bestehender Geschäftsverbindung, und zwar insbesondere dann, wenn ein Importeur beginnt, eingeräumte Zahlungsziele zu überziehen oder vor Annahme eines Großauftrages. In dieser Situation kann es auch zweckmäßig sein, nicht nur bei einer einzigen Bankverbindung des Importeurs, sondern bei **mehreren Banken** zugleich anzufragen, weil sich die Auskünfte verschiedener Banken nicht selten ergänzen bzw. eventuelle Ungereimtheiten damit auszuräumen sind.

Keine Nachtragsauskünfte

Im Gegensatz zu gewerblichen Auskunfteien erteilen Banken **keine sog. Nachtragsauskünfte**, d.h. sie berichten von sich aus dem Exporteur auch dann nicht erneut, wenn sich die Verhältnisse beim Importeur rapide verschlechtern oder verbessern. Über Importeure, die eine ungünstige Entwicklung in der Zukunft erwarten lassen, sollte der Exporteur deswegen von Zeit zu Zeit **erneut Auskünfte einholen**, um die aktuelle Situation besser beurteilen zu können.

Keine Recherchen

Im Übrigen berichtet die Hausbank des Importeurs in der Regel nur auf Grundlage ihres **eigenen Kenntnisstandes**, d.h. sie stellt keine weiter reichenden Recherchen wegen einer Auskunftsanfrage an.

In der Regel keine Rückfrage beim Importeur

Die auskunfterteilende Bank informiert den Importeur im Allgemeinen nicht vom Vorliegen einer Auskunftsanfrage. In **Ausnahmefällen** ist aber eine **Rückfrage** beim Importeur durchaus möglich, insbesondere, wenn es sich mit Blick auf die Vermögens- und Ertragslage des Importeurs um einen ausnehmend hohen Anfragebetrag handelt. Obwohl der Exporteur in der Auskunftsanfrage nicht genannt wird (die Exporteurbank kennzeichnet ihre Anfrage neutral mit dem Vermerk "Anfrage im Kundeninteresse" o. Ä.), ist nicht auszuschließen, dass der Importeur die Anfrage doch dem Exporteur zuordnet.

Weitergabe der Auskunft/ Haftungsausschluss

Die Hausbank des Exporteurs gibt den Inhalt der **Auskunft unverändert an den Exporteur weiter**, allerdings ohne Nennung der auskunfterteilenden Bank. Dabei wird die **Haftung weitgehend ausgeschlossen** und der Exporteur im Übrigen darauf hingewiesen, dass er die Auskunft nicht an Dritte weitergeben darf.

Kosten

Die Banken betrachten das Auskunftsverfahren nicht als Erwerbsquelle; sie streben lediglich **Kostendeckung** an. Je nach Eilbedürftigkeit und Auskunftsweg reichen die dem Anfragenden in Rechnung gestellten Kosten von DM 10.-- bis über DM 100.--.

Aussagewert

Ergiebigkeit

Bankauskünfte können sehr ergiebig sein. Dies hängt damit zusammen, dass die Banken aus der Kontoführung ihrer Kunden wichtige Erkenntnisse über deren Zahlungsverhalten und damit ansatzweise auch über deren Kreditwürdigkeit gewinnen können. Hat die auskunfterteilende Bank darüber hinaus Kredite an den Importeur gewährt, dann verfügt sie auf Grundlage ihrer eigenen Kreditwürdigkeitsprüfung über weit reichende und in der Regel auch aktuelle Informationen. Eine solche Bank kann eine sehr **fundierte Kreditbeurteilung** abgeben und außerdem über die Vermögens- und Ertragslage, die Marktstellung sowie über die Vertrauenswürdigkeit des Importeurs berichten.

Standardformulierungen

Indessen erweist es sich in der Praxis, dass Bankauskünfte manchmal recht knapp gehalten oder gar vage formuliert sind. Dies hängt nicht immer mit einem unzulänglichen Erkenntnisstand der Banken zusammen, sondern auch mit der **Schutzwürdigkeit** des Importeurs. Es würde in der Tat dem schutzwürdigen Interesse des Importeurs zuwiderlaufen, wenn die Banken Kontostände, Depotwerte, Zahlen aus nicht veröffentlichten Jahresabschlüssen und andere vertrauliche Daten in die Auskunft aufnehmen würden. Die berichtenden Banken behelfen sich deswegen mit **Umschreibungen**. Dazu verfügen sie über ein umfangreiches Repertoire an Standardformulierungen, die durch Abstufungen und Nuancierungen dem fachkundigen Auskunftsempfänger im Allgemeinen die richtige Interpretation der Auskunft ermöglichen, zumindest aber die Tendenz erkennen lassen.

Interpretation

Es bedarf einiger **Erfahrungen** in der Auswertung von Bankauskünften bis sich ein Auskunftsempfänger als fachkundig einstufen darf, denn die Vorbehalte der auskunfterteilenden Bank finden sich nicht selten zwischen den Zeilen. Eindeutig interpretieren lassen sich für Laien oft nur die sehr guten Auskünfte und die sehr schlechten Auskünfte. Dagegen neigt der flüchtige Leser nicht selten dazu, eine allenfalls mittelmäßige (ausreichende) Auskunft vorschnell als gut einzustufen. Dies hängt damit zusammen, dass manche Auskunftsempfänger nicht erkennen, dass die Aussage des einen Satzes einer Auskunft die Aussage eines anderen Satzes relativieren oder gar aufheben kann. Wichtig ist es deswegen, die verschiedenen Informationen einer Auskunft in der **Gesamtschau** zu interpretieren (Beispiele zur Kurzinterpretation typischer Formulierungen in Bankauskünften finden sich in Abschnitt 1.3.1.2).

Ermessensspielraum der Auskunftsbank

Der Empfänger einer Bankauskunft darf nicht unterstellen, dass die auskunfterteilende Bank ihren gegenwärtigen Erkenntnisstand über ihren Kunden stets völlig objektiv und gänzlich frei von Eigeninteressen darlegt. Weil in Bankauskünften in der Regel keine konkreten Zahlen angegeben werden und sich der Auskunftsempfänger deswegen kein eigenes Urteil auf objektiver Grundlage bilden kann, sondern weil in Bankauskünften nur umschreibende Beurteilungen sowie allgemein gehaltene Bewertungen enthalten sind und im Übrigen die Haftung der Banken weitgehend ausgeschlossen ist, eröffnet sich für die auskunfterteilende Bank ein **beträchtlicher Freiraum** bei der Formulierung des Auskunftsinhalts. Bei der Auswertung von Bankauskünften hat der Auskunftsempfänger deswegen zu bedenken, dass die Bank diesen Freiraum zur Wahrung ihrer eigenen Interessen genutzt haben könnte.

Eigeninteresse der Auskunftsbank

Das gewichtigste und zugleich brisanteste Eigeninteresse der **auskunfterteilenden Bank** entsteht, wenn sie an ihren Kunden, über den zu berichten ist, **selbst Kredite gewährt** hat und die Kreditwürdigkeit dieses Kunden bedenklich erscheint und wenn außerdem die Gefahr besteht, dass die der Bank bestellten Sicherheiten bei einer Insolvenz dieses Kunden zur Deckung der gewährten Kredite nicht ausreichen würden. Berichtet die Bank diese Situation ihres Kunden, dann läuft sie Gefahr, dass dessen Lieferanten, die diese Auskunft empfangen, Zahlungsziele kürzen bzw. bei künftigen Lieferungen auf Barzahlung bestehen werden. Die Liquiditätslage des Kunden würde sich somit durch die Auskunft der Bank weiter verschlechtern und seine Insolvenz wahrscheinlicher. Hat die Bank diese möglichen Konsequenzen vor Augen, dann besteht die Gefahr, dass sie sich in ihrer Auskunft mit vagen oder nichts sagenden Formulierungen um die Kernfrage der Kreditwürdigkeit zu winden trachtet. Für interpretationsgeübte Empfänger von Auskünften ist dies indessen erkennbar, sodass die richtigen Schlüsse gezogen werden können. Gravierender ist es, wenn die Bank die Verhältnisse ihres Kunden tendenziell in einem (etwas) günstigeren Licht erscheinen lässt, als sie sich bei streng objektiver Betrachtung darstellen.

Hinweis

In Abschnitt 1.3.4 findet sich eine "Zusammenfassende Darstellung der Informationsquellen zur Beurteilung wirtschaftlicher Risiken".

1.3.1.2 Kurzinterpretation typischer Formulierungen in Bankauskünften

Prof. Dr. Siegfried G. Häberle

1.3.1.2 Kurzinterpretation typischer Formulierungen in Bankauskünften

Vorbemerkungen:

- Der folgende Katalog typischer Formulierungen in Bankauskünften stellt lediglich eine **eng begrenzte** Auswahl aus der Vielzahl gängiger Formulierungen dar.
- Der Katalog enthält nur Einzelformulierungen mit jeweiliger Kurzinterpretation. Die Aussage einer Bankauskunft ist jedoch häufig nur in einer **Gesamtbewertung aller Einzelinformationen** und durch Zusammenfügen aller Nuancen ableitbar.
- Die ausgewählten und interpretierten Formulierungen beziehen sich überwiegend auf die Beurteilung der **Kreditwürdigkeit** in bezug auf den angefragten Betrag, weniger dagegen auf die "Allgemeinen Verhältnisse" des Kunden (des sog. Angefragten).
- Beispiele zur **persönlichen Beurteilung** des Angefragten sind nicht aufgenommen. Einerseits, weil positiven persönlichen Beurteilungen in Bankauskünften keine allzu große Bedeutung für die Zahlungsfähigkeit des Angefragten beigemessen werden darf. Andererseits, weil eine negative persönliche Beurteilung, die die Kreditinstitute im übrigen sehr zurückhaltend und erst bei gravierendem Fehlverhalten formulieren, keiner Interpretation bedürfen, sondern für sich sprechen.

Formulierung in der Bankauskunft	Kurzinterpretation
• Wir halten das Unternehmen für den angefragten Betrag (bzw. noch besser: für die von ihm eingegangenen Verbindlichkeiten) **für unbedenklich gut.**	Sehr gute Auskunft. Die Kreditinstitute verwenden den Ausdruck "unbedenklich" in der Regel sehr zurückhaltend, d.h. nur wenn eine hervorragende Kreditwürdigkeit ihres Kunden tatsächlich gegeben ist.
• Eventuelle **Untermauerung** dieser Kreditbeurteilung durch weitere Informationen wie z.B. - wertvoller, unbelasteter Grundbesitz, - eingeräumte Kredite werden nicht/nur selten in Anspruch genommen, - wir haben Blankokredite gewährt, - sehr gute Ertragslage, hervorragende Marktstellung.	Die weiteren Informationen bestätigen einen weitreichenden unausgeschöpften Kreditrahmen bzw. weitreichende Kreditaufnahmemöglichkeiten (unbelasteter Grundbesitz), ein uneingeschränktes Vertrauen der berichtenden Bank (Blankokredite), beste Zukunftsaussichten (hervorragende Marktstellung), d.h. auch Kreditwürdigkeit in der Zukunft.

Formulierung in der Bankauskunft	Kurzinterpretation
• Wir halten das Unternehmen für den angefragten Betrag **für gut.**	Gute Auskunft.
• **Steigerungsformen** durch weitere Informationen, z.B. - wertvoller Grundbesitz, der gering belastet ist, - eingeräumte Kredite werden nicht voll in Anspruch genommen, - gute Ertragslage, gute Marktstellung.	Diese Steigerungsformen bedeuten, daß über den aktuellen Bedarf hinaus weitere finanzielle Mittel zur Verfügung stehen und sie bescheinigen positive Zukunftsaussichten.
• **Einschränkungen** durch weitere Informationen, z.B. - Grundbesitz vorhanden, der im üblichen Rahmen (angemessen) belastet ist, - wir haben Kredite auf gedeckter Basis gewährt, - befriedigende Auftragslage.	Diese Einschränkungen zeigen die Grenzen der noch guten Kreditwürdigkeit. Sehr hohe finanzielle Spielräume sind - über den aktuellen Bedarf hinaus - nicht vorhanden; vermutlich sind die eingeräumten Kredite sogar weitgehend beansprucht, zumal die Bank dazu keine Stellung nimmt. Die Formulierung "befriedigende Auftragslage" kann eine gewisse Einschränkung einer gegenwärtigen noch guten Kreditbeurteilung für die Zukunft bedeuten.
• Wir halten das Unternehmen für den angefragten Betrag **zur Zeit für gut**.	U.U. nur eine befriedigende bis gute Auskunft, weil die Einfügung "zur Zeit" einen deutlichen Vorbehalt hinsichtlich der zukünftigen Zahlungsfähigkeit bedeuten kann. Allerdings ist das Gewicht dieses Vorbehaltes nur in einer Interpretation der Gesamtauskunft schlüssig abzuleiten, weil manche Kreditinstitute eine derartige Formulierung regelmäßig in Bezug auf den Zeitpunkt der Berichterstattung einfügen.
• **Einschränkung**, z.B. - ... für den angefragten Betrag gut in mehreren Raten.	Die von der berichtenden Bank notwendig angesehene Aufteilung in mehrere Raten schränkt die Bewertung mit "gut" deutlich ein. Häufig wird mit der Ergänzung "in mehreren Raten" allerdings auch nur der Wortlaut der Kreditanfrage bestätigt, in der bereits mit Ratenzahlung angefragt wurde (z.B. DM 50.000,- Wechselverbindlichkeiten in mehreren Abschnitten). Unter dieser Voraussetzung tendiert die Auskunft - in isolierter Betrachtung dieser Formulierung - nach wie vor zu "gut".
• Aufgrund unserer langjährigen Geschäftsbeziehungen sind wir der **Überzeugung**, daß das Unternehmen nur Verbindlichkeiten eingeht, die **erfüllt werden können.**	Grundsätzlich recht positiv. Allerdings nur in der Gesamtschau aller Informationen einer Auskunft eindeutig einzuordnen. Diese Formulierung kann sowohl die abschließende Beurteilung einer sehr guten Kreditauskunft darstellen als auch lediglich das subjektive Bemühen des Angefragten, Zahlungsverpflichtungen überschaubar zu halten, also dessen (subjektive) Redlichkeit zum Ausdruck bringen.
• Nach unseren **Beobachtungen** sind die eingegangenen Verpflichtungen - auch in der angefragten Höhe - **bisher pünktlich reguliert worden.**	Befriedigende, u.U. gute Auskunft. Die Tendenz ist jedoch nur in der Gesamtschau aller Informationen einer Auskunft erkennbar. Das Kreditinstitut nimmt zwar ausdrücklich zum angefragten Betrag Stellung, es argumentiert aber lediglich vergangenheitsbezogen. Positiv ist die Einfügung "pünktlich" zu werten.

Formulierung in der Bankauskunft	Kurzinterpretation
• Eingegangene Verbindlichkeiten sind - soweit uns bekannt - **bisher erfüllt worden.**	Befriedigende, u.U. nur ausreichende Auskunft. Allerdings wiederum nur in der Gesamtbeurteilung aller Informationen einer Auskunft eindeutiger interpretierbar. Auffällig und negativ zu werten ist, daß nicht nur die Ausdrücke "pünktlich" bzw. "prompt" fehlen, sondern auch die Stellungnahme zum angefragten Betrag.
• Der angefragte Betrag liegt **im Rahmen der** mit uns getätigten **Umsätze.**	Lediglich eine quantitative, vergangenheitsbezogene Beurteilung, die - isoliert betrachtet - kein abschliessendes Kreditурteil zuläßt. Tendenziell befriedigende, u.U. nur ausreichende Auskunft.
• **Einschränkende Formulierungen** bzw. Informationen, z.B. - ... liegt noch im Rahmen ... , - ... liegt zur Zeit im Rahmen ... , - wir haben Kredite auf gedeckter Basis eingeräumt, die voll in Anspruch genommen werden, - in der Vergangenheit wurden hohe Investitionen vorgenommen, die weitgehend kreditfinanziert wurden.	Tendenz: Ausreichende Auskunft oder schlechter, sonst wie oben. Obwohl der angefragte Betrag zur Zeit (noch) im Rahmen der mit der Bank getätigten Umsätze liegen mag, bedeutet diese Information, daß der finanzielle Spielraum des Unternehmens bei der berichtenden Bank nicht mehr groß ist.
- die Auftragslage ist - wie in der gesamten Branche - unbefriedigend,	Sehr deutlicher Vorbehalt hinsichtlich der zukünftigen Zahlungsfähigkeit. Insbesondere in Verbindung mit der Formulierung "... liegt noch im Rahmen ..." ist dies eine schlechte Auskunft.
- Überziehungen werden (vorübergehend) beansprucht,	Tendenz: noch ausreichende Auskunft, sofern die übrigen Informationen ein insgesamt positives Urteil zulassen. Schlechte Auskunft z.B. in Verbindung mit der Formulierung "... liegt noch im Rahmen ...", weil die Bank meint "liegt gerade noch im Rahmen" und wenn das Wort "vorübergehend" fehlt.
- der Grundbesitz ist relativ hoch belastet.	Wie oben.
• Im Hinblick auf die bei uns getätigten Umsätze erscheint uns der **angefragte Betrag hoch.**	Isoliert betrachtet: Schlechte Auskunft. In der Regel als deutlicher Vorbehalt zu interpretieren. Nur in Ausnahmefällen würde eine eventuelle Aufteilung des Betrags in mehrere Raten zu einer wesentlich günstigeren Beurteilung führen.
• **Steigerungen**, z.B. - ... sehr hoch,	Eindeutig schlechte Auskunft, weil die Bank erfahrungsgemäß zwar "sehr hoch" schreibt, aber "zu hoch" meint.
- ... zu hoch,	Sehr schlechte Auskunft, d.h. die Bank geht nicht nur davon aus, daß ein derartiger Betrag den finanziellen Spielraum des Unternehmens überschreitet, sondern zweifelt auch an dessen subjektiver Redlichkeit, nur überschaubare (erfüllbare) Verbindlichkeiten einzugehen.
- Überziehungen werden zögernd zurückgeführt,	Sehr schlechte Auskunft, denn bereits gegenwärtig sind Liquiditätsengpässe festzustellen und wohl auch für die Zukunft.
- der Grundbesitz ist sehr hoch belastet.	Sehr schlechte Auskunft, weil die Bank "zu hoch" meint.

Formulierung in der Bankauskunft	Kurzinterpretation
• Die **finanziellen Verhältnisse** erscheinen **angespannt.**	Sehr schlechte Auskunft, weil sich die Bank zu dieser Formulierung erfahrungsgemäß erst bei länger anhaltenden und auch für die nähere Zukunft zu erwartenden Anspannungen entschließt.
• Die **Zahlungsweise** ist **schleppend.**	Wie oben. Dies schreiben die Banken insbesondere bei laufenden Wechselprolongationen bzw. bei Lastschrift- und Scheckrückgaben, die nachträglich noch bereinigt wurden.
• **Scheck-/Lastschriftrückgaben** sind vorgekommen.	Sehr schlechte Auskunft; keine Interpretationsunsicherheiten.
• **Wechselproteste** sind erfolgt.	Wie oben; allerdings wegen der Konsequenzen von Wechselprotesten von noch größerem Gewicht (unter anderem bundesweite Information der Kreditinstitute durch Aufnahme des Wechselbezogenen in die sog. Wechselprotestliste).
• Eine Kreditgewährung ist **Vertrauenssache.**	Eindeutig sehr schlechte Auskunft. Das Kreditinstitut empfiehlt, keine Kredite zu gewähren bzw. Geschäfte mit dem Unternehmen überhaupt nur mit absolut sichernden Zahlungsbedingungen (z.B. Vorauszahlung, Barzahlung usw.) zu tätigen.
• Wir raten zur **Vorsicht.**	Wie oben.

Formulierungen, aus denen eine Kreditbeurteilung nicht bzw. nicht hinreichend ableitbar ist:

Formulierung in der Bankauskunft	Kurzinterpretation
• Für uns bestand bisher **keine Veranlassung,** näheren **Einblick** in die Vermögensverhältnisse zu nehmen.	Häufig die Auskunft von Nebenbankverbindungen, bei denen das Konto auf Guthabenbasis (meist mit kleineren Umsätzen) geführt wird oder wenn nur sehr geringe Kreditbeträge in Anspruch genommen werden. Tendenziell positiv, aber ohne weiterreichende Information nicht eindeutig einzuordnen.
• Die Bankverbindung läßt im Hinblick auf die Anfrage eine **Beurteilung nicht zu.**	Grundsätzlich ist eine Interpretation wie oben möglich. Allerdings können sich dahinter auch negative Sachverhalte verbergen, die die Bank nicht zu berichten geneigt ist, eventuell in Verbindung mit der Tatsache, daß die berichtende Bank ohnehin nur eine Nebenbankverbindung ist.
• Über **Privatkunden** erteilen wir nach allgemeiner Übung im Kreditgewerbe ohne Zustimmung des Kunden grundsätzlich **keine Auskunft.**	Daraus ist eine Kreditbeurteilung überhaupt nicht, und zwar auch nicht andeutungsweise ableitbar. Die Auskunft umfaßt lediglich die lapidare und werturteilsfreie Feststellung des bei Privatkunden üblichen Verfahrens.
• Wir sind von unserem **Kunden nicht ermächtigt** worden, Auskünfte zu erteilen.	In Wirklichkeit hat der Kunde die Bank ausdrücklich angewiesen, über ihn keinerlei Auskünfte zu erteilen. In der Regel muß davon ausgegangen werden, daß negative Informationen zurückgehalten werden sollen. Nur in Ausnahmefällen handelt es sich um solvente publizitätsscheue Unternehmen. In jedem Fall sind vor Einräumung von Zahlungszielen weitere Informationen einzuholen oder absolut sichernde Zahlungsbedingungen zu vereinbaren.

1.3.2 Auskünfte gewerblicher Auskunfteien

Abwicklung

Beauftragung einer inländischen Auskunftei

Eine weitere Möglichkeit, Informationen über die Kreditwürdigkeit, die Vertrauenswürdigkeit sowie über die sog. allgemeinen Verhältnisse eines Importeurs zu gewinnen, liegt in der Beauftragung einer gewerblichen Auskunftei zur **Einholung** einer sog. **Wirtschaftsauskunft**. Der Exporteur wendet sich an eine inländische Auskunftei, die eine Niederlassung im Importland unterhält oder die eine Auskunftei im Importland mit der Beantwortung der Anfrage betraut. Der direkte Weg zu einer Auskunftei im Importland ist unüblich, zumal der Exporteur regelmäßig ohnehin mit einer inländischen Auskunftei einen Abnahmevertrag geschlossen hat.

Auskunftsformen

Die Auskunfteien bieten einen **zeitlich gestaffelten Kreditinformationsdienst** an, der von der sog. Normalauskunft/Standardauskunft (z.B. bei der Auskunftei Bürgel: Inland ca. zehn Tage, Europa ca. drei bis vier Wochen, andere Kontinente vier bis fünf Wochen) über die Telex-/Telegrammauskunft (Bürgel: Inland 24 Stunden, Europa 48 Stunden, andere Kontinente 72 Stunden) und die Super-Telexauskunft/Eilauskunft mit Telexvorbericht (Bürgel: Inland vier bis fünf Stunden, Europa acht Stunden) bis zum Online-Zugriff reicht.

Anfrageinhalt

Auch der Anfrageinhalt kann vom Exporteur seinen jeweiligen Informationsbedürfnissen angepasst werden. So reicht beispielsweise das Angebot der Auskunftei Schimmelpfeng von der **Super-Kurzauskunft** (Angaben zu den wichtigsten Eckdaten einer Firma) über die **Standardauskunft** (detaillierte Informationen zu den wirtschaftlichen und finanziellen Verhältnissen) und die **Vollauskunft** (wie Standardauskunft zuzüglich Kreditfragenbeantwortung und eventuell Zahlungsindex) bis zur **Spezialauskunft** (ausführliche Spezialanalysen zu Firmen bzw. Branchen, schriftlicher Ergänzungsdienst bei veränderten Firmendaten) sowie zu Kombinationen aus den verschiedenen Anfragemöglichkeiten.

Nachtragsauskünfte

Der Exporteur kann eine gewerbliche Auskunftei -im Gegensatz zu den Banken- mit der **Erteilung von Nachtragsauskünften** beauftragen. Der Exporteur erhält dann ergänzende Informationen über veränderte Daten seines Abnehmers.

Informationsgewinnung

Gewerbliche Auskunfteien erfassen alle **verfügbaren Informationen** über die Gewerbebetriebe ihres Einzugsgebiets. Auf dieser Grundlage berichten sie bei Anfragen. Rückfragen beim sog. Angefragten, also beim Importeur, über den berichtet werden soll, sind bei einzelnen Auskunftsanfragen die Ausnahme, dagegen in Form einer allgemeinen Aufforderung zur Selbstauskunft (Selbstäußerung) des Importeurs die Regel.

Übersetzung

Der Exporteur kann bei einigen Auskunfteien die **Sprache** der Auskunft **wählen**. Entweder die Originalsprache oder deutsch bzw. englisch. Zwar besteht grundsätzlich die Gefahr, dass durch eine Übersetzung Informationen verzerrt werden. Jedoch verfügen die gewerblichen Auskunfteien über Spezialisten, die in der Lage sind, den Tenor der aus dem Ausland eingehenden Informationen richtig zu interpretieren bzw. zu übersetzen.

Aufbereitung

Die vom Exporteur beauftragte inländische Auskunftei bereitet die aus dem Ausland eingehenden Informationen anhand ihres **Standardschemas** auf. Der Vorzug dieser schematisierten Aufbereitung liegt in der raschen Auswertbarkeit der Auskunft durch den Exporteur, die insbesondere dann gegeben ist, wenn die Kreditempfehlung der Auskunftei in eindeutigen Bonitätskategorien (sog. Rating-Systemen) erfolgt bzw. in Beträgen ausgedrückt ist.

Kosten

Die **Kosten** der Auskünfte gewerblicher Auskunfteien **streuen stark**, insbesondere in Abhängigkeit zur Eilbedürftigkeit, zum Umfang der Anfrage, zum Importland, zur Abnahmemenge im Rahmen des Abonnements u.v.a.m. Sie reichen von ca. DM 40.-- für eine inländische Normalauskunft bis zu mehreren hundert DM für eilbedürftige Auslandsanfragen bzw. für Spezialanfragen.

Aussagewert

Informationsquellen der Auskunftei

Der Aussagewert der Auskünfte gewerblicher Auskunfteien ist im Zusammenhang mit deren Möglichkeiten zur **Informationsgewinnung** zu sehen. Im Wesentlichen erlangen die gewerblichen Auskunfteien ihre Informationen auf drei Wegen:

- Auswertung **öffentlich zugänglicher Quellen** (z.B. Veröffentlichungen der Gerichte, Handelsregister, Wirtschaftspresse, veröffentlichte Jahresabschlüsse, Geschäftsberichte u.a.);
- Auswertung von Informationen, die in der **Branche** über den Importeur verfügbar sind, Befragung seiner **Lieferanten** und eventuell seiner Banken (in Deutschland nicht mehr möglich), Auswertung des eigenen **Inkassodienstes** u. Ä.;
- **Selbstauskunft** (Selbstbefragung, Selbstäußerung) des Importeurs.

Ergiebigkeit

Sehr ergiebig sind die Auskünfte gewerblicher Auskunfteien zu den **allgemeinen Verhältnissen** des Importeurs, beispielsweise zur Rechtsform und zum Gründungsjahr des Unternehmens, zur Angabe der Geschäftsführer und der Gesellschafter, zur Branche, zum Tätigkeitsfeld und -soweit veröffentlicht- zum Jahresabschluss des Importeurs.
Die Frage der **Kreditwürdigkeit** des Importeurs, die im Allgemeinen im Mittelpunkt des Interesses des Exporteurs steht, ist für die gewerblichen Auskunfteien dagegen **schwieriger zu beantworten**. Zwar erhalten die Auskunfteien im Einzelfall Informationen über das Zahlungsverhalten und die Kreditwürdigkeit eines Importeurs von dessen Lieferanten (insbesondere wenn der Lieferant selbst in der Vergangenheit Auskünfte über seinen Abnehmer bei dieser Auskunftei eingeholt hat) und in manchen Ländern auch (noch) von den Kreditinstituten. Jedoch wird dieser Informationsfluss durch die Datenschutzgesetzgebung, aber auch durch das Datenschutzbewusstsein der Informationsträger zunehmend eingeschränkt. Ergiebiger sind dagegen diejenigen Informationen, die die Auskunfteien aus ihren eigenen Inkassoabteilungen erhalten. Diese Inkassoabteilungen treiben im Auftrag von Lieferanten überfällige Forderungen im In- und Ausland ein.

Selbstauskunft des Importeurs

Die **Selbstauskunft** des Importeurs, die auf einem weit reichenden Fragebogen der Auskunftei zu den persönlichen und wirtschaftlichen Verhältnissen des Importeurs beruht, **hilft** in der Kernfrage der Kreditwürdigkeit **nur bedingt weiter**. Es ist nämlich nicht auszuschließen, dass der Importeur seine eigene Situation in der Selbstauskunft günstiger darstellt als sie es bei streng objektiver Betrachtung ist. Die Auskunftei steht deswegen vor dem Problem, zu entscheiden, welche Angaben der Selbstauskunft in ihre Datei zu übernehmen sind und damit anfragenden Dritten zugänglich gemacht werden sollen.

Recherchen der Auskunfteien

Im Gegensatz zu den Banken nehmen gewerbliche Auskunfteien **zusätzliche Recherchen** auf, wenn die über einen Angefragten bislang gespeicherten Informationen zur Beantwortung der Anfrage nicht ausreichen oder wenn eine spezielle Berichterstattung gefordert wird.

Kein Eigeninteresse

Ein **Eigeninteresse** am Inhalt der Auskunft, so wie dies den kreditgewährenden Banken u.U. zu unterstellen ist, kann bei gewerblichen Auskunfteien **im Regelfall ausgeschlossen** werden.

Haftungsausschluss

Ebenso wie die Banken schließen die gewerblichen Auskunfteien die **Haftung** für den Auskunftsinhalt **weitestgehend aus**.

Weitere Dienstleistungen

Neben der Erteilung von Wirtschaftsauskünften bieten die gewerblichen Auskunfteien (zum Teil über Tochtergesellschaften) **weitere Dienstleistungen** an, die insbesondere für Exporteure von Interesse sind:

- Übernahme des **Mahn- und Inkassoverfahrens** von Inlands- und Auslandsforderungen;
- **Überwachung sog. ausgeklagter Forderungen** (Laufzeitüberwachung der wirtschaftlichen Verhältnisse von Schuldnern, von denen -trotz Klage- eine Zahlung zunächst nicht zu erlangen war);
- **Adressenlisten** potenzieller Kunden im In- und Ausland;
- **sonstige Dienstleistungen** wie beispielsweise Seminare u. Ä.

Anschriften

Die gewerblichen Auskunfteien unterhalten eine Vielzahl von Außenstellen, deren Anschriften der Exporteur über die folgenden **Zentralen** erhält:

- Verband der Vereine Creditreform e.V.
  Postfach 10 15 53
  41415 Neuss 1
- Auskunftei Bürgel Centrale GmbH
  Postfach 3 10
  52004 Aachen
- Schimmelpfeng GmbH
  Hahnstr. 31-35
  60528 Frankfurt/Main

Hinweis

In Abschnitt 1.3.4 findet sich eine "Zusammenfassende Darstellung der Informationsquellen zur Beurteilung wirtschaftlicher Risiken".

1.3.3 Sonstige Informationsquellen

Bestehende Geschäftsverbindung zum Importeur

Geschäftsverbindung

Sofern der Exporteur mit dem Importeur bereits in Geschäftsverbindung steht, ist es die **nächstliegende Informationsquelle,** die bisherige Geschäftsabwicklung unter den Kriterien Vertrauenswürdigkeit, Zahlungsverhalten und -soweit möglich- Kreditwürdigkeit auszuwerten. Zumindest vor Übernahme von Aufträgen, die über das bisherige Volumen hinausreichen oder bei sich tendenziell verschlechterndem Zahlungsverhalten des Importeurs ist es ratsam, dass der Exporteur in Ergänzung zu seinen Erfahrungen weitere Informationen (z.B. Bankauskünfte) einzieht.

Eigener Vertreter im Importland

Vertreter

Es kann sich als ergiebig erweisen, den **eigenen Vertreter im Importland** mit der Einholung von Informationen über den (potenziellen) Abnehmer zu beauftragen. Erfahrungsgemäß ist in sog. Branchenkreisen die Leistungsfähigkeit, die Seriosität, aber auch die Kreditwürdigkeit der Betriebe zumindest in Konturen bekannt.
Einzuwenden sind gegen diesen Weg der Informationsbeschaffung insbesondere zwei Aspekte: Zum einen hat der Vertreter in der Regel ein **Interesse am Verkauf** und ist insoweit geneigt, dieses Ziel nicht mit einer ungünstigen Kreditaussage über einen potenziellen Kunden selbst zu unterlaufen. Zum anderen wird es der potenzielle **Kunde missbilligen**, wenn er erfährt, dass der Vertreter im Hintergrund Informationen über seine Kreditwürdigkeit zu gewinnen trachtet.

Vom Importeur angegebene Referenzen

Referenzen

Vor der Annahme von Großaufträgen bzw. vor der Gewährung längerer Zahlungsziele kann es im Einzelfall empfehlenswert sein, wenn sich der Exporteur von seinem potenziellen **Abnehmer Referenzen** geben lässt.
Bei den vom Importeur angegebenen Referenzen besteht jedoch die **Gefahr**, dass sie interessengebunden sind und deswegen kein objektives Bild von den tatsächlichen Verhältnissen des Importeurs zeichnen.

Eigene Recherchen

Recherchen

Die eigenständigen Recherchen des Exporteurs können von der **Auswertung der Jahresabschlüsse** des Importeurs bis zu einer **Betriebsbesichtigung** reichen.
Die **Bilanzanalyse** sollte sowohl einen **Zeitvergleich** als auch einen **Branchenvergleich** umfassen. Der Exporteur benötigt dazu die Abschlüsse des Importeurs mehrerer Jahre sowie die Kennzahlen der Branche des Importeurs im relevanten Ausland. Sofern der Importeur einem Konzern angehört oder in anderer Form mit weiteren Unternehmen verflochten ist, müssen darüber hinaus auch diese -für die Kreditwürdigkeit in vielen Fällen entscheidenden- Beziehungen (Abhängigkeiten) in die Analyse einbezogen werden.

Es liegt auf der Hand, dass solche Recherchen nicht nur eine entsprechende Qualifikation erfordern, sondern auch sehr aufwändig sind. Eigene Recherchen stellen Exporteure deswegen nur bei größeren Aufträgen bzw. in Fällen an, in denen der Abnehmer längere Zahlungsziele wünscht und die Informationsergiebigkeit der übrigen Quellen zu einer Kreditbeurteilung nicht ausreicht.

Deutsche Auslandshandelskammern

AHKs

Informationen über Importeure kann der deutsche Exporteur auch von den rund 50 **deutschen Auslandshandelskammern (AHKs)** bekommen:

- Ein Teil der Kammern hat **Rahmenvereinbarungen mit landesansässigen Auskunfteien** abgeschlossen und erteilt auf dieser Grundlage Auskünfte gegen Entgeltberechnung. Der Aussagewert dieser Auskünfte entspricht im Allgemeinen dem Aussagewert gewerblicher Auskünfte wie er oben besprochen wurde.
- Kammern in Ländern, in denen Auskunfteien nicht existieren bzw. Kammern, die eine derartige Rahmenvereinbarung nicht abgeschlossen haben, helfen dem anfragenden deutschen Exporteur -soweit möglich- durch **Angabe** von geeignet erscheinenden (anderen) **Informationsquellen** weiter, an die sich der Exporteur dann unmittelbar wenden kann.

Eigenständige Recherchen über die Zahlungsfähigkeit und über die Seriosität von Importeuren vermögen die Kammern in der Regel nicht durchzuführen.

Bonitätsprüfung durch Dritte

Factoringgesellschaften

Verkauft der Exporteur seine Forderungen an eine Factoringgesellschaft, dann sieht der Factoringvertrag in der Regel vor, dass die **Factoringgesellschaft** die **Kreditwürdigkeit der Abnehmer** des Exporteurs **prüft**. Auf dieser Grundlage setzt die Factoringgesellschaft ein Limit pro Abnehmer fest, bis zu dem sie bereit ist, die Forderungen des Exporteurs mit Übernahme des Delkredererisikos anzukaufen. Die Ergebnisse ihrer Kreditwürdigkeitsprüfung stellt die Factoringgesellschaft dem Exporteur zur Verfügung (Einzelheiten zum Exportfactoring siehe Kapitel 5.6).

Warenkreditversicherungsunternehmen

Eine analoge Überwälzung der Bonitätsprüfung ist auf **Warenkreditversicherungsunternehmen** möglich, sofern der Exporteur einen derartigen Versicherungsvertrag abgeschlossen hat. Zu beachten ist, dass die Kreditversicherungsunternehmen dem versicherten Lieferanten häufig zur Auflage machen, bei kleineren Forderungen die Abnehmer nach einem vorgegebenen Kriterienkatalog selbst zu prüfen (Einzelheiten zur privatwirtschaftlichen Ausfuhrkreditversicherung siehe Kapitel 9.1).

Qualifizierte Bonitätsprüfung

Die Bonitätsprüfung durch Factoringgesellschaften bzw. Warenkreditversicherungsunternehmen ist **qualifiziert**. Bei Übertragung der Bonitätsprüfung hat der Exporteur aber zu bedenken, dass diese Einrichtungen das **Limit pro Abnehmer** u.U. niedrig ansetzen, weil sie das Risiko für sich begrenzen wollen und dass sie im Übrigen ihren Aufwand (direkt oder indirekt) dem Exporteur in Rechnung stellen.

1.3.4 Zusammenfassende Darstellung der Informationsquellen zur Beurteilung wirtschaftlicher Risiken

Prof. Dr. Siegfried G. Häberle

Informationsquellen
über Seriosität, Kreditwürdigkeit und allgemeine Verhältnisse von (ausländischen) Geschäftspartnern

	Bankauskünfte	Auskünfte von Auskunfteien
Abwicklung:		
- Informationsweg:	Anfrage über die Hausbank des Exporteurs an die Bank(en) des Importeurs	Anfrage über eine inländische Auskunftei an eine Auskunftei im Importland
- Anfrageumfang:	Kreditbetrag und allgemeine Verhältnisse. Im allgemeinen keine Weisungen zum Umfang der Berichterstattung bzw. zu Spezialanfragen möglich	Starke Differenzierung des Anfrageumfangs möglich, z.B. Kurzauskunft, Vollauskunft mit Kreditfragenbeantwortung und evtl. Zahlungsindex, Spezialauskunft mit ausführlichen Firmenanalysen
- Auskunftsinhalt:	Unveränderte Weitergabe an den Exporteur	Übersetzung und Aufbereitung der aus dem Ausland eingehenden Informationen
- Rückfragen beim Importeur durch Bank /Auskunftei:	Nur in Ausnahmefällen (z.B. bei hohen Beträgen)	Generelle Aufforderung zur Selbstauskunft. Bei einzelnen Auskunftsanfragen nur in Ausnahmefällen
- Nachtragsauskünfte (Ergänzungsauskünfte):	Entfallen in der Regel. Eventuell Informationen aus den im Eigeninteresse der Exporteurbank eingeholten Auskünften (z.B. bei Wechselankauf) als Serviceleistung	Möglich, z.B. im Rahmen von Spezialauskünften
- Kosten:	In Abhängigkeit von Auskunftsweg und Eilbedürftigkeit ca. 10 DM (Inland) bis über 100 DM (Ausland)	In Abhängigkeit von Auskunftsweg, Eilbedürftigkeit, Fragestellung und Abnahmemenge im Rahmen eines Abonnements sowie Mitgliedsbeitrag: von ca. 40 DM (nicht eilbedürftige Inlandsauskunft) bis mehrere hundert DM (eilbedürftige Auslandsauskunft)
Aussagewert:		
- Erkenntnisquellen der auskunfterteilenden Stelle:	Kontoeinsicht. Bei Kreditgewährung außerdem umfassende Erkenntnisse durch eigene Kreditwürdigkeitsprüfung und Kreditüberwachung	Auswertung öffentlich zugänglicher Informationsquellen (öff. Register, Medien, veröff. Jahresabschlüsse u.a.), Befragung von Dritten (z.B. Lieferanten), Selbstauskünfte der Angefragten
- Ergiebigkeit	Auf Grundlage obiger Erkenntnisquellen tendenziell hoch, und zwar auch zur Kreditanfrage. Allerdings länderweise unterschiedlich und vom Einzelfall abhängig. Erkennung des Aussagewertes z.T. schwierig	Auf Grundlage obiger Erkenntnisquellen hoch zu den allgemeinen Verhältnissen. Zur Kreditwürdigkeit nicht immer sehr ausgeprägt (abhängig vom Einzelfall und vom Importland). Erkennung des Aussagewertes wegen Aufbereitung und Schematisierung der Auskunft relativ leicht möglich
- Recherchen der auskunfterteilenden Stelle	Entfallen in der Regel	Im Einzelfall zusätzliche Recherchen zur Ergänzung der ohnehin gespeicherten Informationen
- Eigeninteresse der auskunfterteilenden Stelle	Bei Kreditgewährung durch die auskunfterteilende Bank u.U. gegeben	Entfällt
- Haftung	Weitgehend ausgeschlossen	Weitgehend ausgeschlossen

Sonstige

Bestehende Geschäftsverbindung zum Importeur
Auswertung insbes. vor Übernahme von Großaufträgen oder bei verschlechtertem Zahlungsverhalten des Importeurs
Ergänzung durch Bankauskünfte u.a.

Eigener Vertreter im Importland
Informationsergiebigkeit kann im Einzelfall hoch sein.
Vorbehalte:
Mißbilligung der Recherchen durch (potentiellen) Kunden;
Interessenkollision beim Vertreter, da dieser primär am Verkauf interessiert ist

Referenzen
Im allgemeinen nur vor Übernahme von Großaufträgen.
Risiko: Referenzen geben unter Umständen keine objektive Auskunft

Eigene Recherchen
Z.B. Auswertung von Jahresabschlüssen, Betriebsbesichtigungen u.a.
Voraussetzung: Eigenes qualifiziertes Kreditmanagement; aufwendig

Deutsch - ausländische Handelskammern (AHKs)
Analoge Beurteilung wie Auskünfte von gewerbl. Auskunfteien, da sich die Kammern maßgeblich auf Auskunfteien im jeweiligen Land stützen

Bonitätsprüfung durch Dritte
Z.B. durch Factoringesellschaften, Warenkreditversicherungsunternehmen u.a.

Abbildung 1.3-01

1.4 Garantendelkredererisiko

1.4.1 Charakterisierung

Definition

Bei vielen Außenhandelsgeschäften sind die Ansprüche der Exporteure bzw. der Importeure an die Geschäftspartner durch **Zahlungsversprechen von Kreditinstituten** (z.B. durch Bankgarantien, Bankbürgschaften, Akkreditive usw.) abgesichert. Neben den Kreditinstituten treten auch sog. **Nichtbanken als Garanten** in Erscheinung, so z.B. Konzernobergesellschaften für Beteiligungsgesellschaften.

Bei allen derart gesicherten Auslandsgeschäften stellt sich neben der Frage nach dem im Importeur begründeten wirtschaftlichen Risiko auch die Frage nach dem Garantendelkredererisiko, also nach der Gefahr des ganzen oder teilweisen **Ausfalls eines (Zahlungs-) Anspruchs wegen Zahlungsunfähigkeit oder wegen Zahlungsunwilligkeit eines Garanten**. Ein (längerer) **Zahlungsverzug** des Garanten kann ebenfalls in das Garantendelkredererisiko einbezogen werden.

Im weiteren Sinne handelt es sich beim Garantendelkredererisiko ebenfalls um ein wirtschaftliches Risiko.

Beispiele

Eröffnet beispielsweise die Hausbank eines Importeurs im Auftrag des Importeurs ein **Dokumentenakkreditiv** zu Gunsten eines Exporteurs, dann tritt die Zahlungsfähigkeit der akkreditiveröffnenden Importeurbank in den Mittelpunkt des Sicherungsinteresses. Analoges gilt, wenn beispielsweise ein Importeur eine (größere) Vorauszahlung an einen Exporteur zu leisten hat und die Vorleistung des Importeurs durch eine sog. **Anzahlungsgarantie** der Exporteurbank abzusichern ist.

Rangfolge

Die **Rangfolge** der Befriedigung der Ansprüche des Begünstigten kann **unterschiedlich gestaltet** sein: Meistens kann der Begünstigte auf Grundlage der gestellten Sicherheit Ansprüche unmittelbar gegen den Garanten geltend machen (z.B. beim Dokumentenakkreditiv). Im Einzelfall treffen die Beteiligten aber auch die Vereinbarung, dass der Begünstigte zunächst den Ausfall seiner Ansprüche gegen den Hauptschuldner (also gegen seinen Geschäftspartner) nachzuweisen hat und dass er erst danach seinen Anspruch gegen den Garanten durchsetzen kann.

Andere Risikodefinitionen

Soll das Gesamtrisiko eines Exportgeschäfts oder das Forderungsausfallrisiko einschließlich des Garantendelkredererisikos auf eine **Versicherung** überwälzt werden, dann ist die genaue Definition des Garantendelkredererisikos dieser Einrichtung heranzuziehen. Analoges gilt, wenn der Verkauf einer Auslandsforderung, die durch die Garantie eines Dritten abgesichert ist, an eine **Factoring-** oder an eine **Forfaitierungsgesellschaft** beabsichtigt ist. In diesem Zusammenhang sind im Übrigen auch eventuelle Auflagen dieser Institutionen zur Art und zum Umfang der von Dritten (den Garanten) zu stellenden Sicherheiten vor Abschluss des Auslandsgeschäfts zu erheben.

1.4.2 Informationsquellen

Notwendigkeit der Bonitätsprüfung

Die Notwendigkeit der Prüfung der Seriosität und der Bonität eines Garanten folgt u.a. aus der Tatsache, dass in der Vergangenheit auch **Kreditinstitute** im In- und Ausland ihre **Zahlungen eingestellt** haben. Wird überdies berücksichtigt, dass das Bankrecht und die Bankenaufsicht im Ausland keineswegs immer den strengen deutschen Normen entspricht, dann bedarf es keiner weiteren Rechtfertigung für die Notwendigkeit zur Einholung von Auskünften über Garanten, auch wenn diese Kreditinstitute sind.
Die **Prüfung der Bonität der Garanten** hat ebenso frühzeitig einzusetzen wie die Bonitätsprüfung der ausländischen Geschäftspartner, d.h. wenn möglich **vor Vertragsabschluss**. Nur so kann der Begünstigte durchsetzen, dass die Sicherheit nicht von einem schwer zu beurteilenden, womöglich zweifelhaften Garanten gestellt wird.

Prüfung von Nichtbanken

Wird die Sicherheit für ein Auslandsgeschäft von einer sog. **Nichtbank** gestellt, dann ist die Bonität eines solchen Garanten mit denselben Instrumenten zu prüfen wie die Kreditwürdigkeit von Abnehmern, d.h. mittels Auskünften von Banken, Auskünften von gewerblichen Auskunfteien usw. (Einzelheiten siehe Abschnitt 1.3).

Prüfung von Banken

Überwiegend sind es jedoch **Kreditinstitute**, die die Sicherheit der Abwicklung bzw. der Zahlung eines Auslandgeschäfts garantieren. Deswegen richtet sich das Interesse des Begünstigten regelmäßig auf die Beurteilung der **Vertrauenswürdigkeit** und **Solvenz** dieser Banken.
Eine eigenständige Prüfung der Bonität einer ausländischen Bank wird der garantiebegünstigte Exporteur bzw. Importeur in der Regel nicht vornehmen können. Dies scheitert nicht nur daran, dass die Außenhändler über die notwendigen Informationsquellen (z.B. Jahresabschlüsse der Kreditinstitute und deren Rechtsgrundlagen) nicht verfügen, sondern auch daran, dass die Beurteilung der Bonität von Kreditinstituten **spezielle Kenntnisse und Analyseinstrumente** voraussetzt. Der Weg des deutschen Außenhändlers führt deswegen zu seiner Hausbank.
International tätige deutsche Kreditinstitute verfügen über verschiedene **Informationsquellen**, um die Bonität ausländischer Kreditinstitute beurteilen zu können, z.B.:

- Ratings über international tätige Banken;
- Repräsentanten, Korrespondenzbanken und Niederlassung im jeweiligen Ausland;
- eigene Erfahrungen mit den Kreditinstituten des betreffenden Landes bzw. mit dem garantierenden Kreditinstitut.

Ein eigenes Bild von der Kreditwürdigkeit der international führenden Banken kann sich der Exporteur allenfalls anhand der von "AAA" bzw. von "Aaa" ausgehenden **Klassifizierungen** der

- **Standard & Poor's Ratings Group,**
- **Moody's Investors Service,**
- **IBCA Banking Analysis Limited**

machen, die u.a. den größeren deutschen Geschäftsbanken vorliegen.

Informationslücken bzw. schlechte Bonität

Reichen die vorhandenen bzw. beschaffbaren Informationen zur Beurteilung der Bonität eines Kreditinstituts nicht aus oder stimmt die vorliegende **Beurteilung bedenklich**, dann wird der deutsche Außenhändler zunächst versuchen, beim ausländischen Geschäftspartner einen **anderen**, meist im Kontrakt vorzuschreibenden **kreditwürdigen Garanten** durchzusetzen. Gelingt dies nicht, bleibt dem Exporteur bzw. dem Importeur der Versuch, bei einer inländischen Bank -eventuell auf eigene Kosten- eine **zusätzliche Sicherheit** zu erlangen (z.B. durch Bestätigung eines Akkreditivs) oder das **Risiko** (teilweise) auf eine Versicherung zu **überwälzen** oder -falls es sich um eine geeignete Forderung handelt- das Risiko auf eine Forfaitierungsgesellschaft zu **übertragen**. Dass derartigen Risikoüberwälzungen enge Grenzen gesetzt sind, liegt auf der Hand.

1.5 Politische Risiken des Exporteurs

1.5.1 Charakterisierung und Erscheinungsformen

Charakterisierung

Als **politische Risiken**, die manchmal -allerdings zu umfassend- als Länderrisiken bezeichnet werden, sind grundsätzlich solche **Schadensmöglichkeiten** des Exporteurs zu charakterisieren, die durch

- **gesetzgeberische oder behördliche Maßnahmen,**
- **Krieg, Aufruhr, Revolution im Ausland,**
- **Beschränkungen des zwischenstaatlichen Zahlungsverkehrs,**
- **ähnliche, auf staatliche Eingriffe zurückzuführende Ereignisse,**

verursacht sind.

Abgrenzungsprobleme

Zu dieser Charakterisierung des politischen Risikos ist anzumerken, dass sich im Einzelfall **Abgrenzungsprobleme** zu den Erscheinungsformen des wirtschaftlichen Risikos und zu den Erscheinungsformen höherer Gewalt sowie zu vielfältigen anderen Risikophänomenen ergeben können. Auch die Art der staatlichen Maßnahmen bzw. der politischen Ereignisse bis hin zum Entstehungsgrund, Entstehungsort und Entstehungszeitpunkt solcher Maßnahmen und Ereignisse führt zu vielen offenen Fragen bei der Definition und somit bei der Abgrenzung des politischen Risikos. Dieser Hinweis ist von besonderer **Bedeutung**, wenn sich der Exporteur eine staatliche Risikodeckung (sog. Hermes-Deckung) für das Ausfuhrgeschäft beschaffen will.

Hermes-Deckung u.a.

Beabsichtigt der Exporteur, das politische Risiko eines Ausfuhrgeschäfts durch eine sog. Hermes-Deckung abzusichern oder auf andere Einrichtungen zu überwälzen, dann hat er die **Definitionen** des politischen Risikos **dieser Einrichtungen** heranzuziehen, um die jeweilige Deckungsfähigkeit und den Deckungsumfang zu klären. Hinweis: Die Ausfuhrgewährleistungen des Bundes (sog. Hermes-Deckungen) sind umfassend im Kapitel 9.2 dargestellt.

Erscheinungsformen

Politisch verursachte Risiken des Exporteurs können
- während der **Fabrikationsphase**,
- während der **Liefer-/Versandphase** und
- während der **Forderungsphase** (Kreditphase)

eintreten.

Übersicht

In **Abbildung 1.5-01** ist die **Entstehung der politischen Risiken chronologisch** dargestellt.

Prof. Dr. Siegfried G. Häberle

Chronologische Entstehung politischer Risiken des Exporteurs

Politische Risiken des Exporteurs

während der...

Fabrikationsphase

Notwendigkeit zum Abbruch der Fertigung bzw. zur Unterlassung des Versands (sog. politisches Fabrikationsrisiko) z.B. wegen
- politischer Umstände im Ausland (gesetzgeberische oder behördliche Maßnahmen, Krieg, Aufruhr, Revolution);
- Embargo des Inlands (Widerruf der Ausfuhrgenehmigung, Ausfuhrverbot usw.);
- Embargo eines Zuliefer- oder Transitlandes.

Liefer-/Versandphase

Beschädigung, Zerstörung, Beschlagnahme, Verlust der Ware z.B. wegen
- Krieg, Aufruhr, Revolution;
- gesetzgeberischer oder behördlicher Maßnahmen im Ausland.

Verluste bei anderweitiger Verwertung der aus politischen Gründen umdisponierten oder zurückbeorderten Ware.

Forderungs-/Kreditphase

Uneinbringlichkeit bzw. verzögerte oder nur teilweise Einbringlichkeit der Forderung wegen politischer Umstände, z.B.
- Krieg, Aufruhr, Revolution im Ausland;
- gesetzgeberische oder behördliche Maßnahmen im Ausland (z.B. Zahlungsverbote oder -beschränkungen, Moratorien);
- Beeinträchtigung des zwischenstaatlichen Zahlungsverkehrs (Konvertierungs- und Transferverbote oder -beschränkungen).

Abbildung 1.5-01

Politisch verursachte Risiken während der Fabrikationsphase

Politische Maßnahmen/Ereignisse des Auslands

Treten während der Herstellungsphase **politische Ereignisse des Auslands** ein oder ergreift ein fremder Staat Maßnahmen, die die **Fertigstellung bzw. Versendung der Ware unmöglich oder unzumutbar machen,** dann spricht man von (politisch verursachtem) Fabrikationsrisiko. Die typischen Ereignisse des politisch verursachten Fabrikationsrisikos sind Krieg, Aufruhr oder Revolution im Ausland sowie einschlägige Maßnahmen außerdeutscher Regierungen.

Embargo des Inlands

Politisch ist das Fabrikationsrisiko des Exporteurs auch dann verursacht, wenn die **deutsche Regierung Embargomaßnahmen** nach dem Außenwirtschaftsgesetz (AWG) ergreift und dadurch die Durchführung des Kaufvertrags unmöglich wird.
Anmerkung: Sofern der Exporteur das Fabrikationsrisiko durch eine Hermes-Deckung abgesichert hat, setzt eine Entschädigung derart verursachter Risiken voraus, dass den Exporteur kein Verschulden am Widerruf/an der Nichtverlängerung/an der Nichterteilung der Ausfuhrgenehmigung trifft; Einzelheiten siehe Kapitel 9.2.

Embargo eines Drittlandes

Schließlich sind politisch verursachte Fabrikationsrisiken des Exporteurs auch in den **Embargomaßnahmen eines Zuliefer- oder Transitlandes** zu erblicken.

Folgen

Fabrikationsrisiken sind von großen Gewicht bei Gütern, die eine **Spezialanfertigung** (u.U. nach Plänen des Auftraggebers) oder **lange Herstellungszeiten** erfordern, weil bei diesen Gütern anderweitige Verwertungsmöglichkeiten im Allgemeinen nicht gegeben sind.

Politisch verursachte Risiken während der Liefer-/Versandphase

Beschlagnahme, Beschädigung, Vernichtung usw.

Während des Versands, d.h. im Zeitraum von der Versendung der Ware bis zum Übergang in die Verfügungsgewalt des ausländischen Schuldners, können politische Risiken die **Ware** unmittelbar treffen, z.B. wenn die Ware nach dem Versand durch ausländische staatliche Stellen **beschlagnahmt**, infolge politischer bzw. kriegerischer Ereignisse **beschädigt, vernichtet** oder auf andere Weise (z.B. durch Boykott, Blockade u.a.) der **Verfügungsgewalt** des Exporteurs **entzogen** wird.

Anderweitige Verwertung

Als ein politisch verursachtes Risiko während der Versand-/Lieferphase ist auch der Fall einzustufen, dass der Exporteur die noch in seiner Verfügungsgewalt befindliche **Ware** wegen der angesprochenen politischen Ereignisse **zurückbeordern oder umdisponieren** muss und er bei **anderweitiger Verwertung** der Ware einen Verlust erleidet.

Politisch verursachte Risiken während der Forderungsphase (Kreditphase)

Charakterisierung

Die Forderung des Exporteurs ist neben den wirtschaftlichen Risiken auch mit politischen Risiken behaftet. Trotz Zahlungsfähigkeit und Zahlungswilligkeit des Importeurs und der das Geschäft even-

tuell garantierenden Importeurbank kann ein politisch verursachtes Risiko dadurch entstehen, dass der Exporteur **wegen staatlicher Maßnahmen** des Schuldnerlandes oder infolge von Stockungen bei der Abwicklung von Zahlungs- oder Verrechnungsabkommen überhaupt **keine Zahlung, nur Teilzahlung, verzögerte (Teil-)Zahlung** oder (hinterlegte) **Zahlung in einer nicht vereinbarten Währung** erhält.
Die **betriebswirtschaftlichen Folgen** des politisch bedingten Forderungsrisikos des Exporteurs, das manchmal als **politisches Delkredererisiko** bezeichnet wird, reichen somit von Zinsverlusten (bei verzögerter Zahlung) über Wechselkursverluste (bei ersatzweiser Zahlung bzw. bei Hinterlegung in nicht vereinbarter Währung) bis zum teilweisen oder ganzen Forderungsausfall.

Erscheinungsformen

Nach Forderungsentstehung tritt das politische Risiko des Exporteurs in **verschiedener Gestalt** in Erscheinung:

Zahlungsverbot

Erlässt das Schuldnerland ein (eventuell vorübergehendes) Zahlungsverbot, dann muss davon ausgegangen werden, dass damit auch **Zahlungen** für bereits vollzogene Importe **untersagt** sind. Zahlungsverbote können als Sanktionen nur gegen **bestimmte Länder** gerichtet sein. Bezieht sich ein Zahlungsverbot jedoch gegen **alle Länder**, so ist der wahre Grund statt in der bloßen Zahlungsunwilligkeit u.U. in der Zahlungsunfähigkeit dieses Landes zu sehen. In der Vergangenheit wurde vom Instrument des Zahlungsverbotes nur selten Gebrauch gemacht.

Moratorium

Ein Moratorium des Schuldnerlandes hat zum Inhalt, dass **ausländische Forderungen** (in in- und/oder ausländischer Währung)

- auf zunächst unbestimmte Zeit **nicht erfüllt** werden dürfen,
- erst **nach Ablauf einer bestimmten Frist erfüllt** werden dürfen,
- nur **insoweit erfüllt** werden dürfen, als **Devisenerlöse** (eventuell mit einem bestimmten Land) erwirtschaftet werden, oder
- nur **in inländischer Währung erfüllt** werden dürfen, was einem (vorläufigen) Konvertierungs- und Transferverbot gleichkommen kann.

Insbesondere die zuletzt genannte Erscheinungsform des Moratoriums zeigt, dass die Grenzen zu den im Folgenden dargestellten Konvertierungs- und Transferrisiken fließend sind.
Sofern sich das Moratorium nur auf Schulden in fremder Währung erstreckt, kann es vorkommen, dass das Schuldnerland die Ablösung der Forderungen in der eigenen Landeswährung anbietet, ein Angebot, das indessen auf seine Risiken zu untersuchen ist.
Mit dem Erlass eines Moratoriums sucht das Schuldnerland einen **Zahlungsaufschub** bzw. die Möglichkeit zur **Teilzahlung** zu erlangen.

Verdecktes Moratorium

Die hohe Auslandsverschuldung hat bei einigen Entwicklungs- bzw. Schwellenländern zu einem "verdeckten" Moratorium geführt: Statt der Bezahlung fälliger Auslandsschulden haben diese Länder an die Gläubiger verzinsliche, über eine längere Laufzeit hinweg zu tilgende **US-Dollar-Schuldverschreibungen** ausgegeben, um dadurch einen **Zahlungsaufschub** zu erreichen.

Konvertierungsbeschränkungen (-verbote)

Ein Konvertierungsrisiko entsteht, wenn der **Importeur** von der Zentralbank seines Landes die erforderlichen **Devisen** zur Zahlung an den Exporteur **nicht oder nicht rechtzeitig erhält**, mit anderen Worten, wenn der Importeur seine Inlandswährung nicht in die mit dem Exporteur vereinbarte Auslandswährung umtauschen kann, was im Allgemeinen im Devisenmangel des Importlandes begründet liegt.

Eine Zwischenlösung kann die **Hinterlegung** des vom Importeur zu zahlenden Betrages **in Landeswährung** bei der Notenbank des Importlandes bis zum Zeitpunkt der Konvertierung sein. Dabei ist jedoch die Frage der Nachschussverpflichtung wegen der eventuell eintretenden Wechselkursverluste sowie der Zinsverluste mit dem Importeur zu klären.

Transferbeschränkungen(-verbote)

Ein Transferverbot des Schuldnerlandes, also ein **Verbot**, **Zahlungen in das Ausland** zu **transferieren**, kann sich auf die Landeswährung, aber auch auf Fremdwährungen (z.B. Devisenguthaben von Importeuren) beziehen. Ein **uneingeschränktes Transferverbot** kommt praktisch einem Zahlungsverbot gleich.

Im Allgemeinen erlässt das Schuldnerland jedoch lediglich **Transferbeschränkungen**,

- die z.B. nur für **bestimmte Zahlungsgründe** (z.B. für bestimmte Importwaren) Gültigkeit haben,
- die häufig **Freigrenzen** offen halten,
- die zeitlich **befristet** sind (Transferverzögerungen),
- die nur **bestimmte Guthaben** erfassen (z.B. Einfrieren der Guthaben von Devisenausländern) und
- die viele **weitere Modifikationen** aufweisen können.

Transferbeschränkungen können sowohl Ausdruck von Zahlungsschwierigkeiten des Importlandes als auch ein Instrument gegen (drohende) Kapitalflucht sein.

Auch bei (vorübergehenden) Transferbeschränkungen wird der **Zahlungsbetrag** des Importeurs eventuell in lokaler Währung bei der Notenbank des Schuldnerlandes **hinterlegt**, was wiederum die Frage der Nachschusspflicht des Importeurs für eventuell entstehende Wechselkurs- und Zinsverluste aufwirft.

Abgrenzungsproblem/ Nichtzahlungsfall

Die Abgrenzung zwischen diesen Erscheinungsformen des politischen Risikos ist nicht immer eindeutig möglich. Insbesondere münden viele Risikoausprägungen letztlich in ein vorübergehendes Zahlungsverbot bzw. in Zahlungsverzögerungen ein, wie immer das Risiko zunächst auch bezeichnet sein mag. In den Bedingungen des Bundes für Ausfuhrbürgschaften u. Ä. ist deswegen auch der **Nichtzahlungsfall (protracted default)** als politischer Schadenstatbestand aufgenommen, der vereinfachend darauf abhebt, dass die Forderung eine bestimmte Anzahl von Monaten nach ihrer Fälligkeit vom ausländischen Staat bzw. vom gleichzusetzenden Besteller nicht erfüllt worden ist.

1.5.2 Zusammenfassende Darstellung politischer Risiken des Exporteurs nach Entstehung der Forderung

Prof. Dr. Siegfried G. Häberle

1.5.2 Zusammenfassende Darstellung politischer Risiken des Exporteurs nach Entstehung der Forderung

Erscheinungsform (Art)	Charakterisierung	Anmerkungen
• **Zahlungsverbot**	Untersagung aller Zahlungen in das Ausland; evtl. auch für bereits vollzogene Importe	Zahlungsverbote eventuell nur vorübergehend oder nur gegen bestimmte Länder als außenpolitische Sanktion. Tieferer Grund kann (vorübergehende) Zahlungsunfähigkeit sein.
• **Moratorium**	Zahlungsaufschub bzw. Teilzahlung bei Auslandsschulden - zunächst unbefristet oder - befristet oder - in Abhängigkeit vom Eingang von Devisenerlösen o.ä. Moratorium kann sich auf Auslandsverbindlichkeiten des Schuldnerlandes in inländischer und/oder ausländischer Währung beziehen.	"Verdecktes" Moratorium: Ausgabe von staatlichen (US-$-)Schuldverschreibungen an die Auslandsgläubiger statt Zahlung bei Fälligkeit der Verbindlichkeiten.
• **Konvertierungsbeschränkungen (-verbote)**	Befristetes oder (zunächst) unbefristetes Umtauschverbot der Importeurwährung in die mit dem Exporteur vereinbarte Fremdwährung bzw. in Fremdwährungen generell.	Häufig bei hochverschuldeten, devisenarmen Ländern. Eventuell ersatzweise vorübergehende Hinterlegung des Zahlungsbetrags durch den Importeur in seiner Landeswährung bei der Notenbank des Schuldnerlandes. Das Problem eventueller Wechselkurs- und Zinsverluste ist zu beachten.
• **Transferbeschränkungen (-verbote)**	Zahlungen in das Ausland in Inlandswährung und/oder in Fremdwährungen sind untersagt (Transferverbot). Im allgemeinen zeitlich befristet (Transferverzögerungen) oder auf bestimmte Beträge, Importwaren usw. beschränkt (Transferbeschränkungen).	Vielfältige Gründe für Transferbeschränkungen (-verbote), z.B. (drohende) Kapitalflucht, Devisenknappheit u.v.a.m. Evtl. ersatzweise vorübergehende Hinterlegung des Zahlungsbetrags durch den Importeur in seiner Landeswährung bei der Notenbank des Schuldnerlandes. Das Problem eventueller Wechselkurs- und Zinsverluste ist zu beachten.

1.5.3 Informationsquellen zur Beurteilung politischer Risiken

1.5.3.1 Risikoindizes bzw. Länderrisikokonzepte

Erkenntnisziel

Zur Beurteilung des politischen Risikos (des Länderrisikos) stehen den außenwirtschaftlich orientierten Betrieben mehrere sog. Risikoindizes bzw. Länderrisikokonzepte zur Verfügung. Mit ihrer großen Anzahl von Beurteilungskriterien sind diese Konzepte in der

Regel auf das Erkenntnisziel ausgerichtet, wie attraktiv oder unattraktiv ein Land auf längere Sicht als Absatzmarkt bzw. als Standort für Direktinvestitionen ist.
Die **Fragestellung** des Exporteurs zu seinem politischen Risiko verengt sich dagegen auf die **aktuellen, staatlich verursachten Schadensmöglichkeiten** an den Waren bzw. auf diejenigen staatlichen Maßnahmen bzw. politischen Ereignisse, die die Einbringlichkeit seiner Forderung zu beeinträchtigen vermögen, also inhaltlich auf eine schmale und zeitlich auf eine eher kurzfristige Fragestellung.

Geringe Ergiebigkeit

Die **Ergiebigkeit** der diversen Länderrisikokonzepte zum derart abgegrenzten politischen Risiko des Exporteurs, d.h. insbesondere zu seiner aktuell zu treffenden Entscheidung, ob und gegebenenfalls welches Zahlungsziel dem Abnehmer in einem bestimmten Land eingeräumt werden kann, ist **gering**: Zum einen weiß der Exporteur aus eigener Anschauung, dass bei den führenden westlichen Industrienationen praktisch kein politisches Risiko besteht und deswegen eine Absicherung überflüssig erscheint. Zum anderen ist sich der Exporteur bei den hochverschuldeten (Entwicklungs-)Ländern bewusst, dass eine Absicherung zwingend ist. Sein Interesse an den Länderrisikokonzepten richtet sich deswegen allenfalls auf die dazwischen eingestuften Länder und auf die Frage, ob eine Absicherung des politischen Risikos im konkreten Fall empfehlenswert oder gar notwendig ist. Die Antwort bleiben die Risikokonzepte weitgehend schuldig.

Mangelnde Aktualität

Dies hängt erstens damit zusammen, dass die Konzepte nicht hinreichend aktuell sind. Sie **erscheinen ein- bis dreimal jährlich**, sodass gerade jene unvorhersehbaren politischen Ereignisse bzw. staatlichen Maßnahmen, die für das politische Risiko des Exporteurs ursächlich sein können, wie z.B. kriegerische Auseinandersetzungen, Boykott, Nichteinhaltung von Zahlungsverpflichtungen u. Ä., in den Indizes nicht oder allenfalls mit einer vagen (subjektiven) Erwartungskomponente der Befragten bzw. der Analysten erfasst sind.

Mangelnde Transparenz

Zweitens weisen diese Konzepte häufig nur **zusammengefasste Ergebnisse pro Land** aus, zu denen dem Exporteur in der Regel weder die einbezogenen Kriterien noch deren Gewichtung bekannt sind, sodass er auch nicht in der Lage ist, die notwendigen Erkenntnisse hinsichtlich des erwarteten Zahlungsverhaltens eines Landes differenziert herauszufiltern.

Methodische Mängel

Drittens sind in der Literatur **methodische Einwände** gegen einige der Konzepte erhoben worden, die ebenfalls geeignet sind, den Aussagewert in Zweifel zu ziehen.

Geringe Resonanz

Aus diesen Gründen ist es nicht erstaunlich, dass die Risikoindikatoren in der **betrieblichen Praxis** bislang nur eine **geringe Resonanz** finden.

Beispiel

Das folgende Beispiel vermittelt einen Einblick in den **Aufbau**, in die **Methode** und in die **Anwendungsmöglichkeiten** von Länderrisikokonzepten.

Institutional Investor's Country Credit Ratings

In **Abbildung 1.5-02** sind die Ergebnisse von "**Institutional Investor's Country Credit Ratings**" dargestellt.

FINANZ AG ZÜRICH
10 Bleicherweg
PO Box 900
CH-8070 Zurich, Switzerland
Telephone +41 1-211 2830
Telefax +41 1-211 3854
Telex 812 498
www.finanzag.csfb.com

INSTITUTIONAL INVESTOR'S COUNTRY CREDIT RATINGS

March 1998

Sept. 1997	March 1998	Country	Institutional Investor's Credit Rating	Six-month change	One-year Change
1	*1	**Switzerland**	**92.6**	0.4	0.1
2	*2	**United States**	**92.6**	0.5	1.4
4	3	**Germany**	**92.3**	1.0	0.8
3	4	**Japan**	**90.8**	-0.7	-0.5
5	5	**Netherlands**	**90.5**	-0.1	0.8
6	*6	**France**	**89.3**	0.9	1.1
7	*7	**United Kingdom**	**89.3**	0.9	0.9
8	8	**Luxembourg**	**88.3**	0.4	1.0
9	9	**Austria**	**87.4**	0.9	2.8
10	10	**Norway**	**87.3**	1.5	2.6
12	11	**Denmark**	**83.4**	0.8	1.8
13	12	**Canada**	**83.1**	1.0	2.3
11	13	**Singapore**	**82.9**	-1.3	-1.0
14	14	**Belgium**	**82.0**	0.7	1.3
15	15	**Ireland**	**78.0**	1.3	2.3
17	16	**Finland**	**77.9**	1.3	3.0
19	17	**Spain**	**77.3**	1.8	2.6
18	18	**Sweden**	**77.1**	0.9	2.8
20	19	**Italy**	**76.6**	1.2	2.3
16	20	**Taiwan**	**75.5**	-1.2	-1.6
21	21	**Australia**	**73.7**	0.4	1.5
22	22	**New Zealand**	**73.4**	0.3	1.7
23	23	**Portugal**	**72.7**	1.5	3.1
25	24	**Malaysia**	**64.5**	-2.2	-3.0
24	25	**South Korea**	**64.4**	-5.3	-7.0
30	26	**Iceland**	**63.9**	2.4	3.8
27	27	**Chile**	**63.2**	-0.3	1.2
26	28	**Hong Kong**	**62.9**	-1.0	-2.0
29	29	**Malta**	**62.1**	-0.6	-1.3
31	30	**United Arab Emirates**	**61.4**	1.3	0.6
28	31	**Czech Republic**	**60.7**	-2.4	-2.1
33	32	**China**	**57.6**	-0.2	-0.4
34	33	**Cyprus**	**57.2**	0.0	0.4
35	34	**Kuwait**	**55.8**	0.8	1.6
37	35	**Slovenia**	**55.5**	1.5	3.4
36	36	**Saudi Arabia**	**55.4**	0.6	1.7
38	37	**Greece**	**53.7**	0.7	2.4
39	38	**Oman**	**53.2**	0.2	0.4
41	39	**Qatar**	**53.1**	0.9	0.7
40	40	**Israel**	**52.5**	-0.4	0.3
32	41	**Thailand**	**52.3**	-7.6	-8.8
46	42	**Hungary**	**52.2**	2.5	4.6
44	*43	**Botswana**	**51.9**	0.7	2.4
45	*44	**Poland**	**51.9**	1.7	4.0
42	45	**Mauritius**	**51.8**	-0.1	0.9
43	46	**Indonesia**	**49.9**	-1.9	-1.7
47	47	**Bahrain**	**49.8**	0.1	0.1
48	48	**Tunisia**	**48.0**	0.1	1.7
49	49	**Colombia**	**46.9**	-0.3	-0.8
51	*50	**South Africa**	**46.5**	0.1	0.5
50	*51	**India**	**46.5**	-0.4	0.2
54	52	**Mexico**	**45.2**	1.7	2.6
55	53	**Uruguay**	**44.6**	1.2	2.9
56	54	**Trinidad & Tobago**	**43.5**	0.6	3.8
53	55	**Philippines**	**43.3**	-1.0	1.0
52	56	**Slovakia**	**43.1**	-1.7	-0.8
57	57	**Barbados**	**42.3**	-0.6	0.4
58	58	**Argentina**	**41.6**	0.3	1.7
59	59	**Morocco**	**41.5**	0.6	1.8
60	60	**Egypt**	**41.3**	1.6	4.6
63	61	**Estonia**	**38.9**	2.0	5.3
61	62	**Brazil**	**38.7**	-0.8	-0.1
62	63	**Turkey**	**37.8**	-0.8	-3.0
—	64	**Namibia**	**36.4**	—	—
65	65	**Venezuela**	**36.1**	0.7	3.0
71	66	**Croatia**	**36.0**	2.4	6.7
64	67	**Costa Rica**	**35.8**	-0.2	1.3
66	68	**Jordan**	**35.5**	0.6	1.7
70	69	**Panama**	**34.9**	1.3	4.7
67	70	**Romania**	**34.5**	0.4	1.8
74	71	**Latvia**	**34.0**	1.4	4.9
78	*72	**Sri Lanka**	**33.6**	1.5	0.4
68	*73	**Zimbabwe**	**33.6**	-0.2	1.3
69	74	**Peru**	**33.5**	-0.2	1.5
77	75	**Papua New Guinea**	**33.2**	0.9	0.7
73	76	**Swaziland**	**33.1**	-0.2	1.3
80	77	**Lithuania**	**32.9**	1.8	5.5
72	78	**Paraguay**	**32.8**	-0.7	0.8
75	79	**Vietnam**	**32.7**	0.2	0.2
76	80	**Lebanon**	**32.5**	0.1	1.0
79	81	**Ghana**	**31.4**	-0.1	0.8
88	82	**Russia**	**31.2**	3.7	7.7
81	83	**Jamaica**	**30.1**	0.4	2.6
86	84	**El Salvador**	**29.0**	1.5	5.1
85	85	**Libya**	**28.3**	0.5	-0.4
82	86	**Seychelles**	**28.2**	-1.3	0.9
86	87	**Iran**	**28.1**	0.6	2.0
89	88	**Pakistan**	**27.5**	0.3	-0.2
84	89	**Bangladesh**	**27.2**	-1.3	-0.2
90	90	**Guatemala**	**27.0**	0.2	2.9
83	*91	**Kenya**	**26.7**	-1.9	-1.2
91	*92	**Ecuador**	**26.7**	0.4	0.1
92	93	**Bolivia**	**26.5**	0.3	1.6
98	94	**Kazakstan**	**26.4**	2.4	5.5
94	95	**Dominican Republic**	**25.8**	1.0	3.3
93	96	**Nepal**	**25.5**	-0.4	0.3
96	97	**Algeria**	**25.1**	0.6	1.9
95	**98	**Gabon**	**24.7**	0.2	0.6
97		**Syria**	**24.7**	0.4	-0.3
99	100	**Bulgaria**	**22.9**	0.7	0.4
102	101	**Myanmar**	**21.7**	0.7	0.4
100	102	**Senegal**	**21.6**	0.4	1.8
104	103	**Côte d'Ivoire**	**21.4**	1.3	2.5
103	104	**Uganda**	**21.2**	1.1	3.5
105	105	**Ukraine**	**20.5**	0.7	2.9
106	*106	**Burkina Faso**	**20.1**	0.4	2.4
101	*107	**Malawi**	**20.1**	-0.9	0.3
108	108	**Honduras**	**19.8**	0.9	1.5
107	109	**Uzbekistan**	**19.6**	0.1	2.5
110	110	**Tanzania**	**19.3**	0.6	1.2
109	111	**Cameroon**	**18.5**	-0.3	0.4
113	*112	**Ethiopia**	**17.5**	0.4	1:5
115	*113	**Zambia**	**17.5**	1.5	1.4
114	114	**Togo**	**17.4**	0.5	0.7
111	*115	**Benin**	**17.3**	-0.1	1.3
117	*116	**Grenada**	**17.3**	2.3	4.4
111	117	**Mali**	**16.7**	-0.7	0.0
118	118	**Guinea**	**16.4**	1.5	2.6
119	119	**Mozambique**	**16.1**	1.5	1.2
116	120	**Nigeria**	**15.2**	-0.1	0.4
124	121	**Nicaragua**	**13.5**	0.0	1.6
121	122	**Belarus**	**12.9**	-1.3	-1.6
122	123	**Haiti**	**12.7**	-1.3	1.3
123	124	**Angola**	**12.5**	-1.1	0.0
126	125	**Cuba**	**12.2**	0.9	1.4
125	126	**Albania**	**11.1**	-0.5	-3.2
120	127	**Congo Republic**	**10.7**	-3.5	-3.3
128	128	**Georgia**	**10.6**	1.1	1.1
127	129	**Yugoslavia**	**10.2**	0.0	0.3
129	130	**Sudan**	**7.6**	-1.5	-2.8
130	131	**Iraq**	**7.4**	-0.5	-0.9
131	132	**Liberia**	**7.0**	-0.4	0.1
132	133	**Congo (formerly Zaire)**	**6.8**	-0.2	-1.3
134	134	**Afghanistan**	**6.1**	-0.2	-0.2
133	135	**Sierra Leone**	**5.7**	-0.8	-0.9
135	136	**North Korea**	**5.1**	0.4	-0.7
		Global averige rating	**41.2**	0.2	1.1

* Order determined by actual results before rounding
** Actual tie

The country-by-country credit ratings developed by *Institutional Investor* are based on information provided by leading international banks. Bankers are asked to grade each of the countries on a scale of zero to 100, with 100 representing those with the least chance of default. The sample for study, which is updated every six months, ranges from 75 to 100 banks, each of which provides its own ratings. The names of all participants in the survey are kept strictly confidential. Banks are not permitted to rate their home countries. The individual responses are weighted using an *Institutional Investor* formula that gives more importance to responses from banks with greater worldwide exposure and more-sophisticated country-analysis systems.

Abbildung 1.5-02

Anmerkungen:

Erkenntnisziel

Im Gegensatz zu anderen Länderkonzepten, die oft auf weit reichenden Kriterienkatalogen zur Ermittlung der Attraktivität der Länder als langfristige Absatzmärkte bzw. als Investitionsstandorte beruhen, hebt das Institutional Investor-Konzept unmittelbar auf die **Kreditwürdigkeit der Länder** ab. Dieses Konzept kommt somit am ehesten der speziellen Fragestellung des Exporteurs nach dem Umfang des politischen Risikos eines Landes nahe.

Methode

Das Institutional Investor-Konzept beruht auf einer **internationalen Befragung von Experten in 75 bis 100 Kreditinstituten**, wobei jedes Kreditinstitut alle Länder -mit Ausnahme des eigenen Landes- in die Rangfolge einer Skala von 0 bis 100 einordnet. Die Ziffer 100 bedeutet die höchste, 0 dagegen die geringste Kreditwürdigkeit. Institutional Investor fasst die einzelnen Antworten zusammen und gewichtet sie. Ein höheres Gewicht erfahren Antworten von Kreditinstituten, die ein ausgebautes, erfahrenes und weltweites System der Länderanalyse haben. Um Objektivität zu erreichen, wird die Tatsache der Teilnahme und die Antwort einer Bank streng vertraulich behandelt. Die Ergebnisse werden halbjährlich per März und per September ermittelt. Zur weiteren Information werden die Veränderungen gegenüber dem Stand vor einem halben und vor einem Jahr angegeben.

Beurteilung

Kein Land erreicht im gewichteten Durchschnitt des Expertenurteils den Bonitätsindex 100, weil gewisse **Vorbehalte und Unsicherheiten** hinsichtlich der zukünftigen Entwicklung auch bei gegenwärtig noch so sehr prosperierenden Ländern unvermeidlich sind. Deswegen ist auch Ländern, die noch deutlich unter dem theoretischen Höchstwert von 100 liegen, eine gute Kreditwürdigkeit, d.h. ein geringes politisches Risiko zuzuordnen. Dennoch lässt auch eine hohe Einstufung eines Landes Fragen offen, so z.B. nach der zeitlichen Dimension der Bonitätsbeurteilung. Ein Land mit gegenwärtig noch relativ hohen Devisenreserven, aber stark sinkenden Leistungsbilanzüberschüssen oder gar schon steigenden Leistungsbilanzdefiziten mag für kurzfristige Kredite noch eine hinreichende Bonität aufweisen, bei langfristigen Krediten können dagegen erhebliche Bedenken angebracht sein.

Begrenzte Entscheidungsgrundlage/Kritik

Die **für den Exporteur entscheidende Frage** richtet sich indessen darauf, für welche Länder er ein politisches Risiko ausschließen kann bzw. bei welchen Ländern die Wahrscheinlichkeit des Eintritts politischer Risiken hoch ist und der Exporteur deswegen sichernde Zahlungsbedingungen durchsetzen bzw. Absicherungsmöglichkeiten ergreifen muss. Diese entscheidende Frage beantwortet die Rangliste nicht eindeutig. Es ist offen, ob diese Grenze schon bei einem Bonitätsindex von 60 Punkten oder von 50 Punkten oder gar erst bei 40 Punkten zu ziehen ist, zumal bei der Beantwortung dieser Frage auch die Fristigkeit der Forderung einzubeziehen wäre. Auch die gegenüber dem Vorjahr bzw. gegenüber dem vorangegangenen Halbjahresstand eingetretenen **Veränderungen** beantworten die Kernfrage des Exporteurs nicht hinreichend. Eine in der Vergangenheit eingetretene Verschlechterung der Kreditwürdigkeit eines Landes muss sich in der Zukunft nicht fortsetzen; sie kann

abgeschlossen sein oder sie kann sich umkehren. Analoges gilt für Veränderungsraten, die eine Verbesserung der Kreditwürdigkeit ausdrücken. Allenfalls sehr hohe verschlechternde Veränderungsraten vermitteln dem Exporteur den Impuls, den Ursachen der Verschlechterung nachzugehen, um sich ein eigenes Bild über die erkennbaren Tendenzen der zukünftigen Kreditwürdigkeit eines Landes zu machen.
Kritische Folgerungen sind auch aus der Beobachtung zu ziehen, dass die ausgewiesenen Veränderungsraten, die eine verschlechterte Kreditwürdigkeit zum Ausdruck bringen, relativ hoch sind, wogegen diejenigen Veränderungsraten, die eine verbesserte Kreditwürdigkeit zum Ausdruck bringen, relativ niedrig sind. Dieser Unterschied zwischen der Höhe der ausgewiesenen Veränderungsraten verbesserter Kreditwürdigkeit einerseits und verschlechterter Kreditwürdigkeit andererseits lässt den Schluss zu, dass auch für die befragten Experten die Verschlechterung der Kreditwürdigkeit oft **überraschend** kommt und somit auch unter diesem Blickwinkel der Prognosewert der vorliegenden Länderliste nicht sehr hoch eingestuft werden darf.

1.5.3.2 Kreditinstitute

Internationale Verflechtung

International tätige Kreditinstitute erheben das politische Risiko der verschiedenen Länder laufend und aktuell in eigenem Interesse. Diese Kreditinstitute sind durch **Korrespondenzbeziehungen** mit Banken in vielen Ländern der Welt verbunden, in deren Gefolge sich **vielfältige Kreditbeziehungen** ergeben, so z.B. durch Bestätigung von Akkreditiven, durch die für die Abwicklung des Zahlungsverkehrs notwendigen "working balances", durch den Ankauf von Exportforderungen (Forfaitierung) bis hin zur Beteiligung an den Emissionen ausländischer Schuldner. Die Kreditinstitute haben somit nicht nur die Kreditwürdigkeit ihrer Korrespondenten zu prüfen, sondern auch das politische Risiko der Länder, in denen diese Korrespondenzbanken ansässig sind.

Länderreferate/ Länderanalysen

Die auf internationaler Ebene arbeitenden Kreditinstitute gewinnen die notwendigen Informationen durch **eigenständige Länderanalysen** und durch die **aktuelle Berichterstattung** ihrer Auslandsniederlassungen sowie von ihren Korrespondenten aus dem Ausland. Die Banken erlangen so ein recht umfassendes und aktuelles Bild vom politischen Risiko eines Landes, zumal sie darüber hinaus den internationalen Zahlungs- und Kreditverkehr, den sie selbst abwickeln, laufend beobachten. Seismografisch registrieren die Kreditinstitute die Anhaltspunkte für bevorstehende staatliche Maßnahmen, wie z.B. Verzögerungen bei der Devisenzuteilung und des Zahlungsverkehrs, Kreditaufnahmebeschränkungen usw.

Information und Beratung der Exporteure

Diese aktuellen Informationen, die teilweise Prognosecharakter tragen, sind es vor allem, die der Exporteur zur **Beurteilung** seines **politischen Risikos** benötigt, und zwar auch dann, wenn der ausländische Abnehmer nur ein kurzes Zahlungsziel wünscht. Erfahrungsgemäß geben die Kreditinstitute diese Informationen und ihre eigene Beurteilung des politischen Risikos bereitwillig an ihre Kunden weiter. Sie beraten den Exporteur darüber hinaus bezüglich der mit dem Abnehmer zu vereinbarenden Zahlungsbedingungen, hinsichtlich der Absicherungsnotwendigkeiten und sie geben Empfehlungen zu den verfügbaren Sicherungsinstrumenten.

Beispiel für Informationsquelle

Beispielsweise ermöglicht die Deutsche Bank AG ihren Kunden den EDV-Zugriff auf ihre **Länder-Informations-Datenbank**, die eine Vielzahl aktueller Länderinformationen enthält (Deutsche Bank AG: db-forex, Devisen- und Länder-Information-System).

1.5.3.3 Forfaitierungsgesellschaften

Übernahme aller Risiken

Forfaitierung bedeutet den -**in der Regel regresslosen- Ankauf** einer Forderung, d.h. eine Forfaitierungsgesellschaft übernimmt im Allgemeinen das wirtschaftliche und das politische Risiko. Forfaitierungsgesellschaften ebenso wie jene Kreditinstitute, die Forfaitierungsgeschäfte betreiben, sind deswegen gezwungen, das politische Risiko im eigenen Interesse zu ermitteln, um über den Ankauf einer Auslandsforderung entscheiden zu können.

Auswertung der Konditionenlisten

Die **Analysen** und die **Einschätzungen** des politischen Risikos durch die Forfaitierungsgesellschaften bzw. Banken kann sich der Exporteur zu Nutze machen, indem er deren **Konditionenlisten** auswertet. Grundsätzlich ist zunächst festzustellen, dass **Länder**, die in diese Listen **nicht aufgenommen** sind, in der Regel ein so hohes politisches Risiko aufweisen, dass Forfaitierungen auf Ausnahmen beschränkt bleiben bzw. nur auf Grundlage einer staatlichen Ausfuhrgewährleistung möglich sind. Für Exporteure bedeutet dies, dass sie das politische Risiko bei Forderungen auf solche Länder anderweitig absichern müssen. Aber auch **Länder**, die in die Satzliste **aufgenommen** sind, können durchaus risikobehaftet sein, wie die **Feindifferenzierung** der Forfaitierungsgesellschaften zeigt: Das den verschiedenen Ländern beigemessene Risiko kommt zum einen in den Unterschieden der maximalen Laufzeit der ankaufsfähigen Forderungen zum Ausdruck, zum anderen in der Marge über LIBOR bzw. in der Marge über demjenigen Zinssatz, der bei Ländern mit hervorragender Kreditwürdigkeit Anwendung findet.
Die **Abbildung 1.5-03** zeigt die -laufend aktualisierte- **Risikoabstufung der Finanz AG Zürich** nach Ländern, ausgedrückt in unterschiedlichen Margen über LIBOR.

Frühzeitige Kontaktaufnahme

Die Listen der Forfaitierungsgesellschaften bzw. der Banken vermitteln dem Exporteur -unabhängig von einer beabsichtigten Forfaitierung- geeignete **Anhaltspunkte** zur Einschätzung des politischen Risikos in den verschiedenen Ländern. Ist die Forfaitierung einer Exportforderung ohnehin beabsichtigt, dann sollte der Exporteur bereits vor, spätestens aber während der Verhandlungen mit dem ausländischen Abnehmer **Kontakt mit der Bank bzw. mit der Forfaitierungsgesellschaft aufnehmen**.

Hinweis

Die Forfaitierung als Refinanzierungs- und Absicherungsinstrument ist umfassend in **Kapitel 6.5** dargestellt.

FINANZ AG ZÜRICH

11 St. Peterstrasse | Telephone +41 1-211 2830
PO Box 900 | Telefax +41 1-211 3854
CH-8070, Switzerland | Telex 812 498

August 1997

Indicative Risk Premiums on Trade Receivables

Margin basis over cost of funding (matching LIBOR)

1/2 % - 1 % p.a. short-long term	3/4 %-1 1/2 % p.a. short-long term	7/8 % - 3 % p.a. short-long term	1 % - 4 1/2 % p.a. short-medium term	1 1/4 %- 5 % + p.a. short-medium term
Austria	Australia	Bahrain	China	Argentina
Denmark	Bahamas	Cyprus	Colombia	Brazil
France	Belgium	Czech Rep.	Hungary	Pakistan
Germany	Canada	Greece	Israel	Philippines
Japan	Chile	Hong Kong	Kuwait	Turkey
Luxemburg	Finland	India	Morocco	Romania
Netherlands	Iceland	Indonesia	Poland	Uruguay
New Zealand	Ireland	Mexico	Tunisia	Zimbabwe
Norway	Italy	Oman	☒	☒
Singapore	Malaysia	Qatar		
South Korea	Portugal	Saudi Arabia		
Spain	South Africa	Slovakia		
Switzerland	Sweden	Slovenia		
Taiwan	☒	U.A.E.		
U.K.		☒		
U.S.A.				
☒				

☒ Other countries on request

Discount rates for purchase without recourse of trade papers
available in all major currencies (US$, DEM, CHF etc.)

Abbildung 1.5-03

1.5.3.4 Staatliche Exportabsicherung

Die jeweils **aktuellen Absicherungsmöglichkeiten** bei der staatlichen Exportabsicherung (sog. Hermes-Deckung) können dem Exporteur fundierte Anhaltspunkte zur Einschätzung des politischen Risikos vermitteln:

Länderbezogene Deckungsausschlüsse

Schließt Hermes für ein Land die Übernahme des Risikos aus, dann ist dieser **Ausschluss** in der Regel im **politischen Risiko** dieses Landes begründet. In seltenen Fällen kann der Deckungsausschluss allerdings auch auf Weisung der Regierung und unabhängig von der Zahlungsfähigkeit eines Landes erfolgen, z.B. als (indirektes) Druckmittel auf einen ausländischen Staat.

Folgerungen

Die Information, dass Hermes die Absicherung von Exporten in bestimmte Länder ausschließt, sollte den Exporteur veranlassen, bei beabsichtigten Exporten in solche Länder eine **absolut sichernde Zahlungsbedingung** im Kaufvertrag durchzusetzen, für deren Erfüllung der Importeur Sorge zu tragen hat (z.B. Vorauszahlung, von einer inländischen Bank bestätigtes Akkreditiv, Zahlungsgarantie einer inländischen Bank usw.). Dem Exporteur eröffnen sich in dieser Situation erfahrungsgemäß keine privatwirtschaftlichen Möglichkeiten zur Absicherung. So wird sich in der Regel keine Forfaitierungsgesellschaft oder privatwirtschaftliche Versicherungsgesellschaft finden, die bereit wäre, das politische Risiko zu übernehmen.

Länderbezogene Deckungsbeschränkungen

Länderbezogene **Deckungsbeschränkungen** sind im Allgemeinen Ausdruck eines nur **begrenzten Vertrauens** in die Zahlungsfähigkeit bzw. in die politische Stabilität eines Landes.
Beschränkungen können sich auf das **Gesamtvolumen** der Deckungszusagen pro Land ebenso beziehen wie auf die maximal zu deckende **Kreditlaufzeit** der Exportgeschäfte. Bei einigen Ländern wird dem Exporteur -will er eine staatliche Deckungszusage erlangen- von Hermes überdies auferlegt, mit dem Importeur eine sichernde Mindestzahlungsbedingung zu vereinbaren.

Folgerungen

Länderbezogene Deckungsbeschränkungen von Hermes sollten für den Exporteur Anlass sein, bei Exporten in solche Länder entweder mit dem Importeur eine absolut **sichernde Zahlungsbedingung** zu vereinbaren oder sich vor Vertragsabschluss um die **Zusage zur Risikoübernahme durch einen Dritten** (privatwirtschaftliches Kreditversicherungsunternehmen, Forfaitierungsunternehmen, Kreditinstitut usw.) zu bemühen.

Uneingeschränkte Deckungsübernahme

Hat Hermes dagegen **weder einen Deckungsausschluss noch eine Deckungsbeschränkung** für ein Land erlassen, dann darf dies als ein Indikator für eine hinreichende Solvenz und für ein **geringes politisches Risiko** -zumindest auf kurze Sicht- gewertet werden. Unter Einbeziehung weiterer Informationen über das fragliche Importland kann es nach intensiver Prüfung und eventueller Beratung mit der Hausbank vertretbar erscheinen, dass der Exporteur ein einzuräumendes Zahlungsziel gegen politische Risiken ungesichert lässt.

Risikokategorien/ Informationsquellen

Erkenntnisse zum politischen Risiko kann der Exporteur nicht nur aus dem aktuellen Absicherungsverhalten von Hermes gewinnen, sondern auch aus der Einstufung in die **fünf Risikokategorien**, in die Hermes die Länder bei der Entgeltberechnung seit 1. Juli 1994 einteilt:

Kategorie I: Länder **ohne besondere Risiken**, hauptsächlich OECD;

Kategorie II: Länder mit **verhältnismäßig geringem politischem Risiko**, insbesondere Länder, bei denen über einen längeren Zeitraum gute Zahlungserfahrungen gemacht wurden und das Risiko von Zahlungsschwierigkeiten gering erscheint;

Kategorie III: Vom Hermes-System **typischerweise gedecktes politisches Risiko**, wie es insbesondere für Entwicklungsländer üblich ist, ohne konkrete Anzeichen für kommende Zahlungsschwierigkeiten;

Kategorie IV: **Erhöhtes Risiko**, insbesondere Umschuldungsländer und Länder mit erheblichen Zahlungsstörungen, sowie Länder, deren Entwicklung Zahlungsschwierigkeiten konkret befürchten lässt;

Kategorie V: **Stark erhöhtes**, in der Regel für Geschäfte mit mittel- und langfristigen Zahlungsbedingungen nicht mehr akzeptables **Risiko**, sowie Länder, für welche die Deckungsmöglichkeiten aufgehoben sind.

Eine Liste mit der namentlichen Einstufung der Länder wird von Hermes nicht veröffentlicht.

Der Exporteur erhält jedoch auf Anfrage die **aktuellen Einstufungen** sowie die **aktuellen Absicherungsmöglichkeiten** (länderbezogene Deckungsbeschränkungen bzw. Deckungsausschlüsse sowie Sonderbestimmungen) von der Hermes Kreditversicherungs-AG, Hamburg, bzw. deren Niederlassungen sowie von den Kreditinstituten mitgeteilt.

1.5.3.5 Sonstige Informationsquellen

Bundesstelle für Außenhandels-information (BfAI)

In den "**Nachrichten für den Außenhandel** (**NfA**)" berichtet die Bundesstelle für Außenhandelsinformation über Investitionsmöglichkeiten, Marketing, Branchen, Zoll-, Rechts- und Verfahrensfragen sowie über die Wirtschaftsentwicklung usw. der verschiedenen Länder. Aus diesen vielfältigen Informationen lassen sich auch Erkenntnisse über das politische Risiko dieser Länder gewinnen. Da die "Nachrichten für den Außenhandel" fünfmal wöchentlich erscheinen, ist die Erkenntnisgewinnung aus dieser Quelle sehr aktuell.

Daneben bietet die Bundesstelle für Außenhandelsinformation **Länderberichte** an, die sehr differenziert die Wirtschaftsstruktur und -entwicklung der diversen Länder aufzeichnen. Auf dieser

Grundlage sind dem Exporteur fundierte Rückschlüsse auch auf das wirtschaftspolitisch verursachte politische Risiko eines Landes möglich.

Praxis-Handbuch Export

Wichtige Länderinformationen vermittelt den Exporteuren auch das Praxis-Handbuch Export, in dem ca. 100 Exportmärkte umfassend dargestellt sind (Praxis-Handbuch Export, Band 3 Länderinformationen, Freiburg i.Br. 1996 ff., Loseblatt und CD-ROM).

Medien

Der **Vorzug** der Medien (Presse, Fernsehen usw.) liegt in ihrer **hohen Aktualität**. Diese Informationsquellen sind für den Exporteur insbesondere bei jenen politischen Ereignissen bzw. staatlichen Maßnahmen von entscheidender Bedeutung, die sich nicht aus dem längerfristigen Trend ableiten lassen, sondern die unerwartet eintreten können, wie z.B. die Eröffnung kriegerischer Auseinandersetzungen. Häufig finden sich einige Zeit vor Eintritt eines solchen politischen Ereignisses erste Anzeichen in den Medien, sodass es für den Exporteur ratsam ist, die Berichterstattung dieser aktuellen Informationsquellen zu verfolgen.

Eigene Erfahrungen

Auf Grundlage einer (längeren) **Geschäftsbeziehung** und womöglich durch eine **eigene (Verkaufs-)Niederlassung** im Ausland gewinnt der Exporteur zusätzliche Informationen und Eindrücke, die ihm neben den übrigen Informationsquellen eine eigenständige Einschätzung des politischen Risikos ermöglichen. Nicht selten erweist es sich, dass eine solche, vor allem auf individueller Information beruhende Beurteilung der wirtschaftlichen und politischen Verhältnisse eines Landes treffsicherer ist als so manche angeblich methodisch abgesicherte Prognose.

1.6 Wechselkursrisiken

1.6.1 Charakterisierung

Definition

Das **Wechselkursrisiko** umfasst:

- aus Sicht des **Exporteurs** die **Abwertung der Fremdwährung**, in der er Zahlung erlangen soll, gegenüber seiner eigenen Währung;
- aus Sicht des **Importeurs** die **Aufwertung der Fremdwährung**, in der er Zahlung zu leisten hat, gegenüber seiner eigenen Währung.

Definitionsprobleme

So einleuchtend diese Definitionen des Wechselkursrisikos bzw. der Wechselkurschance auf den ersten Blick erscheinen, so **vielschichtig** und **problembehaftet** erweisen sich diese Phänomene bei näherem Hinsehen.

Maßstab

Als ein Problem stellt sich zunächst die Frage nach dem **Maßstab** für den Umfang von **Wechselkursrisiko** bzw. von **Wechselkurschan-**

ce. Zwar legen die Exporteure bei der Bestimmung des Wechselkursrisikos bzw. der Wechselkurschance häufig denjenigen Wechselkurs zu Grunde, mit dem sie ihr Angebot kalkuliert haben und setzen sodann diesen Kurs in Relation zu dem im Zeitpunkt des Zahlungseingangs erlangten Wechselkurs (Umtauschkurs). Da jedoch die Exporteure ihr Angebot mit unterschiedlichen Wechselkursen kalkulieren können, lassen sich ebenso unterschiedliche Maßstäbe für den Umfang von Wechselkursrisiko bzw. Wechselkurschance ableiten.

Alternative Kalkulationskurse

Ein Exporteur kann seiner **Kalkulation** beispielsweise folgende Kurse zu Grunde legen:

- den **Devisenkassa(geld)kurs** am Tag der **Kalkulation**;
- den **Devisentermin(geld)kurs** am Tag der Kalkulation bezogen auf den Zeitpunkt des **erwarteten Zahlungseingangs**;
- den vom Exporteur für die Zukunft (für den voraussichtlichen Tag des Zahlungseingangs) **erwarteten Devisenkurs**;
- einen anderen auf **beliebiger** Grundlage festzulegenden **Devisenkurs**.

Politisches Wechselkursrisiko

Politisch verursacht ist das Wechselkursrisiko eines Exporteurs, wenn das Importland die **Devisenzuteilung** bzw. den **Devisentransfer** beispielsweise behindert und der vom Importeur in dessen **Landeswährung ersatzweise** bei der Zentralnotenbank hinterlegte Landeswährungsbetrag gegenüber der im Kaufvertrag vereinbarten Währung abgewertet wird.

Angebotsrisiko

Unter bestimmten Voraussetzungen trägt der Exporteur darüber hinaus das **Wechselkursrisiko als Angebots- bzw. Wettbewerbsrisiko**: Sofern der Exporteur in seiner Landeswährung (oder in einer Drittlandwährung) anbietet und der Importeur mit einer Aufwertung dieser Währung gegenüber seiner heimischen Währung rechnet, läuft der Exporteur Gefahr, aus Gründen des Wechselkurses den Auftrag nicht zu erhalten.

1.6.2 Definitionsprobleme

Beispiel

Das folgende Beispiel beleuchtet die soeben angesprochenen Definitionsprobleme:
Ein deutscher Exporteur hat einem US-amerikanischen Importeur ein **Angebot auf US-$-Basis** zu unterbreiten. Das einzuräumende Zahlungsziel beläuft sich auf zwei Monate. Der Exporteur rechnet damit, dass es einen Monat beanspruchen wird, bis der US-amerikanische Importeur über die Annahme des Angebotes entscheiden wird, sodass zwischen dem Tag der Angebotskalkulation und dem Tag des voraussichtlichen Zahlungseingangs ein Zeitraum von drei Monaten liegt.

Prof. Dr. Siegfried G. Häberle

Exportangebot an einen US-amerikanischen Importeur auf US-$-Basis

Merkmale:

- Intern kalkulierter DM-Gegenwert: DM 1.000.000
- Einzuräumendes Zahlungsziel: 2 Monate
- Zeitraum zwischen Angebotsabgabe und Zuschlag: 1 Monat
- Gesamtzeitraum zwischen Angebotsabgabe und (voraussichtlichem) Zahlungseingang: 3 Monate

1. Kalkulationsgrundlage = aktueller $-Kurs von 1,60 DM

⟶ **Angebotspreis 625.000 US-$**

Angenommene alternative Umtauschkurse bei Eingang des Exporterlöses nach 3 Monaten:

A) Umtauschkurs US-$ = 1,60 DM (unverändert):
= Exporterlös DM 1.000.000

B) Umtauschkurs US-$ = 1,80 DM:
= Exporterlös DM 1.125.000
= Kursgewinn DM 125.000

C) Umtauschkurs US-$ = 1,40 DM:
= Exporterlös DM 875.000
= Kursverlust DM 125.000

2. Kalkulationsgrundlage = erwarteter, in 3 Monaten auf DM 1,40 sinkender US-$-Kurs

⟶ **Angebotspreis ca. 714.285 US-$**

3. Kalkulationsgrundlage = erwarteter, in 3 Monaten auf DM 1,80 steigender US-$-Kurs

⟶ **Angebotspreis ca. 555.555 US-$**

Abbildung 1.6-01

Problem: Kalkulationskurs

Der deutsche Exporteur kalkuliert sein Angebot zunächst in DM, wobei im vorliegenden Beispiel ein kalkulierter DM-Gegenwert von DM 1 Mio. angenommen wird. Das entscheidende **Problem**, das sich dem Exporteur stellt und das zugleich den Blick auf das Problem der Definition des Umfangs des Wechselkursrisikos lenkt, ist die Frage, welchen **Wechselkurs** der Exporteur bei der Umrechnung des kalkulierten DM-Betrags in den US-$-Angebotsbetrag zu Grunde legen soll.

1. Kalkulationskurs: aktueller US-$-Kurs

Kalkulationsgrundlage ist der **aktuelle US-$-Kurs** im Zeitpunkt der Angebotskalkulation; Annahme DM 1,60. Daraus folgt ein Angebotsbetrag in Höhe von US-$ 625.000.

Kursgewinn bzw. Kursverlust

Wird das Angebot des Exporteurs angenommen und zahlt der US-amerikanische Importeur nach Ablauf der drei Monate den Rechnungsbetrag von US-$ 625.000, dann bestehen für den Exporteur beim Umtausch in DM grundsätzlich **drei alternative Kurskonstellationen**:

- Angenommener Kurs des US-$ = DM 1,60 (unverändert gegenüber dem Kalkulationskurs). Daraus folgt nach Umtausch in DM ein Exporterlös in Höhe von DM 1 Mio., d.h. der Exporteur hat weder einen Wechselkursverlust noch einen Wechselkursgewinn.
- Angenommener Kurs des US-$ = DM 1,80. Der Exporteur erhält bei diesem $-Kurs einen Exporterlös von DM 1.125.000, was einem Wechselkursgewinn von DM 125.000 entspricht.
- Angenommener Kurs des US-$ = DM 1,40. Der in DM ausgedrückte Exporterlös beläuft sich auf DM 875.000, d.h. der Exporteur hat einen Kursverlust in Höhe von DM 125.000 erlitten.

Legt der Exporteur den im Zeitpunkt der Kalkulation gültigen aktuellen Wechselkurs zu Grunde, dann kann dies somit zu mehr oder weniger **zufälligen Kursverlusten oder Kursgewinnen** führen.

Um diese Zufälligkeiten zu verringern, liegt es nahe, dass der Exporteur die **erwartete Kursentwicklung** des US-$ in seiner Kalkulation bereits vorwegzunehmen sucht, um dadurch u.U. vor allzu großen Wechselkursüberraschungen gewappnet zu sein.

2. Kalkulationskurs: erwarteter sinkender US-$-Kurs

Erwartet der Exporteur einen **sinkenden US-$-Kurs** von beispielsweise DM 1,40 im Zeitpunkt des voraussichtlichen Zahlungseingangs in drei Monaten, dann bietet er -nach Umrechnung des DM-Kalkulationsbetrages von DM 1 Mio.- mit ca. US-$ 714.285 an.

Wettbewerbs-/ Angebotsrisiko

Dieser Angebotsbetrag ist deutlich höher als der auf Grundlage eines US-$-Kurses von DM 1,60 mit US-$ 625.000 errechnete Angebotsbetrag. Durch Einbeziehung eines erwarteten sinkenden Wechselkurses hat der Exporteur zwar eine gewisse **Vorsorge vor künftigen Wechselkursverlusten** getroffen, jedoch stellt sich dadurch ein bislang unbeachtetes Risiko ein, nämlich das **wechselkursbedingte Wettbewerbs- bzw. Angebotsrisiko** des Exporteurs. Indem der Exporteur die erwartete Abwertung der Währung, in der er anzubieten hat, in seiner Angebotskalkulation vorwegnimmt, läuft er Gefahr, dass er mit seinem Angebot -weil es zu teuer ist- nicht mehr zum Zuge kommt.

3. Kalkulationskurs: erwarteter steigender US-$-Kurs

Geht der Exporteur dagegen von einem in Zukunft **steigenden US-$-Kurs** aus und kalkuliert er sein Angebot mit einem US-$-Kurs von DM 1,80, dann führt dieser Kurs zu einem Angebotsbetrag von ca. US-$ 555.555.

Hohes Kursrisiko

Durch Vorwegnahme einer erwarteten Aufwertung der Fremdwährung, in der der Exporteur anzubieten hat, **verringert** der Exporteur sein **Angebots- bzw. Wettbewerbsrisiko**. Gegenüber den beiden anderen Angebotsbeträgen bietet der Exporteur sehr billig an. Die Wahrscheinlichkeit, dass er mit diesem Angebot den Zuschlag erhält, ist c.p. groß. Tritt jedoch wider Erwarten die in der Angebotskalkulation vorweggenommene Aufwertung des US-$ nicht ein, dann ist der **Kursverlust** weit **höher** als bei einer Kalkulation mit dem aktuellen oder mit einem erwarteten sinkenden $-Kurs.

Unterschiedliche Ergebnisse

Diese Beispiele verdeutlichen die eingangs angesprochene Problematik der Definition des Umfangs eines Wechselkursverlustes bzw. eines Wechselkursgewinns: Es hängt vom **Wechselkurs** ab, den der Exporteur seiner **Kalkulation** zu Grunde legt, ob der auf diesen Maßstab hin definierte Wechselkursverlust bzw. -gewinn hoch oder niedrig ist.

Problem: Entstehungszeitpunkt

Hinzu tritt als ein weiteres Problem bei der Definition von Wechselkursrisiken bzw. -chancen die Festlegung des **Zeitpunktes ihrer Entstehung**. In Abhängigkeit von der Abwicklung des Exportgeschäfts kann dieser Zeitpunkt unterschiedlich bestimmt sein: Unterbreitet der Exporteur eine **Festofferte**, dann ist die Basis für die Entstehung von Wechselkursrisiko bzw. -chance bereits im Zeitpunkt der Angebotskalkulation zu sehen.

Belässt dem Exporteur dagegen ein **freibleibendes Angebot** die Möglichkeit, mit dem Importeur die Wechselkursfrage im abzuschließenden Kaufvertrag zu regeln, dann entstehen für den Exporteur Wechselkursrisiko bzw. -chance erst ab dem Zeitpunkt des Vertragsabschlusses, was einschließt, dass deren Umfang auch auf diesen Zeitpunkt hin zu definieren ist.

Weitere Probleme:

Neben den angesprochenen Problemen stellen sich eine Anzahl **weiterer Fragen**, die bei der Definition und bei der Festlegung des Umfangs von Wechselkursrisiko bzw. -chance zu beachten sind:

- offene Position in der Angebotsphase

- Wird das Angebot des Exporteurs nicht angenommen, dann entsteht ihm vordergründig auch kein Wechselkursrisiko. Hat der Exporteur jedoch bereits im Zeitpunkt der Angebotsabgabe ein **Kurssicherungsgeschäft** zur Absicherung des Wechselkursrisikos dieses Angebots abgeschlossen, dann bedeutet dieses Kurssicherungsgeschäft für den Exporteur eine sog. **offene Position**, die ein eigenständiges Kursrisiko beinhalten kann.

- kompensierende Fremdwährungszahlungen

- Sofern der Exporteur im Zeitpunkt des Zahlungseingangs in derselben Fremdwährung eine entsprechende Zahlung zu leisten hat, tritt für ihn c.p. das Wechselkursrisiko nicht ein. Auch unter dem Blickwinkel der **Zahlungsverwendung** kann somit die Frage nach dem Maßstab des Umfangs von Wechselkursrisiko und -chance gestellt werden. Allerdings ist sogleich anzumerken, dass bei Einbeziehung der Verwendung der eingehenden Fremdwährungszahlung der Unterschied zu den Kurssicherungsgeschäften verwischt wird.

- Drittlandwährung

- Differenziert -weil sie über die besprochenen Konstellationen hinausreichen- sind Wechselkurschancen und -risiken zu beurteilen, wenn sich die Beteiligten auf eine **Drittlandwährung** oder auf die zu definierenden Einheiten eines **Währungskorbes** einigen.

- Ein Abgrenzungsproblem des Wechselkursrisikos zum **politischen Risiko** stellt sich, wenn der Zahlungsbetrag aus dem Importland trotz Zahlungswilligkeit und Zahlungsfähigkeit des Importeurs (vorübergehend) nicht transferiert werden darf, sondern in der Importlandwährung bei der Zentralnotenbank des Importlandes hinterlegt werden muss. Verliert die **hinterlegte Importlandwährung** im Zeitablauf gegenüber der im Kaufvertrag vereinbarten Währung an Wert, dann ist darin ein politisch verursachtes Wechselkursrisiko zu erblicken.
  Analoges gilt, wenn im Kaufvertrag eine Drittlandwährung vereinbart ist, die vom Importland vorübergehend nicht zugeteilt wird und diese Drittlandwährung an Wert gegenüber der lokalen Währung des Exporteurs verliert.

- Abgrenzung zum politischen Risiko

Wechselkursrisiken und -chancen einschließlich ausgewählter **Sicherungsinstrumente** sind in **Kapitel 7** dargestellt.

Hinweis

2 Vereinbarung der Zahlungsbedingungen im Kaufvertrag

2 Vereinbarung der Zahlungsbedingungen im Kaufvertrag

2.1 Im Kaufvertrag festzulegende maßgebliche Merkmale der Zahlungsbedingungen

2.1.1 Rechtliche Grundlagen: UN-Kaufrecht

Vorbemerkung

Die folgenden Ausführungen zum UN-Kaufrecht tragen lediglich einen skizzenhaften Charakter und dienen der vorläufigen Information. Einzelheiten, Abweichungen und Ergänzungen sind im "Übereinkommen der Vereinten Nationen über Verträge über den internationalen Warenkauf" zu erheben.

Anwendungsbereich

Gegenständlicher Anwendungsbereich

Das UN-Kaufrecht gilt für **Kaufverträge über Waren**. Den Kaufverträgen stehen Verträge über die Lieferung herzustellender oder zu erzeugender Ware gleich, es sei denn, dass der Besteller einen wesentlichen Teil der für die Herstellung oder Erzeugung notwendigen Stoffe selbst zur Verfügung zu stellen hat (vgl. Art. 1 Abs. 1 und Art. 3 UN-Kaufrecht - im Weiteren beziehen sich alle Normen ohne Gesetzesangabe auf das UN-Kaufrecht).

Ausnahmen

Das UN-Kaufrecht findet **keine Anwendung** (vgl. Art. 2):

- beim Kauf von Waren, die erkennbar für den persönlichen Gebrauch bestimmt sind;
- beim Kauf von Wertpapieren oder Zahlungsmitteln;
- beim Kauf von elektrischer Energie;
- beim Kauf von Seeschiffen, Binnenschiffen, Luftkissenfahrzeugen oder Luftfahrzeugen;
- auf den Kauf bei Versteigerungen;
- auf den Kauf auf Grund von Zwangsvollstreckungs- oder anderen gerichtlichen Maßnahmen.

Außerdem ist das UN-Kaufrecht auf Verträge nicht anzuwenden, bei denen der überwiegende Teil der Pflichten der Partei, welche die Ware liefert, in der **Ausführung von Arbeiten** oder anderen **Dienstleistungen** besteht (vgl. Art. 3 Abs. 2).

Räumlich-persönlicher Anwendungsbereich

Das UN-Kaufrecht ist auf Kaufverträge über Waren zwischen Parteien anzuwenden, die ihre Niederlassungen in **verschiedenen Staaten** haben (vgl. Art. 1 Abs. 1). Bei rein nationalen Beziehungen bleibt es bei der Anwendung des BGB bzw. des HGB.

Darüber hinaus müssen

a) entweder beide Staaten **Vertragsstaaten des Übereinkommens** sein (vgl. Art. 1 Abs. 1 lit. a) oder

b) die Regeln des internationalen Privatrechts zur Anwendung des **Rechts eines Vertragsstaates** führen (vgl. Art. 1 Abs. 1 lit. b). Das ist in der Regel dann der Fall, wenn der Exporteur seinen gewöhnlichen Aufenthaltsort bzw. seine Hauptverwaltung in einem Vertragsstaat hat (vgl. Art. 28 Abs. 2 EGBGB).

Einzelheiten und Modifikationen siehe Art. 1 Abs. 2 und 3.

Grundsätzlich gewährt Art. 6 UN-Kaufrecht und Art. 27 EGBGB den Parteien das Recht, die Anwendung des UN-Kaufrechts auszuschließen oder zu modifizieren.

Nach der Rechtsprechung führt jedoch die Vereinbarung des nationalen Rechts eines Vertragsstaates nicht zu einem Ausschluss des UN-Kaufrechts, sondern zu dessen Geltung, da das UN-Kaufrecht Bestandteil des jeweiligen nationalen Rechts ist (Schackmar, R., 1996: Gruppe 6/4 S. 4). Die Parteien müssen also ausdrücklich die Geltung des UN-Kaufrechts ausschließen und auf die sonstigen nationalen Gesetze verweisen.

Maßgebliche Abweichungen gegenüber dem deutschen Recht

Abweichungen vom deutschen Recht

Auch nach UN-Kaufrecht kommt ein Kaufvertrag durch **Angebot und Annahme** zu Stande. Es sind jedoch **Abweichungen** vom deutschen Recht zu berücksichtigen.

Beispiele dazu sind:

- Ein **Vertragsangebot** ist nur dann wirksam, wenn es **bestimmt** genug ist (vgl. Art. 14 Abs. 1). Das heißt insbesondere, das Angebot muss die Ware bezeichnen, ausdrücklich oder stillschweigend die Menge und den Preis festsetzen oder deren Festsetzung ermöglichen.
- Ein **Vertragsangebot** kann bis zum Abschluss des Vertrags **widerrufen** werden, wenn der Widerruf dem Empfänger zugeht, bevor dieser eine Annahmeerklärung abgesandt hat (vgl. Art. 16 Abs. 1).
- Enthält die **Annahmeerkläung** nur unwesentliche **Abweichungen** gegenüber dem Angebot, so kommt ein Vertrag zu Stande, es sei denn der Empfänger der Annahmeerklärung (der Anbietende) beanstandet die Abweichungen unverzüglich (vgl. Art. 19 Abs. 2).
- Bei **verspäteten Annahmeerklärungen** ist zu differenzieren:
  - Ist es dem Empfänger erkennbar, dass die Verspätung sich aus der Beförderung ergibt und die Annahme bei normaler Beförderung rechtzeitig zugegangen wäre, so ist die verspätete Annahme als Annahme wirksam, es sei denn der Anbietende rügt die Verspätung unverzüglich (vgl. Art. 21 Abs. 2).
  - In allen anderen Fällen kommt ein Vertrag nur zu Stande, wenn der Anbietende die verspätete Annahmeerklärung unverzüglich akzeptiert (vgl. Art. 21 Abs. 1). Die verspätete Annahmeerklärung stellt kein Gegenangebot dar.

- Die Grundsätze des Schweigens auf ein **kaufmännisches Bestätigungsschreiben** sind in der Regel nicht anwendbar.
- Zwischen den Parteien abgesprochene **Formerfordernisse** sind grundsätzlich nur unter Einhaltung der vereinbarten Form abänderbar (vgl. Art. 29 Abs. 2).

Rechte und Pflichten des Verkäufers

Der Verkäufer ist verpflichtet, die Ware zu liefern, die sie betreffenden Dokumente zu übergeben und das Eigentum an der Ware zu übertragen (vgl. Art. 30).

Für die Bestimmung des **Leistungsortes** ist in erster Linie die Parteivereinbarung maßgeblich. Nur wenn eine solche Vereinbarung fehlt, gilt die gesetzliche Regelung des UN-Kaufrechts. Danach hat der Verkäufer die Ware dem Käufer am Ort der Niederlassung des Verkäufers "zur Verfügung zu stellen" (vgl. Art. 31 lit. b und c). Ist jedoch ein so genannter **Beförderungsverkauf** vereinbart worden, so muss der Verkäufer die Ware dem ersten Beförderer übergeben und die zur Beförderung erforderlichen Verträge abschließen (vgl. Art. 31 lit. a i.V.m. Art. 32 Abs. 2). Falls die Ware dem Käufer nicht eindeutig zugeordnet werden kann, ist der Verkäufer darüber hinaus verpflichtet, die Versendung anzuzeigen und die Ware im Einzelnen zu bezeichnen (vgl. Art. 32 Abs. 1).
Die **Lieferzeit** oder der Lieferzeitraum bestimmen sich in erster Linie nach der Absprache der Parteien oder der Vertragsumstände (vgl. Art. 33 lit. a und b). In allen anderen Fällen muss der Verkäufer "innerhalb einer angemessenen Frist nach Vertragsabschluss" leisten (vgl. Art. 33 lit. c). Liefert der Verkäufer die Ware vor dem festgesetzten Zeitpunkt, so steht es dem Käufer frei, sie abzunehmen oder die Abnahme zu verweigern (vgl. Art. 52 Abs. 1). Der Verkäufer hat aber unter bestimmten Umständen das Recht, einen Mangel in der Erfüllung auch noch nach dem Liefertermin auf eigene Kosten zu beheben, so etwa bei Quantitäts- und Qualitätsmängeln, Falschlieferungen und Rechtsmängeln, um weitergehende Schadensersatzforderungen zu vermeiden (vgl. Art. 48 Abs. 1).
Der Verkäufer hat des Weiteren die Pflicht, den Käufer bei aufkommenden Leistungshindernissen zu **unterrichten** (vgl. Art. 79 Abs. 4).

Rechte und Pflichten des Käufers

Der Käufer ist verpflichtet, den Kaufpreis zu zahlen und die Ware abzunehmen (vgl. Art. 53).

Über die bloße Zahlungsverpflichtung hinaus obliegt es nach Art. 54 dem Käufer schon vor der Fälligkeit des Kaufpreises, die Maßnahmen zu treffen und die Förmlichkeiten zu erfüllen, die der Vertrag oder Rechtsvorschriften erfordern, damit Zahlung geleistet werden kann. Falls er diese Pflicht verletzt, kann der Verkäufer schon vor Fälligkeit des Kaufpreises Rechtsbehelfe der Art. 61 ff. in Anspruch nehmen und sein Zurückbehaltungsrecht ausüben.

Das UN-Kaufrecht beinhaltet keine ausdrückliche Regelung darüber, in welcher **Währung** die Zahlung zu erfolgen hat. Maßgeblich ist daher in erster Linie die Parteivereinbarung.
Bezüglich des **Zahlungsorts** ist zunächst ebenfalls die Parteivereinbarung entscheidend. Nur soweit keine Vereinbarung getroffen

wurde, bestimmt Art. 57 (anders als im deutschen Recht) als Zahlungsort den Ort der Niederlassung des Verkäufers. Wenn die Zahlung gegen Übergabe der Ware oder von Dokumenten zu leisten ist (z.B. bei Vereinbarung eines Dokumenteninkassos), ist der Ort, an dem die Übergabe stattfinden soll, Zahlungsort.
Die **Fälligkeit des Kaufpreises** bestimmt sich vorrangig nach den vertraglichen Regelungen und eventuellen Gepflogenheiten. Nur wenn sich danach keine Zeit ermitteln lässt, ist der Kaufpreis gemäß Art. 58 UN-Kaufrecht fällig, sobald der Verkäufer dem Käufer die Ware oder die Dokumente, die zur Verfügung über die Ware berechtigen, nach dem Vertrag und dem UN-Kaufrecht zur Verfügung gestellt hat.
Erfordert der Vertrag eine Beförderung der Ware, so kann der Verkäufer sie mit der Maßgabe versenden, dass die Ware oder die Dokumente, die zur Verfügung darüber berechtigen, dem Käufer nur gegen Zahlung des Kaufpreises zu übergeben sind (Art. 58 Abs. 2).
Der Käufer ist nicht verpflichtet, den Kaufpreis zu zahlen, bevor er Gelegenheit gehabt hat, die Ware zu untersuchen, es sei denn, die von den Parteien vereinbarten Lieferungs- oder Zahlungsmodalitäten bieten hierzu keine Gelegenheit (Art. 58 Abs. 3).

Andere Rechtsquellen

Weiterführende Literatur

Zu den weiter reichenden Aspekten des **Vertragsrechts im grenzüberschreitenden Verkehr** wird auf die einschlägige Literatur verwiesen. Beispielsweise auf

- Piltz, B.: Internationales Kaufrecht, München 1993
- Quittnat, J.: Das Recht der Außenhandelskaufverträge - Internationales Privatrecht, deutsches Sachenrecht und Vertragsgestaltung, Heidelberg 1989

Zur Vereinbarung des **Gerichtsstands**, insbesondere zu deren Wirksamkeit, Zulässigkeit und Wirkung, zum Fehlen einer Gerichtsstandsvereinbarung und ähnlichen Aspekten in internationalen Kaufverträgen wird ebenfalls auf die einschlägige Literatur verwiesen. Eine Übersicht dazu bietet beispielsweise

- Reinmüller, B. : Die gerichtliche Durchsetzung von Ansprüchen aus internationalen Verträgen, in Praxis-Handbuch Export, Gruppe 6/3, Loseblatt, Freiburg i. Br. 1996

2.1.2 Maßgebliche Merkmale der Zahlungsbedingungen

Merkmale der Zahlungsbedingungen

Im Kaufvertrag haben die Parteien insbesondere die nachstehend beschriebenen **Merkmale der Zahlungsbedingungen** festzulegen.
Zu berücksichtigen sind dabei auch jene Merkmale der Zahlungsbedingungen, die in der (von den Vertragspartnern ausdrücklich oder stillschweigend) gewählten oder anzunehmenden Rechtsordnung bzw. in den eventuell in den Kaufvertrag einbezogenen Allgemeinen Geschäftsbedingungen bereits geregelt sind.

In Abschnitt 6.1.3.1 findet sich ein Merkmalskatalog über die maßgeblichen Elemente der **Zahlungsbedingungen** in Exportverträgen mit **mittel- oder langfristigen Zahlungszielen.**

Hinweis

Kaufpreis bzw. Zahlungsbetrag

Definition

Der Kaufpreis bzw. der Zahlungsbetrag ist im Kaufvertrag eindeutig zu definieren. Dies gilt auch bezüglich der (eventuell gesondert zu bezahlenden) **Nebenkosten**, beispielsweise für Montage, Versicherung, Transport, Finanzierungskosten usw. sowie bezüglich von eventuell vereinbarten **Preisänderungen** (Preisgleitklauseln o. Ä.).

Abzüge, Abzweigungen usw.

Zur eindeutigen Definition des Zahlungsbetrags muss klargestellt sein, ob und gegebenenfalls unter welchen Voraussetzungen der Käufer am Kaufpreis **Abzüge** (z.B. Skontoabzüge) oder **Einbehalte** vornehmen darf, ob **Abzweigungen** zu Gunsten von Dritten (z.B. zu Gunsten eines Vertreters) vorzunehmen sind oder ob der Kaufpreis ohne irgendwelche Abzüge (Aufrechnungen, Zurückbehaltungen) an den Verkäufer zu leisten ist.

Anzahlung/Zwischenzahlung/Ratenzahlung

Sind eine Anzahlung, Zwischenzahlung(en) und/oder Ratenzahlungen vereinbart, wie sie bei mittel- und langfristigen Exportfinanzierungen regelmäßig vorkommen, dann muss der **Betrag jeder Zahlungsrate** eindeutig bestimmbar sein. Diese Eindeutigkeit ist u.U. dann infrage gestellt, wenn beispielsweise Ratenzahlungen als Prozentsatz des Kaufpreises definiert werden, von dem der Importeur -berechtigte oder unberechtige- Abzüge vornimmt.

Vorbehalte

Es liegt im Interesse des Exporteurs ebenso wie im Interesse der finanzierenden Bank(en), dass der Importeur seine **Zahlung(en) vorbehaltlos** leistet. Dies kann im Kaufvertrag mit der folgenden Formulierung vereinbart werden: "Die Zahlung (in der vereinbarten Währung) ist ohne jeden Vorbehalt und zur freien Verfügung des Exporteurs auf sein Konto bei einer (anzugebenden) inländischen Bank zu leisten". Die Vereinbarung vorbehaltloser, zur freien Verfügung des Exporteurs zu leistender Zahlung ist von Bedeutung, weil dadurch dem Importeur die Möglichkeit genommen wird, die geleistete Zahlung weiterhin mit dem Warengeschäft (z.B. durch Vorbehalte wegen versteckter Mängel) oder mit anderen, die Verwendung des eingegangenen Geldbetrags hemmenden Sachverhalten zu verknüpfen.

Zahlungsvoraussetzungen

Festzulegen ist im Kaufvertrag auch, unter welchen **Voraussetzungen** bzw. auf Grundlage welcher **Nachweise** der Zahlungspflichtige Zahlung zu leisten hat bzw. der Zahlungsempfänger Zahlung erlangt. Die sog. Dokumentenrate hat der Importeur beispielsweise auf Grundlage der vom Exporteur vorzulegenden Versandnachweise und eventuell weiterer im Kaufvertrag zu definierender Exportdokumente zu bezahlen; eine Zahlung, die häufig im Rahmen eines Dokumenteninkassos oder eines Dokumentenakkreditivs abgewickelt wird. Analoges gilt beispielsweise bezüglich einer Anzahlung des Importeurs, die -bei größeren Beträgen- im Allgemeinen im Gegenzug zur Vorlage einer Anzahlungsgarantie der Bank des anzahlungsempfangenden Exporteurs zu leisten ist. Aus Bestellerkrediten bzw. aus Bank-zu-Bank-Krediten erhält der Exporteur zum Beispiel nur Zahlung(en) gegen entsprechende Leistungs- bzw. Lieferungsnachweise.

Währung

Alternative Währungen

Die Währung, in der die Zahlung zu leisten ist, kann im Kaufvertrag grundsätzlich mit folgenden Alternativen festgelegt werden:

- **Landeswährung** des **Exporteurs**;
- **Landeswährung** des **Importeurs**;
- Währung eines **Drittlandes** (z.B. US-$);
- Währungseinheiten eines etablierten (z.B. ECU) oder zu definierenden **Währungskorbes**;
- **Wahlmöglichkeiten** für den Importeur oder (selten) für den Exporteur zwischen verschiedenen, im Kaufvertrag festzulegenden Währungen.

DM-Fakturierung

Deutsche Exporteure fakturieren überwiegend in DM. Insoweit ist das Wechselkursrisiko auf die ausländischen Importeure überwälzt. Dagegen liegt der Anteil der DM bei den deutschen Importen deutlich niedriger, was damit zusammenhängt, dass viele Rohstoffe international in US-$ notiert und gehandelt werden.

Effektivklausel

- bei Fremdwährungszahlung

Vereinbart ein deutscher Exporteur eine **Zahlung in Fremdwährung** (z.B. in Landeswährung des Importeurs oder in einer Drittlandwährung) und ist ein Zahlungsort im Inland (Firmensitz des Exporteurs) und insoweit die Anwendung der **deutschen Rechtsordnung** festgelegt, dann kann die Aufnahme einer sog. **Effektivklausel** in den Kaufvertrag zweckmäßig sein. Die Effektivklausel umfasst den Zusatz "effektiv" beim Fremdwährungsbetrag (bei der Bezeichnung der Fremdwährung) im Kaufvertrag oder eine ausformulierte Vereinbarung wie z.B.: "Die Zahlungen haben effektiv in der vereinbarten Währung zu erfolgen" (Paetzold 1981: S. 19). Sie ist rechtlich gesehen eine ausdrückliche Abrede (vgl. von Westphalen 1987: S. 174, S. 134ff.). Durch diese Klausel wird die **Umrechnungsbefugnis des Schuldners** gemäß § 244 BGB in der Regel **ausgeschaltet**, d.h. dem Zahlungspflichtigen ist die Möglichkeit verbaut, statt in der vereinbarten Fremdwährung mit schuldbefreiender Wirkung in DM zahlen zu können (Einzelheiten und Zweifelsfragen siehe von Westphalen 1987: S. 134ff.).

- bei DM-Zahlung

Analoge Überlegungen sind anzustellen, wenn deutsche Exporteure mit ihren ausländischen Geschäftspartnern die **Zahlung in DM** vereinbaren und im Kaufvertrag festgelegt ist, dass **ausländisches Recht** (Recht des Importlandes, Zahlungsort im Importland, Zahlbarstellung von Wechseln im Importland u. Ä.) anzuwenden ist (vgl. Klenke 1983: S. 277 u. S. 282). Hier ist im Einzelfall zu prüfen, ob das vereinbarte ausländische Recht dem Schuldner die Möglichkeit zur Umrechnung einräumt und dem Importeur -mangels Aufnahme eines Effektivvermerks- die Möglichkeit eröffnet, mit schuldbefreiender Wirkung statt in der vereinbarten Währung (statt in DM) in seiner heimischen Währung bezahlen zu können (vgl. von Westphalen 1987: S. 138).

Wahlmöglichkeiten (Währungsoptionsrechte)

Im Kaufvertrag kann vereinbart werden, dass dem Zahlungspflichtigen das Recht eingeräumt ist, unter bestimmten, im Kaufvertrag festzulegenden Währungen (sog. Optionswährungen) zu wählen und somit Zahlung in der für ihn günstigsten Währung leisten zu können. Ein analoges Wahlrecht kann im Kaufvertrag aber auch dem Zahlungsempfänger (Exporteur) eingeräumt sein. In jedem Fall müssen die **wählbaren Währungen genau definiert** werden. Um die Risiken (und Chancen) derartiger Optionsrechte für die Beteiligten überschaubar zu halten, werden im Kaufvertrag im Allgemeinen **Umrechnungskurse** zwischen den verschiedenen wählbaren Währungen festgelegt. Desgleichen wird in diesen Fällen ein **Zeitraum** (eine sog. Optionszeit) vereinbart, innerhalb dessen der Wahlberechtigte seine Wahl zu treffen hat. Währungsoptionsrechte sind -wenn überhaupt- nur Gegenstand in Kaufverträgen mit längeren Zahlungsfristen bzw. in Anleihen (vgl. auch Stahr, 12. Ergänzungslieferung: S. 42).

Währungsklauseln

Die Vereinbarung einer Währungsklausel im Kaufvertrag bedeutet die Bindung der Vertragswährung und damit des Zahlungsbetrags an den **zukünftigen Wechselkurs einer anderen Währung** (sog. Bezugswährung) bzw. an die Wechselkurse mehrerer, im Kaufvertrag festzulegender Währungen. Für deutsche Exporteure ist es nahe liegend, die DM als Bezugswährung im Kaufvertrag durchzusetzen, weil für die deutschen Exporteure dadurch eine Kurssicherung erreicht wird. Grundsätzlich möglich ist aber auch die Vereinbarung einer Drittlandwährung oder eines etablierten Währungskorbes (z.B. ECU) als Bezugsgröße, was mit Blick auf die Verteilung der Wechselkursrisiken und -chancen auf die Beteiligten einen Kompromiss darstellen kann.

Ob das **Landesrecht** der Beteiligten derartige Währungsklauseln überhaupt zulässt, muss im Einzelfall ebenso geprüft werden wie die Frage, ob statt einer Währungsklausel nicht zweckmäßigerweise die beabsichtigte Bezugswährung (z.B. als Kompromisswährung die ECU) von Anfang an als Vertragswährung in den Kaufvertrag aufgenommen werden sollte (Beispiele zu den Währungsklauseln und weitere Einzelheiten vgl. Wittgen 1977: S. 54ff.).

Sog. **Preisklauseln** (Preisänderungsklauseln, Preisgleitklauseln) bieten dem Exporteur indirekt oder (wenn sie bei Fremdwährungsvereinbarung auf den Wechselkurs zur heimischen Währung des Exporteurs bezogen sind) direkt eine analoge Wechselkurssicherung wie Währungsklauseln.

Hinweis

Es ist keine Frage, dass die Vereinbarung der Währung im Kaufvertrag von den Wechselkurserwartungen der Beteiligten und damit von oft gegensätzlichen Interessenlagen geprägt ist. Einzelheiten dazu sowie zu den Währungsfragen, zum Wechselkursrisiko und zu ausgewählten Sicherungsinstrumenten sind in **Kapitel 7** dargestellt.

Zahlungsort

Alternative Zahlungsorte

Am vereinbarten Zahlungsort (Leistungsort für die Zahlung) hat der Schuldner (Importeur) die **Zahlung vorzunehmen** (von den rechtlichen Unterschieden zwischen Zahlungsort, Erfüllungsort und

Ort der faktischen Zahlung sei hier abgesehen). Zu unterscheiden sind

- **Bringschulden:** Leistungsort für die Zahlung ist der Ort der Niederlassung des Gläubigers (Exporteurs);
- **Schickschulden:** Leistungsort für die Zahlung ist der Ort der Niederlassung des Schuldners (Importeurs);
- **Holschulden:** Leistungsort für die Zahlung ist der Ort der Niederlassung des Schuldners (Importeurs).

Ist ein Zahlungsort im Kaufvertrag weder unmittelbar noch mittelbar (z.B. im Rahmen des vereinbarten Zahlungsinstruments) festgelegt, dann ist auf Grundlage des anzuwendenden Landesrechts zu prüfen, welcher Art die Schuld des Importeurs ist. Mit der Festlegung des Zahlungsorts ist zugleich die **Verteilung der Risiken der Zahlung** verbunden.

Praxis

Die Exporteure suchen in den Zahlungsbedingungen des Kaufvertrags in aller Regel einen **inländischen Zahlungsort** durchzusetzen.

Die Notwendigkeit, einen inländischen Zahlungsort zu vereinbaren, kann auch aus den **Bedingungen** der Exportkreditversicherungen bzw. der Refinanzierungsstellen folgen.

Zahlungsfälligkeit

Alternative Fälligkeiten:

Grundsätzlich kann die Fälligkeit einer Zahlung zu einem **Zeitpunkt** oder innerhalb eines **Zeitraumes** definiert werden:

- Fälligkeitszeitpunkte

- Der Fälligkeitszeitpunkt einer Zahlung kann auf einen bestimmten **Kalendertag**, d.h. absolut fest vereinbart sein, z.B. als Wechselfälligkeit.
  Der Fälligkeitszeitpunkt kann aber auch in **Abhängigkeit zur Geschäftsabwicklung** gewählt werden, z.B. als Zug-um-Zug-Zahlung gegen Dokumente (Dokumenteninkasso) oder durch Auszahlung eines Akkreditivs gegen Einreichung der Dokumente.

- Spätestfristen

- In den Zahlungsbedingungen für exportierte Investitionsgüter finden sich manchmal sog. **Spätestfristen**, die das Hinausschieben eines von der Geschäftsabwicklung abhängigen Zahlungszeitpunktes auf einen spätesten Zeitpunkt limitieren, z.B. "Restzahlung in Höhe von 30% vom Gesamtvertragswert (einzusetzen ist ein bestimmter Betrag), spätestens jedoch ... Monate nach Vertragsabschluss (oder ein anderes Bezugsdatum)". Bei dieser Zeitbestimmung wird von einem **abstrakten Spätesttermin** gesprochen (vgl. Quittnat 1988: S. 95; von Westphalen 1987: S. 176f).
  Die Spätestfrist kann im Kaufvertrag auch **verschuldensabhängig** definiert werden, z.B. durch den Zusatz "spätestens jedoch ... Monate nach Vertragsabschluss, sofern Umstände zu einer Verzögerung geführt haben, die der Käufer/Besteller zu vertreten hat" (von Westphalen 1987: S. 177). Ebenso ist es möglich, im Kaufvertrag den Spätesttermin auf ein Verschulden des Exporteurs hin zu definieren.

- Die Zahlungsfälligkeit kann schließlich einen Zahlungszeitraum umfassen, wie dies beispielsweise bei der Einräumung eines **Zahlungszieles** mit vereinbartem Endfälligkeitstermin oder mit alternativen, vom Zahlungspflichtigen wählbaren Zahlungszeitpunkten (mit oder ohne Skontoabzug) der Fall ist. Allerdings ist auch die zuletzt genannte zeitraumbezogene Zahlungsbedingung regelmäßig durch einen spätesten Zahlungszeitpunkt limitiert.

- Zahlungszeitraum

Der (späteste) Fälligkeitszeitpunkt bestimmt bei Nichtzahlung den **Beginn des Zahlungsverzugs** des Importeurs unter Anlastung der Verzugsfolgen.

Zahlungsverzug

Die Zahlungsfälligkeit kann mit dem vereinbarten **Zahlungsinstrument** bzw. mit der zeitlichen **Abwicklung des Exportgeschäfts gekoppelt** sein. Dies trifft z.B. bei der Zug-um-Zug-Abwicklung des Dokumenteninkassos bzw. bei Zahlung mit Dokumentenakkreditiven zu, weil der Exporteur bei diesen Instrumenten Zahlung erst erlangt, wenn er zuvor die vereinbarten Dokumente beibringt, d.h. die Ware zum Versand gebracht hat.

Zahlungsinstrument

Refinanzierung

Eng mit der vereinbarten Zahlungsfälligkeit ist die Frage verbunden, welcher der Beteiligten die **Refinanzierung** eventuell eingeräumter Zahlungsziele zu bewerkstelligen hat. Bei Investitionsgütern bzw. bei Anlagenexporten, die einer längeren Produktionszeit bedürfen, stellt sich die Frage der Kapitalbindung und deren Refinanzierung überdies bereits während der Herstellungsphase.

Vereinbarung

Zwar ist es nahe liegend und mangels anderweitiger Vereinbarung -zumindest bei Konsumgütern- auch die Regel, dass der **Exporteur** die Finanzierung für die **Herstellungsphase** und für ein eventuell einzuräumendes **Zahlungsziel** besorgt. Grundsätzlich kann dies aber auch dem Importeur -eventuell unter Vermittlung und/oder Mithaftung des Exporteurs- auferlegt werden.
Bei **Finanzkrediten**, die von den deutschen Geschäftsbanken, aber auch von der AKA und von der KfW gewährt werden, ist der Importeur Kreditnehmer/-schuldner (sog. **Bestellerkredite**) oder eine Bank im Land des Importeurs (sog. **Bank-zu-Bank-Kredite**). Die Auszahlung von Finanzkrediten erfolgt jedoch nicht an den jeweiligen Kreditnehmer, sondern -gegen entsprechende Lieferungs-/Leistungsnachweise- an den Exporteur. Einzelheiten zu Finanzkrediten und zu deren Vereinbarung im Kaufvertrag siehe Kapitel 6.1 ff.

Beteiligte

Es ist von verschiedenen Faktoren abhängig, welcher der Beteiligten zweckmäßigerweise die Refinanzierung bewerkstelligt. Diese **Faktoren** können volkswirtschaftlicher Natur (Ergiebigkeit des Kreditmarktes, Zinsniveau, Wechselkurserwartungen, Devisen- und Inkassovorschriften der beteiligten Länder u.a.), aber auch individuellen Zuschnitts (z.B. Kreditwürdigkeit) sein. In jedem Fall ist im Kaufvertrag dahingehend eine eindeutige Regelung zu treffen.

Entscheidungsfaktoren

Übertragbarkeit der Exportforderung

Übernimmt der Exporteur die Refinanzierung, dann sollte er im Kaufvertrag auch vereinbaren, dass er berechtigt ist, seine **Zahlungsansprüche** sowie die vom Importeur eventuell gestellten Sicherheiten Dritten (z.B. Banken, Factoringgesellschaften usw.) zu **übereignen**, zu übertragen oder abzutreten. Dadurch eröffnet sich der Exporteur grundsätzlich den Zugang zu den verschiedenen Refinanzierungsmöglichkeiten.

Zahlungsinstrument

Wie bei den anderen im Kaufvertrag festzulegenden Kriterien ist die Frage, welcher der Beteiligten die **Refinanzierung** zu bewerkstelligen hat, häufig bereits in die Vereinbarung des **Zahlungsinstruments** eingeschlossen. Ist beispielsweise im Kaufvertrag ein Dokumentenakkreditiv mit hinausgeschobener Zahlung vereinbart, dann folgt daraus, dass dieses Zahlungsziel vom Exporteur zu refinanzieren ist. Leistet dagegen der Importeur Vorauszahlung an den Exporteur, dann ist die Refinanzierung dieser Vorauszahlung Aufgabe des Importeurs.

Refinanzierungskosten u. Ä.

Vielfältige Refinanzierungskosten

Insbesondere bei Einräumung längerer Zahlungsziele sind die Refinanzierungskosten (Zinsen, evtl. Krediteinräumungsprovision, evtl. Kreditbereitstellungsprovision, evtl. Kosten der Bestellung von Sicherheiten u.a.) **von erheblichem Gewicht**. Dies gilt analog für die Herstellungsphase von Investitionsgütern bzw. von Anlagen. Schafft nicht bereits das vereinbarte Zahlungsinstrument Eindeutigkeit über die **Verteilung** der anfallenden Finanzierungskosten, dann ist es unerlässlich, eine geeignete Vereinbarung in den Kaufvertrag aufzunehmen. Dabei sind u.a. die Inkasso- und Devisenvorschriften der beteiligten Länder zu beachten.

Abnehmerzins/ Kundenzins

Die tatsächlich anfallenden Refinanzierungsaufwendungen brauchen keineswegs identisch zu sein mit den dem Kontrahenten in Rechnung gestellten Kosten. Zumindest bei mittel- und langfristigen Exportfinanzierungen ist es die Regel, mit dem **Importeur** einen sog. **Abnehmerzins(satz)** zu vereinbaren, der aus Sicht des Exporteurs allerdings nur im Idealfall höher ist als der selbst zu tragende Refinanzierungsaufwand.
Im Anlagenbau bzw. generell bei längeren Fabrikationszeiten ist an eine Vereinbarung mit dem Importeur (Besteller) bezüglich der Zahlung von sog. **Bauzinsen** zu denken, die die Refinanzierungsaufwendungen des Exporteurs während der Fabrikationsphase abdecken (sollen).
Im Übrigen sind für den Fall des Zahlungsverzugs **Verzugszinsen** festzulegen.

Einbeziehung in die Kalkulation

Hat dagegen der **Exporteur** die **Refinanzierungskosten** zu tragen bzw. ist der vereinbarte Abnehmerzins niedriger als der tatsächlich anfallende Refinanzierungsaufwand, dann bleibt dem Exporteur letztlich nur der Weg, auch diesen Aufwand in seiner Warenpreiskalkulation unterzubringen.

Kosten für Sicherungsinstrumente

Die Prämien einer eventuell abgeschlossenen **Warenkreditversicherung** bzw. die Kosten für die **staatliche Exportabsicherung** sowie die Kosten eventuell ergriffener **Wechselkurssicherungen** trägt -zumindest bei kurzfristigen Zahlungszielen- im Allgemeinen der Exporteur. Der Exporteur wird versuchen, diesen Aufwand in seine Warenpreiskalkulation einzubeziehen.

Kosten der Zahlungsabwicklung

Bankspesen u. Ä.

Sofern von einer Aufrechung zwischen Exporteur und Importeur abgesehen wird, fallen bei jedem Exportgeschäft **Kosten der Zahlungsabwicklung** an (Bankspesen, Provisionen, Aufwandsentschädigungen, Wechselsteuern u.a. Abgaben). Welchen Umfang diese Kosten annehmen, hängt von verschiedenen Faktoren ab, insbesondere vom gewählten Zahlungsinstrument, aber auch vom Import- bzw. Exportland.

Reine Zahlungen (z.B. Überweisungen mittels SWIFT) verursachen niedrigere Kosten als beispielsweise die Eröffnung von Dokumentenakkreditiven, insbesondere wenn diese noch von einer inländischen Bank zu bestätigen sind.

Verteilung

Die von den Kreditinstituten für die Zahlungsabwicklung berechneten Kosten, die im Übrigen von den Refinanzierungsaufwendungen abzugrenzen sind, können grundsätzlich wie folgt verteilt werden:

- ausschließlich zulasten des **Importeurs,**
- ausschließlich zulasten des **Exporteurs,**
- **anteilmäßig** entsprechend der im jeweiligen Land anfallenden Kosten,
- **andere Vereinbarungen** über die Verteilung.

Die tatsächliche Kostenverteilung hängt vom Einzelfall ab, so z.B. von den Usancen der Branche, vom gewählten Zahlungsinstrument, von der Verhandlungsmacht der Beteiligten, aber auch von den Inkassovorschriften der beteiligten Länder, die manchmal nicht nur bestimmte Zahlungsinstrumente auferlegen, sondern darüber hinaus auch noch die Spesenverteilung festlegen.

Weitere Kosten

Zu beachten ist, dass im In- und Ausland **weitere Steuern, Kosten, Auslagen** u. Ä. im Zusammenhang mit einem Exportgeschäft anfallen können. Deswegen werden die (reinen) Kosten der Zahlungsabwicklung manchmal auch in die Vereinbarung über die Verteilung aller anfallenden Kosten, Steuern usw. einbezogen.

Zahlungsinstrument (Zahlungsart)

Abhängigkeiten

Die **Zahlungsinstrumente** stehen in enger Abhängigkeit zu den zuvor besprochenen Merkmalen der **Zahlungsbedingungen**: Einerseits schließt das vereinbarte Zahlungsinstrument bestimmte Merkmale der Zahlungsbedingung regelmäßig mit ein (z.B. den Zahlungsort und die Fälligkeit bei Dokumentenakkreditiven). Andererseits ist das zu wählende Zahlungsinstrument seinerseits abhängig von den übrigen im Kaufvertrag festgelegten Kriterien.

Den Beteiligten steht ein großes Spektrum alternativer, auf den Einzelfall hin modifizierbarer Zahlungsinstrumente zur Verfügung, die in **zwei Gruppen** eingeteilt werden können:

- **Reine (nichtdokumentäre) Zahlungsinstrumente** (clean payment), z.B. Auslandsüberweisung, Auslandsscheck, Auslandswechsel.

Diese Zahlungsinstrumente kommen insbesondere bei den Zahlungsbedingungen Voraus- oder Anzahlung, Abschlagszahlung, Zahlung "netto Kasse" bzw. "gegen Rechnung" (eventuell mit Zahlungsziel) vor.

- **Dokumentäre Zahlungsinstrumente**, z.B. Dokumenteninkassi mit verschiedenen Ausprägungen, Dokumentenakkreditive mit mehreren Gestaltungsmöglichkeiten.
  Dokumentäre Zahlungsinstrumente umfassen häufig die Definition der maßgeblichen Merkmale einer Zahlungsbedingung und ersetzen bei einfachen Exportgeschäften eine weiter reichende Vereinbarung im Kaufvertrag.

Die nichtdokumentären und die dokumentären Zahlungsinstrumente sind ausführlich in den folgenden Kapiteln 3 und 4 dargestellt und analysiert.

Sicherstellung

Alternativen

Die Vereinbarung von Sicherheiten für den Exporteur bzw. für den Importeur kann sich auf **zwei Ebenen** vollziehen:

- Zum einen als **ausdrückliche Vereinbarung** im Kaufvertrag über die Stellung von Sicherheiten;
- zum anderen als Vereinbarung eines **geeigneten Zahlungsinstruments**, das die erwünschte Sicherheit grundsätzlich einschließt.

Ausdrückliche Stellung von Sicherheiten

Die ausdrückliche Stellung von Sicherheiten wird **beispielsweise** vom **Importeur** in Form einer **Bankgarantie** der Exporteurbank verlangt und im Kaufvertrag vereinbart, wenn der Importeur an den Exporteur eine (größere) Vorauszahlung zu leisten hat. Diese Bankgarantie dient dem Importeur zur Sicherung seines Rückerstattungsanspruchs im Falle der Nichterfüllung des Kaufvertrags durch den Exporteur.
Darüber hinaus kann die Lieferverpflichtung und/oder die Gewährleistungsverpflichtung bzw. die (umfassende) Verpflichtung des Exporteus zur Vertragserfüllung durch Vereinbarung der Stellung einer Bankgarantie zu Gunsten des Importeurs abgesichert werden. Zu den verschiedenen Garantiearten und zur Abwicklung von Bankgarantien siehe Kapitel 8.

Gewährt dagegen der **Exporteur** dem Importeur ein (längeres) Zahlungsziel, dann ist es die Regel, im Kaufvertrag die Stellung einer (Bank-)Sicherheit zu vereinbaren (z.B. eine Zahlungsgarantie der Importeurbank bzw. einer anderen Bank und/oder einer staatlichen Stelle).

Eigentumsvorbehalt

Der **Eigentumsvorbehalt** bietet dem Exporteur im Allgemeinen keine weit reichende Sicherheit (vgl. Piltz 1996: Stichwort "Eigentumsvorbehalt":

- Mit Grenzüberschreitung der Ware wird ein nach deutschem Recht bestellter Eigentumsvorbehalt in der Regel bedeutungslos.
- Die Eigentumsrechte bestimmen sich -falls keine Rechtswahl getroffen ist- vielmehr nach dem Recht des Landes, in dem sich die Waren zum relevanten Zeitpunkt befinden.

Eigentumsvorbehalte oder analoge Sicherungsrechte sind deswegen nur dann wirksam, wenn sie nach dem Recht des fraglichen Landes bestellt worden sind. Bei der Bestellung dieser Sicherungsrechte sind häufig länderspezifische Besonderheiten zu beachten (wie z.B. die Eintragung in öffentliche Register usw.).

- Die Sicherungswirkung des Eigentumsvorbehalts für den Exporteur setzt folglich voraus, dass dieser im Ausland überhaupt anerkannt und dort auch durchgesetzt werden kann.
- An der Stelle des Eigentumsvorbehalts bieten ausländische Rechte häufig die Möglichkeit der Absicherung durch Registerpfandrechte, deren Bestellung nicht übermäßig kompliziert ist.

Hinweis: Auch die Industrie- und Handelskammern erteilen Auskünfte über den Eigentumsvorbehalt im Ausland.

Dokumentäre Sicherungs-(Zahlungs-) Instrumente

Insbesondere die dokumentären Zahlungsinstrumente schließen je nach ihrer Ausgestaltung **Sicherstellungen** für die Beteiligten ein:

- Beim **Dokumenteninkasso** erhält der Importeur die Dokumente nur ausgehändigt und -je nach Art der Dokumente- damit das Verfügungsrecht über die Waren eingeräumt, wenn er die Gegenleistung (Zahlung bzw. Akzeptierung) erbringt.
- Beim **Dokumentenakkreditiv** erhält der begünstigte Exporteur nur Zahlung, wenn er durch Einreichung vorgeschriebener Dokumente den ordnungsgemäßen Versand usw. der Waren an den Importeur nachweist. Zur Sicherheit des Exporteurs kann das von einer ausländischen Bank eröffnete Akkreditiv von einer deutschen Bank bestätigt werden.

Vereinbarung der Einheitlichen Richtlinien

ERA/ERI

Wird als Zahlungsinstrument die Eröffnung eines Dokumentenakkreditivs bzw. die Abwicklung mit Dokumenteninkasso vereinbart, dann ist zur Sicherheit der Beteiligten (insbesondere zur Sicherheit des Exporteurs) in den Kaufvertrag auch die **Vereinbarung** aufzunehmen, dass die Abwicklung dieser Instrumente auf Grundlage der

- **Einheitlichen Richtlinien und Gebräuche für Dokumenten-Akkreditive** (Revision..., jüngste Fassung) der Internationalen Handelskammer Paris (ERA) bzw. der
- **Einheitlichen Richtlinien für Inkassi** (jüngste Fassung) der Internationalen Handelskammer Paris (ERI)

zu erfolgen hat.

Zustimmungs- bzw. Genehmigungsvorbehalte

Auflagen Dritter

Zumindest bei größeren Exportgeschäften, deren Absicherung der Exporteur durch eine **staatliche Ausfuhrgewährleistung** (Hermes-Deckung) beabsichtigt und/oder deren Refinanzierung durch **Forfaitierung o. Ä.** vorgenommen werden soll, ist es empfehlenswert (im Einzelfall sogar unerlässlich) vor Vertragsabschluss Kontakt mit diesen Einrichtungen aufzunehmen und deren Auflagen in den Zahlungsbedingungen zu berücksichtigen.

Aufnahme von Vorbehalten

Liegt die Zusage dieser Einrichtungen noch nicht vor, dann ist es zweckmäßig, die im Kaufvertrag vereinbarte Zahlungsbedingung **unter den Vorbehalt der Genehmigung** durch die staatliche Exportkreditversicherung bzw. unter den Vorbehalt der Finanzierungszusage der relevanten Finanzierungseinrichtung zu stellen.

2.1.3 Zusammenfassende Darstellung maßgeblicher im Kaufvertrag festzulegender Merkmale der Zahlungsbedingung

Prof. Dr. Siegfried G. Häberle

2.1.3 Zusammenfassende Darstellung maßgeblicher im Kaufvertrag festzulegender Merkmale der Zahlungsbedingung

Merkmal	Charakterisierung bzw. Anmerkungen
Kaufpreis bzw. Zahlungsbetrag	• Eine eindeutige Definition des Kaufpreises bzw. des Zahlungsbetrags ist notwendig, insbesondere hinsichtlich eventueller Nebenkosten, Abzüge am Kaufpreis, Einbehalte oder Abzweigungen sowie hinsichtlich eventuell vereinbarter Preisänderungen (Preisgleitklauseln). Dies gilt auch für Anzahlung, Zwischenzahlung(en) und Ratenzahlungen. • Im Interesse des Exporteurs und der finanzierenden Banken: Vereinbarung vorbehaltloser, zur freien Verfügung des Exporteurs stehender Zahlung durch den Importeur. Dies gilt auch bei Anzahlung, Zwischenzahlung(en) und Ratenzahlung. • Festzulegen ist im Kaufvertrag auch, unter welchen Voraussetzungen (z.B. Stellung von Sicherheiten, insbesondere Bankgarantien) bzw. auf Grundlage welcher Nachweise (z.B. Exportdokumente, insbesondere Transportdokumente) der Zahlungspflichtige Zahlung zu leisten hat bzw. der Zahlungsempfänger Zahlung erlangt.
Währung	• Grundsätzliche Alternativen: - Landeswährung des Exporteurs (bei deutschen Exporten überwiegt die DM), - Landeswährung des Importeurs, - Währung eines Drittlandes (z.B. US $), - Währungseinheiten eines etablierten (z.B. ECU) oder zu definierenden Währungskorbs, - Wahlmöglichkeiten für den Importeur oder für den Exporteur zwischen verschiedenen, im Kaufvertrag festzulegenden Währungen, (Währungsoptionsrecht). • Die Aufnahme einer Effektivklausel kann für deutsche Exporteure zweckmäßig sein, wenn im Kaufvertrag - Fremdwährungszahlung des Importeurs und deutsches Recht (deutscher Zahlungsort) oder - DM - Zahlung des Importeurs und ausländisches Recht (ausländischer Zahlungsort) vereinbart ist. • Evtl. Aufnahme einer Währungsklausel, d.h. Bindung der Vertragswährung an den zukünftigen Wechselkurs einer anderen Währung (sog. Bezugswährung) bzw. an die Wechselkurse mehrerer, im Kaufvertrag festzulegenden Währungen.

Zahlungsort

- Leistungsort für die Zahlung. Alternativen:
  - Bringschuld, Leistungsort für die Zahlung ist der Ort der Niederlassung des Gläubigers (Exporteurs);
  - Schickschuld, Leistungsort für die Zahlung ist der Ort der Niederlassung des Schuldners (Importeurs);
  - Holschuld, Leistungsort für die Zahlung ist der Ort der Niederlassung des Schuldners (Importeurs);
- Mit der Festlegung des Zahlungsorts ist zugleich die Verteilung der Risiken der Zahlung verbunden (Verspätungsrisiko, Verlustrisiko).
- Vorteilhaft ist für den Exporteur im allgemeinen die Vereinbarung eines inländischen Zahlungsorts; teilweise ist dies von Kreditversicherungen bzw. Refinanzierungsstellen auferlegt.

Zahlungsfälligkeit

- Definierbar als Fälligkeitszeitpunkt:
  - absolut fester Fälligkeitszeitpunkt, z.B. als Wechselfälligkeit;
  - von der Geschäftsabwicklung abhängiger Fälligkeitszeitpunkt (z.B. Zug-um-Zug-Zahlung gegen Dokumente oder Auszahlung eines Akkreditivs gegen Einreichung der Dokumente usw.).
  - Limitierung durch sog. (abstrakte oder verschuldensabhängige) Spätestfristen.
- Definierbar als Zahlungszeitraum (Fälligkeitszeitraum):
  - Einräumung eines Zahlungsziels mit vereinbartem Endfälligkeitstermin;
  - Einräumung eines Zahlungsziels mit alternativen, vom Zahlungspflichtigen wählbaren Zahlungszeitpunkten (z.B. mit oder ohne Skontoabzug).
- Festlegung der Folgen des Zahlungsverzugs (z.B. Verzugszinsen).

Refinanzierung

- Die Notwendigkeit zur Refinanzierung folgt aus der Einräumung von Zahlungszielen und - insbesondere bei Investitionsgütern - aus den Aufwendungen des Exporteurs während der Herstellungsphase.
- Die Refinanzierung kann durch den Exporteur, aber auch durch den Importeur (eventuell unter Mithaftung des Exporteurs) erfolgen.
- Bei Finanzkrediten, die von den Banken im Exportland gewährt werden, ist der Importeur der Kreditschuldner (sog. Bestellerkredite) oder eine Bank im Land des Importeurs (sog. Bank-zu-Bank-Kredite). Die Auszahlung von Finanzkrediten erfolgt -gegen Liefer-/Leistungsnachweise- in der Regel an den Exporteur.
- Die Vereinbarung über die Refinanzierung ist u.a. abhängig von der Kreditmarktsituation, der Zinshöhe, den Wechselkurserwartungen, den Inkasso- und Devisenvorschriften der beteiligten Länder, der Kreditwürdigkeit der Beteiligten usw.
- Die Vereinbarung der Abtretbarkeit (Übertragbarkeit) der Zahlungsansprüche sowie der vom Importeur eventuell gestellten Sicherheiten als Kreditsicherheit an Refinanzierungsstellen (Banken, Factoringgesellschaften usw.) ist zweckmäßig.

Refinanzierungskosten u.ä.

- Diese umfassen im engeren Sinne Zinsen, Kredit(einräumungs)provisionen u.ä. Kosten, die von den Refinanzierungsstellen in Rechnung gestellt werden.
  Im weiteren Sinne können hierunter auch die Prämien der Kreditversicherung sowie andere Sicherungskosten verstanden werden.
- Vereinbarung über die Verteilung der Refinanzierungskosten:
  - im Rahmen des vereinbarten Zahlungsinstruments (zu Lasten von Exporteur oder Importeur);
  - in Verbindung mit der Übernahme der Refinanzierung (zu Lasten von Exporteur oder Importeur);
  - durch Vereinbarung eines sog. Abnehmerzinses, eventuell auch eines sog. Bauzinses bei längeren Fabrikationszeiten (zu Lasten des Importeurs).
- Bei der Verteilung der Refinanzierungskosten sind die Inkasso- und Devisenvorschriften der beteiligten Länder zu beachten.

Kosten der Zahlungsabwicklung	• Diese umfassen Bankspesen, Provisionen, Aufwandsentschädigungen, Wechselsteuer, diverse Abgaben u.ä. • Grundsätzlich mögliche Verteilungen: - ausschließlich zu Lasten des Importeurs, - ausschließlich zu Lasten des Exporteurs, - anteilmäßig, entsprechend den im jeweiligen Land angefallenen Kosten, - andere Verteilung. • Die tatsächliche Kostenverteilung hängt von der Verhandlungsmacht der Beteiligten, von den Inkassovorschriften der beteiligten Länder u.a. ab.
Zahlungsinstument (Zahlungsart)	• Großes Spektrum alternativer, auf den Einzelfall hin modifizierbarer Zahlungsinstrumente, deren Auswahl in enger Abhängigkeit zu den übrigen im Kaufvertrag festzulegenden Kriterien steht: - reine (nichtdokumentäre) Zahlungsinstrumente (clean payment), z.B. Auslandsüberweisung, Auslandsscheck, Auslandswechsel; - dokumentäre Zahlungsinstrumente, z.B. Dokumenteninkassi mit verschiedenen Ausprägungen, Dokumentenakkreditive mit mehreren Gestaltungsmöglichkeiten. • Einige Zahlungsinstrumente schließen die maßgeblichen Merkmale der Zahlungsbedingung mit ein (z.B. Dokumentenakkreditive) und sind insoweit zugleich Zahlungsbedingung.
Sicherstellung	• Sicherstellung von Exporteur bzw. Importeur: - durch ausdrückliche Bestellung von Sicherheiten (z.B. Bestellung einer Garantie der Exporteurbank zu Gunsten des Importeurs zur Absicherung einer Vorauszahlung des Importeurs); - durch Vereinbarung eines geeigneten Zahlungsinstruments (z.B. Dokumenteninkasso als Zug-um-Zug-Abwicklung "Dokumente gegen Zahlung bzw. Akzeptleistung" oder Dokumentenakkreditiv). • Der Eigentumsvorbehalt bietet dem Exporteur meistens keine hinreichende Sicherheit.
Einheitliche Richtlinien	• Vereinbarung im Kaufvertrag zweckmäßig, Dokumentenakkreditive bzw. Dokumenteninkassi auf Grundlage der jeweiligen "Einheitlichen Richtlinien" abzuwickeln.
Zustimmungs- bzw. Genehmigungsvorbehalte	• Bei (beabsichtigter) Versicherung der Zahlungsrisiken bzw. bei beabsichtigter Refinanzierung des Exportgeschäfts ist (zumindest bei größeren bzw. langlaufenden Geschäften) die Aufnahme eines Vorbehalts in den Kaufvertrag zweckmäßig, wonach die (unverbindlich) aufgenommenen Zahlungsbedingungen der Zustimmung/Genehmigung durch die Versicherungsgesellschaft (Hermes) bzw. durch die Refinanzierungsstelle bedürfen.

2.2 Häufige Zahlungsbedingungen

Grobeinteilung

Unter dem Blickwinkel des Zeitpunkts der Zahlung lassen sich die **wichtigsten Zahlungsbedingungen** grob einteilen in:

- **Vorauszahlung** bzw. **Anzahlung(en)**;
- Zahlung mit **Dokumentenakkreditiv**:
  Sichtzahlung gegen Dokumente (Sichtzahlungsakkreditiv),
  Hinausgeschobene Zahlung gegen Dokumente (Deferred-payment-Akkreditiv),
  Akzeptleistung einer Bank gegen Dokumente (Akzeptakkreditiv);

- Zahlung mit **Dokumenteninkasso**:
  Dokumente gegen Zahlung,
  Dokumente gegen Akzeptleistung,
  Dokumente gegen unwiderruflichen Zahlungsauftrag;
- Zahlung gegen **Nachnahme**;
- Zahlung nach Erhalt der Ware gegen **einfache Rechnung**;
- Einräumung **längerfristiger Zahlungsziele** (evtl. Ratenzahlung).

Bei Exportgeschäften mit mittel- oder langfristigen Zahlungszielen setzt sich die Zahlungsbedingung aus **mehreren Komponenten** zusammen, z.B. aus Anzahlung, Zwischenzahlung mittels Dokumentenakkreditiv oder mittels Dokumenteninkasso (sog. Dokumentenrate) und längerfristigem Zahlungsziel.

Hinweise

- Sofern die Beteiligten im Kaufvertrag ein **Dokumenteninkasso** oder ein **Dokumentenakkreditiv** vereinbaren, haben sie dieses Zahlungs- und Sicherungsinstrument genau zu **spezifizieren**. Die dazu notwendigen Merkmale der verschiedenen Formen von Dokumenteninkassi und Dokumentenakkreditiven sind umfassend in den **Kapiteln "4.2 Dokumenteninkassi"** und **"4.3 Dokumentenakkreditive"** beschrieben.
- Zum Teil werden die Zahlungen (Zahlungsziele) in Wechselform gekleidet. Eine umfassende Darstellung des **Wechsels**, der **Wechselarten** und der **Wechselzahlung** findet sich in **Kapitel 3.4.**
- In **Abschnitt 2.2.3** finden sich englische/deutsche **Abkürzungen und Kurzbezeichnungen maßgeblicher Zahlungsklauseln im internationalen Handelsverkehr.**
- In **Kapitel 10** ist ein **Fachwörterverzeichnis** in deutscher, französischer, englischer, italienischer und spanischer Sprache abgedruckt.

2.2.1 Darstellung und Beurteilung häufiger Zahlungsbedingungen

2.2.1.1 Vorauszahlung bzw. Anzahlung(en)

Charakterisierung

Beispiele für Vorauszahlungen

Die volle Vorauszahlung des vereinbarten Kaufpreises kann der Exporteur im Kaufvertrag nur selten und nur unter bestimmten **Voraussetzungen** durchsetzen, z.B.

- wenn Vorauszahlungen ohnehin branchenüblich sind;
- beim Export von Spezialerzeugnissen, die u.U. nach den Plänen des Importeurs gefertigt werden und die für den Exporteur deswegen anderweitig nicht verwertbar sind (Werkzeugbau, Spezialmaschinenbau u. Ä.);
- beim Export von Erzeugnissen mit langen Herstellungszeiten bzw. beim Anlagenbau;
- bei Neukunden, deren Kreditwürdigkeit noch nicht beurteilt werden kann;
- bei einer monopolartigen Stellung des Exporteurs.

Anzahlung/Abschlagszahlung(en)/Ratenzahlung(en)

Eine Anzahlung ist als eine **teilweise Vorauszahlung** auf den Kaufpreis zu charakterisieren. Werden weitere Anzahlungen während der Herstellungsphase (z.B. entsprechend dem Baufortschritt) geleistet, wird in der Praxis manchmal von **Abschlagszahlungen/Zwischenzahlungen** gesprochen. Verbleibt im Zeitpunkt der Auslieferung der Exportgüter bzw. im Zeitpunkt der Abnahme einer Anlage durch den Importeur eine **Restforderung**, dann ist im Kaufvertrag über das einzuräumende Zahlungsziel und über die eventuelle Ratenzahlung eine Vereinbarung zu treffen.

Beispiel

Typisch sind Anzahlungen sowie Ratenzahlungen bei größeren Maschinenexporten bzw. bei Anlagen, die z.B. folgende **Fälligkeiten und Beträge** aufweisen können:

- 10% des Kaufpreises als Anzahlung, zahlbar 30 Tage nach Vertragsabschluss (In-Kraft-Treten des Vertrags);
- 10% des Kaufpreises gegen Versanddokumente auf Grundlage eines zu Gunsten des Exporteurs zu eröffnenden unwiderruflichen Dokumentenakkreditivs (sog. Dokumentenrate);
- 80% in acht gleichen Halbjahresraten, deren erste 180 Tage nach Abnahme der Maschine/Anlage fällig gestellt ist.

Instrumente

Die Instrumente, mit denen Voraus- bzw. Anzahlungen geleistet werden, können -wie das vorstehende Beispiel zeigt- unterschiedlich sein: Die Anzahlung erfolgt als sog. **reine Zahlung**, nämlich durch Überweisung bzw. (seltener) mit einem Scheck. Die Dokumentenrate erhält der Exporteur mittels eines zu seinen Gunsten eröffneten Akkreditivs oder mittels Dokumenteninkasso, also mit einer **dokumentären Zahlungsform**. Die angesprochenen Halbjahresraten, die allerdings nicht mehr Voraus- bzw. Anzahlungen sind, werden manchmal in **Wechselform** gekleidet, sodass hier ein weiteres Zahlungsinstrument in Erscheinung tritt.

Beurteilung

Geringes Restrisiko des Exporteurs

Erhält der Exporteur vom Importeur die volle Vorauszahlung des Kaufpreises in einem Zeitpunkt, in dem er weder die Waren bei seinem Vorlieferanten geordert noch mit der Produktion begonnen hat, also bei oder kurze Zeit nach Vertragsabschluss, dann ist der Exporteur **verschiedener Risiken enthoben**:
Zunächst entfallen praktisch das Fabrikationsrisiko ebenso wie das Risiko des verzögerten Zahlungseingangs, das Zahlungsausfallrisiko und das politische Risiko. Bei Vorauszahlungen in Fremdwährung entfällt ab dem Zeitpunkt des Zahlungseingangs überdies das Wechselkursrisiko.
Von Bedeutung ist insbesondere bei langen Herstellungszeiten, dass die Finanzierungslasten der gesamten Produktionsphase ausschließlich auf den Importeur überwälzt sind.
Schließlich ist das Warenabnahmerisiko des Exporteurs als gering einzustufen, zum einen, weil der Importeur nach erfolgter Vorauszahlung in schwacher Position ist, zum anderen, weil sich die Konsequenzen der Weigerung des Importeurs, die Waren abzunehmen, für den Exporteur durch Zugriff auf die Vorauszahlung in engen Grenzen halten.

Im Gegensatz zum Exporteur sind die **Risiken** des Importeurs **erheblich**:

Hohes Risiko des Importeurs:

- Nichterfüllung u. Ä.

Es ist keine Frage, dass sich nach geleisteter Vorauszahlung die Position des Importeurs im Falle der Nichterfüllung des Kaufvertrags durch den Exporteur oder bei mängelbehafteter Lieferung, wenn nicht rechtlich, so doch zumindest faktisch wesentlich verschlechtert. Dies gilt auch bei Eintritt des politischen Risikos, beispielsweise durch staatliche Maßnahmen des Exportlandes, die die Auslieferung der Waren an den Importeur verhindern.

- Rückzahlungsanspruch

Überdies entsteht die Gefahr, dass der Rückzahlungsanspruch des Importeurs gefährdet sein kann, weil sich der Exporteur weigert oder wegen Zahlungsunfähigkeit nicht mehr in der Lage ist, den Kaufvertrag zu erfüllen bzw. dem Importeur die empfangene Vorauszahlung zurückzuerstatten. Als Instrument der **Sicherstellung** des Importeurs ist in dieser Situation die **Anzahlungsgarantie** der Exporteurbank vorteilhaft.

- Wechselkursrisiko

Ist die Vorauszahlung aus Sicht des Importeurs in Fremdwährung zu leisten, dann entfällt ab dem Zeitpunkt der Zahlung das Wechselkursrisiko.

- Finanzierungslasten

Dagegen sind die Finanzierungslasten des Importeurs in jedem Fall hoch, weil er einerseits die Vorauszahlung regelmäßig durch **Aufnahme von Bankkrediten** finanzieren muss und weil ihm andererseits die Waren zur Nutzung bzw. zum Weiterverkauf erst nach einem längeren Zeitraum zur Verfügung stehen.

Analoge Beurteilung

Für **Anzahlungen** im Sinne teilweiser Vorauszahlungen gilt diese Beurteilung analog.

2.2.1.2 Dokumentenakkreditive

Charakterisierung

Allg. Definition

Im Kern umfasst ein Dokumentenakkreditiv ein -im Auftrag des Importeurs abgegebenes- **Versprechen einer Bank** (Akkreditivbank) an den Exporteur **Zahlung zu leisten**, sofern dieser die Akkreditivbedingungen, insbesondere durch Einreichung von genau bestimmten (Versand-)Dokumenten erfüllt. Dieses Zahlungsversprechen wird von den Banken in aller Regel unwiderruflich zu Gunsten der Exporteure abgegeben. Im Wesentlichen sind folgende **Arten** von Dokumentenakkreditiven zu unterscheiden:

Sichtzahlungsakkreditiv

Bei einem Sichtzahlungsakkreditiv (kurz: Sichtakkreditiv) erhält der begünstigte Exporteur den Akkreditivbetrag von einer als Zahlstelle benannten Bank **Zug-um-Zug** gegen die Einreichung der (Versand-)Dokumente ausgezahlt. Insoweit liegt hier -grob umrissen- eine bankgarantierte Abwicklung "Dokumente gegen Zahlung" vor.

Akkreditiv mit hinausgeschobener Zahlung

Im Gegensatz zum Sichtzahlungsakkreditiv erfolgt beim Akkreditiv mit hinausgeschobener Zahlung (Deferred-payment-Akkreditiv) die **Abwicklung zeitlich versetzt**: Der Exporteur erhält die Zahlung nicht im Gegenzug zur Einreichung der (Versand-)Dokumente, sondern erst im Zeitpunkt der Fälligkeit der hinausgeschobenen Zahlung. Entscheidend ist, dass auch dieser, auf ein späteres Datum hinausgeschobene Zahlungsanspruch des Exporteurs von der Akkreditivbank unwiderruflich zu erfüllen ist.

Akzeptakkreditiv

Eine ähnliche Grundstruktur weist das Akzeptakkreditiv auf, bei dem die **hinausgeschobene Zahlung in Wechselform** gekleidet ist: Sofern die Akkreditivbank den Wechsel nicht selbst akzeptiert, sondern eine andere Bank damit beauftragt (Remboursakkreditiv, das die Regel ist), haftet sie und die Akzeptbank (Remboursbank) für die Einlösung des Wechsels (des Bankakzepts) bei Fälligkeit.

Anwendung

Die Stellung eines Dokumentenakkreditivs wird vom Exporteur häufig dann im Kaufvertrag durchzusetzen versucht, wenn Produkte exportiert werden, die im Fall der **Nichtabnahme** anderweitig nicht oder nur schwierig zu verwerten sind bzw. wenn die **Kreditwürdigkeit** des Abnehmers nicht bekannt ist oder gar zu Zweifeln Anlass gibt u.a.m. Dokumentenakkreditive lassen sich über die oben skizzierten Grundformen hinaus in vielerlei Hinsicht dem einzelnen Exportgeschäft und den jeweiligen Interessenlagen der Beteiligten anpassen.

Hinweis

Die verschiedenen **Akkreditivarten** sind ausführlich in **Kapitel 4.3** dargestellt.

Beurteilung

Hohe Sicherheit für den Exporteur

Dokumentenakkreditive stellen für den Exporteur eine **weit reichende Sicherheit** dar, sofern diejenige Bank, die das Zahlungsversprechen zu seinen Gunsten abgibt (Akkreditivbank), zahlungsfähig ist und ihren Sitz in einem Land ohne politischem Risiko hat. Ist das Akkreditiv überdies unwiderruflich und unmittelbar nach Abschluss des Kaufvertrags eröffnet worden, dann entfällt für den Exporteur praktisch das Fabrikationsrisiko, weil ihm dieses Zahlungsversprechen nicht mehr entzogen werden kann. Analog ist das Zahlungsverzögerungsrisiko und das Zahlungsausfallrisiko des Exporteurs zu beurteilen.
Hebt man allerdings die obigen Annahmen auf, dann können die genannten Risiken -mangels anderweitiger Absicherung- ausgeprägt in Erscheingung treten: Dies gilt für das **politische Risiko** ebenso wie für die **Zahlungsunfähigkeit der Akkreditivbank**.
Bei **Fremdwährungsakkreditiven** kann dem Exporteur ein Wechselkursrisiko bis zum Zeitpunkt der Zahlung entstehen. Dagegen ist das **Warenabnahmerisiko** in der Regel als gering zu veranschlagen, zumal der Exporteur im Zeitpunkt der Ankunft der Waren beim Importeur im Allgemeinen die Leistung aus dem Akkreditiv bereits beansprucht (erhalten) hat und dem Exporteur diese Leistung wegen der Unwiderruflichkeit des Zahlungsversprechens ohnehin nicht mehr entzogen werden kann.

Finanzierungskosten fallen für den Exporteur bei Sichtzahlungsakkreditiven bis zum Zeitpunkt der Benutzung des Akkreditivs, also während einer evtl. Produktionsphase an. Von größerem Gewicht sind die Finanzierungskosten bei Akkreditiven mit hinausgeschobener Zahlung bzw. bei Akzeptakkreditiven. Da indessen der Importeur von den darin eingeschlossenen Zahlungszielen profitiert, wird der Exporteur in der Zahlungsbedingung des Kaufvertrags eine Regelung durchzusetzen suchen, die dem Importeur diese Finanzierungskosten anlastet bzw. diese in die Warenpreiskalkulation aufnehmen.

Risiken des Importeurs:

- geringes politisches Risiko

Insgesamt gesehen sind die Risiken, die dem Importeur durch die Stellung von Dokumentenakkreditiven entstehen können, als **relativ gering** einzustufen: Das politische Risiko des Importeurs entfällt bei politischer Stabilität des Exportlandes praktisch ganz und es bleibt selbst dann gering, wenn die Lieferung der Waren vom Exportland untersagt wird und das Dokumentenakkreditiv deswegen vom Exporteur auch nicht benutzt werden kann. Anders liegt der Fall, wenn die Waren beschlagnahmt werden und das Akkreditiv zu diesem Zeitpunkt vom Exporteur bereits benutzt war.

- Nichterfüllung des Kaufvertrags

Das Risiko der Nichterfüllung des Kaufvertrags durch den Exporteur ist bei eröffneten Akkreditiven im Allgemeinen als gering zu beurteilen. Tritt dieses Risiko trotzdem ein, dann halten sich die Folgen für den Importeur in engen Grenzen, weil dem Exporteur dann regelmäßig die Möglichkeit verbaut ist, Zahlung aus dem Akkreditiv zu erlangen.

- Mängelbehaftete Lieferung

Das Risiko mängelbehafteter Lieferung ist durch die Zahlungsbedingung "Dokumentenakkreditiv" dagegen nicht ausgeschlossen. Die Banken entscheiden über den Zahlungsanspruch des Exporteurs allein auf Grundlage der von diesem eingereichten Dokumente, wobei im Regelfall kein Spielraum für eine vorherige Überprüfung der Waren durch den Importeur bleibt. Will der Importeur das Risiko einer mängelbehafteten Warenlieferung begrenzen, dann hat er mit dem Exporteur zu vereinbaren -und dies auch in die Akkreditivbedingungen aufnehmen zu lassen-, dass der Exporteur ein Gutachten über die Qualität der Waren beizubringen hat. Die Auszahlung aus dem Akkreditiv erfolgt in diesem Fall nur, wenn der Exporteur die geforderte Expertise zusammen mit den anderen Dokumenten bei der Bank (Zahlstelle des Akkreditivs) vorlegt.

- Finanzierungskosten

Bei Sichtzahlungsakkreditiven halten sich die Finanzierungskosten in engen Grenzen, sofern die Akkreditivbank dem Importeur den Akkreditivbetrag nicht bereits im Zeitpunkt der Akkreditiveröffnung, sondern erst nach Benutzung durch den Exporteur in Rechnung stellt. Bei Akkreditiven mit hinausgeschobener Zahlung bzw. bei Akzeptakkreditiven stellt der Exporteur die anfallenden Finanzierungkosten dieser Zahlungsziele dem Importeur unmittelbar oder (in der Warenpreiskalkulation) mittelbar in Rechnung.

2.2.1.3 Dokumenteninkassi

Charakterisierung

Wesen

Das Dokumenteninkasso umfasst eine **Zug-um-Zug-Abwicklung**: Der Exporteur übergibt seiner Bank die (Versand-)Dokumente mit der Maßgabe, dass diese -unter Einschaltung einer Bank im Lande des Importeurs- dem Importeur die **Dokumente** nur aushändigen darf, wenn dieser **im Gegenzug bezahlt** (Dokumente gegen Zahlung) bzw. **einen Wechsel akzeptiert** (Dokumente gegen Akzept) bzw. **einen unwiderruflichen Zahlungsauftrag unterzeichnet** (Dokumente gegen unwiderruflichen Zahlungsauftrag).

Dokumenteninkassi werden in der Praxis häufig vereinbart, wenn die Beteiligten eine **gewisse Sicherheit** bei der Abwicklung des Exportgeschäfts nicht missen möchten. Allerdings ist die Sicherheit des Exporteurs deutlich niedriger einzustufen als bei Dokumentenakkreditiven.

Hinweis

Ausführlich sind die Arten der **Dokumenteninkassi** und ihre Abwicklung in **Kapitel 4.2** dargestellt.

Beurteilung

Beurteilung des Exporteurs:

- Sicherheit der Zug-um-Zug-Abwicklung

Die maßgebliche **Sicherheit des Exporteurs** liegt bei der Zahlungsbedingung "Dokumenteninkasso" in der Zug-um-Zug-Abwicklung: Der Exporteur kann sicher sein, dass dem Importeur die (Versand-) Dokumente nur ausgehändigt werden, wenn dieser die vereinbarte Gegenleistung erbringt, d.h. bezahlt bzw. einen Wechsel akzeptiert bzw. einen unwiderruflichen Zahlungsauftrag unterzeichnet. Handelt es sich bei den Inkassodokumenten um Dokumente, die der Importeur zwingend benötigt, um über die Waren verfügen zu können, dann eröffnet sich dem Importeur keine Möglichkeit, in den Besitz der Ware zu gelangen, ohne dem Inkassoauftrag entsprochen zu haben.

- Fabrikationsrisiko/ Warenabnahmerisiko

Das Fabrikationsrisiko des Exporteurs ist bei der Zahlungsbedingung "Dokumenteninkasso" uneingeschränkt vorhanden. Grundsätzlich trifft dies auch für das Warenabnahmerisiko zu, wobei allenfalls die Tatsache einschränkend wirken könnte, dass der Importeur immerhin von einer Bank in seinem Land (evtl. von seiner Hausbank) die Aufforderung zur Aufnahme der Dokumente und damit einbezogen, die Aufforderung zur Zahlung bzw. zur Akzeptleistung bzw. zur Unterzeichnung eines unwiderruflichen Zahlungsauftrags erhält.
Bei Exporten von Waren mit längerer Produktionsdauer, bei Spezialerzeugnissen, bei leicht verderblichen Waren u. Ä. ist dem Exporteur wegen des Fabrikationsrisikos und wegen des Warenabnahmerisikos von der Vereinbarung von Dokumenteninkassi eher abzuraten.

- Zahlungsverzögerungen

Als ein weiteres Risiko ist der manchmal etwas verzögerte Zahlungseingang beim Exporteur anzusehen. Die praktische Erfahrung zeigt nämlich, dass Dokumenteninkassi im Ausland keineswegs immer die unverzügliche Abwicklung erfahren, wie sie die Einheitlichen Richtlinien für Inkassi (ERI) vorsehen.

- Risiken bei "Dokumente gegen-Akzept-Inkassi" u. Ä.

Bei "Dokumente gegen Zahlung"-Inkassi entsteht kein Zahlungsausfallrisiko. Dagegen besteht diese Gefahr bei **"Dokumente gegen Akzept"-Inkassi** sehr wohl: Dem Importeur werden die Dokumente im Rahmen des Inkassos ausgehändigt, sofern er als Gegenleistung einen Wechsel akzeptiert. Der Importeur kann sodann anhand der empfangenen Dokumente über die Waren verfügen. Ob er indessen den Wechsel bei Fälligkeit einlösen wird, ist eine offene Frage. Deswegen kann die Zahlungsbedingung "Dokumente gegen Akzept" nur seriösen und solventen Importeuren zugestanden werden. Entsprechendes gilt für **"Dokumente gegen unwiderruflichen Zahlungsauftrag"-Inkassi.**

- Politisches Risiko

Das politische Risiko des Exporteurs kann bei Dokumenteninkassi durchaus in Erscheinung treten. Im ungünstigsten Fall zu einem Zeitpunkt, in dem sich sowohl die Waren als auch der Inkassoauftrag -und damit die Dokumente- bereits im Ausland befinden. In zeitlicher Hinsicht ist bei "Dokumente gegen Akzept"-Inkassi dieses Risiko auch für die Laufzeit des Wechsels ins Auge zu fassen. Analoge Risiken bestehen bei "Dokumente gegen unwiderruflichen Zahlungsauftrag"-Inkassi.

- Finanzierungskosten

Bei Inkassi "Dokumente gegen Zahlung" fallen die Finanzierungskosten bis zum Zeitpunkt des Zahlungseingangs, bei Inkassi "Dokumente gegen Akzept" darüber hinaus für die Wechsellaufzeit an. Da der Importeur von dem in Wechselform gekleideten Zahlungsziel profitiert, wird der Exporteur im Kaufvertrag regelmäßig eine Vereinbarung anstreben, die dem Importeur die Finanzierungskosten auferlegt. Entsprechendes gilt bei Inkassi "Dokumente gegen unwiderruflichen Zahlungsauftrag".

Beurteilung des Importeurs:

- Sicherheit durch Dokumente

Der **Importeur** erlangt im Rahmen der Zahlungsbedingung "Dokumenteninkasso" den **Nachweis**, dass der Exporteur die Waren vereinbarungsgemäß zum Versand gebracht und versichert hat sowie die **Sicherheit**, dass der Exporteur über die Waren nicht mehr verfügen kann, sobald der Importeur die Dokumente -nach erfolgter Bezahlung bzw. Akzeptleistung bzw. Unterzeichnung des unwiderruflichen Zahlungsauftrags- in Händen hält. Allerdings setzt dies voraus, dass geeignete Dokumente im Kaufvertrag vereinbart sind und vom Exporteur -in Verbindung mit dem Inkassoauftrag- auch tatsächlich vorgelegt werden.

- Risiko mängelbehafteter Waren

Beim Dokumenteninkasso hat der Importeur keine Möglichkeit, die Waren vor Zahlung bzw. vor Akzeptleistung bzw. vor Unterzeichnung des unwiderruflichen Zahlungsauftrags zu prüfen, es sei denn, dass eine solche Prüfung ausdrücklich im Inkassoauftrag zugelassen ist, was aber in der Praxis selten vorkommt. Zwar kann der Importeur die Vorlage eines Qualitätszertifikats im Kaufvertrag durchsetzen und damit dem Exporteur auferlegen, dass dieses Gutachten im Rahmen des Inkassoauftrags vorzulegen ist. Jedoch sind solche Qualitätsnachweise kostspielig, sodass in der Praxis darauf meistens verzichtet wird und der Importeur dem Risiko mängelbehafteter Warenlieferung ausgesetzt bleibt.

- Risiko der Nichterfüllung

Das Risiko der Nichterfüllung des Kaufvertrags durch den Exporteur bleibt bei Dokumenteninkassi bestehen, jedoch sind die Folgen für den Importeur -was die Zahlungsseite anlangt- gering, weil er in dieser Situation weder zu zahlen noch einen Wechsel zu akzeptieren noch einen unwiderruflichen Zahlungsauftrag zu erteilen hat. Analoges gilt bei Eintritt des politischen Risikos.

- Wechselkursrisiko

Lautet das Inkasso auf Fremdwährung, dann endet das daraus folgende Wechselkursrisiko mit der Zahlung und umfasst somit bei "Dokumente gegen Zahlung"-Inkassi in der Regel einen kurzen

Zeitraum. Anders dagegen ist dies bei Fremdwährungsinkassi auf Basis "Dokumente gegen Akzept", bei denen das Wechselkursrisiko während der Wechsellaufzeit bestehen bleibt. Entsprechendes gilt für "Dokumente gegen unwiderruflichen Zahlungsauftrag"-Inkassi, die auf Fremdwährung lauten.

- Finanzierungskosten

Weil der Importeur vom Zahlungsziel eines "Dokumente gegen Akzept"- bzw. "Dokumente gegen unwiderruflichen Zahlungsauftrag"-Inkassos profitiert, wird der Exporteur versuchen, die Übernahme der Zinslasten durch den Importeur im Kaufvertrag durchzusetzen.

2.2.1.4 Zahlung durch Nachnahme u. Ä.

Charakterisierung

Zahlung durch Nachnahme

Ist im Kaufvertrag "Zahlung durch Nachnahme" (Zahlungsklausel: "Zahlung bei Lieferung", "cash on delivery (c.o.d)" o. Ä.) vereinbart, dann beauftragt der Exporteur seinen **Frachtführer** nicht nur mit dem Versand der Ware, sondern auch mit dem **Inkasso** des Nachnahmebetrags. Analog zum Dokumenteninkasso erfolgt diese Abwicklung Zug-um-Zug: Dem Importeur dürfen die Waren nur ausgehändigt werden, wenn er im Gegenzug bezahlt. (vgl. Fischer/Hundertmark 1996: S. 25).

Eignung

Inwieweit die Vereinbarung der "Zahlung durch Nachnahme" angebracht ist, muss im Einzelfall entschieden werden. Die dabei zu berücksichtigenden Aspekte umfassen nicht nur die Frage der **Kreditwürdigkeit** des **Importeurs** und die Größe des Geschäfts, sondern sie reichen über den Transportweg bis hin zum **Vertrauen** des Exporteurs **in den Frachtführer**, den er mit dem Versand und dem Inkasso beauftragt.

Grundsätzlich ist die Zahlungsbedingung "Zahlung durch Nachnahme" auch in den Fällen in Erwägung zu ziehen, in denen ein Dokumenteninkasso nicht zweckmäßig erscheint. Dies ist beispielsweise der Fall, wenn der Warentransport schneller abgewickelt würde als ein Dokumenteninkasso und damit die Notwendigkeit der Einlagerung der Waren entstünde. Dies ist aber auch der Fall, wenn eine Transportart gewählt ist, die zu einem Transportdokument ohne Legitimationsfunktion führt, sodass ein Dokumenteninkasso nur unter Einschaltung eines treuhänderischen Dritten (Bank, Spediteur) tragfähig würde.

Frachtführer bzw. Kassierer

Die Abwicklung der Zahlungsbedingung "Zahlung durch Nachnahme" kann grundsätzlich mit

- der **Post**
- der **Bahn**
- den **Luftfrachtgesellschaften**
- dem eigenen **Vertreter**/der eigenen Niederlassung im Ausland
- den **Speditionen**

vorgenommen werden.

Es ist zu empfehlen, dass sich die Beteiligten vor Abschluss des Kaufvertrags über die Abwicklung "Zahlung durch Nachnahme" beim Frachtführer erkundigen, und zwar auch bezüglich der damit verbundenen Sicherheit sowie der anfallenden Kosten.

Erfolgt der Versand der Ware durch Luftfracht, dann ist zu berücksichtigen, dass Nachnahmesendungen nicht in alle Länder möglich sind. Entsprechendes gilt für Speditionen, die zwar im Inland Nachnahmesendungen gegen Bargeld bzw. Euroschecks bis zu einer bestimmten Höhe abwickeln, im Ausland dagegen allenfalls mit ausdrücklichem Auftrag und auf Risiko des Kunden.

Bezahltbestätigung einer Bank

Eine der "Zahlung durch Nachnahme" ähnliche Zahlungsbedingung ist die "Auslieferung der Ware gegen Bezahltbestätigung einer Bank". Auch diese Zahlungsbedingung umfasst eine **Zug-um-Zug-Abwicklung**, nämlich "Ware gegen Bezahltbestätigung" (vgl. Jahrmann 1995: S. 353).

Eignung

Der Vorzug dieser Zahlungsbedingung mag aus Sicht des Exporteurs darin liegen, dass er dem Spediteur den Inkassobetrag nicht anvertrauen muss, sondern dass die **Zahlungsseite** des Geschäfts auf den eingespielten und seriösen Bahnen der **Kreditinstitute** abläuft. Ein Nachteil liegt indessen in der praktischen Abwicklung: Der Spediteur kann in der Regel die ihm vom Importeur vorgelegte Bezahltbestätigung der Bank auf ihre Echtheit (Unterschriften usw.) nicht mit absoluter Sicherheit prüfen und er kann im Allgemeinen auch die Seriosität dieser Bank nicht abschließend beurteilen.

Sog. Frachtbrief-Inkasso

Eine ähnlich sichernde Wirkung wie die "Zahlung durch Nachnahme" entfaltet das sog. Frachtbrief-Inkasso. Die Besonderheit des Frachtbrief-Inkassos liegt darin, dass als **Warenempfänger** in das Transportdokument (in den Frachtbrief) nicht der Besteller (nicht der Importeur), sondern eine **Bank** in dessen Land bzw. die **Spedition** eingetragen wird. Nach Bezahlung durch den Besteller (Importeur) wird dieser als Warenempfänger benannt bzw. -falls die Ware vor der Durchführung des Inkassos angekommen ist und deswegen eingelagert wurde- wird dem Besteller (Importeur) eine Freigabeerklärung der Bank bzw. der Spedition übergeben, auf deren Grundlage er sodann über die Ware verfügen kann (vgl. auch Jahrmann 1995: S. 353).

Anmerkung: Zum Warenversand an die Adresse treuhänderischer Dritter siehe auch Kapitel "4.2 Dokumenteninkassi", insbesondere Abschnitt 4.2.8.

Beurteilung

Beurteilung des Exporteurs

Die **Sicherheit** dieser Zahlungsbedingungen liegt für den Exporteur in der **Zug-um-Zug-Abwicklung**: Dem Importeur werden die Waren nur ausgehändigt, wenn er bezahlt bzw. die erfolgte Zahlung nachweist.
Das Fabrikationsrisiko verbleibt bei den beschriebenen Zahlungsbedingungen beim Exporteur. Dies trifft auch auf das Warenabnahmerisiko zu: Bei allen diesen Zahlungsbedingungen kann der Importeur die Abnahme der Ware verweigern, ohne durch vorherige Zahlung in Zugzwang zu geraten.

Das politische Risiko kann für den Exporteur dann von Gewicht sein, wenn es nach Versand der Waren, aber vor Verfügbarkeit der Zahlung eintritt, z.B. durch Beschlagnahme oder Vernichtung der Ware, durch Transferverbote o. Ä.
Dagegen dürfte der Exporteur -sofern politische Risiken nicht eintreten- vor dem Risiko des Zahlungsausfalls wegen der Zug-um-Zug-Abwicklung gesichert sein. Auch Zahlungsverzögerungen dürften im größeren Umfang nicht eintreten.
Bei Fremdwährungszahlungen bleibt das Wechselkursrisiko bis zum Zeitpunkt des Zahlungseingangs bestehen.

Beurteilung des Importeurs

Der maßgebliche Vorzug der skizzierten Zahlungsbedingungen liegt für den Importeur in der Zug-um-Zug-Abwicklung: Unmittelbar **nach** seiner **Zahlung** kann er **über die Waren verfügen**. Mangels einer anderweitigen Vereinbarung hat der Importeur allerdings keine Möglichkeit, die Waren vor der Bezahlung auf ihre Mängelfreiheit zu überprüfen.
Das politische Risiko des Importeurs erstreckt sich bei diesen Zahlungsbedingungen primär auf die Möglichkeit der Nichtlieferung der Waren, deren Konsequenzen nur im Einzelfall beurteilt werden können.
Das Wechselkursrisiko ist für den Importeur dann von Gewicht, wenn zwischen Vertragsabschluss und Zeitpunkt der Zahlung eine Aufwertung der Fremdwährung, in der er zu zahlen hat, eintritt.

2.2.1.5 Zahlung nach Erhalt der Ware gegen einfache Rechnung

Charakterisierung

Abwicklung

Diese Zahlungsbedingung, die häufig auch verkürzt mit "**Zahlung netto Kasse**" ausgedrückt wird (vgl. von Westphalen 1987: S. 181) impliziert, dass der Importeur zunächst in den Besitz der Ware gelangt, diese prüft und sodann Zahlung an den Exporteur auf Grundlage der gestellten Rechnung zu leisten hat. Je nach Vereinbarung im Kaufvertrag kann der Exporteur den Importeur in der Rechnung zur **unverzüglichen Zahlung** nach Erhalt der Ware bzw. ab Rechnungsdatum auffordern oder aber diesem ein **(längeres) Zahlungsziel** einräumen.

Wechselziehung

Eine **Sonderform** dieser Zahlungsbedingung liegt vor, wenn das eingeräumte Zahlungsziel vereinbarungsgemäß in einen Wechsel gekleidet wird, den der Exporteur auf den Importeur zieht und den dieser laut Kaufvertrag zu akzeptieren hat (Einzelheiten zur Wechselziehung siehe Kapitel 3.4).

Rechnungseingang vor Wareneingang

Wird die vorgenannte Zahlungsbedingung **ohne Bezugnahme auf den Erhalt der Ware**, sondern in Bezug auf die Rechnung formuliert, wie beispielsweise "Kasse gegen Rechnung", "netto Kasse nach Erhalt der Faktura", "Zahlung nach Erhalt der Faktura" oder "Zahlung bei Erhalt der Faktura", dann stellt sich im Falle des Eingangs der Rechnung vor dem Eingang der Waren beim Importeur die Frage, ob der Importeur tatsächlich auf Grundlage der Rechnung Zahlung zu leisten hat, ohne zuvor in den Besitz der Waren gelangt zu sein und somit ohne diese zuvor geprüft zu haben. In der Literatur ist dies zwar umstritten (vgl. von Westphalen 1987: S. 181), jedoch wird sich ein Importeur in dieser Situation in der Regel pragmatisch verhalten und den Eingang der Waren vor Bezahlung der Rechnung abwarten. Dieses Verhalten wird im Übrigen auch durch die Rechtsauffassung gestützt, wonach die angeführten Zahlungsbedingungen Unterfälle der Zahlungsbedingung "netto Kasse" darstellen (vgl. von Westphalen 1987: S. 181 und die dort angegebenen Quellen).

Unterscheidung

In der Literatur wird zum Teil zwischen **"Zahlung gegen einfache Rechnung"** einerseits und **"offenem Zahlungsziel"** andererseits unterschieden (vgl. z.B. Brinkmann/ Köller 1986: S. 30ff.; Jacobs 1988: S. 75). Durch diese Unterscheidung soll hervorgekehrt werden, dass bei der erstgenannten Zahlungsbedingung sofortige Zahlung zu leisten ist, wogegen bei "offenem Zahlungsziel" ein späterer Zahlungstermin vereinbart gilt. Indessen lässt die Formulierung "Zahlung gegen einfache Rechnung" für sich genommen keine zeitliche Dimension erkennen, sondern nur die Tatsache, dass es sich um eine nichtdokumentäre Zahlungsbedingung handelt, die durchaus Spielraum belässt für ergänzende zeitpunkt- bzw. zeitraumbezogene Vereinbarungen zwischen Importeur und Exporteur. Im Folgenden wird deswegen von dieser Unterscheidung abgesehen.

Zahlungsinstrumente

Als Zahlungsinstrument wählt der Importeur entweder **Überweisung** oder **Scheck**. Aus diesem Grund wird die Zahlungsbedingung "Zahlung nach Erhalt der Ware gegen einfache Rechnung" bzw. "Zahlung netto Kasse" in die nichtdokumentären (reinen) Zahlungsbedingungen eingeordnet. Diese Einordnung erfolgt auch dann, wenn ein Zahlungsziel in Wechselform gekleidet wird, weil der **Wechsel** in diesem Zusammenhang nicht als Dokument, sondern als Zahlungs- und Sicherungsinstrument angesehen wird.

Beurteilung

Beurteilung des Exporteurs

Es ist offenkundig, dass die beschriebene Zahlungsbedingung **erhebliche**, mit längeren Zahlungszielen regelmäßig zunehmende **Risiken für den Exporteur** in sich birgt. Deswegen kann diese Zahlungsbedingung nur Importeuren eingeräumt werden, die sich in der Vergangenheit (durch längere Geschäftsbeziehung oder nachgewiesen durch Bankauskünfte) als absolut seriös und kreditwürdig ausgewiesen haben und die außerdem ihren Sitz in einem Land haben, das keine erkennbaren politischen Risiken aufweist.

Sowohl das Fabrikationsrisiko als auch das Warenabnahmerisiko, das Risiko verzögerter Zahlung, das Zahlungsausfallrisiko sowie politische Risiken können bei dieser Zahlungsbedingung ausgeprägt in Erscheinung treten. Bei Fremdwährungsforderungen kann überdies das Wechselkursrisiko hinzukommen.

Ist Wechselziehung zwischen den Beteiligten vereinbart, dann hält der Exporteur zwar ein geeignetes Instrument zur Refinanzierung des gewährten Zahlungsziels in Händen, seine Risikosituation ändert sich dadurch aber nicht wesentlich: Zum einen, weil auf den Exporteur im Nichtzahlungsfall Rückgriff genommen wird, zum an-

deren, weil die Durchsetzung wechselrechtlicher Ansprüche keineswegs in allen (Import-)Ländern bevorzugt möglich ist.
Über die Verteilung der Finanzierungslasten wird der Exporteur -zumindest bei Einräumung längerer Zahlungsziele- eine (teilweise) Übernahme durch den Importeur anstreben. Falls dies nicht gelingt, sind die Finanzierungskosten vom Exporteur selbst zu tragen bzw. indirekt im Warenpreis auf den Importeur zu überwälzen.

Beurteilung des Importeurs

Die dargestellte Zahlungsbedingung wirkt eindeutig **zu Gunsten des Importeurs**. Dies gilt zunächst für das Risiko mängelbehafteter Lieferung: Der Importeur kann die Waren prüfen, bei Mängeln die Zahlung zurückstellen bzw. entsprechende Abzüge am Rechnungsbetrag vornehmen.
Das Risiko der Nichtlieferung der Ware (Nichterfüllung des Kaufvertrags) durch den Exporteur mag dem Importeur zwar im Einzelfall Probleme schaffen, ein direktes Ausfallrisiko -wie dies beispielsweise bei Vorauszahlung der Fall sein kann- ist für den Importeur damit aber nicht verbunden. Diese Beurteilung gilt auch hinsichtlich des politischen Risikos.
Eine Lieferung der Waren gegen einfache Rechnung belässt dem Importeur im Übrigen einen gewissen Dispositionsspielraum über den Zeitpunkt der Zahlung. Kurze Überziehungen des Zahlungsziels werden von den Exporteuren im Allgemeinen toleriert.
Bei Vereinbarung sofortiger Zahlung nach Warenempfang bzw. bei kurzen Zahlungszielen sind die Finanzierungskosten des Exportgeschäfts in der Regel vom Exporteur zu tragen. Bei Einräumung längerer Zahlungsziele, die dem Importeur u.U. die Möglichkeit eröffnen, aus dem Weiterverkaufserlös der Waren (d.h. ohne eigenen Kapitaleinsatz) die Zahlung an den Importeur zu leisten, werden dagegen im Kaufvertrag durchaus Vereinbarungen über die Verteilung der Finanzierungskosten getroffen.

2.2.1.6 Mittel- bis langfristige Zahlungsziele

Charakterisierung

Wesen und Abwicklung

Längerfristige Zahlungsziele werden insbesondere beim **Export von Maschinen bzw. Anlagen** eingeräumt. Dabei kann der zu finanzierende Betrag durchaus 80% des Kaufpreises ausmachen. Es ist üblich, diesen **Restkaufpreis** in halbjährlich fällige **Raten** aufzuteilen und im Übrigen mit dem Importeur im Kaufvertrag eine Vereinbarung zur Übernahme der **Zinsen** (sog. Abnehmerzinsen) zu treffen. In der Regel wird dem Importeur im Kaufvertrag überdies zur Auflage gemacht, dass dieses langfristige Zahlungsziel mit dem Aval einer Bank abzusichern ist.

Hinweise

- Die maßgeblichen Elemente und Restriktionen der **Zahlungsbedingungen** von Exportgeschäften mit **mittel- und langfristigen Zahlungszielen** sowie
- die mittel- und langfristigen **Refinanzierungs- und Absicherungsinstrumente**

sind ausführlich in **Kapitel 6** beschrieben und beurteilt.

Beurteilung

Beurteilung des Exporteurs

Grundsätzlich ist die **Beurteilung**, wie sie bei der Zahlungsbedingung "Zahlung nach Erhalt der Ware gegen einfache Rechnung" dargestellt ist, auf die vorliegende Zahlungsbedingung mit der Maßgabe **übertragbar**, dass die dort skizzierten Risiken bei längerfristigen Zahlungszielen noch ausgeprägter eintreten können. Diese Feststellung trifft zunächst auf das Fabrikationsrisiko zu, weil die zu produzierenden Maschinen bzw. Anlagen im Allgemeinen anderweitig kaum verwertbar sind und im Übrigen eine oft lange Herstellungszeit verursachen. In diese Feststellung ist aber auch das Warenabnahmerisiko einzuschließen und -wegen der langfristigen Kreditgewährung- in besonderem Maße das Zahlungsausfallrisiko.
Angesichts dieser Risiken ist es die Regel, dass die Ratenzahlungen durch die Bank des Importeurs (oder eine beauftragte Zweitbank) abgesichert werden. In den Mittelpunkt der Risikobeurteilung des Exporteurs rückt damit das Garantendelkredererisiko und das politische Risiko, ausgehend von jenem Land, in dem die Garantiebank ihren Sitz hat.
Dass das Wechselkursrisiko bei langlaufenden Fremdwährungsforderungen einen erheblichen Umfang annehmen kann, ist offenkundig. Der Exporteur wird deswegen die Vereinbarung seiner eigenen Währung bzw. einer stabilen Drittlandwährung anstreben.

Hinweis

Anzumerken ist, dass der Exporteur von den beschriebenen Risiken weitgehend entlastet ist, wenn die Refinanzierung mittels **Bestellerkredit** oder mittels **Bank-zu-Bank-Kredit** erfolgt. Dies gilt auch für bestimmte **Exportleasinggeschäfte**. Einzelheiten zu den genannten Refinanzierungsinstrumenten siehe **Kapitel 6.2 bis 6.6**.

Beurteilung des Importeurs

Der Vorzug mittel- bis langfristiger Zahlungsziele liegt für den Importeur in der dadurch eröffneten Möglichkeit, **mit den Erträgen** aus der Nutzung der gekauften Investitionsgüter (Maschinen/Anlagen) den **Kaufpreis (ratenweise) entrichten** zu können und somit eine anderweitige Kreditaufnahme zu vermeiden.

Die Auffassung, dass sich die Folgen mängelbehafteter Lieferung für den Importeur in Grenzen halten, weil er im Zeitpunkt der Abnahme der Maschinen bzw. der Anlagen noch nicht alle Zahlungen geleistet hat, erweist sich als voreilig. Sofern die (Raten-)Zahlungen von seiner Bank garantiert und im Übrigen an einen gutgläubigen Dritten (z.B. an eine Forfaitierungsgesellschaft) zu leisten sind, besteht im Allgemeinen kein Spielraum für den Importeur, sich für Mängel durch Aufrechnung mit seinen Zahlungsverpflichtungen schadlos zu halten. Hilfe bietet in dieser Situation eine Gewährleistungsgarantie der Bank des Exporteurs zu Gunsten des Importeurs (Einzelheiten zu den Bankgarantien siehe Kapitel 8).
Ist aus Sicht des Importeurs Fremdwährung vereinbart worden, dann kann sein Wechselkursrisiko wegen der langen Laufzeit erheblich sein.
Bis zum Übergang der Waren in die Verfügungsgewalt des Importeurs bzw. bis zum Zeitpunkt der Betriebsbereitschaft einer Anlage ist das politische Risiko vorhanden, danach entfällt es weitgehend, wenn von der Problematik der Ersatzteilelieferung u. Ä. abgesehen wird.

2.2.2 Beispiele zur Kurzbeurteilung von Zahlungsbedingungen

Prof. Dr. Siegfried G. Häberle

2.2.2 Beispiele zur Kurzbeurteilung von Zahlungsbedingungen

Zahlungsbedingung:	Beurteilung durch den Exporteur:	Beurteilung durch den Importeur:
Vorauszahlung	- **Fabrikationsrisiko:** entfällt - **Finanzierungslasten:** entfallen - **Warenabnahmerisiko:** gering - **Zahlungsverzögerungsrisiko:** entfällt - **Zahlungsausfallrisiko:** entfällt - Bei Fremdwährung: **Wechselkursrisiko** entfällt ab Zahlungseingang - **Politisches Risiko:** entfällt	- **Finanzierungslasten:** hoch - Risiko der **Nichterfüllung des Kaufvertrags** bzw. der mängelbehafteten Lieferung: vorhanden - Risiko der **Nichterfüllung des Rückzahlungsanspruchs:** vorhanden - Bei Fremdwährung: **Wechselkursrisiko** entfällt ab Zahlungszeitpunkt - **Politisches Risiko:** vorhanden
Dokumenteninkasso **- gegen Zahlung**	- **Fabrikationsrisiko:** vorhanden - **Finanzierungslasten:** relativ gering - **Warenabnahmerisiko:** vorhanden - **Zahlungsverzögerungsrisiko:** in Grenzen vorhanden - **Zahlungsausfallrisiko:** entfällt - Bei Fremdwährung: **Wechselkursrisiko** bis zum Zahlungseingang vorhanden - **Politisches Risiko:** vorhanden	- **Finanzierungslasten:** in der Regel gering - Risiko der **Nichterfüllung des Kaufvertrags** bzw. der mängelbehafteten Lieferung: vorhanden - Bei Fremdwährung: **Wechselkursrisiko** entfällt ab Zahlungszeitpunkt - **Politisches Risiko:** gering
Dokumenteninkasso **- gegen Akzept mit Nachsichtfrist** bzw. analog: **- gegen Unterzeichnung eines unwiderruflichen Zahlungsauftrags**	- **Fabrikationsrisiko:** vorhanden - **Finanzierungslasten:** hoch (evtl. Überwälzung auf den Importeur) - **Warenabnahmerisiko:** vorhanden - **Zahlungsverzögerungsrisiko:** in engen Grenzen vorhanden - **Zahlungsausfallrisiko:** vorhanden - Bei Fremdwährungswechseln: **Wechselkursrisiko** bis zur Diskontierung, bei Wechseleinzug bis zur Einlösung vorhanden - **Politisches Risiko:** vorhanden	- **Finanzierungslasten:** entfallen (jedoch direkte oder indirekte Überwälzung durch den Exporteur auf den Importeur) - Risiko der **Nichterfüllung des Kaufvertrags** bzw. der mängelbehafteten Lieferung: vorhanden - Bei Fremdwährungswechseln: **Wechselkursrisiko** vorhanden - **Politisches Risiko:** gering
Dokumentenakkreditiv als Sichtzahlungsakkreditiv, unbestätigt	- **Fabrikationsrisiko:** entfällt im Regelfall, jedoch abhängig vom politischen Risiko und von der Bonität der Akkreditivbank - **Finanzierungslasten:** relativ gering - **Warenabnahmerisiko:** gering - **Zahlungsverzögerungsrisiko:** entfällt weitgehend (u.a. abhängig von der Zahlbarstellung) - **Zahlungsausfallrisiko:** entfällt im Regelfall, jedoch abhängig vom politischen Risiko und von der Bonität der Akkreditivbank - Bei Fremdwährungsakkreditiven: **Wechselkursrisiko** bis zur Zahlung vorhanden - **Politisches Risiko:** vorhanden	- **Finanzierungslasten:** entfallen weitgehend (sofern jedoch Kontobelastung bei Akkreditiveröffnung erfolgt, dann entstehen hohe Finanzierungslasten) - Risiko der **Nichterfüllung des Kaufvertrags** bzw. der mängelbehafteten Lieferung: gering - Bei Fremdwährung: **Wechselkursrisiko** vorhanden - **Politisches Risiko:** gering
Einfache Rechnung mit Zahlungsziel	- **Fabrikationsrisiko:** vorhanden - **Finanzierungslasten:** hoch - **Warenabnahmerisiko:** vorhanden - **Zahlungsverzögerungsrisiko:** vorhanden - **Zahlungsausfallrisiko:** vorhanden - Bei Fremdwährung: **Wechselkursrisiko** vorhanden - **Politisches Risiko:** vorhanden	- **Finanzierungslasten:** entfallen (häufig jedoch im Warenpreis einkalkuliert) - Risiko der **Nichterfüllung des Kaufvertrags** bzw. der mängelbehafteten Lieferung: vorhanden; Folgerisiken relativ gering, da Ware vor Bezahlung geprüft werden kann - Bei Fremdwährung: **Wechselkursrisiko** vorhanden - **Politisches Risiko:** gering

2.2.3 Abkürzungen und Kurzbezeichnungen maßgeblicher Zahlungsklauseln im internationalen Handelsverkehr

Hinweise

- Weitere Kurzbezeichnungen von **Zahlungsklauseln** u. Ä. in deutscher, französischer, englischer, italienischer und spanischer Sprache finden sich in Kap. "10 Fachwörterverzeichnis"
- Beispiele (zahlungsbezogener) **UN/EDIFACT-Nachrichtentypen** finden sich u.a. in den Abschnitten 3.2.4 und 4.1.1.5.

Zahlungsklauseln

ac	account current	laufendes Konto
acc	acceptance	Akzept
a/d	after date	dato nach heute
a/o	account of	Rechnung über oder von
a/s	after sight	nach Sicht
a.v.	a vista	bei Sicht
	ad valorem	im (nach dem) Werte von
B.D.	banker's draft	Bankscheck
b/e (B/E)	bill of exchange	Wechsel
B/P	bills payable	Wechsel zahlbar
B/R	bills receivable	ausstehende Wechselforderungen
c.a.d.	cash against documents	Zahlung gegen Dokumente
c.b.d.	cash before delivery	Vorauszahlung
C/C	Clean Credit	Barkredit
Chq	cheque	Scheck
CLC	Commercial Letter of Credit	Handelskreditbrief
C/O	cash order	Sichtanweisung
c.o.d. (C.O.D.)	cash on delivery	Zahlung bei Lieferung
c.o.s. (C.O.S.)	cash on shipment	Zahlung bei Verschiffung
C.T.	cable transfer	Kabelüberweisung
d/a (D/A)	documents against acceptance	Dokumente gegen Akzept
D/a	days after acceptance	Tage nach Akzept
D.A.D.	documents against discretion of collecting bank	Dokumentendisposition steht der Inkassobank zu
D/B	Documentary Bill	Dokumententratte
DD (D/D)	Demand Draft	Sichttratte
D/D	Documentary Draft	Dokumententratte
d/d	day's date, days after date	Tag(e) nach dato
dft.	draft	Tratte
dis.	discount	Skonto
d/p (D/P)	documents against payment	Dokumente gegen Zahlung
d/s	day's sight, days after sight	Tage nach Sicht
E.O.M.	end of month following	das dem Verkaufstag folgende Monatsende
exp.	expenses	Auslagen
int.	interest	Zinsen
L/C (L.C.)	Letter of Credit	Kreditbrief, Akkreditiv
m/d	month(s) after date	Monat(e) nach Datum
M.O.	Money Order	Zahlungsanweisung
m.p.	month(s) after payment	Monat(e) nach Zahlung
m/s	month(s) after sight	Monat(e) nach Sicht
M/T	Mail transfer	briefliche Überweisung
n.n.	netto netto	frei von Abzügen
o/a	on account	für Rechnung
p.a.	per annum	pro Jahr
payt.	payment	Zahlung
P/N (p/n)	promissory note	Solawechsel

P.O.	Postal Order	Postanweisung
P.O.D.	pay on delivery	zahlbar bei Ablieferung
r/d (R/D)	refer to drawer	Vermerk auf Scheck, der mangels Deckung an den Aussteller zurückgehen soll
S.D.	Sight Draft	Sichtwechsel
S.D.B.L.	sight draft, bill of lading attached	Sichtwechsel und Konnossement beigefügt
trf.	transfer	Transfer, Überweisung
T/S		Tage nach Sicht
TT	Telegraphic Transfer	telegrafische Überweisung
val.	Valuta	Wertstellung
val.p.	valeur per, valor per	Wert per

Quelle: Deutsche Bank AG, Abkürzungen ... 1991: S. 14 f.

2.3 Einflussfaktoren auf die Festlegung der Zahlungsbedingungen

2.3.1 Beschränkungen der Zahlungsbedingungen durch das deutsche Außenwirtschaftsrecht

Rechtsgrundlage: AWG/AWV

Deutschland hat ein liberales Außenwirtschaftsrecht: Während in den meisten Ländern das "Verbotsprinzip mit Genehmigungsvorbehalt" gilt, beruht das deutsche Außenwirtschaftsgesetz auf dem **"Grundsatz der Freiheit des Außenwirtschaftsverkehrs mit Beschränkungsvorbehalt"**.
Dieser Grundsatz des Außenwirtschaftsgesetzes (AWG) lautet: "Der Waren-, Dienstleistungs-, Kapital-, Zahlungs- und sonstige Wirtschaftsverkehr mit fremden Wirtschaftsgebieten sowie der Verkehr mit Auslandswerten und Gold zwischen Gebietsansässigen (Außenwirtschaftsverkehr) ist grundsätzlich frei. Er unterliegt den Beschränkungen, die dieses Gesetz enthält oder die durch Rechtsverordnung auf Grund dieses Gesetzes vorgeschrieben werden" (§ 1 AWG). Das AWG wird durch Rechtsverordnungen ausgefüllt, die in der Außenwirtschaftsverordnung (AWV) zusammengefasst sind.

Allg. Beschränkungsmöglichkeit

Neben diversen **warenbezogenen** und **dienstleistungsbezogenen Beschränkungsmöglichkeiten** besteht in § 6 a AWG eine Beschränkungsmöglichkeit zum Schutz vor **schädigenden Geld- und Kapitalzuflüssen** aus fremden Wirtschaftsgebieten, die das gesamtwirtschaftliche Gleichgewicht gefährden (§ 6 a AWG; vgl. auch §§ 22 u. 23 AWG).
Bislang hat die Bundesregierung bzw. die Deutsche Bundesbank lediglich in Zeiten, in denen die DM einer **internationalen Aufwertungsspekulation** ausgesetzt war, von den Beschränkungsmöglichkeiten Gebrauch gemacht.

Besondere Beschränkungsmöglichkeiten

Die besonderen Beschränkungsmöglichkeiten des AWG beziehen sich vor allem auf den Waren- und Dienstleistungsverkehr und be-

rühren die zwischen Importeur und Exporteur zu treffenden Zahlungsvereinbarungen allenfalls indirekt. Lediglich § 9 AWG umfasst eine spezielle Beschränkungsmöglichkeit von Ausfuhrverträgen mit **nichthandelsüblichen Lieferungs- oder Zahlungsbedingungen**.
Dies betrifft deutsche Exporteure, die beispielsweise zu Dumpingkonditionen in das Ausland verkaufen und dadurch protektionistische Maßnahmen des Importlandes provozieren. Freilich stehen hier weniger die Zahlungsbedingungen im Mittelpunkt als vielmehr die übrigen Bedingungen des Kaufvertrags, insbesondere die Preisvereinbarung.
Besondere Beschränkungsmöglichkeiten sehen schließlich die §§ 22 u. 23 AWG bezüglich der **Kapitalausfuhr** und der **Kapital- und Geldanlagen Gebietsfremder** vor.

Aktuelle Information

Gegenwärtig gibt es in Deutschland für die Masse der Geschäfte **keine Beschränkungen für Zahlungen** in das Ausland oder aus dem Ausland, d.h. deutsche Exporteure und deutsche Importeure (dies gilt grundsätzlich auch für Privatpersonen) sind -was das deutsche Außenwirtschaftsrecht anlangt- bei der Vereinbarung der Zahlungsbedingungen mit ihren ausländischen Geschäftspartnern im Wesentlichen frei. **Restriktionen** bestehen jedoch beispielsweise bei Vereinbarung der Zahlungsbedingungen von Exportgeschäften mit mittel- oder langfristigen Zahlungszielen, sofern der Exporteur eine Hermes-Deckung erlangen will bzw. wenn Exportkredite mit öffentlichen Mitteln gefördert sind (siehe Abschnitt 6.1.3.2).

Über die gültigen Bestimmungen des Außenwirtschaftsrechts haben sich die **deutschen Exporteure und Importeure** jeweils aktuell zu informieren (z.B. bei den Industrie- und Handelskammern, bei der Bundesstelle für Außenhandelsinformation usw.).

Meldevorschriften

Die einzige Pflicht, die den deutschen Exporteuren und Importeuren (und den deutschen Privatpersonen) auferlegt ist, ist die Einhaltung der statistischen Meldevorschriften. Diese Meldungen, die Auslandszahlungen sowie bestimmte Auslandsforderungen und -verbindlichkeiten umfassen, sind der **Deutschen Bundesbank** zu erstatten. Sie dienen den für die Wirtschafts- und Währungspolitik zuständigen Stellen als Grundlage zur Erstellung der einschlägigen Statistiken, insbesondere der Zahlungsbilanz. Die Bundesbank ist zur strikten Geheimhaltung aller Einzelangaben verpflichtet, d.h. insbesondere, dass keine Weitergabe an andere Stellen, z.B. an die Finanzämter erfolgt.
Die Meldepflichten beginnen bei Zahlungen von **mehr als DM 5.000** (oder Gegenwert in fremder Währung) und bei Forderungen und Verbindlichkeiten gegenüber Gebietsfremden, wenn die Summe der Forderungen oder die Summe der Verbindlichkeiten bei Ablauf eines Monats mehr als DM 3 Mio. (oder Gegenwert in fremder Währung) umfasst.
Die Meldepflichten gelten für Unternehmen ebenso wie für Privatpersonen. Ausgenommen sind Privatpersonen, die bei Reisen in das Ausland die üblichen Reisekosten an Ort und Stelle in bar oder mittels Scheck (Reiseschecks oder Euroschecks) bezahlen.

Anmerkung: Die jeweils zuständige Landeszentralbank informiert in ihrem "Merkblatt über statistische Meldungen im Zahlungsverkehr mit dem Ausland" und steht zu weiteren Auskünften zur Verfügung.

Devisenvorschriften

Generell gilt, dass **Rechtsgeschäfte**, die gegen zwingende Devisenvorschriften verstoßen, gemäß § 134 BGB **nichtig** sind, sofern es sich bei den Devisenvorschriften nicht nur um bloße Ordnungsbestimmungen handelt. Rechtsgeschäfte, die genehmigungsbedürftig, aber nicht genehmigt und nicht genehmigungsfähig sind, sind somit nichtig. Dies gilt auch für Kontrakte, von denen die Beteiligten wissen oder den Umständen nach annehmen, dass sie genehmigungsbedürftig sind, sofern der Wille der Beteiligten dahin geht, die erforderliche Genehmigung nicht einzuholen (vgl. von Westphalen 1987: S. 143f.).
Ein Vertrag, der zwar genehmigungsbedürftig, aber auch genehmigungsfähig ist, ist bis zur Erteilung der Genehmigung lediglich **schwebend unwirksam**. Beide Parteien sind aber verpflichtet, das Erforderliche und ihnen Zumutbare zu tun, um die Genehmigung des Rechtsgeschäfts herbeizuführen (vgl. von Westphalen 1987: S. 144 sowie die dort angegebenen Quellen).
Es ist im Übrigen keine tragfähige Strategie, den Versuch zu unternehmen, durch Vereinbarung eines ausländischen Zahlungsorts oder Erfüllungsorts, den Anwendungsbereich des deutschen Devisenrechts einzuengen. Devisenrecht ist öffentliches Recht, sodass privatrechtliche Vereinbarungen generell nicht die Wirkung haben, den Kontrakt dem Devisenrecht zu entziehen (vgl. von Westphalen 1987: S. 144).

2.3.2 Beschränkungen der Zahlungsbedingungen durch die Devisen- und Inkassovorschriften des Auslands

2.3.2.1 Notwendigkeit der Beachtung ausländischer Devisen- und Inkassovorschriften

Beachtung ausländischen Rechts

Zwar findet sich in der rechtswissenschaftlichen Literatur eine weit reichende und unterschiedliche Thesen umfassende Diskussion zu der Frage, ob und inwieweit **ausländisches Devisen- und Inkassorecht** -und damit fremdes öffentliches Recht- für die deutsche Rechtsprechung beachtlich ist (zu den diversen Thesen vgl. die Darstellung von Westphalen 1987: S. 145 bis 150).
Für den deutschen Exporteur ist es indessen müßig, sich mit diesen Fragen auseinander zu setzen, weil er in der Praxis davon ausgehen muss, dass das Bestellerland in der Lage ist, die erlassenen Vorschriften auch durchzusetzen. Der deutsche Exporteur muss allein schon aus diesem Grund und somit auch im eigenen Interesse das Devisen- und Inkassorecht des jeweiligen Importlandes bei der Vertragsabfassung berücksichtigen.
Die Sanktionen des Bestellerlandes können von einer Transferverzögerung über die Nichtigkeit des Rechtsgeschäfts bis hin zur Beschlagnahme der Waren reichen.

Voraussetzung für Hermes-Deckung

Der zweite wichtige Grund für die Beachtung des ausländischen Rechts liegt in den Bedingungen für die Übernahme **staatlicher Ausfuhrgewährleistungen**, weil Forderungen aus Lieferungen von Waren, deren Ausfuhr oder deren Einfuhr gegen ein Verbot verstößt, nicht gedeckt werden. In der betrieblichen Exportpraxis ist die Beachtung dieser Bedingung deswegen zwingend, weil der Exporteur gerade für jene Länder, die besonders restriktive Devisenvorschriften erlassen haben, im Allgemeinen eine staatliche Hermes- Deckung benötigt.

Informationsquellen

Wichtige Informationsquellen über **Devisen- und Inkassovorschriften des Auslands** sind u.a.:

- Bundesstelle für Außenhandelsinformation,
- Industrie- und Handelskammern,
- Banken, die zum Teil einschlägige Broschüren veröffentlichen (z.B. die Commerzbank AG die "Ratschläge für die Ausfuhr").

Prüfung der Übereinstimmung von Kaufvertrag und Auslandsrecht:

Für den deutschen Exporteur kommt es darauf an, Sicherheit darüber zu gewinnen, dass der abzuschließende Kontrakt mit den Devisenvorschriften und dem Inkassosystem des Importlandes übereinstimmt. Dazu hat der Exporteur mehrere **Möglichkeiten**:

1. Durch den ausländischen Geschäftspartner

1. Bei langjährigen Geschäftsbeziehungen mit einem ausländischen **Importeur** kann dessen **Zuverlässigkeit** und Umsicht hinreichend beurteilt werden und insoweit den deutschen Exporteur von einer eigenständigen Prüfung der Vorschriften des Importlandes im Allgemeinen freistellen. Freilich verbleibt die Gefahr, dass der ausländische Geschäftspartner einen Kontrakt mit dem deutschen Exporteur vor dem Vorliegen der einschlägigen Genehmigungen abschließt, in der Hoffnung, die erforderlichen Einfuhr- und/oder Devisengenehmigungen doch noch rechtzeitig vor Lieferung bzw. Bezahlung beibringen zu können.

2. Durch den deutschen Geschäftspartner

2. Häufig erfordert es jedoch die Sicherheit des deutschen Exporteurs, vom ausländischen Importeur ausdrückliche **Nachweise** über das Vorliegen der erforderlichen Genehmigungen zu verlangen bzw. entsprechende **Vorbehalte in den Kontrakt** aufzunehmen.

   Beispiel

   Das folgende Beispiel für den Export verdeutlicht dies (das Beispiel ist den "Ratschlägen für die Ausfuhr" der Commerzbank AG entnommen). Anmerkung: Die jeweils gültigen Vorschriften hat der Exporteur jedoch im Einzelfall und aktuell zu erheben:

   Island:

   "Es ist davon abzuraten, Verschiffungen lizenzpflichtiger Waren nach Island durchzuführen, bevor eine Lizenz erteilt ist und die Lizenznummer sowie bei noch nicht vorausbezahlten Waren die Nummer der Bankgarantie dem Exporteur mitgeteilt wurden."

   Daran wird von der Commerzbank die Empfehlung geknüpft: "Der deutsche Exporteur muss sich vor Versendung der Waren Gewissheit darüber verschaffen, dass alle erforderlichen Genehmigungen vorliegen (Übersendung von Fotokopien durch den isländischen Importeur)."

3. Durch eine Legal Opinion

3. Eine weitere Möglichkeit, Sicherheit hinsichtlich der Übereinstimmung der zu vereinbarenden Vertragsbedingungen mit dem

Einfuhrrecht, insbesondere mit den Devisenbestimmungen des Importlandes zu erlangen, besteht in einer "Legal Opinion". Es handelt sich dabei um ein **Rechtsgutachten** eines im einschlägigen Recht erfahrenen Juristen, das insbesondere Stellungnahmen zu folgenden Fragen umfasst:

- welche Genehmigungen erforderlich sind bzw. inwieweit die erforderlichen Genehmigungen des Importlandes bereits vorliegen;
- ob der Vertrag rechtsverbindliche und für den deutschen Exporteur durchsetzungsfähige Ansprüche an den Importeur begründet

u.a.m.

Indessen hat der Exporteur nicht nur zu bedenken, dass eine "Legal Opinion" relativ teuer ist, sondern auch, dass das Haftungspotenzial ausländischer Anwälte häufig nicht "risikoadäquat" ist (vgl. von Westphalen 1987: S. 150f.).

Verschulden

Zur Frage des Verschuldens bei Vertragsabschluss durch einen **Verstoß gegen devisenrechtliche Vorschriften des Importlandes** führt von Westphalen in Anlehnung an Staudinger/Schmidt u.a. aus: "Nach Lage des Einzelfalls kann es durchaus sein, dass der Besteller/Geldschuldner -aufgrund seiner höheren Sachkunde und größeren Sachnähe- verpflichtet ist, den deutschen Exporteur auf das Bestehen devisenrechtlicher Vorschriften hinzuweisen, sodass er sich schadensersatzpflichtig macht, wenn er dies unterlässt. Kollisionsrechtlich sind Ansprüche wegen Verschulden bei Vertragsabschluss im Schuldstatut des beabsichtigten oder des geschlossenen Vertrags gemäß Artikel 32, Abs. 1 EGBGB zuzuordnen" (von Westphalen 1987: S. 155).

Zahlung bei devisenrechtlichen Verboten

Schließlich stellt sich auch die Frage, welche rechtlichen **Konsequenzen** die **Nichterfüllung** der Verbindlichkeit infolge devisenrechtlicher Verbote hat. Von Westphalen führt dazu in Anlehnung an Staudinger/Schmidt u.a. aus: "Devisenrechtliche Schwierigkeiten sowie wirtschaftliche Probleme entbinden den Schuldner -dies gilt ganz allgemein- nicht, in der bedungenen Währung Zahlung zu leisten. Im Einzelfall kann sich über § 242 BGB etwas anderes ergeben, insbesondere in Bezug auf die Verpflichtung des Gläubigers, Zahlung in Inlandswährung an Erfüllungsstatt anzunehmen. Letzten Endes geht es stets um eine sachgerechte Anpassung der Fremdwährungsschuld an die geänderten Umstände" (von Westphalen 1987: S. 154f.).

2.3.2.2 Beispiele für Beschränkungen der Zahlungsbedingungen durch ausländisches Recht

Vorbemerkungen

Weitreichende Vorschriften des Auslands

Neben den allgemeinen Einfuhrvorschriften haben die meisten Länder umfangreiche Vorschriften speziell zum Zahlungsverkehr mit dem Ausland, insbesondere zur **Art der Zahlung** und zu den **Zahlungen mit Devisen**, erlassen. Diese Vorschriften sind erfahrungsgemäß umso restriktiver, je knapper die Devisenbestände eines Landes bzw. je höher seine Auslandsschulden sind.

Beachtung durch die Geschäftspartner

Ebenso wie die allgemeinen Vorschriften haben der deutsche und der ausländische Geschäftspartner diese speziellen Vorschriften des Auslands bei der Abfassung der Zahlungsbedingungen im Kaufvertrag zu berücksichtigen. Die **Nichtbeachtung** der Vorschriften eines Importlandes bei der Vereinbarung der Zahlungsbedingungen führt im Allgemeinen dazu, dass der Importeur **keine Einfuhrlizenz** erhält. Dies ist beispielsweise bei Exporten nach Entwicklungs- und Schwellenländern der Fall, wenn von diesen Staaten vorgeschriebene Mindestfinanzierungsfristen (Zahlungsziele) nicht im Kaufvertrag aufgenommen sind.
Einschlägige Vorschriften sind nicht nur von Ländern der Dritten Welt erlassen worden, sondern auch von Ländern, deren Einfuhr weitgehend liberalisiert ist. Im Detail und bei der Abwicklung der Zahlung sind von den Geschäftspartnern auch bei diesen Ländern zum Teil gewichtige Restriktionen zu beachten, die insbesondere der Interessenlage der (deutschen) Exporteure zuwider laufen können.

Verschiedenartige Vorschriften

Die jeweiligen Devisenvorschriften und Inkassosysteme der Länder sind im Umfang, in der Art der Vorschriften und in der technischen Abwicklung sehr unterschiedlich. Es ist deswegen nicht möglich, die verschiedenartigen Vorschriften in knapper Form zu systematisieren und als abschließenden Katalog übersichtlich darzustellen.

Informationsquelle(n)

Eine umfassende Darstellung der jeweiligen Devisen- und Inkassovorschriften der verschiedenen Länder findet sich beispielsweise in der Broschüre **"Ratschläge für die Ausfuhr"** der Commerzbank AG, die auch Ausführungen über das jeweilige Lizenzsystem, über die notwendigen Begleitpapiere, über Markierungs- und Ursprungsbezeichnungsvorschriften u.a. enthält und die jährlich erscheint. Weitere **aktuelle Informationsquellen** sind in Abschnitt 2.3.2.1 angesprochen.

Vorauszahlungen an Exporteure

Grundsätzlich sind **zwei Kategorien** von Vorschriften bzw. von Ländern erkennbar:

1. ohne Beschränkungen

1. Länder, deren Devisen- und Inkassovorschriften die Vereinbarung von Vorauszahlungen praktisch uneingeschränkt zulassen.
   Es sind dies im Wesentlichen die westlichen Industrieländer, die keine Devisenkontrollen eingeführt haben.

2. mit Beschränkungen bzw. Verbot

2. Länder, deren Devisen- und Inkassovorschriften Vorauszahlungen nur eingeschränkt oder nicht zulassen.
   Zulässig sind Vorauszahlungen häufig nur bei der Einfuhr bestimmter liberalisierter Warenarten und/oder bis zu bestimmten Höchstbeträgen. Oft wird in den Vorschriften überdies der Vorauszahlungszeitraum begrenzt oder die Vorauszahlung an andere, zum Teil weit reichende Bedingungen geknüpft oder -wenn überhaupt- nur im Einzelfall zugelassen.

Akkreditivstellungen zu Gunsten von Exporteuren

Grundsatz

Die Devisen- und Inkassovorschriften der **meisten Länder** lassen **Akkreditiveröffnungen** zu Gunsten von ausländischen Exporteuren grundsätzlich zu.

Besondere Bedingungen/Beispiele

Bei **devisenschwachen Ländern** ist die Eröffnung von Akkreditiven aber oft an besondere Bedingungen geknüpft:

- Genehmigung zur Eröffnung von Importakkreditiven durch die Zentralbank des Importlandes bzw. Verpflichtung der Außenhandelsbanken des Importlandes, Akkreditive nur nach Vorlage der entsprechenden Einfuhrlizenz zu eröffnen;
- Auflage an die Akkreditivbank des Importlandes, sich vor Akkreditiveröffnung über die Leistungsfähigkeit des Exporteurs zu unterrichten und das Vorliegen eines Kaufvertrags zu überprüfen;
- Abschluss der Versicherung bei einer Versicherungsgesellschaft im Importland als Voraussetzung für die Zulässigkeit der Akkreditiveröffnung durch die Importeurbank;
- Zahlbarstellung des Akkreditivs im Importland, was für den Exporteur u.U. nachteilig sein kann;
- Bestätigung von Akkreditiven kann mit dem Importeur nicht oder nur in Ausnahmefällen vereinbart werden. Auch dies ist für den Exporteur nachteilig, weil er dann u.U. andere Sicherungsmöglichkeiten suchen muss (z.B. eine Hermes-Deckung oder eine "Bestätigung" durch eine deutsche Bank auf eigene Kosten);
- Akkreditiveröffnungen sind nur zulässig mit hinausgeschobener Zahlung (Deferred-payment-Akkreditive). Zum Beispiel verlangen einige Länder ein Mindestzahlungsziel bei allen Einfuhrgeschäften von 180 Tagen ab Verschiffung.

Höchstlaufzeiten

Im Gegensatz zu Ländern, die wegen ihres Devisenmangels die Vereinbarung von Mindestzahlungszielen vorschreiben, gibt es auch Länder, die Höchstlaufzeiten von Akkreditiven vorschreiben, um die **Auslandsverschuldung** in Grenzen zu halten.

Zahlung mit Dokumenteninkassi

Grundsatz

Die Devisenvorschriften bzw. das Inkassosystem der **meisten Länder** lassen **Dokumenteninkassi** grundsätzlich zu.

Beschränkungen

Auch bei der Vereinbarung von Dokumenteninkassi haben die Geschäftspartner zum Teil Beschränkungen zu beachten, die allerdings **nicht so weit reichend** sind, wie dies bei Vorauszahlungen und Akkreditiven der Fall ist.

Beispiele

Beispiele für Beschränkungen:

- Vorschrift einer hinausgeschobenen Zahlung, z.B. in Form einer bestimmten Frist nach Vorlage der Dokumente.
- Der Transfer des Gegenwertes von Inkassi wird von der Genehmigung der Devisenbehörde bzw. der Zentralbank abhängig gemacht und von der Entrichtung des Kaufpreises durch den Importeur in Landeswährung.
- Die Einfuhr auf Basis von "Dokumente gegen Akzept"-Inkassi ist verboten.

Einräumung von Zahlungszielen

Unterschiedliche Vorschriften

In den Devisen- und Inkassovorschriften des Auslandes finden sich zur Einräumung von Zahlungszielen bzw. zu den anfallenden Zinsen unterschiedliche Bestimmungen: Einerseits gibt es Länder, die die **Laufzeit** von Lieferantenkrediten bei Importen **begrenzen**. Andererseits gibt es Länder, die -weil sie devisenknapp sind- auf möglichst lange Zahlungsziele angewiesen sind und die deswegen **Mindestlaufzeiten** für Zahlungsziele bei Importen vorschreiben.

Hinweis

Bei Exportgeschäften mit **mittel- und langfristigen Zahlungszielen** hat der Exporteur unter bestimmten Voraussetzungen (z.B. zur Erlangung einer Hermes-Deckung) die Vereinbarungen der Berner Union, das Konsultationsverfahren der EU-Länder sowie den OECD-Konsensus zu beachten (Einzelheiten siehe Abschnitt 6.1.3.2).

Weiterreichende Vorschriften

Schließlich **beeinflussen** die jeweiligen Devisenvorschriften bzw. das Inkassosystem des Auslandes die zu treffenden Zahlungsvereinbarungen auch manchmal dann, wenn diese Vorschriften keine detaillierten Bestimmungen, sondern einen grundsätzlichen Rahmen umfassen.

2.3.3 Einfluss von Absicherungs- und Refinanzierungsinstitutionen auf die Zahlungsbedingungen

2.3.3.1 Einfluss des Bundes über die Bedingungen für die Übernahme von Ausfuhrgewährleistungen (Hermes-Deckungen)

Absicherungsverhalten

Ein Blick in den Geschäftsbericht von Hermes zur Entwicklung der Ausfuhrgewährleistungen des Bundes zeigt, dass deutsche Exporteure vor allem Geschäfte mit **Entwicklungsländern**, mit **OPEC-Ländern** und mit mittel- und osteuropäischen Ländern durch sog. Hermes-Deckungen absichern. Offenkundig besteht aus Sicht deutscher Exporteure ein nachhaltiger Bedarf, diese erhöhten politischen (und wirtschaftlichen) Risiken abzudecken, was im Übrigen die Vermutung zulässt, dass ein beträchtlicher Teil dieser Exportgeschäfte ohne Hermes-Deckung gar nicht zu Stande käme.

Beachtung der Bedingungen

Wenn der Exporteur die Risiken seines Exportgeschäfts durch eine staatliche Ausfuhrgewährleistung gedeckt haben will, muss er sich bei der Vereinbarung der Liefer- und Zahlungsbedingungen an die Bedingungen des Bundes halten. Vor Abgabe eines Angebots, spätestens aber während der Vertragsverhandlungen mit dem Importeur hat der Exporteur somit die **aktuellen Deckungsmöglichkeiten** bei Hermes zu **erheben**.

Länderbezogene Deckungsmöglichkeiten

In länderbezogener Betrachtung können hinsichtlich der Deckungsmöglichkeiten **drei Kategorien** unterschieden werden:

- Länder, für die die Deckung ausgeschlossen ist;

- Länder, für die Deckungsbeschränkungen bestehen;
- Länder ohne Deckungsbeschränkungen.

Anmerkung: Zu den **fünf Risikokategorien**, in die Hermes die Länder bei der Entgeltberechnung einteilt, siehe Abschnitt 1.5.3.4 sowie Kapitel 9.2

Deckungsausschluss

Es liegt auf der Hand, dass der Exporteur bei Exporten gerade in die Länder, bei denen keine staatlichen Deckungsmöglichkeiten bestehen, entweder **absolut sichernde Zahlungsbedingungen** vereinbaren (z.B. Vorauszahlung, die auch das gesamte Fabrikationsrisiko abdeckt oder ein unwiderrufliches Akkreditiv, das von einem inländischen Kreditinstitut bestätigt ist, u. Ä.) oder um **anderweitige Sicherungsalternativen** bemüht sein muss, die jedoch -wenn sie überhaupt zu erlangen sind- mit hohen Kosten verbunden sind. Führen diese Möglichkeiten zu keiner hinreichenden Absicherung des Exporteurs, dann wird er bei diesen Ländern auf das **Geschäft verzichten** müssen.

Deckung mit Auflagen:

Weit reichend ist der **Einfluss des Bundes** auf die Zahlungsbedingungen bei Exportgeschäften mit Ländern, für die **Deckungsbeschränkungen** erlassen sind:

- Deckungsrahmen (Plafond)

- Der Exporteur hat zunächst zu erkunden, ob für ein Land ein Deckungsrahmen (Plafond) festgesetzt ist und ob Deckungen noch verfügbar sind.
  Manchmal kann ein derartiger Plafond nur mit Einzeldeckungen in Anspruch genommen werden, d.h. es sind keine revolvierenden oder Pauschaldeckungen möglich.

- Banksicherheiten

- Nicht selten schreibt Hermes vor, dass Banksicherheiten (Bankgarantien) der (staatlichen) Außenhandelsbanken des Importlandes Voraussetzung für die Deckungszusage sind.

- Bestimmte Exportgüter

- In den Fällen hochverschuldeter Länder sind Deckungsmöglichkeiten zum Teil auf bestimmte Exportgüter beschränkt (z.B. auf Maschinen zur Stärkung des Exportfähigkeit des Importlandes oder auf devisenbringende Objekte im Importland u. Ä.).

- Erhöhter Selbstbehalt

- Bei einigen hochverschuldeten Ländern hat der Exporteur eine höhere als die übliche Selbstbeteiligung am Ausfall (einen sog. Selbstbehalt) zu tragen, die wie alle Selbstbeteiligungen anderweitig nicht abgedeckt werden dürfen.

- Mindestzahlungsbedingungen

- Bei manchen Ländern schreibt Hermes bestimmte Mindestzahlungsbedingungen bzw. bestimmte Zahlungsinstrumente vor.

- Kurzfristige Zahlungsziele

- Schließlich findet sich zu einigen Ländern die Bestimmung, wonach Hermes-Deckungen nur für Geschäfte mit kurzfristigen Zahlungsbedingungen erteilt werden.

Hinweis

Die Ausfuhrgewährleistungen des Bundes (sog. Hermes-Deckungen) sind umfassend in Kapitel 9.2 dargestellt und beurteilt.

2.3.3.2 Einfluss sonstiger Versicherungs- und Refinanzierungsinstitutionen

Vorbemerkung/ Hinweis

Bei **Exportgeschäften mit mittel- und langfristigen Zahlungszielen** sind einige spezielle Restriktionen zu beachten, sofern der Exporteur oder die finanzierende Bank eine Hermes-Deckung erlangen will. Dies gilt auch, wenn Exportkredite mit öffentlichen Mitteln gefördert werden. Insbesondere sind die folgenden internationalen Einrichtungen/Vereinbarungen zu berücksichtigen:

- **Berner Union**
- **Konsultationsverfahren der EU-Länder**
- **OECD-Konsensus** (u.a. CIRR, Matching, Starting Point)

Einzelheiten siehe Abschnitt 6.1.3.2.

Einflussnahme...

Der Freiraum von Exporteuren und Importeuren bei der Vereinbarung der Zahlungsbedingungen verengt sich nicht nur durch die Devisen- und Inkassovorschriften der beteiligten Länder sowie -für deutsche Exporteure- durch die Bedingungen des Bundes für die Übernahme von Ausfuhrgewährleistungen (sog. Hermes-Bedingungen), sondern auch durch **sonstige Versicherungs- und Refinanzierungsinstitutionen**, die der Exporteur bzw. der Importeur in Anspruch zu nehmen beabsichtigt. Während sich jedoch die Devisen- und Inkassovorschriften der Importländer und die Hermes-Bedingungen vor allem auf die Zahlungsbedingungen im Handel mit den Entwicklungs- und Schwellenländern auswirken, erstrecken sich die Auflagen der sonstigen Absicherungs- und Refinanzierungsinstitutionen auch auf die Zahlungsbedingungen von Geschäften mit Partnern in den westlichen Industrieländern.

... durch AKA, KfW bzw. Forfaitierungsunternehmen u.a.

Exportgeschäfte mit mittel- oder langfristigen Zahlungszielen, wie sie beim Anlagenexport typisch sind, setzen in der Regel Finanzierungszusagen von geeigneten Refinanzierungsinstituten bereits bei Angebotsabgabe, spätestens jedoch bei Vertragsabschluss voraus. Solche Zusagen sind häufig nur zu erlangen, wenn den Refinanzierungsinstituten zugleich eine "Grundsätzliche Stellungnahme" bzw. eine **Deckungszusage von Hermes** vorgelegt wird. Dies gilt zunächst für Finanzierungen der Ausfuhrkredit-Gesellschaft mbH (AKA) sowie der KfW Kreditanstalt für Wiederaufbau, die eine Hermes-Deckung grundsätzlich vorschreiben. Dies gilt häufig aber auch für den Verkauf einer Forderung an ein Forfaitierungsunternehmen bzw. an eine Bank, und zwar gerade bei Importländern, deren politische und wirtschaftliche Stabilität nicht über jeden Zweifel erhaben ist. Daraus folgt, dass der Exporteur die Hermes-Bedingungen auch deswegen beachten muss, weil er auf bestimmte Formen der Refinanzierung seines Exportgeschäfts angewiesen ist.

Nur bei Exporten in die politisch stabilen **Industrieländer** braucht der Exporteur auf Hermes-Deckung nicht zwingend zurückzugreifen. Er ist in den Vereinbarungen der Zahlungsbedingungen insoweit frei. Indessen erfährt diese Freiheit eine maßgebliche Einschränkung dadurch, dass die Refinanzierungsinstitute auch bei Finanzierungen ohne staatliche Absicherung bestimmte **Standardbedingungen der Zahlung** auferlegen. Forfaitierungsunternehmen verlangen beispielsweise regelmäßig die Rückzahlung der angekauften Forderung in halbjährlichen Fälligkeiten, für die im Übrigen eine als solvent bekannte Bank das Aval zu übernehmen hat. Soll eine Forderung forfaitierbar sein, dann hat der Exporteur diese Konditionen bereits in die Vertragsverhandlungen mit dem Importeur einzubringen.

Hinweis

Die **mittel- und langfristigen Exportfinanzierungen** der Geschäftsbanken sind in Kapitel 6.2, der AKA Ausfuhrkredit-Gesellschaft mbH in Kapitel 6.3 sowie der KfW Kreditanstalt für Wiederaufbau in Kapitel 6.4 umfassend dargestellt. **Forfaitierungsgeschäfte** der Forfaitierungsgesellschaften sowie der Banken sind in Kapitel 6.5 beschrieben und auf ihre Vor- und Nachteile untersucht.

... durch Ausfuhrkreditversicherungen

Auch in den Fällen, in denen der Exporteur seine kurzfristigen Exportforderungen bei einem **privaten Kreditversicherungsunternehmen** versichert, hat er sich bei der Festlegung der Zahlungsbedingungen exakt an die Auflagen des Versicherungsunternehmens zu halten. Zwar überlassen die privaten Kreditversicherungsunternehmen die Kreditwürdigkeitsprüfung bis zu bestimmten Beträgen dem versicherten Lieferanten (Exporteur) und belassen dem Exporteur insoweit einen gewissen Freiraum, bei darüber hinausgehenden Beträgen nehmen die Kreditversicherer jedoch unmittelbar Einfluss auf die zu vereinbarenden Zahlungsbedingungen, zumindest dann, wenn die Kreditwürdigkeit eines Abnehmers in Zweifel zu ziehen ist. Will der Exporteur den Versicherungsschutz erhalten, dann hat er diese Weisungen genauestens zu beachten.

Hinweis

Die Bedingungen der **privatwirtschaftlichen Ausfuhrkreditversicherungsunternehmen** sind umfassend in Kapitel 9.1 dargestellt und untersucht.

... durch Factoringgesellschaften

Gleichartige Beschränkungen wie bei Kreditversicherungsunternehmen erfährt der Exporteur, der seine Forderungen an eine **Factoringgesellschaft** verkauft. Ist mit dem Factoringunternehmen die Übernahme des Delkredererisikos vereinbart, dann nimmt das Factoringunternehmen bei erkennbaren Risiken Einfluss auf die mit den Abnehmern zu vereinbarenden (Mindest-)Zahlungsbedingungen und setzt dem Importeur im Übrigen ein Limit pro Abnehmer.

Hinweis

Das Refinanzierungs- und Sicherungsinstrument "**Exportfactoring**" ist in Kapitel 5.6 beschrieben und analysiert.

... durch Rediskontstellen

Beschränkungen sind dem Exporteur auch dann auferlegt, wenn er seine Exportforderung in Wechselform kleidet. Das Akzept eines ausländischen Importeurs kann im Regelfall nur dann zinsgünstig refinanziert werden, wenn es den Anforderungen der **Deutschen Bundesbank** entspricht. Dazu hat der Exporteur eine ganze Reihe formaler, materieller und länderbezogener Bedingungen der Bundesbank zu beachten, bis hin zu der Bedingung, dass derartige Wechsel nur mit einer maximalen Restlaufzeit von 90 Tagen bundesbankfähig (rediskontfähig) sind, was unter sonst gleichen Voraussetzungen die mit dem Importeur zu vereinbarende Kredit-(Wechsel-)Laufzeit beeinflusst.

Hinweis

Umfassende Ausführungen zu den **Wechseldiskontkrediten** finden sich in Kapitel 5.3, zu den **Bankakzepten** in Kapitel 5.4.

... durch Geschäftsbanken

Den geringsten Einfluss nehmen die **Geschäftsbanken** auf die Zahlungsbedingungen, sofern es sich um Exportgeschäfte mit kurzfristigen Zahlungszielen handelt. Dies gilt zumindest dann, wenn die Kreditwürdigkeit des refinanzierenden Exporteurs gut ist. Die von den Geschäftsbanken gewährten Kontokorrentkredite können vom

Exporteur unter dieser Voraussetzung praktisch beliebig eingesetzt werden, so u.a. auch zur Refinanzierung seiner Exportforderungen. Exporteure, deren Kreditwürdigkeit den Banken nicht über jeden Zweifel erhaben erscheint, werden dagegen die Erfahrung machen, dass die refinanzierenden Banken aus ihrem Sicherungsinteresse heraus in Einzelfällen doch Einfluss auf die abzuschließenden (Export-)Geschäfte nehmen. Dies gilt grundsätzlich auch, wenn ein einzelnes Exportgeschäft den üblichen Rahmen sprengt.

Hinweis

Vertiefende Ausführungen zu den **Kontokorrentkrediten** der Banken finden sich in Kapitel 5.1.

Frühzeitige Kontaktaufnahme

Diese wenigen Beispiele zeigen nicht nur, wie weit der Einfluss der Versicherungs- und Refinanzierungsinstitute auf die Zahlungsvereinbarungen von Exporteuren und Importeuren reicht. Diese Beispiele zeigen vor allem auch, dass ein Exporteur -will er die jeweils günstigsten Absicherungs- und Refinanzierungsmöglichkeiten erlangen- sehr frühzeitig die jeweils **aktuellen Konditionen** der verschiedenen Versicherungseinrichtungen und Refinanzierungsinstitute erheben und rechtzeitig die **absichernden Vereinbarungen** treffen muss.

2.3.4 Einfluss volkswirtschaftlicher Rahmenbedingungen und betriebswirtschaftlicher Gegebenheiten auf die Zahlungsbedingungen

Einfluss volkswirtschaftlicher Rahmenbedingungen

Unbeeinflussbare Daten

Volkswirtschaftliche Rahmenbedingungen wie sie in **Wechselkursschwankungen**, **Kreditaufnahmemöglichkeiten** oder **Marktzinsentwicklungen** zum Ausdruck kommen, sind für Exporteure und Importeure unbeeinflussbare Daten.

Wechselkursschwankungen

Starken Einfluss auf die Zahlungsbedingungen (und auf das faktische Zahlungsverhalten) haben **erwartete Auf- oder Abwertungen** der angebotenen bzw. fakturierten Währung:

- Interesse des Importeurs

- Droht beispielsweise eine **Aufwertung** der fakturierten Währung, und ist diese Währung für den zahlungspflichtigen Importeur eine Fremdwährung, dann kommt ein kurzfristiges Zahlungsziel oder gar eine Vorauszahlung unter diesem Blickwinkel dem Interesse des Importeurs entgegen. U.U. wird er sogar eine noch nicht fällige Zahlung zeitlich vorziehen. Dies gilt allerdings nur, wenn der Importeur noch keine anderweitigen Kurssicherungsmaßnahmen ergriffen hat. Andererseits wird der Importeur die erwartete **Abwertung** der Fremdwährung, in der er zu zahlen hat, "mitnehmen", d.h. die Zahlung unter sonst gleichen Voraussetzungen zu verzögern suchen, was für die Vereinbarung der Zahlungsbedingungen heißt, möglichst lange Zahlungsziele zu vereinbaren suchen.

- Interesse des Exporteurs

- Die **Wechselkursunsicherheit** hat bei deutschen Exporteuren in der Vergangenheit dazu geführt, dass sie -wenn irgend möglich- die DM als Währung in ihre Angebote aufgenommen und in den Kaufverträgen vereinbart haben. Es scheint auf den ersten Blick erstaunlich zu sein, dass die deutschen Exporteure auch in jener Phase, in der die Aufwertungstendenz einiger Fremdwährungen gegeben war, davon nicht abgewichen sind, und damit auch nicht von dieser Aufwertung profitiert haben. Bei näherem Hinsehen kann dies zwar auch mit einer anhaltenden Unsicherheit bezüglich der erwarteten Trendwende erklärt werden. Von größerem Gewicht dürfte indessen sein, dass bei Aufwertung einer Fremdwährung, die -in Relation zur DM gesehen- gleichbedeutend mit einer entsprechenden Abwertung der DM ist, Angebote in DM für den ausländischen Importeur unter sonst gleichen Voraussetzungen billiger werden und sich für den deutschen Exporteur insoweit das Angebots-(Wettbewerbs-)Risiko verringert. Ein weiterer Erklärungsansatz dürfte sein, dass der deutsche Exporteur wegen der erwarteten Fremdwährungsaufwertung bei DM-Angeboten etwas höhere Preise ansetzen kann und insoweit indirekt von der Fremdwährungsaufwertung profitiert.

- Zugeständnisse bei DM-Fakturierung

- **Empirische Untersuchungen** belegen, dass deutsche Exporteure nicht selten erhebliche Zugeständnisse an ausländische Importeure zu machen haben, damit sie DM als Fakturierungswährung durchsetzen können. Denn die Vereinbarung der DM bedeutet die Überwälzung von Wechselkursrisiken (und -chancen) auf den ausländischen Importeur.

- Verbleibendes Risiko

- Kann dagegen der Exporteur seine heimische Währung nicht durchsetzen, dann hat er zunächst das Wechselkursrisiko abzuschätzen und dann zu prüfen, ob er die **Währungsposition ungesichert** lassen will oder ob er diese Position durch ein **Kurssicherungsgeschäft** in der relevanten Währung und in der notwendigen Laufzeit schließen kann und will. Gegebenenfalls wird er versuchen, die Kurssicherungskosten in der Angebotskalkulation unterzubringen.

Hinweis

Wechselkursrisiken und ausgewählte **Absicherungsmöglichkeiten** sind in Kapitel 7 dargestellt und beurteilt.

Kreditmärkte, Zinsunterschiede

Unterschiede in der Ergiebigkeit der Kreditmärkte, vor allem aber Zinsunterschiede zwischen den beteiligten Ländern (u.U. auch bezüglich von Drittländern), haben einen erheblichen Einfluss auf die festzulegenden Zahlungsbedingungen. Unter sonst gleichen Voraussetzungen ist es nahe liegend, ein Exportgeschäft in dem Land zu finanzieren, das den ergiebigsten Kreditmarkt hat und das vor allem die **niedrigsten Zinsen** aufweist. Indessen ist dieser Feststellung entgegenzuhalten, dass die Währungen von Niedrigzinsländern mit ihrem Außenwert häufig zur Aufwertung neigen, sodass dem Zinsvorteil des ausländischen Schuldners nicht selten ein Wechselkursnachteil gegenüber steht.

Einfluss betriebswirtschaftlicher Faktoren

Bonität des Importeurs

Im Vordergrund der betriebswirtschaftlichen Einflussfaktoren auf die Zahlungsbedingungen steht neben dem politischen Risiko vor allem das wirtschaftliche Risiko, d.h. die **Kreditwürdigkeit** und die **Seriosität** des ausländischen Abnehmers. Bleiben nach Auswertung aller verfügbaren Informationsquellen Risiken erkennbar, dann ist eine sichernde Zahlungsbedingung unabdingbar, im Zweifel -wenn anderweitige Sicherungsinstrumente nicht verfügbar sind- sollte der Exporteur auf das Geschäft verzichten. Der Exporteur sollte nicht der Neigung unterliegen, zur Auslastung seiner (brachliegenden) Fertigungskapazitäten risikobeinhaltende Zahlungsbedingungen zu akzeptieren, um den Auslandsauftrag zu erlangen. Tragfähiger ist es in dieser Situation, statt bei den Zahlungsbedingungen, Zugeständnisse beim Angebotspreis zu machen.

Branchenübliche Zahlungsbedingungen

Eine maßgebliche Rolle bei der Vereinbarung der Zahlungsbedingungen spielt auch, was jeweils branchenüblich ist. Für den Importeur **ungünstigere Zahlungsbedingungen** als die branchenüblichen sind in der Regel nicht durchzusetzen; für den Importeur **günstigere Zahlungsbedingungen** aber im Allgemeinen nicht opportun, weil im weiteren Verlauf einer Geschäftsbeziehung derartige Zahlungsbedingungen vom Exporteur nur schwer wieder zurückgenommen werden können.

Käufer- oder Verkäufermarkt

Im Zusammenhang mit der Branchenüblichkeit der Zahlungsbedingungen ist auch die Frage zu sehen, ob in der Branche ein Käufer- oder ein Verkäufermarkt besteht. Bei ausgeprägten Käufermärkten führt die **Wettbewerbssituation** nicht selten zu einer schwachen Verhandlungsposition des Exporteurs, und zwar auch bei den Zahlungsbedingungen.

Folgeaufträge

Für die Bereitschaft des Exporteurs, Zugeständnisse bei den Zahlungsbedingungen zu machen, ist schließlich auch von Belang, ob es sich um ein einmaliges Geschäft oder aber um einen Erstabschluss handelt, mit dem dem Exporteur bei einem **potenten Abnehmer** erstmals der Einstieg gelingt. Der Umfang der erwarteten Folgegeschäfte legt -unter Berücksichtigung der Kreditwürdigkeit des Abnehmers- durchaus ein Entgegenkommen bei den Zahlungsbedingungen nahe.

3 Nichtdokumentäre (Reine) Zahlungsinstrumente

3 Nichtdokumentäre (Reine) Zahlungsinstrumente

3.1 Einführung

Auslandsüberweisungen, Auslandsschecks

Sofern zwischen Exporteur und Importeur eine sog. nichtdokumentäre (reine) Zahlungsbedingung vereinbart ist, wird diese Zahlung im Allgemeinen mit einer Auslandsüberweisung oder mit einem Auslandsscheck vollzogen. Derartige Zahlungen werden -im Gegensatz zu den Zahlungen im Rahmen von Dokumenteninkassi oder Dokumentenakkreditiven- als **reine Zahlungen (clean payment)** bezeichnet, weil der zahlungsempfangende Exporteur im Gegenzug zur Zahlung keine Dokumente einzureichen hat.

Barzahlungen

Barzahlungen zählen ebenfalls zu den reinen Zahlungen. Von Zahlungsvorgängen im Zusammenhang mit Kapitalanlagen im Ausland (Kapitalflucht!) abgesehen, sind sie bei Warenexportgeschäften jedoch die **Ausnahme**. Allenfalls zur Umgehung von Devisenvorschriften mögen sie manchmal vorkommen. Im Folgenden werden Barzahlungen nicht weiter dargestellt.

Wechselzahlungen

Häufig wird ein dem Importeur eingeräumtes Zahlungsziel in Wechselform gekleidet. Ein solcher Wechsel ist ebenfalls ein **reines Zahlungsinstrument** (und im Übrigen ein Kredit- und Sicherungsinstrument). Allerdings ist die Einordnung des Wechsels nicht immer eindeutig möglich, weil Wechselziehungen auch bei den dokumentären Zahlungsbedingungen, z.B. bei Dokumenteninkassi "Dokumente gegen Akzept" oder bei Akzeptakkreditiven vorkommen.

3.2 Auslandsüberweisungen mit Exkursen zu SWIFT und EDIFACT im Zahlungsverkehr sowie zu Fremdwährungskonten

3.2.1 Zahlungsauftrag (ausgehende Auslandsüberweisung)

Form: Vordruck oder beleglos

Ein Importeur, der eine Zahlung in das Ausland zu leisten hat und der sich für die Auslandsüberweisung entscheidet, erteilt seiner Bank einen **"Zahlungsauftrag im Außenwirtschaftsverkehr"**. Dies ist ein Formvordruck, in den alle relevanten Daten der Auslandszahlung einzutragen sind.

Mit Einführung des elektronischen Zahlungsverkehrs ist dem Zahlungspflichtigen aber auch die Möglichkeit eröffnet, den Zahlungsauftrag seiner Bank über eine EDV-Verbindung beleglos einzugeben (z.B. über COPAZ, dem Personal Computer-Auslandszahlungsverkehrssystem der Commerzbank, oder über db-rationell der Deutschen Bank AG oder über das EDIFACT-Zahlungsverkehrssystem der Banken, siehe Exkurs: EDIFACT im Zahlungsverkehr").

EURO-Zahlungsauftrag

Bei Zahlungsaufträgen **bis DM 5.000** bzw. DM-Gegenwert bei Fremdwährungszahlung kann sich der Zahlungspflichtige bei Zahlungen in bestimmte **europäische Länder** des "EURO-Zahlungsauftrags" bedienen. Diese vereinfachte Zahlungsabwicklung ist am Schluss dieses Kapitels beschrieben.

Abbildung/Ausfertigungen

In **Abbildung 3.2-01** ist ein **"Zahlungsauftrag im Außenwirtschaftsverkehr"** dargestellt. Dieser Vordruck ist dreiteilig:

- Das **Original** verbleibt beim beauftragten Kreditinstitut.
- Die **erste Durchschrift** wird vom beauftragten Kreditinstitut zur Erfüllung der Meldepflicht gemäß Außenwirtschaftsverordnung (AWV) an die zuständige Landeszentralbank (Deutsche Bundesbank) weitergeleitet, sofern der Zahlungsbetrag auf mehr als DM 5.000 oder Fremdwährungsgegenwert lautet. Diese Durchschrift -ebenso wie der Zahlungsauftrag- entspricht in ihrem Aufbau den Anforderungen der Anlage Z 1 zur AWV.
  Bei beleglosen Zahlungsaufträgen (über den PC) sind die erforderlichen Meldungen gemäß AWV bereits in das EDV-Programm der Kreditinstitute integriert.
  Einzelheiten zur Meldepflicht siehe unten (Randstichwort "Meldung gemäß AWV").
- Die **zweite Durchschrift** dient dem Auftraggeber als Nachweis über den erteilten Zahlungsauftrag und über die Erfüllung der Meldevorschriften.

Angaben

Über die in Inlandsüberweisungsvordrucke regelmäßig einzutragenden Daten (wie beispielsweise Auftraggeber, Begünstigter, Bank des Begünstigten, Verwendungszweck u. Ä.) hinaus, sind bei **Auslandszahlungen weitere Angaben** erforderlich (die im Folgenden aufgenommenen TZ-Ziffern beziehen sich auf die Textziffern des abgebildeten Zahlungsauftrags).

Währung (TZ 32)

Das deutsche Außenwirtschaftsrecht lässt -im Gegensatz zu vielen anderen Ländern- Auslandszahlungen sowohl in **DM** als auch in jeder **beliebigen Fremdwährung** zu:

- DM-Zahlung

- DM-Zahlungen in das Ausland lässt der Importeur in aller Regel zulasten seines DM-Kontos ausführen.

- Fremdwährungszahlung zulasten Fremdwährungskonto

- Ist die Zahlung dagegen in Fremdwährung auszuführen, dann sind grundsätzlich **zwei Möglichkeiten** gegeben:
  - Unterhält der Importeur ein Fremdwährungskonto in der zu zahlenden Währung, dann wird er -Guthaben vorausgesetzt- die Zahlung im Allgemeinen zulasten dieses Kontos ausführen lassen.
    Anmerkung: Ob die Eröffnung bzw. Unterhaltung von Fremdwährungskonten (Fremdwährungsguthaben, Fremdwährungskredite) zweckmäßig ist, kann nur im Einzelfall beurteilt werden (siehe dazu "3.2.5 Exkurs: Fremdwährungskonten").

3.2.1 Zahlungsauftrag (ausgehende Auslandsüberweisung)

Anlage Z 1 zur AWV

ZAHLUNGSAUFTRAG IM AUSSENWIRTSCHAFTSVERKEHR
Meldung nach § 59 der Außenwirtschaftsverordnung

Dem Geldinstitut mit Blatt 2 einreichen

52: An — BLZ
Bank für Handel und Industrie AG
Filiale Ulm, 89048 Ulm/Donau

X Zahlung | Dauerauftrag | X DM-Kontos
Akkreditiv | zu Lasten des | Währungs-Kontos
Inkasso Einlösung | | Währungs-Termin-Kontos
Ihre Nr.
Ohne zusätzl. Weisung sind Sie berechtigt, den Auftrag als Zahlg. zu Lasten des DM-Kts zu behandeln.

32: Währung USD — Betrag in Ziffern 20.000,--

Betrag in Worten: US-Dollar zwanzigtausend --

50: Auftraggeber (Meldepflichtiger) — Konto-Nr. 45 109870
Name: Deutsche Importgesellschaft mbH
Straße: Industriepark Donautal
Ort: D-89073 Ulm (Donau)

57: Bank des Begünstigten
National City Bank
New York NY
USA

59: Begünstigter — Konto-Nr. 30 89 09 32
Name: Gum & Sweet Factory
Straße: 100 Wall Street
Ort: New York USA

70: Verwendungszweck
Invoice No. 32410 dated 20/08/19..

71: Ihre Kosten/Spesen zu Lasten des: X Auftraggebers | Begünstigten
Fremde Kosten zu Lasten des: Auftraggebers | X Begünstigten

Zahlung ist – sofern sie nicht über S.W.I.F.T. erfolgt – auszuführen: brieflich | drahtlich bis: Korrespondenzbank | Bank d. Begünstigten | Begünstigten

Nicht auszufüllen bei Akkreditiv-Eröffnung/Inkasso-Einlösung

Angaben zum Dauerauftrag

Ausführungs-intervall: monatlich | halbjährlich | zweimonatlich | jährlich | vierteljährlich | monatlich jeweils am 1., außer 1.1. und 1.7.

Ausführungs-Termin: 1. | 15. | 10. | 25. des Monats

Ausführung erstmalig am: — Betrag variabel

gültig bis auf Widerruf / befristet bis einschließlich:

BKN — ORT
KTV — TXT
Schluß-Nr. — vom
REF-Nr. bzw. ADA-Nr.

Kurs	DM-Gegenwert
1,5812	DM 31.624,00

+ Bearbeitungsgebühr	DM	47,43
Maklercourtage	DM	7,90
fremde Spesen	DM	
Telegr.-Gebühr/Luftpost	DM	
	DM	
Auftraggeber belastet mit	DM	31.679,33

Bei Akkreditiv-Eröffnung/Inkasso-Einlösung gelten die Weisungen gemäß Eröffnungsauftrag bzw. Andienungsschreiben.

Zusätzliche Weisungen für das Geldinstitut

Angaben zur Meldung nach §§ 59 ff der Außenwirtschaftsverordnung
Falls Platz nicht ausreicht, Anlage verwenden

Die vorstehende Zahlung betrifft (Zutreffendes am linken Rand ankreuzen X und entsprechende Zeilen ausfüllen)

Bei Akkreditiven, letzten Tag der Gültigkeitsdauer angeben — A B C D

X **I Waren-einfuhr** — a) Einkaufsland — b) Betrag in DM ohne Pf: 31.624

II Transithandel (§ 40 Abs. 2 AWV) — c) Warenbezeichnung — d) Nr. des Warenverzeichnisses für die Außenhandelsstatistik — e) Einkaufsland — f) Betrag in DM ohne Pf

Sofern die Ware bereits an Gebietsfremde veräußert ist (durchgehandelte Transithandelsgeschäfte) [1])

g) Warenbezeichnung (nur ausfüllen, wenn die eingekaufte Ware durch Bearbeitung ihre Beschaffenheit verändert hat) — h) Eingang des Verkaufserlöses[2]) Monat und Jahr — i) Nr. des Warenverzeichnisses für die Außenhandelsstatistik — k) Käuferland — l) Verkaufspreis Betrag in DM ohne Pfennig

1) Sofern die Ware noch nicht veräußert ist, ist der Verkaufserlös im Zeitpkt. des Eingangs auf Anlage Z 4 zur AWV zu melden. - 2) Sofern der Verkaufserlös noch nicht eingegangen ist, voraussichtl. Zeitpkt. des Eingangs angeben

III Dienstleistungs- und Kapitalverkehr, sonstige Ausgaben — m) Kennzahl laut Leistungsverzeichnis — n) Gläubigerland — o) Anlageland (bei Vermögensanlagen außerhalb des Wirtschaftsgebietes) — p) Betrag in DM ohne Pfennig

q) Nähere Angaben über den Zahlungszweck (Wichtigste Einzelheiten des Grundgeschäfts – bei Krediten und Darlehen auch ursprünglich vereinbarte Laufzeit oder Kündigungsfrist – angeben, z. B. Erwerb eines Grundstückes in ___ Darlehensgewährung an ein Unternehmen in ___ Rückzahlung eines in ___ aufgenommenen Kredits, Lizenzgebühr für ein ausländisches Patent)

Stark umrandete Felder sind vom Meldepflichtigen (Auftraggeber) **nicht** auszufüllen

Datum: 25.10.19.. — Telefon: 0731/852427

DEUTSCHE IMPORTGESELLSCHAFT mbH
Roder ppa. Eindriß
Firma, Unterschrift und Gewerbe

Abbildung 3.2-01

- **Fremdwährungszahlung zulasten DM-Konto**

- Verfügt der Importeur nur über ein DM-Konto, dann ermächtigt er seine Bank im Rahmen des Zahlungsauftrags zugleich mit dem Kauf der Devisen. Die Bank legt diesem Devisenkauf als Wechselkurs den (höheren) Briefkurs zu Grunde. Außerdem fällt eine Courtage (Maklergebühr) in Höhe von 0,25‰ des DM-Gegenwerts an.
  In der vorliegenden Abbildung ist die -bankintern errechnete- Belastung des Auftraggebers auf seinem DM-Konto rechts im Kasten dargestellt. Der Auftraggeber erhält eine analoge Belastungsanzeige im Kontoauszug ausgedruckt.

Kontobelastung

Die Belastung des Kontos des Auftraggebers erfolgt **am Tag der Ausführung** des Zahlungsauftrags. Der Zahlungspflichtige profitiert somit nicht von den Post- und Verrechnungslaufzeiten, wie sie bei einer Zahlung mit Privatscheck in das Ausland entstehen (Einzelheiten zur Privatscheckzahlung siehe Abschnitt 3.3.2.2).

Bankgebühren (TZ 71)

Die Bank des zahlungspflichtigen Importeurs stellt für die Ausführung des Zahlungsauftrags, und zwar unabhängig davon, ob es sich um eine DM- oder um eine Fremdwährungszahlung handelt, eine **Bankgebühr** (häufig auch als Spesen, Provision bzw. Bearbeitungsgebühr u. Ä. bezeichnet) in Rechnung sowie die darüber hinaus anfallenden Kosten (Telexgebühren, Porti u. Ä.), sofern vom normalen Überweisungsweg abgewichen wird. Dies ist beispielsweise der Fall, wenn die Empfängerbank SWIFT (siehe Exkurs) nicht angeschlossen ist und/oder eine Überweisung besonders eilbedürftig ist.

- **Bearbeitungsgebühr u. Ä.**

- Die Bearbeitungsgebühr (Spesen, Provision u. Ä.) beläuft sich im Allgemeinen auf **1,5 ‰** des Zahlungsbetrags. Zu beachten hat der Auftraggeber die bei den Kreditinstituten unterschiedlich gestaffelten **Mindestgebühren**. Kleine Zahlungsbeträge sind durch die Mindestgebühren nicht selten in einem Umfang belastet, dass sich die Überweisung in das Ausland kaum lohnt. Analoges gilt im Übrigen bei Zahlungen mittels Scheck in das Ausland.
  Eine Bearbeitungsgebühr stellt nicht nur die beauftragte, sondern auch die zahlungsempfangende Bank in Rechnung, sodass die **Gesamtgebühr** einer Auslandszahlung im Allgemeinen 3‰ des Zahlungsbetrags zuzüglich eventuell anfallender Sonderkosten ausmacht. Zu beachten ist, dass in manchen Empfängerländern (in denen Scheckzahlung die übliche Form der Zahlungsabwicklung ist) die Bankgebühren für Überweisungen noch deutlich höher ausfallen können. Die deutschen Banken kennen die entsprechenden Usancen und erteilen den deutschen Zahlungspflichtigen geeignete Ratschläge.

- **Verteilung**

- Der Auftraggeber (der Zahlungspflichtige) hat im Rahmen des Zahlungsauftrags die Möglichkeit, **Weisung** zur Verteilung der anfallenden Bankgebühren (Spesen/Kosten) zu erteilen:
  - Übernahme aller anfallenden in- und ausländischen Bankgebühren durch den Auftraggeber,
  - Übernahme aller in- und ausländischen Bankgebühren durch den Begünstigten,

- Übernahme der inländischen Bankgebühren durch den Auftraggeber, was die Weisung einschließt, dass die ausländischen Bankgebühren vom Zahlungsempfänger zu übernehmen sind.

Selbstverständlich hat der zahlungspflichtige Importeur seine Weisungen über die Verteilung der Bankgebühren im Einklang mit dem Kaufvertrag zu erteilen. Für den Fall, dass der Auftraggeber seiner Bank im Zahlungsauftrag **keine Weisung** über die Verteilung der Bankgebühren gibt, behandeln die Banken den Zahlungsauftrag im Allgemeinen wie folgt: Die Spesen der beauftragten Bank gehen zulasten des Auftraggebers, die Spesen der zahlungsempfangenden Auslandsbank gehen zulasten des Zahlungsempfängers.

Eilbedürftigkeit und Zahlungsweg

Der Auftraggeber hat die Möglichkeit, seiner Bank **Weisung** über die **Eilbedürftigkeit** und über den **Zahlungsweg** zu erteilen, wobei beide Kriterien eng zusammenhängen.

- SWIFT-Zahlung

- Wird die Zahlung über SWIFT, also über das internationale Telekommunikationssystem der Kreditinstitute angewiesen, dann beinhaltet dies nicht nur eine sehr **schnelle**, sondern auch eine **kostengünstige Zahlung**, weil die Banken auch bei sog. SWIFT-Zahlungen lediglich die oben angeführten Bearbeitungsgebühren in Rechnung stellen.
  SWIFT-Zahlung setzt voraus, dass die beteiligten Banken dem SWIFT-System angeschlossen sind, was inzwischen für die international tätigen Banken in vielen Ländern zutrifft.
  Sofern der Auftraggeber eine gegenteilige Weisung nicht ausdrücklich erteilt, ist das beauftragte Kreditinstitut berechtigt, den Zahlungsauftrag -wenn möglich- über SWIFT abzuwickeln. Die weiteren Weisungen des Auftraggebers (briefliche oder drahtliche Ausführung der Zahlung) sind von der beauftragten Bank jedoch zu beachten, sofern die Zahlung nicht über SWIFT erfolgt (siehe Vordruck) bzw. SWIFT-Zahlung vom Auftraggeber ausdrücklich ausgeschlossen wurde.

Anmerkung: Die **Deckungsanschaffung** wird **außerhalb** des SWIFT-Systems vollzogen. Dies bedeutet, dass die Kapitalübertragung von Konto zu Konto eines durch eine SWIFT-Nachricht ausgelösten Zahlungsauftrags wie bisher zwischen den beteiligten Kreditinstituten über Korrespondenzbeziehungen abläuft. Insoweit übernimmt SWIFT weder eine Bankfunktion noch die Funktion einer gegenseitigen kapitalmäßigen Abrechnungs- bzw. Verrechnungsstelle zwischen den beteiligten Banken, sondern lediglich die Funktion eines weltweiten Nachrichtenübermittlungssystems zwischen den beteiligten Kreditinstituten.

- Korrespondenzbankzahlung

- Eine **briefliche Ausführung** des Zahlungsauftrags beansprucht je nach Postlaufzeit mehrere Tage. Dagegen ist eine **drahtliche Ausführung** (Telex u. Ä.) zwischen Korrespondenzbanken innerhalb weniger Stunden möglich, wobei die angefallenen Zusatzkosten dem Kunden in Rechnung gestellt werden. Zu zeitlichen Verzögerungen und zu Zusatzkosten kann es jedoch kommen, wenn die Überweisung von der ausländischen Korrespondenzbank an eine weitere Bank (an die Hausbank des Zahlungsempfängers) weiterzuleiten und weiterzuverrechnen ist.

Beratung

Bestehen beim Auftraggeber im Einzelfall Zweifel über den geeigneten Zahlungsweg oder ist die **Zahlung** besonders **eilbedürftig**, dann sollte der Zahlungspflichtige Kontakt mit seiner Bank aufnehmen und deren Möglichkeiten (sowie die eventuell anfallenden Zusatzkosten) erheben.
Diese Empfehlung gilt auch, wenn die **Bankverbindung** des Begünstigten **nicht bekannt** ist. Die eingeschalteten Banken eröffnen -trotz fehlender Bankverbindung des Begünstigten- die Möglichkeit zur Zahlung mit Auslandsüberweisung oder zu einer kombinierten Zahlung mit Auslandsüberweisung und Bankscheckzahlung. Einzelheiten siehe Abschnitt 3.3.1 "Gründe für die Zahlung mit Scheck", Randstichwort: "Fehlende Bankverbindung des Begünstigten".

Meldung gemäß AWV

Es ist keine Frage, dass die Entscheidungsträger in den **Ministerien** bzw. bei der **Deutschen Bundesbank** Informationen über die grenzüberschreitenden Waren- und Kapitalströme benötigen, um die Qualität ihrer wirtschaftspolitischen Maßnahmen sicherzustellen. Deswegen sind in der Außenwirtschaftsverordnung (AWV) Meldevorschriften festgelegt.
Mit der Erteilung des Zahlungsauftrags und den Angaben im unteren Teil des Vordrucks (siehe Abbildung) genügt der deutsche Auftraggeber zugleich seiner Verpflichtung zur Meldung der relevanten Daten seiner Zahlung an die Deutsche Bundesbank. Dazu gelangt -wie oben erwähnt- eine Durchschrift des Zahlungsauftrags bzw. -bei PC- bzw. bei EDIFACT-erteilten Zahlungsaufträgen- eine elektronisch erstellte Meldung an die zuständige Landeszentralbank. Kleinbeträge bis DM 5.000.-- (bzw. Fremdwährungsgegenwert) unterliegen nicht der Meldepflicht.
In ihrem Merkblatt weist die Deutsche Bundesbank ausdrücklich darauf hin, dass die Meldungen strikter Geheimhaltung aller Einzelangaben unterliegen und Einzelangaben an andere Stellen, z.B. an die Finanzämter nicht weitergegeben werden dürfen; siehe auch Abschnitt 2.3.1.

Abbildung/Abwicklung

In **Abbildung 3.2-02** ist die **Abwicklung einer ausgehenden Auslandsüberweisung**, die über die Korrespondenzbank (Auslandsbank) der beauftragten Bank abgewickelt wird, in den einzelnen Schritten dargestellt. Die mit a) ergänzten Ziffern kennzeichnen eine DM-Zahlung durchgängig bis zum Zahlungsempfänger. Die mit b) bezeichneten Ziffern umfassen -aus Sicht des zahlungspflichtigen Importeurs- eine Fremdwährungszahlung, die aus Sicht des zahlungsempfangenden Exporteurs dessen Landeswährung ist (die Möglichkeit der Zahlung in einer Drittlandwährung bleibt unberücksichtigt).

Hinweis

Bevor sich der Zahlungspflichtige für die Zahlung mit Auslandsüberweisung entscheidet, sollte er sich nicht nur über die länderspezifischen Besonderheiten und die anfallenden Gebühren bei seiner Bank informieren, sondern auch abwägen, ob die Zahlung mit **Auslandsscheck** im Einzelfall eine günstige Alternative darstellt. Siehe dazu auch Abschnitt 3.3.1 "Gründe für die Zahlung mit Scheck".

EURO-Zahlungsauftrag

Es vereinfacht das Ausfüllen einer Auslandsüberweisung für den deutschen Zahlungspflichtigen erheblich, wenn er an der Stelle des

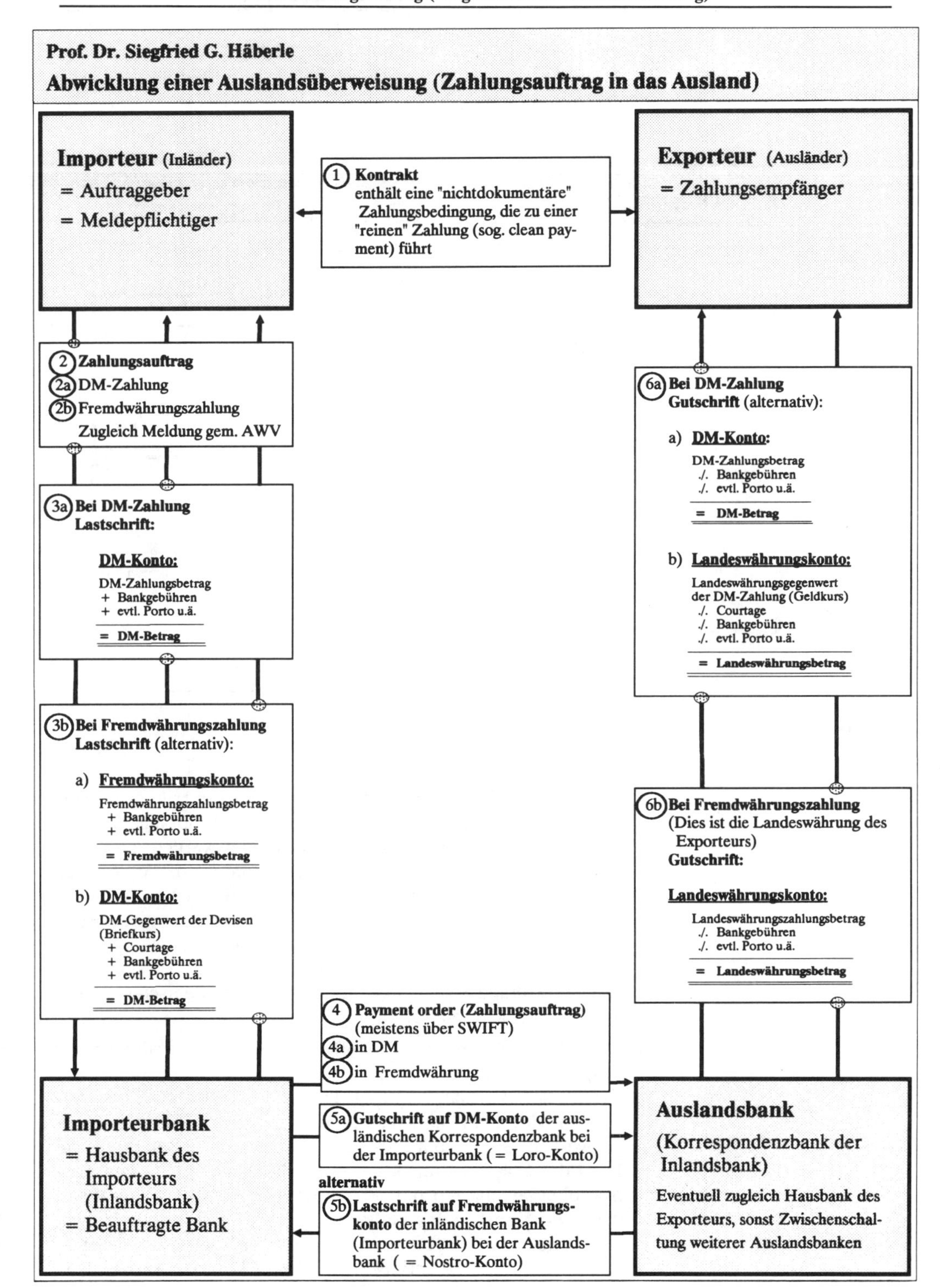

Abbildung 3.2-02

Formulars "Zahlungsauftrag im Außenwirtschaftsverkehr, Anlage Z1 zur AWV" lediglich das Formular **"EURO-Zahlungsauftrag"** verwenden kann; siehe **Abbildung Nr. 3.2-03.**

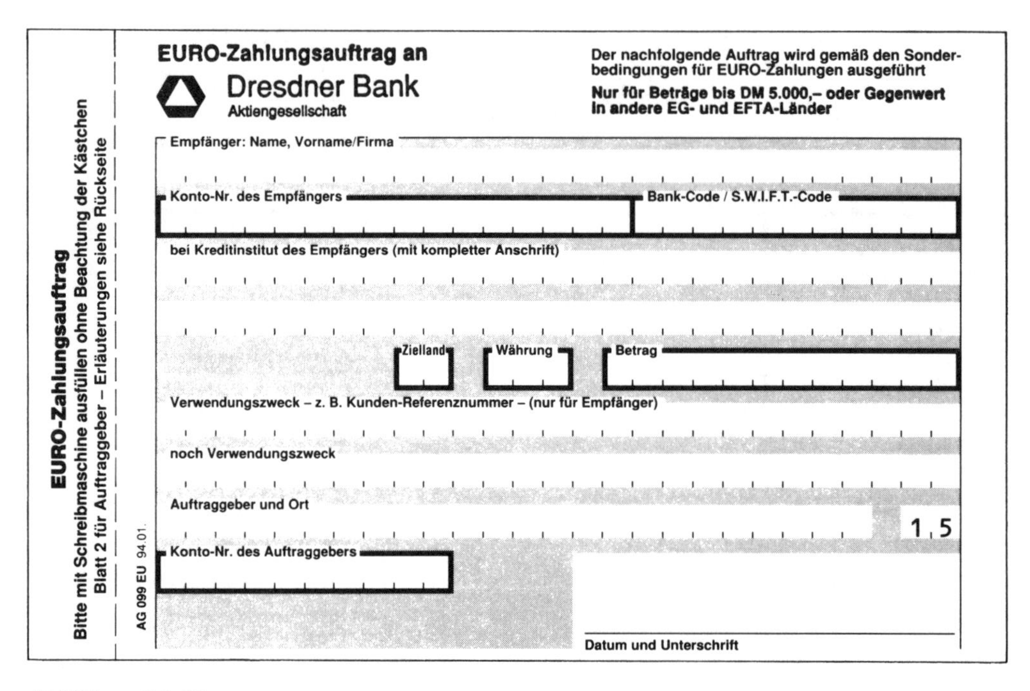

EURO-Zahlungsauftrag
Bitte mit Schreibmaschine ausfüllen ohne Beachtung der Kästchen
Blatt 2 für Auftraggeber – Erläuterungen siehe Rückseite
AG 099 EU 94.01.

EURO-Zahlungsauftrag an
Dresdner Bank
Aktiengesellschaft

Der nachfolgende Auftrag wird gemäß den Sonderbedingungen für EURO-Zahlungen ausgeführt
Nur für Beträge bis DM 5.000,– oder Gegenwert in andere EG- und EFTA-Länder

Empfänger: Name, Vorname/Firma

Konto-Nr. des Empfängers

Bank-Code / S.W.I.F.T.-Code

bei Kreditinstitut des Empfängers (mit kompletter Anschrift)

Zielland

Währung

Betrag

Verwendungszweck – z. B. Kunden-Referenznummer – (nur für Empfänger)

noch Verwendungszweck

Auftraggeber und Ort

1 5

Konto-Nr. des Auftraggebers

Datum und Unterschrift

Abbildung 3.2-03

- Das "EURO-Zahlungsauftrag"-Formular darf nur zu Zahlungen an sog. Empfängerbanken (Hausbanken der Empfänger) **in bestimmten europäischen Ländern** verwendet werden. Die Banken stellen ihren Kunden Länderverzeichnisse zur Verfügung. Bei Zahlungen an Empfängerbanken in **anderen Ländern** bzw. bei Beträgen über DM 5.000 oder Fremdwährungsgegenwert ist weiterhin der "Zahlungsauftrag im Außenwirtschaftsverkehr ..." (siehe Abb. 3.2-01) zu verwenden.
  Inlandszahlungen sind unverändert mit dem deutschen Überweisungsformular auszuführen.
- Die Währung muss auf **DM oder** auf die **Landeswährung der Empfängerbank** lauten.
  Erteilt der deutsche Auftraggeber den "EURO-Zahlungsauftrag" in **DM**, dann kauft die beauftragte deutsche Bank den Gegenwert jener Fremdwährung zum Devisenbriefkurs, die im Land der Empfängerbank gilt. Sie belastet den deutschen Auftraggeber sodann mit dem entsprechenden DM-Betrag auf seinem DM-Konto. Dies bedeutet zugleich, dass der Zahlungsempfänger bei "EURO-Zahlungsaufträgen" den überwiesenen Betrag stets in der Währung erhält, die im Land der Empfängerbank (also in der Regel in seinem Land) gilt.

Erteilt der deutsche Auftraggeber den EURO-Zahlungsauftrag in jener **Fremdwährung**, die im Land der Empfängerbank gilt, dann kauft die beauftragte deutsche Bank den angewiesenen Fremdwährungsbetrag wiederum zum Devisenbriefkurs. Sie belastet sodann das DM-Konto des deutschen Auftraggebers mit dem entsprechenden DM-Gegenwert.
Soll die Zahlung in das Ausland **zulasten eines Fremdwährungskontos**, das der deutsche Auftraggeber bei seiner Bank unterhält, ausgeführt werden, dann ist weiterhin das Formular "Zahlungsauftrag im Außenwirtschaftsverkehr ..." (siehe Abb. 3.2-02) zu verwenden. Dies gilt auch in den Fällen, in denen der Zahlungsauftrag nicht in der Währung auszuführen ist, die im Land der Empfängerbank gilt, sondern in einer **anderen Währung** (z.B. in DM).

- Der **Maximalbetrag**, über den ein "EURO-Zahlungsauftrag" ausgestellt werden darf, beläuft sich auf **DM 5.000 oder Fremdwährungsgegenwert**. Durch diese Limitierung entfällt die **Meldepflicht** der Zahlung gemäß AWV.
- Die bei den eingeschalteten Banken anfallenden **Bearbeitungsgebühren** (Provisionen) werden auf die Beteiligten wie folgt **verteilt**: Der deutsche Zahlungsauftraggeber zahlt die Gebühren der beauftragten deutschen Bank; der Zahlungsempfänger zahlt die Gebühren der ausländischen Bank(en).
  Die **Höhe** der Bearbeitungsgebühren bei "EURO-Zahlungsaufträgen" entspricht im Wesentlichen den oben aufgeführten Gebührensätzen (siehe Abschnitt "Bankgebühren"), wobei jedoch die **Mindestgebühren** bei "EURO-Zahlungsaufträgen" im Allgemeinen niedriger sind als bei den anderen Zahlungsaufträgen.

Hinweis

Die vorstehenden Ausführungen orientieren sich an den Bedingungen der Dresdner Bank AG für "EURO-Zahlungsaufträge". Dem Leser wird empfohlen, sich bei seiner Hausbank über eventuell abweichende Bedingungen, Abwicklungen, Kosten usw. zu informieren.

3.2.2 Überweisungsgutschrift (eingehende Auslandsüberweisung)

Prüfungskriterien

Bei Eingang einer Überweisungsgutschrift aus dem Ausland hat der Exporteur zunächst zu prüfen, ob der Zahlungsbetrag der Höhe, der Währung, der Bankgebührenverteilung und dem Zeitpunkt des Zahlungseingangs nach den **Vereinbarungen im Kaufvertrag** entspricht. Außerdem ist zu prüfen, ob die Zahlung des Zahlungspflichtigen vorbehaltlos geleistet ist oder ob sich im angegebenen Verwendungszweck irgendwelche Vorbehalte bzw. Bedingungen finden.

Vorbehaltlose Gutschrift

Im Gegensatz zur Gutschrift von (Auslands-)Schecks, die dem Einreicher von der Bank stets "Eingang vorbehalten" gutgeschrieben werden, ist eine **Überweisungsgutschrift** auf dem Konto des Zahlungspflichtigen **endgültig**, sofern nicht im Ausnahmefall eine Einschränkung gemacht wird. Darin liegt aus Sicht des

Zahlungsempfängers der maßgebliche Vorzug der Zahlung mit Auslandsüberweisung.

Bearbeitungsgebühr u. Ä.

Die Bearbeitungsgebühren (Spesen, Provisionen) der Banken für eingehende Auslandszahlungen entsprechen den Gebühren für Zahlungsaufträge, nämlich im Allgemeinen **1,5‰** vom Zahlungsbetrag. Auch bei Gutschriften hat der Zahlungsempfänger die unterschiedlich gestaffelten **Mindestgebühren** der Kreditinstitute zu beachten, die bei kleinen Überweisungsbeträgen eine hohe relative Belastung für den Zahlungsempfänger bedeuten.
Hinsichtlich der Verteilung der Bankgebühren auf Zahlungsauftraggeber und Zahlungsempfänger wird auf die Ausführungen in Abschnitt 3.2.1 verwiesen.

Gutschrift von Fremdwährungsbeträgen

Aus dem Ausland eingehende DM-Überweisungen lässt der deutsche Zahlungsempfänger in aller Regel seinem DM-Konto gutschreiben. Handelt es sich bei der aus dem Ausland eingehenden Überweisung dagegen um eine Fremdwährungszahlung und unterhält der deutsche Zahlungsempfänger bei seiner Bank sowohl ein **DM-Konto** als auch ein **Fremdwährungskonto**, dann hat er die Wahl zwischen dem Verbleib in der relevanten Fremdwährung oder dem Umtausch in DM. Seine Entscheidung wird u.a. davon abhängen, ob er in Zukunft Zahlungen in dieser Fremdwährung zu leisten hat, ob er mit einer tendenziellen Aufwertung oder Abwertung dieser Fremdwährung rechnet, welche Zinskonditionen seine Bank für Fremdwährungsguthaben bietet u.a.m. (Einzelheiten siehe folgendes Kapitel "3.2.5 Exkurs: Fremdwährungskonten").
Entschließt sich der Zahlungsempfänger für eine Gutschrift auf seinem DM-Konto, dann erfolgt der Umtausch der Fremdwährung in DM zum Devisenkassageldkurs, und zwar -bei amtlich notierten Währungen- unter Abzug der Courtage (Maklergebühr) in Höhe von 0,25‰ des DM-Gegenwerts.

Abwicklung

Die Abwicklung einer eingehenden Auslandsüberweisung kann für den relevanten Bereich der **Abbildung 3.2-02** "Abwicklung einer Auslandsüberweisung (Zahlungsauftrag in das Ausland)" entnommen werden.

Meldung gemäß AWV

Die Meldevorschriften gemäß Außenwirtschaftsverordnung (AWV) gelten auch für **eingehende Auslandsüberweisungen** bei Beträgen über DM 5.000.-- bzw. Fremdwährungsgegenwert. Ausgenommen davon sind Zahlungseingänge für Exporterlöse. Die Einzelheiten sind im oben angesprochenen "Merkblatt über statistische Meldungen im Zahlungsverkehr mit dem Ausland" der Deutschen Bundesbank enthalten.

3.2.3 Exkurs: SWIFT

Intern. Datenübertragungsnetz der Banken

SWIFT ist die Abkürzung für **"Society for Worldwide Interbank Financial Telecommunication"**. Es handelt sich um ein internationales Datenübertragungsnetz von Kreditinstituten in den maßgeblichen Handelsländern. Gegenstand der standardisierten und verschlüsselten SWIFT-Nachrichten sind neben den angesprochenen **Zahlungsaufträgen** auch weitere auslandsbezogene **Nachrichten**, die sich auf Dokumenteninkassi, Dokumentenakkreditive, Devisen-, Geldmarkt- und Effektengeschäfte, Auskünfte sowie auf weitere Vorgänge zwischen Banken beziehen.

Kein Verrechnungsnetz

Zu beachten ist, dass die **Deckungsanschaffung außerhalb** des SWIFT-Systems vollzogen wird. Dies bedeutet, dass die Kapitalübertragung von Konto zu Konto eines durch eine SWIFT-Nachricht angewiesenen Zahlungsauftrags wie bisher zwischen den beteiligten Kreditinstituten über Korrespondenzbeziehungen (Kontobeziehungen) abläuft. Insoweit übernimmt SWIFT weder eine Bankfunktion noch die Funktion einer gegenseitigen kapitalmäßigen Abrechnungs- bzw. Verrechnungsstelle zwischen den beteiligten Banken, sondern lediglich die Funktion eines weltweiten Nachrichtenübermittlungssystems zwischen den beteiligten Kreditinstituten. Unter diesem Blickwinkel ist es treffender, von SWIFT-**angewiesener** Zahlung, statt einfach von SWIFT-Zahlung zu sprechen.

Schnelle Nachrichtenübertragung

Die Übertragung von Nachrichten, d.h. auch die Übermittlung von Zahlungsaufträgen, dauert zwischen der absendenden Bank und der Empfängerbank über SWIFT nur wenige Minuten. Der Begünstigte eines SWIFT-angewiesenen Zahlungsauftrags kann also in **kürzester Zeit** (innerhalb von 1-2 Tagen, weil die Verrechnungszeiten zwischen den Kreditinstituten sowie die Buchungsvorgänge bei der Empfängerbank zu berücksichtigen sind) im Besitz einer vorbehaltlosen Überweisungsgutschrift auf seinem Konto sein. Diese schnelle Verfügbarkeit des Zahlungsbetrags beim Empfänger setzt allerdings voraus, dass die Deckungsanschaffung unter den Banken unverzüglich vollzogen werden kann und die Empfängerbank dem SWIFT-System unmittelbar angeschlossen ist. Kleinere Kreditinstitute, die SWIFT nicht angeschlossen sind, geben häufig die SWIFT-Adresse ihres übergeordneten (Zentral-)Kreditinstituts an, sodass im Einzelfall der erforderliche Zeitraum zur Übermittlung der SWIFT-Nachricht zwischen der SWIFT-Empfängerbank und der (kleineren) Hausbank des Zahlungsempfängers hinzugerechnet werden muss.

3.2.4 Exkurs: EDIFACT im Zahlungsverkehr

Grundstruktur

UN/EDIFACT ist die Abkürzung für **United Nationes/Electronic Data Interchange for Administration, Commerce and Transport** (Elektronischer Datenaustausch für Verwaltung, Wirtschaft und Transport). Es ist dies ein von den Vereinten Nationen entwickeltes und definiertes Regelwerk für einen **internationalen, branchenübergreifenden Standard** für den elektronischen Datenaustausch.

Hinweis

Eine umfassendere Darstellung von UN/EDIFACT findet sich in Abschnitt "**4.1.1.5 Exkurs: UN/EDIFACT**".

Anwendungsbeispiele

Im Bereich des **Zahlungsverkehrs** können auf Grundlage der beim Bankkunden (Exporteur/Importeur) einmal erfassten Daten eines Geschäfts nicht nur Angebote abgegeben, Aufträge erteilt und bestätigt sowie Rechnungen beleglos, nämlich im Rahmen einer

"Rechner-zu-Rechner-Kommunikation", übermittelt werden, sondern auch **Zahlungsaufträge elektronisch erteilt** und **Gutschriftsanzeigen elektronisch empfangen und verrechnet** werden: Die beim Bankkunden **einmal erfassten Daten** erfahren im EDIFACT-System eine auf die **zahlungsrelevanten Daten** ausgerichtete Selektierung und Strukturierung und werden der Bank als Zahlungsauftrag beleglos übermittelt.
Die beauftragte Bank übermittelt und verrechnet den Zahlungsauftrag auf Grundlage der elektronisch empfangenen Daten der Empfängerbank, die ihrerseits den Zahlungsbetrag dem Zahlungsempfänger (dem Exporteur) ebenfalls beleglos avisiert und gutschreibt. Auch die Meldungen über Auslandszahlungen der Bankkunden an die jeweilige Zentralbank erfolgen anhand der erfassten Daten auf elektronischem Weg.

Beispiele zahlungsbezogener UN/EDIFACT-Nachrichtentypen:

PAYORD Zahlungsauftrag

Name (engl.): Payment order
Dokument: UN/ECE/TRADE/WP.4/R.1142 Status: 2
Wirtschaftszweig: Finanzwesen

1. Funktionsbeschreibung

Ein Zahlungsauftrag wird von dem auftraggebenden Kunden (oder Zahlungspflichtigen oder Agenten im Namen des Auftragebers) an die beauftragte Bank gesendet. Diese erhält damit die Anweisung, ein für den auftraggebenden Kunden geführtes Konto zu belasten und die Zahlung eines bestimmten Betrages an den Begünstigten (oder Zahlungsempfänger oder Agenten zugunsten des Begünstigten) zur Verrechnung des angegebenen Geschäftsvorfalls bzw. die Geschäftsvorfälle zu veranlassen.

Der in dieser Norm verwendete Begriff des auftraggebenden Kunden bezieht sich entweder auf einen Auftraggeber oder einen Zahlungspflichtigen bzw. Agenten, der im Namen des Auftraggebers handelt. Ebenso ist der Begriff des Begünstigten entweder als ein Begünstigter oder ein Zahlungsempfänger bzw. Agent, der im Namen des Begünstigten handelt, zu verstehen.

2. Grundsätzliches

Ein Zahlungsauftrag kann die finanzielle Verrechnung für eine oder mehrere geschäftliche Transaktionen im kommerziellen Bereich abdecken, wie z. B. Rechnungen, Gutschriften, Belastungsanzeigen usw. Eine Verwendung für Zahlungen aus dem Wertpapierhandel ist nicht vorgesehen.

Die beauftragte Bank kann eine Bestätigung/Authentifizierung benötigen, um einen Zahlungsauftrag auszuführen, sofern dieser durch einen Dritten gesendet wird.

BOPCUS Weiterleitung von Meldungen über Auslandszahlungen der Bankkunden an die Zentralbank

Name (engl.): Balance of payments customer transactions report
Dokument: UN/ECE/TRADE/WP.4/R. 1106 Status: 1
Wirtschaftszweig: Statistik

1. Funktionsbeschreibung

Diese Nachricht wird von Banken an die Zentralbank (bzw. die Meldebehörde) gesandt. Sie dient zur Weiterleitung der Meldedaten über einzelne Zahlungen im Außenwirtschaftsverkehr, die innerhalb eines bestimmten Zeitraums im Kundenauftrag von der Bank ausgeführt oder empfangen wurden. Die Bank entnimmt die weiterzuleitenden, zahlungsbilanzrelevanten Informationen den jeweiligen Kunden-Nachrichten PAYORD, PAYMUL, PAYEXT bzw. BOPINF.

2. Grundsätzliches

Der Inhalt der BOPCUS-Nachricht wird aus der PAYORD-Nachricht bzw. den verwandten Nachrichten PAYMUL oder PAYEXT gewonnen.

In einigen Fällen kann die BOPCUS-Nachricht auch die relevanten Segmente aus BOPINF- bzw. CREADV-Nachrichten enthalten.

Die Nachricht verfügt über eine Segmentgruppe, deren Wiederholung jeweils durch ein LIN-Segment eingeleitet werden. Dadurch soll der Bank die Übermittlung einer großen Anzahl von Transaktionen ermöglicht werden, ohne die jeweils indentische Information über die berichtende Bank wiederholen zu müssen.

Jede Segmentschleife enthält alle zahlungsbilanzrelevanten Daten einer einzelnen Kundentransaktion, die von der meldenden Bank ausgeführt wurde.

CREADV Gutschriftsanzeige

Name (engl.): Credit advice
Dokument: UN/ECE/TRADE/WP.4/R.1142 Status: 2
Wirtschaftszweig: Finanzwesen

1. Funktionsbeschreibung

Eine Gutschriftsanzeige wird von dem kontoführenden Kreditinstitut an den Kontoinhaber gesendet. Dieser wird darüber informiert, daß auf seinem Konto zu einem angezeigten Datum ein bestimmter Betrag zur Verrechnung des angegebenen Geschäftsvorfalls bzw. der Geschäftsvorfälle gutgeschrieben wurde oder wird.

2. Grundsätzliches

Eine Gutschriftsanzeige kann die finanzielle Verrechnung für eine oder mehrere geschäftliche Transaktionen im kommerziellen Bereich abdecken, wie z. B. Rechnungen, Gutschriften, Belastungsanzeigen usw. Eine Verwendung für Zahlungen aus dem Wertpapierhandel ist nicht vorgesehen.

Quelle: DIN Deutsches Institut für Normung e.V.,(Hrsg.), UN/EDIFACT-Nachrichtentypen 1995: S. 16, 65 u. 118.

3.2.5 Exkurs: Fremdwährungskonten

Keine Beschränkungen

Die Unterhaltung von Fremdwährungskonten ist deutschen Exporteuren und Importeuren bei **inländischen** und bei **ausländischen Kreditinstituten** möglich. Inwieweit der deutsche Kontoinhaber der Meldepflicht gemäß AWV zu entsprechen hat, kann dem mehrfach angesprochenen "Merkblatt über statistische Meldungen im Zahlungsverkehr mit dem Ausland" der Deutschen Bundesbank bzw. der Landeszentralbanken entnommen werden.

Ob die Einrichtung eines Fremdwährungskontos zweckmäßig ist, muss **im Einzelfall beurteilt** werden. Die folgenden Kriterien bestimmen die Entscheidung:

- **Spanne zwischen Geld- und Briefkurs; Courtage**

- Von Vorteil kann ein Fremdwährungskonto sein, wenn ein Außenhändler (Exporteur, Importeur, Transithändler usw.) in der relevanten Fremdwährung **Zahlungseingänge und Zahlungsausgänge** hat. Er vermeidet dadurch die beim Kauf von Devisen anfallende Courtage (Maklergebühr) ebenso wie die Spanne der Banken zwischen dem (niedrigeren) Devisenankaufskurs (Geldkurs) und dem (höheren) Devisenverkaufskurs (Briefkurs).
  Bei Währungen, die im **Freiverkehr** gehandelt werden, ist die angesprochene Spanne höher als bei amtlich notierten Währungen. Zu bedenken hat der Außenhändler bei Einrichtung von Konten in derartigen Fremdwährungen jedoch, dass das Wechselkursrisiko dieser Fremdwährungen gegenüber der DM besonders hoch sein kann.
  Währungskonten in Freiverkehrswährungen kommen selten vor; allenfalls Konten auf australische Dollar haben in der Praxis eine gewisse Bedeutung.

- **Aufwertungserwartung**

- Sofern mit einer (bedeutenden) Aufwertung der Fremdwährung gegenüber der DM zu rechnen ist, kann es für (deutsche) **Exporteure** im Einzelfall zweckmäßig sein, den in Fremdwährung eingegangenen Exporterlös zunächst auf dem **Fremdwährungskonto gutschreiben** zu lassen und erst nach eingetretener Aufwertung der Fremdwährung in DM umtauschen zu lassen. Aus denselben (spekulativen!) Überlegungen heraus kann der Kauf von Devisen am Kassamarkt und deren vorübergehende Gutschrift auf dem Fremdwährungskonto erwägenswert sein.
  Der (deutsche) **Importeur** wird bei erwarteter Aufwertung der Fremdwährung, in der er in das Ausland zu zahlen hat, den Kauf dieser Fremdwährung zeitlich vorziehen und -sofern er die Zahlung an den ausländischen Exporteur nicht ebenfalls zeitlich vorziehen will- bis zur Zahlungsfälligkeit auf seinem Fremdwährungskonto belassen.

- **Abwertungserwartung**

- Analog sind **Kreditaufnahmen auf Fremdwährungskonten** zu beurteilen, insbesondere wenn die fragliche Fremdwährung unter starkem Abwertungsdruck gegenüber der DM steht. Für (deutsche) **Exporteure** kann es in dieser Situation lohnend sein, sich unverzüglich in dieser Fremdwährung zu verschulden (und diesen Fremdwährungsbetrag in DM umzutauschen), sodass ihrer Fremdwährungsexportforderung an den ausländischen Importeur eine Fremdwährungsverbindlichkeit auf dem Fremdwährungskonto gegenübersteht und das Wechselkursrisiko damit kompensiert ist. Einzelheiten siehe Kap. "5.2 Eurokredite". Dagegen werden (deutsche) **Importeure** die Fremdwährungszahlung in das Ausland (und damit den Kauf der Fremdwährung) zeitlich so weit hinauszuschieben suchen, bis die erwartete Abwertung der Fremdwährung gegenüber der DM eingetreten ist.

- **Verzinsung**

- Bei allen diesen Strategien ist zu bedenken, dass die Banken kurzfristige (und kleinere) Fremdwährungsguthaben oft nicht

bzw. **nicht mit marktmäßigen Zinssätzen** verzinsen und dass somit die Vorhaltung von Fremdwährungsguthaben aus Gründen der Verzinsung in der Regel nicht attraktiv ist.
Bei Kreditaufnahmen in Fremdwährung haben Exporteure und Importeure dagegen zu bedenken, dass die berechneten Kreditzinsen in der Regel tatsächlich am marktmäßigen Zinsniveau der betreffenden Fremdwährung ausgerichtet sind (Einzelheiten siehe Kap. "5.2 Eurokredite").

- **Verfügungsbeschränkungen, Risiken u. Ä.**

- Die Verfügungsrechte der Inhaber von Fremdwährungskonten sind von den deutschen Kreditinstituten in ihren **Allgemeinen Geschäftsbedingungen** (AGB) eingeschränkt worden. In den Muster-AGB des Bundesverbandes der Deutschen Volksbanken und Raiffeisenbanken e.V. finden sich z.B. in Ziffer 3 die folgenden Bedingungen:
  - Die Inhaber von bei der Bank unterhaltenen Währungsguthaben tragen anteilig im Verhältnis und bis zur Höhe ihrer Guthaben alle wirtschaftlichen und rechtlichen Nachteile und Schäden, die das Gesamtguthaben der Bank in der entsprechenden Währung als Folge von höherer Gewalt, Krieg, Aufruhr und ähnlichen Ereignissen oder durch von der Bank nicht verschuldete Zugriffe Dritter im Auslande oder im Zusammenhang mit Verfügungen von hoher Hand des In- oder Auslandes treffen sollten.
  - Währungskredite sind in der Währung zurückzuzahlen, in der die Bank sie gegeben hat. Zahlungen in anderer Währung gelten als Sicherheitsleistung. Die Bank ist jedoch berechtigt, den Währungskredit in deutsche Währung umzuwandeln, wenn dessen ordnungsgemäße Abwicklung aus Gründen, die von der Bank nicht zu vertreten sind, nicht gewährleistet erscheint.

3.3 Auslandsschecks

3.3.1 Gründe für die Zahlung mit Scheck

Gründe und deren Bedeutung

Für die **Zahlung mit Scheck** an der Stelle von Überweisungszahlung (Zahlungsauftrag) kann es im Einzelfall folgende **Gründe** geben:

- **Post- und Verrechnungslaufzeiten zugunsten des Scheckausstellers**

- Der Zahlungspflichtige profitiert unter bestimmten Voraussetzungen von den Post- und Verrechnungslaufzeiten der Schecks. Wenn ein Zahlungspflichtiger auf seine Bank einen Scheck zieht (einen sog. Privatscheck; siehe unten) und diesen Scheck dem ausländischen Zahlungsempfänger per Post übermittelt, kann er damit rechnen, dass die Belastung dieses Schecks auf seinem Konto nicht nur wegen der Postlaufzeit, sondern auch wegen der Verrechnungslaufzeit zwischen den eingeschalteten Banken längere Zeit (häufig mehr als eine Woche) in Anspruch nimmt. Der Zahlungspflichtige gewinnt dadurch ein **(indirektes) Zahlungsziel** hinzu, das bei einer größeren Anzahl von Scheckzahlungen liquiditätsmäßig wie auch ertragswirtschaftlich (Zinsen!) von Gewicht ist.

Inwieweit dem Scheckausstellter bei Fremdwährungsschecks während der langen Post- und Verrechnungslaufzeiten (zwischen Ausstellung des Schecks und Belastung auf dem Konto) ein **Wechselkursrisiko** (oder eine Kurschance) entsteht, muss im Einzelfall beurteilt werden. Ausgeschlossen ist das Wechselkursrisiko nur, wenn der Scheckaussteller den Scheck auf sein Guthaben auf einem Fremdwährungskonto zieht oder ein Devisentermingeschäft während der Schecklaufzeit abschließt oder eine andere Wechselkurssicherung ergreift.

- **Verfügbarkeit beim Scheckempfänger**

- Der Scheckempfänger kann den Scheck unmittelbar nach Eingang zur Gutschrift bei einer seiner Bankverbindungen einreichen. Sofern diese Bank den Scheckgegenwert (allerdings stets **unter dem Vorbehalt des Eingangs) sofort gutschreibt**, dann schließt der Scheckempfänger bei Fremdwährungsschecks nicht nur das Wechselkursrisiko ab diesem Zeitpunkt aus, sondern er kann über die Gutschrift im Allgemeinen auch sofort verfügen.
Indessen ist dieses Argument insoweit einzuschränken, als zwar die deutschen Kreditinstitute eingereichte Auslandsschecks mangels anderer Weisung des Scheckeinreichers im Allgemeinen sofort unter dem Vorbehalt des Zahlungseingangs gutschreiben, ausländische Kreditinstitute dagegen Auslandsschecks manchmal nur **zum Einzug** übernehmen. Die Gutschrift auf dem Konto des Scheckeinreichers erfolgt in diesem Fall erst in dem Zeitpunkt, in dem der Scheck eingelöst und der Scheckgegenwert aus dem Ausland überwiesen (verrechnet) ist. Diese Gutschrift steht nicht mehr unter dem Vorbehalt des Zahlungseingangs.

- **Ratschlag**

- Wünscht ein deutscher Scheckeinreicher (Exporteur) eine frühzeitige **Information**, ob der eingereichte **Scheck eingelöst** ist, dann kann er seiner Bank Weisung erteilen, den Scheck nicht im Sammelinkasso, sondern im **direkten Inkasso** der bezogenen ausländischen Bank vorzulegen. Sobald die Gutschrift des Scheckgegenwerts per Überweisung aus dem Ausland eingeht, erlangt der Scheckeinreicher die Sicherheit der vorbehaltlosen Scheckeinlösung bzw. Scheckgutschrift. Ist dagegen das Sammelinkasso eines Schecks bereits erfolgt, dann kann die Einreicherbank ausnahmsweise bei der bezogenen Bank per Fax, SWIFT o. Ä. anfragen, ob der Scheck Einlösung gefunden hat.
Bei Sofortgutschrift eines Auslandsschecks rückt die gutschreibende Bank die **Kreditwürdigkeit des Scheckeinreichers** in den Mittelpunkt, weil sie im Nichtzahlungsfall auf den Einreicher zurückgreifen muss.
In der Regel gilt, dass eine Überweisungszahlung, die über SWIFT und damit innerhalb kürzester Zeit abgewickelt wird, aus Sicht des Zahlungsempfängers das günstigere Zahlungsinstrument darstellt, weil die Bank den eingehenden Überweisungsbetrag sofort und -im Gegensatz zu Schecks- vorbehaltlos gutschreibt.

- **Fehlende Korrespondenzbeziehung**

- Unterhält die mit der Auslandszahlung beauftragte Bank keine Korrespondenzbeziehung in das Empfängerland und ist SWIFT-Zahlung ebenfalls nicht möglich, dann wird **hilfsweise** zur

Scheckzahlung gegriffen. Der Begünstigte dürfte in dieser Situation mit einer Scheckzahlung schneller bedient sein als mit einer Überweisungszahlung, die über mehrere Banken läuft.

- Fehlende Bankverbindung der Begünstigten

- **Scheckzahlung** ist auch in Fällen nahe liegend, in denen die Bankverbindung des Begünstigten nicht bekannt ist.
Grundsätzlich ist in solchen Fällen aber auch eine **Auslandsüberweisung** möglich, weil die ausländischen Korrespondenzbanken die Zahlungsempfänger im Allgemeinen von Zahlungseingängen auch dann informieren, wenn die Begünstigten keine Konten unterhalten. Den Weisungen der informierten Zahlungsempfänger entsprechend, leiten die Korrespondenzbanken die eingegangenen Zahlungsbeträge an die jeweiligen Hausbanken weiter oder sie zahlen -auf Wunsch- direkt an die Zahlungsempfänger aus. Zu bedenken sind bei dieser Abwicklung jedoch einige Risiken, die insbesondere im -unkalkulierbaren- Verhalten der ausländischen Banken begründet sind.
Manchmal wird bei fehlender Bankverbindung des Begünstigten von den eingeschalteten Kreditinstituten eine **kombinierte Abwicklung** von Überweisungszahlung (SWIFT-Zahlung) und Scheckzahlung vorgenommen: Die mit der Auslandszahlung beauftragte Hausbank des Zahlungspflichtigen (des Importeurs o. Ä.) übermittelt den Zahlungsbetrag durch eine Auslandsüberweisung (evtl. durch eine SWIFT-Zahlung) an ihre Korrespondenzbank in jenem Land, in dem der Zahlungsbegünstigte (Exporteur o. Ä.) seinen Sitz hat. Diese Korrespondenzbank leitet den Zahlungsbetrag -mangels Bankverbindung- nicht per Überweisung an den Begünstigten weiter, sondern durch einen von ihr ausgestellten Scheck (und zwar als sog. Bankscheck, dessen Ausgestaltung in Abschnitt 3.3.2.2 dargestellt ist). Diese Abwicklung ist kostspielig, weil sowohl die Bankgebühren für die Überweisungszahlung als auch für die Scheckzahlung anfallen (vgl. zu dieser Abwicklung auch Dortschy u.a. 1990: S. 99ff.).

- Dispositionsfreiheit

- Schließlich gibt es Fälle, in denen der begünstigte Exporteur an Stelle einer Überweisungszahlung eine **Scheckzahlung wünscht**, damit er noch im Zeitpunkt des Scheckeingangs entscheiden kann, bei welcher Bank der Scheck gutzuschreiben ist. So gesehen eröffnet die Scheckzahlung dem Scheckempfänger einen größeren Dispositionsfreiraum als die Überweisungszahlung, die bei einer bestimmten Bank eingeht.

- Drittlandwährung

- Scheckzahlung findet schließlich manchmal Anwendung, wenn in einer **Drittlandwährung** ins Ausland gezahlt werden muss. Der bei Überweisungszahlung u.U. notwendige Umweg über eine Drittbank wird dadurch vermieden.

- Kosten

- Ebenso wie bei Auslandsüberweisungen berechnen die (deutschen) Banken bei Auslandsschecks eine Bankgebühr von üblicherweise **1,5‰** vom Scheckbetrag. Diese Gebühr wird sowohl von der bezogenen Bank (auf die der Scheck vom Aussteller gezogen ist) als auch von derjenigen Bank in Rechnung gestellt, bei der der Begünstigte den Auslandsscheck zur Gutschrift (zum Inkasso) einreicht.

- **Ratschlag**

- Auch bei Scheckzahlungen sind die **Mindestgebühren** der eingeschalteten Banken zu beachten, die sich bei kleinsten Zahlungsbeträgen so stark auswirken können, dass vom Scheckbetrag kaum etwas übrig bleibt. Für Zahlungsempfänger, die häufig Kleinbeträge aus dem Ausland erhalten, kann es unter diesem Blickwinkel zweckmäßig sein, im betreffenden Ausland ein Bankkonto einzurichten und die vielen Kleinbeträge (als Überweisungsgutschriften oder als Scheckgutschriften) zunächst auf diesem Konto zu sammeln.
  Inwieweit die Scheckzahlung letztendlich zu einer geringeren Belastung mit Bankgebühren führt als die Überweisungszahlung, hängt auch von den Gebräuchen in den beteiligten Ländern ab. In den typischen **Scheckzahlungsländern** (z.B. in den USA) sind die Bankgebühren für (Inlands-)Scheckzahlungen in der Tat niedriger als für andere Zahlungsformen. Dagegen ist in Deutschland, das einen hohen Anteil von Überweisungs- und Lastschriftzahlungen und ein ausgebautes, überweisungsgeeignetes Verrechnungsnetz unter Kreditinstituten aufweist, die Scheckzahlung nicht kostengünstiger.

3.3.2 Scheckarten und Abwicklung der Auslandsscheckzahlung

3.3.2.1 Einführung und Übersicht

3.3.2.1.1 Maßgebliche Besonderheiten von Auslandsschecks

Auslandsschecks weisen in ihrer Ausgestaltung und in ihrer Abwicklung gegenüber Inlandsschecks einige Besonderheiten auf, die zum Teil auf dem anders lautenden ausländischen Scheckrecht, zum Teil aber auch auf den andersartigen Gebräuchen im Ausland beruhen.

Inhalt der Scheckurkunde:

Das deutsche ebenso wie das ausländische Scheckrecht schreiben einen bestimmten Inhalt, nämlich die sog. **gesetzlichen (wesentlichen) Bestandteile** eines Schecks vor.

- **Nach deutschem Scheckgesetz**

- Nach deutschem Scheckgesetz (vgl. Art. 1 ScheckG) sind dies:
  1. Die Bezeichnung als **Scheck** im Text der Urkunde, und zwar in der Sprache, in der sie ausgestellt ist.
     Nach deutschem Recht muss somit das Wort "Scheck" (bzw. das analoge fremdsprachliche Wort) ausdrücklich im Text erscheinen; Ausdrücke wie (Zahlungsanweisung) o. Ä. reichen nicht aus.
  2. Die **unbedingte Anweisung**, eine bestimmte **Geldsumme** zu zahlen.
     Diese Anweisung lautet: "Zahlen Sie gegen diesen Scheck... DM". Die Anweisung darf an keinerlei Bedingungen geknüpft sein. Die Angabe des DM-Betrags kann in Ziffern und/oder in Buchstaben erfolgen. Bei Abweichungen gilt die in Buchstaben angegebene Summe (vgl. Art. 9 ScheckG).
  3. Der **Name** dessen, **der zahlen soll**. Gemeint ist damit der sog. **Bezogene**. Das ist diejenige **Bank**, auf die der Scheckaussteller

den Scheck zieht (bezogene Bank) und die er im Scheck anweist, aus seinem Guthaben (das auch in Form eines eingeräumten Kredits bestehen kann) zu zahlen.

4. Die Angabe des **Zahlungsorts.**
   Sofern -wie dies in Deutschland ausschließlich der Fall ist- mit Scheckvordrucken der Banken gearbeitet wird, ist der Zahlungsort bereits eingedruckt und steht dadurch zweifelsfrei fest.
5. Die Angabe des **Tages** und des **Ortes der Ausstellung.** Der Ausstellungstag ist von Belang bei der Beachtung der Vorlegungsfristen eines Schecks bzw. beim Widerruf (vgl. Art. 29, 32 ScheckG). Ein Scheck ist nach deutschem Recht bei Sicht (bei Vorlage) zahlbar. Jede gegenteilige Fälligkeitsangabe gilt als nicht geschrieben (vgl. Art. 28 ScheckG). Falls ein Ausstellungsort nicht angegeben ist, gilt ersatzweise derjenige Ort als Ausstellungsort, der beim Namen des Scheckausstellers angegeben ist (vgl. Art. 2 ScheckG).
6. Die **Unterschrift** des **Ausstellers.** Der Aussteller haftet für die Zahlung des Schecks. Jeder Vermerk, durch den er diese Haftung ausschließt, gilt als nicht geschrieben (vgl. Art. 12 ScheckG).

Fehlt ein gesetzlicher Bestandteil, dann gilt die Urkunde (von wenigen Ausnahmen abgesehen) nicht als Scheck.

- **Nach ausländischem Scheckrecht**

- Das ausländische Scheckrecht entspricht in groben Zügen dem deutschen Scheckrecht. Es sind jedoch auch **Unterschiede** zu beachten. So schreibt beispielsweise das US-amerikanische Recht die Bezeichnung "Scheck" (Check) im Text nicht vor (vgl. Vorkauf 1987: S. 15). Hier muss u.U. geprüft werden, welcher Art die vorgelegte Urkunde ist, insbesondere, ob es sich überhaupt um einen Scheck handelt (und ob somit das einschlägige Scheckrecht überhaupt gilt) oder ob lediglich eine Zahlungsanweisung o. Ä. vorliegt.

Erschwerend tritt bei Auslandsschecks hinzu, dass die jeweiligen nationalen Scheckgesetze (ebenso wie das deutsche Scheckgesetz) zwar den (Mindest-)Inhalt eines Schecks vorschreiben, nicht jedoch seine weitere Form oder gar den **Aufbau des Scheckformulars.** Den Kreditinstituten ist dadurch ein großer Freiraum bei der Gestaltung von Scheckvordrucken belassen, der in der Praxis zu sehr verschiedenartigen Erscheinungsformen von Auslandsschecks führt. Wünschenswert ist, dass die von den deutschen Bankenverbänden getroffene Vereinbarung über gleich lautende und gleich gestaltete Scheckvordrucke (die auch die sog. kaufmännischen Bestandteile umfasst), Vorbildfunktion für die ausländischen Bankenverbände erlangen möge.

Im Folgenden sind einige **rechtliche und abwicklungstechnische Besonderheiten** ausländischer Schecks dargestellt. Grundlage dazu ist -neben einer Erhebung in der (Bank-)Praxis- vor allem die Broschüre "Auslands-Schecks" von Waldemar Vorkauf (siehe Literaturverzeichnis).

Die dargestellten Besonderheiten tragen lediglich beispielhaften Charakter und sollen insbesondere dem scheckempfangenden Exporteur zeigen, auf welche Merkmale er bei Auslandsschecks u.a. zu achten hat.

Indossierung

Es ist dringend zu empfehlen, die im Auslandsgeschäft häufig vorkommenden **Orderschecks** (Einzelheiten zu den Orderschecks siehe Abschnitt 3.3.2.3) entsprechend dem Ordervermerk buchstabengetreu zu indossieren. Sind im Ordervermerk Vorname(n) und Nachname des Scheckbegünstigten aufgeführt, dann sollte auch das Indossament entsprechend unterzeichnet werden.
Jeder Indossant übernimmt im Übrigen die **Haftung** in dem Fall, dass der Scheck von der bezogenen Bank nicht eingelöst wird. Diese Haftung verjährt länderweise mit unterschiedlichen Fristen.
Inwieweit die Weitergabe von Schecks mit **Blankoindossament** oder mit **Haftungsausschluss** des Indossanten zulässig ist, bestimmt das jeweilige Landesrecht.

Vorlegungsfristen

Nach deutschem Recht muss ein Scheck, der in Deutschland zahlbar ist, binnen 8 Tagen ab dem Tag der Ausstellung zur Zahlung vorgelegt werden (vgl. Art. 29 ScheckG). Diese Frist ist deswegen von Belang, weil sich der Inhaber eines Schecks durch rechtzeitige Vorlage das scheckrechtliche **Rückgriffsrecht** auf die Indossanten sichert. Versäumt der Scheckinhaber diese Frist, verbleiben ihm bei Nichteinlösung des Schecks nur noch die zivilrechtlichen Ansprüche an die Indossanten.
Anzumerken ist, dass die Vorlegungsfrist gemäß Artikel 29 Scheckgesetz nicht als Ausschlussfrist einzustufen ist. Vielmehr können die deutschen Kreditinstitute -sofern kein Widerruf des Schecks vorliegt- auch nach Ablauf der Vorlegungsfrist Zahlung leisten (vgl. Art. 32 ScheckG), was sie auch regelmäßig tun.

Das **Recht anderer Länder** schreibt zum Teil ebenfalls bestimmte Vorlegungsfristen vor, die manchmal allerdings nur Sollvorschriften sind. Zum Teil ist im Recht anderer Länder von einer angemessenen Frist die Rede, innerhalb der ein Scheck nach dem Ausstellungsdatum vorgelegt werden muss. Die Angemessenheit der Vorlegungsfrist dürfte sich in diesen Fällen nach den jeweiligen (Landes-)Usancen richten, die sich im Lauf der Zeit jedoch verändern können und insoweit einer laufenden Beobachtung bedürfen.
In der Bankpraxis findet sich die **Faustregel**, wonach Schecks auf die (west-)europäischen (Industrie-)Länder innerhalb von 20 Tagen nach Ausstellungsdatum der bezogenen Bank zur Zahlung vorzulegen sind, Schecks auf außereuropäische Länder binnen 70 Tagen. Diese Faustregel vermag indessen nur einen unverbindlichen Anhaltspunkt zu geben. Sie enthebt nicht von der Notwendigkeit, im Zweifelsfall das geltende Recht zu erheben und -falls zutreffend- auch die aktuelle Auslegung einer "angemessenen" Vorlegungsfrist zu ermitteln.
An diese Erörterung der rechtlichen Aspekte der Vorlegungsfrist(en) ist die Empfehlung zu knüpfen, empfangene (Auslands-) Schecks der Bank **unverzüglich zum Inkasso** zu übergeben, weil sich dadurch die in der Vorlegungsfrist begründeten Unwägbarkeiten am ehesten in Grenzen halten.

Widerruf des Schecks (sog. Schecksperre)

Von Bedeutung sind die Vorlegungsfristen auch bezüglich der sog. **Sperrung eines Schecks** (des Widerrufs der Scheckziehung) durch

den Scheckaussteller. Nach deutschem Recht ist der Widerruf des Schecks erst nach Ablauf der Vorlegungsfrist wirksam (vgl. Art. 32 ScheckG). Dies bedeutet, dass die bezogene Bank zwar berechtigt ist, dem Widerruf ihres Kunden (des Scheckausstellers) Folge zu leisten, aber nicht Folge leisten muss. Nach Ablauf der Vorlegungsfrist ist die bezogene Bank dagegen verpflichtet, den Widerruf des Scheckausstellers zu beachten.
Im **Ausland** ist der Widerruf von Schecks ebenfalls möglich, und zwar sowohl von Privatschecks als auch von Bankschecks. Zum Teil sind im Ausland Schecksperren ohne Beachtung der Vorlegungsfristen wirksam.
Der Empfänger eines (Inlands- bzw. Auslands-)Schecks läuft somit nicht nur Gefahr, dass der Scheckaussteller zahlungsunfähig ist, sondern er ist auch dem Risiko ausgesetzt, dass der Scheckaussteller den Scheck bei seiner Bank hat sperren lassen und der Scheck deswegen nicht eingelöst wird.

Datierung

Die bezüglich des Ausstellungsdatums eines Schecks maßgebliche Frage ist auch, wie die bezogenen Banken sog. **vordatierte Schecks** behandeln.
Nach deutschem Recht gilt, dass ein Scheck, der vor Eintritt des auf ihm angegebenen Ausstellungstages zur Zahlung vorgelegt wird, am Tag der Vorlegung zahlbar ist (vgl. Art. 28 ScheckG).
Ausländische Kreditinstitute lösen vordatierte Schecks im Allgemeinen nicht ein, zum Teil weil es das im Ausland geltende Recht ausdrücklich verbietet, zum Teil weil die Einlösung vordatierter Schecks dort nicht üblich ist.

Scheckverlust

Geht ein Auslandsscheck verloren, dann greift die Einreichungsbank auf eine Kopie des Mikrofilms zurück, den zumindest die deutschen Banken von Auslandsschecks regelmäßig anfertigen. Auf Grundlage einer solchen **Kopie** und in Verbindung mit der **Haftungserklärung** der deutschen Einreicherbank sind die ausländischen bezogenen Banken im Allgemeinen bereit, die Auszahlung des Scheckbetrags vorzunehmen, wobei gleichzeitig eine **Sperrung des Originalschecks** erfolgt.

Sonstige Besonderheiten

Zu den sonstigen Besonderheiten von Auslandsschecks, wie z.B. die Behandlung von **Rückschecks** usw., wird auf die mehrfach zitierte Quelle: Vorkauf, Waldemar, Auslands-Schecks, Stuttgart 1987, verwiesen.

Meldepflicht

Deutsche Gebietsansässige haben sowohl Scheckzahlungen in das Ausland als auch Scheckzahlungen aus dem Ausland (Ausnahme: Ausfuhrerlöse u.a.) der **Deutschen Bundesbank** über die zuständige Landeszentralbank zu melden, sofern der Betrag von DM 5.000 bzw. Fremdwährungsgegenwert überschritten ist. Vordrucke und Beratung erhält der Meldepflichtige bei den Landeszentralbanken.

3.3.2.1.2 Übersicht über die Scheckarten

Übersicht

Auslandsschecks ebenso wie Inlandsschecks können nach verschiedenen Merkmalen untergliedert werden. In **Abbildung 3.3-01** sind

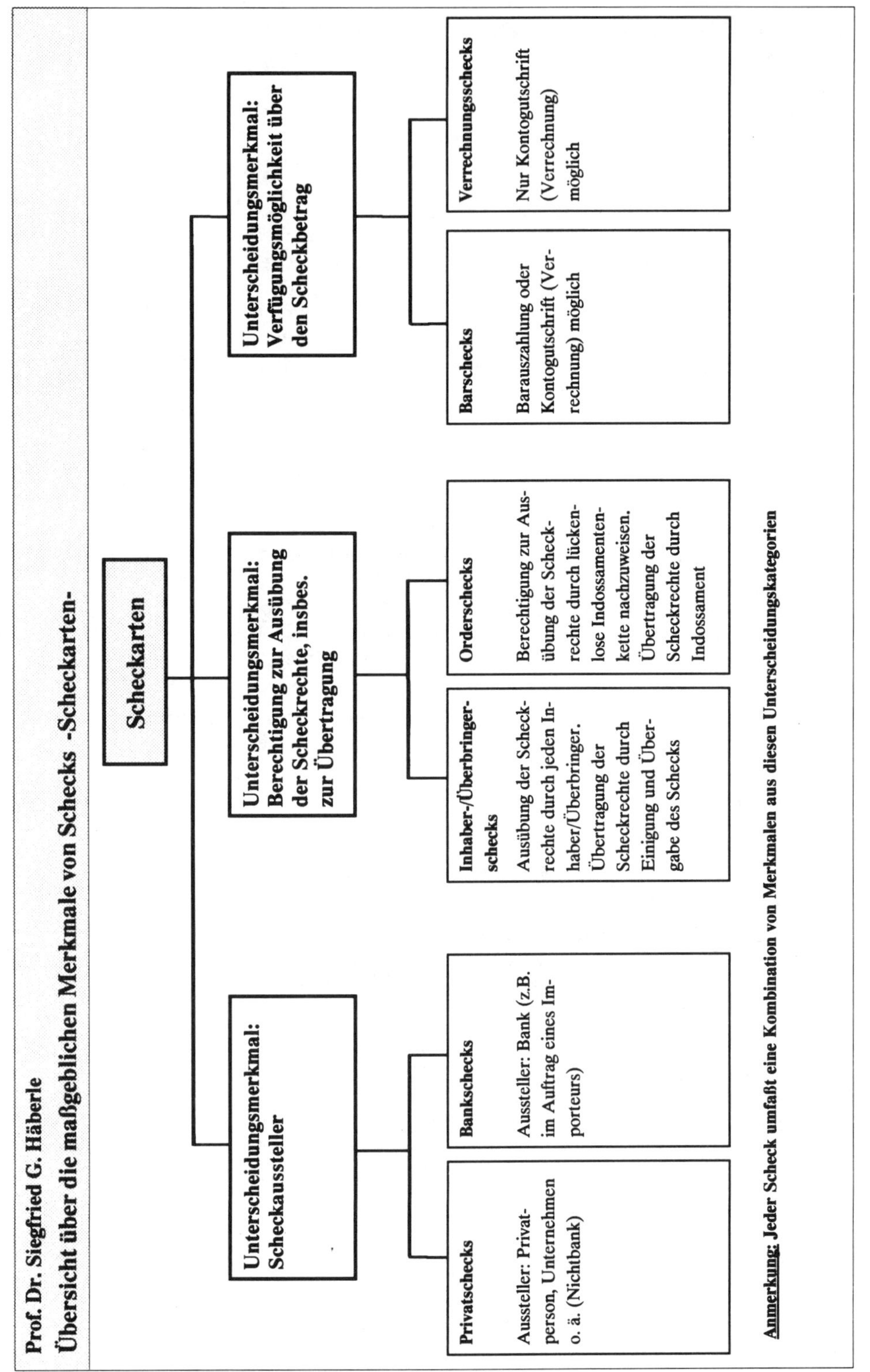

Abbildung 3.3-01

die Scheckarten mit ihren hervorstechendsten **Unterscheidungsmerkmalen** und einer Kurzerläuterung dargestellt. Dabei ist zu beachten, dass jeder Scheck eine **Kombination von Merkmalen**, d.h. je ein Merkmal aus diesen Kategorien, umfasst. Beispielsweise ist ein Privatscheck zugleich Inhaber- oder Orderscheck sowie Verrechnungs- oder Barscheck.

3.3.2.2 Privatschecks und Bankschecks

3.3.2.2.1 Charakterisierung und Beurteilung

Privatschecks

Charakterisierung

Die Bezeichnung "Privatscheck" soll besagen, dass dieser Scheck von einer **Privatperson**, von einem **Unternehmen** o. Ä., nicht aber von einer Bank ausgestellt ist.

Währung

Von deutschen Zahlungspflichtigen (deutschen Importeuren) können Privatschecks lautend auf **DM** oder auf **Fremdwährung** ausgestellt und den ausländischen Zahlungsempfängern zur Verfügung gestellt werden. Ausländische Zahlungspflichtige sind dagegen durch die in ihren Ländern geltenden Devisenvorschriften in der Wahl der Währung des Zahlungsinstruments zum Teil noch eingeschränkt.

Scheckversand

Der **Aussteller** eines Privatschecks sendet den Scheck in aller Regel unmittelbar an den ausländischen **Begünstigten**. Es kommt aber ausnahmsweise auch vor, dass der Privatscheck an die Hausbank des Begünstigten zur Gutschrift auf dessen Konto gesandt wird, z.B. ersatzweise für eine zunächst beabsichtigte Überweisung an diese Bankverbindung des Begünstigten.

Kontobelastung des Scheckausstellers

Die Belastung des Gegenwerts eines Privatschecks auf dem Konto des Scheckausstellers erfolgt **im Zeitpunkt der Vorlage des Schecks** bei jener Bank, auf die der Aussteller den Scheck gezogen hat. Der Aussteller eines Privatschecks profitiert also von den oft langen Postversandzeiten und von den Verrechnungszeiten zwischen den beteiligten Banken.

Kontogutschrift des Scheckempfängers

Für den Scheckempfänger ist die **Privatscheckzahlung** im Allgemeinen **nachteilig**. Erstens, weil Scheckgutschriften selbst in den Fällen, in denen sie bereits im Zeitpunkt der Scheckeinreichung erfolgen (was inzwischen nicht nur bei Inlandsschecks, sondern auch bei Auslandsschecks bei deutschen Banken regelmäßig der Fall ist), stets unter dem Vorbehalt **"Eingang vorbehalten"** der gutschreibenden Bank stehen. Zweitens, weil die Banken auch solche Auslandsschecks, die sie ausnahmsweise nur zum Einzug übernehmen, auf dem Konto des Scheckeinreichers erst gutschreiben, wenn der Gegenwert aus dem Ausland eingegangen ist.

Risiken des Scheckempfängers

Vor allem aber ist der Scheckempfänger der Gefahr der **Nichteinlösung** des empfangenen Schecks ausgesetzt, sei es, weil der Scheckaussteller kein hinreichendes Guthaben auf seinem Konto unterhält, sei es, dass der Scheckaussteller den Scheck inzwischen

von seiner Bank hat sperren lassen oder weil devisenrechtliche Gründe entgegenstehen.
Zu bedenken hat der Scheckempfänger in diesem Zusammenhang auch, dass er die **Sicherheit über die tatsächliche Einlösung** eingereichter Schecks häufig recht **spät erlangt**, weil nicht eingelöste Auslandsschecks manchmal erst nach längerer Zeit (mehrere Wochen nach Einreichung und länger) unbezahlt zurückkommen. Diese lange Phase der Unsicherheit ist u.a. dadurch verursacht, dass die Hausbank des Scheckeinreichers den Einzug eines Schecks im Allgemeinen nicht direkt bei der bezogenen ausländischen Bank vornimmt, sondern indirekt im Rahmen eines Sammelinkassos aller auf das betreffende Land gezogener Schecks über ihre dortige Korrespondenzbank.
Inwieweit die Einreicherbank dem Scheckempfänger eine frühzeitige (d.h. im Zeitpunkt der Einreichung zu erlangende, u.U. an Vorbehalte geknüpfte) Sicherheit über die Deckung bzw. Einlösung eines Schecks (z.B. durch Rückfrage bei der bezogenen Auslandsbank mittels Telefax des Schecks und mit der Bitte um Bestätigung über SWIFT o. Ä.) vermitteln kann, sollte der Scheckempfänger mit seiner Hausbank klären.

Ratschlag

Im Einzelfall ist zur **Beschleunigung** des Scheckinkassos auch daran zu denken, dass der Exporteur den Scheck seiner Hausbank zum **direkten Inkasso** bei der bezogenen Bank übergibt und die Ware dem Importeur (Scheckaussteller) erst freigibt, wenn die vorbehaltlose Überweisungsgutschrift über den Scheckgegenwert bei der Hausbank des Exporteurs vorliegt. Im Übrigen kann ein solcher direkt an die bezogene Auslandsbank gerichteter Inkassoauftrag durch Versand mit Kurier zusätzlich beschleunigt werden. Die bei direktem Inkasso anfallenden Bankspesen sind jedoch höher (im Allgemeinen 3 ‰) als beim (indirekten Sammel-)Inkasso über die Korrespondenzbeziehungen der Banken. Außerdem kommt gegebenenfalls das Entgelt für den Kurier hinzu.

Hinweise

- Die maßgeblichen **Merkmale** und die alternativen Gestaltungsmöglichkeiten von Privatschecks und von Bankschecks sind am Ende dieses Abschnitts tabellarisch dargestellt.
- In Abschnitt 3.3.2.2.2 ist die **Abwicklung** einer Privatscheckzahlung in einzelnen Schritten beschrieben.

Bankschecks

Charakterisierung

Aussteller eines Bankschecks ist -im Gegensatz zum Privatscheck- stets ein **Kreditinstitut**. Bankschecks werden von den Banken im Auftrag der Zahlungspflichtigen (der Importeure) ausgestellt.

Währung

In Deutschland ausgestellte Bankschecks können ebenso wie Privatschecks auf **DM** oder auf **Fremdwährung** lauten. Dementsprechend wählt die ausstellende (deutsche) Bank die (ausländische) Korrespondenzbank aus, auf die sie den Scheck zieht (die bezogene Bank). Soll ein Bankscheck beispielsweise auf US-Dollar lauten, dann zieht die vom deutschen Zahlungspflichtigen beauftragte deutsche Bank den Scheck auf ihre US-amerikanische Korrespondenzbank, bei der sie ein US-Dollar-Konto unterhält, oder auf ihre eigene Niederlassung in den USA.

Scheckversand

Häufig übernimmt die **ausstellende Bank** im Auftrag des Zahlungspflichtigen (des Importeurs) den Versand des Schecks direkt an die Adresse des ausländischen **Begünstigten**. Dadurch soll der Begünstigte möglichst schnell in den Besitz des Bankschecks gelangen.
Der Zahlungspflichtige kann sich aber den Bankscheck von der ausstellenden Bank auch aushändigen lassen und selbst den Scheckversand an den Begünstigten vornehmen.
Schließlich kann der Bankscheck in Ausnahmefällen von der ausstellenden Bank oder vom Zahlungspflichtigen an die Hausbank des Begünstigten zur Gutschrift auf dessen Konto gesandt werden.

Kontobelastung des Auftraggebers

Die ausstellende Bank belastet ihren Auftraggeber (den zahlungspflichtigen Importeur) mit dem Scheckgegenwert bereits **im Zeitpunkt der Scheckausstellung**. Im Gegensatz zur Zahlung mit Privatscheck profitiert der Zahlungspflichtige bei Bankscheckzahlung nicht von den Post- und Verrechnungslaufzeiten. Insoweit kann der Zahlungspflichtige statt einer Bankscheckzahlung ebenso eine Auslandsüberweisung über SWIFT in Erwägung ziehen, zumal SWIFT-angewiesene Zahlung für den Begünstigten die sofortige und vorbehaltlose Verfügbarkeit des Gutschriftbetrags bedeutet.

Sicherheit/Risiken des Scheckempfängers

Für den Scheckempfänger hat eine Bankscheckzahlung -gemessen an einer Privatscheckzahlung- den Vorzug der **größeren Sicherheit**, vorausgesetzt die ausstellende Bank ist zahlungsfähig und politische Risiken treten nicht in Erscheinung.
Zu beachten hat der Scheckbegünstigte jedoch, dass grundsätzlich auch Bankschecks gesperrt werden können (z.B. auf Weisung des zahlungspflichtigen Importeurs an die Ausstellerbank, die ihrerseits die Sperrung bei der bezogenen Bank veranlasst) und dass die bezogene Bank aus diesem Grund die Einlösung möglicherweise verweigert.

Zumindest deutsche Ausstellerbanken knüpfen jedoch an eine Weisung des zahlungspflichtigen Importeurs (des Auftraggebers zur Ausstellung eines Bankschecks) auf Sperrung eines Bankschecks **strenge Voraussetzungen.** Im Wesentlichen laufen diese Voraussetzungen darauf hinaus, dass Bankschecks, die deutsche Banken ausgestellt haben, nur bei Verlust oder Missbrauch eines Bankschecks gesperrt werden. Ohne diese restriktive Handhabung würde eine Ausstellerbank Gefahr laufen, ihre internationale Reputation zu verlieren.

Kontogutschrift des Scheckempfängers

Ob diejenige Bank, bei der der Begünstigte (der Exporteur) den Bankscheck zur Gutschrift einreicht (sog. Einreicherbank), diesen Scheck **sofort** -allerdings auch bei Bankschecks stets unter "Eingang vorbehalten"- gutschreibt oder nur **zum Einzug** übernimmt, hängt vom Einzelfall ab, insbesondere von den Verrechnungsmöglichkeiten der Einreicherbank. Bankschecks, die auf Landeswährung der Einreicherbank lauten, und die auf eine Drittbank im Einreicherland gezogen sind (z.B. DM-Schecks, die eine ausländische Bank ausgestellt und auf eine deutsche Bank gezogen hat), kann die Einreicherbank im Rahmen der eingespielten Verrechnungswege wie Inlandsschecks mit der bezogenen Bank (der Drittbank) verrechnen. Zumindest solche Bankschecks werden den Einreichern im

Allgemeinen sofort "Eingang vorbehalten" gutgeschrieben, häufig jedoch auch die übrigen Bankschecks.

Eine sofortige vorbehaltlose Gutschrift des Scheckgegenwerts erhält der Scheckeinreicher in der Regel nur, wenn der Bankscheck (zufällig) auf die Einreicherbank selbst gezogen ist. In diesem Fall kann die Einreicherbank auf Wunsch des Einreichers sowohl die Echtheit der Ausstellerunterschrift als auch die Deckung des zur Einlösung erforderlichen Kontoguthabens selbst prüfen.

Übersicht

- In **Abbildung 3.3-02** sind die maßgeblichen **Merkmale** und die alternativen Gestaltungsmöglichkeiten von Bankschecks und von Privatschecks tabellarisch dargestellt.
- Am Ende von Abschnitt 3.3.2.2.3 "Abwicklung einer Bankscheckzahlung" ist ein **Auslands-Bankscheck** (Orderscheck und Verrechnungsscheck) abgebildet.

Prof. Dr. Siegfried G. Häberle

Auslandsschecks: Scheckarten – Unterscheidungsmerkmal: Scheckaussteller

	Schecks	
	Privatschecks	**Bankschecks**
Scheckaussteller	Aussteller ist eine Privatperson, ein Unternehmen u.ä. (Importeur)	Aussteller ist eine Bank im Auftrag des Zahlungspflichtigen (Importeur)
Währung und bezogene Bank (Alternativen):	DM-Scheck gezogen auf das eigene DM-Konto des Importeurs bei der Importeurbank	DM-Scheck gezogen auf eine deutsche Bank (Zentrale, Niederlassung, Korrespondenzbank)
	Fremdwährungs-Scheck gezogen auf das eigene Fremdwährungskonto des Importeurs bei der Importeurbank	DM-Scheck gezogen auf eine ausländische Korrespondenzbank
	Fremdwährungs-Scheck gezogen auf das eigene DM-Konto des Importeurs bei der Importeurbank (evtl. nach Absprache)	Fremdwährungsscheck gezogen auf eine ausländische Korrespondenzbank mit Sitz im Land des Zahlungsempfängers oder in einem Drittland
Scheckversand (Alternativen):	Direkter Versand des Privatschecks durch den Importeur an den Exporteur oder -selten- an die Exporteurbank	Die ausstellende Bank sendet den Bankscheck im Auftrag des Importeurs direkt an den ausländischen Exporteur
		Der Bankscheck wird dem Importeur ausgehändigt, der auch den Versand an den Exporteur übernimmt
		Die Ausstellerbank oder der Importeur übernimmt den Scheckversand an die Hausbank des Exporteurs (Ausnahme)
Belastung des Scheckgegenwerts auf dem Konto des Importeurs:	Bei Vorlage des Privatschecks (auf dem Verrechnungsweg) bei der bezogenen Importeurbank	Belastung des Importeurs bei Ausstellung des Bankschecks

Abbildung 3.3-02

3.3.2.2.2 Abwicklung einer Privatscheckzahlung

Abbildung/Hinweise

In **Abbildung 3.3-03** ist die **Abwicklung** einer **Privatscheckzahlung** dargestellt und danach in den einzelnen Schritten erläutert.

Hinweis: In der Abbildung ist angenommen, dass die Bank des Zahlungsempfängers (Exporteurbank) den vom Exporteur eingereichten Scheck nicht sofort -Eingang vorbehalten- gutschreibt (wie dies deutsche Banken auch bei Auslandsschecks im Allgemeinen machen), sondern dass die Bank den **Scheck nur zum Einzug und zur Gutschrift nach Eingang des Gegenwerts** übernimmt. Siehe Anmerkungen zu Schritt 5.

Hinweis: Die Ziffern mit dem **Buchstaben a** beziehen sich stets auf eine **DM-Scheckzahlung**, die Ziffern mit dem **Buchstaben b** beziehen sich auf eine **Fremdwährungsscheckzahlung.**

Kontrakt

1. Zwischen dem deutschen Importeur und dem ausländischen Exporteur ist ein Kontrakt mit einer Zahlungsbedingung abgeschlossen worden, die zu einer "reinen" Zahlung (clean payment) führt.

Scheckziehung

2. Entschließt sich der zahlungspflichtige deutsche Importeur zur Zahlung mit Privatscheck, dann zieht er einen Scheck auf seine Bank, die in diesem Zusammenhang als bezogene Bank bezeichnet wird. Je nach Vereinbarung im Kaufvertrag kann der zahlungspflichtige Importeur
   - einen DM-Scheck zulasten seines DM-Kontos,
   - einen Fremdwährungsscheck zulasten seines DM-Kontos oder
   - einen Fremdwährungsscheck zulasten seines Fremdwährungskontos auf die bezogene Bank ausstellen.

   Bei Ziehung größerer Fremdwährungsschecks auf das DM-Konto wünschen manche bezogene Banken eine Mitteilung über die Scheckziehung, um entsprechend disponieren zu können. In den meisten Fällen unterbleibt jedoch heute eine derartige Mitteilung. Die Linie zwischen dem Importeur (Scheckaussteller) und der Importeurbank (bezogene Bank) ist deswegen nur dünn eingezeichnet.

Schecksendung

3. Der deutsche Importeur sendet den Scheck in aller Regel direkt an den Zahlungsempfänger.
   In Ausnahmefällen und mit Einverständnis bzw. nach Weisung des Begünstigten kann der Scheck auch direkt an dessen Hausbank zur Gutschrift gesandt werden (in der Abbildung nicht dargestellt).

Scheckeinreichung

4. Der ausländische Exporteur reicht den Scheck seiner Bank zur Gutschrift ein.
   In seltenen Fällen werden Auslandsschecks zahlungshalber an Lieferanten weitergegeben (in der Abbildung nicht dargestellt).

Scheckgutschrift

- Zum (nach) Einzug

5. Weil es sich um einen Privatscheck handelt, dessen (deutscher, aus Sicht der Exporteurbank ausländischer) Aussteller der Exporteurbank unbekannt ist und dessen Zahlungsfähigkeit deswegen auch nicht beurteilt werden kann, erfolgt die Scheckgutschrift manchmal nicht unmittelbar im Gegenzug zur

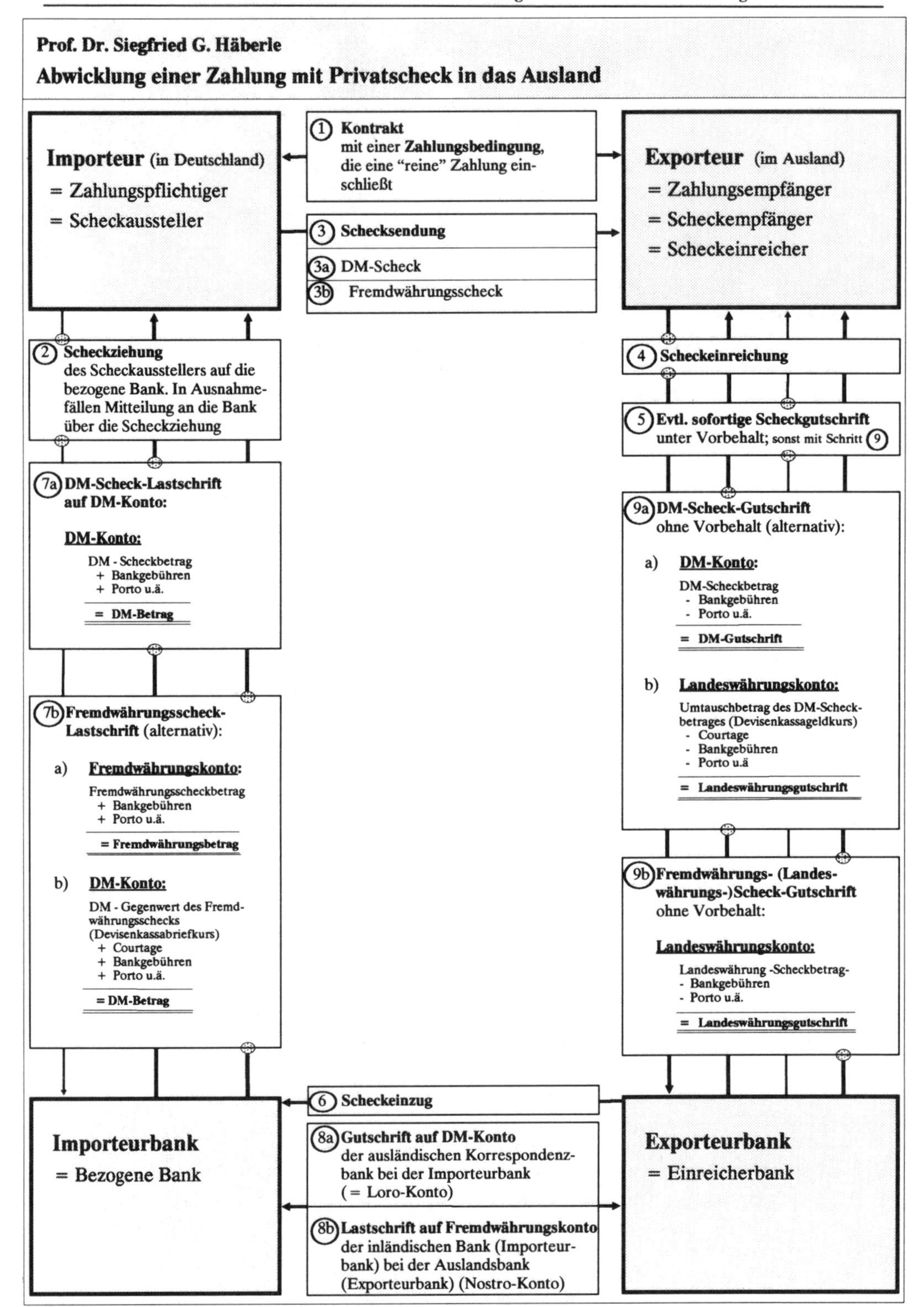

Abbildung 3.3-03

Scheckeinreichung. Dies gilt beispielsweise in den Fällen, in denen die Kreditwürdigkeit des Einreichers nicht über jeden Zweifel erhaben ist bzw. bei bestimmten Ländern, auf die der Scheck gezogen ist. Die Banken nehmen ausländische Privatschecks in diesem Fall nur zum Einzug entgegen. Dieser Fall ist in der vorliegenden Abbildung angenommen (Schritt 5 entfällt bei dieser Annahme; die Scheckgutschrift erfolgt mit Schritt 9).

- Evtl. Sofortgutschrift unter Vorbehalt

Ist die Einreicherbank in **Abänderung der Annahmen** in der Abbildung gleichwohl bereit, den Privatscheck sofort auf dem Konto des Einreichers gutzuschreiben, dann erfolgt diese Gutschrift stets unter dem Vorbehalt der Einlösung des Schecks durch den Scheckaussteller ("Eingang vorbehalten"). **Deutsche Banken** schreiben im Allgemeinen nicht nur Inlandsschecks, sondern auch Auslandsschecks sofort "Eingang vorbehalten" gemäß Schritt 5 der Abbildung auf dem Konto des Einreichers gut. Für den Fall der Nichteinlösung des Schecks behält sich die Bank jedoch das Rückgriffsrecht auf den Scheckeinreicher vor.

- Alternative Umtauschkurse bei Fremdwährungsschecks

Handelt es sich um einen **Fremdwährungsscheck**, der von der Bank **sofort** -Eingang vorbehalten- **gutgeschrieben** wird, dann ist der Umtausch in DM grundsätzlich mit zwei verschiedenen Wechselkursen möglich. Einzelheiten dazu siehe **Exkurs: "Alternative Scheckumtauschkurse bzw. Scheckgutschriften bei Fremdwährungsschecks"** am Ende dieses Abschnitts.

Scheckeinzug

6. Die ausländische Exporteurbank leitet den Privatscheck an die bezogene Importeurbank (deutsche Bank) mit der Maßgabe weiter, den Scheckbetrag nach Einlösung zur Verfügung zu stellen.

Scheckbelastung

7. Verfügt der deutsche Scheckaussteller auf seinen Konten über das entsprechende Guthaben, dann kann die Belastung des Scheckbetrags einschließlich der anfallenden Bankgebühren u.a. erfolgen:
   - bei DM-Schecks auf dem DM-Konto (7a),
   - bei Fremdwährungsschecks entweder auf dem DM-Konto oder auf dem Fremdwährungskonto (7b).

   Die Einlösung des Fremdwährungsschecks zulasten des DM-Kontos setzt den Kauf der entsprechenden Devisen zum Kassabriefkurs voraus und verursacht neben den üblichen Bankgebühren die Belastung der Courtage.

Verrechnung

8. Die Verrechnung des Scheckbetrags zwischen den beteiligten Kreditinstituten erfolgt -in Abhängigkeit zu der zu verrechnenden Währung- auf Grundlage der Schritte (8a) oder (8b).

Vorbehaltlose Gutschrift

9. Erst nach Eingang des Scheckgegenwerts bzw. nach Eingang der Mitteilung der einlösenden deutschen Bank an die einreichende ausländische Bank über die erfolgte Scheckeinlösung erhält der Scheckeinreicher (der ausländische Exporteur) die Gutschrift des **Scheckgegenwerts**.

   Grundsätzlich kann diese Gutschrift mit den folgenden Alternativen erfolgen, wobei Unterschiede von Land zu Land, von Bank zu Bank und von Kunde zu Kunde zu beachten sind:
   - Bei einem DM-Scheckgegenwert: alternativ auf dem DM-Konto oder auf dem Landeswährungskonto des ausländischen Exporteurs (9a).

Bei Gutschrift eines DM-Scheckgegenwerts auf dem Landeswährungskonto des Exporteurs erfolgt der Umtausch des DM-Betrags in die heimische Währung des Exporteurs zu dem in diesem Zeitpunkt aktuellen Devisenkassageldkurs, d.h. ohne denjenigen Abzug wie er beim Scheckankaufskurs (Sichtkurs) und bei Sofortgutschrift üblich ist; siehe dazu Exkurs: "Alternative Scheckumtauschkurse bzw. Scheckgutschriften bei Fremdwährungsschecks" am Ende dieses Abschnitts. Die üblichen Bankgebühren sowie die Courtage fallen jedoch auch bei dieser Gutschrift an.

- Bei einem Fremdwährungsscheckgegenwert (entspricht -sofern von einer Drittlandwährung abgesehen wird- der heimischen Währung des Exporteurs): auf dem Landeswährungskonto des Exporteurs (9b).

Diese Gutschrift des Scheckgegenwerts ist endgültig und steht dem Zahlungsempfänger im (Gegensatz zur Sofortgutschrift des Schecks, die mit der Klausel "Eingang vorbehalten" versehen ist) zur vorbehaltlosen Verfügung.

Anfang Exkurs:

Alternative Scheckumtauschkurse bzw. Scheckgutschriften bei Fremdwährungsschecks

Alternative Umtauschkurse

Wird ein Fremdwährungsscheck von der Bank -Eingang vorbehalten- sofort gutgeschrieben und in die heimische Währung des Exporteurs umgetauscht, dann ist dieser Umtausch grundsätzlich mit zwei verschiedenen Wechselkursen möglich:

- Scheckankaufskurs

- Mit dem sog. **Scheckankaufskurs (Sichtkurs)**; das ist der Devisenkassageldkurs der Fremdwährung abzüglich der halben Spanne zwischen dem Geldkurs und dem Briefkurs dieser Währung bzw. -was gleichbedeutend ist- abzüglich der Spanne zwischen Geld- und Mittelkurs dieser Währung.

  Beispiel für den Umtausch eines US-Dollar-Schecks in DM:

Devisenkassageldkurs des US-Dollars	=	1,7273	DM
./. Spanne zwischen Kassageldkurs und Kassamittelkurs des US-Dollars	=	0,0040	DM
= Scheckankaufskurs des US-Dollars	=	1,7233	DM

  Der niedrige Scheckankaufskurs ist als Ausgleich der Zinsverluste der Einreicherbank für den Zeitraum zwischen der Scheckgutschrift und dem Eingang des Scheckgegenwerts aus dem Ausland zu werten. Anzumerken ist die Beobachtung, dass einige Banken dazu übergegangen sind, den Scheckankaufskurs nicht unter Abzug der halben, sondern der vollen Spanne zwischen dem Geldkurs und dem Briefkurs der Fremdwährung zu definieren.

- Devisenkassageldkurs

- Mit dem **Devisenkassageldkurs**, also ohne den obigen Abschlag. Ihre Zinsverluste zwischen dem Zeitpunkt der Scheckgutschrift und dem späteren Eingang des Scheckgegenwerts müssen die Banken in diesem Fall durch eine entsprechende Wertstellung (Valutierung in der Zinsrechnung) auf dem Konto des Einreichers ausgleichen.

Die Abrechnung der Fremdwährungsschecks zum Devisenkassageldkurs in Verbindung mit einer entsprechenden späteren Wertstellung kommt selten vor.

Gutschrift auf dem Fremdwährungskonto

Wenn der Scheckempfänger (Exporteur) bei seiner Bank in der relevanten Währung ein Fremdwährungskonto unterhält, dann wird er den Scheck im Allgemeinen diesem Konto gutschreiben lassen. Zwar entfällt dadurch die Umrechnung in DM und die Anwendung des (niedrigeren) Scheckankaufskurses, jedoch schreiben die Kreditinstitute Fremdwährungsschecks auf Fremdwährungskonten im Allgemeinen ebenfalls nur mit einer hinausgeschobenen Wertstellung (Valuta) von 5 (z.B. bei Schecks auf europäische und US-amerikanische Banken) oder mehr Werktagen (je nach Land der bezogenen Bank) gut.

Ende Exkurs

3.3.2.2.3 Abwicklung einer Bankscheckzahlung

Abbildung

In **Abbildung 3.3-04** ist die schrittweise **Abwicklung** einer **Bankscheckzahlung** mit folgenden Annahmen dargestellt:

- Fremdwährung aus Sicht des deutschen Zahlungspflichtigen bzw. Landeswährung des ausländischen Zahlungsempfängers (keine Drittlandwährung);
- Scheckversand durch die deutsche Ausstellerbank direkt an den ausländischen Zahlungsempfänger.

Am Ende dieses Abschnitts ist ein Auslands-Bankscheck, der zugleich Order- und Verrechnungsscheck ist, abgebildet. Abgebildet ist dort auch das Versandschreiben der scheckausstellenden Bank an den Scheckempfänger.

Kontrakt

1. Der Kontrakt zwischen dem deutschen Importeur und dem ausländischen Exporteur weist eine Zahlungsbedingung auf, die zu einer "reinen" Zahlung (clean payment) führt. Neben der Zahlung in Landeswährung des ausländischen Zahlungsempfängers ist u.U. ausdrücklich die Zahlung mit Bankscheck vereinbart.

Auftrag zur Scheckausstellung

2. Der deutsche Zahlungspflichtige erteilt seiner Bank den Auftrag zur Ausstellung eines Bankschecks und zugleich den Auftrag zum Versand des Schecks an den ausländischen Zahlungsempfänger (Exporteur).

Kontobelastung

3. Nimmt die Ausstellerbank den Auftrag an, dann belastet sie den Zahlungspflichtigen im Gegenzug mit dem Scheckbetrag zuzüglich der Bankgebühren.
   - Unterhält der deutsche Zahlungspflichtige ein Währungskonto in der zu zahlenden Fremdwährung, dann wird er regelmäßig den Auftrag erteilen, dieses Konto zu belasten (Alternative a).
   - Ist dagegen sein DM-Konto zu belasten, dann ist die Bank zugleich beauftragt, die Devisen für den Zahlungspflichtigen zu erwerben. Der Wechselkurs ist der Kassabriefkurs zuzüglich der Courtage (Alternative b).

   Durch diese Sofortbelastung des Scheckgegenwerts ist dem Zahlungspflichtigen (Importeur) die Möglichkeit genommen, aus den Post- und Verrechnungslaufzeiten Nutzen zu ziehen.

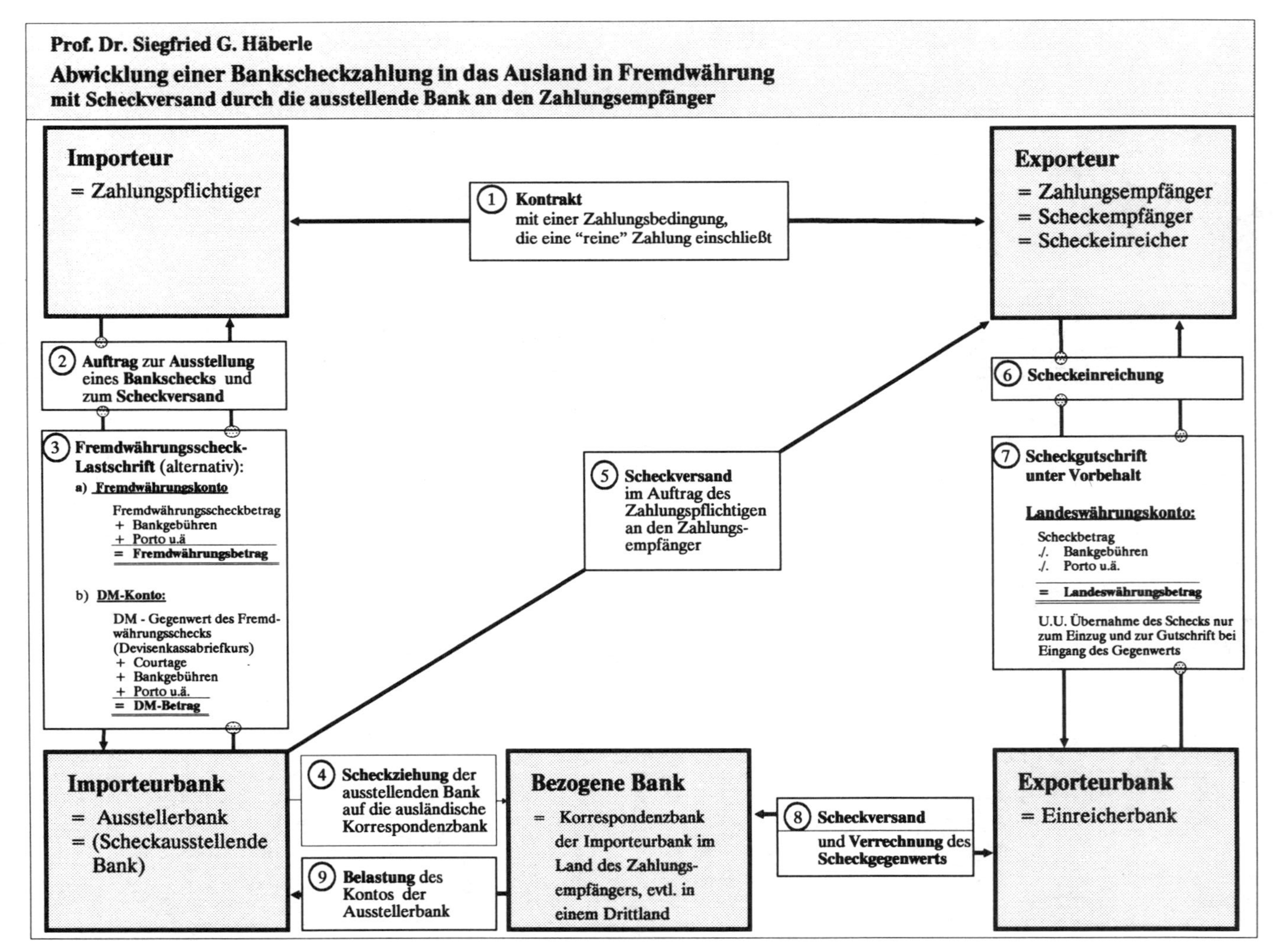

Abbildung 3.3-04

4. Die vom Zahlungspflichtigen beauftragte deutsche Bank zieht den Scheck auf ihre Korrespondenzbank oder gegebenenfalls auf ihre eigene Niederlassung im Lande des Zahlungsempfängers und in dessen Währung. Nur bei sehr großen Beträgen oder wenn der Gegenwert auf ihrem Konto nicht verfügbar ist, avisiert sie der bezogenen Bank -eventuell unter Mitteilung, auf welchem Weg sie den Gegenwert anschaffen wird- die Scheckziehung.

Scheckziehung

5. Die Ausstellerbank übernimmt den Scheckversand direkt an die Adresse des ausländischen Zahlungsempfängers.

Scheckversand

6. Der ausländische Zahlungsempfänger (Exporteur) reicht den Bankscheck seiner Bank zur Gutschrift ein.

Scheckeinreichung

7. In der Regel schreibt diese Bank dem Exporteur den Bankscheck sofort "Eingang vorbehalten" auf seinem Konto gut, insbesondere dann, wenn es sich um einen Bankscheck handelt, der auf eine Bank im Lande des Zahlungsempfängers gezogen ist (oder gar die Einreicherbank selbst bezogene Bank ist), und der Scheck außerdem -wie im vorliegenden Fall- auf dessen Landeswährung lautet. Aus Sicht der Einreicherbank ist ein solcher Bankscheck verrechnungstechnisch praktisch ein Inlandsscheck.
   Im Einzelfall kann aber durchaus die Situation eintreten, dass die Einreicherbank den Bankscheck lediglich zum Einzug übernimmt und den Gegenwert erst gutschreibt, wenn der Scheck von der bezogenen Bank tatsächlich eingelöst wurde. Hat sie Bedenken wegen der Solvenz der Ausstellerbank und/oder ihres eigenen Kunden (Scheckeinreicher, Exporteur), dann ist dieses Verhalten nahe liegend.

Scheckgutschrift

8. Die Einreicherbank übersendet den Scheck der bezogenen Bank und verrechnet mit ihr den Scheckbetrag. Dieser Schritt entfällt, wenn die Einreicherbank zugleich bezogene Bank ist, was aber im vorliegenden Fall nicht angenommen ist.

Scheckverrechnung

9. Die bezogene Bank verrechnet den Scheckbetrag mit der scheckausstellenden Bank, indem sie deren Konto belastet.

Belastung der ausstellenden Bank

Anzumerken ist, dass die bezogene Bank ihren Sitz auch in einem Drittland haben kann, insbesondere dann, wenn die Zahlung in der Währung dieses Drittlandes erfolgt. Beispiel: Ein deutscher Importeur beauftragt seine Bank zur Ausstellung eines US-Dollar-Bankschecks zu Gunsten eines argentinischen Exporteurs. Die beauftragte deutsche Bank kann diesen US-Dollar-Bankscheck auf eine Bank in den USA, mit der sie in Korrespondenzbeziehung steht, ziehen und sodann an den argentinischen Exporteur weiterleiten.

Abbildungen

Die **Abbildungen 3.3-05** und **3.3-06** zeigen

- einen **Auslands-Bankscheck**, der ein Order- und Verrechnungsscheck ist und der auf Fremdwährung lautet;
- das **Versandschreiben** der scheckausstellenden Bank an den Scheckempfänger;
- die **Belastungsanzeige** der scheckausstellenden Bank an den deutschen Auftraggeber (regelmäßig durch Ausdruck in dessen Kontoauszug).

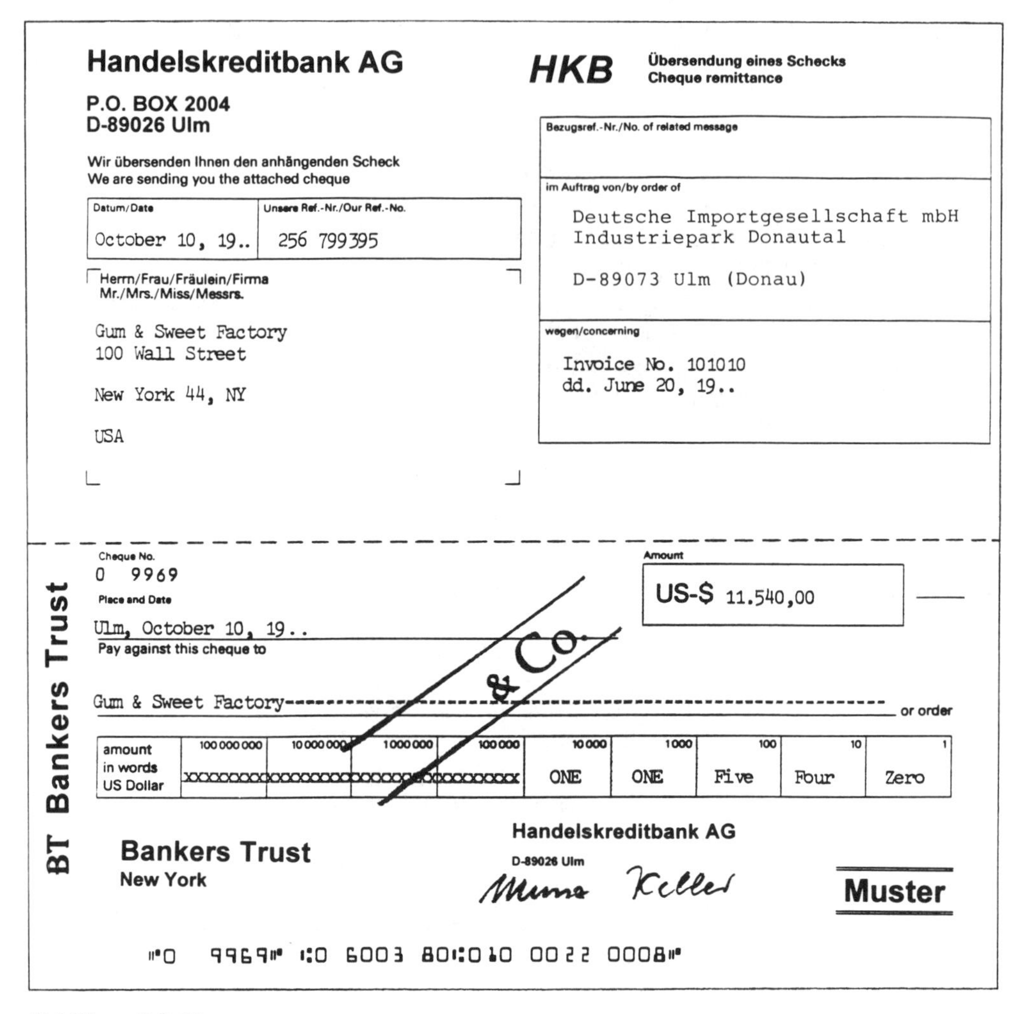
Handelskreditbank AG
HKB
Übersendung eines Schecks
Cheque remittance
P.O. BOX 2004
D-89026 Ulm
Wir übersenden Ihnen den anhängenden Scheck
We are sending you the attached cheque
Datum/Date: October 10, 19..
Unsere Ref.-Nr./Our Ref.-No.: 256 799395
Bezugsref.-Nr./No. of related message
im Auftrag von/by order of
Deutsche Importgesellschaft mbH
Industriepark Donautal
D-89073 Ulm (Donau)
Herrn/Frau/Fräulein/Firma
Mr./Mrs./Miss/Messrs.
Gum & Sweet Factory
100 Wall Street
New York 44, NY
USA
wegen/concerning
Invoice No. 101010
dd. June 20, 19..

BT Bankers Trust
Cheque No.
0 9969
Amount
US-$ 11.540,00
Place and Date
Ulm, October 10, 19..
Pay against this cheque to
Gum & Sweet Factory
& Co.
or order

amount in words US Dollar	100 000 000	10 000 000	1 000 000	100 000	10 000	1000	100	10	1
	xxxxxxxx	xxxxxxxx	xxxxxxxx	xxxxxxxx	ONE	ONE	Five	Four	Zero

Bankers Trust
New York
Handelskreditbank AG
D-89026 Ulm
Muster
⑈0 9969⑈ ⑆0 6003 80⑆010 0022 0008⑈

Abbildung 3.3-05

3.3.2.3 Orderschecks und Inhaber-(Überbringer-)schecks

Orderschecks

Charakterisierung und Übertragung

Das maßgebliche Merkmal eines Orderschecks ist, dass die Rechte aus dem Scheck nur durch ein **Indossament** übertragen werden können (vgl. Art. 14 und 17 ScheckG). Der auf dem Orderscheck als Empfänger eingetragene Begünstigte hat somit zur rechtsgültigen Übertragung des Schecks an seine Bank oder an einen Lieferanten auf der Rückseite des Schecks als Indossant zu unterzeichnen (Transportfunktion des Indossaments) und den Scheck zu übergeben. Die bloße Übergabe des Orderschecks reicht nicht aus. Durch eine lückenlose Kette von Indossamenten weist sich der Inhaber eines Orderschecks als Berechtigter aus.

Handelskreditbank AG **HKB**

D-89026 Ulm

Datum/Date	Unsere Ref.-Nr./Our Ref. No.	Telefon/Telephone
10.10.19..	256720633	0731/814036

Belastungsaufgabe

Herrn/Frau/Fräulein/Firma/Mr./Mrs./Miss/Messrs.

Deutsche Importgesellschaft mbH
Industriepark Donautal

D-89073 Ulm (Donau)

Zahlungsgrund/Details of payment

Ihr Zahlungsauftrag
vom 08.10.19..

Auftraggeber/By order of — Begünstigter/Beneficiary

Gum & Sweet Factory
100 Wall Street

New York 44, NY
USA

Konto bei /Account with/Order

Scheckzahlung

	Whg/Curr*)	Betrag/Amount
	USD	11.540,00
Kurs/Rate 1,4962		Kurswert/Countervalue 17.266,15
Gebühren/Charges	Whg/Curr*)	Betrag/Amount
Courtage (Min.)	DM	5,00
Abwicklg.Geb.	DM	25,90
Porto	DM	4,00

	Wert/Value	Konto-Nr./Account No.	Whg/Curr*)	Betrag/Amount
Wir belasten Sie/We debit you	10.10.	45 109870	DM	17.301,05
Wir erkennen Sie/We credit you				

*) Siehe Rückseite/See reverse

Abbildung 3.3-06

Haftung des Indossanten

Jeder Indossant haftet -falls kein gegenteiliger Vermerk angebracht ist- für die **Zahlung** des Schecks (Garantiefunktion des Indossaments, vgl. Art. 18 ScheckG).

Ordervermerk

Ist ein Scheck zahlbar gestellt an eine bestimmte (natürliche oder juristische) Person, dann liegt -falls ein weiterer Zusatz nicht angegeben ist- **stets ein Orderscheck** vor, und zwar auch dann, wenn der Vermerk "an Order" fehlt (vgl. Art. 5 Abs. 1 ScheckG).

Hinweis

Am Schluss dieses Abschnitts sind die maßgeblichen **Merkmale** von Überbringerschecks und Orderschecks tabellarisch dargestellt.

Die Abbildung im vorangehenden Abschnitt 3.3.2.2.3 zeigt einen Orderscheck (der zugleich Bankscheck zur Verrechnung ist).

Inhaber-(Überbringer-)schecks

Charakterisierung

Ein Inhaberscheck ist **zahlbar an den jeweiligen Inhaber** (Vorleger) des Schecks, der seine Berechtigung -im Gegensatz zum Orderscheck- nicht durch eine geschlossene Indossamentenkette nachweisen muss. Durch den Zusatz "oder Überbringer" bzw. durch einen gleichbedeutenden Vermerk gilt ein Scheck als Inhaberscheck (vgl. Art. 5 Abs. 2 ScheckG), ebenso in den Fällen, in denen weder ein Zahlungsempfänger noch der Vermerk "oder Order" angegeben ist (vgl. Art. 5 Abs. 3 ScheckG). Vereinfachend wird in der Praxis von **Überbringerschecks** statt von Inhaberschecks gesprochen.

Übertragung und Haftung des Indossanten

Ein Überbringerscheck (Inhaberscheck) kann durch **bloße Übergabe**, also ohne Indossament rechtsgültig übertragen werden. Eine Bank, der ein Überbringerscheck vorgelegt wird, muss deswegen die Berechtigung des Vorlegenden nicht auf Grundlage einer Indossamentenkette prüfen. Wird auf einem Inhaberscheck gleichwohl ein Indossament angebracht, dann wird dieser Scheck dadurch zwar nicht zum Orderscheck, der Indossant haftet aber kraft seiner Unterschrift für die Zahlung des Schecks im Zuge des Rückgriffs (vgl. Art. 20 ScheckG).

Haftung des Scheckeinreichers

Grundsätzlich ist anzumerken, dass einer Bank, bei der ein Scheck zur Gutschrift eingereicht wird, der Einreicher unabhängig davon, ob er ein Indossament auf dem Scheck angebracht hat oder nicht und unabhängig davon, welcher Art der Scheck ist, auf Grundlage der Allgemeinen Geschäftsbedingungen für den Fall der **Nichteinlösung** des Schecks **haftet**. Nur wenn die Beteiligten ausdrücklich eine entgegenstehende Vereinbarung getroffen haben (was nur in Ausnahmefällen vorkommt, z.B. bei Forderungsankauf durch die Bank), ist diese Haftung des Einreichers ausgeschlossen.

Abwicklung

Im Zahlungsverkehr des Inlands kommen ganz überwiegend Überbringerschecks (Inhaberschecks) vor, wogegen im Zahlungsverkehr mit dem **Ausland beide Scheckarten** Verwendung finden. Allerdings ist diese Feststellung zu differenzieren:

- Bankschecks, die ins Ausland gehen, sind regelmäßig Orderschecks;
- Privatschecks werden ins Ausland sowohl als Orderschecks als auch als Inhaber-(Überbringer-)schecks begeben.

Risiken

Die Risiken der **Versendung eines Inhaberschecks** liegen auf der Hand: Missbräuchliche Verwendung (Einlösung) durch Unberechtigte, weil die Einreicherbank -im Gegensatz zum Orderscheck- nicht verpflichtet ist, auf die Berechtigung eines Einreichers durch Empfängerangabe bzw. durch eine geschlossene Indossamentenkette zu achten. Zwar zahlt eine Bank, die nicht zugleich bezogene Bank ist, an unbekannte Vorleger Auslandsschecks in aller Regel nicht bar aus, es ist damit aber noch nicht ausgeschlossen, dass der Unberechtigte den Inhaberscheck seinem Konto gutschreiben lässt und über den Scheckgegenwert verfügt, bevor der Missbrauch entdeckt wird.

Um diesen Risiken vorzubeugen, empfehlen die Kreditinstitute ihren Kunden, Zahlungen ins Ausland mit Orderschecks zu vollziehen. Die Banken stellen die entsprechenden Orderscheckvordrucke zur Verfügung.

In **Abbildung 3.3-07** sind die maßgeblichen **Merkmale** von Überbringerschecks und Orderschecks tabellarisch dargestellt.

Übersicht

Prof. Dr. Siegfried G. Häberle

Auslandsschecks: Scheckarten – Unterscheidungsmerkmal: Berechtigung zur Ausübung der Scheckrechte (insbesondere Übertragung)

	Schecks: Überbringerschecks	Schecks: Orderschecks
Kennzeichnung:	Ein Scheck mit dem Zusatz bei der Angabe des Zahlungsempfängers (Remittent): "... oder Überbringer" ist ein Inhaberpapier	Ein Scheck mit dem Zusatz bei der Angabe des Zahlungsempfängers (Remittent): "... oder Order" ist ein Orderpapier
	Zu den weiteren Unterscheidungsmerkmalen siehe Scheckgesetz	
Übertragung - neben der Übergabe des Schecks -:	Ohne Indossament möglich	Nur mit Indossament: • Transportfunktion = Übertragung des Rechts • Garantiefunktion = Rückgriff (Regreß) auf Indossant • Legitimationsfunktion = Ausweis der Berechtigung
Auszahlung bzw. Kontogutschrift:	Grundsätzlich an jeden Überbringer (Inhaber) des Schecks	Nur an Scheckinhaber, die durch eine lückenlose Indossamentenkette als Berechtigte ausgewiesen sind
Anwendung:	Im Inlandszahlungsverkehr weit überwiegend (Zusatz "... oder Überbringer" darf nicht gestrichen werden). Im Auslandszahlungsverkehr vorkommend; Risiken beachten	Im Auslandszahlungsverkehr

Abbildung 3.3-07

3.3.2.4 Barschecks und Verrechnungsschecks

Barschecks

Charakterisierung

Grundsätzlich kann ein Barscheck von jeder Bank (d.h. von der bezogenen Bank oder von jeder anderen Bank), der er vorgelegt wird, **bar ausgezahlt** werden. Ist der Barscheck außerdem ein Überbringerscheck, dann ist das Risiko missbräuchlicher Verwendung offenkundig.

Barauszahlung durch andere Banken

Einschränkend ist jedoch anzumerken, dass eine Bank, die nicht zugleich die bezogene Bank ist und die deswegen über keine Informationen verfügt, ob der Scheckaussteller solvent ist, **nur in Ausnahmefällen** und nur dann bar auszahlt, wenn sie die Sicherheit der Einlösung des Schecks in irgendeiner Form erlangt bzw. eine Rückgriffsmöglichkeit auf den Zahlungsempfänger behält.

Verrechnungsschecks

Charakterisierung

Der Vermerk "**Nur zur Verrechnung**" oder ein gleichbedeutender Vermerk quer auf der Vorderseite des Schecks **untersagt**, dass dieser Scheck **bar ausgezahlt** wird (vgl. Art. 39 Abs. 1 ScheckG).

Verrechnung durch Kontogutschrift

Die bezogene Bank darf einen Verrechnungsscheck somit **nur durch Gutschrift (Verrechnung)** einlösen. Handelt sie zuwider, dann haftet sie nach deutschem Scheckrecht für den entstandenen Schaden, allerdings nur bis zur Höhe der Schecksumme (vgl. Art. 39 Abs. 4 ScheckG). Praktisch bedeutet die Verrechnung, dass der Empfänger eines Verrechnungsschecks diesen entweder seiner Bank zur Gutschrift auf sein Konto einreicht oder an einen Lieferanten zur Verrechnung mit einer Verbindlichkeit weitergibt. Die Gefahr des Missbrauchs von Verrechnungsschecks durch unrechtmäßige Inhaber ist deswegen geringer als bei Barschecks. Der Verrechnungsweg eines missbräuchlich verwendeten Schecks kann bis zum Bankkonto des Scheckeinreichers zurückverfolgt und somit auch dessen Identität festgestellt werden.

Umwandlung

Jeder Scheckinhaber kann einen **Barscheck** durch den Vermerk "Nur zur Verrechnung" **zum Verrechnungsscheck** machen. Der umgekehrte Weg ist jedoch nicht möglich; eine Streichung des angesprochenen Vermerks gilt als nicht erfolgt (vgl. Art. 39 Abs. 3 ScheckG).

Auslandsschecks

Ausländische Schecks tragen statt des Vermerks "Nur zur Verrechnung" einen sog. **Kreuzungsvermerk** (Kreuzvermerk, Crossing-Vermerk), nämlich zwei gleichlaufende Striche auf der Vorderseite des Schecks.

Allgemeine Kreuzung

Eine sog. allgemeine Kreuzung, die den **Wirkungen** des Vermerks "**Nur zur Verrechnung**" nach deutschem Scheckrecht praktisch entspricht, ist dadurch gekennzeichnet, dass zwischen den Parallelstrichen

- entweder jeder Vermerk fehlt
- oder die allgemeine Bezeichnung "Bankier" (ohne spezielle Namensnennung des Bankiers)

- oder der Vermerk "& Cie" bzw. "& Co" (siehe auch Abbildung "Bankscheck" in Abschnitt 3.3.2.2.3)

steht. Einschränkend anzumerken ist, dass der Rechtscharakter dieser Vermerke nicht immer ganz eindeutig abgeleitet werden kann.

Besondere Kreuzung

Der Vollständigkeit halber sei der besonders gekreuzte Scheck erwähnt, der aber in der Praxis nicht vorkommt. Ein besonders gekreuzter Scheck trägt zwischen den beiden Strichen ausdrücklich den Namen einer **bestimmten Bank**. Diese besondere Kreuzung würde bewirken, dass der Scheck nur an die benannte Bank ausgezahlt werden darf.

Empfehlung

Die **größte** (bei Scheckzahlung mögliche) **Sicherheit** vor dem Verlust- bzw. Betrugsrisiko erreicht der Scheckaussteller, wenn er bei Auslandszahlungen Orderschecks ausstellt und den Crossing-(Verrechnungs-)Vermerk anbringt. Die Kreditinstitute selbst fertigen aus diesen Gründen Bankschecks regelmäßig als Orderschecks aus, die sie mit dem Crossing-(Verrechnungs-)Vermerk versehen. Ein noch höheres Maß an Sicherheit erlangt der Zahlungspflichtige, wenn er mit SWIFT-angewiesener Zahlung anstatt mit Scheck in das Ausland zahlt.

Übersicht

In **Abbildung 3.3-08** sind die maßgeblichen **Merkmale** von Barschecks und Verrechnungsschecks tabellarisch dargestellt.

Prof. Dr. Siegfried G. Häberle

Auslandsschecks: Scheckarten – Unterscheidungsmerkmal: Verfügungsmöglichkeit über den Scheckbetrag

	Schecks: Barschecks	Schecks: Verrechnungsschecks
Kennzeichnung:	Keine besondere Kennzeichnung. Ein Barscheck kann von jedem Inhaber mit nebenstehender Kennzeichnung zum Verrechnungsscheck gemacht werden; aber nicht umgekehrt.	Vermerk: "Nur zur Verrechnung" auf der Vorderseite; häufig bereits eingedruckt Im Ausland: "gekreuzte" Schecks: Zwei parallele Striche auf der Vorderseite, dazwischen häufig "& Co." o.ä. (crossing)
Verfügungsmöglichkeiten bei Kreditinstituten:	Barauszahlung oder Kontogutschrift (Verrechnung) möglich	Nur Kontogutschrift (Verrechnung) möglich, d.h. Annahme zur Gutschrift nur von einem eigenen und damit ausgewiesenen Bankkunden oder von einer anderen Bank

Abbildung 3.3-08

3.4 Auslandswechsel

3.4.1 Einführung und Rechtsgrundlagen

Zahlungsbedingungen mit Wechseln

Vielfältige Anlässe zur Wechselziehung

Im Auslandsgeschäft tritt der Wechsel in Verbindung mit den verschiedensten Zahlungs-, Sicherungs- und Kreditvereinbarungen zwischen Exporteuren und Importeuren in Erscheinung. Die Ausstellung eines Wechsels kann beispielsweise

- auf einer **"reinen" Zahlungsbedingung** beruhen, die ein Zahlungsziel für den Zahlungspflichtigen (Importeur) umfasst, das in Wechselform gekleidet werden soll;
- eine **dokumentäre Zahlungsbedingung** zum Anlass haben, wie dies bei Dokumenteninkassi "Dokumente gegen Akzept" oder bei Akzept-(Rembours-)Akkreditiven der Fall ist;
- eine **Kreditvereinbarung** zum Gegenstand haben, wie sie vor allem bei mittel- und langfristigen Finanzierungen von Investitionsgütern vorkommt.

Wechselfunktionen

Der Wechsel erfüllt mehrere Funktionen, deren Bedeutung allerdings von der Eigenart des abzuwickelnden Auslandsgeschäfts und somit vom Einzelfall abhängt. Der Wechsel ist

- Zahlungsmittel,
- Sicherungsinstrument,
- Kredit-/Finanzierungsinstrument,
- Medium der Kapitalanlage.

Zahlungsinstrument

Der Wechsel ist zunächst ein Zahlungsinstrument. Der Wechsel wird begeben (weitergegeben), um damit eine (später fällige) **Schuld** zu **tilgen**. Allerdings ist die Schuld erst getilgt, wenn der Wechsel bei Fälligkeit tatsächlich eingelöst wird.

Sicherungsinstrument

Die Sicherungsfunktion des Wechsels resultiert aus der **sog. Wechselstrenge**, die zum einen auf der Stringenz des Inhalts der Wechselurkunde selbst beruht (wie z.B. auf der genau definierten Fälligkeit des Wechsels) und die zum anderen durch die Besonderheiten des Wechselprozesses bestimmt wird (sog. Urkundenprozess mit beschränkten Einredemöglichkeiten und sofortiger Vollstreckbarkeit).

Kredit-/Finanzierungsinstrument

Eng verbunden mit der Sicherungsfunktion des Wechsels ist seine Kredit- bzw. Finanzierungsfunktion. Vor allem diese Funktion erklärt die große Bedeutung des Wechsels im nationalen wie im internationalen Handel. Die Kredit-/Finanzierungsfunktion des Wechsels vollzieht sich auf **verschiedenen Stufen**:

1. Durch Einräumung eines Zahlungsziels gewährt der Exporteur dem Importeur einen sog. **Lieferantenkredit** (präziser: einen Liefervertragskredit). Dieser Lieferantenkredit wird durch Wechselziehung abgesichert.
2. Im Allgemeinen lässt es die Liquiditätslage des Exporteurs nicht zu, den gewährten Lieferantenkredit selbst zu finanzieren. Viel-

mehr werden die gezogenen Wechsel von den Wechselnehmern regelmäßig bei **Kreditinstituten diskontiert** (oder -seltener- an eigene Lieferanten erfüllungshalber weitergegeben).

3. Die diskontierenden Banken können sich bei der **Deutschen Bundesbank** im Rahmen der Rediskonts (bis 1998) bzw. der Offenmarktpolitik (ab 1999) refinanzieren; siehe Abschnitt 5.3.3.

Kapitalanlageinstrument

Der Exporteur, der einen später fälligen Wechsel des Importeurs zahlungshalber in Empfang nimmt, berechnet diesem für die Laufzeit des Wechsels im Allgemeinen Diskontzinsen. Behält der Exporteur den Wechsel im **eigenen Bestand** (im Portefeuille), statt ihn bei seiner Bank diskontieren zu lassen, so vermeidet er die bei Weitergabe des Wechsels entstehenden Zinsen und behält somit die dem Importeur in Rechnung gestellten Diskontzinsen selbst. Insoweit stellt der Wechsel auch ein Kapitalanlagemedium dar.

Rechtscharakter des Wechsels

Die beschriebenen Funktionen lassen den Rechtscharakter des Wechsels erkennen:

Wertpapier

- Der Wechsel ist ein Wertpapier, was insbesondere bedeutet, dass die **Wechselurkunde** zur Geltendmachung der Ansprüche vorzulegen ist.

Abstraktum

- Der Wechsel ist abstrakt, d.h. die Wechselforderung ist **selbstständig und unabhängig** (losgelöst) von der Wirksamkeit derjenigen Forderung (z.B. von der Kaufpreisforderung), die der Wechselziehung zu Grunde liegt.

"Rigorist"

- Die strengen Haftungs- und Formvorschriften des Wechselrechts ermöglichen die rasche Geltendmachung und die **rigorose Durchsetzung** wechselrechtlicher Ansprüche.

Anzumerken ist, dass diese Eigenschaften des Wechsels zwar in der Regel zu Gunsten eines gutgläubigen Erwerbers uneingeschränkt wirken, nicht jedoch in allen Fällen für den Wechselaussteller. Dem Aussteller gegenüber kann der Bezogene -zumindest nach deutschem Recht- in einem Nachverfahren zum Wechselprozess Einreden aus dem (Waren-)Grundgeschäft geltend machen. Im Übrigen weist das ausländische Wechselrecht nicht immer dieselbe Strenge wie das deutsche Recht auf.

Rechtsgrundlagen

Deutsches Wechselgesetz

In Deutschland ist der Wechsel und der Wechselverkehr umfassend im Wechselgesetz vom 21. Juni 1933 geregelt. Im Folgenden ist die **Fassung** des Wechselgesetzes zu Grunde gelegt, die zuletzt durch Gesetz **vom 5.10.1994** (BGBl.I S. 2911) geändert wurde.

Vereinheitlichung

In den meisten Ländern Europas gleicht das Wechselgesetz dem deutschen Recht weitgehend. Diese Vereinheitlichung ist auf die drei sog. **Genfer Abkommen** von 1930 zurückzuführen, die von einem Teil der Länder ausdrücklich ratifiziert wurden (u.a. auch von außereuropäischen Ländern wie Japan und Brasilien). Andere Länder haben -ohne Ratifizierung der Genfer Abkommen- gleichwohl das Genfer Abkommen über das Einheitliche Wechselgesetz in ihr nationales Recht übernommen (vgl. Jahn 1993: S. 1).

Abweichungen

Trotz dieser weit reichenden Vereinheitlichung des Wechselrechts der Länder Europas müssen **länderspezifische Besonderheiten** beachtet werden. Dies gilt in besonderem Maße auch für das außereuropäische Ausland, wo die Abweichungen vom deutschen bzw. vom europäischen Wechselrecht zum Teil erheblich sind. Die UN ist um die Schaffung eines einheitlichen Wechselrechts bemüht, das auch zu einem international gleich lautenden Wechsel (dem sog. UNCITRAL-Wechsel) führen soll.

Anzuwendendes Landesrecht

Solange ein weltweit gültiges einheitliches Wechselrecht noch nicht existiert, ist im Einzelfall zu prüfen, welches Landesrecht Anwendung findet. Sofern ein Land den Inhalt des Genfer Abkommens über die Bestimmungen auf dem Gebiet des internationalen Wechselprivatrechts in sein nationales Recht aufgenommen hat, was beispielsweise für Deutschland zutrifft, dann gelten die folgenden **Regeln** (vgl. Jahn 1993: S. 2ff.):

- **Form der Wechselerklärung:** Es gilt das Recht des Landes, in dessen Gebiet die Erklärung unterschrieben worden ist.
- **Annahmeerklärung des Bezogenen (Akzept):** Es gilt das Recht des Zahlungsortes des Wechsels. Analoges gilt bezüglich der Ausstellung (der Ausstellerunterschrift) eines Solawechsels.
- **Sonstige Wechselerklärungen:** Es findet das Recht des Landes Anwendung, in dessen Gebiet die Erklärungen abgegeben (unterzeichnet) worden sind. Dies ist beispielsweise beim Wechselaval (der Banken) von Belang.
- **Wechselprotest:** Maßgeblich ist für die Form des Protestes und für die sog. Protestfristen das Recht des Landes, in dem der Protest zu erheben ist.
- **Verlust oder Vernichtung des Wechsels:** Die einzuleitenden Maßnahmen richten sich nach dem Recht des Landes, in dem der Wechsel zahlbar gestellt ist.

Wechselformular

Länderspezifische Prüfung erforderlich

Für die kontinentaleuropäischen Länder kann im Allgemeinen davon ausgegangen werden, dass der genormte **deutsche Wechselvordruck** auch den Formbestimmungen dieser Länder entspricht (vgl. Jahn 1993: S. 5).
Inwieweit die deutschen Exporteure bei Wechselziehungen auf ihre ausländischen Kunden aber tatsächlich das deutsche DIN-Wechselformular oder aber besser das englischsprachige oder gar das landessprachige Formular des bezogenen Importeurs verwenden können bzw. sollten, muss länderspezifisch geprüft werden.

Beispiel Frankreich

Die international tätigen Banken und die Industrie- und Handelskammern beraten die Exporteure. Beispielsweise empfiehlt die Offizielle deutsch-französische Industrie- und Handelskammer Paris den deutschen Exporteuren im Frankreichgeschäft die Verwendung des **französischen Wechselformulars**: "Es ist weitgehend computergerecht und bundesbankfähig... Im innerfranzösischen Verkehr ist es zwingend vorgeschrieben, doch können bei deutschen Exporten nach Frankreich auch deutsche Formulare -für gezogene, allerdings keine Solawechsel- verwendet werden. Bei einer Vielzahl von Kun-

den wird sich freilich die Verwendung der französischen Formulare empfehlen, weil diese den Kunden geläufiger sind und den Bezogenen bzw. Aussteller an die Ergänzung von für das Inkassoverfahren wichtige Details wie z.B. französischer Bankleitzahl und Kontonummer erinnern" (Dresdner Bank AG, Hrsg. 1988: S. 23). Einige deutsche Banken empfehlen den Exporteuren, im Frankreichgeschäft nur noch das französische Wechselformular mit Angabe der R.I.B.-Nummer (Bankleitzahl usw.) zu verwenden, da es in der Praxis sonst Probleme beim Einzug des Wechsels geben kann.
In ihren Rediskontbedingungen schreibt die Deutsche Bundesbank vor: "In Frankreich ausgestellte Wechsel müssen die RIB-Nummer (Relevé d'Identité Bancaire, eine von französischen Banken erteilte Kennnummer) des französischen Bezogenen -bei Eigenwechseln die des Ausstellers- tragen" (Deutsche Bundesbank 1992: Mitteilung 7007/92).
Ein französischsprachiger Musterwechsel (gezogener Wechsel mit deutscher Übersetzung) ist am Ende dieses Abschnitts abgebildet.

Beispiel Griechenland

Beispielsweise werden in Griechenland im Geschäftsverkehr mit dem Ausland meistens **englischsprachige**, manchmal auch **französischsprachige Wechselformulare** verwendet (Jahn 1993: S. 43). Jahn warnt in diesem Zusammenhang auch vor der Verwendung privater Vordrucke, die mangels Wechselklausel formungültig sind, und nennt in diesem Zusammenhang ausdrücklich die "promissory notes" (ebenda: S. 43). Zu den "promissory notes" vgl. Abschnitt "3.4.2.2 Eigener Wechsel (Solawechsel)".

Fremdsprachige Formulare

Die im Auslandsgeschäft versierten deutschen Banken halten für ihre Kunden **fremdsprachige** (englischsprachige) **Wechselvordrucke** bereit, die sich im internationalen Wechselverkehr bewährt haben.

Abbildungen

Die **Abbildungen 3.4-01** und **3.4-02** zeigen

- einen **englischsprachigen** Nachsichtwechsel (gezogenen Wechsel) als Tratte, d.h. der Wechsel ist vom Bezogenen noch nicht akzeptiert;
- einen **französischsprachigen** Musterwechsel (gezogenen Wechsel) mit deutscher **Übersetzung** (Quelle: Dresdner Bank AG, Hrsg. 1988: S. 53).

Stuttgart, the September 20, 19.. For USD 21.510,60
Place and date of issuance — Amount in figures
At/On 90 days sight
Maturity
pay this first Bill of Exchange (--- unpaid) to the order of
Ernst Würfer GmbH, Maybachstr. 17, D-70214 Stuttgart the sum of
US-Dollars twentyonethousandfivehundredten
Amount in words
To IBF Components Ltd.
Drawee
at 15 East Side, Miami, Fla 33131/USA
payable at Miami/Fla. USA
Place
with Bank of Boston International
Name and address of the bank — to the debit of account No.
Ernst Würfer GmbH
Maybachstr. 17
D-70214 Stuttgart
Drawer's signature and full address
01-403e 5 80

Abbildung 3.4-01

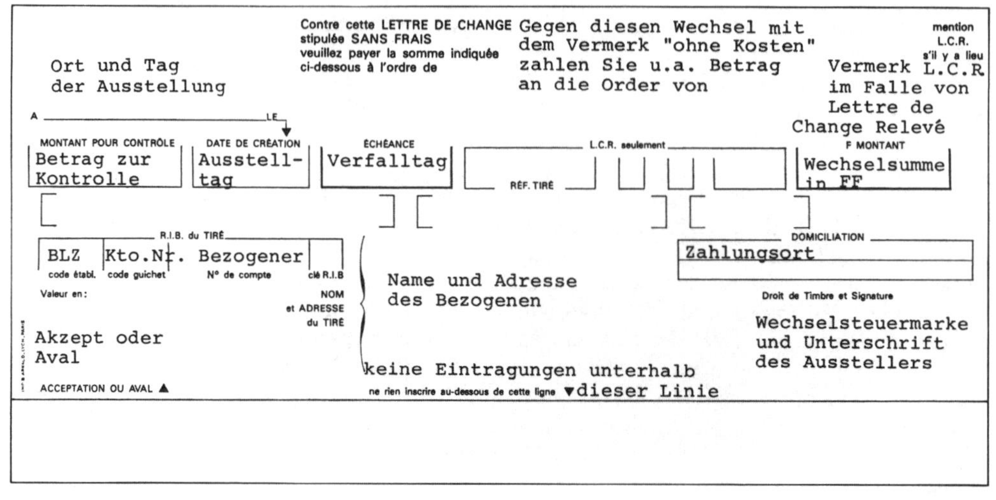

Ort und Tag der Ausstellung

Contre cette LETTRE DE CHANGE stipulée SANS FRAIS veuillez payer la somme indiquée ci-dessous à l'ordre de

Gegen diesen Wechsel mit dem Vermerk "ohne Kosten" zahlen Sie u.a. Betrag an die Order von

mention L.C.R. s'il y a lieu

Vermerk L.C.R im Falle von Lettre de Change Relevé

A ... LE

MONTANT POUR CONTRÔLE: Betrag zur Kontrolle

DATE DE CRÉATION: Ausstell-tag

ÉCHÉANCE: Verfalltag

L.C.R. seulement — RÉF. TIRÉ

F MONTANT: Wechselsumme in FF

R.I.B. du TIRÉ: BLZ (code établ.) | Kto.Nr. (code guichet) | Bezogener (N° de compte) | clé R.I.B

Valeur en:

NOM et ADRESSE du TIRÉ: Name und Adresse des Bezogenen

DOMICILIATION: Zahlungsort

Droit de Timbre et Signature: Wechselsteuermarke und Unterschrift des Ausstellers

Akzept oder Aval

ACCEPTATION OU AVAL ▲

ne rien inscrire au-dessous de cette ligne ▼ — keine Eintragungen unterhalb dieser Linie

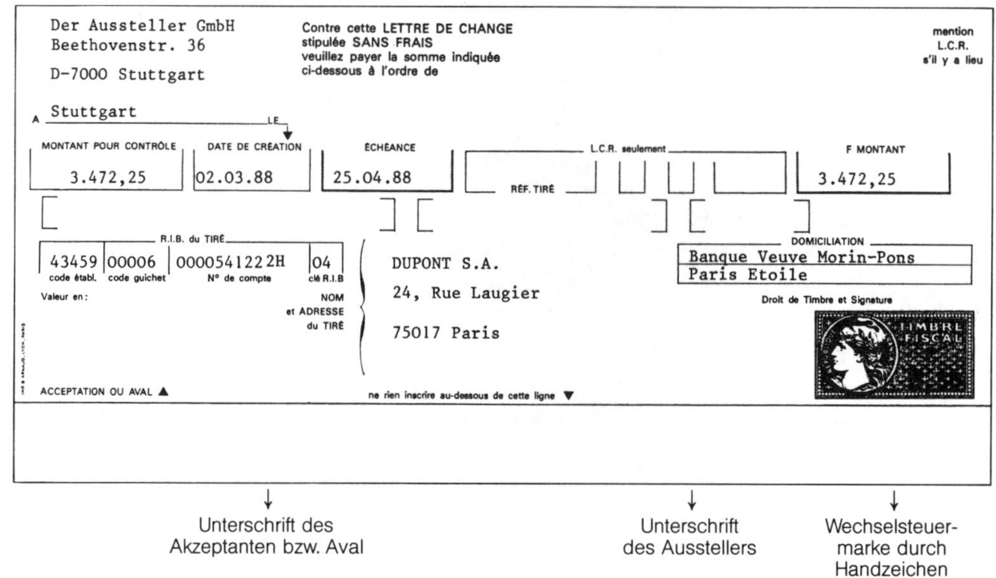

Der Aussteller GmbH
Beethovenstr. 36
D-7000 Stuttgart

Contre cette LETTRE DE CHANGE stipulée SANS FRAIS veuillez payer la somme indiquée ci-dessous à l'ordre de

mention L.C.R. s'il y a lieu

A Stuttgart LE

MONTANT POUR CONTRÔLE: 3.472,25

DATE DE CRÉATION: 02.03.88

ÉCHÉANCE: 25.04.88

L.C.R. seulement — RÉF. TIRÉ

F MONTANT: 3.472,25

R.I.B. du TIRÉ: 43459 (code établ.) | 00006 (code guichet) | 0000541222H (N° de compte) | 04 (clé R.I.B)

Valeur en:

NOM et ADRESSE du TIRÉ:
DUPONT S.A.
24, Rue Laugier
75017 Paris

DOMICILIATION:
Banque Veuve Morin-Pons
Paris Etoile

Droit de Timbre et Signature

TIMBRE FISCAL

ACCEPTATION OU AVAL ▲

ne rien inscrire au-dessous de cette ligne ▼

Abbildung 3.4-02

Gezogener Wechsel bzw. Solawechsel

Zu unterscheiden sind der gezogene Wechsel und der eigene Wechsel (sog. Solawechsel).

Anwendung

Im Inland findet fast ausschließlich der **gezogene Wechsel** Verwendung. Im Auslandsgeschäft überwiegt zwar auch der gezogene Wechsel, bei einigen Finanzierungsformen erweist sich der **Solawechsel** jedoch als das geeignetere Instrument, weil damit die wechselrechtliche (Mit-)Haftung des Warenverkäufers einfach auszuschließen ist (Einzelheiten siehe folgenden Abschnitt 3.4.2 "Wechselarten...").

Hinweis

Wechseldiskontkredite sind umfassend in Kapitel 5.3 dargestellt und beurteilt.

3.4.2 Wechselarten nach rechtlichen Merkmalen - Darstellung und Abwicklung -

3.4.2.1 Gezogener Wechsel

3.4.2.1.1 Grundstruktur

Einführendes Beispiel zur Wechselziehung

Zahlungsziel

Ein deutscher Exporteur, die Elektronik GmbH in Frankfurt am Main, verkauft elektronische Bauteile mit einem Kaufpreis von 120.000 Schweizer Franken (SFR, CHF) an die Sopeco SA im schweizerischen Lausanne. Die Sopeco SA wünscht ein Zahlungsziel von 3 Monaten. Sie ist bereit, einen **Wechsel zu akzeptieren**. Die langjährigen Geschäftsbeziehungen der Elektronik GmbH zur Sopeco SA weisen die Sopeco SA als ein seriöses und kreditwürdiges Unternehmen aus. Die vorliegenden aktuellen Bankauskünfte bestätigen diese Erfahrung.

Zahlungsbedingung

Auf dieser Grundlage vereinbart die Elektronik GmbH mit der Sopeco SA die Zahlung des Kaufpreises in Höhe von SFR 120.000 mit der Zahlungsbedingung: **"SFR-Wechsel(akzept)** mit einer Laufzeit von 3 Monaten ab Rechnungsdatum sowie Erstattung der Bank-, Diskont- und Einziehungsspesen".

Wechselziehung

Nach Auslieferung der Waren und Rechnungsstellung zieht die Elektronik GmbH einen Wechsel auf die Sopeco SA über SFR 120.000. Dieser gezogene Wechsel umfasst eine **Zahlungsanweisung (Zahlungsaufforderung)** des Wechselausstellers (des Warenverkäufers, der Elektronik GmbH) an den Wechselbezogenen (an den Warenkäufer, die Sopeco SA) mit der Formulierung: "Gegen diesen Wechsel zahlen Sie...". Vereinbarungsgemäß ist der Wechsel am Tag der Rechnungsstellung (10. Juli 19..) ausgestellt und 3 Monate später (10. Oktober 19..) fällig.

Abbildung

Der beschriebene Wechsel ist in **Abbildung 3.4-03** dargestellt.

Aussteller, Bezogener und Akzeptant

Bezogener

Rechtsgültig ist ein gezogener Wechsel allein schon mit der Angabe des Namens dessen, der zahlen soll, also mit der **Angabe des Bezogenen**. Die Einholung der **Annahmeerklärung** des Bezogenen, das ist die unterschriftliche Verpflichtungserklärung des Bezogenen, den Wechsel bei Verfall zu bezahlen (das sog. Akzept), ist nicht Voraussetzung für die Weitergabe eines Wechsels. Die Elektronik GmbH könnte somit den Wechsel auch ohne Akzeptleistung der Sopeco SA an eine Bank weitergeben, was im Auslandsgeschäft (z.B. beim Dokumenteninkasso und im Gegensatz zum Inlandsgeschäft) durchaus vorkommt. Allerdings haftet der Wechselaussteller (die Elektronik GmbH) jedem Wechselinhaber kraft Unterschrift stets **für die Annahme und Bezahlung** des Wechsels durch den Bezogenen.

Haftung des Ausstellers

Frankfurt/Main, den 10. Juli 19.. | Genève | 10.10.19..
Ort und Tag der Ausstellung (Monat in Buchstaben) | Zahlungsort | Verfalltag

Gegen diesen **Wechsel** - erste Ausfertigung - zahlen Sie am 10. Oktober 19..
Fälligkeit

an ELEKTRONIK GmbH, Industriepark, D-60329 Frankfurt/M CHF 120.000,--
Währung | Betrag in Ziffern

CHF Einhundertzwanzigtausend---
Währung in Buchstaben | Betrag in Buchstaben

Bezogener Sopeco SA
28 Rue Saint-Charles
in CH-1002 Lausanne
Ort und Straße (genaue Anschrift)

Zahlbar in Genève
Zahlungsort
bei Crédit Suisse
Name des Kreditinstituts | z. L. Konto-Nr.

ELEKTRONIK GmbH
Industriepark
D-60329 Frankfurt/M
Unterschrift und genaue Anschrift des Ausstellers

Angenommen
SOPECO SA
28 Rue Saint-Charles
CH-1002 Lausanne

Deutscher Wechsel / o. W. / 2
Verlag Ruster & Haas · D-6253 Hadamar
Telefon 06433/2345 + 5194 · Telefax 06433/5717

Stempelmarken auf der Rückseite unmittelbar unter diesem Rande aufkleben

An die Order der
Commerzbank AG
ELEKTRONIK GmbH
Industriepark
D-60329 Frankfurt/M

Abbildung 3.4-03

Tratte

Ein gezogener Wechsel, der vom Bezogenen **noch nicht akzeptiert** ist, wird als Tratte bezeichnet. Zu beachten ist, dass in der Praxis von den Wechselausstellern die Bezeichnung "Tratte" häufig auch dann noch beibehalten wird, wenn der Wechsel vom Bezogenen längst akzeptiert ist.

Verständnisproblem

Es ist zunächst schwer verständlich, dass der gezogene Wechsel lediglich eine Anweisung (Aufforderung) des Ausstellers an den Bezogenen zur Zahlung ist, nicht aber eine eigenständige Zahlungsverpflichtung (ein eigenständiges Zahlungsversprechen) des Bezogenen. Ebenso wenig leuchtet zunächst ein, dass ein gezogener Wechsel auch ohne die Verpflichtungserklärung (ohne das Zahlungsversprechen) des Bezogenen zur Zahlung, d.h. ohne dessen Akzept, rechtsgültig ist und mit lediglich der Ausstellerunterschrift als Tratte in den Verkehr gebracht werden kann.

Erklärung

Ihre Erklärung findet diese rechtliche Konstruktion des gezogenen Wechsels in der **geschichtlichen Entwicklung**: Wäre das Akzept des Bezogenen zur Rechtsgültigkeit des Wechsels erforderlich, dann hätten in der weiteren Vergangenheit die langen Postlaufzeiten zur Einholung des Akzeptes beim Bezogenen die Eignung des Wechsels als Refinanzierungsinstrument wesentlich eingeschränkt. Indem ein gezogener Wechsel ohne die Verpflichtungserklärung des Bezogenen zur Zahlung rechtsgültig ist, konnte ein Wechselaussteller -sofern er selbst hinreichend kreditwürdig war- von seiner Bank einen

Wechseldiskontkredit bereits auf Grundlage eines (noch) nicht akzeptierten Wechsels (einer Tratte) erlangen.
Wegen der inzwischen kurzen Postlaufzeiten kommt die Diskontierung von Wechseln, die noch nicht akzeptiert sind, in der Praxis kaum noch vor.

Remittent (Wechselnehmer)

Ordervermerk

Der Wechsel ist ein **Orderpapier**, das die **Übertragung** der Wechselrechte **durch Indossament** ermöglicht. Neben dem Wechselaussteller und dem Bezogenen ist deswegen der Name dessen anzugeben, an den oder an dessen Order gezahlt werden soll (Remittent, Wechselnehmer).
Im Allgemeinen setzt sich der Wechselaussteller durch Angabe seiner Firma oder aber mit der Formulierung "an eigene Order", "an mich", "an uns", "to the order of ourselves" o. Ä. selbst als Remittent ein. Dies hat den praktischen Vorzug, dass sich der Wechselaussteller im Zeitpunkt der Wechselziehung noch offen hält, an wen er die Wechselrechte übertragen will (z.B. an eine noch auszuwählende Bank oder an einen Lieferanten).

Zahlungsort

Domizilstelle

Der Wechsel muss, um rechtsgültig zu sein, einen Zahlungsort aufweisen. Zahlungsort ist -mangels anderer Angabe- der Sitz (Wohnort) des Bezogenen.
In der Regel fungiert jedoch eine **Bank als Zahlstelle** (die sog. Domizilstelle, das ist im Allgemeinen die Hausbank des Bezogenen). In diesem Fall gilt der Ort der Niederlassung dieser Bank als Zahlungsort und nicht der Sitz (Wohnort) des Bezogenen. Beim abgebildeten Wechsel ist die angegebene Filiale der Crédit Suisse (Schweizerische Kreditanstalt) Domizilstelle und Genève (Genf) Zahlungsort, nicht dagegen Lausanne als Firmensitz der Sopeco SA. Der genannten Bank in Genf ist der Wechsel bei Fälligkeit zur Zahlung vorzulegen.

Darstellung der Wechselbeteiligten

Abbildung

Die **Wechselbeteiligten** und die **Abwicklung** des gezogenen Wechsels sind in **Abbildung 3.4-04** dargestellt.

Alternative Ordervermerke

Anmerkungen:
- Wie oben erwähnt setzt sich der Wechselaussteller durch Angabe seiner Firma oder mit dem Vermerk "an eigene Order" o. Ä. in der Regel selbst als Remittent in den Wechsel ein und gibt den Wechsel anschließend an einen neuen Wechselinhaber (z.B. an eine Bank oder an einen Lieferanten) durch Indossament weiter (Schritt 3, fett gedruckte Linie).
- In Ausnahmefällen setzt der Wechselaussteller den neuen Wechselinhaber unmittelbar als Remittent in den Wechsel ein (dünn gedruckte Linie). Die Übertragung der Wechselrechte durch Indossament (Schritt 3 der Abbildung) entfällt in diesem Fall.

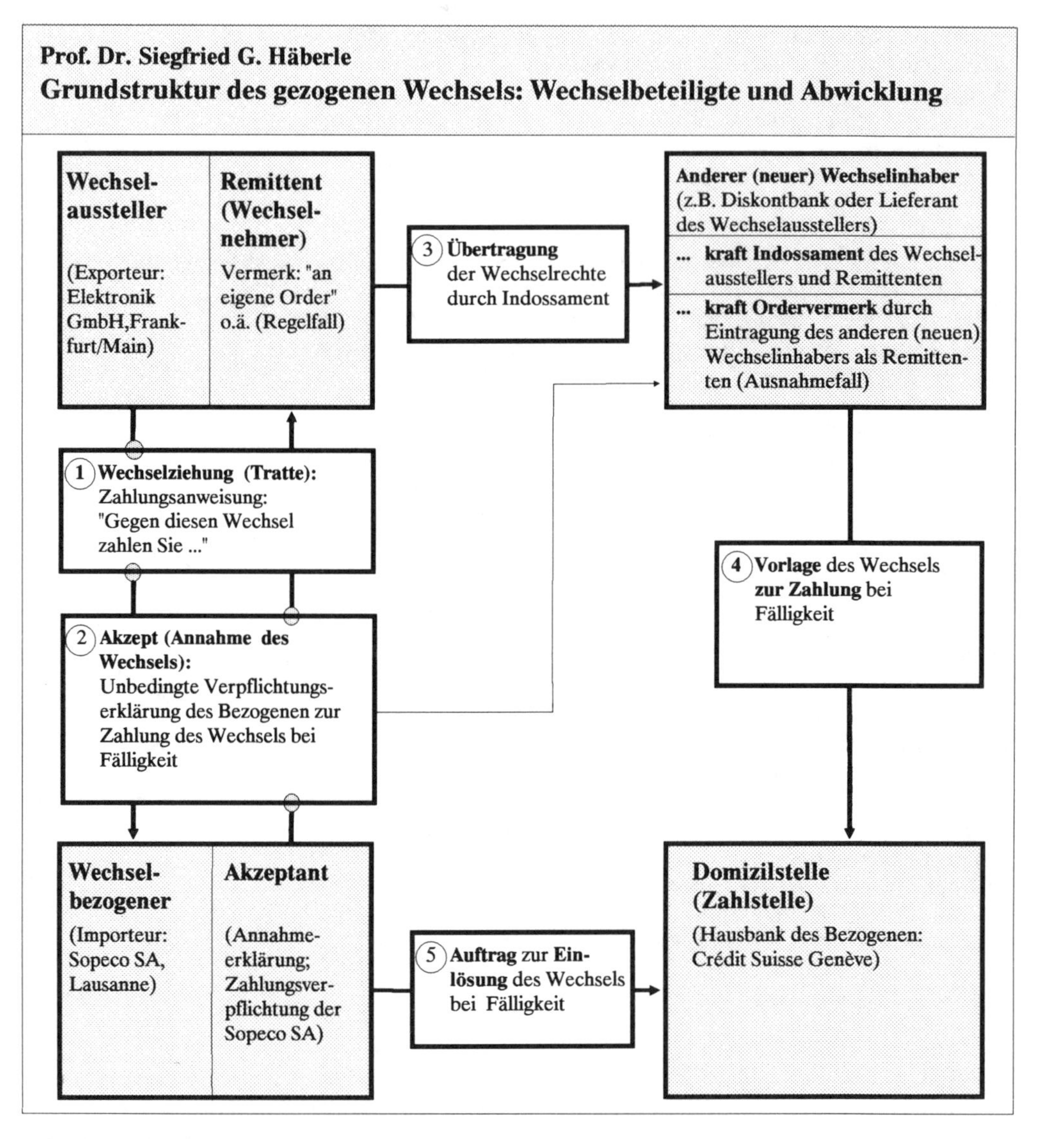

Abbildung 3.4-04

3.4.2.1.2 Rechtliche Merkmale, Vereinbarungen und Abwicklungen

Rahmenbedingung

Das Wechselrecht schreibt einerseits die Bestandteile einer Wechselurkunde stringent vor, andererseits lässt das Wechselrecht durchaus Spielräume, einen Wechsel auf die Eigenarten des einzelnen Exportgeschäfts zuzuschneiden. Erkenntnisgegenstand der folgenden Ausführungen sind deswegen sowohl die im **Wechselrecht** vorgegebenen Rahmenbedingungen als auch die **alternativen**

Vereinbarungen und Abwicklungen, die den Wechselbeteiligten innerhalb dieses Rahmens verbleiben.

Anmerkungen

Im Folgenden ist im Allgemeinen das **deutsche Wechselgesetz** (WechselG) zitiert, dessen Normen ebenso wie das einschlägige Recht der meisten kontinentaleuropäischen Länder auf den oben angesprochenen Genfer Abkommen beruhen und das insoweit auch im Ausland eine analoge Anwendung findet. Gleichwohl sind im Einzelfall **länderbezogene Abweichungen** zu berücksichtigen, insbesondere bei Ländern, die die genannten Abkommen weder ratifiziert noch in anderer Form aufgenommen haben. Die Banken erteilen den Exporteuren und Importeuren dahingehende Auskünfte.

Abbildung

Die im Folgenden beschriebenen Wechselmerkmale sind mit Ziffern im nachstehend abgebildeten Wechselformular gekennzeichnet.

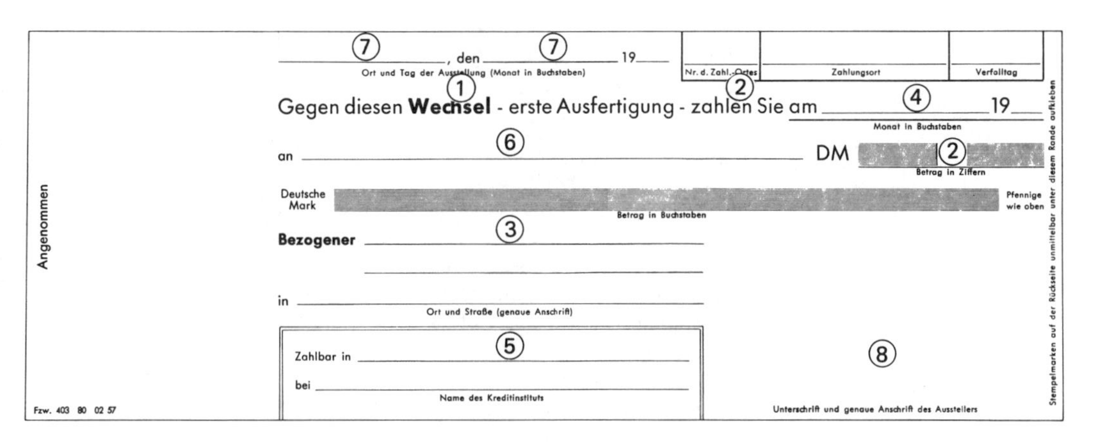
Angenommen

(7) ______, den (7) ______ 19__
Ort und Tag der Ausstellung (Monat in Buchstaben)

Nr. d. Zahl.-Ortes | Zahlungsort | Verfalltag

(1) (2)
Gegen diesen Wechsel - erste Ausfertigung - zahlen Sie am (4) ______ 19__
Monat in Buchstaben

an (6) ______ DM (2)
Betrag in Ziffern

Deutsche Mark ______ Pfennige wie oben
Betrag in Buchstaben

Bezogener (3) ______

in ______
Ort und Straße (genaue Anschrift)

Zahlbar in (5) ______
bei ______
Name des Kreditinstituts

(8)
Unterschrift und genaue Anschrift des Ausstellers

Stempelmarken auf der Rückseite unmittelbar unter diesem Rande aufkleben

Fzw. 403 80 02 57

Abbildung 3.4-05

1. Bezeichnung als Wechsel (Ziffer (1) DIN-Wechselformular)

Art der Urkunde

Es muss **Eindeutigkeit** darin bestehen, dass überhaupt ein Wechsel vorliegt und nicht eine Art Quittung, die äußerlich einem Wechsel sehr ähnlich sein kann.

Ausdruck "Wechsel"

Das inländische, aber auch das ausländische Wechselrecht schreibt deswegen regelmäßig die **Bezeichnung als Wechsel** im Text der Urkunde ausdrücklich vor, und zwar in der Sprache, in der sie ausgestellt ist (vgl. z.B. Art. 1 WechselG). Englischsprachig ausgestellte Wechsel haben somit grundsätzlich den Ausdruck "Bill of Exchange" aufzuweisen, französischsprachige Wechsel die Bezeichnung "Lettre de Change" usw. Von diesen Normen gibt es indessen auch Abweichungen. So ist beispielsweise eine in Großbritannien ausgestellte Wechselurkunde nach britischem Recht auch dann gültig, wenn die Urkunde nicht ausdrücklich als Wechsel bezeichnet ist (vgl. Jahn 1993: S. 82).

Fremdsprachige Wechsel

Fremdsprachig ausgestellte Wechsel werden sowohl von den deutschen Geschäftsbanken als auch von der Deutschen Bundesbank angekauft, sofern bestimmte (in Abschnitt "5.3.3 Rediskontbedingungen der Deutschen Bundesbank" dargestellte) Anforderungen erfüllt sind. In den **Ankaufsbedingungen der Deutschen Bundesbank** findet sich zu fremdsprachigen Wechseltexten jedoch die Auflage: "Ist der Text von Wechseln nicht in einer bekannten Weltsprache abgefasst, so muss der Verkäufer (des Wechsels; Anm. d. Verf.) eine von ihm unterschriebene deutsche Übersetzung beifügen. Für die Richtigkeit der Übersetzung trägt der Verkäufer die Verantwortung" (Deutsche Bundesbank, Ankauf von Auslandswechseln, Vordruck 1010, 10/89: S. 4).
Inwieweit sich die Verwendung deutscher oder fremdsprachiger Wechselvordrucke empfiehlt oder gar zwingend ist, muss länderspezifisch geprüft werden (siehe dazu Abschnitt "3.4.1 Einführung und Rechtsgrundlagen", Stichwort "Wechselformular").

Exkurs: Mehrere Ausfertigungen des Wechsels

Verwendung mehrerer Ausfertigungen

Mit den in der weiteren Vergangenheit üblichen langen Postlaufzeiten erklärt es sich, dass von einem Wechsel mehrere Ausfertigungen ausgestellt werden können. Dadurch wurde dem Aussteller die früher praktizierte Möglichkeit eröffnet, dem Bezogenen die erste Ausfertigung zur Annahme (Akzeptierung) vorlegen zu lassen und gleichzeitig die zweite -nicht akzeptierte- Ausfertigung des Wechsels der Bank zum Diskont einzureichen. Kam sodann die erste Ausfertigung nach erfolgter Akzeptleistung des Bezogenen zum Aussteller zurück, dann wurde diese gegen die nicht akzeptierte Zweitfertigung ausgetauscht.
Die Ausstellung mehrerer Ausfertigungen eines Wechsels kommt nur noch selten vor. Allenfalls wenn aus Sicherheitsgründen die Dokumente in zwei getrennte Sendungen aufgeteilt werden (z.B. bei "Inkassi gegen Akzept").

2. **Unbedingte Zahlungsanweisung, Währung** (Ziffer ② DIN-Wechselformular)

Der Wechsel muss die unbedingte Anweisung enthalten, eine bestimmte Geldsumme zu zahlen (vgl. Art. 1 WechselG).

Formulierungen

In den deutschen DIN-Vordrucken lautet die Formulierung **"Gegen diesen Wechsel zahlen Sie..."**, in englischsprachigen Vordrucken "pay against this Bill of Exchange...", in französischsprachigen Formularen "contre cette Lettre de Change veuillez payer..." (siehe Abbildungen).

Keine Bedingungen

Maßgeblich ist, dass die Zahlungsanweisung an den Bezogenen an keine Bedingungen geknüpft sein darf. Die Wechselziehung darf also **keinesfalls in Abhängigkeit** zur (mängelfreien) Erfüllung des der Wechselziehung zu Grunde liegenden **Warengeschäfts** gesetzt werden. Deswegen sollten alle Vermerke auf Wechseln, die einen solchen Zusammenhang auch nur andeuten, vermieden werden. Als unbedenklich gelten lediglich Vermerke, die auf ein Dokumenteninkasso oder auf ein Dokumentenakkreditiv hinweisen, z.B. der Vermerk "Drawn under L/C Nr. ...".

Währung

Neben der Geldsumme ist die Währung anzugeben, in der zu zahlen ist. Bei **Auslandswechseln** ist -je nach geltendem Landesrecht- zu beachten, dass der Bezogene (Importeur) nicht zwingend in der auf dem Wechsel angegebenen Fremdwährung zahlen muss, sondern u.U. auch in seiner Landeswährung (umgerechnet zum Wert der Fremdwährung am Verfalltag) zahlen kann, sofern der Wechsel in seinem Land zahlbar gestellt ist (vgl. Art. 41 WechselG).
Eine solche Zahlung wäre für den Exporteur womöglich mit Wechselkursnachteilen und -bei sog. devisenschwachen Ländern- mit politischen Risiken (Transferverzögerungen, Konvertierungsbeschränkungen u. Ä.) verbunden.

Effektivvermerk

Will der Exporteur solche Risiken vermeiden, dann kann es im Einzelfall hilfreich sein, bei der Bezeichnung der Währung den Vermerk **"effektiv"** bzw. einen gleichbedeutenden Ausdruck anzubringen. Damit ist -zumindest nach deutschem Recht- die Zahlung in der mit "effektiv" benannten Währung vorgeschrieben (vgl. Art. 41 Abs. 3 WechselG). Bei Auslandswechseln sind jedoch im Einzelfall die Devisen- und Inkassovorschriften und das jeweilige Wechselrecht des Auslandes zu beachten und zu prüfen, ob der Effektivvermerk überhaupt notwendig, zulässig bzw. wirksam ist.

Diskont

Die Geschäftsbanken kaufen sowohl Auslandswechsel an, die auf **DM** lauten als auch Auslandswechsel, die auf **Fremdwährung** ausgestellt sind. Allerdings ist der Kreis der ankaufsfähigen Fremdwährungen ebenso wie die Länder, in denen die Wechsel zahlbar gestellt sind, im Wesentlichen auf die sog. Industrieländer beschränkt. Zur Refinanzierung von Wechseln bei der Deutschen Bundesbank siehe Abschnitt 5.3.3.

3. Bezogener (Ziffer (3) DIN-Wechselformular)

Die Wechselurkunde muss, um rechtsgültig zu sein, den **Namen** dessen enthalten, **der zahlen soll** (Bezogener). Dagegen ist das Akzept (die Annahmeerklärung) des Bezogenen nicht Voraussetzung für die Rechtsgültigkeit des Wechsels.

Inland: nur akzeptierte Wechsel

Im Inlandsgeschäft kommt der **Ankauf** nicht akzeptierter Wechsel (sog. Tratten) **nicht vor**. Dies hängt zunächst damit zusammen, dass die Bundesbank nur akzeptierte Wechsel ankauft. Vor allem aber hat es sich eingebürgert, dass der Bezogene von sich aus einen bereits von ihm akzeptierten und mit den weiteren Daten ausgefertigten Wechsel an den Aussteller (Warenverkäufer) zahlungshalber sendet. In der Praxis braucht der Aussteller den Wechsel vor Weitergabe an seine Bank bzw. an einen Lieferanten nur noch zu unterzeichnen. Die bildhafte und der Rechtslage entsprechende Darstellung, nach der der Aussteller den Wechsel auf den Bezogenen zieht, wird bei diesem pragmatischen Ablauf in den Hintergrund gedrängt.

Exkurs: Annahme des Wechsels (Akzept)

Auslandsgeschäft: auch Tratten

Im Auslandsgeschäft werden auch solche gezogenen Wechsel in den Verkehr gebracht, die vom Bezogenen noch nicht akzeptiert sind (sog. Tratten). Beispielsweise zieht der Exporteur bei "**Dokumenteninkassi gegen Akzept**" einen Wechsel (eine Tratte) auf den Importeur und fügt diesen Wechsel seinem Inkassoauftrag mit der Maßgabe bei, dass die Inkassobank dem Importeur die (Versand-) Dokumente nur aushändigen darf, wenn dieser im Gegenzug diesen Wechsel annimmt (akzeptiert).

Akzept

Die Annahmeerklärung (das Akzept) umfasst die Unterschrift des Bezogenen auf der Vorderseite des Wechsels, regelmäßig in Verbindung mit dem Wort "angenommen" oder mit einem gleichbedeutenden Wort (vgl. Art. 25 Abs. 1 WechselG). Die **Unterschrift des Bezogenen** (das Akzept) ist handschriftlich zu vollziehen - im Gegensatz zur Unterschrift des Wechselausstellers und der Indossanten, die in einigen Ländern (jedoch nicht in Deutschland) auf mechanischem Weg hergestellt werden dürfen.

Sofern ein Wechselbegünstigter (Aussteller/Indossant) die **Echtheit** der Unterschrift des Akzeptanten (oder eines anderen Wechselverpflichteten) bzw. die Vertretungsbefugnis der Unterzeichner nicht prüfen kann, ist im Einzelfall daran zu denken, dass eine Bank oder ein Notar zur Bestätigung bzw. Beglaubigung der Unterschrift(en) beauftragt wird.

Durch die Annahme wird der Bezogene verpflichtet, den Wechsel bei Verfall zu bezahlen (vgl. Art. 28 Abs. 1 WechselG). Das Akzept darf **nicht an Bedingungen** geknüpft sein, allenfalls kann der Bezogene sein Akzept auf einen Teil der Wechselsumme beschränken (vgl. Art. 26 Abs. 1 WechselG).

Verweigerung des Akzepts

Im Wechselgesetz finden sich weitläufige Vorschriften zu Fristen und Fristbeschränkungen für die Vorlegung eines Wechsels zur Annahme (vgl. Art. 21ff. WechselG). Diese sind indessen nicht von großer praktischer Bedeutung. Wichtiger ist die Frage nach der Verweigerung der Annahme des Wechsels durch den Bezogenen. In diesem Fall hat der Inhaber des Wechsels diese Verweigerung durch eine **öffentliche Urkunde (Protest)** feststellen zu lassen. Davon ist der Inhaber des Wechsels nur befreit, wenn über das Vermögen des Bezogenen Konkurs bzw. das gerichtliche Vergleichsverfahren eröffnet worden ist (vgl. Art. 44 Abs. 6 WechselG) oder wenn der Wechselaussteller durch den Vermerk "ohne Protest", "ohne Kosten" o. Ä. (vgl. Art. 46 Abs. 1 und 3 WechselG) auf die Protesterhebung verzichtet.

Der rechtzeitig erhobene Protest mangels Annahme sichert dem Inhaber eines Wechsels den Rückgriff (Regress) auf die Indossanten und auf den Wechselaussteller.

Auslandswechsel

Zu den vorstehenden Ausführungen ist anzumerken, dass im Ausland **zum Teil andere Vorschriften** Gültigkeit haben, sodass der Exporteur gehalten ist, vor einer Wechselziehung Informationen bei seiner Hausbank einzuholen.

Die Offizielle deutsch-französische Industrie- und Handelskammer Paris weist beispielsweise auf eine im Frankreich-Geschäft zu be-

achtende Besonderheit hin: "Sollte das Akzept (vom französischen Bezogenen, Anm. d. Verf.) verweigert werden, so sieht ein Gesetz für bestimmte Fallgruppen Annahmezwang vor: Ist in einem Kaufvertrag zwischen Kaufleuten über Warenlieferungen auch eine Wechselzahlung vereinbart worden, so muss der Schuldner nach Erfüllung der Vertragspflichten durch den Aussteller den Wechsel nach Ablauf einer branchenüblichen Frist akzeptierten. Die Verweigerung des Akzeptes hätte sonst die sofortige Fälligkeit der Forderung zur Folge, wobei der Bezogene zur Zahlung sämtlicher Spesen und Gebühren gesetzlich verpflichtet ist" (Dresdner Bank AG Hrsg. 1988: S. 18f.). Die genannte Kammer empfiehlt den deutschen Exporteuren, ihre französischen Kunden ggf. auf diese Vorschrift hinzuweisen. Die Kammer macht aber im Übrigen darauf aufmerksam, dass sich die Vorschrift im Kaufvertrag abbedingen lässt.
In ihren "Besonderen Ländervorschriften" hat die Deutsche Bundesbank bei Wechseln, die auf Frankreich gezogen sind, festgelegt, dass das ggf. angegebene Akzeptdatum nicht vor dem Ausstellungsdatum liegen darf.

4. Verfallzeit (Ziffer (4) DIN-Wechselformular)

Alternative Angaben der Verfallzeit

Jeder Wechsel muss eine Verfallzeit aufweisen (vgl. Art. 1 WechselG). Das Wechselrecht lässt dazu **mehrere Möglichkeiten**. Ein Wechsel kann gem. Art. 33 WechselG gezogen werden:

- **Tagwechsel/Zeitwechsel**

- **Auf einen bestimmten Tag** (sog. Tagwechsel, manchmal auch als Zeitwechsel bezeichnet).
  Bei der Ausstellung von Inlandswechseln ist diese Verfallangabe, d.h. die Eintragung eines bestimmten Kalendertages als Verfalltag des Wechsels die Regel.

- **Datowechsel**

- **Auf eine bestimmte Zeit nach der Ausstellung des Wechsels** (sog. Datowechsel).
  Die Verfallzeit eines Datowechsels kann beispielsweise auf 6 Monate bzw. 180 Tage lauten, gerechnet ab dem Tag der Ausstellung des Wechsels. Bei einer derartigen Angabe der Verfallzeit stellt sich indessen rasch die Frage nach der genauen Bestimmung des Verfalltages:
  - Bei Angabe der Zeit in **Monaten** gilt:
    Ein Wechsel, der auf einen oder mehrere Monate nach der Ausstellung lautet, verfällt an dem entsprechenden Tag des Zahlungsmonats (vgl. Art. 36 Abs. 1 WechselG).
    Beispielsweise verfällt ein Datowechsel, der am 15.3. ausgestellt ist und eine Verfallzeit von 6 Monaten nach der Ausstellung (dato) aufweist, am 15.9. des betreffenden Jahres.
    Fehlt der entsprechende Tag des Zahlungsmonats (z.B. der 31.11.), so ist der Wechsel am letzten Tag des Monats (also am 30.11.) fällig (vgl. ebenda).
    Lautet der Wechsel auf einen oder mehrere Monate und einen halben Monat nach der Ausstellung, so werden die ganzen

Monate zuerst gezählt. Der Ausdruck "halber Monat" bedeutet 15 Tage (vgl. Art. 36 WechselG).

- Bei Angabe der Zeit in Tagen gilt:
  Der Verfalltag des Wechsels ist unter Zugrundelegung der in Tagen angegebenen Frist und ausgehend vom Ausstellungstag kalendermäßig und taggenau, d.h. unter Auszählung der Tage, zu bestimmen.

Im Inlandszahlungsverkehr kommen Datowechsel nicht, im Auslandszahlungsverkehr selten vor. Von praktischer Bedeutung sind die dargestellten Berechnungen des Verfalltags jedoch bei den unten angesprochenen Nachsichtwechseln.

- Sichtwechsel

- **Auf Sicht.**
  Ein sog. Sichtwechsel ist bei der Vorlegung zur Zahlung fällig. Ist keine andere Vereinbarung getroffen, dann muss ein Sichtwechsel innerhalb eines Jahres nach der Ausstellung zur Zahlung vorgelegt werden (vgl. Art. 34 Abs. 1 WechselG).
  Ein Sichtwechsel hat den Vorzug, dass im Kaufvertrag dessen Vorlage zur Zahlung in Abhängigkeit zur Abwicklung des Warengeschäfts oder des Dokumenteninkassos vereinbart werden kann. Allerdings gilt diese Vereinbarung im Kaufvertrag nicht wechselrechtlich und auch nicht gegenüber einem gutgläubigen Erwerber des Sichtwechsels, es sei denn, der Aussteller hat auf dem Wechsel vorgeschrieben, dass der Sichtwechsel nicht vor einem bestimmten Tag zur Zahlung vorgelegt werden darf (vgl. Art. 34 Abs. 2 WechselG).

Hinweis

Einzelheiten zur Bedeutung des Sichtwechsels als Sicherungsinstrument sind in Abschnitt "4.2.3.4 Sonderformen: Wechselziehungen bei Dokumente gegen Zahlung-Inkassi" beschrieben.

- Nachsichtwechsel

- **Auf eine bestimmte Zeit nach Sicht.**
  Beim Nachsichtwechsel wird der Verfalltag in Abhängigkeit zum Tag der Annahmeerklärung (Akzeptierung) des Bezogenen definiert. Die Annahmeerklärung des Bezogenen hat den Tag zu bezeichnen, an dem diese erfolgt ist. Ausgehend von diesem Tag ist unter Einbeziehung der Nachsichtfrist der Verfalltag des Nachsichtwechsels zu errechnen. Die rechnerische Fristbestimmung erfolgt wie beim Datowechsel beschrieben (vgl. Art. 36 WechselG).
  Ist in der Annahmeerklärung vom Akzeptanten ein Tag nicht angegeben worden, so gilt dem Akzeptanten gegenüber der Wechsel als am letzten Tag der für die Vorlegung zur Annahme vorgesehenen Frist (Vorlegungsfrist) angenommen (vgl. Art. 35 Abs. 2 WechselG). Die Vorlegungsfrist zur Annahme beläuft sich bei Nachsichtwechseln auf ein Jahr nach dem Tag der Ausstellung. Der Wechselaussteller kann jedoch eine kürzere oder längere Frist bestimmen. Die Indossanten können die Vorlegungsfristen abkürzen (vgl. Art. 23 WechselG).
  Nachsichtwechsel sind im Auslandsgeschäft von Bedeutung: Der Zeitpunkt der Annahme des Wechsels und damit der Beginn der Nachsichtfrist werden praktisch in die zeitliche Abhängigkeit zur Abwicklung des (Waren-)Grundgeschäfts gesetzt (z.B. beim Dokumenteninkasso "Dokumente gegen Akzept einer Nachsicht-

tratte"; vgl. Abschnitte "4.2.3.3.2 Alternative Wechsellaufzeiten" sowie "4.2.6.4 Abwicklung von "Dokumente gegen Akzept einer Nachsichttratte-Inkassi"). Die Nachsichtfrist gewährt dem Bezogenen (Importeur) das gewünschte Zahlungsziel. Der Exporteur kann den Wechsel von einer Bank diskontieren lassen, d.h. der Wechsel eröffnet ihm die (zinsgünstige) Refinanzierung.

Hinweis

Eine englischsprachige Nachsichttratte ist in Abschnitt "3.4.1 Einführung und Rechtsgrundlagen" abgebildet.

Wechsel mit anderen oder mit mehreren aufeinander folgenden Verfallzeiten sind nichtig (vgl. Art. 33 Abs. 2 WechselG). Ein Wechsel ohne Angabe der Verfallzeit gilt als Sichtwechsel (vgl. Art. 2 WechselG).

Verfalltag, Zahlungstag, Tag der letzten Vorlegung

Streng zu **unterscheiden** sind Verfalltag, Zahlungstag und Tag der letzten Vorlegung:

Verfalltag

- Verfalltag eines Wechsels ist der auf dem Wechsel eingetragene bzw. bestimmbare Kalendertag.

Zahlungstag

- Zahlungstag eines Wechsels ist grundsätzlich der Verfalltag. Ist jedoch der Verfalltag ein Sonn- bzw. Feiertag oder ein Samstag, dann kann die Zahlung erst am nächsten Werktag verlangt werden (vgl. Art. 72 Abs. 1 WechselG), d.h. der Zahlungstag des Wechsels liegt in diesen Fällen später als der Verfalltag.

Tag der letzten Vorlegung/sog. Protestfrist

- Der Tag der letzten Vorlegung wird ausgehend vom Zahlungstag eines Wechsels bestimmt. Gem. Art. 38 Abs. 1 WechselG hat die Vorlage des Wechsels zur Zahlung am Zahlungstag oder an einem der beiden folgenden Werktage zu erfolgen. Der Protest eines Wechsels mangels Zahlung muss nach deutschem Wechselrecht an einem der beiden auf den Zahlungstag folgenden Werktage erhoben werden (vgl. Art. 44 Abs. 3 WechselG); dies ist die sog. **Protestfrist.** Anzumerken ist, dass in der Praxis definitorische Probleme bei Wechseln bestehen, deren Verfalltag und Zahlungstag ein Freitag ist. In der Literatur findet sich die Empfehlung, bei derartigen Wechseln den folgenden Montag (und nicht den Dienstag) als letzten Tag der Vorlegung und damit als spätesten Protesttag zu definieren (vgl. Ashauer 1993: S. 53).

Auslandswechsel

Bei Wechseln, die auf das Ausland gezogen sind, gilt es jedoch, **länderweise Unterschiede** dieser sog. **Protestfrist** zu beachten. Sie beträgt beispielsweise in Frankreich 10 Werktage nach Fälligkeit (vgl. Jahn 1993, S. 41; Dresdner Bank AG Hrsg. 1988: S. 21). In Großbritannien darf dagegen der Protest bereits am Verfalltag erhoben werden. Er muss dort im Übrigen spätestens an dem auf den Verfalltag folgenden Werktag erhoben werden (vgl. Jahn 1993: S. 83).

5. Zahlungsort (Ziffer (5) DIN-Wechselformular)

Angabe einer Domizilstelle

Die Angabe des Zahlungsortes, die ebenfalls zu den gesetzlichen Bestandteilen eines Wechsels zählt, überlässt der Wechselaussteller

regelmäßig dem Bezogenen. Dies hängt damit zusammen, dass in der betrieblichen Praxis Wechsel (im Einklang mit Art. 4 WechselG) **fast ausschließlich bei Banken zahlbar** gestellt werden, und zwar im Normalfall bei einer der Hausbanken des Bezogenen (in Ausnahmefällen auch bei Drittbanken bzw. bei speziellen Finanzierungen auch bei der Hausbank des Wechselausstellers). Zahlungsort ist dann der angegebene Ort der Niederlassung der Bank, der zugleich Firmensitz (Wohnort) des Bezogenen sein kann, aber nicht sein muss.
Der Inhaber hat den Wechsel bei Fälligkeit der als Zahlstelle (Domizilstelle) bezeichneten Bank am angegebenen Ort vorzulegen und nicht dem Bezogenen. Nur für den Fall, dass kein besonderer Zahlungsort (keine Domizilstelle) angegeben ist, gilt (ersatzweise) der bei dem Namen des Bezogenen angegebene Ort als Zahlungsort (vgl. Art. 2 Abs. 3 WechselG).
Ist weder ein ausdrücklicher Zahlungsort (bei der Domizilstelle) noch der Wohnort (Firmensitz) des Bezogenen angegeben, dann gilt die Urkunde nicht als Wechsel (vgl. Art. 2 WechselG).

6. Ordervermerk (Ziffer (6) DIN-Wechselformular)

Wesentlicher Bestandteil eines gezogenen Wechsels ist der sog. Ordervermerk. Das ist die Angabe des Namens desjenigen, an den oder an dessen Order gezahlt werden soll (Remittent, Wechselnehmer, Wechselbegünstigter).

An eigene Order

Im Allgemeinen setzt der **Aussteller** eines gezogenen Wechsels sich **selbst als Remittent** ein, und zwar durch Angabe seiner Firma oder mit dem Vermerk "an eigene Order" oder einem ähnlichen Ausdruck ("an mich", "an uns" usw.). Dies hat gegenüber der Angabe eines Dritten den praktischen Vorzug, dass der Wechselaussteller erst später entscheiden kann, an wen er den Wechsel übertragen will.

An fremde Order

Bezeichnet der Aussteller dagegen ausdrücklich einen **Dritten als Remittenten** und ist dieser -wider Erwarten- nicht bereit, den Wechsel zahlungshalber hereinzunehmen (z.B. ein als Remittent eingetragenes Kreditinstitut), dann ist der Aussteller auf die Bereitschaft des eingetragenen Remittenten angewiesen, die Wechselrechte auf einen anderen oder auf den Wechselaussteller (zurück) zu übertragen (z.B. durch ein sog. Angstindossament).

Rektawechsel

Unzulässig ist die Angabe "an den Inhaber" o. Ä. im Ordervermerk, weil der Wechsel dadurch zu einem Inhaberpapier würde. Dagegen kann ein Wechsel den **Vermerk "nicht an Order"** tragen mit der Folge, dass ein solcher Wechsel (der als Rektawechsel bezeichnet wird) nur noch in Form und mit den Wirkungen einer gewöhnlichen Abtretung übertragbar ist (vgl. Art. 11 Abs. 2 WechselG).

7. Tag und Ort der Ausstellung (Ziffer (7) DIN-Wechselformular)

Wesentliches Erfordernis eines gezogenen Wechsels ist die Angabe des Tages und des Ortes der Ausstellung.

Bedeutung

Die Bedeutung dieser Norm scheint zunächst gering zu sein, zumal ein Wechsel ohne Angabe des Ausstellungsortes an dem Ort ausgestellt gilt, der beim Namen des Ausstellers angegeben ist (vgl. Art. 2 Abs. 4 WechselG). Die Bedeutung des Ausstellungsortes ist jedoch in rechtlicher Hinsicht sehr erheblich, weil dadurch das geltende **Länderrecht** bestimmt wird. Zwar richtet sich die Wirkung der Verpflichtungserklärung des Akzeptanten eines gezogenen Wechsels -soweit das Genfer Abkommen anwendbar ist- nach dem Recht des Zahlungsortes eines Wechsels. "Die Wirkungen der übrigen Wechselerklärungen bestimmen sich (im Einklang mit dem Genfer Abkommen, Anm. d. Verf.) nach dem Recht des Landes, in dessen Gebiet die Erklärungen unterschrieben worden sind" (Jahn 1993, S. 3).
Ist kein Ausstellungstag oder kein Ausstellungsort angegeben, dann ist der Wechsel nichtig.

8. Unterschrift des Ausstellers (Ziffer (8) DIN-Wechselformular)

Haftung des Ausstellers

Die Unterschrift des Ausstellers begründet seine Haftung für die **Annahme** und die **Zahlung** des Wechsels (vgl. Art. 9 Abs. 1 WechselG). Diese Haftung kann der Aussteller zwar für die Annahme des Wechsels durch den Vermerk "ohne Obligo" o. Ä. ausschließen, jedoch nicht für die Zahlung (vgl. Art. 9 Abs. 2 WechselG).
Dass der Aussteller die Haftung für die Zahlung des Wechsels nicht ausschließen kann, folgt aus der rechtlichen Konstruktion des Wechsels: Ein vom Bezogenen noch nicht akzeptierter Wechsel wäre für den jeweiligen Wechselinhaber ohne die Ausstellerhaftung in den Fällen wertlos, in denen der Bezogene den Wechsel weder akzeptiert noch zahlt.

Auslandswechsel

Bei Auslandswechseln sind **länderweise Besonderheiten** zu beachten. So weist die Deutsche Bundesbank in ihren "Besonderen Ländervorschriften" beispielsweise für Frankreich darauf hin, dass die Unterschrift des Ausstellers unmittelbar auf der Wechselurkunde angebracht sein muss und dass etwaige Unterschriften auf Steuermarken lediglich zu deren Entwertung dienen (vgl. Deutsche Bundesbank, Bekanntmachungen 1990: S. 135).

Anschrift

Zu seiner Unterschrift setzt der Aussteller regelmäßig -mit Stempel- seine Anschrift, die zwar nicht zu den gesetzlichen Bestandteilen zählt, die jedoch bei Weitergabe des Wechsels **praktisch unverzichtbar** ist.

Sonstige Formerfordernisse

Leitlinie

Neben den auf dem anzuwendenden Landesrecht beruhenden gesetzlichen Bestandteilen eines Wechsel sind einige weitere Formerfordernisse zu beachten. Diese weiteren Formerfordernisse sind jedoch länderweise recht verschieden und werden nicht selten auch noch von der Rechtsprechung unterschiedlich ausgelegt. Als **generell gültige Leitlinie** ist lediglich festzuhalten, dass beispielsweise

- dokumentenechte Schreibverfahren angewandt werden müssen;
- Streichungen, Radierungen (Löschungen) und Abänderungen auf den Wechseln unterlassen werden sollten;

- alle Angaben ausgeschrieben werden sollten (Ortsangaben, Datumsangaben usw.);
- alle Unterschriften handschriftlich und dokumentenecht vollzogen werden müssen;
- die Anschriften (Firmensitze) aller Wechselverpflichteten (also auch des Ausstellers und der Indossanten) genau anzugeben sind;
- ein Wechselanhang (Allonge), der beispielsweise zur Anbringung weiterer Indossamente erforderlich sein kann, die zur Bezeichnung des Wechsels erforderlichen Angaben enthalten muss.

Ausnahmen

Indessen gibt es sogar von dieser Leitlinie Ausnahmen, wie die folgenden Beispiele zeigen:

- "Auf in Frankreich ausgestellten gezogenen Wechseln dürfen die **Unterschriften** des Ausstellers und der Indossanten auf mechanischem Weg hergestellt werden. Das Gleiche gilt für die Unterschriften der Indossanten auf eigenen Wechseln. Sämtliche anderen Unterschriften müssen handschriftlich vollzogen sein" (Deutsche Bundesbank, Bekanntmachungen 1990: S. 135).
- In einigen Ländern werden **Wechselprolongationen** nicht ausdrücklich durch Ausstellung neuer Wechsel (mit einem neuen Ausstellungs- und Verfalldatum) vollzogen, sondern auch durch Abänderung des bisherigen Verfalldatums auf dem ursprünglichen Wechsel (z.B. in der Schweiz; vgl. Jahn 1993: S. 68).

3.4.2.2 Eigener Wechsel (Solawechsel)

Charakterisierung

Zahlungsversprechen des Ausstellers

Der eigene Wechsel umfasst das unbedingte Zahlungsversprechen **des Wechselausstellers**, eine bestimmte Geldsumme zu zahlen (vgl. Art. 75 WechselG). Die Formulierung des Zahlungsversprechens des Ausstellers eines eigenen Wechsels lautet: **"Gegen diesen Wechsel zahle ich..."** bzw. "Gegen diesen Wechsel zahlen wir...". Siehe Abbildung Nr. 3.4-06 am Ende des folgenden Abschnitts "Abwicklung".
Ein Bezogener existiert beim eigenen Wechsel nicht. Hauptschuldner und -wenn man von der Indossantenhaftung absieht- einziger Schuldner ist beim eigenen Wechsel vielmehr der Wechselaussteller. Er haftet in der gleichen Weise wie der Akzeptant eines gezogenen Wechsels (vgl. Art. 78 Abs. 1 WechselG).
Grundsätzlich sind die für den gezogenen Wechsel gültigen Vorschriften des Wechselgesetzes auch für den eigenen Wechsel gültig (vgl. Art. 77 WechselG).

Vorkommen

Im **Inland** ist die Begebung von eigenen Wechseln, die in der Praxis als **Solawechsel** bezeichnet werden, sehr selten. Dagegen kommen Solawechsel im **Auslandsgeschäft** durchaus vor, z.B. bei Forfaitierungen und bei Finanzierungen der Ausfuhr-Kredit GmbH (sog. AKA-Finanzierungen).

Abwicklung

Beispiel

Die Abwicklung der **Zahlung mit einem eigenen Wechsel** ist in den folgenden Abbildungen Nr. 3.4-06 und Nr. 3.4-07 dargestellt, wobei -unter Abänderungen- auf das beim gezogenen Wechsel zu Grunde gelegte Fallbeispiel zurückgegriffen ist: Die Elektronik GmbH, Frankfurt am Main, verkauft an die Sopeco SA im schweizerischen Lausanne elektronische Bauteile mit einem Kaufpreis von DM 570.000. Die Sopeco SA wünscht ein Zahlungsziel von 3 Monaten. Die Zahlung ist mit einem eigenen Wechsel (Solawechsel) lautend über DM 570.000 und einer Laufzeit von 3 Monaten ab Rechnungsdatum vereinbart.

Ausstellung

Nach Warenempfang stellt die Sopeco SA einen eigenen Wechsel (Solawechsel) mit einer Laufzeit von 3 Monaten ab Rechnungsdatum aus. Darin gibt die Sopeco SA als Wechselausstellerin mit der Formulierung **"Gegen diesen Wechsel zahlen wir..."** das unbedingte Versprechen ab, bei Fälligkeit des Wechsels die Summe von DM 570.000 zu bezahlen.

Zahlbarstellung

Diesen Solawechsel stellt die Sopeco SA bei ihrer Hausbank, der Crédit Suisse, Genève, zahlbar und erteilt dieser **Zahlstelle (Domizilstelle)** (bereits im Zeitpunkt der Wechselausstellung oder später) den Auftrag zur Einlösung des Solawechsels bei Fälligkeit.

Weitergabe

Als **Remittent** (Wechselnehmer) trägt die Sopeco SA durch entsprechenden Ordervermerk ihren Warenlieferanten, die Elektronik GmbH, Frankfurt am Main, ein und übersendet dieser den Solawechsel zahlungshalber (erfüllungshalber).

Diskontierung usw.

Die Elektronik GmbH kann die Rechte des Solawechsels mit **Indossament** auf ihre Bank übertragen und auf dieser Grundlage einen Diskontkredit erlangen. Bei Fälligkeit wird der Solawechsel der Domizilstelle (Crédit Suisse, Genève) zur Zahlung vorgelegt.

Abbildung

Die **Abbildung 3.4-06** zeigt einen **Solawechsel**, der auf dem obigen Beispiel beruht, sowie dessen Rückseite mit einem Vollindossament.

Abbildung

In **Abbildung 3.4-07** ist die Grundstruktur des eigenen Wechsels (des Solawechsels) dargestellt, insbesondere die **Wechselbeteiligten** und die **Abwicklung**.

Praktische Bedeutung

Weitergabe mit Haftungsausschluss

- Angstindossament

Die praktische Bedeutung des Solawechsels liegt weniger in der normalen Diskontierung, als vielmehr in der Möglichkeit, dass der **Remittent** (Wechselnehmer) den Solawechsel an Dritte (z.B. an eine Bank) mit einem sog. **Angstindossament**, das seine wechselrechtliche **Haftung ausschließt**, weitergeben kann (im abgebildeten Solawechsel wäre in diesem Fall das Indossament mit dem Zusatz "ohne Obligo", "ohne Regress", "ohne Haftung" o. Ä. zu ergänzen; Einzelheiten zum Angstindossament siehe Abschnitt 3.4.2.3.2). Bei Nichteinlösung des Solawechsels durch den Aussteller (Sopeco SA) kann in diesem Fall -wegen des Angstindossaments- auf den Remittenten (Elektronik GmbH) nicht Rückgriff genommen werden. Eine solche Abwicklung wird in der Praxis gewählt, wenn eine

Sola-Wechsel

Lausanne, den 10. Juli 19..
Ort und Tag der Ausstellung (Monat in Buchstaben)

Vermerke in dieser Spalte sind nur für die Kreditinstitute bestimmt und gehören nicht zum Wechseltext

Nr. d. Zahl.-Ortes	Zahlungsort	Verfalltag
	Genève	10.10.19..

Gegen diesen **Sola-Wechsel** zahlen wir am 10. Oktober 19..
Monat in Buchstaben

an Elektronik GmbH, Industriepark, D-60329 Frankfurt/M DM 570.000,--
Betrag in Ziffern

Deutsche Mark fünfhundertsiebzigtausend------------------------------ Pfennig wie oben
Betrag in Buchstaben

Zahlbar in Genève
Zahlungsort
bei Crédit Suisse
Name des Kreditinstituts
z. L. Konto Nr.

SOPECO SA
28 Rue Saint-Charles
CH-1002 Lausanne
Unterschrift und genaue Anschrift des Ausstellers

Stempelmarken auf der Rückseite unmittelbar unter diesem Rande aufkleben

01-405 6 82

An die Order der
Commerzbank AG
ELEKTRONIK GmbH
Industriepark
D-60329 Frankfurt/M

Abbildung 3.4-06

(Wechsel-)Forderung vom Remittenten (Exporteur) beispielsweise an eine Forfaitierungsgesellschaft, an eine Factoringgesellschaft oder an eine Bank verkauft werden soll und der Forderungskäufer vereinbarungsgemäß das Delkredererisiko zu übernehmen hat.

- fremde Order

Ist ein solcher Forderungsverkauf vom Exporteur mit einer Forfaitierungs- oder Factoringgesellschaft bzw. mit einer Bank bereits vor Abschluss des Kaufvertrags mit dem Importeur vereinbart, dann ist es grundsätzlich auch möglich, diese **Gesellschaft (Bank)** unmittelbar als **Remittenten** in den Solawechsel einzutragen, sodass der Exporteur auf dem Solawechsel gar nicht in Erscheinung tritt und somit für ihn wechselrechtliche Haftungsfragen überhaupt nicht entstehen. In der Praxis ist diese Vorgehensweise allerdings die Ausnahme.

Wechselsteuer

Eine früher gegebene Begründung für die Verwendung von Solawechseln im Auslandsgeschäft (insbesondere Zahlungen ausländischer Importeure an deutsche Exporteure mit Solawechseln statt mit gezogenen Wechseln), nämlich Vorteile bezüglich der Wechselsteuer, ist **seit 1.1.1992 entfallen**: Die deutsche Wechselsteuer, die im internationalen Vergleich von erheblichem Gewicht war, wurde ab diesem Stichtag abgeschafft.

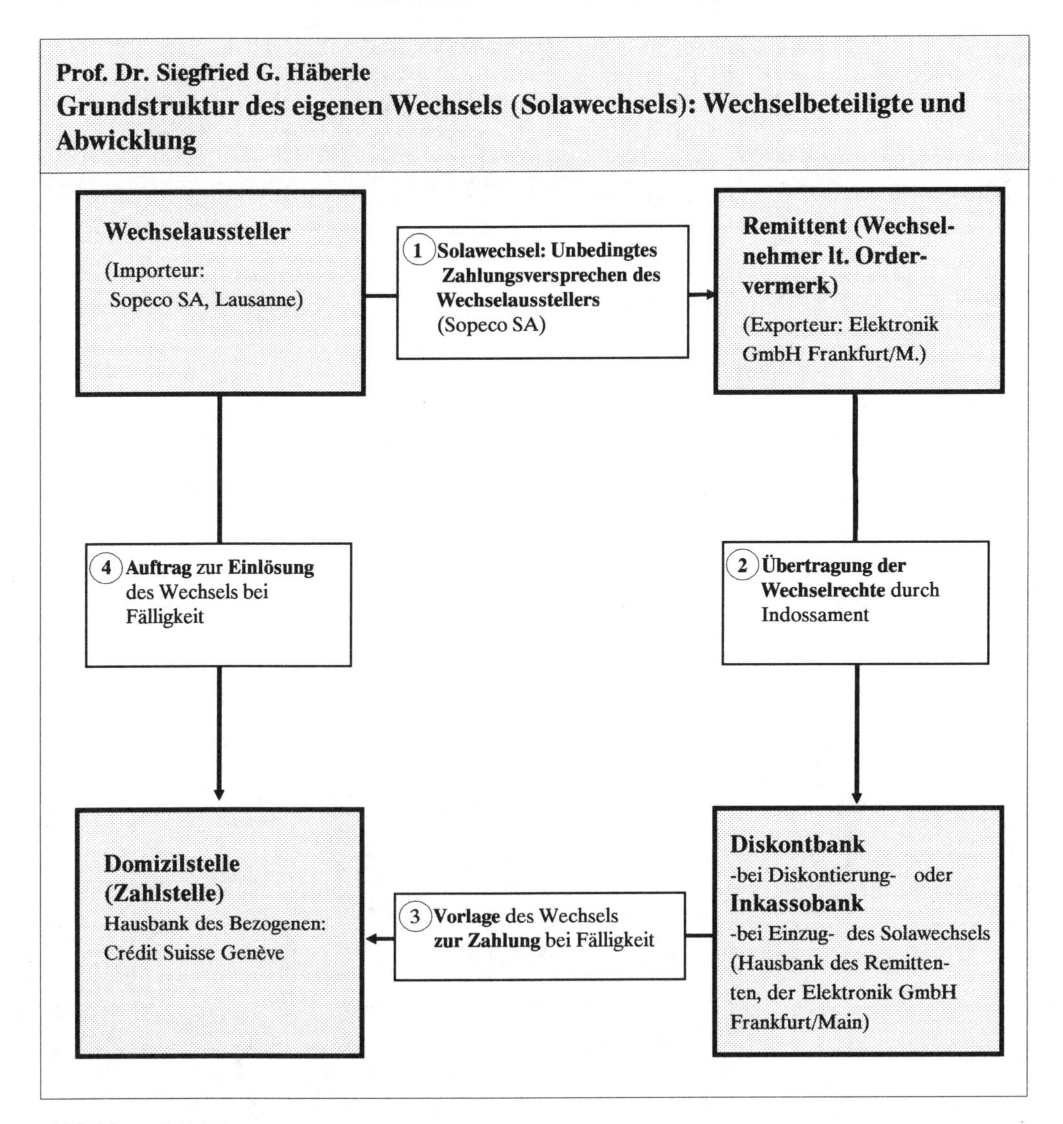

Abbildung 3.4-07

Promissory Note

Eine "promissory note" umfasst eine schriftliche Zahlungsverpflichtung des Ausstellers z.B. mit der Formulierung: "**...against this promissory note I (We) promise to pay...**". Die "promissory note" richtet sich nach den gesetzlichen Bestimmungen des Landes, in dem sie ausgefertigt wird. Die eigentliche "promissory note" trägt nicht die Bezeichnung "(Eigener) Wechsel", ist aber -zumindest betriebswirtschaftlich gesehen- mit dem Solawechsel vergleichbar (Deutsche Bank AG 1988: S. 259).
Es muss jedoch im Einzelfall geprüft werden, welchen **Rechtscharakter** die "promissory note" tatsächlich aufweist. So finden sich

in der Praxis auch "promissory notes" mit der Formulierung "I (We) promise to pay against this bill of exchange...".
Zu beachten ist überdies, dass in der betrieblichen Praxis manchmal von "promissory note" gesprochen wird, obwohl in Wirklichkeit ein Solawechsel ausgestellt ist.

Abbildungen

Die **Abbildungen 3.4-08** und **3.4-09** zeigen zwei "promissory notes" mit den unterschiedlichen, oben angesprochenen Formulierungen.

· PROMISSORY NOTE ·

For ____________
Amount in figures

____________ Place and date of issue
____________ Name of month in letters 19 ____

On ____________ against this promissory note I (We) promise to pay

To ____________ or Order

the sum of: ____________
Amount in words

FOR VALUE RECEIVED

payable at:

Signature and full address of maker

Stamps on the reverse side

Formularverlag CW Niemeyer, Werkstr. 7, 3250 Hameln, (0 51 51) 20 03 24, FS 9 24 745, Fax 6 77 06
Wuppertal (02 02) 50 20 31, Offenbach (0 69) 86 26 82, Weil der Stadt (0 70 33) 3 49 40

e. So. W.

Abbildung 3.4-08

PROMISSORY NOTE

Bangkok the August 20, 19..
Place and date of drawing (Name of month in letters)

Bangkok	28.02...
Place of Payment	Date of maturity

Muster

I (We) promise to pay against this bill of exchange on February 28, 19..
(Name of month in letters)

the amount of DM 870.000,--

say: Deutsche Marks eighthundredseventythousand ---------

to the order of W+M Automationsfabrikation GmbH, PF 27, 7000 Stuttgart 1

Payable at: Thai Military Bank
Bangkok/Thailand

Thai Paper Corp.
Bangkok Thailand
Signature and address of drawer

Stamps on the reverse side

550/00/7
90314

Abbildung 3.4-09

3.4.2.3 Gemeinsam gültige Merkmale und Abwicklungen

3.4.2.3.1 Ausländische Wechselsteuer

Auslandsrecht

Die deutsche Wechselsteuer ist seit 1.1.1992 abgeschafft. Insoweit haben deutsche Exporteure bzw. Importeure, die mit Wechseln arbeiten, nur noch das ausländische Wechselsteuerrecht zu beachten. Das Wechselsteuerrecht im Ausland kennt unterschiedliche **Bemes-**

sungsgrundlagen (z.B. in Abhängigkeit zum Nennwert des Wechsels oder davon unabhängig) und unterschiedliche **Steuersätze**. Zum Teil sind die Wechselsteuermarken nicht mit Datum, sondern mit Unterschrift zu entwerten. Auskünfte erteilen die Banken und die Industrie- und Handelskammern.
Beispiele ausländischer Wechselsteuer finden sich auch in den "Besonderen Ländervorschriften" der Deutschen Bundesbank.

3.4.2.3.2 Übertragung der Wechselrechte

Charakterisierung, Voll- bzw. Blankoindossament

Indossament

Der **Remittent**, das ist derjenige, an den bzw. an dessen Order der Wechsel gezahlt werden soll, kann den Wechsel durch Indossament auf andere übertragen. Da sich beim gezogenen Wechsel in der Regel der Aussteller selbst als Remittent (mit dem Vermerk "an eigene Order" o. Ä.) einträgt, ist es in der Praxis auch der Aussteller, der die erste Übertragung des Wechsels vornimmt. Das Indossament wird im Allgemeinen auf die Rückseite des Wechsels gesetzt und vom Übertragenden, der als **Indossant** bezeichnet wird, unterschrieben (vgl. Art. 13 Abs. 1 WechselG).

Voll-/Blankoindossament

Wird der **neue Wechselberechtigte (Indossatar)** im Indossament ausdrücklich genannt, dann liegt ein sog. Vollindossament vor. Ist dagegen der Indossatar nicht genannt, sondern lediglich die Unterschrift des Übertragenden (Indossanten) auf die Rückseite des Wechsels gesetzt, dann spricht man von einem Blankoindossament (vgl. Art. 13 Abs. 2 WechselG). Sollte der Empfänger des Wechsels -wider Erwarten- den Wechsel nicht diskontieren bzw. nicht zahlungshalber hereinnehmen, dann belässt das Blankoindossament die Möglichkeit, den Wechsel ohne erneutes Indossament und für Außenstehende nicht erkennbar an den Übertragenden zurückzugeben.
Der in Abschnitt 3.4.2.1.1 abgebildete gezogene Wechsel trägt ein Vollindossament.

Funktionen

Ein Indossament erfüllt drei Funktionen:
- Transportfunktion,
- Garantiefunktion,
- Legitimationsfunktion.

- Transportfunktion

- Das Indossament **überträgt alle Rechte** auf den Indossatar (Vollindossament) bzw. -falls ein Indossatar nicht genannt ist (Blankoindossament)- auf den Inhaber (vgl. Art. 14 WechselG).

- Garantiefunktion

- Ein **Indossant haftet** für die Annahme und für die Zahlung des Wechsels (Art. 15 WechselG). Jeder Indossant kann somit im Zuge des Rückgriffs (Regress) in Anspruch genommen werden. Der Indossant kann jedoch seinerseits auf die Vorindossanten Rückgriff nehmen, sofern diese die Haftung nicht durch ein sog. Angstindossament (siehe unten) ausgeschlossen haben. In jedem

Fall kann der Indossant auf den Wechselaussteller Rückgriff nehmen, weil dieser die Haftung nicht ausschließen darf.

- Legitimationsfunktion

- Durch eine **ununterbrochene Reihe von Indossamenten** weist derjenige, der den Wechsel in Händen hat, nach, dass er rechtmäßiger Inhaber ist. Dies gilt auch, wenn das letzte Indossament ein Blankoindossament ist.

Angstindossament

Haftungsausschluss

Ein Indossant kann seine Haftung ausschließen, indem er einen **Zusatz** wie beispielsweise "**ohne Obligo**", "ohne Haftung", "ohne Regress", "without recourse", "sans recours" o. Ä. im Indossament anbringt. Ein solches **sog. Angstindossament** kommt in der Praxis beispielsweise vor, wenn eine (Wechsel-) Forderung an eine Forfaitierungsgesellschaft verkauft wird und diese das Forderungsausfallrisiko uneingeschränkt übernimmt.

Vollmachtsindossament (Inkassoindossament)

Form

Ein besonderes Indossament ist das Vollmachtsindossament, auch Inkassoindossament genannt, das den **Zusatz "Wert zur Einziehung"**, "zum Inkasso", "in Prokura" o. Ä. aufweist. Damit beauftragt und bevollmächtigt der Indossant eine Bank mit dem Einzug des Wechsels und mit der Gutschrift nach Eingang des Gegenwerts.

Haftungsausschluss

Beim Inkassoindossament **entfällt** die **Haftung des Indossanten** und somit die Garantiefunktion des Indossaments. Dies leuchtet ein, weil der Indossant bei dieser Indossamentform von dem nachfolgenden Wechselinhaber einen Gegenwert ohnehin erst nach erfolgter Zahlung durch den Hauptschuldner (Akzeptant beim gezogenen Wechsel; Aussteller beim eigenen Wechsel) erhält.

Rektaindossament

Form/Wirkung

Durch den **Zusatz "nicht an Order"** o. Ä. im Indossament entsteht ein Rektaindossament. Dies bewirkt, dass die Haftung des Indossanten nur gegenüber seinem unmittelbaren Indossatar gilt, nicht dagegen gegenüber eventuellen weiteren Indossanten.
Im Gegensatz zum Rektavermerk des Wechselausstellers, der einen Wechsel zum Rektawechsel macht (also zu einem Wechsel, der nur noch durch Abtretung übertragen werden kann), wird durch ein Rektaindossament die Weitergabe des Wechsels durch Indossament nicht untersagt.

3.4.2.3.3 Wechselbürgschaft (Wechselaval)

Bankaval

Insbesondere bei längerfristigen Exportfinanzierungen treffen die Beteiligten häufig die Vereinbarung, dass die Forderung des Exporteurs durch eine **Bürgschaft** der **Bank** des Importeurs bzw. durch eine andere Bank abzusichern ist. Viele mittel- bis langfristigen Exportforderungen werden erst auf Grundlage einer solchen Bankbürgschaft/Bankgarantie (Oberbegriff: Bankaval) forfaitierfähig, d.h. an ein Forfaitierungsunternehmen oder an eine Bank verkäuflich.

Wechselaval

Sofern die Forderung des Exporteurs in Wechselform gekleidet ist, übernimmt die sichernde Bank eine Wechselbürgschaft, die in der Fachsprache im Allgemeinen als Wechselaval bezeichnet wird. In der Regel unterzeichnet die bürgende Bank auf der Vorderseite des Wechsels mit dem **Zusatz "per Aval"**, "als Bürge" o. Ä. Dabei ist anzugeben, **für wen** die Bürgschaft geleistet wird (beim gezogenen Wechsel im Allgemeinen für den Bezogenen/Akzeptanten). Fehlt ein entsprechender Hinweis, dann gilt die Bürgschaft für den Aussteller (vgl. Art. 31 Abs. 4 WechselG).

Haftung

Der **Wechselbürge haftet in der gleichen Weise** wie derjenige, für den er sich verbürgt hat.
Hat ein Wechselbürge den Wechsel bezahlt, dann haften ihm derjenige, für den er sich verbürgt hat sowie diejenigen, die diesem wechselmäßig haften (vgl. Art. 32 WechselG).

3.4.2.3.4 Wechselprotest, Protesterlass, Regress, Wechselprozess u. Ä.

Wechselprotest mangels Zahlung

Nach deutschem Recht

Der Inhaber eines Wechsels kann auf die Indossanten, den Aussteller und die anderen Wechselverpflichteten bei Verfall des Wechsels **Rückgriff** nehmen, wenn der Wechsel nicht bezahlt worden ist (vgl. Art. 43 Abs. 1 WechselG). Die Verweigerung der Zahlung muss durch eine **öffentliche Urkunde** festgestellt werden (vgl. Art. 44 Abs. 1 WechselG). Nach deutschem Wechselrecht sind dies Notare und Gerichtsbeamte (Gerichtsvollzieher).

Nach ausländischem Recht

In den meisten Ländern ist ein dem deutschen Recht **vergleichbarer Personenkreis** zur Ausstellung von Protesturkunden berechtigt. Manchmal sind im Ausland zum Protest aber auch andere Personen befugt:

- Beispielsweise kann in Dänemark im Notfall die Verweigerung der Zahlung auch durch zwei vertrauenswürdige Personen festgestellt werden (vgl. Jahn 1993: S. 29).
- In Griechenland kann an die Stelle des notariellen Protestes "... auch eine von dem Bezogenen auf den Wechsel selbst geschriebene, datierte und unterzeichnete Erklärung treten, mit welcher ... die Zahlung verweigert wird" (Jahn 1993: S. 44). Jahn weist jedoch sogleich darauf hin, dass der notarielle Protest wegen der größeren Beweiskraft stets vorzuziehen ist (vgl. ebenda, 1993: S. 44).

Protestfrist

Der Protest mangels Zahlung muss nach **deutschem Recht** an einem der beiden auf den Zahlungstag folgenden Werktage erhoben werden (vgl. Art. 44 Abs. 3 WechselG). Im **Ausland** ist diese sog. Protestfrist dagegen nicht immer so kurz gefasst (Einzelheiten zum Verfalltag, zum Zahlungstag und zum letzten Vorlegungstag siehe Abschnitt 3.4.2.1.2 "Rechtliche Merkmale...", Stichwort: "4. Verfallzeit").

Konkurs u. Ä.

Ist über das Vermögen des Bezogenen Konkurs oder das gerichtliche Vergleichsverfahren eröffnet worden, dann genügt es nach deutschem Wechselrecht zur Ausübung des Rückgriffsrechts, dass der entsprechende **Gerichtsbeschluss** über die Eröffnung des genannten Verfahrens vorgelegt wird (vgl. Art. 44 Abs. 6 WechselG). Im **Ausland** ist dies zum Teil aber anders geregelt. So muss beispielsweise nach türkischem Recht -trotz Eröffnung des gerichtlichen Vergleichsverfahrens- Protest erhoben werden (vgl. Jahn 1993: S. 80f.). Die bloße Zahlungseinstellung des Bezogenen reicht im Übrigen auch nach deutschem Recht zur Ausübung des Rückgriffsrechts nicht aus.
Der Inhaber des Wechsels muss seinen unmittelbaren Vormann und den Aussteller vom Unterbleiben der Zahlung **benachrichtigen** (vgl. Art. 45 WechselG). Häufig geschieht dies durch die rechtzeitige Rücksendung des unbezahlten Wechsels.

Protesterlass

Form und Wirkung

Der Aussteller sowie jeder Indossant oder Wechselbürge kann durch den **Vermerk "ohne Kosten"**, **"ohne Protest"**, o. Ä. auf dem Wechsel den Inhaber von der Verpflichtung befreien, zum Zweck der Ausübung des Rückgriffs Protest mangels Zahlung erheben zu lassen. Ist der Vermerk vom Aussteller beigefügt, dann wirkt er gegenüber allen Wechselverpflichteten; ist er von einem anderen Wechselbeteiligten beigefügt, dann wirkt er nur diesem gegenüber (vgl. Art. 46 WechselG).
Die Deutsche Bundesbank sieht in ihren "Ländervorschriften" konsequenterweise für Frankreich vor, dass ein Wechsel mit "Ohne Kosten"-Vermerk ("sans frais") im Akzept nur dann ankaufsfähig ist, wenn er vom Aussteller ebenfalls "ohne Kosten" gestellt worden ist (vgl. Deutsche Bundesbank 1990: S. 135).

Protestliste

Ein Protesterlass liegt vor allem im Interesse des Bezogenen. In vielen Ländern werden nämlich mangels Zahlung erhobene Proteste in eine sog. **Wechselprotestliste** eingetragen, die zum Teil sogar gerichtlich geführt wird und öffentlich zugänglich ist (z.B. in Frankreich und Italien; vgl. Jahn 1993: S. 41 und S. 48). In der Bundesrepublik wird eine solche Liste vom Bundesverband deutscher Banken zusammengestellt und den Kreditinstituten zur Verfügung gestellt. Es ist keine Frage, dass ein Eintrag in die Protestliste die **Kreditwürdigkeit** und die Möglichkeit zur Kreditbeschaffung eines Bezogenen nachhaltig beeinträchtigen und u.U. sogar seine Insolvenz auslösen kann.

Empfehlung

Obwohl auch nach ausländischem Recht ein Protesterlass meistens möglich ist, ist es bei Auslandswechseln in den meisten Fällen empfehlenswert, aus Beweisgründen auf eine **Protesterhebung nicht zu verzichten**. Von dieser Empfehlung kann nur abgerückt werden, wenn sichergestellt ist, dass sich die rechtliche Stellung des Ausstellers oder Wechselinhabers eines unbezahlt gebliebenen Wechsels mangels Protesterhebung nicht verschlechtert.

Auch betriebswirtschaftlich gesehen sollte ein Protesterlass nur in den Fällen erwogen werden, in denen die Seriosität und die Zahlungsfähigkeit des Akzeptanten (des Importeurs) auf Grundlage längerer Geschäftsbeziehungen bekannt ist und (Teil-)Prolongation von Anfang an vereinbart oder zu erwarten ist.

Rückgriff (Regress)

Haftung

Der Inhaber eines Wechsels, dessen Zahlung durch den Bezogenen verweigert ist, kann auf die **Indossanten** -soweit diese die Haftung nicht ausdrücklich durch ein Angstindossament ausgeschlossen haben-, auf einen eventuellen **Wechselbürgen** oder auf den **Wechselaussteller** Rückgriff nehmen. Jeder Einzelne dieser Wechselbeteiligten haftet dem Wechselinhaber als Gesamtschuldner (vgl. Art. 47 Abs. 1 WechselG).

Reihenfolge

Beim Rückgriff ist der Inhaber des Wechsels nicht an die Reihenfolge gebunden, in der sich diese Wechselbeteiligten verpflichtet haben; mit anderen Worten: Der Wechselinhaber kann an der Stelle eines sog. **Reihenrückgriffs** einen sog. **Sprungrückgriff** vollziehen und denjenigen bzw. gemeinsam diejenigen Verpflichteten in Anspruch nehmen, die ihm besonders solvent erscheinen.

Fristversäumnis

Nach deutschem Recht **verliert der Wechselinhaber seine Wechselrechte** gegen die Indossanten, den Aussteller und alle anderen Wechselverpflichteten, mit **Ausnahme des Akzeptanten**, wenn er die Frist für die Erhebung des Protestes mangels Zahlung bzw. im Falle des Vermerks "ohne Kosten" (Protesterlassvermerk) für die Vorlage zur Zahlung versäumt (vgl. Art. 53 Abs. 1 WechselG). Es bleibt dem Wechselinhaber aber der Anspruch auf Herausgabe der Bereicherung, sofern sich die übrigen Wechselverpflichteten mit dem Schaden des Wechselinhabers bereichern würden (vgl. Art. 89 WechselG).

Ausland

Gemäß dem einschlägigen Recht in Belgien, Frankreich, Italien, Luxemburg, den Niederlanden und in der Schweiz hat der Inhaber eines unbezahlt gebliebenen oder nicht akzeptierten Wechsels neben dem wechselrechtlichen Rückgriffsanspruch einen **zusätzlichen Rechtsanspruch an den Wechselaussteller**: Der Wechselinhaber hat "...auch Anspruch auf die Forderung des Ausstellers gegen den Bezogenen aus dem zu Grunde liegenden Geschäft (auf die so genannte Deckung). Gegenüber anderen Gläubigern des Ausstellers ist der Wechselinhaber in Bezug auf die Deckungsforderung bevorrechtigt" (Jahn 1993: S. 28).

Wechselprozess/ Wechselmahnverfahren

Wechselprozess

Auf Grundlage eines protestierten Wechsels eröffnet sich dem jeweiligen Wechselinhaber nach deutschem Recht die Möglichkeit, im sog. Wechselprozess gegen die übrigen Wechselverpflichteten (nach erfolgtem Rückgriff klagt im Allgemeinen der Wechselaussteller gegen den Bezogenen) zu klagen. Im Vergleich zu einem ordentlichen Prozess weist der Wechselprozess nach deutschem Recht gewichtige **Vorteile** auf:

- Urkunden

- Der Wechselprozess ist ein **Urkundenprozess**, d.h. im Allgemeinen sind die **Beweismittel** der Parteien auf den Wechsel, die

Protesturkunde und die Rückgriffsrechnung(en) (zum Nachweis der Rückgriffskosten) begrenzt. Zeugenvernehmung erfolgt nicht, Parteivernehmung nur in Ausnahmefällen.

- Einreden

- Die **Einreden** des Beklagten sind **beschränkt**. Zulässig sind im Wesentlichen nur Einwendungen, die sich aus dem Wechsel selbst (z.B. Zweifel an der Echtheit des Akzeptes, an der Urkunde, an der Berechtigung des Klägers zu klagen u.a.) ergeben. Diese, auf den Wechsel bezogenen Einreden, kann der Beklagte gegen jeden Kläger geltend machen. Dagegen sind Einreden, die sich auf das Grundgeschäft (z.B. der Nichterfüllung des Warengrundgeschäfts) oder auf andere Vereinbarungen (z.B. Prolongationszusagen) beziehen, nicht gegenüber Klägern zulässig, die den Wechsel gutgläubig erworben haben, sondern unter bestimmten Voraussetzungen nur gegenüber demjenigen, mit dem diese Vereinbarung getroffen wurde.

- Ladefristen

- Die **Einlassungsfristen** (sog. Ladefristen, das sind die Zeiträume zwischen der Zustellung der Klage und der mündlichen Verhandlung) sind beim Wechselprozess sehr kurz bemessen.

- Urteil

- Wenn vom Beklagten keine bzw. keine tragfähigen Einreden vorgetragen sind, wird dieser im ersten Verhandlungstermin zur Zahlung verurteilt. Dieses **Urteil ist sofort vollstreckbar**.
  Erhebt der Beklagte dagegen Einreden, die er in der Verhandlung nicht beweisen kann, dann ergeht lediglich ein Vorbehaltsurteil, das ihm Gelegenheit gibt, im sog. Nachverfahren den Beweis anzutreten.

Wechselmahnverfahren

Auch das Wechselmahnverfahren (sog. Wechselzahlungsbefehl) ist -was die Beweismittel und den zeitlichen Ablauf anlangt- **ähnlich wie der Wechselprozess** strukturiert. Dieses gerichtliche Mahnverfahren bietet sich an, wenn vom Schuldner keine Einreden zu erwarten sind und zur Einsparung von Prozesskosten.

Ausland

Bei der Durchsetzuung der Ansprüche aus **protestierten Auslandswechseln** sind die Verfahren zum Teil analog dem deutschen Verfahren geregelt, zum Teil sind aber auch erhebliche **Abweichungen** zu berücksichtigen (vgl. Jahn, 1993: S. 31, 42, 49, 55f.).

Beispiele:

- In **Dänemark** gibt es zwar den Wechselprozess mit einem beschleunigten Verfahren, jedoch kein gerichtliches Mahnverfahren.
- In **Italien** gilt ein mangels Zahlung protestierter Wechsel unter bestimmten Voraussetzungen bereits als Vollstreckungstitel (allerdings nicht für in Deutschland ausgestellte Wechsel).
- Das **niederländische** Recht kennt keinen besonderen Wechselprozess, dafür aber u.U. rasch greifende gerichtliche Maßnahmen.
- "In **Frankreich** gibt es ein dem deutschen Mahnverfahren ähnelndes vereinfachtes und beschleunigtes Verfahren, in dem Wechselforderungen geltend gemacht werden können.
  Einen Wechselprozess wie in der deutschen Zivilprozessordnung gibt es in Frankreich nicht. Auf Grund eines mangels Zahlung protestierten Wechsels kann jedoch die gerichtliche

Sicherstellung von Vermögenswerten des Schuldners - ohne Sicherheitsleistung des Gläubigers - erwirkt werden. Danach hat der Gläubiger Zeit, im Zivilprozess einen vollstreckbaren Titel zu erwirken, um in die Vermögenwerte vollstrecken zu können. Die gerichtliche Sicherstellung bewirkt nur Schutz vor Verfügungen durch den Schuldner, sichert jedoch nicht vor dem Zugriff Dritter auf Grund eines vollstreckbaren Titels.
Nicht zulässig ist die Beschlagnahme eines Wechsels infolge von Streitigkeiten, die auf dem zu Grunde liegenden Geschäft beruhen" (Jahn 1993: S. 42).

Zu weiteren Ländern und zu Einzelheiten stehen u.a. die (deutsch-ausländischen) Industrie- und Handelskammern mit Informationen zur Verfügung.

Verjährung u.a.

Wegen der Verjährung wechselrechtlicher Ansprüche, dem Ehreneintritt, dem Verlust eines Wechsels u.a. spezieller Fragen wird auf das Wechselgesetz bzw. auf die **einschlägige Literatur** verwiesen.

3.4.3 Wechselarten nach wirtschaftlichen Merkmalen - Darstellung und Abwicklung -

3.4.3.1 Warenwechsel

3.4.3.1.1 Charakterisierung und Beurteilung

Grundstruktur

Dem Warenwechsel (häufig auch als Handelswechsel bezeichnet) liegt ein **Warengeschäft** zu Grunde: Der Warenverkäufer (Aussteller) zieht über den Warengegenwert (oder über einen Teilbetrag) einen Wechsel auf den Warenkäufer (Bezogener/Akzeptant). Die Laufzeit des Wechsels entspricht dem vereinbarten Zahlungsziel. Allerdings können auch Verlängerungen (Wechselprolongationen) vereinbart sein. In der Regel stellt der Bezogene solche Wechsel bei seiner Hausbank zahlbar.

Beurteilung durch den Bezogenen

Die wirtschaftliche Bedeutung des Warenwechsels liegt aus Sicht des Bezogenen

- im **Zahlungsziel**, das es ihm ermöglicht, mit dem Weiterverkaufserlös der Waren den Wechsel bei Fälligkeit einzulösen;
- im niedrigeren (Abnehmer-)**Zinssatz** als er beispielsweise für aufgenommene Kontokorrentkredite anfällt;
  Anmerkung: Der Abnehmerzinssatz ist derjenige Zinssatz, den der Warenverkäufer (Aussteller) dem Abnehmer (Bezogenen) direkt oder indirekt in Rechnung stellt;
- in der Möglichkeit der **Verlängerung** (Prolongation), sofern der Wechselaussteller (Warenverkäufer) damit einverstanden ist.

Allerdings ist der Bezogene -im Gegensatz zu einer nicht in Wechselform verbrieften Forderung, die in der Praxis eine gewisse Toleranz belässt- an die Wechselfälligkeit streng gebunden. Hinzu kommt die Stringenz des Wechselprozesses, die dem Bezogenen -zumindest gutgläubigen Erwerbern des Wechsels gegenüber- kaum Raum für Einreden lässt und rasch zu einem gegen ihn vollstreckbaren Titel führt.

Beurteilung durch den Aussteller

Die wirtschaftliche Bedeutung des Warenwechsels ist für den Aussteller begründet

- in der besonderen **Sicherheit**, die der Wechsel -im Gegensatz zu einer nicht in Wechselform gekleideten Forderung- durch das Wechselrecht verbrieft (Wechselprotest, Wechselprozess) bzw. durch die den Bezogenen disziplinierenden Folgen einer drohenden Eintragung in die sog. Wechselprotestliste;
- in der Möglichkeit, die Wechselforderung einfach und **zinsgünstig refinanzieren** (diskontieren) zu können;
- in der Möglichkeit, das **Wechselkursrisiko** bei Fremdwährungswechseln auf die diskontierende Bank **überwälzen** zu können.

Der Aussteller kann den Wechsel an einen Lieferanten weitergeben oder -was die Regel ist- von seiner Bank diskontieren lassen. Da die Wechselforderung neben dem Einreicher auch durch den Akzeptanten gesichert ist, eröffnen die Banken den Zugang zum Wechseldiskontkredit häufig ohne die ausdrückliche Bestellung weiterer Sicherheiten.
Der im Vergleich zu anderen Kreditzinsen niedrigere Diskontzins resultiert aus der Rediskontierbarkeit des Wechsels bei der Deutschen Bundesbank. Die Bundesbank kauft -insbesondere aus geldpolitischen Erwägungen- nur Wechsel an, denen ein Warengeschäft zugrunde liegt. Daneben stellt die Bundesbank weite Anforderungen an das anzukaufende Wechselmaterial (maximal 90 Tage Restlaufzeit im Zeitpunkt des Ankaufs, Bonität der Wechselverpflichteten, bei Inlandswechseln Zahlbarstellung an einem Ort, an dem die Bundesbank eine Niederlassung unterhält u.a.). Auf die Einhaltung dieser Bedingungen sollten die deutschen Exporteure und Importeure streng achten, um sich die zinsgünstige Refinanzierung ihrer Wechsel zu sichern. Ist nämlich ein Wechsel nicht bundesbankfähig, dann berechnen die diskontierenden Geschäftsbanken regelmäßig höhere Diskontzinsen.
Die Bedingungen der Deutschen Bundesbank zum "Ankauf von Auslandswechseln" sind im Kapitel 5.3 "Wechseldiskontkredite", unter Abschnitt 5.3.3 "Rediskontbedingungen der Deutschen Bundesbank" dargestellt.

3.4.3.1.2 Ziehung und Diskontierung eines Warenwechsels - schrittweise Abwicklung -

Abwicklung/Abbildung

Die Abwicklung einer **Wechselziehung** und die **Diskontierung** eines Wechsels durch die Bank des Wechselausstellers (Normalfall) ist in **Abbildung 3.4-10** dargestellt (eine Rediskontierung des Wechsels bei der Deutschen Bundesbank ist in die Darstellung nicht aufgenommen).

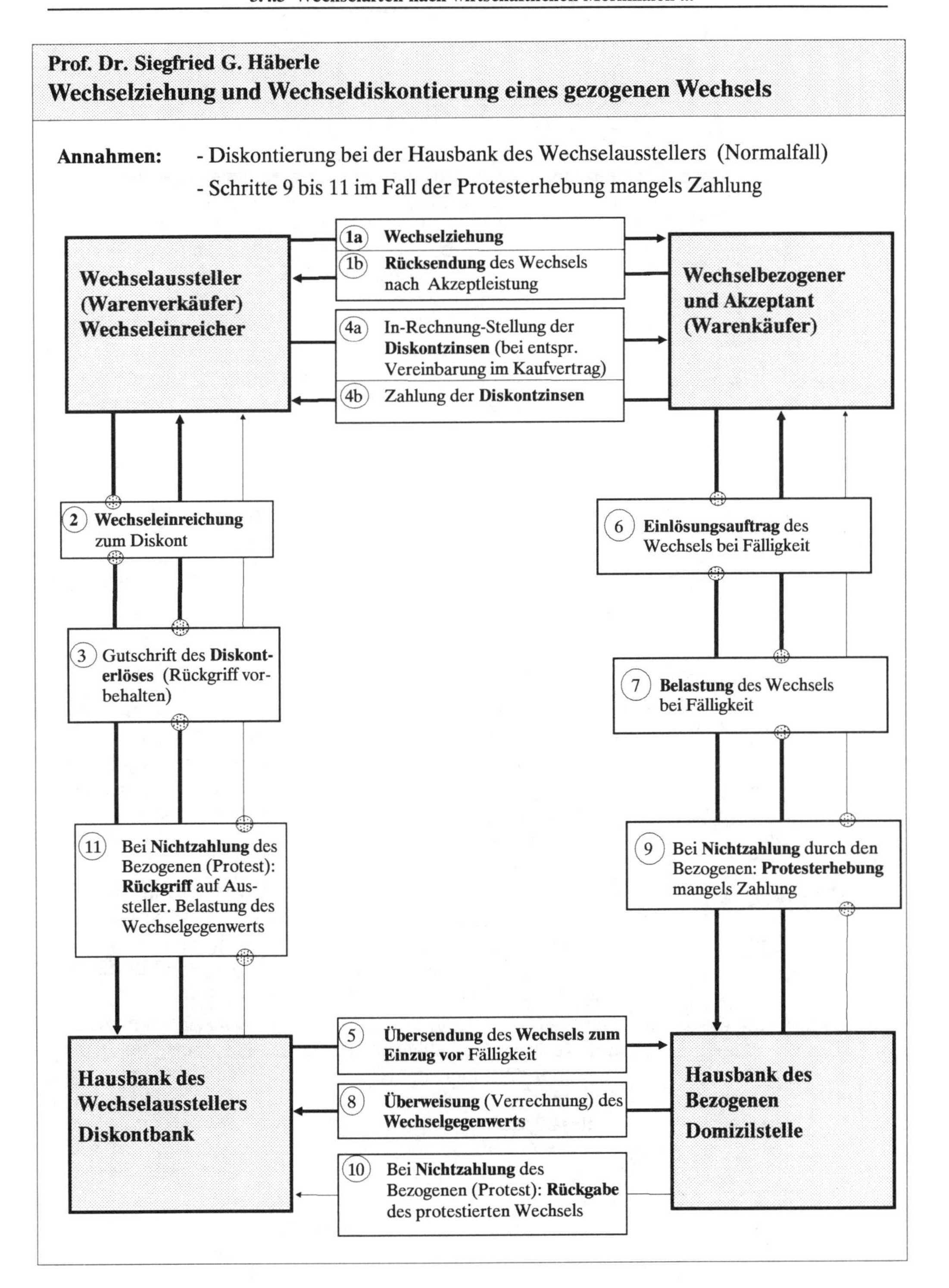

Abbildung 3.4-10

- Wechselziehung

1. Der Aussteller (Warenverkäufer) zieht einen Wechsel auf den Bezogenen (Warenkäufer), den dieser akzeptiert und dem Aussteller zurücksendet.
   Im Auslandsgeschäft läuft diese Abwicklung teilweise über Dokumenteninkassi "Dokumente gegen Akzept".
   Bei eingespielten Auslandsbeziehungen, vor allem aber im Inlandsgeschäft erfolgt diese Abwicklung im Allgemeinen vereinfacht: Der Warenkäufer (der Bezogene) sendet dem Warenverkäufer einen bereits ausgefüllten und akzeptierten Wechsel zahlungshalber zu, den dieser als Aussteller nur noch zu unterschreiben braucht. In der Praxis wird die Ausfertigung des Wechsels (die "Wechselziehung") somit häufig vom Bezogenen und Akzeptanten vollzogen.

- Wechseleinreichung

2. Der Aussteller reicht den Wechsel bei seiner Bank zum Diskont ein, was voraussetzt, dass ihm ein Wechseldiskontkredit eingeräumt ist oder wird.

- Diskontierung

3. Diese Bank schreibt dem Einreicher den Wechselbetrag nach Abzug der Diskontzinsen, also den Diskonterlös -eventuell nach Einholung von Bankauskünften über den Bezogenen- auf seinem Konto gut. Diese Gutschrift des Diskonterlöses steht unter dem Vorbehalt der Einlösung des Wechsels bei Fälligkeit durch den Bezogenen. Im Nichtzahlungsfall hat die Diskontbank ein Rückgriffsrecht auf ihren Einreicher (Wechselaussteller).

- Abnehmerzins

4. Im Kaufvertrag kann vereinbart sein, dass der Warenverkäufer (Aussteller) oder aber der Warenkäufer (Bezogene) die Diskontzinsen zu tragen hat. Der vom Aussteller dem Bezogenen in diesem Fall in Rechnung gestellte Zins (der sog. Abnehmerzins) muss nicht mit dem von der Bank tatsächlich berechneten Diskontzins identisch sein. Insbesondere im (mittel- bis langfristigen) Auslandsgeschäft ist die Höhe des Abnehmerzinses Ergebnis ausdrücklicher Verhandlungen zwischen Exporteur und Importeur und im Allgemeinen nicht mit dem berechneten Bankzins gleichzusetzen.

- Wechseleinzug

5. In der Abbildung ist unterstellt, dass die Diskontbank den Wechsel im Bestand (Portefeuille) behält, also nicht rediskontiert. In diesem Fall übersendet die Diskontbank den Wechsel kurze Zeit vor Verfall der Domizilstelle (eventuell unter Einschaltung von Korrespondenzbanken) zum Einzug.

- Einlösungsauftrag

6. Der Bezogene erteilt seiner Bank einen Auftrag zur Einlösung des Wechsels per Fälligkeit zulasten seines Kontos. Auf Grundlage ihrer Allgemeinen Geschäftsbedingungen können die Kreditinstitute einen Wechsel jedoch auch ohne ausdrücklichen Einlösungsauftrag zulasten des Kontos des Bezogenen einlösen, weil das Akzept (sofern dieses mit den bei der Bank hinterlegten Unterschriften übereinstimmt) die Bank dazu bevollmächtigt.

- Kontobelastung

7. Ist das Guthaben auf dem Konto des Bezogenen verfügbar, dann erfolgt die Belastung des Wechselbetrags zuzüglich einer sog. Domizilprovision.

8. Die Domizilstelle überweist sodann den Wechselgegenwert -eventuell unter Einschaltung von Verrechnungsstellen- an die Diskontbank (Hausbank des Wechselausstellers).

- Verrechnung des Gegenwerts

9. Verfügt der Bezogene nicht über das entsprechende Guthaben, dann ist die mit dem Einzug beauftragte Bank (Inkassobank) gehalten, Protest mangels Zahlung erheben zu lassen, sofern der Wechsel vom Aussteller nicht mit einem Protesterlassvermerk "ohne Protest" o. Ä. versehen ist.
   Bei Protest mangels Zahlung entfallen die Schritte 7. (Kontobelastung) sowie 8. (Verrechnung des Gegenwerts).

- Protest

10. Die Inkassobank reicht der Diskontbank den protestierten Wechsel zurück, was zugleich die nach dem Wechselgesetz erforderliche Benachrichtigung des Vorindossanten einschließt.

- Rückgabe des Wechsels

11. Die Diskontbank (Hausbank des Wechselausstellers) belastet das Konto des Ausstellers kraft ihres Rückgriffsrechts mit dem Wechselbetrag zuzüglich der Protestkosten, der Zinsen zwischen Verfalltag und Rückbelastungstag sowie der weiteren angefallenen Aufwendungen.

- Rückbelastung (Rückgriff Regress)

Auf Grundlage des protestierten Wechsels hat der Aussteller sodann die Möglichkeit, gerichtliche Maßnahmen gegen den Bezogenen zu ergreifen.

3.4.3.2 Prolongationswechsel

Charakterisierung und Abwicklung

Charakterisierung

Ist für den Akzeptanten absehbar, dass er einen Wechsel bei Fälligkeit nicht einlösen kann oder nicht einlösen will, z.B. weil die Waren noch nicht weiterverkauft sind, dann wendet er sich an den Wechselaussteller mit der **Bitte um Prolongation** (Verlängerung) des Wechsels.

Abwicklung

Sofern der Aussteller in dieser Situation zur Prolongation bereit ist (immerhin ist das Zahlungsausfallrisiko zu bedenken), zieht er einen **neuen Wechsel** auf den Bezogenen, der häufig am Verfalltag des "alten" Wechsels ausgestellt und beispielsweise 90 Tage später fällig gestellt ist. Diesen "neuen" Wechsel, der als Prolongations- oder Verlängerungswechsel bezeichnet wird, gibt der Aussteller (im Allgemeinen nachdem der Bezogene akzeptiert hat) seiner Bank zum Diskont. Zugleich erteilt er dieser Bank den Auftrag, auf Grundlage des Diskonterlöses des Prolongationswechsels, den fälligen "alten" Wechsel zurückzurufen und zulasten seines Kontos einzulösen. Die Diskontzinsen des Prolongationswechsels, der unter bestimmten Voraussetzungen bundesbankfähig ist, stellt der Aussteller dem Bezogenen gesondert in Rechnung.

Andere Abwicklungen

In der Praxis finden sich an der Stelle des Rückrufs des "alten" Wechsels auch andere Abwicklungen, über deren Vor- und Nachteile die Banken Auskunft erteilen. In jedem Fall sollte der Wechselaussteller sein **Risiko** bedenken, falls er dem Wechselbezogenen direkt, d.h. ohne Einschaltung einer treuhänderischen Bank, einen

Scheck bzw. eine Überweisungsgutschrift zur Einlösung des fälligen "alten" Wechsels zukommen lässt. Die Gefahr, dass der Bezogene mit dieser Gutschrift, statt die Einlösung des fälligen Wechsels zu besorgen, eine ganz andere drängende Verbindlichkeit erfüllt, ist bei wenig solventen Schuldnern nicht auszuschließen.

Teilprolongation

Auf Wunsch des Bezogenen, häufiger jedoch auf Drängen des Wechselausstellers, werden in der Praxis manchmal statt Vollprolongationen sog. Teilprolongationen vorgenommen. Der Bezogene bezahlt in diesem Fall einen Teilbetrag am fälligen (alten) Wechsel. Über den **Restbetrag** wird sodann ein **neuer Wechsel** (die sog. Teilprolongation) ausgestellt.

Auslandswechsel

"Neuer" Wechsel

Auch im Auslandsgeschäft kommen **Voll- und Teilprolongationen** vor. Meistens wird die Prolongation wie im Inlandsgeschäft durch Ausstellung eines neuen, später fälligen Wechsels vollzogen. Mit dem Diskonterlös dieses neuen Wechsels (des Prolongationswechsels) wird sodann der fällige "alte" Wechsel vom Aussteller unter Einschaltung der Banken zurückgerufen und eingelöst.

Geändertes Verfalldatum

Im Ausland findet sich aber auch manchmal das Verfahren, einen Wechsel dadurch zu prolongieren, dass das Verfalldatum auf diesem Wechsel geändert wird (sog. Prolongationsvermerk auf den Wechsel). Dieses **Prolongationsverfahren** wirkt allerdings nur gegenüber denjenigen Wechselverpflichteten, die ihm ausdrücklich durch Unterschrift auf dem Wechsel zugestimmt haben.

Zivilrechtliche Stundungsabrede

Ein drittes Verfahren, nämlich eine **außerhalb des Wechsels** getroffene zivilrechtliche Stundungsabrede zwischen Bezogenem und Aussteller, hat den Nachteil, dass sie nur zwischen diesen beiden Beteiligten wirkt, nicht aber gegenüber gutgläubigen Dritten, die den Wechsel inne haben.

3.4.3.3 Finanzierungswechsel

Charakterisierung

Finanzierung von Warengeschäften

Finanzierungswechsel dienen der (mittel- bzw. langfristigen) Finanzierung von Warengeschäften, die im Allgemeinen langlebige **Investitionsgüter** umfassen und die deswegen eine längere Finanzierungszeit rechtfertigen. Grundsätzlich gibt es zwei Arten von Finanzierungswechseln: Ratenwechsel und Block- bzw. Rahmenwechsel.

Ratenwechselfinanzierung

Ratenzahlung

Eine Ratenwechselfinanzierung entsteht durch **Aufteilung eines Restkaufpreises** in einzelne monatlich oder vierteljährlich fällige Ratenbeträge, die in Wechselform gekleidet werden.

Blockwechselfinanzierung

Bei einer Blockwechselfinanzierung (Rahmenwechselfinanzierung) ist dagegen die **jeweilige Restschuld "en bloc"** in zeitlich hintereinander geschalteten, im Allgemeinen vierteljährlich fälligen Wechseln zusammengefasst. Diese Wechsel werden nach Abzug der ebenfalls vierteljährlich zu leistenden Abschlagszahlungen des Käufers mit der dann noch verbleibenden Restschuld immer wieder verlängert. Eine Blockwechselfinanzierung umfasst somit im Zeitablauf eine Abfolge von Teilprolongationen mit abnehmenden Beträgen.

Abschlagszahlungen auf die jeweilige Restschuld

3.4.3.4 Finanzwechsel

Charakterisierung

Finanzwechseln liegt im Gegensatz zu den Warenwechseln, aber auch im Gegensatz zu den Finanzierungswechseln, kein Warengeschäft zu Grunde. Gegenstand eines Finanzwechsels ist vielmehr eine **reine Kreditbeziehung** zwischen dem Wechselaussteller und dem Bezogenen. Finanzwechsel sind nicht bundesbankfähig.

Kein Warengeschäft

Gefälligkeitsakzept

Leistet ein Bezogener seine Unterschrift auf einem Wechsel, den ein Aussteller auf ihn zieht, **ohne** dass ein **Warengeschäft** abgewickelt wird und **ohne** dass bislang eine **Kreditbeziehung** besteht, dann spricht man von einem Gefälligkeitsakzept. Reicht der Wechselaussteller einen solchen Wechsel zum Diskont bei seiner Bank ein und schreibt ihm die Bank den Diskonterlös tatsächlich gut, dann hat der Wechselaussteller dadurch einen zusätzlichen, nicht in Waren gebundenen Kredit erlangt, der außerdem zinsgünstig sein kann.

Abwicklungen

Die Risiken, die dem Bezogenen aus seinem Gefälligkeitsakzept erwachsen, liegen auf der Hand. Insbesondere kann der Akzeptant gutgläubigen Erwerbern eines solchen Wechsels gegenüber die Einrede, es handele sich lediglich um ein Gefälligkeitsakzept, **nicht geltend machen**.

Risiko für den Akzeptanten

3.4.4 Scheck-Wechselverfahren

3.4.4.1 Charakterisierung und schrittweise Abwicklung

Das sog. Scheck-Wechselverfahren (andere Ausdrücke sind "Lieferantenwechselverfahren", "Umkehrwechselverfahren", "indirekte Diskontierung") findet im **Inlandsgeschäft** ebenso wie im **Auslandsgeschäft** Anwendung, wo es im Übrigen seinen Ursprung hat (Informationen für die Außenwirtschaft, InfAW 3/87: S. 15).

Bezeichnungen/Anwendung

Umkehrung

Die Abwicklung des Scheck-Wechselverfahrens (Umkehrwechselverfahrens) bedeutet gegenüber der herkömmlichen Abwicklung lediglich eine **Umkehrung der Diskontierenden bzw. der Diskontierung**, nicht aber eine Umkehrung der Wechselbeteiligten oder deren Wechselverpflichtungen: An der Stelle des Wechselausstellers (Warenverkäufers), der einen gezogenen (und vom Bezogenen akzeptierten) Wechsel üblicherweise seiner Bank zum Diskont einreicht und danach über den Diskonterlös verfügt, reicht beim Scheck-Wechselverfahren der Bezogene (Akzeptant, Warenkäufer) diesen Wechsel bei seiner Bank zum Diskont ein und verfügt seinerseits über den Diskonterlös. Auf dieser Grundlage sendet der Bezogene (Warenkäufer) dem Aussteller (Warenverkäufer) einen Scheck (oder eine Überweisungsgutschrift) über den Diskonterlös (bzw. über den Rechnungsbetrag, sofern der Bezogene vereinbarungsgemäß ohnehin die Zinsen zu tragen hat).

Beispiel

Im Eingangsbeispiel des Abschnitts "3.4.2.1.1 Grundstruktur" würde die Anwendung des Scheck-Wechselverfahrens bedeuten, dass der Wechsel nicht von der Elektronik GmbH (Wechselaussteller und Warenverkäufer), sondern von der **Sopeco SA** (Wechselbezogener und Warenkäufer) bei deren schweizerischen **Hausbank zum Diskont** eingereicht wird. Auf der Vorderseite des in Abschnitt 3.4.2.1.1 abgebildeten Wechsels ändert sich durch Anwendung des Scheck-Wechselverfahrens nichts. Lediglich das Indossament ist zu verändern (siehe Schritt 2 der folgenden Abwicklung).

Abbildung

In **Abbildung 3.4-11** ist das Scheck-Wechselverfahren dargestellt und anschließend schrittweise erläutert.

Abwicklung

Die einzelnen Schritte des **Scheck-Wechselverfahrens** vollziehen sich wie folgt:

- Wechselziehung

1. Der Aussteller (Warenverkäufer) zieht einen Wechsel auf den Bezogenen (Warenkäufer).
   Im Gegensatz zur üblichen Abwicklung erfolgt jedoch keine Rücksendung des akzeptierten Wechsels an den Wechselaussteller. Vielmehr ist (eventuell ausdrücklich im Kaufvertrag) vereinbart, dass der Bezogene (Warenkäufer) die Finanzierung des Geschäfts, d.h. die Diskontierung des Wechsels, besorgt.

- Wechseleinreichung

2. Der Bezogene reicht den von ihm akzeptierten Wechsel (auf dem der Aussteller sein Indossament angebracht hat, weil er in der Regel als Remittent im Wechsel eingetragen ist) bei seiner Bank zum Diskont ein.

- Diskontierung

3. Die Hausbank des Bezogenen schreibt diesem den Wechselbetrag nach Abzug der Diskontzinsen als Diskonterlös auf dem Konto gut.
   Im vorliegenden Beispiel ist angenommen, dass die Diskontbank den Wechsel bis zur Fälligkeit im eigenen Bestand (Portefeuille) belässt (also kein Rediskont erfolgt).

- Schecksendung

4. Auf Grundlage der Gutschrift des Diskonterlöses sendet der Bezogene (Warenkäufer) dem Wechselaussteller (Warenverkäufer) einen Scheck. Daher kommt die Bezeichnung "Scheck-Wechselverfahren". Sofern im Kaufvertrag vereinbart ist, dass

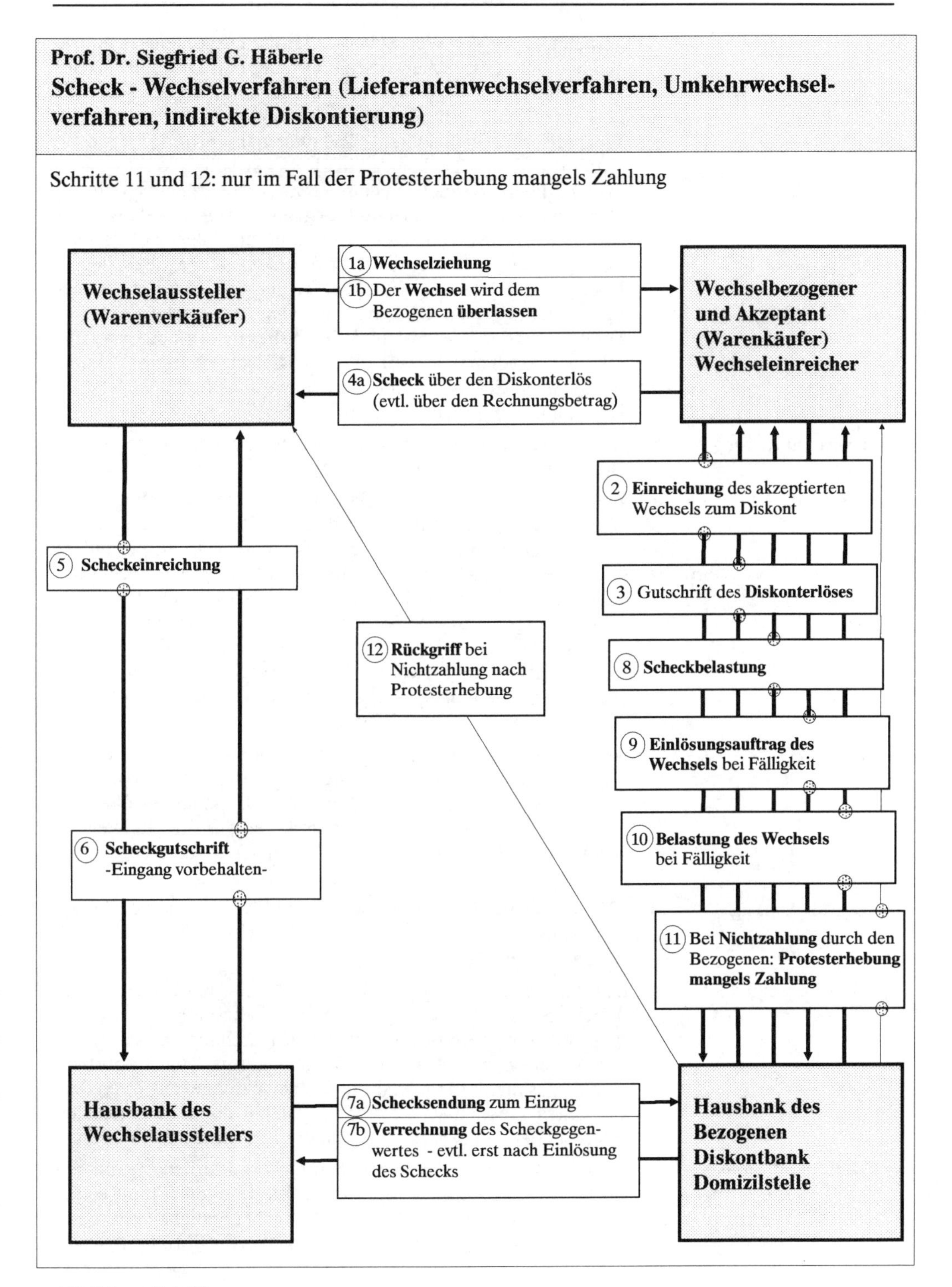

Abbildung 3.4-11

ausnahmsweise der Wechselaussteller die Diskontzinsen zu tragen hat, lautet der Scheckbetrag nur über den Diskonterlös des Wechsels. Hat dagegen vereinbarungsgemäß der Bezogene die Diskontzinsen zu tragen (was nahe liegt, weil er von dem in Wechselform gekleideten Zahlungsziel profitiert), dann schreibt er den Scheckbetrag in Höhe der vollen Wechselsumme aus, die häufig zugleich dem Rechnungsbetrag entspricht.
Der Zeitpunkt der Scheckzahlung an den Wechselaussteller kann -bei entsprechender Liquiditätslage des Bezogenen-durchaus auch vor der Gutschrift des Diskonterlöses liegen. Ebenso kann zwischen Warenkäufer und -verkäufer statt einer Scheckzahlung eine Überweisungszahlung vereinbart werden. Dies ist für den Wechselaussteller insbesondere bei Exportgeschäften zweckmäßig, weil eine SWIFT-angewiesene Zahlung schnell abgewickelt und ihm die Überweisung in der Regel auch vorbehaltlos gutgeschrieben wird.

- **Scheckeinreichung**

5. Der Wechselaussteller reicht den empfangenen Scheck seiner Bank zur Gutschrift ein.

- **Scheckgutschrift**

6. Inlandsschecks schreibt die Bank im Allgemeinen sofort -allerdings Eingang vorbehalten- auf dem Konto des Einreichers gut. Dies gilt grundsätzlich auch für Auslandsschecks, insbesondere dann, wenn es sich um Bankschecks handelt. Privatschecks aus dem Ausland übernehmen die Banken dagegen manchmal nur zum Einzug, sodass der Scheckeinreicher längere Zeit auf den Eingang des Scheckgegenwerts zu warten hat. Im vorliegenden Beispiel ist Sofortgutschrift "Eingang vorbehalten" angenommen (Einzelheiten zu Auslandsüberweisungen und zu Auslandsschecks vgl. Kapitel 3.2 und 3.3).

- **Scheckeinzug**

7. Die Hausbank des Wechselausstellers übersendet derjenigen Bank, auf die der Wechselbezogene den Scheck gezogen hat, den Scheck zum Einzug, und zwar im Allgemeinen über die Verrechnungs- bzw. Korrespondenzwege. Auf diesem Weg erfolgt auch die Scheckverrechnung zwischen den beteiligten Banken.

- **Scheckbelastung**

8. Die Hausbank des Wechselbezogenen löst den auf sie gezogenen Scheck zulasten des Kontos des Scheckausstellers (zugleich Wechselbezogener) ein.

- **Einlösungsauftrag**

9. Der Bezogene erteilt seiner Bank den Auftrag zur Einlösung des Wechsels per Fälligkeit. Zum Teil wird dieser Einlösungsauftrag zeitgleich bereits mit Schritt 2 "Einreichung des akzeptierten Wechsels zum Diskont" übergeben, zum Teil unterbleibt der Einlösungsauftrag, weil die Domizilbank gemäß ihren Allgemeinen Geschäftsbedingungen ohnehin das Recht hat, den Wechsel bei Fälligkeit dem Konto des Bezogenen zu belasten.

- **Wechseleinlösung**

10. Ist auf dem Konto des Bezogenen das erforderliche Guthaben vorhanden, dann löst die Hausbank des Bezogenen in ihrer Eigenschaft als Domizilstelle den Wechsel bei Fälligkeit ein.
Im Normalfall ist damit das Scheck-Wechselverfahren abgeschlossen.

11. Verfügt der Bezogene dagegen über das zur Einlösung des fälligen Wechsels erforderliche Guthaben nicht, dann lässt die Bank Protest mangels Zahlung erheben. Dadurch sichert sich die Bank ihr Rückgriffsrecht. Ist vom Aussteller auf dem Wechsel ein Protesterlassvermerk angebracht, dann bedarf es zur Wahrung des Rückgriffsrechts der Protesterhebung nicht.

- Protest

12. Die Diskontbank nimmt Rückgriff (Regress) auf den Wechselaussteller, der zur Zahlung der Wechselsumme, der Protestkosten sowie der aufgelaufenen Zinsen usw. verpflichtet ist.

- Rückgriff

3.4.4.2 Beurteilung

Beurteilung aus Sicht des Wechselbezogenen (Warenkäufers)

Diskontzinsen

- Das Scheck-Wechselverfahren wird häufig gewählt, wenn der Wechselbezogene (Warenkäufer) bei seiner Bank die **günstigeren Diskontkonditionen** genießt. Dies sind oft Großfirmen mit hervorragender Kreditwürdigkeit. Sie praktizieren das Scheck-Wechselverfahren im Einvernehmen mit ihren Lieferanten (Zulieferern), um damit -gemessen an den weit höheren Zinsen für Kontokorrentkredite- ihren Wareneinkauf zinsgünstig zu finanzieren.
  Würde die Diskontierung dagegen über die Hausbank des Wechselausstellers (Warenverkäufers) abgewickelt, dem seine Bank keine sog. Sonderkonditionen eingeräumt hat, dann wäre von dieser teureren Finanzierung u.U. auch der Wechselbezogene (Warenkäufer) betroffen, weil die Wechselaussteller die Diskontzinsen den Wechselbezogenen im Allgemeinen direkt oder indirekt (d.h. im Kaufpreis der Waren) in Rechnung stellen.

Einreicherobligo

- Von **Nachteil** ist für den Wechselbezogenen (Warenkäufer), dass das Scheck-Wechselverfahren sein Einreicherobligo, also den **Kreditrahmen** bei seiner Bank, belastet.

Skonto

- Nicht selten betrachtet der Warenkäufer (der Wechselbezogene) seine Scheckzahlung an den Warenverkäufer (Wechselaussteller) als **Barzahlung** und setzt beim Verkäufer einen Skontoabzug durch.

Beurteilung aus Sicht des Wechselausstellers (Warenverkäufers):

Schonung der Kreditlinie

Der gewichtigste Vorzug des Scheck-Wechselverfahrens liegt für den Wechselaussteller in der **Vermeidung der Kreditinanspruchnahme** bei seiner Bank.

Diskontzinsen

- Nur für den Fall, dass der Wechselausssteller ausnahmsweise zur Zahlung der Diskontzinsen verpflichtet ist, profitiert er von den **günstigeren Diskontkonditionen** des Wechselbezogenen, was allerdings voraussetzt, dass dieser seine Vorzugskonditionen tatsächlich an den Wechselaussteller uneingeschränkt weitergibt.

Wechselrechtl. Rückgriffsrisiko

- Der gewichtigste **Nachteil** des Scheck-Wechselverfahrens liegt für den Wechselaussteller in der Gefahr des **Rückgriffs** in den

Fällen, in denen der Bezogene den fälligen Wechsel nicht bezahlt. Der Wechselaussteller kann diese Haftung wechselrechtlich nicht ausschließen.

Scheckprotestrisiko

- Hinzu tritt das Risiko, dass der vom Warenkäufer ausgestellte Scheck eventuell keine Einlösung findet, sodass sich im ungünstigsten Fall die **Risiken des Warenverkäufers kumulieren** können: Einerseits wird die wechselrechtliche Rückgriffsverpflichtung des Wechselausstellers gegenüber der Diskontbank ab erfolgter Diskontierung begründet. Andererseits erhält der Wechselaussteller vom Warenkäufer (vom Bezogenen) in Form eines Schecks keine definitive Zahlung, weil der empfangene Scheck uneingelöst zurückkommen kann. Der Warenverkäufer kann also beim Scheck-Wechselverfahren im Extrem -z.B. bei Insolvenz des Warenkäufers- den Warengegenwert abschreiben müssen und außerdem gegenüber der Diskontbank, die den Wechsel gutgläubig erworben hat, seine Regressverpflichtung voll erfüllen müssen.
  Zur Vermeidung dieser Risikohäufung gibt es in einigen Ländern neben dem oben beschriebenen Verfahren auch eine Abwicklung derart, dass die Bank des Wechselbezogenen den Wechsel zwar diskontiert, aber den Diskonterlös nicht dem Bezogenen gutschreibt, sondern dem Wechselaussteller zur Verfügung stellt.

"Unechte" Barzahlung

- Angesichts dieser Risiken des Wechselausstellers kann die **Scheckzahlung** des Wechselbezogenen **nicht** als **echte Barzahlung** gewertet werden, die einen (vollen) Skontoabzug rechtfertigen würde. Dies gilt grundsätzlich auch bei einer Zahlung mit Überweisung, weil bei diesem Zahlungsinstrument zwar das Risiko des Scheckprotestes ausgeschlossen ist, die wechselrechtliche Ausstellerhaftung aber in jedem Fall bestehen bleibt.

Ratschlag

- Der Warenverkäufer sollte aus den genannten Gründen das Scheck-Wechselverfahren nur solchen Abnehmern zugestehen, deren **Seriosität und Solvenz** außer Zweifel steht.

3.4.4.3 Besonderheiten bei Auslandswechseln

Grundsätzlich sind die beschriebene Abwicklung und die Beurteilung des Scheck-Wechselverfahrens auf Auslandswechsel übertragbar. Hinzu treten aber einige besondere Aspekte:

Gründe

- Die Verlagerung der **Finanzierung** durch Vereinbarung des Scheck-Wechselverfahrens in das **Importland** ist dann zweckmäßig, wenn
  - die Zinsen im Importland niedriger sind als im Exportland;
  - die Kreditmärkte im Importland ergiebiger sind als im Exportland;
  - der Importeur laut Kaufvertrag ohnehin verpflichtet ist, die Zinsen zu übernehmen;
  - die Kontraktwährung die Landeswährung des Importeurs ist.

Dabei kann bereits das einzelne Argument den Ausschlag für die Anwendung des Scheck-Wechselverfahrens geben.
Stellen sich die Refinanzierungsmöglichkeiten in einem **Drittland** bzw. in einer Drittlandwährung besonders günstig dar, dann kann auch eine solche Währung in Erwägung gezogen werden. Allerdings sind dabei die Wechselkursänderungen der Drittlandwährung gegenüber der Exportlandwährung einerseits und der Importlandwährung andererseits zu bedenken.

Rediskont

- Bei Auslandswechseln ist überdies zu prüfen, ob die Zentralnotenbank im Land des Wechselbezogenen bereit ist, Wechsel zu rediskontieren, die nicht von einem Wechselaussteller im eigenen Land ausgestellt sind, d.h. inwieweit die Zentralnotenbank zur **Rediskontierung** von Wechseln aus dem Scheck-Wechselverfahren **überhaupt bereit ist.**

Beschleunigter Zahlungseingang

- Für den Exporteur kann das Scheck-Wechselverfahren eine Beschleunigung des **Zahlungseingangs** bewirken und dadurch das politische Risiko (insbesondere das Transferrisiko) und -falls Fremdwährung vereinbart ist- das **Wechselkursrisiko** mindern. Geht allerdings der Scheck des Importeurs als Privatscheck ein, dann relativiert sich der soeben skizzierte Vorzug des Scheck-Wechselverfahrens, weil Privatschecks von den Banken manchmal erst nach Eingang des Gegenwerts auf dem Konto des Exporteurs gutgeschrieben werden und die Post- und Verrechnungslaufzeiten sehr lange sein können.

Risikohäufung für den Exporteur

- Ein besonderes Risiko des Exporteurs liegt in den soeben erwähnten langen Post- und Verrechnungslaufzeiten von Privatschecks begründet: Einerseits ist der Exporteur kraft seiner Aussteller-(und Indossanten-)Unterschrift in der **wechselrechtlichen Haftung** der ausländischen Diskontbank, andererseits beansprucht die Verrechnung des Gegenwerts von ausländischen Privatschecks und damit deren vorbehaltlose Verfügbarkeit erfahrungsgemäß einen langen Zeitraum. Eine **Insolvenz des Importeurs** in dieser Phase der Geschäftsabwicklung trifft den Exporteur somit doppelt: Der Privatscheck kommt uneingelöst zurück und die diskontierende Bank macht von ihrem wechselrechtlichen Rückgriffsrecht auf den Exporteur Gebrauch.

Risikobekämpfung des Exporteurs

- Zur Reduzierung dieser Risiken ist **dem Exporteur** dringend zu **empfehlen,**
  - im Kaufvertrag statt einer Zahlung mit Privatscheck die unverzügliche Zahlung durch SWIFT-angewiesene Überweisung, zumindest aber mit Bankscheck, zu vereinbaren;
  - im Rahmen eines im Kaufvertrag zu vereinbarenden Dokumenteninkassos "Dokumente gegen Akzept" die Weisung zu erteilen, dass der Diskonterlös des von der Importeurbank zu diskontierenden Wechsels nicht dem Importeur gutgeschrieben, sondern unmittelbar und unverzüglich dem Exporteur mittels SWIFT-angewiesener Zahlung zur Verfügung zu stellen ist. Bei dieser Abwicklung kann überdies vereinbart werden, dass die Diskontzinsen von der Diskontbank dem Importeur in Rechnung zu stellen sind, sodass dem Exporteur

der volle Wechselbetrag, der u.U. dem Rechnungsbetrag entspricht, zur Verfügung gestellt wird;
- das Scheck-Wechselverfahren nur mit Importeuren zu vereinbaren, die -erfahrungsgemäß oder durch Auskünfte ausgewiesen- seriös und kreditwürdig sind und die außerdem ihren Sitz in einem Land mit politisch stabilen Verhältnissen haben.

Risiken des Importeurs

- Nicht nur der Exporteur, sondern auch der **Importeur** bzw. die diskontierende **Importeurbank** können beim Scheck-Wechselverfahren **besonderen Risiken** und Problemen ausgesetzt sein (vgl. InfAW 3/87: S. 15):
  - Die Überlassung des vom Exporteur als Aussteller und als Indossant unterzeichneten Wechsels an den Importeur kann als eine Garantieübernahme des Exporteurs gewertet werden. In manchen Ländern unterliegen solche Garantieübernahmen der Genehmigungspflicht der Zentralbank bzw. der Devisenbehörde, sodass der Bewerkstelligung der Diskontierung des Wechsels durch den Importeur u.U. devisenrechtliche Hemmnisse des Exportlandes im Wege stehen.
  - Das Wechselrecht der meisten Länder gesteht dem Wechselinhaber ein Rückgriffsrecht auf den Wechselaussteller zu. In manchen Ländern haben jedoch Gerichte beim Scheck-Wechselverfahren das Rückgriffsrecht der Diskontbank auf den Aussteller versagt, wenn bereits bei der Diskontierung damit zu rechnen war, dass auf den Aussteller zurückgegriffen werden muss. Dass derartige Urteile die Diskontierbarkeit von Umkehrwechseln, die in den betreffenden Ländern ausgestellt sind, hemmt, liegt auf der Hand.

3.4.5 Verwendungsalternativen (Refinanzierungsalternativen) des Exporteurs für Auslandswechsel

3.4.5.1 Verwendungsalternativen (Refinanzierungsalternativen) im Inland

Erteilt der **Exporteur** -entweder dem Bezogenen unmittelbar oder im Rahmen eines Dokumenteninkassos- die Weisung zur **Rücksendung des Wechsels** nach Akzeptleistung, dann eröffnen sich ihm die folgenden **Verwendungsmöglichkeiten**:

Übernahme des Wechsels in den eigenen Bestand (in das Portefeuille) des Exporteurs

Gründe

Diese Alternative ergreift der Exporteur **erfahrungsgemäß**

- bei hoher eigener Liquidität, die eine Diskontierung des Wechsels nicht notwendig erscheinen lässt;
- bei nicht bundesbankfähigen Wechseln, die hohe Diskontzinsen verursachen würden;
- bei kurzer Wechsellaufzeit, die eine Diskontierung nicht lohnend erscheinen lassen;

- bei DM-Wechseln, die aus Sicht des Exporteurs kein Wechselkursrisiko beinhalten und die deswegen auch keine Überwälzung dieses Risikos durch Diskontierung nahe legen;
- bei kleinen Wechselbeträgen.

Wechseleinzug

Die genannte Verwendungsmöglichkeit schließt ein, dass der Exporteur den **Wechsel vor Verfall** seiner Hausbank **zum Einzug** übergibt. Die Gutschrift des Wechselgegenwerts erfolgt nach Eingang aus dem Ausland.
Handelt es sich um einen DM-Auslandswechsel, dann erfolgt die Gutschrift nach erfolgtem Eingang des Wechselgegenwerts auf dem DM-Konto des Exporteurs. Bei einem Fremdwährungswechsel kann die Gutschrift des Fremdwährungsgegenwerts auf einem eventuell geführten Fremdwährungskonto des Exporteurs erfolgen oder -was meistens zutrifft- auf dessen DM-Konto. Der Umtausch in DM erfolgt zum Devisenkassakurs der betreffenden Währung. Bis zum Zeitpunkt dieses Umtausches trägt der Exporteur bei Fremdwährungswechseln somit das Wechselkursrisiko.

Weitergabe des Wechsels an Lieferanten u. Ä.

Ausnahmefall

Bei Auslandswechseln wird diese Alternative selten ergriffen. Zum einen, weil dem Lieferanten die Beurteilung der mit dem Auslandswechsel verbundenen wirtschaftlichen und politischen Risiken u.U. schwer fällt; zum anderen, weil Fremdwährungswechsel zusätzliche Risiken für den Lieferanten beinhalten können und der Lieferant zu deren Übernahme laut Kaufvertrag nicht verpflichtet ist.
Der Lieferant wird im Allgemeinen nur dann bereit sein, den Auslandswechsel zu übernehmen, wenn er sich darin eine zusätzliche Sicherheit an Stelle des bloßen Akzeptes seines Abnehmers verspricht.

Diskontierung des Wechsels bei einer Bank

Hinweis

Die Diskontierung von Wechseln ist umfassend in Kapitel "**5.3 Wechseldiskontkredite**" behandelt.

Gründe

Die Diskontierung von Wechseln bei einer Bank ist die am **häufigsten ergriffene Alternative,** und zwar aus folgenden Gründen:

- Liquiditätsbedarf

- Exporteure haben regelmäßig einen entsprechenden Liquiditätsbedarf, der die Diskontierung des Wechsels zur **Finanzierung des Exportgeschäfts** nahe legt.

- Zinsgünstig

- Wechseldiskontierung ist häufig die **zinsgünstigste Refinanzierungsalternative**, sofern der Auslandswechsel den Bedingungen der Bundesbank entspricht.
  Die Bundesbank kauft Auslandswechsel ebenso wie Inlandswechsel zum offiziellen Diskontsatz an. Es wird also beim Ankauf von Auslandswechseln nicht das ausländische Zinsniveau (beispielsweise nicht der Diskontsatz des Landes, in dem der Wechsel zahlbar gestellt ist) zugrunde gelegt. Dies gilt auch bei Wechseln, die auf Fremdwährung lauten. Allerdings wird beim Umtausch des Fremdwährungswechselbetrages in DM nicht der Devisenkassakurs dieser Fremdwährung zugrunde gelegt, son-

dern der sog. Wechselankaufskurs, der im Wesentlichen dem Devisenterminkurs dieser Währung entpricht und der die Unterschiede zum deutschen Zinsniveau im Wesentlichen wieder aufhebt. Ab 1.1.99 ist eine Refinanzierung bei der Bundesbank nur noch zu Offenmarktkonditionen möglich; s. Abschnitt 5.3.3.

Trotz der bis 1998 möglichen Rediskontierbarkeit von Auslandswechseln zum offiziellen Diskontsatz bei der Bundesbank berechneten die Geschäftsbanken manchmal einen Aufschlag gegenüber dem Ankaufszinssatz von Inlandswechseln.

- Routinegeschäft

- Die Banken verfügen über das Instrumentarium und über die Kenntnisse zur Beurteilung von Auslandswechseln. Im Gegensatz zu den Lieferanten eines Exporteurs, die Auslandswechsel nur zögernd in Zahlung nehmen, gehört es zum **Tagesgeschäft der Banken**, Auslandswechsel anzukaufen.

- Überwälzung des Wechselkursrisikos

- Die Diskontierung von **Fremdwährungswechseln**, deren Gegenwert auf dem DM-Konto des Exporteurs gutzuschreiben ist, beinhaltet zugleich eine Überwälzung des Wechselkursrisikos auf die diskontierende Bank. Der Umtausch des Fremdwährungswechselbetrags in DM erfolgt -wie erwähnt- zum sog. Wechselankaufskurs, der im Wesentlichen dem Devisentermingeldkurs entspricht (Einzelheiten siehe Kapitel 5.3 "Wechseldiskontkredite").

  Die Überwälzung des Wechselkursrisikos auf die diskontierende Bank steht unter dem Vorbehalt der Einlösung des Wechsels bei Fälligkeit durch den Bezogenen. Bei Protest des Fremdwährungswechsels mangels Zahlung wird auf den Exporteur Rückgriff genommen, und es hängt vom Wechselkurs in diesem Zeitpunkt ab, ob der Exporteur dadurch einen Wechselkursverlust oder eine -chance realisiert.

  Führt der Exporteur bei seiner Bank ein Konto in der relevanten Fremdwährung, dann kann er den Diskonterlös des Fremdwährungswechsels auf diesem Konto gutschreiben lassen. Eine Überwälzung des Fremdwährungsrisikos auf die Bank erfolgt bei dieser Abwicklung allerdings nicht.

3.4.5.2 Verwendungsalternativen (Refinanzierungsalternativen) im Ausland

Zahlungsbedingungen

Im Wesentlichen sind es zwei Zahlungsvereinbarungen, in deren Rahmen sich die Möglichkeit eröffnet, den **akzeptierten Wechsel im Ausland** zu verwenden:

- Dokumenteninkasso "Dokumente gegen Akzept";
- Scheck-Wechselverfahren.

Anmerkung: Von der ausnahmsweise gegebenen Möglichkeit, dass der Exporteur den Wechsel über eine eigene Bankverbindung im Ausland diskontiert, ist hier abgesehen.

Verwahrung und Einzug des Wechsels durch eine Auslandsbank

Verfahren

Bei Dokumenteninkassi "Dokumente gegen Akzept" kann der Exporteur die **ausländische Inkassobank anweisen**, den Wechsel nach Akzeptleistung des Importeurs in Verwahrung zu nehmen und bei Fälligkeit dem Bezogenen zur Zahlung vorzulegen. Der Wechselgegenwert ist dem Exporteur nach erfolgter Zahlung des Bezogenen zu überweisen bzw. weisungsgemäß Protest mangels Zahlung erheben zu lassen, falls der Exporteur nicht ausdrücklich auf die Protesterhebung verzichtet hat. Die Abwicklung dieser Alternative ist in Abschnitt "4.2.4.7 Verwendung des akzeptierten Wechsels sowie Protestanweisungen" umfassend dargestellt.

Gründe

Exporteure beauftragen die **ausländischen Inkassobanken** mit dem Wechseleinzug insbesondere

- wenn sie keinen Liquiditätsbedarf haben und deswegen eine Diskontierung nicht beabsichtigt ist;
- wenn der Wechsel nicht bundesbankfähig ist;
- bei kurzer Wechsellaufzeit, die es wegen der langen Post- und Verrechnungslaufzeiten nicht lohnend erscheinen lässt, den akzeptierten Wechsel zum Exporteur zurückzubeordern;
- bei kleinen Wechselbeträgen;
- bei Wechseln, die auf die Währung des Importlandes lauten.

Diskontierung des Wechsels durch eine Auslandsbank im Rahmen des Scheck-Wechselverfahrens

Beim Scheck-Wechselverfahren ist der akzeptierte **Wechsel** dem **Bezogenen überlassen**, der ihn seiner Bank zum Diskont einreicht und auf Grundlage des Diskonterlöses dem Exporteur einen Scheck zusendet oder eine Überweisung veranlasst.
Die Einzelheiten dieses Verfahrens, die Möglichkeiten, dieses Verfahren zu modifizieren, die Gründe für seine Abwicklung und die Risiken für die Beteiligten sind in Abschnitt 3.4.4 umfassend beschrieben.

4 Dokumentäre Zahlungs- und Sicherungsinstrumente

4 Dokumentäre Zahlungs- und Sicherungsinstrumente

4.1 Exportdokumente

4.1.1 Einführung und Übersicht

4.1.1.1 Charakterisierung der Exportdokumente

Exportdokumente:

Ein Blick in die Literatur ebenso wie eine Erhebung in der Praxis zeigen, dass der Ausdruck "Exportdokumente" weder eine übereinstimmende noch gar eine stringente **Definition** erfährt. Es ist deswegen zweckmäßig, den Ausdruck "Exportdokumente" hilfsweise durch Aufzählen von Dokumenten zu umreißen, denen gemeinsam ist, dass sie sich auf den **Warenversand** in das Ausland bzw. auf die **Ware** beziehen und dem **Nachweis der Erfüllung des Kaufvertrags** dienen:

- Aufzählung

- Typische Exportdokumente sind demnach solche **Dokumente**, die den **Transport der Waren** betreffen und die -entsprechend den verschiedenen Transportwegen und Transportmitteln- eine sehr unterschiedliche Ausgestaltung erfahren. Ebenfalls zu den Exportdokumenten zählen die **Lagerdokumente**, die ausgestellt werden, wenn eine Einlagerung der Waren erfolgt. Exportdokumente im hier definierten Sinne sind auch die verschiedenen **Transportversicherungsdokumente**, die über Art und Umfang des Versicherungsschutzes Auskunft geben. Daneben treten im Außenhandel eine Vielzahl weiterer waren- oder versandbezogener Dokumente in Erscheinung, die von der einfachen **Handelsrechnung** über die **Gewichtsbescheinigung** und das **Ursprungszeugnis** bis hin zu Dokumenten reichen, die die **Qualität** der Waren bestätigen. Die zuletzt aufgezählten Dokumente werden im Allgemeinen unter der Bezeichnung "Sonstige Dokumente" zusammengefasst.

- Abgrenzung

- **Keine Exportdokumente** im hier gemeinten Sinne sind die **Zahlungsinstrumente**, also der Scheck, die Überweisung und im strengen Sinne auch der Wechsel. Weil jedoch häufig den waren- und versandbezogenen Dokumenten eine Tratte des Exporteurs beigefügt ist (z.B. beim Dokumenteninkasso "Dokumente gegen Akzept"), wird der Wechsel manchmal doch zu den Exportdokumenten gezählt.

Anmerkung

Vereinzelt ist statt von Exportdokumenten von **"Dokumenten des Außenhandels"** die Rede. Dies ist zwar nahe liegend, weil damit auch die Sicht des Importeurs einbezogen ist. Gleichwohl hat sich in der Praxis der Ausdruck "Exportdokumente" eingebürgert, der deswegen im Folgenden auch beibehalten wird.

4.1.1.2 Überblick über die maßgeblichen Arten der Exportdokumente

Einteilung

Eine Grobeinteilung erfahren die Exportdokumente üblicherweise in

- **Transportdokumente,**
- **Lagerdokumente,**
- **Transportversicherungsdokumente** und in
- **Sonstige Dokumente** (manchmal auch als Begleitdokumente, Handelsdokumente o. Ä. bezeichnet).

Abbildung

Die **Gliederung der maßgeblichen Exportdokumente** ist in **Abbildung 4.1-01** dargestellt. Ausführlich sind die Exportdokumente in den anschließenden Abschnitten (4.1.2ff.) beschrieben.

Transportdokumente (Versanddokumente)

Arten

Die Art eines Transportdokuments hängt vom gewählten **Transportweg** bzw. vom jeweiligen **Transportmittel** ab. Nach diesen Kriterien sind in der vorstehenden Abbildung die Transportdokumente untergliedert. Der jeweilige Frachtführer ist in Klammern angegeben.

Kombinationen

Erfordert eine Sendung **verschiedene Transportwege** bzw. **Transportmittel**, dann hängt es vom Einzelfall ab, ob für jeden Teilbereich ein gesondertes Transportdokument auszustellen ist oder aber ein einziges, sog. Kombiniertes/Multimodales Transportdokument. Ein Kombiniertes/Multimodales Transportdokument schließt die verschiedenen Transportwege bzw. Transportmittel ein und findet beispielsweise beim Containerversand Anwendung.

Qualität

Transportdokumente sind von sehr unterschiedlicher Qualität. Sie reichen von Dokumenten, die Wertpapiere sind (z.B. Konnossement und Ladeschein), bis zu Dokumenten, die lediglich eine eng begrenzte Beweis- und Dispositionsfunktion aufweisen (z.B. der Posteinlieferungsschein).

Lagerdokumente

Charakterisierung

Lagereien (Lagerhalter) erteilen über die bei ihnen gelagerten Güter **Lagerscheine.** Lagerscheine sind **Wertpapiere** mit allen damit verbundenen Eigenschaften.

Versicherungsdokumente

Charakterisierung

Versicherungsgesellschaften, die die Transportrisiken versichern, stellen über Versicherungsgegenstand, Versicherungsumfang usw. eine **Versicherungspolice** (einen Versicherungsschein) aus. Versicherungspolicen sind **Wertpapiere.** Daneben werden weitere Versicherungsdokumente ausgefertigt, wie z.B. Versicherungszertifikate.

Sonstige Dokumente

Begleit-/Handelsdokumente

Die Sonstigen Dokumente, die auch als Begleitdokumente oder als Handelsdokumente bezeichnet werden, können nach ihrem jeweils hervorstechendsten Merkmal untergliedert werden in:

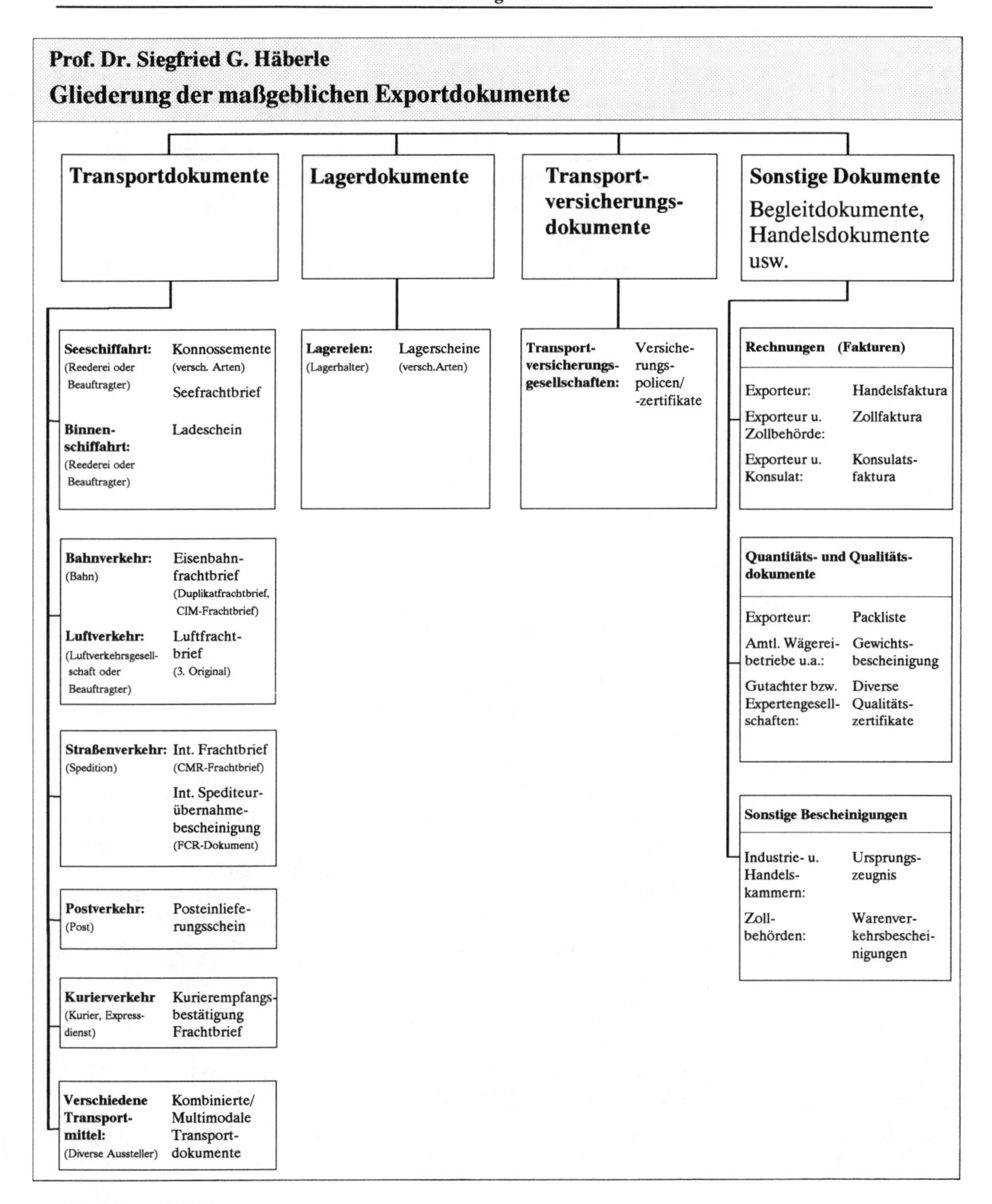

Abbildung 4.1-01

- **Rechnungen (Fakturen)**, die von der Handelsrechnung des Exporteurs bis zu der vom zuständigen Konsulat des Importlandes zu bestätigenden Konsulatsfaktura reichen;
- **Quantitäts- und Qualitätsdokumente**, von denen die einen Ge-

wichte, Maße, Mengen u. Ä. nachweisen und von denen die anderen sehr verschiedenartige qualitative Eigenschaften der zu liefernden Güter durch Atteste, Zertifikate u. Ä. beweisen;

- **Sonstige amtliche Bescheinigungen**, wie z.B. das Ursprungszeugnis der Industrie- und Handelskammern und die Warenverkehrsbescheinigungen der Zollbehörden.

Es hängt von den Eigenarten des abzuwickelnden Außenhandelsgeschäftes ab, ob es den Beteiligten notwendig erscheint, darüber hinaus weitere, auf den Einzelfall zugeschnittene Dokumente zu vereinbaren (z.B. Dokumente zur Zahlungs- und/oder Kreditabwicklung).

4.1.1.3 Überblick über den Rechtscharakter der Exportdokumente

Tabellarische Darstellung

Unter **rechtlichen Aspekten** weisen die Exportdokumente -je nach Ausgestaltung- verschiedene Merkmale bzw. Funktionen auf, die in **Abbildung 4.1-02** dargestellt sind.

Beweisfunktion

Charakterisierung

Grundsätzlich kommt **jedem Exportdokument** eine **Beweisfunktion** zu. Mit den Transportdokumenten soll die Aufgabe einer Sendung zum Versand, mit den Versicherungsdokumenten der Umfang des Versicherungsschutzes, mit den Sonstigen Dokumenten der Wert, der Ursprung, die quantitativen oder qualitativen Eigenschaften der Ware bzw. der Warensendung und anderes bewiesen werden.

Unterschiedliche Qualität

Die Reichweite der **Beweisfunktion** ist jedoch höchst **unterschiedlich**. Ein Posteinlieferungsschein weist beispielsweise lediglich die Aufgabe einer Postsendung an einen bestimmten Empfänger an einem (abgestempelten) Tag aus. Dagegen finden sich im Konnossement ebenso wie im Ladeschein Angaben über Art, Zahl bzw. Gewicht sowie Markierungszeichen der Güter bis hin zu deren äußerlicher Beschaffenheit und Verfassung; Angaben, für deren Richtigkeit der Frachtführer (die Reederei) sogar die Verantwortung trägt.

Dispositionsfunktion

(Nachträgliche Verfügung des Absenders bzw. berechtigter Dritter; Abänderung des Frachtvertrags)

Nachträgliche Dispositionen

Einige Transportdokumente belassen dem **Absender** bzw. dem jeweils berechtigten Inhaber das **Recht**, den Frachtführer (Verfrachter) unter Vorlage einer Originalausfertigung des Versanddokuments nachträglich anzuweisen, die **Waren anzuhalten, zurückzugeben** oder an einen **anderen** als den im Dokument ausgewiesenen **Empfänger auszuliefern.**
Ein solches Recht der nachträglichen (Um)Disposition (nachträgliches Verfügungsrecht, nachträgliches Verlangen) des Absenders verbriefen alle Transportdokumente, die Wertpapiere sind, sowie grundsätzlich die Frachtbriefe und -bei entsprechender Vereinba-

Prof. Dr. Siegfried G. Häberle

Überblick über rechtliche Merkmale und Funktionen maßgeblicher Exportdokumente

Dokument	Beweisfunktion	Dispositions- bzw. Sperrfunktion	Legitimationsfunktion	Wertpapiereigenschaft
Dokumente mit Wertpapiereigenschaft:				
• Transportdokumente:				
- Konnossement (verschiedene Arten)	•	•	•	•
- Ladeschein	•	•	•	•
• Lagerdokument:				
- Lagerschein	•	•	•	•
• Versicherungsdokument:				
- Transportversicherungspolice	•	•	•	•
Dokumente ohne Wertpapiereigenschaft:				
• Transportdokumente:				
- Seefrachtbrief	•	•		
- Eisenbahnfrachtbrief (Duplikatfrachtbrief, CIM-Frachtbrief)	•	•		
- Luftfrachtbrief (3. Original)	•	•		
- Int. Frachtbrief des Straßengüterverkehrs (CMR-Frachtbrief)	•	•		
- Int. Spediteurübernahmebescheinigung (FCR-Dokument)	•	•		
- Posteinlieferungsschein	•	•		
- Kurierempfangsbestätigung (Kurierfrachtbrief) [1]	•	(•) [1]		
• Fakturen:				
- Handelsrechnung	•			
- Zollfaktura	•			
- Konsulatsfaktura	•			
• Qualitäts- u. Quantitätsdokumente:				
- Gewichtsbescheinigung u.ä.	•			
- Packliste	•			
- Qualitätszertifikat u.ä.	•			
• Sonstige Bescheinigungen:				
- Ursprungszeugnis	•			
- Warenverkehrsbescheinigung	•			

[1] Rechtscharakter und Funktionen nicht immer eindeutig.

Abbildung 4.1-02

rung- die Spediteurübernahmebescheinigung und der Posteinlieferungsschein.
Ein analoges Dispositionsrecht verbriefen auch die Transportversicherungsdokumente mit Wertpapiereigenschaft.
Anmerkung: Der Rechtscharakter der Kurierempfangsbestätigungen bzw. der als Frachtbriefe bezeichneten Dokumente der Kuriere/Expressdienste und deren möglicherweise gegebene oder nicht gegebene Dispositions- bzw. Sperrfunktion ist nicht immer eindeutig zu erkennen. Siehe dazu auch Abschnitt "4.1.7.2 Dokumente der Kuriere bzw. der Expressdienste".

Sperrfunktion

(Sperrung vor nachträglichen Verfügungen des Absenders bzw. berechtigter Dritter)

Ausschluss von nachträglichen Dispositionen

Das angesprochene Weisungsrecht (Dispositionsrecht) des Absenders bzw. eines berechtigten Dritten kann für den Importeur zu **erheblichen Risiken** führen. Dies trifft insbesondere dann zu, wenn die nachträgliche Disposition des Absenders zu einem Zeitpunkt erfolgt, in dem der Importeur bereits Zahlung geleistet hat. Der Importeur sucht deswegen das Risiko der nachträglichen Verfügung über die Güter durch den Absender (oder eines berechtigten Dritten) auszuschließen. Es hängt von der Ausgestaltung des jeweiligen Transportdokuments ab, welche Möglichkeiten sich dem Importeur zur Sperrung vor den nachträglichen Verfügungen des Absenders eröffnen (analoges gilt für die Lagerdokumente). Im Allgemeinen trifft Folgendes zu:

- Die Ausübung des nachträglichen **Verfügungsrechts** durch den Exporteur ist in der Regel an die **Vorlage des Transportdokuments** beim Frachtführer (Verfrachter) geknüpft. Sobald der Exporteur dieses Dokument weiterreicht, z.B. an den Importeur oder an eine von diesem in die Abwicklung eingeschaltete Bank, ist dem Exporteur die Möglichkeit genommen, nachträglich über die Sendung verfügen zu können. In umgekehrter Sicht kann dann der Importeur im Regelfall sicher sein, dass die Sendung unwiderruflich auf ihn zukommt. Allerdings ist diese Sicherheit nicht bei allen Transportdokumenten (gleichermaßen) gegeben. Siehe dazu beispielsweise Abschnitt 4.1.5.1.
- Das genannte **Verfügungsrecht** des Absenders bzw. eines Dritten ist in der Regel **erloschen**, sobald die Güter dem Empfänger ausgehändigt bzw. diesem am vereinbarten Ort der Ablieferung ausdrücklich zur Verfügung gestellt sind (z.B. durch Übergabe des Frachtbriefs, vgl. § 433 Abs. 2 HGB). Dasselbe gilt, wenn der Verfrachter über die Güter nicht mehr verfügt und deswegen die Weisungen des Absenders nicht mehr befolgen kann.

Bedeutung

Diese Möglichkeiten zur faktischen Ausschaltung bzw. Sperrung des (nachträglichen) Verfügungsrechts des Absenders oder eines Dritten sind von großer praktischer Bedeutung bei **Dokumenteninkassi** und bei **Dokumentenakkreditiven**. Nur auf dieser Grundlage bietet die Zug-um-Zug-Abwicklung "Dokumente gegen Zahlung bzw. gegen Zahlungsverpflichtung" für den zahlenden bzw. zahlungspflichtigen Importeur die notwendige Sicherheit der unwiderruflichen Zurverfügungstellung der Sendung.

Versicherungs-dokumente

Ebenso wie der Frachtvertrag kann auch der **Versicherungsvertrag** vom Berechtigten **nachträglich geändert** werden. Auch hierzu ist die Vorlage des Versicherungsscheins (der Versicherungspolice, eventuell des Versicherungszertifikats) erforderlich. Sobald der Importeur selbst oder eine von ihm zur Abwicklung der Zahlung beauftragte Bank die Police in Händen hält, kann er im Regelfall sicher sein, dass der Exporteur nachträgliche Änderungen am Versicherungsschutz bzw. an der Empfangsberechtigung einer eventuellen Schadenszahlung aus der Versicherung nicht mehr vornehmen kann.

Definitionsproblem/ Abgrenzungsproblem

Anmerkung: In Literatur und Praxis wird manchmal die im Folgenden beschriebene Legitimationsfunktion als "Sperrfunktion" bezeichnet. Gemeint ist bei einer derartigen Verwendung des Ausdrucks "Sperrfunktion", dass der Importeur ohne Vorlage des Dokuments seine Berechtigung zum Warenempfang nicht nachweisen kann, d.h. vom Warenempfang abgesperrt ist. Die so charakterisierte "Sperrfunktion" ist indessen Ausfluss der unten behandelten Legitimationsfunktion, sodass es in diesem Buch bei der Definition der Sperrfunktion im oben beschriebenen Sinne (Sperrung vor nachträglichen Verfügungen des **Absenders** bzw. berechtigter Dritter) bleiben kann.

Legitimationsfunktion

(Nachweis der Berechtigung zum Empfang der Waren bzw. zur Ausübung anderer Rechte)

Berechtigungsnachweis

Zur Ausübung der verbrieften Rechte, insbesondere zur Ausübung des **Herausgabeanspruchs auf die Ware** bzw. zur Geltendmachung des Versicherungsanspruchs, ist grundsätzlich derjenige legitimiert, der im Dokument als Berechtigter ausgewiesen ist und der das Dokument vorlegt (bzw. in Ausnahmefällen, z.B. bei Verlust des Dokuments, der seine Berechtigung anderweitig nachweist):

- Bei sog. **Inhaberpapieren** (das sind Urkunden, die auf den Inhaber lauten und die ohne Indossament oder Abtretungserklärung einfach durch Einigung und Übergabe der Urkunde übertragen werden; vgl. § 929 BGB), hat diesen Herausgabeanspruch grundsätzlich jeder Inhaber, der das Dokument in Händen hält.
- Bei **Rekta-(Namens-)** und bei **Orderwertpapieren** kann diesen Herausgabeanspruch nur der im Dokument Ausgewiesene geltend machen, entweder als unmittelbar eingetragener Berechtigter (z.B. als Warenempfänger oder als Versicherungsnehmer) oder bei Orderwertpapieren als Indossatar, also der mittels einer lückenlosen Indossamentenkette ausgewiesene Begünstigte.

Erfüllung

Erfüllt derjenige, gegen den sich der im Dokument verbriefte Rechtsanspruch richtet, diesen Anspruch an den Berechtigten (z.B. Auslieferung der Ware, Auszahlung der Versicherungssumme), dann geschieht dies mit schuldbefreiender Wirkung und -zumindest bei Dokumenten mit Wertpapiereigenschaft- gegen **Rückgabe des Dokuments**.

Mit Legitimationsfunktion

Die beschriebene Legitimationsfunktion weisen alle **Exportdokumente** auf, die **Wertpapiereigenschaft** haben, also das Konnossement, der Ladeschein, der Lagerschein und die Transportversicherungspolice.

Ohne Legitimationsfunktion

Die **übrigen Transportdokumente** bezeichnen zwar ebenfalls einen Empfänger und legitimieren ihn als denjenigen, an welchen das Gut abgeliefert werden soll; der entscheidende Unterschied zu den oben genannten Exportdokumenten ist jedoch darin zu sehen, dass der Empfänger seine **Berechtigung nicht durch Vorlage des Dokuments** zu beweisen hat. So braucht beispielsweise der Empfänger einer Bahn- oder Luftfrachtsendung ebenso wenig eine Ausfertigung des Frachtbriefs zum Nachweis seiner Empfangsberechtigung vorzulegen wie der Empfänger einer über die Straße abgewickelten Sendung die Spediteurübernahmebescheinigung zu präsentieren hat. Die Sendungen werden den Empfängern vielmehr von den Frachtführern ohne die Vorlage dieser Dokumente ausgehändigt.
Anmerkung: Es ist ein anderer Sachverhalt und entspricht nicht dem Sinn der hier gemeinten Legitimationsfunktion, dass sich ein Warenempfänger u.U. durch Vorlage seines Ausweises als der Empfangsberechtigte gegenüber dem Beförderer einer Sendung auszuweisen hat.

Wertpapiereigenschaft

Charakterisierung

Wertpapiere sind **Urkunden über (Vermögens-)Rechte**, deren Ausübung den Besitz (die Vorlage) der Urkunde voraussetzt.
Konnossemente, **Ladescheine** und **Lagerscheine** sind sachenrechtliche Wertpapiere [sog. Waren(wert)papiere], die **Versicherungspolice** ist ein sog. Forderungs(wert)papier.
Exportdokumente, die Wertpapiereigenschaft haben, schließen die **Beweisfunktion**, das **Dispositionsrecht** (die Sperrfunktion) sowie die **Legitimationsfunktion** mit ein.

Einteilung

Nach der **Art der Übertragung** der verbrieften Rechte können Wertpapiere eingeteilt werden in:

- **Inhaberwertpapiere**

  - Charakterisierung

  Sie lauten auf den Inhaber, was bedeutet, dass der jeweilige Inhaber der Urkunde die verbrieften Rechte **kraft Vorlegung** (Besitzes) der Urkunde geltend machen kann. Der Inhaber braucht also keinen weiteren Nachweis zu führen, d.h. er braucht seine Berechtigung weder durch eine lückenlose Indossamentenkette noch durch eine Abtretungserklärung zu beweisen.

  - Übertragung

  Die Übertragung von Inhaberwertpapieren erfolgt durch **Einigung und Übergabe.**

- **Orderwertpapiere**

  - Charakterisierung/ Übertragung

  Orderwertpapiere, die entweder kraft Gesetz (z.B. der Wechsel als sog. geborenes Orderpapier) oder durch einen ausdrücklichen Vermerk (z.B. das Konnossement, der Ladeschein und der Lagerschein als sog. gekorene Orderpapiere) an Order gestellt sind, werden mittels einer **Übertragungserklärung** (dem Indossament) sowie der **Übergabe der Urkunde** übertragen. Mit Blick auf diese einfache Übertragbarkeit und wegen des Gegensatzes zu den Rektapapieren, deren Rechte nur mit einer förmlichen Abtretungserklärung übertragen werden können, wird bei den Orderwertpapieren von einer **Transportfunktion** gesprochen. Eine solche allgemeine Transportfunktion erfüllen von den Exportdokumenten das Orderkonnossement, der Orderladeschein, der Orderlagerschein sowie die Transportversicherungspolice, sofern sie an Order gestellt ist.

- Traditionsfunktion

Mit dem Ausdruck Traditionsfunktion wird dagegen ein Vorstellungsinhalt verbunden, der enger gefasst ist. Gemeint ist damit die Eigenschaft der **Warenwertpapiere** (Konnossement, Ladeschein, Lagerschein), auf Grund derer -bei Übereignung der Ware- die Übertragung des Wertpapiers an die Stelle der Übergabe der Ware tritt (zum Konnossement vgl. dazu § 650 HGB).

- **Rektawertpapiere (sog. Namenswertpapiere)**

- Charakterisierung/ Übertragung

Diese Dokumente lauten auf einen **namentlich genannten Berechtigten**, der die verbrieften Rechte nur durch förmliche **Abtretungserklärung**, nicht aber durch Indossament, weitergeben kann. Konnossemente, Ladescheine, Lagerscheine und Transportversicherungspolicen sind mangels eines anders lautenden Vermerks auf der Urkunde Rektawertpapiere (Namenswertpapiere).

- Einfügung der Orderklausel

Die genannten Exportdokumente können gem. § 363 Abs. 2 HGB durch einen entsprechenden Vermerk (die sog. Orderklausel) auf der Urkunde **zu Orderwertpapieren gemacht werden** (sog. gekorene Orderpapiere). Der Ordervermerk auf den genannten Wertpapieren ist von praktischer Bedeutung bei der Abwicklung des internationalen Zahlungsverkehrs. Beispielsweise haben die begünstigten Exporteure zur Ausnutzung von Dokumentenakkreditiven in der Regel keine Rektakonnossemente einzureichen, sondern Konnossemente, die an Order gestellt und im Übrigen blanko indossiert sind.

4.1.1.4 Überblick über die betriebswirtschaftlichen Funktionen der Exportdokumente

Aufbauend auf den rechtlichen Merkmalen und Funktionen der Exportdokumente lässt sich ihre betriebswirtschaftliche Bedeutung ableiten:

Beweisfunktion

- Exportdokumente dienen zunächst dem Nachweis der **Erfüllung des (Kauf-)Vertrags** durch den Exporteur. Mittels Vereinbarung geeigneter Dokumente im Kontrakt eröffnet sich dem Importeur die Möglichkeit, vielfältige Auflagen an den Exporteur durchzusetzen, die seiner Sicherheit hinsichtlich Preis, Lieferzeit, Versandart, Qualität und vielem anderen dienen.

Übertragungsfunktion

- Warendokumente mit Wertpapiereigenschaft und Traditionsfunktion ermöglichen die **Übertragung von Rechten an der Ware** durch Indossament (Orderkonnossemente, Orderladescheine sowie Orderlagerscheine), d.h. ohne aufwändige und ohne u.U. kostspielige Übergabe der Waren.

Sicherungsfunktion bei der Zahlungsabwicklung

- Im Rahmen der Exportfinanzierung sind die Exportdokumente Instrumente einer Zug-um-Zug-Abwicklung. Durch Vorlage der Dokumente erlangt der Exporteur die Zahlung bzw. einen Zahlungsanspruch, so z.B. bei **Dokumenteninkassi** im Rahmen der Abwicklung "Dokumente gegen Zahlung" bzw. "Dokumente gegen Akzept". **Bei Dokumentenakkreditiven** erhält der Exporteur eine Zahlung bzw. eine Zahlungszusage von einer Bank im Gegenzug zur rechtzeitigen Einreichung akkreditivkonformer Dokumente.
  Sind die geeigneten Dokumente vereinbart, dann dienen sie dem Sicherungsinteresse beider Beteiligten:
  Der **Exporteur** erlangt die Sicherheit, dass dem Importeur die Dokumente nur ausgehändigt werden, wenn dieser selbst (bei Dokumenteninkassi) oder eine von ihm beauftragte Bank (bei Dokumentenakkreditiven) im Gegenzug die vereinbarte Leistung (d.h. Zahlung, Zahlungszusage oder Akzept) erbringt. Handelt es sich um Exportdokumente, die der Importeur zum Nachweis seiner Empfangsberechtigung vorzuweisen hat (Legitimationsurkunden), dann kann der Exporteur überdies sicher sein, dass der Importeur nicht in den Besitz der Waren gelangt, ohne zuvor der vereinbarten Gegenleistung entsprochen zu haben.
  Der **Importeur** erhält bei diesen Zug-um-Zug-Abwicklungen die Gewähr, dass der Exporteur nur Zahlung bzw. Zahlungszusage erhält, wenn er die Dokumente, die den festgelegten Inhalt ausweisen, rechtzeitig vorlegt.

Sicherungsfunktion bei Kreditaufnahmen

- Schließlich sind Exportdokumente Instrumente zur Sicherung von Krediten, die der **Finanzierung der Güter** während der Transportphase und einer eventuellen Lagerphase dienen.

4.1.1.5 Exkurs: UN/EDIFACT

Grundstruktur

UN/EDIFACT ist die Abkürzung für United Nationes/**Electronic Data Interchange for Administration, Commerce and Transport** (Elektronischer Datenaustausch für Verwaltung, Wirtschaft und Transport). Es ist dies ein von den Vereinten Nationen entwickeltes und definiertes Regelwerk für einen **internationalen, branchenübergreifenden Standard** für den elektronischen Datenaustausch. Für die Entwicklung dieses Regelwerks ist die United Nationes **Economic Commission for Europe** (UN/ECE, Wirtschaftskommission der Vereinten Nationen für Europa) verantwortlich, die ihrerseits

internationale und regionale Gremien (Arbeitsgruppen, EDIFACT-Boards, EDIFACT-Rapporteure usw.) mit den Entwicklungsarbeiten beauftragt.
Einen Überblick über die **Organisation** der Nachrichtenentwicklung und Nachrichtenverabschiedung von UN/EDIFACT vermittelt die nachstehende Übersicht.

EDIFACT-Organisationsstruktur

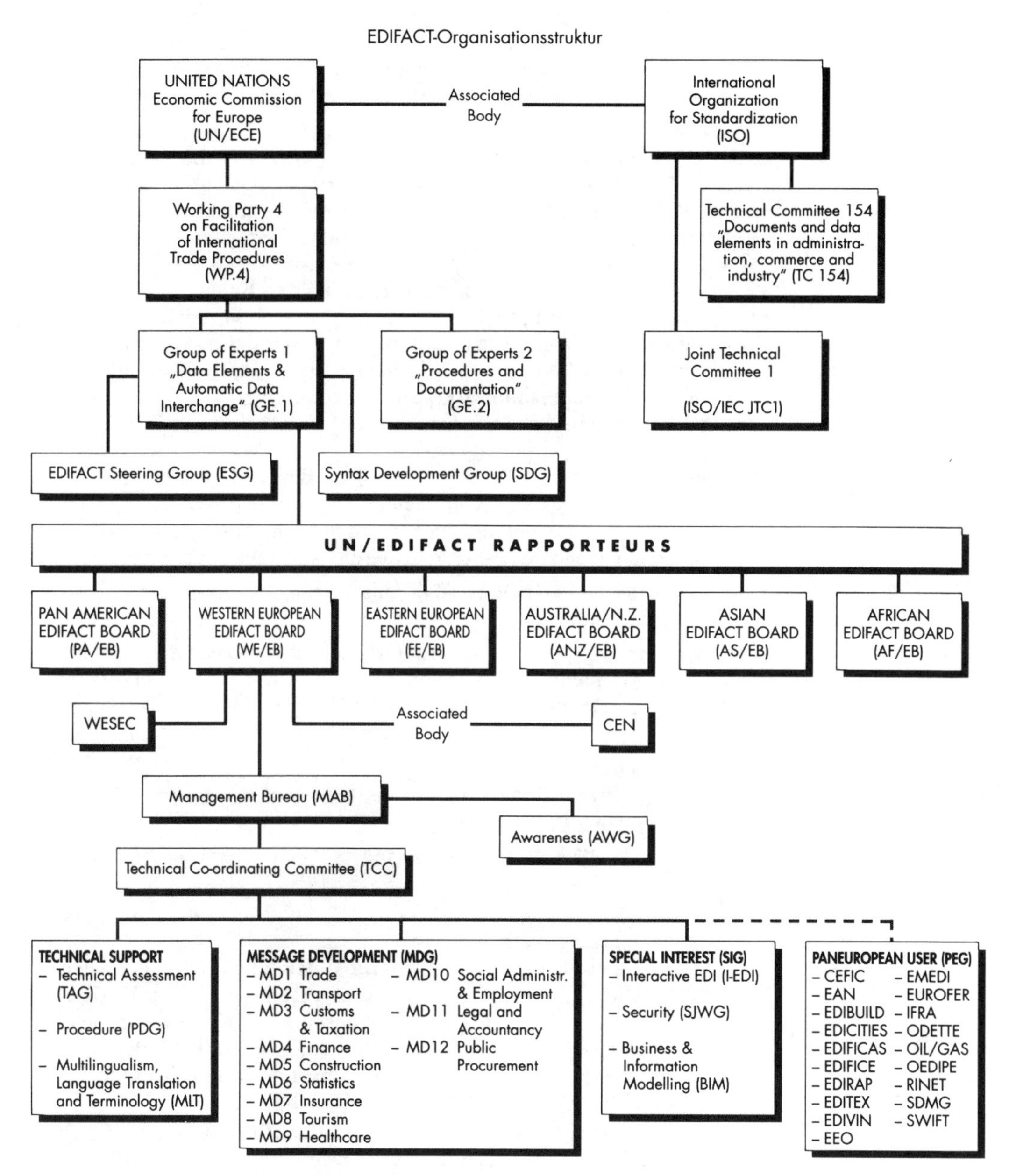

Quelle: Begemann, Petra 1995: S. 6

Ziele

Generelles, über EDIFACT hinausreichendes Ziel der Wirtschaftskommission der Vereinten Nationen für Europa (UN/ECE) ist die **Vereinfachung/Rationalisierung der internationalen Handelsverfahren und ihrer Dokumentation**. Dieses Ziel und die erreichten Ergebnisse umfassen u.a. die Vereinfachung und Vereinheitlichung von Handelsdokumenten (z.B. das UN/Rahmenmuster für Handelsdokumente, UN-Layout Key), die Vereinfachung und Vereinheitlichung von Handelsverfahren (z.B. bei Frachtmarkierungen, Referenznummern, Zollverfahren usw.), die Standardisierung von Datenelementen und Codes sowie des elektronischen Datenaustausches.

Mit EDI (Electronic Data Interchange) sowie EDIFACT sind diese Ziele aufgegriffen, nämlich statt der Erstellung und Übersendung von Papieren und Dokumenten, Belegen, Formularen usw. die Daten eines Geschäftsvorfalls in einem **EDV-System zu erfassen** (z.B. beim Exporteur) und **beleglos**, d.h. elektronisch in andere Systeme zu **übertragen** (z.B. beim Importeur, bei den Banken, beim Transportunternehmen usw.) und dort **ohne manuelle Eingriffe weiter zu verarbeiten**. Voraussetzung sind kompatible Systeme, gleiche Datenformate sowie eine entsprechende technische Ausstattung (Modem, Kommunikationssoftware). Die Zahl der (international ausgerichteten) Unternehmen, die EDIFACT anwenden, steigt rasch.
Grundsätzlich ist EDIFACT für solche Betriebe von Interesse, die ein **hohes Transaktionsvolumen** an Nachrichten/Geschäftsvorfällen aufweisen, die über die eigene Branche hinausreichen, weil die brancheneigenen EDI-Systeme diesem Anspruch nicht genügen.

Vorteile

Der **Einsatz von EDIFACT** in Unternehmen weist eine Reihe von Vorzügen auf:

- **Einmalige**, gleichartig strukturierte **Datenerfassung** an der Stelle von mehrmaligen Datenerfassungen, wie sie bei herkömmlichen Datenübertragungen (Dokumente, Belege, Formulare, Briefe, Faxe usw.) notwendig sind.

  Dadurch
  - **geringerer Erfassungsaufwand,**
  - **weniger Fehlerquellen,**
  - **schnellere Datenübertragung** (z.B. im Gegensatz zum Postweg),
  - **hoher Sicherheitsstandard** (z.B. im Gegensatz zum Dokumentenverlustrisiko).
- Aus **denselben, einmal erfassten Daten** eines (internationalen) Geschäfts können die **verschiedenen** an diesem Geschäft **Beteiligten** (Exporteur, Importeur, Transportunternehmen, Versicherungsgesellschaft, Banken, Zentralbanken, Zollbehörden usw.) mit den für sie relevanten Daten versorgt werden. Dadurch sind erhebliche Kosteneinsparungen möglich.
- Im Gegensatz zu den branchenspezifischen EDI-Systemen (z.B. SWIFT der Banken, SITA der Fluggesellschaften, ODETTE der Automobilbranche, SEDAS des Handels usw.) ist EDIFACT

nicht nur **international**, sondern auch **branchenübergreifend** ausgerichtet.

Anwendungsbeispiel

Die nachstehende Darstellung zeigt die Möglichkeiten der **beleglosen Kommunikation** zwischen **Käufer** und **Verkäufer** sowie zwischen den an der Zahlungsabwicklung beteiligten **Banken**. Aus dem Zug-um-Zug aus der Käuferanfrage bis zum Auftrag **einmalig erfassten standardisierten Datenbestand** können -unter Vornahme einiger Ergänzungen bzw. Selektionen- die Auftragsbestätigung, der Lieferstatus und die Rechnung erstellt und dem Geschäftspartner elektronisch übermittelt werden. Auf Grundlage desselben, nur einmal erfassten Datenbestandes beauftragt der Käufer seine Bank auf elektronischem Weg mit der Zahlung, verrechnen die beteiligten Banken den Gegenwert untereinander und erhält schließlich der Verkäufer von seiner Bank die Gutschriftsanzeige (der diese beleglos mit der Sollstellung abgleicht). Darüber hinaus können in ein solches EDI-System das bzw. die **Transportunternehmen** sowie **weitere** an der Geschäftsabwicklung **Beteiligte** einbezogen sein.

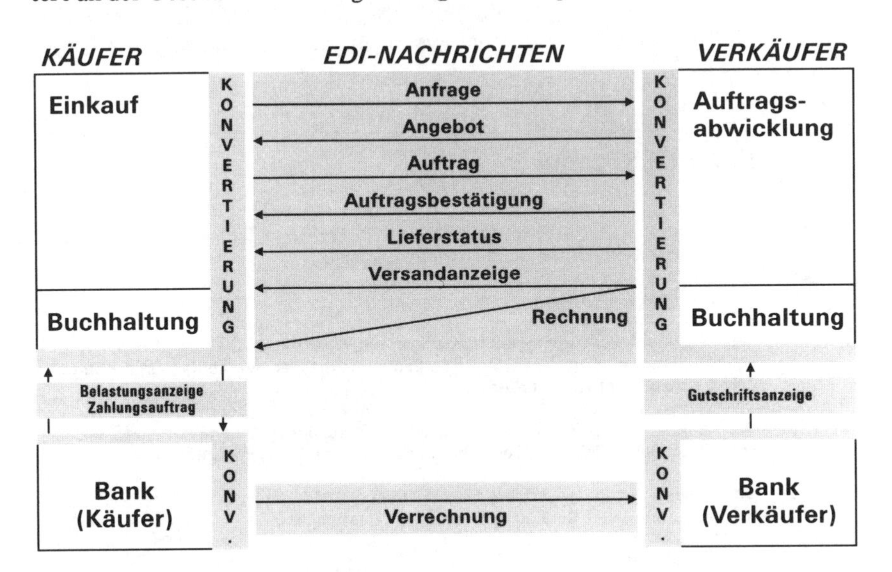

Quelle: Deutsche Bank AG (Hrsg.) 1995: S. 10

Weiterentwicklung

Die **UN/EDIFACT-Nachrichtentypen** und die auf dieser Grundlage möglichen Geschäftsabwicklungen umfassen ein breites, laufend erweitertes Spektrum, insbesondere im Bereich des **Außenhandels**, einschließlich des (internationalen) **Zahlungsverkehrs**. Aktuelle Informationen können bezogen werden von der

- Deutsche EDI-Gesellschaft e.V.
  Burggrafenstraße 2 A

  10787 Berlin

  Telefon: 030/254505-11
  Telefax: 030/254505-27

oder vom

- Normenausschuss Bürowesen im DIN e.V.
  Burggrafenstraße 6

  10787 Berlin

  Telefon: 030/2601-2488
  Telefax: 030/2601-1231.

Die im Folgenden beschriebenen und abgebildeten Exportdokumente werden zwar ihre rechtlichen und betriebswirtschaftlichen Funktionen auch in Zukunft behalten. Ihre Übermittlung, die Übertragung der verbrieften Rechte, ihr Erscheinungsbild und andere Merkmale werden sich mit der Weiterentwicklung des EDIFACT-Systems jedoch wesentlich verändern.

Anmerkung

Besonders weit entwickelt sind die UN/EDIFACT-Nachrichtentypen im Containerverkehr.

Anwendungsbeispiele

Beispiele für UN/EDIFACT-Nachrichtentypen (Hinweis: siehe auch Beispiele zu "zahlungsbezogenen" und "akkreditivbezogenen" UN/EDIFACT-Nachrichtentypen in den Abschnitten 3.2.4 und 4.3.1.3):

INVOIC Rechnung

Name (engl.): Invoice
Dokument: UN/ECE/TRADE/WP.4/R.1142 Status: 2
Wirtschaftszweig: Bestell- und Rechnungswesen

1. Funktionsbeschreibung

Eine Nachricht zur Zahlungsaufforderung für Waren oder Dienstleistungen, die entsprechend den vereinbarten Konditionen zwischen Verkäufer und Käufer geliefert bzw. erbracht wurden.

Der Nachrichtentyp Rechnung deckt mit entsprechenden Dateninhalten auch die Funktionen einer Belastungsanzeige und einer Gutschriftsanzeige ab.

Der in dieser Norm verwendete Begriff "Rechnung" beinhaltet im weiteren Sinne die Bedeutung einer Rechnung/Gutschrift/Belastungsanzeige.

2. Grundsätzliches

- Ein Verkäufer kann für eine oder mehrere Transaktion(en) eine Rechnung stellen.

- Eine Rechnung kann sich auf Warenpositionen oder Dienstleistungen aufgrund einer oder mehrerer Bestellungen, Lieferanweisungen, Lieferabrufe usw. beziehen.

- Eine Rechnung kann Hinweise zu Zahlungsbedingungen enthalten.

- Eine Rechnung für grenzüberschreitende Geschäftsvorfälle kann zusätzliche Informationen für Zoll- und/oder statistische Zwecke/Dienstleistungen enthalten.

- Eine Rechnung kann Einzelheiten zum Transport enthalten.

IFTMIN Transport-/Speditionsauftrag

Name (engl.): Instruction
Dokument: UN/ECE/TRADE/WP.4/R.1142 Status: 2
Wirtschaftszweig: Transport

1. Funktionsbeschreibung

Die Nachricht eines Transportbeteiligten, in der speditionelle und/oder Transportleistungen für eine Sendung vereinbarungsgemäß beauftragt werden, an den Transportbeteiligten, der diesen Auftrag durchführen oder besorgen soll.

2. Grundsätzliches

Der Auftrag ergibt sich aus dem Transportvertrag für eine Sendung und dient in erster Linie zu Verwaltungszwecken. Es ist die Nachricht vom Versender an den Frachtführer oder Spediteur und enthält die endgültigen Sendungseinzelheiten sowie die angeforderten Dienstleistungen. Die Auftragsnachricht ist die einzige und alleinige Nachricht, die einen tatsächlichen Vertrag zur Folge hat, der entweder ein Dokument oder ein elektronischer Vertrag sein kann.

Wenn nur eine Nachricht zwischen Versender und Frachtführer/Spediteur ausgetauscht wird, sollte ausschließlich die Auftragsnachricht zum Vertrag führen. Der Nachrichtenempfänger sollte ermitteln, ob die Auftragsnachricht einer Buchungs-/ Reservierungsnachricht folgt, um sie lediglich als administrative Nachricht oder als administrative und operationale Nachricht zu interpretieren.

- Eine Sendung kann mehrere Sendungspositionen enthalten.

- Einzelne Sendungspositionen können containerisiert sein.

- Eine Sendungsposition kann in einem oder mehreren Containern transportiert werden, und ein Container kann eine oder mehrere Sendungspositionen beinhalten.

- Eine Sendungsposition kann sich auf mehrere Zolltarife beziehen.

- Sendungspositionen mit gleichem Zolltarif können in einem oder mehreren Containern befördert werden.

- Sendungspositionen können sowohl aus kaufvertraglicher als auch aus operationaler Sicht beschrieben werden.

- Ein Transportbeteiligter in der Transportkette kann für eine oder mehrere Sendungspositionen einer Sendung buchen/reservieren oder beauftragen.

- Ein Transportbeteiligter in der Transportkette kann buchen/reservieren oder Transportaufträge für mehrere Sendungspositionen mittels einer oder mehrerer der folgenden Nachrichten erteilen: IFTMBP, IFTMBF, IFTMBC, IFTMIN, IFTMCS, IFTMAN.

- Vor- und/oder Nachlauf von Sendungspositionen oder des Ladungsträgers (Equipment), die in einer Buchung/Reservierung oder einem Auftrag enthalten sind, können in unterschiedlichen Schritten ablaufen; jeder Schritt wird mit einer eigenen Transporteinzelheiten-Segmentgruppe spezifiziert.

- Ladungsträger (Equipment) können mit anderen Einheiten (Ausrüstungsgegenständen, Ladehilfsmittel usw.) verschiedener Art verbunden sein, z. B. ein Kühlaggregat, das an einem Container befestigt ist.

- Ladungsträger (Equipment) und/oder Sendungspositionen können einem anderen Lade- und Beförderungshilfsmittel zugeordnet sein, die selbst widerum einem anderen Lade- oder Beförderungshilfsmittel zugeordnet sind, z. B. ein Container auf einem Chassis auf einem Waggon.

- Transportmittel, die sich aus eigener Kraft fortbewegen können, sind in der Transporteinzelheiten-Segmentgruppe spezifiziert. Andere Lade- und Beförderungshilfsmittel sind als Ladungsträger (Equipment) spezifiziert.

- Die Verpackung von Sendungspositionen kann in bis zu drei Ebenen (Verpackungsstufen) dargestellt werden.

CUSDEC Zollanmeldung

Name (engl.): Customs declaration
Dokument: UN/ECE/TRADE/WP.4/R.1142 Status: 2
Wirtschaftszweig: Verwaltung

1. Funktionsbeschreibung

Der Nachrichtentyp "Zollanmeldung (CUSDEC)" erlaubt einem Anmelder die Übermittlung von Daten an eine Zollverwaltung, um gesetzlichen und/oder verfahrenstechnischen Erfordernissen für die Anmeldung von Waren zur Einfuhr, Ausfuhr oder Durchfuhr gerecht zu werden. Die Nachricht kann ebenfalls benutzt werden, um

- Daten eines Exporteurs in einem Land zu einem Importeur in einem anderen Land zu übermitteln;

- Sendungsdaten von einer Zollverwaltung zu einer anderen zu übermitteln;

- Daten von einer Zollbehörde zu anderen Regierungsstellen und/oder beteiligte Verwaltungen zu übermitteln;

- Daten von einem Anmelder an die entsprechende Datensammelstelle zu übermitteln, um Angaben über die Bewegung von Waren zwischen statistischen Erhebungsgebieten zu machen.

2. Grundsätzliches

Diese Nachricht beinhaltet die notwendigen Transport-, Statistik- und Zoll-Informationen. Dabei wurde auch berücksichtigt, daß entsprechende geschäftliche Informationen, die vom Zoll anstelle notwendiger Dokumente akzeptiert werden können, einbeziehbar sind.

Die angewandten Entwicklungsgrundsätze erlauben den Bezug auf ein oder mehrere Geschäftsdokumente, die zu derselben Anmeldung gehören, sowie die Zusammenfassung mehrerer Dokumentenzeilen zu einer Zollposition. Eine Zollposition enthält die Zusammenfassung der Dokumentenzeilen, die dieselben Zollcharakteristika (z. B. Warennummer, Verwendungszweck usw.) aufweisen. Dementsprechend erlaubt die Nachricht die Verwendung von Einzel- oder Sammelsendungs-Konzepten und ihre Zuordnung zu einer Zollposition.

4.1.2 Konnossemente und verwandte Dokumente

4.1.2.1 Charakterisierung

Beteiligte u.a.

Das Konnossement (Bill of Lading) ist das maßgebliche Transportdokument des **Seefrachtverkehrs.** Es ist eine Urkunde mit Wertpapiereigenschaft, die vom Verfrachter oder dessen Agent ausgestellt wird. **Verfrachter** ist die Reederei bzw. der Schiffseigentümer (An-

merkung: Im Binnenschifffahrtsverkehr wird von Frachtführer gesprochen).
Der **Exporteur**, der den Frachtvertrag mit der Reederei abschließt und dieser die Güter übergibt, wird im Zusammenhang mit Konnossementen mit dem Ausdruck "Ablader", "Ablieferer", "Befrachter" oder "Verlader" belegt.

Abbildung

Die **Beteiligten des Konnossements**, ihre Bezeichnungen und ihre maßgeblichen **Funktionen** sind in **Abbildung 4.1-03** dargestellt.

Inhalt

Das Konnossement enthält die Bestätigung der Reederei über den **Empfang der Güter zur Beförderung**. Vor allem aber verbrieft das Konnossement die Verpflichtung der Reederei zur **Auslieferung der Waren**. Dies ist ein selbstständiger schuldrechtlicher Anspruch des Berechtigten (Legitimierten) an den Verfrachter (Reederei), der die Wertpapiereigenschaft des Konnossements begründet. In **Abbildung 4.1-03** ist die Legitimationsfunktion im Verhältnis zwischen dem Importeur und der Reederei dargestellt.

Übertragung

Das Konnossement ist ein **Wertpapier mit Traditionsfunktion**: Die Übergabe des Konnossements an den im Konnossement auszuweisenden Berechtigten ersetzt die körperliche Übergabe der (auf See befindlichen) Güter: Der legitimierte Inhaber des Konnossements wird Eigentümer der Güter. Dies trifft sowohl beim Rektakonnossement (mit Übergabe des Konnossements an den namentlich ausgewiesenen Begünstigten) als auch beim Orderkonnossement (mit Übergabe des Konnossements an den durch eine lückenlose Indossamentenkette als berechtigt Ausgewiesenen) zu.

Zug-um-Zug-Abwicklung

Die Traditionsfunktion des Konnossements in Verbindung mit der Legitimationsfunktion ermöglicht es, das Konnossement als Instrument der Zug-um-Zug-Abwicklung "Dokumente gegen Zahlung bzw. gegen Zahlungsversprechen" einzusetzen: Bei **Dokumenteninkassi** wird dem Importeur das Konnossement nur ausgehändigt, wenn er im Gegenzug bezahlt bzw. einen Wechsel akzeptiert. Im Rahmen von **Dokumentenakkreditiven** erhält der begünstigte Exporteur nur Zahlung, wenn er unter anderem das Konnossement als Beweisurkunde für den vollzogenen Versand der Ware vorlegt und -über die eingeschalteten Kreditinstitute- dem Importeur das Konnossement zur Verfügung stellt.
In der obigen Abbildung ist dieser Zusammenhang dargestellt.

Kreditsicherheit

Die Wertpapiereigenschaft des Konnossements begründet die Eignung des (Order-)Konnossements als Kreditsicherheit: Die verbrieften Rechte, insbesondere der Anspruch auf Auslieferung der Waren, können auf die **kreditgewährende Bank** oder auf einen anderen, das Geschäft finanzierenden Dritten übertragen werden.

Rückgabe

Zur Aushändigung der Waren hat der durch das Konnossement legitimierte Empfänger dem Verfrachter das **Konnossement vorzulegen** und (quittiert) **zurückzugeben**.

Rechtsgrundlage

Das deutsche Recht regelt das Konnossement im HGB (§§ 642 ff.).

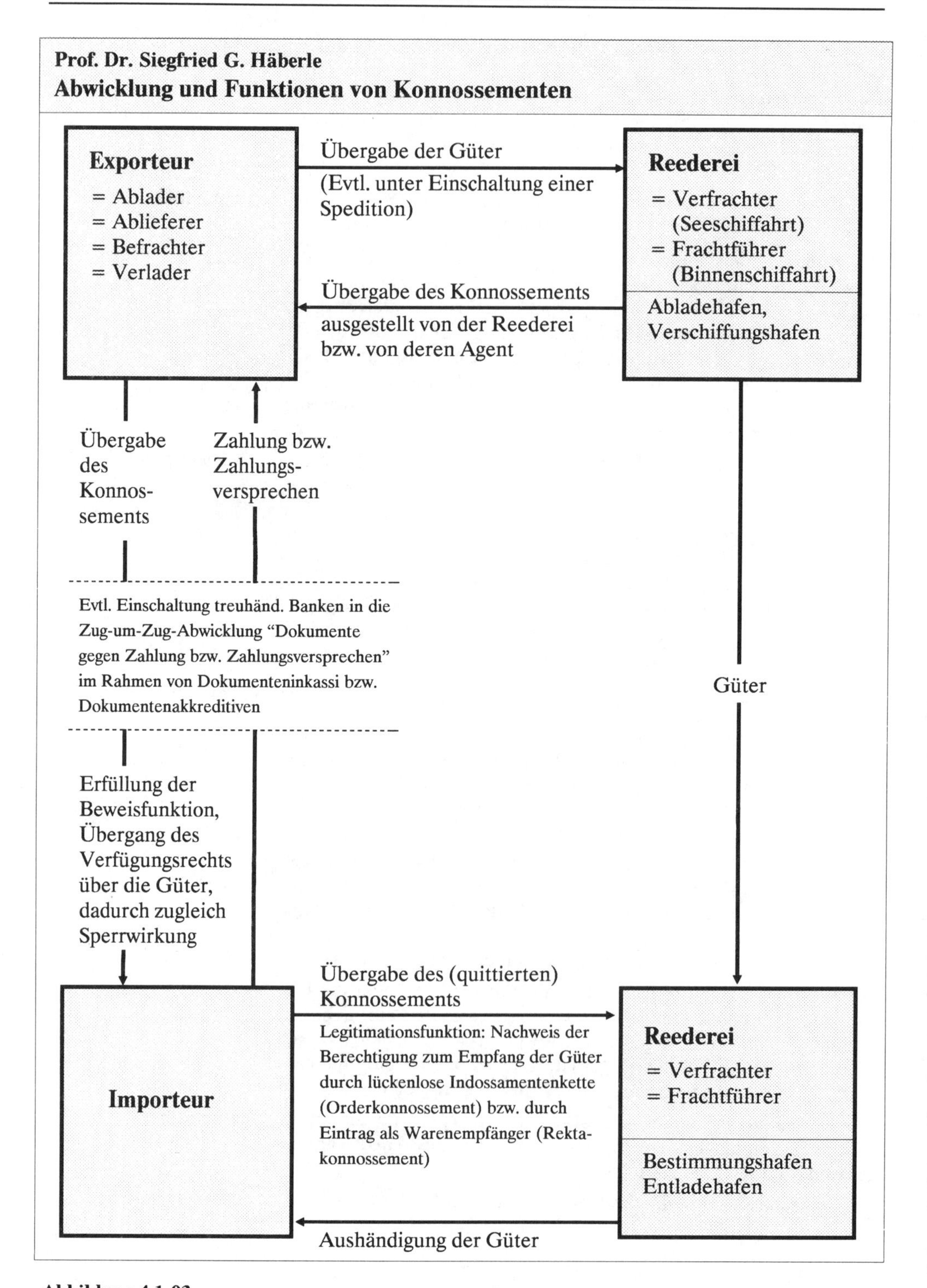

Abbildung 4.1-03

4.1.2.2 Inhalte von Konnossementen mit Exkursen zu den Konnossementarten nach ihrer Übertragbarkeit

Abbildung

Die maßgeblichen **Merkmale eines Konnossements** können der **Abbildung 4.1-04** entnommen werden. Diese Merkmale sind in den anschließenden Ausführungen hinsichtlich ihrer praktischen und rechtlichen Bedeutung untersucht. Die Ziffern im Text korrespondieren mit den Ziffern im abgebildeten Konnossement.

Aussteller des Konnossements (1)

Berechtigte

Aussteller eines Konnossements kann die **Reederei** (carrier) als Frachtführer (Verfrachter) selbst oder ein **Beauftragter (Agent)** sein, z.B. ein Schiffsmakler, ein Reedereiagent oder eine Spedition. Ist das Dokument von einem **Spediteur** ausgestellt, dann muss eindeutig erkennbar sein, dass dies ein zur Ausstellung von Konnossementen berechtigter Spediteur ist, der als Frachtführer oder als Agent eines namentlich genannten Frachtführers (einer Reederei) handelt. In eigenem Namen und für eigene Rechnung stellen die Spediteure (neben den Reedereien) beispielsweise das Multimodale Konnossement (Multimodal Transport Bill of Lading) aus (Einzelheiten siehe Abschnitt "4.1.2.3.7 Kombinierte/Multimodale Transportdokumente"). Ist diese Bedingung nicht erfüllt, dann haben die Banken ein solches Dokument bei der Abwicklung von Dokumentenakkreditiven, sofern nichts anderes vorgeschrieben ist, als nicht akkreditivkonform zurückzuweisen (vgl. z.B. Art. 23 a. ERA).

Haftung

Der Aussteller haftet für die **Richtigkeit des Konnossements** (vgl. Zahn u.a. 1986: S. 164, Rdn 2/243).

Unterschrift

Ob ein Konnossement vom Aussteller **handschriftlich** unterschrieben sein muss oder ob für die Rechtswirksamkeit eine Unterschrift in **Faksimile** genügt, hängt von dem am Ausstellungsort gültigen Landesrecht ab. Die Art der Unterschrift des Ausstellers ist insbesondere bei der Frage relevant, ob ein Konnossement mit Faksimileunterschrift die **Akkreditivbedingungen** zu erfüllen vermag. In den ERA ist dies mit der Formulierung "... unterzeichnet oder in anderer Weise authentisiert zu sein scheint ..." (Art. 23 a. ERA) bejaht, es sei denn, dass in der Akkreditivbedingung ausdrücklich eine handschriftlich vollzogene Ausstellerunterschrift des Konnossements verlangt ist.

Ausstellungstag und Ausstellungsort (2)

Spätestes Verladedatum

In Kaufverträgen, aber auch in den **Akkreditivbedingungen**, ist häufig ein **spätestes Verladedatum** vereinbart bzw. auferlegt. Zur Erfüllung des Kaufvertrags ebenso wie zur Benutzung des zu seinen Gunsten eröffneten Akkreditivs hat der Exporteur streng darauf zu achten, dass dieses späteste Verladedatum nicht überschritten ist.
Liegt eine **Überschreitung** dieses Datums vor, dann ist der Importeur -was die Erfüllung des Kaufvertrags anlangt- zur Abnahme der Waren nicht mehr verpflichtet. Ebenso haben die in die Akkreditivabwicklung eingeschalteten Banken ein solches Dokument zurück-

INTERNATIONAL OCEANCARGO INC.

BILL OF LADING

SHIPPER / EXPORTER
DMEZ Deutsche-Maschinen-Export-Zentrale
GmbH & Co. KG.
Bornweg 18-22
2000 Hamburg 15 ③

BOOKING NO.
21562235

EXPORT REFERENCES
21562235

CONSIGNEE
To the order of:
Machines Import Inc.
50, 306th Street
New York, N.Y. 23509 ④

FORWARDING AGENT – REFERENCES
456/21/10/9

POINT AND COUNTRY OF ORIGIN
Hamburg / Germany

NOTIFY PARTY
International Customs House Broker
and Forwarding Company
2582, 702nd Avenue
New York, N.Y. 50254 ⑤

DOMESTIC ROUTING / EXPORT INSTRUCTIONS

PIER

EXPORTING CARRIER *(Vessel)*
Sealink Star ⑥

PORT OF LOADING
Hamburg ② ⑥

ONWARD INLAND ROUTING

PORT OF DISCHARGE
New York ⑥

FOR TRANSSHIPMENT TO

PARTICULARS FURNISHED BY SHIPPER

MARKS AND NUMBERS	NO. OF PKGS.	DESCRIPTION OF PACKAGES AND GOODS	GROSS WEIGHT	MEASUREMEN
		Said to contain: ⑦		
Machines Import Inc. P.O. No. 304 Case No. 1-3 New York Made in Germany	3 Cases =======	Blow moulding machines Shipped on board ⑪ Oceanfreight prepaid at Hamburg ⑨ " M U S T E R " ===============	5104,0 ====== kg	30,512 ====== cbm

FREIGHT CHARGES PAYABLE AT: Hamburg ⑨

Received by INTERNATIONAL OCEANCARGO INC. for shipment by ocean vessel between port of loading and port of discharge, and for arrangement or procurement of pre-carriage from place of receipt and on-carriage to place of delivery, where stated above, the goods as specified above in apparent good order and condition unless otherwise stated. The goods to be delivered at the above mentioned port of discharge or place of delivery, whichever applicable, subject always to the exceptions, limitations, conditions and liabilities set out on the reverse side hereof, to which the Shipper and/or Consignee agree to accepting this Bill of Lading. ⑧

IN WITNESS WHEREOF 3/Three original Bills of Lading have been signed, not otherwise stated above, one of which being accomplished the others shall be void. ⑩

DATED AT PORT OF LOADING SHOWN ABOVE

INTERNATIONAL OCEANCARGO INC.

① By International Oceancargo Deutschland GmbH AGENT FOR THE MASTER

B/L NO.	MO.	DAY	YEAR
80505-E	10	02	19..

②

OCEAN FREIGHT CHARGED ON		PREPAID	COLLECT
@	PER		
@	PER		
@	PER		
@	PER		
@	PER		
@	PER		
@	PER		
@	PER		
TOTAL CHARGES			

Abbildung 4.1-04

zuweisen und die Auszahlung bzw. eine andere vereinbarte Akkreditivleistung an den Akkreditivbegünstigten (Exporteur) zu verweigern.
Den Nachweis des Verladetags führt der Exporteur mit den im Konnossement enthaltenen Daten, z.B. Datum des An-Bord-Vermerks, Ausstellungstag des Konnossements usw. (zur genauen Bestimmung des Ausstellungsdatums und anderer Daten in Konnossementen vgl. Art. 23 a. sowie Art. 46 und 47 ERA).

Ausstellungsort

Der Ausstellungsort bestimmt das für das Konnossement **anzuwendende Landesrecht** (vgl. Zahn u.a. 1986: S. 170, Rdn 2/254) bzw. die jeweils ratifizierte Seerechtskonvention.

Vorlegungsfrist

Ausgehend vom Verladetag des Konnossements (bzw. anderer Transportdokumente) sollte in Akkreditiven ein **spätester Zeitpunkt für die Vorlegung** dieses und der weiteren Dokumente bei der Gültigkeitsstelle aufgenommen sein. Ist eine derartige Frist nicht festgesetzt, weisen Banken Dokumente zurück, die ihnen später als 21 Tage nach dem Verladedatum des Transportdokuments vorgelegt werden (vgl. Art. 43 a. ERA).
Durch diese Fristsetzung im Akkreditiv soll u.a. erreicht werden, dass dem Berechtigten (Importeur) das Konnossement, das er zum Nachweis seiner Empfangsberechtigung benötigt, vor Ankunft der Ware im Bestimmungshafen vorliegt.

Ablader (Ablieferer, shipper) (3)

Der Ablader erteilt dem Frachtführer alle Weisungen zur Gestaltung des Frachtvertrags. Ist im Konnossement **kein (Waren-)Empfänger** (consignee) eingetragen, sondern stattdessen nur eine **Orderklausel** ("an Order") aufgenommen, dann bleibt der Ablader der Berechtigte aus dem Konnossement. Der Ablader hat bei Weitergabe eines solchen Orderkonnossements das erste Indossament (im Allgemeinen als Blankoindossament) anzubringen (Einzelheiten siehe folgende Ausführungen).

(Waren-)Empfänger (consignee), zugleich Festlegung von Rekta- oder Orderkonnossement (4)

Alternativen:

Die Angabe des Warenempfängers, die in Verbindung mit der Eintragung einer sog. Orderklausel erfolgen kann, bestimmt den **Rechtscharakter** eines Konnossements. Grundsätzlich bestehen drei Alternativen:

- Rektakonnossement

- Die (bloße) **Angabe des** Namens des **Empfängers** ohne Ordervermerk. Es liegt dann ein Rekta(Namens)Konnossement vor.

- Orderkonnossement mit Empfängerangabe

- Die **Angabe des** Namens des **Empfängers** mit dem Zusatz **"oder (dessen) Order"** o. Ä. Dies ist ein Orderkonnossement, dessen verbrieften Rechte ausschließlich vom angegebenen Empfänger durch Indossament übertragen werden können.

- Orderkonnossement ohne Empfängerangabe

- **Keine Angabe des Empfängers,** sondern lediglich der Vermerk **"an Order"** o. Ä. (sog. Orderklausel) im Empfängerfeld. Diese Orderklausel definiert das Konnossement ebenfalls als Orderkonnossement, dessen verbriefte Rechte mangels Empfängerangabe dem Ablader zustehen. Der Ablader hat bei Übertragung des Konnossements das erste Indossament anzubringen.

4.1.2.2.1 Exkurs: Rekta-(Namens-)Konnossement

Charakterisierung

Wird der **Empfänger** (consignee) ohne jeden Zusatz, also **ohne Ordervermerk**, aufgeführt, dann liegt ein Rektakonnossement vor.
Der Anspruch auf Auslieferung der Güter steht beim Rektakonnossement ausschließlich dem bezeichneten Warenempfänger zu. Dieser Rechtsanspruch kann vom Begünstigten (Empfänger) nur durch **Abtretungserklärung** auf einen Dritten übertragen werden, nicht aber durch Indossament.

Bedeutung

Wegen der umständlichen Übertragbarkeit der verbrieften Rechte, die ausschließlich vom eingetragenen Empfänger ausgehen muss, ist das **Rektakonnossement** zur Absicherung der Zahlung, aber auch als Kreditinstrument, **wenig geeignet**. Es kommt deswegen in der Praxis selten vor.

4.1.2.2.2 Exkurs: Orderkonnossement mit Empfängerangabe und mit Orderklausel

Charakterisierung

Nur durch den **ausdrücklichen Zusatz "oder (dessen) Order"**, "to the order of" o. Ä. beim Namen des Empfängers wird das Konnossement zum Orderwertpapier. Fehlt eine solche Orderklausel, dann liegt ein Rektakonnossement vor.
Das Konnossement ist folglich kein "geborenes" Orderwertpapier, also kein Orderwertpapier kraft Gesetz, sondern ein **"gekorenes" Orderwertpapier** kraft ausdrücklich aufgenommener Orderklausel.
Die Aufnahme der Orderklausel in das Konnossement kann der Ablader vom Verfrachter (von der Reederei bzw. von deren Agenten) verlangen.
Orderkonnossemente werden durch **Indossament** übertragen.

Beurteilung

Orderkonnossemente, in denen der **Importeur als Empfänger** eingetragen ist, haben für den Exporteur den Nachteil, dass damit die im Konnossement verbrieften Rechte, insbesondere das Verfügungsrecht über die Waren, ausschließlich dem Importeur zustehen. Im Falle der Übertragung des Konnossements hat der **Importeur** das erste **Indossament** auf dem Konnossement anzubringen. Dies schafft dem Exporteur beispielsweise dann Probleme, wenn er ein derartiges Konnossement als Sicherheit zur Erlangung eines Bankkredits benötigt oder die Rechte an der schwimmenden Ware anderweitig weitergeben will. Der Exporteur müsste bei einem Konnossement, das an die Order des Importeurs gestellt ist, dessen Indossierung erreichen, was nicht nur umständlich, sondern vor allem auch vom Einverständnis und von der Vollzugshandlung des Importeurs abhängig ist. Nur wenn der Exporteur noch in der Lage ist, alle Originale eines solchen Konnossements dem Frachtführer vorzulegen, sind ihm Verfügungen über Waren ohne Indossierung durch den Importeur möglich.

4.1.2.2.3 Exkurs: Orderkonnossement ohne Empfängerangabe, aber mit Orderklausel

Charakterisierung

Im Feld der Empfängerangabe (consignee) werden **an der Stelle des Empfängers** die Worte **"an Order"** oder eine ähnliche Orderklausel eingetragen. Diese Orderklausel bewirkt, dass die Rechte des Konnossements dem **Ablader** zustehen, die dieser durch **Indossament** auf Dritte übertragen kann.

Dispositionsrecht

Solange der **Ablader** ein solches Orderkonnossement in Händen hält, ist es ihm möglich, den **Frachtvertrag** ohne Zustimmung des Importeurs **abzuändern**, insbesondere Weisung zu erteilen, die Waren anzuhalten, zurückzubeordern oder einem Dritten auszuhändigen. Der Ablader behält somit das Dispositionsrecht über die Ware.

Sperrwirkung

Umgekehrt vermag ein Orderkonnossement auch ohne Empfängerangabe eine den Importeur sichernde Sperrwirkung zu entfalten: Sobald der Ablader das Konnossement dem Importeur bzw. einer von diesem beauftragten Bank mit Indossament übergibt, sind **Dispositionen des Abladers** über die Waren bzw. über die verbrieften Rechte **ausgeschlossen**. Die für Dokumenteninkassi und Dokumentenakkreditive wesensbestimmende Zug-um-Zug-Abwicklung "Dokumente gegen Zahlung bzw. Zahlungsverpflichtung" ist demzufolge nicht nur mit Rektakonnossementen, sondern ebenso mit Orderkonnossementen (auch ohne Empfängerangabe) möglich.

Blankoindossament

Im Allgemeinen bringt der im Ordervermerk ausgewiesene Berechtigte ein Blankoindossament auf dem Konnossement an. Damit bleiben dem Berechtigten nicht nur die verschiedenen **Verwendungsmöglichkeiten** offen, sondern das Orderkonnossement wird durch ein Blankoindossament praktisch auch zu einem **Inhaberpapier**: Solange das Blankoindossament des Abladers nicht zu einem Vollindossament vervollständigt wird, bewirkt allein die Übergabe des mit einem Blankoindossament versehenen Orderkonnossements die Übertragung der verbrieften Rechte, insbesondere die Übertragung des Anspruchs auf Herausgabe der Ware. Jeder Inhaber eines blankoindossierten Orderkonnossements kann dieses formlos, d.h. ohne ein eigenes Indossament unter Belassung des Blankoindossaments des Abladers, weitergeben. Ein Orderkonnossement mit Blankoindossament des Abladers (oder das Blankoindossament eines späteren Berechtigten, der das Konnossement von seinem Vormann mit einem Vollindossament erhalten hat) kann beispielsweise einer Bank als Kreditsicherheit übergeben werden, ohne dass dieser Vorgang aus dem Konnossement erkennbar wird.

Abbildung

In der **Übersicht 4.1-05** sind die **Konnossementarten nach der Übertragbarkeit der verbrieften Rechte** unterteilt.

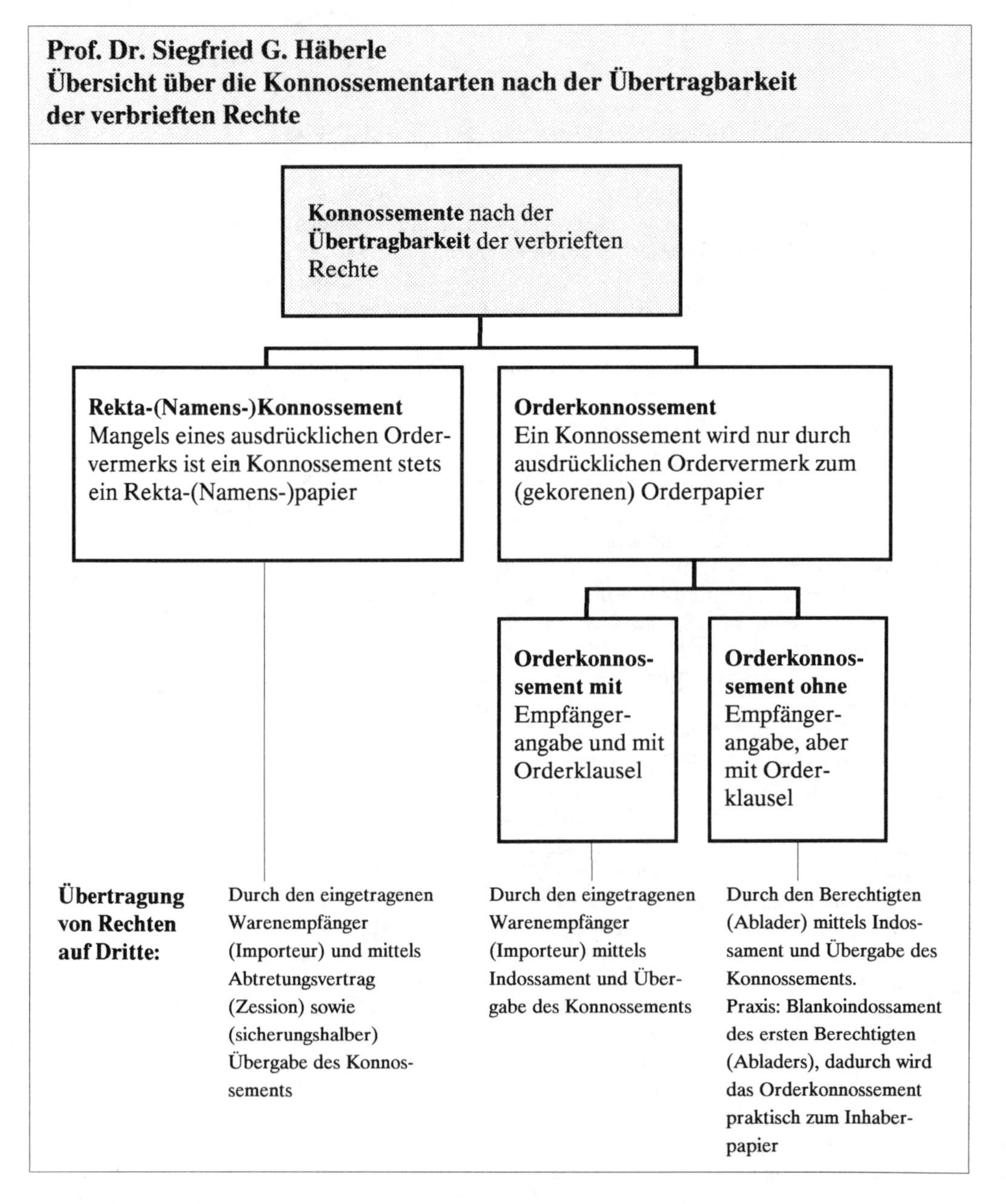

Abbildung 4.1-05

Benachrichtigungsadresse (notify adress) (5)

Eine Benachrichtigungsadresse (notify, notify adress) kann auf **Weisung des Abladers** in das Konnossement aufgenommen werden:

Anweisung:

- Bei Konnossementen, die ohne Empfängerangabe an Order gestellt sind (Konnossemente, bei denen im Empfängerfeld lediglich der Vermerk "an Order" steht), ist es zweckmäßig, als Benachrichtigungsadresse die **Anschrift des Importeurs** einzutragen. Für den Fall, dass die Ware im Bestimmungsland ankommt, bevor der Importeur das Konnossement zum Nachweis seiner Empfangsberechtigung in Händen hält (z.B. wegen verzögerter Abwicklung eines Dokumenteninkassos oder Dokumentenakkreditivs), wird dieser vom Frachtführer von der Ankunft der Waren benachrichtigt. Eventuell wird der Importeur seine Empfangsberechtigung sodann durch eine Konnossementsgarantie nachzuweisen suchen, um die kostspielige Einlagerung und Versicherung der Waren bis zum Vorliegen des Konnossements zu vermeiden.

- bei Orderkonnossementen ohne Empfängerangabe

- Bei Konnossementen, die mit Empfängerangabe an die Order des Importeurs gestellt sind, kann -nach Absprache mit dem Importeur- als Benachrichtigungsadresse der **Spediteur des Importeurs** im Bestimmungshafen eingetragen werden, der im Benachrichtigungsfall seinerseits den Importeur zu benachrichtigen und dessen Weisungen auszuführen hat.

- bei Orderkonnossementen mit Empfängerangabe

- Bei den selten vorkommenden Rektakonnossementen, die auf den Namen des Warenempfängers lauten, ist ebenfalls die Angabe des vom Importeur beauftragten **Spediteurs im Bestimmungshafen** als Benachrichtigungsadresse nahe liegend.

- bei Rektakonnossementen

Grundsätzlich ist es möglich, **mehrere Notifyadressen** anzugeben, z.B. die eigene Adresse und die Adresse des Spediteurs (vgl. Commerzbank AG, Import-Akkreditive, 1989: S. 21).

Name des Schiffs (ocean vessel), (Ab-)Ladehafen (port of loading), Entladehafen (port of discharge) (6)

Funktionen

Diese Kriterien dienen der näheren Bestimmbarkeit der Abwicklung des **Frachtvertrags** und sind zur Sicherheit der Beteiligten teilweise Gegenstand des **Kaufvertrags**. Die Commerzbank weist allerdings darauf hin, dass im Kaufvertrag Bedingungen vereinbart sein können, die durch das Konnossement selbst nicht nachgewiesen werden können, so z.B. die Benutzung eines Schiffs, das ein festgelegtes Alter nicht übersteigen darf oder das unter einer bestimmten Flagge fahren soll. In diesen Fällen ist im Kaufvertrag ein zusätzliches Dokument und dessen Aussteller vorzuschreiben (vgl. Commerzbank AG, Import-Akkreditive, 1989: S. 21).

Ladehafen

Am (Ab-)Ladehafen werden die **Güter** vom Ablader dem **Verfrachter übergeben.**

Entladehafen

Entladehafen (Bestimmungshafen) ist der **Ort der Entladung** bzw. der Ort, an dem Weisung über den Entladehafen einzuholen ist.

Vom angegebenen Entladehafen kann der Kapitän **abweichen**, wenn ihn ein entsprechender Vermerk im Konnossement dazu berechtigt. Beispielsweise bedeutet die sog. Caspiana-Klausel im Konnossement, "...dass dem Kapitän die Befugnis eingeräumt ist, die Waren bei einer durch höhere Gewalt bedingten Unmöglichkeit der Löschung in dem im Konnossement angegebenen Bestimmungshafen in einem anderen als dem ausbedungenen Hafen zu löschen" (Eisemann/Eberth 1979: S. 112, Fußnote 147). Ein Konnossement mit einem derartigen Vermerk gilt bei Akkreditiven als aufnahmefähig (Zahn u.a. 1986: S. 179, Rdn 2/269).

Bezeichnung sowie äußerliche Verfassung und Beschaffenheit der Güter (7) (8)

Bezeichnung der Güter

In das Konnossement sind die maßgeblichen Merkmale der Ware aufzunehmen: **Art der Ware**, **Mengenbezeichnung** (Anzahl, Gewicht u. Ä.) sowie **Merkzeichen**. Diese Merkmale erhält der Verfrachter (die Reederei) vom Ablader mitgeteilt; auf dieser Grundlage und nach einer auf die Möglichkeiten des Verfrachters begrenzten Überprüfung werden sie in das Konnossement aufgenommen (vgl. Klenke 1983: S. 84).
Eine detaillierte Warenbeschreibung, wie sie im Kaufvertrag und in der Handelsrechnung enthalten ist, erfordert das Konnossement nicht. Vielmehr genügt im Regelfall eine eher allgemein gehaltene Warenbezeichnung.

Äußere Verfassung der Güter

Das Konnossement soll die **äußere Verfassung** und **Beschaffenheit der Güter** ausweisen.
Der Ausweis eines mangelfreien Zustandes der Waren und/oder der Verpackung im Konnossement ist von großer praktischer Bedeutung: Die Banken weisen gem. Art. 32 ERA Transportdokumente zurück, die Klauseln oder Angaben über einen mangelhaften Zustand der Waren und/oder der Verpackung enthalten, es sei denn, dass die Akkreditivbedingungen ausdrücklich und genau definierte Zugeständnisse ermöglichen.

"Reines" Konnossement

Ein Konnossement, das **keine Angaben** oder Vermerke **über einen mängelbehafteten Zustand** der Waren und/oder der Verpackung enthält, wird als "rein" ("clean") bezeichnet. Die im Konnossement regelmäßig vorgedruckte Formulierung lautet beispielsweise: "shipped in apparent good order and condition, unless otherwise stated herein, on board the above ocean vessel" (bei Bordkonnossementen) bzw. "received in apparent good order and condition (unless otherwise stated herein) the abovementioned goods for transportation..." (bei Übernahmekonnossementen).
Zu beachten ist, dass im Transportgewerbe zum Teil die Auffassung vertreten wird, dass nur Bordkonnossemente (einschließlich Übernahmekonnossemente, in die später ein "on board-Vermerk" aufgenommen wurde) als "rein" anzusehen sind. Diese Auffassung wird zum einen damit begründet, dass bei Übernahmekonnossementen spätere Beschädigungen der Ware bei Verladung an Bord nicht auszuschließen sind. Zum anderen gründet sich diese Meinung auf die

Erfahrung, dass sich bei Mittelmeerfahrten in den Konnossementen sog. "free in/out"-Vermerke finden, die unverstaute Waren bzw. nachzuzahlende Stauung bedeuten und ein Konnossement damit "unrein" machen.

Fehlender Vermerk

Klenke gibt zu bedenken, dass bei Fehlen eines Vermerks über die äußerlich erkennbare Beschaffenheit der Ware nicht (zwingend) darauf geschlossen werden darf, dass die Güter in guter Verfassung übernommen worden sind (vgl. Klenke 1983: S. 84). Deswegen wird der Importeur die Aufnahme eines **Vermerks**, der das **Konnossement als rein ausweist**, z.B. "auf Schiff verladen (evtl. lediglich übernommen) in äußerlich guter Verfassung", "...in apparent good order and condition" o. Ä. im **Kaufvertrag** durchsetzen sowie in die Akkreditivbedingungen aufnehmen lassen. Auf dieser Grundlage ist die Zurückweisung "unreiner" Konnossemente leicht möglich.

Abgrenzungsprobleme

Anzumerken bleibt jedoch, dass es in der Praxis oft schwierig ist, **zwischen "reinen" und "unreinen" Konnossementen abzugrenzen** (vgl. Eisemann/Eberth 1979: S. 113 f. sowie Zahn u.a. 1986: S. 178, Rdn 2/268). Solche Abgrenzungsprobleme entstehen beispielsweise durch Vermerke (Klauseln) im Konnossement, die einerseits als Einschränkung der äußerlich guten Verfassung der Waren interpretiert werden können, andererseits aber handelsüblich sind (z.B. bei Holz, Stahl und Eisenlieferungen, vgl. Eisemann/Eberth 1979: S. 113f.; Zahn u.a. 1986: S. 178, Rdn 2/267).
Die **Internationale Handelskammer Paris** hat in ihrer Publikation Nr. 283 "The Problem of Clean Bills of Lading" derartige handelsübliche Klauseln zusammengestellt. Diese Zusammenstellung vermag im Einzelfall Hilfestellung bei der Entscheidung darüber zu geben, ob ein Konnossement als "rein" oder "unrein" einzustufen ist. Diese (nachträglichen) Abgrenzungsprobleme können vermieden werden, wenn der Exporteur und der Importeur bereits im Kaufvertrag und -falls Zahlung mit Akkreditiv vereinbart ist- in den Akkreditivbedingungen eindeutig definieren, welche (handelsüblichen) Vermerke (Klauseln) das Konnossement aufzuweisen hat.

Frachtkosten (9)

Verteilung

In das Konnossement ist ein Vermerk bezüglich der Übernahme und ggf. der Zahlung der Frachtkosten aufzunehmen. In Übereinstimmung mit den Vereinbarungen im Kaufvertrag kann die Fracht vom **Ablader** (Exporteur) -eventuell im Voraus- oder aber vom **Empfänger**, z.B. bei Ankunft des Dampfers, zu zahlen sein ("prepaid" oder "collect").
Zum Containerverkehr ist allerdings anzumerken, dass es in vielen Frachtgebieten noch offen ist, wer die früher in der Fracht enthaltenen Staukosten "terminal handling charges" bezahlt.

Vermerk

Ein Vermerk über die erfolgte Zahlung der Fracht kann im Konnossement durch **Stempelaufdruck** oder anderweitig ausgewiesen sein. In jedem Fall muss Eindeutigkeit darin bestehen, dass die **Fracht** tatsächlich **(voraus)bezahlt** ist. Erscheinen im Konnossement dagegen die Worte "Fracht vorauszahlbar" ("freight prepayable") oder "Fracht im Voraus zu zahlen"("freight to be prepaid") o. Ä., dann werden diese gem. Art. 33 c. ERA nicht als Nachweis der erfolgten Frachtzahlung anerkannt.

Anzahl der Ausfertigungen (10)

Originale/voller Satz

Auf Weisung des Abladers (Exporteur bzw. die von ihm beauftragte Spedition) werden von der Reederei bzw. von deren Agent **mehrere Ausfertigungen** des Konnossements erstellt und dem Ablader ausgehändigt.
Die einzelnen Ausfertigungen werden meist mit dem Stempel oder mit dem Aufdruck **"Original"** versehen. In allen Ausfertigungen ist die Anzahl der insgesamt ausgestellten Originale zu vermerken. Alle Ausfertigungen zusammen -im Allgemeinen zwei oder drei- werden als **voller Satz** bezeichnet.
Von einem Konnossement werden deswegen mehrere Originale erstellt, weil dadurch die Folgen eines möglichen Verlustes begrenzt werden sollen. Konsequenterweise werden diese Ausfertigungen von den in die Zahlungsabwicklung eingeschalteten Banken oft in getrennten Sendungen weitergegeben.

Geltendmachung der Ansprüche

- durch ein Original

Der legitimierte Inhaber kann den Anspruch auf Aushändigung der Waren mit einem **einzelnen Original** des Konnossements geltend machen. Mit Aushändigung der Waren an den legitimierten Inhaber erlischt der Auslieferungsanspruch aus den übrigen Originalen des Konnossements, die damit wertlos werden.

- durch vollen Satz

Diese rechtliche Regelung hat den Vorzug, dass die Folgen des Verlustes eines Konnossements in der Tat begrenzt bleiben, weil ersatzweise zumindest ein weiteres Original zum Nachweis der Empfangsberechtigung der Waren zur Verfügung steht. Suchen jedoch verschiedene Inhaber mit der Ausfertigung eines Konnossements Ansprüche geltend zu machen, dann sieht das deutsche Recht vorübergehende Einlagerung der Waren und die Prüfung der Berechtigung nach einer bestimmten Rangfolge vor (Einzelheiten vgl. §§ 649ff. HGB). In **Akkreditivbedingungen** wird zur Vermeidung einer derartigen Situation regelmäßig vorgeschrieben, dass ein **voller Satz (full set) Konnossemente** vorzulegen ist, dessen Ausfertigungen dann zwar mit gesonderter Post versandt, aber nach Eintreffen der verschiedenen Sendungen wieder zu einem vollen Satz vereint werden (vgl. auch Klenke 1983: S. 90f.). Mangels anderer Weisungen im Akkreditiv ist gem. Art. 23 ERA zur Benutzung des Akkreditivs stets der volle Satz des Konnossements vorzulegen.

- durch 2/3-Konnossemente

Umfasst der Seeweg nur eine kurze Distanz und besteht deswegen die Möglichkeit, dass die -womöglich verderbliche- Ware im Bestimmungshafen ankommt, bevor dem Importeur das Konnossement vorliegt, dann kann es zweckmäßig sein, dem Kapitän für den **Importeur eine Originalausfertigung** des Konnossements mitzugeben oder dem Importeur unmittelbar zuzusenden (vgl. Commerzbank AG, Import-Akkreditive 1989: S. 20).

Falls die Zahlungsabwicklung mit Dokumentenakkreditiv erfolgt, muss dem Exporteur dann aber die Möglichkeit eingeräumt sein, das zu seinen Gunsten eröffnete **Akkreditiv** bereits mit einem sog. **2/3-Konnossement** benutzen zu können. Das heißt: Die Akkreditivbedingungen müssen ausweisen, dass der Exporteur nicht den vollen Satz, sondern nur 2 von 3 Originalausfertigungen des Konnossements einzureichen hat und dass er für das fehlende, direkt an den Importeur versandte bzw. dem Kapitän übergebene Original lediglich den Versand nachzuweisen hat. Dem Importeur eröffnet sich anhand des dem Kapitän mitgegebenen oder direkt zugegangenen 3. Konnossements die Möglichkeit, über die Güter frühzeitiger verfügen zu können als es die Aushändigung des Konnossements im Rahmen des Akkreditivs zulassen würde. Eine vorübergehende Einlagerung und zusätzliche Versicherung der Güter wird dadurch vermieden.
Für alle Beteiligten können bei einer Akkreditivabwicklung mit 2/3-Konnossement erhebliche **Risiken** entstehen, auf die Zahn u.a. hinweisen (vgl. Zahn u.a. 1986: S. 172f., Rdn 2/259).

Kopien

Von den Originalen abzugrenzen sind Kopien der Konnossemente, die vom Aussteller als solche zu kennzeichnen sind. Anhand einer Kopie können vom Inhaber **keine Auslieferungsansprüche** auf die Waren oder Ansprüche auf andere im Konnossement verbrieften Rechte geltend gemacht werden. In der Praxis werden solche Kopien auch als **nicht negoziierbar** (not negotiable) bezeichnet; Originale werden in diesem Zusammenhang als "negoziierbar" bezeichnet.

4.1.2.3 Konnossementarten nach Merkmalen ihrer Abwicklung

Hinweise

Am Schluss dieses Abschnitts finden sich

- eine **"Übersicht über maßgebliche Konnossementarten nach Merkmalen ihrer Abwicklung"**;
- eine **"Übersicht über Sonderformen von Exportdokumenten im Seefrachtverkehr"**.

4.1.2.3.1 Bordkonnossement (An-Bord-Konnossement, Shipped on Board Bill of Lading)

Charakterisierung

Im Bordkonnossement bestätigt der Aussteller (Reederei oder deren Agent) nicht nur den **Empfang der Güter**, sondern auch deren **Verladung (an-Bord-Nahme)** sowie den **Auftrag zum Transport** bis zum Bestimmungshafen auf einem im Konnossement bezeichneten Schiff. Die Formulierung im Konnossement lautet beispielsweise: "*Shipped* in apparent good order and condition, unless otherwise stated herein, *on board* the *above ocean vessel...*".
Das in Abschnitt 4.1.2.2 abgebildete Konnossement ist ein Bordkonnossement (siehe Ziffer **(11)** in der Abbildung).

Beurteilung

Das Bordkonnossement (on Board Bill of Lading) beweist Importeuren, die eine rasche Auslieferung der Güter wünschen, dass die Güter nicht im Abladehafen zwischengelagert sind, sondern sich bereits **an Bord eines bestimmten Schiffes** befinden. Im Regelfall kann der Importeur bei einem Bordkonnossement sogar davon ausgehen, dass sich die Ware im Zeitpunkt der Benutzung eines von ihm gestellten Akkreditivs bzw. im Zeitpunkt der Einlösung eines Dokumenteninkassos bereits auf See befindet, sodass sich seine zeitliche Vorleistung (in Form der Zahlung) beim Bordkonnossement in Grenzen hält.

4.1.2.3.2 Übernahmekonnossement (Empfangen-zur-Verschiffung-Konnossement, Received for Shipment Bill of Lading) u. Ä.

Charakterisierung

Häufig werden die vom Exporteur bzw. die vom beauftragten Spediteur angelieferten **Güter** nicht sofort an Bord eines Schiffes genommen, sondern **gelagert**, bis ein **geeigneter Schiffsraum** zum Bestimmungshafen zur Verfügung steht. In diesen Fällen wird -sofern der Ablader dies wünscht- lediglich ein Übernahmekonnossement ausgestellt, das treffend auch als "Empfangen-zur-Verschiffung-Konnossement" bezeichnet wird. Die Formulierung lautet beispielsweise: "*Received* in apparent good order and condition, unless otherwise indicated in this B/L, abovementoined goods *for transportation from the Port of Loading...*".

Beurteilung

Ein bloßes Übernahmekonnossement weist **kein Datum der Verschiffung** (keine "an-Bord-Nahme" der Güter) aus. Ebenso wenig ist aus dem bloßen Übernahmekonnossement erkennbar, ob bei der **späteren Verladung** der Güter auf Schiff die Verpackung oder gar die **Güter beschädigt** wurden. Leistet der Importeur Zahlung auf Grundlage eines bloßen Übernahmekonnossements (z.B. im Rahmen eines gestellten Akkreditivs oder mittels Dokumenteninkasso), dann läuft er nicht nur Gefahr einer zeitlich ungewissen, u.U. verspäteten Auslieferung der Waren, sondern er geht auch das Risiko der Beschädigung der Waren ein.

Umwandlung

Ein Übernahmekonnossement kann in ein **Bordkonnossement** abgeändert werden, wenn die Güter (später) auf ein Schiff verladen werden: Im Konnossement ist vom Aussteller ein zu unterschreibender bzw. abzuzeichnender **(Änderungs-)Vermerk mit Datumsangabe** aufzunehmen, der das namentlich zu bezeichnende Schiff ausweist. Das Datum des Vermerks wird als Zeitpunkt der Verladung auf Schiff angesehen (vgl. Art. 23 a. ERA).

Weitere Formen

Der Grundstruktur nach sind das Hafenkonnossement sowie das Lagerhallenkonnossement ebenfalls **Übernahmekonnossemente**:

Hafenkonnossement (Port Bill of Lading)

Charakterisierung

Ein Hafenkonnossement wird zeitlich vor der Verladung der Waren auf Schiff ausgestellt. Der Aussteller bestätigt darin den **Empfang**

der Waren zur Verschiffung sowie die Tatsache, dass das im Frachtvertrag vereinbarte, zur Verladung der Waren bestimmte **Schiff im Verladehafen** bereits vor Anker liegt (vgl. Jahrmann 1995: S. 164).

Lagerhallenkonnossement (Custody Bill of Lading)

Charakterisierung

Das Lagerhallenkonnossement bestätigt zunächst den **Empfang der Waren** zur Verschiffung sowie den Auftrag zur vorübergehenden **Einlagerung der Waren.** Darüber hinaus verpflichtet sich der Aussteller des Lagerhallenkonnossements, die Güter innerhalb einer bestimmten **Frist** zu verschiffen (vgl. Jahrmann 1995: S. 164).
Jahrmann weist darauf hin, dass Hafenkonnossemente und Lagerkonnossemente heute sehr selten vorkommen (vgl. Jahrmann 1995: S. 164).

Abgrenzungen

Das Übernahmekonnossement ist von zwei Dokumenten abzugrenzen, die ebenfalls einen **Bestätigungs- bzw. Empfangscharakter** tragen, dem Schiffszettel und der Steuermannsquittung:

Schiffszettel

Charakterisierung

Ein Schiffszettel (Shipping Order) wird von der Reederei oder deren Beauftragten als Nachweis über den Abschluss des Frachtvertrags ausgestellt. Der Schiffszettel umfasst die **Anweisung an den Kapitän** oder an einen berechtigten Dritten, die Güter vom Ablader (Exporteur oder beauftragte Spedition) entgegenzunehmen (vgl. Klenke 1983: S. 85f.).

Steuermannsquittung

Charakterisierung

Die Steuermannsquittung (Mate's Receipt, Übernahmeschein, Verladungsschein) ist eine **Bestätigung** über den Empfang der Güter, die vom **Steuermann** oder vom **Ladungsoffizier** ausgestellt wird und die einen Vermerk über die äußerliche Beschaffung der Güter enthält. Die Steuermannsquittung ist Grundlage für das auszustellende Konnossement (vgl. Klenke 1983: S. 86).

4.1.2.3.3 Durchkonnossemente (Through Bills of Lading)

Bezeichnungen

Andere Ausdrücke für Durchkonnossemente sind: Durchgehendes, durchlaufendes Konnossement; Durchfuhr-, Durchfracht-, Durchgangskonnossement.

Echtes Durchkonnossement

Charakterisierung

Häufig erfordert es der Versandweg einer Ware, dass diese in einem oder mehreren Seehäfen umgeladen werden muss und u.U. auf Schiffen verschiedener Reedereien transportiert wird.
Ein echtes (einfaches) Durchkonnossement liegt vor, wenn der Verfrachter ein **einziges (durchgängiges) Konnossement** für die **gesamte Seereise** ausstellt und außerdem für die gesamte Beförderungs-

strecke die **Haftung übernimmt**, also einschließlich der Umladungen und einschließlich derjenigen Strecken, auf denen er die Beförderung nicht selbst ausführt.
Der Exporteur (Ablader) hat somit beim echten Durchkonnossement nur einen **einzigen Frachtvertrag** (den sog. Durchfrachtvertrag) abzuschließen.

Beurteilung

Beim Durchkonnossement entfällt für den Exporteur die Einschaltung von Transportunternehmen in den Zwischenhäfen, was sich **beschleunigend** und **verbilligend** auswirken kann.
Im Vergleich zu mehreren Konnossementen für Teilstrecken, die im Übrigen erst nach und nach, nämlich nach jeweils erfolgter Umladung, zur Verfügung stünden, ist das Durchkonnossement als **Kreditsicherheit** besser geeignet.
Das echte Durchkonnossement entspricht auch dem **Sicherungsinteresse des Importeurs**, weil der Exporteur (Verlader), nachdem er das Durchkonnossement beispielsweise zur Benutzung eines zu seinen Gunsten eröffneten Akkreditivs aus den Händen gegeben hat, nicht mehr über die Ware verfügen kann. Würden dagegen einzelne Konnossemente über die jeweiligen Teilstrecken ausgefertigt, dann könnte der Exporteur bei Umladungen in Zwischenhäfen die Verfügungsmacht über die Waren zurückgewinnen (vgl. Klenke 1983: S. 87f.).

Unechtes Durchkonnossement

Charakterisierung

Auch das unechte Durchkonnossement ist ein Dokument, das sich auf einen Versandweg mit Umladungen bezieht. Der maßgebliche Unterschied zum echten Durchkonnossement liegt darin, dass die das unechte Durchkonnossement ausstellende **Reederei** ihre **Haftung** auf diejenige **Teilstrecke begrenzt**, bei der sie selbst als Verfrachter fungiert. Die das unechte Durchkonnossement ausstellende Reederei beauftragt zwar einen anderen Verfrachter im Umladehafen mit der Weiterbeförderung der Güter, sie übernimmt dafür aber gegenüber ihrem eigenen Ablader (dem Exporteur) nur die begrenzte Haftung eines Spediteurs und nicht die (volle) Haftung eines Verfrachters (einer Reederei).

Probleme

Zum unechten Durchkonnossement und den damit bei der **Abwicklung von Akkreditiven** verbundenen Problemen vgl. Zahn u.a. (1986: S. 166f., Rdn 2/247f.).

Gemeinschaftliches Durchkonnossement

Charakterisierung

Der maßgebliche Unterschied des gemeinschaftlichen Durchkonnossements zum bislang besprochenen echten bzw. unechten Durchkonnossement liegt darin, dass beim gemeinschaftlichen Durchkonnossement **alle Verfrachter** die **Frachtverpflichtung gemeinsam** eingehen. In einem gemeinschaftlichen Durchkonnossement können die verschiedenen Beförderer aufgeführt und das Konnossement von allen unterzeichnet sein. Aus Gründen der Praktikabilität ist es aber ebenso möglich, dass ein Verfrachter mit Vollmacht der übrigen Beförderer das gemeinschaftliche Konnossement ausstellt und nur der Name dieses Verfrachters im Konnossement steht, dann allerdings mit dem Zusatz "*in connection with other carriers on the route*" (Klenke 1983: S. 89) o. Ä.

Unterschiedlich kann in gemeinschaftlichen Durchkonnossementen die Haftungsfrage der Verfrachter geregelt sein: Entweder übernehmen die beteiligten Verfrachter die **gesamtschuldnerische Haftung oder** jeder Verfrachter übernimmt die **Haftung für seine Beförderungsstrecke**, z.B. mit der Formulierung im Durchkonnossement: "*the responsibility of each carrier being limited to its own line*".

Haftung

Konnossemente in Verbindung mit Durchkonnossementen

Im Zusammenhang mit Durchkonnossementen können im Einzelfall **für Teilstrecken**

Sonderformen

- das Anschlusskonnossement bzw.
- das Lokalkonnossement

in Erscheinung treten.

Anschlusskonnossement

Das Anschlusskonnossement wird von einem **Teilverfrachter** ausgestellt und dem Hauptverfrachter im Gegenzug zur Übernahme der Güter übergeben. Im Anschlusskonnossement verpflichtet sich der Teilverfrachter, die Güter im Bestimmungshafen dem durch Vorlage des Original-Durchkonnossements legitimierten Empfänger auszuhändigen.

Charakterisierung

Das Anschlusskonnossement ist lediglich ein **Anhang zum Durchkonnossement** und dient der Auslieferung der Güter. Grundlage der Beförderung ebenso wie der Übertragung der Rechte bleibt stets das Original-Durchkonnossement (vgl. Klenke 1983: S. 89).

Lokalkonnossement

Das Lokalkonnossement wird ebenfalls von einem **Teilverfrachter** ausgestellt. Im Gegensatz zum Anschlusskonnossement ist aber das Lokalkonnossement ein rechtlich **selbstständiges Konnossement** und vom Durchkonnossement grundsätzlich unabhängig. Daraus folgt insbesondere, dass die im Lokalkonnossement verbrieften Rechte vom Legitimierten selbstständig geltend gemacht bzw. übertragen werden können. Häufig wird jedoch die Verbindung des Lokalkonnossements zum Durchkonnossement dadurch hergestellt, dass die Auslieferung der Güter nur gegen Vorlage des Original-Durchkonnossements erfolgt (vgl. Klenke 1983: S. 89).

Charakterisierung

4.1.2.3.4 Multimodales Konnossement (Multimodal Transport Bill of Lading)

Das wesensbestimmende **Merkmal** des Multimodalen Konnossements (Multimodal Transport Bill of Lading) bzw. des Konnossements des kombinierten Transports (Combined Transport Bill of

Kurzcharakterisierung

Lading) ist die Einbeziehung verschiedener Transportarten, also **beispielsweise See- und Landtransport**. Darüber hinaus ist von Bedeutung, dass diese Dokumente nicht nur von einer **Reederei** und deren Agent, sondern auch von einem **Spediteur** in eigenem Namen und für eigene Rechnung ausgestellt sein können.

Hinweis

Ausführlich sind die kombinierten/multimodalen Transportdokumente in **Abschnitt 4.1.2.3.7** vorgestellt, einschließlich der Abbildung "**Negotiable FIATA Multimodal Transport Bill of Lading**".

4.1.2.3.5 Sonstige Konnossemente

Charterpartie-Konnossement (Charter-Party Bill of Lading)

Charakterisierung

Grundlage eines Charterpartie-Konnossements (Kurzbezeichnung: Charterkonnossement) ist ein Frachtvertrag zwischen einer Reederei und einem Ablader, der einen **Schiffsraum** bzw. ein **ganzes Schiff** und nicht ein Verladegut zum Gegenstand hat. Konsequenterweise hat der Ablader die Verladung der Güter in den von ihm "gecharterten" Schiffsraum auf eigenes Risiko zu bewerkstelligen. Ebenso vollzieht sich der Transport der Güter auf Risiko des Abladers.

Bedeutung

Charterpartie-Konnossemente kommen bei Gütern vor, die üblicherweise nicht im Linienverkehr der Reedereien transportiert werden, also bei **Massengütern** (Schüttgütern) wie z.B. Rohstoffe (vgl. Zahn u.a. 1986: S. 65, Rdn 2/245, Fußnote 67; Klenke 1983: S. 87).

Akkreditivbedingungen

Da der verbriefte Inhalt ebenso wie die von der Reederei übernommene **Haftung** bei Charterpartie-Konnossementen **weniger umfassend** ist als bei Konnossementen, die sich auf Verladegüter beziehen, weisen Banken Charterpartie-Konnossemente gem. Art. 23 a. ERA als nicht akkreditivkonform zurück, es sei denn, dass die Akkreditivbedingungen im Einzelfall ein Transportdokument, das einer Charterpartie unterworfen ist, ausdrücklich zulassen.

Teilkonnossement

Charakterisierung

Sofern ein Importeur die Waren an verschiedene Kunden weiterverkauft, kann er sich über sog. **Teilpartien** auf Grundlage des von ihm vorgelegten Konnossements Teilkonnossemente ausstellen lassen. Durch Übertragung der Teilkonnossemente auf seine Abnehmer vermeidet der Importeur eine formale Empfangnahme der Waren (vgl. Jahrmann 1995: S. 165).
Klenke weist darauf hin, dass Teilkonnossemente in der Praxis deswegen **selten vorkommen**, weil der Importeur dadurch seinen Abnehmern seinen eigenen Lieferanten preisgeben würde und somit das Risiko direkter Kontrakte nicht ausschließen könnte (vgl. Klenke 1983: S. 93).

4.1.2.3.6 Sonstige Dokumente auf Grundlage von Konnossementen und ähnliche Dokumente

Kaiteilschein

Charakterisierung

Der Kaiteilschein verbrieft einen **Anspruch** des Berechtigten an die Kaiverwaltung **auf Auslieferung** der bei ihr gelagerten Güter, und zwar auf Grundlage eines **hinterlegten Konnossements**. Zu unterscheiden sind der gezogene und der eigene Kaiteilschein, wobei Letzterer nur selten in Erscheinung tritt und deswegen nicht weiter behandelt wird.

Gezogener Kaiteilschein

Der gezogene Kaiteilschein umfasst die **Anweisung des bisherigen Konnossementsinhabers** an die Kaiverwaltung, bestimmte Güter an einen im Kaiteilschein bezeichneten Berechtigten oder (bei entsprechender Formulierung) an den Inhaber auszuliefern.
Der Importeur (bzw. ein anderer Halter des Konnossements) stellt den Kaiteilschein auf den Namen seines Abnehmers (des Berechtigten) aus und reicht ihn zusammen mit dem zu hinterlegenden Konnossement bei der Kaiverwaltung ein. Die Kaiverwaltung stempelt den Kaiteilschein mit dem sog. Kaistempel ab oder versieht ihn mit dem Vermerk "Konnossement eingeliefert - Kaiverwaltung". Anschließend wird der Kaiteilschein dem Importeur (dem bisherigen Halter des Konnossements) ausgehändigt, der ihn -und damit den Anspruch auf Auslieferung der Waren- an seinen Abnehmer übergibt. Durch die Ausstellung Kaiteilscheinen wird dem Importeur die Abwicklung des Weiterverkaufs der Güter an seine Abnehmer ab Bestimmungshafen erheblich erleichtert (vgl. Jahrmann 1995: S. 165 sowie Klenke 1983: S. 94ff., der sich darüber hinaus zur rechtlichen Seite, insbesondere zur Übertragung von Kaiteilscheinen äußert).

Konnossementsteilschein

Charakterisierung

Die rechtliche Struktur ebenso wie die wirtschaftliche Abwicklung des Konnossementsteilscheins **entspricht** dem **Kaiteilschein** mit der **Ausnahme**, dass beim Konnossementsteilschein die **Reederei** bzw. deren Agent statt der Kaiverwaltung in Erscheinung tritt. Der gezogene Konnossementsteilschein (der eigene Konnossementsteilschein kommt selten vor) verbrieft ebenfalls einen Auslieferungsanspruch auf die Güter, die vom bisherigen Konnossementsinhaber (vom Importeur) auf andere Berechtigte (z.B. auf seine Abnehmer) übertragen werden (vgl. Klenke 1983: S. 94ff.).

Delivery Order

Charakterisierung

Unter der Bezeichnung Delivery Orders werden **Verpflichtungserklärungen** des **Konnossementshalters** zur Auslieferung der Güter an die in den Delivery Orders benannten Berechtigten verstanden.

Von praktischer Bedeutung sind insbesondere die eigenen Delivery Orders. Sie eröffnen dem Importeur die Möglichkeit zum Weiterverkauf der Ware ab Bestimmungshafen in Teilmengen an verschiedene Abnehmer (vgl. auch Jahrmann 1995: S. 165).

Beurteilung

Das **Risiko** des Berechtigten einer Delivery Order liegt darin, dass der Konnossementshalter trotz der Begebung der Delivery Order weiterhin die verbrieften Rechte aus dem Konnossement geltend machen kann. Dieser Sachverhalt bedeutet für den Inhaber einer Delivery Order die Gefahr, dass der Konnossementsinhaber die Ware (widerrechtlich) einem Dritten verkaufen könnte oder die Delivery Order durch Konkurs des Konnossementsinhabers wertlos wird, weil die Güter -da die Delivery Order kein Eigentum an der Ware verbrieft- in die Konkursmasse fallen (vgl. Klenke 1983: S. 96f.).

Parcel Receipt

Charakterisierung

Das Parcel Receipt findet bei **Verschiffungen von Paketsendungen** Anwendung (vgl. Jahrmann 1995: S. 177). Das Parcel Receipt ist **kein Konnossement**. Es dokumentiert jedoch den Abschluss des Frachtvertrags und beweist insbesondere den Empfang des Pakets zur Beförderung durch den Verfrachter an den bezeichneten Empfänger.

4.1.2.3.7 Kombinierte/Multimodale Transportdokumente

Charakterisierung

Das charakteristische und zugleich die Abgrenzung zu den übrigen Konnossementen bestimmende Merkmal der Dokumente des kombinierten (multimodalen) Transports ist die Einbeziehung **verschiedener Transportarten**, also beispielsweise See- und Landtransport. Es liegt auf der Hand, dass es im Interesse von Exporteur und Importeur liegt, wenn der gesamte Transportweg -unabhängig von den Transportarten und Transportmitteln- mit einem Vertragspartner abzuwickeln und mit einem **einzigen Transportdokument** abzudecken ist.

Das Kombinierte/Multimodale Transportdokument wird von einem Unternehmen im kombinierten Verkehr (Combined Transport Operator, CTO) ausgestellt, das entweder den gesamten Transport ausführt oder mindestens einen Teil selbst ausführt und die verbleibenden Transportleistungen in die Wege leitet.

Haftung

Das ausstellende Transportunternehmen **haftet** in der Regel **für den gesamten Transport**, und zwar auch dann, wenn es nur eine Teilstrecke (eine Transportart) selbst ausführt und andere Transporteure mit der Ausführung der übrigen Teilstrecken beauftragt.

Aussteller

Ein Dokument/**Konnossement des kombinierten Transports** (Combined Transport Bill of Lading) bzw. ein **Multimodales Transportdokument/Multimodales Konnossement** (Multimodal Transport Bill of Lading) kann nicht nur von einer **Reederei** und deren Agent, sondern auch von einem **Spediteur in eigenem Namen und für eigene Rechnung** ausgestellt sein. Sofern ein vom Spediteur ausgestelltes Dokument den von der FIATA autorisierten Text (Vordruck) umfasst, der auch von der Internationalen Handelskammer anerkannt ist, wird ein solches Dokument im Rahmen der Akkreditivabwicklung gem. Art. 26 ERA in Verbindung mit Art. 30 ERA als akkreditivkonform aufgenommen. FIATA-Dokumente dürfen nur von ausdrücklich autorisierten Speditionen ausgestellt werden. Wird dagegen ein von einem Spediteur ausgestelltes Multimodales Transportdokument vorgelegt, das kein sog. FIATA-Dokument ist, dann ist im Einzelfall zu prüfen, ob das vorgelegte Dokument den Bestimmungen der Art. 26 und 30 ERA entspricht.

Neues FIATA-Dokument

Der FIATA-Weltkongress hat 1993 beschlossen, dass das "Negotiable FIATA Combined Transport Bill of Lading" durch das "**Negotiable FIATA Multimodal Transport Bill of Lading**" ersetzt wird (vgl. Graffe u.a. 1993: S. 57). In der Praxis findet jedoch bislang weiterhin das "Negotiable FIATA Combined Transport Bill of Lading (FBL-Dokument)" Anwendung und wird -falls es in den Bedingungen eines Akkreditivs gefordert ist- von den Kreditinstituten auch aufgenommen (beide FIATA-Transportdokumente tragen im Übrigen die Kurzbezeichnung "FBL-Dokument"). Wird dagegen in den Akkreditivbedingungen ausdrücklich ein "Multimodales Transportdokument" ("Multimodal Transport Document") verlangt, ein so bezeichnetes Dokument aber vom Akkreditivbegünstigten (Exporteur) nicht vorgelegt, dann nehmen die Banken bislang ersatzweise ein von "Through Bill of Lading" (Durchkonnossement) in "Multimodal Transport Document" umbenanntes Dokument entgegen (vgl. Graffe u.a. 1993: S. 55 und S. 57). Die Umbenennung ist vom Aussteller des Dokuments vorzunehmen und entsprechend zu kennzeichnen. Das jeweils aktuelle Verhalten der Banken bei der Aufnahme oder Nichtaufnahme der Dokumente muss im Einzelfall erhoben werden.

Rechtscharakter

Anmerkung: Grundsätzlich anzumerken ist, dass keineswegs alle Dokumente, die einen kombinierten/multimodalen Transport ausweisen, zugleich auch Konnossemente sind. Vielmehr sind auch solche **kombinierten/multimodalen Transportdokumente** im Umlauf, die **weder Wertpapiereigenschaft** haben, **noch** eine **Legitimationsfunktion** als Berechtigungsnachweis zum Warenempfang durch Vorlage des Dokuments erfüllen. Zwar weisen derartige Transportdokumente meistens einen einschränkenden Zusatz wie "not negotiable", "non negotiable", "nicht begebbar" o. Ä. auf; im Einzelfall bleiben jedoch nicht nur zu diesem Zusatz, sondern auch zur weiteren rechtlichen und funktionellen Struktur dieser Dokumente Fragen offen.

Die **Abbildung 4.1-06** zeigt das bei kombinierten/multimodalen Transporten bislang nach wie vor eingesetzte **"Negotiable FIATA Combined Transport Bill of Lading" (FBL-Dokument).**

Die **Abbildung 4.1-07** zeigt das neue **"Negotiable FIATA Multimodal Transport Bill of Lading" (FBL-Dokument).**

Übersichten

Die folgenden tabellarischen Darstellungen vermitteln einen Überblick über maßgebliche **Konnossementarten** und über **Sonderformen** von Exportdokumenten im Seefrachtverkehr.

Consignor	BSL — **FBL** No DE NEGOTIABLE FIATA COMBINED TRANSPORT BILL OF LADING ICC issued subject to ICC Uniform Rules for a Combined Transport Document (ICC publication 298).
Consigned to order of	
Notify address	**Muster**
Place of receipt	
Ocean vessel / Port of loading	
Port of discharge / Place of delivery	

Marks and numbers; Number and kind of packages; Description of goods | Gross weight | Measurement

according to the declaration of the consignor

The goods and instructions are accepted and dealt with subject to the Standard Conditions printed overleaf.

Taken in charge in apparent good order and condition, unless otherwise noted herein, at the place of receipt for transport and delivery as mentioned above.
One of these Combined Transport Bills of Lading must be surrendered duly endorsed in exchange for the goods. In witness whereof the original Combined Transport Bills of Lading all of this tenor and date have been signed in the number stated below, one of which being accomplished the other(s) to be void.

Freight amount	Freight payable at	Place and date of issue
Cargo Insurance through the undersigned ☐ not covered ☐ Covered according to attached Policy	Number of Original FBL's	Stamp and signature
For delivery of goods please apply to:		

FIATA Reg. No. DA 211885

Abbildung 4.1-06

Consignor

FBL DE

BSL

NEGOTIABLE FIATA
MULTIMODAL TRANSPORT
BILL OF LADING
issued subject to UNCTAD/ICC Rules for
Multimodal Transport Documents (ICC Publication 481).

ICC

Consigned to order of

Notify address

Place of receipt

Ocean vessel | Port of loading

Port of discharge | Place of delivery

Muster

Marks and numbers | Number and kind of packages | Description of goods | Gross weight | Measurement

FIATA

according to the declaration of the consignor

Declaration of Interest of the consignor
in timely delivery (Clause 6.2.)

Declared value for ad valorem rate according to
the declaration of the consignor (Clauses 7 and 8).

The goods and instructions are accepted and dealt with subject to the Standard Conditions printed overleaf.

Taken in charge in apparent good order and condition, unless otherwise noted herein, at the place of receipt for transport and delivery as mentioned above.

One of these Multimodal Transport Bills of Lading must be surrendered duly endorsed in exchange for the goods. In Witness whereof the original Multimodal Transport Bills of Lading all of this tenor and date have been signed in the number stated below, one of which being accomplished the other(s) to be void.

Freight amount	Freight payable at	Place and date of issue
Cargo Insurance through the undersigned ☐ not covered ☐ Covered according to attached Policy	Number of Original FBL's	Stamp and signature
For delivery of goods please apply to:		

189936

Abbildung 4.1-07

Prof. Dr. Siegfried G. Häberle

Übersicht über maßgebliche Konnossementarten nach Merkmalen ihrer Abwicklung

Art des Konnossements	Kurzcharakterisierung bzw. Besonderheiten
Bordkonnossement (An-Bord-Konnossement, Shipped on Board Bill of Lading) Aussteller: Reederei oder deren Agent	Bestätigung der Reederei über den Empfang der Güter zum Transport und über die erfolgte Verladung der Güter in äußerlich guter Verfassung auf dem bezeichneten Schiff.
Übernahmekonnossement (Empfangen-zur-Verschiffung-Konnossement, Received for Shipment Bill of Lading) Aussteller: Reederei oder deren Agent	Bestätigung der Reederei über den Empfang der Güter in äußerlich guter Verfassung zum Transport. Lagerung der Güter bis ein geeigneter Schiffsraum zur Verfügung steht. Die Änderung des Übernahmekonnossements in ein Bordkonnossement ist durch einen datierten Vermerk auf dem Konnossement nach erfolgter Verladung der Güter auf Schiff möglich.
Durchkonnossement (Durchgehendes, durchlaufendes Konnossement, Durchfuhr-, Durchfracht-, Durchgangskonnossement, Through Bill of Lading) Aussteller: Reederei(en) oder deren Agent(en)	Anwendung: Bei Umladungen der Güter in einem oder mehreren Seehäfen und eventuellem Transport auf Schiffen verschiedener Reedereien. Es wird ein einziges Konnossement als Durchkonnossement für die gesamte Seereise ausgestellt.
- Echtes Durchkonnossement	Die Haftung der das Durchkonnossement ausstellenden Reederei erstreckt sich auf alle Teilstrecken und Umladungen.
- Unechtes Durchkonnossement	Die Haftung der das Durchkonnossement ausstellenden Reederei ist auf die von ihr übernommene Teilstrecke begrenzt. Die ausstellende Reederei beauftragt zwar andere Reedereien mit dem Weitertransport der Güter, aber nur als Agent und ohne weitergehende Haftung.
- Gemeinschaftliches Durchkonnossement	Die beteiligten Reedereien stellen gemeinsam ein Gemeinschaftliches Durchkonnossement aus (bzw. bevollmächtigen dazu eine Reederei) und übernehmen die Haftung entweder gesamtschuldnerisch für die gesamte Strecke oder begrenzt auf die jeweils selbst ausgeführte Teilstrecke.
Charterpartie-Konnossement (Charter Party Bill of Lading) Aussteller: Reederei oder deren Agent	Gegenstand des Charterpartie-Konnossements (Charter-Frachtvertrages) ist ein Schiffsraum oder ein ganzes Schiff (nicht eine Sendung). Vorkommend insbesondere bei Massengütern. Verladerisiko und Transportrisiko liegt in der Regel beim Ablader (Exporteur) und nicht bei der Reederei.
Konnossement des kombinierten Transports (Combined Transport Bill of Lading, FIATA FBL-Dokument)/Multimodales Transportdokument (Multimodal Transport Document) Aussteller: Reederei oder deren Agent; FIATA-Spediteure	Kombinierter bzw. multimodaler Transport bedeutet (mindestens) zwei verschiedene Transportarten bzw. -mittel (z. B. Land- und Seetransport). Über den gesamten Transportweg wird ein Konnossement ausgestellt. Der Aussteller haftet in der Regel für den gesamten Transport, auch wenn er selbst nur eine Teilstrecke ausführt. Vorkommend insbesondere bei Container- und Palettenversand. Anmerkung: Es sind auch kombinierte/multimodale Transportdokumente ohne Wertpapiereigenschaft und ohne Legitimationsfunktion im Umlauf (meistens mit dem Zusatz "not negotiable", "nicht begebbar" o.ä.), deren Rechtscharakter nicht immer eindeutig erscheint.

Prof. Dr. Siegfried G. Häberle

Übersicht über Sonderformen von Exportdokumenten im Seefrachtverkehr

Sonderformen	Kurzcharakterisierung
Sonderformen des Übernahmekonnossements	
- **Hafenkonnossement (Port Bill of Lading)**	Bestätigung des Ausstellers über den Empfang der Güter zur Verschiffung sowie Bescheinigung, daß das zur Aufnahme der Güter bestimmte Schiff im Verladehafen bereits vor Anker liegt.
- **Lagerhallenkonnossement (Custody Bill of Lading)**	Bestätigung des Ausstellers über den Empfang der Güter zur vorübergehenden Einlagerung und zur Verschiffung innerhalb bestimmter Frist.
Konnossemente in Verbindung mit Durchkonnossementen	
- **Anschlußkonnossement**	Aussteller des Anschlußkonnossements ist ein Teilverfrachter (für eine Teilstrecke). Das Anschlußkonnossement wird dem Hauptverfrachter ausgehändigt und ersetzt das Original-Durchkonnossement weder bei der Aushändigung der Waren noch bei der Übertragung der Rechte.
- **Lokalkonnossement**	Aussteller des Lokalkonnossements ist ein Teilverfrachter (für eine Teilstrecke). Das Lokalkonnossement ist ein rechtlich selbständiges Konnossement und vom Durchkonnossement grundsätzlich unabhängig. Häufig jedoch Verbindung des Lokalkonnossements zum Originalkonnossement durch Weisung, daß die Auslieferung der Güter nur gegen Vorlage des Original-Konnossements erfolgt.
Teilkonnossement	Teilkonnossemente werden auf Antrag des Warenempfängers unter Vorlage des Originalkonnossements über sog. Teilpartien der Güter ausgestellt, wenn der Warenempfänger jeweils Teile der Waren an seine Abnehmer weiterverkauft.
Kaiteilschein	Gezogene Kaiteilscheine werden vom Importeur - unter Hinterlegung des Konnossements bei der Kaiverwaltung - zu Gunsten eines Dritten ausgestellt und von der Kaiverwaltung abgestempelt bzw. anderweitig bestätigt. Kaiteilscheine verbriefen einen Anspruch der Berechtigten (z. B. der Abnehmer des Importeurs, an die dieser die Kaiteilscheine weitergibt) an die Kaiverwaltung auf Auslieferung der Güter. Eigene Kaiteilscheine kommen selten vor.
Konnossementsteilschein	Analog Kaiteilschein: An die Stelle der Kaiverwaltung tritt jedoch die Reederei bzw. deren Agent.
Delivery Order	Die Delivery Order umfaßt eine Verpflichtung des Halters eines Konnossements, eine Teilmenge der Güter an einen Dritten auszuliefern. Prakt. Vorteil: Weiterverkauf der Güter in Teilmengen ab Bestimmungshafen an die Abnehmer des Importeurs. Trotz Ausstellung von Delivery Orders verbleibt das Konnossement beim Halter, was die Sicherheit der Berechtigten aus den Delivery Orders beeinträchtigen kann.
Parcel Receipt	Das Parcel Receipt findet bei Verschiffungen von Kleinsendungen Anwendung, ist aber kein Konnossement.
Schiffszettel (Shipping Order)	Anweisung der den Schiffszettel ausstellenden Reederei an den Kapitän oder an einen berechtigten Dritten, die Güter vom Ablader (Exporteur oder von diesem beauftragten Spediteur) entgegenzunehmen.
Steuermannsquittung (Mate's Receipt, Übernahmeschein, Verladungsschein)	Bestätigung des ausstellenden Steuermanns bzw. Ladungsoffiziers über den Empfang der Güter und deren äußerliche Beschaffenheit. Die Steuermannsquittung ist Grundlage für das auszustellende Konnossement.

4.1.3 Ladescheine

Charakterisierung und Funktionen

Der **Ladeschein entspricht** in seiner rechtlichen Ausgestaltung ebenso wie in seiner wirtschaftlichen Bedeutung im Wesentlichen **dem Konnossement**. Ladescheine werden deswegen auch als "Konnossemente der Binnenschifffahrt" bezeichnet.
Aussteller eines Ladescheins ist gem. § 445 Abs. 1 HGB der Frachtführer (Binnenschifffahrtsreederei oder deren Agent).

- Legitimationsfunktion

Der Ladeschein verbrieft die Verpflichtung des Frachtführers zur **Auslieferung der Güter** an den durch den Ladeschein Legitimierten. Dies kann der im Ladeschein ausgewiesene Empfänger sein oder -falls der Ladeschein an Order gestellt ist- derjenige, auf den die verbrieften Rechte mit Indossament übertragen sind (vgl. §§ 444, 447 HGB). Der Frachtführer ist verpflichtet, die Güter nur gegen Rückgabe des Ladescheins auszuliefern (vgl. § 448 HGB).

- Dispositionsfunktion/ Sperrwirkung

Der Frachtführer darf einer **Anweisung des Absenders**, das Gut anzuhalten, zurückzugeben oder an einen anderen als den durch den Ladeschein legitimierten Empfänger auszuliefern, nur Folge leisten, wenn ihm der Ladeschein zurückgegeben wird (vgl. § 447 Abs. 3 HGB). Der Ladeschein erfüllt somit eine Dispositionsfunktion, aus der eine Sperrwirkung abzuleiten ist: Solange der Absender oder ein berechtigter Dritter den Ladeschein in Händen hält, kann er die Auslieferung an den Käufer verhindern. Umgekehrt ist ein Warenempfänger, der den Ladeschein berechtigt in Besitz hat, vor Umdispositionen des Absenders gesichert, was als Sperrwirkung des Ladeschein angesehen werden kann.

- Wertpapiereigenschaft

Wie das Konnossement ist der Ladeschein ein Rekta-(Namens-) **Wertpapier**, das jedoch durch ausdrücklichen Vermerk **an Order gestellt** und sodann durch Indossament übertragen werden kann (ein sog. gekorenes Orderpapier, vgl. § 445 Abs. 1 HGB). Die Übergabe des Ladescheins an denjenigen, welcher durch den Ladeschein zur Empfangnahme der Güter legitimiert wird, hat für den Erwerb von Rechten an den Gütern dieselbe Wirkung wie die Übergabe der Güter (vgl. § 450 HGB), d.h. die Übergabe des Ladescheins ersetzt die Übergabe der Güter.

Abbildung

Der in **Abbildung 4.1-08** dargestellte **Ladeschein** ist nicht an Order gestellt und folglich ein Rektawertpapier.

Ausfertigungen

Der Ladeschein wird nur in **einem Original** ausgefertigt. Die weiteren Ausfertigungen tragen lediglich den Charakter von Kopien. Konsequenterweise erfolgt die Auslieferung der Sendung nur gegen Rückgabe des Original-Ladescheins.

Übernahmeladeschein

Wird vom Frachtführer der Ladeschein nach Empfang der Güter, aber **vor Verladung auf Schiff** ausgestellt, dann ist dies analog zum Übernahmekonnossement lediglich ein Übernahmeladeschein. Der Übernahmeladeschein bestätigt den Empfang der Güter zur Verschiffung, aber nicht die Verladung (Verschiffung) selbst.

Durchladeschein

Ein Durchladeschein entsteht, wenn der vom Absender beauftragte Frachtführer seinerseits einen **Unterfrachtführer** mit dem Weiter-

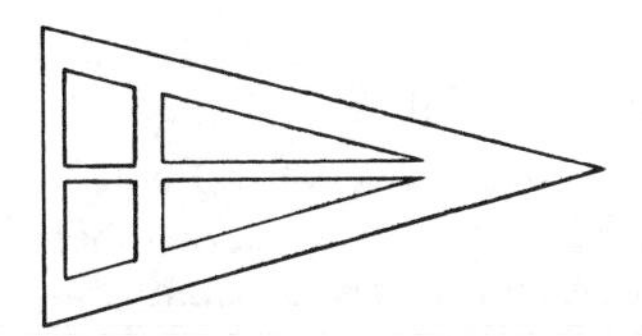

Hanseatisches Befrachtungs-Kontor GmbH

2800 Bremen 1 · Postfach 105063 · Bürgermeister-Smidt-Straße 56 · Telefon (0421) 3040206 · Telex 245384
Bankverbindungen: Bremer Landesbank AG, Konto-Nr. 7910, (BLZ 29050000)

Ladeschein

An Belgischer Stahl Handel, N.V., P.O. Box 53 47, Antwerpen

Durch Schiff Marianne Schiffsführer: Kapitän Meyer
(oder anderes Fahrzeug)
empfangen Sie auf Grund unserer Ladeschein- und Verfrachtungsbedingungen die von uns zur Beförderung übernommene und nachstehend näher bezeichneten Güter zur Auslieferung an Sie gegen Zahlung der Fracht und der unten genannten Nachnahme.

Absender: Bohrturm Handel GmbH,4500 Osnabrück Verlader: Internationale Sped., 4500 Osnabrück

	Inhalt nach Angabe des Verladers	Angebliches Gewicht in kg
Die Partie liegt verstaut im Raum: A1 bis B2 **Verschluß:** Siegel **Bleie gez.:** Nr. 2311 **Fracht zahlbar:** Osnabrück	131 Kolli ========= Konstruktionsteile ==================	258.100,0 kg ============

Der Schiffer ist verpflichtet, dem Empfänger einen Tag vor Eintreffen am Löschplatz telefonisch unter 0032 - 3 - 5721156 von seinem Eintreffen zu unterrichten!

" M U S T E R "

Löschhafen: Antwerpen **Löschstelle:** Belgischer Stahl Handel

Falls an Order gestellt, Meldeadresse:
Sofern keine besondere Löschstelle vorgeschrieben ist, erfolgt der Umschlag an dem vom Schiffer gewählten Platz.

Vertreter des Schiffes im Löschhafen ist: HBK Antwerp N.V., Antwerpen

Es sind 1 Ein) **Originale und** 15 (fünfzehn) **Kopien ausgefertigt.**
Nach Vorlage eines Originals gelten die übrigen Exemplare als hinfällig.

Osnabrück, **den** 10.11.19.. Hanseatisches Befrachtungs-Kontor, Osnabrück
(Der Schiffer oder für denselben)

Abbildung 4.1-08

transport der Güter auf einer **Teilstrecke** beauftragt (vgl. Klenke 1983: S. 102; zur Haftung der Frachtführer vgl. ebd.: S. 102).

Abgrenzung

Blomeyer gibt zu bedenken, dass in der Praxis manchmal **Dokumente** vorkommen, die zwar wie Ladescheine aufgemacht sind, die aber bei näherem Hinsehen erkennbar **keine Wertpapiereigenschaft** haben (Blomeyer 1986: S. 29).

4.1.4 Lagerscheine

Aussteller

Lagerscheine werden von **Lagerhaltern**, das sind Gewerbebetriebe, die die Lagerung und Aufbewahrung von Gütern übernehmen (z.B. die als Lagereien amtlich zugelassenen Speditionen) ausgestellt (vgl. § 416 HGB).

Inhalt

Der Lagerhalter bestätigt im Lagerschein die **Einlagerung** genau bezeichneter **Güter** an einem genau bezeichneten Ort. Darüber hinaus können im Lagerschein Vereinbarungen über die Pflege des Lagergutes, seine (Feuer-/Einbruchdiebstahl-)Versicherung, die Lagerkosten, die Befristung u. Ä. aufgenommen sein. Der Lagerhalter verpflichtet sich, dem Berechtigten die Güter gegen **Rückgabe** des Lagerscheins auszuliefern.
Der Lagervertrag kann Teilauslieferungen der gelagerten Güter vorsehen. Der Berechtigte muss auch dazu den Lagerschein vorlegen. Der Lagerhalter nimmt sodann die Abschreibungen auf dem Lagerschein über die ausgelieferten Teilmengen vor.

Abbildung

Den Inhalt eines **(Namens-)Lagerscheins** dokumentiert **Abbildung Nr. 4.1-09.**

Ausprägungen

Der Lagerschein ist ein Dokument mit **Wertpapiereigenschaft**, das in zwei Ausprägungen in Erscheingung tritt, nämlich als

- Rekta-(Namens-)Wertpapier oder als
- Orderwertpapier.

Rekta-(Namens-)Lagerscheine

Charakterisierung und Funktionen

Rektalagerscheine verbriefen dem **namentlich genannten Berechtigten** den Anspruch auf Auslieferung der Ware. Die verbrieften Rechte eines Rektalagerscheins können vom Berechtigten mittels **Zessionsvertrag** abgetreten werden. Geschieht dies im Rahmen eines Kreditvertrags mit einer Bank, dann wird die Bank den Rektalagerschein zu ihrer Sicherheit einfordern und dem Lagerhalter die erfolgte Abtretung offen legen.

Orderlagerscheine

Charakterisierung und Funktionen

Ein Orderlagerschein kann vom Berechtigten mittels **Indossament** übertragen werden. Dabei hat die Übergabe des Lagerscheins an denjenigen, welcher durch den Lagerschein zur Empfangnahme des Gutes legitimiert wird, für den Erwerb von Rechten an dem Gut dieselbe Wirkung wie die Übergabe des Gutes (vgl. § 424 HGB).

Muster

Namenslagerschein Nr.

Ich / Wir lagerte(n) ein auf Grund der Allgemeinen Deutschen Spediteurbedingungen (ADSp.) neueste Fassung, die auch gegenüber jedem Erwerber dieses Lagerscheines gelten, für Rechnung und Gefahr der Firma

....

....

*) { auf meinem / unserem eigenen Lager ....
auf dem Lager der Firma .... }

....

die nachstehend verzeichneten Güter:

Marke und Nummer	Zahl und Art der Kolli	Inhalt [1])	Angegebenes Bruttogewicht in kg	Ermitteltes Bruttogewicht in kg

[1]) Anm. Der Inhalt ist angegeben von .... } *)
Der Inhalt ist von mir / uns festgestellt.

Auslieferung: Entsprechend ADSp. § 48 C a) bin ich/sind wir als Lagerhalter verpflichtet, das eingelagerte Gut nur gegen Aushändigung des Namenslagerscheines, insbesondere nicht lediglich gegen einen Lieferschein, Auslieferungsschein oder dergl. und im Falle der Abtretung nur an denjenigen Inhaber des Lagerscheines herauszugeben, der durch eine zusammenhängende Kette von auf dem Lagerschein stehenden Abtretungserklärungen legitimiert ist.

Ich/Wir erkenne(n) weiter an, daß ich/wir dem legitimierten Rechtsnachfolger des Einlagerers nur solche Einwendungen entgegensetze(n), welche die Gültigkeit der Ausstellung des Scheines betreffen oder sich aus dem Schein ergeben oder mir/uns unmittelbar gegen den Rechtsnachfolger zustehen. Mein/unser gesetzliches Pfand- oder Zurückbehaltungsrecht wird durch diese Bestimmungen nicht berührt. Bei Teilauslieferungen ist der Lagerschein zwecks Abschreibung vorzulegen.

Bearbeitung: Die Bearbeitung der Ware darf nur von dem laut Lagerschein Berechtigten vorgenommen oder veranlaßt werden, soweit es sich nicht um Bearbeitungen handelt, die im Interesse der Erhaltung der Ware notwendig sind oder deren Vornahme im Lagerschein gestattet ist.

Versicherung: Die Ware ist durch mich / uns für Rechnung wen es angeht { versichert / nicht versichert } *)
gegen Feuersgefahr und/oder Einbruchdiebstahl für die Dauer der Lagerung zum Tageswert von DM ....
[Versicherungen decke(n) ich / wir nur auf ausdrücklichen schriftlichen Auftrag hin].
Die **Speditionsversicherung** [SVS gemäß ADSp. § 39 ff] habe(n) ich / wir mit einer Versicherungssumme von DM .... eingedeckt.

Bemerkungen: [z. B. besondere Bedingungen für die Einlagerung]

....

....

....

.........................., den .... 19..........

eingelagert am .... 19.......... ....
(Stempel und Unterschrift des Lagerhalters)

*) *Unzutreffendes durchstreichen.*

Abbildung 4.1-09

Die Übergabe des indossierten Orderlagerscheins ersetzt somit im Sinne der Traditionsfunktion eines Wertpapiers die Übergabe des Gutes. Es liegt auf der Hand, dass der Orderlagerschein bei Warenverkäufen und bei Kreditgeschäften im Vergleich zum Rektalagerschein das geeignetere Instrument darstellt.

4.1.5 Frachtbriefe

4.1.5.1 Allgemein gültige Merkmale

Beweisfunktion

Frachtbriefe dienen dem Nachweis über den **Abschluss des Frachtvertrags** zwischen dem Absender (Exporteur) und einem Frachtführer (Eisenbahn, Luftverkehrsgesellschaft, Spediteur). Sie beweisen, dass die im Frachtbrief bezeichneten Güter dem Frachtführer am Tag und am Ort der Ausstellung des Frachtbriefs zur Ablieferung an den benannten Empfänger übergeben worden sind (vgl. § 426 Abs. 2 HGB). Daneben enthalten sie Angaben über (Voraus-)Zahlung der Fracht u. ä. Angaben.

Dispositionsfunktion

Neben dieser Beweisfunktion umfassen Frachtbriefe ein Dispositionsrecht des Absenders: Der **Absender kann den Frachtführer anweisen**, das Gut anzuhalten, zurückzugeben oder an einen anderen als den im Frachtbrief bezeichneten Empfänger auszuhändigen (vgl. § 433 Abs. 1 HGB). Dieses Dispositionsrecht (Verfügungsrecht) des Absenders erlischt, wenn nach Ankunft der Güter am Bestimmungsort (Ort der Ablieferung) dem Empfänger der Frachtbrief zur Verfügung gestellt ist (vgl. § 433 Abs. 2 HGB).

Die praktische Bedeutung des Dispositionsrechts des Absenders ist grundsätzlich vom Transportweg bzw. vom Transportmittel abhängig. Wegen der meist kurzen Reisedauer und der sodann folgenden Ablieferung der Güter an den Empfänger ist der dem Absender in der Praxis verbleibende zeitliche Spielraum zur Ausübung des Dispositionsrechts im Allgemeinen klein.

Sperrfunktion

Aus dem Dispositionsrecht (Verfügungsrecht) des Absenders lässt sich die Sperrwirkung des Frachtbriefs ableiten: Gibt der Absender die ihm verbleibende Ausfertigung aus den Händen, dann ist ihm die Möglichkeit zur beschriebenen Weisung an den Frachtführer, das Gut anzuhalten, zurückzugeben usw., also die Möglichkeit zur (nachträglichen) Verfügung, im Allgemeinen genommen. Ein Importeur, der Zahlung zu leisten bzw. eine Zahlungsverpflichtung einzugehen hat, kann somit im Gegenzug zu seiner Zahlung die Übergabe der dem Absender verbliebenen Ausfertigung des Frachtbriefs verlangen und damit im Allgemeinen sicherstellen, dass die versandten **Güter vor nachträglichen Verfügungen des Absenders gesperrt** sind. Vor allem diese zur Sicherheit des Importeurs wirkende Sperrfunktion erklärt die Einbeziehung von Frachtbriefen in die Zug-um-Zug-Abwicklung von Dokumenteninkassi und Dokumentenakkreditiven.

Anzumerken ist allerdings, dass in der betrieblichen Praxis auch nachträgliche Verfügungen des Absenders vorkommen, ohne dass dieser die ihm ausgehändigte Ausfertigung des Frachtbriefs dem Frachtführer vorlegen muss und dass insoweit die beschriebene **Sicherheit in Zweifel zu ziehen** sein kann. Inwieweit die Sperrfunktion eines Frachtbriefs tragfähig ist, hängt überdies vom jeweiligen Frachtvertrag und vom anzuwendenden Recht ab.

Keine Legitimationsfunktion

Der Empfänger braucht seine Berechtigung zur Entgegennahme der Ware **nicht durch Vorlage** einer Ausfertigung **des Frachtbriefs** nachzuweisen. In diesem Sinne umfassen Frachtbriefe keine Legitimationsfunktion. Vielmehr fährt die Ware auf den im Frachtbrief angegebenen Empfänger zu und sie wird ihm vom Frachtführer ohne weitere Formalitäten ausgehändigt bzw. zu seiner Verfügung gestellt.

Keine Wertpapiereigenschaft

Frachtbriefe sind **keine Wertpapiere**. Sie repräsentieren die Ware nicht und haben auch keine dahingehende Traditionsfunktion. Als Kreditsicherheit sind sie nur begrenzt geeignet.

4.1.5.2 Internationaler Eisenbahnfrachtbrief (CIM-Frachtbrief)

Charakterisierung

Der Internationale Eisenbahnfrachtbrief wird von den Eisenbahnverwaltungen auf Grundlage der übernationalen Vereinbarung "Convention Internationale concernant le transport des Marchandises par chemin de fer" (CIM) ausgestellt, der die meisten europäischen sowie zum Teil außereuropäische Staaten beigetreten sind.
Ausgefüllt wird das CIM-Frachtbriefformular ebenso wie der inländische Eisenbahnfrachtbrief durch den Absender, und zwar beim CIM-Frachtbrief in **fünffacher Ausfertigung**. Der Absender haftet dem Frachtführer für die Richtigkeit und für die Vollständigkeit der im Frachtbrief aufgenommenen Angaben (vgl. § 426 Abs. 3 HGB). Die erste Ausfertigung des Frachtbriefs reist mit der Ware und wird dem Warenempfänger ausgehändigt.
Als **Versandnachweis** erhält der Absender von der Deutschen Bahn AG eine vom Aufgabebahnhof mit einem Abfertigungsvermerk gekennzeichnete und abgestempelte bzw. mit Computereindruck versehene Ausfertigung des CIM-Frachtbriefs, das sog. Duplikat. Deswegen wird in der betrieblichen Praxis statt von Eisenbahnfrachtbrief häufig von **Duplikatfrachtbrief** bzw. **Frachtbriefdoppel** gesprochen.

Abbildung

Ein **CIM-Frachtbrief** ist in **Abbildung 4.1-10** dargestellt.

Beweisfunktion

Der CIM-Frachtbrief erfüllt zunächst eine Beweisfunktion über den vom Absender erteilten **Beförderungsauftrag** (Tagesstempel der Bahn, Aufgabebahnhof, Bestimmungsbahnhof, Empfänger, Warenbezeichnung, Hinweis auf Begleitpapiere u.a.).

Dispositionsfunktion

Darüber hinaus eröffnet auch das CIM-Frachtbriefdoppel dem **Absender** ein (nachträgliches) **Verfügungsrecht** (Dispositionsrecht) über die Güter. Dieses Verfügungsrecht reicht von der Weisung, die Güter anzuhalten bzw. einem anderen als dem bislang angegebenen Empfänger auszuhändigen, bis zur Verfügung, die Güter an den Absender zurückzugeben. Zur Ausübung seines Dispositionsrechts hat der Absender das CIM-Frachtbriefdoppel vorzulegen.

9 Frachtbrief
Lettre de voiture
Lettera di vettura
CIM 1
Expreßgut
Colis express
Colli espressi 2

46 47 48 49 50 51 52 53
54 Verladebewilligung – Autorisation de chargement
Autorizzazione di carico No

Kontrollstempel
Timbre de contrôle
Bollo di controllo
Deutsche Bahn AG
DB

Internationale Eisenbahnbeförderung
Transport international ferroviaire
Trasporto internazionale per ferrovia

10 Absender (Name, Anschrift) – Expéditeur (nom, adresse) – Mittente (nome, indirizzo)
11
12
Tel. Telex Fax
13 Erklärungen – Déclarations – Dichiarazioni (CIM/TIEx Art. 13, 19, 26 etc.)
14 Absender-Referenz – Référence expéditeur – Riferimento mittente No

15 Empfänger (Name, Anschrift, Land) – Destinataire (nom, adresse, pays) – Destinatario (nome, indirizzo, paese)
16
17
Tel. Telex Fax

Lademittel-Container – Agrès-Conteneurs – Attrezzi-Casse mobili
18 Art – Catégorie
19 Merkmal und Nr. – Marque et No
18 Art – Specie
19 Merkmal und Nr. – Sigla e no

20 Tauschpaletten – Palettes échangeables – Palette scambiabili
Anzahl – Nombre – Quantità
EUR EUR
21 Wagen – Wagons – Carri No
22 Eigenmasse – Tare – Tara kg
P
55 Lastgrenze – Lim. de charge – Lim. di carico t
56 Achsen – Essieux – Assi

23 Vermerke für den Empfänger
Informations pour le destinataire
Informazioni per il destinatario
(CIM Art. 13 § 3)

24 CIM Zahlung der Kosten – Paiement des frais – Pagamento delle spese
1 Franko Fracht – Franco de port – Franco di porto – einschließlich – y compris – ivi compreso
– bis – jusqu'à – fino a
2 Franko (bestimmter Betrag) – Franco pour (somme déterminée) – Franco per (somma determinata)
3 Franko aller Kosten / Franco de tous frais / Franco di tutte le spese
4 Unfrankiert / Port dû / Assegnato
25 Expreßgut – Colis express – Colli espressi
1 Franko – Franco
2 Unfrankiert – Port dû – Assegnato

26 Verlangte Tarife und Wege – Tarifs et itinéraires demandés – Tariffe e itinerari richiesti
27

28 Wagenladung – Wagon complet – Carro completo 1
Stückgut – Détail – Piccole partite 2
29 Verladen durch: – Chargé par: – Caricato da:
Absender – Expéditeur – Mittente 1
Eisenbahn – Chemin de fer – Ferrovia 2

57 1 3
58 Zu verzollen in – A dédouaner à – Da sdoganare a

30 Bestimmungsbahnhof, Land und Ablieferungsstelle – Gare destinataire, pays et lieu de livraison – Stazione destinataria, paese e luogo di riconsegna
59
Name – Nom – Nome
Land – Pays – Paese
Hauszufuhr – Livrable à domicile – A domicilio
Bahnlagernd – En gare – Fermo stazione

60 Leitungswege – Itinéraires – Itinerari
61

31 Zeichen (gegebenenfalls) / Anzahl / Art der Verpackung / Bezeichnung des Gutes – Marques (le cas échéant) / Nombre / Nature de l'emballage / Désignation de la marchandise – Marche (se del caso) / Quantità / Genere dell'imballaggio / Designazione della merce

32 RID ja – oui – si
33 Zolltarifnummer – No du tarif douanier – No tariffa doganale
34 Masse – Massa kg
62 NHM-Code – Code NHM – Codice NHM

35 Zollamtliche Vermerke – Indications douanières – Indicazioni doganali

FRACHTBRIEFDOPPEL – DUPLICATA DE LA LETTRE DE VOITURE
DUPLICATO LETTERA DI VETTURA

36 Beilagen zum Frachtbrief – Annexes à la lettre de voiture – Allegati alla lettera di vettura
37 Interesse an der Lieferung – Intérêt à la livraison – Interesse alla riconsegna
Währung – Monnaie – Valuta 63
38 Barvorschuß – Débours – Spese anticipate
Währung – Monnaie – Valuta 64
39 Nachnahme – Remboursement – Assegno
Währung – Monnaie – Valuta 65
81 Kurs
86
81 Cours
86

1 Fracht vom Versandbahnhof – Port de la gare expéditrice – Porto dalla stazione mittente
bis – pour – a
66 67 Angewandter Tarif 68 69 70 71 Frachtsatz 72 Frachtpfl. Masse kg 73 Franko – Franco 74 Überw. – Dû – Ass.
75 Code – Cifre 76 km 77 Gebühren – Frais – Spese = =
Währung – Monnaie – Valuta 82
78 Kurs 79 80 81 Kurs
83 84 85 86

2 Fracht – Port – Porto – von – de – da
bis – pour – a
66 67 Tarif appliqué 68 69 70 71 Prix par unité 72 Masse taxée kg 73 74
75 Code – Cifre 76 km 77 Gebühren – Frais – Spese = =
Währung – Monnaie – Valuta 82
78 Cours 79 80 81 Cours
83 84 85 86

3 Fracht – Port – Porto – von – de – da
bis – pour – a
66 67 Tariffa applicata 68 69 70 71 Prezzo per unità 72 Massa tassata kg 73 74
75 Code – Cifre 76 km 77 Gebühren – Frais – Spese = =
Währung – Monnaie – Valuta 82
78 Cambio 79 80 81 Cambio
83 84 85 86

87 Nachnahmebegleitschein – Avis d'encaissement – Avviso d'incasso assegno No
88 Bereitgestellt (Tag – Monat – Stunde) – Mise à disposition (jour – mois – heure) – Messo a disposizione (giorno – mese – ore)
89 Frankaturrechnung – Bulletin d'affranchissement – Bollettino d'affrancazione ja – oui – si
90
Gesamtbetrag – Montant général – Importo generale
oder – ou – o
Zu übertragen – A reporter – Da riportare
91

92 Tagesstempel des Versandbahnhofes – Timbre à date de la gare expéditrice – Bollo a data della stazione mittente
93 Tagesstempel des Bestimmungsbahnhofes – Timbre à date de la gare destinataire – Bollo a data della stazione destinataria
4
94 Wiegestempel – Timbre de pesage – Bollo di pesatura
Festgestellte Masse – Masse constatée – Massa riconosciuta
95 Versanddatum (Tag – Monat – Stunde) – Date d'expédition (jour – mois – heure) – Data di spedizione (giorno – mese – ore)
97 Empfang – Arrivage – Arrivo No
96 Kontroll-Etikette – Etiquette de contrôle – Etichetta di controllo
Land – Pays – Paese 8 0
Bahnhof – Gare – Stazione No
Vers – Exp. – Sped. No

Rückseite beachten – Voir au verso – Vedi a tergo

Abbildung 4.1-10

Sperrfunktion

Der Absender begibt sich der Möglichkeit zur Ausübung seines Verfügungsrechts, sobald er das **CIM-Frachtbriefdoppel aus den Händen gibt**. Daraus folgt auch für das CIM-Frachtbriefdoppel die eingangs beschriebene Sperrwirkung des Frachtbriefs. Im Übrigen erlischt das Recht des Absenders zur Disposition (Verfügung) über die Ware, sobald die Ware dem Empfänger zur Verfügung gestellt ist bzw. der Empfänger -nach Maßgabe des Rechts des Bestimmungslandes- eine anderweitige Verfügungsberechtigung erlangt. Zu den Vorbehalten zur Sperrfunktion von Frachtbriefen siehe Abschnitt "4.1.5.1 Allgemein gültige Merkmale".

4.1.5.3 Luftfrachtbrief (Air Waybill)

Analoge Struktur

In rechtlicher und in wirtschaftlicher Hinsicht **entspricht** der Luftfrachtbrief im Wesentlichen dem **Eisenbahnfrachtbrief**.

Abbildung

Ein **Luftfrachtbrief** ist in **Abbildung 4.1-11** dargestellt.

Ausfertigungen

Der Luftfrachtbrief wird in **3 Originalausfertigungen** ausgestellt:

- Die **erste Ausfertigung** verbleibt beim **Luftfrachtführer** (Luftfahrtgesellschaft).
  In dieser Ausfertigung hat der Absender bzw. sein Agent (die von ihm beauftragte Spedition) u.a. die Richtigkeit der Angaben im Frachtbrief zu bestätigen ("*The shipper certifies that the particulars ... are correct ...*").
- Die **zweite Ausfertigung** reist mit den **Gütern** und wird dem **Warenempfänger** zur Verfügung gestellt.
- Die **dritte Ausfertigung** ("original 3 for shipper") erhält der **Absender** (bzw. die von ihm beauftragte Spedition) als Nachweis für den Abschluss des Frachtvertrags, der insbesondere den Empfang der in äußerlich guter Verfassung befindlichen Güter zur Beförderung an den Empfänger (Bestimmungsort) ausweist ("*It is agreed that the goods ... are accepted in apparent good order and condition for carriage ...*" o. Ä.).

Die Anzahl der ausgestellten Originale ist im Luftfrachtbrief zu vermerken ("*Copies 1, 2 and 3 of this Air Waybill are originals and have the same validity*"). Alle Originale sind -wie soeben zitiert- gleichwertig, d.h. grundsätzlich, dass mit jeder Originalausfertigung beispielsweise der Beweis über den Abschluss des Frachtvertrags angetreten werden kann bzw. die verbrieften Rechte geltend gemacht werden können. Praktisch ist es jedoch die vom Frachtführer gegengezeichnete dritte Ausfertigung, mit der der Absender Beweis antritt bzw. sein Dispositionsrecht geltend macht.

Inhalt

Im Frachtbrief sind neben dem **Absender** und neben dem **Empfänger** der **Aufgabeflughafen** und der **Bestimmungsflughafen**, eine **Warenbeschreibung**, Angaben zur **Fracht** und deren Zahlung, **Weisungen** des Absenders sowie Angaben über eine eventuell über die Luftfrachtgesellschaft abgeschlossene Versicherung und viele **weitere Angaben** enthalten.

Shipper's Name and Address | Shipper's Account Number

Not negotiable
Air Waybill*

Lufthansa Cargo

Issued by
Lufthansa Cargo AG,
Langer Kornweg 34 i
D-65441 Kelsterbach

Member of International
Air Transport Association

Copies 1, 2 and 3 of this Air Waybill are originals and have the same validity

Consignee's Name and Address | Consignee's Account Number

It is agreed that the goods described herein are accepted in apparent good order and condition (except as noted) for carriage SUBJECT TO THE CONDITIONS OF CONTRACT ON THE REVERSE HEREOF. ALL GOODS MAY BE CARRIED BY ANY OTHER MEANS INCLUDING ROAD OR ANY OTHER CARRIER UNLESS SPECIFIC CONTRARY INSTRUCTIONS ARE GIVEN HEREON BY THE SHIPPER. THE SHIPPER'S ATTENTION IS DRAWN TO THE NOTICE CONCERNING CARRIER'S LIMITATION OF LIABILITY. Shipper may increase such limitation of liability by declaring a higher value for carriage and paying a supplemental charge if required.

Issuing Carrier's Agent Name and City

MUSTER

Accounting Information

Agent's IATA Code | Account No.

Airport of Departure (Addr. of First Carrier) and Requested Routing

To	By First Carrier (Routing and Destination)	To	By	To	By	Currency	CHGS Code	WT/VAL PPD	WT/VAL COLL	Other PPD	Other COLL	Declared Value for Carriage	Declared Value for Customs

Airport of Destination	Flight/Date (For Carrier Use Only)	Flight/Date	Amount of Insurance	INSURANCE — If Carrier offers insurance, and such insurance is requested in accordance with the conditions thereof, indicate amount to be insured in figures in box marked 'Amount of Insurance'

Handling Information

These commodities licensed by USA for ultimate destination .... Diversion contrary to USA law prohibited.

No of Pieces RCP	Gross Weight	kg lb	Rate Class / Commodity Item No.	Chargeable Weight	Rate / Charge	Total	Nature and Quantity of Goods (incl. Dimensions or Volume)
	MUSTER					MUSTER	

Prepaid	Weight Charge	Collect
	Valuation Charge	
	Tax	
	Total Other Charges Due Agent	
	Total Other Charges Due Carrier	
Total Prepaid		Total Collect
Currency Conversion Rates		CC Charges in Dest. Currency
For Carrier's Use only at Destination		Charges at Destination

Total Collect Charges

Other Charges

MUSTER

Shipper certifies that the particulars on the face hereof are correct and that **insofar as any part of the consignment contains dangerous goods, such part is properly described by name and is in proper condition for carriage by air according to the applicable Dangerous Goods Regulations.**

....
Signature of Shipper or his Agent

....
Executed on (date) at (place) Signature of Issuing Carrier or its Agent

* Luftfrachtbrief (nicht begebbar) — eine verbindliche Übersetzung dieses Frachtbriefformulars (einschließlich der Vertragsbedingungen) in die deutsche Sprache liegt bei allen Lufthansa Frachtbüros aus.

Abbildung 4.1-11

ORIGINAL 3 (FOR SHIPPER)

Die Angabe einer **Notifyadresse** ist in den Formularen der Luftfrachtbriefe nicht an einem festen Platz vorgesehen. Die Bay. Vereinsbank empfiehlt, die Notifyadresse(n) im Empfängerkästchen anzugeben (vgl. Bay. Vereinsbank, Akkreditive 1989: S. 34).
Der Luftfrachtbrief muss von der Fluggesellschaft (carrier) bzw. von deren Agent **unterschrieben** sein.

Umladung

Der Luftfrachtbrief wird auch bei einem Wechsel des Luftfrachtführers -unter Aufnahme entsprechender **Umladevermerke**- beibehalten.
Ist der Luftfrachtbrief vom Exporteur im Rahmen eines **Akkreditivs** vorzulegen und sind gemäß den Akkreditivbedingungen Umladungen verboten, dann dürfen im Luftfrachtbrief nicht mehrere "Flight/Dates" erscheinen. Auch mehrere "carrier(s)" in der Zeile "To" und "By" wären ein Indiz für die -unzulässige- Umladung der Güter (vgl. Bay. Vereinsbank, Akkreditive 1989: S. 35).

Beförderungsbedingungen

Den Luftfrachtverträgen mit den Luftfahrtgesellschaften liegen im Allgemeinen die Regeln des Warschauer Abkommens und der Beförderungsbedingungen der **IATA** (International Air Transport Association) zu Grunde.

Beweisfunktion

Der Luftfrachtbrief erfüllt eine Beweisfunktion über den Abschluss des **Frachtvertrags**, insbesondere über die Aufgabe (den Aufgabetag) der Güter an den Luftfrachtführer und dessen Bestätigung über den Empfang der Güter in äußerlich guter Verfassung zur Beförderung an den Bestimmungsort. Insoweit ist die dem Exporteur ausgehändigte dritte Ausfertigung des Luftfrachtbriefs geeignet, im Rahmen eines Dokumenteninkassos bzw. eines Dokumentenakkreditivs den Beweis der dahingehenden Erfüllung des Kaufvertrags bzw. der Akkreditivbedingungen seitens des Exporteurs zu führen.

Dispositionsfunktion

Analog zum Eisenbahnfrachtbrief belässt der Luftfrachtbrief dem Exporteur ein (nachträgliches) Verfügungsrecht (Dispositionsrecht) über die Ware: Der **Absender** kann unter Vorlage einer Originalausfertigung (dritte, vom Frachtführer gegengezeichnete Fertigung) dem **Frachtführer Weisung erteilen**, die Ware auf dem Abflughafen, einem Zwischenlandeplatz oder auf dem Zielflughafen anzuhalten, umzudirigieren oder zurückzubeordern. Dieses Verfügungsrecht des Absenders erlischt allerdings, sobald dem Empfänger die Güter am Bestimmungsort zur Verfügung gestellt sind.

Sperrfunktion

Auch Luftfrachtbriefe schließen eine Sperrfunktion ein:
Übergibt der Exporteur im Rahmen der Zug-um-Zug-Abwicklung des Dokumenteninkassos bzw. des Dokumentenakkreditivs seine vom Frachtführer gegengezeichnete dritte Originalausfertigung des Luftfrachtbriefs dem Importeur bzw. einer eingeschalteten Bank, dann kann der Importeur im Allgemeinen sicher sein, dass (nachträgliche) **Verfügungen des Exporteurs** über die Ware **nicht mehr möglich** sind. Zu den Vorbehalten zur Sperrfunktion von Frachtbriefen siehe Abschnitt "4.1.5.1 Allgemein gültige Merkmale".

Keine Legitimationsfunktion

Der im Luftfrachtbrief bezeichnete Empfänger braucht seine **Empfangsberechtigung nicht** durch Vorlage einer Ausfertigung des Luftfrachtbriefs **nachzuweisen**. Vielmehr werden ihm die Ware selbst sowie die die Ware begleitende Ausfertigung des Luftfrachtbriefs

-eventuell nach Zahlung der Fracht- ohne weiteres zur Verfügung gestellt. Insoweit beinhaltet der Luftfrachtbrief keine Legitimationsfunktion.

Keine Wertpapiereigenschaft

Luftfrachtbriefe sind keine Wertpapiere. Sie verkörpern die Ware nicht und sie vermögen bei einem Eigentumsübergang die Übergabe der Ware auch nicht zu ersetzen, d.h. die Übertragung eines Luftfrachtbriefs hat keine Traditionswirkung. Der auf Luftfrachtbriefen regelmäßig aufgedruckte Vermerk "**not negotiable**" weist auf diesen Rechtscharakter hin.
Die Begebung von negoziierbaren Luftfrachtbriefen, die -an Order gestellt- Wertpapiereigenschaft mit Traditionsfunktion aufweisen, ist nach dem Haager Zusatzabkommen von 1955 zum Warschauer Abkommen grundsätzlich möglich, wobei die Ausgestaltung eines solchen "Luft(fracht)konnossements" dem jeweiligen Landesrecht vorbehalten ist. Bislang ist jedoch ein derartiges Wertpapier für den Luftfrachtverkehr noch nicht verwirklicht worden.

4.1.5.4 Seefrachtbrief (Sea Waybill)

Charakterisierung

Der Seefrachtbrief (Sea Waybill) im engeren Sinne dokumentiert einen **Frachtvertrag**, der einen **Seetransport** umfasst.
Anzumerken ist, dass neben den Seefrachtbriefen im engeren Sinne auch Transportdokumente mit Frachtbriefcharakter im Umlauf sind, die sowohl Seetransport als auch kombinierten Transport dokumentieren können, wie z.B. das "Express Cargo Bill (not negotiable) for combined transport or port to port shipment" oder das "Non-negotiable Waybill for combined transport or port to port shipment". Die folgenden Ausführungen sind auf den Seefrachtbrief im engeren Sinne konzentriert.

Abbildung

Abbildung Nr. 4.1-12 zeigt einen **Seefrachtbrief (Sea Waybill)**

Aufbau/Inhalt

Im **formularmäßigen Aufbau** und hinsichtlich der einzutragenden Angaben ähnelt der Seefrachtbrief dem Konnossement, ohne jedoch dessen rechtliche Konstruktion zu umfassen.

Der **Absender** (der Exporteur) erhält eine **Ausfertigung des Seefrachtbriefs**, die von der Reederei oder von deren Agent unterzeichnet ist (oder in anderer Weise authentisiert ist; vgl. auch Art. 24 a. ERA). Werden mehrere Ausfertigungen (Originale) des Seefrachtbriefs ausgestellt, dann ist deren Anzahl auf jeder Ausfertigung zu vermerken und im Rahmen von Dokumentenakkreditiven in der Regel auch als voller Satz einzureichen (vgl. Art. 24 a. IV ERA).

Analog zum Konnossement kann der Seefrachtbrief lediglich die Übernahme der Güter oder bereits deren An-Bord-Nahme ausweisen. Sofern im Akkreditiv nichts anderes vorgeschrieben ist, nehmen die Banken nur Seefrachtbriefe an, die die **Verladung an Bord** eines namentlich genannten Schiffes beweisen (vgl. Art. 24 a. II ERA), wobei die An-Bord-Nahme auch durch einen nachträglichen Vermerk mit Angabe des Verladedatums im Seefrachtbrief nachgewiesen werden kann.

SEA WAYBILL
NON – NEGOTIABLE

SHIPPER/EXPORTER (COMPLETE NAME AND ADDRESS)

BOOKING NO.

WAYBILL NO.:

EXPORT REFERENCES

CONSIGNEE (COMPLETE NAME AND ADDRESS)

FORWARDING AGENT F.M.C. NO.

NOTIFY (COMPLETE NAME AND ADDRESS)

ALSO NOTIFY – ROUTING & INSTRUCTIONS

PRE-CARRIAGE BY

PLACE OF RECEIPT | PORT OF LOADING

OCEAN VESSEL | VOY. NO.

LOADING PIER/TERMINAL

PORT OF DISCHARGE | PLACE OF DELIVERY

TYPE OF MOVE

PARTICULARS FURNISHED BY SHIPPER

MARKS & NOS/CONTAINER NOS	NO. OF PKGS	DESCRIPTION OF PACKAGES AND GOODS	GROSS WEIGHT	MEASUREMENT

SHIPPERS DECLARED VALUE $ ____________
SUBJECT TO EXTRA FREIGHT AS PER TARIFF AND CLAUSE 6 OF B/L

FREIGHT PAYABLE AT

FREIGHT CHARGES TO BE	PREPAID	COLLECT
TOTAL CHARGES		

WAYBILL NO.: DATE OF ISSUE

RECEIVED FOR CARRIAGE AS ABOVE IN APPARENT GOOD ORDER AND CONDITION, UNLESS OTHERWISE STATED HEREON, THE GOODS DESCRIBED IN THE ABOVE PARTICULARS.

DELIVERY OF THE GOODS WILL BE MADE TO THE CONSIGNEE OR HIS AUTHORIZED REPRESENTATIVE UPON PROPER PROOF OF IDENTITY AND AUTHORIZATION WITHOUT THE NEED OF PRODUCING OR SURRENDERING A COPY OF THIS WAYBILL.

SIGNED ON BEHALF OF THE CARRIER:

SENATOR LINIE
Gmbh & CO. KG
BREMEN

BY: ____________

FORM ICS 60 – 6/89

Abbildung 4.1-12

Beweisfunktion

Wie die übrigen Frachtbriefe erfüllt auch der Seefrachtbrief eine Beweisfunktion, die sich auf viele, **im Frachtbrief dokumentierte Angaben** zum abgeschlossenen Frachtvertrag bezieht. Damit vermag der Exporteur bei Dokumentenakkreditiven und bei Dokumenteninkassi den erforderlichen Nachweis zu führen.

Dispositionsfunktion

Auch Frachtverträge, die zu einem Seefrachtbrief führen, kann der Absender (Exporteur) nachträglich abändern: Der **Absender** kann die **Reederei** -unter Vorlage der ihm belassenen Ausfertigung(en) des Seefrachtbriefs- **anweisen**, die Güter (Container) anzuhalten, umzudirigieren oder zurückzubeordern. Dieses Dispositionsrecht (Recht zur nachträglichen Verfügung) des Exporteurs erlischt -wie bei den übrigen Frachtbriefen- sobald die Güter dem Empfänger zur Verfügung gestellt sind.

Sperrfunktion

In umgekehrter Sicht folgt aus dem soeben skizzierten Dispositionsrecht die Sperrfunktion des Seefrachtbriefs: Sobald der Absender (der Exporteur) die ihm belassene(n) Ausfertigung(en) des Seefrachtbriefs im Rahmen eines Akkreditivs oder eines Dokumenteninkassos aus den Händen gibt, ist ihm die (nachträgliche) **Abänderung des Frachtvertrags nicht mehr möglich**. Der Importeur kann vielmehr im Allgemeinen sicher sein, dass die Güter nunmehr "auf ihn zuschwimmen", weil der Exporteur durch Weitergabe des Seefrachtbriefs von der Möglichkeit zur Änderung des Frachtvertrags abgesperrt ist.

Anmerkungen

In der betrieblichen Praxis unterbleibt die Vorlage des Seefrachtbriefs bei nachträglichen Verfügungen des Absenders bisweilen, wodurch auch die beschriebene **Sperrfunktion** des Seefrachtbriefs **entfällt** und im Prinzip auch die Beweisfunktion des Seefrachtbriefs unterlaufen ist. Dieses Unterlassen hängt zum einen mit dem Vertrauensverhältnis zwischen dem Exporteur und der Reederei bzw. deren Agent zusammen, wonach die Reederei davon ausgeht, dass der Exporteur mit dem bisherigen, durch eine nachträgliche Verfügung des Exporteurs nicht mehr voll zutreffenden Seefrachtbrief keinen Missbrauch treibt, insbesondere gegenüber dem bisherigen Empfänger damit keinen falschen Beweis antritt. Zum anderen bestehen zum relevanten Seefrachtvertrag einige offenen Fragen, die im Einzelfall auch das Dispositionsrecht, die Vorlage/Nichtvorlage des Dokuments bei nachträglichen Verfügungen, die Sperrfunktion sowie die Beweisfunktion des Seefrachtbriefs berühren.

Weitere Funktionen fehlen

Eindeutigkeit besteht dagegen hinsichtlich der weiteren Funktionen, die Transportdokumente aufweisen können: Der Seefrachtbrief erfüllt **keine Legitimationsfunktion,** d.h. der Importeur benötigt den Seefrachtbrief nicht, um damit seine Berechtigung zum Empfang der Güter nachzuweisen (siehe auch eingedruckten Text im abgebildeten Seefrachtbrief; Abb. 4.1-12). Im Gegensatz zum Konnossement ist der Seefrachtbrief auch **kein Wertpapier**. In der Bezeichnung der Seefrachtbriefe wird dem durch Zusätze wie "not negotiable", "non negotiable", "nicht begebbar" o. Ä. Rechnung getragen (siehe Abbildung 4.1-12).

4.1.5.5 Frachtbrief der Binnenschifffahrt

Charakterisierung

Der Frachtverkehr der Binnenschifffahrt wird in der Regel mit dem Ladeschein dokumentiert. In den **Donauländern** findet sich jedoch auch noch der Frachtbrief (vgl. Klenke 1983, S. 100).
Der Charakter des Frachtbriefs der Binnenschifffahrt und seine Funktionen entsprechen -soweit deutsches Recht anwendbar ist- weitgehend den Frachtbriefen der Bahn und des Luftverkehrs.

4.1.5.6 Internationaler Frachtbrief des Straßengüterverkehrs (CMR-Frachtbrief)

Beförderungsbedingungen

Die Ausgestaltung des Internationalen Frachtbriefs des Straßengüterverkehrs beruht auf dem "Übereinkommen über den Beförderungsvertrag im Internationalen Straßengüterverkehr", "Convention relative au contrat de transport international de Marchandises par Route", kurz: **"CMR"**. Deswegen wird dieser Frachtbrief auch als CMR-Frachtbrief bezeichnet.
Der **Rechtscharakter** ebenso wie die **Funktionen** des CMR-Frachtbriefs sind den übrigen Frachtbriefen weitgehend gleich.

Abbildung

Abbildung 4.1-13 zeigt einen **CMR-Frachtbrief**.

Beweisfunktion

Der Absender kann mittels der ihm überlassenen Ausfertigung den **Abschluss des Transportvertrags** beweisen.

Dispositionsfunktion

Der CMR-Frachtbrief eröffnet dem **Exporteur** die bei den übrigen Frachtbriefen dargestellten (nachträglichen) **Verfügungsmöglichkeiten** (nämlich die Güter anzuhalten oder zurückzubeordern oder an einen anderen Empfänger ausliefern zu lassen), sofern er die CMR-Ausfertigung vorlegt und die Güter dem Empfänger noch nicht zur Verfügung gestellt sind.

Sperrfunktion

Wie bei den übrigen Frachtbriefen **verliert** der **Absender** seine (nachträgliche) **Dispositionsmöglichkeit**, sobald er die CMR-Ausfertigung aus der Hand gibt. Daraus ist auch beim CMR-Frachtbrief die oben angesprochene Sperrwirkung abzuleiten, die dem Importeur die Möglichkeit eröffnet, im Gegenzug zu seiner Zahlung die Übergabe des CMR-Frachtbriefs zu verlangen. Zu den Vorbehalten zur Sperrfunktion von Frachtbriefen siehe Abschnitt "4.1.5.1 Allgemein gültige Merkmale".

Auslieferung an Dritte

Der **Absender** kann mittels eines entsprechenden Vermerks im CMR-Frachtbrief auf die Ausübung seines (nachträglichen) **Verfügungsrechtes verzichten**, sodass dem Empfänger dieses Recht zusteht. Dies eröffnet dem Empfänger u.a. die Möglichkeit, die Ware statt an sich selbst an einen Dritten ausliefern zu lassen.

Keine Legitimationsfunktion

Der CMR-Frachtbrief erfüllt keine Legitimationsfunktion. Der **Warenempfänger** braucht ihn als Nachweis seiner Berechtigung zum Warenempfang **nicht vorzulegen**.

Kein Wertpapier

Der CMR-Frachtbrief hat **keine Wertpapiereigenschaften**.

1. Exemplar für Tarifkontrolle — Exemplaire pour controle tarifaire — Exemplaar voor tariefcontrole — Essemplare per controllo tarifario — Copy for tariffcontrol — Exemplar for tarifkontrolen
2. Exemplar für Absender — Exemplaire de l'expéditeur — Exemplaar voor Afzender — Essemplare per mittente — Copy for sender — Exemplar for Afsender
3. Exemplar für Empfänger — Exemplaire du destinataire — Exemplaar voor Geadresseerde — Essemplare per destinatario — Copy for consignee — Exemplar for Modtager
4. Exemplar für Frachtführer — Exemplaire du transporteur — Exemplaar voor vervoerder — Essemplare per transportatore — Copy for carrier — Exemplar for befordrer

INTERNATIONALER FRACHTBRIEF
LETTRE DE VOITURE INTERNATIONAL

Diese Beförderung unterliegt trotz einer gegenteiligen Abmachung den Bestimmungen des Übereinkommens über den Beförderungsvertrag im internat. Straßengüterverkehr (CMR)

Ce transport est soumis, nonobstant toute clause contraire, à la Convention relative au contrat de transport international de marchandises par route (CMR).

1 Absender (Name, Anschrift, Land) / Expéditeur (nom, adresse, pays)
FIRMA MEYER UND CO
IMPORT EXPORT
STOCKACHSTRASSE 62
W-4000 DÜSSELDORF 1
GERMANY

2 Empfänger (Name, Anschrift, Land) / Destinataire (nom, adresse, pays)
IRAN TRADING CO
AVE DR.BEHESHTI
7TH FLOOR NO. 257
TEHRAN 15437
IRAN

16 Frachtführer (Name, Anschrift, Land) / Transporteur (nom, adresse, pays)
BETZ, REUTLINGEN

Muster

3 Auslieferungsort des Gutes / Lieu prévu pour la livraison de la marchandise
Ort/Lieu: TEHERAN
Land/Pays: IRAN

17 Nachfolgende Frachtführer (Name, Anschrift, Land) / Transporteurs successifs (nom, adresse, pays)
NOTIFY ADDRESS:
M.S.P.A.D.
TEHRAN/IRAN

4 Ort und Tag der Übernahme des Gutes / Lieu et date de la prise en charge de la marchandise
Ort/Lieu: DÜSSELDORF
Land/Pays: GERMANY
Datum/Date:

18 Vorbehalte und Bemerkungen der Frachtführer / Réserves et observations des transporteurs
CARNET TIR FOR CUSTOMS TEHERAN

5 Beigefügte Dokumente / Documents annexés
FBL
PACKING LIST
INVOICE

6 Kennzeichen und Nummern / Marques et numéros	7 Anzahl der Packstücke / Nombre des colis	8 Art der Verpackung / Mode d'emballage	9 Bezeichnung des Gutes / Nature de la marchandise	10 Statistiknummer / No statistique	11 Bruttogewicht in kg / Poids brut, kg	12 Umfang in m³ / Cubage m³
ADDRESS	7 PACKAGES	18.000 KGS NET			19.357 KGS	
TEHRAN		BUBBLE GUM PACKED				
COLLI NO.		IN CARTONS				
1-7						
L/C NO. 183747/FL/848						
TOTAL VALUE: USD 210.837,-						

CMR

Klasse / Classe — Ziffer / Chiffre — Buchstabe / Lettre — (ADR)

13 Anweisungen des Absenders (Zoll- und sonstige amtliche Behandlung) / Instructions de l'expéditeur (formalités douanières et autres)
CUSTOMS CLEARANCE AT BAZARGAN
BORDER AND FINAL CUSTOMS CLEARANCE
AT TEHERAN ONLY THROUGH:
IRAN TRADING CO
TEHRAN/IRAN
TEL: 838 383
TLX: 383 383

19 Zu zahlen vom / A payer par	Absender / L'expéditeur	Währung / Monnaie	Empfänger / Le Destinataire
Fracht / Prix des transport			
Ermäßigungen / Reductions –			
Zwischensumme / Solde			
Zuschläge / Suppléments			
Nebengebühren / Frais accessoires			
Sonstiges / Divers +			
Zu zahlende Gesamtsumme / Total à payer			

14 Rückerstattung / Remboursement

15 Frachtzahlungsanweisungen / Prescription d'affranchissement
Frei / Franco: TEHERAN
Unfrei / Non Franco

20 Besondere Vereinbarungen / Conventions particulières

21 Ausgefertigt in / Etablie à: REUTILINGEN am / le 28.12. 19 92

24 Gut empfangen / Réception des marchandises — Datum / Date — am / le 19

22 MEYER, DÜSSELDORF
Unterschrift und Stempel des Absenders (Signature et timbre de l'expéditeur)

23 BETZ, REUTLINGEN
Unterschrift und Stempel des Frachtführers (Signature et timbre du transporteur)

Unterschrift und Stempel des Empfängers (Signature et timbre du destinataire)

25 Angaben zur Ermittlung der Tarifentfernung mit Grenzübergängen

von	bis	km

28 Berechnung des Beförderungsentgelts

frachtpfl. Gewicht in kg	Tarifstelle Sonderabmachung	Güterarten	Währung	Frachtsatz	Beförderungsentgelt
				Summe	

26 Vertragspartner des Frachtführers ist – kein – Hilfsgewerbetreibender im Sinne des anzuwendenden Tarifs

27	Amtl. Kennzeichen	Nutzlast in kg
Kfz	NFM 3838	
Anhänger	NFM 3837	

Benutzte Gen.-Nr. ☐ National ☐ Bilateral ☐ EG ☐ CEMT

Les parties encadrées de lignes grasses doivent être remplies par le transporteur.
21 + 22 Die mit fett gedruckten Linien eingerahmten Rubriken müssen vom Frachtführer ausgefüllt werden.
1 – 15 einschließlich / y compris et
Auszufüllen unter der Verantwortung des Absenders / A remplir sous la responsabilité de l'expéditeur

Bei gefährlichen Gütern ist, außer der eventuellen Bescheinigung, auf der letzten Linie der Rubrik anzugeben: die Klasse, die Ziffer sowie gegebenenfalls der Buchstabe.
En cas de marchandises dangereuses indiquer, outre la certification éventuelle, à la dernière ligne du cadre: la classe, le chiffre et le cas échéant, la lettre.

Form 005 Lo

Abbildung 4.1-13

4.1.6 Internationale Spediteurübernahmebescheinigung und andere Spediteurdokumente

4.1.6.1 Überblick über maßgebliche internationale Transportdokumente der Spediteure

Abgrenzung

Von den Transportdokumenten, die Speditionen ausfertigen, sind für die folgende Darstellung zunächst diejenigen Dokumente auszugrenzen, die die Speditionen **als Agenten** (Beauftragte) im Namen und für Rechnung Dritter ausstellen, also beispielsweise Seekonnossemente, die sie als Agenten der Reedereien ausstellen.

Arten

Die in diesem Abschnitt behandelten internationalen Transportdokumente stellen Speditionen dagegen **in eigenem Namen und für eigene Rechnung** aus. Im Wesentlichen sind dies vier Arten:

- **FIATA Konnossement des kombinierten Transports (Negotiable FIATA Combined Transport Bill of Lading; FBL-Dokument) bzw. FIATA Multimodales Transportdokument/Multimodales Konnossement (Negotiable FIATA Multimodal Transport Bill of Lading; FBL Dokument);**
- **Internationale Spediteurübernahmebescheinigung (FIATA FCR-Dokument);**
- **Internationaler Frachtbrief des Straßengüterverkehrs (CMR-Frachtbrief);**
- **FIATA Forwarders Certificate of Transport (FIATA FCT-Dokument).**

FIATA Konnossement des kombinierten Transports (Negotiable FIATA Combined Transport Bill of Lading; FBL-Dokument) bzw. FIATA Multimodales Transportdokument/Multimodales Konnossement (Negotiable FIATA Multimodal Transport Bill of Lading)

Hinweis

Diese Dokumente sind im Rahmen von Abschnitt "4.1.2.3.7 Kombinierte/multimodale Transportdokumente" besprochen.

Internationale Spediteurübernahmebescheinigung (FIATA FCR-Dokument)

Hinweis

Dieses Dokument ist im folgenden **Abschnitt 4.1.6.2** beschrieben und beurteilt.

Internationaler Frachtbrief des Straßengüterverkehrs (CMR-Frachtbrief)

Hinweis

Der internationale Frachtbrief (CMR-Frachtbrief) ist gliederungssystematisch den Frachtbriefen zuzuordnen und deswegen im obigen **Abschnitt 4.1.5.6** behandelt.

FIATA Forwarders Certificate of Transport (FIATA FCT-Dokument)

Charakterisierung

Das FIATA Forwarders Certificate of Transport, kurz: FCT-Dokument, beruht auf einem von der FIATA (Fédération Internationale des Associations des Transporteurs et Assimilés, Zürich) autorisierten Text. Dieses Dokument wird in **eigenem Namen** und für **eigene Rechnung** von den berechtigten Spediteuren ausgestellt.

Einschränkend ist anzumerken, dass die Banken im Rahmen der **Akkreditivabwicklung** das FCT-Dokument -obwohl der Text von der FIATA autorisiert ist- im Allgemeinen **zurückweisen**, sofern nicht in den Akkreditivbedingungen ein FCT-Dokument ausdrücklich zugelassen ist (vgl. Art. 30 ERA) Dies hängt damit zusammen, dass der Spediteur beim FCT-Dokument -sofern nichts anderes vermerkt ist- nicht als Frachtführer gilt, sondern lediglich als Spediteur, der sich zur Auslieferung der Waren gegen das FCT-Dokument verpflichtet hat. Der Spediteur haftet nur für eigene Fehler (vgl. Oelfke 1991: S. 252).

4.1.6.2 Internationale Spediteurübernahmebescheinigung (FIATA Forwarders Certificate of Receipt; FCR-Dokument)

FIATA FCR-Dokument

Die Internationale Spediteurübernahmebescheinigung (Forwarders Certificate of Receipt, kurz: FCR-Dokument) beruht auf einem von der **FIATA** (Fédération Internationale des Associations des Transporteurs et Assimilés, Zürich), also von der Internationalen Spediteurvereinigung **autorisierten Text.**

Abbildung

Die **Abbildung 4.1-14** zeigt ein **FIATA FCR-Dokument.**

Aussteller/Erscheinungsformen

Diese FIATA-autorisierte Internationale Spediteurübernahmebescheinigung darf nur von **zugelassenen Speditionen** ausgestellt werden. Zu beachten ist, dass daneben insbesondere im Inland anders gestaltete Spediteurübernahmebescheinigungen Anwendung finden, die im Einzelfall aber auch im grenzüberschreitenden Verkehr eingesetzt werden.

Beweisfunktion

Die Internationale Spediteurübernahmebescheinigung ist ebenso wie die anderen Transportdokumente Beweisurkunde über den **Abschluss des Frachtvertrags**. Die Spedition bescheinigt, die bezeichnete Sendung in äußerlich guter Beschaffenheit vom Absender zur Beförderung an den Empfänger bzw. zu dessen Verfügung am ausgewiesenen Tag übernommen zu haben. Darüber hinaus können Angaben über Transportweg und Transportmittel, Weisungen über die Frachtzahlung u.a. in die Spediteurübernahmebescheinigung aufgenommen werden.

Dispositionsfunktion

In der Internationalen Spediteurübernahmebescheinigung ist zwar ausgewiesen, dass der Absender der Spedition die unwiderrufliche Weisung zum Versand der Sendung an den Empfänger bzw. zur Verfügung des Empfängers erteilt ("*...with irrevocable instructions at the disposal of the consignee/to be forwarded to the consignee*"). Diese unwiderrufliche Weisung schließt jedoch das (nachträgliche) **Verfügungsrecht des Absenders** über die Waren im Allgemeinen nicht aus. Der Absender kann vielmehr die Weisung zur Beförderung -unter Rückgabe der Originalausfertigung des FCR-Dokuments- widerrufen oder abändern.

Lieferanten bzw. Auftraggeber des Spediteurs
Suppliers or Forwarders Principals

BSL

FIATA FCR

Forwarders Certificate of Receipt

No DE

ORIGINAL Ref. No.

Empfänger
Consignee

Muster

Zeichen und Nummern; *Marks and numbers;*	Anzahl/Verpackungsart *Number and kind of packages*	Inhalt *Description of goods*	Bruttogewicht *Gross weight*	Maß *Measurement*

FIATA

laut Angaben des Versenders
according to the declaration of the consignor

SVS/RVS **Wert/Value**
(§§ 39 ff ADSp) DM

Die Durchführung des Auftrages erfolgt auf Grund der umseitig abgedruckten Allgemeinen Bedingungen.
The goods and instructions are accepted and dealt with subject to the General Conditions printed overleaf.

Wir bescheinigen hiermit die oben bezeichnete Sendung in äußerlich guter Beschaffenheit übernommen zu haben

We certify having assumed control of the above mentioned consignment in external apparent good order and condition

mit der unwiderruflichen Weisung*
with irrevocable instructions*

zur Verfügung des Empfängers / **at the disposal of the consignee** ☐

zum Versand an den Empfänger / **to be forwarded to the consignee** ☐

(falls erforderlich, Angaben über den Transportweg und Transportmittel)
Besondere Angaben
Special remarks

Frankatur- und Spesenvorschrift
Instructions as to freight and charges

*** Die Weisung zur Beförderung kann nur gegen Rückgabe der Original-Bescheinigung widerrufen oder abgeändert werden, und nur soweit und solange als der ausstellende Spediteur noch ein Verfügungsrecht über die bezeichnete Sendung besitzt.**
Die Weisung zur Verfügungsstellung an den angegebenen Dritten kann nur gegen Rückgabe der Original-Bescheinigung widerrufen oder abgeändert werden, und nur solange, als die Verfügung, des begünstigten Dritten noch nicht beim ausstellenden Spediteur eingegangen ist.

**** Forwarding instructions can only be cancelled or altered if the original Certificate is surrendered to us, and then only provided we are still in a position to comply with such cancellation or alteration.***
Instructions authorizing disposal by a third party can only be cancelled or altered if the original Certificate of Receipt is surrendered to us, and then only provided we have not yet received instructions under the original authority.

Ort und Datum / *Place and date of issue*

Stempel und rechtsgültige Unterschrift
Stamp and authorized signature

FIATA Reg. No. A 375866

Abbildung 4.1-14

Dieses Dispositionsrecht des Absenders besteht allerdings nur insoweit und solange, als der Spediteur noch ein Verfügungsrecht über die Waren besitzt bzw. der Warenempfänger sein Verfügungsrecht noch nicht ausgeübt hat.

Sperrfunktion

Der Importeur (Warenempfänger) kann sich gegen (nachträgliche) Verfügungen des Absenders absichern, indem er im Rahmen eines Dokumenteninkassos oder Dokumentenakkreditivs vom Exporteur (Absender) die Aushändigung des Original FCR-Dokuments verlangt. Auch Spediteurübernahmebescheinigungen ermöglichen es somit grundsätzlich, die Warensendung **vor** (nachträglichen) **Verfügungen des Absenders zu sperren**. Zu der hier beschriebenen Sperrfunktion sind jedoch diejenigen Vorbehalte angebracht, wie sie zu den Frachtbriefen in Abschnitt "4.1.5.1 Allgemein gültige Merkmale" bzw. in Abschnitt "4.1.5.4 Seefrachtbrief (Sea Waybill)" behandelt sind.

Keine Legitimationsfunktion

Der **Warenempfänger** benötigt **keine Ausfertigung** der Spediteurübernahmebescheinigung als Legitimationsnachweis für seine Berechtigung zum Warenempfang.

Keine Wertpapiereigenschaft

Spediteurübernahmebescheinigungen repräsentieren die Waren nicht, sie sind also keine Wertpapiere. Das **Eigentumsrecht** an der Ware kann **nicht durch** bloße Übertragung und **Übergabe der Spediteurübernahmebescheinigung** auf einen Dritten übertragen werden. Spediteurübernahmebescheinigungen umfassen somit auch keine Traditionsfunktion.

4.1.7 Sonstige Transportdokumente

4.1.7.1 Posteinlieferungsschein

Charakterisierung

Der Posteinlieferungsschein ist die **erste Durchschrift** eines vom Exporteur auszufüllenden Vordrucksatzes, dessen erstes Blatt die Auslandspaketkarte ist. Die Auslandspaketkarte selbst reist mit der Sendung. Der Einlieferungsschein (die erste Durchschrift) wird dem **Absender ausgehändigt**. Eine zweite Durchschrift verbleibt bei der Post.

Beweisfunktion

Der Posteinlieferungsschein erfüllt eine Beweisfunktion über den mit der Post abgeschlossenen **Frachtvertrag**. Er beweist insbesondere den Empfang der Sendung zur Beförderung an den bezeichneten Empfänger und enthält die Angabe des Einlieferungspostamtes sowie den durch den Tagesstempel dokumentierten Einlieferungstag usw. Der Einlieferungsschein enthält jedoch keine Warenbeschreibung (diese ist in der die Sendung begleitenden Zollinhaltserklärung aufgeführt).

Keine Legitimationsfunktion

Die Postsendung wird an den **Empfänger ausgehändigt**, ohne dass dieser den Posteinlieferungsschein (des Absenders) vorlegen muss. Postversanddokumente erfüllen somit keine Legitimationsfunktion.

Dispositionsfunktion/ Sperrfunktion

Der Posteinlieferungsschein belässt dem **Absender** ein (nachträgliches) **Verfügungsrecht** (nachträgliche Änderung des Frachtvertrags gemäß § 8 der Allg. Bedingungen der Deutschen Post AG für den Frachtdienst Ausland), sofern er das abgestempelte Versanddokument vorlegt und die Sendung dem Empfänger noch nicht zur Verfügung gestellt ist. Daraus kann eine Sperrwirkung zu Gunsten des Importeurs abgeleitet werden: Indem der Importeur bei einem Dokumenteninkasso bzw. bei einem Dokumentenakkreditiv dem Exporteur die Aushändigung des Postdokuments auferlegt, gewinnt der **Importeur die Sicherheit**, dass der Exporteur in der Regel nicht mehr über die Sendung verfügen kann. Zu der beschriebenen Sperrwirkung sind jedoch Vorbehalte angebracht, die beispielsweise zu den Frachtbriefen in Abschnitt "4.1.5.1 Allgemein gültige Merkmale" behandelt sind.

Keine Wertpapiere

Postversanddokumente haben **keine Wertpapiereigenschaft**.

4.1.7.2 Dokumente der Kuriere bzw. der Expressdienste

Rechtsgrundlagen

Der folgende Auszug aus den **Allgemeinen Geschäftsbedingungen** der Firma GD Express Worldwide (Deutschland) GmbH, (AGB 07-93), gibt **beispielhaft** Auskunft über die Rechtsgrundlagen der Beförderung durch Kuriere bzw. Expressdienste.
Die Beförderung unterliegt danach den **Einheitlichen Richtlinien für kombinierte Transportdokumente** (Veröffentlichung 298 der Internationalen Handelskammer Paris, November 1975) und unterliegt den nachfolgenden am Tag der Übernahme der Waren durch das Beförderungsunternehmen anwendbaren Konventionen:

- Auf den **Lufttransport** findet das Warschauer Abkommen von 1929 in der jeweils gültigen Fassung Anwendung.
- Auf den **Straßentransport** findet das Übereinkommen über den Beförderungsvertrag im Internationalen Straßengüterverkehr (CMR) in der Fassung von 1956 Anwendung.
- Auf den **Seetransport** findet das Internationale Abkommen zur Vereinheitlichung bestimmter Regeln des Rechts des Konnossements in der Fassung von 1924 und ergänzt durch die Visby und SDR Protokolle von 1968 bzw. 1979 Anwendung.
- Auf den **Eisenbahntransport** findet das Übereinkommen über den Internationalen Eisenbahnverkehr (COTIF) und Anlage B dieses Übereinkommens, die Einheitlichen Richtlinien über den Beförderungsvertrag im Internationalen Eisenbahngüterverkehr (CIM), Bern, 9. Mai 1980, Anwendung.

Sofern keines der vorstehenden Abkommen zwingend auf die Beförderung anwendbar ist, unterliegt die Beförderung dem Warschauer Abkommen von 1929 in der Fassung des in Den Haag unterzeichneten Protokolls.

Achtung: Evtl. Anwendung ausländischen Rechts

In den zitierten AGB ist in Ziffer 12 außerdem aufgenommen: "So weit nicht zwingende Vorschriften deutschen Rechts entgegenstehen, unterliegt dieser Vertrag **niederländischem Recht**."
In Ziffer 13 ist ausgeführt: "Unbeschadet der vorstehenden Bestimmungen gilt: In **Deutschland** ... ist das Beförderungsunternehmen ausschließlich als Spediteur tätig. In Deutschland gelten unter Kaufleuten ausschließlich die **Allgemeinen Deutschen Spediteurbedingungen (ADSp)** in der jeweils neuesten Ausgabe ...".
Der Exporteur hat somit zu prüfen, welche Rechtsgrundlagen das von ihm beauftragte Beförderungsunternehmen anwendet.

Wahl des Transportmittels u.a.

In Ziffer 2 der zitierten AGB ist bestimmt: "Die Wahl des Transportmittels, der Route und der Beförderungsart wird ausschließlich **vom Beförderungsunternehmen getroffen**." Im Übrigen ist das Beförderungsunternehmen berechtigt, einen **Subunternehmer** mit der gesamten oder teilweisen Beförderung zu beauftragen (vgl. Ziff. 11 ebenda).

Kein Wertpapier

In Ziffer 3 der genannten AGB ist ausdrücklich darauf hingewiesen, dass das vom Beförderungsunternehmen ausgestellte Dokument **nicht negoziierbar** ist. Entsprechende Hinweise finden sich zum Teil auch auf der Vorderseite von Kurierdokumenten.

Akkreditivabwicklung

Die **ERA** führen in **Art. 29 b.** aus: "*Wenn ein Akkreditiv ein von einem Kurier oder Expressdienst ausgestelltes Dokument verlangt, das den Empfang der Ware zur Beförderung ausweist, nehmen die Banken, sofern im Akkreditiv nichts anderes vorgeschrieben ist, ein wie auch immer bezeichnetes Dokument an, das*

- *seiner äußeren Aufmachung nach den Namen des Kuriers/Dienstes auszuweisen scheint und von diesem namentlich genannten Kurier/Dienst gestempelt, unterzeichnet oder in anderer Weise authentisiert zu sein scheint (sofern das Akkredititiv nicht ausdrücklich ein von einem bestimmten Kurier/Dienst ausgestelltes Dokument verlangt, nehmen die Banken ein Dokument an, das von irgendeinem Kurier/Dienst ausgestellt ist)*
  und
- *ein Abhol- oder Empfangsdatum oder etwas Entsprechendes ausweist, wobei dieses Datum als Verladedatum oder Versanddatum gilt,*
  und
- *in jeder anderen Hinsicht den Akkreditiv-Bedingungen entspricht.*"
  (unter Weglassung der römischen Ziffern durch den Verfasser).

Abbildung

Die **Abbildung 4.1-15** zeigt das Dokument der Firma GD Express Worldwide (Deutschland) GmbH.

Abbildung

Die **Abbildung 4.1-16** zeigt das Dokument der Firma West Air Courier GmbH.

EMS INTERNATIONAL
Ein Produkt der GD Express Worldwide (Deutschland) GmbH

GEBÜHRENFREIE SERVICE-NUMMER
0130 - 823 823
IHRE FRACHTBRIEF-NUMMER IST:
GD 952 949 784 DE

KUNDEN-Nr. / ABSENDER | ABSENDER REFERENZ

ABSENDER: NAME & ADRESSE
Name:
Adresse: BITTE DRUCKBUCHSTABEN
Postleitzahl
Ort:
Land DEUTSCHLAND Kontakt-person Telefon-nr.

EMPFÄNGER: NAME & ADRESSE
Name:
Adresse: BITTE DRUCKBUCHSTABEN
Postleitzahl
Ort:
Land VAT/TVA/BTW-Nr. Empfänger
Kontaktperson
Telefon-nr.
SERVICE AUSWAHL
Dokumente ☐ Warensendung ☐

BESCHREIBUNG INHALT
IN ENGLISCH AUSFÜLLEN
GEFAHRGÜTER UND BARGELD VERBOTEN
Anzahl Colli 1
Gewicht kg. gr.
Abmessung der Sendung Länge X Höhe X Breite X X

Rechnungswert
kein deklarierter Wert für Haftung.
Währung Wert

TRANSPORTVERSICHERUNG
gewünscht? (nicht für Dokumente) JA ☐
Währung DM
Wert

Mit Übergabe dieser Sendung stimmt der Versander den auf der Rückseite abgedruckten Bedingungen zu. Der Versender erkennt an, daß diese Bedingungen unsere Haftung für Beschädigung, Verlust oder Laufzeitverzögerung gemäß den Bestimmungen des Warschauer Abkommens und der CMR begrenzen und jede andere Haftung ausschließen.
Der Versender bestätigt, daß die oben angegebenen Informationen vollständig und richtig sind und die Sendung weder gefährlichen Güter noch Bargeld enthält. (siehe Rückseite).

UNTERSCHRIFT ABSENDER & DATUM
DATUM T / M / J

Absender / Quittung

Rechnung ☐ Bar ☐ Kassen-Nr.
Sendungskosten DM
Mwst. (Nur EG Länder) DM
Zwischensumme DM
Zusätzliche Transportversicherung DM
Gesamtkosten DM

NICHT VOM VERSENDER AUSZUFÜLLEN

Tagesstempel oder Unterschrift Fahrer
Datum T / M / J Uhrzeit

Abbildung 4.1-15

West Air Courier GmbH
Rödelheimer Parkweg 6, 60489 Frankfurt/Main
Tel. 069 / 97 86 01 01
Fax 069 / 97 86 01 55

KUNDEN-NR. / ACCOUNT-NO.

FRACHTBRIEF-NR. BILL OF LOADING-NO
041 0301781

Bundesweite Service No. 0130-85 99 99

ABSENDER / CONSIGNOR
FIRMA / COMPANY
ABTEILUNG / NAME TELEFON
ANSCHRIFT / ADRESS
STADT / CITY

EMPFANGER / CONSIGNEE
FIRMA / COMPANY
NAME TELEFON
ANSCHRIFT / ADRESS
STADT / CITY LAND / COUNTRY
TO
BITTE KEINE POSTFACHADRESSE / NO P.O. BOXES ACCEPTED

ANZAHL / NBR. OF PCS. | GEWICHT / WEIGHT KILO / KILOS | MAßE / DIMENSIONS | VOLLSTANDIGER INHALT / FULL DESCRIPTION OF GOODS | VALUE FOR CUSTOMS

NUR INLAND: FREI, UNFREI | NEBENKOSTEN VERPACKUNG / EXTRA COSTS | WARTEZEIT / WAITING TIME | SPATABHOLUNG / LATE COLLECTION | SONDERVERSICHERUNG FALLS GEWÜNSCHT DM ____ VERSICHERUNGSSUMME

ANLIEFERUNG / DELIVERY TIME
OVERNIGHT
LETTER bis 250g
TERMIN UHRZEIT:
WOCHENENDE / FEIERTAG DATUM:
EMPFANGSBESTÄTIGUNG TEL / FAX:
DIREKTFAHRT
WORLDWIDE
DAYSERVICE
WOCHENENDE / FEIERTAG DATUM:
EMPFANGSBESTÄTIGUNG TEL / FAX:
PICK UP

TIME
DATUM / DATE
UNTERSCHR. ABSENDER / SHIPPER SIGNATURE
UNTERSCHRIFT KURIER / SIGNATURE OF COURIER
IN GUTEM ZUSTAND ERHALTEN / RECEIVED IN GOOD ORDER BY
UNTERSCHRIFT / SIGNATURE
NAME IN DRUCKBUCHSTABEN / PRINT SURNAME
TIME
DATUM / DATE

MEMBER OF SKYNET WORLDWIDE EXPRESS
MORE THAN 200 OFFICES AROUND THE WORLD
ORIGINAL

ES GELTEN UNSERE ALLG. GESCHÄFTSBEDINGUNGEN AUF DER RÜCKSEITE DES LETZTEN DURCHSCHLAGS DIESES AUFTRAGS.
NON-NEGOTIABLE CONSIGNMENT NOTE SUBJECT TO STANDARD TRADING CONDITIONS SHOWN ON REVERSE SIDE OF SHIPPER'S RECEIPT

GO! General OverNight ist die geschützte Marke der ADK - ARBEITSGEMEINSCHAFT DER KURIERDIENSTE GMBH

Abbildung 4.1-16

4.1.8 Transportversicherungsdokumente

4.1.8.1 Charakterisierung

Restrisiken

Die **Transportunternehmen** (Reedereien, Speditionen, Bahn, Luftfrachtunternehmen usw.) haben ihre **Haftung** für viele Schadensmöglichkeiten (weitgehend) **ausgeschlossen.** Einen Teil der verbleibenden Risiken decken die Transportversicherungsgesellschaften ab.

Aussteller

Transportversicherungsdokumente werden von den **Versicherungsgesellschaften** bzw. von deren **Agenten** ausgestellt.
Von Versicherungsmaklern ausgestellte **Deckungsbestätigungen (sog. cover notes)**, die manchmal -analog zu den Dokumenten der Versicherungsgesellschaften- mit "Insurance Certificate" o. Ä. überschrieben sind, gelten nicht als akkreditivkonform im Sinne der ERA (vgl. Art. 34 c. ERA), sofern solche Deckungsbestätigungen im Akkreditiv nicht ausdrücklich zugelassen sind.

Versicherungsschutz

Das Transportversicherungsdokument beweist insbesondere den Umfang des **Versicherungsschutzes** in seiner **inhaltlichen und zeitlichen Dimension.**

Haben Exporteur und Importeur eine **CIF-Lieferung** (cost, insurance, freight ... "named place of destination") bzw. eine **CIP-Lieferung** (carriage and insurance paid to ... "named place of destination") vereinbart, dann hat der Exporteur den Versicherungsschutz (bis zum benannten Bestimmungshafen bzw. Bestimmungsort) zu besorgen. Soll das Versicherungsdokument im Rahmen von Dokumentenakkreditiven aufnahmefähig sein, dann muss der Mindestbetrag der Versicherungsdeckung auf den CIF- bzw. CIP-Wert der Waren zuzüglich 10% lauten, sofern im Akkreditiv nichts anderes vorgeschrieben ist (vgl. Art. 34 f. ERA).
Der Deckungsumfang, d.h. die von der Transportversicherung **gedeckten Risiken**, sind im Versicherungsdokument genau zu definieren. Der Deckungsumfang kann auch abgestuft erfolgen. Vermieden werden sollten gemäß den ERA jedoch vage Ausdrücke wie beispielsweise "übliche Risiken" ("usual risks"), "handelsübliche Risiken" ("customary risks") u. Ä. (vgl. Art. 35 a. ERA).

Selbstbeteiligung

Der Versicherungsnehmer kann bei kleineren Schäden eine Selbstbeteiligung (einen Selbstbehalt) am Schaden mit der Versicherungsgesellschaft vereinbaren, die als **Franchise** bezeichnet wird und als **Prozentsatz** der **Versicherungssumme** ausgedrückt werden kann. Zu unterscheiden sind Integralfranchise und Abzugsfranchise: Bei der **Integralfranchise** haftet der Versicherer in vollem Umfang, wenn der Schaden den vereinbarten Prozentsatz erreicht oder überschritten hat; er haftet nicht, wenn der Schaden den vereinbarten Prozentsatz nicht erreicht. Wird dagegen eine **Abzugsfranchise** vereinbart, dann wird an jedem Schaden der vereinbarte Prozentsatz abgezogen.
Der Vorzug der Franchise liegt in der niedrigeren Prämie, die die Versicherungsgesellschaft in Rechnung stellt. Im Rahmen der Abwicklung von Dokumentenakkreditiven weisen Banken Versicherungsdokumente, die einer Franchise unterworfen sind, mangels anderer Weisung nicht zurück (vgl. Art. 35 c. ERA).

Abbildung

Die **Abbildung 4.1-17** zeigt ein **Transportversicherungsdokument**.

4.1.8.2 Ausgestaltung

Arten

Transportversicherungsdokumente können -entsprechend dem abgeschlossenen Versicherungsvertrag- ausgestellt sein als

- Einzelpolice,
- Generalpolice bzw. in deren Gefolge als
- Versicherungszertifikate.

Einzelpolice

Einzelpolicen werden für **einen bestimmten Warentransport** auf Grundlage eines **einzelnen Versicherungsvertrags** ausgestellt.

Allianz Versicherungs-Aktiengesellschaft

Muster

Original
Certificate No.

Certificate (Policy) of Marine Insurance

Sum Insured | Place and Date of Issue | Copies | Open Cover No.

This is to certify that insurance has been granted under the above Open Cover to:

for account of whom it may concern, on the following goods:

for the following voyage (conveyance, route):

from warehouse to warehouse, in accordance with Clause 5 of the German General Rules of Marine Insurance, Special Conditions for Cargo (ADS Cargo 1973 – Edition 1984), as printed overleaf.
Claims payable to the holder of this certificate. Settlement under one copy shall render all others null and void.

Conditions:

1. German General Rules of Marine Insurance (ADS), Special Conditions for Cargo (ADS Cargo 1973 – Edition 1984).
2. Terms and conditions of the above Open Cover.
3. Form of cover (see overleaf):
4. Clauses (see overleaf):
5. Expressly confirmed details of cover (see overleaf):
6. Other conditions (see overleaf):
7. Other conditions:

See overleaf for instructions to be followed in case of loss or damage.

Claims Surveyor:

For and on behalf of all Insurance Companies participating

Allianz Versicherungs-Aktiengesellschaft
Zweigniederlassung für Baden-Württemberg
Uhlandstraße 2 · Postfach
D-70152 Stuttgart
Telephone (07 11) 2173-0 · Cables Allianzfrank Stuttgart
Telex 723801 azs d, Telefax (07 11) 2173-170

Premium Paid

Abbildung 4.1-17

Generalpolice (sog. Laufende Police)

Hat ein Exporteur bzw. ein Importeur **laufend Warentransporte** gegen gleichartige Risiken zu versichern, dann wird darüber regelmäßig ein **umfassender Versicherungsvertrag** (Globalvertrag, Rahmenvertrag) abgeschlossen, der in einer sog. Generalpolice dokumentiert ist. Grundsätzlich hat der Versicherte der Versicherungsgesellschaft die einzelnen Transporte mit den maßgeblichen Einzelheiten zu melden. Zur Vereinfachung werden heute jedoch von den Versicherungsgesellschaften auch sog. **Pauschalmeldungen** akzeptiert, in denen beispielsweise die Transporte eines Monats oder die Transporte nach Importländern o. Ä. zusammengefasst sind.
Der Vorzug eines Rahmenversicherungsvertrags liegt für den Versicherten in den niedrigeren Prämien und in der sofort verfügbaren Deckung.

Versicherungszertifikate

Versicherungszertifikate stellen die Versicherungsgesellschaften ihren Versicherungsnehmern **auf Grundlage einer Generalpolice** (eines Globalversicherungsvertrags) für **einzelne Warentransporte** aus.

Ausfertigungen

Alle diese Versicherungsdokumente können in **mehreren Ausfertigungen** ausgestellt werden, deren Anzahl auf jeder Urkunde anzugeben ist. Wird ein Schaden durch Vorlage einer Ausfertigung geltend gemacht und wird von der Versicherungsgesellschaft gezahlt, dann verlieren die übrigen Ausfertigungen ihre Gültigkeit. Bei Benutzung von Akkreditiven ist regelmäßig der **volle Satz** vorzulegen.

Akkreditivbedingungen

Bei Akkreditiven ist im Einzelfall zu prüfen, ob der akkreditivbegünstigte Exporteur eine (Einzel-)Versicherungspolice oder ein Versicherungszertifikat vorzulegen hat. Häufig lassen die Akkreditivbedingungen alternativ "**insurance policy or certificate**" zu. Gemäß Art. 34 d. ERA kann ein im Akkreditiv gefordertes Versicherungszertifikat bzw. eine "declaration" unter einem Open Cover (laufende Police) durch eine Versicherungspolice ersetzt werden, aber nicht umgekehrt.

Zahlungsansprüche

In der Literatur (vgl. Blohmeyer 1986: S. 32) wird die Auffassung vertreten, dass die Versicherungsgesellschaften nur gegen Vorlage einer **Police**, nicht aber gegen Vorlage eines **Zertifikats** zur Zahlung verpflichtet seien.
Dem ist entgegenzuhalten, dass auch Dokumente, die mit "Certificate of Insurance" überschrieben sind, die Formulierung enthalten: "this certificate is made out in ... copies. If a claim is paid against one of them the other(s) will be void". Im Übrigen sind die einschlägigen Dokumente zum Teil mit der Doppelbezeichnung "Certificate (Policy)" versehen, sodass offenkundig Versicherungsansprüche auch aus Dokumenten, die als Zertifikate bezeichnet sind, geltend gemacht werden können.

Wertpapier

Die genannten Transportversicherungsdokumente weisen Wertpapiereigenschaft auf. Derjenige, der Ansprüche gegen die Versicherungsgesellschaft erhebt, hat sich durch die **Vorlage des Versicherungsdokuments** zu legitimieren und -je nach dessen Ausgestaltung- darin als Berechtigter auszuweisen.

4.1.8.3 Übertragbarkeit

Rechtscharakter und Arten

Die **Ansprüche** aus dem Versicherungsvertrag können vom Versicherungsnehmer **auf Dritte übertragen** werden. Unter dem Kriterium der Übertragbarkeit bzw. der rechtlichen Ausgestaltung sind Transportversicherungsdokumente zu gliedern in:

- Namens-(Rekta-)papiere,
- Orderpapiere,
- Inhaberpapiere.

Abbildung

Die **Abbildung 4.1-18** vermittelt den **Überblick** über die **nach rechtlichen Merkmalen** gegliederten Transportversicherungsdokumente in Verbindung mit ihrer möglichen Ausgestaltung.

Namens-(Rekta-)papiere

Charakterisierung/ Übertragung

Lautet ein Versicherungsdokument ohne jeden weiteren zusätzlichen Vermerk auf einen **bestimmten Versicherungsnehmer**, dann liegt ein Namens-(Rekta-)papier vor. Ist der Exporteur als Versicherungsnehmer eingetragen, dann kann er die Rechte aus dem Versicherungsvertrag nur durch **Abtretung** (Zession) auf den Importeur übertragen, was die Mobilität dieses Versicherungsdokuments hemmt.

Orderpapiere

Charakterisierung/ Übertragung

Ist eine Transportversicherungspolice bzw. ein Transportversicherungszertifikat als Orderpapier ausgestellt, dann erfolgt die **Übertragung** der Versicherungsansprüche durch **Indossament** und durch Übergabe des Dokuments an den neuen Berechtigten. Im Schadensfall zahlt die Versicherungsgesellschaft gegen Dokumente, die an Order gestellt sind, nur an Vorlegende, die im Versicherungsdokument ihre Berechtigung durch eine lückenlose Indossamentenkette nachweisen.

Einreden

Zu beachten ist, dass die Indossierung und die Übergabe eines Orderversicherungsdokuments nicht dieselbe Wirkung hat wie beispielsweise die Übertragung eines Wechsels auf einen gutgläubigen Dritten. Die **Versicherungsgesellschaft** kann auch gegenüber einem berechtigten Dritten **Einreden geltend machen**.

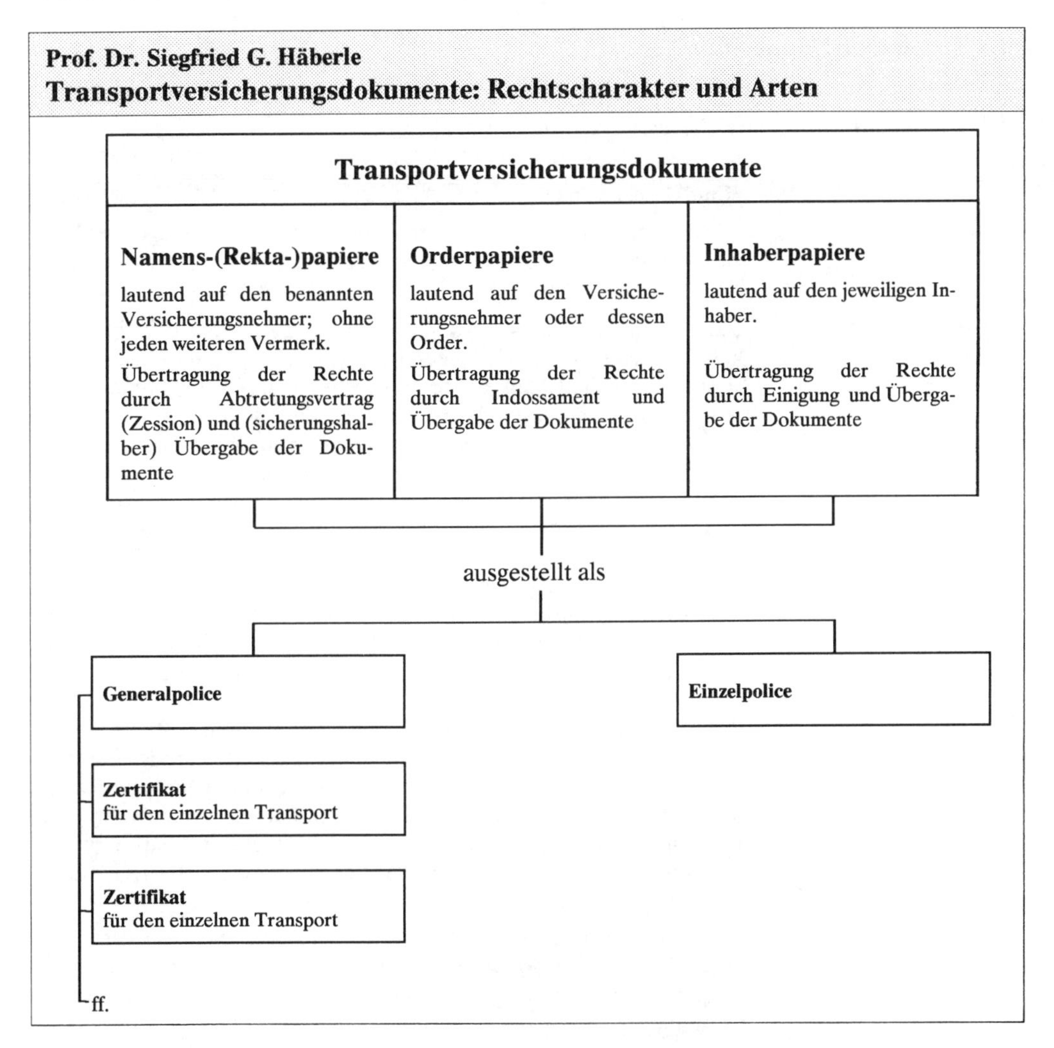

Abbildung 4.1-18

Inhaberpapiere

Charakterisierung/ Übertragung

Meistens enthalten Versicherungspolicen und Versicherungszertifikate Formulierungen wie beispielsweise **"für Rechnung wen es angeht"**, "for account of whom it may concern" sowie **"Schäden zahlbar an den Inhaber dieses Versicherungsscheins"** "claims payable to the holder of this certificate"; Formulierungen also, die diese Versicherungsdokumente als Inhaberpapiere ausweisen. Die **Übertragung** der Versicherungsansprüche erfolgt bei Inhaberpapieren durch Einigung und Übergabe des Versicherungsdokuments. Die Versicherungsgesellschaft kann mit schuldbefreiender Wirkung an denjenigen bezahlen, der das Versicherungsdokument vorlegt.

4.1.9 Sonstige Dokumente

4.1.9.1 Rechnungen (Fakturen)

Handelsrechnung

Grundlage

Die Handelsrechnung wird vom Exporteur auf Grundlage der **Vereinbarungen im Kaufvertrag** erstellt und zur Bestätigung der Richtigkeit der aufgenommenen Angaben regelmäßig **unterschrieben.**

Inhalt

Bei der inhaltlichen Ausgestaltung ist der Exporteur prinzipiell an keine Normen gebunden, jedoch haben sich im Lauf der Zeit bestimmte, **international gleich lautende Inhalte** von Handelsrechnungen herausgebildet. Hinzu kommt, dass sich in den Einfuhrbestimmungen vieler Länder Vorschriften zum Inhalt der Handelsrechnung finden. Ist zu Gunsten des Exporteurs ein Dokumentenakkreditiv eröffnet worden, dann hat der Exporteur überdies die Akkreditivbedingungen bzw. die ERA zu beachten. Hilfreich bei Aufbau und Inhalt von Handelsrechnungen sind der UN-ECE Layout Key sowie die EDIFACT-Standards.

Hinweis: Ausführliche Informationen zu EDIFACT finden sich in Abschnitt "**4.1.1.5 Exkurs UN/EDIFACT**" mit Beispielen zu den EDIFACT-Nachrichtentypen einschließlich eines Beispiels zur Rechnung.

Neben den **allgemeinen Angaben** in einer Rechnung (z.B. die Angabe von Exporteur, Importeur, Auftragsnummer, Rechnungsnummer und Rechnungsdatum) sind in die Handelsrechnung vor allem eine detaillierte **Beschreibung** der Waren und ihrer **Verpackung**, die **Einzelpreise** und der **Gesamtpreis**, die **Liefer- und die Zahlungsbedingungen** sowie der **Transportweg** und die **Transportmittel** aufzunehmen.

Erklärungen

Im Einzelfall können der **Importeur** und/oder die **Behörden** des Importlandes **Bestätigungen** oder **Erklärungen** des Exporteurs verlangen, die in die Handelsrechnung aufzunehmen sind. Beispielsweise die Erklärung des Exporteurs,

- dass die Waren in der Bundesrepublik Deutschland hergestellt wurden
  oder
- dass die Güter auf eigene Rechnung exportiert werden
  oder
- dass der angegebene Preis den üblichen Marktpreisen für derartige Exportgüter entspricht.

Legalisierte Handelsrechnung

Bestätigung durch IHK bzw. Konsulat

Die **Einfuhrbestimmungen** einiger Länder schreiben vor, dass die Erklärungen des Exporteurs in der Handelsrechnung von der deutschen **Industrie- und Handelskammer** zu beglaubigen sind. Ebenso kann dem Exporteur in den Einfuhrbestimmungen auferlegt sein, dass das **Konsulat des Importlandes** die Marktüblichkeit des berechneten Exportpreises in der Handelsrechnung zu bestätigen hat.

Damit soll vermieden werden, dass das Einfuhrland dem Importeur überhöhte Devisenbeträge zuteilt, von denen der Exporteur -entsprechend einer mit dem Importeur getroffenen Absprache- Teilbeträge zu Gunsten eines Bankkontos des Importeurs im Exportland oder in einem stabilen Drittland abzuzweigen hat und damit zur Kapitalflucht Hilfestellung leistet.
Sind derartige Bestätigungen der Industrie- und Handelskammer bzw. des Konsulats des Importlandes in die Handelsrechnung des Exporteurs aufgenommen, dann spricht man von einer legalisierten Handelsrechnung.

Beachtung weiterer Vorschriften

Einfuhrbestimmungen

Die Handelsrechnung ist auch Grundlage für die Verzollung der Waren im Importland. Deswegen sind vom Exporteur die **aktuellen Bestimmungen** des jeweiligen Einfuhrlandes zu beachten. Dabei gibt es erhebliche Unterschiede zwischen den Einfuhrländern, die nicht nur in der **Sprache**, in der die Handelsrechnung auszustellen ist, und in der Anzahl der vorzulegenden **Ausfertigungen** liegen, sondern die sich darüber hinaus in vielerlei ergänzenden **Angaben** und **Bestätigungen** ausdrücken können.

ERA

In den ERA sind **hohe Anforderungen** an den Inhalt einer Handelsrechnung und an ihre Übereinstimmung mit den Akkreditivbedingungen gestellt (vgl. Art. 37 ERA).

Proforma-Rechnung

Charakterisierung

Von der Handelsrechnung abzugrenzen ist die Proforma-Rechnung. Proforma-Rechnungen stellt der Exporteur zwar mit den **analogen Daten** einer Handelsrechnung aus (dahingehende Einzelheiten schreiben die Importländer häufig vor), diese Proforma-Rechnungen beinhalten jedoch keine Zahlungsaufforderung an den Importeur. Vielmehr dienen die Proforma-Rechnungen dem Importeur in erster Linie dazu, bei seinen Behörden die notwendige **Einfuhrgenehmigung** zu erlangen bzw. die erforderlichen **Devisen** zugeteilt zu bekommen.

Konsulatsfaktura

Charakterisierung

Eine Konsulatsfaktura entspricht inhaltlich weitgehend der Handelsrechnung. Sie ist jedoch auf einem **Vordruck des Konsulats** des Importlandes zu erstellen und vom Konsulat durch Unterschrift zu **legalisieren**. Mit diesem Verfahren soll gegenüber den Behörden des Importlandes die Marktüblichkeit (Angemessenheit) des Preises bzw. der Ursprung der Güter u. Ä. belegt werden.

Ersatzweise Erklärung

Gegenwärtig verzichten die meisten Länder auf eine Konsulatsfaktura und begnügen sich mit einer entsprechenden **Erklärung des Exporteurs in der Handelsrechnung**.

Abbildung

Die **Abbildung 4.1-19** zeigt den Vordruck zur Erstellung einer Konsulatsfaktura.

90.6.32583

CON/CARBON® FORMULARIOS CONTINUOS, S. A. TEL. 29 - 3133 ORGULLOSAMENTE PANAMEÑA

REPUBLICA DE PANAMA
MINISTERIO DE HACIENDA Y TESORO
DIRECCION GENERAL DE CONSULAR Y DE NAVES

No. 560724 A

VALOR B/. 10.00 EL JUEGO
LEY 55 DIC. 5 DE 1979

FACTURA CONSULAR
CONSULAR INVOICE

DISTRIBUCION

ORIGINAL : DEBERA SER PRESENTADO A LAS AUTORIDADES ADUANERAS.
DUPLICADO : DIRECCION GENERAL DE CONSULAR Y DE NAVES.
TRIPLICADO : CONTRALORIA GENERAL.
CUADRUPLICADO : ARCHIVO CONSULADO.

POR EFECTOS EMBARCADOS EN:

PAIS DE ORIGEN: COUNTRY OF ORIGIN		VENDEDOR (ES): SELLERS OR SHIPPERS	No. CONOCIMIENTO DE EMBARQUE Y FECHA BILL OF LADING AND DATE
PUERTO DE EMBARQUE: PORT OF SHIPMENT		CONSIGNADO A: CONSIGNEE	No. DE MANIFIESTO Y FECHA No. OF MANIFIEST AND DATE
PUERTO DE LLEGADA: PORT OF ARRIVAL	FECHA DE ZARPE: DATE OF SHIPMENT	LUGAR DE DESTINO: FINAL DESTINATION	No. DE FACTURA COMERCIAL Y FECHA No. OF COMMERCIAL INVOICE AND DATE
VAPOR: NAME OF VESSEL			

NUMERACION NUMBER	CANTIDAD DE BULTOS NUMBER OF PACKAGES	CLASE DE BULTOS KIND OF PACKAGES	CAPACIDAD EN LITROS CAPACITY IN LITRES	PESO EN KILOS		DESCRIPCION DE LAS MERCADERIAS DESCRIPTION OF THE MERCHANDISE	VALOR	
				NETO NET WEIGHT	BRUTO GROSS WEIGHT		PARCIAL	TOTAL
TOTAL ▶						VALOR TOTAL DE LA MERCANCIA ▶		

Muster

MARCAS MARKS	FLETE INTERNO INLAND FREIGHT		TOTAL F.O.B.	USO DE ADUANAS FOR CUSTOM ONLY
	MUELLAJE Y MANEJO HANDLING CHARGES		FLETE FREIGHT	No. DE LIQUIDACION
	DEMORAS ZARPE DELAY IN SHIPMENT		SEGURO INSURANCE	OFICIAL DE ADUANAS
	OTROS GASTOS OTHER CHARGES			
	DESCUENTO DISCOUNT			AUDITOR:
	COMISION COMMISSION		TOTAL CIF:	

NOTA: LAS FACTURAS CONSULARES Y DEMAS DOCUMENTOS QUE SE PRESENTEN PARA LA CERTIFICACION CONSULAR 8 DIAS HABILES DESPUES DE LA FECHA DE EXPEDICION DEL CONOCIMIENTO DE EMBARQUE, PAGARAN UN RECARGO DEL 1 % ANTE EL CONSUL RESPECTIVO. (ART. 447 DEL CODIGO FISCAL).

Abbildung 4.1-19

Zollfaktura

Die Zollfaktura ist Grundlage für die Verzollung der Waren im Importland und wird auf einem **Vordruck der Zollbehörde des Importlandes** ausgestellt. Darin hat der Exporteur -neben den in Handelsrechnungen üblichen Daten- in der Regel eine (im Allgemeinen in der Sprache des Importlandes) vorgedruckte Erklärung zur Angemessenheit des berechneten Preises und zum Ursprung der Waren abzugeben.

Charakterisierung

Die Erklärungen in der Zollfaktura sind im Allgemeinen vom **Exporteur** und in der Regel von einem **Zeugen** (Angestellten des Exporteurs) zu unterzeichnen. Es gibt aber auch Importländer, die darauf verzichten.
Zollfakturen werden nur noch **selten** verlangt.

Form

4.1.9.2 Sonstige Begleitpapiere

Ursprungszeugnis

Ursprungszeugnisse sind Dokumente, die -wie der Name aussagt- die **Herkunft der Ware** bzw. der darin enthaltenen Teile oder Rohstoffe oder deren wesentliche Veränderung im Exportland beweisen sollen.

Charakterisierung

Exporte aus Deutschland werden -sofern überhaupt verlangt- von Ursprungszeugnissen auf einem **Vordruck** der **Europäischen Gemeinschaft** begleitet, der auf Antrag des Exporteurs im Allgemeinen von der zuständigen Industrie- und Handelskammer unterzeichnet wird. Im Ausnahmefall kann ein Ursprungszeugnis aber auch die Bescheinigung anderer öffentlich-rechtlicher Institutionen bzw. der Zollbehörde sein. Teilweise genügt an der Stelle eines eigenständigen Ursprungszeugnisses ein entsprechender Ursprungsvermerk auf der Zollrechnung oder auf der Handelsrechnung.

Aussteller

Die **Abbildung 4.1-20** zeigt ein **Ursprungszeugnis**.

Abbildung

Die Gründe der Importländer, Ursprungszeugnisse vorzuschreiben, liegen zum Teil auf **allgemeinpolitischer Ebene**, wie beispielsweise in dem Ziel, Importe aus bestimmten Ländern auszuschließen, zum Teil aber auch auf **wirtschaftspolitischer Ebene**, wie z.B. in der Überwachung von Kontingenten, die in Handelsabkommen vereinbart sind.

Gründe

In der Praxis stellen sich häufig **Abgrenzungs- und Zuordnungsprobleme**. Dies gilt insbesondere bei Exportgütern, die Teile von ausländischen Zulieferern enthalten. Dies gilt aber auch bei Exportgütern, die selbst nach Deutschland eingeführt wurden und bei denen nicht immer eindeutig ist, ob ihre Weiterbearbeitung in Deutschland zu einer derart weit reichenden (wesentlichen) Veränderung geführt hat, die die Bescheinigung des deutschen Ursprungs rechtfertigt.

Probleme

Wird in den Bedingungen eines zu Gunsten eines Exporteurs eröffneten Dokumentenakkreditivs ein Ursprungszeugnis vorgeschrie-

Akkreditivbedingungen

1 Absender - *Consignor - Expéditeur-Expedidor*

L 644488

ORIGINAL

EUROPÄISCHE GEMEINSCHAFT
EUROPEAN COMMUNITY - COMMUNAUTE EUROPEENNE - COMUNIDAD EUROPEA

URSPRUNGSZEUGNIS
CERTIFICATE OF ORIGIN - CERTIFICAT D'ORIGINE - CERTIFICADO DE ORIGEN

2 Empfänger - *Consignee - Destinataire - Destinatario*

3 Ursprungsland - *Country of origin - Pays d'origine - Pais de origen*

4 Angaben über die Beförderung - *means of transport- expédition - expediciòn*

5 Bemerkungen - *remarks - observations - observaciones*

6 Laufende Nummer; Zeichen, Nummern, Anzahl und Art der Packstücke; Warenbezeichnung

7 Menge

8 DIE UNTERZEICHNENDE STELLE BESCHEINIGT, DASS DIE OBEN BEZEICHNETEN WAREN IHREN URSPRUNG IN DEM IN FELD 3 GENANNTEN LAND HABEN
The undersigned authority certifies that the goods described above originate in the country shown in box 3
L'autorité soussignée certifie que les marchandises désignées ci-dessus sont originaires du pays figurant dans la case No. 3
La autoridad infrascrita certifica que las mercancías abajo mencionadas son originarías del país que figura en la casilla no. 3

Ort und Datum der Ausstellung; Bezeichnung, Unterschrift und Stempel der zuständigen Stelle

Genehmigt durch Erlaß des Bundesministers der Finanzen vom 22. 5. 1969 – III B / 8 – Z 1351 – 11/69 **Fassung: 1981**

Best.-Nr. 1015 **FORMULARVERLAG CW NIEMEYER** Auslieferungslager
31789 Hameln, Werkstraße 7, Tel. (0 51 51) 6 49 98 und 6 49 80, Fax 6 77 06
42283 Wuppertal, Carnaper Straße 28, Tel. (02 02) 50 20 31, Fax 50 19 92
63075 Offenbach a. M., Rohrmühlstr. 5, Tel. (0 69) 86 26 82, Fax 86 96 00
71263 Weil der Stadt, Giemsweg 17, Telefon (0 70 33) 3 49 40, Fax 3 48 42
39167 Hohendodeleben, Matthissonstr. 26, Tel. (03 92 04) 54 47, Fax 6 01 79

Abbildung 4.1-20

ben, dann sind insbesondere der ausgewiesene Ursprung der Waren, die Empfängerangabe sowie die Beglaubigung (Legalisierung) durch die vorgeschriebene Institution auf **Übereinstimmung** mit den Akkreditivbedingungen zu überprüfen.

Warenverkehrsbescheinigung

Charakterisierung

Für die Gewährung von Zollpräferenzen (die in zwischenstaatlichen Präferenzabkommen festgelegt sind) ist Voraussetzung, daß die **Ursprungseigenschaft** der Waren gegenüber der **Zollbehörde des Empfängerlandes** dokumentiert wird. Dazu dienen als Präferenznachweise unter anderem die Warenverkehrsbescheinigungen.

Formen

Warenverkehrsbescheinigungen sind Formulare, die auf Antrag des Exporteurs von den **Zollstellen des Exportlandes ausgestellt** werden. In seinem **Antrag** hat der Exporteur den Sachverhalt zu beschreiben, wonach die Exportgüter die in der Warenverkehrsbescheinigung zu dokumentierende Ursprungseigenschaft erfüllen. Warenverkehrsbescheinigungen werden nach Ländergruppen bzw. Ländern teilweise auf **unterschiedlichen Formularen** ausgestellt. Bei Exporten in bestimmte Länder/Ländergruppen können Warenverkehrsbescheinigungen in Form von Langzeitzertifikaten ausgestellt werden (z.B. bei fortlaufenden Exporten gleicher Erzeugnisse an denselben Importeur).
Sofern die jeweils festgelegten Höchstbeträge nicht überschritten und weitere Voraussetzungen erfüllt sind, können Präferenznachweise zum Teil vom Exporteur auch auf der Rechnung oder auf anderen Handelsdokumenten, d.h. ohne Warenverkehrsbescheinigung, geführt werden.

Packliste

Charakterisierung

Packlisten werden vom Exporteur erstellt. Sie enthalten Angaben über die Sendung, insbesondere zur **Anzahl** und zur **Art der Frachtstücke**, zum **Gewicht**, zur **Markierung**, aber auch zum **Inhalt** (zur Ware). Es ist keine Frage, dass die Angaben in der Packliste mit den relevanten Angaben in der Handelsrechnung und gegebenenfalls mit den Akkreditivbedingungen übereinstimmen müssen.

Gewichtsliste/Gewichtszertifikat

Charakterisierung

Begnügt sich der Importeur nicht mit den Gewichtsangaben des Exporteurs, dann kann er im Kaufvertrag bzw. im Akkreditiv die Vorlage der **Gewichtsbescheinigung** (Gewichtsliste/Gewichtszertifikat) einer **amtlich zugelassenen Wägerei** zur Auflage machen. Ein Gewichtszertifikat muss von der Wägerei unterzeichnet sein. Die vom amtlichen Wägereibetrieb dokumentierten Gewichte (Totalgewicht, Teilgewichte) müssen mit den Gewichtsangaben in den übrigen Exportdokumenten übereinstimmen.
Wird vom Exporteur ohnehin die Vorlage eines **Qualitätszertifikats** verlangt, dann ist darin häufig auch die Quantität, d.h. auch das **Gewicht, nachzuweisen**.

4.1.9.3 Qualitätszertifikate

Gründe

Bei bestimmten Zahlungsbedingungen, wie z.B. bei Vorauszahlungen, bei Dokumentenakkreditiven und bei Inkassi "Dokumente gegen Zahlung", hat der Importeur in der Regel keine Möglichkeit, die Waren vor der Bezahlung auf ihre Qualität bzw. auf eventuelle Mängel zu überprüfen. Es liegt somit im **Sicherungsinteresse des Importeurs**, eine Vereinbarung im Kaufvertrag durchzusetzen, die den Nachweis der Qualität der zu liefernden Waren umfasst.

Abbildung

Die **Abbildung 4.1-21** zeigt das Muster eines **Qualitäts-(und Quantitäts-)Zertifikats.**

Relativ seltenes Vorkommen

Gemessen an der Vielzahl der Exportgeschäfte ist die Vereinbarung von Qualitätszertifikaten eher die Ausnahme. Dies hängt damit zusammen, dass sich bei **längerer Geschäftsbeziehung** zwischen den Beteiligten ein Vertrauensverhältnis bildet, das Qualitätszertifikate überflüssig macht. Ebenso kann ein Importeur bei einem Lieferanten, der in den eingeholten Auskünften als seriös und solvent ausgewiesen ist, im Allgemeinen darauf vertrauen, dass **Mängel** an den gelieferten Waren -trotz der eventuell bereits vollzogenen Zahlung- **anstandslos bereinigt** werden. Viele Exporte vollziehen sich überdies zwischen dem Herstellungsbetrieb und den eigenen Vertriebsniederlassungen im Ausland, was Qualitätszertifikate überflüssig macht. Schließlich ist zu bedenken, dass solche **Zertifikate kostspielig** sind und sich somit die Frage der Kostenübernahme durch die Beteiligten stellt.

Einfuhrbestimmungen

Unabhängig vom Sicherungsinteresse und von den Vereinbarungen zwischen den Beteiligten finden sich jedoch in den Einfuhrbestimmungen des Auslandes häufig **weit reichende Auflagen** zum Nachweis der Qualität der zu importierenden Güter. Teilweise haben die Regierungen von Entwicklungs- und Schwellenländern zu diesem Zweck Generalverträge mit Experten/Prüfgesellschaften abgeschlossen.

Anzumerken ist, dass es den staatlichen Stellen des Importlandes nicht immer nur darum geht, die Qualität der Einfuhrgüter sicherzustellen (z.B. durch Sicherungsnormen bei Gebrauchsgütern) bzw. gesundheitliche Risiken von der Bevölkerung fern zu halten (z.B. durch Auferlegung von Gesundheitszertifikaten), als vielmehr darum, durch die Auferlegung sehr weit reichender Qualitätszertifikate, **Handels-(Import-)Hemmnisse** aufzubauen.

Arten

Die Art eines Qualitätszertifikats ist von den zu prüfenden und zu bescheinigenden Kriterien ebenso bestimmt wie von den Eigenarten der jeweiligen Güter. Entsprechend **vielgestaltig** sind die **Erscheinungsformen** und der Inhalt von Qualitätszertifikaten. Hinzu kommt, dass es die verschiedensten erwerbswirtschaftlichen und amtlichen Einrichtungen sind, die Bescheinigungen, Bestätigungen, Gutachten, Zertifikate u. Ä. mit sehr unterschiedlichen Inhalten abgeben.

Grob können Qualitätszertifikate nach folgenden Arten untergliedert werden:

- Analysenzertifikate,
- Inspektionszertifikate,
- Gesundheitszertifikate.

Analysenzertifikate

Charakterisierung

In Analysenzertifikaten sind insbesondere **chemische und physikalische Analysen** enthalten, die die verschiedensten Prüfungen und Erkenntnisziele umfassen können.

Inspektionszertifikate

Charakterisierung

Inspektionszertifikate umfassen vielfältige, durch Inspizieren (Prüfen) feststellbare Sachverhalte: Das mängelfreie **Funktionieren von Maschinen** ebenso wie die augenscheinliche Übereinstimmung der **Beschaffenheit der Güter** mit den Vereinbarungen des Kaufvertrags.

Häufig sind in den Einfuhrbestimmungen des Auslandes Inspektionszertifikate vorgeschrieben, in denen nicht nur die Beschaffenheit bzw. die Funktionen der Güter Gegenstand sind, sondern auch die Menge und der Preis.

Gesundheitszertifikate

Charakterisierung

Gesundheitszertifikate werden häufig von den Einfuhrbehörden für Importe von Nahrungsmitteln bzw. von **landwirtschaftlichen Produkten** generell (einschließlich lebender Tiere), aber auch bei Importen von **pharmazeutischen und medizinischen Erzeugnissen** zur Auflage gemacht. Damit soll insbesondere die Übertragung von Krankheiten verhindert werden.

Anbieter

Gutachter/Experten

Neben einer Vielzahl von amtlich zugelassenen Sachverständigen, die auf die verschiedensten Gebiete spezialisiert sind, und den primär auf die Technik ausgerichteten Prüfinstitutionen (wie z.B. TÜV und DEKRA) sind für den internationalen Handel u.a. von Bedeutung:

- SGS Controll-Co.m.b.H.
  Raboisen 28

  D-20095 Hamburg

  Telefon 040/30 10 10
  Telefax 040/32 63 31

- Bureau Veritas
  Sachsenfeld, Haus 5

  D-20097 Hamburg

  Telefon 040/23 62 50
  Telefax 040/23 62 51 00.

Société Générale de Surveillance S.A.

1, place des Alpes
Case postale 2152
CH-1211 Genève 1
Tél.: +41-22/739 91 11
Tlx: 422 140
Fax: +41-22/732 35 22

SPECIMEN

TO WHOM IT MAY CONCERN

Certificate No 1401/ 043917

SPECIMEN

MATERIAL	:	Direct Reading Vacuum Emission Spectrometer ARL Model 3460-[illegible] as per Proforma Invoice CAL:73:3460:9209:1 (R) dated 2 November 19..
APPLICANT	:	Ministry of Electricity ...
BENEFICIARY	:	Electrical Supply Co. ...
LETTER OF CREDIT	:	No. IFB/CAL/92/3/106 dated 4 November 19.. issued by Bank ...
PROFORMA INVOICE NO	:	CAL:73:3460:9209:1 (R) dated 2 November 19...
REQUIRED INTERVENTION	:	QUALITY, QUANTITY, PACKING MARKING AND LOADING INSPECTION.

We hereby certify that at the request and on basis of specifications submitted by the Beneficiary we have inspected the material mentioned under heading.

RESULT OF OUR INSPECTION

QUANTITY	:	We confirm that on basis of our check the delivered material consists of : **One ARL OE SPECTROMETER TYPE Nr. 3460-1222** **with one DEC COMPUTER SYSTEM Nr. 19011-4656** **with all accessories.** as per Proforma Invoice CAL:73:3460:9209:1 (R) dated 2 November 92 resp. final invoice No 93158 dated 25 January 93 and Packing List dated 26.01.19..

This Certificate is issued under the General Conditions of the International Federation of Inspection Agencies. The issuance of this Certificate does not exonerate buyers or sellers from exercising all their rights and discharging all their liabilities under the Contract of Sale. Stipulations to the contrary are not binding on us. The Company's responsibility under this Certificate is limited to gross negligence proven by Principals and will in no case be more than ten times fees or commission. Except by special arrangement, samples, if drawn, will not be retained by the company for more than three months.

Abbildung 4.1-21

SGS Société Générale de Surveillance S.A.

Certificate No: 043917

Sheet No: 2

QUALITY : We certify that this material is in accordance with Beneficiary final invoice No. 93158 dated 25 Jan 19.., the Packing-List dated 26.01.19.. resp. as per the PROFORMA INVOICE No. CAL:73:3460:9209:1(R) Dated 2 November 19..

The material therefore comply with the following description :

One ARL OE SPECTROMETER TYPE Nr. 3460-1222
with one DEC COMPUTER SYSTEM Nr. 19011-4656
with all accessories.

PACKING : The material is packed in 2 wooden cases. Items are properly packed.

GROSS WEIGHT : 771.000 Kg

This kind of packing is suitable for transport from Switzerland to final destination under normal condition.

MARKING : The wooden cases are marked as follows :

ARL 93158/1-2

Furthermore the wooden cases have been stamped by us

LOADING : Material loaded by air as per AIR WAYBILL No 074-3561 4670 dated 26/01/19...

CONCLUSION : We hereby certify that quality and quantity and Packing of the goods shipped are striclty complying with specification of goods indicated in the relative PROFORMA INVOICE and the terms of the L/C.

"Equipment under Lease Agreement with Bank ...

DATE & PLACE OF INSPECTION :

This certificate is evidence of and reports on our findings at the time and place of inspection. It does not release the Beneficiary from their contactual obligations towards Applicant.

Geneva, February 2nd, 199.

SOCIETE GENERALE DE SURVEILLANCE S.A.

This Certificate is issued under the General Conditions of the International Federation of Inspection Agencies. The issuance of this Certificate does not exonerate buyers or sellers from exercising all their rights and discharging all their liabilities under the Contract of Sale. Stipulations to the contrary are not binding on us. The Company's responsibility under this Certificate is limited to gross negligence proven by Principals and will in no case be more than ten times fees or commission. Except by special arrangement, samples, if drawn, will not be retained by the company for more than three months.

Quelle: Schweizerische Bankgesellschaft 1994: S. 43 f.

4.2 Dokumenteninkassi

4.2 Dokumenteninkassi

4.2.1 Grundstruktur der Dokumenteninkassi

4.2.1.1 Charakterisierung der Dokumenteninkassi und Übersicht über die Bezeichnungen/Funktionen der Inkassobeteiligten

Zug-um-Zug-Abwicklung

Im Rahmen eines Inkassoauftrags übergibt der Exporteur seiner Bank die **Dokumente** (Transportdokument, Versicherungsdokument, Handelsrechnung usw.) mit der Maßgabe, diese Dokumente (im Allgemeinen unter Einschaltung einer Bank im Importland) dem Importeur nur auszuhändigen, wenn dieser -je nach den getroffenen Vereinbarungen- **im Gegenzug bezahlt, einen Wechsel akzeptiert** oder einen **unwiderruflichen Zahlungsauftrag** mit späterer Fälligkeit **unterzeichnet**.

Arten

Gegenüber dem Importeur vollzieht sich das Dokumenteninkasso somit unter dem Merkmal der Gegenleistung für die Aushändigung der Dokumente als ein **Zug-um-Zug-Geschäft**:

- **Dokumente gegen Zahlung**
  (Dokumente gegen Kasse, documents against payment d/p, cash against documents)
  oder
- **Dokumente gegen Akzept**
  (Dokumente gegen Akzept eines -in der Regel- später fälligen Wechsels, documents against acceptance d/a)
  oder
- **Dokumente gegen unwiderruflichen Zahlungsauftrag**
  (Dokumente gegen Erteilung eines unwiderruflichen Zahlungsauftrags mit späterer Fälligkeit, documents against irrevocable payment order).

Zahlungsfälligkeit

Unter dem **Merkmal der Zahlungsfälligkeit** werden die Dokumenteninkassi manchmal in zwei Kategorien untergliedert:

- **Sichtinkassi**
  Dazu zählen Inkassi, die "**bei Sicht**" bzw. "**bei erster Präsentation**" zahlbar sind. Im Allgemeinen werden zu den Sichtinkassi jedoch auch Inkassi gezählt, bei denen die Dokumentenaufnahme des Importeurs auf einen späteren Zeitpunkt verlagert ist, z.B. Inkassi "**zahlbar... Tage nach Präsentation**" oder "**zahlbar bei Ankunft der Ware/des Schiffs**".
  Diese Einordnung ist deswegen tragfähig, weil sich an der zu einem späteren Zeitpunkt vollzogenen Zug-um-Zug-Abwicklung "**Dokumente gegen Zahlung**" nichts ändert. Einzelheiten siehe Abschnitt "4.2.6.3 Abwicklung von 'Dokumente gegen Zahlung'-Sichtinkassi bei alternativen Fälligkeiten für die Dokumentenaufnahme".

- **Nachsichtinkassi**
  Zu den Nachsichtinkassi (die manchmal auch als "**Deferred Payment-Inkassi**" bezeichnet werden) zählen jene Inkassi, bei denen zwischen der Aushändigung der Dokumente an den Importeur und der (endgültigen) Zahlung eine Nachsichtfrist eingeschoben ist.
  Dies ist der Fall bei
  - "**Dokumente gegen Akzept einer Nachsichttratte**"- Inkassi und bei
  - "**Dokumente gegen unwiderruflichen Zahlungsauftrag mit späterer Fälligkeit**"-Inkassi.

Beteiligte/Funktionen

In der folgenden **Tabelle** sind die Bezeichnungen sowie die Funktionen der Beteiligten am Dokumenteninkasso zusammengestellt.

Prof. Dr. Siegfried G. Häberle

Übersicht über die Bezeichnungen (Funktionen) der Inkassobeteiligten

Exporteur	= **Auftraggeber** Der Exporteur erteilt einer Bank (im allgemeinen der Exporteurbank) den Inkassoauftrag. = **Aussteller, drawer** In Anlehnung an das Wechselrecht wird der Exporteur nicht nur bei Dokumenteninkassi gegen Akzept als (Wechsel-)Aussteller bezeichnet, sondern auch bei Dokumenteninkassi gegen Zahlung. = **Einreicher** Der Exporteur reicht die Dokumente (und gegebenenfalls die Tratte) bei der Exporteurbank ein.
Importeur	= **Bezogener, drawee** In Anlehnung an das Wechselrecht wird der Importeur nicht nur bei Dokumenteninkassi gegen Akzept als (Wechsel-)Bezogener bezeichnet, sondern auch bei Dokumenteninkassi gegen Zahlung. = **Akzeptant** Nach erfolgter Akzeptleistung kann der Bezogene als Akzeptant bezeichnet werden (nur bei Dokumenteninkassi gegen Akzept). = **Zahlungspflichtiger** Dies ist ein umfassender Ausdruck für den zahlungspflichtigen Importeur, unabhängig davon, in welcher Form die Zahlung erfolgt.
Exporteurbank	= **Einreicherbank** Dieser Bank erteilt der Exporteur den Inkassoauftrag und bei dieser Bank reicht er die Dokumente, gegebenenfalls mit der Tratte, ein. = **Diskontbank** Wenn die Exporteurbank (oder eine andere Bank) den vom Exporteur ausgestellten Wechsel diskontiert, wird diese Bank als Diskontbank bezeichnet.

Auslandsbank	= **Inkassobank** Als Inkassobank wird grundsätzlich jede Bank - außer der Einreicherbank - bezeichnet, die in das Inkasso eingeschaltet ist. Je nach Korrespondenzbeziehungen der Einreicherbank können dies mehrere Banken sein. Ist nur eine Bank im Ausland eingeschaltet, dann wird diese Bank manchmal als Zweitbank bezeichnet. = **Vorlegende Inkassobank** Vorlegende Inkassobank ist diejenige Inkassobank, die gegenüber dem Importeur die Vorlegung der Dokumente (einschließlich der Aufforderung zur Zahlung bzw. zur Akzeptleistung) vornimmt. = **Importeurbank** Dies ist die Hausbank des Importeurs. Ist die Importeurbank vom Exporteur im Inkassoauftrag ausdrücklich benannt, dann ist sie zugleich die vorlegende Inkassobank. Ist dagegen im Inkassoauftrag keine Bank als vorlegende Bank benannt, dann betraut die Exporteurbank im allgemeinen ihre Korrespondenzbank im Importland mit dem Inkasso. = **Domizilstelle** Dies ist diejenige Bank, bei der ein Wechsel zahlbar gestellt ist. Im allgemeinen ist dies die Hausbank des Importeurs.

4.2.1.2 Wirtschaftliche Grundstruktur von "Dokumente gegen Zahlung"-Inkassi - mit schrittweisen Erläuterungen und grafischer Darstellung-

Vorbemerkungen:

Abbildung

- Die Grundstruktur der Abwicklung von "Dokumente gegen Zahlung"-Inkassi ist in **Abbildung 4.2-01** dargestellt und im folgenden Textteil schrittweise erläutert.
- Die Darstellung ist stark vereinfacht und dient lediglich der Einführung. Vertiefende Ausführungen zur Gestaltung und zur Abwicklung von "Dokumente gegen Zahlung"-Inkassi finden sich in den Abschnitten 4.2.3 ff.

Schrittweise Darstellung der Grundstruktur:

Erläuterungen

1. **Kaufvertrag zwischen Exporteur und Importeur mit der Zahlungsbedingung: "Dokumente gegen Zahlung (d/p)"**

Festlegungen im Kaufvertrag

> Wichtige Festlegungen sind u.a.:
> - Art und Anzahl der **Dokumente** einschließlich der darin festzulegenden Termine (z.B. Verladedatum).
> - Zeitpunkt der Verpflichtung zur Aufnahme der Dokumente durch den Importeur, d.h. **Zeitpunkt** der Verpflichtung zur **Zahlung** im Rahmen des Dokumenteninkassos (z.B. bei erster Präsentation oder bei Ankunft der Ware).
> - Verteilung der **Inkassokosten** (Bankspesen).
> - Eventuell: Benennung einer bestimmten Bank als **vorlegende Inkassobank** (häufig Hausbank des Importeurs).

Einzelheiten siehe Abschnitt "4.2.3 Gestaltungsmerkmale von Dokumenteninkassi".

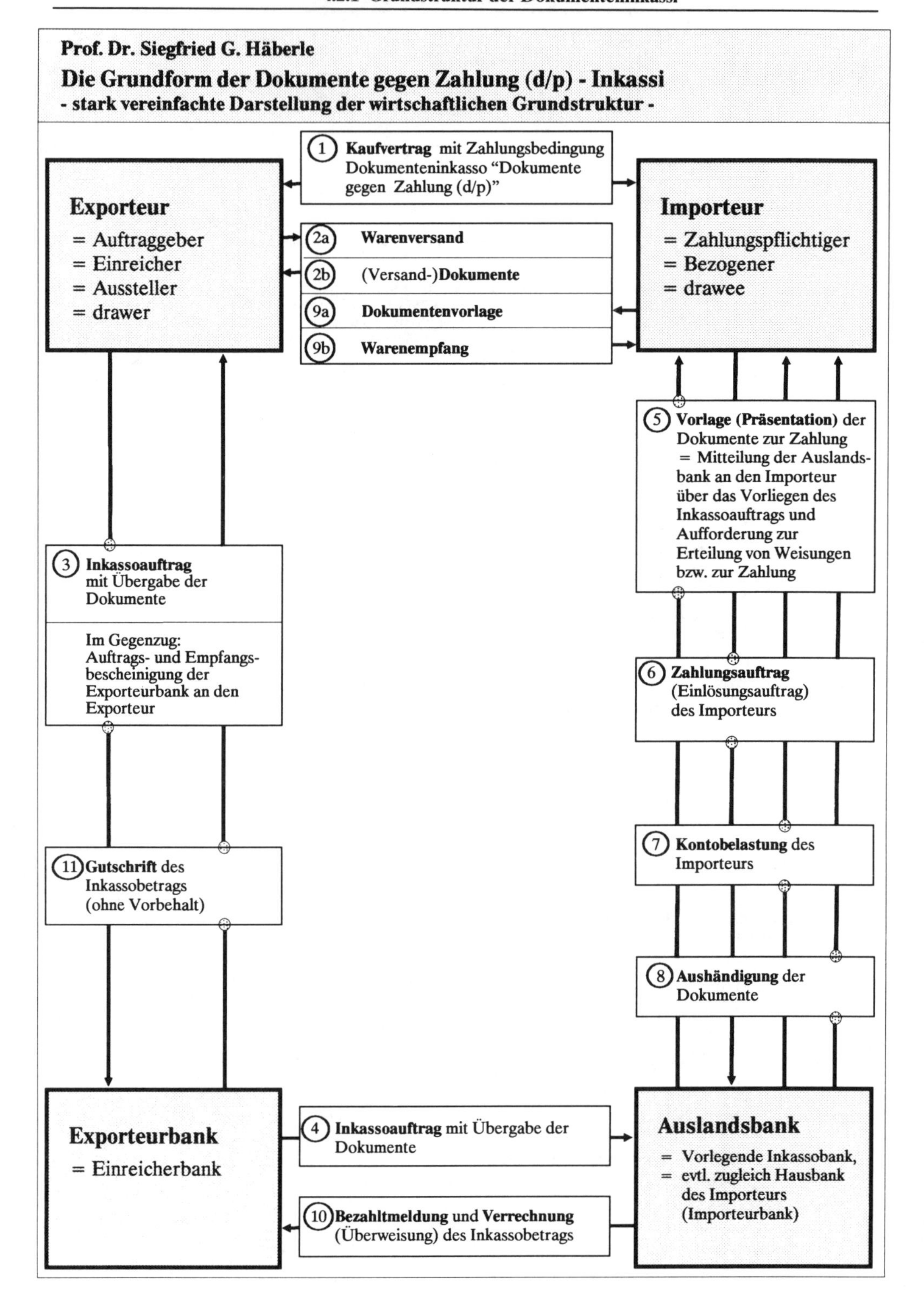
Prof. Dr. Siegfried G. Häberle
Die Grundform der Dokumente gegen Zahlung (d/p) - Inkassi
- stark vereinfachte Darstellung der wirtschaftlichen Grundstruktur -
1 Kaufvertrag mit Zahlungsbedingung Dokumenteninkasso "Dokumente gegen Zahlung (d/p)"
Exporteur
= Auftraggeber
= Einreicher
= Aussteller
= drawer
Importeur
= Zahlungspflichtiger
= Bezogener
= drawee
2a Warenversand
2b (Versand-)Dokumente
9a Dokumentenvorlage
9b Warenempfang
5 Vorlage (Präsentation) der Dokumente zur Zahlung = Mitteilung der Auslandsbank an den Importeur über das Vorliegen des Inkassoauftrags und Aufforderung zur Erteilung von Weisungen bzw. zur Zahlung
3 Inkassoauftrag mit Übergabe der Dokumente
Im Gegenzug: Auftrags- und Empfangsbescheinigung der Exporteurbank an den Exporteur
6 Zahlungsauftrag (Einlösungsauftrag) des Importeurs
7 Kontobelastung des Importeurs
11 Gutschrift des Inkassobetrags (ohne Vorbehalt)
8 Aushändigung der Dokumente
Exporteurbank
= Einreicherbank
4 Inkassoauftrag mit Übergabe der Dokumente
Auslandsbank
= Vorlegende Inkassobank,
= evtl. zugleich Hausbank des Importeurs (Importeurbank)
10 Bezahltmeldung und Verrechnung (Überweisung) des Inkassobetrags

Abbildung 4.2-01

2. **Warenversand durch den Exporteur und im Gegenzug Empfang der (Versand-)Dokumente**

Unter anderem ist **zu beachten**:
- Einhaltung der im Kaufvertrag vereinbarten (Verlade-)Termine.
- Inhalt und Form der Dokumente in Übereinstimmung mit dem Kaufvertrag.

Die (Versand-)Dokumente der Reederei, Spedition usw. ermöglichen dem Exporteur den Nachweis des (rechtzeitig) vollzogenen Warenversands, das Versicherungsdokument den Nachweis des Versicherungsschutzes usw.

3. **Inkassoauftrag des Exporteurs an seine Hausbank (Exporteurbank, Einreicherbank) mit Übergabe der Dokumente**

Kern des Inkassoauftrags: Die Dokumente sind dem Importeur nur auszuhändigen, wenn dieser dem Inkassoauftrag entspricht, d.h. Zahlung leistet.

Festlegungen im Inkassoauftrag

Wichtige Festlegungen sind u.a.:
- **Zeitpunkt der Aufnahme der Dokumente** durch den Importeur (entsprechend den Vereinbarungen im Kaufvertrag, z.B. bei erster Präsentation oder bei Ankunft der Ware).
- Weisungen hinsichtlich der Verteilung der **Inkassokosten** (Bankspesen) sowie eventuell die Zahlung von Zinsen durch den Importeur (entsprechend den Vereinbarungen im Kaufvertrag).
- Eventuell: spezielle Weisungen (Instruktionen) bei **Nichtaufnahme der Dokumente** durch den Importeur (z.B. Angabe einer Notadresse).

Einzelheiten und weitere Festlegungen siehe Hauptabschnitt "4.2.4 Inkassoauftrag des Exporteurs an die Einreicherbank".

Die Exporteurbank (Einreicherbank) erteilt dem Exporteur eine **Auftragsbestätigung** bezüglich des Inkassoauftrags und eine **Empfangsbestätigung** bezüglich der Dokumente.

4. **Inkassoauftrag der Exporteurbank an die Auslandsbank (vorlegende Inkassobank) mit Übergabe der Dokumente**

Sofern im Inkassoauftrag des Exporteurs eine bestimmte Bank (z.B. die Hausbank des Importeurs) nicht genannt ist, beauftragt die Exporteurbank ihre **Korrespondenzbank** im entsprechenden Ausland mit dem Inkasso.

Die Festlegungen und **Weisungen** des Inkassoauftrags des Exporteurs sind von der Exporteurbank bei der Beauftragung einer ausländischen Bank strengstens zu beachten und in diesen Inkassoauftrag zu übernehmen. Erachtet die Exporteurbank Weisungen des Exporteurs als undurchführbar oder als wenig praktikabel, nimmt sie vor Weiterleitung des Inkassoauftrags Rücksprache beim Exporteur.

Bei "Dokumente gegen Zahlung"-Inkassi ist eine Weisung über die Verrechnung (den Verrechnungsweg) des Inkassobetrags nach Zahlung durch den Importeur erforderlich.
Im Gegenzug zum erteilten Inkassoauftrag sollte die Exporteurbank von der Auslandsbank (von der vorlegenden Inkassobank) eine Auftrags- und Empfangsbestätigung (z.B. über SWIFT) erhalten. Diese Bestätigung wird bei "Dokumente gegen Zahlung"-Inkassi jedoch manchmal durch die Gutschriftsanzeige ersetzt, die die vorlegende Inkassobank der Exporteurbank nach erfolgter Zahlung des Importeurs erteilt. Analoges gilt hinsichtlich der Bezahltmeldung der vorlegenden Inkassobank an die Einreicherbank.

5. Vorlage (Präsentation) der Dokumente gegenüber dem Importeur durch die vorlegende Inkassobank

Die Vorlage (Präsentation) der Dokumente ist die **Mitteilung** der Auslandsbank an den Importeur über das Vorliegen des Inkassoauftrags unter Nennung aller relevanten Einzelheiten und unter eventueller Beifügung von Fotokopien der Dokumente.
Dem Importeur ist -falls keine weiter reichende Weisung erteilt ist- die Möglichkeit gegeben, die **Originaldokumente** in den Räumen der Inkassobank **einzusehen.**
Sofern im Inkassoauftrag keine anders lautende Weisung aufgenommen ist, hat der Importeur unverzüglich über die Aufnahme der Dokumente, d.h. über Zahlung bzw. Nichtzahlung, zu entscheiden.
Einzelheiten und weitere Aspekte siehe Hauptabschnitt "4.2.6 Vorlage (Präsentation) der Dokumente..." sowie Abschnitt "4.2.6.3 Abwicklung von 'Dokumente gegen Zahlung'-Sichtinkassi bei alternativen Fälligkeiten für die Dokumentenaufnahme".

6. Zahlungsauftrag (Einlösungsauftrag) des Importeurs

Nach **Prüfung** des vorgelegten Inkassos und nach eventueller Prüfung der bei der vorlegenden Inkassobank verbliebenen **Originaldokumente** auf Übereinstimmung mit den im Kaufvertrag getroffenen Vereinbarungen, erteilt der Importeur den Auftrag zur Zahlung (Einlösungsauftrag).

7. Kontobelastung des Importeurs

Sofern das Konto des Importeurs das erforderliche Guthaben aufweist, bucht die vorlegende Bank den Inkassobetrag ab.
Anmerkung (grafisch nicht dargestellt): Lässt dagegen der Kontostand des Importeurs die Abbuchung nicht zu, dann hat die vorlegende Bank unverzüglich **Meldung über Nichtzahlung** an die ihr vorgeschaltete Bank zu erstatten. Diese Nichtbezahltmeldung gelangt letztlich zum Exporteur, der sodann über die weitere Behandlung des Inkassoauftrags Weisung erteilen muss.
Einzelheiten zum Nichtzahlungsfall siehe Abschnitt "4.2.7.1 Not leidende Inkassi 'Dokumente gegen Zahlung'".

8. **Aushändigung der Dokumente an den Importeur**

   Im Gegenzug zur Zahlung des Inkassobetrags (Kontobelastung) erhält der Importeur die Dokumente ausgehändigt. Damit ist das Dokumenteninkasso im Kern, nämlich die **Zug-um-Zug-Abwicklung,** abgeschlossen.

9. **a) + b) Dokumentenvorlage und Warenempfang**

   Durch Vorlage der Dokumente kann sich der Importeur als Berechtigter zum Warenempfang ausweisen (Legitimationsfunktion der Dokumente) und damit den Besitz der Waren erlangen.

10. **Bezahltmeldung** und **Verrechnung (Überweisung) des Inkassobetrags**

    Die vorlegende Inkassobank muss der vorgeschalteten Bank (Einreicherbank) unverzüglich eine Bezahltmeldung zusenden. Außerdem leitet die vorlegende Inkassobank den Inkassobetrag an die Exporteurbank (Einreicherbank) weiter.
    Anmerkung: In der Praxis ersetzt die Weiterleitung des Inkassobetrags manchmal eine ausdrückliche Bezahltmeldung.

11. **Gutschrift des Inkassobetrags auf dem Konto des Exporteurs**

    Die Gutschrift erfolgt ohne Vorbehalt.

4.2.1.3 Wirtschaftliche Grundstruktur von "Dokumente gegen Akzept"-Inkassi -jeweils mit schrittweisen Erläuterungen und grafischen Darstellungen-

Vorbemerkungen:

Annahmen/Hinweise

- Inkassi "Dokumente gegen Akzept einer Nachsichttratte" sowie Inkassi "Dokumente gegen unwiderruflichen Zahlungsauftrag mit späterer Fälligkeit" werden manchmal unter den Oberbegriffen **"Nachsicht-Inkassi"** bzw. **"Deferred Payment-Inkassi"** zusammengefasst. Bei beiden Inkassoarten ist zwischen der Aushändigung der Dokumente an den Importeur und der Zahlung des Akzepts bzw. des unwiderruflichen Zahlungsauftrags eine Nachsichtfrist eingeschoben.
- Die folgenden Abbildungen und Erläuterungen haben zum Ziel, den **Überblick** über die **Grundstruktur** von "Dokumente gegen Akzept"-Inkassi zu vermitteln. Es sind deswegen nur wenige Merkmale bzw. Besonderheiten bei den einzelnen Schritten aufgenommen.
- Weiterreichende **Einzelheiten** zur Gestaltung und Abwicklung von "Dokumente gegen Akzept"-Inkassi, die Darstellung **spezieller Abwicklungen** sowie Ausführungen zur Problematik von **"Not leidenden" Dokumenteninkassi** finden sich in den Abschnitten 4.2.3ff..

- Die rechtlichen und wirtschaftlichen Merkmale von **(Auslands-) Wechseln** sind umfassend in Kapitel "3.4 Auslandswechsel" beschrieben.
- Die in den folgenden Abschnitten dargestellten Formen der "Dokumente gegen Akzept"-Inkassi unterscheiden sich im Wesentlichen in der **Verwendung** des vom Importeur (Bezogenen) **akzeptierten Wechsels.** Deswegen sind die Erläuterungen zu den einzelnen Schritten bei den Fällen 2 und 3 nur insoweit ausführlich dargestellt als sie gegenüber Fall 1 wesentliche Unterschiede aufweisen.

4.2.1.3.1 "Dokumente gegen Akzept"-Inkassi mit Aushändigung des akzeptierten Wechsels an den Exporteur -Fall 1-

Annahmen:

- Dokumente gegen **Akzeptierung einer Nachsichttratte.**
- **Verwendung des Wechsels** nach Akzeptleistung des Importeurs: **Rücksendung** und Aushändigung an den Exporteur.
- **Vor Verfall des Wechsels**: Übergabe des Wechsels an die Exporteurbank zum **Einzug des Wechselgegenwerts.**

Abbildung

Die einzelnen Schritte der Abwicklung sind in **Abbildung 4.2-02** dargestellt und danach erläutert.

Erläuterungen

Schrittweise Darstellung:

1. **Kaufvertrag zwischen Exporteur und Importeur mit der Zahlungsbedingung "Dokumente gegen Akzeptierung einer Nachsichttratte"**

Festlegungen im Kaufvertrag

Wichtige Festlegungen sind u.a.:
- Art und Anzahl der **Dokumente** einschließlich der darin festzulegenden Termine (z.B. des Verladedatums).
- Dauer der **Frist ab dem Zeitpunkt der Akzeptleistung** durch den Importeur (sog. Nachsichtfrist), z.B. 90 Tage nach Sicht, d.h. 90 Tage nach Akzeptleistung.
- Zeitpunkt der Verpflichtung zur **Aufnahme der Dokumente** (zur Erfüllung des Dokumenteninkassos, d.h. zur Akzeptleistung) durch den Importeur (z.B. bei erster Präsentation oder bei Ankunft der Ware).
- Verteilung der **Inkassokosten** (Bankspesen).
- Eventuell: Verteilung/Übernahme der **Zinsen** (Diskontzinsen) mit Festlegung des Zinssatzes, des Berechnungszeitraums und der Art der Zinsberechnung.
- Eventuell: Benennung einer bestimmten Bank als **vorlegende Inkassobank** bzw. als Domizilstelle des Wechsels (häufig Hausbank des Importeurs).

Einzelheiten siehe Abschnitt "4.2.3.3 Spezielle Gestaltungsmerkmale bei 'Dokumente gegen Akzept'-Inkassi".

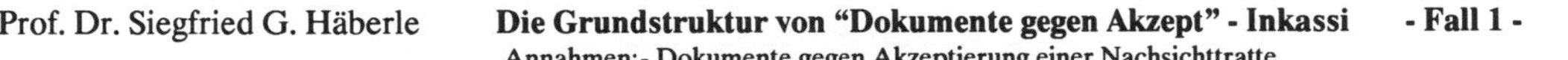

Prof. Dr. Siegfried G. Häberle

Die Grundstruktur von "Dokumente gegen Akzept" - Inkassi - Fall 1 -

Annahmen: - Dokumente gegen Akzeptierung einer Nachsichttratte
- Verwendung des Wechsels nach Akzeptleistung des Importeurs: Rücksendung und Aushändigung an den Exporteur
- Vor Verfall des akzeptierten Wechsels: Übergabe des Wechsels an die Exporteurbank zum Einzug des Wechselgegenwerts

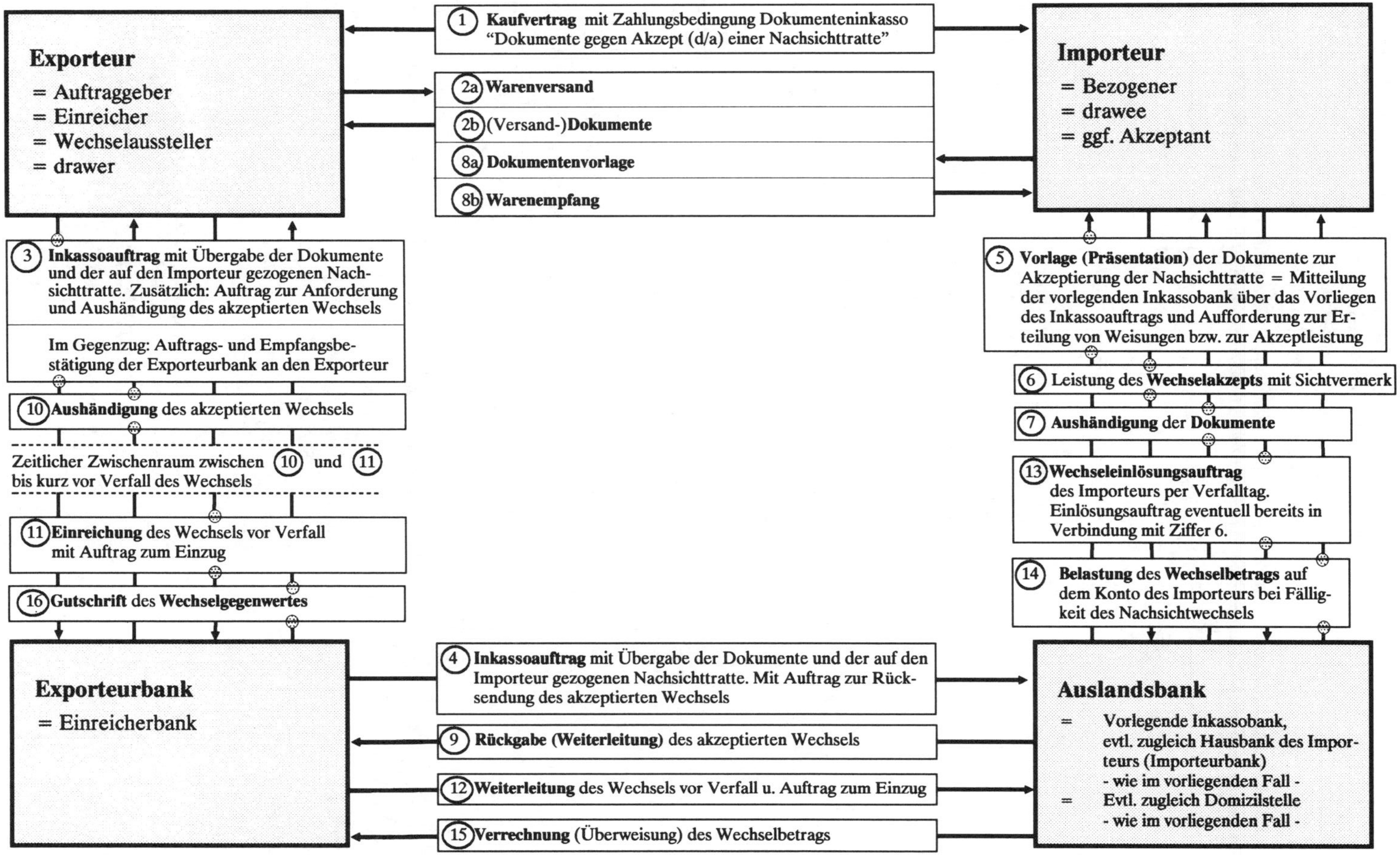

Abbildung 4.2-02

2. a) + b) Warenversand durch den Exporteur und im Gegenzug Empfang der (Versand-)Dokumente

Unter anderem ist vom Exporteur **zu beachten**:
- Einhaltung der im Kaufvertrag vereinbarten (Verlade-)Termine.
- Inhalt und Form der Dokumente in Übereinstimmung mit dem Kaufvertrag.

Die (Versand-)Dokumente der Reederei, Spedition usw. ermöglichen dem Exporteur den Nachweis des (rechtzeitig) vollzogenen Warenversands, das Versicherungsdokument den Nachweis des Versicherungsschutzes usw.

3. Inkassoauftrag des Exporteurs an seine Hausbank (Exporteurbank, Einreicherbank) mit Übergabe der Dokumente und der auf den Importeur gezogenen Nachsichttratte

Kern des Inkassoauftrags: Die Dokumente sind dem Importeur nur auszuhändigen, wenn dieser dem Inkassoauftrag entspricht, d.h. die beigefügte Nachsichttratte akzeptiert.

Festlegungen im Inkassoauftrag

Weitere wichtige Festlegungen im Inkassoauftrag:
- **Zeitpunkt der Aufnahme der Dokumente** durch den Importeur (entsprechend der Vereinbarung im Kaufvertrag, z.B. bei erster Präsentation oder bei Ankunft der Ware).
- **Weisung** hinsichtlich **Protesterhebung** oder Protestverzicht bei Nichtakzeptierung des Wechsels durch den Importeur. Festlegung des Informationsweges im Falle der Nichtakzeptierung des Wechsels durch den Importeur.
- Auftrag des Exporteurs an die Exporteurbank zur **Anforderung** und Aushändigung des **akzeptierten Wechsels**.
- Weisungen hinsichtlich der Verteilung der **Inkassokosten** (Bankspesen) sowie eventuell hinsichtlich der Zahlung von **Zinsen** durch den Importeur (entsprechend den Vereinbarungen im Kaufvertrag).
- Eventuell: spezielle **Weisungen** (Instruktionen) bei **Nichtaufnahme der Dokumente** durch den Importeur (z.B. Angabe einer Notadresse).

Einzelheiten und weitere Festlegungen siehe Hauptabschnitt "4.2.4 Inkassoauftrag des Exporteurs an die Einreicherbank".

Im Gegenzug zum erteilten Inkassoauftrag erhält der Exporteur von seiner Bank eine **Auftrags- und Empfangsbestätigung**.

4. Inkassoauftrag der Exporteurbank (Einreicherbank) an die Auslandsbank (Inkassobank) mit Übergabe der Dokumente und der auf den Importeur gezogenen Nachsichttratte

Sofern im Inkassoauftrag des Exporteurs eine bestimmte Bank (z.B. die Hausbank des Importeurs) nicht genannt ist, beauftragt die Exporteurbank ihre **Korrespondenzbank** im entsprechenden Ausland mit dem Inkasso.

Die Festlegungen und **Weisungen** des Inkassoauftrags des Exporteurs sind von der Exporteurbank bei der Beauftragung der ausländischen Bank zum weiteren Inkasso strengstens zu beachten und in den Inkassoauftrag zu übernehmen. Erachtet die Exporteurbank Weisungen des Exporteurs als undurchführbar oder als wenig praktikabel, dann nimmt sie vor Weiterleitung des Inkassoauftrags Rücksprache mit dem Exporteur.

Im Gegenzug zum erteilten Inkassoauftrag erhält die Exporteurbank im Allgemeinen von der Auslandsbank (von der vorlegenden Inkassobank) eine Auftrags- und Empfangsbestätigung (z.B. über SWIFT).

5. Vorlage (Präsentation) der Dokumente gegenüber dem Importeur durch die Auslandsbank

Die Vorlage (Präsentation) der Dokumente ist die **Mitteilung** der Auslandsbank (der vorlegenden Inkassobank) an den Importeur über das Vorliegen des Inkassoauftrags unter Nennung aller relevanten Einzelheiten. Dem Importeur ist -falls eine weiter reichende Weisung nicht erteilt ist- die Möglichkeit gegeben, die Dokumente in den Räumen der Inkassobank einzusehen.
Die Akzeptierung der Nachsichttratte kann -falls der Inkassoauftrag dies ausdrücklich ausweist- bis zur **Ankunft der Ware** oder gemäß einer anders definierten Frist **zurückgestellt** werden. Ansonsten gilt, dass der Importeur die Nachsichttratte bei erster Präsentation (bei Sicht), d.h. ohne weiteren (ohne größeren) zeitlichen Spielraum, zu akzeptieren hat.
Einzelheiten und weitere Aspekte siehe Hauptabschnitt "4.2.6 Vorlage (Präsentation) der Dokumente...".

6. Leistung des Akzeptes durch den Importeur

Der Importeur akzeptiert die auf ihn gezogene Nachsichttratte durch seine **Unterschrift** (sein Akzept) auf dem Wechsel. Dadurch hat sich der Importeur zur Zahlung des Wechselbetrags bei Fälligkeit unwiderruflich verpflichtet.
Bei **Nachsichtwechseln** hat der Akzeptant neben seiner Unterschrift den **Tag der Akzeptierung** zu vermerken (sog. Sichtvermerk), weil ab diesem Tag die Nachsichtfrist zu laufen beginnt und auf dieser Grundlage die Fälligkeit des Wechsels zu errechnen ist.
Einzelheiten siehe Abschnitt "4.2.3.3 Spezielle Gestaltungsmerkmale bei 'Dokumente gegen Akzept-Inkassi", Unterabschnitt "4.2.3.3.2 Alternative Wechsellaufzeiten".
Falls auf der zu akzeptierenden Tratte eine **Domizilstelle** noch nicht eingetragen ist, trägt der Importeur diejenige Bank (und damit auch den Zahlungsort) auf dem Wechsel ein, bei der der Wechsel bei Fälligkeit zur Zahlung vorgelegt werden soll.
Häufig erteilt der Importeur (Bezogener und Akzeptant) bereits im Zeitpunkt der Akzeptleistung den Auftrag zur Einlösung des Wechsels bei Fälligkeit an die Domizilstelle.

Zur **Verweigerung der Akzeptleistung** siehe Abschnitt "4.2.7.2 Notleidende Inkassi 'Dokumente gegen Akzept'".

7. Aushändigung der Dokumente an den Importeur

Im Gegenzug zu seiner Akzeptleistung erhält der Importeur die Dokumente von der vorlegenden Inkassobank ausgehändigt. Damit ist das Dokumenteninkasso in seinem Kern, nämlich die **Zug-um-Zug-Abwicklung "Dokumente gegen Akzept"**, abgeschlossen.

Risiko des Exporteurs

Der Exporteur gibt mit Aushändigung der Dokumente an den Importeur die Verfügungsgewalt über die Waren auf. Er hält -von Eigentumsvorbehalten u. Ä. abgesehen- **lediglich den akzeptierten Wechsel** in Händen. Der Exporteur ist -was seine Sicherheit anlangt- im Wesentlichen darauf angewiesen, dass der Importeur den Wechsel bei Fälligkeit tatsächlich einlösen wird, sofern die Wechselzahlung nicht ausnahmsweise durch die Wechselbürgschaft einer Bank (durch ein Bankaval) abgesichert wird.

8. a) + b) Dokumentenvorlage und Warenempfang

Durch Vorlage der Dokumente kann sich der Importeur als Berechtigter zum Warenempfang ausweisen (Legitimationsfunktion der Dokumente) und damit den Besitz der Waren erlangen.

9. Rückgabe (Weiterleitung) des akzeptierten Wechsels

Die vorlegende Inkassobank gibt den Wechsel nach Akzeptleistung des Importeurs -entsprechend den Weisungen im Inkassoauftrag (siehe Schritt 4)- unverzüglich **an die Exporteurbank** zurück.
Die Rückgabe des akzeptierten Wechsels ersetzt in der Praxis häufig die **Mitteilung** über die erfolgte Akzeptleistung des Importeurs gemäß Art. 26 c. II ERI.

10. Aushändigung des akzeptierten Wechsels an den Exporteur

Die Exporteurbank leitet den akzeptierten Wechsel -entsprechend den Weisungen im Inkassoauftrag des Exporteurs (siehe Schritt 3)- unverzüglich an den Exporteur weiter.

Das **Dokumenteninkasso** im Sinne der ERI ist mit diesem Schritt **abgeschlossen.**

Zeitlicher Zwischenraum zwischen den Schritten 10 und 11:

Der Exporteur belässt den Wechsel bis kurz vor Verfall in seinem Bestand (Fachsprache: in seinem Portefeuille).

11. Einreichung des Wechsels vor Verfall bei der Exporteurbank

Wechselinkasso

Der Exporteur übergibt der Exporteurbank den Wechsel hinreichende Zeit vor dem Verfalltag zum Einzug des Wechselbetrags.

In diesen **Wechseleinzugsauftrag** kann der Exporteur auch die Weisung aufnehmen, dass im Nichtzahlungsfall kein Protest gegen den bezogenen Importeur zu erheben ist.

Grundsätzlich ist der Exporteur beim Einzug des Wechsels nicht an diejenige Einreicherbank gebunden, der er den Inkassoauftrag "Dokumente gegen Akzept" erteilt hatte. Er kann vielmehr jede andere Bank, zu der er Kontoverbindung unterhält, mit dem Wechseleinzug beauftragen, weil dieser **Wechseleinzug vom Dokumenteninkasso** losgelöst ist.

12. Weiterleitung des Wechsels vor Verfall und Auftrag zum Einzug

Die vom Exporteur mit dem Wechseleinzug beauftragte Bank leitet den Wechsel kurze Zeit vor Verfall **an eine Auslandsbank** weiter mit dem Auftrag, den Wechsel der Domizilstelle bei Verfall vorzulegen und nach Einlösung des Wechsels den Gegenwert zu verrechnen (zu überweisen). Eventuelle Weisungen des Exporteurs sind von der Exporteurbank auch in diesen Wechseleinzugsauftrag aufzunehmen.
Die vom Exporteur mit dem Wechseleinzug beauftragte Bank kann -falls der Exporteur keine ausdrückliche Weisung erteilt- jede beliebige Bank im Ausland, also auch die **Domizilstelle**, mit dem Wechseleinzug betrauen. In der Regel wird die Exporteurbank, wenn sie zuvor mit dem Dokumenteninkasso betraut war, jedoch die vorlegende Inkassobank im Ausland auch mit dem Wechseleinzug beauftragen.

13. Wechseleinlösungsauftrag des Importeurs per Verfalltag

In der Regel erteilt der Importeur der Domizilstelle (also jener Bank, bei der er den Wechsel zahlbar gestellt hat) den Auftrag, den Wechsel bei Fälligkeit zulasten seines Kontos einzulösen. Diesen Wechseleinlösungsauftrag kann der Importeur der Domizilstelle bereits im Zeitpunkt der Akzeptierung (siehe Schritt 6) oder erst bei Verfall des Wechsels erteilen.
Im Zweifel kann die Domizilstelle auf den Wechseleinlösungsauftrag des Importeurs verzichten und den Wechsel bei Fälligkeit gleichwohl einlösen, sofern die Unterschriften des Akzeptes mit den Unterschriften, die bei der Bank für die Verfügungsberechtigung über das Konto des Importeurs hinterlegt sind, übereinstimmen.

14. Belastung des Wechselbetrags auf dem Konto des Importeurs per Verfalltag

Lässt der Kontostand des Importeurs die Einlösung zu, dann belastet die Domizilstelle den Importeur mit dem Wechselbetrag zuzüglich einer Einlösungsgebühr (sog. Domizilprovision).
Weist das Konto des Importeurs ein entsprechendes Guthaben nicht auf, dann lässt die mit dem Wechseleinzug beauftragte Bank **Protest mangels Zahlung** erheben, sofern andere Weisungen nicht vorliegen.
Einzelheiten zu den Not leidenden "Dokumente gegen Akzept"-Inkassi siehe Abschnitt 4.2.7.2.

15. **Verrechnung (Überweisung) des Wechselbetrags**

    Die mit dem Wechseleinzug beauftragte Auslandsbank verrechnet oder überweist den Wechselbetrag nach Wechseleinlösung durch den Importeur an die Hausbank des Exporteurs.

16. **Gutschrift des Wechselgegenwerts**

    Die Exporteurbank schreibt dem Exporteur den Wechselgegenwert auf seinem Konto -nach Abzug der Wechseleinzugsprovision- gut.

Anwendung

Die vorstehende Abwicklung mit **Rücksendung des akzeptierten Wechsels** und Aushändigung an den Exporteur -Fall 1- wird von Exporteuren unter folgenden Voraussetzungen gewählt:

- Der **Wechsel** ist **nicht rediskontfähig** (nicht bundesbankfähig) und würde deswegen von den Banken nur zu hohen Diskontzinsen abgerechnet.
- Der **Exporteur** ist sehr **liquide** und verzichtet deswegen auf die Diskontierung des Wechsels.

Einzelheiten siehe Abschnitt "4.2.4.7 Verwendung des akzeptierten Wechsels...".

4.2.1.3.2 "Dokumente gegen Akzept"-Inkassi mit Verwahrung des akzeptierten Wechsels bei der vorlegenden Bank und Auftrag zum Einzug bei Fälligkeit -Fall 2-

Annahmen und Anmerkungen:

Annahmen

- Dokumente gegen **Akzeptierung einer Nachsichttratte**;
- **Verwendung des Wechsels** nach Akzeptleistung des Importeurs: **Verwahrung bei der Auslandsbank**;
- Bei Verfall: **Einzug des Wechselgegenwerts durch die Auslandsbank.**

Anmerkungen

- In die folgende schrittweise Darstellung sind lediglich solche Merkmale aufgenommen, in denen sich die Abwicklung des vorliegenden Falles 2 von der Abwicklung des Falles 1 (Gliederungspunkt 4.2.1.3.1) unterscheidet.

Abbildung

Die einzelnen Schritte der Abwicklung sind in **Abbildung 4.2-03** dargestellt und im Folgenden erläutert.

Erläuterungen

Schrittweise Darstellung:

1. **Kaufvertrag zwischen Exporteur und Importeur mit der Zahlungsbedingung: "Dokumente gegen Akzeptierung einer Nachsichttratte"**

   - analog Fall 1 -

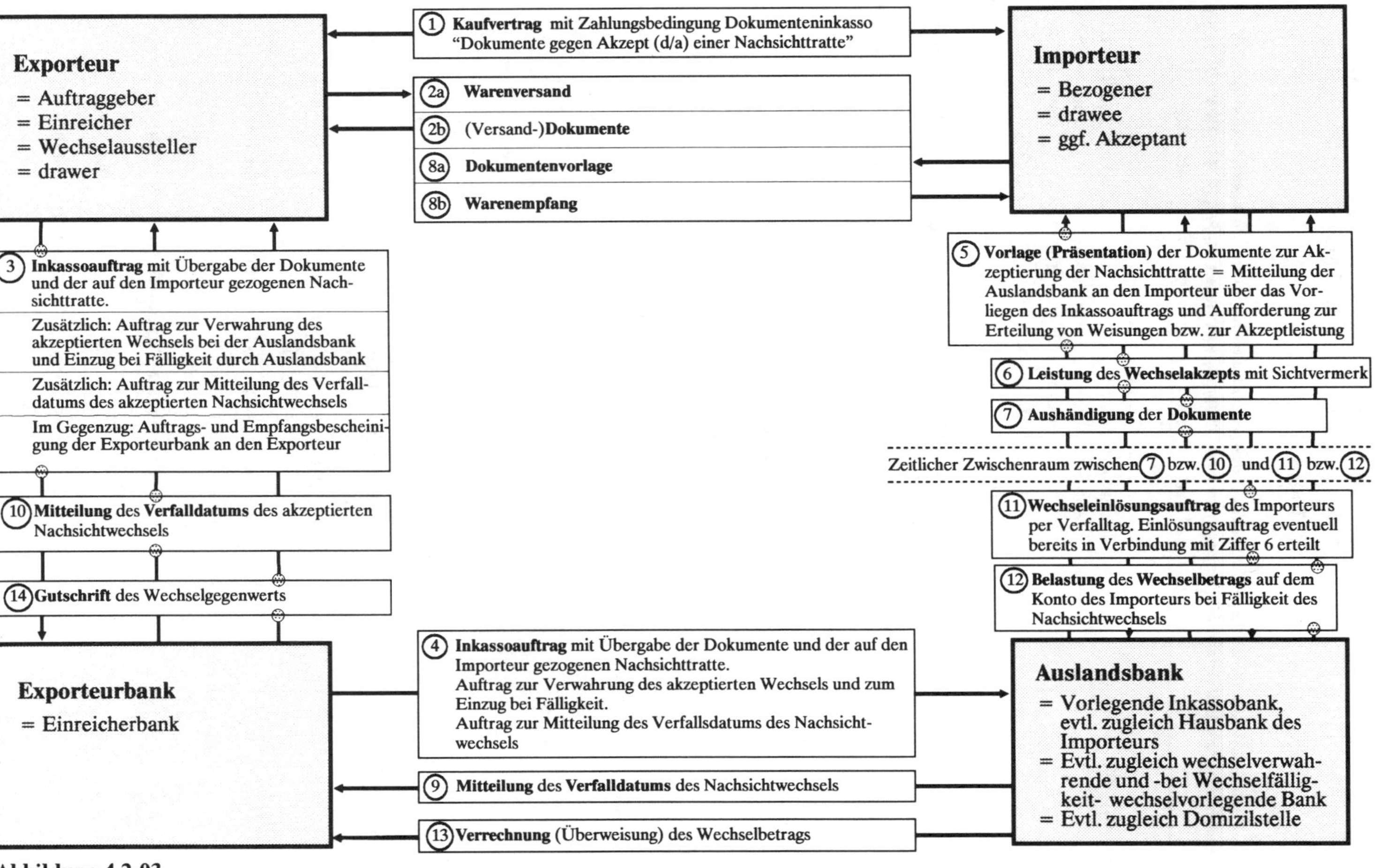
Prof. Dr. Siegfried G. Häberle
Die Grundstruktur von "Dokumente gegen Akzept" - Inkassi - Fall 2 -
Annahmen: - Dokumente gegen Akzeptierung einer Nachsichttratte
- Verwendung des Wechsels nach Akzeptleistung des Importeurs: Verwahrung bei der Auslandsbank
- Bei Verfall des akzeptierten Wechsels: Einzug des Wechselgegenwerts durch die Auslandsbank
Exporteur
= Auftraggeber
= Einreicher
= Wechselaussteller
= drawer
Importeur
= Bezogener
= drawee
= ggf. Akzeptant
1 Kaufvertrag mit Zahlungsbedingung Dokumenteninkasso "Dokumente gegen Akzept (d/a) einer Nachsichttratte"
2a Warenversand
2b (Versand-)Dokumente
8a Dokumentenvorlage
8b Warenempfang
3 Inkassoauftrag mit Übergabe der Dokumente und der auf den Importeur gezogenen Nachsichttratte.
Zusätzlich: Auftrag zur Verwahrung des akzeptierten Wechsels bei der Auslandsbank und Einzug bei Fälligkeit durch Auslandsbank
Zusätzlich: Auftrag zur Mitteilung des Verfalldatums des akzeptierten Nachsichtwechsels
Im Gegenzug: Auftrags- und Empfangsbescheinigung der Exporteurbank an den Exporteur
10 Mitteilung des Verfalldatums des akzeptierten Nachsichtwechsels
14 Gutschrift des Wechselgegenwerts
5 Vorlage (Präsentation) der Dokumente zur Akzeptierung der Nachsichttratte = Mitteilung der Auslandsbank an den Importeur über das Vorliegen des Inkassoauftrags und Aufforderung zur Erteilung von Weisungen bzw. zur Akzeptleistung
6 Leistung des Wechselakzepts mit Sichtvermerk
7 Aushändigung der Dokumente
Zeitlicher Zwischenraum zwischen 7 bzw. 10 und 11 bzw. 12
11 Wechseleinlösungsauftrag des Importeurs per Verfalltag. Einlösungsauftrag eventuell bereits in Verbindung mit Ziffer 6 erteilt
12 Belastung des Wechselbetrags auf dem Konto des Importeurs bei Fälligkeit des Nachsichtwechsels
Exporteurbank
= Einreicherbank
4 Inkassoauftrag mit Übergabe der Dokumente und der auf den Importeur gezogenen Nachsichttratte.
Auftrag zur Verwahrung des akzeptierten Wechsels und zum Einzug bei Fälligkeit.
Auftrag zur Mitteilung des Verfallsdatums des Nachsichtwechsels
9 Mitteilung des Verfalldatums des Nachsichtwechsels
13 Verrechnung (Überweisung) des Wechselbetrags
Auslandsbank
= Vorlegende Inkassobank, evtl. zugleich Hausbank des Importeurs
= Evtl. zugleich wechselverwahrende und -bei Wechselfälligkeit- wechselvorlegende Bank
= Evtl. zugleich Domizilstelle

Abbildung 4.2-03

2. **a) + b) Warenversand durch den Exporteur und im Gegenzug Empfang der (Versand-)Dokumente**

- analog Fall 1 -

3. **Inkassoauftrag des Exporteurs an seine Hausbank (Exporteurbank, Einreicherbank) mit Übergabe der Dokumente und der auf den Importeur gezogenen Nachsichttratte**

- analog Fall 1 -

Besonderheiten

- **Weisung** des Exporteurs an die Exporteurbank, die vorlegende Inkassobank (Auslandsbank) zu beauftragen, den **Wechsel** nach Akzeptleistung des Importeurs zu **verwahren** und den Wechselgegenwert bei Fälligkeit des **Wechsels einzuziehen**.
- Auftrag des Exporteurs an die Exporteurbank, die vorlegende Inkassobank anzuweisen, nach erfolgter Akzeptleistung des Importeurs das **Verfalldatum des Nachsichtwechsels mitzuteilen**.
- Weisung hinsichtlich **Protesterhebung oder Protestverzicht** bei Nichtakzeptierung bzw. Nichtzahlung des Wechsels durch den Importeur. Festlegung des Informationweges im Fall der Nichtakzeptierung bzw. Nichteinlösung des Wechsels durch den Importeur.

4. **Inkassoauftrag der Exporteurbank an die Auslandsbank (Inkassobank) mit Übergabe der Dokumente und der auf den Importeur gezogenen Nachsichttratte**

- analog Fall 1 -

Besonderheit

Die Weisung des Exporteurs kann in den Inkassoauftrag der Exporteurbank an die Auslandsbank beispielsweise mit folgendem Text übernommen werden: "Verwahren Sie das Akzept zum Einzug bei Fälligkeit und teilen Sie uns den Verfalltag per Luftpost mit".

5. **Vorlage (Präsentation) der Dokumente gegenüber dem Importeur durch die Auslandsbank**

- analog Fall 1 -

6. **Leistung des Akzepts durch den Importeur**

- analog Fall 1 -

7. **Aushändigung der Dokumente an den Importeur**

- analog Fall 1 -

8. **a) + b) Dokumentenvorlage und Warenempfang**

- analog Fall 1 -

9. Mitteilung des Verfalldatums des Nachsichtwechsels

Entsprechend dem Inkassoauftrag (siehe Schritt 4) teilt die vorlegende Inkassobank der Exporteurbank die Tatsache der erfolgten Akzeptleistung des Importeurs (gemäß Art. 26 c. II ERI) sowie das Verfalldatum des Nachsichtwechsels mit.
Der akzeptierte **Nachsichtwechsel verbleibt** vereinbarungsgemäß bei der **vorlegenden Inkassobank** zur Verwahrung bis zur Fälligkeit.

Besonderheit

10. Mitteilung des Verfalldatums des Nachsichtwechsels

Die Exporteurbank (Einreicherbank) teilt dem Exporteur die **vollzogene Akzeptleistung** des Importeurs sowie das **Verfalldatum des Nachsichtwechsels** mit.

Besonderheit

11. Wechseleinlösungsauftrag des Importeurs per Verfalltag

- analog Fall 1, Schritt 13 -

Zeitlicher Zwischenraum zwischen den Schritten 7 bzw. 10 und 11 bzw. 12:

Verwahrung des akzeptierten Wechsels bei der Auslandsbank und Einzug/Vorlage des Wechsels bei Verfall.

Besonderheit

12. Belastung des Wechselbetrags auf dem Konto des Importeurs bei Fälligkeit des Nachsichtwechsels

- analog Fall 1, Schritt 14 -

13. Verrechnung (Überweisung) des Wechselbetrags

- analog Fall 1, Schritt 15 -

14. Gutschrift des Wechselgegenwerts

- analog Fall 1, Schritt 16 -

Die vorstehende Abwicklung mit **Verwahrung des akzeptierten Wechsels** bei der vorlegenden Bank und Auftrag zum **Einzug bei Fälligkeit** -Fall 2- wird vom Exporteur unter folgenden Voraussetzungen gewählt:

- Der Wechsel hat nur eine **kurze Laufzeit** oder der **Wechselbetrag** ist **niedrig**, sodass die Rücksendung in das Exporteurland nicht lohnend erscheint, selbst wenn der Wechsel rediskontfähig ist und der Exporteur grundsätzlich Kapitalbedarf hat.

Anwendung

- Der **Wechsel** ist **nicht rediskontfähig** (nicht bundesbankfähig) und würde deswegen von den Banken nur zu hohen Diskontzinsen angekauft.
- Der **Exporteur** ist sehr **liquide** und verzichtet deswegen auf die Diskontierung des Wechsels.

Einzelheiten siehe Abschnitt "4.2.4.7 Verwendung des akzeptierten Wechsels...".

4.2.1.3.3 "Dokumente gegen Akzept"-Inkassi mit Diskontierung des akzeptierten Wechsels durch die Exporteurbank -Fall 3-

Annahmen und Anmerkungen:

Annahmen

- Dokumente gegen **Akzeptierung einer Nachsichttratte**;
- **Verwendung des Wechsels** nach Akzeptleistung des Importeurs: **Rücksendung** an den Exporteur; praktisch verbleibt der Wechsel jedoch bei der Exporteurbank, wenn die Diskontierung durch diese Bank (und nicht durch eine Drittbank) vorgesehen ist;
- **Diskontierung** des Wechsels durch die Exporteurbank.

Anmerkungen

- In die folgende schrittweise Darstellung sind lediglich solche **Merkmale** aufgenommen, in denen sich die Abwicklung des vorliegenden Falls 3 von der Abwicklung des Falls 1 (Gliederungspunkt 4.2.1.3.1) **unterscheidet.**
- Die **Diskontierung von Auslandswechseln**, einschließlich von Fremdwährungswechseln, ist umfassend in Kapitel "5.3 Wechseldiskontkredite" dargestellt.

Abbildung

Die einzelnen Schritte der Abwicklung sind in **Abbildung 4.2-04** dargestellt und danach erläutert.

Erläuterungen

Schrittweise Darstellung:

1. **Kaufvertrag zwischen Exporteur und Importeur mit der Zahlungsbedingung: "Dokumente gegen Akzeptierung einer Nachsichttratte"**

   \- analog Fall 1 -

2. **a) + b) Warenversand durch den Exporteur und im Gegenzug Empfang der (Versand-)Dokumente**

   \- analog Fall 1 -

3. **Inkassoauftrag des Exporteurs an seine Hausbank (Exporteurbank, Einreicherbank) mit Übergabe der Dokumente und der auf den Importeur gezogenen Nachsichttratte**

   \- analog Fall 1 -, insbesondere hinsichtlich des Auftrags des Exporteurs an die Exporteurbank zur Anforderung des akzeptierten Wechsels.

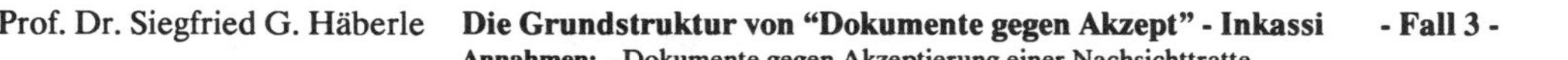

Prof. Dr. Siegfried G. Häberle
Die Grundstruktur von "Dokumente gegen Akzept" - Inkassi - Fall 3 -

Annahmen:
- Dokumente gegen Akzeptierung einer Nachsichttratte
- Verwendung des Wechsels nach Akzeptleistung des Importeurs: Rücksendung und Aushändigung an den Exporteur; praktisch verbleibt der Wechsel jedoch bei der Exporteurbank, wenn die Diskontierung durch diese Bank (und nicht durch eine Drittbank) vorgesehen ist
- Diskontierung des Wechsels durch die Exporteurbank

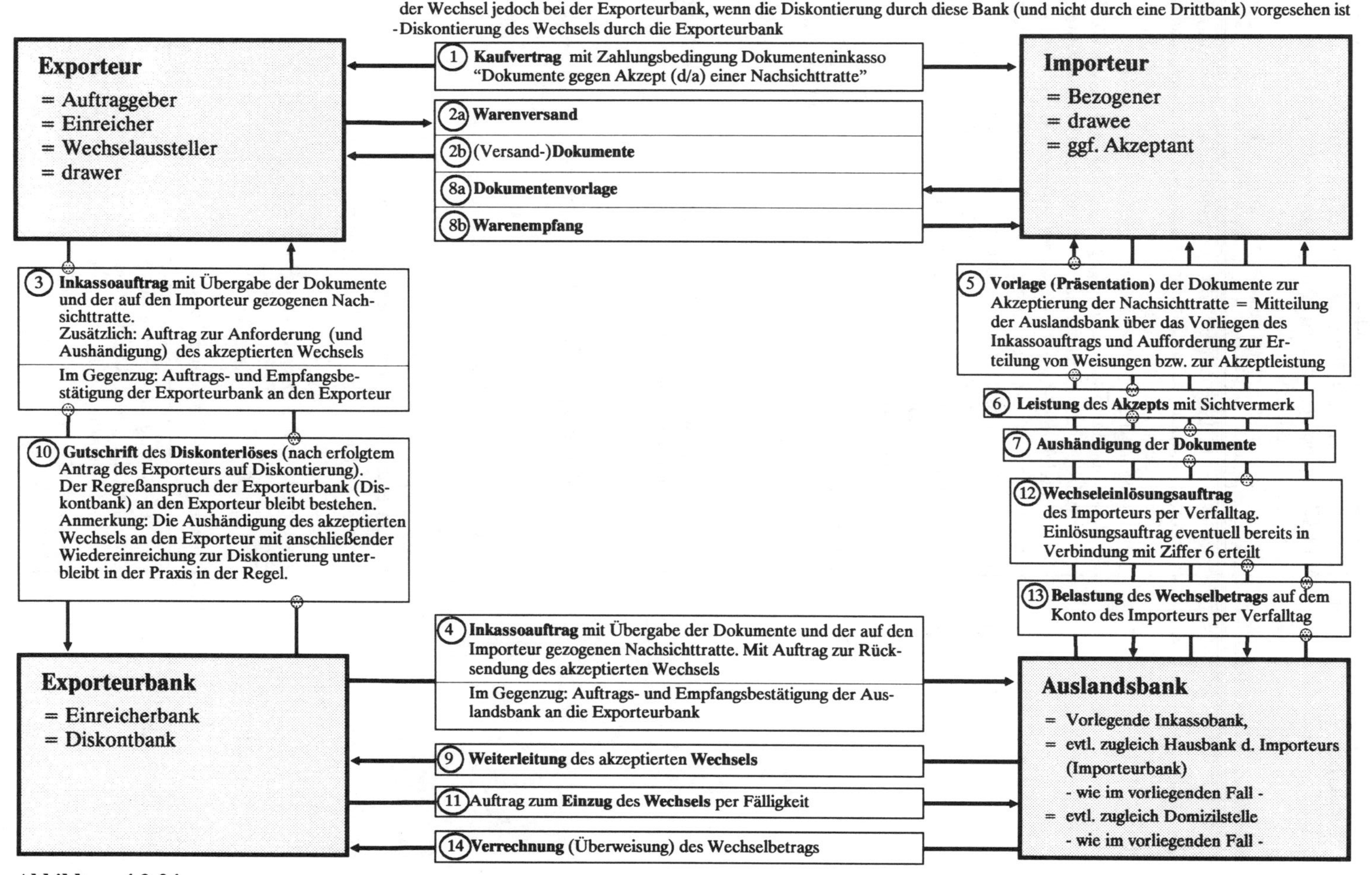

Abbildung 4.2-04

Besonderheiten

Eventuell stellt der Exporteur bei der Exporteurbank bereits mit Übergabe des Inkassoauftrages den **Antrag auf Diskontierung** des akzeptierten Wechsels nach dessen Eingang aus dem Ausland. Gibt die Exporteurbank diesem Diskontierungsantrag statt oder hat der Exporteur bei der Exporteurbank ohnehin einen bislang nicht voll ausgeschöpften Diskontkredit eingeräumt, dann verbleibt der akzeptierte Wechsel nach Eingang aus dem Ausland bei der Exporteurbank, d.h. die Aushändigung an den Exporteur unterbleibt.
Beabsichtigt der Exporteur dagegen den akzeptierten Wechsel nicht bei der Einreicherbank (über die er das Dokumenteninkasso abwickelt), sondern bei einer **anderen Bank** zu diskontieren, was zwar die Ausnahme, aber grundsätzlich möglich ist, dann wird er sich den akzeptierten Wechsel aushändigen lassen. Bei größeren Wechselbeträgen kann es für den Exporteur durchaus lohnend sein, bei seinen anderen Bankverbindungen die Ankaufskonditionen zu erfragen.

4. Inkassoauftrag der Exporteurbank an die Auslandsbank (Inkassobank) mit Übergabe der Dokumente und der auf den Importeur gezogenen Nachsichttratte

- analog Fall 1 -

5. Vorlage (Präsentation) der Dokumente gegenüber dem Importeur durch die Auslandsbank

- analog Fall 1 -

6. Leistung des Akzeptes durch den Importeur

- analog Fall 1 -

7. Aushändigung der Dokumente an den Importeur

- analog Fall 1 -

8. Dokumentenvorlage und Warenempfang

- analog Fall 1 -

9. Weiterleitung des akzeptierten Wechsels

- analog Fall 1 -

10. Gutschrift des Diskonterlöses

Besonderheiten

Ist der Antrag auf Diskontierung bei der Exporteurbank bereits gestellt und ein unausgeschöpftes **Diskontkontingent** bereits vorhanden, dann erfolgt die Diskontierung des akzeptierten Wechsels unmittelbar nach Eingang aus dem Ausland.

Hinsichtlich einer eventuellen Aushändigung des akzeptierten Wechsels an den Exporteur und der Diskontierung des Wechsels bei einer anderen Bank wird auf die Ausführungen zu Schritt 3 verwiesen.
Trotz Gutschrift des Diskonterlöses bleibt der **Exporteur** in seiner Eigenschaft als Wechselaussteller und als Indossant in der **wechselrechtlichen Haftung**: Löst der bezogene Importeur den Wechsel bei Fälligkeit nicht ein, dann wird Rückgriff (Regress) auf den Exporteur genommen.

11. Auftrag der Diskontbank an die Auslandsbank zum Einzug des Wechsels per Fälligkeit unter Beifügung des Wechsels

Besonderheiten

Sofern die Exporteurbank (Diskontbank) den angekauften Wechsel nicht bei einer Drittbank (eventuell bei der Deutschen Bundesbank) rediskontiert, erteilt sie selbst (ansonsten die Rediskontbank) kurz vor Fälligkeit des Wechsels einen **Wechseleinzugsauftrag** unter Beifügung des Wechsels an eine **Bank im Land des Importeurs**. Dies kann eine Korrespondenzbank oder die vorlegende (Dokumenten-)Inkassobank (die eventuell zugleich Domizilstelle ist) oder aber die Domizilstelle direkt sein.
Der Wechseleinzugsauftrag umfasst die Vorlage des Wechsels per Verfall bei der Domizilstelle und die Weisung hinsichtlich der Verrechnung (Überweisung) des Wechselgegenwertes sowie eventuelle Weisungen hinsichtlich Protesterhebung bzw. Protestverzicht u. Ä.

12. Wechseleinlösungsauftrag des Importeurs per Verfalltag

- analog Fall 1, Schritt 13 -

13. Belastung des Wechselbetrags auf dem Konto des Importeurs per Verfalltag

- analog Fall 1, Schritt 14 -

14. Verrechnung (Überweisung) des Wechselbetrags

- analog Fall 1, Schritt 15 -

Anwendung

Die vorstehende Abwicklung mit Rücksendung des akzeptierten Wechsels und **Diskontierung durch die Exporteurbank** (oder eine Drittbank) -Fall 3- wird vom Exporteur unter folgenden Voraussetzungen gewählt:

- Der Exporteur hat **Kapitalbedarf** und sucht eine **zinsgünstige Refinanzierungsmöglichkeit**.
- Voraussetzung ist allerdings, dass der Wechsel **rediskontfähig** (bundesbankfähig) ist, weil die ankaufenden Banken sonst hohe Diskontsätze in Rechnung stellen.

- Die Laufzeit des Wechsels ist hinreichend lang und der **Wechselbetrag** hinreichend **hoch**, sodass eine Diskontierung lohnend erscheint.
- Bei **Fremdwährungswechseln** überwälzt der Exporteur das **Wechselkursrisiko** auf die diskontierende Bank. Der Exporteur profitiert zwar vom eventuell niedrigeren deutschen Zinsniveau, er muss aber bei der Umrechnung des Fremdwährungsbetrages in DM den sog. Wechselankaufskurs (Devisenterminkurs) gegen sich gelten lassen. Einzelheiten zur Diskontierung von Fremdwährungswechseln siehe Abschnitte "5.3.4 Besonderheiten der Diskontierung von Auslandswechseln" sowie "5.3.5 Anwendungsbeispiel mit Beurteilung".
  Zu beachten ist, dass bei einem **Wechselprotest** und anschließendem Regress auf den Exporteur das Wechselkursrisiko wegen der Rückbelastung des protestierten Wechsels auf den Exporteur nicht endgültig auf die diskontierende Bank überwälzt ist.

Hinweis

Eine umfassende Darstellung der Entscheidungskriterien des Exporteurs zur Frage der Diskontierung von Auslandswechseln findet sich in Abschnitt "4.2.4.7 Verwendung des akzeptierten Wechsels...".

4.2.1.4 Wirtschaftliche Grundstruktur von "Dokumente gegen unwiderruflichen Zahlungsauftrag"-Inkassi -mit grafischer Darstellung-

Vorbemerkungen

Inkassi "Dokumente gegen unwiderruflichen Zahlungsauftrag mit späterer Fälligkeit" sowie Inkassi "Dokumente gegen Akzept einer Nachsichttratte" werden manchmal unter den Oberbegriffen **"Nachsicht-Inkassi"** bzw. **"Deferred Payment-Inkassi"** zusammengefasst. Bei beiden Inkassoarten ist zwischen der Aushändigung der Dokumente an den Importeur und der Zahlung des Akzepts bzw. des unwiderruflichen Zahlungsauftrags eine Nachsichtfrist eingeschoben.

Grundstruktur

Bei "Dokumente gegen unwiderruflichen Zahlungsauftrag"- Inkassi (documents against irrevocable payment order) erhält der Importeur die Dokumente nur ausgehändigt, wenn er der vorlegenden Inkassobank einen **handschriftlich unterzeichneten unwiderruflichen Zahlungsauftrag per späterer Fälligkeit** erteilt.
Deutsche Inkassobanken verwenden in der Regel das Formular Z 1 "Zahlungsauftrag im Außenwirtschaftsverkehr", das in Kapitel 3.2 "Auslandsüberweisungen" abgebildet ist.

Spätere Zahlungsfälligkeit

Der Ausgangspunkt für die **spätere Fälligkeit** des unwiderruflichen Zahlungsauftrags kann beispielsweise **bezogen** sein

- auf das **Datum der Handelsrechnung**,
- auf das **Verladedatum** bzw. Ausstellungsdatum des Transportdokuments,
- auf ein anderes **eindeutig bestimmbares Datum**.

Zahlungsziel

Ebenso wie "Dokumente gegen Akzept"-Inkassi umfassen "Dokumente gegen unwiderruflichen Zahlungsauftrag"-Inkassi somit ein Zahlungsziel für den Importeur. Die Länge des Zahlungsziels kann grundsätzlich dem jeweiligen Exportgeschäft angepasst werden, wobei jedoch mit zunehmender Länge auch die Risiken des Exporteurs zunehmen (können).

Keine Bankgarantie

Es ist ausdrücklich hervorzuheben, dass "Dokumente gegen unwiderruflichen Zahlungsauftrag"-Inkassi mangels einer anders lautenden Vereinbarung **keine Zahlungsgarantie der beteiligten Banken** einschließen. Entsprechendes gilt für "Dokumente gegen Akzept"-Inkassi. Bei beiden Inkassoarten ist der Exporteur vielmehr darauf angewiesen, dass der Importeur bei Fälligkeit des unwiderruflichen Zahlungsauftrags bzw. des Wechsels zur Zahlung in der Lage sein wird.
Nur ausnahmsweise kommt es vor, dass eine Bank auf Antrag eines Beteiligten das (Wechsel-)Aval übernimmt.

Abbildung

Die beiden Inkassoarten "Dokumente gegen unwiderruflichen Zahlungsauftrag"-Inkassi und "Dokumente gegen Akzept"-Inkassi weisen nicht nur eine **gleichartige Grundstruktur** auf, sondern sie werden auch **gleichartig abgewickelt**.
Die Einzelheiten der **Abwicklung von "Dokumente gegen unwiderruflichen Zahlungsauftrag"-Inkassi** sind in **Abbildung 4.2-05** dargestellt.

Bedeutung/ Unterschiede

Anzumerken ist, dass "Dokumente gegen unwiderruflichen Zahlungsauftrag"-Inkassi eine geringere Bedeutung haben als "Dokumente gegen Akzept"-Inkassi.
Maßgebliche Unterschiede zwischen den beiden Inkassoarten liegen

- in den alternativen **Verwendungsmöglichkeiten des akzeptierten Wechsels**, die sich bei "Dokumente gegen unwiderruflichen Zahlungsauftrag"-Inkassi definitionsgemäß nicht eröffnen, und
- in der **Wechselstrenge** (Wechselprotest, Wechselprozess usw.), die bei unwiderruflichen Zahlungsaufträgen fehlt.

4.2.1.5 Kurzbeurteilungen der Dokumenteninkassi

Hinweis

Anmerkung: Die nachstehenden Beurteilungen tragen **thesenartigen Charakter** und dienen lediglich der Kurzinformation. Umfassende Beurteilungen und deren Begründungen finden sich in den folgenden Abschnitten "4.2.2.1 Risikoanalyse des Exporteurs..." sowie "4.2.2.2 Risikoanalyse des Importeurs".

4.2.1.5.1 Kurzbeurteilung der Dokumenteninkassi aus Sicht des Exporteurs

Zug-um-Zug-Abwicklung

- Das Dokumenteninkasso gewährleistet dem Exporteur, dass gegenüber dem Importeur eine Zug-um-Zug-Abwicklung vollzogen wird. Der Importeur erhält die Dokumente nur ausgehändigt, wenn er im Gegenzug die vereinbarte Leistung

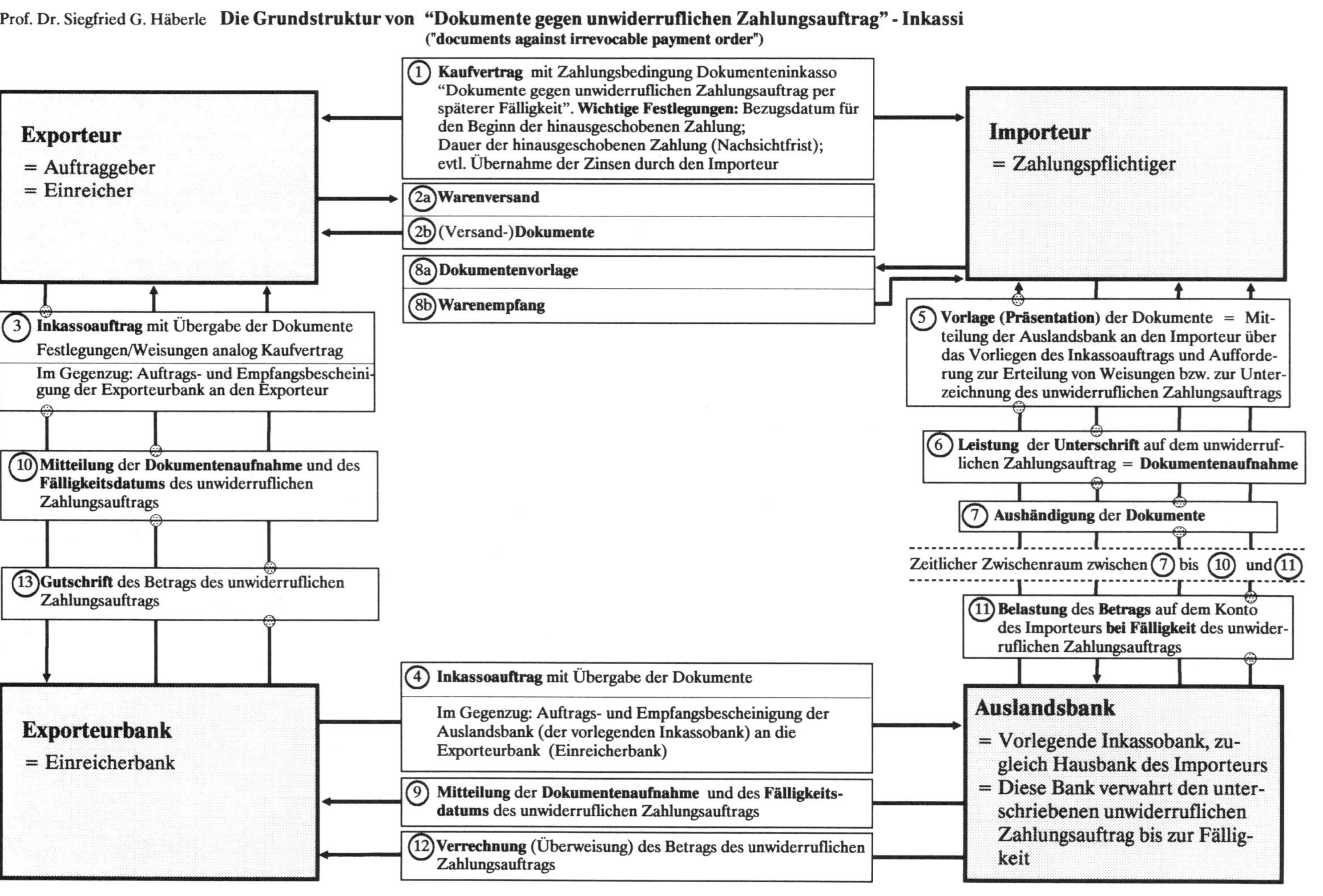
Prof. Dr. Siegfried G. Häberle
Die Grundstruktur von "Dokumente gegen unwiderruflichen Zahlungsauftrag" - Inkassi
("documents against irrevocable payment order")
Exporteur
= Auftraggeber
= Einreicher
Importeur
= Zahlungspflichtiger
Exporteurbank
= Einreicherbank
Auslandsbank
= Vorlegende Inkassobank, zugleich Hausbank des Importeurs
= Diese Bank verwahrt den unterschriebenen unwiderruflichen Zahlungsauftrag bis zur Fälligkeit
1 Kaufvertrag mit Zahlungsbedingung Dokumenteninkasso "Dokumente gegen unwiderruflichen Zahlungsauftrag per späterer Fälligkeit". Wichtige Festlegungen: Bezugsdatum für den Beginn der hinausgeschobenen Zahlung; Dauer der hinausgeschobenen Zahlung (Nachsichtfrist); evtl. Übernahme der Zinsen durch den Importeur
2a Warenversand
2b (Versand-)Dokumente
8a Dokumentenvorlage
8b Warenempfang
3 Inkassoauftrag mit Übergabe der Dokumente
Festlegungen/Weisungen analog Kaufvertrag
Im Gegenzug: Auftrags- und Empfangsbescheinigung der Exporteurbank an den Exporteur
10 Mitteilung der Dokumentenaufnahme und des Fälligkeitsdatums des unwiderruflichen Zahlungsauftrags
13 Gutschrift des Betrags des unwiderruflichen Zahlungsauftrags
4 Inkassoauftrag mit Übergabe der Dokumente
Im Gegenzug: Auftrags- und Empfangsbescheinigung der Auslandsbank (der vorlegenden Inkassobank) an die Exporteurbank (Einreicherbank)
9 Mitteilung der Dokumentenaufnahme und des Fälligkeitsdatums des unwiderruflichen Zahlungsauftrags
12 Verrechnung (Überweisung) des Betrags des unwiderruflichen Zahlungsauftrags
5 Vorlage (Präsentation) der Dokumente = Mitteilung der Auslandsbank an den Importeur über das Vorliegen des Inkassoauftrags und Aufforderung zur Erteilung von Weisungen bzw. zur Unterzeichnung des unwiderruflichen Zahlungsauftrags
6 Leistung der Unterschrift auf dem unwiderruflichen Zahlungsauftrag = Dokumentenaufnahme
7 Aushändigung der Dokumente
Zeitlicher Zwischenraum zwischen 7 bis 10 und 11
11 Belastung des Betrags auf dem Konto des Importeurs bei Fälligkeit des unwiderruflichen Zahlungsauftrags

Abbildung 4.2-05

(Zahlung, Wechselakzept bzw. Zahlungsversprechen in Form eines unwiderruflichen Zahlungsauftrags) erbringt.

Rasche Zahlung

- Im Vergleich zu einer Lieferung gegen einfache Rechnung kann das Dokumenteninkasso zu einer rascheren Zahlung des Importeurs führen. Immerhin erhält der Importeur bei "Dokumente gegen Zahlung"-Inkassi eine Zahlungsaufforderung der Auslandsbank. Beim "Dokumente gegen Akzept"-Inkasso ist der Importeur an den Fälligkeitstermin des akzeptierten Wechsels gebunden. Analoges gilt für "Dokumente gegen unwiderruflichen Zahlungsauftrag"-Inkassi.

Art der Dokumente/ Sicherheit

- Es hängt von der Art der Dokumente ab, welche Sicherheit der Exporteur durch das Dokumenteninkasso tatsächlich erlangt. Benötigt der zahlungspflichtige Importeur die Inkassodokumente nicht, um seine Berechtigung zum Empfang der Ware nachzuweisen, dann ist das Risiko nicht auszuschließen, dass der Importeur in den Besitz der Waren gelangt, ohne dem Inkassoauftrag entsprochen zu haben.

Treuhänderische Dritte

- Mehr Sicherheit bietet in solchen Situationen der Versand der Ware an die Adresse treuhänderischer Dritter (z.B. an Kreditinstitute) oder die Weisung an den Spediteur, die Ware nur gegen Vorlage einer Bezahltbestätigung der Importeurbank auszuhändigen. Jedoch sind auch derartige Abwicklungen mit einigen Risiken belastet (siehe Abschnitt "4.2.8 Warenversand an die Adresse treuhänderischer Dritter").

Dokumentenaufnahmerisiko/ Warenabnahmerisiko

- Von erheblicher Bedeutung ist das sog. Dokumentenaufnahmerisiko des Exporteurs, nämlich die Gefahr, dass der Importeur die Ware nicht abnimmt und (deswegen) auch dem Dokumenteninkassoauftrag nicht entspricht. Die Folgelasten des Exporteurs können hoch sein: Veranlassung des Rücktransports der Ware oder Verwertung der Ware im Importland, u.U. zu Schleuderpreisen u.a. (Einzelheiten siehe folg. Abschnitt 4.2.2).

Verzögerungen

- In der Praxis erweist es sich nicht selten, dass die Dokumente -trotz der eindeutigen Regelungen der Einheitlichen Richtlinien für Inkassi (ERI)- verzögert aufgenommen werden bzw. der Inkassogegenwert aus dem Ausland verspätet eingeht. Dies bedeutet für den Exporteur zusätzliche Finanzierungslasten und -bei Fremdwährungsinkassi- u.U. Wechselkursrisiken.

Politisches Risiko

- Ausgeprägt kann auch das politische Risiko in Erscheinung treten, insbesondere dann, wenn zum Zeitpunkt des Risikoeintritts sowohl die Ware als auch die Dokumente für den Exporteur nicht mehr verfügbar sind und auch nicht mehr zurückbeordert werden können (Einzelheiten siehe folg. Abschnitt 4.2.2).

Besondere Risiken bei "Nachsicht"-Inkassi

- Dokumenteninkassi gegen Akzept bzw. gegen unwiderruflichen Zahlungsauftrag mit späterer Fälligkeit beinhalten für den Exporteur erhebliche Risiken, weil der Importeur in den Besitz der Dokumente und damit der Waren gelangt, ohne Zahlung, sondern nur sein Akzept geleistet bzw. nur ein Zahlungsversprechen abgegeben zu haben. Ob der Importeur den von ihm akzeptierten Wechsel bzw. sein Zahlungsversprechen tatsächlich bei Fälligkeit einlöst, ist offen. Die dem Exporteur bei Nichteinlösung des Wechsels bzw. bei Nichtausführung des unwiderruflichen Zahlungsauftrags dann noch verbleibende Sicherheit ist gering.

Empfehlung

Die Zahlungsbedingung "Dokumente gegen Zahlung", insbesondere aber die Zahlungsbedingungen "Dokumente gegen Akzept" bzw. "Dokumente gegen unwiderruflichen Zahlungsauftrag", sollte der Exporteur aus den genannten Gründen nur **Importeuren** zugestehen, deren **Kreditwürdigkeit** und Seriosität er aus eigener Erfahrung kennt oder die in fundierten Auskünften mit diesen Eigenschaften ausgewiesen sind und die im Übrigen ihren Sitz in Ländern **ohne** erkennbare **politische Risiken** haben.

4.2.1.5.2 Kurzbeurteilung der Dokumenteninkassi aus Sicht des Importeurs

Sicherung des Warenversands

- Das Dokumenteninkasso vermittelt dem Importeur die Sicherheit, dass die Waren vom Exporteur -nachgewiesen durch die Dokumente- im Zeitpunkt der Zahlung bzw. der Akzeptleistung bzw. der Erteilung eines unwiderruflichen Zahlungsauftrags zum Versand gebracht sind.
  Sind die Waren zum Zeitpunkt der Dokumentenaufnahme bereits am Bestimmungsort angelangt, kann der Importeur über die Ware unverzüglich verfügen.

Einräumung von Zahlungszielen

- Dokumenteninkassi gegen Akzept bzw. gegen unwiderruflichen Zahlungsauftrag eröffnen grundsätzlich die Möglichkeit der Einräumung eines beliebig zu gestaltenden Zahlungsziels an den Importeur in Form der (Wechsel-)Laufzeit. Wirtschaftlich gesehen kann der Weiterverkaufserlös der importierten Waren zur Einlösung des Wechsels bzw. zur Erfüllung des unwiderruflichen Zahlungsauftrags bei Fälligkeit dienen.

Zinsgünstige Finanzierung

- Bei geeigneten Refinanzierungsmöglichkeiten für den (akzeptierten) Wechsel ist die Zahlungsbedingung "Dokumente gegen Akzept" für die Beteiligten -und damit letztlich für den Importeur- zinsgünstiger als die Refinanzierung offener Zahlungsziele.

Risiko mängelbehafteter Waren

- Das maßgebliche Risiko des Importeurs liegt bei Dokumenteninkassi darin begründet, dass er -mangels anderweitiger Vereinbarungen- die Ware erst nach Aufnahme der Inkassodokumente, d.h. nach Zahlung bzw. nach Akzeptleistung bzw. nach Abgabe seines unwiderruflichen Zahlungsversprechens in Empfang nehmen und deren Qualität prüfen kann.
  Aus diesem Grund hat auch der Importeur hohe Anforderungen an die Seriosität des Exporteurs zu stellen (Einzelheiten siehe Abschnitt "4.2.2.2 Risikoanalyse des Importeurs").

Qualitätszertifikate

- Qualitätszertifikate, die der Importeur dem Exporteur bereits im Kaufvertrag zur Auflage macht und die dem Importeur im

Rahmen des Dokumenteninkassos vorzulegen sind, vermögen das Risiko der Lieferung mängelbehafteter Waren zwar zu mindern, sind aber kostspielig.

4.2.2 Risikoanalyse vor Festlegung der Zahlungsbedingung "Dokumenteninkasso" im Angebot bzw. im Kaufvertrag

4.2.2.1 Risikoanalyse des Exporteurs -mit Prüflisten-

4.2.2.1.1 Wirtschaftliches Risiko

Dokumentenaufnahmerisiko bei "Dokumente gegen Zahlung"-Inkassi

Bei der Zahlungsbedingung "Dokumente gegen Zahlung" verbleibt dem Exporteur insbesondere das Dokumentenaufnahmerisiko, nämlich die Gefahr, dass der **Importeur** dem **Inkassoauftrag nicht entspricht**, d.h. der Aufforderung zur Zahlung des Inkassobetrags nicht nachkommt.
Der Exporteur behält zwar in dieser Situation die Sicherheit, dass der Importeur nicht in den Besitz der Dokumente und -bei geeigneten Dokumenten- auch nicht in den Besitz der Ware gelangt. Zu bedenken und zu analysieren hat der Exporteur jedoch die Folgerisiken, die mit den folgenden Prüfpunkten angesprochen sind.

Prüfpunkte zum Dokumentenaufnahmerisiko

- Bestehen notfalls geeignete **Verwertungsmöglichkeiten** für die Ware im Ausland?
- Können die eventuell anfallenden **Verwertungskosten** bzw. die eventuellen Verwertungserlöse abgeschätzt werden, m.a.W., mit welchen Verwertungsverlusten ist ungefähr zu rechnen?
- Muss statt der Verwertung im Importland der **Rücktransport** der Waren veranlasst werden?
- Welche **Formalitäten** sind beim Rücktransport zu beachten (z.B. Zollformalitäten) und welche Kosten (z.B. Kosten einer zwischenzeitlichen Einlagerung, Transport- und Versicherungsaufwendungen) fallen an?
- Muss mit **Kursverlusten** bei anderweitiger Verwertung im Ausland (Verkauf an Dritte gegen Landeswährung) gerechnet werden?
- Welche **Zeiträume** sind für eine Verwertung im Ausland bzw. für den Rücktransport zu veranschlagen und welche betrieblichen Konsequenzen haben diese Verzögerungen bis zum Zeitpunkt der Wiederverfügbarkeit der Waren bzw. der Verfügbarkeit der Verwertungserlöse?

Dokumentenaufnahmerisiko bei "Nachsicht"-Inkassi

Grundsätzlich kann das Dokumentenaufnahmerisiko auch bei der Zahlungsbedingung "Dokumente gegen Akzept" bzw. "Dokumente gegen unwiderruflichen Zahlungsauftrag" in Erscheinung treten.

Der **Grund** für die Weigerung des Importeurs zur Dokumentenaufnahme liegt dann allerdings weniger in eventuellen Zahlungsschwierigkeiten (immerhin erhält der Importeur in Form der Wechsellaufzeit bzw. in Form der hinausgeschobenen Fälligkeit seines unwiderruflichen Zahlungsauftrags ein Zahlungsziel eingeräumt, das seine eventuellen Zahlungsschwierigkeiten eher mindert bzw. verdeckt). Der Grund liegt vielmehr in der Tatsache, dass der Importeur die **Ware** kaufvertragswidrig **nicht mehr abnehmen** will und deswegen auch die Dokumente nicht aufnimmt.

Die Konsequenzen für den Exporteur sind dieselben wie sie bei der Zahlungsbedingung "Dokumente gegen Zahlung" dargestellt sind.

Risiko der Zahlungsunfähigkeit bei "Nachsicht"-Inkassi

Von größerem Gewicht als das Dokumentenaufnahmerisiko ist bei den Zahlungsbedingungen "Dokumente gegen Akzept" bzw. "Dokumente gegen unwiderruflichen Zahlungsauftrag" das Risiko der Zahlungsunfähigkeit des Importeurs. Nach erfolgter Aushändigung der Dokumente an den Importeur im Gegenzug zu dessen Akzeptleistung **verliert** der Exporteur die faktische **Verfügungsmacht** über die gelieferten Waren und behält lediglich den Anspruch an den Importeur auf Zahlung bei Fälligkeit des Wechsels bzw. des unwiderruflichen Zahlungsauftrags.

Prüfpunkte zur Zahlungsfähigkeit und Seriosität

Der Exporteur hat zur Analyse dieses bei Dokumenteninkassi verbleibenden wirtschaftlichen Risikos insbesondere den folgenden Fragen nachzugehen:

- Welche **Erfahrungen** sind bei bestehender Geschäftsbeziehung mit dem Importeur hinsichtlich seiner Seriosität und seiner Zahlungsfähigkeit gemacht worden?
- Sind die eingeholten **Bankauskünfte** bzw. die Auskünfte gewerblicher Auskunfteien zur Beurteilung des Importeurs hinreichend fundiert und weisen diese Auskünfte den Importeur als vertrauens- und kreditwürdig aus?
- Bestätigen die -bei Großaufträgen u.U. angegebenen- **Referenzen** die eigene Beurteilung des Importeurs bzw. die eingeholten Auskünfte?

Empfehlungen...

... zu "Dokumente gegen Zahlung"-Inkassi

Bleiben **Zweifel an der Kreditwürdigkeit** des Importeurs oder lassen sich fundierte Informationen nicht erlangen, dann sollte der Exporteur die Zahlungsbedingung "Dokumente gegen Zahlung" -wenn überhaupt- nur in Erwägung ziehen, sofern zwei Voraussetzungen erfüllt sind:

1. Dem Importeur darf sich **keine Möglichkeit** eröffnen, in den **Besitz der Ware** zu gelangen, ohne zuvor dem Inkassoauftrag, d.h. ohne zuvor der Auslösung der Dokumente durch Zahlung, entsprochen zu haben.
2. Für den Fall des Eintritts des Dokumentenaufnahmerisikos müssen die **Folgerisiken** aus anderweitiger Verwertung oder Rücksendung der Ware überschaubar und eng begrenzt sein.

Von der Einräumung von "Dokumente gegen Akzept"-Inkassi bzw. "Dokumente gegen unwiderruflichen Zahlungsauftrag"-Inkassi ist beim skizzierten Informationsstand **abzuraten**, es sei denn, der Importeur kann eine weiter reichende Sicherheit bieten. Solche **weiter reichenden Sicherheiten** sind beispielsweise im Akzept der Hausbank des Importeurs (Bankakzept) an der Stelle des Akzeptes des Importeurs oder in einem Wechselaval der Impoteurbank zu erblicken. Die noch weiter reichende und auch übliche Sicherheit bietet in dieser Situation jedoch ein Akzeptakkreditiv.

... zu "Nachsicht"-Inkassi

Die Einheitlichen Richtlinien für Inkassi (ERI) gewähren dem Exporteur die Sicherheit für eine gewissenhafte Abwicklung seines Inkassoauftrages durch die Kreditinstitute. Von Belang ist deswegen die Frage, ob die vorlegende Inkassobank im Importland die ERI verbindlich anerkannt hat. Dies trifft zwar in der Regel zu; gleichwohl sollte der Exporteur im Zweifel seine **Bank befragen**.

Anerkennung der ERI durch die Inkassobank des Importlandes

Sofern der Exporteur das verbleibende wirtschaftliche Risiko bei Dokumenteninkassi auf Dritte überwälzen will (z.B. in Form einer Ausfuhrgewährleistung oder einer Warenkreditversicherung), hat er mit den geeigneten Einrichtungen **frühzeitig** (laut deren Bedingungen regelmäßig sogar vor Abschluss des Kaufvertrags) **Kontakt** aufzunehmen. Insbesondere ist zu beachten, dass das Dokumentenaufnahmerisiko im Allgemeinen nicht ohne weiteres auf Dritte überwälzt werden kann. Folglich ist auch von Fall zu Fall zu prüfen, ob überhaupt und gegebenenfalls inwieweit Schadensersatzforderungen an den Importeur, die während der Fabrikations- sowie Liefer-/Versandphase entstehen, in eine (beantragte) Deckung einbezogen sind.

Risikoüberwälzung

4.2.2.1.2 Politisches Risiko

Erscheinungsformen

Bei Zahlungsbedingungen auf Basis von Dokumenteninkassi verbleiben dem Exporteur erhebliche politische Risiken, die sich auf die **Versandphase** (z.B. Beschlagnahme der Ware, Beschädigung oder Zerstörung durch staatliche Maßnahmen) ebenso wie auf die **Inkassophase** (z.B. Verlust oder Beschlagnahme der Dokumente) und insbesondere auf die **Zahlungsphase** (z.B. Zahlungsverbote, Transferverbote bzw. -verzögerungen) beziehen können. Es ist keine Frage, dass die politisch bedingten Zahlungsrisiken bei "Dokumente gegen Akzept"-Inkassi und bei "Dokumente gegen unwiderruflichen Zahlungsauftrag"-Inkassi, die ein längeres Zahlungsziel umfassen, für den Exporteur noch schwieriger abzuschätzen sind als bei einer Zug-um-Zug-Zahlung im Rahmen von "Dokumente gegen Zahlung"-Inkassi.

Prüfpunkte

Der Exporteur hat vor Vereinbarung von Dokumenteninkassi im Kaufvertrag die Art und den Umfang der damit verbundenen politischen Risiken zu ermitteln und insbesondere den folgenden Fragen nachzugehen:

- Dürfen die zu exportierenden Waren in das **Importland** unbeschränkt oder nur unter Erfüllung von Bedingungen des Importlandes oder aber überhaupt nicht eingeführt werden?
- Welche **Auflagen** erteilt das Importland hinsichtlich der Zahlungsbedingung "Dokumenteninkasso" (z.B. zur Wechsellaufzeit, zur Verteilung der Bankspesen, zur Inrechnungstellung und zur Berechnung von Zinsen u.v.a.m.) und welche **Dokumente** sind -gegebenenfalls in welcher Form- vorgeschrieben?
- Besteht **Rechtssicherheit** (Gesetzgebung, Rechtsprechung) im Importland zur Durchsetzung von Ansprüchen des Exporteurs (z.B. bezüglich der Warenabnahmeverpflichtung des Importeurs oder der Geltendmachung des Eigentumsvorbehaltes und der Forderung)?
- Hat das Importland **Vorschriften** für die Behandlung von Importwaren nach Eintritt des **Dokumentenaufnahmerisikos** erlassen (z.B. zollrechtliche Bestimmungen zur Versteigerung nicht abgefertigter Waren nach Ablauf bestimmter Fristen)?
- Sind Anzeichen verzögerter **Devisenzuteilung** oder gar eines drohenden Zahlungsverbotes, eines Moratoriums oder von Konvertierungs- oder Transferbeschränkungen bzw. -verboten des Importlandes erkennbar?

Informationsquellen

Auskünfte zu den jeweiligen Importbestimmungen sowie zu den Devisen- und Inkassovorschriften des Importlandes erhält der Exporteur u.a. von der **Bundesstelle für Außenhandelsinformation (BfAI)**, von den **Industrie- und Handelskammern**, von den Botschaften bzw. Konsulaten und von den Kreditinstituten.
Informationen über die aktuelle Zahlungssituation und das erwartete Zahlungsverhalten des Importlandes erlangt der Importeur insbesondere von den **deutschen Banken**.

Empfehlungen

Es hängt vom **Umfang** und von der **Eigenart des politischen Risikos** ab, ob Dokumenteninkassi als Zahlungsbedingung für den Exporteur noch tragfähig erscheinen oder abzulehnen sind. Im Übrigen hängt dies auch davon ab, ob der Exporteur eine staatliche Risikoabsicherung (sog. Hermes-Deckung) zur Abdeckung des politischen Risikos erlangen kann und will. Grundsätzlich sollte der Exporteur jedoch bei erkennbarem politischem Risiko eine Zahlungsbedingung durchzusetzen versuchen, die ihm mehr Sicherheit bietet als Dokumenteninkassi.

4.2.2.1.3 Wechselkursrisiken

Erscheinungsformen...

... bei Fakturierung in Fremdwährung

Ist das Dokumenteninkasso in Fremdwährung zu fakturieren, dann bestehen zunächst die bei Fremdwährungsforderungen generell in Erscheinung tretenden **Wechselkursrisiken.** Hinzu tritt das Risiko des verzögernden Zahlungseingangs, das trotz der eindeutigen Bestimmungen der ERI bei einigen Ländern zu beobachten ist und in dessen Gefolge sich auch die Wechselkursrisiken verstärken können. Besonders ausgeprägt sind die Wechselkursrisiken schließlich bei langen Zahlungszielen, die im Rahmen von "Dokumente gegen Akzept"-Inkassi bzw. von "Dokumente gegen unwiderruflichen Zahlungsauftrag"-Inkassi eingeräumt werden.

... bei Fakturierung in DM

Bei DM-Fakturierung des Dokumenteninkassos entsteht dem Exporteur vordergründig gesehen kein Wechselkursrisiko. Jedoch besteht bei hochverschuldeten bzw. devisenknappen Ländern die Gefahr, dass die **Devisenzuteilung verspätet** erfolgt und sich deswegen der Transfer der DM-Zahlung und damit der Zahlungseingang beim Exporteur verzögert, was im Endeffekt ein politisches Risiko ist. Wechselkursverluste können trotz DM-Fakturierung entstehen, wenn der Importeur den Inkassobetrag mangels Devisenzuteilung ersatzweise und ausnahmsweise (mit Zustimmung des Exporteurs) in seiner Landeswährung bezahlt und bei einer Bank im Importland hinterlegt und diese Währung sodann in Relation zur DM einem Kursverfall ausgesetzt ist. Einzelheiten siehe Abschnitt "4.2.4.2 Inkassobetrag (einschließlich Währung) ...".

Empfehlung

Zur Abdeckung von Wechselkursrisiken stehen dem Exporteur **verschiedene Instrumente** zur Verfügung (z.B. Devisentermingeschäfte, Diskontierung von Fremdwährungswechseln usw.). Neben der Analyse des Wechselkursrisikos sollte der Exporteur auch frühzeitig Informationen über die Verfügbarkeit dieser Absicherungsinstrumente, über deren Ausgestaltung und über deren Kosten einholen.

4.2.2.2 Risikoanalyse des Importeurs

4.2.2.2.1 Wirtschaftliches Risiko

Risikobegrenzung durch Zug-um-Zug-Abwicklung

Grundsätzlich ist das Dokumenteninkasso wegen seiner **Zug-um-Zug-Abwicklung** eine Zahlungsbedingung, die auch dem Sicherungsinteresse des Importeurs entgegen kommt. Durch **geeignete Dokumente**, deren Vorlage der Importeur dem Exporteur im Kaufvertrag auferlegt, kann sichergestellt werden, dass die Ware im Zeitpunkt der Zahlung bzw. im Zeitpunkt der Akzeptleistung unwiderruflich auf den Importeur zukommt oder bereits im Importland angekommen ist.

Der **Zahlungszeitpunkt** kann zwischen den Beteiligten im Rahmen des Dokumenteninkassos so vereinbart werden, dass der Importeur zeitlich praktisch nicht in Vorlage tritt, sondern unmittelbar nach Zahlung bzw. Akzeptleistung über die Ware verfügen kann. Schließlich belassen "Dokumente gegen Akzept"-Inkassi sowie "Dokumente gegen unwiderruflichen Zahlungsauftrag"-Inkassi individuell zu vereinbarende Spielräume zur Ausgestaltung der (Wechsel-)Laufzeit und damit zur **Kreditgewährung** an den Importeur.

Risiken

Das wirtschaftliche Risiko des Importeurs konkretisiert sich bei der Zahlungsbedingung "Dokumenteninkasso" im Wesentlichen in den Möglichkeiten der **Nichtlieferung**, der **verspäteten Lieferung** oder der **mängelbehafteten Lieferung** durch den Exporteur.

Mängelbehaftete Waren

Insbesondere das Risiko der Lieferung mängelbehafteter Waren stellt sich für den Importeur als Problem dar, weil er bei der Zahlungsbedingung "Dokumente gegen Zahlung" bereits **Zahlung** zu leisten hat, **bevor** er über die Waren verfügen und deren **Qualität überprüfen** kann. Grundsätzlich gilt dies auch bei der Zahlungsbedingung "Dokumente gegen Akzept", da ein gutgläubiger Wechselinhaber Mängeleinreden des Importeurs nicht gegen sich gelten lassen muss, sondern seine Wechselrechte davon losgelöst geltend machen kann.

Folgerungen

Vordergründig gesehen ist es keine Frage, dass diese Risiken des Importeurs Verstöße des Exporteurs gegen den Kaufvertrag darstellen und der Importeur daraus die entsprechenden Ansprüche ableiten kann. Im Hintergrund erhebt sich aber rasch das Problem, ob und gegebenenfalls in welcher Zeit diese **Ansprüche** des Importeurs gegen den Exporteur **überhaupt durchgesetzt** werden können. Ebenso erhebt sich die Frage, welche Sicherungsmöglichkeiten sich dem Importeur hinsichtlich der angesprochenen Risiken im Rahmen der Zahlungsbedingung "Dokumenteninkasso" eröffnen.

Informationsquellen

Der erste Schritt des Importeurs ist es deswegen, Informationen über die Seriosität und -eng verbunden damit- über die Kreditwürdigkeit des Exporteurs zu gewinnen.
Der Importeur benutzt dazu dieselben Informationsquellen wie sie auch der Exporteur heranzieht, nämlich **Bankauskünfte**, Auskünfte gewerblicher Auskunfteien u. Ä. Bei größeren Aufträgen kann es darüber hinaus zweckmäßig sein, sich vom Exporteur **Referenzen** geben zu lassen, um auf dieser Grundlage weitere Informationen über die Zuverlässigkeit und die Leistungsfähigkeit des Exporteurs zu gewinnen. Bestehen mit dem Exporteur bereits Geschäftsbeziehungen, dann ist die daraus abzuleitende **Erfahrung** häufig die maßgebliche Informationsquelle des Importeurs.

Sicherungsinstrumente:

- Qualitätszertifikate

Im Rahmen der Zahlungsbedingung "Dokumenteninkasso" eröffnen sich dem Importeur durchaus Möglichkeiten zur Sicherstellung seiner Ansprüche an den Exporteur. Im Kaufvertrag kann der Importeur die Vereinbarung durchsetzen, dass der Exporteur beim Dokumenteninkasso solche Dokumente vorzulegen hat, die die **Qualität der Ware** nachweisen. Zu bedenken ist jedoch zweierlei: Erstens sind Qualitätszertifikate meistens kostspielig, sodass sich rasch die Frage stellt, welcher der Beteiligten diese Kosten übernimmt. Zweitens stellt sich die Frage nach der Qualifikation des mit der Erstellung des Zertifikates zu betrauenden Gutachters.

- **Warenproben**

Eine andere Möglichkeit, dem berechtigten Interesse des Importeurs an einer Qualitätsprüfung Rechnung zu tragen, besteht in der **Weisung des Exporteurs** im Inkassoauftrag, dem Importeur die Dokumente zum Zweck der Entnahme einer **Probe** aus den angelandeten Waren kurzzeitig zu treuen Händen eventuell gegen Akzeptierung eines Sichtwechsels zur Verfügung zu stellen. Allerdings sind die Risiken des Exporteurs bei dieser Aushändigung der Dokumente zu bedenken. Zu den Absicherungsmöglichkeiten des Exporteurs in dieser Situation siehe auch Abschnitt 4.2.6.2.

4.2.2.2.2 Politisches Risiko

Erscheinungsformen:

- **Warenbezogene Risiken**

Das politische Risiko des Importeurs bezieht sich zunächst auf die Ware bzw. auf den Warenversand, nämlich auf die Gefahr von staatlich verordneten **Lieferverboten**, von staatlich verursachten **Lieferverzögerungen**, von **Beschädigungen** der Ware durch militärische Auseinandersetzungen, von **Beschlagnahmen** durch staatliche Organe u. Ä. Welchen Umfang diese Risiken für den Importeur annehmen können, hängt u.a. auch von den im Kaufvertrag getroffenen Vereinbarungen zum Risikoübergang ab.
Das **speziell bei Dokumenteninkassi** in Erscheinung tretende politische Risiko kann darin liegen, dass der Importeur einerseits dem Inkassoauftrag durch Zahlung oder Akzeptleistung oder unwiderruflichen Zahlungsauftrag bereits entsprochen hat, andererseits über die Ware nicht verfügen kann, weil sie beispielsweise inzwischen von staatlichen Stellen beschlagnahmt wurde. Durch die Vereinbarung eines geeigneten Termins für die Vorlage (Präsentation) der Dokumente, z.B. "bei Ankunft der Ware", kann der Importeur dieses Risiko zwar zeitlich begrenzen, aber nicht ganz ausschließen.

- **Zahlungsbezogene politische Risiken**

Aber auch hinsichtlich seiner Zahlungspflicht können sich im Rahmen des Dokumenteninkassos indirekt politische Risiken für den Importeur ergeben. Handelt es sich beispielsweise um eine Fremdwährungszahlung und die Zentralbank des Importlandes stellt die **Devisen nicht rechtzeitig** zur Verfügung, dann wird der Importeur -zumindest bei entsprechender Vereinbarung im Kaufvertrag- für Zinsausfälle und eventuelle Kursverluste des Exporteurs aufkommen müssen, und dies u.U. trotz Hinterlegung des Inkassobetrags in Importlandwährung bei der Zentralbank des Importlandes.

Informationsquellen

Die Informationsquellen des Importeurs über das politische Risiko sind dieselben wie für den Exporteur.

4.2.2.2.3 Wechselkursrisiken

Erscheinungsformen

Hat der Importeur in einer anderen Währung als derjenigen seines Landes zu zahlen, dann entsteht für ihn -wie bei jeder Fremdwährungsverbindlichkeit- u.U. ein Wechselkursrisiko.

Die Besonderheit des Wechselkursrisikos der "Dokumente gegen Zahlung"-Inkassi liegt für den Importeur im **ungewissen Zahlungszeitpunkt** (der vom Warenversand und von der Abwicklung des Inkassos abhängt), sodass ein zeitpunktfälliges Wechselkurssicherungsgeschäft den Risikozeitraum u.U. nicht voll abdeckt oder aber überlappt.
Analog ist das Wechselkursrisiko bei "Dokumente gegen Akzept"-Inkassi zu beurteilen, sofern der Importeur einen Fremdwährungswechsel mit einer **Nachsichtfrist** zu akzeptieren hat, denn auch bei dieser Abwicklung hängt der Zeitpunkt der Akzeptleistung vom Eingang des Inkassoauftrags bei der vorlegenden Bank ab. Erst ab dem Zeitpunkt der Akzeptleistung kennt der Importeur den genauen Fälligkeitszeitpunkt des Nachsichtwechsels, sodass er erst ab diesem Zeitpunkt ein vollkommen synchron laufendes Wechselkurssicherungsgeschäft abschließen kann. Entsprechendes gilt bei "Dokumente gegen unwiderruflichen Zahlungsauftrag"-Inkassi.

4.2.3 Gestaltungsmerkmale von Dokumenteninkassi

4.2.3.1 Allgemein gültige Merkmale

4.2.3.1.1 Grundlegende Vereinbarungen zwischen Exporteur und Importeur sowie zu beachtende Vorschriften

Detaillierte Vereinbarungen

Grundsätzlich gilt, dass die zwischen Importeur und Exporteur vereinbarte Zahlungsbedingung "Dokumenteninkasso" mit allen für die Abwicklung des Inkassos **maßgeblichen Merkmalen** in den Kaufvertrag bzw. in die eventuell auszustellende Proformarechnung aufgenommen werden sollte. Dies gilt für die Art des Inkassos ebenso wie beispielsweise für dessen Fälligkeit (bzw. für die Wechsellaufzeit bei "Dokumente gegen Akzept"-Inkassi), für die Verteilung der Inkassospesen, für eventuell zu zahlende Zinsen und für weitere im Folgenden dargestellte Merkmale. Durch eine solche Festlegung bleibt die Sicherheit, die das Dokumenteninkasso den Beteiligten zu bieten vermag, in vollem Umfang erhalten.

Der **Exporteur** erlangt durch eine detaillierte Formulierung der Inkassovereinbarung im Kaufvertrag die Sicherheit, dass der Importeur keinen Anlass hat, die Dokumentenaufnahme mit (u.U. vorgeschobenen) Argumenten zu verweigern, die auf Interpretationsspielräumen einer unvollständig oder vage gehaltenen Inkassovereinbarung beruhen.

Der **Importeur** kann auf dieser Grundlage sicher sein, dass seine Interessen auch bei der Abwicklung des Dokumenteninkassos gewahrt bleiben, weil der Exporteur gehalten ist, den Inkassoauftrag an seine Bank in exakter Übereinstimmung mit der Zahlungsvereinbarung des Kaufvertrags zu erteilen. Bei Abweichungen kann der Importeur das Inkasso als nicht kaufvertragskonform zurückweisen.

Beachtung von Inkasso- und Devisenvorschriften

In der Praxis stellen die Inkasso- und Devisenvorschriften der beteiligten Länder, insbesondere des **Importlandes**, nicht selten gewichtige Restriktionen bei der Gestaltung der Zahlungsvereinbarung im Kaufvertrag dar. Der erste Schritt der Vertragspartner ist es deswegen, die aktuellen Einfuhr- und Ausfuhrbestimmungen einschließlich der Devisen- und Inkassovorschriften der beteiligten Länder auf mögliche Beschränkungen der zu vereinbarenden Zahlungsbedingungen zu prüfen. Einzelheiten zu den möglichen Beschränkungen der Zahlungsbedingungen siehe Abschnitte "2.3.1 Beschränkungen der Zahlungsbedingungen durch das deutsche Außenwirtschaftsrecht" sowie "2.3.2 Beschränkungen der Zahlungsbedingungen durch die Devisen- und Inkassovorschriften des Auslands".

Beachtung der Auflagen von Versicherern

Beabsichtigt der Exporteur die Risiken des Ausfuhrgeschäftes durch die **staatliche oder eine privatwirtschaftliche Exportversicherung** abzudecken, dann hat er vor Angebotsabgabe, spätestens aber vor Vertragsabschluss, die Bestimmungen bzw. Auflagen dieser Einrichtungen zu erheben und -soll das Geschäft versicherbar bleiben- in den zu vereinbarenden Zahlungsbedingungen auch zu berücksichtigen.
Einzelheiten siehe Abschnitt "2.3.3 Einfluss von Absicherungs- und Refinanzierungsinstitutionen auf die Zahlungsbedingungen".

Beachtung der Auflagen von Refinanzierungsstellen

Analog hat der Exporteur vorzugehen, wenn er das Ausfuhrgeschäft bei einer Bank refinanzieren will. Insbesondere bei beabsichtigten Dokumenteninkassi gegen Akzept sollte der Exporteur über seine Hausbank klären, ob Wechsel des Importlandes -und gegebenenfalls in welcher Währung- bei der **Deutschen Bundesbank rediskontfähig** und damit zinsgünstig refinanzierbar sind.
Einzelheiten zum Rediskont von Auslandswechseln siehe Abschnitt "5.3.3 Rediskontbedingungen der Deutschen Bundesbank".

ERI

In der Regel kann der Exporteur davon ausgehen, dass das Dokumenteninkasso von den Banken auf Grundlage der "Einheitlichen Richtlinien für Inkassi (ERI)" der Internationalen Handelskammer Paris abgewickelt wird, weil weltweit die **meisten Banken** bzw. Bankenverbände die ERI **anerkannt** haben. Fehlt diese Anerkennung jedoch ausnahmsweise (Auskunft erteilen die Banken), dann sollte sich der Exporteur von seiner Hausbank über die Risiken bzw. über alternative Zahlungs- und Sicherungsinstrumente beraten lassen.

Vereinbarung der Dokumente

Im Kaufvertrag und damit einbezogen auch in die Zahlungsbedingung "Dokumenteninkasso" sind die **Art** und die jeweilige **Anzahl** der vom Exporteur vorzulegenden Dokumente sowie deren **Inhalt** aufzunehmen und -soweit nicht auf die im Welthandel übliche Form abgehoben werden kann- inhaltlich hinreichend genau zu spezifizieren.
Durch diese Vorgehensweise gewinnt insbesondere der **Importeur** an Sicherheit hinzu, weil der Exporteur mittels der vereinbarten Dokumente den fristgerechten und beschädigungsfreien Versand der Waren, den Versicherungsumfang, die Einhaltung der Zollvorschriften, die Ursprungsvereinbarung, die Warenqualität usw. nachzuweisen hat. Werden dem Importeur beim Inkasso diese Dokumente nicht oder nicht in der vereinbarten bzw. üblichen

Form oder nicht fristgerecht vorgelegt, dann kann der Importeur die Aufnahme der Dokumente, d.h. die Zahlung bzw. die Akzeptleistung, verweigern.
Der **Exporteur** hat bei der Vereinbarung der Dokumente im Kaufvertrag darauf zu achten, dass diese Dokumente von ihm rechtzeitig, genau in der vereinbarten Form und ohne allzu große Aufwendungen beigebracht werden können.

4.2.3.1.2 Vereinbarungen über die Verteilung der Inkassospesen sowie über eventuell anfallende Zinsen

Möglichkeiten der Verteilung

Eine **eindeutige Regelung** über die Verteilung der Inkassospesen (Inkassogebühren, Bankspesen, Auslagen o. Ä.) sollte von den Beteiligten bereits im Kaufvertrag getroffen werden.
Grundsätzlich sind folgende **Möglichkeiten** gegeben:

- Die Inkassospesen der Exporteurbank werden vom Exporteur, die Inkassospesen der ausländischen Inkassobank(en) werden vom Importeur getragen.
- Die gesamten Inkassospesen der in- und ausländischen Banken werden vom Exporteur getragen.
- Die gesamten Inkassospesen der in- und ausländischen Banken werden vom Importeur übernommen.

Bei der Vereinbarung über die Verteilung der Inkassospesen haben die Beteiligten jedoch -ebenso wie bei der Vereinbarung der Zahlungsbedingungen generell- wiederum die aktuellen **Inkassovorschriften** bzw. die Usancen der beteiligten Länder, insbesondere des Importlandes, zu berücksichtigen. In manchen Ländern sind die Inkassospesen von den eingeschalteten Banken nicht dem Importeur, sondern dem Auftraggeber (Exporteur) zu belasten.

Regelungen der ERI

Auch die ERI enthalten Regelungen zur Behandlung der Inkassospesen:

"*Wenn der Inkassoauftrag angibt, dass Inkassogebühren und/oder Auslagen zulasten des Bezogenen gehen und der Bezogene deren Zahlung verweigert, kann die vorlegende Bank das (die) Dokument(e) je nach Lage des Falles gegen Zahlung oder Akzeptierung oder unter anderen Bedingungen ohne Einzug der Inkassogebühren und/oder Auslagen aushändigen, sofern nicht Artikel 21 (b) Anwendung findet* (dieser Text ist unten abgedruckt; Anm. des Verf.). *Wird so auf Inkassogebühren und/oder Auslagen verzichtet, gehen diese zulasten des Beteiligten, von dem das Inkasso zuging und dürfen vom Erlös abgezogen werden.*" (Art. 21 a. ERI).

Vorrangiger Einzug des Inkassobetrags

Mit dieser Norm geben die ERI offenkundig dem Einzug des Inkassobetrags den Vorrang vor dem Einzug der Inkassospesen. Dies entspricht grundsätzlich auch der **Interessenlage des Exporteurs**, weil das Scheitern des Dokumenteninkassos als Ganzes in der Regel weit mehr Aufwendungen verursacht als die Spesen des Inkassos ausmachen und weil dieses Scheitern des Inkassos mit vielen Unwägbarkeiten belastet ist. Vor allem aber ist diese Norm der ERI dann von praktischer Bedeutung, wenn unsicher ist, ob das Recht bzw. die Usancen des Importlandes die Belastung des Importeurs mit Inkassospesen überhaupt zulassen.

Untersagung des Verzichts auf Einzug der Inkassospesen

Hält der Exporteur den Einzug der Inkassospesen beim Importeur für unverzichtbar, dann kann er dies im Rahmen des Inkassoauftrags festlegen. Der Exporteur sollte sich allerdings die **Konsequenzen** vor Augen führen, wie sie auch in den ERI dargestellt sind:

"*In Fällen, in denen der Inkassoauftrag ausdrücklich vorschreibt, dass auf die Gebühren und/oder Auslagen nicht verzichtet werden darf und der Bezogene sich weigert, solche Gebühren und/oder Auslagen zu zahlen, wird die vorlegende Bank die Dokumente nicht aushändigen und keine Verantwortung für Folgen von Verzögerungen in der Aushändigung der Dokumente tragen. Wenn die Zahlung von Gebühren und/oder Auslagen verweigert worden ist, muss die vorlegende Bank unverzüglich die Bank, von der der Inkassoauftrag zuging, durch Telekommunikation oder, wenn dies nicht möglich ist, auf anderem schnellen Wege unterrichten*" (Art. 21 b. ERI).

Zeichnet sich ein **Konfliktpotenzial** zwischen Exporteur und Importeur über die Verteilung der Inkassospesen ab, dann sollte der Exporteur überlegen, ob es opportun ist, die Inkassospesen für unverzichtbar zu erklären und damit die Gefahr des Scheitern des Inkassos als Ganzes heraufzubeschwören. Ist eine derartige Situation bereits bei den Vertragsverhandlungen erkennbar, dann sollte der Exporteur den Versuch unternehmen, die anfallenden Inkassospesen in die Warenpreiskalkulation einzubeziehen und auf den gesonderten Einzug der Inkassospesen beim Importeur von Anfang an zu verzichten.

Hinweis

Die von den **deutschen Banken** bei ein- und ausgehenden Dokumenteninkassi üblicherweise in Rechnung gestellten **Inkassospesen** sind in Abschnitt "4.2.4.6 Inkassospesen einschließlich der üblichen Spesensätze" differenziert dargestellt.

Zinsen

Sind vom Importeur Zinsen an den Exporteur zu zahlen, dann haben die Beteiligten, insbesondere aber der Exporteur die Vorschriften des Art. 20 ERI zu beachten. Danach eröffnet sich für den Importeur unter den unten im Wortlaut wiedergebenen Voraussetzungen die Möglichkeit, in den Besitz der Dokumente zu gelangen, **ohne** die geforderten **Zinsen** gezahlt zu haben:

"*Wenn der Inkassoauftrag angibt, dass Zinsen einzuziehen sind und der Bezogene deren Bezahlung verweigert, kann die vorlegende Bank das (die) Dokument(e) je nach Lage des Falles gegen Zahlung oder Akzeptierung oder unter anderen Bedingungen ohne Einzug solcher Zinsen aushändigen, sofern nicht Artikel 20 (c) Anwendung findet*" (Art. 20 a. ERI).

"*In Fällen, in denen solche Zinsen eingezogen werden sollen, muss der Inkassoauftrag den Zinssatz, den Berechnungszeitraum und die Art der Zinsberechnung angeben*" (Art. 20 b. ERI).

"*In Fällen, in denen der Inkassoauftrag ausdrücklich vorschreibt, dass auf die Zinsen nicht verzichtet werden darf und der Bezogene sich weigert, solche Zinsen zu zahlen, wird die vorlegende Bank die Dokumente nicht aushändigen und keine Verantwortung für Folgen von*

Verzögerungen in der Aushändigung der Dokumente tragen. Wenn die Zahlung von Zinsen verweigert wurde, muss die vorlegende Bank unverzüglich die Bank, von der der Inkassoauftrag zuging, durch Telekommunikation oder, wenn dies nicht möglich ist, auf anderem schnellen Wege unterrichten" (Art. 20 c. ERI).

Im Einzelfall haben die Beteiligten darüber hinaus zur Behandlung der Zinsen die einschlägigen Inkassovorschriften der beteiligten Länder zu beachten.

4.2.3.2 Spezielle Gestaltungsmerkmale bei "Dokumente gegen Zahlung"-Inkassi

4.2.3.2.1 Grundlegende Merkmale

Vereinbarung der ERI

Sofern die Vereinbarung der ERI als Rechtsgrundlage nicht bereits an anderer Stelle der Zahlungsvereinbarung des Kaufvertrags festgelegt ist, dann ist es angebracht, hinter der gewählten Inkassovereinbarung die **Ergänzung** anzubringen: "...gemäß den Einheitlichen Richtlinien für Inkassi der Internationalen Handelskammer (ICC) Paris" (Uniform Rules for Collection issued by the International Chamber of Commerce Paris).

Benennung der vorlegenden Bank

Es ist zwar nicht zwingend, aus Sicht des Importeurs aber zweckmäßig, dem Exporteur diejenige Bank zu benennen, die dem Importeur die Dokumente (den Inkassoauftrag) vorzulegen hat. Es vereinfacht dem **Importeur** die Abwicklung des Inkassos, wenn die vorlegende Bank seine **Hausbank** ist.
Ist die vorlegende Bank nicht ausdrücklich benannt, dann ist die Einreicherbank, die den Inkassoauftrag vom Exporteur erhält, gemäß Art. 5 f. ERI frei in der Auswahl der vorlegenden Bank, was praktisch auf eine Abwicklung über die bestehenden Korrespondenzbeziehungen der Einreicherbank zum Importland hinausläuft.

4.2.3.2.2 Alternative Fälligkeiten für die Dokumentenaufnahme bei Sichtinkassi

Vorbemerkung

In der betrieblichen Praxis wird von **Sichtinkassi** auch dann gesprochen, wenn der Zeitpunkt für die Dokumentenaufnahme hinausgeschoben ist. Diese Sprachregelung ist tragfähig, weil sich an der Zug-um-Zug-Abwicklung "Dokumente gegen Zahlung" auch bei späterer Dokumentenaufnahme nichts ändert.

Festlegung des Zahlungszeitpunktes

"Dokumente gegen Zahlung"-Sichtinkassi belassen den Beteiligten durchaus **zeitliche Gestaltungsmöglichkeiten** für den Vollzug der Zug-um-Zug-Abwicklung, also für den Zeitpunkt der Aushändigung der Dokumente gegen die Zahlung des Importeurs. Allerdings sind die **Interessenlagen** der Beteiligten oft gegensätzlich:
Es entspricht in der Regel der Interessenlage des Importeurs, wenn er die Dokumente erst in dem Zeitpunkt aufnehmen und bezahlen muss, in dem er die Dokumente zur Abfertigung der Einfuhrformalitäten benötigt. Dagegen ist es das Interesse des Exporteurs, die

Zahlung möglichst frühzeitig und unabhängig vom Eintreffen der Waren im Importland zu erhalten.

Alternativen

Folgende alternative **Bedingungen** für die Fälligkeit der Dokumentenaufnahme kommen in der Praxis vor:

1. **Regelfall:** "Zahlbar bei erster Präsentation" (der Dokumente) bzw. "zahlbar bei Sicht".
2. **Selten:** "Zahlbar ... Tage nach erster Präsentation" (der Dokumente); nicht zu verwechseln mit der späteren Zahlungsfälligkeit von "Dokumente gegen unwiderruflichen Zahlungsauftrag"-Inkassi.
3. **Manchmal:** "Zahlbar bei Ankunft der Ware".

Vereinbarung der Inkassofälligkeit "zahlbar bei erster Präsentation" bzw. "zahlbar bei Sicht"

Abwicklung

Bei dieser Bedingung erfolgt die Zug-um-Zug-Abwicklung des Dokumenteninkassos **unmittelbar nach Eingang des Inkassoauftrags** bei der vorlegenden Bank. Diese Bank präsentiert dem Importeur die Dokumente, d.h. sie stellt ihm die Mitteilung zu, dass zu seinen Lasten ein Inkassoauftrag vorliegt. Dazu teilt sie dem Importeur die Einzelheiten des Inkassoauftrags mit und eröffnet ihm die Möglichkeit, die Dokumente in den Räumen der Bank einzusehen. Maßgeblich für die Bedingung "zahlbar bei erster Präsentation" bzw. "zahlbar bei Sicht" ist, dass diese Mitteilung (Präsentation) der vorlegenden Bank zugleich die Aufforderung an den Importeur einschließt, unverzüglich Weisung darüber zu erteilen, ob sein Konto mit dem Inkassobetrag zu belasten ist, d.h. -in Fachsprache ausgedrückt-, ob er die Dokumente aufnimmt.

Nach den Recherchen des Verfassers unterscheiden die Banken bei der **Bedenkzeit des Importeurs** zwischen Inkassi, die **"bei erster Präsentation"** zahlbar sind und Inkassi, die **"bei Sicht"** zahlbar sind. Bei der erstgenannten Kategorie erfolgt die Mahnung des Importeurs im Falle ausbleibender Weisungen sowie die Benachrichtigung der vorgeschalteten Inkassobank (Einreicherbank) bereits nach wenigen Tagen. Dagegen ist die Bedenkzeit des Importeurs bei Inkassi, die "bei Sicht" zahlbar sind, länger, d.h. die Mahnung des Importeurs bzw. die Benachrichtigung der vorgeschalteten Inkassobank erfolgen später.

Hinweis

Die **Vorlage (Präsentation) der Dokumente** durch die vorlegende Bank ist in Hauptabschnitt "4.2.6 Vorlage (Präsentation) der Dokumente sowie Dokumentenaufnahme durch den Importeur", die Abwicklung von "Zahlbar bei erster Präsentation"/"Zahlbar bei Sicht"-Inkassi ist -einschließlich der Darstellung des Ablaufs mit einer Zeitachse- in Abschnitt 4.2.6.3 behandelt.

Vereinbarung der Inkassofälligkeit "zahlbar ... Tage nach erster Präsentation"

Abwicklung

Diese Bedingung ermöglicht es, zwischen dem Zeitpunkt der ersten Präsentation der Dokumente und dem Zeitpunkt der Dokumentenaufnahme eine vom Importeur und Exporteur **zu vereinbarende Frist** zu legen.

Vorteile für den Importeur

Eine solche Frist kommt grundsätzlich der Interessenlage des Importeurs entgegen, insbesondere dann, wenn ihm der Inkassoauftrag früher präsentiert wird als die Ware im Importland eintrifft. Durch eine geeignet gewählte Frist kann **vermieden** werden, dass der Importeur längere Zeit **vor der Verfügbarkeit der Waren Zahlung zu leisten** hat. Ein echtes Zahlungsziel ist dem Importeur durch diese Bedingung aber nicht eingeräumt, es wird damit lediglich eine Vorauszahlung vor Verfügbarkeit der Waren vermieden. Der Exporteur hat somit bei dieser Bedingung die Transportphase und -je nach Dauer der vereinbarten Frist- u.U. eine (kurze) Lagerphase im Importland zu finanzieren.

Zug-um-Zug-Abwicklung bleibt bestehen

Mit Deutlichkeit ist hervorzuheben, dass die Zug-um-Zug-Abwicklung des Dokumenteninkassos auch bei dieser Bedingung unverändert bestehen bleibt. Bei der ersten Präsentation werden dem Importeur die Dokumente keineswegs ausgehändigt, er kann sie allenfalls in den Räumen der Bank einsehen. Über die **Dokumente** kann der Importeur auch bei dieser Bedingung -wie bei jedem Inkasso, das "Dokumente gegen Zahlung" zum Gegenstand hat- **erst nach erfolgter Zahlung** verfügen.

Anwendung

In der **Praxis** findet sich diese Bedingung sehr **selten**. Wenn die Beteiligten überhaupt den Zeitpunkt der Dokumentenaufnahme hinauszuschieben wünschen, dann wird dies im Allgemeinen mit der Bedingung "zahlbar bei Ankunft der Ware" o. Ä. vollzogen (siehe folgenden Abschnitt).

Vereinbarung der Inkassofälligkeit "zahlbar bei Ankunft der Ware"

Abwicklung

Mit dieser Bedingung (deren Fälligkeit manchmal auch mit den Worten "bei Ankunft des Dampfers" definiert wird und die sich in den Inkassoaufträgen beispielsweise mit der Formulierung findet: "Die Aufnahme der Dokumente kann bis zur Ankunft des Schiffs/der Ware zurückgestellt werden") soll **vermieden** werden, dass der Importeur in einem Zeitpunkt **Zahlung leisten** muss, in dem er über die **Ware noch nicht verfügen** kann. Der Importeur wird von der vorlegenden Bank zwar (entsprechend gängiger Praxis) in der Regel unmittelbar nach Eingang des Inkassoauftrags vom Vorliegen des Inkassoauftrags informiert und der Importeur kann die Dokumente in den Räumen der vorlegenden Bank auch einsehen. Diese Mitteilung der vorlegenden Bank enthält jedoch keine Aufforderung zur unverzüglichen Aufnahme der Dokumente; die Bezahlung ist vielmehr auf den Zeitpunkt der Ankunft der Ware hinausgeschoben. Die Zug-um-Zug-Abwicklung des Dokumenteninkassos "Dokumente gegen Zahlung" bleibt bei dieser Bedingung uneingeschränkt erhalten, sie wird lediglich in Abhängigkeit zur Warenankunft vollzogen.

Dokumentenaufnahme vor Ankunft der Ware

Zumindest in der **Praxis** werden bei der Fälligstellung "zahlbar bei Ankunft der Ware" **keine Bedenken** gegen eine **vorzeitige Dokumentenaufnahme** durch den Importeur, d.h. keine Bedenken gegen eine Dokumentenaushändigung im Gegenzug zur Zahlung des Inkassobetrags vor dem Zeitpunkt der Warenankunft, erhoben. Diese

Auffassung ist zunächst damit zu rechtfertigen, dass die vorzeitige Abwicklung des Dokumenteninkassos auch dem Interesse des Exporteurs an einem frühzeitigen Zahlungseingang entspricht. Darüber hinaus eröffnet diese vorzeitige Abwicklung dem Importeur einen gewissen Dispositionsspielraum in Anpassung an seine aktuelle Liquidität. Schließlich kann der Importeur die Dokumente durch Zahlung vor Ankunft der Ware auslösen, damit er die Einfuhrformalitäten frühzeitig erledigen kann, mit dem Ziel, über die Ware unmittelbar nach Ankunft verfügen zu können.
Deutlicher als in der Formulierung "zahlbar bei Ankunft der Ware" kommt die Berechtigung zur vorzeitigen Dokumentenaufnahme in den Formulierungen "zahlbar **spätestens** bei Ankunft der Ware/des Schiffs" bzw. "die Aufnahme der Dokumente **kann** bis zur Ankunft des Schiffs/der Ware zurückgestellt werden" zum Ausdruck.

Verpflichtung des Importeurs

Zu beachten ist bei der Bedingung "zahlbar (spätestens) bei Ankunft der Ware", dass die vorlegende Bank nicht verpflichtet ist, von sich aus Informationen über die **Ankunft der Ware** einzuziehen. Vielmehr schließt die Vereinbarung der Bedingung "zahlbar bei Ankunft der Ware" im Kaufvertrag die Verpflichtung des Importeurs ein, dass dieser nach Warenankunft die Dokumente bei der vorlegenden Bank unverzüglich aufnimmt, d.h. Zahlung leistet.

Probleme

Problematisch erscheint bei dieser Bedingung, dass die **Feststellung des Zahlungszeitpunktes** des Dokumenteninkassos praktisch dem **Importeur** übertragen ist. Es ist nicht auszuschließen, dass sich die Dokumentenaufnahme in diesem Fall wegen Nachlässigkeit oder wegen Zahlungsschwierigkeiten des Importeurs verzögert, obwohl die Ware bereits angekommen ist und der Importeur ab diesem Zeitpunkt gegen die Vereinbarungen des Kaufvertrags verstößt.

Wenn die Banken solche Bedenken hegen, ergreifen sie manchmal die Initiative und nehmen von sich aus Kontakt mit dem Transportunternehmen bzw. mit der Schiffsmeldestelle auf, um Erkundigungen über die Ankunft der Ware einzuziehen.

Anmerkung: Im Einzelfall ist zu prüfen, ob das skizzierte Problem dadurch gelöst werden kann, dass die vorlegende **Inkassobank im Transportdokument als Adresse für die Benachrichtigung** von der Ankunft der Ware aufgenommen wird.

Empfehlung

Die Bedingung "Zahlbar bei Ankunft der Ware" bzw. "Die Aufnahme der Dokumente kann bis zur Ankunft des Schiffs/der Ware zurückgestellt werden" sollte der Exporteur aus den genannten Gründen nur **vertrauenswürdigen und solventen Importeuren** einräumen, von denen er im Übrigen annehmen darf, dass sie an einer schnellstmöglichen Abnahme der Ware von sich aus interessiert sind.

Hinweis

Die Abwicklung von "Zahlbar bei Ankunft der Ware"-Inkassi bei der vorlegenden Bank ist in Abschnitt "4.2.6.3 Abwicklung von 'Dokumente gegen Zahlung'-Sichtinkassi bei alternativen Fälligkeiten für die Dokumentenaufnahme" behandelt.

4.2.3.3 Spezielle Gestaltungsmerkmale bei "Dokumente gegen Akzept"-Inkassi

4.2.3.3.1 Grundlegende Merkmale

Vorbemerkung

Die folgenden Ausführungen sind bei **"Dokumente gegen unwiderruflichen Zahlungsauftrag (mit späterer Fälligkeit)"-Inkassi** analog anwendbar.

Vereinbarung der ERI

Sofern die Vereinbarung der ERI als Rechtsgrundlage nicht an anderer Stelle der Zahlungsvereinbarung des Kaufvertrags festgelegt ist, dann ist es angebracht, hinter der gewählten Inkassovereinbarung die **Ergänzung** anzubringen: "... gemäß den Einheitlichen Richtlinien für Inkassi der Internationalen Handelskammer (ICC) Paris" (Uniform Rules for Collections issued by the International Chamber of Commerce Paris).

Risiken des Exporteurs

Mit der Zahlungsbedingung "Dokumente gegen Akzept" kann dem Importeur grundsätzlich ein beliebiges **Zahlungsziel** in Form der Wechsellaufzeit eingeräumt werden. Es versteht sich von selbst, dass ein solches Zahlungsziel insbesondere der Interessenlage des Importeurs entgegenkommt. Dagegen erhöht sich das Risiko des Exporteurs stark, weil dem Importeur die Dokumente (die ihm die Verfügung über die Waren ermöglichen) lediglich gegen Akzeptleistung, also lediglich gegen ein Zahlungsversprechen, ausgehändigt werden.
Die Frage der tatsächlichen Zahlung (Einlösung) des Wechsels ist auf einen späteren Fälligkeitstag verlagert, was das ganze **Spektrum der Risiken** für den Exporteur, nämlich wirtschaftliches Risiko, politisches Risiko und eventuell Wechselkursrisiko, einschließt. Lediglich das Dokumentenaufnahmerisiko (Warenabnahmerisiko) und die warenbezogenen politischen Risiken sind nach Akzeptierung des Wechsels praktisch erloschen.

Evtl.: Bankaval als Sicherheit

Eine -allerdings selten ergriffene- Möglichkeit des Exporteurs, die aus der Wechselziehung folgenden Risiken zumindest teilweise zu begrenzen, besteht im **Wechselaval** für den Bezogenen, das von der Importeurbank oder von einer anderen Bank übernommen wird. Die Verpflichtung des Importeurs, ein solches Wechselaval seiner Bank beizubringen, ist in den Kaufvertrag aufzunehmen. Das Aval kann von der Bank auf der Vorderseite des Wechsels (Regelfall), auf dessen Rückseite oder in einer gesonderten Erklärung übernommen werden. Beim gezogenen Wechsel ist beim Aval bzw. in der gesonderten Erklärung der Bank der Zusatz aufzunehmen "per Aval für den Bezogenen", um eindeutig klarzustellen, für wen das Bankaval gilt (siehe auch Abschnitt "3.4.2.3.3 Wechselbürgschaft").
Zahlt der Bezogene bei Fälligkeit des Wechsels nicht, dann kann der Exporteur die bürgende Bank in Anspruch nehmen. Allerdings ist bei einer derartigen Abwicklung des Dokumenteninkassos der Schritt zum Dokumentenakkreditiv nicht mehr weit, sodass u.U. von vornherein an die Vereinbarung eines Dokumentenakkreditivs im Kaufvertrag zu denken ist.

Verteilung der Finanzierungskosten

Bei der Zahlungsbedingung "Dokumente gegen Akzept" ist zu klären, welcher der Beteiligten die Finanzierungskosten, insbesondere die **(Diskont-)Zinsen** sowie die im Ausland eventuell anfallende Wechselsteuer, zu tragen hat. Fehlt eine solche Vereinbarung im Kaufvertrag, dann ist in der Regel anzunehmen, dass die Zinsen für das dem Importeur in Wechselform gewährte Zahlungsziel vom Exporteur getragen werden.
Sofern der Importeur die Finanzierungskosten zu tragen hat (z.B. bei längerfristigen Zahlungszielen), können die sog. **Abnehmerzinsen** in den Wechselbetrag einbezogen werden, sodass eine gesonderte Verrechnung der Zinsen zwischen Importeur und Exporteur entfällt.

4.2.3.3.2 Alternative Wechsellaufzeiten

Das zwischen Exporteur und Importeur im Rahmen der Zahlungsbedingung "Dokumente gegen Akzept" vereinbarte Zahlungsziel kann grundsätzlich mit folgenden **Alternativen** in Wechselform gekleidet werden:

Nachsichttratte

- Als Nachsichttratte, die eine bestimmte, im Kaufvertrag festzulegende **Frist zwischen dem Zeitpunkt der Akzeptierung** der Tratte durch den Importeur, also zwischen dem Zeitpunkt der Dokumentenaufnahme **und dem Zeitpunkt der Wechselfälligkeit**, umfasst (z.B. die Fristvereinbarung "90 Tage nach Sicht").
  Der Importeur hat bei der Dokumentenaufnahme auf der Tratte neben seinem Akzept das Datum der Akzeptleistung zu vermerken (sog. Sichtvermerk). Ab diesem Zeitpunkt läuft sodann die vereinbarte Nachsichtfrist und bestimmt das Datum der Fälligkeit des Nachsichtwechsels (Einzelheiten zur Bestimmung des Verfalltags siehe Kapitel "3.4 Auslandswechsel", Abschnitt "3.4.2.1.2 Rechtliche Merkmale...", "4. Verfallzeit").
  Die in Abschnitt "4.2.6.4 Abwicklung von 'Dokumente gegen Akzept einer Nachsichttratte'-Inkassi" dargestellte Zeitachse verdeutlicht den Ablauf.

Zeittratte (Tagtratte)

- Als Zeittratte (Tagtratte), die einen **bestimmten Tag als Verfalltag** aufweist. Der Vorzug der Zeittratte liegt für den Exporteur in der Festlegung des vom Verlauf des Dokumenteninkassos unabhängigen Fälligkeitsdatums. Dagegen kommt der Importeur häufig nicht in den vollen Genuss der Wechsellaufzeit, weil diese -im Gegensatz zu Nachsichttratten- oft vor dem Zeitpunkt der Akzeptierung, d.h. vor dem Zeitpunkt der Dokumentenaufnahme und damit vor der Verfügbarkeit über die Waren, beginnt. Deswegen wird der Importeur im Kaufvertrag nicht nur auf eine eindeutige Vereinbarung über die Laufzeit des Wechsels drängen, sondern auch über den Beginn dieser Laufzeit, so z.B. ab dem Versanddatum der Ware.

Datotratte (Datowechsel)

- Als Datotratte (Datowechsel), die eine **Fristvereinbarung**, gerechnet **ab dem Tag der Wechselausstellung** (z.B. 180 Tage dato), umfasst. Die Fälligkeit eines Datowechsels wird -wie bei der

Zeittratte- unabhängig vom Zeitpunkt der Akzeptierung durch den Importeur, d.h. unabhängig vom Zeitpunkt der Dokumentenaufnahme, errechnet.
Einzelheiten zum Datowechsel siehe Kapitel "3.4 Auslandswechsel", Abschnitt "3.4.2.1.2 Rechtliche Merkmale...", "4. Verfallzeit".

Folgt man dem Interesse des Importeurs, dann sollte auch für den Datowechsel in der Zahlungsbedingung des Kaufvertrags ein auf den Verlauf des Warengeschäfts bezogenes Ausstellungsdatum des Datowechsels festgelegt werden. Dadurch kann sich der Importeur vor der Überraschung eines vom Exporteur frühzeitig gelegten Wechselausstellungsdatums und damit vor einer kurzen (Rest-)Laufzeit des Wechsels bewahren.

Verwendung

In der betrieblichen **Außenhandelspraxis** finden vor allem Zeittratten, aber auch Nachsichttratten, weniger dagegen Datotratten Verwendung.

4.2.3.4 Sonderformen: Wechselziehungen bei "Dokumente gegen Zahlung-Inkassi"

4.2.3.4.1 Wechselziehung zur Sicherung der Dokumentenaufnahme und der Zahlung bei "Dokumente gegen Zahlung"-Inkassi

Vorkommen

Wechsel treten nicht nur bei "Dokumente gegen Akzept"-Inkassi in Erscheinung, sondern manchmal auch bei "Dokumente gegen Zahlung"-Inkassi. Im Rahmen von "Dokumente gegen Zahlung"-Inkassi erfüllt der Wechsel jedoch nur die begleitende Rolle eines **Sicherungsinstruments**, wobei sowohl Nachsichttratten als auch Sichttratten Anwendung finden.

Nachsichttratten

Wird vom Exporteur im Rahmen einer "Dokumente gegen Zahlung"-Vereinbarung dem Importeur zugestanden, dass dieser die **Dokumente** nicht bei erster Präsentation, sondern beispielsweise erst bei Dampferankunft oder zu einem anderen **späteren Zeitpunkt** aufzunehmen und zu zahlen hat, dann kann diese dem Importeur zugestandene Frist wechselmäßig mit einer Nachsichttratte abgesichert werden. Auf Grundlage einer vom Importeur akzeptierten Nachsichttratte erlangt der Exporteur wechselrechtliche Ansprüche an den Importeur, die sein Dokumentenaufnahmerisiko verringern.

- Abwicklung

Der Exporteur fügt seinem Inkassoauftrag eine Nachsichttratte bei, die auf den Importeur gezogen ist. Im Zuge der weiteren Abwicklung des Dokumenteninkassos werden die Dokumente dem Importeur von der Inkassobank zwar mit der Maßgabe vorgelegt, die beigefügte Nachsichttratte des Exporteurs zu akzeptieren. Die **Dokumente** werden dem Importeur aber trotz vollzogener Akzeptleistung nicht ausgehändigt, sondern erst im **Gegenzug zur Einlösung des fälligen Nachsichtwechsels** zur Verfügung gestellt. Der Charakter des "Dokumente gegen Zahlung"-Inkassos bleibt also voll erhalten.

- **Sicherheit für den Exporteur**

Für den Exporteur hat diese Wechselziehung im Rahmen einer "Dokumente gegen Zahlung"-Vereinbarung den Vorteil, dass dadurch das **Dokumentenaufnahmerisiko reduziert** ist und der Importeur geneigt sein wird, die Abwicklung der Einfuhrformalitäten rechtzeitig in die Wege zu leiten. Nach vollzogener Akzeptleistung ist der Importeur nämlich nicht nur aus dem Kaufvertrag zur Vornahme dieser Handlungen verpflichtet, sondern er steht auch unter dem Druck der wechselrechtlichen Verpflichtung zur Zahlung des akzeptierten Nachsichtwechsels bei Fälligkeit.

Sichttratten

Neben Nachsichttratten treten auch Sichttratten als **Sicherungsinstrument** bei "Dokumente gegen Zahlung"-Inkassi in Erscheinung.

- **Abwicklung**

In manchen (Einfuhr-)Ländern ist vorgeschrieben, dass "Dokumente gegen Zahlung"-Inkassi eine Sichttratte, gezogen vom Exporteur auf den Importeur, beigefügt sein muss. Das soeben mit Nachsichttratten beschriebene Sicherungsverfahren hat grundsätzlich auch bei einer **Sichttratte** des Exporteurs, die der Importeur zu akzeptieren hat, eine **analoge Gültigkeit**. Auch bei dieser Abwicklung verbleiben die Dokumente trotz Akzeptierung der Sichttratte durch den Importeur bei der vorlegenden Bank.

- **Beurteilung**

Der akzeptierte Sichtwechsel soll auch bei diesem Verfahren als zusätzliche wechselrechtliche **Sicherheit** für die **Dokumentenaufnahme** bei Fälligkeit des Inkassos und für die pünktliche Erledigung der Einfuhrformalitäten durch den Importeur dienen. Immerhin kann dem Importeur der akzeptierte Sichtwechsel, da dieser bei Sicht, d.h. sofort fällig ist, -im Gegensatz zum Nachsichtwechsel- jederzeit zur Zahlung vorgelegt werden.

4.2.3.4.2 Wechselziehung bei Aushändigung der Dokumente an Importeure "zu treuen Händen"

Vorbemerkung

Die folgende Abwicklung stellt einen **Ausnahmefall** dar und ist lediglich aus Gründen der Vollständigkeit aufgenommen worden. In der Praxis erfolgt die Aushändigung der Dokumente zu treuen Händen an den Importeur -wenn überhaupt- auf dessen ausdrücklichen Wunsch und auf Risiko der vorlegenden Inkassobank (Importeurbank) und nicht auf Risiko des Exporteurs. Einzelheiten siehe Abschnitt "4.2.6.2 Möglichkeiten zur Aushändigung der Dokumente...".

Abwicklung

In devisenknappen Importländern kann es vorkommen, dass der Importeur Devisen zur Erfüllung seiner Zahlungsverpflichtung nur zugeteilt bekommt, wenn er nachweist, dass er zuvor die **Einfuhrmodalitäten** (z.B. die Verzollung der Einfuhrgüter) erfüllt hat. Dazu benötigt der Importeur die **Inkassodokumente**.

Um dieser Notwendigkeit Rechnung zu tragen, kann im Kaufvertrag und -in dessen Gefolge- im Inkassoauftrag folgende Abwicklung festgelegt werden: Der Exporteur zieht auf den Importeur eine Sichttratte und fügt diese dem Inkassoauftrag bei. In den Inkassoauftrag ist sodann die Weisung aufzunehmen, dass die vorlegende Bank dem Importeur die **Dokumente zu treuen Händen** überlassen darf, wenn dieser im Gegenzug die **Sichttratte** des Exporteurs **ak-**

zeptiert. Diese treuhänderische Aushändigung der Dokumente ist dann allerdings an die Bedingung geknüpft, dass der Importeur die Dokumente nach Erledigung der Einfuhrformalitäten unverzüglich der vorlegenden Bank zurückzugeben hat.

Risiken

Kommt der Importeur dieser **Rückgabeverpflichtung** nicht nach, dann hält die vorlegende Bank und damit indirekt der Exporteur immerhin den akzeptierten Sichtwechsel des Importeurs als Sicherheit in Händen, der dem Importeur dann -da bei Sicht fällig gestellt- sofort zur Zahlung vorgelegt werden kann. Allerdings wird bei diesem vertragswidrigen Verhalten des Importeurs ein "Dokumente gegen Zahlung"-Inkasso praktisch zu einem "Dokumente gegen Akzept"-Inkasso mit allen damit für den Exporteur verbundenen **Risiken**. Lediglich die sofortige Fälligkeit des vom Importeur akzeptierten Sichtwechsels mag diese Risiken im Gegensatz zu den bei "Dokumente gegen Akzept"-Inkassi üblichen Nachsichtwechseln etwas mildern. Schließlich ist zu bedenken, dass der Durchsetzung wechselrechtlicher Ansprüche keineswegs in allen Ländern gleichermaßen Erfolg beschieden ist.

Empfehlung

Die treuhänderische Aushändigung der Dokumente gegen Akzeptierung einer Sichttratte kann der Exporteur deswegen im Kaufvertrag nur **vertrauenswürdigen und solventen Importeuren** zugestehen. Bestehen dahingehend oder auch zum politischen Risiko Bedenken, dann sollte der Exporteur unbedingt eine andere, ihn hinreichend sichernde Zahlungsbedingung vereinbaren.

Anmerkung

Eine gänzlich andere Abwicklung liegt vor, wenn die **vorlegende Bank**, ohne dazu im Inkassoauftrag vom Exporteur ausdrücklich ermächtigt zu sein, die Dokumente dem Importeur **"zu treuen Händen"** überlässt. Die vorlegende Bank handelt hier ausschließlich auf eigenes Risiko und nicht auf Risiko des Exporteurs (vgl. auch Abschnitt "4.2.6 Möglichkeiten zur Aushändigung der Dokumente...").

4.2.4 Inkassoauftrag des Exporteurs an die Einreicherbank

Vorbemerkungen:

Übereinstimmung mit dem Kaufvertrag

- Grundsätzlich gilt, dass der Exporteur alle Vereinbarungen des Kaufvertrags, soweit sie die **Zahlungsbedingung** betreffen, in seinen **Inkassoauftrag** an die Exporteurbank aufzunehmen hat. Der Exporteur läuft sonst Gefahr, dass der Importeur die Aufnahme der Dokumente mit dem Argument verweigert, dass der Inkassoauftrag nicht dem Kaufvertrag entspricht.

Weisungen

- Über die Vereinbarungen im Kaufvertrag hinaus kann der Exporteur in seinen Inkassoauftrag verschiedenartige Weisungen an die Einreicherbank bzw. an die Inkassobank(en) aufnehmen. Solche Weisungen können beispielsweise den Auftrag des Exporteurs an die vorlegende Bank umfassen, einen **Teilbetrag** des Inkassoerlöses an den **Vertreter** des Exporteurs im Importland als Provision abzuzweigen und diesem zu überweisen. Häufig erteilen Exporteure auch Weisungen für den Fall, dass der Importeur die **Dokumente nicht aufnimmt**.

Vordrucke/Prüflisten

- Zur Erteilung von Inkassoaufträgen stellen die Kreditinstitute den Exporteuren Vordrucke zur Verfügung, in die die maßgeblichen, im Rahmen von Inkassoaufträgen normalerweise vorkommenden **Angaben** und **Weisungen** aufgenommen sind. In diesen schematisierten Vordrucken hat der beauftragende Exporteur häufig nur noch das Zutreffende anzukreuzen bzw. die Daten ergänzend einzutragen. Insoweit haben die Inkassoaufträge zugleich den Charakter einer Prüfliste (Checkliste).
  Inhalt und Systematik der üblicherweise verwendeten Inkassoaufträge bestimmen auch den Inhalt und den Aufbau dieses Kapitels. Insoweit sind die Ausführungen dieses Kapitels zugleich **Anleitung und Prüfliste** für den Exporteur bei der Erteilung des Inkassoauftrags an seine Bank.
  Zu beachten ist, dass manche deutschen Kreditinstitute ihren Kunden Vordrucke -wie in Abbildung 4.2-06- zur Verfügung stellen, die sich sowohl zur Dokumenteneinreichung (zur Benutzung) für eröffnete Akkreditive als auch zur Beauftragung zum Dokumenteninkasso eignen. Nicht alle Positionen, die in diesen Vordrucken angekreuzt werden können, sind somit für Dokumenteninkassi relevant.

Abbildung

Die **Ziffern** in den Überschriften der folgenden Abschnitte beziehen sich auf die Angaben im abgebildeten **Inkassoauftrag**; siehe **Abbildung 4.2-06**. Bei dem abgebildeten Inkassoauftrag handelt es sich um ein Inkasso "Dokumente gegen Akzept einer Nachsichttratte". Diese Nachsichttratte ist unten ebenfalls abgebildet (siehe Abbildung 4.2-07).

4.2.4.1 Beauftragte Bank und Art des Inkassos

Beauftragte Bank (1)

Hausbank des Exporteurs oder Auslandsbank

Der **Exporteur** kann statt seiner **Bank** (Exporteurbank) prinzipiell auch unmittelbar die **Hausbank des Importeurs** oder eine andere Bank im Importland mit der Durchführung des Inkassos beauftragen. Unter diesem Blickwinkel ist die beauftragte Auslandsbank dann Einreicherbank und vorlegende Bank zugleich.

Nachteile bei Beauftragung einer Auslandsbank

Dieser **direkte Inkassoweg** ist indessen **die Ausnahme.** Zum Ersten, weil dadurch maßgebliche Vorzüge der eingespielten und rechtlich abgesicherten Inkassowege verloren gehen (z.B. bei Rückfragen beim Exporteur oder bei Änderungen des Inkassoauftrags). Zum Zweiten, weil sich mit diesem Verfahren in der Regel Bankspesen nicht einsparen lassen, da die ausländische Bank sowohl die Spesen für die Entgegennahme des Inkassoauftrags (für die Einreichung) als auch für die Vorlage (Präsentation) der Dokumente in Rechnung stellen wird. Zum Dritten, weil die von der Einreicherbank erbrachten Serviceleistungen, wie beispielsweise die unverbindliche Dokumentenprüfung und die Beratung in abwicklungstechnischen Fragen, entfallen.

4

An
BANK FÜR HANDEL UND INDUSTRIE AG
(1)

Dokumenten-Einreichung
Einreicher
Firma
Alfred Mustermann GmbH
Postfach 1774
72764 Reutlingen

Die Dokumente sind | Datum 22.11.1996 | Tel. -0 | Ref. Re. Nr. 1637560 | Gegenwert zu Gunsten Konto-Nr. 0599936 00 | x = Währungs-Kto.

Sie erhalten anbei folgende Wechsel und/oder Dokumente mit der Bitte, gemäß den angekreuzten Weisungen zu verfahren:

A [ ] zu verwenden zur Inanspruchnahme des **Akkreditivs** Nr. der (Bank) [ ] Die Akkreditivspitze wird nicht mehr in Anspruch genommen.

B [X] **zum Einzug bestimmt** (2)

Für Vermerke der Bank
Referenz-Nummer:

Ihre Akkreditiv-Nummer	Betrag (3)	Fälligkeit (4)
	DEM 80.000,--	90 Tage nach Sicht

Wechsel/ Quittung	Faktura	Konsulats-Faktura	Zoll-Faktura	Spezifi-kation	Ursprungs-Zeugnis	Versich.-Pol./Zert.	Konnos-sement	Luftfracht-brief	Duplikat-Frachtbr.	Spediteur-Beschein.	Post-quittung	Waren-verkehrs-Bescheinig.
2/2	4/4			2/2	(5)		3/3					

Über die Verladung von Werkzeugteile (6) Empfänger Romero do Santos, Rio de Janeiro

per Seefracht (7) am 15.11.1996 von Hamburg nach Rio de Janeiro, Brasilien

Nur bei Inkassoaufträgen ausfüllen!

Bezogener
Fabrica Romero do Santos S.A., P.O. Box 1007, 20091 Rio de Janeiro, Brasilien (8)

Inkassobank
Banco do Brasil S.A., 328 Avda. Presidente Vargas, 20000 Rio de Janeiro, Brasilien (9)

(10) Inkassospesen
- Ihre Kosten bzw. Spesen [X] zu unseren Lasten [ ] zu Lasten des Bezogenen
- Fremde Kosten bzw. Spesen [ ] zu unseren Lasten [X] zu Lasten des Bezogenen
- [X] Die Dokumente dürfen nur ausgeliefert werden, wenn der Bezogene auch die Spesen bezahlt.

Die Dokumente sind zu versenden
[ ] mit einfacher Post[1] (Luftpost) [ ] per Einschreiben (Luftpost) [X] per Kurierdienst

und auszuliefern
[ ] gegen Zahlung (2) [X] gegen Akzept

[ ] Aufnahme der Dokumente kann bis zur Ankunft des Schiffs/der Ware zurückgestellt werden. (4)

(11)
[X] Das Akzept soll bei der Inkassobank zum Einzug bei Fälligkeit verbleiben. Verfalldatum des Akzeptes ist uns mitzuteilen.
[ ] Das Akzept ist zurückzurufen.

Protestanweisungen: (12)
[ ] Kein Protest
[ ] Protest bei Nichtakzeptierung
[X] Protest bei Nichtbezahlung des Akzeptes

ZAHLUNG erbeten per (13)
[ ] Luftpost [X] S.W.I.F.T./Telex/Telegramm
Bei Schwierigkeiten Nachricht erbeten
[ ] per Luftpost [X] per S.W.I.F.T./Telex/Telegramm

Vertreter:
Francisco Rabat, Rua General Sampaio 77, Rio de Janeiro, Brasilien (14)
Befugnisse (mangels anderer Weisungen nur zur Intervention berechtigt):

Sonstige Weisungen:
(15)

[1]) Sofern kein Konnossement/Orderlagerschein vorhanden

Mustermann
Unterschrift des Einreichers

Der Ausführung dieses Auftrags sind die „Einheitlichen Richtlinien und Gebräuche für Dokumenten-Akkreditive (Revision 1993), ICC-Publikation Nr. 500“ bzw. „Einheitlichen Richtlinien für Inkassi (Revision 1995), ICC-Publikation Nr. 522“ zugrunde zu legen.

Abbildung 4.2-06

Art des Inkassos (2)

Art des Inkassos

Aus dem Inkassoauftrag muss eindeutig hervorgehen, ob es sich um ein Inkasso "**Dokumente gegen Zahlung**" oder um ein Inkasso "**Dokumente gegen Akzept**" oder um ein Inkasso "**Dokumente gegen unwiderruflichen Zahlungsauftrag** (mit späterer Fälligkeit)" handelt. In der Praxis ist zwar Eindeutigkeit regelmäßig gegeben bzw. wird durch Rückfragen der Bank beim Auftraggeber hergestellt. Gleichwohl können ausnahmsweise Fragen dann auftreten, wenn beispielweise dem Inkassoauftrag eine vom Exporteur auf den Importeur gezogene Sicht- oder Nachsichttratte beigefügt ist und lediglich ein allgemeiner Inkassoauftrag, nicht aber ein spezieller "Dokumente gegen Akzept"-Auftrag erteilt ist. Eine derartige Tratte muss nicht zwingend zu einem "Dokumente gegen Akzept"-Auftrag führen, sondern eine Tratte des Exporteurs kann auch einem "Dokumente gegen Zahlung"-Auftrag als Sicherungsinstrument beigefügt sein, z.B. zur Akzeptierung durch den Importeur bei Vorlage der Dokumente oder bei Aushändigung der Dokumente "zu treuen Händen" (Einzelheiten siehe Abschnitt "4.2.3.4 Sonderformen: Wechselziehungen bei 'Dokumente gegen Zahlung'-Inkassi").
Sofern sich auch in der Rubrik "Sonstige Weisungen" keine (näheren) Angaben zur Vorlage einer beigefügten, später fälligen Tratte und damit zur eindeutigen Beantwortung der Frage finden, welcher Art das Inkasso ist, dann behandeln die Banken ein solches Inkasso entsprechend Art. 7 ERI als "Dokumente gegen Zahlung"-Inkasso.

Abgebildeter Vordruck

Falls entsprechend ausgefüllt, definiert im vorliegenden Vordruck die im unteren Teil stehende Formulierung "Die Dokumente sind ... auszuliefern **... gegen Zahlung**" den Inkassoauftrag in Verbindung mit der im Vordruck oben stehenden Formulierung "Die Dokumente sind zum Einzug bestimmt" eindeutig als "Dokumente gegen Zahlung"-Inkasso.
Falls entsprechend angekreuzt, bestimmt die Formulierung "**... gegen Akzept**" das Inkasso eindeutig als "Dokumente gegen Akzept"-Inkasso.
Ein "Dokumente gegen unwiderruflichen Zahlungsauftrag"-Inkasso muss die Weisung "**gegen unwiderruflichen Zahlungsauftrag**" ("against irrevocable payment order" bzw. eine sinngemäße Weisung) enthalten, wobei -ebenso wie bei Wechselakzepten- die Fälligkeit (siehe Ziffer 4 des Vordrucks) festzulegen ist.

4.2.4.2 Inkassobetrag (einschließlich Währung) und Fälligkeit

Inkassobetrag (einschließlich Währung) (3)

Basis: Kaufvertrag

Inkassobetrag, Währung und Fälligkeit sind im Kaufvertrag festgelegt und vom Exporteur in den Inkassoauftrag genauestens zu übernehmen.

Evtl. Teilzahlung

Der Importeur hat den **vollen Inkassobetrag** ohne jeden Abzug zu leisten. Sofern der Exporteur im Inkassoauftrag ausdrücklich eine Ermächtigung erteilt hat, kann die vorlegende Bank vom Importeur **Teilzahlungen** annehmen. Gemäß Art. 19 ERI werden dem Impor-

teur die Dokumente jedoch erst dann ausgehändigt, wenn er den vollen Inkassobetrag gezahlt hat.
Der Exporteur kann jedoch im Inkassoauftrag auch Weisung erteilen, dass dem Importeur die Dokumente bereits nach Teilzahlung(en) in bestimmter Höhe von der vorlegenden Bank ausgehändigt werden dürfen. Die Risiken des Exporteurs, die in der Aushändigung der Dokumente an den Importeur vor der vollen Bezahlung liegen, sind offenkundig.
Im Übrigen ist die vorlegende Bank gemäß den ERI (vgl. Art. 19 in Verbindung mit Art. 16) gehalten, Teilzahlungen unverzüglich auf dem Inkassoweg der Einreicherbank und damit dem Exporteur zur Verfügung zu stellen.
Weitere Aspekte von Teilzahlungen sind in Abschnitt "4.2.7.1 Not leidende Inkassi 'Dokumente gegen Zahlung'" dargestellt und beurteilt.

Währung

Gemäß Art. 17 und 18 der ERI darf die vorlegende Bank mangels anderer Weisungen im Inkassoauftrag die Dokumente nur gegen Zahlung in der im Inkassoauftrag **ausgewiesenen Währung** freigeben, und zwar muss diese Währung sofort verfügbar sein.
Diese Vorschrift trägt zwar grundsätzlich dem Sicherungsinteresse des Exporteurs Rechnung. Es ist jedoch die Frage nahe liegend, ob diese kategorische Norm dem Interesse des Exporteurs tatsächlich in allen Situationen gerecht wird, zumal rasch die Gefahr entsteht, dass der Importeur beispielsweise mangels Devisenzuteilung die Dokumente nicht aufnehmen kann und deswegen das Inkasso als Ganzes zu scheitern droht.

Zahlung (Hinterlegung) in nicht vereinbarter Währung

Unter diesem Blickwinkel kann es für den Exporteur im Ausnahmefall erwägenswert sein, eine **Weisung zur Währung** zu erteilen. Eine solche Weisung kann zu einem späteren Zeitpunkt zweckmäßig sein, z.B. wenn der Exporteur eine Mitteilung der vorlegenden Bank über die augenblickliche Unerfüllbarkeit des Inkassoauftrags in der vereinbarten Währung erhält.
Ist beispielsweise die Situation gegeben, dass der Importeur einerseits zahlungswillig, zahlungsfähig und zur Dokumentenaufnahme bereit ist, und dass er andererseits die Fremdwährung, auf die der Inkassoauftrag lautet, zur Honorierung der Dokumente augenblicklich wegen **Devisenknappheit des Importlandes** nicht zugeteilt bekommt, dann kann folgendes Zugeständnis des Exporteurs im Inkassoauftrag die Rückgabe des Inkassos verhindern:

> "Dem Importeur sind die Dokumente gegen Zahlung in Landeswährung auszuhändigen."

Zweckmäßigerweise ist in diesem Ausnahmefall ergänzend die Weisung zu erteilen, wonach der Importeur den Landeswährungsbetrag bei der Notenbank des Importlandes mit der Maßgabe zu deponieren hat, dass der Betrag nach Devisenzuteilung unverzüglich über den Inkassoweg an den Exporteur zu transferieren ist.

Devisentransfergarantie

Wünschenswert wäre bei dieser Abwicklung, dass die Notenbank des Importlandes eine **Devisentransfergarantie** mit einer sog. **Zinsklausel** stellt, die den Exporteur für die Zahlungsverzögerung entschädigt. Solche Zinsklauseln sind jedoch in der Praxis nur sehr selten durchzusetzen. Im Übrigen sollte vor den obigen Zugeständnissen für den Exporteur erkennbar sein, dass die Transferprobleme des Importlandes voraussichtlich nicht in eine Zahlungsunfähigkeit einmünden werden.

Wechselkursverluste zulasten des Importeurs

Überdies sollte sich der Importeur in den beschriebenen Situationen bereit erklären, eventuell entstehende Wechselkursverluste, die bei **ersatzweiser Zahlung in der Importlandwährung** wahrscheinlich sind, zu übernehmen. Eine dahingehende Vereinbarung sollte der Exporteur vor seiner Einwilligung zu der oben beschriebenen Abwicklung mit dem Importeur treffen. In jedem Fall sollte der Exporteur in der beschriebenen Situation den Rat einer auslandserfahrenen Bank einholen.

Fälligkeit (4)

Alternative Fälligkeiten

Die Fälligkeit des Dokumenteninkassos ist eindeutig und auf Grundlage der im Kaufvertrag getroffenen Vereinbarungen zu formulieren. Die Möglichkeiten zur Fälligstellung von "Dokumente gegen Zahlung"-Inkassi sind in Abschnitt **"4.2.3.2.2 Alternative Fälligkeiten für die Dokumentenaufnahme bei Sichtinkassi"**, die Möglichkeiten zur Festlegung der Wechsellaufzeit bei "Dokumente gegen Akzept"-Inkassi sind in Abschnitt **"4.2.3.3.2 Alternative Wechsellaufzeiten"** dargestellt.
Die Fälligkeit des unwiderruflichen Zahlungsauftrags und damit das Zahlungsziel für den Importeur kann bei **"Dokumente gegen unwiderruflichen Zahlungsauftrag"**-Inkassi beispielsweise ausgehend vom Datum der Handelsrechnung oder vom Verladedatum bzw. vom Ausstellungstag des Transportdokuments definiert werden.
Die Interpretation zu der im unteren Teil des Inkassoauftrags vorgesehenen Möglichkeit: "Aufnahme der Dokumente kann bis zur Ankunft des Schiffs/der Ware zurückgestellt werden", findet sich in Abschnitt "4.2.3.2.2 Alternative Fälligkeiten...".

4.2.4.3 Dokumente (eventuell einschließlich Tratte) mit Prüfliste für den Exporteur

Dokumente (5)

Einzureichende Dokumente

Die dem Inkassoauftrag beizufügenden Dokumente sind einzeln und mit der jeweiligen **Anzahl** ihrer **Ausfertigungen** aufzuführen. Bei einigen Banken erfolgt die Zusammenstellung der Dokumente außerhalb des Inkassoauftrags auf einem gesonderten Vordruck, der sog. **"Dokumentenspezifikation"**.

Prüfliste Dokumente

> Die Kreditinstitute haben zur Dokumenteneinreichung bei Akkreditiven Prüflisten (sog. Checklisten) für den Exporteur zusammengestellt, die bei der **Dokumentenzusammenstellung** von Inkassi eine analoge Anwendung erfahren können.

Vom Exporteur sind danach insbesondere die folgenden Punkte zu beachten:

- Ausgehend vom Kaufvertrag: Sind die einzureichenden Dokumente **vollständig** und stimmen sie **inhaltlich** (bezüglich Warenbeschreibung, Einzelpreis, Lieferbedingungen usw.) mit den im Kaufvertrag getroffenen Vereinbarungen überein? Sind die Dokumente -laut Kaufvertrag- auf den Importeur ausgestellt?
- Verlangen die **Einfuhrbestimmungen** des Importlandes darüber hinaus Dokumente, die im Kaufvertrag nicht aufgenommen sind, und liegen die Dokumente in der geforderten Form vor? (Siehe auch "K und M" Konsulats- und Mustervorschriften, hrsg. v. d. Handelskammer Hamburg, in der jeweils aktuellen Fassung).
- Sind alle Dokumente von den jeweils Berechtigten **unterzeichnet**?
- Sind eventuell geforderte **Erklärungen**, **Bestätigungen**, **Beglaubigungen**, **Legalisierungen** usw. in der richtigen (üblichen) Form und auf den entsprechenden Dokumenten ausgewiesen?
- Sind die **Zeichen und Nummern** in allen Dokumenten gleich und stimmen sie mit der Verpackungsmarkierung überein?
- Lauten in allen Dokumenten der **Abgangs- und Ankunftshafen** sowie der Dampfername gleich?
- Sind die Dokumente (z.B. Konnossement, Versicherungspolice o. Ä.) mit den **Indossamenten** versehen, falls diese vorgeschrieben sind?

Prüfliste Tratte

Sofern dem Inkassoauftrag eine Sichttratte oder eine Nachsichttratte beigefügt ist, hat der Exporteur zu beachten, dass diese Tratte in **formeller und inhaltlicher Hinsicht** entsprechend den Vereinbarungen des Kaufvertrags ausgestellt ist, insbesondere hinsichtlich

- Betrag und Währung,
- Laufzeit bzw. Fälligkeit,
- Ordervermerk (Remittent),
- Bezogener,
- Domizilstelle,
- Unterschrift des Exporteurs als Wechselaussteller,
- Unterschrift des Exporteurs als Indossant (falls die Tratte an eigene Order gestellt ist).

Die eventuell nach ausländischem Recht erforderliche Versteuerung der Tratte nimmt in der Praxis häufig die ausländische Inkassobank (zulasten der Exporteurbank bzw. des Exporteurs) vor.

Abbildung

Die **Abbildung 4.2-07** zeigt die **Nachsichttratte(n)** des deutschen Exporteurs.

Anmerkungen: Im vorliegenden Beispiel hat der Exporteur die Nachsichttratte in zweifacher Ausfertigung ausgestellt. Dies ist dann zweckmäßig, wenn die Einreicherbank den Versand der Dokumente (z.B. die Ausfertigungen eines Konnossements) wegen des Dokumentenverlustrisikos in zwei Postsendungen aufteilt. Bei Kurierpost bzw. bei Versand von Dokumenten, die nicht Wertpapiere sind, erfolgt eine solche Aufteilung heute üblicherweise nicht mehr. Die Ausstellung von zwei Ausfertigungen einer Tratte ist in diesen Fällen primär im Sinne einer überlieferten Handhabung zu sehen.

Reutlingen, *the* 22nd November 1996 *For* DEM 80.000,00

At 90 days sight

pay this first *Bill of Exchange (* second *unpaid) to the order of* ourselves

Deutsche Mark Eightythousand only--

To Fabrica Romero do Santos S.A.
P.O. Box 1007
20091 Rio de Janeiro

Alfred Mustermann GmbH
Postfach 1774
72764 Reutlingen

Mustermann

payable at Banco do Brasil S.A.
20000 Rio de Janeiro

Formularverlag CW Niemeyer, Werkstr. 7, 3250 Hameln, (0 51 51) 20 03 24, FS 9 24 745, Fax 6 77 06
Wuppertal (02 02) 50 20 31, Offenbach (0 69) 86 26 82, Weil der Stadt (0 70 33) 3 49 40

CWN eW.

Reutlingen, *the* 22nd November 1996 *For* DEM 80.000,00

At 90 days sight

pay this second *Bill of Exchange (* first *unpaid) to the order of* ourselves

Deutsche Mark Eightythousand only--

To Fabrica Romero do Santos S.A.
P.O. Box 1007
20091 Rio de Janeiro

Alfred Mustermann GmbH
Postfach 1774
72764 Reutlingen

Mustermann

payable at Banco do Brasil S.A.
20000 Rio de Janeiro

Formularverlag CW Niemeyer, Werkstr. 7, 3250 Hameln, (0 51 51) 20 03 24, FS 9 24 745, Fax 6 77 06
Wuppertal (02 02) 50 20 31, Offenbach (0 69) 86 26 82, Weil der Stadt (0 70 33) 3 49 40

CWN eW.

Abbildung 4.2-07

Prüfungsumfang der Banken

Art. 12 a ERI schreibt vor:

"*Die Banken müssen prüfen, ob die erhaltenen Dokumente den im Inkassoauftrag aufgelisteten Dokumenten zu entsprechen scheinen und vom Fehlen irgendwelcher Dokumente, oder, wenn andere als die aufgelisteten festgestellt wurden, denjenigen Beteiligten, von dem ihnen der Inkassoauftrag zuging, unverzüglich durch Telekommunikation oder, wenn dies nicht möglich ist, auf anderem schnellen Wege benachrichtigen.*

Banken haben in dieser Hinsicht keine weitere Verpflichtung."

Die Verpflichtung der Banken zur Prüfung der Dokumente ist somit begrenzt. Deutsche Kreditinstitute prüfen die eingereichten Dokumente jedoch inhaltlich und auf ihre Entsprechung zum Inkassoauftrag -im Rahmen einer **unverbindlichen Serviceleistung**- umfassender als die ERI dies vorschreiben. Stellen sich für den Exporteur Fragen zu den Dokumenten, dann sollte er ohnehin frühzeitig, d.h. vor der Dokumenteneinreichung, mit der Einreicherbank Kontakt aufnehmen. Die Banken verfügen über umfassende Erfahrungen mit Dokumenten, insbesondere aus dem Akkreditivgeschäft.

4.2.4.4 Ware und (eventuell treuhänderischer) Warenempfänger, Transportmittel, Versanddatum und Transportweg

Ware und (eventuell treuhänderischer) Warenempfänger (6)

Warenbezeichnung

Es ist nicht erforderlich und aus Platzgründen oft auch nicht möglich, alle Details der Warenbeschreibung, so wie sie beispielsweise in der Rechnung aufgeführt sind, in den Inkassoauftrag zu übernehmen. Es genügt an dieser Stelle eine **Kurzbezeichnung** der Ware und ihrer Verpackung (z.B. Anzahl und Merkmale der Kisten, Fässer usw.), die es der Einreicherbank und den eingeschalteten Inkassobanken ermöglicht, die Dokumente eindeutig dem Inkassoauftrag zuzuordnen. Darüber hinaus muss die Kurzbezeichnung der Ware dem zahlungspflichtigen Importeur (Bezogenen) ausreichen, um die von der vorlegenden Bank zugehende Mitteilung über das Vorliegen des Dokumenteninkassos richtig einordnen zu können.

Warenempfänger

Sind der Bezogene (der zahlungspflichtige Importeur) des Dokumenteninkassos und derjenige, an den die Warensendung adressiert ist (Warenempfänger) identisch, dann genügt es, an dieser Stelle des Inkassoauftrags entweder die **Kurzadresse des Importeurs** zu wiederholen oder vereinfacht "Importeur" oder "Bezogener" einzutragen.

Treuhänderischer Dritter

Erfolgt dagegen der Versand der Ware an die Adresse eines treuhänderischen Dritten, z.B. an die Adresse einer Bank im Importland (was allerdings nur nach vorheriger Zustimmung der betreffenden Bank erfolgen sollte; vgl. Art. 10 ERI), dann ist im Inkassoauftrag die **Anschrift dieses treuhänderischen Warenempfängers** einzutragen.

Zu beachten ist, dass der Bezogene, d.h. der Zahlungspflichtige aus dem Inkassoauftrag, stets der Importeur bleibt, nicht dagegen der treuhänderische Warenempfänger. Erst wenn der zahlungspflichtige Importeur (der Bezogene) dem Inkassoauftrag entsprochen hat, d.h. Zahlung (oder -bei dieser Abwicklung seltener- das Akzept) geleistet hat, werden ihm die Waren vom treuhänderischen Dritten (also vom treuhänderischen Warenempfänger) freigegeben (Einzelheiten zum Warenversand an die Adresse treuhänderischer Dritter siehe Abschnitt "4.2.8 Warenversand an die Adresse treuhänderischer Dritter".

Transportmittel, Versanddatum und Transportweg (7)

Angaben

Die Angaben zum Transportmittel, Versanddatum und Transportweg sind insbesondere für den zahlungspflichtigen **Importeur** von Belang. Er kann auf Grundlage dieser Daten, die in der ihm von der vorlegenden Bank zugehenden Mitteilung enthalten sind, feststellen, ob der Kaufvertrag vom Exporteur hinsichtlich des Transportmittels, des Transportweges und des Versanddatums eingehalten wurde und er kann u.U. bereits auf dieser Grundlage über die Aufnahme der Dokumente (durch Zahlung bzw. Akzeptleistung) entscheiden.

Funktionen

Für die am Inkasso beteiligten **Banken** sind die Angaben über Transportmittel, Transportweg und Versanddatum dagegen nur Informationen, die ihnen die Zuordnung von Inkassoauftrag einerseits und Dokumenten andererseits ermöglichen. Der informative Charakter dieser Angaben gilt allerdings nur solange, als keine der Inkassobanken treuhänderisch als Warenempfänger fungiert. Erfolgt der Warenversand tatsächlich an die Adresse einer treuhänderischen Bank, dann muss diese Bank dem Inkassoauftrag die versandbezogenen Daten (Transportmittel, Transportweg, Versanddatum) eindeutig entnehmen können.

4.2.4.5 Zahlungspflichtiger (Bezogener) und Inkassobank

Zahlungspflichtiger (Bezogener) (8)

Angabe des Zahlungspflichtigen

Es versteht sich von selbst, dass die **Anschrift** des zahlungspflichtigen Importeurs (Bezogenen) in den Inkassoauftrag **genauestens aufzunehmen** ist. Eine unvollständige Anschrift des zahlungspflichtigen Importeurs führt im Allgemeinen nur dann zu keinen Abwicklungsschwierigkeiten, wenn die vorlegende Bank zugleich die Hausbank des Importeurs ist.
Laut ERI können die Banken -ohne eigene Haftung und Verantwortlichkeit- versuchen, die richtige Anschrift des Zahlungspflichtigen festzustellen (vgl. Art. 4 c).
Zu beachten ist, dass der Zahlungspflichtige und der Warenempfänger (der Adressat der Waren; siehe Textziffer (6)) nicht identisch sein müssen. Es kommt durchaus vor, dass der **Warenversand** an die Adresse **treuhänderischer Dritter** (z.B. an Banken) erfolgt, während sich der Inkassoauftrag unverändert auf den Importeur als Zahlungspflichtigen (Bezogenen) richtet.
Einzelheiten siehe Abschnitt "4.2.8 Warenversand an die Adresse treuhänderischer Dritter" sowie Abschnitt "4.2.4.4 Ware und (eventuell treuhänderischer) Warenempfänger...".

Inkassobank (9)

Angabe der Inkassobank

... laut Kaufvertrag

Ist im Kaufvertrag eine **vom Importeur benannte Bank** als vorlegende Inkassobank festgelegt worden, dann ist der Exporteur verpflichtet, diese Bank in den Inkassoauftrag als Inkassobank aufzunehmen. Die Benennung einer Inkassobank, die zugleich Hausbank des Importeurs ist, entspricht nicht nur dem Interesse des Importeurs, sondern durchaus auch dem Interesse des Exporteurs an einer zügigen Abwicklung des Dokumenteninkassos. Allerdings sollte sichergestellt sein, dass die vorlegende Inkassobank die ERI anerkannt hat und dass es sich um eine seriöse und solvente Bank handelt, die das Zug-um-Zug-Geschäft des Dokumenteninkassos präzise und vertrauensschützend abwickelt.

... nach Ermessen der Einreicherbank

Sofern im Kaufvertrag keine Vereinbarung zur Inkassobank getroffen ist, lässt der Exporteur die Angabe der Inkassobank im Inkassoauftrag im Allgemeinen offen. Die Einreicherbank wickelt den Inkassoauftrag unter dieser Voraussetzung über die eigenen **Korrespondenzbeziehungen** in das Importland (seltener über ein Drittland) ab und wählt im Einklang mit Art. 5 f. ERI diejenige Korrespondenzbank aus, die ihr im konkreten Fall für das Inkasso am geeignetsten erscheint. Dabei muss die Einreicherbank keineswegs selbst mit der vorlegenden Bank in Kontakt treten, sondern die Einreicherbank kann eine andere Bank zwischenschalten, die dann ihrerseits die vorlegende Bank auswählt.

Haftungsausschluss der Banken

Gemäß **Art. 11 ERI** handeln die Banken, wenn sie Inkassodienste anderer Banken in Anspruch nehmen, für Rechnung und Gefahr des Exporteurs als Auftraggeber.

In den **Art. 11, 13 bis 15 der ERI** schließen die Banken darüber hinaus die Haftung für weitere Risiken weitgehend aus, die beispielsweise von Irrtümern bei der Übersetzung über die Wirksamkeit bzw. den Verlust der Dokumente bis hin zur Unterbrechung ihrer Geschäftstätigkeit durch Streik oder durch politische Unruhen reichen.

4.2.4.6 Inkassospesen einschließlich der üblichen Spesensätze

Inkassospesen (10)

Weisungen

... laut Kaufvertrag

Ist die **Aufteilung** der Inkassospesen (Inkassogebühren) der Banken auf den Importeur bzw. auf den Exporteur bereits im Kaufvertrag geregelt worden, dann sind in den Inkassoauftrag einfach die entsprechenden Vereinbarungen des Kaufvertrags zu übernehmen (siehe auch Abschnitt "4.2.3.1.2 Vereinbarung über die Verteilung der Inkassospesen...").

... gemäß den Usancen

Fehlt eine derartige Vereinbarung im Kaufvertrag, dann hat sich als Usance herausgebildet, dass jeder Beteiligte die **in seinem Land anfallenden Inkassospesen** trägt. Strittig könnte dann allerdings sein, ob dem Importeur auch jene zusätzlichen Inkassospesen anzulasten sind, die mangels geeigneter Korrespondenzverbindungen der Exporteurbank (Einreicherbank) durch Zwischenschaltung mehrerer Inkassobanken anfallen.

Unverzichtbarkeit

Grundsätzlich hat der Exporteur die Möglichkeit, die **Weisung** zu erteilen:

> "Die Dokumente dürfen nur ausgeliefert werden, wenn der Bezogene auch die Spesen bezahlt."

Ist die Übernahme der Inkassospesen durch den Importeur ohnehin im Kaufvertrag vereinbart worden und lassen die Inkassovorschriften des Importlandes diese Belastung des Importeurs zu und sieht der Exporteur überdies keine Gefahr, dass wegen dieser Weisung das Inkasso als Ganzes scheitern könnte, dann spricht nichts gegen die Aufnahme dieser Weisung in den Inkassoauftrag.
Ist dagegen im Kaufvertrag über die Spesenverteilung keine Vereinbarung getroffen worden und versucht der Exporteur, durch diese Weisung gleichwohl dem Importeur die (vollen) Inkassokosten aufzubürden, dann läuft der Exporteur Gefahr, dass das **Inkasso** deswegen **scheitert**. Die Konsequenzen dieses Scheiterns können für den Exporteur im Einzelfall gewichtiger sein als die (anteilige) Übernahme der Inkassospesen auf eigene Rechnung. Wird vom Exporteur auf die zitierte Weisung dagegen verzichtet, dann sehen die **ERI eine pragmatische Lösung** vor: Die vorlegende Bank kann dann gemäß Art. 21 a. ERI
"*... das (die) Dokument(e) je nach Lage des Falles gegen Zahlung oder Akzeptierung oder unter anderen Bedingungen ohne Einzug der Inkassogebühren und/oder Auslagen aushändigen ....*
Wird so auf Inkassogebühren und/oder Auslagen verzichtet, gehen diese zulasten des Beteiligten, von dem das Inkasso zuging und dürfen vom Erlös abgezogen werden."

Übliche Spesensätze

Ausgehende Inkassoaufträge

Bei Inkassoaufträgen **deutscher Exporteure** (sog. Inkassoaufträge auf das Ausland) berechnen die **deutschen Banken** ihrem **Auftraggeber** (Exporteur) im Allgemeinen folgende Inkassospesen (Inkassogebühren): 3‰ vom Inkassobetrag, mindestens jedoch DM 60.
Die Berechnung dieser Inkassospesen erfolgt regelmäßig auch in den Fällen, in denen das Inkasso unbezahlt bleibt oder vom Exporteur vor Fälligkeit zurückgerufen wird oder vom Exporteur der Inkassoauftrag auf Aushändigung der Dokumente an den Importeur ohne Einzug des Inkassobetrags (sog. wertfreie Auslieferung) abgeändert wird.
Im Allgemeinen schließen die o.g. Inkassospesen bei "Dokumente gegen Akzept"-Inkassi den Einzug des Wechselbetrags ein, sofern der akzeptierte Wechsel bis zur Fälligkeit bei der vorlegenden Inkassobank (Auslandsbank) verbleibt.
Bei **Änderungen** der Inkassobedingungen stellen die Banken gesonderte Spesen in Rechnung, die sich auf etwa DM 30 belaufen.
Zu beachten ist, dass mit den genannten Spesensätzen nur die Leistungen der **deutschen Bank** abgegolten sind, nicht jedoch die Aufwendungen der in das Inkasso eingeschalteten **ausländischen Bank(en)**.

Eingehende Inkassoaufträge

Für Inkassoaufträge, die vom Ausland bei den deutschen Banken eingehen, berechnen die deutschen Banken **dem ausländischen Auftraggeber** etwa die folgenden Inkassospesen:

1,5‰ vom Inkassobetrag, mindestens jedoch DM 60 zulasten des **ausländischen Auftraggebers**, sofern der Inkassoauftrag von einer ausländischen Bank zugeht;

3,0‰ vom Inkassobetrag, mindestens jedoch DM 60 zulasten des **ausländischen Auftraggebers**, sofern der Inkassoauftrag ausnahmsweise von einer sog. **Nichtbank** zugeht.

Die Berechnung dieser Inkassospesen erfolgt regelmäßig auch dann, wenn das Inkasso unbezahlt bleibt oder vom ausländischen Auftraggeber (der ausländischen Bank) vor Fälligkeit zurückgerufen wird oder vom ausländischen Auftraggeber auf Aushändigung der Dokumente an den deutschen Importeur ohne Einzug des Inkassobetrags (sog. wertfreie Auslieferung) abgeändert wird.

Dem **inländischen Zahlungspflichtigen** (dem deutschen Importeur) stellt die deutsche Bank etwa in Rechnung:

1,5‰ vom Inkassobetrag, mindestens jedoch DM 50
und -falls weisungsgemäß **alle Inkassospesen der deutschen Bank zulasten des deutschen Importeurs** gehen- **zusätzlich**
1,5‰ vom Inkassobetrag, mindestens jedoch DM 60.

Abweichungen

Zu beachten ist wiederum, dass die obigen Konditionen nur die Leistung der **deutschen Banken** abgelten, **nicht** jedoch die **Aufwendungen der ausländischen**, in das Inkasso eingeschalteten **Kreditinstitute**, die dafür Inkassospesen gesondert in Rechnung stellen.
Die genannten Konditionen bieten **nur Anhaltspunkte**, von denen im Einzelfall abgewichen werden kann.

4.2.4.7 Verwendung des akzeptierten Wechsels sowie Protestanweisungen

Verwendung des akzeptierten Wechsels (11)

- **Anweisung zum Verbleib des Akzeptes bei der vorlegenden Inkassobank und zum Einzug bei Fälligkeit**

Entscheidungskriterien des Exporteurs

Die Anweisung: "**Das Akzept soll bei der Inkassobank zum Einzug bei Fälligkeit verbleiben**", erteilt der Exporteur in der Regel dann,

- wenn das Akzept nur eine **kurze Laufzeit** aufweist,
- wenn der **Wechselbetrag niedrig** ist,
- wenn der Wechsel nicht **bundesbankfähig** (rediskontfähig) ist,
- wenn der Exporteur **sehr liquide** ist.

Bei **kurzer Wechsellaufzeit** (z.B. bei kurzer Nachsichtfrist) ist die Rücksendung mit anschließender Diskontierung des Wechsels im Exportland im Allgemeinen nicht lohnend, zumal beim Wechseldiskont Mindestzinstage gerechnet werden.
Analoges gilt bei **niedrigen Wechselbeträgen** mit Blick auf die bei einem Rückruf anfallenden Versandkosten und den im Exportland beim Wechseleinzug zusätzlich berechneten Inkassokosten.
Ein weiterer gewichtiger Grund, den akzeptierten Wechsel der Inkassobank zum Einzug zu überlassen, liegt vor, wenn dieser Wechsel bei der Deutschen Bundesbank ohnehin **nicht rediskontfähig** wäre. Dies trifft auf bestimmte Länder bzw. bestimmte Währungen generell zu. Auskünfte dazu erteilen die Landeszentralbanken bzw. die Hausbank des Exporteurs.

Schließlich mag auch zutreffen, dass der Exporteur **sehr liquide** ist und deswegen ein Liquiditätszufluss durch Diskontierung für ihn nicht erforderlich ist.

Abwicklung

Erteilt der Exporteur die genannte Anweisung, dann legt die Inkassobank dem Akzeptanten (Bezogenen) den Wechsel **bei Verfall zur Zahlung** vor und stellt nach Einlösung den Gegenwert auf dem Inkassoweg zu Gunsten des Exporteurs zur Verfügung. Diese Abwicklung ist in Abschnitt "4.2.1.3.2 'Dokumente gegen Akzept'-Inkassi mit Verwahrung des akzeptierten Wechsels bei der vorlegenden Bank und Auftrag zum Einzug bei Fälligkeit -Fall 2-" dargestellt und in einzelnen Schritten beschrieben.
In Abschnitt "4.2.6.4 Abwicklung von 'Dokumente gegen Akzept einer Nachsichttratte'-Inkassi" ist die Gutschrift des Inkassogegenwerts (Abrechnung) zu Gunsten des deutschen Exporteurs abgebildet.

Mitteilung des Verfalldatums

Die Weisung: "Verfalldatum des Akzeptes ist uns mitzuteilen" bezieht sich auf **Nachsichtwechsel**, weil deren Fälligkeitsdatum erst im Zeitpunkt der Akzeptleistung des Bezogenen auf Grundlage des sog. Sichtvermerks zuzüglich der vereinbarten Nachsichtfrist feststeht.
Verbleibt nun der akzeptierte Wechsel bei der Inkassobank im Importland zum Einzug, dann hätte der Exporteur ohne die genannte Weisung keine Information über den Verfalltag des Wechsels.
Ein Benachrichtigungsschreiben an den Einreicher (Exporteur) über die erfolgte Dokumentenaufnahme und über das Verfalldatum des akzeptierten Wechsels ist in Abschnitt 4.2.4 abgebildet.

- **Anweisung zur Rücksendung des akzeptierten Wechsels an den Exporteur**

Alternativen des Exporteurs

Die Weisung: "**Das Akzept ist zurückzurufen**" erteilt der Exporteur im Inkassoauftrag dann, wenn er im eigenen Land günstige Verwendungs- und Absicherungsmöglichkeiten hat:

- **Diskontierung** und -bei Fremdwährungswechseln- zugleich Absicherung des Wechselkursrisikos,
- **Weitergabe** des Wechsels an einen Lieferanten,
- Übernahme des Wechsels in den **eigenen Bestand** (Portefeuille).

Diskontierung bei der Exporteurbank

Der **gewichtigste Grund**, den akzeptierten Wechsel aus dem Ausland zurückzurufen, ist für den Exporteur die Liquiditätsbeschaffung durch Diskontierung bei seiner Hausbank.
In Abschnitt "4.2.1.3.3 'Dokumente gegen Akzept'-Inkassi mit Diskontierung des akzeptierten Wechsels durch die Exporteurbank -Fall 3-" ist diese Abwicklung dargestellt und in einzelnen Schritten beschrieben.

Entscheidungskriterien

Lohnend ist dieser Weg jedoch nur, wenn folgende Voraussetzungen erfüllt sind:

- Eine nicht zu kurze **Laufzeit** des Wechsels und ein relativ hoher **Wechselbetrag**. Es ist im Einzelfall zu prüfen, ob es mit Blick auf die Versandzeiten bzw. Versandkosten zweckmäßig ist, den

Wechsel zurückzurufen oder aber der Inkassobank im Ausland zum Einzug bei Fälligkeit zu überlassen.

- Der Wechsel muss den Anforderungen der Deutschen Bundesbank entsprechen, d.h. **rediskontfähig** sein. Diese Anforderungen umfassen neben den rein formalen Kriterien (z.B. maximale Restlaufzeit von 90 Tagen im Zeitpunkt der Rediskontierung, Erfüllung von Formvorschriften der Wechselurkunde und bonitätsmäßige Kriterien) auch länder- und währungsbezogene Ankaufskriterien. Die letztgenannten Kriterien sind aktuell bei den Landeszentralbanken bzw. bei der Hausbank des Exporteurs zu erfragen (eine umfassende Darstellung aller zur Diskontierung von Auslandswechseln relevanter Aspekte findet sich in Kapitel "5.3 Wechseldiskontkredite").
  Nur wenn der Auslandswechsel bundesbankfähig ist, eröffnet sich dem Exporteur die Möglichkeit zur zinsgünstigen Refinanzierung.

- Wechsel, die **nicht rediskontfähig** sind, werden von den deutschen Geschäftsbanken dagegen nur zu hohen Zinssätzen, die etwa dem Kontokorrentzinssatz entsprechen, angekauft. Bei solchen Wechseln ist vom Exporteur durchaus zu erwägen, statt eine Anweisung zur Rücksendung des Akzeptes zu erteilen, den Wechsel bei der Inkassobank zum Einzug bei Fälligkeit zu belassen.

- Handelt es sich um einen **Fremdwährungswechsel**, dann ist mit der Diskontierung dieses Wechsels zugleich eine Absicherung des Wechselkursrisikos verbunden. Allerdings kaufen die Kreditinstitute und gegebenenfalls die Deutsche Bundesbank Fremdwährungswechsel nicht zum Devisenkassakurs einer Währung, sondern zum sog. Wechselankaufskurs an, der praktisch dem Devisenterminkurs einer Währung entspricht.

  Einzelheiten zur Diskontierung von Fremdwährungswechseln siehe Abschnitte "5.3.4 Besonderheiten der Diskontierung von Auslandswechseln" sowie "5.3.5 Anwendungsbeispiel mit Beurteilung".

- Auch nach erfolgter Diskontierung des Auslandswechsels bleibt der Exporteur (Wechselaussteller) bis zum Zeitpunkt der Einlösung des Wechsels durch den Akzeptanten (Importeur) in der **wechselrechtlichen Haftung**. Im Gefolge einer Nichteinlösung des Wechsels kann sich deswegen für den Exporteur bei Rückbelastung des Wechsels das Wechselkursrisiko erneut stellen.

Weitergabe an Lieferanten

Die Weitergabe des akzeptierten Wechsels an einen Lieferanten kommt bei Auslandswechseln sehr **selten** vor. Der Exporteur würde zwar bei einer solchen Weitergabe das eigene Einreicherobligo bei seiner Bank schonen und der Lieferant würde an der Stelle eines bloßen Wechselakzeptes des Exporteurs als Sicherheit sowohl über die Ausstellerhaftung des Exporteurs als auch über die Akzeptantenhaftung des Importeurs verfügen. Bei Auslandswechseln treten jedoch Unwägbarkeiten in Erscheinung, die die Bereitschaft der Lieferanten, Auslandswechsel zahlungshalber anzunehmen, hemmt, so z.B. das politische Risiko, eventuell das Wechselkursrisiko, das

Problem der Beurteilung der Kreditwürdigkeit des ausländischen Akzeptanten, das Problem der Durchsetzbarkeit wechselrechtlicher Ansprüche im Ausland u.a.

Übernahme in das Portefeuille

Die Übernahme des vom Importeur akzeptierten Wechsels in den eigenen Bestand (Fachsprache: Portefeuille) des Exporteurs kommt im Allgemeinen nur infrage, wenn sich eine beabsichtigte Diskontierung, insbesondere **mangels Rediskontfähigkeit** des Wechsels nicht lohnt bzw. aus anderen Gründen scheitert oder wenn der **Exporteur sehr liquide** ist. Handelt es sich um Fremdwährungswechsel, dann trägt der Exporteur bei dieser Abwicklung -im Gegensatz zur Diskontierung- während der Laufzeit des Wechsels das Wechselkursrisiko, sofern er eine andere Absicherung nicht ergreift.
Vor Verfall übergibt der Exporteur seiner Bank diesen Wechsel **zum Einzug** des Gegenwerts beim Akzeptanten. Diese Abwicklung ist in Abschnitt "4.2.1.3.1 'Dokumente gegen Akzept'-Inkassi mit Aushändigung des akzeptierten Wechsels an den Exporteur -Fall 1-" dargestellt und in einzelnen Schritten beschrieben.

Protestanweisungen (12)

Protestanweisungen

Gemäß Art. 24 ERI sollte der Inkassoauftrag spezielle Weisungen hinsichtlich des Protestes (oder eines entsprechenden rechtlichen Verfahrens) im Falle der **Nichtakzeptierung** oder **Nichtzahlung** enthalten. Bei Fehlen solcher spezieller Weisungen sind die mit dem Inkasso beauftragten Banken nicht verpflichtet, die Dokumente wegen Nichtzahlung oder wegen Nichtakzeptierung protestieren (oder einem entsprechenden rechtlichen Verfahren unterwerfen) zu lassen (vgl. ebenda).

Protest bei Nichtakzeptierung

Ein Protest bei Nichtakzeptierung kommt infrage bei Nichtaufnahme der Dokumente, d.h. in dem Zeitpunkt, in dem es sich erweist, dass das Zug-um-Zug-Geschäft **"Dokumente gegen Akzept" scheitert**. Dem Exporteur verbleibt in dieser Situation die Sicherheit der Dokumente und -bei entsprechenden Dokumenten- die Verfügungsgewalt über die Waren.

Entscheidungskriterien des Exporteurs

Ob ein **Protest wegen Nichtakzeptierung** der Tratte des Exporteurs zweckmäßig ist, hängt von **verschiedenen Faktoren** und damit vom Einzelfall ab:

- Zunächst ist festzuhalten, dass der Exporteur in jedem Fall auf Grundlage des Kaufvertrags den **Anspruch** an den Importeur auf **Abnahme der Waren** hat und bei Nichtabnahme Anspruch auf Schadensersatz grundsätzlich auch ohne Protest wegen Nichtakzeptierung des Wechsels geltend machen kann (vorausgesetzt, dass im Kaufvertrag Schadensersatz für diesen Fall vereinbart ist).
- Ob eine Protesterhebung wegen Nichtakzeptierung die Durchsetzung dieser Ansprüche, insbesondere der **Schadensersatzansprüche** des Exporteurs verbessert, muss im Einzelfall geprüft werden.
- Handelt es sich um **Exportgüter**, die der Exporteur im Importland ohne (größere) Verluste **anderweitig verwerten** kann, dann

dürfte auch unter diesem Blickwinkel "Protest wegen Nichtakzeptierung" nicht zwingend sein.

- Wenig wahrscheinlich ist es bei Dokumenteninkassi gegen Akzept einer **Nachsichttratte**, dass der Importeur die Akzeptierung wegen **Zahlungsschwierigkeiten** verweigert. Im Gegensatz zu Dokumenteninkassi gegen Zahlung erhält der Importeur bei "Dokumente gegen Akzept"-Inkassi in Form der Nachsichtfrist ein Zahlungsziel eingeräumt, das es ihm grundsätzlich ermöglicht, den zu akzeptierenden Wechsel mit dem Weiterverkaufserlös der Waren bei Fälligkeit einzulösen.
- Zu bedenken hat der Exporteur schließlich, dass alle **Gebühren** und/oder **Auslagen**, die den Banken im Zusammenhang mit einem solchen Protest oder einem entsprechenden rechtlichen Verfahren entstehen, gemäß Art. 24 ERI zu seinen Lasten gehen.

Protest bei Nichtbezahlung des Akzeptes

Bezüglich der folgenden Ausführung ist zunächst klarzustellen, dass der Einzug und der eventuelle **Protest des akzeptierten Wechsels** vom eigentlichen Dokumenteninkasso "Dokumente gegen Akzept" losgelöst ist. Dies gilt selbst dann, wenn der Exporteur im Dokumenteninkassoauftrag Weisung erteilt, dass der -im Rahmen des Dokumenteninkassos- akzeptierte Wechsel bei der vorlegenden Inkassobank zum Einzug bei Fälligkeit verbleiben soll.

Im Gegensatz zur Nichtakzeptierung trifft den **Exporteur** die Nichtbezahlung des Akzeptes in einer viel **schwächeren Position**. Das Dokumenteninkasso ist zu diesem Zeitpunkt längst abgeschlossen, d.h. der Importeur hat im Zeitpunkt der Nichtbezahlung des Akzeptes längst über die Dokumente und damit über die Waren verfügt. Auch erweist sich die Anerkennung und die Durchsetzbarkeit von Eigentumsvorbehalten in vielen Ländern als problembehaftet.
So gesehen verbleibt dem Exporteur insbesondere der in Form des akzeptierten Wechsels verbriefte Anspruch, seine Forderung durchzusetzen. Inwieweit auf Grundlage eines wegen Nichtbezahlung protestierten Akzeptes **Forderungsansprüche** zeitlich schneller als gewöhnliche Forderungen durchgesetzt werden können, ist länderweise verschieden. Auch die Frage, welche weiter reichenden Sanktionen sich durch den Wechselprotest gegen den Akzeptanten richten (z.B. Veröffentlichung des Protestes) und damit die Frage, welche Anstrengungen der Importeur zur Vermeidung des Protestes unternehmen wird, ist nur von Land zu Land zu beantworten.
Ob zur Durchsetzung der Ansprüche des Exporteurs der Wechsel protestiert sein muss oder ob der Exporteur seine Ansprüche in seiner Eigenschaft als Aussteller des Wechsels auch ohne förmliche Protesterhebung durchsetzen kann, hängt ebenfalls vom jeweiligen Landesrecht ab.
Zur Frage der Protesterhebung bzw. zum Protesterlass siehe auch Abschnitt "3.4.2.3.4 Wechselprotest, Protesterlass, Regress, Wechselprozess u. Ä." sowie Abschnitt "4.2.7.2 Not leidende Inkassi 'Dokumente gegen Akzept'".

Alle diese Aspekte zeigen, dass der Exporteur dem Importeur die Zahlungsbedingung "Dokumente gegen Akzept" grundsätzlich nur zugestehen sollte, wenn **weder wirtschaftliche noch politische Risiken** erkennbar sind. Selbst wenn die Erfüllung dieser Kriterien gewährleistet scheint, sollte der Exporteur weiter reichende **Informationen** bei seiner Hausbank über die (rechtliche) Notwendigkeit der Protesterhebung und vor allem über die rechtliche Durchsetzungsmöglichkeit von Forderungen auf Grundlage protestierter bzw. nicht protestierter Wechsel einholen. Auf dieser Grundlage ist sodann die Position "Protest bei Nichtbezahlung des Akzeptes" im Inkassoauftrag zu behandeln.

Empfehlungen

4.2.4.8 Zahlungsweg, Notadresse (Vertreter), Sonstige Weisungen u.a.

Zahlungsweg, Benachrichtigung (13)

Zahlungsweg

Der Exporteur hat ein Interesse daran, schnellstmöglich in den Besitz der Zahlung zu gelangen, und zwar nicht nur wegen der Aufwendungen, die mit der Finanzierung von Außenständen stets verbunden sind, sondern bei Fremdwährungsforderungen auch wegen des Wechselkursrisikos und eventuell wegen des politischen Risikos.

Viele Argumente sprechen für eine Zahlung, die über **SWIFT** angewiesen wird, sofern die vorlegende Bank diesem System angeschlossen ist. Ansonsten ist es empfehlenswert, dass der Exporteur den Zahlungsweg auf Grundlage der **Erfahrungen** seiner Hausbank mit den jeweiligen Inkassobanken in den diversen Ländern festlegt.

Benachrichtigung bei Schwierigkeiten

Gemäß Art. 26 ERI ist eine Inkassobank verpflichtet, diejenige Bank, von der ihr der Inkassoauftrag zuging, unverzüglich über **Nichtzahlung** oder **Nichtakzeptierung** zu informieren.

Die ERI schreiben darüber hinaus vor:
"*Die vorlegende Bank sollte versuchen, die Gründe einer solchen Nichtzahlung und/oder Nichtakzeptierung festzustellen, und diejenige Bank unverzüglich entsprechend benachrichtigen, von der ihr der Inkassoauftrag zuging*" (Art. 26 c. ERI).
Der in den Inkassoauftrag aufgenommene Ausdruck "**Schwierigkeiten**" reicht jedoch weit über die Nichtzahlung bzw. Nichtakzeptierung hinaus und umfasst auch alle Begehren, die der Importeur an die vorlegende Bank richtet, z.B. hinsichtlich seiner Einwendungen wegen mängelbehafteter Dokumente, wegen treuhänderischer Aushändigung von Dokumenten bzw. wegen der Entnahme von Proben oder -bei Transferproblemen des Importlandes- wegen seiner Zahlungsbereitschaft in nicht vereinbarter Währung.
Es ist keine Frage, dass es im Interesse des Exporteurs liegt, bei allen derartigen Schwierigkeiten schnellstmöglich informiert zu werden.

Notadresse (Vertreter) (14)

Angabe einer Notadresse (eines Vertreters)

Angesichts der häufig großen räumlichen Distanz zwischen Export- und Importland und der damit verbundenen Kommunikationsprobleme kann es manchmal vorteilhaft sein, **im Falle der Nichtzahlung bzw. Nichtakzeptierung** seitens des Importeurs eine Notadresse (im Importland) zu benennen. In der Praxis wird dazu häufig der Vertreter des Exporteurs im Importland gewählt, der nicht nur mit den Eigenheiten des Importlandes vertraut ist, sondern meistens auch die individuellen Verhältnisse des Importeurs kennt, insbesondere dann, wenn er das vorliegende Exportgeschäft angebahnt oder vermittelt hat.

Befugnisse

Aus dem Inkassoauftrag sollten für die Banken, insbesondere für die vorlegende Bank, die **Befugnisse** einer solchen Notadresse **klar und vollständig** hervorgehen. Fehlen derartige Angaben, dann nehmen die Banken keinerlei Weisungen der Notadresse entgegen (vgl. Art. 25 ERI).

Alternativen:

Praktisch sind es **zwei Extreme**, zwischen denen sich die Befugnisse der Notadresse (des Vertreters) bewegen können:

- Keine Änderungen

- Zum einen die Maßgabe, dass der Vertreter nicht bevollmächtigt ist, igendwelche Änderungen an den Bedingungen des Inkassoauftrags vorzunehmen, sondern **nur zur Intervention** berechtigt ist. Dies bedeutet, dass der Vertreter seinerseits lediglich die Gründe für die Schwierigkeiten (Nichtaufnahme der Dokumente) zu ermitteln hat und eventuell im Rahmen seiner Möglichkeiten versuchen wird, die aufgetretenen Probleme zu bereinigen, so z.B. durch Einwirken auf den Importeur zur Aufnahme der Dokumente. Ansonsten sollte der Vertreter angewiesen werden, unverzüglich mit dem Exporteur Kontakt aufzunehmen und dessen Weisungen bzw. dessen eventuell veranlasste Änderung des Inkassoauftrags abzuwarten.

- Änderungen bzw. Empfang der Dokumente

- Zum anderen die Maßgabe im Inkassoauftrag, dass die Notadresse (der Vertreter) bevollmächtigt ist, die Bedingungen des Inkassoauftrags abzuändern bzw. die Dokumente und damit die Waren selbst in Empfang zu nehmen. Dies ist eine sehr **weit reichende Bevollmächtigung** des Vertreters. Er kann beispielsweise dem Importeur Zugeständnisse machen und dahingehend den Inkassoauftrag abändern. Weigert sich der Importeur endgültig, die Dokumente aufzunehmen, dann kann der Vertreter entsprechend seiner weit reichenden Bevollmächtigung die Waren einlagern, die Waren verwerten oder den Rücktransport der Waren veranlassen. Es ist offenkundig, dass der Exporteur eine derart weit reichende Vollmacht nur bewährten Vertretern erteilen kann.

- Individuelle Anpassung

- In den Inkassoauftrag können viele, den Eigenheiten des jeweiligen Exportgeschäftes **angepasste Weisungen** an die Notadresse aufgenommen werden, die zwischen den soeben dargestellten Extremen liegen.

Zahlung eines Teilbetrages an den Vertreter

Steht dem als Notadresse eingetragenen **Vertreter** des Exporteurs im Importland **Provision** aus dem Exportgeschäft zu, dann kann die-

se Provisionszahlung im Rahmen des Inkassoauftrags abgewickelt werden; siehe auch Ausführungen zu Ziffer 15 "Sonstige Weisungen".
Aus Sicht des Exporteurs entfällt der Transfer dieses Teilbetrags in das Inland mit anschließendem Rücktransfer in das Ausland, was nicht nur Überweisungsprovisionen der Kreditinstitute einspart, sondern bei Fremdwährungszahlungen auch die Spanne zwischen Devisengeld- und Devisenbriefkurs. Allerdings hat der deutsche Exporteur die Meldebestimmungen gemäß AWV auch bei dieser Abwicklung zu beachten.
Aus Sicht des Vertreters ist die Provision frühzeitiger verfügbar als bei dem soeben skizzierten Transfer.

Sonstige Weisungen (15)

Beispiele:

Grundsätzlich können vom Exporteur im Rahmen von Inkassoaufträgen vielfältige, auf das einzelne Exportgeschäft zugeschnittene Weisungen erteilt werden. Vor Eintragung von solchen sonstigen Weisungen in den Inkassoauftrag sollte der Exporteur jedoch Erkundigungen bei seiner Bank über deren **Durchführbarkeit** bzw. über die damit verbundenen, letztlich den Exporteur treffenden **Risiken** einziehen. Die folgenden Beispiele umfassen Weisungen, wie sie manchmal vorkommen:

- **Aushändigung von Dokumenten**

- Der Exporteur kann die Weisung erteilen, dass dem Importeur einzelne Dokumente zu treuen Händen, z.B. zum Zwecke der Einfuhrabfertigung ausgehändigt werden dürfen; eventuell gegen Sicherheitsleistung, z.B. der Akzeptierung eines Sichtwechsels.

- **Entnahme von Warenproben**

- Der Exporteur kann Weisung erteilen, wonach der Importeur die Waren besichtigen oder -bei entsprechender Warenart- Proben entnehmen darf; eventuell gegen Sicherheitsleistung, z.B. der Akzeptierung eines Sichtwechsels.

- **Zahlung von Teilbeträgen an Dritte**

- Der Exporteur kann im Rahmen der Position "Sonstige Weisungen" auch veranlassen, dass vom Inkassobetrag Teilbeträge abgezweigt und an den Vertreter bzw. an Dritte gezahlt werden; siehe auch Ausführungen zu Ziffer 14 "Notadresse (Vertreter)".

- **Einziehung von Zinsen**

- In den Inkassoauftrag kann die Weisung aufgenommen werden, dass beim Importeur Zinsen einzuziehen sind, z.B. bei Inkassi "Dokumente gegen unwiderruflichen Zahlungsauftrag mit späterer Fälligkeit". In den Inkassoauftrag muss der Zinssatz, der Berechnungszeitraum und die Art der Zinsberechnung aufgenommen werden. Einzelheiten siehe Abschnitt 4.2.3.1.2.

4.2.4.9 Prüfung des Inkassoauftrags durch die Einreicherbank und Haftungsausschlüsse

Prüfungsumfang

Die Einreicherbank prüft im Inkassoauftrag zunächst, ob die **Weisungen** des Einreichers genau und vollständig sind. Außerdem muss die Bank prüfen, ob die erhaltenen **Dokumente** den im Inkassoauf-

trag aufgelisteten Dokumenten zu entsprechen scheinen (vgl. Art. 12 ERI). Stellt die Einreicherbank das Fehlen irgendwelcher Dokumente oder andere als die aufgelisteten fest, dann hat sie den Einreicher unverzüglich zu verständigen (vgl. Art. 12 ERI).
Obwohl die Banken in Art. 13 ERI die Haftung oder Verantwortung für Form, Vollständigkeit, Genauigkeit, Echtheit, Verfälschung oder Rechtswirksamkeit von Dokumenten u.a. ausschließen, prüfen zumindest deutsche Einreicherbanken im Allgemeinen im Rahmen einer **unverbindlichen Serviceleistung** auch die Inhalte der Dokumente und des Inkassoauftrags in einer Gesamtbetrachtung. Auf Grund ihrer -insbesondere auch länderbezogenen- Erfahrungen in der Abwicklung von Dokumentengeschäften vermögen die Kreditinstitute den Einreichern vielfältige Empfehlungen, die deren Sicherheit dienen, zu vermitteln.

Haftungsausschlüsse

Sowohl die Einreicherbank als auch die weiteren mit dem Inkasso betrauten Kreditinstitute schließen die Haftung weitgehend aus. Einzelheiten siehe Art. 9 bis 15 ERI.

Empfangsanzeige/ Abbildung

Die Einreicherbank erteilt dem Einreicher (Exporteur) eine **Empfangs- und Ausführungsanzeige**, in die alle maßgeblichen Daten -so wie sie von der Einreicherbank an die vorlegende Inkassobank weitergeleitet werden- eingetragen sind.
Die **Abbildung 4.2-08** zeigt die Empfangs- und Ausführungsanzeige der Einreicherbank mit den Daten des in Abschnitt 4.2.4 vorgestellten Beispiels.

Hinweis

Zu den **Negoziierungskrediten** (Bevorschussungskrediten, Vorschüssen) der Banken in Verbindung mit Dokumenteninkassi siehe Abschnitt 5.5.3 in Kapitel "5.5 Negoziierungskredite (Negoziationskredite)".

4.2.5 Weiterleitung des Inkassoauftrags von der Einreicherbank an die (vorlegende) Inkassobank

Übernahme der Weisungen

Die Exporteurbank (Einreicherbank) überträgt alle relevanten Daten und Weisungen des Inkassoauftrags des Exporteurs auf den der **Auslandsbank** zu **erteilenden Inkassoauftrag**. Außerdem wird der beauftragten Auslandsbank Weisung darüber erteilt, auf welchem Weg der Inkassobetrag zu verrechnen bzw. wie ein akzeptierter Wechsel zu verwenden ist.

Abbildung

Die **Abbildung 4.2-09** zeigt den von der Exporteurbank an die vorlegende Inkassobank erteilten Inkassoauftrag.

Vorlegende Bank

Ist im Inkassoauftrag des Exporteurs eine **bestimmte Bank** als vorlegende Inkassobank benannt (in der Regel die Hausbank des Importeurs), dann kann die Einreicherbank den Inkassoauftrag dieser Bank entweder direkt -oder unter Einschaltung ihrer Korrespondenzbank im Importland- indirekt übermitteln.

Weist dagegen der Inkassoauftrag des Exporteurs keine vorlegende Inkassobank aus, dann ist die Einreicherbank gemäß Art. 5 ERI in

BANK FÜR HANDEL UND INDUSTRIE INKASSO-EXPORT EMPFANGSANZEIGE

Filiale Reutlingen

Telex : 783150
SWIFT : BHIADESS290
Telefon : 07121/271

22.11.96

Ihre Nr./Your No.	RE.NR. 1637560
Unsere Nr./Our No.	2534034193EI

	Währung/Currency	Betrag/Amount
	DEM	80.000,00
FAELLIG 90 TAGE NACH SICHT.		

ALFRED MUSTERMANN GMBH
POSTFACH 1774

72764 REUTLINGEN

BEZOGENER:
FABRICA ROMERO DO SANTOS S.A.
P.O. BOX 1007
20091 RIO DE JANEIRO

WIR ERHIELTEN IHREN INKASSO-/AKZEPTEINHOLUNGSAUFTRAG, DEN WIR WIE FOLGT AUSGEFUEHRT HABEN:
INKASSO-BANK: BANCO DO BRASIL S.A.
CAIXA POSTAL 380-ZC-00
20000 RIO DE JANEIRO (RJ)
BRASILIEN

DELIVER DOCUMENTS SPECIFIED IN THE ENCLOSURE AGAINST ACCEPTANCE OF ENCLOSED DRAFT(S). IN CASE OF DIFFICULTIES PLEASE INFORM SELLERS AGENT MESSRS. FRANCISCO RABAT, RUA GENERAL SAMPAIO 77, RIO DE JANEIRO WHO IS ENTITLED TO ACT IN ADVISORY CAPACITY.

KEEP ACCEPTED BILL(S) OF EXCHANGE FOR COLLECTION AT MATURITY AND INFORM US OF ACCEPTANCE/MATURITY BY AIRMAIL.
PROTEST FOR NON-PAYMENT OF ACCEPTED BILL OF EXCHANGE.
YOUR CHARGES ARE FOR DRAWEE'S ACCOUNT.
IN CASE OF NON-PAYMENT OF THE COLLECTION CHARGES AND/OR EXPENSES THE DOCUMENTS MUST NOT BE DELIVERED.
IN CASE OF DISHONOUR PLEASE ADVISE US BY SWIFT/CABLE/TELEX.
PLEASE ACKNOWLEDGE RECEIPT OF THE DOCUMENTS QUOTING OUR REFERENCE NUMBER.
PLEASE PAY THE PROCEEDS IN OUR FAVOUR BY SWIFT/CABLE/TELEX QUOTING OUR REFERENCE NUMBER 2534034193EI. .

DIE DOKUMENTE HABEN WIR WEISUNGSGEMÄSS AUF IHRE KOSTEN UND GEFAHREN PER KURIER AN DIE AUSLANDSBANK WEITERGELEITET.

BANK FÜR HANDEL UND INDUSTRIE AG

Abbildung 4.2-08

der Wahl der Inkassobank frei. Im Allgemeinen betraut die Einreicherbank in diesem Fall ihre **Korrespondenzbank** mit dem Inkasso, die allerdings ihrerseits eine weitere Bank beauftragen kann.

BANK FÜR HANDEL UND INDUSTRIE COLLECTION ORDER
FIRST MAIL

Filiale Reutlingen

Telex : 783150
SWIFT : BHIADESS290
Telefon : 07121/271

Ihre Nr./Your No.	
Unsere Nr./Our No.	2534034193EI

22.11.96 059993600

	Währung/Currency	Betrag/Amount
	DEM	80.000,00
MATURITY 90 DAYS AFTER SIGHT.		

AIRMAIL REGISTERED

BANCO DO BRASIL S.A.
CAIXA POSTAL 380-ZC-00

20000 RIO DE JANEIRO (RJ)

BRASILIEN

DRAWEE:
FABRICA ROMERO DO SANTOS S.A.
P.O. BOX 1007
20091 RIO DE JANEIRO

DELIVER DOCUMENTS SPECIFIED IN THE ENCLOSURE AGAINST ACCEPTANCE OF ENCLOSED DRAFT(S). IN CASE OF DIFFICULTIES PLEASE INFORM SELLERS AGENT MESSRS. FRANCISCO RABAT, RUA GENERAL SAMPAIO 77, RIO DE JANEIRO WHO IS ENTITLED TO ACT IN ADVISORY CAPACITY.

KEEP ACCEPTED BILL(S) OF EXCHANGE FOR COLLECTION AT MATURITY AND INFORM US OF ACCEPTANCE/MATURITY BY AIRMAIL.
PROTEST FOR NON-PAYMENT OF ACCEPTED BILL OF EXCHANGE.
YOUR CHARGES ARE FOR DRAWEE'S ACCOUNT.
IN CASE OF NON-PAYMENT OF THE COLLECTION CHARGES AND/OR EXPENSES THE DOCUMENTS MUST NOT BE DELIVERED.
IN CASE OF DISHONOUR PLEASE ADVISE US BY SWIFT/CABLE/TELEX.
PLEASE ACKNOWLEDGE RECEIPT OF THE DOCUMENTS QUOTING OUR REFERENCE NUMBER.
PLEASE PAY THE PROCEEDS IN OUR FAVOUR BY SWIFT/CABLE/TELEX QUOTING OUR REFERENCE NUMBER 2534034193EI. BY AUTHORIZING US TO DEBIT THE ACCOUNT OF YOUR 20000 RIO DE JANEIRO (RJ) OFFICE WITH ... ... BANK AG, FRANKFURT BRANCH.

BANK FÜR HANDEL UND INDUSTRIE AG

FILIALE REUTLINGEN

Abbildung 4.2-09

Haftungsausschluss der Banken

Der **Exporteur** als Auftraggeber des Inkassoauftrags **trägt** gemäß Art. 11 ERI die **Risiken** der Abwicklung:
"Bedienen sich Banken einer oder mehrerer anderer Banken, um die Weisungen des Auftraggebers auszuführen, tun sie dies für Rechnung und Gefahr dieses Auftraggebers.
Die Banken übernehmen keine Haftung oder Verantwortung, wenn die von ihnen übermittelten Weisungen nicht ausgeführt werden sollten, auch wenn sie selbst die Auswahl dieser anderen Bank(en) getroffen haben."

Dokumentenversand

Die Zusendung des Inkassoauftrags an die Auslandsbank erfolgt je nach Weisung im Inkassoauftrag des Exporteurs (siehe Abbildung in Abschnitt 4.2.4) per Einschreiben und je nach Dringlichkeit per Eilpost bzw. per Kurierdienst. Sicherheitshalber werden die Dokumente -bei Inkassi von Konnossementen und anderen Wertpapieren- manchmal aufgeteilt in **Erstpost** und **Zweitpost**, damit im Falle des Verlustes der Erstsendung die weitere Abwicklung des Inkassos auf Grundlage der Zweitsendung (der zweiten Ausfertigung der Dokumente) vollzogen werden kann. Diese Vorsichtsmaßnahme -auf die bei Kurierpost allerdings häufig verzichtet wird- dient vor allem dem Interesse des Exporteurs als Auftraggeber des Inkassos, weil die beteiligten Kreditinstitute gemäß Art. 14 ERI keine Haftung oder Verantwortung für die Folgen von Verlusten von Dokumenten übernehmen, sondern derartige Risiken beim Exporteur belassen.

Eingangsprüfung der Inkassobank

Die beauftragte Inkassobank (Auslandsbank) prüft den eingegangenen Inkassoauftrag gemäß den Einheitlichen Richtlinien auf genaue und vollständige **Weisungen** und dahingehend, ob die erhaltenen **Dokumente** den im Inkassoauftrag aufgelisteten Dokumenten zu entsprechen scheinen.
Die Banken müssen ... vom Fehlen irgendwelcher Dokumente, oder, wenn andere als die aufgelisteten festgestellt wurden, denjenigen Beteiligten, von dem ihnen der Inkassoauftrag zuging, unverzüglich ... benachrichtigen (Art. 12 a. ERI).

Empfangsbestätigung

Grundsätzlich erteilt die beauftragte Inkassobank der jeweils vorgeschalteten Bank, von der sie den Auftrag erhalten hat, eine Empfangsbestätigung, die **auch über SWIFT** erfolgen kann. Bei "Dokumente gegen Zahlung"-Inkassi unterbleibt die Empfangsbestätigung manchmal, weil ohnehin mit einer raschen Abwicklung gerechnet wird und insoweit die Überweisung des Inkassobetrags an die Stelle der Empfangsbestätigung tritt.

4.2.6 Vorlage (Präsentation) der Dokumente sowie Dokumentenaufnahme durch den Importeur

4.2.6.1 Vorlage (Präsentation) der Dokumente, Bedenkzeit des Importeurs und Dokumentenprüfung

Vorlage (Präsentation) der Dokumente

Mitteilung an den Importeur

Die Vorlage (Präsentation, Andienung) der Dokumente umfasst die Mitteilung der vorlegenden Bank an den Importeur über den Inkassoauftrag. In dieser Mitteilung, die in der Regel per Einschreiben zugestellt wird, sind die **Einzelheiten des Inkassos** (Auftraggeber, Einreicherbank, Betrag, Spesen, Fälligkeit, Bezeichnung und Anzahl der Dokumente usw.) aufgeführt sowie im Allgemeinen Fotokopien der Dokumente beigefügt. Der Importeur kann auf Grundlage dieser Mitteilung

- den Auftrag zur **Belastung seines Kontos** (Einlösungsauftrag, bei "Dokumente gegen Zahlung"-Inkassi) erteilen bzw.

- die **Tratte des Exporteurs akzeptieren** (bei "Dokumente gegen Akzept"-Inkassi)

bzw.

- den **unwiderruflichen Zahlungsauftrag** mit späterer Fälligkeit erteilen (bei "Dokumente gegen unwiderruflichen Zahlungsauftrag"-Inkassi)

oder aber erklären, dass er nicht bereit ist, dem Inkassoauftrag zu entsprechen.

Abbildung

Die **Abbildung 4.2-10** zeigt die Mitteilung über einen **Inkassoauftrag** der vorlegenden Inkassobank an den Importeur (Bezogenen).

Anmerkungen:

- Der abgebildete "Inkassoauftrag" (Mitteilung an den Importeur) bezieht sich nicht auf das bislang einbezogene Inkassobeispiel.
- Der abgebildete "Inkassoauftrag" (Mitteilung an den Importeur) ist der Broschüre "Akkreditive..." der Schweizerischen Kreditanstalt, Zürich 1996, S. 90, entnommen.

Bedenkzeit des Importeurs

Dauer der Bedenkzeit

Die Frage, welche (Bedenk-)Zeit dem Importeur zwischen dem Tag der Vorlage (Präsentation, Andienung) der Dokumente (Tag des Zugangs der Mitteilung der vorlegenden Bank) und dem Tag seiner Weisung (Zahlung bzw. Akzeptleistung oder Verweigerung) einzuräumen ist, beantwortet die **Literatur** im Allgemeinen mit 24 bis 48 Stunden. In der **Praxis** sind dagegen Fristen zu beobachten, die mehrere Tage umfassen oder übersteigen. In manchen Importländern kommen Verzögerungen vor, die den Zeitraum einer Woche übersteigen.

Einzelheiten siehe Abschnitt "4.2.6.3 Abwicklung von 'Dokumente gegen Zahlung'-Sichtinkassi bei alternativen Fälligkeiten für die Dokumentenaufnahme".

Zugeständnisse

Vor Erteilung einer Nichtzahlungsmeldung an die Einreicherbank versucht die vorlegende Inkassobank im Allgemeinen Kontakt mit dem Importeur aufzunehmen, um die **Gründe** seines Stillschweigens bzw. des **Ausbleibens des Einlösungsauftrags bzw. des Akzepts bzw. des unwiderruflichen Zahlungsauftrags** zu erfahren. Ist der Grund ein (erkennbar vorübergehender) Liquiditätsengpass, dann führt dies in der Praxis nicht selten zu kurzfristigen Zugeständnissen der vorlegenden Bank an den Importeur, ohne dass die Einreicherbank davon benachrichtigt würde.

Prüfung der Dokumente

Dokumentenprüfung durch den Importeur

Dem Importeur ist im Rahmen des Dokumenteninkassos die Möglichkeit eingeräumt, die **Dokumente** in den Räumen der vorlegenden Inkassobank **einzusehen**, sofern ihm dazu die von der vorlegenden Inkassobank im Allgemeinen zugesandten Fotokopien nicht ausreichen. Der Importeur kann sich dadurch vor Erteilung

SCHWEIZERISCHE KREDITANSTALT GEGRÜNDET 1856

CREDIT SUISSE
CREDITO SVIZZERO
ZÜRICH

Telefon 01 333 11 11
Telex 812412
Briefe CH-8070 Zürich

Einschreiben

DOKUMENTARGESCHAEFTE

Hugentobler AG
Waldhüsliweg 67

8987 Wiesenkirch

Dokumentar Inkasso
HT-632745 C12 MJ

Zürich 16 Januar 1996
Tel Nr (01) 332 8849

Für Rechnung von : Zenga, Rimini
Betrag : CHF 12,318.00
Zahlungsbedingung : bei Sicht

Sehr geehrte Damen und Herren,

Wir haben die folgenden Dokumente zum Inkasso erhalten:

- Rechnung 6-fach
- Packliste 6-fach
- Ursprungszeugnis 2-fach
- Spediteurübernahme-bescheinigung 1 Original + 1 Kopie

Wir sind ermächtigt diese Dokumente auszuhändigen gegen die Bezahlung von :

Betrag	:	CHF 12,318.00
plus angeforderte Spesen	:	CHF 75.00
plus unsere Komm./Spesen	:	CHF 125.00
Total		CHF 12,518.00

Bemerkungen:
Im Verweigerungsfalle geben Sie uns bitte sofort Bescheid, unter Angabe der Gründe, damit wir unseren Korrespondenten entsprechend informieren können.

Die Ausführung dieses Auftrages unterliegt den Einheitlichen Richtlinien für Inkassi, Publikation Nr. 522, herausgegeben von der Internationalen Handelskammer, Paris.

Mit freundlichen Grüssen

SCHWEIZERISCHE KREDITANSTALT

- Fotokopien der Dokumente

Abbildung 4.2-10

des Zahlungs-(Einlösungs-)Auftrages bzw. vor Leistung seines Akzeptes vergewissern, dass der Exporteur den Kaufvertrag -soweit dies anhand der Dokumente nachvollziehbar ist- vereinbarungsgemäß erfüllt hat.

Die vorlegende **Bank** kann den Importeur bei der Prüfung der Dokumente **beraten**, zumal die Banken über große Erfahrungen mit Dokumenten bei Dokumentenakkreditiven verfügen. Eine solche Beratung der vorlegenden Bank ist aber bei Dokumenteninkassi stets unverbindlich und nicht mit einer verbindlichen Dokumentenprüfung gleichzusetzen, wie sie z.B. bei bestätigten Akkreditiven vorkommt.

4.2.6.2 Möglichkeiten zur Aushändigung der Dokumente "zu treuen Händen" an den Importeur vor Zahlung des Inkassobetrags

1. Aushändigung der Dokumente an den Importeur "zu treuen Händen" nach Weisung und auf Risiko des Exporteurs

Interessenlage des Importeurs und Abwicklung

Im Kern der Abwicklung umfassen Dokumenteninkassi gegenüber dem Importeur ein Zug-um-Zug-Geschäft: Dokumente gegen Zahlung bzw. gegen Akzeptleistung bzw. gegen unwiderruflichen Zahlungsauftrag. Eine Aushändigung der Dokumente an den Importeur vor Erbringung der im Inkasso geforderten Leistung (Zahlung, Akzeptleistung, unwiderruflicher Zahlungsauftrag) sehen die ERI deswegen nicht vor.
Diese Regelung der ERI läuft jedoch dem Interesse des Importeurs zuwider: Der Importeur hat keine Möglichkeit, die **Ware** vor Zahlung bzw. vor Akzeptleistung zu besichtigen, um ihre **Mängelfreiheit** feststellen zu können (z.B. durch Entnahme von Proben). Zwar können im Kaufvertrag zur Sicherung des Importeurs Qualitätszertifikate vereinbart werden, die dann vom Exporteur im Rahmen des Inkassoauftrags auch vorzulegen sind, jedoch sind derartige Zertifikate (Gutachten) kostspielig.
Eine **ausnahmsweise** ergriffene Möglichkeit, dem Interesse des Importeurs entgegenzukommen, besteht darin, dass ihm auf Grundlage ausdrücklicher Weisung des Exporteurs im Inkassoauftrag zugestanden wird, **einzelne Dokumente "zu treuen Händen"** in Empfang zu nehmen. Auf dieser Grundlage kann der Importeur -je nach Weisung im Einzelfall- die Ware besichtigen, ihre Funktionstüchtigkeit überprüfen, Proben entnehmen oder ähnliche Handlungen vornehmen.

Dokumentenaushändigung zur Einfuhrabfertigung

In manchen Importländern ist der Nachweis über die erfolgte **Einfuhrabfertigung** Voraussetzung für die **Devisenzuteilung**. Der Importeur benötigt in diesem Fall die Dokumente, um die Einfuhrformalitäten in die Wege leiten zu können, und zwar zu einem Zeitpunkt, in dem er das Inkasso wegen der noch nicht zugeteilten Devisen noch nicht erfüllen kann. Die erforderliche Überlassung der Dokumente an den Importeur "zu treuen Händen" wird von der vorlegenden Bank nur zugestanden, wenn der Inkassoauftrag eine derartige Weisung ausdrücklich enthält oder vom Exporteur nachträglich -in Abänderung der bisherigen Inkassobedingungen und unter Einschaltung der am Inkasso beteiligten Banken- gebilligt wird.

Rückgabeverpflichtung des Importeurs/Risiko

Die Aushändigung der Dokumente "zu treuen Händen" verpflichtet den Importeur zur unverzüglichen Rückgabe der Dokumente nach Vornahme der zugestandenen Handlungen.
Das **Risiko des Exporteurs** bei derartigen Zugeständnissen liegt auf der Hand: missbräuchliche Verwendung der Dokumente, insbesondere Verfügung über die Ware durch den Importeur, ohne dass dieser dem Inkassoauftrag (durch Zahlung bzw. Akzeptleistung) entspricht.

Sicherstellung des Exporteurs...

Zur Sicherstellung des Exporteurs wurden zwar **Instrumente** geschaffen, die jedoch nicht allen Situationen gerecht zu werden vermögen:

... durch Akzeptleistung des Importeurs

- So kann beispielsweise der Exporteur die Auflage erteilen, dass dem Importeur die Dokumente "zu treuen Händen" nur gegen Akzeptleistung einer vom Exporteur auf den Importeur gezogenen **Sichttratte** überlassen werden. Reicht der Importeur die Dokumente vereinbarungsgemäß zurück, dann gilt der Wechselanspruch als erledigt. Der Wechsel dient hier ausschließlich der Sicherheit des Exporteurs und ist hier kein Finanzierungsinstrument.
  Verfügt der Importeur dagegen vertragswidrig über die Waren, dann kann ihm der akzeptierte Sichtwechsel unverzüglich zur Zahlung vorgelegt werden und -bei Nichtzahlung- Wechselprotest erhoben werden. Ob allerdings die Ansprüche des Exporteurs auf Grundlage des protestierten Wechsels rasch durchgesetzt werden können, ist keineswegs sicher und im Übrigen auch länderweise verschieden.
  Weitere Ausführungen zur Wechselziehung bei Aushändigung der Dokumente zu treuen Händen finden sich in Abschnitt 4.2.3.4.2.

... durch Hinterlegung des Inkassobetrags

- Eine etwas größere Sicherheit erlangt der Exporteur, wenn er zur Auflage macht, dass der Importeur die Dokumente "zu treuen Händen" nur erhält, wenn er den Betrag **in Landeswährung** bei der vorlegenden Bank oder -je nach Vereinbarung- bei einer anderen Bank **hinterlegt**. Nach erfolgter **Devisenzuteilung** und in Verbindung mit dem Transfer des Inkassobetrags an die Einreicherbank zu Gunsten des Exporteurs, kann sodann der hinterlegte Landeswährungsbetrag dem Importeur wieder zur Verfügung gestellt bzw. aufgerechnet werden.

  Hinweis

  Zur Problematik verzögerter Devisenzuteilung und -in deren Gefolge- zur Problematik eventuell entstehender Wechselkursverluste und Zinsverluste vgl. Abschnitt "4.2.4.2 Inkassobetrag (einschließlich Währung)...".

2. Aushändigung der Dokumente "zu treuen Händen" an den Importeur auf Risiko der vorlegenden Bank

Abwicklung

Es kommt in der Praxis ausnahmsweise vor, dass die vorlegende Inkassobank dem Importeur die Originaldokumente (und nicht nur

Fotokopien) zu deren Prüfung "**zu treuen Händen**" überlässt, ohne dass der Exporteur im Inkassoauftrag dazu ausdrücklich Weisung erteilt hat.

Risiken der vorlegenden Inkassobank

Die **vorlegende Bank** handelt damit ausschließlich auf **eigenes Risiko**. Verfügt der Importeur mit den Dokumenten über die Ware oder gehen die Dokumente verloren, dann haftet die vorlegende Bank gegenüber der vorgeschalteten Bank (Einreicherbank) und damit letztlich gegenüber dem Exporteur für die dadurch entstehenden Schäden. Diese weit reichende Haftung der vorlegenden Bank ist gerechtfertigt, denn diese Bank durchbricht durch ihr Zugeständnis den fundamentalen Grundsatz des Dokumenteninkassos, nämlich die Zug-um-Zug-Abwicklung.
Wegen dieser Risiken überlassen die vorlegenden Banken den zahlungspflichtigen Importeuren die Dokumente nur in **Ausnahmefällen** zur Prüfung und nur wenn eine -meist langjährig gewachsene-**Vertrauensbasis** dies rechtfertigt.

4.2.6.3 Abwicklung von "Dokumente gegen Zahlung"-Sichtinkassi bei alternativen Fälligkeiten für die Dokumentenaufnahme

Vorbemerkung

In der betrieblichen Praxis wird von **Sichtinkassi** auch dann gesprochen, wenn der Zeitpunkt für die Dokumentenaufnahme hinausgeschoben ist. Diese Sprachregelung ist tragfähig, weil sich an der Zug-um-Zug-Abwicklung "Dokumente gegen Zahlung" auch bei späterer Dokumentenaufnahme nichts ändert.

Hinweis

Die verschiedenen Fälligkeiten von "Dokumente gegen Zahlung"-Sichtinkassi sind in Abschnitt "**4.2.3.2.2 Alternative Fälligkeiten für die Dokumentenaufnahme bei Sichtinkassi**" beschrieben und beurteilt.

Regelfall: "Zahlbar bei Sicht"-Inkassi/"Zahlbar bei erster Präsentation"-Inkassi

Unverzügliche Vorlage

Art. 6 ERI schreibt vor: "*Bei Sicht zahlbare Dokumente muss die vorlegende Bank unverzüglich zur Zahlung vorlegen*" (sog. "Zahlbar bei Sicht"-Inkassi; "Zahlbar bei erster Präsentation"-Inkassi).
Die ERI lassen offen, ob und gegebenenfalls welche **Toleranz** die Formulierung "unverzügliche" Vorlage der vorlegenden Bank belässt. In der Praxis ist durchaus zu beobachten, dass insbesondere ausländische Banken dem Importeur die Dokumente nicht am Tag des Eingangs des Inkassoauftrags, sondern erst (kurze Zeit) später präsentieren.

Zeitachse/Abbildung

In **Abbildung 4.2.-11** ist deswegen bei der Darstellung der Abwicklung mittels Zeitachse ein Abstand zwischen dem **Tag des Eingangs** des Inkassoauftrags bei der vorlegenden Bank und dem **Tag der Vorlage** (Präsentation) der Dokumente gegenüber dem Importeur aufgenommen.

Bedenkzeit des Importeurs

Ein anderer zeitlicher Aspekt liegt -wie oben erwähnt- in der Frage, welcher Zeitraum dem Importeur nach Präsentation der Dokumen-

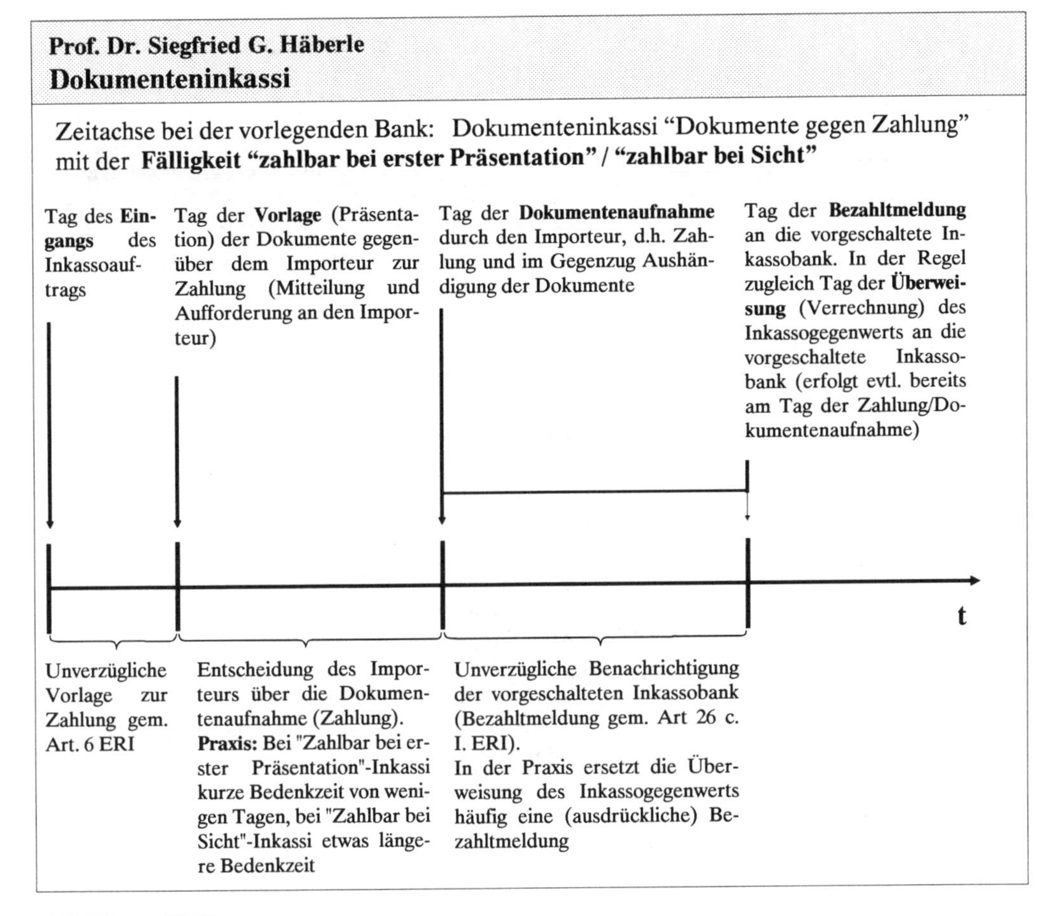

Abbildung 4.2-11

te, d.h. nach Zugang der Mitteilung der vorlegenden Bank als Bedenkzeit über die Aufnahme bzw. Nichtaufnahme der Dokumente zur Verfügung steht. Die Literatur spricht zwar überwiegend von 24 Stunden (vgl. Dortschy u.a. 1990: S. 237; Blomeyer 1986: S. 37), wogegen in der Praxis Fristen von mehreren Tagen und länger zu beobachten sind.

Nach den Recherchen des Verfassers unterscheiden die Banken bei der **Bedenkzeit des Importeurs** zwischen Inkassi, die "**bei erster Präsentation**" zahlbar sind, und Inkassi, die "**bei Sicht**" zahlbar sind. Bei der erstgenannten Kategorie erfolgt die Mahnung des Importeurs im Falle ausbleibender Weisungen sowie die Benachrichtigung der vorgeschalteten Inkassobank (Einreicherbank) bereits nach wenigen Tagen. Dagegen ist die Bedenkzeit des Importeurs bei Inkassi, die "bei Sicht" zahlbar sind, länger, d.h. die Mahnung des Importeurs bzw. die Benachrichtigung der vorgeschalteten Inkassobank erfolgen später. In die Zeitachse ist aus diesen Gründen eine **zeitliche Spanne** zwischen dem Tag der Vorlage (Präsentation) der Dokumente und dem Tag der Dokumentenaufnahme eingezeichnet im Bewusstsein, dass "unverzüglich" im Einzelfall durchaus eine längere Frist umfassen kann.

Dokumentenaufnahme/Aushändigung der Dokumente

Nimmt der Importeur die Dokumente auf, d.h. erteilt er Weisung, sein Konto mit dem Inkassobetrag zu belasten, dann händigt die vorlegende Bank dem Importeur die **Dokumente im Gegenzug** aus. Damit kann der Importeur seine Berechtigung zum Empfang der Waren nachweisen und über die Waren verfügen.

Bezahltmeldung der vorlegenden Bank

In **Art. 26 c. I ERI** ist der vorlegenden Bank vorgeschrieben, dass sie "*... derjenigen Bank, von der ihr der Inkassoauftrag zuging, unverzüglich eine Bezahltmeldung zusenden [muss] mit detaillierter Angabe des eingezogenen Betrags oder der eingezogenen Beträge, der gegebenenfalls abgezogenen Gebühren und/oder Aufwendungen und/oder Auslagen sowie der Art der Verfügbarstellung des Erlöses.*" Dieses Avis über die Zahlung kann mit SWIFT übermittelt werden.

In der **Praxis** erstattet die vorlegende Bank bei Inkassi, die bei Sicht zahlbar sind, häufig keine ausdrückliche Bezahltmeldung. Die vorlegende Bank überweist vielmehr den Inkassobetrag nach Dokumentenaufnahme durch den Importeur -gegebenenfalls unter vereinbarungsgemäßem Abzug der Bankspesen usw.- an die vorgeschaltete Bank bzw. ermächtigt diese, über ein Kontoguthaben zu verfügen. Diese Handlungen der vorlegenden Bank ersetzen eine ausdrückliche Bezahltmeldung der vorlegenden Bank.
Weil diese, die Bezahltmeldung ersetzenden Handlungen eventuell erst nach dem Tag der Dokumentenaufnahme vollzogen werden, ist auf der Zeitachse der Tag der Bezahltmeldung später eingezeichnet als der Tag der Dokumentenaufnahme.

Selten: "Zahlbar ... Tage nach Präsentation"-Inkassi

Fristeinschub

Die zeitliche Abwicklung dieser Bedingung unterscheidet sich von der Bedingung "zahlbar bei Sicht" durch den **Einschub einer festzulegenden Frist** zwischen dem **Tag der Präsentation** (Vorlage) der Dokumente durch die vorlegende Bank (d.h. dem Tag der Mitteilung der vorlegenden Inkassobank an den Importeur) einerseits und dem **Tag der Aufnahme** der Dokumente (d.h. dem Tag der Zahlungsfälligkeit des Inkassos) andererseits.

Bedeutung

Die Frage der Länge der dem Importeur einzuräumenden Bedenkzeit zwischen dem Zeitpunkt der Präsentation der Dokumente und dem Zeitpunkt der Aufnahme bzw. Nichtaufnahme, die sich bei der Bedingung "zahlbar bei Sicht" stellt, erübrigt sich bei der vorliegenden Bedingung im Wesentlichen, weil diese **"Bedenkzeit"** hier im formalen Rahmen ausgebildet ist.
Diese Bedingung ist ein **Entgegenkommen** an den Importeur zur Vermeidung der Zahlung zu einem Zeitpunkt, zu dem die Ware im Importland noch nicht angelandet ist. Allerdings handelt es sich bei dieser Bedingung nicht um ein echtes Zahlungsziel an den Importeur, weil an der Zug-um-Zug-Abwicklung des Dokumenteninkassos nicht gerüttelt wird: Der Importeur erhält die Dokumente erst ausgehändigt, wenn er (zum späteren Zeitpunkt) Zahlung geleistet hat.

In der Praxis kommen Inkassi mit der Bedingung "zahlbar ... Tage nach Präsentation" selten vor.
Anmerkung: Diese Bedingung darf nicht mit den Bedingungen von "Dokumente gegen unwiderruflichen Zahlungsauftrag (mit späterer Fälligkeit)"-Inkassi gleichgesetzt werden. Die letztgenannte Zahlungsbedingung gewährt dem Importeur ein Zahlungsziel.

Manchmal: "Zahlbar bei Ankunft der Ware (des Schiffs)"-Inkassi

Zahlungsfälligkeit

Bei der Bedingung "zahlbar bei Ankunft der Ware (des Schiffs)" ist die Dokumentenaufnahme, d.h. die Zahlungsfälligkeit des Inkassos variabel auf dieses Ereignis ausgerichtet. Diese Bedingung entspricht insbesondere der Interessenlage des Importeurs, weil er dadurch in der Regel erst zu einem Zeitpunkt Zahlung leisten muss, in dem er auch über die Waren verfügen kann.

Vorzeitige Dokumentenaufnahme

Nach **Auffassung der Bankpraktiker** steht einer vorzeitigen, also vor Warenankunft vollzogenen Dokumentenaufnahme seitens des Importeurs nichts im Wege, und zwar auch dann nicht, wenn die Fälligkeit lediglich mit "zahlbar bei Ankunft der Ware (des Schiffs)" statt mit "**spätestens** zahlbar bei Ankunft der Ware (des Schiffs)" festgelegt ist. Deutlich kommt die Möglichkeit zur vorzeitigen Aufnahme der Dokumente in der Formulierung zum Ausdruck: "Aufnahme der Dokumente **kann** bis zur Ankunft des Schiffs/der Ware zurückgestellt werden", wie sie sich in den Inkassoaufträgen der Banken findet.

Probleme bei der Bestimmung der Fälligkeit

Wie bereits in Abschnitt "4.2.3.2.2 Alternative Fälligkeiten für die Dokumentenaufnahme bei Sichtinkassi" erörtert wurde, ist die vorlegende Bank (Importeurbank) nicht verpflichtet, von sich aus die **Ankunft der Waren** und damit die Zahlungsfälligkeit **festzustellen**. In Erfüllung des Kaufvertrags obliegt es vielmehr dem **Importeur**, die Dokumente unmittelbar nach Warenankunft bei der vorlegenden Bank aufzunehmen, d.h. Zahlung zu leisten. Es ist keine Frage, dass die Übertragung der Feststellung der Zahlungsfälligkeit in die Hände des Importeurs zu Risiken für den Exporteur, insbesondere zu einer verzögerten Zahlung (Dokumentenaufnahme) führen kann. Zwar hat der Importeur in der Regel ein Interesse an der raschen Verfügung über die Waren. Gleichwohl ist im Einzelfall nicht auszuschließen, dass der Importeur beispielsweise bei angespannter Liquidität -trotz der bereits im Importland angekommenen Waren (bzw. des Schiffs) und entgegen seinen Verpflichtungen im Kaufvertrag- die Dokumentenaufnahme und damit die Zahlung hinauszuzögern trachtet.

Wenn die Banken solche Bedenken hegen, ergreifen sie manchmal die Initiative und nehmen von sich aus Kontakt mit dem Transportunternehmen bzw. mit der **Schiffsmeldestelle** auf, um Erkundigungen über die Ankunft der Ware anzustellen.

Anmerkung: Im Einzelfall ist zu prüfen, ob das skizzierte Problem dadurch gelöst werden kann, dass die **vorlegende Inkassobank in das Transportdokument** als Adressat zur **Benachrichtigung** von der Warenankunft aufgenommen wird.

Die **technische Abwicklung** der Dokumentenaufnahme (Dokumente gegen Zahlung), die Bezahltmeldung der vorlegenden Bank usw. entspricht im Wesentlichen der Abwicklung der anderen Fälligkeiten von "Dokumente gegen Zahlung"-Inkassi.

4.2.6.4 Abwicklung von "Dokumente gegen Akzept einer Nachsichttratte"-Inkassi

Vorbemerkungen

- Maßgebliche Aspekte der folgenden Ausführungen (z.B. der zeitliche Ablauf gemäß Zeitachse, siehe Abb. 4.2-12) sind auch für **"Dokumente gegen unwiderruflichen Zahlungsauftrag"-Inkassi** sinngemäß anwendbar.
- Bei "Dokumente gegen unwiderruflichen Zahlungsauftrag"-Inkassi (documents against irrevocable payment order) erhält der Importeur die Dokumente nur ausgehändigt, wenn er der vorlegenden Inkassobank einen **handschriftlich unterzeichneten unwiderruflichen Zahlungsauftrag per späterer Fälligkeit** erteilt. Deutsche Inkassobanken verwenden in der Regel das Formular Z 1 "Zahlungsauftrag im Außenwirtschaftsverkehr", das in Kapitel 3.2 "Auslandsüberweisungen" abgebildet ist.
- Die **spätere Fälligkeit** des unwiderruflichen Zahlungsauftrags kann beispielsweise **bezogen** sein
  - auf das Datum der Handelsrechnung,
  - auf das Verladedatum bzw. Ausstellungsdatum des Transportdokuments,
  - auf ein anderes eindeutig bestimmbares Datum.

Hinweis

Die **alternativen Wechsellaufzeiten** sind in Abschnitt 4.2.3.3.2 beschrieben und beurteilt.

Unverzügliche Vorlage von Dokumenten und Tratte

In **Art. 6 ERI** ist festgelegt, dass die vorlegende Bank "nicht bei Sicht zahlbare Dokumente" im Falle verlangter Akzeptierung unverzüglich zur Akzeptierung vorlegen muss. Bei einem Inkassoauftrag "Dokumente gegen Akzept einer Nachsichttratte" bedeutet dies, dass die vorlegende Bank dem bezogenen Importeur die dem Inkassoauftrag beiliegende Tratte unverzüglich zur Akzeptierung vorzulegen hat.
In der **Praxis** erfolgt die Vorlage mittels der bei den anderen Inkassoformen beschriebenen Mitteilung der vorlegenden Bank an den Importeur und der Aufforderung, die Nachsichttratte oder -falls zutreffend- die in der Praxis häufiger verwendete Zeittratte des Exporteurs zu akzeptieren, d.h. die Dokumente aufzunehmen.
Auch hinsichtlich der dem Importeur einzuräumenden **Bedenkzeit**, der Möglichkeit des Importeurs, die Originaldokumente in den Räumen der vorlegenden Bank einzusehen bzw. den Möglichkeiten der Aushändigung der Dokumente "zu treuen Händen" unterscheidet sich das Inkasso "Dokumente gegen Akzept einer Nachsichttratte" nicht von den übrigen Inkassoformen.

Zeitachse/Abbildung

Die Zeitachse in **Abbildung 4.2-12** informiert über den **chronologischen Ablauf** von "Dokumente gegen Akzept einer Nachsichttratte"-Inkassi.

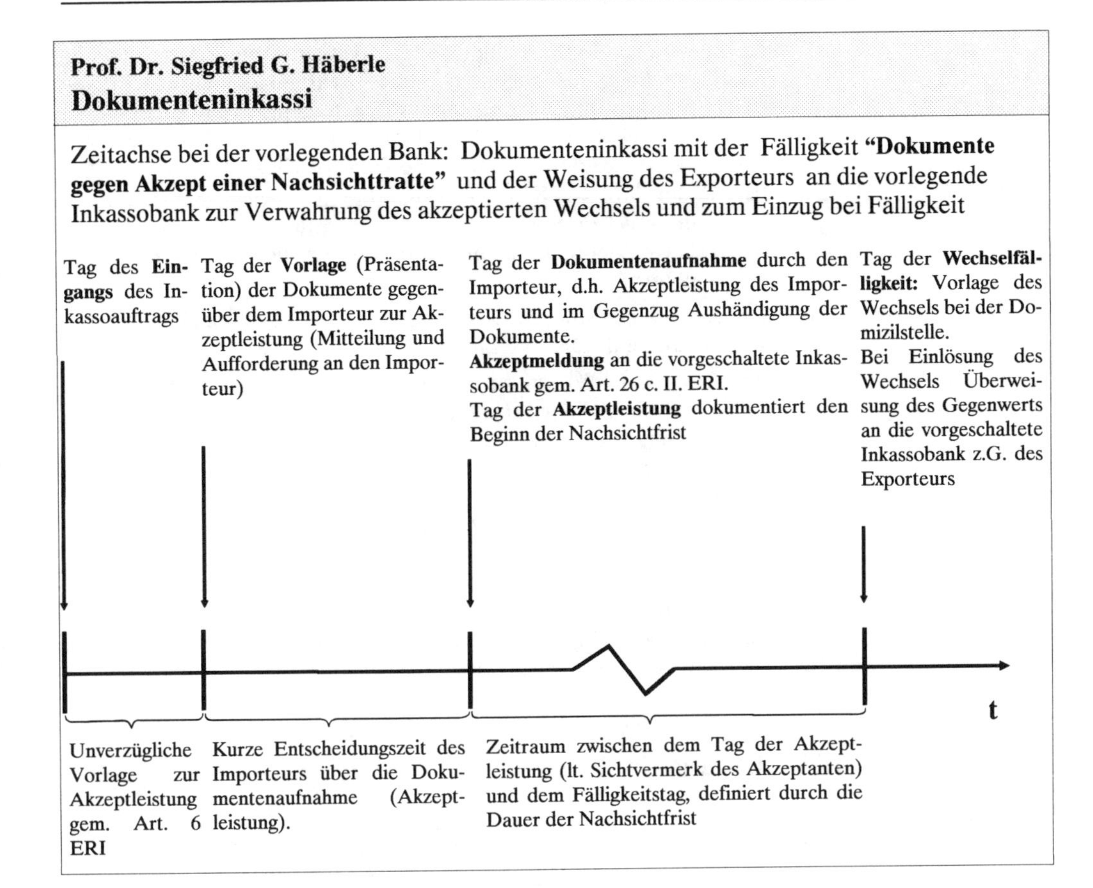

Abbildung 4.2-12

Sichtvermerk

Entspricht der Importeur einem Inkassoauftrag "Dokumente gegen Akzept einer Nachsichttratte", dann hat er die Tratte des Exporteurs zu akzeptieren, wobei er neben seinem Akzept den **Tag der Akzeptleistung** zu vermerken hat (sog. Sichtvermerk). Ab diesem Tag der Akzeptleistung beginnt die Nachsichtfrist des Wechsels zu laufen. Ausgehend vom Zeitpunkt der Akzeptierung kann unter Hinzurechnung der Nachsichtfrist der Fälligkeitstag des Wechsels errechnet werden. Die Berechnungsmethoden sind in Kapitel "3.4 Auslandswechsel", unter Abschnitt "3.4.2.1.2 Position 4. Verfallzeit" dargestellt.
Anmerkung: Sofern der Exporteur eine **Zeittratte** vorlegt, erübrigt sich der Sichtvermerk beim Akzept.

Abwicklung der Akzeptleistung

Die vorlegende Bank hat laut **Art. 22 ERI** darauf zu achten, " ... *dass die Form der Akzeptierung eines Wechsels vollständig und richtig erscheint, jedoch ist sie für die Echtheit von Unterschriften oder für die Zeichnungsberechtigung irgendeines Unterzeichners des Akzeptes nicht verantwortlich.*"

Ist die vorlegende Bank zugleich Hausbank des Importeurs, dann ist sie in der Lage, die augenscheinliche **Echtheit** der Unterschriften des Importeurs und die Zeichnungsberechtigung -zwar ohne Obligo, aber doch tatsächlich- zu überprüfen. Unterhält der Importeur dagegen zur vorlegenden Bank keine Geschäftsbeziehung, dann können daraus durchaus Risiken entstehen.

Unter diesem Blickwinkel ist es auch im Interesse des Exporteurs, wenn als vorlegende Bank eine Bank fungiert, bei der der Importeur Konto unterhält.

Dokumente

Dem Importeur sind im **Gegenzug** zu seiner Akzeptleistung die **Inkassodokumente** auszuhändigen.

Benachrichtigungen/ Abbildung

Art. 26 c. II ERI bestimmt, dass die vorlegende Bank derjenigen Bank, von der ihr der Inkassoauftrag zuging, unverzüglich eine **Akzeptmeldung** zusenden muss.

Die Einreicherbank benachrichtigt ihrerseits den Einreicher (Exporteur) von der Tatsache, dass der Bezogene (Importeur) die Dokumente aufgenommen und den Nachsichtwechsel akzeptiert hat. Dabei wird dem Exporteur auch der Verfalltag des Wechsels mitgeteilt (der bei Nachsichtwechseln erst ab dem Zeitpunkt der Akzeptleistung/des Sichtvermerks bestimmt werden kann). Die **Abbildung 4.2-13** zeigt die **Akzeptmitteilung** der deutschen Einreicherbank an den deutschen Exporteur.

BANK FÜR HANDEL UND INDUSTRIE

INKASSO-EXPORT
AKZEPTMITTEILUNG

Filiale Reutlingen

Telex : 783150
SWIFT : BHIADESS290
Telefon : 07121/271

Ihre Nr./Your No.	RE.NR. 1637560
Unsere Nr./Our No.	2534034193EI

09.12.96 059993600

	Währung/Currency	Betrag/Amount
	DEM	80.000,00

ALFRED MUSTERMANN GMBH
POSTFACH 1774

72764 REUTLINGEN

BEZOGENER:
FABRICA ROMERO DO SANTOS S.A.
P.O. BOX 1007
20091 RIO DE JANEIRO

BETRAG DEM 80.000,00 FAELLIG: 09.03.97

DIE INKASSOBANK TEILT UNS MIT, DASS DIE DOKUMENTE AUFGENOMMEN UND DER/DIE WECHSEL WIE ERWAEHNT AKZEPTIERT WURDE(N).

BANK FÜR HANDEL UND INDUSTRIE AG

FILIALE REUTLINGEN

Abbildung 4.2-13

Aushändigung der Dokumente

Schließlich sind dem Importeur im **Gegenzug zur Akzeptleistung** -ebenso wie bei den anderen Inkassoformen- die Dokumente auszuhändigen.

Verwendung des akzeptierten Wechsels

Über die Verwendung des akzeptierten Wechsels erteilt der **Exporteur Weisung** im Inkassoauftrag. Die maßgeblichen Alternativen sind in Abschnitt 4.2.4.7 beschrieben und beurteilt. Darüber hinaus sind diese Verwendungsmöglichkeiten in den Abschnitten 4.2.1.3.1 ff. jeweils auch grafisch dargestellt.
Im vorliegenden Beispiel lautet die Weisung des Exporteurs: "Das Akzept soll bei der Inkassobank zum Einzug verbleiben" (siehe Abbildung des Inkassoauftrags in Abschnitt 4.2.4).

Wechseleinlösung/ Gutschrift des Inkassoerlöses

Die vorlegende Inkassobank legt dem Bezogenen bzw. der Domizilstelle (häufig ist die vorlegende Inkassobank zugleich Domizilstelle) den Wechsel bei Fälligkeit zur Zahlung vor. Sofern Einlösung erfolgt, verrechnet die vorlegende Inkassobank den Inkassogegenwert mit der Einreicherbank, die ihrerseits dem Einreicher (Exporteur) eine Gutschrift erteilt.
In der **Abbildung 4.2-14** ist die **Gutschrift/Abrechnung der Einreicherbank** -bezogen auf das in Abschnitt 4.2.4 eingeführte Beispiel- dargestellt.

4.2.7 Not leidende Dokumenteninkassi

4.2.7.1 Not leidende Inkassi "Dokumente gegen Zahlung"

Modifikation

Bei **"Dokumente gegen unwiderruflichen Zahlungsauftrag"-Inkassi** belastet die Inkassobank am Fälligkeitstag des unwiderruflichen Zahlungsauftrags das Konto des Importeurs, sofern auf dessen Konto Deckung vorhanden ist. Die Verrechnung des Inkassogegenwerts zwischen den Banken und die Gutschrift des Inkassogegenwerts auf dem Konto des Exporteurs erfolgt bei "Dokumente gegen unwiderruflichen Zahlungsauftrag"-Inkassi wie sie oben bei "Dokumente gegen Akzept"-Inkassi beschrieben ist.

Meldung des Nichtzahlungsfalls an die vorgeschaltete Inkassobank

Nimmt der Importeur die Dokumente nicht auf, d.h. leistet er keine Zahlung, dann hat die vorlegende Bank unverzüglich eine Meldung über die Nichtzahlung an die ihr vorgeschaltete Inkassobank zu senden (vgl. Art. 26 c. ERI). So weit möglich übermitteln die Banken derartige Nachrichten **heute über SWIFT**.

Bedenkzeit des Importeurs

Die in diesem Zusammenhang bedeutsame Frage ist, in welchem Zeitpunkt nach Zusendung der Inkassomitteilung an den Importeur der **Tatbestand der Nichtzahlung** bei Sichtinkassi erfüllt ist. Wie an anderer Stelle ausgeführt, findet sich in der Literatur der Hinweis auf eine lediglich 24-stündige, manchmal auch 48-stündige Bedenkzeit des Importeurs zwischen dem Zeitpunkt der Präsentation der Dokumente und dem Zeitpunkt der Aufnahme bzw. Nichtaufnahme (Einzelheiten siehe Abschnitt "4.2.6.3 Abwicklung von Dokumente gegen Zahlung-Sichtinkassi bei alternativen Fälligkeiten für die Dokumentenaufnahme").

BANK FÜR HANDEL UND INDUSTRIE

FILIALE REUTLINGEN

EXPORT-INKASSO ABRECHNUNG

TELEX : 783150
SWIFT : BHIADESS290
TELEFON : 07121/271

Ihre Nr./Your No.	RE.NR. 1637560
Unsere Nr./Our No.	2534034193EI

14.03.97 059993600

	Währung/Currency	Betrag/Amount
	DEM	80.000,00
FÄLLIG: 09.03.97		

ALFRED MUSTERMANN GMBH
POSTFACH 1774

72764 REUTLINGEN

BEZOGENER:
FABRICA ROMERO DO SANTOS S.A.
P.O. BOX 1007
20091 RIO DE JANEIRO

ABRECHNUNGSBETRAG			DEM	80.000,00
Währung/Currency	Abzurechnender Betrag/Amount to be settled	Kurs/Rate	Währung/Currency	Kurswert/Countervalue

Gebühren/Charges		Betrag/Amount
INK.PROV.	DEM	240,00
KURIER KOSTEN	DEM	75,00

	Konto-Nr./Account No.	Wert/Value	Währung/Currency	Betrag/Amount
WIR ERKENNEN SIE	059993600		DEM	79.685,00

1 000 000 000	100 000 000	10 000 000	1 000 000	100 000	10 000	1 000	100	10	1
******	******	******	******	******	SIEBEN*	NEUN***	SECHS**	ACHT****	FÜNF***

BANK FÜR HANDEL UND INDUSTRIE AG

R

Abbildung 4.2-14

Nachfrage der vorlegenden Inkassobank

In der Praxis sind dagegen im Einzelfall auch **längere Fristen** (Bedenkzeiten) zu beobachten. Zumindest deutsche Banken fragen beim Importeur, zu dessen Lasten ein Inkassoauftrag aus dem Ausland vorliegt, einige Tage nach Absendung der Inkassomitteilung im Allgemeinen telefonisch nach und erbitten definitive Weisung. Wird vom Importeur ein schriftlicher Einlösungsauftrag danach nicht unverzüglich erteilt, dann gilt das Inkasso als nicht bezahlt und die vorlegende Bank erstattet die angesprochene Meldung über Nichtzahlung an die vorgeschaltete Inkassobank.

Nach den Recherchen des Verfassers unterscheiden die Banken bei der **Bedenkzeit des Importeurs** zwischen Inkassi, die **"bei erster Präsentation"** zahlbar sind, und Inkassi, die **"bei Sicht"** zahlbar sind. Bei der erstgenannten Kategorie erfolgt die Mahnung des Importeurs im Falle ausbleibender Weisungen sowie die Benachrichtigung der vorgeschalteten Inkassobank (Einreicherbank) bereits nach wenigen Tagen. Dagegen ist die Bedenkzeit des Importeurs bei Inkassi, die "bei Sicht" zahlbar sind, länger, d.h. die Mahnung des Importeurs bzw. die Benachrichtigung der vorgeschalteten Inkassobank erfolgen später.

Toleranz

Zwar entspricht diese im Einzelfall eingeräumte Frist vor allem der **Interessenlage des Importeurs**, der die Dokumente z.B. wegen eines kurzfristen Liquiditätsengpasses im Augenblick nicht aufnehmen kann oder der sie noch nicht aufnehmen will, weil die Ware noch nicht angekommen ist. Gleichwohl kann diese Fristeinräumung auch im Interesse des Exporteurs liegen, wenn dadurch ein Scheitern des Dokumenteninkassos vermieden wird.

Gründe der Nichtzahlung/Weisungen des Exporteurs bzw. der Exporteurbank

Von praktischer Bedeutung ist Art. 26 c. ERI, wonach die vorlegende Bank versuchen sollte, "*... die Gründe einer solchen Nichtzahlung ... festzustellen, und diejenige Bank unverzüglich entsprechend benachrichtigen, von der ihr der Inkassoauftrag zuging.*" Anhand des Grundes der Nichtzahlung kann der Exporteur -eventuell nach Beratung mit seiner Bank- fundierter entscheiden, ob es vertretbar ist, Weisung an die vorlegende Bank zu erteilen, dem Importeur eine bestimmte Frist bis zur späteren Dokumentenaufnahme (Zahlung) einzuräumen.
Im Übrigen ist die Einreicherbank (Exporteurbank) gemäß Art. 26 c. ERI ohnehin verpflichtet, der vorlegenden Bank nach Erhalt der Nachricht über die Nichtzahlung **Weisungen** hinsichtlich der weiteren Behandlung der Dokumente zu erteilen. Die ERI tragen aber auch der Situation Rechnung, dass solche Weisungen unterbleiben:

"*Falls die vorlegende Bank solche Weisungen nicht innerhalb von 60 Tagen nach ihrer Meldung über Nichtzahlung ... erhält, können die Dokumente ohne eine weitere Verantwortlichkeit seitens der vorlegenden Bank derjenigen Bank zurückgesandt werden, von der ihr der Inkassoauftrag zuging.*"

Konsequenzen (endgültiger)Nichtzahlung

Die Konsequenzen der endgültigen Nichtzahlung des Importeurs (Nichtaufnahme der Dokumente) können für den Exporteur erheblich sein. Zwar lassen sich diese Konsequenzen durch Angabe und Bevollmächtigung eines **Notadressaten** im Inkassoauftrag (vgl. Ab-

schnitt "4.2.4.8 Zahlungsweg, Notadresse (Vertreter)...") u.U. etwas mildern, jedoch im Allgemeinen nicht völlig vermeiden.
Der Exporteur bzw. der Notadressat hat die **Waren** entweder im Importland zu **verwerten** oder den **Rücktransport** zu veranlassen. Bei beiden Maßnahmen können erhebliche Aufwendungen entstehen (Einlagerung, Abschläge bei der Verwertung, Verzollung, Rücktransport u.v.a.; Einzelheiten vgl. Abschnitt "4.2.2.1.1 Risikoanalyse des Exporteurs -Wirtschaftliches Risiko-").

Teilzahlungen des Importeurs
- Abwicklung

Sofern der Inkassoauftrag keine ausdrückliche Ermächtigung des Exporteurs enthält, darf die vorlegende Bank bei dokumentären Inkassi vom Importeur **Teilzahlungen nicht annehmen** (vgl. Art. 19 ERI). Vielmehr gilt ein solches Inkasso trotz des Teilzahlungsangebotes des Importeurs als nicht bezahlt und die Dokumente werden dem Importeur auch nicht ausgehändigt.

- Interesse des Exporteurs

Nicht in allen Fällen entspricht die Ablehnung von Teilzahlungen des Importeurs der Interessenlage des Exporteurs. Bevor ein Inkassoauftrag in Gänze unbezahlt bleibt und sich dadurch das Problem der Verwertung der Waren oder des Rücktransports stellt, dürfte es in vielen Fällen zweckmäßig sein, ein **Teilzahlungsangebot** des Importeurs mit der Maßgabe **anzunehmen**, dass dem Importeur die Dokumente erst nach vollständiger Bezahlung des Inkassobetrags auszuhändigen sind. Dazu bedarf es allerdings der ausdrücklichen Weisung des Exporteurs, die entweder bereits im Inkassoauftrag enthalten sein kann, weil Teilzahlung mit dem Importeur im Kaufvertrag vereinbart ist, oder die vom Exporteur erst nachträglich über die eingeschalteten Inkassobanken erteilt wird, weil sich bei Vorlage der Dokumente herausstellt, dass der Importeur nur in der Lage oder nur willens ist, Teilzahlungen zu leisten.

- Risiken des Exporteurs

Trotz der Einbehaltung der Dokumente durch die vorlegende Bank und trotz Fristsetzung für die weiteren Teilzahlungen ist nicht zu übersehen, dass für den Exporteur Risiken verbleiben, die zum einen in der **zeitlichen Verzögerung** bis zur endgültigen Bezahlung liegen (z.B. Zinsverluste, Wechselkursrisiken, Wertentwicklung der exportierten Waren u.a.) und zum anderen im **endgültigen Scheitern** des Inkassos wegen Ausbleibens fälliger Teil- bzw. Restzahlungen zu erblicken sind.
Noch ausgeprägter ist das Risiko des Exporteurs, wenn er im Inkassoauftrag die Weisung oder über die eingeschalteten Inkassobanken nachträglich die Zustimmung erteilt, dass dem Importeur die Dokumente bereits nach Leistung einer **Anzahlung** in bestimmter Höhe auszuhändigen sind. Der nach diesem Zeitpunkt noch ausstehende (gestundete) Inkassoteilbetrag ist dem Zahlungsausfallrisiko und dem politischen Risiko sowie eventuell dem Wechselkursrisiko ausgesetzt.

Währung
- Festlegung

Hinsichtlich der Währung, in der der Importeur zu zahlen hat, bestimmen die **ERI** in Art. 17: "*Dokumente, die in der Währung des Zahlungslandes (inländische Währung) zahlbar sind, darf die vorlegende Bank, sofern im Inkassoauftrag keine andere Weisungen erteilt worden sind, dem Bezogenen nur dann gegen Zahlung in inländischer Währung freigeben, wenn diese Währung gemäß der im Inkassoauftrag vorgeschriebenen Art sofort verfügbar ist.*"

In Art. 18 ist festgelegt: "*Dokumente, die in einer anderen Währung als der des Zahlungslandes (ausländische Währung) zahlbar sind, darf die vorlegende Bank, sofern im Inkassoauftrag keine anderen Weisungen erteilt worden sind, dem Bezogenen nur dann gegen Zahlung in der betreffenden ausländischen Währung freigeben, wenn diese ausländische Währung gemäß der im Inkassoauftrag erteilten Weisungen sofort verfügbar ist.*"

- andere Währung

Grundsätzlich werden dem Importeur die Dokumente auch dann nicht ausgehändigt, wenn er bei Fremdwährungsvereinbarung bereit ist, **ersatzweise Zahlung** in seiner **heimischen Währung** zu leisten oder den Inkassobetrag in seiner Landeswährung bei einer Bank (z.B. der Notenbank seines Landes) zu Gunsten des Exporteurs bzw. zu Gunsten der vorgeschalteten Inkassobank zu hinterlegen.

- Zustimmung

Etwas anderes gilt, wenn der **Exporteur** zu diesem Ausnahmeverfahren durch nachträgliche Weisung sein **Einverständnis** ausdrücklich erklärt. Die vorlegende Bank ist in diesen Fällen und nach erfolgter Hinterlegung des Inkassobetrags in der Währung des Importlandes berechtigt, dem Importeur die Dokumente auszuhändigen. Allerdings hat der Exporteur die Risiken dieser Abwicklung zu bedenken [vgl. Abschnitt "4.2.4.2 Inkassobetrag (einschließlich Währung) ..."].

4.2.7.2 Not leidende Inkassi "Dokumente gegen Akzept" bzw. "Dokumente gegen unwiderruflichen Zahlungsauftrag"

Nichtakzeptierung

Es kommt in der Praxis relativ **selten** vor, dass sich der Importeur bei "Dokumente gegen Akzept"-Inkassi weigert, die Tratte des Exporteurs zu akzeptieren. Dies hängt damit zusammen, dass der Importeur **im Zeitpunkt der Akzeptleistung keine liquiden Mittel** benötigt, sondern damit rechnet, dass er aus dem Weiterverkaufserlös der importierten Waren den zu akzeptierenden Wechsel bei Fälligkeit wird einlösen können. Der tiefere Grund für eine Akzeptverweigerung liegt -wenn sie tatsächlich vorkommt- eher darin, dass der Importeur an der Abnahme der Waren nicht mehr interessiert ist, sodass die Nichtakzeptierung der Tratte für den Exporteur in das gewöhnliche Dokumentenaufnahmerisiko einmündet.
Analog ist die **Weigerung des Importeurs** zu beurteilen, bei "Dokumente gegen unwiderruflichen Zahlungsauftrag"-Inkassi den **unwiderruflichen Zahlungsauftrag** beizubringen bzw. **zu unterzeichnen**.

Bedenkzeit für den Importeur

Die Frage der dem Importeur einzuräumenden Bedenkzeit zwischen Zugang der Inkassomitteilung und dem Zeitpunkt der Akzeptleistung bzw. Nichtakzeptierung ist **analog** zur **"Dokumente gegen Zahlung"**-Abwicklung zu beantworten (siehe oben).

Protesterhebung wegen Nichtakzeptierung

Erweist es sich, dass sich der Importeur definitiv weigert, die Tratte des Exporteurs zu akzeptieren, dann hat die vorlegende Bank -falls der Exporteur im Inkassoauftrag ausdrücklich eine **Protestanweisung** (eine sog. spezielle Weisung) erteilt hat- Protest wegen Nichtakzeptierung erheben zu lassen. Enthält der Inkassoauftrag dagegen

keine spezielle Weisung hinsichtlich des Protestes (oder eines entsprechenden rechtlichen Verfahrens) für den Fall der Nichtakzeptierung, dann sind die mit dem Inkasso befassten Banken nicht verpflichtet, Protest erheben oder ein entsprechendes rechtliches Verfahren einleiten zu lassen (vgl. Art. 24 ERI).
Ein Protest wegen Nichtakzeptierung bringt dem Exporteur in seiner Eigenschaft als Wechselaussteller im allg. **keine besonderen Vorteile**, sondern allenfalls den wechselrechtlichen Nachweis, dass der Importeur neben der Warenabnahmeverpflichtung auch diesen Teil des Kaufvertrags nicht erfüllt hat. In den Inkassoaufträgen findet sich deswegen häufig die Weisung des Exporteurs, keinen Protest bei Nichtakzeptierung erheben zu lassen. Es sind jedoch **länderweise Unterschiede** zu beachten, sodass im Einzelfall die Weisung zur Protesterhebung wegen Nichtakzeptierung doch angebracht ist. Die Banken erteilen den Exporteuren dahingehenden Rat.

Meldung an die vorgeschaltete Inkassobank

Ebenso wie im Falle der Nichtzahlung hat die vorlegende Bank gemäß Art. 26 c. III ERI bei Nichtakzeptierung unverzügliche Meldung an die vorgeschaltete Inkassobank und damit indirekt an den Exporteur zu erstatten. Auch in dieser Situation sollte die vorlegende Bank die **Gründe der Nichtakzeptierung** erheben und der vorgeschalteten Bank mitteilen. Die Einreicherbank, d.h. letztlich der Exporteur, hat sodann innerhalb angemessener Frist über die weitere Behandlung des Inkassoauftrags zu entscheiden und entsprechende **Weisungen** zu erteilen. Erfolgen solche Weisungen nicht innerhalb von 60 Tagen nach Meldung der Nichtkazeptierung, dann kann die vorlegende Bank den Inkassoauftrag an die vorgeschaltete Bank zurücksenden.

Trennung von Dokumenteninkasso und Wechselinkasso

Es ist zunächst zu beachten, dass das eigentliche Dokumenteninkasso im Sinne der **Zug-um-Zug-Abwicklung** "Dokumente gegen Akzept" mit der Akzeptleistung des Importeurs endet. Wird die vorlegende Bank mit der Verwahrung und dem **Einzug des akzeptierten Wechsels** bei Fälligkeit betraut, dann wird diese Weisung zwar häufig im Rahmen des Dokumenteninkassoauftrags erteilt, gleichwohl ist dieser Vorgang **losgelöst** vom eigentlichen Dokumenteninkasso zu sehen und stellt eine gesonderte Beauftragung zum Wechseleinzug (Wechselinkasso) dar.
Diese Trennung von Dokumenteninkasso (Dokumente gegen Akzept) einerseits und Einzug des akzeptierten Wechsels andererseits wird noch deutlicher, wenn der Exporteur den Auftrag gibt, dass der akzeptierte Wechsel zurückzurufen und ihm auszuhändigen ist: Für die vorlegende Bank ist der Dokumenteninkassoauftrag mit der Rücksendung des akzeptierten Wechsels abgeschlossen. Zwar kann es sein, dass die vorlegende Bank in das Einzugsverfahren des fälligen Wechsels wiederum eingeschaltet wird, z.B. weil sie als Domizilstelle fungiert, jedoch ist dieser Vorgang des Wechselinkassos losgelöst vom Dokumenteninkasso zu sehen.
Nur in den Fällen, in denen die Wechselziehung im Rahmen von "Dokumente gegen Zahlung"-Inkassi erfolgt und deren Sicherheit dient, sind Dokumenteninkasso und Wechselinkasso verbunden. Einzelheiten siehe Abschnitt "4.2.3.4 Sonderformen: Wechselziehungen bei 'Dokumente gegen Zahlung'-Inkassi".

Protesterhebung mangels Zahlung

Verweigert der Akzeptant bzw. die Domizilstelle die Zahlung, dann wird -beispielsweise nach deutschem Wechselrecht- an einem der beiden auf den Zahlungstag folgenden Werktage Protest mangels Zahlung erhoben (vgl. Art. 44, Abs. 3 WechselG). Durch diese Protesterhebung sichert sich der Wechselinhaber das **Rückgriffs-(Regress-)Recht** auf alle Indossanten, die den Rückgriff nicht ausdrücklich ausgeschlossen haben, und auf den Wechselaussteller. Zu beachten ist, dass im Ausland sowohl hinsichtlich des Zeitraums der Protesterhebung als auch hinsichtlich der Form des Protestes und bezüglich der Rechtswirkungen (Rückgriff u.a.) zum Teil erhebliche Unterschiede zum deutschen Recht bestehen (Einzelheiten siehe Kapitel "3.4 Auslandswechsel", insbesondere Abschnitt "3.4.2.3.4 Wechselprotest, Protesterlass, Regress, Wechselprozess u. Ä.").

Protestverzicht

Ein Protestverzicht des Exporteurs ist erwägenswert, weil zumindest nach deutschem Recht ein Wechselinhaber seine **Ansprüche an den Akzeptanten** auch dann nicht verliert, wenn er es versäumt, rechtzeitig Protest mangels Zahlung erheben zu lassen (vgl. Art. 53, Abs. 1 WechselG). Da ein nichteingelöster Wechsel im Zuge des Regress letztlich dem Wechselaussteller (der seine Haftung für die Zahlung nicht ausschließen kann; siehe folgende Anmerkung) zurückbelastet wird und diesem ohnehin nur noch ein Anspruchsgegener, nämlich der Akzeptant, verbleibt, kann der Exporteur (in seiner Eigenschaft als Wechselaussteller) auf die Protesterhebung von vornherein verzichten, weil er seine Ansprüche gegen den Akzeptanten auch ohne Protesterhebung durchsetzen kann.

Anmerkung: Nach deutschem Wechselrecht kann der Aussteller eines gezogenen Wechsels seine Haftung für die Zahlung nicht ausschließen, d.h. sich einem Regress nicht entziehen. Ein Haftungsausschlussvermerk des Ausstellers auf dem Wechsel gilt als nicht geschrieben (vgl. Art. 9, Abs. 2 WechselG).
Bei Dokumenteninkassi "Dokumente gegen Akzept" in Importländer, deren Rechtsordnung in Analogie zum deutschen Recht die Geltendmachung der Wechselansprüche des Ausstellers an den Akzeptanten von der Protesterhebung nicht abhängig macht, kann der Exporteur deswegen bereits im Dokumenteninkassoauftrag Weisung erteilen, dass bei Nichtbezahlung des Akzeptes auf die Protesterhebung verzichtet wird. Im Zweifel sollte der Exporteur vor Aufnahme des Protestverzichts fundierten Rat bei den Banken bzw. den Industrie- und Handelskammern einholen.

Konsequenzen der Nichtzahlung

Es ist keine Frage, dass die Nichteinlösung des Akzepts durch den Importeur für den Exporteur ein **erhebliches Risiko** bedeutet, weil zu diesem Zeitpunkt die Dokumente längst an den Importeur ausgehändigt sind und dieser somit über die Waren verfügt hat. Inwieweit in dieser Situation der Durchsetzung (wechselrechtlicher) Ansprüche gegen den Importeur Erfolg beschieden ist, hängt vom Einzelfall ab. Festzuhalten ist, dass die Zahlungsbedingung "Dokumente gegen Akzept einer Nachsichttratte" ohne zusätzliche Sicherheit (wie sie beispielsweise in einem Wechselaval der Importeurbank zu erblicken wäre) nur Importeuren eingeräumt werden kann, deren Seriosität und Solvenz über jeden Zweifel erhaben ist und die ihren Sitz in einem Land ohne erkennbare politische Risiken und

mit einer Rechtsordnung haben, die die Durchsetzung der Ansprüche des Exporteurs ermöglicht.
Entsprechend sind "**Dokumente gegen unwiderruflichen Zahlungsauftrag**"**-Inkassi** zu beurteilen, weil der Exporteur auch bei dieser Inkassoart damit rechnen muss, dass der Importeur das abgegebene unwiderrufliche Zahlungsversprechen (den unwiderruflichen Zahlungsauftrag) bei (späterer) Fälligkeit nicht erfüllt.

4.2.8 Warenversand an die Adresse treuhänderischer Dritter

Warenauslieferung ohne Dokumentenaufnahme

Nicht bei allen Versandarten benötigt der Importeur die Versanddokumente als Nachweis seiner Berechtigung zum Empfang der Waren. Beim **Festlandverkehr** bzw. beim **Luftverkehr** werden dem Importeur die Waren vielmehr in der Regel **ohne Legitimationsnachweis** ausgeliefert, d.h. der Importeur muss bei diesen Versandarten keine Ausfertigung des Transportdokuments vorlegen. Dadurch verliert das Dokumenteninkasso praktisch die den Exporteur sichernde Funktion der Zug-um-Zug-Abwicklung, mit anderen Worten es besteht die Gefahr, dass der Importeur in den Besitz der Waren gelangt, ohne dem Inkasso entsprochen zu haben.
In der betrieblichen Praxis sind deswegen Verfahren entwickelt worden, die dem Sicherungsinteresse des Exporteurs Rechnung zu tragen vermögen.

Warenversand an die Adresse treuhänderischer Banken

Das den Exporteur sichernde Element dieser Abwicklung ist darin zu erblicken, dass die Ware nicht an die Adresse des Importeurs versandt wird, sondern an die Adresse eines treuhänderischen Dritten. Als ein solcher Treuhänder fungiert häufig eine Bank, und zwar eine **Bank im Land des Importeurs**.
In die Versanddokumente trägt der Exporteur sodann als Warenempfänger die treuhänderische Bank ein. Im Inkassoauftrag, den der Exporteur seiner Bank unter Beifügung der Dokumente erteilt, ist dagegen unverändert der Importeur als Zahlungspflichtiger eingetragen.

Sofern der Inkassoauftrag im Importland vor der Warensendung eintrifft und der Importeur dem Inkassoauftrag -je nach Art des Inkassos- durch Zahlung bzw. durch Akzeptleistung bzw. durch unwiderruflichen Zahlungsauftrag entspricht, dann kann der Importeur auf Grundlage der ihm im Gegenzug ausgehändigten Dokumente über die Waren bei deren Eintreffen sofort verfügen.
Kommt die Ware vor der Abwicklung des Inkassoauftrags im Importland an, dann werden die Waren nicht tatsächlich der treuhänderischen Bank ausgeliefert, sondern eingelagert. Entspricht der Importeur zu gegebener Zeit dem Inkassoauftrag durch Zahlung bzw. Akzeptleistung bzw. durch unwiderruflichen Zahlungsauftrag, dann erteilt ihm die treuhänderische Bank eine **Freigabeerklärung**, auf deren Grundlage er über die eingelagerten Waren verfügen kann.

Vorzeitige Freigabe

Zumindest deutsche Banken sind im Allgemeinen dazu bereit, bonitätsmäßig einwandfreien Importeuren die **Waren sofort** zu **überlas-**

sen, wenn die Ware zur Verfügung der treuhänderischen Bank zeitlich vor dem Inkassoauftrag ankommt. Der Importeur muss sich im Gegenzug gegenüber der treuhänderischen Bank dann allerdings zur unwiderruflichen Dokumentenaufnahme bei Vorkommen des Dokumenteninkassos verpflichten und für alle Risiken und eventuelle Schäden aus der vorzeitigen Freigabe aufkommen. Eine solche Verpflichtungserklärung wird als **Freistellungserklärung** bezeichnet.

Sonderform

Eine etwas modifizierte Abwicklung liegt dann vor, wenn die Ware zwar an einen **Spediteur adressiert** ist, einer **Bank** im Importland aber das **Verfügungsrecht** über die Waren vorbehalten bleibt. Auch bei diesem Verfahren erteilt die treuhänderische Bank die Freigabe der Waren nur, wenn der Importeur zuvor dem Inkassoauftrag entsprochen hat, d.h. gezahlt bzw. Akzeptleistung vollzogen hat.

Risiken

In der Praxis verbleiben dem Exporteur indessen auch beim Warenversand an die Adresse treuhänderischer Dritter manchmal Risiken. So kommt es beispielsweise vor, dass die **Waren** von den Transportunternehmen trotz anderer Weisungen **direkt an den Importeur ausgeliefert** werden.

Vorherige Zustimmung der Treuhandbank

In **Art. 10 ERI** ist ausgeführt, dass ohne vorherige Zustimmung der Banken Waren nicht direkt an die Adresse einer Bank oder zu deren Verfügung versandt werden sollten. In manchen Inkassoländern lehnen es die Banken in der Tat ab, ohne vorherige Absprache treuhänderisch für Exporteure tätig zu werden. Dagegen sind deutsche Kreditinstitute im Allgemeinen bereit, die skizzierte Treuhandfunktion auch ohne vorherige Zustimmung zu übernehmen.

Haftungsausschlüsse der Treuhandbanken

Probleme dieser Abwicklung können sich insbesondere dann ergeben, wenn die Ware im Importland vor dem Inkassoauftrag ankommt. Die Bank kennt den Inhalt des Inkassoauftrags noch nicht und sie hat -falls dies mit dem Exporteur nicht ausdrücklich vereinbart ist- überdies keine Verpflichtung, für die Einlagerung und die eventuell erforderlich erscheinende Versicherung der eingelagerten Waren zu sorgen. Ergreift die Bank gleichwohl **Maßnahmen** zum Schutz der Waren, dann übernimmt sie dafür keine Haftung. Dies gilt im Übrigen auch, wenn sie zu diesen Maßnahmen vom Exporteur ausdrücklich beauftragt wurde. Die eigenen Aufwendungen ebenso wie die Aufwendungen Dritter stellt die Bank -mangels anderer Weisung im Inkassoauftrag- dem Exporteur in Rechnung.

Versand an die Adresse von treuhänderischen Spediteuren

An der Stelle einer Bank kann die Treuhänderfunktion auch von einem Spediteur im Lande des Importeurs wahrgenommen werden. Die Waren werden bei dieser Abwicklung an die Spedition adressiert mit der Maßgabe, diese dem Importeur nur auszuhändigen, wenn dieser eine **unwiderrufliche Bankbestätigung** über die erfolgte Zahlung des Gegenwerts vorlegt.
Dies ist jedoch keine Abwicklung auf Grundlage der ERI, sodass die Sicherheit, wie sie die Banken beim Dokumenteninkasso zu bieten vermögen, bei dieser Abwicklung nicht in jedem Fall gegeben sein muss.

4.3 Dokumentenakkreditive (Documentary Credits)

4.3 Dokumentenakkreditive (Documentary Credits)

4.3.1 Grundstruktur

4.3.1.1 Wirtschaftliche Grundstruktur und Funktionen

Grundform und Abwicklung des Dokumentenakkreditivs

Die **Einheitlichen Richtlinien und Gebräuche für Dokumenten-Akkreditive (ERA)** definieren das Dokumentenakkreditiv in Art. 2 -gekürzt- wie folgt:

Definitionen:
- ERA

> Der Ausdruck "**Dokumentenakkreditiv**" bedeutet eine Vereinbarung, derzufolge eine Bank (eröffnende Bank) im Auftrag und nach den Weisungen eines Kunden (Akkreditivauftraggeber) gegen Übergabe vorgeschriebener Dokumente eine Zahlung an einen Dritten (Begünstigten) leistet, sofern die Akkreditivbedingungen erfüllt sind.

- Praxis

Auf ein **Außenhandelsgeschäft** bezogen und stark vereinfacht stellt sich somit die Grundstruktur eines Dokumentenakkreditivs so dar:

> Das Dokumentenakkreditiv ist ein (im Allgemeinen unwiderrufliches) **Zahlungsversprechen der Importeurbank** (eröffnende Bank, Akkreditivbank), das diese im Auftrag des Importeurs (Akkreditivauftraggeber) zu Gunsten des Exporteurs (Begünstigter) abgibt.
> Um Zahlung zu erlangen, muss der begünstigte Exporteur die Akkreditivbedingungen erfüllen, insbesondere bestimmte **Dokumente** (die den Versand, die Versicherung, die Qualität und/oder andere auf die Waren bezogene Sachverhalte beweisen) vor Verfall des Dokumentenakkreditivs vorlegen.

Abbildung

Zur Verdeutlichung der grundlegenden Zusammenhänge ist in **Abbildung 4.3-01** die **Grundstruktur eines Dokumentenakkreditivs** skizziert und danach in einzelnen Schritten erläutert. Um den Leser mit der Fachsprache vertraut zu machen, werden Ausdrücke, die denselben Sachverhalt umfassen und die in der Praxis häufig Anwendung finden, in Klammern hinzugefügt und bei den folgenden Erläuterungen auch wechselnd verwendet.

Erläuterungen:

Schrittweise Darstellung

1. **Akkreditivvereinbarung im Kaufvertrag**

   Abschluss des Kaufvertrags zwischen Importeur und Exporteur, der die Zahlungsbedingung "Eröffnung (Stellung) eines Dokumentenakkreditivs zu Gunsten des Exporteurs" (Akkreditivvereinbarung, Akkreditivklausel) enthält.

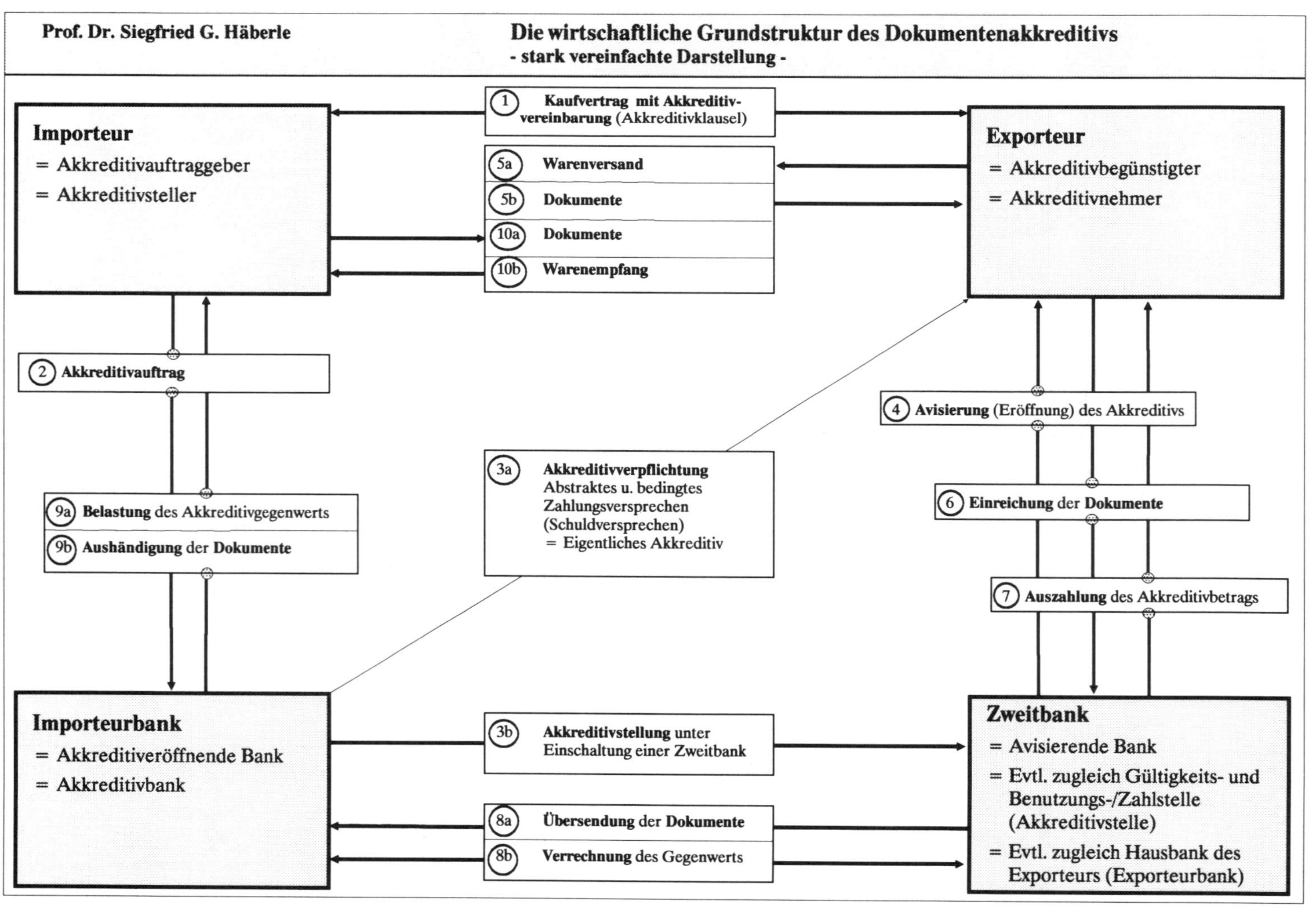

Abbildung 4.3-01

2. **Akkreditivauftrag**

Der Importeur (Akkreditivauftraggeber, Akkreditivsteller) beauftragt seine Bank (Importeurbank), das Dokumentenakkreditiv zu Gunsten des Exporteurs zu eröffnen (zu stellen).

3. **Akkreditivverpflichtung der Akkreditivbank (3 a) und Akkreditivstellung unter Einschaltung einer Zweitbank (3 b)**

Die Bank des Importeurs (eröffnende Bank, Akkreditivbank) eröffnet das Dokumentenakkreditiv (legt das Akkreditiv hinaus), in dem sie zu Gunsten des Exporteurs (Akkreditivbegünstigter, Akkreditivnehmer) ein Zahlungsversprechen (Schuldversprechen) abgibt. Dieses Zahlungsversprechen der Bank ist das eigentliche Akkreditiv.

Beim Dokumentenakkreditiv ist das **Zahlungsversprechen der Akkreditivbank** bedingt und abstrakt:

- "**Bedingt**" bedeutet, dass der begünstigte Exporteur aus dem Akkreditiv Zahlung nur erlangen kann, wenn er die im Akkreditiv genannten Bedingungen genauestens erfüllt. In der Außenhandelspraxis umfassen diese **Bedingungen** insbesondere die rechtzeitige Einreichung solcher **Dokumente** bei der Bank, die den kaufvertragsgemäßen Versand der Ware an den Importeur nachweisen. Damit erklärt sich im Übrigen die Bezeichnung "Dokumentenakkreditiv."
- "**Abstrakt**" ist das Zahlungsversprechen der akkreditiveröffnenden Bank deswegen, weil es **vom Kaufvertrag** zwischen Importeur und Exporteur **losgelöst** ist. Art. 3 ERA stellt diese Trennung von Akkreditiv und Kaufgeschäft deutlich heraus: "*Akkreditive sind ihrer Natur nach von den Kauf- oder anderen Verträgen, auf denen sie möglicherweise beruhen, getrennte Geschäfte, und die Banken haben in keiner Hinsicht etwas mit solchen Verträgen zu tun und sind nicht durch sie gebunden, selbst wenn im Akkreditiv auf solche Verträge in irgendeiner Weise Bezug genommen wird.*"

Es liegt demnach im Sicherungsinteresse des Importeurs, im Akkreditivauftrag die Akkreditivbedingungen, insbesondere hinsichtlich der vom Exporteur einzureichenden Dokumente so zu stellen, dass er sicher sein kann, dass der Exporteur die Lieferung der Waren vereinbarungsgemäß bewerkstelligt hat, bevor dieser Zahlung aus dem Akkreditiv erlangt.

In der Regel teilt die Akkreditivbank die Akkreditiveröffnung dem Exporteur nicht direkt mit. Sie schaltet vielmehr eine Korrespondenzbank (Zweitbank, avisierende Bank) im Land des Exporteurs ein, die zugleich die Hausbank des Exporteurs sein kann, aber nicht sein muss.

4. **Avisierung (Eröffnung) des Akkreditivs**

Die beauftragte Zweitbank prüft die augenscheinliche **Echtheit** des zu avisierenden Akkreditivs mit angemessener Sorgfalt und avisiert sodann dem begünstigten Exporteur das Akkreditiv mit den detaillierten Bedingungen (Akkreditiveröffnung).

Ab dem Zeitpunkt der Akkreditiveröffnung verfügt der akkreditivbegünstigte Exporteur über das Zahlungsversprechen der Akkreditivbank und kann auf dieser gesicherten Grundlage das Warengeschäft in die Wege leiten, beispielsweise mit der Produktion beginnen.
Zu beachten ist, dass die **Zweitbank** durch dieses Avis **keine Zahlungsverpflichtung** gegenüber dem Exporteur übernimmt. Die Verpflichtung zur Zahlung verbleibt -beim unbestätigten Akkreditiv- vielmehr ausschließlich bei der Akkreditivbank (Importeurbank).

5. **Warenversand**

Der Exporteur versendet die Waren an den Importeur und erhält im Gegenzug die (Versand-)Dokumente.

6. **Einreichung der Dokumente**

Der Exporteur hat die Dokumente bei der als Gültigkeitsstelle eingesetzten Bank rechtzeitig vor Verfall des Akkreditivs einzureichen. Häufig setzt die Akkreditivbank (Importeurbank) die avisierende Bank (Zweitbank) auch als Benutzungs-/Zahlstelle ein.

7. **Auszahlung des Akkreditivbetrags**

Die **Zweitbank prüft** die Dokumente und zahlt -wenn sie als Benutzungs-/Zahlstelle eingesetzt ist (man bezeichnet die Zweitbank manchmal in diesem Zusammenhang als Akkreditivstelle)- den **Akkreditivbetrag** im Namen und für Rechnung der Akkreditivbank (Importeurbank) **an den Exporteur** aus. Dieser Vorgang wird in der Fachsprache häufig auch als "den Akkreditivbetrag an den Exporteur auskehren" bzw. "die Dokumente honorieren" bezeichnet.
Zu beachten ist, dass die Zweitbank die Auszahlung an den Exporteur im Namen und für Rechnung der Akkreditivbank im Allgemeinen erst vornehmen wird, wenn sie selbst über den Gegenwert verfügt. Zahlt die Zweitbank bei unbestätigten Akkreditiven vorher aus, dann trägt diese Auszahlung lediglich den Charakter eines Kredits (einer Bevorschussung) der Zweitbank (Exporteurbank) an den Exporteur.

8. **Übersendung der Dokumente und Verrechnung des Gegenwerts**

Die Zweitbank übersendet der Akkreditivbank die Dokumente und verrechnet mit dieser den Akkreditivgegenwert.

9. **Belastung des Importeurs und Aushändigung der Dokumente**

Die Bank des Importeurs (Akkreditivbank) belastet den Importeur mit dem Akkreditivgegenwert und händigt ihm im Gegenzug die Dokumente aus. Unter Umständen, insbesondere bei mangelnder Kreditwürdigkeit des Importeurs oder falls die Inkassovorschriften des Importlandes dies auferlegen, kann die

Belastung des Importeurs bereits im Zeitpunkt des Akkreditivauftrags bzw. der Akkreditivstellung, also im Gegenzug zu den Schritten 2 bzw. 3, erfolgen.

10. **Warenempfang**

Auf Grundlage der Dokumente kann der Importeur nunmehr über die Waren verfügen.

Maßgebliche Funktionen

Bereits in der obigen, stark vereinfachten Darstellung des Dokumentenakkreditivs zeigen sich dessen maßgebliche Funktionen.

Das Dokumentenakkreditiv ist Instrument zur

- **Zahlungssicherung**,
- **Zahlungsbeschleunigung**,
- **Kreditbeschaffung des Exporteurs**
- **Sicherstellung** des vertragsgemäßen **Warenexports** sowie
- (bei bestimmten Akkreditivarten) Gewährung eines **Zahlungsziels** (eines Kredits) des Exporteurs an den Importeur.

Zahlungssicherung

- Der Exporteur erhält neben der Zahlungsverpflichtung des Importeurs als weitere und maßgebliche Sicherheit das **Zahlungsversprechen einer Bank**, sofern er die Akkreditivbedingungen erfüllt.
  In vielen Fällen erfolgt die Akkreditiveröffnung bald nach Abschluss des Kaufvertrags, sodass der Exporteur bereits zu einem frühen Zeitpunkt gesichert ist und auf dieser Grundlage mit dem Einkauf bzw. mit der Produktion der zu exportierenden Güter beginnen kann.

Zahlungsbeschleunigung

- Im Vergleich zum Dokumenteninkasso erhält der begünstigte Exporteur aus dem Akkreditiv im Allgemeinen eine **frühzeitigere Zahlung** (falls nicht ausdrücklich hinausgeschobene Zahlung bzw. Akzeptleistung mit späterer Fälligkeit vereinbart ist). Dies trifft insbesondere dann zu, wenn das Akkreditiv bei der Hausbank des Exporteurs benutzbar/zahlbar gestellt ist und diese mit der akkreditiveröffnenden Bank in Kontoverbindung steht.

Kreditbeschaffung des Exporteurs

- Der Exporteur kann sich auf Grundlage des zu seinen Gunsten eröffneten Akkreditivs einen **Kredit beschaffen** bzw. die eingereichten **Dokumente bevorschussen** lassen. Ist im Akkreditiv Wechselziehung vereinbart, dann gestaltet sich für den Exporteur die Kreditbeschaffung noch einfacher und im Allgemeinen zinsgünstig.

Sicherstellung des vertragsgemäßen Warenexports

- Mittels einer entsprechenden Abfassung der Akkreditivbedingungen kann der Importeur einen kontraktgemäßen Warenexport weitgehend sicherstellen: Der Exporteur erhält erst Zahlung bzw. Zahlungszusage aus dem Akkreditiv, wenn er den kontraktgemäßen Warenexport durch **akkreditivkonforme Dokumente** nachweist. So gesehen umfasst auch das Dokumentenakkreditiv eine Zug-um-Zug-Abwicklung: Zahlung bzw. Zahlungszusage an den Exporteur gegen Vorlage der im Akkreditiv geforderten Dokumente.

Eine weitere Sicherheit für den Importeur ist darin zu erblicken, dass die Banken die vom Exporteur eingereichten Dokumente laut ERA mit angemessener Sorgfalt dahingehend prüfen müssen, ob sie ihrer äußeren Aufmachung nach den Akkreditivbedingungen zu entsprechen scheinen.

Schonung der sog. Barkreditlinie

- Der Importeur schont in der Regel während der Laufzeit des Akkreditivs seine sog. Barkreditlinie: Bei Akkreditiveröffnung belastet die akkreditiveröffnende Bank den Importeur im Allgemeinen nur auf einem **Avalkreditkonto.** Die Belastung des **Kontokorrentkontos** des Importeurs erfolgt dagegen erst bei Akkreditivbenutzung durch den Exporteur bzw. im Zeitpunkt der (im Folgenden angesprochenen) Fälligkeit der hinausgeschobenen Zahlung.

Zahlungsziel an den Importeur

- Der Exporteur kann dem Importeur im Rahmen von **Akkreditiven mit hinausgeschobener Zahlung** bzw. **Akzeptakkreditiven** ein Zahlungsziel (einen Kredit) gewähren. Das Zahlungsversprechen der Akkreditivbank bleibt dem akkreditivbegünstigten Exporteur trotz der hinausgeschobenen (späteren) Zahlung erhalten.

4.3.1.2 Rechtliche Aspekte, insbesondere Rechtsstellung des Akkreditivbegünstigten in ausgewählten Störfällen

4.3.1.2.1 Einheitliche Richtlinien und Gebräuche für Dokumenten-Akkreditive (ERA)

Vorrang der ERA

In Deutschland ist das Akkreditiv gesetzlich nicht geregelt. Das **Akkreditiv** ist vielmehr als ein **eigenständiges Rechtsinstitut** anzusehen, das sich unabhängig von nationalen Rechten entwickelt hat (vgl. Zahn u.a. 1986: S. 42, Rdn 2/15). Die Allgemeinen Bestimmungen des Bürgerlichen Rechts und des Handelsrechts bilden zwar in Deutschland die Rechtsgrundlage für das Akkreditiv. Dort freilich, wo die ERA anwendbar sind und so weit sich deren Reichweite erstreckt, **gehen die ERA dem jeweiligen nationalen Recht prinzipiell vor** (vgl. Zahn u.a. 1986: S. 6, Rdn 1/10).

Weltweite Anerkennung

Die ERA sind unter der Federführung der Internationalen Handelskammer Paris zu einem umfassenden Regelwerk für die Eröffnung und Abwicklung von Dokumentenakkreditiven entwickelt worden. Von den Kreditinstituten in wenigen (Klein-)Staaten abgesehen, sind die ERA von den **Banken bzw. Bankenverbänden aller Länder angenommen** worden. Damit ist erreicht, dass praktisch für alle Dokumentenakkreditive die ERA Grundlage und Vertragsinhalt sind.

Rechtsnatur/Praxis

In der Literatur ist der **Rechtscharakter** der ERA **umstritten.**

Für das praktische Tagesgeschäft stellt sich indessen die Frage nach dem Rechtscharakter der ERA und nach der Form ihrer Anerkennung durch die am Akkreditiv Beteiligten im Allgemeinen nicht. Maßgeblich für die Praxis ist vielmehr, ob bzw. dass die ERA ausdrücklich in den Akkreditivtext einbezogen sind: "*Die Einheitlichen Richtlinien und Gebräuche für Dokumenten-Akkreditive, Revision 1993, ICC Publikation Nr. 500, gelten für alle Dokumenten-Akkreditive (einschließlich, so weit anwendbar, Standby Letters of Credit), in deren Akkreditivtext sie einbezogen sind*" (Art. 1 ERA).

Der Praktiker, insbesondere die akkreditivbegünstigten Exporteure, achten somit primär darauf, dass die ERA in den Akkreditivtext tatsächlich einbezogen sind, was im Allgemeinen formularmäßig bzw. durch entsprechende Textbausteine geschieht. Die ERA sind dann für alle Beteiligten bindend, sofern im Akkreditiv nicht ausdrücklich etwas anderes vorgeschrieben ist (vgl. Art. 1 ERA).

Bezugsquelle

Die ERA (ICC Publikation 500) sowie weitere ICC Publikationen können von der **Deutschen Gruppe der Internationalen Handelskammer**, Postfach 10 08 26, 50448 Köln (Fax 0221/2575593) bezogen werden.

4.3.1.2.2 Rechtsstellung des Akkreditivbegünstigten in ausgewählten Ereignissen (Störfällen)

Ereignis: Der Importeur kann das vereinbarte Akkreditiv wegen objektiver Unmöglichkeit (z.B. wegen staatlicher Maßnahmen) nicht stellen

Rechtsordnung

- Anzuwendendes Recht: Es gilt diejenige Rechtsordnung, die von den vertragsschließenden Parteien im **Kaufvertrag** vereinbart ist. Oder, falls keine ausdrückliche Vereinbarung getroffen ist, als stillschweigende Abrede u.U. der hypothetische Parteiwille.

Rechtsfolgen:

- Rechtliche Konsequenzen, falls die **deutsche Rechtsordnung** vereinbart bzw. anzuwenden ist:

- nach Vertragsschluss

  - **Fallgruppe 1:** Ist die **objektive Unmöglichkeit** zur Stellung des Akkreditivs **erst nach Abschluss des Kaufvertrags eingetreten**, dann ist der Exporteur aus dem Kaufvertrag grundsätzlich nicht mehr verpflichtet zu liefern (§ 323 BGB). Der Exporteur kann -muss aber nicht- auf Grundlage des Kaufvertrags ersatzweise gegen Barzahlung liefern. Der Importeur bleibt aus dem Kaufvertrag zur Abnahme und zur Bezahlung der Ware verpflichtet. Umgekehrt kann aber der Importeur eine Lieferung gegen Barzahlung oder gegen eine andere Zahlung als der Akkreditivstellung vom Exporteur nicht verlangen (vgl. Zahn u.a. 1986: S. 47f., Rdn 2/22).

- vor Vertragsschluss

  - **Fallgruppe 2:** Ist die **objektive Unmöglichkeit** zur Stellung des Akkreditivs bereits **vor Abschluss des Kaufvertrags eingetreten**, dann gilt die Akkreditivabrede im Kaufvertrag nach § 306 BGB als von Anfang an nichtig. War die Stellung des Akkreditivs für den gesamten Kaufvertrag von wesentlicher Bedeutung, so verliert der Importeur auch den Anspruch auf Lieferung der Ware (§ 139 BGB). Auch in dieser Situation kann der Exporteur auf Grundlage des Kaufvertrags ersatzweise gegen Barzahlung liefern.

Ereignis: Der Importeur kann das vereinbarte Akkreditiv wegen subjektiver, also vom Importeur zu vertretender Gründe (z.B. wegen mangelnder Kreditwürdigkeit) nicht stellen

Rechtsordnung

- Anzuwendendes Recht bei diesem und den folgenden Ereignissen: **wie oben**.

Rechtsfolgen

- Rechtliche Konsequenzen, falls bei diesem und bei den folgenden Ereignissen die **deutsche Rechtsordnung** vereinbart bzw. anzuwenden ist: Der angesprochene Sachverhalt wird rechtlich dem **Verzug** gleichgesetzt (§§ 284 ff., § 326 BGB). Der Importeur muss durch Mahnung in Verzug gesetzt werden (§ 284 BGB) bzw. er gerät ohne Mahnung in Verzug, wenn sich nach dem Wortlaut des Kaufvertrags ein Zeitpunkt für die noch sinnvolle Akkreditivstellung bestimmen lässt bzw. wenn der Importeur die Stellung des Akkreditivs verweigert. Der Exporteur muss bei Verzug des Importeurs eine Nachfrist setzen. Diese Maßnahmen entfallen bei fester Terminvereinbarung zur Akkreditivstellung im Kaufvertrag, da dann ein Fixgeschäft (§ 376 HGB) vorliegt.

  Rechte des Exporteurs: Entweder Rücktritt vom Kaufvertrag bei Fixgeschäften, unabhängig davon, ob den Importeur ein Verschulden trifft. Bei Verschulden des Importeurs: Geltendmachung eines Schadensersatzanspruchs wegen Nichterfüllung (§§ 326 BGB, § 376 HGB; vgl. auch Zahn u.a. 1986: S. 49, Rdn 2/23).

Ereignis: Der Importeur stellt das vereinbarte Akkreditiv verspätet

Rechtsordnung

- Anzuwendendes Recht bei diesem Ereignis: **wie oben.**

Rechtsfolgen

- Rechtliche Konsequenzen, falls die **deutsche** Rechtsordnung vereinbart bzw. anzuwenden ist: Es gelten die gleichen Rechtsfolgen, wie sie für die Nichtstellung des Akkreditivs aus vom Importeur zu vertretenden Gründen (siehe obige Ausführungen) gültig sind. Die **Verzugsvorschriften** sind auf dieses Ereignis direkt anwendbar.

Ereignis: Konkurs des Importeurs nach Akkreditiveröffnung, aber vor Akkreditivbenutzung durch den akkreditivbegünstigten Exporteur

Abbildung

Die **Sicherstellung des Akkreditivbegünstigten bei Konkurs der übrigen Akkreditivbeteiligten** ist in **Abbildung 4.3-02** -stark vereinfacht- dargestellt und nachstehend erläutert.

Sicherheit

- Entscheidend für die Sicherheit des Exporteurs ist, dass das zu seinen Gunsten eröffnete **Akkreditiv** -wenn es unwiderruflich ist, was die Regel ist- **bestehen bleibt**. Lediglich beim widerruflichen Akkreditiv kann und wird die Bank von ihrem Widerrufsrecht gem. Art. 8 a. ERA Gebrauch machen. Der Begünstigte eines unwiderruflichen Akkreditivs kann somit von der Akkreditivbank die volle Zahlung verlangen, sofern er die Akkreditivbedingungen (insbesondere die Vorlage der Dokumente) erfüllt.

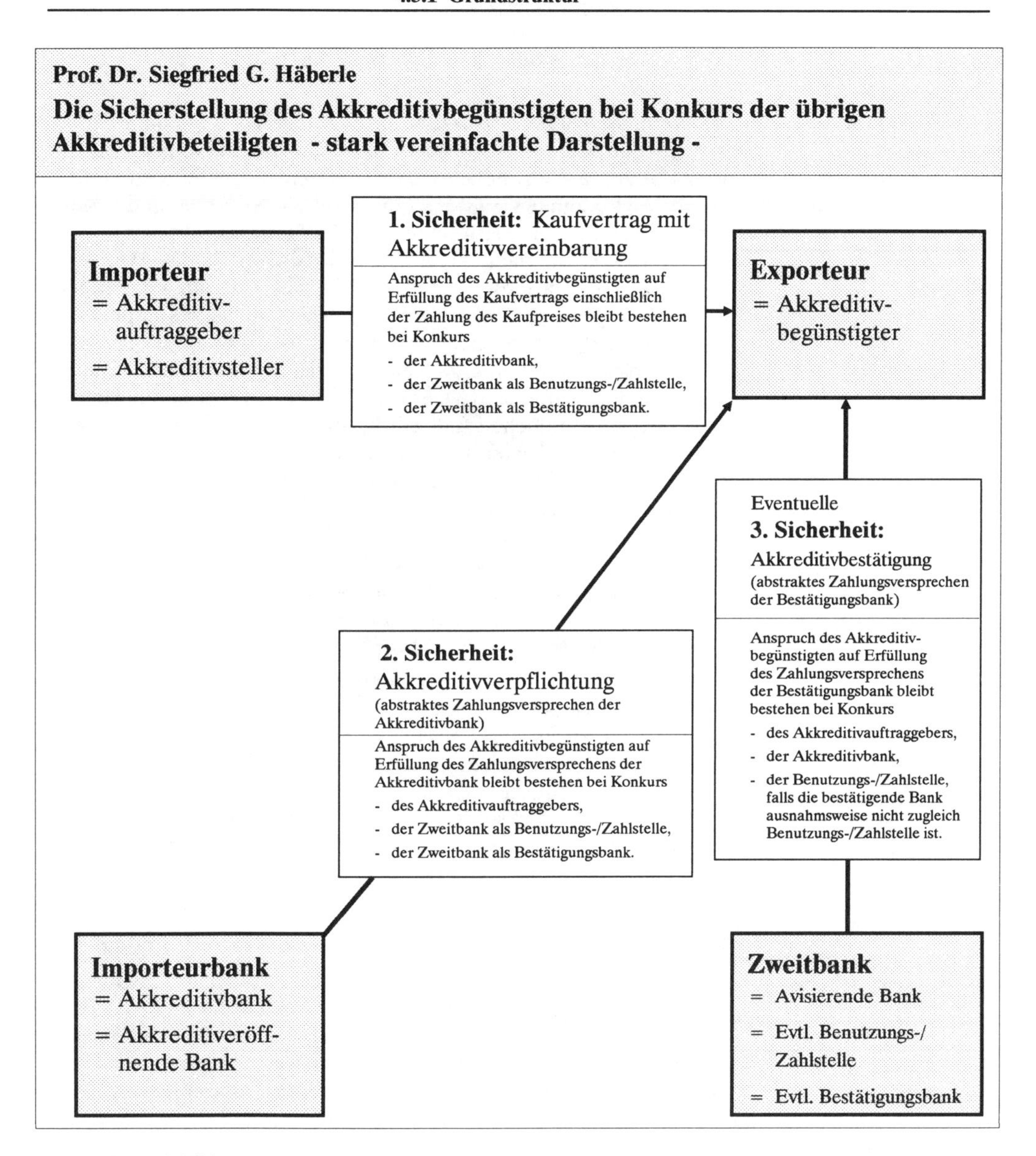

Abbildung 4.3-02

"Das Akkreditiv ist in dieser Situation für den Verkäufer mithin besonders wertvoll, weil er durch die Akkreditivstellung von den Vermögensverhältnissen des Käufers hinsichtlich der Akkreditivsumme unabhängig wird" (Zahn u.a. 1986: S. 275, Rdn 2/423).

- Hinsichtlich der weiteren Abwicklung des Akkreditivs bzw. des Warengeschäfts bei Eintritt des obigen Ereignisses bleiben einige rechtliche und praktische Fragen offen, sodass die folgenden Ausführungen nur eine unverbindliche Linie aufzeigen können und **im Einzelfall die rechtlichen Ansprüche geprüft** werden müssen.

Abwicklung des Warengeschäfts

- Wenn der **Konkursverwalter** das Warengeschäft mit dem Exporteur durchzuführen wünscht, hat er das Recht, vom Exporteur Erfüllung auf Grundlage des eröffneten Akkreditivs zu verlangen (vgl. Zahn u.a. 1986: S. 276f., Rdn 2/426). Verlangt der Konkursverwalter die Erfüllung des Kaufvertrags vom Exporteur dagegen nicht, dann kann die **Akkreditivbank** das Warengeschäft mit dem Exporteur abwickeln, was -von einigen Sonderfällen abgesehen- allerdings das Einverständnis des Exporteurs voraussetzt. Die Akkreditivbank wird dies u.U. deswegen vollziehen, weil sie dem Exporteur unverändert aus dem eröffneten Akkreditiv haftet und weil sie, was ihre Ansprüche an den im Konkurs befindlichen Akkreditivauftraggeber anlangt, ohne weiter reichende Sicherungsvereinbarungen nur Konkursgläubigerin ist. Die der Akkreditivbank im Zuge der Erfüllung des Akkreditivs ausgehändigten Dokumente dienen ihr als Sicherheit und ermöglichen es ihr, die Ware zu veräußern und auf dieser Grundlage den Akkreditivgegenwert ganz oder teilweise zu erlangen. Entsteht ihr bei der Verwertung ein Verlust, dann ist sie in diesem Umfang nur einfache Konkursgläubigerin (Zahn u.a. 1986: S. 277f., Rdn 2/427f.).

Verzicht

- In der Praxis kann sich ein **Interessengleichklang** von Akkreditivbegünstigem und Akkreditivbank ergeben, der auf einen Verzicht des Exporteurs auf Erfüllung des gestellten Akkreditivs und auf einen Verzicht der Erfüllung des Warengrundgeschäfts hinausläuft. Allerdings wird der Exporteur von der Akkreditivbank den Ersatz seiner bislang entstandenen Aufwendungen verlangen, die (je nach Produktionsfortschritt) erheblich sein können.

Ereignis: Konkurs der Akkreditivbank nach Akkreditiveröffnung

Verlust der Sicherheit

- Bei Konkurs der Akkreditivbank verliert der Akkreditivbegünstigte die maßgebliche Sicherheit des Akkreditivs und sein Zahlungsanspruch wäre, falls er die Dokumente der Bank einreichen würde, lediglich eine gewöhnliche Konkursforderung. Deswegen lässt der Exporteur in dieser Situation das **Akkreditiv** regelmäßig **unbenutzt verfallen** (vgl. Zahn u.a. 1986: S. 282, Rdn 2/438 sowie die dort angegebenen Quellen).
- Entscheidend ist jedoch, dass der **Käufer** auch im Konkurs der Akkreditivbank nach vorherrschender Meinung **verpflichtet** ist, Zug-um-Zug gegen Herausgabe der Dokumente Zahlung auf anderem Wege zu leisten, weil das Akkreditiv lediglich erfüllungshalber eröffnet ist und nicht an Erfüllungs statt (Zahn u.a. 1986: S. 282, Rdn 2/438 i.V.m. S. 44, Rdn 2/17). Allerdings ist der Käufer -soweit die einschlägige Literatur dies erkennen lässt- nicht verpflichtet, im Konkurs der Akkreditivbank durch eine andere Bank ein neues Akkreditiv zu Gunsten des Begünstigten eröffnen zu lassen, es sei denn, dass dies im Kaufvertrag vereinbart war.

- Um die skizzierten Risiken zu verringern, kommt es darauf an, dass das Akkreditiv von einer **über jeden Zweifel erhabenen Bank** ("international prime bank" o. Ä.) gestellt wird. Im Zweifel sollte der Exporteur den Rat seiner Hausbank einholen und bereits im Kaufvertrag eine geeignete Vorschrift zur Akkreditivbank aufnehmen oder aber vom Importeur die Bestätigung des Akkreditivs durch eine solvente (deutsche) Zweitbank verlangen.

Empfehlung

Ereignis: Konkurs der Zweitbank als Benutzungs-/Zahlstelle nach Akkreditiveröffnung

- Im Falle des Konkurses der Zweitbank als Benutzungs-/Zahlstelle bleibt der **Begünstigte** aus dem Akkreditiv **gesichert**. Er kann sich dann direkt an die Akkreditivbank halten, um den Akkreditivbetrag zu erlangen. Nielsen weist darauf hin, dass selbst in den Fällen, in denen die Akkreditivbank der Zweitbank als Zahlstelle den Akkreditivgegenwert bereits zur Verfügung gestellt hat, die Zahlstelle aber vor Weiterleitung des Akkreditivbetrags an den Begünstigten in Konkurs gegangen ist, der Begünstigte den Akkreditivbetrag von der Akkreditivbank verlangen kann (vgl. Nielsen 1985: S. 36).
  Anzumerken ist, dass diese Meinung keine ungeteilte Zustimmung findet. Im Zweifel sollte deswegen eine weiterreichende Sicherheit in der Abwicklung gewählt werden.

Sicherheit

Ereignis: Konkurs der Bestätigungsbank nach Akkreditivbestätigung

- Handelt es sich um ein bestätigtes Akkreditiv, dann behält der Akkreditivbegünstigte auch im Falle des Konkurses der Bestätigungsbank seine **Ansprüche gegen die Akkreditivbank** und den **Importeur** (vgl. Eisemann/Schütze 1989: S. 145). Denn auch die Bestätigung des Akkreditivs geschieht nach vorherrschender Meinung erfüllungshalber, d.h. nicht an Erfüllungs statt (vgl. Zahn u.a. 1986: S. 44, Rdn 2/17).
  Ob der Akkreditivbegünstigte bei Konkurs der Bestätigungsbank mit seinen verbleibenden Ansprüchen an die Akkreditivbank bzw. an den Importeur tatsächlich durchdringt, ist eine Frage, deren Beantwortung vom Einzelfall abhängt. Im Allgemeinen ist nämlich davon auszugehen, dass der Exporteur gerade dann auf die Bestätigung des Akkreditivs drängen wird, wenn er Bedenken hinsichtlich der Solvenz der Akkreditivbank hat.

Ansprüche an Akkreditivbank und Importeur

Einem Teil der soeben skizzierten Risiken, die nach Akkreditiveröffnung entstehen, kann der akkreditivbegünstigte Exporteur dadurch vorbeugen, dass er dem Importeur bereits im Kaufvertrag die Verpflichtung zur Stellung eines **bestätigten Akkreditivs** auferlegt. Sofern das eröffnete Akkreditiv tatsächlich von einer solventen deutschen oder ausländischen, in einem politisch stabilen Land ansässigen Bank ("international prime bank" o. Ä.) bestätigt wird, sind darüber hinaus auch politische Risiken praktisch ausgeschlossen.

Empfehlung

4.3.1.3 Exkurs: UN/EDIFACT in der Akkreditivabwicklung

Grundstruktur

UN/EDIFACT ist die Abkürzung für United Nationes/**Electronic Data Interchange for Administration, Commerce and Transport** (Elektronischer Datenaustausch für Verwaltung, Wirtschaft und Transport). Es ist dies ein von den Vereinten Nationen entwickeltes und definiertes Regelwerk für einen **internationalen, branchenübergreifenden Standard** für den elektronischen Datenaustausch.

Hinweis

Eine **umfassendere Darstellung** von UN/EDIFACT findet sich in Abschnitt "**4.1.1.5 Exkurs: UN/EDIFACT**".

Ziel

Mit EDI (Electronic Data Interchange) sowie EDIFACT ist das Ziel aufgegriffen, nämlich statt der Erstellung und Übersendung von Papieren, Dokumenten, Belegen, Formularen usw. die Daten eines Geschäftsvorfalls in einem **EDV-System zu erfassen** (z.B. beim Exporteur) und **beleglos**, d.h. elektronisch, in andere Systeme **zu übertragen** (z.B. beim Importeur, bei den Banken, bei den Transportunternehmen usw.) und dort **ohne manuelle Eingriffe weiter zu verarbeiten.**

Anwendungsbeispiele

Im Bereich des Akkreditivverkehrs können auf Grundlage der beim Bankkunden (Exporteur/Importeur) einmal erfassten Daten eines Geschäfts nicht nur Angebote abgegeben, Aufträge erteilt und bestätigt sowie Rechnungen beleglos, nämlich im Rahmen einer "Rechner-zu-Rechner-Kommunikation", übermittelt werden, sondern auch **Aufträge zur Eröffnung von Dokumentenakkreditiven elektronisch erteilt** und von den Banken auf elektronischem Weg dem **Begünstigten avisiert** werden: Die beim Bankkunden **einmal erfassten Daten** erfahren im EDIFACT-System eine auf die **akkreditivrelevanten Daten** ausgerichtete Selektierung und Strukturierung und werden der Bank als Akkreditiveröffnungsauftrag beleglos übermittelt. Die beauftragte Bank übermittelt den Akkreditivauftrag auf Grundlage der elektronisch empfangenen Daten der avisierenden Bank, die ihrerseits das Akkreditiv dem Akkreditivbegünstigten (Exporteur) ebenfalls beleglos avisiert.

Beispiele Nachrichtentypen

Beispiele akkreditivbezogener UN/EDIFACT- Nachrichtentypen:

DOCAPP Antrag zur Eröffnung eines Dokumentenakkreditivs

Name (engl.): Documentary credit application
Dokument: UN/ECE/TRADE/WP.4/R.1142 Status: 1
Wirtschaftszweig: Finanzwesen

1. Funktionsbeschreibung

Eine Nachricht einer Geschäftspartei, die um die Eröffnung eines Dokumentenakkreditivs durch eine Geschäftspartei, die eine solche Dienstleistung anbietet, nachsucht. In dieser Nachricht werden die Bedingungen, die der Absender der Nachricht für die Eröffnung eines Dokumentenakkreditivs bestimmt, angegeben.

2. Grundsätzliches

Falls nicht anders angegeben, unterliegt die Änderung des Dokumentenakkreditives den am Tag der Eröffnung des Dokumentenakkreditives gültigen Einheitlichen Richtlinien und Gebräuchen für Dokumentenakkreditive der Internationalen Handelskammer, Paris, Frankreich.

DOCADV Avisierung eines Dokumentenakkreditivs

Name (engl.): Documentary credit advice
Dokument: UN/ECE/TRADE/WP.4/R.1142 Status: 1
Wirtschaftszweig: Finanzwesen

1. Funktionsbeschreibung

Die Nachricht "Avisierung eines Dokumentenakkreditivs" wird verwendet, um dem Begünstigten die Akkreditivbedingungen eines Dokumentenakkreditivs anzuzeigen, das von der Eröffnenden Bank eröffnet und von der Avisierenden Bank oder einer zwischengeschalteten Bank empfangen wurde.

2. Grundsätzliches

Falls nicht anders angegeben, unterliegt die Änderung des Dokumentenakkreditives den am Tag der Eröffnung des Dokumentenakkreditives gültigen Einheitlichen Richtlinien und Gebräuchen für Dokumentenakkreditive der Internationalen Handelskammer, Paris, Frankreich.

Quelle: DIN Deutsches Institut für Normung e.V. (Hrsg.), UN/EDIFACT-Nachrichtentypen 1995, S. 75, S. 77.

4.3.2 Akkreditivarten nach der Sicherheit des Exporteurs

4.3.2.1 Widerrufliches Dokumentenakkreditiv

4.3.2.1.1 Definition, Funktionen und Beurteilung

Definition des widerruflichen Dokumentenakkreditivs

Widerruflichkeit

Die ERA bestimmen zum widerruflichen Akkreditiv in **Art. 6**:

"*a. Ein Akkreditiv kann entweder*
I. widerruflich oder
II. unwiderruflich
sein.
b. Das Akkreditiv soll daher eindeutig angeben, ob es widerruflich oder unwiderruflich ist.
c. Fehlt eine solche Angabe, gilt das Akkreditiv als unwiderruflich."

Annullierung/ Änderung

In **Art. 8**:

"*a. Ein widerrufliches Akkreditiv kann von der eröffnenden Bank jederzeit und ohne vorherige Nachricht an den Begünstigten geändert oder annulliert werden.*
b. Die eröffnende Bank muss jedoch,
I. eine andere Bank, bei der ein widerrufliches Akkreditiv zur Sichtzahlung, Akzeptleistung oder Negoziierung benutzbar gestellt ist, für jede Zahlung, Akzeptleistung oder Negoziierung remboursieren, die von dieser Bank vor Erhalt einer Nachricht über die Änderung oder Annullierung gegen Dokumente vorgenommen wurde, die ihrer äußeren Aufmachung nach den Akkreditiv-Bedingungen zu entsprechen scheinen;

II. eine andere Bank, bei der ein widerrufliches Akkreditiv zur hinausgeschobenen Zahlung benutzbar gestellt ist, remboursieren, wenn diese Bank vor Erhalt einer Nachricht über die Änderung oder Annullierung Dokumente aufgenommen hat, die ihre äußeren Aufmachungen nach den Akkreditiv-Bedingungen zu entsprechen scheinen."

Zu den "**anderen Banken**" zählen gemäß Art. 2 ERA auch die Filialen einer Bank in unterschiedlichen Ländern.

Empfehlung

Zum besseren Verständnis dieser Bestimmungen der ERA wird dem Leser empfohlen, die schrittweise Erklärung der **Abwicklung widerruflicher Akkreditive**, wie sie in den folgenden Abschnitten 4.3.2.1.2f. dargestellt ist, heranzuziehen.

Funktionen und Beurteilung des widerruflichen Dokumentenakkreditivs

Seltenes Vorkommen

Das widerrufliche Akkreditiv wird in der Außenhandelspraxis selten angewandt, weil es angesichts der jederzeitigen Widerrufmöglichkeit der eröffnenden Bank für den Akkreditivbegünstigten nur eine **geringe Sicherheit** bietet.

Anwendungsgründe

Gleichwohl gibt es einige Gründe, die erklären, dass widerrufliche Akkreditive überhaupt noch vorkommen:

- Relative Sicherheit

1. Eine gewisse Sicherheit bewirkt die Vorschrift des Art. 8 b. ERA für den Akkreditivbegünstigten: Sobald die andere Bank, bei der das widerrufliche Akkreditiv benutzbar gestellt ist, die vom begünstigten Exporteur eingereichten Dokumente aufgenommen und die **Akkreditivleistung** (Zahlung, Akzeptleistung, Negoziierung, Zahlungszusage) an den Exporteur erbracht hat, ist die akkreditiveröffnende Bank verpflichtet, diese andere Bank zu remboursieren, d.h. ihr den Akkreditivgegenwert zur Verfügung zu stellen. Mit Entstehung dieses Remboursierungsanspruchs der eingesetzten anderen Bank an die akkreditiveröffnende Bank **erlischt** deren **Recht auf Widerruf** des Akkreditivs und der Exporteur ist ab diesem Zeitpunkt praktisch gesichert.

- Zahlbarstellung im Exportland

Für den begünstigten Exporteur ist es deswegen entscheidend, wo ein widerrufliches Akkreditiv benutzbar/zahlbar gestellt ist. Fungiert eine **Bank im Exportland** (zweckmäßigerweise die Hausbank des Exporteurs) als **Benutzungs-/Zahlstelle** und wickelt diese die Dokumentenaufnahme einschließlich der Auszahlung bzw. Zahlungszusage aus dem Akkreditiv zügig ab, dann erlangt der Exporteur rasch die Sicherheit, die das widerrufliche Akkreditiv zu bieten vermag. Ist dagegen die (aus Sicht des Exporteurs) ausländische Akkreditivbank selbst als Benutzungs-/Zahlstelle eines widerruflichen Akkreditivs eingesetzt, dann bleibt es letztlich in deren Ermessen gestellt, ob sie die eingereichten Dokumente aufnimmt oder von ihrem Recht auf Widerruf -trotz des Vorliegens akkreditivkonformer Dokumente- Gebrauch macht.

2. Im Vergleich zum Dokumenteninkasso kann das widerrufliche Akkreditiv dem Exporteur die **größere Sicherheit** bieten. Hat der Exporteur die Wahl zwischen einem Dokumenteninkasso und einem widerruflichen Akkreditiv als der zu vereinbarenden Zahlungsbedingung, dann kann es für ihn unter bestimmten, im folgenden Abschnitt 4.3.2.1.2 näher dargestellten Bedingungen zweckmäßig sein, dem widerruflichen Akkreditiv den Vorzug zu geben.

- Vergleich mit Dok.-Inkasso

3. Beim widerruflichen Akkreditiv **entfällt** die **Unwiderruflichkeitsprovision** der Kreditinstitute. Diese Einsparung, die zu Gunsten des Akkreditivauftraggebers (Importeurs) geht, beläuft sich im Vergleich zu den Kosten unwiderruflicher Akkreditive auf ca. 1 bis 2‰ des Akkreditivbetrags (wobei ein Vergleich wegen der zeitlichen Staffelung der Provisionssätze allerdings schwierig ist).

- Kosteneinsparung

4. Die **Einfuhrbestimmungen**, die **Devisenvorschriften** oder das **Inkassosystem** eines der beteiligten Länder (insbesondere des Importlandes) können Akkreditivstellung vorschreiben oder nahe legen. In dieser Situation kann es unter Umständen tragfähig sein, dieser Vorschrift mit einem widerruflichen Akkreditiv zu genügen.

- Inkassobestimmungen

5. Gemäß den ERA gilt ein Akkreditiv als **unwiderruflich**, wenn die Angabe fehlt, ob es unwiderruflich oder widerruflich ist (vgl. Art. 6 c. ERA).

- Fehlende Angabe

Wird ein Akkreditiv zu Gunsten des Exporteurs widerruflich eröffnet, obwohl im Kaufvertrag die Stellung eines **unwiderruflichen Akkreditivs** vereinbart ist, dann wird der Exporteur vom Importeur im Allgemeinen zunächst die **Änderung** in ein unwiderrufliches Akkreditiv verlangen. Erfolgt die vereinbarungsgemäße Stellung des unwiderruflichen Akkreditivs gleichwohl nicht, dann hat der Exporteur zu entscheiden, ob er auf Grundlage des widerruflichen Akkreditivs zu liefern bereit ist oder vom Kaufvertrag zurücktritt.

Kaufvertrag

4.3.2.1.2 Grundstruktur - Fall 1: Gültigkeits- und Benutzungs-/Zahlstelle ist eine Bank im Land des Exporteurs

Die **Abbildung 4.3-03** zeigt die **Grundstruktur** des **widerruflichen Dokumentenakkreditivs** und wird anschließend in einzelnen Schritten und unter den folgenden Annahmen erläutert und beurteilt:

Abbildung/Prämissen

- **Widerrufliches** unbestätigtes **Akkreditiv**, benutzbar zur Sichtzahlung;
- **Gültigkeits- und Benutzungs-/Zahlstelle**: Bank im Land des Exporteurs (sog. andere Bank, Zweitbank, Exporteurbank);
- **Akkreditivwährung**: Landeswährung des Exporteurs.

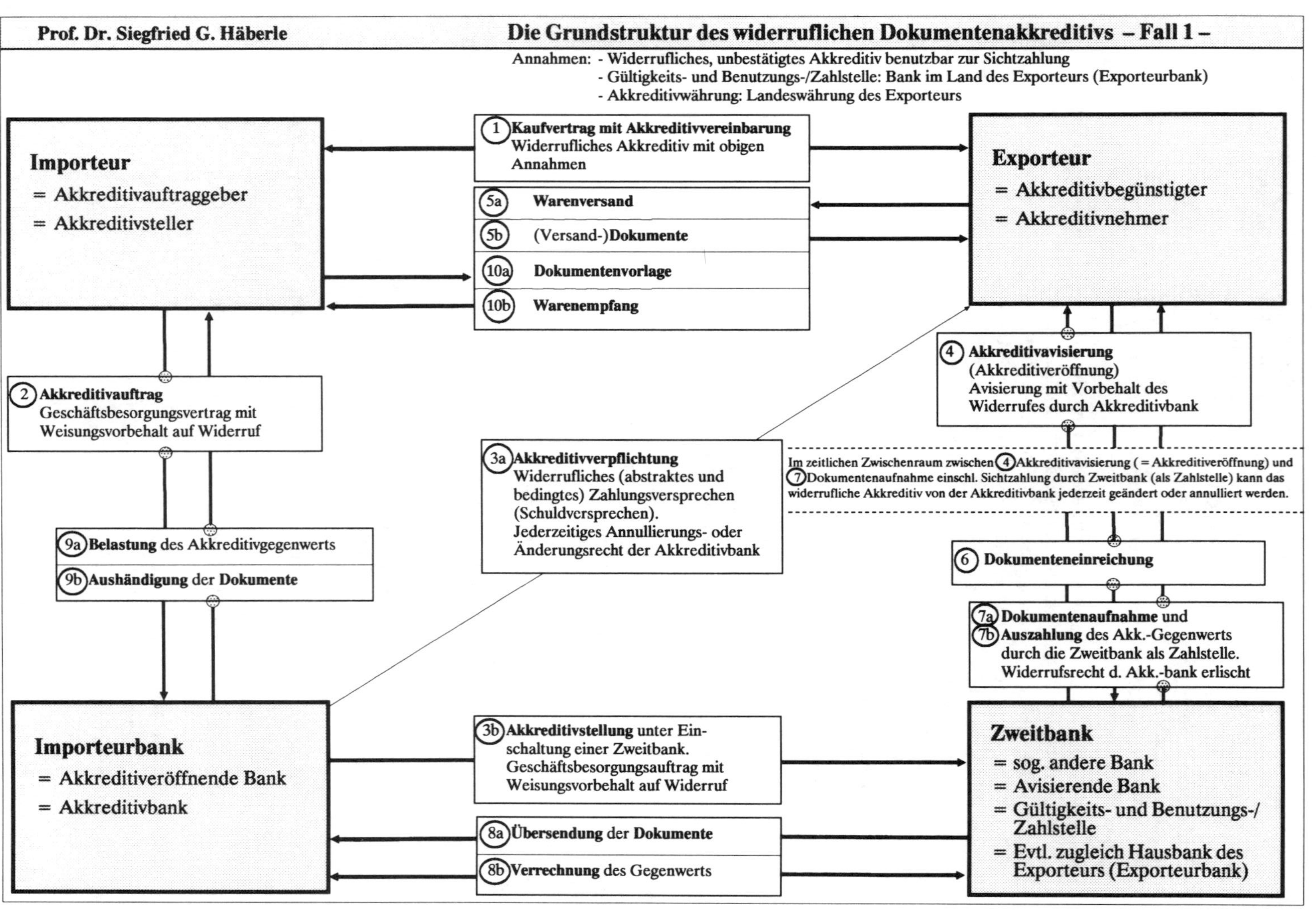

Abbildung 4.3-03

Schrittweise Darstellung

Im Folgenden ist die **Abwicklung** des widerruflichen Akkreditivs -korrespondierend mit **Abbildung 4.3-03**- in einzelnen Schritten dargestellt, erläutert und beurteilt.

1. **Akkreditivvereinbarung im Kaufvertrag**

In den Kaufvertrag ist als Zahlungsbedingung die Stellung eines **widerruflichen Dokumentenakkreditivs** mit den obigen Annahmen zu Gunsten des Exporteurs aufzunehmen (Akkreditivvereinbarung, Akkreditivklausel).
Sofern der Exporteur in den Verhandlungen mit dem Importeur ein unwiderrufliches Dokumentenakkreditiv nicht durchsetzen kann, dann sollte er wenigstens darauf zu achten, dass das widerrufliche Akkreditiv bei einer Bank in seinem Land, wenn möglich bei seiner **Hausbank benutzbar/zahlbar** gestellt ist. Nur mit einer solchen Benutzbarstellung erlangt der Exporteur jene eingangs beschriebene relative Sicherheit, die ihm auch das widerrufliche Akkreditiv gem. Art. 8 b. ERA zu bieten vermag.
Hinweis: Eine umfassende Darstellung der Akkreditivvereinbarung im Kaufvertrag findet sich in Abschnitt "4.3.5.1 Akkreditivvereinbarung im Kaufvertrag sowie Akkreditiveröffnungsauftrag des Importeurs".

2. **Akkreditivauftrag**

Der Akkreditivauftrag (Akkreditiveröffnungsauftrag) des Importeurs (Akkreditivauftraggeber, Akkreditivsteller) umfasst -nachdem er von der beauftragten Bank angenommen ist- nach deutschem Recht einen **Geschäftsbesorgungsvertrag**.
Beim widerruflichen Akkreditiv behält sich der Akkreditivauftraggeber vor, der Bank Weisung auf Widerruf des Akkreditivs zu erteilen. Das **Widerrufsrecht** kann der Auftraggeber nicht direkt gegenüber dem Begünstigten ausüben.
Hinweis: Der **Akkreditivauftrag** des Importeurs an die Akkreditivbank ist umfassend im oben erwähnten Abschnitt 4.3.5.1 erläutert. In Abschnitt 4.3.5.1.3 finden sich darüber hinaus **Fallbeispiele.**

3 a. **Widerrufliche Akkreditivverpflichtung**

Wie jedes Dokumentenakkreditiv umfasst auch das widerrufliche Akkreditiv ein abstraktes und bedingtes, im vorliegenden Fall allerdings **widerrufliches Zahlungsversprechen** (Schuldversprechen) der akkreditiveröffnenden Bank (Akkreditivbank) für den Begünstigten.
Der **Widerruf** des Akkreditivs durch die Akkreditivbank kann -wie oben erwähnt- auf einer Weisung des **Akkreditivauftraggebers** beruhen, beispielsweise wenn dieser an der Erfüllung des Kaufvertrags (an der Abnahme der Waren) kein Interesse mehr hat. Widerrufen kann aber auch die **Akkreditivbank** in eigenem Interesse. Ein Eigeninteresse der Akkreditivbank liegt beispielsweise darin begründet, dass sich die Kreditwürdigkeit des

Akkreditivauftraggebers rapide verschlechtert und sich die Akkreditivbank deswegen aus der Akkreditivverpflichtung zu entbinden trachtet.

3 b. Akkreditivstellung unter Einschaltung einer Zweitbank (einer sog. anderen Bank)

Vorbemerkung: Ein Akkreditiv gilt nach deutschem Recht erst im Zeitpunkt der Mitteilung der Bank an den Begünstigten als eröffnet, wobei unterstellt ist, dass der Begünstigte das angebotene (avisierte) Akkreditiv -stillschweigend- annimmt. Im Gegensatz dazu wird in der Literatur manchmal bereits der Auftrag zur Avisierung der Akkreditivbank an die Zweitbank als Akkreditiveröffnung bezeichnet. Um der Rechtslage Rechnung zu tragen und den Unterschied zur Akkreditiveröffnung (Schritt 4) hervorzuheben, wird der in Schritt 3 b. behandelte Vorgang als Akkreditivstellung (unter Einschaltung einer Zweitbank) bezeichnet.
Als **erste Besonderheit** des zwischen der akkreditiveröffnenden Bank und der Zweitbank abgeschlossenen Geschäftsbesorgungsvertrags ist der Weisungsvorbehalt der Akkreditivbank auf Widerruf des Akkreditivs hervorzuheben. Falls die Akkreditivbank die Zweitbank zur Auszahlung des Akkreditivs ermächtigt, d.h. wenn die Zweitbank als Benutzungs-/Zahlstelle eingesetzt ist, dann ist als **zweite Besonderheit** die Pflicht der Akkreditivbank hervorzuheben, der Benutzungsstelle (gemäß den in Art. 8 b. ERA genannten Voraussetzungen) den Akkreditivgegenwert zur Verfügung zu stellen (diese zu remboursieren).
Bei einem Widerruf (Annullierung oder Änderung) des Akkreditivs muss sich die Akkreditivbank wiederum der avisierenden Bank bedienen, sodass dem Begünstigten der Widerruf auf demselben Weg zugeht wie die Eröffnung des Akkreditivs (vgl. Art. 11 b. ERA).
Hinweis: Die Ausführung des Akkreditiveröffnungsauftrags und die Akkreditivavisierung (Akkreditiveröffnung) durch die Bank(en) ist in Abschnitt 4.3.5.2 beschrieben.

4. Akkreditivavisierung (Akkreditiveröffnung)

Die Akkreditivavisierung (Akkreditiveröffnung) vollzieht sich beim widerruflichen Akkreditiv wie bei den übrigen Akkreditivarten, nämlich durch eine **Mitteilung (Akkreditiveröffnungsanzeige)** der Zweitbank an den Akkreditivbegünstigten, der eine Kopie (selten das Original) bzw. ein EDV-Ausdruck des Akkreditiveröffnungsschreibens der Akkreditivbank beigefügt ist.

Hinweis: Die Prüfung des avisierten (eröffneten) Akkreditivs durch den begünstigten Exporteur ist in Abschnitt 4.3.5.3 -einschließlich einer Prüfliste- umfassend dargestellt.
Das **besondere Risiko des Exporteurs** beim widerruflichen Akkreditiv liegt darin, dass er auch nach Akkreditiveröffnung jederzeit mit einem Widerruf des Akkreditivs rechnen muss, also bereits während der Phase des Einkaufs, der Produktion bzw. des Versands der zu exportierenden Güter. Erst mit der vorbe-

haltlosen Aufnahme der Dokumente durch die Benutzungs-/Zahlstelle und der Auszahlung bzw. Zahlungszusage der Benutzungs-/Zahlstelle endet dieses Risiko des Exporteurs praktisch. Der Exporteur muss sich dieses Risikos bei Abschluss des Kaufvertrags bewusst sein. In der Regel wird er deswegen ein **widerrufliches Akkreditiv** als Zahlungsbedingung nur akzeptieren können, wenn folgende **Voraussetzungen** erfüllt sind:

- Die **Seriosität** des Akkreditivauftraggebers (Importeurs) muss in Bankauskünften und/oder durch eigene Erfahrungen uneingeschränkt ausgewiesen sein.
- Die **Kreditwürdigkeit** des Akkreditivauftraggebers (Importeurs) muss über jeden Zweifel erhaben sein (z.B. nachgewiesen durch Bankauskünfte, gewerbliche Auskünfte usw.), sodass die Akkreditivbank keine Veranlassung hat, aus kreditsicherndem Eigeninteresse das Akkreditiv von sich aus zu widerrufen.
- Das **Länderrisiko** (politische Risiko) bezüglich des Sitzes der Akkreditivbank und des Akkreditivauftraggebers muss überschaubar und gering sein.
- Die zu liefernden **Waren** müssen leicht und ohne Abschlag anderweitig verkäuflich sein, falls das Akkreditiv während der Beschaffungs-, Produktions- oder Lieferphase widerrufen wird.
  Die **Verwertungsmöglichkeit** der Waren muss auch nach erfolgtem Versand gegeben sein, und zwar bis zum Zeitpunkt der vorbehaltlosen Aufnahme der Dokumente durch die Benutzungs-/Zahlstelle einschließlich der Zahlung bzw. Zahlungszusage an den Exporteur.

Es liegt auf der Hand, dass alle diese Voraussetzungen nur im Idealfall erfüllt sind. Im Übrigen ist zu bedenken, dass die Informationsergiebigkeit über die Seriosität und die Kreditwürdigkeit des Importeurs, über die Zahlungsfähigkeit der Akkreditivbank und über das Länderrisiko häufig begrenzt ist.

5. Warenversand und Dokumentenempfang

Grundsätzlich laufen der Warenversand und der Empfang der (Versand-)Dokumente beim widerruflichen Akkreditiv ebenso ab wie bei den anderen Akkreditivarten.

6. Dokumenteneinreichung

Ist das widerrufliche Dokumentenakkreditiv -wie im vorliegenden Fall- bei einer Bank im Land des Exporteurs **gültig und und benutzbar/zahlbar** gestellt, dann hat der Exporteur die Dokumente bei dieser Bank rechtzeitig vor Verfall des Akkreditivs einzureichen.
Es liegt im **Sicherungsinteresse** des Exporteurs, wenn er die Dokumente möglichst rasch und in der den Akkreditivbedingungen entsprechenden Form bei der Gültigkeits- und Benutzungs-/Zahlstelle einreicht. Sobald die Benutzungs-/Zahlstelle

diese Dokumente aufgenommen und den Gegenwert an den Exporteur ausgezahlt hat (Schritt 7), erlischt gem. Art. 8 b. ERA das Recht der Akkreditivbank auf Widerruf des Akkreditivs.

Hinweis: **Gültigkeitstelle** (Ort für die Dokumentenvorlage vor Verfall) und **Benutzungs-/Zahlstelle** eines Akkreditivs können **gleichgesetzt**, aber auch **verschieden** sein. Einzelheiten und Vorkommen in der Praxis siehe Abschnitt "4.3.5.1.2.4 Begünstigter, Bank des Begünstigten, Benutzungs-/Zahlstelle, Gültigkeitsstelle".

7. Dokumentenaufnahme und Auszahlung des Akkreditivgegenwerts

Vorbemerkung: Der Ausdruck "Dokumentenaufnahme" wird in der betrieblichen Praxis, aber auch in der Literatur nicht immer mit demselben Vorstellungsinhalt verbunden. Im Folgenden wird unter "Dokumentenaufnahme" die Prüfung und die Anerkennung der vom Exporteur eingereichten Dokumente durch die dazu bevollmächtigte Bank (Benutzungs-/Zahlstelle) einschließlich der Auszahlung des Akkreditivbetrags bzw. der Zahlungszusage verstanden. In diesem Sinne gleichbedeutend wird der Ausdruck "Honorierung der Dokumente" verwendet.

Die **maßgebliche Sicherheit** des widerruflichen Akkreditivs für den Exporteur entsteht ab dem Zeitpunkt der vorbehaltlosen Dokumentenaufnahme einschließlich der Zahlung, Akzeptleistung oder Negoziierung bzw. der Zahlungszusage durch die Benutzungs-/Zahlstelle. Ab diesem Zeitpunkt ist die Akkreditivbank gem. Art. 8 b. ERA verpflichtet, die Zweitbank als Benutzungs-/Zahlstelle zu remboursieren, d.h. für alle Leistungen, die die Benutzungs-/Zahlstelle im Namen und für die Rechnung der Akkreditivbank vorgenommen hat, den Gegenwert zur Verfügung zu stellen. Ab dem Zeitpunkt der Dokumentenaufnahme im hier verstanden Sinne erlischt somit praktisch das Recht der Akkreditivbank auf Widerruf des Akkreditivs.

Damit der begünstigte Exporteur rasch in den Genuss der Sicherheit kommt, die das widerrufliche Akkreditiv zu bieten vermag, ist es -wie mehrfach erwähnt- zweckmäßig, das Akkreditiv bei einer Bank in seinem Land, idealerweise bei seiner **Hausbank gültig und benutzbar/zahlbar** stellen zu lassen.

Zu beachten ist, dass die Zweitbank die Auszahlung an den Exporteur im Namen und für Rechnung der Akkreditivbank im Allgemeinen erst vornehmen wird, wenn sie selbst über den Gegenwert verfügt. Zahlt die Zweitbank bei unbestätigten Akkreditiven vorher aus, dann trägt diese Auszahlung lediglich den Charakter eines Kredits (einer Bevorschussung) der Zweitbank (Exporteurbank) an den Exporteur.

8. Übersendung der Dokumente und Verrechnung des Akkreditivgegenwerts

Diese beiden Vorgänge unterscheiden sich beim widerruflichen Akkreditiv nicht wesentlich von den anderen Akkreditivarten.

Die Zweitbank als Benutzungs-/Zahlstelle wird auch bei widerruflichen Akkreditiven darauf achten, dass ihr der Akkreditivgegenwert von der Akkreditivbank spätestens in dem Zeitpunkt gesichert ist, in dem sie dem Begünstigten eine Zahlung, ein Akzept oder die Negoziierung leistet bzw. ein Zahlungsversprechen abgibt.

9. **Belastung des Akkreditivgegenwerts und Aushändigung der Dokumente**

   Dieser Vorgang vollzieht sich **Zug-um-Zug**: Die Akkreditivbank händigt dem Importeur die Dokumente nur aus, wenn das Guthaben auf dessen Konto eine Belastung des Akkreditivgegenwerts ermöglicht. Ist dies nicht der Fall, behält die Bank die Dokumente zu ihrer Sicherheit ein.
   Anzumerken ist, dass der Importeur das **Recht auf Widerruf** des Akkreditivs -ebenso wie die Akkreditivbank- bereits im Zeitpunkt der Dokumentenaufnahme, einschließlich Auszahlung bzw. Zahlungszusage an den Exporteur durch die als Zahlstelle eingesetzte Bank **verliert**. Ab diesem Zeitpunkt der vorbehaltlosen Dokumentenaufnahme durch die Zahlstelle (Schritt 7) kann sich der Importeur der Belastung des Akkreditivgegenwerts nicht mehr entziehen.

10. **Dokumentenvorlage und Warenempfang**

    Auf Grundlage der vorgelegten Dokumente weist der Importeur seine Legitimation zum Empfang der Waren nach.

Bestätigung

Die ERA schließen die **Bestätigung** des widerruflichen Akkreditivs durch eine Zweitbank nicht aus; ausdrücklich geregelt ist die Bestätigung jedoch nur für unwiderrufliche Akkreditive (vgl. Art. 9 b. und c. ERA). Obwohl die Bestätigung eines widerruflichen Akkreditivs möglich ist, **kommt** sie -nach übereinstimmender Auskunft der Praxis- aus Gründen der Gegensätzlichkeit, nämlich Widerruflichkeit einerseits, Bestätigung andererseits, **nicht vor.**

4.3.2.1.3 Grundstruktur - Fall 2: Gültigkeits- und Benutzungs-/Zahlstelle ist die Akkreditivbank

Abbildung/Prämissen

In **Abbildung 4.3-04** ist ein widerrufliches Akkreditiv dargestellt, das bei der ausländischen Akkreditivbank zahlbar gestellt ist.
Die Darstellung beruht auf den folgenden Annahmen:

- **Widerrufliches** unbestätigtes **Akkreditiv**, benutzbar zur Sichtzahlung;
- **Gültigkeits- und Benutzungs-/Zahlstelle**: Akkreditivbank (Importeurbank);
- **Akkreditivwährung**: Landeswährung des Importeurs (zugleich Währung der Importeurbank).

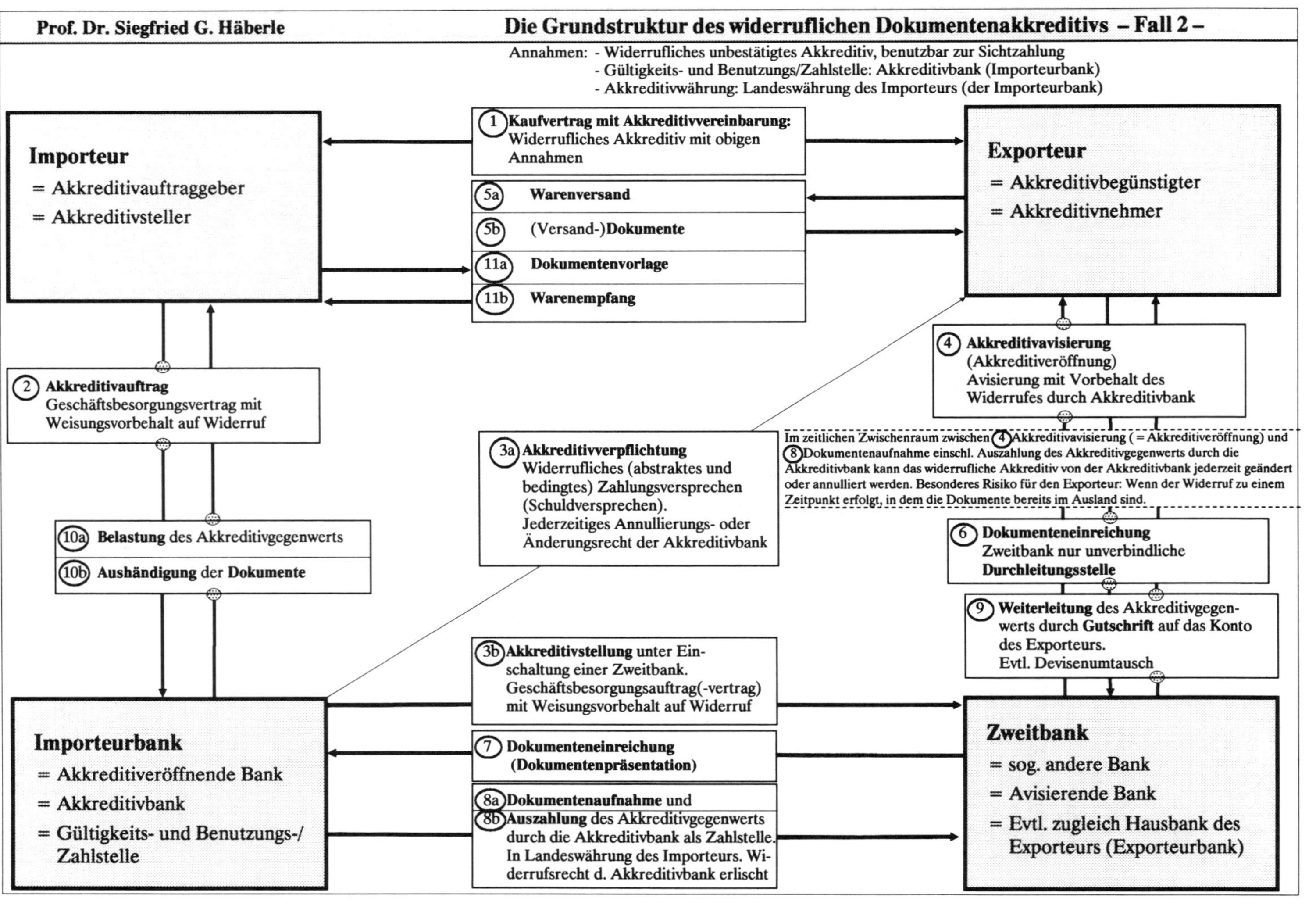

Abbildung 4.3-04

Der maßgebliche **Unterschied** gegenüber Fall 1 liegt in der Festlegung der **Gültigkeits- und Benutzungs-/Zahlstelle.** Im vorliegenden Fall 2 ist aus der Sicht des begünstigten Exporteurs die Gültigkeits- und Benutzungs-/Zahlstelle in das Ausland verlagert, was für den Exporteur -neben der ohnehin geringen Sicherheit des widerruflichen Akkreditivs- weitere Risiken beinhaltet.

Beurteilung

- Ausländische Zahlstelle

Eine Benutzungs-/Zahlbarstellung bei der ausländischen Akkreditivbank birgt für den Exporteur nicht nur die üblichen **Risiken** des rechtzeitigen **Dokumentenversands und -eingangs** bei der ausländischen Akkreditivbank in sich, sondern lässt der Akkreditivbank als Zahlstelle -womöglich im Einvernehmen mit dem Importeur- die Möglichkeit, die **Dokumentenprüfung** und die **Auszahlung** zu **verzögern**, was einschließt, dass die Akkreditivbank in dieser Phase doch noch von ihrem Widerrufsrecht Gebrauch machen kann. Ist dagegen die Hausbank des Exporteurs als Gültigkeits- und Benutzungs-/Zahlstelle eingesetzt (siehe Fall 1), dann wird diese Bank gerade bei einem widerruflichen Akkreditiv die Prüfung der Dokumente im Sicherungsinteresse des Exporteurs regelmäßig rasch vornehmen und -sofern die Dokumente ihrer äußeren Aufmachung nach den Akkreditivbedingungen entsprechen- den Gegenwert auch sofort gutschreiben bzw. eine vorbehaltlose Auszahlungszusage erteilen, um den Exporteur vor einem möglichen Widerruf der Akkreditivbank zu schützen.

- Risiken

Im vorliegenden Fall 2 fungiert die Exporteurbank (neben ihrer Aufgabe als avisierende Bank) lediglich als **unverbindliche Durchleitungsstelle** der vom Exporteur eingereichten Dokumente (Schritt 6). Im Allgemeinen prüft die Exporteurbank die Dokumente zwar auf ihre Übereinstimmung mit den Akkreditivbedingungen, jedoch nur als Serviceleistung und ohne jede eigene oder die Akkreditivbank bindende Verpflichtung. Über die Aufnahme der Dokumente und über die Zahlung bzw. Zahlungszusage entscheidet allein die ausländische Akkreditivbank in ihrer Eigenschaft als Benutzungs-/Zahlstelle (Schritt 8).

- Rolle der Exporteurbank

Der Exporteur könnte die Dokumente grundsätzlich auch direkt einreichen, d.h. ohne Einschaltung seiner Hausbank bei der ausländischen Gültigkeits- und Benutzungs-/Zahlstelle, was aber **nicht üblich** ist.

- Direkte Dokumenteneinreichung

4.3.2.2 Unwiderrufliches unbestätigtes Dokumentenakkreditiv

4.3.2.2.1 Definition, Funktionen und Beurteilung

Definition des unwiderruflichen Dokumentenakkreditivs

Die **ERA** definieren in **Art. 9 a.**:

Unwiderruflichkeit

"Ein unwiderrufliches Akkreditiv begründet eine feststehende Verpflichtung der eröffnenden Bank, sofern die vorgeschriebenen Dokumente der benannten Bank oder der eröffnenden Bank vorgelegt werden und die Akkreditiv-Bedingungen erfüllt sind,

I. wenn das Akkreditiv Sichtzahlung vorsieht - bei Sicht zu zahlen;

II. wenn das Akkreditiv hinausgeschobene Zahlung vorsieht - an dem (den) nach den Bestimmungen des Akkreditivs bestimmbaren Datum (Daten) zu zahlen;

III. wenn das Akkreditiv

a. Akzeptleistung durch die eröffnende Bank vorsieht - vom Begünstigten auf die eröffnende Bank gezogene Tratten zu akzeptieren und sie bei Fälligkeit zu bezahlen,
oder

b. Akzeptleistung durch eine andere bezogene Bank vorsieht - vom Begünstigten auf die eröffnende Bank gezogene Tratten zu akzeptieren und bei Fälligkeit zu bezahlen, falls die im Akkreditiv vorgeschriebene bezogene Bank auf sie gezogene Tratten nicht akzeptiert, oder Tratten zu bezahlen, falls diese von der bezogenen Bank akzeptiert, aber bei Fälligkeit nicht bezahlt wurden;

IV. wenn das Akkreditiv Negoziierung vorsieht - vom Begünstigten gezogene Tratten und/oder unter dem Akkreditiv vorgelegte Dokumente ohne Rückgriff auf Aussteller und/oder gutgläubige Inhaber zu bezahlen.
Ein Akkreditiv soll nicht durch Trattenziehungen auf den Auftraggeber benutzbar gestellt werden; wenn das Akkreditiv dennoch Trattenziehungen auf den Auftraggeber vorschreibt, betrachten Banken solche Tratten als zusätzliche Dokumente.

Empfehlung

Zum besseren Verständnis der in diesen Bestimmungen der ERA definierten Akkreditivarten wird dem Leser empfohlen, die schrittweisen Erklärungen, wie sie sich bei der **Darstellung der Grundstrukturen** der verschiedenen Akkreditivarten nach Zahlungs- bzw. Benutzungsmodalitäten in Kapitel 4.3.3 finden, heranzuziehen.

Feststehende Zahlungsverpflichtung

Wenn von den verschiedenen Zahlungsmodalitäten (Sichtzahlung, hinausgeschobene Zahlung, Akzeptleistung und Negoziierung, die getrennt und umfassend in den folgenden Hauptabschnitten behandelt sind) abgesehen wird, dann umfasst das Akkreditiv im Kern die feststehende Verpflichtung einer Bank, an den Begünstigten zu zahlen bzw. -unter Einschaltung einer anderen Bank- zahlen zu lassen. Dieses **Zahlungsversprechen** (Schuldversprechen) ist in der Regel **unwiderruflich** und kann in diesem Fall **weder annulliert noch geändert** werden, es sei denn, dass sich alle Beteiligten, insbesondere der Akkreditivbegünstigte, damit einverstanden erklären.

- bedingt

Das unwiderrufliche Zahlungsversprechen der akkreditiveröffnenden Bank (z.B. der Bank eines Importeurs) ist -wie alle Dokumentenakkreditive- bedingt, d.h. an Bedingungen geknüpft. Dies bedeutet, dass der Begünstigte (in der Regel ein Exporteur) die versprochene Zahlung nur erlangen kann, wenn er die vorgeschriebenen **Dokumente** rechtzeitig vorlegt und die übrigen **Akkreditivbedingungen** erfüllt.

- abstrakt

Das Zahlungsversprechen der Bank ist abstrakt, also **getrennt vom Kaufvertrag** zwischen Importeur und Exporteur (vgl. Art. 3 ERA). Die Akkreditivbank bzw. die beauftragte Zahlstelle entscheidet ausschließlich auf Grundlage der eingereichten Dokumente und der übrigen Akkreditivbedingungen, ob aus dem Akkreditiv Zahlung an den Begünstigten erfolgt. Die eingeschalteten Banken entscheiden über die Zahlung somit nicht im Hinblick auf die Erfüllung bzw. Nichterfüllung des Kaufvertrags oder anderer Verträge zwischen Importeur und Exporteur.

Funktionen und Beurteilung des unwiderruflichen Dokumentenakkreditivs

Häufiges Vorkommen

Die Bedeutung des unwiderruflichen unbestätigten Akkreditivs in der **Praxis** ist sehr groß; es ist die am häufigsten getroffene Akkreditivvereinbarung.

Anwendungsgründe

Für das häufige Vorkommen des unwiderruflichen Dokumentenakkreditivs gibt es gewichtige Gründe:

- Der maßgebliche Grund liegt in der **weit reichenden Sicherheit**, die das unwiderrufliche Akkreditiv dem **Exporteur** vermittelt. Nach Akkreditiveröffnung kann dem Exporteur diese Sicherheit -von wenigen Ausnahmerisiken wie z.B. Konkurs der akkreditiveröffnenden Bank, Eintritt des politischen Risikos u. ä. Risiken abgesehen- nicht mehr entzogen werden, sofern er die Akkreditivbedingungen erfüllt.
- Außerdem erlangt er aus dem Akkreditiv **rasche Zahlung**, vor allem, wenn das Akkreditiv bei einer Bank in seinem Land (eventuell bei seiner Hausbank) benutzbar/zahlbar gestellt ist.
- Der absehbare bzw. planbare Zahlungseingang des Akkreditivs **vereinfacht die Liquiditätsdisposition** des Exporteurs und kann -je nach vereinbarter Währung und je nach Akkreditivbedingungen- u.U. auch noch das Wechselkursrisiko des Exporteurs mindern.
- Schließlich eignet sich ein eröffnetes unwiderrufliches Akkreditiv als **Kreditsicherheit**, z.B. für eine Kreditaufnahme des Exporteurs bei seiner Hausbank, um damit den Einkauf bzw. die Produktion der Waren zu finanzieren.
- Auch dem **Importeur** vermittelt dieses Akkreditiv -trotz der grundsätzlich zu seinen Lasten wirkenden Unwiderruflichkeit- eine weit reichende Sicherheit hinsichtlich der pünktlichen **Erfüllung des Kaufvertrags** durch den Exporteur. Der Importeur kann die Akkreditivbedingungen im Einklang mit dem Kaufvertrag so stellen, dass der Exporteur -will er das Akkreditiv nicht unbenutzt verfallen lassen- gezwungen ist, die Waren in der vereinbarten Menge, zum vereinbarten Preis, in der vereinbarten Qualität rechtzeitig auf dem vereinbarten Transportweg zu liefern. Insoweit impliziert das Dokumentenakkreditiv ein Zug-um-Zug-Geschäft: Zahlung bzw. Zahlungszusage einer Bank gegen Dokumente des Exporteurs, die den Versand, die Versicherung usw. der vereinbarten Waren beweisen.
- Auch der Importeur **schont** in der Regel während der Laufzeit des Akkreditivs seine sog. **Barkreditlinie**: Die akkreditiveröffnende Bank belastet das Kontokorrentkonto des Importeurs in der Regel nicht bei Akkreditiveröffnung, sondern erst bei Aufnahme der Dokumente.

4.3.2.2.2 Grundstruktur und Abwicklung

Abbildung/Prämissen

Die **Abbildung 4.3-05** zeigt die **Grundstruktur** des **unwiderruflichen unbestätigten Dokumentenakkreditivs** und wird anschließend in den einzelnen Schritten, wie sie sich in der zeitlichen Abfolge der Abwicklung des Akkreditivs ergeben, unter den folgenden Annahmen erläutert:

- **Unwiderrufliches** unbestätigtes **Akkreditiv**, benutzbar zur Sichtzahlung;
- **Gültigkeits- und Benutzungs-/Zahlstelle**: Bank im Land des Exporteurs (sog. andere Bank, Zweitbank, Exporteurbank);
- **Akkreditivwährung**: Landeswährung des Exporteurs.

Schrittweise Darstellung

Im Folgenden ist die **Abwicklung** des unwiderruflichen unbestätigten Akkreditivs -korrespondierend mit **Abbildung 4.3-05**- in einzelnen Schritten dargestellt, erläutert und beurteilt.

1. **Akkreditivvereinbarung im Kaufvertrag**

Unwiderruflichkeit

Festlegung

Es liegt vor allem im Sicherungsinteresse des Exporteurs, wenn im Kaufvertrag ausdrücklich die Stellung eines **unwiderruflichen Akkreditivs** festgelegt ist.

Fehlende Angabe

Fehlt die Vereinbarung der Art des Akkreditivs im Kaufvertrag, dann ist dem Importeur grundsätzlich die Möglichkeit gegeben, lediglich ein **widerrufliches Akkreditiv** eröffnen zu lassen. In der Literatur findet sich zwar der Hinweis, dass der Exporteur der Eröffnung eines widerruflichen Akkreditivs mit dem Argument eines festen **Handelsbrauchs**, der sich für bestimmte Branchen entwickelt hat und der ein unwiderrufliches Akkreditiv einschließt oder mit dem Argument gewohnheitsmäßiger Ausgestaltung der Akkreditivklausel als unwiderrufliches Akkreditiv im Kaufvertrag, entgegentreten kann (vgl. Zahn u.a. 1986: S. 46, Rdn 2/19 in Anlehnung an Canaris). Die verbleibenden Unwägbarkeiten dieser Argumente legen es gleichwohl nahe, im Kaufvertrag ausdrücklich ein unwiderrufliches Akkreditiv festzulegen.

Gültigkeits- und Benutzungs-/Zahlstelle

Interesse des Exporteurs

Die Benutzbar-/Zahlbarstellung des Akkreditivs ist beim unwiderruflichen Akkreditiv für die Sicherstellung des Begünstigten nicht von so entscheidender Bedeutung wie beim widerruflichen Akkreditiv, wo mit der Dokumentenaufnahme (einschließlich Zahlung bzw. Zahlungszusage) durch die als Benutzungsstelle eingesetzte andere Bank die Widerspruchsmöglichkeit der Akkreditivbank endet. Trotzdem ist es für den Begünstigten auch beim unwiderruflichen Akkreditiv von Vorteil, wenn das Akkreditiv bei einer Bank in seinem Land, besser noch bei seiner **Hausbank** gültig und benutzbar/zahlbar gestellt ist. Dem Begünstigten sind bei dieser Gültigkeits- und Benutzbar-/Zahl-

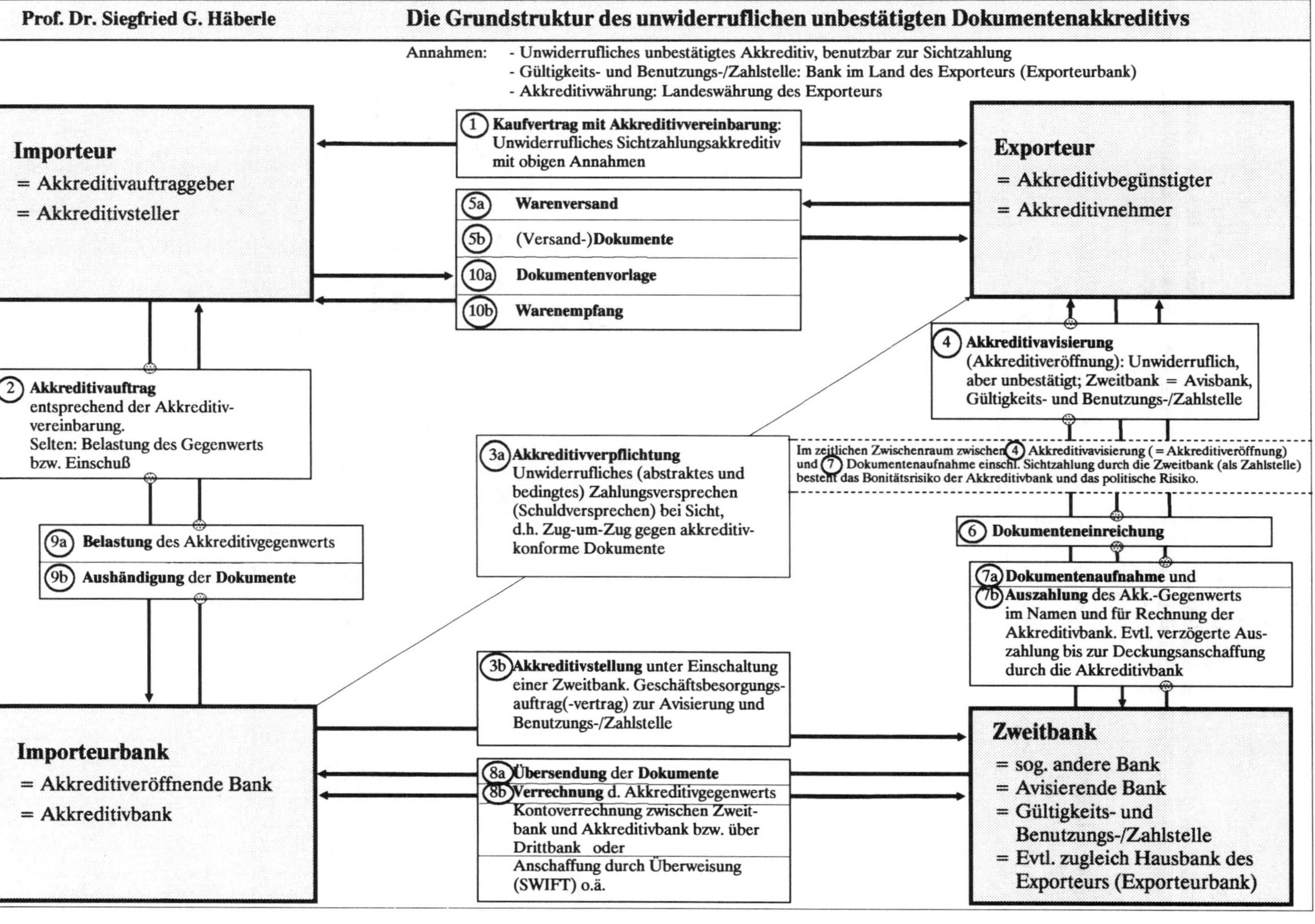

Abbildung 4.3-05

barstellung der besondere Aufwand und die speziellen Risiken einer rechtzeitigen Dokumentenvorlage bei der Akkreditivbank im Ausland ebenso erspart wie umständliche Rückfragen bei der ausländischen Bank in Zweifelsfällen der Dokumentenausfertigung. Auch zeitliche Verzögerungen bei der Auszahlung des Akkreditivgegenwerts, die sich bei einer Benutzbar-/Zahlbarstellung im Ausland ergeben können, halten sich bei der Vereinbarung einer inländischen Benutzungsstelle in Grenzen.

Unterschiedliche Gültigkeits- und Benutzungs-/Zahlstelle

Gültigkeitsstelle und Benutzungs-/Zahlstelle eines Akkreditivs müssen nicht gleich sein. **Gültigkeitsstelle** des Akkreditivs ist jene Bank, bei der der Begünstigte die **Dokumente** rechtzeitig vor Verfall einzureichen hat. Ist diese Bank nicht zugleich Benutzungs-/Zahlstelle, dann ist sie weder zur Dokumentenaufnahme noch zur Auszahlung des Akkreditivbetrags im Namen und für Rechnung der Akkreditivbank berechtigt. Diese Rechte behält sich dann die Akkreditivbank vor, indem sie sich selbst als Benutzungs-/Zahlstelle einsetzt. Die **Verschiedenheit** von Gültigkeitsstelle einerseits und Benutzungs-/Zahlstelle andererseits kommt insbesondere bei **sog. Importakkreditiven** (mit inländischem Importeur) vor, die zwar im Ausland (im Land des akkreditivbegünstigten Exporteurs) gültig gestellt, aber im Inland bei der akkreditiveröffnenden Bank benutzbar/zahlbar gestellt sind. Einzelheiten zur Definition dieser Stellen sowie zum Vorkommen in der Praxis siehe Abschnitt 4.3.5.1.2.4.

Akkreditivbedingungen im Interesse des Importeurs

Detaillierte Festlegungen

Da das Akkreditiv unwiderruflich zu stellen ist, was einschließt, dass der Importeur nach Akkreditiveröffnung ohne die Zustimmung der übrigen Akkreditivbeteiligten keine Möglichkeit mehr hat, die Akkreditivbedingungen zu ändern, erfordert es seine Sicherheit, dass er bereits in der Akkreditivvereinbarung des Kaufvertrags solche Bedingungen durchsetzt, die seiner Interessenlage entsprechen. Mit der **Laufzeit** des Akkreditivs, mit den vom Exporteur einzureichenden **Dokumenten** und mit vielfältigen weiteren Akkreditivbedingungen kann der Importeur dem Exporteur eine weitgehend **kontraktgemäße Lieferung** der Waren zur Auflage machen. Diese Sicherstellung erreicht der Importeur aber nur, wenn er diese Bedingungen bereits im Kaufvertrag vereinbart, weil er gemäß Kaufvertrag verpflichtet ist, das Akkreditiv von seiner Bank in Übereinstimmung mit dem Kaufvertrag, d.h. ohne abweichende Auflagen, stellen zu lassen.

ERA/Kosten

Die **ERA** setzen in **Art. 5** zu weit reichenden Bedingungen im Akkreditiv allerdings **Grenzen**: Um Irrtümern und Missverständnissen vorzubeugen, sollten die Banken jedem Versuch entgegentreten, zu weit gehende Einzelheiten in das Akkreditiv oder in eine Akkreditivänderung aufzunehmen. Auch stellt sich bei einigen Dokumenten, z.B. bei **Qualitätszertifikaten**, rasch die Frage, ob die damit erreichte Sicherheit des Importeurs die hohen Kosten derartiger Zertifikate rechtfertigt.

Hinweis

Eine umfassende Darstellung der **Akkreditivvereinbarung** im Kaufvertrag findet sich in Abschnitt "4.3.5.1 Akkreditivvereinbarung im Kaufvertrag sowie Akkreditiveröffnungsauftrag des Importeurs".

2. **Akkreditivauftrag**

Übereinstimmung mit Kaufvertrag

Der Akkreditivauftrag (Akkreditiveröffnungsauftrag) an die Akkreditivbank muss vom Importeur (Akkreditivauftraggeber, Akkreditivsteller) in genauer Übereinstimmung mit dem Inhalt der **Akkreditivklausel** im Kaufvertrag gestellt werden, will der Importeur nicht Gefahr laufen, dass der Exporteur das eröffnete Akkreditiv als nicht kaufvertragskonform zurückweist.

Stornierung/Abänderung

Zu beachten ist, dass die **Unwiderruflichkeit** eines Akkreditivs **erst im Zeitpunkt seiner Eröffnung** gegenüber dem Begünstigten **wirksam** wird und nicht mit der Erteilung des Akkreditivauftrags des Importeurs an die Akkreditivbank. Nach der deutschen Rechtsordnung ist ein Akkreditiv eröffnet, "... wenn die dahingehende Mitteilung der Bank als Angebot zum Abschluss eines das Schuldversprechen beinhaltenden Vertrags dem Begünstigten zugegangen ist (§§ 130, 145 BGB). Einer ausdrücklichen Annahme dieses Angebotes durch den Begünstigten bedarf es nicht, da dies nicht verkehrsüblich ist (§ 151 BGB)..." (Zahn u.a. 1986: S. 103, Rdn 2/133).
Der Exporteur selbst hat keinen Anspruch an die beteiligten Banken auf Eröffnung des Akkreditivs: "*Ein Begünstigter kann sich keinesfalls auf die vertraglichen Beziehungen berufen, die zwischen den Banken oder zwischen dem Auftraggeber und der eröffnenden Bank bestehen*" (Art. 3 b. ERA).

Kontobelastung/Einschuss

Im Gegensatz zum widerruflichen Akkreditiv hat die akkreditiveröffnende Bank beim unwiderruflichen Akkreditiv keine Möglichkeit, sich bei abnehmender Kreditwürdigkeit oder gar bei Konkurs des Akkreditivauftraggebers ihrem Zahlungsversprechen durch Widerruf zu entziehen. Aus diesem Grund wird die beauftragte Bank ein unwiderrufliches Akkreditiv nur eröffnen, wenn die **Kreditwürdigkeit des Akkreditivauftraggebers** über jeden Zweifel erhaben ist oder wenn der auftraggebende Importeur zuvor volle oder wenigstens teilweise Deckung (einen sog. Einschuss) angeschafft hat.

Hinweis

Der **Akkreditivauftrag** des Importeurs an die Akkreditivbank ist in Abschnitt 4.3.5.1 abgebildet und umfassend besprochen. In Abschnitt 4.3.5.1.3 finden sich darüber hinaus **Fallbeispiele**.

3 a. **Unwiderrufliche Akkreditivverpflichtung der akkreditiveröffnenden Bank**

Feststehende Zahlungsverpflichtung

Die entscheidende Frage ist, ob sich der Begünstigte mit Gewissheit darauf verlassen kann, dass das Zahlungsversprechen von der akkreditiveröffnenden Bank (Akkreditivbank) weder zurückgezogen noch in irgendeiner anderen Form beeinträchtigt werden kann, sofern er die Akkreditivbedingungen erfüllt.

Grundsätzlich erlangt der Begünstigte diese Gewissheit in der Tat. Es würde die Funktion des unwiderruflichen Dokumentenakkreditivs als weltweit anerkanntes Zahlungs-, Sicherungs- und Kreditinstrument aushöhlen, wenn nicht bei allen Akkreditivbeteiligten ebenso wie in Rechtsprechung und Literatur Übereinstimmung darin bestünde, dass die **Unwiderruflichkeit** des Zahlungsversprechens der Akkreditivbank **in allen Risikosituationen Bestand** haben muss. Die akkreditiveröffnende Bank muss ihr Zahlungsversprechen auch und gerade dann unverändert aufrechterhalten, wenn die Kreditwürdigkeit des Akkreditivauftraggebers abnimmt oder der Akkreditivauftraggeber zahlungsunfähig wird.

Ausnahmen

Nur in wenigen Ausnahmefällen kann der **Widerruf** des Akkreditivs vollzogen werden, wobei die Rechtfertigungsgründe für den Widerruf vornehmlich beim Begünstigten zu finden sind (vgl. Zahn u.a. 1986: S. 107, Rdn 2/140 sowie ausführlich S. 217ff.).

Restrisiko

Die Erfüllung des Zahlungsversprechens der **Akkreditivbank** hängt von deren **Bonität** ab. Außerdem kann die Akkreditivbank -trotz ihres Zahlungswillens und ihrer Zahlungsfähigkeit- durch **staatliche Maßnahmen** an der Erfüllung ihres Zahlungsversprechens gehindert sein. Diese Risiken betreffen jedoch nicht die Unwiderruflichkeit des Akkreditivs an sich, sondern liegen auf anderer, im Rahmen der Akkreditivbestätigung zu untersuchender Ebene (vgl. Hauptabschnitt "4.3.2.3 Unwiderrufliches bestätigtes Dokumentenakkreditiv").

3 b. Akkreditivstellung unter Einschaltung einer Zweitbank (einer sog. anderen Bank)

Beauftragung der Zweitbank

In der Regel zeigt die Akkreditivbank dem Begünstigten die Eröffnung des Akkreditivs nicht direkt an, sondern sie bedient sich einer Zweitbank (einer sog. anderen Bank), meistens mit Sitz im Land des Exporteurs. Die Akkreditivbank sendet in diesem Fall der **Zweitbank** das **Akkreditiveröffnungsschreiben** (das die Zahlungsverpflichtung/das Zahlungsversprechen der Akkreditivbank enthält) zu, mit der Bitte um Avisierung des Akkreditivs.
Zwischen beiden Kreditinstituten kommt ein **Geschäftsbesorgungsvertrag** zu Stande, der neben der Avisierung -wie im vorliegenden Fall- auch die Ermächtigung zur Benutzung/Zahlung umfassen kann.

Anmerkung

Anmerkung: Ein Akkreditiv gilt nach deutschem Recht -wie oben bei Schritt 2 erwähnt- erst im Zeitpunkt der Mitteilung der (Zweit-)Bank an den Begünstigten als eröffnet. Häufig wird in der Literatur jedoch bereits der Auftrag zur Avisierung der Akkreditivbank an die Zweitbank als Akkreditiveröffnung bezeichnet. Um der Rechtslage Rechnung zu tragen und den **Unterschied zur Akkreditiveröffnung** hervorzuheben, wird der hier zu behandelnde Vorgang als "Akkreditivstellung unter Einschaltung einer Zweitbank" bezeichnet.

In Abschnitt "4.3.5.2.1 Ausführung des Akkreditiveröffnungsauftrags durch die beauftragte eröffnende Bank" finden sich mehrere **Fallbeispiele/Abbildungen** von **Akkreditiveröffnungsschreiben/Akkreditiven**, die die jeweils eröffnenden Banken an die mit der Avisierung usw. beauftragten (Zweit-)Banken (die sog. anderen benannten Banken) richten.

Hinweis

4. Akkreditivavisierung (Akkreditiveröffnung)

Die Akkreditivavisierung ist für den Begünstigten von entscheidender Bedeutung, weil das Akkreditiv -nach deutschem Recht- in dem Zeitpunkt als eröffnet gilt, in dem die **Mitteilung der Bank dem Begünstigten zugegangen** ist. Bei der hier behandelten Akkreditivart ist das Akkreditiv ab diesem Zeitpunkt unwiderruflich eröffnet, d.h. die Akkreditivbank ist ab diesem Zeitpunkt an ihr Zahlungsversprechen unwiderruflich gebunden, sofern der begünstigte Exporteur die Akkreditivbedingungen erfüllt.

Zeitpunkt der Unwiderruflichkeit

In Abschnitt "4.3.5.2.2 Akkreditivavisierung/-eröffnung und eventuelle Akkreditivbestätigung durch die eingeschaltete Zweitbank" finden sich mehrere **Fallbeispiele/Abbildungen** von **Akkreditivavisierungsschreiben/Akkreditiveröffnungsanzeigen** von eingeschalteten Zweitbanken (sog. andere benannte Banken) an die akkreditivbegünstigen Exporteure. Zum Teil haben die Zweitbanken dem Akkreditiv ihre Bestätigung hinzugefügt.

Hinweis

Im Gegensatz zum widerruflichen Akkreditiv, bei dem der Begünstigte jederzeit und ohne vorherige Nachricht mit einer Annullierung oder Änderung des Akkreditivs rechnen muss, bedeutet das eröffnete unwiderrufliche Akkreditiv für den Exporteur somit eine sichere **Dispositions-** und eventuell **Kreditgrundlage** zum Einkauf bzw. zur Produktion der zu exportierenden Waren.

Sicherheit

Der Exporteur sollte die Bedingungen des eröffneten Akkreditivs im eigenen Interesse unverzüglich auf **Übereinstimmung** mit den Vereinbarungen im **Kaufvertrag** überprüfen. In Abschnitt "4.3.5.3 Prüfung des avisierten/eröffneten Akkreditivs durch den Akkreditivbegünstigten (Exporteur)" findet sich dazu eine umfassende Prüfliste.

Kontrolle/Hinweis

5. Warenversand und Empfang der (Versand-)Dokumente

Bei diesen Vorgängen erlangt der Exporteur die maßgeblichen Dokumente zur Benutzung des Akkreditivs. Er hat darauf zu achten, dass die Dokumente in vollkommener **Übereinstimmung mit den Akkreditivbedingungen** ausgefertigt werden und rechtzeitig vor Verfall des Akkreditivs zur Verfügung stehen.

Übereinstimmung

6. Dokumenteneinreichung

Der begünstigte Exporteur hat die **Dokumente** vor Verfall des Akkreditivs bei der als **Gültigkeitsstelle** eingesetzten Bank **einzureichen**. Ist die avisierende Bank -in Abänderung der Annah-

Gültigkeitsstelle, Benutzungs-/Zahlstelle

men der vorliegenden Abbildung- nur Gültigkeitsstelle, aber nicht zugleich Benutzungs-/Zahlstelle, dann entscheidet diese Bank weder über die Aufnahme der Dokumente noch über die Auszahlung des Akkreditivgegenwerts. Diese Entscheidung bleibt stets der Benutzungs-/Zahlstelle vorbehalten.

Sog. Importakkreditive

Die **Verschiedenheit** von Gültigkeitsstelle einerseits und Benutzungs-/Zahlstelle andererseits kommt insbesondere bei **sog. Importakkreditiven** (mit inländischem Importeur) vor, die zwar im Ausland (im Land des akkreditivbegünstigten Exporteurs) gültig gestellt, aber im Inland bei der akkreditiveröffnenden Bank benutzbar/zahlbar gestellt sind.
Einzelheiten und Vorkommen in der Praxis siehe Abschnitt "4.3.5.1.2.4 Begünstiger, Bank des Begünstigten, Benutzungs-/ Zahlstelle, Gültigkeitsstelle".

Ausländische Gültigkeits- und Benutzungs-/Zahlstelle

Ist das Akkreditiv entgegen dem in der obigen Abbildung dargestellten Fall bei der ausländischen Akkreditivbank gültig und benutzbar/zahlbar gestellt, dann müsste der Begünstigte zwar die Dokumente direkt bei der Akkreditivbank einreichen; in der Praxis bedient sich der Begünstigte jedoch gleichwohl der avisierenden Bank, die dann die Dokumente an die Akkreditivbank weiterleitet. Die **avisierende Bank** ist in diesem Fall nur **Durchleitungsstelle der Dokumente**. Sie prüft die vom Begünstigten eingereichten Dokumente zwar häufig auf ihre Akkreditivkonformität; dies ist jedoch nur eine Serviceleistung gegenüber dem Begünstigten und **nicht bindend** für die Akkreditivbank. Auch hinsichtlich der Wahrung der Akkreditivfristen (Dokumentenvorlagefrist) ist nicht der Zeitpunkt der Einreichung der Dokumente bei der Avisbank maßgeblich, sondern im angesprochenen Fall bei der ausländischen Akkreditivbank. Ebenso wenig ist eine eventuelle Bevorschussung des Akkreditivbetrags an den Akkreditivbegünstigten durch die Avisbank im Gegenzug zur Einreichung der Dokumente für die Akkreditivbank bindend und begründet auch keine Remboursierungspflicht der Akkreditivbank an die bevorschussende Avisbank.

7. Dokumentenaufnahme und Auszahlung des Akkreditivgegenwerts

Definition "Dokumentenaufnahme"

Vorbemerkung: Der Ausdruck "Dokumentenaufnahme" wird in der betrieblichen Praxis, aber auch in der Literatur, nicht immer mit denselben Vorstellungsinhalten verbunden. Im Folgenden wird unter der "Dokumentenaufnahme" die Prüfung und die **Anerkennung** der vom Exporteur eingereichten **Dokumente** durch die dazu bevollmächtigte Bank (Benutzungs-/Zahlstelle) einschließlich der vorbehaltlosen **Auszahlung des Akkreditivbetrags** bzw. einschließlich der vorbehaltlosen Zahlungszusage verstanden. In diesem Sinne gleichbedeutend wird der Ausdruck "Honorierung der Dokumente" verwendet. Die Schritte 7 a. und 7 b. bilden insoweit eine Einheit.

Zug-um-Zug-Abwicklung

Die von der Akkreditivbank im vorliegenden Fall als Gültigkeits- und **Benutzungs-/Zahlstelle** bevollmächtigte Zweitbank

prüft die eingereichten **Dokumente und zahlt** dem Begünstigten im Gegenzug den Akkreditivbetrag aus.

Kein Zahlungsanspruch an die Zweitbank

Zu beachten ist allerdings, dass der Begünstigte keinen Anspruch an die als Benutzungs-/Zahlstelle eingesetzte Zweitbank auf unverzügliche Auszahlung des Akkreditivbetrags im Gegenzug zu seiner Einreichung akkreditivkonformer Dokumente hat. Die als Benutzungs-/Zahlstelle fungierende Zweitbank stellt dem Akkreditivbegünstigten den Akkreditivgegenwert vielmehr vorbehaltlos erst dann zur Verfügung, wenn ihr eigener Anspruch auf Remboursierung (Deckungsanschaffung) durch die Akkreditivbank gesichert ist. Schreibt die Zweitbank dem begünstigten Exporteur den Akkreditivgegenwert trotzdem sofort, d.h. im Gegenzug zur Einreichung der Dokumente gut, dann ist dies eine **Bevorschussung**, die unter dem Vorbehalt der Deckungsanschaffung durch die Akkreditivbank steht.

Remboursierungsanspruch der Zweitbank

Dagegen hat die Zweitbank selbst, sofern sie als Benutzungs-/Zahlstelle eingesetzt ist, einen **unumstößlichen Remboursierungsanspruch** an die Akkreditivbank, der dann entsteht, wenn sie **Dokumente aufnimmt**, die ihrer äußeren Aufmachung nach den Akkreditivbedingungen zu entsprechen scheinen (vgl. Art. 10 d. ERA). Dieser Remboursierungsanspruch der Zweitbank ist jedoch infrage gestellt, wenn die Zweitbank offenkundige Mängel an den Dokumenten übersieht und die Akkreditivbank ihrerseits diese Dokumente als nicht akkreditivkonform zurückweist. In diesem Fall kann die Zweitbank vom Exporteur im Übrigen die Rückzahlung des eventuell bereits ausgezahlten Akkreditivbetrags verlangen (vgl. Zahn u.a. 1986: S. 121, Rdn 2/164).

Gültigkeits- und Benutzungs-/Zahlstelle:

- Akkreditivbank

Ist das Akkreditiv -in Abweichung von dem in der obigen Abbildung dargestellten Fall- unmittelbar bei der **Akkreditivbank**, also **im Ausland, gültig und benutzbar/zahlbar** gestellt, dann trägt der begünstigte Exporteur auch dann, wenn er die avisierende Bank als Durchleitungsstelle einschaltet, zunächst das Risiko der rechtzeitigen Vorlage der Dokumente vor Verfall des Akkreditivs bei der ausländischen Gültigkeitsstelle (Akkreditivbank). Darüber hinaus kann die ausländische Akkreditivbank als Benutzungs-/Zahlstelle u.U. die Dokumentenaufnahme und die Auszahlung des Akkreditivs verzögern, was nicht nur Finanzierungskosten beim Exporteur verursacht, sondern bei Fremdwährungsakkreditiven möglicherweise auch zu Kursverlusten führen kann.

- Filiale

Die Gültigkeits- und Benutzbar-/Zahlbarstellung des unwiderruflichen Akkreditivs bei einer **Filiale der Akkreditivbank** im Land des Exporteurs ist, was den Vorgang der rechtzeitigen Dokumenteneinreichung anlangt, gleichzusetzen mit der Gültigkeits- und Benutzbar-/Zahlbarstellung bei einer inländischen Bank. Probleme können dagegen bei der Auszahlung des Akkreditivbetrags entstehen. Hier kann die Tatsache, dass die Benutzungs-/Zahlstelle nur eine Filiale der ausländischen Akkreditivbank im Inland ist, u.U. zu verzögerter Auszahlung des Akkreditivbetrags und zu weiteren Risiken führen.

8. Dokumentenversand und Verrechnung des Akkreditivgegenwerts

Remboursierungsanspruch

Gem. Art. 10 b. und d. ERA ermächtigt die Akkreditivbank die Zweitbank als Benutzungsstelle nicht nur zur Zahlung bzw. zu den anderen Akkreditivleistungen gegen Dokumente, die ihrer äußeren Aufmachung nach den Akkreditivbedingungen zu entsprechen scheinen, sondern sie verpflichtet sich auch -wie oben erwähnt- die **Benutzungs-/Zahlstelle zu remboursieren**, d.h. den Akkreditivgegenwert zur Verfügung zu stellen.

Verrechnung

Die Verrechnung des Akkreditivgegenwerts erfolgt auf Grundlage der im Geschäftsbesorgungsvertrag zwischen der Akkreditivbank und der Zweitbank getroffenen Vereinbarungen. Stehen die beiden Kreditinstitute in gegenseitiger **Korrespondenzbeziehung**, dann erfolgt die Verrechnung in der Regel über die Konten. Fehlt dagegen eine direkte Kontoverbindung, dann erfolgt die Anschaffung des Akkreditivgegenwerts auf einem Konto der Zweitbank bei einem dritten Kreditinstitut.

9. Belastung des Akkreditivgegenwerts und Aushändigung der Dokumente

Sofern die Akkreditivbank den Akkreditivauftraggeber nicht bereits im Zeitpunkt der Akkreditiveröffnung mit dem Gegenwert des Akkreditivs belastet hat, erfolgt die **Akkreditivbelastung** im Gegenzug zur Aushändigung der **Dokumente**. Wurde dem Akkreditivauftraggeber bereits bei Akkreditiveröffnung ein sog. Einschuss in Rechnung gestellt, wird von der Akkreditivbank nunmehr die Differenz zum Akkreditivbetrag eingefordert.

10. Dokumentenvorlage und Warenempfang

Auf Grundlage der vorgelegten Dokumente weist der Importeur seine **Legitimation** zum Empfang der Waren nach.

4.3.2.3 Unwiderrufliches bestätigtes Dokumentenakkreditiv

4.3.2.3.1 Definition, Funktionen und Beurteilung

Definition des bestätigten Dokumentenakkreditivs

Bestätigung

Die ERA definieren in **Art. 9 b.**:

"Die Bestätigung eines unwiderruflichen Akkreditivs durch eine andere Bank ('bestätigende Bank') auf Grund der Ermächtigung oder des Auftrags der eröffnenden Bank begründet zusätzlich zu derjenigen der eröffnenden Bank eine feststehende Verpflichtung der bestätigenden Bank, sofern die vorgeschriebenen Dokumente der bestätigenden Bank oder einer anderen benannten Bank vorgelegt werden und die Akkreditiv-Bedingungen erfüllt sind,

I. wenn das Akkreditiv Sichtzahlung vorsieht - bei Sicht zu zahlen;

II. wenn das Akkreditiv hinausgeschobene Zahlung vorsieht - an dem (den) nach den Bestimmungen des Akkreditivs bestimmbaren Datum (Daten) zu zahlen;

III. wenn das Akkreditiv

a. Akzeptleistung durch die bestätigende Bank vorsieht - vom Begünstigten auf die bestätigende Bank gezogene Tratten zu akzeptieren und sie bei Fälligkeit zu bezahlen,

oder

b. Akzeptleistung durch eine andere bezogene Bank vorsieht - vom Begünstigten auf die bestätigende Bank gezogene Tratten zu akzeptieren und bei Fälligkeit zu bezahlen, falls die im Akkreditiv vorgeschriebene bezogene Bank auf sie gezogene Tratten nicht akzeptiert, oder Tratten zu bezahlen, falls diese von der bezogenen Bank akzeptiert, aber bei Fälligkeit nicht bezahlt wurden;

IV. wenn das Akkreditiv Negoziierung vorsieht - vom Begünstigten gezogene Tratten und/oder unter dem Akkreditiv vorgelegte Dokumente ohne Rückgriff auf Aussteller und/oder gutgläubige Inhaber zu negoziieren.

Ein Akkreditiv soll nicht durch Trattenziehungen auf den Auftraggeber benutzbar gestellt werden; wenn das Akkreditiv dennoch Trattenziehungen auf den Auftraggeber vorschreibt, betrachten Banken solche Tratten als zusätzliche Dokumente."

Empfehlung

Zum besseren Verständnis der in diesen Bestimmungen der ERA definierten Akkreditivarten wird dem Leser empfohlen, die schrittweisen Erklärungen, wie sie sich bei der **Darstellung der Grundstrukturen** der verschiedenen Akkreditivarten nach Zahlungs- bzw. Benutzungsmodalitäten in Kapitel 4.3.3 finden, heranzuziehen.

Besondere Merkmale bestätigter Akkreditive

Kriterien

Wenn von den verschiedenen Zahlungsmodalitäten des Akkreditivs (Sichtzahlung, hinausgeschobene Zahlung, Akzeptleistung und Negoziierung, die getrennt und umfassend in den folgenden Hauptabschnitten behandelt sind) abgesehen wird, dann sind beim bestätigten Akkreditiv folgende Merkmale hervorzuheben:

- Die **bestätigende Bank** übernimmt **zusätzlich** zur Verpflichtung der Akkreditivbank ein **Zahlungsversprechen** (Schuldversprechen) zu Gunsten des begünstigten Exporteurs.
- Mit dem Ausdruck "zusätzlich" ist klargestellt, dass die Bestätigung der Zweitbank **selbstständig** neben der Verpflichtung der Akkreditivbank steht und **keineswegs nachrangig** ist. Die Verpflichtung der bestätigenden Zweitbank umfasst die volle Akkreditivverpflichtung, wie sie auch von der Akkreditivbank übernommen ist.
- Bestätigt werden in der Praxis ausschließlich **unwiderrufliche Akkreditive**. Auch die ERA sehen die Bestätigung nur für unwiderrufliche Akkreditive vor. Allerdings schließen sie eine Bestätigung widerruflicher Akkreditive nicht ausdrücklich aus.

Funktionen und Beurteilung bestätigter Akkreditive

Vorkommen

Die Bestätigung von unwiderruflichen Akkreditiven kommt in der betrieblichen **Außenhandelspraxis** durchaus vor. Allerdings erreichen bestätigte Akkreditive nicht die große Anzahl unbestätigter Akkreditive.

Sicherstellung des Exporteurs ...

Risiken

Die Bestätigung des Akkreditivs dient der **zusätzlichen Sicherstellung** des Exporteurs vor Risiken, die das unbestätigte unwiderrufliche Akkreditiv nicht bzw. nicht hinreichend abzudecken vermag. Dies sind insbesondere das Risiko der Zahlungsunfähigkeit der Akkreditivbank sowie das politische Risiko (Länderrisiko), aber auch einige weitere, im Folgenden ebenfalls besprochene Risiken.

... vor Insolvenz der Akkreditivbank (Garantendelkredererisiko)

Beurteilung

Die **Bonität der Akkreditivbank** und damit das Risiko deren Zahlungsunfähigkeit kann der begünstigte Exporteur meistens nicht beurteilen, es sei denn, die Akkreditivbank ist eines jener großen, weltweit tätigen Kreditinstitute, die internationale Reputation genießen.

Ratings

Auch die in Abschnitt 1.4.2 dargestellten und kritisch beleuchteten **Banken-Ratings** helfen dem Begünstigten **nur begrenzt** weiter. Zum einen sind darin nur wenige große Kreditinstitute erfasst, zum anderen können rasch Ereignisse eintreten, die die Einordnung eines Kreditinstituts infrage stellen bzw. als falsch erscheinen lassen.

Zwar steht die Hausbank dem Exporteur mit den Ergebnissen ihrer **internen Recherchen** zur Bonität der Akkreditivbank hilfreich zur Seite. Wenn jedoch Fragen offen bleiben oder gar Zweifel an der Zahlungsfähigkeit der Akkreditivbank bestehen, dann bleibt für den begünstigten Exporteur beim unbestätigten Akkreditiv ein u.U. erhebliches Risiko bestehen. Dieses Risiko wird durch die Bestätigung des Akkreditivs durch eine solvente Bank mit Sitz im Land des Exporteurs ausgeschlossen, sofern von der theoretisch denkbaren, aber praktisch wenig wahrscheinlichen Möglichkeit der Insolvenz dieser Bestätigungsbank abgesehen wird.

... vor politischen Risiken

Absicherungsnotwendigkeit

Auch das politische Risiko (Länderrisiko), nämlich die Gefahr, dass die ausländische Akkreditivbank trotz ihrer Zahlungsfähigkeit und Zahlungswilligkeit durch **staatliche Maßnahmen** (z.B. Zahlungsverbot, Transferverbot, Moratorium u. Ä.) gehindert ist, die Akkreditivverpflichtung gegenüber dem Begünstigten zu erfüllen, kann durch die Bestätigung des Akkreditivs durch eine Bank im Land des Exporteurs vermieden werden. Die Frage für den Exporteur ist indessen, unter welchen Voraussetzungen eine Bestätigung des Akkreditivs wegen politischer Risiken zwingend oder zumindest empfehlenswert erscheint.

Ländergruppen

Die **Beurteilung** des politischen Risikos stellt nicht nur den Exporteur vor erhebliche **Probleme**, sondern auch die Experten in den Kreditinstituten bzw. in den einschlägigen Forschungsinstituten. Bei den politisch stabilen und wirtschaftlich prosperierenden Industrienationen kann ein politisches Risiko weitgehend ausgeschlossen werden. Umgekehrt muss für die hochverschuldeten, wirtschaftlich schwachen und politisch instabilen Entwicklungsländer ein ausgeprägtes politisches Risiko angenommen werden. Folglich ist bei der ersten Kategorie eine Bestätigung des Akkreditivs unnötig, dagegen bei der zweiten Kategorie zwingend, falls andere Sicherungsmöglichkeiten nicht verfügbar sind. Die eigentlichen **Unwägbarkeiten** der Beurteilung des politischen Risikos entstehen dem Exporteur bei den vielen Ländern, die weder der einen noch der anderen Kategorie sicher zuzuordnen sind. Diese Problematik ist in Abschnitt 1.5.3.1 dargestellt.

Betriebswirtschaftliche Entscheidungskriterien

Die Frage des Exporteurs nach der Notwendigkeit der Bestätigung eines Akkreditivs durch eine Inlandsbank wird bei Ländern, die eine abschließende Beurteilung nicht zulassen, auch von betriebswirtschaftlichen Kriterien beeinflusst. Bei kurzer Laufzeit des Akkreditivs und somit einem -was das politische Risiko anlangt- einigermaßen **überschaubaren Zeitraum** kann auf die Bestätigung des Akkreditivs womöglich eher verzichtet werden als bei längerer Akkreditivlaufzeit. Analoges gilt hinsichtlich der **Höhe des Akkreditivbetrags** und der Bedeutung des Geschäfts für den Exporteur. Auch die Art der zu exportierenden **Waren** beeinflusst die hier erörterte Frage. Das Risiko des Exporteurs bleibt bis zum Zeitpunkt des Versands relativ gering, wenn er die bestellten Waren leicht und ohne größeren Abschlag anderweitig verwerten kann. Bei Spezialgütern mit langen Fabrikationszeiten, die womöglich nach den Plänen des Importeurs gefertigt werden und deswegen anderweitig nicht verwertbar sind, kann sich die Bestätigung des Akkreditivs dagegen zur Sicherstellung des Exporteurs als zwingend erweisen.

... vor verzögerter Dokumentenaufnahme/Zahlung

Zahlungsanspruch an die Bestätigungsbank

Für die Bestätigung sprechen schließlich einige Gründe, die in der technischen Abwicklung des Akkreditivs liegen. Ist das Akkreditiv bei der inländischen Bestätigungsbank auch gültig und benutzbar/zahlbar gestellt, was die Regel ist, dann beinhaltet dies für den Exporteur zunächst jene Vorzüge, die eine Benutzbar-/Zahlbarstellung im Land des Exporteurs generell mit sich bringt. Beim bestätigten Akkreditiv hat der Begünstigte darüber hinaus einen unmittelbaren **Anspruch** an die Bestätigungsbank auf Prüfung der eingereichten Dokumente und **unverzügliche Zahlung bzw. Zahlungszusage**, falls die Akkreditivbedingungen erfüllt sind. Bestätigte Akkreditive führen im Rahmen der vereinbarten Zahlungsmodalitäten des Akkreditivs zu einer raschen Auszahlung des Akkreditivgegenwerts, was nicht nur die Liquiditätslage des Begünstigten verbessert, sondern bei Fremdwährungsakkreditiven unter Umständen auch sein Wechselkursrisiko mindert.

... vor der Anwendung ausländischen Rechts

Landesrecht der Bestätigungsbank

Von Bedeutung ist für den begünstigten Exporteur überdies, dass mangels einer anderweitigen Vereinbarung das **bestätigte Akkreditiv** -zumindest soweit es die Bestätigung anlangt- im Allgemeinen dem **Recht des Landes der Bestätigungsbank** unterliegt, sofern diese zugleich die Zahlstelle ist (vgl. auch Zahn u.a. 1986: S. 75, Rdn 2/82 unter Hinweis auf Schütze). Der Exporteur erlangt diese Sicherheit, wenn er mit dem Importeur als Bestätigungs- und Zahlstelle eine Bank in seinem Land im Kaufvertrag vereinbart und das Akkreditiv dementsprechend eröffnet wird.

Kreditsicherheit

Die weit reichende Sicherstellung des Exporteurs durch ein bestätigtes Akkreditiv führt außerdem dazu, dass ein bestätigtes unwiderrufliches Akkreditiv eine **höher zu bewertende Sicherheit** für eventuelle Kreditaufnahmen des Exporteurs darstellt als ein unbestätigtes Akkreditiv.

4.3.2.3.2 Grundstruktur, Abwicklung und besondere Merkmale

Vorbemerkung/ Hinweis

Vorbemerkung: In den folgenden Ausführungen sind die technische Abwicklung sowie die rechtlichen und wirtschaftlichen Möglichkeiten einschließlich der Konsequenzen der **Bestätigung** eines Akkreditivs in den **Mittelpunkt** gerückt. Dagegen bleiben die Aspekte der Unwiderruflichkeit des Akkreditivs ebenso im Hintergrund wie die für alle Akkreditivarten allgemein gültigen Merkmale der Akkreditivabwicklung.
Die **allgemein gültigen Merkmale** der Akkreditivabwicklung einschließlich verschiedener Prüflisten sind umfassend in Kapitel "4.3.5 Abwicklung von Dokumentenakkreditiven" dargestellt.

Abbildung/Prämissen

Die **Grundstruktur** des **bestätigten Dokumentenakkreditivs** ist in der chronologischen Abfolge seiner Abwicklung in **Abbildung 4.3-06** mit folgenden Annahmen schematisch dargestellt:

- Unwiderrufliches **bestätigtes Akkreditiv**, benutzbar zur Sichtzahlung;
- Gültigkeits- und Benutzungs-/Zahlstelle sowie **Bestätigungsbank**: Bank im Land des Exporteurs (sog. andere Bank, Zweitbank, Exporteurbank);
- **Akkreditivwährung**: Landeswährung des Exporteurs.

Schrittweise Darstellung

Im Folgenden ist die **Abwicklung** des unwiderruflichen bestätigten Akkreditivs -korrespondierend mit **Abbildung 4.3-06**- in einzelnen Schritten dargestellt, erläutert und beurteilt.

1. **Akkreditivvereinbarung im Kaufvertrag**

Ausdrückliche Vereinbarung

Wünscht der Exporteur zu seiner Sicherheit, dass das vom Importeur zu stellende Akkreditiv von einer (Zweit-)Bank gem. Art. 9 b. ERA bestätigt wird, dann ist dies in die Akkreditivver-

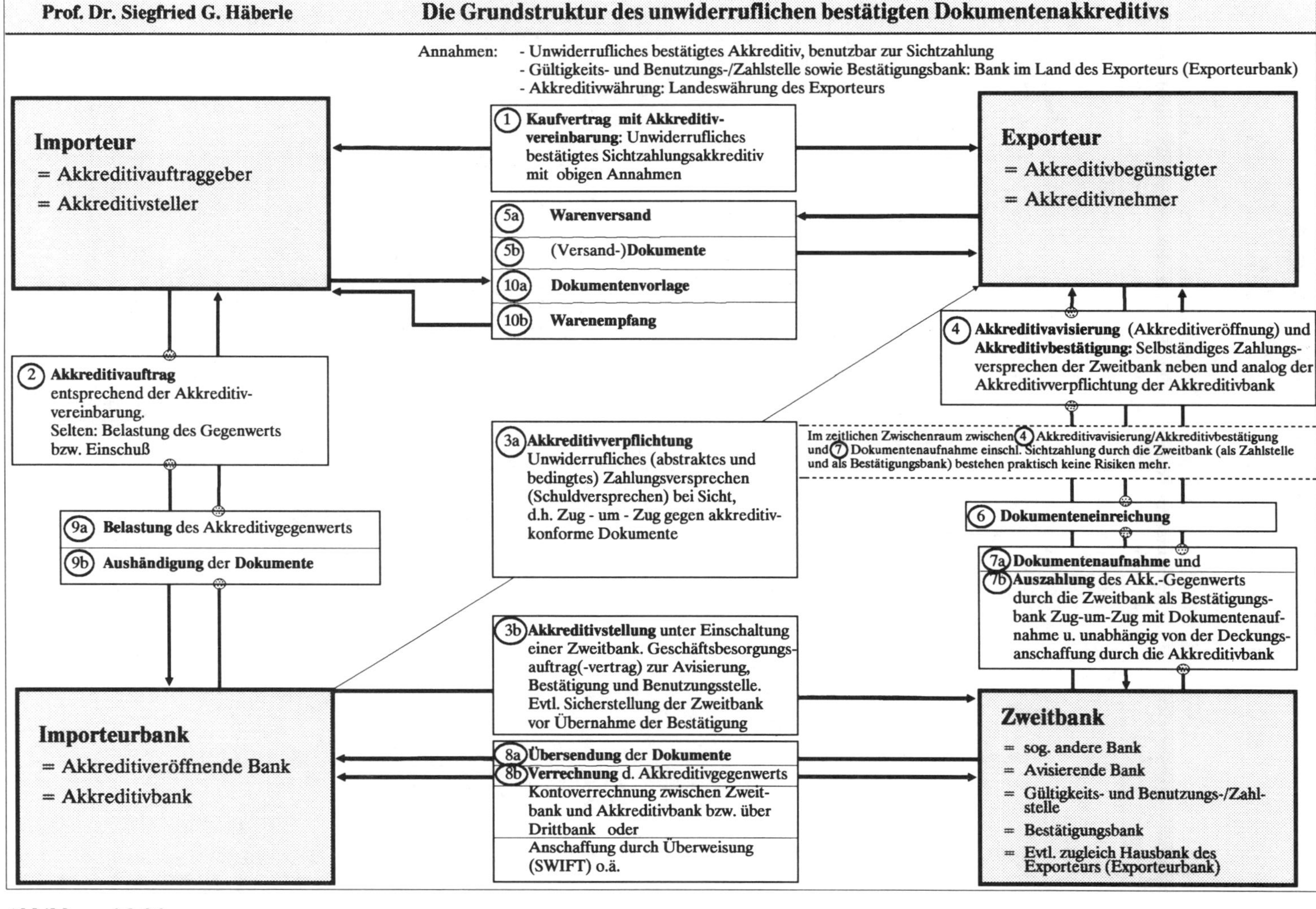

Abbildung 4.3-06

einbarung (Akkreditivklausel) des Kaufvertrags ausdrücklich aufzunehmen. Nur auf dieser Grundlage erlangt der Exporteur einen dahingehenden **Rechtsanspruch an den Importeur** und kann das avisierte Akkreditiv, falls es nicht bestätigt sein sollte, als nicht kaufvertragskonform zurückweisen.

Grundsätzlich kann für die **Bestätigung** von Akkreditiven ein enger oder ein weiter **Kreis** von **Banken** vereinbart werden:

- die **Hausbank des Exporteurs** bzw. die **avisierende Bank** ("confirmed by the advising bank");
- jede **erstklassige deutsche Bank** ("first class german bank");
- jede **erstklassige internationale Bank** ("international prime bank").

Hausbank des Exporteurs

- Gründe

Manche Banken empfehlen dem Exporteur in den Kaufvertrag einen Passus aufzunehmen, wonach seine Hausbank Bestätigungsbank sein soll. In jedem Fall **vereinfacht** sich für den Exporteur dadurch gegebenenfalls die **Abwicklung** des Akkreditivs. Die Aufnahme der Hausbank des Exporteurs als Bestätigungsbank in den Kaufvertrag ist aber auch nahe liegend oder gar notwendig, wenn diese Bank das Exportgeschäft bevorschusst und deswegen zu ihrer eigenen Sicherheit Wert darauf legt, dass auch das Akkreditiv über sie abgewickelt wird. Würde das Akkreditiv dagegen über eine andere (Bestätigungs-)Bank abgewickelt, dann könnte sich die Exporteurbank allenfalls mit einer Abtretung der Ansprüche des Exporteurs an diese Drittbank behelfen, was aber im Einzelfall mit Problemen behaftet sein kann.

- Fehlende Korrespondenzbeziehung

Eine **Bestätigung** des Akkreditivs **durch die Hausbank** des Exporteurs ist grundsätzlich auch dann **möglich**, wenn diese nicht in Korrespondenzbeziehung mit der ausländischen Akkreditivbank steht. Allerdings setzt eine solche Bestätigung voraus, dass die Bonität der ausländischen Akkreditivbank gegeben ist, dass politische Risiken nicht erkennbar sind und dass die Remboursierung möglich ist.

- Zusage der Hausbank

Zumindest bei größeren und/oder länger laufenden Exportgeschäften sollte der Exporteur **vor Abschluss des Kaufvertrags** mit der im Kaufvertrag zu benennenden Hausbank geklärt haben, ob diese zur Bestätigung des Akkreditivs in Bezug auf die vom Importeur vorgesehene Akkreditivbank und in Bezug auf das politische Risiko tatsächlich bereit ist.

Erstklassige deutsche Bank

- Gründe

Der Kreis möglicher Bestätigungsbanken ist weiter gezogen, wenn in den Kaufvertrag die Formulierung aufgenommen wird, dass die Bestätigung durch eine erstklassige deutsche Bank ("first class german bank"), d.h. ohne ausdrückliche Benennung einer bestimmten Bank, zu erfolgen habe. Die ausländische **Akkreditivbank** kann in diesem Fall den Auftrag zur Akkreditivbestätigung an eine von ihr **auszuwählende** (erstklassige) **deutsche Bank** erteilen, mit der sie in Korrespondenzbeziehung steht und mit der sie bereits entsprechende Kreditlinien (sog. Fazilitäten) vereinbart hat. Gerade bei instabilen, eventuell hochverschuldeten Importländern bzw. bei manchen vorgesehenen Akkreditivbanken erweist es sich, dass Akkreditivbestätigungen nicht ohne weiteres und nicht von jeder eventuell im Kaufvertrag bzw. im Akkreditiv ausdrücklich benannten deutschen Bank zu erlangen sind. Unter diesem Blickwinkel kann es zweckmäßig sein, den Kreis der möglichen Bestätigungsbanken durch obige Formulierung zu erweitern.

- Tochtergesellschaften ausländischer Akkreditivbanken

Es kommt zwar selten, aber immerhin vor, dass deutschen Exporteuren Akkreditive von deutschen Tochtergesellschaften oder Niederlassungen ausländischer Akkreditivbanken nicht nur avisiert, sondern auch bestätigt werden, ohne dass die Exporteure mit diesen Kreditinstituten in Geschäftsverbindung stünden. Bei derartig bestätigten Akkreditiven hat der begünstigte Exporteur zu bedenken, dass die Bestätigung der Tochtergesellschaft einer ausländischen Bank **risikobehaftet** ist, weil die Insolvenz der Mutterbank (Akkreditivbank) die Solvenz der Tochtergesellschaft und damit der Bestätigungsbank infrage stellt. Ob ein derart bestätigtes Akkreditiv noch der Vereinbarung "bestätigt durch eine erstklassige deutsche Bank" ("first class german bank") genügt, muss im Einzelfall geprüft werden. Im Zweifel sollte der Exporteur das Akkreditiv als nicht kaufvertragskonform zurückweisen.

Internationale erstklassige Bank

Der **Kreis möglicher Bestätigungsbanken** ist noch einmal erweitert, wenn im Kaufvertrag die Bestätigung des Akkreditivs durch eine **international tätige, erstklassige Bank** ("international prime bank" o. Ä.) festgelegt ist oder wenn in den Kaufvertrag überhaupt **keine Angaben** zum Kreis der möglichen Bestätigungsbank(en) aufgenommen ist.

Ausländische Bestätigungsbank

Der Exporteur muss bei der zuletzt genannten Festlegung auch gegen sich gelten lassen, dass das Akkreditiv von einer **Bank im Ausland bestätigt** wird, was manchmal vorkommt. Akkreditive afrikanischer Akkreditivbanken werden den deutschen Exporteuren im Einzelfall von französischen Banken bestätigt. Desgleichen ist zu beobachten, dass Akkreditive aus Commonwealth-Ländern den deutschen Exporteuren manchmal von britischen Banken bestätigt werden bzw. Akkreditive aus südamerikanischen Ländern von US-amerikanischen Banken. Solche Bestätigungen werden von diesen ausländischen Banken in der Praxis keineswegs nur übernommen, wenn das Akkreditiv auf ihre jeweilige Währung lautet, sondern auch dann, wenn das Akkreditiv auf DM, also aus Sicht der Bestätigungsbank auf Fremdwährung lautet. Der begünstigte Exporteur wird sich bei derartigen Bestätigungen nicht nur Gedanken über das **politische Risiko** des Landes der Bestätigungsbank machen müssen, zumal auch politisch stabile Länder u.U. mit Devisentransferkontrollen bzw. -verboten schnell bei der Hand sind, sondern er wird auch die Konsequenzen der Tatsache bedenken müssen, dass bestätigte Akkreditive im Allgemeinen bei der Bestätigungsbank auch zahlbar gestellt sind. Darüber hinaus erhebt sich die Frage, welche Möglichkeiten der Exporteur hat, die **Bonität der ausländischen Bestätigungsbank** zu beurteilen.

Derartige Unwägbarkeiten schließt der deutsche Exporteur aus, wenn er bereits im Kaufvertrag vorschreibt, dass das Akkreditiv von einer **erstklassigen deutschen Bank** zu bestätigen ist. Offen bleibt allerdings die Frage, ob die Akkreditivbank überhaupt eine deutsche Bank findet, die das Akkreditiv bestätigt oder ob es ihr leichter fallen würde, eine ausländische Bank als Bestätigungsbank zu gewinnen. Es liegt nämlich auch im Interesse des Exporteurs, dass überhaupt eine solvente Bestätigungsbank gefunden wird.

2. Akkreditivauftrag

Auftrag zur Bestätigung

Der Importeur hat den **Auftrag** zur **Eröffnung** und zur **Bestätigung** des Akkreditivs an die Importeurbank (Akkreditivbank) entsprechend den Zahlungsbedingungen des Kaufvertrags zu erteilen.
Zur Frage, ob die Akkreditivbank den Importeur bereits im Zeitpunkt der Akkreditiveröffnung mit dem Akkreditivbetrag belastet, ergeben sich keine Besonderheiten gegenüber unbestätigten Akkreditiven.

Hinweis

Ein **Akkreditiveröffnungsauftrag des Importeurs** an die akkreditiveröffnende Bank ist in Abschnitt 4.3.5.1 abgebildet und umfassend besprochen. In Abschnitt 4.3.5.1.3 finden sich darüber hinaus **Fallbeispiele**.

3 a. Unwiderrufliche Akkreditivverpflichtung

Feststehende Zahlungsverpflichtung

Das unwiderrufliche (abstrakte und bedingte) Zahlungsversprechen (Schuldversprechen) der **Akkreditivbank entspricht** auch beim bestätigten Akkreditiv dem **Zahlungsversprechen unbestätigter Akkreditive**. Trotz der Bestätigung durch eine Zweitbank bleibt die Akkreditivbank auf Grundlage ihres Zahlungsversprechens selbstständig und uneingeschränkt in der akkreditivmäßigen Haftung gegenüber dem Begünstigten. Die Akkreditivbank haftet ebenso wie die Bestätigungsbank als Gesamtschuldnerin. Auch im Falle der Zahlungsunfähigkeit der Bestätigungsbank und/oder des Akkreditivauftraggebers hat die Akkreditivbank an den Begünstigten unwiderrufliche Zahlung zu leisten, sofern dieser die Akkreditivbedingungen erfüllt.

3 b. Akkreditivstellung unter Einschaltung einer Zweitbank (einer sog. anderen Bank)

Abwicklung

Die Akkreditivbank sendet der **Zweitbank** das **Akkreditiveröffnungsschreiben** zu (das die Zahlungsverpflichtung/das Zahlungsversprechen der Akkreditivbank enthält), mit der Bitte um Avisierung und um Bestätigung des Akkreditivs.

Auswahl der Bestätigungsbank

Welche Bank die Akkreditivbank mit der Avisierung, der Gültigkeits- und Benutzbar-/Zahlbarstellung sowie der Bestätigung des Akkreditivs beauftragt, hängt zunächst vom **Akkreditivauftrag** des Importeurs, darüber hinaus aber auch von den **Korrespondenzbeziehungen** der Akkreditivbank ab. Sofern die beauftragte Importeurbank Probleme, insbesondere bei der

Auswahl bzw. bei der Beauftragung der im Akkreditivauftrag vorgesehenen Bestätigungsbank sieht, wird sie im Allgemeinen **Rücksprache beim Importeur** nehmen.

Deckungsanschaffung

Aus Sicht der mit der Bestätigung des Akkreditivs beauftragten Zweitbank stellt sich die Frage nach der Deckungsanschaffung des Gegenwerts durch die Akkreditivbank bzw. nach deren **Kreditwürdigkeit**, weil sich die Zweitbank nach erfolgter Bestätigung dem Zahlungsanspruch des Begünstigten nicht mehr entziehen kann. Sind der Akkreditivbank entsprechende **Kreditlinien** (sog. Fazilitäten) bei der Bestätigungsbank eingeräumt oder unterhält die Akkreditivbank entsprechende Guthaben bei der beauftragten Bank, dann steht deren Bestätigung unter diesem Aspekt nichts im Wege. Sind jedoch die Kreditlinien der Akkreditivbank bei der Zweitbank ausgeschöpft und ist eine Sicherstellung durch eine Drittbank o. Ä. nicht möglich, dann kann es vorkommen, dass die Zweitbank die Akkreditivbank zur Anschaffung der Deckung auffordert, bevor sie das Akkreditiv bestätigt. Im Übrigen hat die Bestätigungsbank vor Übernahme einer Bestätigung das **Länderrisiko** (politische Risiko) zu bedenken.

Hinweis

In Abschnitt "4.3.5.2.1 Ausführung des Akkreditiveröffnungsauftrags durch die beauftragte eröffnende Bank" finden sich mehrere **Fallbeispiele/Abbildungen** von **Akkreditiveröffnungsschreiben/Akkreditiven**, die die jeweils eröffnenden Banken an die mit der Avisierung usw. beauftragten (Zweit-)Banken (die sog. anderen benannten Banken) richten.

4. Akkreditivavisierung (Akkreditiveröffnung) und Akkreditivbestätigung

Feststehender Zahlungsanspruch

an Akkreditivbank

Ein unwiderrufliches Akkreditiv gilt nach deutschem Recht in dem Zeitpunkt als eröffnet, in dem die Mitteilung der Bank dem Begünstigten zugegangen ist. Ab diesem Zeitpunkt hat der Begünstigte einen **unwiderruflichen Zahlungsanspruch** an die **Akkreditivbank**, sofern er die Akkreditivbedingungen erfüllt.

an Bestätigungsbank

Ist das Akkreditiv bestätigt, dann haftet die **bestätigende Bank zusätzlich** zur Akkreditivbank gegenüber dem Begünstigten, und zwar selbstständig und in vollem Umfang gemäß den Akkreditivbedingungen, d.h. ebenso wie die Akkreditivbank als **Gesamtschuldnerin**. Nach der deutschen Rechtsordnung ist in der Bestätigung -ebenso wie im Akkreditivversprechen der Akkreditivbank- ein abstraktes Schuldversprechen gegenüber dem Begünstigten zu erblicken (vgl. Eisemann/Eberth 1979, S. 83). Analog zur Avisierung kann ein Akkreditiv nach deutschem Recht ab dem **Zeitpunkt** gegenüber dem Begünstigten als bestätigt angesehen werden, zu dem der Begünstigte die Bestätigungserklärung stillschweigend oder ausdrücklich angenommen hat (vgl. Zahn u.a. 1986: S. 123, Rdn 2/168). Praktisch ist dies der Zeitpunkt, an dem die Akkreditivmitteilung dem Begünstigten zugegangen ist, weil die Annahme der Bestätigungserklärung in der Praxis nicht ausdrücklich mit einer Gegenzeichnung des Begünstigten (z.B. auf der Zweitschrift der Akkreditivmitteilung) erfolgt und er sich deswegen stets darauf berufen kann, er habe bereits stillschweigend angenommen.

Hinweis

In Abschnitt "4.3.5.2.2 Akkreditivavisierung/-eröffnung und eventuelle Akkreditivbestätigung durch die eingeschaltete Zweitbank" finden sich mehrere **Fallbeispiele/Abbildungen** von **Akkreditivavisierungsschreiben/Akkreditiveröffnungsanzeigen** von eingeschalteten Zweitbanken (sog. andere benannte Banken) an die akkreditivbegünstigten Exporteure. Zum Teil haben die Zweitbanken dem Akkreditiv ihre Bestätigung hinzugefügt.

Feststehender Bestätigungsauftrag oder sog. Eventualbestätigung

Feststehender Bestätigungsauftrag

Beauftragt die Akkreditivbank die avisierende Bank (Zweitbank) das Akkreditiv zu bestätigen, und zwar **ohne einen weiteren, die Bestätigung betreffenden Zusatz** im Beauftragungsschreiben, dann steht allein die beauftragte Zweitbank vor der folgenden Entscheidung: Sie nimmt diesen Auftrag entweder an, und sie bestätigt das Akkreditiv gegenüber dem Begünstigten, oder sie lehnt den Bestätigungsauftrag der Akkreditivbank ab und avisiert dann dem Begünstigten das Akkreditiv lediglich unbestätigt.

Sog. Eventualbestätigung

Beauftragt die Akkreditivbank die avisierende Zweitbank im Beauftragungsschreiben dagegen **mit dem Zusatz**, dass das Akkreditiv **"auf Wunsch des Begünstigten"** zu bestätigen ist, dann ist die Entscheidung des Begünstigten von der Zweitbank einzuholen. Sofern die avisierende Zweitbank zu einer Bestätigung (mit Blick auf die Risiken) grundsätzlich bereit ist, geht sie in der Praxis wie folgt vor: Sie avisiert dem Begünstigten das Akkreditiv zunächst unbestätigt, dokumentiert aber im Avisierungsschreiben zugleich ihre Bereitschaft zur Bestätigung und setzt dem Begünstigten im Übrigen eine Frist für dessen Erklärung, ob er die Bestätigung wünscht.

Die Entscheidung des Begünstigten hängt zum einen von seiner Risikoeinschätzung ab und zum anderen davon, welcher der Beteiligten die Bestätigungsprovision der Bank zu tragen hat (bei Eventualbestätigungen häufig der Exporteur).

Nachträgliche (spätere) Bestätigung bzw. Ankaufszusage

Nachträgliche/spätere Bestätigung

Von der soeben beschriebenen Eventualbestätigung ("auf Wunsch des Begünstigten") abgesehen, erfolgt die Bestätigungserklärung der Zweitbank in der Regel zeitgleich mit der Akkreditivavisierung (-eröffnung). Ausnahmsweise kommt jedoch die **Bestätigung** eines bereits avisierten Akkreditivs zu einem **späteren Zeitpunkt** dann vor, wenn die beauftragte Zweitbank -eventuell wegen einer abzuwartenden Deckungsanschaffung der Akkreditivbank- zunächst nicht bereit war, das Akkreditiv zu bestätigen.

Eine weitere Abweichung von der Regel liegt vor, wenn **auf Betreiben des Exporteurs** und entgegen der ursprünglichen Vereinbarung im Kaufvertrag **der Importeur** nachträglich bei der Akkreditivbank die Veranlassung der Bestätigung des bereits eröffneten Akkreditivs beantragt. Dieser Versuch des Exporteurs, den Importeur zu einem Auftrag zur nachträglichen Bestätigung des Akkreditivs zu bewegen, wird allerdings nicht immer Erfolg haben, weil sich der Exporteur nach Abschluss des Kaufvertrags bzw. nach Akkreditiveröffnung in einer schwachen Verhandlungsposition befindet.

Ankaufszusage

In dieser Situation kann der **Exporteur von sich aus** (also ohne Einschaltung und ohne Kenntnis des Importeurs und der Akkreditivbank) an die avisierende Zweitbank oder an jede andere Bank (Drittbank) mit dem Ersuchen herantreten, das Akkreditiv zu "bestätigen". Dieses Ersuchen des Exporteurs kann sich auf eine "Bestätigung" des Akkreditivs zeitgleich mit dessen Eröffnung oder zu jedem späteren Zeitpunkt während der Laufzeit des Akkreditivs beziehen.
"Bestätigt" nunmehr die Zweitbank oder eine Drittbank das Akkreditiv, dann ist dies ein z.B. als unwiderrufliche Ankaufszusage gestaltbares **Vertragsverhältnis**, das **ausschließlich zwischen Akkreditivbegünstigtem** und **"Bestätigungsbank"** besteht und weder die Akkreditivbank noch den Akkreditivauftraggeber berührt. Wenn eine anderweitige Vereinbarung nicht getroffen ist, dann gilt das Landesrecht des Sitzes der "bestätigenden" Bank. Die angesprochene Zweitbank ist zu einer derartigen Ankaufszusage nur bereit, wenn sie ihrerseits Möglichkeiten zur Remboursierung sieht, die nicht durch politische Risiken beeinträchtigt sind.

Eingeschränkte Bestätigung

Ausschluss von Risiken

Eine Sonderform der Bestätigung ist die "Eingeschränkte Bestätigung" (soft confirmation), bei der von der Bestätigungsbank beispielsweise die politischen **Risiken** oder die **Wechselkursrisiken** ausgeschlossen werden.

Abwicklung

Eine Einschränkung der Bestätigung kann die beauftragte bzw. ermächtigte Bank nur dann vornehmen, wenn sie dazu **von der akkreditiveröffnenden Bank ausdrücklich beauftragt** ist. Ist diese Einschränkung der Bestätigung nicht Inhalt der Beauftragung der Akkreditivbank an die Zweitbank, dann hat die Zweitbank das Akkreditiv entweder uneingeschränkt zu bestätigen oder aber die Bestätigung zu unterlassen und das Akkreditiv gem. Art. 9 c. ERA nur zu avisieren. Es wird dem Begünstigten aber dienlich sein, wenn im Einverständnis mit allen Beteiligten von der Zweitbank eine eingeschränkte Bestätigung statt gar keiner Bestätigung übernommen wird.

Eröffnung als unbestätigtes Akkreditiv

ERA

Ist die Zweitbank wegen mangelnder Deckung, wegen politischer Risiken oder aus anderen Gründen nicht bereit, das Akkreditiv zu bestätigen, dann regeln die **ERA in Art. 9 c. I. und II.** das Verfahren:

"*Wenn eine andere Bank von der eröffnenden Bank ermächtigt oder beauftragt wird, einem Akkreditiv ihre Bestätigung hinzuzufügen, hierzu aber nicht bereit ist, muss sie die eröffnende Bank davon unverzüglich unterrichten.*
Sofern die eröffnende Bank in ihrer Ermächtigung oder ihrem Auftrag zur Hinzufügung einer Bestätigung nichts anderes vorschreibt, kann die avisierende Bank das Akkreditiv dem Begünstigten ohne Hinzufügung ihrer Bestätigung avisieren."

Zurückweisung

Ein derartiges Akkreditiv ist jedoch -mangels der vereinbarten Bestätigung- **nicht kaufvertragskonform** und kann vom Begünstigten abgelehnt werden. Die Zurückweisung eines solchen Akkreditivs liegt deswegen nahe, weil diejenigen Gründe, die die beauftragte Bank gehindert haben, das Akkreditiv zu bestätigen, in der Regel auch den Wert des Akkreditivs für den Begünstigten nachhaltig beeinträchtigen.
Ob es in dieser Situation der Akkreditivbank gelingt, eine andere Bestätigungsbank für das Akkreditiv zu finden oder ob der Importeur das lediglich avisierte Akkreditiv im Einvernehmen mit den Beteiligten zurückzieht und mit einer anderen Akkreditivbank den Versuch unternimmt, eine Bestätigung zu erlangen, muss im Einzelfall geprüft werden.

Ansprüche des Begünstigten bei unbestätigt gebliebenen Akkreditiven

Kommt eine Bestätigung des Akkreditivs nicht zu Stande, dann sind die rechtlichen Möglichkeiten des Exporteurs auch von der Ursache bestimmt, die zu dieser Situation geführt hat.

Objektive Unmöglichkeit usw.

Zu den Ereignissen, dass der Importeur das vereinbarte Akkreditiv wegen objektiver **Unmöglichkeit** (z.B. wegen staatlicher Maßnahmen) **oder** wegen von ihm **selbst zu vertretender Gründe** (z.B. wegen mangelnder Kreditwürdigkeit) nicht stellen kann, und zu den mit diesen Ereignissen verbundenen Rechtsfolgen siehe Abschnitt "4.3.1.2 Rechtliche Aspekte, insbesondere Rechtsstellung des Akkreditivbegünstigten in ausgewählten Ereignissen (Störfällen)".

5. Warenversand und Dokumentenempfang

Abwicklung

Bei diesen Vorgängen erlangt der Exporteur die maßgeblichen Dokumente zur Benutzung des Akkreditivs. Er hat darauf zu achten, dass die Dokumente in vollkommener **Übereinstimmung mit den Akkreditivbedingungen** ausgefertigt werden und rechtzeitig vor Verfall des Akkreditivs zur Verfügung stehen.

6. Dokumenteneinreichung

Inländische/Ausländische Bestätigungsbank

Der Begünstigte reicht die Dokumente rechtzeitig bei der Bestätigungsbank ein. Für die **Fristwahrung** und die in der Praxis häufig notwendige Klärung von **Zweifelsfragen** bei der **Dokumentenerstellung** im Vorfeld der Einreichung ist es für den Exporteur von Vorteil, wenn dies eine inländische Bank ist. Bei ausländischen Bestätigungsbanken mit Benutzungs-/Zahlstellenfunktion sind diese Vorteile der Dokumentenberatung und Dokumenteneinreichung nicht mehr ohne weiteres gegeben. Hier kann sich der Exporteur allenfalls auf die unverbindliche Beratung seiner Hausbank stützen.

7. Dokumentenaufnahme und Auszahlung des Akkreditivgegenwerts

Leistungspflicht

Die **Bestätigungsbank** hat die Dokumente zu prüfen und im Falle der Übereinstimmung mit den Akkreditivbedingungen die im Akkreditiv versprochene **Leistung** (in der Abbildung Zahlung, in anderen Fällen Akzeptleistung usw.) zu **erbringen**. Sie hat diese Leistung unabhängig von ihren Remboursierungsmöglichkeiten bei der Akkreditivbank, d.h. auch unabhängig von der Zahlungsfähigkeit der Akkreditivbank und unabhängig von eventuell inzwischen eingetretenen politischen Risiken, unverzüglich zu vollziehen.
Ist eine **ausländische Bank** als Bestätigungsbank eingesetzt, dann besteht dieselbe Leistungspflicht dieser Bank. Zeitliche Verzögerungen, allein schon durch die Post- und Verrechnungslaufzeiten, sind allerdings nicht auszuschließen. Zu bedenken ist auch, dass politische Probleme beim Transfer des Akkreditivgegenwerts entstehen können.

8. Dokumentenversand und Verrechnung des Akkreditivgegenwerts

Hinsichtlich des Remboursierungsanspruchs der Bestätigungsbank an die Akkreditivbank und hinsichtlich der Übersendung der Dokumente gibt es **keine Besonderheiten** hervorzuheben, die bei den obigen Positionen nicht schon angesprochen wären.

9. Belastung des Akkreditivgegenwerts und Aushändigung der Dokumente

Sofern die Akkreditivbank den Akkreditivauftraggeber nicht bereits im Zeitpunkt der Akkreditiveröffnung mit dem Gegenwert des Akkreditivs belastet hat, erfolgt die **Akkreditivbelastung** im **Gegenzug** mit der Aushändigung der **Dokumente**.
Wurde dem Akkreditivauftraggeber bei der Akkreditiveröffnung ein sog. Einschuss in Rechnung gestellt, wird von der Akkreditivbank nunmehr die Differenz zum Akkreditivbetrag eingefordert.

10. Dokumentenvorlage und Warenempfang

Auf Grundlage der vorgelegten Dokumente weist der Importeur seine **Legitimation** zum Empfang der Waren nach.

4.3.3 Akkreditivarten nach den Zahlungs- bzw. Benutzungsmodalitäten

4.3.3.1 Sichtzahlungsakkreditiv (Sichtakkreditiv)

4.3.3.1.1 Definition, Funktionen und Beurteilung

Definition des Sichtzahlungsakkreditivs

ERA

Die ERA definieren in Art. 9 a. das **unwiderrufliche Sichtzahlungsakkreditiv**: (Hervorhebung dch. d. Verf.)

"*Ein unwiderrufliches Akkreditiv begründet eine feststehende Verpflichtung der eröffnenden Bank, sofern die vorgeschriebenen Dokumente der benannten Bank oder der eröffnenden Bank vorgelegt werden und die Akkreditiv-Bedingungen erfüllt sind,*
..*wenn das Akkreditiv Sichtzahlung vorsieht – bei Sicht zu zahlen* ...".

Bezeichnungen

In der betrieblichen Praxis werden Sichtzahlungsakkreditive häufig kurzgefasst als **Sichtakkreditive** bezeichnet. Manchmal werden Sichtzahlungsakkreditive auch mit dem Ausdruck **Zahlungsakkreditive** gleichgesetzt. Dies ist insoweit unzutreffend, als Akkreditive, die durch hinausgeschobene Zahlung benutzbar sind, ebenfalls Zahlungsakkreditive sind. Es ist deswegen zu empfehlen, den Ausdruck Zahlungsakkreditiv allenfalls als Oberbegriff zu verwenden.

Funktionen des Sichtzahlungsakkreditivs

Zug-um-Zug-Abwicklung

Die Bezeichnung "Sichtzahlungsakkreditiv" hebt auf eine der möglichen Benutzungs- bzw. Zahlungsmodalitäten von Akkreditiven ab: Der Begünstigte erhält den **Akkreditivbetrag bei Sicht**, d.h. **im Gegenzug** zur Aufnahme der von ihm eingereichten **Dokumente** durch die Benutzungs-/Zahlstelle ausbezahlt.
Benutzungs-/Zahlstelle des Sichtzahlungsakkreditivs kann die akkreditiveröffnende Bank selbst sein. Zum Teil beauftragen jedoch die Akkreditivbanken andere Banken mit der Auszahlung der Sichtakkreditive, d.h. diese anderen Banken fungieren dann als Benutzungs-/Zahlstellen.

Bestätigung, Übertragung u.a.

Sichtzahlungsakkreditive können von einer anderen Bank (Zweitbank oder Drittbank) **bestätigt** werden; sie können aber auch **unbestätigt** bleiben, was meistens der Fall ist. Auch der **Übertragbarkeit** des Akkreditivs steht diese Zahlungsart nicht im Wege. Schließlich können Sichtzahlungsakkreditive widerruflich eröffnet werden.

Beurteilung durch den Exporteur

Vorteile überwiegen

Für den Exporteur hat ein Sichtzahlungsakkreditiv gegenüber anderen Akkreditivarten den gewichtigen Vorzug, dass er nach erfolgter Dokumenteneinreichung **rasch Zahlung** erhält. Diese rasche Zahlung kann neben den bekannten Vorteilen eines frühzeitigen Zahlungseingangs weitere akkreditivspezifische Vorzüge einschließen, z.B. eine Verringerung des Wechselkursrisikos bei Fremdwährungsakkreditiven, eine Verringerung des Risikos der Zahlungsunfähigkeit der Akkreditivbank, eine Verringerung der politischen Risiken usw.

Beurteilung durch den Importeur

Nachteile überwiegen

Aus dem Blickwinkel des Importeurs ist die Vereinbarung, das Akkreditiv zur Sichtzahlung benutzbar zu stellen, vor allem im Vergleich zu anderen Akkreditivarten, die ihm ein Zahlungsziel belassen, **eher nachteilig**. Auch führt die Zahlungsbedingung "Sichtzahlungsakkreditiv" für den Importeur nicht immer zu einer Zug-um-Zug-Abwicklung im Sinne "Ware gegen Zahlung", weil die Ware im Zeitpunkt der Zahlung noch unterwegs sein kann. In dieser Situation kann der Importeur allenfalls mit den ihm ausgehändigten Dokumenten die behördliche und technische Abwicklung des Warenempfangs frühzeitig in die Wege leiten.

4.3.3.1.2 Grundstruktur, Abwicklung und besondere Merkmale

Vorbemerkung/ Hinweise

Vorbemerkung: In den folgenden Ausführungen steht die **Sichtzahlung** als Zahlungsvereinbarung des Akkreditivs **im Mittelpunkt**. Alle übrigen Kriterien der Ausgestaltung von Akkreditiven und ihre technische Abwicklung bleiben im Hintergrund. Hierzu kann auf Hauptabschnitt "4.3.2 Akkreditivarten nach der Sicherheit des Exporteurs" verwiesen werden.
Die **allgemein gültigen Merkmale** der Akkreditivabwicklung einschließlich verschiedener Prüflisten sind umfassend in Kapitel "4.3.5 Abwicklung von Dokumentenakkreditiven" dargestellt.

Abbildung/Prämissen

Die **Grundstruktur** des **Sichtzahlungsakkreditivs** ist in **Abbildung 4.3-07** in den einzelnen Schritten, wie sie sich in der zeitlichen Abfolge der Abwicklung ergeben, und unter folgenden Annahmen erläutert:

- Unwiderrufliches unbestätigtes **Akkreditiv**, benutzbar zur **Sichtzahlung**;
- **Benutzungs-/Zahlstelle**: Bank im Land des Exporteurs (sog. andere Bank, Zweitbank, Exporteurbank);
- **Akkreditivwährung**: Landeswährung des Exporteurs.

Anmerkung: Die **Abbildung 4.3-07** ist **identisch** mit der Abbildung "Die Grundstruktur des unwiderruflichen unbestätigten Dokumentenakkreditivs" in Abschnitt 4.3.2.2, die ebenfalls Sichtzahlung ausweist, aber dort unter einem anderen Blickwinkel kommentiert ist.

Schrittweise Darstellung

Im Folgenden ist die **Abwicklung** des Sichtzahlungsakkreditivs (als unwiderrufliches und unbestätigtes Akkreditiv) -korrespondierend mit der **Abbildung 4.3-07**- in einzelnen Schritten dargestellt, erläutert und beurteilt.

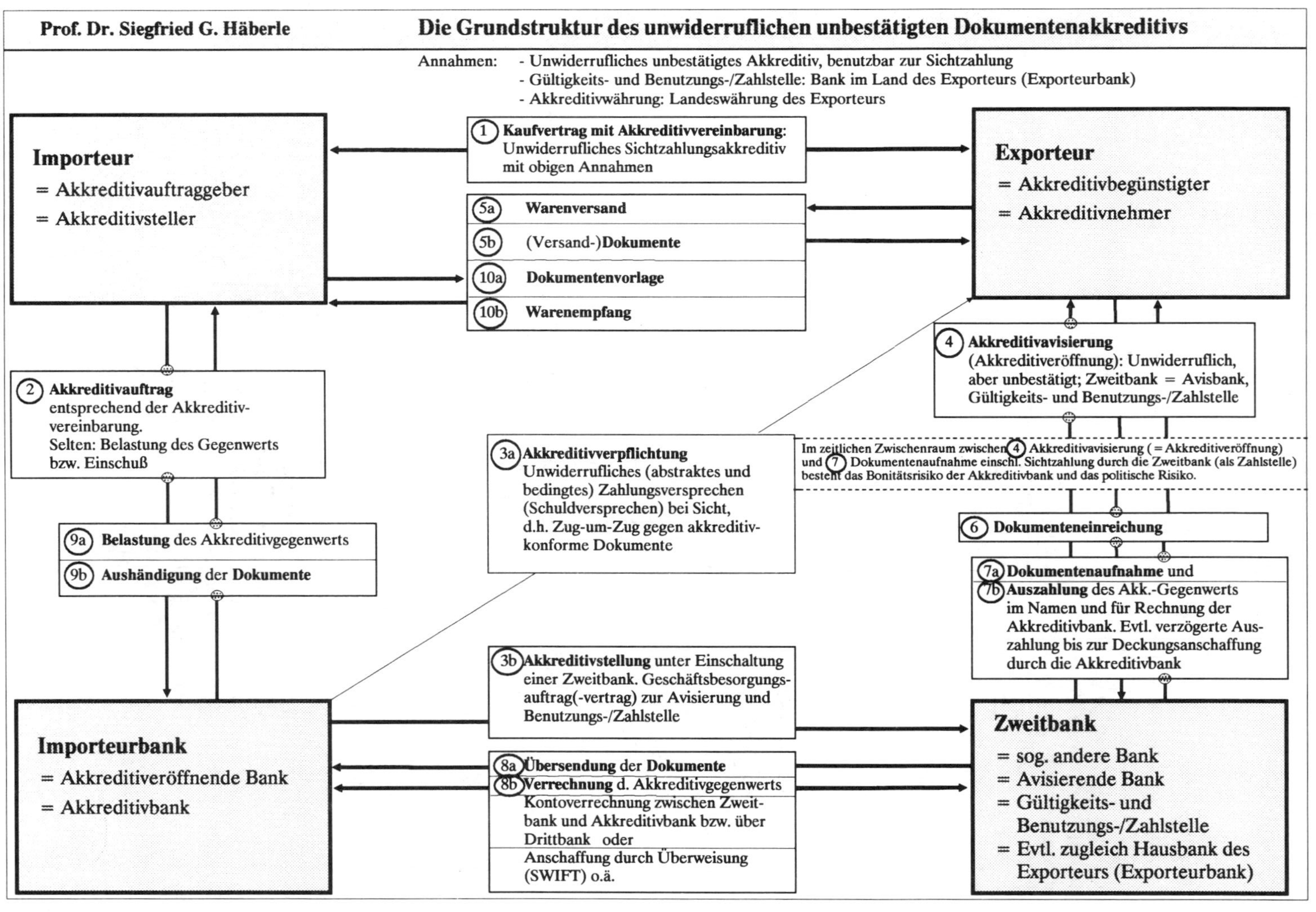

Abbildung 4.3-07

1. Akkreditivvereinbarung im Kaufvertrag

Zahlungsart

Gem. Art. 10 a. ERA müssen alle Akkreditive die Zahlungsart eindeutig angeben. Folglich haben Importeur und Exporteur eine entsprechende Vereinbarung in die Akkreditivklausel des Kaufvertrags aufzunehmen, die beim Sichtzahlungsakkreditiv **"zahlbar bei Sicht"**, **"payable at sight"** oder ähnlich lauten kann.

Tatsächlicher Zahlungseingang

Die Bedeutung der vereinbarten Sichtzahlung für den tatsächlichen Zeitpunkt der Erfüllung des Zahlungsanspruchs des Exporteurs muss in Verbindung mit der **Benutzbar-/Zahlbarstellung** und einer eventuellen Bestätigung eines Sichtzahlungsakkreditivs gesehen werden. Im Regelfall erlangt der Exporteur am schnellsten Zahlung

- aus einem bestätigten unwiderruflichen Sichtzahlungsakkreditiv, wenn dieses von einer **inländischen Bank** (eventuell der Hausbank des Exporteurs) **bestätigt** ist und bei dieser benutzbar/zahlbar gestellt ist;
- aus einem unbestätigten unwiderruflichen Sichtzahlungsakkreditiv, wenn dieses bei einer **inländischen Bank** (eventuell der Hausbank des Exporteurs) **benutzbar/zahlbar** gestellt ist.

Ist das Sichtzahlungsakkreditiv dagegen bei einer **ausländischen Bank** (z.B. bei der Akkreditivbank) gültig und benutzbar/zahlbar gestellt oder von einer ausländischen Bank bestätigt, dann muss der Begünstigte u.U. mit Verzögerungen bei der Auszahlung des Akkreditivs rechnen (Einzelheiten siehe Schritte 6. und 7.).

2. Akkreditivauftrag

Abwicklung/Probleme

Der Importeur hat den Akkreditivauftrag an die als Akkreditivbank vorgesehene Bank (in der Regel seine Hausbank) **entsprechend** der Akkreditivvereinbarung im **Kaufvertrag** als Sichtzahlungsakkreditiv zu stellen.
Die Konsequenzen der objektiven Unmöglichkeit usw., das Akkreditiv zu eröffnen, sind in Abschnitt "4.3.1.2.2 Rechtsstellung des Akkreditivbegünstigten in ausgewählten Ereignissen (Störfällen)" beschrieben.

Hinweis

Ein **Akkreditiveröffnungsauftrag des Importeurs** an die akkreditiveröffnende Bank ist in Abschnitt 4.3.5.1 abgebildet und umfassend besprochen. In Abschnitt 4.3.5.1.3 finden sich darüber hinaus **Fallbeispiele**.

3 a. Akkreditivverpflichtung

Zahlungsversprechen/ Abwicklung

Das Zahlungsversprechen der Akkreditivbank gegenüber dem Begünstigten umfasst bei einem Sichtzahlungsakkreditiv die eingangs beschriebene Zug-um-Zug-Zahlung der Akkreditivbank **"Dokumente gegen Zahlung"**.
Wie jedes Akkreditiv, das auf Grundlage der ERA eröffnet wird, ist das Zahlungsversprechen der Akkreditivbank auch beim Sichtzahlungsakkreditiv **abstrakt**, also losgelöst vom Kaufvertrag, und **bedingt**, d.h. vom Begünstigten nur benutzbar, wenn er die Akkreditivbedingungen erfüllt.

In die Avisierung des Sichtzahlungsakkreditivs schaltet die Akkreditivbank regelmäßig eine Zweitbank ein.

3 b. Akkreditivstellung unter Einschaltung einer Zweitbank (einer sog. anderen Bank)

Funktionen der Zweitbank

Die Akkreditivbank sendet der **Zweitbank das Akkreditiveröffnungsschreiben** (das die Zahlungsverpflichtung/das Zahlungsversprechen der Akkreditivbank enthält) zu.

Grundsätzlich kann der Auftrag der Akkreditivbank an die Zweitbank beim Sichtzahlungsakkreditiv folgende Funktionen umfassen:
- Die Zweitbank übernimmt nur die **Avisierung** des Sichtzahlungsakkreditivs gegenüber dem Akkreditivbegünstigten (Avisbank).
- Die Zweitbank ist Avisbank und **Gültigkeitsstelle**, d.h. das Akkreditiv ist am Ort der avisierenden Bank auch gültig gestellt (Datum und Ort des Verfalls des Akkreditivs).
- Die Zweitbank ist Avisbank, Gültigkeits- sowie **Benutzungs-/Zahlstelle**.
- Die Zweitbank ist Avisbank, Gültigkeits- und Benutzungs-/Zahlstelle, und sie übernimmt die **Bestätigung** des Akkreditivs (in die vorliegende Abbildung nicht aufgenommen).

In Ausnahmefällen können diese Funktionen an die Zweitbank auch in anderer Kombination übertragen werden.

Hinweise

- Die **Verschiedenheit** von Gültigkeitsstelle einerseits und Benutzungs-/Zahlstelle andererseits kommt insbesondere bei **sog. Importakkreditiven** (mit inländischem Importeur) vor, die zwar im Ausland (im Land des akkreditivbegünstigten Exporteurs) gültig gestellt, aber im Inland bei der akkreditiveröffnenden Bank benutzbar/zahlbar gestellt sind.
  Einzelheiten und Vorkommen in der Praxis siehe Abschnitt "4.3.5.1.2.4 Begünstigter, Bank des Begünstigten, Benutzungs-/Zahlstelle, Gültigkeitsstelle".
- Die Fragen der Auswahl der Zweitbank durch die Akkreditivbank, die Deckungsanschaffung der Akkreditivbank, die Möglichkeit der Ablehnung des Akkreditivauftrags u.a. sind in Hauptabschnitt "4.3.2 Akkreditivarten nach der Sicherheit des Exporteurs" umfassend dargestellt.
- In Abschnitt "4.3.5.2.1 Ausführung des Akkreditiveröffnungsauftrags durch die beauftragte eröffnende Bank" finden sich mehrere **Fallbeispiele/Abbildungen** von **Akkreditiveröffnungsschreiben/Akkreditiven**, die die jeweils eröffnenden Banken an die mit der Avisierung usw. beauftragten (Zweit-) Banken (die sog. anderen benannten Banken) richten.

4. Akkreditivavisierung (Akkreditiveröffnung), eventuell Akkreditivbestätigung

Annahme

Ein Sichtzahlungsakkreditiv gilt ebenso wie jedes andere Akkreditiv nach deutschem Recht in dem Zeitpunkt als eröffnet, in dem die **Mitteilung** (das Avis) der Bank dem Begünstigten **zugegangen** ist und der Begünstigte -stillschweigend- angenommen hat. Ab diesem Zeitpunkt erlangt der Begünstigte die Sicherheit des Akkreditivs entsprechend den jeweiligen Akkreditivbedingungen.

Bestätigung

Ist das Sichtzahlungsakkreditiv -in Abweichung von der vorliegenden Abbildung- von der Zweitbank oder einer Drittbank bestätigt, dann hat der Begünstigte darüber hinaus einen **selbstständigen Anspruch** auf Zahlung an die Bestätigungsbank, der Zug-um-Zug gegen Aufnahme akkreditivkonformer Dokumente abgewickelt wird.

Hinweis

In Abschnitt "4.3.5.2.2 Akkreditivavisierung/-eröffnung und eventuelle Akkreditivbestätigung durch die eingeschaltete Zweitbank" finden sich mehrere **Fallbeispiele/Abbildungen** von **Akkreditivavisierungsschreiben/Akkreditiveröffnungsanzeigen** von eingeschalteten Zweitbanken (sog. andere benannte Banken) an die akkreditivbegünstigten Exporteure. Zum Teil haben die Zweitbanken dem Akkreditiv ihre Bestätigung hinzugefügt.

5. Warenversand und Empfang der (Versand-)Dokumente

Abwicklung

Bei diesen Vorgängen erlangt der Exporteur die maßgeblichen Dokumente zur Benutzung des Akkreditivs. Er hat darauf zu achten, dass die Dokumente in vollkommener **Übereinstimmung** mit den **Akkreditivbedingungen** ausgefertigt werden und rechtzeitig vor Verfall des Akkreditivs zur Verfügung stehen.

6. Dokumenteneinreichung

Gültigkeitsstellung, Benutzungs-/Zahlstelle

Bei welcher Bank der Begünstigte die Dokumente vor Verfall des Akkreditivs einzureichen hat, bestimmt sich nach der sog. Gültigkeitsklausel des Akkreditivs **"Datum und Ort des Verfalls", "date and place of expiry"**. Im vorliegenden Beispiel ist dies die (inländische) Zweitbank.
Bei **sog. Exportakkreditiven** (zu Gunsten von z.B. deutschen Exporteuren) ist der in der Gültigkeitsklausel angegebene Ort häufig identisch mit dem Ort der Benutzbar-/Zahlbarstellung und -wie im vorliegenden Fall- im Land des (deutschen) Exporteurs gelegen. Jedoch kann ein Akkreditiv auch an einem anderen Ort als dem der Benutzungs-/Zahlstelle zur **fristwahrenden Vorlage der Dokumente** gültig gestellt sein. In der Praxis kommen häufig sog. **Importakkreditive** (im Auftrag von z.B. deutschen Importeuren) vor, die bei der (deutschen) Akkreditivbank benutzbar/zahlbar, aber bei der avisierenden (ausländischen) Zweitbank gültig gestellt sind.

Ausland

Möglich ist aber auch, dass ein Akkreditiv im **Ausland benutzbar/zahlbar und gültig** gestellt ist, obwohl es von einer inländischen Bank avisiert wird. Die Vorlage der Dokumente vor Verfall des Akkreditivs hat der Begünstigte dann bei der ausländischen Bank zu bewerkstelligen.
Die Problematik einer ausländischen Gültigkeits- und Benutzbar-/Zahlbarstellung liegt auf der Hand. Der Exporteur muss

nicht nur den ins Ausland **aufwändigeren Dokumentenversand** sowie die **längeren Postlaufzeiten** und ähnliche Unwägbarkeiten bedenken, sondern er trägt auch das **Verlustrisiko** bis zum Eingang der Dokumente bei der ausländischen Bank. Die inländische Avisbank (eventuell zugleich die Hausbank des Exporteurs) übernimmt zwar auch in diesem Fall als Serviceleistung im Allgemeinen die Beratung des Exporteurs bei der Ausfertigung der Dokumente, sie prüft diese Dokumente auch unverbindlich und sie leitet sie auf Wunsch und Risiko des Exporteurs sowie auf dessen Kosten auch an diejenige Bank weiter, bei der das Akkreditiv gültig gestellt ist. Die Avisbank, die eine derartige unverbindliche Kundendienstleistung erbringt, wird dadurch aber keinesfalls zur Einreichungsstelle der Dokumente im Sinne der Gültigkeits- und Benutzbarkeitsklausel des Akkreditivs.

Zeitpunkt

Die Dokumente kann der Begünstigte zu jedem **beliebigen Zeitpunkt während der Laufzeit** des Akkreditivs einreichen und dadurch das Akkreditiv benutzen, es sei denn, dass durch die Akkreditivbedingungen eine **zeitliche Beschränkung** auferlegt ist, wie z.B. durch die Bedingung, dass das Akkreditiv frühestens ab einem bestimmten Zeitpunkt benutzt werden darf oder durch Festlegung bestimmter (frühester) Verladefristen.

7. Dokumentenaufnahme und Auszahlung des Akkreditivgegenwerts

Zweitbank als

- Gültigkeitsstelle

Ist die Zweitbank lediglich als Gültigkeitsstelle, aber nicht zugleich als Benutzungs-/Zahlstelle eingesetzt, dann übernimmt sie nur die Funktion einer **Weiterleitungsstelle** der bei ihr vom Begünstigten rechtzeitig vor Verfall des Akkreditivs eingereichten **Dokumente**. Dieser Vorgang entspricht nicht einer "Dokumentenaufnahme" im Sinne der verbindlichen Anerkennung der Dokumente und der Auszahlung des Akkreditivgegenwerts im Namen und für Rechnung der Akkreditivbank. Diese Anerkennung sowie die Auszahlung sind der als Benutzungs-/Zahlstelle eingesetzten Bank vorbehalten.

- Benutzungs-/Zahlstelle

Ist die Zweitbank -wie im vorliegenden Fall- Benutzungs-/Zahlstelle, dann erbringt sie im Namen und für Rechnung der Akkreditivbank die im Akkreditiv verbriefte Leistung. Diese umfasst beim Sichtzahlungsakkreditiv die **Auszahlung des Akkreditivbetrags** an den Begünstigten im Gegenzug zur Einreichung akkreditivkonformer Dokumente.

Dokumentenprüfung

Indessen erfolgt in der Praxis die Auszahlung des Sichtzahlungsakkreditivs an den Begünstigten keineswegs immer unverzüglich nach erfolgter Dokumenteneinreichung. Dies hängt zunächst mit der **Prüfungszeit** der Dokumente durch die Benutzungs-/Zahlstelle zusammen.

In Art. 13 b. ERA ist zwar von einer "angemessenen Zeit" die Rede, jedoch ergänzt: " ... **sieben Bankarbeitstage** nach dem Tag des Dokumentenerhalts **nicht überschreitend** ...". Die derart definierte Zeit für die Dokumentenprüfung und die Entscheidung, ob die Dokumente aufzunehmen oder zurückzuweisen sind, steht der akkreditiveröffnenden Bank, der etwaigen Bestätigungsbank und einer für diese handelnde benannte Bank jeweils zu.

Auszahlung

Von größerem Gewicht als die Frage des Zeitaufwandes zur banktechnischen Prüfung der Dokumente ist die rechtliche Seite: Der Begünstigte hat an die Zweitbank in ihrer Funktion als Benutzungs-/Zahlstelle **keine Ansprüche auf Erfüllung**, es sei denn, die Zweitbank hat das Akkreditiv bestätigt. Bei unwiderruflichen unbestätigten Sichtzahlungsakkreditiven zahlt die Zweitbank als Benutzungs-/Zahlstelle den Akkreditivgegenwert erst dann an den Begünstigten aus, wenn ihr von der Akkreditivbank der Gegenwert zur Verfügung gestellt ist bzw. wenn die Deckungsanschaffung der Akkreditivbank, z.B. durch Verrechnung auf den gegenseitig bzw. bei einer Drittbank geführten Konten, gesichert ist. Muss dagegen der Akkreditivgegenwert von der Akkreditivbank erst angeschafft werden, dann kann sich die Auszahlung des Akkreditivbetrags an den Begünstigten durch die Zweitbank, obwohl diese Benutzungs-/Zahlstelle ist, verzögern.

Vorbehalt

Sofern die Zweitbank in der soeben beschriebenen Situation dem Begünstigten den Gegenwert trotzdem im Gegenzug zur Einreichung der Dokumente gutschreibt, handelt es sich um eine **Bevorschussung der Zweitbank** (die manchmal mit dem Ausdruck **Negoziierung** des Akkreditivs belegt wird; Einzelheiten siehe Kapitel 5.5 Negoziierungskredite), auf die der Begünstigte keinen akkreditivmäßigen Anspruch hat. Sollte die Akkreditivbank die Dokumentenaufnahme berechtigterweise wegen von der Zweitbank übersehener Mängel ablehnen, dann hat der Begünstigte den empfangenen Akkreditivbetrag an die Zweitbank zurückzuerstatten (vgl. Zahn u.a. 1986: S. 121, Rdn 2/164). Der Rückerstattungsanspruch der Zweitbank an den Begünstigten besteht auch, wenn die Akkreditivbank vor erfolgter Remboursierung der Zweitbank zahlungsunfähig wird.

Bestätigte Akkreditive

Bei unwiderruflichen Sichtzahlungsakkreditiven, die von der Zweitbank -im Gegensatz zum abgebildeten Beispiel- auch bestätigt und bei ihr zahlbar gestellt sind, hat der Begünstigte **direkte Ansprüche an die Zweitbank (Bestätigungsbank)** auf Dokumentenprüfung, Dokumentenaufnahme und Auszahlung. Sieht man von der angemessenen Prüfungszeit der eingereichten Dokumente ab, dann hat die Zweitbank als Bestätigungsbank den Akkreditivbetrag Zug-um-Zug mit der Dokumentenaufnahme an den Begünstigten auszukehren, und zwar unabhängig davon, ob die Akkreditivbank den Akkreditivgegenwert bereits angeschafft hat oder nicht.

Ist dagegen ein unwiderrufliches Sichtzahlungsakkreditiv von einer **Bank in einem Drittland bestätigt** und auch bei dieser Bank benutzbar/zahlbar gestellt, dann besteht der Auszahlungsanspruch Zug-um-Zug gegen Einreichung akkreditivkonformer Dokumente gegen diese Bestätigungsbank, und zwar ebenfalls unabhängig von der Deckungsanschaffung durch die Akkreditivbank. Jedoch kann sich die Auszahlung des Akkreditivbetrags verzögern, weil z.B. die ausländische Bestätigungsbank einen verhältnismäßig langen Prüfungszeitraum der Dokumente für sich beansprucht oder wegen der Abwicklung der Zahlung über mehrere Korrespondenzbanken u. Ä. Im Übrigen sind politische Risiken, z.B. Transferbeschränkungen u. Ä., bei Bestätigungsbanken mit Sitz im Ausland nicht gänzlich auszuschließen.

Ausländische Benutzungs-/Zahlstelle

Bei unwiderruflichen unbestätigten Sichtzahlungsakkreditiven, die **bei der Akkreditivbank**, also aus dem Blickwinkel des Exporteurs im Ausland, benutzbar/zahlbar gestellt sind, läuft der Begünstigte durchaus Gefahr, dass sich trotz des Anspruchs auf Zug-um-Zug-Zahlung gegen Einreichung akkreditivkonformer Dokumente die Auszahlung tatsächlich verzögert. Es sind dies dieselben Gründe, die soeben bei der ausländischen Bestätigungsbank beispielhaft angeführt wurden.

Widerrufl. Akkreditive

Wie bei jeder Art des widerruflichen Akkreditivs hat der **Begünstigte** auch beim widerruflichen Sichtzahlungsakkreditiv darauf zu achten, dass das widerrufliche Akkreditiv bei einer **Bank in seinem Land benutzbar/zahlbar und gültig** gestellt ist. Nur so erlangt der Begünstigte jene Sicherheit, die ihm das widerrufliche Akkreditiv überhaupt zu bieten vermag, nämlich faktische Unwiderruflichkeit ab der vorbehaltlosen Dokumentenaufnahme und Auszahlung im Sinne Art. 8 b.

8. Dokumentenversand und Verrechnung des Akkreditivgegenwerts

Ist die Zweitbank als Benutzungs-/Zahlstelle bzw. als Bestätigungsbank eingesetzt und zahlt sie auf Grundlage akkreditivkonformer Dokumente an den Begünstigten aus, dann entsteht ihr ein **Remboursierungsanspruch** an die Akkreditivbank gem. Art. 10 d. ERA. Besonderheiten gegenüber der bei den unwiderruflichen Akkreditiven beschriebenen Abwicklung sind nicht hervorzuheben, sodass auf die Ausführungen in den Abschnitten 4.3.2.2 und 4.3.2.3 verwiesen werden kann.

9. Belastung des Akkreditivgegenwerts und Aushändigung der Dokumente

Sofern die Akkreditivbank den Auftraggeber nicht bereits im Zeitpunkt der Akkreditiveröffnung mit dem Gegenwert des Akkreditivs belastet hat, erfolgt die **Akkreditivbelastung** erst im **Gegenzug** mit der Aushändigung der **Dokumente** (was die Regel ist).
Wurde dem Akkreditivauftraggeber bei Akkreditiveröffnung ein sog. Einschuss in Rechnung gestellt, dann wird von der Akkreditivbank nunmehr die Differenz zum Akkreditivbetrag eingefordert.

10. Dokumentenvorlage und Warenempfang

Auf Grundlage der vorgelegten Dokumente weist der Importeur seine **Legitimation** zum Empfang der Waren nach.

4.3.3.2 Akkreditiv mit hinausgeschobener Zahlung (Deferred-Payment-Akkreditiv)

4.3.3.2.1 Definition, Funktionen und Beurteilung

Definition des Akkreditivs mit hinausgeschobener Zahlung

ERA

In **Art. 9 a. ERA** ist das unwiderrufliche Akkreditiv mit hinausgeschobener Zahlung wie folgt definiert (Hervorhebung dch. d. Verf.):

"*Ein unwiderrufliches Akkreditiv begründet eine feststehende Verpflichtung der eröffnenden Bank, sofern die vorgeschriebenen Dokumente der benannten Bank oder der eröffnenden Bank vorgelegt werden und die Akkreditiv-Bedingungen erfüllt sind, ...*
wenn das Akkreditiv hinausgeschobene Zahlung vorsieht – an dem (den) nach den Bestimmungen des Akkreditivs bestimmbaren Datum (Daten) zu zahlen ...".

Bezeichnungen

Wenn man den Zeitpunkt der Zahlung als Einteilungskriterium wählt, dann sind Akkreditive mit hinausgeschobener Zahlung (Deferred-Payment-Akkreditive) der Gruppe der **Nachsichtakkreditive** zuzuordnen. Nicht selten wird deswegen das Akkreditiv mit hinausgeschobener Zahlung als Nachsichtakkreditiv schlechthin bezeichnet. Dies ist insoweit falsch, als auch Akzeptakkreditive, bei denen die hinausgeschobene Zahlung in Wechselform gekleidet ist, zur Gruppe der Nachsichtakkreditive gehören. Der Ausdruck Nachsichtakkreditive ist vielmehr der **Oberbegriff** für beide Akkreditivarten.

Rückt man dagegen die Art der Leistung, die die Akkreditivbank bzw. Benutzungs-/Zahlstelle im Gegenzug zur Dokumentenaufnahme erbringt, in den Mittelpunkt, dann gehören Akkreditive mit hinausgeschobener Zahlung -etwa im Gegensatz zu den Akzeptakkreditiven- zur Gruppe der **Zahlungsakkreditive**. Indessen laufen alle Akkreditive letztlich auf Zahlung hinaus, sodass der Ausdruck Zahlungsakkreditiv leicht zu Missverständnissen, insbesondere zu Verwechslungen mit reinen Sichtzahlungsakkreditiven führt.

Abgrenzung

Akzeptakkreditive, bei denen nicht eine Zweitbank (nicht die sog. andere Bank, z.B. die Exporteurbank), sondern die akkreditiveröffnende Bank (**Akkreditivbank**, Importeurbank) selbst das **Akzept leistet**, werden in der Praxis im Allgemeinen den **Deferred-Payment-Akkreditiven** (Akkreditiven mit hinausgeschobener Zahlung) zugeordnet. Diese Zuordnung findet ihre Rechtfertigung in der Tatsache, dass das Akzept der Akkreditivbank für den Akkreditivbegünstigten praktisch keine zusätzliche Sicherheit einschließt, weil dieser Akzeptant ohnehin aus dem Akkreditiv zur Zahlung verpflichtet ist. Der Vorzug eines solchen Akzeptakkreditivs liegt -im Vergleich zum Akkreditiv mit hinausgeschobener Zahlung- lediglich in der einfacheren und zinsgünstigeren Refinanzierbarkeit des gezogenen und akzeptierten Wechsels.
Leistet dagegen eine **Zweitbank** (die sog. andere Bank, z.B. die Exporteurbank) im Rahmen eines Akzeptakkreditivs das **Akzept**, dann gewinnt der Exporteur ab dem Zeitpunkt der Akzeptleistung eine

zusätzliche Sicherheit hinzu, nämlich einen Zahlungsanspruch an die Zweitbank. In der Praxis wird deswegen nur in diesem Fall von einem **Akzeptakkreditiv** (und zugleich von einem **Remboursakkreditiv**) gesprochen.
Im vorliegenden Buch ist ein Akkreditiv, bei dem die Akkreditivbank (Importeurbank) das Akzept leistet, in Gliederungspunkt 4.3.3.3.4 als Sonderfall bei den Akzeptakkreditiven behandelt. Bei dieser Einordnung ist gliederungssystematisch die Tatsache der Akzeptleistung in den Mittelpunkt gerückt. Entsprechend dem Sprachgebrauch der Praxis könnte diese Akkreditivart aber ebenso gut bei den Akkreditiven mit hinausgeschobener Zahlung behandelt werden.
Hinweis: Am Schluss von Abschnitt 4.3.3.3.1 sind die **unterschiedlichen Bezeichnungen von Akzeptakkreditiven** in tabellarischer Form zusammengestellt.

Funktionen des Akkreditivs mit hinausgeschobener Zahlung

Hinausgeschobene Auszahlung

- Das maßgebliche Merkmal dieser Akkreditivart ist, dass die Auszahlung des Akkreditivbetrags an den Begünstigten nicht im Gegenzug zur Einreichung und Aufnahme der Dokumente erfolgt, so wie dies beim Sichtzahlungsakkreditiv der Fall ist, sondern erst an einem späteren, nach den Akkreditivbedingungen genau bestimmbaren, um eine Nachsichtfrist hinausgeschobenen Fälligkeitstag. Grob umrissen bedeutet diese Akkreditivart für den Exporteur "**Dokumente gegen Zahlungsanspruch**" an die Akkreditivbank, der zu einem **späteren Zeitpunkt** zu erfüllen ist.

Benutzungs-/Zahlstelle

- Benutzungs-/Zahlstelle des Akkreditivs mit hinausgeschobener Zahlung kann die **akkreditiveröffnende Bank** selbst oder eine andere, von der akkreditiveröffnenden Bank ermächtigte **Zweitbank** (eventuell zugleich Bestätigungsbank) sein.

Teilbeträge

- Akkreditive mit hinausgeschobener Zahlung lassen sich auch derart gestalten, dass die Zahlung in Teilbeträgen zu verschiedenen Fälligkeitsterminen erfolgt. In diesem Fall liegt eine akkreditivmäßig abgesicherte **Ratenzahlung** an den Begünstigten vor.

Akkreditivarten

- Akkreditive mit hinausgeschobener Zahlung können widerruflich oder **unwiderruflich** eröffnet werden. Sie können **unbestätigt** bleiben oder von einer Zweitbank **bestätigt** werden. Auch diese Akkreditivart ist **übertragbar**.

Beurteilung durch den Exporteur

Vorteile

Der maßgebliche Vorzug des Akkreditivs mit hinausgeschobener Zahlung liegt für den Exporteur darin, dass er

- einerseits dem ausländischen **Importeur** das erwünschte **Zahlungsziel** in Form der hinausgeschobenen Zahlung einräumen kann,
- andererseits aber **akkreditivmäßig abgesichert** ist.

Wie bei allen Akkreditiven bleibt das Zahlungsversprechen der Akkreditivbank auch dann bestehen, wenn der Importeur an den Waren, die er beim Akkreditiv mit hinausgeschobener Zahlung regelmäßig vor dem Zeitpunkt der Zahlung des Akkreditivbetrags in Empfang nimmt, Mängel feststellt. Grundlage für die Entstehung und den Bestand des Zahlungsanspruchs an die Akkreditivbank sind auch bei dieser Akkreditivart die vom Exporteur eingereichten akkreditivkonformen Dokumente sowie die Erfüllung der weiteren Akkreditivbedingungen und nicht die Eigenschaften der gelieferten Waren und auch nicht der Inhalt des Kaufvertrags zwischen Importeur und Exporteur. Inwieweit der Importeur in Anwendung seines für ihn günstigen Landesrechts im Einzelfall eventuell aber doch eine Möglichkeit findet, die Auszahlung an den Exporteur wegen Mängeln an den gelieferten Waren zu verhindern, bleibt eine der Unwägbarkeiten des Akkreditivs mit hinausgeschobener Zahlung.

Nachteile überwiegen

Abgesehen von den skizzierten Vorzügen ist das Akkreditiv mit hinausgeschobener Zahlung im Vergleich zu anderen Akkreditivarten für den Exporteur aus mehreren Gründen nachteilig:

- Im Gegensatz zum Sichtzahlungsakkreditiv birgt das Akkreditiv mit hinausgeschobener Zahlung einige jener Nachteile in sich, die **Außenstände** für Lieferanten typischerweise mit sich bringen: erhöhten Fremdkapitalbedarf, Zinsaufwand, verschlechterte Eigenkapital-/Fremdkapital-Relation in der Bilanz u.a.m.
- Im Gegensatz zum Akzeptakkreditiv, bei dem die hinausgeschobene Zahlung in Wechselform verbrieft ist, fehlt beim Akkreditiv mit hinausgeschobener Zahlung der Wechsel als zinsgünstiges Refinanzierungsinstrument. Der Exporteur ist deswegen bei der **Refinanzierung** des Akkreditivs mit hinausgeschobener Zahlung auf die Aufnahme von **Buchkrediten** angewiesen, die er zwar auf Grundlage des unwiderruflichen Zahlungsversprechens der Akkreditivbank leicht erhält, die aber in der Regel wesentlich teurer als Wechseldiskontkredite sind.
  Alternativ zur Aufnahme von Buchkrediten besteht für den Exporteur auch die Möglichkeit zur **Forfaitierung** seiner Forderung aus dem Akkreditiv mit hinausgeschobener Zahlung. Einzelheiten zur Forfaitierung siehe Kapitel 6.5.
- Im Gegensatz zu Akkreditivarten, die eine Zug-um-Zug-Leistung vorsehen, kann sich bei der vorliegenden Akkreditivart das Hinausschieben der Zahlung nachteilig auf die Sicherheit des Exporteurs auswirken. Je länger die Phase zwischen Dokumenteneinreichung und Fälligkeit der versprochenen Zahlung ist, desto größer -zumindest umso unüberschaubarer- kann bei unbestätigten Akkreditiven das **politische Risiko** für den Exporteur werden, beispielsweise dann, wenn die Akkreditivbank ihren Sitz in einem Land mit hohen Auslandsschulden und zunehmenden Zahlungsschwierigkeiten hat.
- Ein analoges und womöglich zunehmendes Risiko während der genannten Phase kann für den Exporteur bei unbestätigten Akkreditiven in der Entwicklung der **Bonität der Akkreditivbank** liegen.
- Bei beiden Risiken ist zu bedenken, dass der Exporteur während der genannten Phase bei unbestätigten Akkreditiven nur über das hinausgeschobene Zahlungsversprechen der Akkreditivbank

als Sicherheit verfügt, aber nicht mehr über die Dokumente. Beim Sichtzahlungsakkreditiv ist dies anders: Der Begünstigte erhält dann, wenn die Zug-um-Zug-Zahlung nicht zu Stande kommt, die Dokumente wieder zurück und behält zu seiner Sicherheit das Verfügungsrecht über die Waren. Beim Akkreditiv mit hinausgeschobener Zahlung gelangt dagegen der **Importeur** regelmäßig in den Besitz von **Dokumenten und Waren**, **bevor Zahlung** an den Begünstigten geleistet ist.

- Zwar ist bei Fremdwährungsakkreditiven generell ein Wechselkursrisiko nicht auszuschließen, doch impliziert eine lange Phase zwischen Dokumenteneinreichung und (hinausgeschobener) Zahlung zumindest das zusätzliche Risiko der schwierigeren Überschaubarkeit der zukünftigen Wechselkursentwicklung, wenn nicht ein erhöhtes **Wechselkursrisiko** schlechthin.

Forfaitierung

Diese Nachteile bzw. **Risiken** des Akkreditivs mit hinausgeschobener Zahlung kann der Exporteur im Rahmen der Forfaitierung seiner Forderung zumindest teilweise auf den Forfaiteur **überwälzen**. Zu beachten ist allerdings, dass der Forfaiteur für die Risikoübernahme eine entsprechende **Risikoprämie** in die Forfaitierungskonditionen einkalkuliert. Einzelheiten siehe Kapitel "6.5 Forfaitierung".

Negoziierung

Zu den **Negoziierungskrediten** (Bevorschussungskrediten, Vorschüssen) der Banken in **Verbindung mit Dokumentenakkreditiven** siehe Abschnitt 5.5.4 in Kapitel "5.5. Negoziierungskredite (Negoziationskredite)".

Beurteilung durch den Importeur

Vorteile überwiegen

- Für den Importeur weist das Akkreditiv mit hinausgeschobener Zahlung den Vorteil auf, dass er -je nach Ausgestaltung der Akkreditivbedingungen und des Zeitraums der hinausgeschobenen Zahlung- erst zu einem Zeitpunkt Zahlung leisten muss, zu dem er die Waren empfangen und eventuell schon weiterverkauft hat. Wie mit jedem von Lieferanten **eingeräumten Zahlungsziel** verbinden sich mit der hinausgeschobenen Zahlung die bekannten Vorzüge für den Abnehmer: Vermeidung von Darlehensaufnahmen bei Banken, Sicherstellung des Lieferanten durch das Akkreditiv ohne weiter reichende Sicherheiten, u.U. geringerer Finanzierungsaufwand als bei Bankkrediten u.a.
- **Voraussetzung** dafür, dass der Importeur tatsächlich in den Genuss dieser Vorteile des Akkreditivs mit hinausgeschobener Zahlung kommt, ist, dass die Akkreditivbank bei Akkreditiveröffnung weder einen Einschuss verlangt noch gar eine volle Belastung des Akkreditivbetrags auf dem Konto des Importeurs vornimmt (wie es die Devisen- und Inkassovorschriften einiger Importländer vorschreiben), sondern dass die Akkreditivbank den Importeur erst in dem Zeitpunkt belastet, in dem die hinausgeschobene Zahlungszusage fällig wird.

Nachteile

- Grundsätzlich ist es dem Importeur nicht möglich, bei Feststellung von **Mängeln** an den empfangenen **Waren** die (hinausgeschobene) Auszahlung des Akkreditivs an den Exporteur zu verhindern. Dass die Auszahlung des Akkreditivs unter Anwendung eines für den Importeur günstigen Landesrechts im Ausnahmefall doch verhindert werden könnte, spricht -wie oben erwähnt- aus Sicht des Exporteurs nicht gerade für die Vereinbarung von Akkreditiven mit hinausgeschobener Zahlung im Kaufvertrag.
- Lautet das Akkreditiv aus Sicht des Importeurs auf Fremdwährung, dann kann sich mit der Länge der Phase des Hinausschiebens der Zahlung u.U. auch das **Wechselkursrisiko** -oder die Wechselkurschance- des Importeurs erhöhen.

4.3.3.2.2 Grundstruktur, Abwicklung und besondere Merkmale

Vorbemerkung/ Hinweise

Vorbemerkung: In den folgenden Ausführungen steht die **hinausgeschobene Zahlung** als Zahlungsvereinbarung des Akkreditivs im Mittelpunkt. Alle übrigen Kriterien der Ausgestaltung von Akkreditiven und ihre technische Abwicklung bleiben dagegen im Hintergrund. Hierzu kann auf Hauptabschnitt "4.3.2 Akkreditivarten nach der Sicherheit des Exporteurs" verwiesen werden.
Die allgemein gültigen Merkmale der Akkreditivabwicklung einschließlich verschiedener Prüflisten sind umfassend in Kapitel "4.3.5 Abwicklung von Dokumentenakkreditiven" dargestellt.

Abbildung/Prämissen

Die Grundstruktur des Akkreditivs mit hinausgeschobener Zahlung ist in **Abbildung 4.3-08** in den einzelnen Schritten seiner Abwicklung unter den nachstehenden Annahmen erläutert:

- Unwiderrufliches unbestätigtes **Akkreditiv mit hinausgeschobener Zahlung**;
- **Gültigkeits- und Benutzungs-/Zahlstelle**: Bank im Land des Exporteurs (sog. andere Bank, Zweitbank, Exporteurbank);
- **Akkreditivwährung**: Landeswährung des Exporteurs.

Schrittweise Darstellung

Im Folgenden ist die **Abwicklung** des Akkreditivs mit hinausgeschobener Zahlung (als unwiderrufliches unbestätigtes Akkreditiv) -korrespondierend mit der **Abbildung 4.3-08**- in einzelnen Schritten dargestellt und beurteilt.

1. Akkreditivvereinbarung im Kaufvertrag

Formulierung im Kaufvertrag

Zahlungsart

Die Vereinbarung, dass der Importeur zu Gunsten des Exporteurs ein Akkreditiv mit hinausgeschobener Zahlung stellen zu lassen hat, wird in die Akkreditivklausel des Kaufvertrags mit Formulierungen wie "**zahlbar ... Tage nach ...**", "payable ... days after ..." o. Ä. aufgenommen.

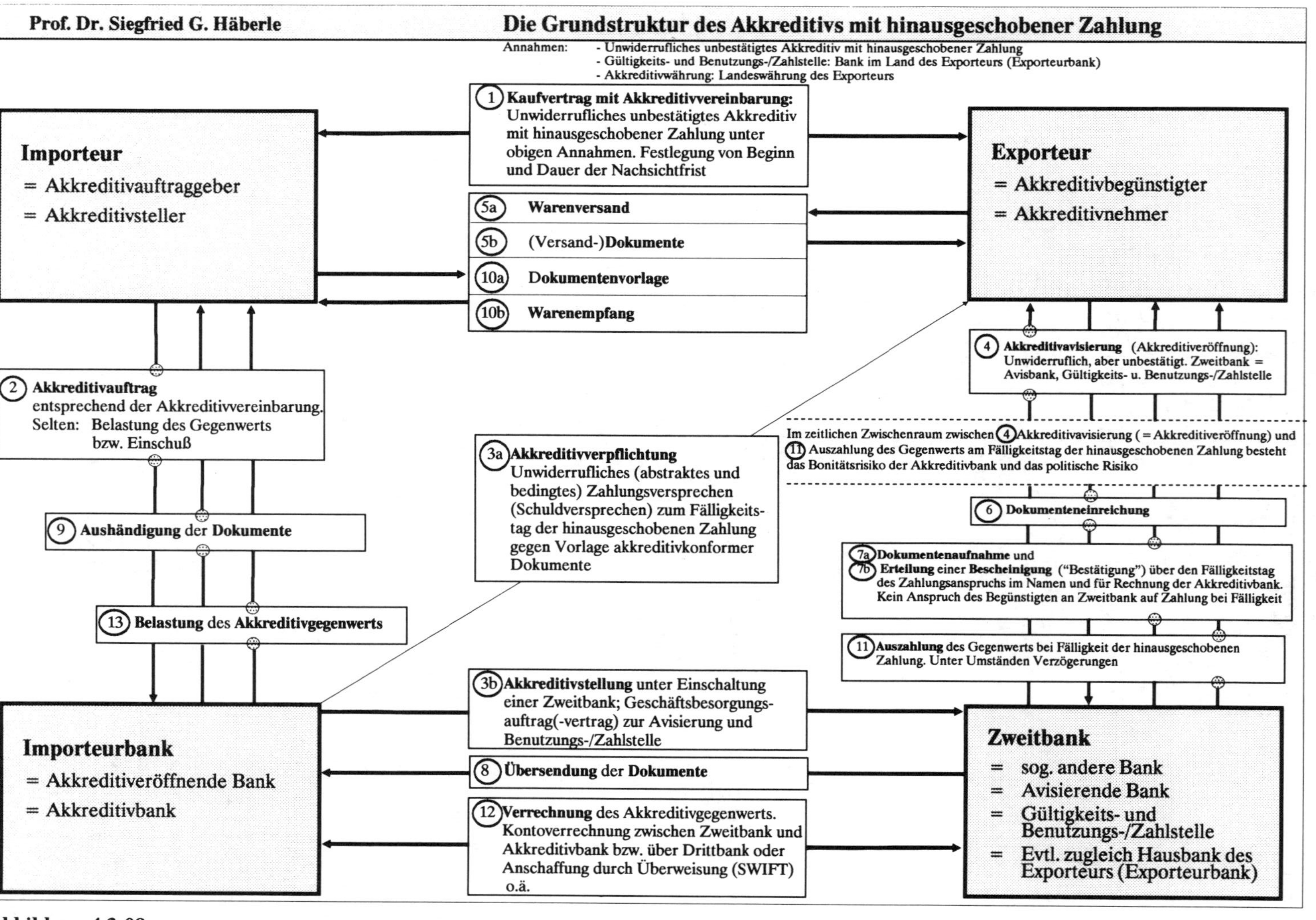

Abbildung 4.3-08

Beginn der Nachsichtfrist

Alternative Zeitpunkte

Neben der sog. Nachsichtfrist, die im Allgemeinen in Tagen oder in Monaten angegeben wird, ist der Zeitpunkt, ab dem die Frist zu laufen beginnt, festzulegen. Nur auf dieser Grundlage kann der Fälligkeitstag der Zahlung genau bestimmt werden. In der Praxis finden sich u.a. folgende Vereinbarungen:

- Zahlbar ... Tage/Monate nach dem **Verladedatum** des Transportdokuments.
- Zahlbar ... Tage/Monate nach dem **Rechnungsdatum**.
- Zahlbar ... Tage/Monate nach **Vorlage (Präsentation)** oder **Aufnahme der Dokumente** bei der/durch die als **Gültigkeitsstelle** und/oder als **Benutzungs-/Zahlstelle** eingesetzten Bank, wobei sowohl der Zeitpunkt als auch die Stelle genau bestimmbar sein müssen.

Im Gegensatz zu den beiden erstgenannten Alternativen kommt die letztgenannte Möglichkeit zur Definition des Zeitpunkts für den Beginn der Nachsichtfrist selten vor.

Interesse des Exporteurs

Bei der Festlegung des Zeitpunktes, ab dem die Nachsichtfrist zu laufen beginnt, ist der Exporteur im Allgemeinen an einem **möglichst frühen Termin** interessiert:

- Erstens, weil er damit -bei festgelegter Nachsichtfrist- den gesamten Finanzierungs- und Risikozeitraum der hinausgeschobenen Zahlung etwas verkürzen kann.
- Zweitens, weil er möglichst frühzeitig den genauen Fälligkeitstag der hinausgeschobenen Zahlung zu bestimmen bzw. zu erfahren wünscht.

Dies ist beispielsweise der Fall, wenn der Zeitpunkt, ab dem die Nachsichtfrist zu laufen beginnt, auf das **Verladedatum des Versanddokuments** bezogen ist. Der Exporteur hat dann nicht nur einen gewissen Gestaltungsspielraum bei der Vornahme und damit bei der Bestimmung des Zeitpunktes des Versands, sondern er kann ab diesem Datum auch die Fälligkeit seines Zahlungsanspruchs sicher fixieren.

Sobald dieser Fälligkeitszeitpunkt der Zahlung feststeht, kann der Exporteur im Übrigen nicht nur mit dem Zahlungseingang genauer **disponieren**, sondern eventuell auch eine **laufzeitkongruente Finanzierung**, z.B. am Euromarkt, oder ein laufzeitentsprechendes Kurssicherungsgeschäft vornehmen.

Wird dagegen in der Akkreditivvereinbarung des Kaufvertrags zur Berechnung der Nachsichtfrist als Basisdatum der **Zeitpunkt der Aufnahme der Dokumente bei der Bank** vereinbart, dann ist dies für den Exporteur (insbesondere wenn diese Bank die ausländische Akkreditivbank ist) eher **nachteilig**. Erstens, weil sich durch die Abwicklung der Dokumenteneinreichung der Zeitpunkt des Beginns der Nachsichtfrist hinausschiebt. Zweitens, weil der Bank bis zur Aufnahme der eingereichten Dokumente (zu deren Prüfung) ein zeitlicher Spielraum von bis zu sieben Bankarbeitstagen (vgl. Art. 13 b. ERA) verbleibt, den sie durchaus zulasten des Exporteurs nutzen könnte.

Dauer der Nachsichtfrist

Interesse des Exporteurs

Grundsätzlich ist der Exporteur an einer möglichst **kurzen Fristsetzung** der hinausgeschobenen Zahlung interessiert, und zwar nicht nur unter dem Aspekt der Finanzierung dieses Zahlungsziels, sondern auch wegen des eingangs erwähnten politischen Risikos und eventuell des Bonitätsrisikos der Akkreditivbank (Garantendelkredererisiko).

Interesse des Importeurs

Der Importeur wünscht dagegen in der Regel aus den ebenfalls eingangs skizzierten Gründen ein **längeres Zahlungsziel**. Welche Nachsichtfrist tatsächlich vereinbart wird, ist Ergebnis der Verhandlungsstärke der Beteiligten, wobei gleichzeitig zu berücksichtigen ist, dass manche devisenschwache Länder in ihren Einfuhr- und Devisenvorschriften bestimmte Nachsichtfristen festgelegt haben.

Gültigkeits- und Benutzungs-/Zahlstelle

Inländische Benutzungs-/Zahlstelle

Wie bei anderen Akkreditivarten ist es auch beim Akkreditiv mit hinausgeschobener Zahlung für den Exporteur zweckmäßig, den Ort der Gültigkeit (des Verfalls) des Akkreditivs in seinem Land, besser noch am Sitz seiner **Hausbank**, zu vereinbaren. Dies erleichtert dem Exporteur nicht nur die fristwahrende Einreichung der Dokumente, sondern mindert auch sein Dokumentenverlustrisiko. Analoge Überlegungen gelten für die Benutzbar-/Zahlbarstellung des Akkreditivs im Land des Exporteurs.

Hinweis

Gültigkeitstelle (Ort für die Dokumentenvorlage vor Verfall) und **Benutzungs-/Zahlstelle** eines Akkreditivs können **gleichgesetzt**, aber auch **verschieden** sein. Einzelheiten und Vorkommen in der Praxis siehe Abschnitt "4.3.5.1.2.4 Begünstigter, Bank des Begünstigten, Benutzungs-/Zahlstelle, Gültigkeitsstelle".

Exkurs: Bestätigung

Ausschluss der Restrisiken

Die Bestätigung eines Akkreditivs mit hinausgeschobener Zahlung durch eine **Bank im Land des Exporteurs** sollte vom Exporteur dann in der Akkreditivvereinbarung des Kaufvertrags durchgesetzt werden, wenn politische Risiken des Landes, in dem die Akkreditivbank ihren Sitz hat, erkennbar sind und/oder die Bonität der Akkreditivbank nicht sicher beurteilt werden kann. Dies gilt ganz besonders bei langen Nachsichtfristen, weil dann die Überschaubarkeit abnimmt und die Unwägbarkeiten zunehmen.

2. **Akkreditivauftrag**

Abwicklung/Probleme

Der Importeur hat den Akkreditivauftrag an die Akkreditivbank **entsprechend** der Akkreditivvereinbarung im **Kaufvertrag** als Akkreditiv mit hinausgeschobener Zahlung unter Angabe des Festlegungszeitpunktes, ab dem die vereinbarte Nachsichtfrist zu laufen beginnt, sowie in Übereinstimmung mit den übri-

gen Vereinbarungen der Akkreditivklausel im Kaufvertrag zu stellen.
Die Konsequenzen der objektiven Unmöglichkeit, das vereinbarte Akkreditiv zu eröffnen, bzw. die Konsequenzen, dass der Importeur das vereinbarte Akkreditiv wegen subjektiver, also von ihm selbst zu vertretender Gründe (z.B. mangelnde Kreditwürdigkeit) nicht stellen kann, sind in Abschnitt "4.3.1.2 Rechtliche Aspekte, insbesondere Rechtsstellung des Akkreditivbegünstigten in ausgewählten Ereignissen (Störfällen)" beschrieben.

Kontobelastung

Die Frage, ob die akkreditiveröffnende Bank den Importeur bereits im Zeitpunkt der Akkreditiveröffnung mit dem Gegenwert belastet oder einen sog. Einschuss verlangt, ist für den Importeur beim Akkreditiv mit hinausgeschobener Zahlung von entscheidender Bedeutung. Eine **Belastung im Zeitpunkt der Akkreditiveröffnung** würde den Importeur aller Vorzüge der hinausgeschobenen Zahlung des Akkreditivs, d.h. seines Zahlungsziels, berauben. Nur die Akkreditivbank und/oder der Staat bzw. die Notenbank des Importlandes, die die Devisen zu einem späteren Zeitpunkt zur Einlösung des Akkreditivs bereitstellen müssen, nicht aber der Importeur, würden dann von der Nachsichtfrist des Akkreditivs profitieren. Diese für den Importeur ungünstige Konstellation tritt in der Realität in Erscheinung: In manchen **devisenschwachen Ländern** hat der Importeur den Akkreditivbetrag in seiner Landeswährung bereits bei Akkreditiveröffnung bei einer Bank, eventuell bei der Notenbank, zu hinterlegen.

Hinweis

Ein **Akkreditiveröffnungsauftrag des Importeurs** an die akkreditiveröffnende Bank ist in Abschnitt 4.3.5.1 abgebildet und umfassend besprochen.

3 a. Akkreditivverpflichtung

Zahlungsversprechen

Das Akkreditiv mit hinausgeschobener Zahlung umfasst ein **Zahlungsversprechen** (Schuldversprechen) der Akkreditivbank gegenüber dem Begünstigten, das nach Vorlage akkreditivkonformer Dokumente und nach Erfüllung der übrigen Akkreditivbedingungen zu einem **späteren (hinausgeschobenen) Zeitpunkt** erfüllt wird.
Wie jedes Akkreditiv, das auf Grundlage der ERA eröffnet wird, ist das Zahlungsversprechen der Akkreditivbank auch beim Akkreditiv mit hinausgeschobener Zahlung abstrakt, also losgelöst vom Kaufvertrag, und bedingt, d.h. vom Begünstigten nur benutzbar, wenn er die Akkreditivbedingungen erfüllt.

3 b. Akkreditivstellung unter Einschaltung einer Zweitbank (einer sog. anderen Bank)

Funktionen der Zweitbank

Der Auftrag der Akkreditivbank an die Zweitbank kann beim Akkreditiv mit hinausgeschobener Zahlung alternativ oder kombiniert folgende **Geschäftsbesorgungen** umfassen:
- Avisierung,

- Gültigkeitsstellung,
- Benutzbar-/Zahlbarstellung,
- Bestätigung (nicht im vorliegenden Beispiel).

Die technische Abwicklung und die Bedeutung dieser Funktionen der Zweitbank sind in Hauptabschnitt "4.3.2 Akkreditivarten nach der Sicherheit des Exporteurs" näher erläutert.

4. **Akkreditivavisierung (Akkreditiveröffnung), eventuell Akkreditivbestätigung**

Annahme

Ein Akkreditiv mit hinausgeschobener Zahlung gilt nach deutschem Recht in dem Zeitpunkt als eröffnet, in dem die **Mitteilung (das Avis) der Bank** dem Begünstigten zugegangen ist und der Begünstigte -stillschweigend- **angenommen** hat. Ab diesem Zeitpunkt erlangt der Begünstigte die Sicherheit des Akkreditivs entsprechend den Akkreditivbedingungen.

Bestätigung

Ist das Akkreditiv mit hinausgeschobener Zahlung -entgegen den Annahmen in der Abbildung- von der Zweitbank bestätigt, dann hat der Begünstigte nicht nur einen Zahlungsanspruch an die Akkreditivbank, sondern daneben einen selbstständigen gesamtschuldnerischen **Anspruch auf Zahlung bei Fälligkeit an die Bestätigungsbank.** Im Regelfall ist die Bestätigungsbank zugleich Zahlstelle.

5. **Warenversand und Empfang der (Versand-)Dokumente**

Abwicklung

Bei diesen Vorgängen erlangt der Exporteur die maßgeblichen Dokumente zur Benutzung des Akkreditivs. Er hat darauf zu achten, dass die Dokumente in vollkommener **Übereinstimmung mit den Akkreditivbedingungen** ausgefertigt werden und rechtzeitig vor Verfall des Akkreditivs zur Verfügung stehen.

6. **Dokumenteneinreichung**

Gültigstellung

Bei welcher Bank der Begünstigte die **Dokumente** rechtzeitig vor Verfall des Akkreditivs einzureichen hat, richtet sich nach der Gültigkeitsklausel des Akkreditivs (Datum und Ort des Verfalls). Gültig und/oder benutzbar/zahlbar gestellt sein kann das Akkreditiv mit hinausgeschobener Zahlung bei der Akkreditivbank, bei der **avisierenden Zweitbank** (wie im vorliegenden Fall) oder bei der Bestätigungsbank (in der Regel bei der Zweitbank) .

7. **Dokumentenaufnahme und Bescheinigung des Zahlungsanspruchs**

Zweitbank als Benutzungs-/Zahlstelle

Bescheinigung des Zahlungsanspruchs

Im Gegenzug zur Aufnahme der eingereichten Dokumente erhält der Begünstigte von der als Benutzungs-/Zahlstelle eingesetzten **Zweitbank eine Bescheinigung über den Fälligkeitstag** seines im Akkreditiv verbrieften **Zahlungsanspruchs** an die Akkreditivbank. Die Fälligkeit des hinausgeschobenen Zahlungsanspruchs errechnet die Benutzungs-/Zahlstelle auf Grundlage der Akkreditivbedingungen, z.B. ausgehend von dem im Versanddokument ausgewiesenen Verladedatum, zuzüglich der vereinbarten Nachsichtfrist.

Keine Bestätigung im Sinne der ERA

Die als Benutzungs-/Zahlstelle eingesetzte Zweitbank handelt stets im Namen und für Rechnung der Akkreditivbank. Der Begünstigte erwirbt **keinen Anspruch an die Zweitbank auf Zahlung** bei Fälligkeit (vgl. auch Art. 10 c. ERA). Deswegen ist der manchmal verwendete Ausdruck "Dokumentenaufnahme- und Zahlungsbestätigung" statt "-bescheinigung" missverständlich und darf keinesfalls mit einer Bestätigung des Akkreditivs im Sinne Art. 9 b. ERA gleichgesetzt werden.
Um einer solchen Fehlinterpretation der "Dokumentenaufnahme- und Zahlungsbescheinigung/-bestätigung" vorzubeugen, bedienen sich die Banken manchmal sehr zurückhaltender Formulierungen gegenüber dem Begünstigten wie beispielsweise: "Am Fälligkeitstag, dem ..., kommen wir auf die Angelegenheit zurück."

Restrisiken

Der begünstigte Exporteur trägt somit bis zum (hinausgeschobenen) Zeitpunkt der Einlösung seines Zahlungsanspruchs durch die Akkreditivbank das **Risiko der Insolvenz der Akkreditivbank** ebenso wie das **politische Risiko** (insbesondere das politisch verursachte Zahlungsrisiko).

Exkurs: Zweitbank als Bestätigungsbank

Ausschluss der Restrisiken

Die Folgen einer möglichen Insolvenz der Akkreditivbank sowie des Eintritts politischer Risiken sind für den Exporteur praktisch ausgeschlossen, wenn das Akkreditiv (in Abweichung zu der in der obigen Abbildung dargestellten Situation) von einer **solventen Bank** mit Sitz in seinem Land bestätigt ist. Der Exporteur erwirbt auf Grundlage der Einreichung akkreditivkonformer Dokumente und durch Erfüllung der übrigen Akkreditivbedingungen einen **selbstständigen Anspruch auf Zahlung bei Fälligkeit** der hinausgeschobenen Zahlung an die Bestätigungsbank. Dieser Zahlungsanspruch steht dem Begünstigten unabhängig von den bei Fälligkeit der Zahlung gegebenen Remboursierungsmöglichkeiten der Bestätigungsbank bei der Akkreditivbank zu.

Exkurs: Forfaitierung

Überwälzung der Risiken/Refinanzierung

Grundsätzlich eröffnet sich dem Exporteur die Möglichkeit der **Forfaitierung seiner Forderung auf hinausgeschobene Zahlung.** Damit erreicht der Exporteur sowohl eine Risikoüberwälzung auf den Forfaiteur als auch eine Refinanzierung. Einzelheiten siehe Kap. "6.5 Forfaitierung".

8. Dokumentenversand

Abwicklung

Hat die Zweitbank als Benutzungs-/Zahlstelle die Dokumente aufgenommen und dem Begünstigten die angesprochene Bescheinigung über die Dokumentenaufnahme und Zahlungsfäl-

ligkeit im Namen der Akkreditivbank erteilt (siehe Schritt 7), dann reicht sie die **Dokumente** zusammen mit der **Mitteilung des festgelegten Fälligkeitstages** der (hinausgeschobenen) Zahlung an die Akkreditivbank weiter.
Im Gegenzug erhält die als Benutzungs-/Zahlstelle eingesetzte Zweitbank von der Akkreditivbank eine Bestätigung über den Fälligkeitstag (sog. Fälligkeitsbestätigung; dieser Schritt ist in die Abbildung nicht aufgenommen).

9. Aushändigung der Dokumente

Evtl. Kontobelastung

Die Akkreditivbank stellt dem Importeur die Dokumente zur Verfügung.
Nur bei **mangelnder Kreditwürdigkeit** oder wegen einschlägiger **Devisen- und Inkassovorschriften** des Importlandes wird die Akkreditivbank vor oder bei Aushändigung der Dokumente den Akkreditivbetrag auf dem Konto des Importeurs belasten. In allen anderen Fällen erfolgt die Belastung des Importeurs erst am Fälligkeitstag der hinausgeschobenen Zahlung, denn nur bei dieser Handhabung steht dem Importeur das vereinbarte Zahlungsziel zur Verfügung.

10. Dokumentenvorlage und Warenempfang

Abwicklung

Auf Grundlage der vorgelegten Dokumente weist der Importeur seine **Legitimation** zum Empfang der Waren nach.

11. Auszahlung des Akkreditivbetrags bei Fälligkeit der hinausgeschobenen Zahlung

Alternativen

Die Abwicklung der Auszahlung des Akkreditivbetrags an den Begünstigten nach Ablauf der Frist, d.h. bei Fälligkeit der hinausgeschobenen Zahlung, ist **abhängig** von der **Benutzbar-/Zahlbarstellung** bzw. der eventuellen **Bestätigung** des Akkreditivs:

Zweitbank als Benutzungs-/Zahlstelle

Deckungsanschaffung

Handelt es sich um ein unbestätigtes Akkreditiv, das -wie in der obigen Abbildung dargestellt- bei der Zweitbank im Land des Exporteurs benutzbar/zahlbar gestellt ist, dann hängt die Auszahlung des Akkreditivbetrags von der Deckungsanschaffung durch die Akkreditivbank ab.

Hat die Akkreditivbank die Zweitbank ermächtigt, den Akkreditivbetrag bei Fälligkeit von ihrem bei der Zweitbank unterhaltenen Konto abzubuchen oder Rembours bei einer Drittbank zu nehmen, dann erfolgt die **vorbehaltlose Auszahlung** an den Begünstigten am **Fälligkeitstag**, wenn das Konto der Akkreditivbank das entsprechende Guthaben aufweist bzw. die Anschaffung über die Drittbank als Remboursbank erfolgt ist.
Hat die ausländische Akkreditivbank der inländischen Avisbank dagegen keine derartige Zahlungsermächtigung erteilt, dann erfolgt die vorbehaltlose Auszahlung des Akkreditivbetrags an

den Begünstigten erst im Zeitpunkt des **Eingang des Akkreditivbetrags** bei der Zweitbank. Unter Umständen kann dies für den Begünstigten eine **Verzögerung** des Zahlungseingangs um einige Tage über den Fälligkeitstag der hinausgeschobenen Zahlung hinaus bedeuten.

Exkurs: Zweitbank als Bestätigungsbank

Unmittelbarer Zahlungsanspruch

Ist das Akkreditiv in Abweichung von der Darstellung in obiger Abbildung von der Zweitbank (oder von einer Drittbank) bestätigt worden, dann hat der Begünstigte einen **vorbehaltlosen Auszahlungsanspruch** an die Bestätigungsbank am Fälligkeitstermin, und zwar unabhängig von der Deckungsanschaffung der Akkreditivbank.

12. **Verrechnung des Akkreditivgegenwerts**

Abwicklung

Stehen Zweitbank und Akkreditivbank in direkter Kontoverbindung und hat die Akkreditivbank der Zweitbank eine Ermächtigung zur Kontobelastung am Fälligkeitstag erteilt, dann erfolgt die Vergütung des Akkreditivgegenwerts durch **Kontoverrechnung** der Banken. Dies gilt grundsätzlich auch, wenn eine Drittbank eingeschaltet wird, bei der die Akkreditivbank ein Konto unterhält.
Die Deckungsanschaffung der Akkreditivbank kann jedoch auch durch (SWIFT-angewiesene) **Überweisung** erfolgen, z.B. bei fehlender Korrespondenzbeziehung zwischen den beteiligten Banken bzw. bei fehlendem Guthaben auf dem Konto.

13. **Belastung des Akkreditivgegenwerts**

Kontobelastung

Die Akkreditivbank belastet den Akkreditivauftraggeber mit dem Akkreditivbetrag im **Zeitpunkt der Fälligkeit der hinausgeschobenen Zahlung**, sofern die Kontobelastung nicht bereits bei Erteilung des Akkreditivauftrags (Schritt 2) erfolgt ist.
Hat die Akkreditivbank vom Importeur im Zeitpunkt der Eröffnung des Akkreditivs einen sog. Einschuss (Vorschuss) verlangt und belastet, dann ist dieser Einschuss bei der Belastung des Akkreditivgegenwerts zu verrechnen.

4.3.3.3 Akzeptakkreditiv (Remboursakkreditiv)

4.3.3.3.1 Definition, Funktionen und Rembours

Definition des Akzeptakkreditivs

ERA

Das unwiderrufliche Akzeptakkreditiv ist in **Art. 9 a. ERA** wie folgt definiert (Hervorhebung dch. d. Verf.):

"*Ein unwiderrufliches Akkreditiv begründet eine feststehende Verpflichtung der eröffnenden Bank, sofern die vorgeschriebenen Dokumente der benannten Bank oder der eröffnenden Bank vorgelegt*

werden und die Akkreditiv-Bedingungen erfüllt sind, ...
wenn das Akkreditiv

a. Akzeptleistung durch die eröffnende Bank vorsieht – vom Begünstigten auf die eröffnende Bank gezogene Tratten zu akzeptieren und sie bei Fälligkeit zu bezahlen,

oder

b. Akzeptleistung durch eine andere bezogene Bank vorsieht – vom Begünstigten auf die eröffnende Bank gezogene Tratten zu akzeptieren und bei Fälligkeit zu bezahlen, falls die im Akkreditiv vorgeschriebene bezogene Bank auf sie gezogene Tratten nicht akzeptiert, oder Tratten zu bezahlen, falls diese von der bezogenen Bank akzeptiert, aber bei Fälligkeit nicht bezahlt wurden; ...".

Funktionen des Akzeptakkreditivs

Alternative Wechselbezogene

Der Begünstigte erhält im Gegenzug zur Aufnahme der eingereichten Dokumente ein **Wechselakzept**, das auf der Tratte des Begünstigten -je nach Akkreditivbedingung- zu leisten ist:

- von der **Akkreditivbank** (eröffnende Bank) oder
- von der **Zweitbank** (sog. andere Bank, häufig die avisierende Bank, Exporteurbank).

Kurz gefasst bedeutet das Akzeptakkreditiv somit für den Exporteur: "**Dokumente gegen Bankakzept**, das zu einem späteren Zeitpunkt fällig ist".

Anmerkung: In der alten, bis 31.12.1993 gültigen Fassung der ERA war darüber hinaus auch die Akzeptleistung des Akkreditivauftraggebers (des Importeurs) vorgesehen (vgl. Art. 10 a. ERA a.F.). Gemäß den neuen ERA schließt der Ausdruck "Akzeptakkreditiv" nunmehr nur noch die **Akzeptleistung** durch eine -im Akkreditiv benannte- **Bank** ein.

Bestand der Akkreditivverpflichtung

Ist die Tratte des Exporteurs gemäß den Akkreditivbedingungen auf eine **andere Bank** zu ziehen, dann hat die Akkreditivbank die Verantwortung für die Akzeptierung dieser Tratte und deren Einlösung bei Fälligkeit zu übernehmen. Die Akkreditivverpflichtung der akkreditiveröffnenden Bank bleibt somit unabhängig vom bezeichneten Akzeptanten und unabhängig von dessen Akzeptwilligkeit und Zahlungsfähigkeit als Sicherheit für den begünstigten Exporteur bestehen.

Akzept der Zweitbank als Zusatzsicherheit

Hat eine andere Bank (Zweitbank) nach den Akkreditivbedingungen die Tratte des Exporteurs zu akzeptieren, dann gewinnt der begünstigte Exporteur ab dem Zeitpunkt der Akzeptleistung dieser Bank eine **weitere Sicherheit** hinzu: Neben den akkreditivrechtlichen Ansprüchen an die Akkreditivbank und neben den Ansprüchen an den Importeur erwirbt der begünstigte Exporteur wechselrechtliche Ansprüche an die das Akzept leistende andere Bank. Sofern der Sitz der akzeptleistenden anderen Bank im Land des Exporteurs ist, entfällt -die Zahlungsfähigkeit der Akzeptbank vorausgesetzt- für den Exporteur sowohl das politische als auch das wirtschaftliche Risiko. Unter den genannten Voraussetzungen wird ein Akzeptakkreditiv ab dem Zeitpunkt der Dokumentenaufnahme und der Akzeptleistung durch die andere Bank **praktisch** zu einem **"bestätigten" Akkreditiv**.

Akkreditivbestätigung/ -übertragung

Akzeptakkreditive können von einer anderen Bank **bestätigt** werden, wobei diese Bank konsequenterweise in der Regel auch die Akzeptleistung übernimmt. Mit einer solchen Bestätigung im Sinne von Art. 9 b. ERA ist der Akkreditivbegünstigte nicht nur ab dem Zeitpunkt der Akzeptleistung durch die andere Bank gesichert, sondern bereits ab dem Zeitpunkt der Akkreditiveröffnung, sofern die Akkreditivbestätigung durch die andere Bank bereits in diesem Zeitpunkt erfolgt, was die Regel ist. Meistens sind Akzeptakkreditive jedoch unbestätigt.
Auch Akzeptakkreditive können übertragen werden, sofern sie von der eröffnenden Bank ausdrücklich als "**übertragbar**" bezeichnet worden sind (vgl. Art. 48 ERA).

Kategorie: Nachsichtakkreditive

Akzeptakkreditive sind der Gruppe der Nachsichtakkreditive zuzuordnen, weil die **Auszahlung** des Akkreditivgegenwerts nicht im Gegenzug zur Dokumentenaufnahme erfolgt, so wie dies bei Sichtzahlungsakkreditiven der Fall ist, sondern erst nach Ablauf der Wechsellaufzeit, also zu einem **späteren Zeitpunkt**. Diese hinausgeschobene Zahlung kann als Nachsichtzahlung, der genannte Zeitraum als Nachsichtfrist, bezeichnet werden.
Die Ausdrücke "Nachsicht" bzw. "Nachsichtfrist" haben sich allerdings auch für Sachverhalte eingebürgert, die nicht der Definition und Bedeutung dieser Ausdrücke im Wechselrecht entsprechen. Deswegen ist das Gemeinte im Einzelfall zu erheben.

Unterschiedliche Bezeichnungen

Akkreditive mit hinausgeschobener Zahlung

Akzeptakkreditive, bei denen nicht eine Zweitbank (nicht die sog. andere Bank, z.B. die Exporteurbank), sondern die **akkreditiveröffnende Bank** (Akkreditivbank, Importeurbank) das **Akzept** leistet, werden in der Praxis im Allgemeinen den **Deferred-Payment-Akkreditiven** (Akkreditiven mit hinausgeschobener Zahlung) zugeordnet. Diese Zuordnung findet ihre Rechtfertigung in der Tatsache, dass das Akzept der Akkreditivbank für den Akkreditivbegünstigten praktisch keine zusätzliche Sicherheit einschließt, weil dieser Akzeptant ohnehin aus dem Akkreditiv zur Zahlung verpflichtet ist. Der Vorzug dieser Akzeptakkreditive liegt -gegenüber den Akkreditiven mit hinausgeschobener Zahlung- in der einfacheren und zinsgünstigeren Refinanzierbarkeit des gezogenen und akzeptierten Wechsels.

Akzeptakkreditive

Leistet dagegen eine **Zweitbank** (die sog. andere Bank) im Rahmen eines Akzeptakkreditivs das **Akzept**, dann gewinnt der Exporteur -wie oben dargestellt- ab dem Zeitpunkt der Akzeptleistung eine zusätzliche Sicherheit hinzu, nämlich einen Zahlungsanspruch an die Zweitbank. In der Praxis wird deswegen nur in diesem Fall von einem **Akzeptakkreditiv** (und zugleich von einem **Remboursakkreditiv**) gesprochen.

Remboursakkreditive

Die Bezeichnung **Remboursakkreditiv**, die sich für Akzeptakkreditive in Literatur und Praxis häufig findet, rührt daher, dass beim Akzeptakkreditiv oft eine andere Bank (Zweitbank) eingeschaltet ist, die die Akzeptleistung und die Auszahlung (Einlösung) des Wechsels bei Fälligkeit übernimmt. Die akkreditiveröffnende Bank haftet der eingeschalteten anderen Bank (Zweitbank) für alle diese Leistungen; insbesondere hat sie ihr bei Fälligkeit des Wechsels den Gegenwert im Rahmen ihrer Akkreditivverpflichtung zur Verfügung zu stellen, was in der Fachsprache mit dem Ausdruck remboursieren (französisch: erstatten) belegt wird.

Im **engeren Sinne** liegt folglich ein **Remboursakkreditiv** nur dann vor, wenn eine andere Bank (Zweitbank) die Akzeptleistung übernimmt. Dagegen kann nicht von einem Remboursakkreditiv gesprochen werden, wenn das Akzept von der Akkreditivbank (Importeurbank) selbst geleistet wird, weil in diesem Fall kein Remboursierungsanspruch des Akzeptanten an die Akkreditivbank entsteht.

Unterschiedliche Vorstellungsinhalte

Die Ausdrücke **Rembours** bzw. **Remboursbank** werden indessen in der Praxis mit unterschiedlichen Sachverhalten in Verbindung gebracht, was damit zusammenhängt, dass die anderen Banken (Zweit- und eventuell Drittbanken) in verschiedenartige Abwicklungen, bei denen sie im Namen und für Rechnung einer (Akkreditiv-)Bank handeln, eingeschaltet sind und dadurch unterschiedlich verursachte Remboursierungs-(Erstattungs-)Ansprüche entstehen. Um Missverständnissen, die mit dem Ausdruck Rembours bzw. Remboursakkreditiv einhergehen, vorzubeugen, wird in diesem Kapitel überwiegend die Bezeichnung Akzeptakkreditiv verwendet.

Bezeichnungen

Im Folgenden sind die unterschiedlichen Bezeichnungen von Akzeptakkreditiven zusammengestellt.

Prof. Dr. Siegfried G. Häberle

Bezeichnungen von Akzeptakkreditiven

Akzeptleistung durch:	Bezeichnung auf Grundlage der ERA	Bezeichnung in der Literatur (uneinheitlich)	Bezeichnung in der Praxis (überwiegend)
• **Akkreditivbank (akkreditiveröffnende Bank, Importeurbank)**	Akzeptakkreditiv	Akzeptakkreditiv	Akkreditiv mit hinausgeschobener Zahlung (Deferred-Payment-Akkreditiv)
• **Zweitbank (sog. andere Bank, z.B. Exporteurbank)**	Akzeptakkreditiv	Akzeptakkreditiv zugleich Remboursakkreditiv	Akzeptakkreditiv zugleich Remboursakkreditiv
• **Akkreditivauftraggeber (Importeur)** (gemäß ERA 500 nicht mehr vorgesehen)	Akzeptakkreditiv (nur ERA alte Fassung)	Akzeptakkreditiv	Akkreditiv mit hinausgeschobener Zahlung (Deferred-Payment-Akkreditiv)

Beurteilung aus Sicht von Exporteur und Importeur

Hinweis

Wegen der Komplexität des Akzeptakkreditivs und wegen seiner verschiedenen Erscheinungsformen findet sich die **Beurteilung** dieser Akkkreditivart im Anschluss an die Darstellung der verschiedenen Grundstrukturen in einem gesonderten Abschnitt "4.3.3.3.5 Beurteilung der Akzeptakkreditive durch Exporteur und Importeur".

4.3.3.3.2 Grundstruktur des unbestätigten Akzeptakkreditivs mit Akzeptleistung und Diskontierung durch die Zweitbank (Exporteurbank) [Grundform Nr. 1]

Vorbemerkung/ Hinweise

Vorbemerkung: Im **Mittelpunkt** der folgenden Ausführungen stehen die **Besonderheiten des Akzeptakkreditivs.** Alle übrigen Kriterien der Ausgestaltung von Akkreditiven und ihre technische Abwicklung bleiben dagegen im Hintergrund. Hierzu kann auf Hauptabschnitt "4.3.2 Akkreditivarten nach der Sicherheit des Exporteurs" verwiesen werden.
Die **allgemein gültigen Merkmale** der Akkreditivabwicklung einschließlich verschiedener Prüflisten sind umfassend in Kapitel "4.3.5 Abwicklung von Dokumentenakkreditiven" dargestellt.

Abbildung/Prämissen

Die **Grundstruktur** des **Akzeptakkreditivs** ist in **Abbildung 4.3-09** in den einzelnen Schritten seiner Abwicklung unter den nachstehenden Annahmen erläutert:

- Unwiderrufliches unbestätigtes **Akzeptakkreditiv**,
- Avisbank, Gültigkeits- und Benutzungsstelle, **Akzeptbank** und **Diskontbank**: Bank im Land des Exporteurs (sog. andere Bank, Zweitbank, Exporteurbank),
- **Akkreditiv- und Akzeptwährung**: Landeswährung des Exporteurs.

Schrittweise Darstellung

Im Folgenden ist die **Abwicklung** des Akzeptakkreditivs (als unwiderrufliches unbestätigtes Akkreditiv) -korrespondierend mit der Abbildung 4.3-09- in einzelnen Schritten dargestellt.

1. Akkreditivvereinbarung im Kaufvertrag

Maßgebliche Kriterien

In die Akkreditivklausel des Kaufvertrags sind sämtliche maßgeblichen Kriterien des Akzeptakkreditivs aufzunehmen. Neben den allgemein gültigen Kriterien für Akkreditive sind dies beim Akzeptakkreditiv insbesondere folgende Kriterien:

- Währung und **Akkreditiv(Akzept)betrag.**
  Bei Akzeptakkreditiven, die auf Landeswährung des Exporteurs lauten, wird in der Regel vereinbart, dass die Tratte auf eine Bank im Land des Exporteurs zu ziehen ist. Der Exporteur trägt in diesem Fall kein Wechselkursrisiko.
- Festlegung der **Akzeptbank** (Benutzungsstelle).
  In der vorliegenden Grundform 1 ist die Tratte des Exporteurs auf eine Bank im Land des Exporteurs zu ziehen.

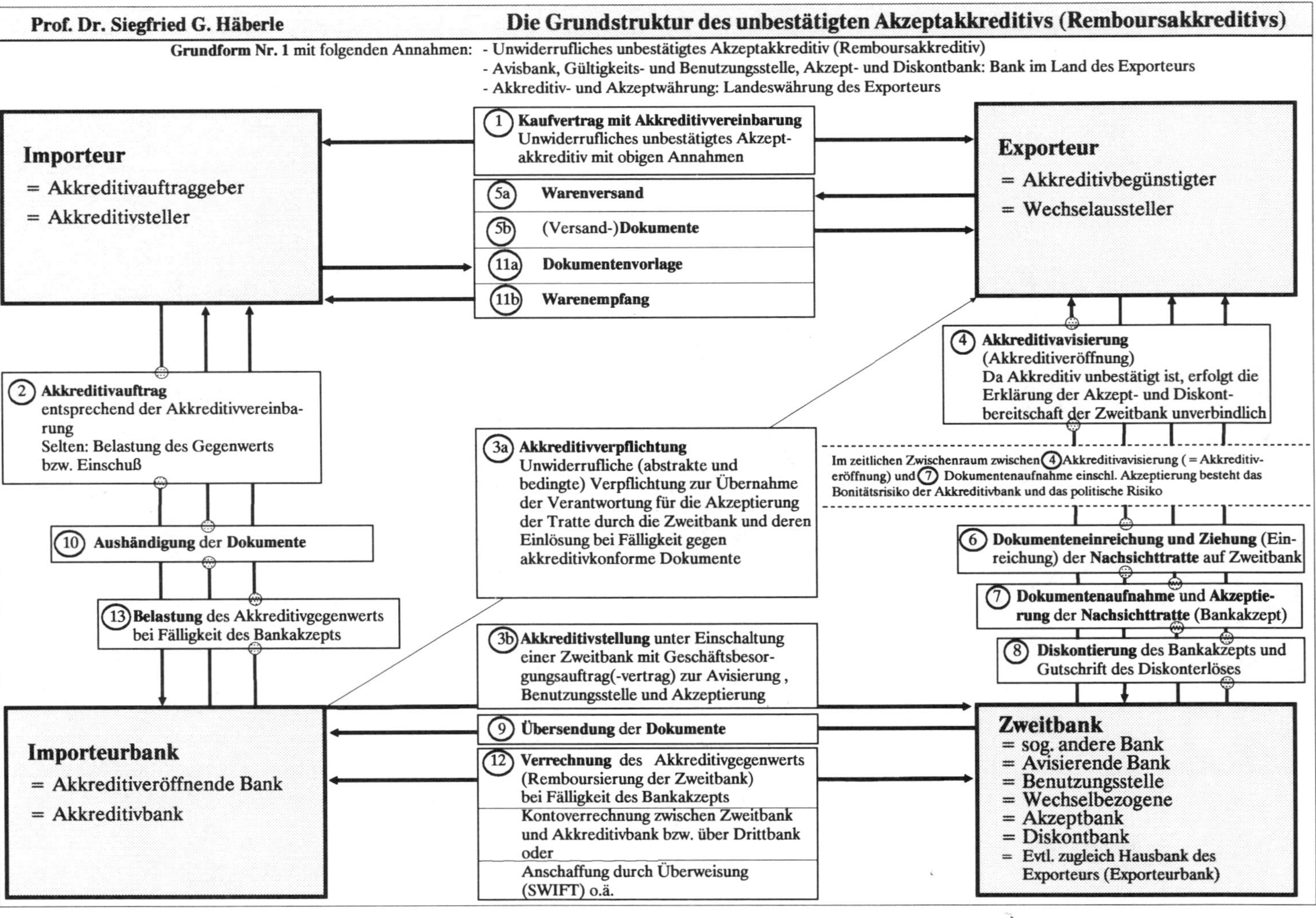

Abbildung 4.3-09

- Festlegung der Dauer der **Nachsichtfrist** im Wechsel (Bankakzept).
  Zur Festlegung der Laufzeit/Nachsichtfrist gibt es mehrere Möglichkeiten:
  - Die Nachsichtfrist kann **tageweise** definiert werden, z.B. 90 Tage nach Sicht.
  - Die Nachsichtfrist kann **wochenweise** definiert werden. Die Fälligkeit wird dann durch Auszählung der Wochen ausgehend von einem bestimmten Wochentag bestimmt.
  - Die Nachsichtfrist kann **monatweise** definiert werden. Analog zur wochenweisen Festlegung wird die Nachsichtfrist durch Auszählen der Monate ausgehend von einem bestimmten Tag des Monats errechnet.
  - Die Nachsichtfrist kann aber auch mit einem absolut **festen Fälligkeitstag** im Wechsel definiert werden (sog. Tagwechsel).
  - **Einzelheiten** zur **Definition/Festlegung/Errechnung** von Wechsellaufzeiten siehe Abschnitt 3.4.2.1.2 (4. Verfallzeit) in Kapitel "3.4 Auslandswechsel".

2. Akkreditivauftrag

Abwicklung

Der Importeur erteilt in **Übereinstimmung** mit der Akkreditivvereinbarung des **Kaufvertrags** seiner Bank den Auftrag, das Akzeptakkreditiv zu Gunsten des Exporteurs zu eröffnen.
Da der Akkreditivauftraggeber der akkreditiveröffnenden Bank den Gegenwert in der Regel erst bei Ablauf der Nachsichtfrist zur Verfügung stellen muss, liegt bis zu diesem Zeitpunkt eine **Kreditgewährung (Kreditleihe)** der akkreditiveröffnenden Bank an den Importeur vor.
Der Importeur verbindet den Akkreditivauftrag **eventuell** mit einem **Wechselkurssicherungsgeschäft**, da der Akkreditivbetrag (das Bankakzept) im vorliegenden Fall aus seiner Sicht auf Fremdwährung lautet.

Hinweis

Ein **Akkreditiveröffnungsauftrag des Importeurs** an die akkreditiveröffnende Bank ist in Abschnitt 4.3.5.1 abgebildet und umfassend besprochen.

3 a. Akkreditivverpflichtung

Feststehende Verpflichtung

Die akkreditiveröffnende Bank gibt gegenüber dem begünstigten Exporteur ein unwiderrufliches Schuld-/Zahlungsversprechen ab. Im vorliegenden Fall umfasst das Akkreditivversprechen die feststehende Verpflichtung, die **Verantwortung** für die **Akzeptierung** der Nachsichttratte des Exporteurs durch die dazu beauftragte Zweitbank (Exporteurbank) und für die **Einlösung** dieses Wechsels **bei Fälligkeit** zu übernehmen. Die Akkreditiveröffnung erfolgt allerdings in der Regel nicht direkt, sondern unter Einschaltung einer Zweitbank (siehe Schritt 3b.).

3 b. Akkreditivstellung unter Einschaltung einer Zweitbank (einer sog. anderen Bank)

Funktionen der Zweitbank

Der Geschäftsbesorgungsauftrag der Akkreditivbank an die Zweitbank umfasst die **Avisierung** des Akkreditivs, die Übernahme der **Gültigkeits- und Benutzungsstellenfunktion** sowie die **Akzeptierung** der auf die Zweitbank gezogenen Nachsichttratte des Exporteurs.
Die akkreditiveröffnende Bank hat der Zweitbank mitzuteilen, auf welchem Weg sie bei Fälligkeit des Wechsels den Gegenwert zur Verfügung stellen wird, d.h. den Remboursierungsanspruch der Zweitbank erfüllen wird. Sofern sich die Zweitbank bei einer Drittbank "erholen", d.h. den Gegenwert von einer Drittbank erlangen soll, wird diese **Drittbank** häufig als **Remboursbank** bezeichnet.

4. Akkreditivavisierung (Akkreditiveröffnung)

Eröffnung

Die Zweitbank (Exporteurbank) eröffnet das Akzeptakkreditiv im Auftrag der Akkreditivbank gegenüber dem Begünstigten durch **Avisierung (Mitteilung)**.

Keine Akzeptierungsverpflichtung der Zweitbank

Da das Akzeptakkreditiv von der Zweitbank **nicht bestätigt** ist, erklärt die Zweitbank ihre Bereitschaft, die Nachsichttratte des Exporteurs zu akzeptieren und zu diskontieren unter dem **Vorbehalt** einer **endgültigen Entscheidung** im Zeitpunkt der Dokumentenvorlage des Exporteurs.
Bei unbestätigten Akzeptakkreditiven sucht die zur Akzeptleistung beauftragte Zweitbank bereits bei der Avisierung des Akkreditivs dem beim Begünstigten eventuell entstehenden Eindruck entgegenzutreten, dass in der Tatsache, dass das Akkreditiv die Ziehung einer Tratte auf die Zweitbank vorsieht, zugleich eine Bestätigung des Akkreditivs im Sinne der ERA zu erblicken sei. Im Allgemeinen weist die zur Akzeptierung beauftragte Zweitbank ausdrücklich darauf hin, z.B. mit der Formulierung:

- "Da wir von der Akkreditivbank nicht zur Bestätigung des Akkreditivs beauftragt sind, behalten wir uns vor, unsere Entscheidung, ob wir die Tratte akzeptieren (eventuell auch diskontieren), erst im Zeitpunkt der Präsentation der Dokumente zu treffen".

Als Sicherheit steht dem Exporteur bei unbestätigten Akzeptakkreditiven bis zum Zeitpunkt der tatsächlichen Akzeptierung durch die Zweitbank somit **nur das Zahlungsversprechen der Akkreditivbank** bzw. die Zahlungsverpflichtung des Importeurs zur Verfügung.

5. Warenversand und Empfang der (Versand-)Dokumente

Abwicklung

Auf Grundlage der Sicherheit des eröffneten Akzeptakkreditivs kann der begünstigte Exporteur den Einkauf bzw. die Produktion der Exportgüter bewerkstelligen und die **Waren versenden**. Im Gegenzug zur Übergabe der Waren an das Transportunternehmen erhält der Exporteur die **Versanddokumente** sowie von anderen Institutionen die weiteren Dokumente.

6. Dokumenteneinreichung und Ziehung (Einreichung) der Nachsichttratte

Abwicklung

Wie bei den anderen Akkreditivarten reicht der Exporteur die **Dokumente** vor Verfall des Akkreditivs bei der als Benutzungsstelle bestimmten Zweitbank ein. Da es sich um ein Akzeptakkreditiv handelt, fügt der Exporteur einen **Nachsichtwechsel** bei, den er als Aussteller unterzeichnet und -entsprechend den Akkreditivbedingungen- auf die **Zweitbank als Bezogene** zieht. Da dieser Wechsel von der bezogenen Bank zu diesem Zeitpunkt noch nicht unterzeichnet (akzeptiert) ist, spricht man von einer (Nachsicht-)Tratte.
Hinweis: Tratten/Wechsel sind ausführlich in Kapitel "3.4 Auslandswechsel", Bankakzepte in Kapitel "5.4 Akzeptkredit (Bankakzepte)" behandelt.

7. Dokumentenaufnahme und Akzeptierung der Nachsichttratte durch die Zweitbank

Sicherstellung des begünstigten Exporteurs

Weitreichende Sicherstellung nach Akzeptleistung

Die von der akkreditiveröffnenden Bank zur Akzeptierung ermächtigte Zweitbank prüft die eingereichten Dokumente auf ihre Übereinstimmung mit den Akkreditivbedingungen. Bei unbestätigten Akzeptakkreditiven hat die Zweitbank erst in diesem Zeitpunkt **endgültig zu entscheiden**, ob sie die vom Exporteur eingereichte **Nachsichttratte** im Gegenzug zur Aufnahme der Dokumente **akzeptiert**. Leistet die Zweitbank das Akzept, dann haftet sie ab diesem Zeitpunkt gegenüber dem Begünstigten und eventuell gegenüber gutgläubigen Dritten vorbehaltlos für die Einlösung dieses Wechsels bei Fälligkeit.
Im vorliegenden Beispiel ist der Exporteur ab diesem Zeitpunkt in **dreifacher Hinsicht gesichert**:
- durch das **Akzept einer Bank in seinem Land**;
- durch die **Verantwortung der Akkreditivbank** im Rahmen des Akkreditivversprechens, die Einlösung dieses Akzeptes bei Fälligkeit zu garantieren;
- durch den **Zahlungsanspruch an den Importeur** für den Fall, dass die beteiligten Banken nicht bezahlen (können).

Für den Exporteur sind damit praktisch alle politischen und wirtschaftlichen Risiken ausgeschlossen, sofern von dem unwahrscheinlichen Fall abgesehen wird, dass die Akzeptbank zahlungsunfähig wird und ein gutgläubiger Erwerber des Bankakzeptes wechselrechtlichen Regress auf den Exporteur als Wechselaussteller nimmt.

8. Diskontierung des Bankakzeptes

Refinanzierung

Der begünstigte Exporteur kann sich das **Bankakzept** aushändigen lassen oder -was die Regel und im vorliegenden Fall auch

angenommen ist- von der **Akzeptbank diskontieren** und den Diskonterlös auf seinem Konto gutschreiben lassen. Mit der Diskontierung des Bankakzeptes refinanziert der Exporteur das dem Importeur in Form der Nachsichtfrist eingeräumte Zahlungsziel.
Hinweis: Wechseldiskontkredite sind in Kapitel 5.3 beschrieben und beurteilt.

Regresslose Gutschrift

Eine **Rückbelastung** des Diskonterlöses bzw. des Wechselbetrags durch die Zweitbank hat der Exporteur **nicht zu befürchten**, da die Zweitbank auf Grund ihrer Akzeptleistung Hauptverpflichtete aus dem Bankakzept ist und ihrerseits Remboursierungsansprüche an die Akkreditivbank hat (die Akzeptverpflichtung der Zweitbank beruht nicht auf einem Kreditverhältnis mit dem Exporteur, sondern auf einem Auftrag der Akkreditivbank an die Zweitbank). Aus Sicht des Exporteurs ist mit der Gutschrift des Diskonterlöses das Akkreditivversprechen der Akkreditivbank erfüllt.

9. Dokumentenversand

Die Zweitbank (Exporteurbank) versendet die Dokumente an die Akkreditivbank.

10. Aushändigung der Dokumente

Die Akkreditivbank händigt die **Dokumente** dem **Importeur** (Akkreditivauftraggeber) aus. In seltenen Fällen erfolgt die Belastung des Importeurs bereits in diesem Zeitpunkt, z.B. bei mangelnder Kreditwürdigkeit des Importeurs oder wegen einschlägiger Devisen- und Inkassovorschriften des Importlandes.

11. Dokumentenvorlage und Warenempfang

Im Gegenzug zur Vorlage der Dokumente erhält der Importeur die **Waren ausgehändigt**. Er kann die Waren während der **Nachsichtfrist** in Betrieb nehmen (Investitionsgüter), verarbeiten (Rohstoffe) oder weiterveräußern (Konsumgüter) und u.U. aus dem Weiterverkaufserlös die Belastung des Akkreditivgegenwerts bei Fälligkeit bestreiten.

12. Verrechnung des Gegenwerts (Remboursierung der Zweitbank)

Bei Fälligkeit des Bankakzeptes hat die Akkreditivbank der Zweitbank den **Gegenwert zu erstatten** (d.h. die Zweitbank -eventuell unter Einschaltung einer Drittbank, der sog. Remboursbank- zu remboursieren).

13. Belastung des Akkreditivgegenwerts

Mit Ablauf der Nachsichtfrist, d.h. zum Zeitpunkt der Fälligkeit des Bankakzepts belastet die Akkreditivbank das **Konto des Importeurs**.

4.3.3.3.3 Grundstruktur des bestätigten Akzeptakkreditivs mit Akzeptleistung und Diskontierung durch die bestätigende Zweitbank (Exporteurbank) [Grundform Nr. 2]

Vorbemerkung und Hinweise: Siehe Abschnitt 4.3.3.3.2

Abbildung/Prämissen

Die **Grundstruktur** des **bestätigten Akzeptakkreditivs** ist in der **Abbildung 4.3-10** in den einzelnen Schritten seiner Abwicklung unter den nachstehenden Annahmen erläutert:

- Unwiderrufliches **bestätigtes Akzeptakkreditiv**;
- Avisbank, Gültigkeits- und Benutzungsstelle, **Bestätigungsbank**, Akzeptbank und Diskontbank: Bank im Land des Exporteurs (sog. andere Bank, Zweitbank, Exporteurbank);
- **Akkreditiv- und Akzeptwährung**: Landeswährung des Exporteurs;

Im **Mittelpunkt** der Ausführungen stehen die Besonderheiten des **bestätigten Akzeptakkreditivs.** Die allgemein gültigen Aspekte von Akzeptakkreditiven sowie von Akkreditiven generell bleiben im Hintergrund.

Schrittweise Darstellung

Im Folgenden ist die **Abwicklung** des bestätigten Akzeptakkreditivs -korrespondierend mit der Abbildung 4.3-10- in einzelnen Schritten dargestellt.

1. **Akkreditivvereinbarung im Kaufvertrag**

   Wie Grundform Nr. 1, jedoch mit der Vereinbarung, dass das Akzeptakkreditiv durch eine **Bank im Land des Exporteurs bestätigt** sein muss.
   Eine Bestätigung des Akzeptakkreditivs ist notwendig bei erkennbaren **politischen Risiken** des Landes, in dem die Akkreditivbank (Importeurbank) ihren Sitz hat, oder bei offenen Fragen hinsichtlich der **Bonität** der zur **Akkreditivstellung** vorgesehenen **Bank** bzw. des Bankensystems des Importlandes.

2. **Akkreditivauftrag**

   Wie Grundform Nr. 1. Der Akkreditivauftrag muss jedoch auch die **Beauftragung zur Bestätigung** des Akkreditivs einschließen.

3 a. **Akkreditivverpflichtung**

   Wie Grundform Nr. 1. Die Akkreditivverpflichtung der akkreditiveröffnenden Bank bleibt neben der Verpflichtung der bestätigenden Zweitbank uneingeschränkt bestehen.

3 b. **Akkreditivstellung unter Einschaltung einer Zweitbank (einer sog. anderen Bank) -mit Bestätigungsauftrag-**

   Analog Grundform Nr. 1.
   Der Geschäftsbesorgungsauftrag der Akkreditivbank an die Zweitbank (Exporteurbank) hat neben der **Avisierung** des Akzeptakkreditivs und neben dem Auftrag zur **Akzeptleistung**

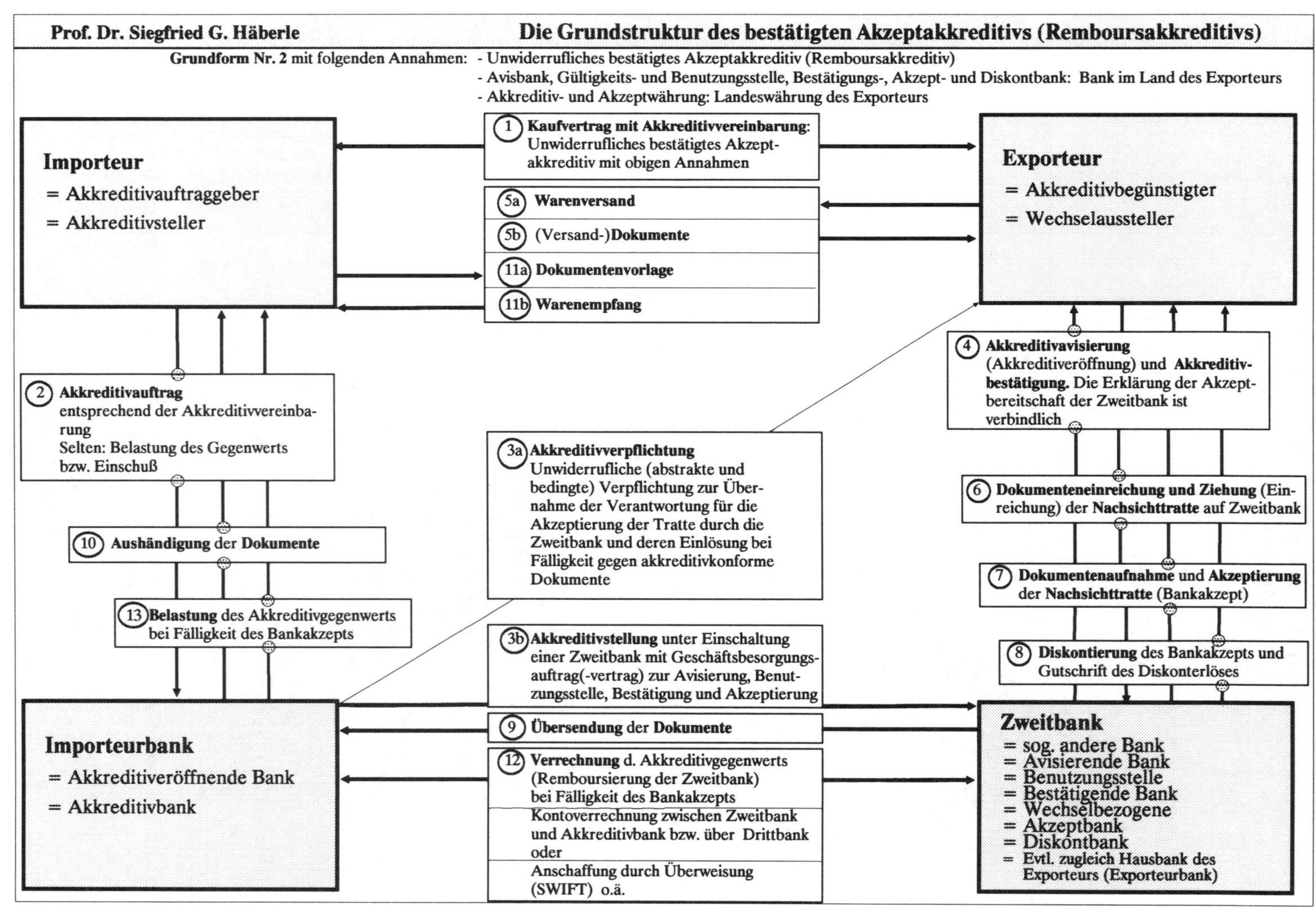

Abbildung 4.3-10

auch den Auftrag zur **Bestätigung** des Akzeptakkreditivs zu umfassen. Bei einem Bestätigungsauftrag muss für die beauftragte Bank die Erstattung (Remboursierung) durch die Akkreditivbank sichergestellt sein, sonst unterbleibt die Bestätigung.
Als Bestätigungsbank fungiert regelmäßig dieselbe Zweitbank, bei der das Akzeptakkreditiv gültig und benutzbar gestellt ist und auf die die Tratte des Exporteurs zu ziehen ist.

4. **Akkreditivavisierung (Akkreditiveröffnung) und Akkreditivbestätigung**

Beim bestätigten Akzeptakkreditiv übernimmt die bestätigende **Zweitbank** die **selbstständige Verpflichtung** gegenüber dem begünstigten Exporteur, seine **Nachsichttratte zu akzeptieren** und bei Fälligkeit zu bezahlen, sofern der begünstigte Exporteur die Akkreditivbedingungen erfüllt. Diese Sicherheit erlangt der begünstigte Exporteur bereits ab dem **Zeitpunkt der Akkreditiveröffnung** und zusätzlich zur Akkreditivverpflichtung der Akkreditivbank. Diese Sicherheit hat der Exporteur beim unbestätigten Akzeptakkreditiv nicht: Der Exporteur hat bei dieser Akkreditivart keinen Anspruch auf Akzeptierung seiner Tratte an die als Benutzungsstelle eingesetzte Zweitbank.
Im Allgemeinen erklärt die bestätigende Akzeptbank bereits im Zeitpunkt der Akkreditiveröffnung auch ihre grundsätzliche Bereitschaft, die Tratte des Exporteurs nach erfolgter Akzeptierung zu diskontieren.

5. **Warenversand und Empfang der (Versand-)Dokumente**

Auf Grundlage des **durch zwei Kreditinstitute abgesicherten** eröffneten Akzeptakkreditivs kann der begünstigte Exporteur den Einkauf bzw. die Produktion der Exportgüter bewerkstelligen und die Waren versenden.
Im Gegenzug zur Übergabe der Waren an das Transportunternehmen erhält der Exporteur die Versanddokumente sowie von anderen Institutionen (Versicherungen usw.) weitere Dokumente.

6. **Dokumenteneinreichung und Einreichung der vom Exporteur auf die Zweitbank (Exporteurbank) gezogenen Nachsichttratte**

Abwicklung **wie Grundform Nr. 1**, da auch bei der vorliegenden Akkreditivart die Zweitbank (hier zugleich Bestätigungsbank) Gültigkeits- und Benutzungsstelle ist.

7. **Dokumentenaufnahme und Akzeptierung der Nachsichttratte**

Weil die **Exporteurbank** das Akzeptakkreditiv bestätigt hat, muss sie die eingereichten Dokumente, sofern diese den Akkreditivbedingungen entsprechen, aufnehmen und im Gegenzug die Nachsichttratte des Exporteurs **akzeptieren**. Dieses Akzept hat die bestätigende Exporteurbank unabhängig von der Durchsetzbarkeit ihrer Remboursierungsansprüche an die Akkreditivbank zu leisten.
Sonst wie Grundform Nr. 1.

8. Diskontierung des Bankakzepts
Wie Grundform Nr. 1.

9. Dokumentenversand
Wie Grundform Nr. 1.

10. Aushändigung der Dokumente
Wie Grundform Nr. 1.

11. Dokumentenvorlage und Warenempfang
Wie Grundform Nr. 1.

12. Verrechnung des Gegenwerts (Remboursierung der Zweitbank)
Wie Grundform Nr. 1

13. Belastung des Akkreditivgegenwerts
Wie Grundform Nr. 1

4.3.3.3.4 Sonderfall: Grundstruktur des unbestätigten Akzeptakkreditivs mit Akzeptleistung und Diskontierung durch die Akkreditivbank (Importeurbank) [Grundform Nr. 3]

Vorbemerkungen und Hinweise: Siehe Abschnitt 4.3.3.3.2

Abbildung/Prämissen

Die Grundstruktur der vorliegenden Form Nr. 3 des Akzeptakkreditivs -die in der Praxis relativ selten vorkommt und die deswegen als Sonderfall bezeichnet wird- ist in **Abbildung 4.3-11** in den einzelnen Schritten der Abwicklung unter den folgenden Annahmen erläutert:

- Unwiderrufliches **unbestätigtes Akzeptakkreditiv**;
- **Avisbank**: Bank im Land des Exporteurs (sog. andere Bank, Zweitbank, Exporteurbank);
- Gültigkeits- und Benutzungsstelle, **Akzept- und Diskontbank: Akkreditivbank** (akkreditiveröffnende Bank, Importeurbank);
- **Akkreditiv- und Akzeptwährung**: Landeswährung des Importeurs (zugleich Landeswährung der akkreditiveröffnenden Bank).

Dieses Akzeptakkreditiv ist -im Gegensatz zu den Grundformen 1 und 2- **kein** eigentliches **Remboursakkreditiv**, weil das Akzept nicht von einer Zweitbank, die in diesem Zusammenhang als Remboursbank bezeichnet würde, geleistet wird, sondern von der Akkreditivbank selbst. Bei dieser Abwicklung entsteht kein Remboursierungsanspruch einer anderen Bank an die Akkreditivbank.
Im Mittelpunkt der Ausführungen stehen die Besonderheiten des unbestätigten Akzeptakkreditivs, dessen **Akzeptleistung und Dis-**

kontierung durch die Akkreditivbank (akkreditiveröffnende Bank) erfolgt. Die allgemein gültigen Aspekte der übrigen Erscheinungsformen des Akzeptakkreditivs bleiben ebenso im Hintergrund wie die Aspekte von Akkreditiven generell.

Bezeichnungen

In der Praxis werden Akzeptakkreditive, bei denen die Akkreditivbank (Importeurbank) das Akzept leistet, im Allgemeinen den **Akkreditiven mit hinausgeschobener Zahlung** zugeordnet. Diese Zuordnung kann in der Tat damit gerechtfertigt werden, dass der Akkreditivbegünstigte durch die Akzeptleistung der Genannten praktisch keine Sicherheit hinzugewinnt. Aus Gründen der Einheitlichkeit -immerhin liegt eine Akzeptleistung vor- bleibt in diesem Buch diese Akkreditivart gliederungssystematisch den Akzeptakkreditiven zugeordnet.
Hinweis: Am Schluss von Abschnitt 4.3.3.3.1 sind die **unterschiedlichen Bezeichnungen** von **Akzeptakkreditiven** in tabellarischer Form zusammengestellt.

Schrittweise Darstellung

Im Folgenden ist die **Abwicklung** des Akzeptakkreditivs unter obigen Annahmen und korrespondierend mit der Abbildung 4.3-11 in einzelnen Schritten dargestellt.

1. Akkreditivvereinbarung im Kaufvertrag

In die Akkreditivvereinbarung des Kaufvertrags sind die maßgeblichen Kriterien des Akzeptakkreditivs aufzunehmen.
Neben den allgemein gültigen Kriterien für Akzeptakkreditive sind dies beim vorliegenden Akzeptakkreditiv insbesondere folgende Kriterien:
- Festlegung von Währung und **Akkreditiv-(Akzept-)Betrag**; im vorliegenen Fall Landeswährung des Importeurs;
- Festlegung der **Akkreditivbank** als Gültigkeits- und Benutzungsstelle sowie als **Akzept- und eventuell Diskontbank**;
- Festlegung der Dauer der **Nachsichtfrist**.

Bei dieser Abwicklung trägt der Exporteur bis zum Eingang des Diskonterlöses das politische Risiko, das Garantendelkredererisiko (Bonität der Akkreditivbank) sowie das Wechselkursrisiko.

2. Akkreditivauftrag

Wie Grundform Nr. 1.
Eine Wechselkurssicherung ist für den Importeur nicht erforderlich, da das Akkreditiv auf seine Landeswährung lautet.

3 a. Akkreditivverpflichtung

Die **Akkreditivbank** übernimmt selbst die unwiderrufliche und abstrakte Verpflichtung zur **Akzeptierung** und zur **Einlösung** der Tratte des Exporteurs bei Fälligkeit, sofern der Exporteur vor Verfall des Akkreditivs akkreditivkonforme Dokumente vorlegt und die weiteren Akkreditivbedingungen erfüllt.

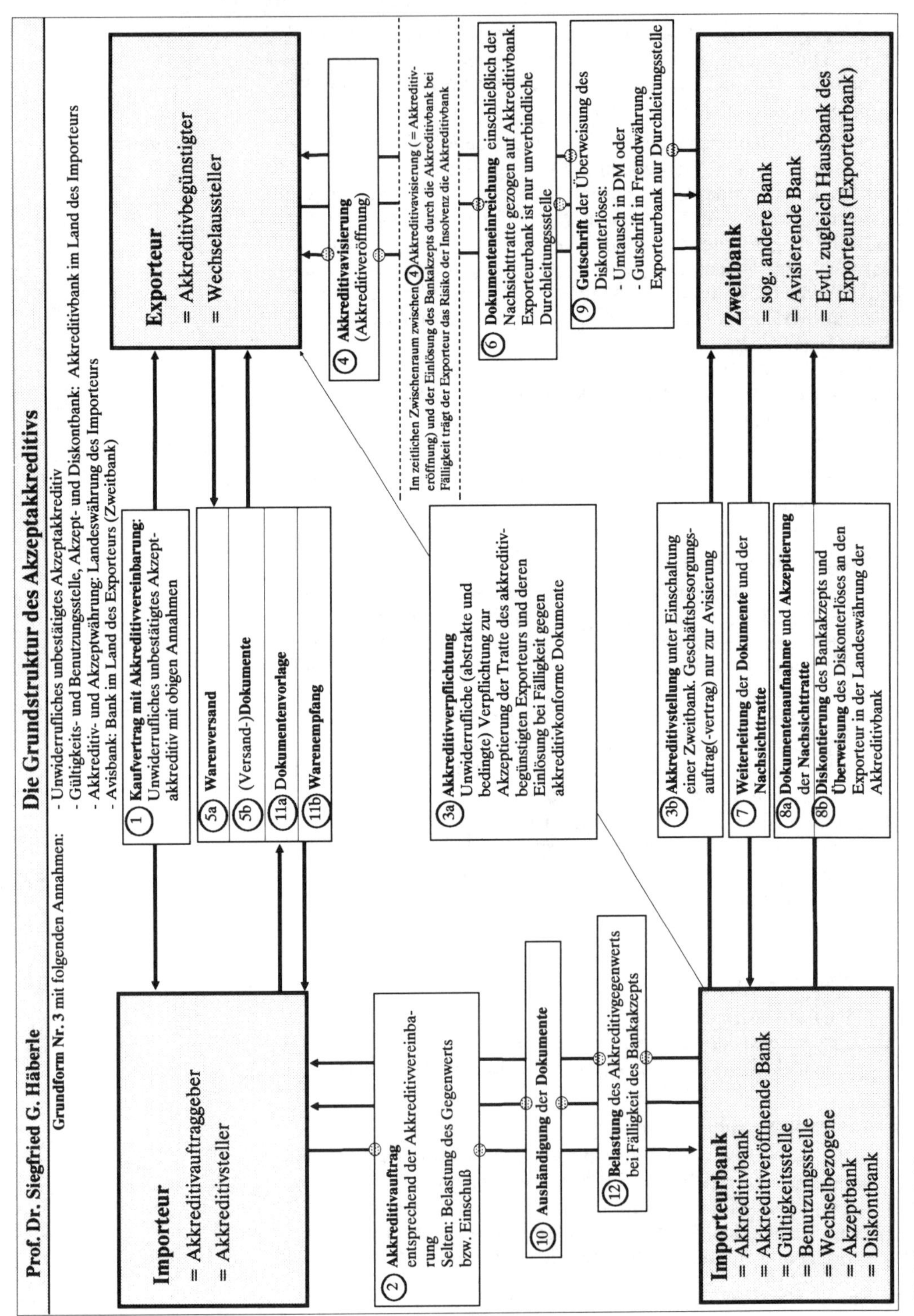

Abbildung 4.3-11

3 b. Akkreditivstellung unter Einschaltung einer Zweitbank (einer sog. anderen Bank)

Die Akkreditivbank **beauftragt** die Zweitbank lediglich mit der **Avisierung** des Akzeptakkreditivs gegenüber dem Begünstigten.

4. Akkreditivavisierung (Akkreditiveröffnung)

Die Zweitbank (Exporteurbank) eröffnet das Akzeptakkreditiv im Auftrag der Akkreditivbank gegenüber dem Begünstigten durch Avisierung (Mitteilung). Darüber hinaus geht die **Zweitbank** gegenüber dem Begünstigten **keinerlei Verpflichtungen** ein. Sie ist weder zur Dokumentenaufnahme noch zur Akzeptierung der Tratte des Exporteurs noch zur Bestätigung des Akkreditivs beauftragt.
Die Sicherheit des Exporteurs beschränkt sich auf seine Ansprüche an die Akkreditivbank und an den Importeur.

5. Warenversand und Empfang der (Versand-)Dokumente

Wie Grundform Nr. 1.

6. Dokumenteneinreichung

Weil das Akzeptakkreditiv im vorliegenden Fall die Akkreditivbank als Gültigkeits- und Benutzungsstelle ausweist, könnte der Exporteur die Dokumente und seine auf die Akkreditivbank gezogene Tratte grundsätzlich auch direkt bei der ausländischen Akkreditivbank einreichen. Dieser Weg ist jedoch nicht die Regel. In der Praxis reicht der Exporteur die Dokumente und seine auf die Akkreditivbank gezogene Nachsichttratte bei der avisierenden **Zweitbank** ein, die allerdings nur als **Durchleitungsstelle** fungiert. Die Zweitbank prüft zwar regelmäßig die vom Exporteur eingereichten Dokumente. Diese Prüfung ist jedoch nur eine unverbindliche (Service-)Leistung und entspricht keinesfalls einer Dokumentenaufnahme im Namen und für Rechnung der Akkreditivbank.

7. Weiterleitung der Dokumente

Die avisierende Zweitbank reicht die Dokumente und die vom Exporteur auf die Akkreditivbank gezogene Nachsichttratte an die Akkreditivbank weiter. Die avisierende Zweitbank ist -wie erwähnt- lediglich Durchleitungs-(Weiterleitungs-)Stelle. Da die **Zweitbank keine Verpflichtungen** im Namen und für Rechnung der Akkreditivbank eingeht, hat sie auch keine Remboursierungsansprüche an diese. Deswegen kann die vorliegende Form des Akzeptakkreditivs streng genommen auch **nicht als Remboursakkreditiv** bezeichnet werden.

8 a. Dokumentenaufnahme und Akzeptierung der Nachsichttratte

Weil das vorliegende Akzeptakkreditiv bei der Akkreditivbank gültig und benutzbar gestellt ist, ist die **rechtzeitige Vorlage** der Dokumente vor Verfall des Akkreditivs bei dieser Bank (und nicht bei der avisierenden Zweitbank) sicherzustellen. Ausschließlich die Akkreditivbank entscheidet in diesem Fall über die Aufnahme der Dokumente, d.h. über die Anerkennung der Dokumente als akkreditivkonform. Im Gegenzug **akzeptiert** die **Akkreditivbank** die vom Begünstigten eingereichte Nachsichttratte.

8 b. Diskontierung des Bankakzeptes

Im vorliegenden Fall wird das Bankakzept von der **Akkreditivbank** nach erfolgter Akzeptleistung **diskontiert** und der Diskonterlös an den Exporteur überwiesen. Zu beachten ist, dass die ausländische Akkreditivbank bei der Diskontierung das dort gültige Zinsniveau zugrunde legt. Ist mit dem Importeur im Kaufvertrag vereinbart, dass dieser die **Diskontzinsen** sowie die Akzeptprovision der akzeptierenden Bank zu tragen hat und ist diese Vereinbarung auch in die Akkreditivbedingungen aufgenommen, dann erhält der Exporteur den vollen Wechselbetrag überwiesen.

9. Gutschrift der Überweisung des Diskonterlöses

Die **Zweitbank** fungiert bei der Überweisung der Gutschrift des Diskonterlöses nur als **Durchleitungsstelle**, da sie das Bankakzept der Akkreditivbank nicht diskontiert hat.
Weil es sich im vorliegenden Fall aus der Sicht des Exporteurs um ein Fremdwährungsakkreditiv handelt, geht auch der Diskonterlös beim Exporteur in **Fremdwährung** ein. Im Allgemeinen wird der Exporteur bei seiner Hausbank den Umtausch der eingegangenen Devisen in seine Landeswährung vollziehen bzw. ein bei Akkreditiveröffnung abgeschlossenes Kurssicherungsgeschäft damit erfüllen. Führt der Exporteur bei seiner Bank ein Fremdwährungskonto in der Währung des Akkreditivs, dann kann er den Diskonterlös auf diesem Konto gutschreiben lassen.
Vor dem Eintritt **politischer Risiken** (insbesondere Zahlungsrisiken) ist der Exporteur bei dieser Akkreditivart ab dem Zeitpunkt **gesichert**, in dem der Diskonterlös bei seiner Bank eingeht und vorbehaltlos auf seinem Konto gutgeschrieben wird. Dagegen ist der Exporteur vor dem **Garantendelkredererisiko** (Zahlungsunfähigkeit der Akkreditivbank) **nicht abgesichert**, sofern ein gutgläubiger Dritter, der das Bankakzept erworben hat, Regress auf den Exporteur als Wechselaussteller nimmt.

10. Aushändigung der Dokumente

Wie Grundform Nr. 1.

11. Dokumentenvorlage und Warenempfang

Wie Grundform Nr. 1.

12. **Belastung des Akkreditivgegenwerts bei Fälligkeit des Bankakzepts**

    Wie Grundform Nr. 1.

Vorzüge

Es ist nahe liegend, die vorliegende Abwicklung des Akzeptakkreditivs zu wählen, wenn im Kaufvertrag die **Währung des Importlandes** vereinbart ist und der **Importeur** gemäß Kaufvertrag ohnehin verpflichtet ist, die **Diskontzinsen** sowie die Akzeptprovision zu tragen. Ein zusätzlicher Anlass, die Finanzierung in das Ausland zu verlagern, können das **niedrigere Zinsniveau** und der **ergiebigere Kreditmarkt** des Importlandes, aber auch **Sonderkonditionen** des Importeurs bei seiner Bank sein.

4.3.3.3.5 Beurteilung der Akzeptakkreditive durch Exporteur und Importeur

Neben den für alle Akkreditivarten gültigen Vor- und Nachteilen ergeben sich aus Sicht von Exporteur und Importeur bei Akzeptakkreditiven **spezielle Aspekte** der Beurteilung.

Vorteile Exporteur

Vorteile des Akzeptakkreditivs für den Exporteur:

- Auf Grundlage des Akzeptakkreditivs ist es dem Exporteur möglich, dem Importeur das erwünschte **Zahlungsziel** einzuräumen.
- Der Exporteur ist während der Laufzeit des Zahlungsziels (der Nachsichtfrist) durch das Zahlungsversprechen der Akkreditivbank **akkreditivmäßig abgesichert**.
- Sobald eine Zweitbank (die sog. andere Bank) im Gegenzug zur Dokumentenaufnahme ihr Akzept erteilt hat, verfügt der Exporteur neben der Akkreditivverpflichtung der Akkreditivbank auch beim unbestätigten Akzeptakkreditiv über eine **weitere Sicherheit** in Form des **Bankakzeptes der Zweitbank**.

  Diese Sicherheit erlangt der Exporteur bei unbestätigten Akkreditiven mit hinausgeschobener Zahlung nicht, weil die Zweitbank bei dieser Akkreditivart im Gegenzug zur Dokumentenaufnahme lediglich eine Dokumentenaufnahme- und Zahlungsbescheinigung im Namen und für Rechnung der Akkreditivbank abgibt, ohne damit selbst eine Zahlungsverpflichtung einzugehen.
- Das Bankakzept eröffnet dem Exporteur eine im Allgemeinen **rasch verfügbare** und überdies **zinsgünstige Refinanzierung**. Bei der Diskontierung des Bankakzeptes ist der Exporteur nicht zwingend auf die Akkreditivbank oder auf die als Benutzungsstelle fungierende Zweitbank (Exporteurbank) angewiesen. Grundsätzlich kann der Exporteur dieses Bankakzept auch bei einer anderen Bank diskontieren lassen, z.B. wenn deren Diskontkonditionen günstiger sind.
- Bei Fremdwährungsakkreditiven kann durch Diskontierung des Bankakzeptes und durch Umtausch des Diskonterlöses in

die Landeswährung des Exporteurs das **Wechselkursrisiko ausgeschlossen** werden.

- Fungiert eine Bank in einem **Drittland** als Akzeptbank und als Refinanzierungsstelle, dann können besonders günstige **Refinanzierungsmöglichkeiten** an diesem Rembourplatz (u.U. auch durch geeignete Wahl einer Drittlandwährung) genutzt werden.

Nachteile Exporteur

Nachteile des Akzeptakkreditivs für den Exporteur:

- Bis zum Zeitpunkt der vorbehaltlosen Dokumentenaufnahme durch die bei einer Zweitbank benutzbar gestellten Akzeptakkreditive läuft der Exporteur bei **unbestätigten Akzeptakkreditiven** Gefahr, dass die **Zweitbank** (die sog. andere Bank) dem Auftrag der Akkreditivbank nicht entspricht und die Tratte des Exporteurs **nicht akzeptiert** und folglich auch nicht diskontiert.
  Erst durch eine Bestätigung des Akzeptakkreditivs ist dieses Risiko ausgeschlossen.
- Ist die **Nachsichttratte** vom Exporteur auf die ausländische **Akkreditivbank** (Akkreditivbank als Benutzungsstelle sowie Akzeptbank) zu ziehen, dann gewinnt der Exporteur keine Zusatzsicherheit in Form des Akzeptes der Zweitbank hinzu. Er trägt bis zur Einlösung des Akzepts das Risiko der Insolvenz der Akkreditivbank und das politische Risiko des Importlandes.
  Im Übrigen können im Vergleich zur Benutzbarstellung des Akkreditivs im Exportland bei dieser Abwicklung einige **Probleme** auftreten, z.B. die längere Postlaufzeit, das erhöhte Dokumentenverlustrisiko, die eventuell verzögerte Dokumentenaufnahme durch die ausländische Akkreditivbank und damit u.U. ein weiteres Hinausschieben der Nachsichtfrist (sofern es sich nicht um eine Zeittratte handelt) sowie offene Fragen bezüglich der Refinanzierungsmöglichkeiten und der Finanzierungskosten bis hin zum verzögerten Transfer des Diskonterlöses vom Ausland in das Land des Exporteurs, falls Diskontierung durch die Akkreditivbank vorgesehen ist.

Vorteile Importeur

Vorteile des Akzeptakkreditivs für den Importeur:

- Der maßgebliche Vorteil von Akzeptakkreditiven für den Importeur liegt im **Zahlungsziel**, das ihm für die Dauer der Nachsichtfrist zur Verfügung steht. Der Importeur kann die Waren regelmäßig vor Bezahlung in Empfang nehmen, sie gegebenenfalls weiterveräußern und -je nach Dauer der Nachsichtfrist- mit dem Weiterverkaufserlös die spätere Akkreditivbelastung der Akkreditivbank ausgleichen. Mit einem Akzeptakkreditiv sind somit diejenigen Vorteile verbunden, die für Liefervertragskredite typisch sind.

- **Voraussetzung** dafür, dass der Importeur in den Genuss der Nachsichtfrist als Zahlungsziel gelangt, ist, dass ihn diejenige Bank, die er mit der Akkreditiveröffnung beauftragt, nicht bereits im Zeitpunkt der Akkreditiveröffnung mit dem Akkreditivgegenwert oder mit einem Teilbetrag **belastet**, sondern erst bei **Fälligkeit des Akzeptes.**
  Die Belastung des Importeurs erst bei Fälligkeit des Akzepts (Akkreditivs) ist die Regel. Nur bei mangelnder Kreditwürdigkeit oder restriktiven Inkasso- und Devisenvorschriften des Importlandes erfolgt die Belastung oder ein sog. Einschuss bereits bei Akkreditiveröffnung bzw. während der Akkreditivlaufzeit.
- Für den Importeur scheint es auf den ersten Blick gleichgültig zu sein, ob er ein Akkreditiv mit hinausgeschobener Zahlung oder ein Akzeptakkreditiv zu Gunsten des Exporteurs zu stellen hat. Bei beiden Akkreditivarten wird der Importeur im Allgemeinen erst bei Fälligkeit belastet. Da jedoch der Exporteur beim **Akzeptakkreditiv (zins-)günstigere** und leichter verfügbare **Refinanzierungsmöglichkeiten** hat, kann der Importeur davon u.U. indirekt profitieren.
  Andererseits erhebt sich beim Akzeptakkreditiv die Frage, wer die im Ausland eventuell anfallende Wechselsteuer sowie die Akzeptprovision der bezogenen Bank trägt; Kosten, die beim Akkreditiv mit hinausgeschobener Zahlung nicht anfallen.
- Fremdwährungsakkreditive implizieren **Wechselkursrisiken** und -chancen, die mit zunehmender Länge der Nachsichtfrist schwieriger prognostizierbar sind und einen erheblichen Umfang annehmen können. Der feststehende Fälligkeitstag der Akkreditivbelastung bei Akzeptakkreditiven erleichtert es dem Importeur jedoch, das Wechselkursrisiko fristgerecht abzudecken.

Nachteile Importeur

Nachteile des Akzeptakkreditivs für den Importeur:

Wie beim Akkreditiv mit hinausgeschobener Zahlung ist es dem Importeur auch beim Akzeptakkreditiv grundsätzlich nicht möglich, bei **Mängeln** an den empfangenen **Waren**, die Akzeptierung, die Diskontierung oder gar die Einlösung des Wechsels zu verhindern.

4.3.4 Sonderformen der Akkreditive

Vorbemerkung zum sog. Kurzakkreditiv

Einige Banken stellen Überlegungen an, ein **vereinfachtes Akkreditiv** zu schaffen, das als **Kurzakkreditiv** o. Ä. bezeichnet wird. Die Vereinfachung des Kurzakkreditivs soll in den aufzunehmenden Bedingungen, insbesondere in den geforderten Dokumenten liegen. Grundsätzlich erleichtert eine solche Vereinfachung die Abwicklung der Akkreditive, was im Akkreditivverkehr mit Ländern von

Belang ist, deren Bankwesen (noch) nicht dem Standard der westlichen Industrie-/Dienstleistungsnationen entspricht. Im Zeitpunkt der Ausarbeitung des Manuskripts zu diesem Buch war offen, ob die Pläne für ein vereinfachtes Akkreditiv/Kurzakkreditiv überhaupt realisiert werden.

4.3.4.1 Commercial Letter of Credit/Negoziierbares Akkreditiv

4.3.4.1.1 Charakterisierung und Funktionen

Definition

In **Art. 9 a. ERA** wird das negoziierbare Akkreditiv wie folgt definiert (Hervorhebung dch. d. Verf.):

"*Ein unwiderrufliches Akkreditiv begründet eine feststehende Verpflichtung der eröffnenden Bank, sofern die vorgeschriebenen Dokumente der benannten Bank oder der eröffnenden Bank vorgelegt werden und die Akkreditiv-Bedingungen erfüllt sind, ...*
... wenn das Akkreditiv Negoziierung vorsieht – vom Begünstigten gezogene Tratten und/oder unter dem Akkreditiv vorgelegte Dokumente ohne Rückgriff auf Aussteller und/oder gutgläubige Inhaber zu bezahlen.
Ein Akkreditiv soll nicht durch Trattenziehungen auf den Auftraggeber benutzbar gestellt werden; wenn das Akkreditiv dennoch Trattenziehungen auf den Auftraggeber vorschreibt, betrachten Banken solche Tratten als zusätzliche Dokumente."

Vorkommen

Negoziierbare Akkreditive (Negoziierungsakkreditive) kommen in der Praxis vor. Zum Teil sind negoziierbare Akkreditive als **Commercial Letters of Credit** (Dokumentäre Handelskreditbriefe, Letters of Credit oder in ähnlicher Bezeichnung) ausgestaltet.

Probleme der Definition

Beim Versuch, negoziierbare Akkreditive bzw. Commercial Letters of Credit (im Folgenden: CLC) gesondert von den anderen Akkreditivarten zu beschreiben, stellen sich mehrere Probleme:

"Negoziierbarkeit" ist mehrdeutig

1. Allein schon der Ausdruck "Negoziierung" und damit auch der Ausdruck "Negoziierbare Akkreditive" findet in Praxis und Literatur keine einheitliche Anwendung. Beobachtbar ist allenfalls, dass darunter im Allgemeinen die **Bevorschussung**, die **Kreditgewährung**, die **Beleihung**, der **Ankauf** (eines Akkreditivs, eines Wechsels, der Exportdokumente) verstanden wird. "Negoziierbares" Akkreditiv bedeutet in diesem Sinne "ankauffähiges", "bevorschussungsfähiges", "kreditierbares" Akkreditiv.

Negoziierung ist bei allen Akkreditivarten möglich

2. In der Praxis kann der akkreditivbegünstigte Exporteur bei gegebener Kreditwürdigkeit **jedes** zu seinen Gunsten eröffnete **Akkreditiv** von seiner Hausbank **beleihen bzw. bevorschussen**, also im hier beschriebenen Sinne negoziieren lassen (sobald er akkreditivkonforme Dokumente eingereicht hat). Diese Bevorschussung setzt keineswegs ein Akkreditiv voraus, das ausdrücklich negoziierbar gestellt ist. Dadurch wird der Unterschied zwischen negoziierbaren Akkreditiven und Akkreditiven, die nicht ausdrücklich als negoziierbar bezeichnet sind, praktisch verwischt.

3. Bei der Abwicklung negoziierbarer Akkreditive machen die **Banken oft keinen Unterschied** zu den anderen Akkreditivarten. Beispielsweise stellen die (avisierenden) Banken dem begünstigten Exporteur im Allgemeinen weder bei gewöhnlichen Akkreditiven noch bei (frei) negoziierbaren Akkreditiven das Originalakkreditiv zu, sondern nur eine Kopie bzw. einen modifizierten EDV-Ausdruck. Dadurch wird dem Akkreditivbegünstigten die Möglichkeit erschwert, eine beliebige Bank als negoziierende Bank auszuwählen, weil Voraussetzung dafür die Vorlage des Originalakkreditivs ist, das der Begünstigte erst anfordern müsste. Diese Vorgehensweise der Banken mag neben den oben angesprochenen Gründen erklären, dass in der Praxis auch die akkreditivbegünstigten **Exporteure** ein negoziierbares Akkreditiv wie jedes andere Akkreditiv behandeln, zumal die akkreditivbegünstigten Exporteure erfahrungsgemäß die (unten näher beschriebene) Bedeutung der Negoziierbarkeit nicht immer genau kennen.

Gleichbehandlung in der Praxis

4. In der Praxis sind unterschiedliche **Formulierungen** der **Zahlungsverpflichtung** der eröffnenden Bank sowie der **Negoziierbarkeit** usw. im Akkreditivtext zu beobachten, was im Einzelfall offene Fragen aufwirft, die nicht einmal in der einschlägigen Literatur eine eindeutige Beantwortung finden.

Unterschiedliche Formulierungen

Zu **Negoziierungskrediten** (Bevorschussungskrediten, Vorschüssen) der Banken in Verbindung mit Dokumentenakkreditiven siehe Abschnitt 5.5.4 in Kapitel "5.5 Negoziierungskredite (Negoziationskredite)".

Hinweis

Insbesondere die skizzierte Gleichbehandlung (Gleichstellung) negoziierbarer Akkreditive mit den übrigen Akkreditivarten in der Praxis, aber auch die vorkommenden Mischformen erschweren es, negoziierbare Akkreditive als Besonderheit hervorzukehren und eindeutig darzustellen. Am ehesten lassen sich diese **Besonderheiten** negoziierbarer Akkreditive anhand des **Commercial Letter of Credit (CLC)** mit Trattenziehung verdeutlichen, der im Folgenden skizziert und dessen Ausgestaltung und Abwicklung prinzipiell auf andere Formen negoziierbarer Akkreditive übertragbar ist.

Darstellung: CLC

Hinweis: Abbildung 4.3-12 zeigt einen Commercial Letter of Credit.

Abbildung CLC

Charakterisierung

Commercial Letters of Credit (CLC) entsprechen in den Grundzügen ihres Aufbaus den übrigen Akkreditivarten und verbriefen -wie alle Akkreditivarten- das **Zahlungsversprechen** der akkreditiveröffnenden Bank. Die Akkreditivbank verpflichtet sich im CLC, **Tratten**, die vom Begünstigten auf den im Akkreditiv benannten Bezogenen gezogen sind, ohne Rückgriff auf den Aussteller (Akkreditivbegünstigten) und/oder gutgläubigen Inhaber **zu bezahlen**, sofern die vorgeschriebenen Dokumente vorgelegt werden und die Akkreditivbedingungen erfüllt sind (vgl. auch Art. 9 a. IV ERA). Im abgebildeten CLC ist die Tratte vom Begünstigten auf die akkreditiveröffnende Bank zu ziehen; siehe **Abbildung 4.3-12**.

Akkreditivverpflichtung

Bona-fide-holder-Klausel

Im CLC ist diese Akkreditivverpflichtung im Allgemeinen als sog. **Bona-fide-holder-Klausel** (Kurzbezeichnung: Bonafide-Klausel) aufgenommen, die beispielsweise lautet:

- "We hereby agree with the drawers, endorsers and bona fide holders of drafts drawn under and in compliance with the terms of this credit the same shall be duly honored on the presentation to the drawees" (Dortschy u.a. 1990: S. 276; fast gleich lautend auch bei Zahn u.a. 1986: S. 332f., unter Berufung auf Nielsen).
- "Hiermit verpflichten wir uns gegenüber den Ausstellern, Indossanten und gutgläubigen Inhabern, dass alle unter diesem Akkreditiv und in Übereinstimmung mit seinen Bedingungen gezogenen Tratten bei Vorlage beim Bezogenen ordnungsgemäß eingelöst werden."
(Übersetzung nach Dortschy u.a. 1990: S. 276).

Eine analoge Bona-fide-holder-Klausel findet sich im abgebildeten Commercial Letter of Credit; siehe **Abbildung 4.3-12**.

Ausprägungen

Die Möglichkeiten zur Ausgestaltung von CLC entsprechen grundsätzlich jenen der anderen Akkreditivformen. CLC können **unbestätigt** oder **bestätigt**, **übertragbar** oder **nicht übertragbar**, **unwiderruflich** und (theoretisch) widerruflich gestellt werden (vgl. Zahn u.a. 1986: S. 332, Rdn 8/2), wobei die Zweckmäßigkeit bzw. die Tragfähigkeit der Anwendung dieser Merkmale im Einzelfall geprüft werden muss.

Zustellung

Im Gegensatz zu anderen Akkreditivarten ist der CLC unmittelbar **an den Begünstigten adressiert**. Allerdings wird der CLC von der akkreditiveröffnenden Bank dem Akkreditivbegünstigten nur in Ausnahmefällen direkt zugesandt. In der Regel erfolgt die **Zustellung** des Originalkreditbriefs vielmehr **über eine Korrespondenzbank** der akkreditiveröffnenden Bank im Land des begünstigten Exporteurs. Dieser Zustellungsweg ist von Vorteil, weil die Korrespondenzbank -im Gegensatz zum begünstigten Exporteur- in der Lage ist, die Ordnungsmäßigkeit bzw. Echtheit des CLC zu überprüfen.

Negoziierbarkeit

Freie Negoziierbarkeit

Der CLC sieht im Allgemeinen vor, dass der begünstigte Exporteur den Originalkreditbrief, seine Tratte sowie die Akkreditivdokumente bei einer **beliebigen**, von ihm selbst auszuwählenden **Bank** fristwahrend **einreichen und negoziieren** (bevorschussen) lassen kann. Diese (freie) Negoziierung ist möglich, weil die akkreditiveröffnende Bank gegenüber jeder vom Akkreditivbegünstigten ausgewählten Bank zur Zahlung (der Tratte) verpflichtet ist, sofern die Dokumente vorgelegt werden und die Akkreditivbedingungen erfüllt sind. Diese Freizügigkeit wird als "freie Negoziierbarkeit" bezeichnet.
Anmerkung: In der Praxis wird unter dem Ausdruck "freie Negoziierbarkeit" keineswegs nur der Vorgang des Ankaufs der Tratte bzw. der Bevorschussung (die Kreditgewährung) eines Akkreditivs/ CLCs verstanden, sondern auch bereits die Möglichkeit, den Kreditbrief (CLC), die Dokumente und die Tratte bei einer beliebigen

Handelskreditbank AG **HKB** **Irrevocable Commercial Letter of Credit**
No. 25655o1479

P.O. BOX 2004
D-7900 Ulm

< Place, date

Ulm, o3 June 1992

China Engineering Co.
No. 5o Hsing Ku Road
Sec. 2 Kong Chung

Taipei
Taiwan

via airmail through

Bank of Taiwan
Taipei Branch
P.O. Box 17-411

Taipei
Taiwan

Dear Sirs,
By order of Brennerwerk Ulm, Postfach 168o, W-79oo Ulm (Donau)

we hereby establish in your favour an Irrevocable Letter of Credit for DM 35.38o,oo (say: Deutsche Mark thirtyfivethousandthreehundredandeighty only-----------)
available by your drafts at sight on us

for 100 % of the invoice value accompanied by the following documents:

- Signed Commercial Invoice, threefold
- Airwaybill consigned to Spedition Interair, Stuttgart airport notify applicant, marked freight prepaid
- Packing List, threefold

evidencing shipment from Taipei to Stuttgart of:
OIL BURNER PARTS
according to proforma invoice dated March 17, 1992
- cpt Stuttgart -

Insurance buyer´s care

- All bank charges outside the Federal Republic of Germany are for your account.

Part shipments ~~permitted~~./not permitted. Latest date of shipment: July 31, 1992
Drafts are to be drawn and negotiated not later than August 15, 1992
Drafts are to be presented for negotiation within 15 days after the date of issuance of Airwaybill.

Each draft must state that it is " Drawn under **Handelskreditbank AG** Ulm"
Letter of Credit No. 25655o1479 dated June o3, 1992
and the amount thereof must be endorsed on the back of this Letter of Credit by the negotiating bank.

We hereby engage with drawers and/or bona fide holders that drafts drawn and negotiated in conformity with the terms of this credit will be duly honoured on presentation and that drafts accepted within the terms of this credit will be duly honoured at maturity.

Yours faithfully,

Handelskreditbank AG

Für die Richtigkeit

Documents to be forwarded to us by two subsequent airmails quoting our Credit Number.

This Commercial Letter of Credit is subject to Uniform Customs and Practice for Documentary Credits (1983 Revision), International Chamber of Commerce, Publication No. 400.

Abbildung 4.3-12

Bank einreichen zu können. Der Ausdruck (freie) Negoziierung erweist sich somit ein weiteres Mal als mehrdeutig.

Beschränkte Negoziierbarkeit

Es kommt auch vor, dass die Akkreditivbestimmungen die Negoziierungsmöglichkeit auf **bestimmte Banken** (z.B. "any german bank") oder gar auf eine **einzige Bank** beschränken. Solche Akkreditive (CLC) werden als "restricted" bezeichnet (vgl. Holtij/Bach 1988: S. 63). Im Übrigen hat der Exporteur stets zu prüfen, wo der CLC benutzbar/zahlbar gestellt ist.

Keine Negoziierungsverpflichtung der Banken

Bei **unbestätigten CLC (unbestätigten Negoziierungsakkreditiven)** ist zu beachten, dass die vom begünstigten Exporteur zur Einreichung des CLC, der Dokumente und der Tratte **ausgewählte Bank** trotz der akkreditivrechtlichen Ansprüche an die Akkreditivbank und selbst in den Fällen, in denen der CLC die Möglichkeit der Negoziierung ausdrücklich erwähnt, **nicht verpflichtet** ist, einem Antrag des Akkreditivbegünstigten auf Negoziierung (im Sinne einer Kreditgewährung) zu entsprechen. Die ausgewählte Bank wird bei unbestätigten CLC einen Negoziierungsantrag in der Tat ablehnen, wenn ihr weder die Kreditwürdigkeit des Akkreditivbegünstigten noch die Solvenz der Akkreditivbank gesichert erscheinen oder wenn sie politische Risiken (bezüglich des Landes, in dem die Akkreditivbank ihren Sitz hat) sieht.

Haftung des Akkreditivbegünstigten

Sofern die vom akkreditivbegünstigten Exporteur ausgewählte Bank auf Grundlage des eingereichten unbestätigten CLC, der Dokumente und der Tratte einen Negoziierungskredit tatsächlich gewährt, behält sie sich regelmäßig das **Rückgriffsrecht auf den Akkreditivbegünstigten** für den Fall vor, dass die Akkreditivbank ihrer Zahlungsverpflichtung wider Erwarten nicht nachkommt.

Bestätigtes Negoziierungsakkreditiv (CLC)

Wünscht der Akkreditivbegünstigte, dass der Rückgriff auf ihn im Nichtzahlungsfall der Akkreditivbank bzw. bei Eintritt politischer Risiken ausgeschlossen ist, dann ist diese Sicherheit im Rahmen eines **bestätigten CLC (bestätigten Negoziierungsakkreditivs)** zu erlangen. Die **Bestätigungsbank** ist gem. Art. 9 b. IV ERA verpflichtet, "... vom Begünstigten gezogene Tratten und/oder unter dem Akkreditiv vorgelegte Dokumente **ohne Rückgriff** auf Aussteller und/oder gutgläubige Inhaber **zu negoziieren**."

Tratte des Akkreditivbegünstigten

Bezogene

Die Tratte des akkreditivbegünstigten Exporteurs kann gemäß den jeweiligen Bedingungen des CLC auf die **akkreditiveröffnende Bank** oder auf einen **Dritten** zu ziehen sein. Die Tratte des Akkreditivbegünstigten soll jedoch nicht auf den Akkreditivauftraggeber (Importeur) gezogen werden (vgl. Art. 9 a ERA). Wenn ein Akkreditiv dennoch Trattenziehung auf den Akkreditivauftraggeber vorschreibt, dann betrachten die Banken solche Tratten als zusätzliche Dokumente (vgl. ebenda).

Die **akkreditiveröffnende Bank garantiert die Bezahlung** der Tratte. Auf der Tratte wird ein Hinweis auf den CLC angebracht.

Fälligkeit der Tratte

Ist nach Maßgabe der Akkreditivbedingungen eine **Sichttratte** auf die akkreditiveröffnende Bank zu ziehen, dann legt die negoziierende Bank diese Sichttratte der Akkreditivbank zusammen mit den

vom Exporteur eingereichten Dokumenten unverzüglich zur Zahlung vor. Insoweit unterscheidet sich die Abwicklung des CLC nicht von den anderen Akkreditivarten. Im Übrigen unterbleibt die Akzeptierung der Sichttratte in der Praxis im Allgemeinen, weil der Zeitpunkt der Auszahlung des CLC und der Zeitpunkt der Akzeptleistung (zumindest in den Fällen, in denen die akkreditiveröffnende Bank auch Bezogene der Sichttratte ist) praktisch zusammenfallen würden. Unter diesem Blickwinkel trägt die Sichttratte lediglich begleitenden Charakter. Zum Teil wird deswegen bei Negoziierungsakkreditiven (CLC), die bei Sicht fällig sind, auf die Ausstellung einer **Tratte verzichtet**, sodass die Auszahlung auf Grundlage akkreditivkonformer Dokumente (evtl. in Verbindung mit einer Quittung an der Stelle einer Sichttratte) erfolgen kann.
Die Abwicklung eines CLC bzw. eines Negoziierungsakkreditivs, das die Ziehung einer **Nachsichttratte** vorsieht, kommt insbesondere dem Interesse des Importeurs an einem Zahlungsziel entgegen.

Sonstige Merkmale

Abschreibungen

Sofern der CLC in **Teilbeträgen** in Anspruch genommen werden kann, sind die Inanspruchnahmen von der negoziierenden Bank auf der Rückseite des CLC festzuhalten (abzuschreiben). Diese Abschreibungen sind insbesondere dann zwingend, wenn dem Akkreditivbegünstigten der Originalkreditbrief nach erfolgter Teilinanspruchnahme wieder ausgehändigt wird.

Kosten

Zwar entfällt beim Negoziierungsakkreditiv die Provision für die Avisierung, jedoch wird an deren Stelle von den Banken eine **Zustellungs-/Weiterleitungsprovision** in gleicher Höhe berechnet, sofern das Akkreditiv/der CLC von der Akkreditivbank nicht ausnahmsweise direkt an den Begünstigten zugestellt wird.
Für den Zeitraum der Negoziierung (Bevorschussung) des Akkreditivgegenwerts stellt die negoziierende Bank -wie bei den anderen Akkreditivarten, die sie negoziiert- **Zinsen** (im Allgemeinen als sog. **Negoziierungsprovision**) in Rechnung.
Vollzieht die negoziierende Bank bei Fremdwährungsakkreditiven die Abrechnung der Sichttratte nicht zum Devisengeldkurs, sondern zum sog. Sichtkurs, dann sind darin im Allgemeinen die Zinsen der Bevorschussung (die Negoziierungsprovision) bereits mit abgegolten.

4.3.4.1.2 Grundstruktur und schrittweise Abwicklung

Abbildung/Prämissen

Zur Verdeutlichung der Zusammenhänge ist in **Abbildung 4.3-13** die **Grundstruktur** und die **Abwicklung** eines **Commercial Letter of Credit** (CLC) dargestellt und in einzelnen Schritten erläutert. Dabei sind die folgenden Annahmen zugrunde gelegt:

- Unwiderruflicher unbestätigter **CLC**, benutzbar mit **Sichttratte**;
- die Sichttratte des Exporteurs ist auf die **akkreditiveröffnende Bank** zu ziehen;
- der CLC ist **frei negoziierbar**;
- der CLC lautet auf **DM**.

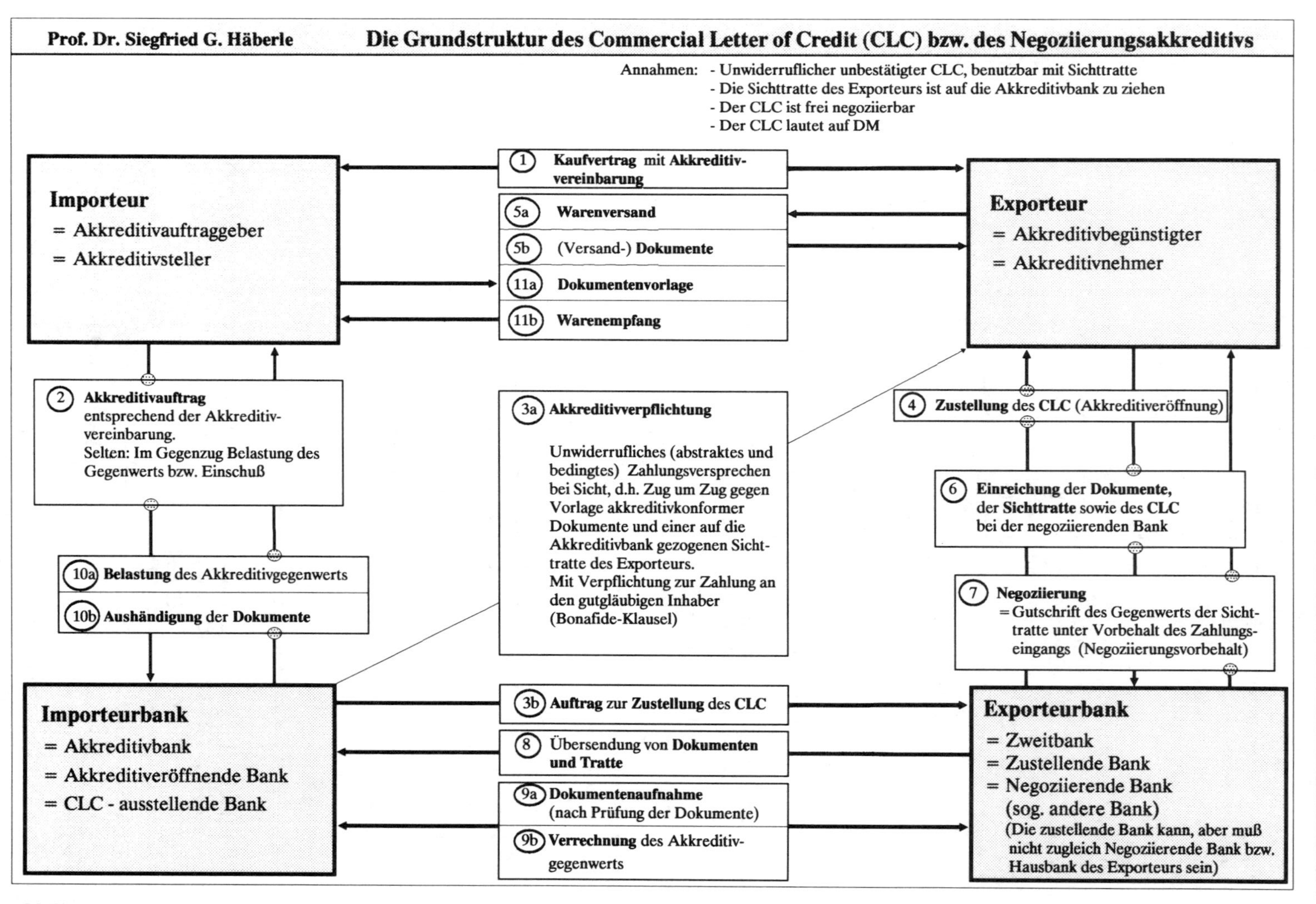

Abbildung 4.3-13

Erläuterungen:

Schrittweise Darstellung:

1. **Kaufvertrag mit Akkreditivvereinbarung**

In der Regel legen Exporteur und Importeur im Kaufvertrag **nicht ausdrücklich einen CLC**, sondern die Stellung eines Akkreditivs fest, das sodann -weil es im Importland so üblich sein mag- als CLC eröffnet wird.

Insoweit entsprechen die in den Kaufvertrag aufzunehmenden Vereinbarungen denjenigen der anderen Akkreditivformen, wie beispielsweise Unwiderruflichkeit, eventuelle Bestätigung, Zahlbarstellung, Zahlungsfälligkeit usw. Auf Wunsch des Exporteurs kann die **freie Negoziierbarkeit** ausdrücklich aufgenommen werden.

2. **Akkreditivauftrag**

Den Akkreditivauftrag muss der Importeur in genauer **Übereinstimmung** mit den im **Kaufvertrag** getroffenen Vereinbarungen stellen und ggf. die freie Negoziierbarkeit in den Auftrag ausdrücklich aufnehmen.

Es hängt von der Kreditwürdigkeit des Akkreditivauftraggebers bzw. von den Inkasso- und Devisenbestimmungen des Importlandes ab, ob der Importeur von der Bank bereits im Gegenzug mit dem Akkreditivgegenwert oder einem Einschuss belastet wird.

3 a. **Akkreditivverpflichtung**

Die Akkreditivverpflichtung der eröffnenden Bank umfasst ein unwiderrufliches (abstraktes und bedingtes) **Zahlungsversprechen** bei Sicht, d.h. Zug-um-Zug gegen Vorlage akkreditivkonformer Dokumente und einer auf die akkreditiveröffnende Bank gezogenen Sichttratte des Exporteurs.

Im Rahmen der sog. **Bona-fide-holder-Klausel** (Bonafide-Klausel) verpflichtet sich die Akkreditivbank gegenüber den gutgläubigen Inhabern, dass die unter dem Akkreditiv und in Übereinstimmung mit den Akkreditivbedingungen gezogenen Tratten bei Vorlage und Aushändigung der spezifizierten Dokumente bezahlt werden.

Obwohl der CLC an den akkreditivbegünstigten Exporteur adressiert ist, erfolgt dessen Zustellung in aller Regel nicht direkt, sondern über eine Korrespondenzbank der Akkreditivbank im Land des Exporteurs.

3 b. **Auftrag zur Zustellung des CLC**

Die akkreditiveröffnende Bank erteilt ihrer **Korrespondenzbank** den Auftrag zur Zustellung/Weiterleitung des CLC an den Akkreditivbegünstigten.

Zur Übernahme weiter reichender Funktionen ist die Korrespondenzbank nur befugt, wenn die akkreditiveröffnende Bank dazu ausdrücklich Weisung erteilt.

4. Zustellung des CLC

Dem Exporteur wird der CLC von der beauftragten Korrespondenzbank zugestellt. Mit der (stillschweigenden) Annahme des CLC durch den Akkreditivbegünstigten ist das **Akkreditiv eröffnet**.

Der Exporteur hat **Anspruch** auf Herausgabe des **Original-CLC** (vgl. Zahn u.a. 1986: S. 335, Rdn 8/8), was in der Praxis keineswegs regelmäßig geschieht. Vielmehr erhält der Begünstigte -wie bei anderen Akkreditivarten- im Allgemeinen lediglich eine Kopie.
Die Zustellung des CLC über eine Korrespondenzbank hat den Vorzug, dass diese Bank -im Gegensatz zum Akkreditivbegünstigten- die augenscheinliche **Echtheit** des Akkreditivs prüfen kann.

5. Warenversand und (Versand-)Dokumente

Auf Grundlage des zugestellten CLC, d.h. des eröffneten Akkreditivs, bringt der Exporteur die **Waren** zum Versand und erlangt im Gegenzug die zur Benutzung des CLC erforderlichen **Dokumente**.

6. Einreichung von CLC, Dokumenten und Tratte

Sofern dem akkreditivbegünstigten Exporteur der Original-CLC ausgehändigt wurde, hat der Exporteur -bei freier Negoziierbarkeit des CLC- die Möglichkeit, eine **beliebige Bank** (sog. andere Bank) zur Einreichung des CLC, der Dokumente und der (im vorliegenden Fall auf die akkreditiveröffnende Bank gezogene Sicht-)Tratte auszuwählen. Ist im CLC keine anders lautende Bestimmung aufgenommen, dann gilt die **Dokumenteneinreichungsfrist** im Allgemeinen als gewahrt, wenn der Begünstigte diese Einreichung vor Verfall des CLC bei der Bank seiner Wahl vollzieht (vgl. Zahn u.a. 1986: S. 335, Rdn 8/9).

Anmerkung: Im **abgebildeten CLC** der Handelskreditbank AG (Abb. 4.3-12) ist beispielsweise eine anders lautende Bestimmung aufgenommen: "Drafts are to be presented for negotiation 15 days after the date of issuance of Airwaybill".

Es ist in das Ermessen des Akkreditivbegünstigten gestellt, ob er im Zuge der Dokumenteneinreichung auch die **Negoziierung** des CLC bei der Bank seiner Wahl beantragt.
In der Praxis wird dem Akkreditivbegünstigten -wie erwähnt- keineswegs immer der Original-CLC, sondern nur eine Kopie ausgehändigt, was dazu führt, dass er die Dokumenteneinreichung bei der zustellenden Bank vollzieht, entweder unmittelbar oder unter Einschaltung seiner Hausbank.
In der Abbildung ist aus Vereinfachungsgründen angenommen, dass die zustellende Bank zugleich die Hausbank des Exporteurs, d.h. auch die Bank seiner Wahl ist.

7. Negoziierung durch die Exporteurbank

Wie im vorangehenden Abschnitt erwähnt, wird in der Praxis allein schon die Möglichkeit, den CLC, die Dokumente und die Tratte bei einer beliebigen Bank einreichen zu können, als freie Negoziierbarkeit bezeichnet. Im eigentlichen Sinne bedeutet Negoziierung jedoch eine **Kreditgewährung** auf Grundlage des Akkreditivs und der eingereichten Dokumente bzw. den Ankauf der beigefügten Tratte. Sofern der Akkreditivbegünstigte eine Negoziierung beantragt, prüft die vom Exporteur ausgewählte Bank die Solvenz der akkreditiveröffnenden Bank, das politische Risiko (insbesondere bezüglich des Sitzes der Akkreditivbank) sowie die Kreditwürdigkeit des akkreditivbegünstigten Exporteurs. Im Fall der Negoziierung erwirbt die **negoziierende Bank** einen **Anspruch** auf Zahlung an die **akkreditiveröffnende Bank**. Sie behält aber zugleich das **Rückbelastungsrecht** (den Regressanspruch) an den akkreditivbegünstigten Exporteur für den Fall, dass sie mit ihrem Zahlungsanspruch bei der akkreditiveröffnenden Bank nicht durchdringt.

Achtung: Regress

Die negoziierende Bank stellt dem Akkreditivbegünstigten für die Bevorschussung **Zinsen** (eine Negoziierungsprovision) in Rechnung (Einzelheiten siehe vorstehenden Abschnitt "4.3.4.1.1 Charakterisierung und Funktionen").

8. Übersendung von Dokumenten und Tratte

Die negoziierende Bank übersendet die Dokumente und die Tratte an die **akkreditiveröffnende Bank**. Der Original-CLC verbleibt bei der negoziierenden Bank.

9. Dokumentenaufnahme/Verrechnung des Akkreditivgegenwerts

Die akkreditiveröffnende Bank nimmt -nach deren Prüfung- die Dokumente auf. Im Gegenzug wird der Akkreditivgegenwert verrechnet, wobei der Verrechnungsweg (die Remboursierung) im Allgemeinen zwischen den beteiligten Banken bereits in Schritt (3 b) festgelegt wird.

Mit erfolgter Verrechnung (Remboursierung) **erlischt** der **Regressvorbehalt** der negoziierenden Bank gegenüber dem akkreditivbegünstigten Exporteur.

10. Belastung des Akkreditivgegenwerts/Aushändigung der Dokumente

Abwicklung wie üblich.

11. Dokumentenvorlage und Warenempfang

Abwicklung wie üblich.

4.3.4.2 Standby Letter of Credit

Charakterisierung

Garantiecharakter

Standby Letters of Credit sind gemäß Art. 2 ERA Akkreditive: Sie umfassen wie jedes Akkreditiv ein Zahlungsversprechen (Schuldversprechen) der eröffnenden Bank. Manchmal werden deswegen Standby Letters of Credit auch als **Standby-Akkreditive** bezeichnet. Ihre Besonderheit ist darin zu erblicken, dass Standby Letters of Credit als **garantieähnliche Instrumente** eingesetzt werden. Mit Standby Letters of Credit können warenbezogene Verpflichtungen (wie z.B. die Erfüllung von Kaufverträgen hinsichtlich der Lieferung, der Bezahlung oder der Gewährleistung) ebenso akkreditivmäßig abgesichert (garantiert) werden wie Verpflichtungen zur Rückzahlung von Krediten.

Ausprägungen

Grundsätzlich können Standby Letters of Credit **unwiderruflich** bzw. widerruflich, **unbestätigt** bzw. **bestätigt** sowie (theoretisch) übertragbar eröffnet werden.

Ursprung

Ihren Ursprung haben Standby Letters of Credit in den **USA**, wo sie die im Außenhandel üblichen und notwendigen **Garantien ersetzen**. Nach dem Recht einiger US-amerikanischer Bundesstaaten ist es den dortigen Banken nämlich untersagt, Garantien zu übernehmen (vgl. Schweizerische Kreditanstalt 1995: S. 32). Standby Letters of Credit kommen auch außerhalb der USA zum Einsatz.

Arten

Im Wesentlichen können zwei Erscheinungsformen der Standby Letters of Credit unterschieden werden: Standby Letters of Credit als

- **reine Garantieinstrumente**
  oder als
- **dokumentäre Garantieinstrumente**.

Reines Garantieinstrument

Charakterisierung/ Funktionen

Bei der reinen Form des Standby Letter of Credit wird die Zahlung der eröffnenden Bank nicht durch Vorlage von (Versand-)Dokumenten ausgelöst, wie dies bei den anderen Akkreditivarten der Fall ist. Bei dieser Form des Standby Letter of Credit wird der **Zahlungsanspruch** des Begünstigten vielmehr durch eine **schriftliche Erklärung (written statement)** begründet, die der Begünstigte selbst oder ein (neutraler) Dritter in Übereinstimmung mit den im Standby Letter of Credit definierten Zahlungsvoraussetzungen ausstellt.

Zahlungsvoraussetzung kann beispielsweise die Erklärung eines von einem Standby Letter of Credit begünstigten Importeurs sein, dass der Exporteur seiner -durch den Standby Letter of Credit garantierten- Lieferverpflichtung oder seiner Gewährleistungsverpflichtung o. Ä. nicht nachgekommen ist. Ist der Standby Letter of Credit dagegen zu Gunsten eines Exporteurs eröffnet, dann kann Zahlungsvoraussetzung und damit Inhalt der abzugebenden Erklärung des Begünstigten beispielsweise das Ausbleiben einer fälligen Kredittilgung sein, die durch den Standby Letter of Credit garantiert ist.

Direkte Abwicklung

Standby Letters of Credit, die reine Garantieinstrumente sind, werden von den deutschen Kreditinstituten dem ausländischen **Begünstigten** häufig **direkt** oder aber über den Auftraggeber (den Kunden) der garantierenden deutschen Bank, also ohne Einschaltung einer Zweitbank, **zugestellt**.
Auch die eventuelle **Inanspruchnahme** solcher Standby Letters of Credit erfolgt **unmittelbar**: Der Begünstigte (oder ein im Standby Letter of Credit benannter Dritter) gibt gegenüber der Akkreditiv-(Garantie-)bank diejenige Erklärung ab, die die Zahlungsverpflichtung der Akkreditivbank auslöst [z.B. die Erklärung, dass der Akkreditiv-(Garantie-)auftraggeber bestimmten, im Standby Letter of Credit genau definierten Verpflichtungen nicht nachgekommen ist].
Wegen dieser direkten Abwicklung berechnen die deutschen Banken bei Standby Letters of Credit, die reine Garantieinstrumente sind, im Allgemeinen lediglich eine **Avalprovision** und nicht die differenzierten Provisionssätze für Akkreditive.

Dokumentäres Garantieinstrument

Charakterisierung/ Funktionen

Zunehmend sind Formen des Standby Letter of Credit zu beobachten, die nicht nur reinen Garantiecharakter tragen, sondern die **zugleich** der **Absicherung** der Bezahlung **von Exportgeschäften** dienen und die insoweit -wie die anderen Akkreditivarten- zugleich dokumentären Charakter tragen (sog. dokumentäre Standby Letters of Credit).
Der begünstigte Exporteur erlangt bei solchen Formen Zahlung aus dem Standby Letter of Credit nur, wenn er

1. die im Standby Letter of Credit definierte (von ihm selbst oder von einem Dritten auszustellende) **Erklärung** einreicht und außerdem
2. jene (Versand-)**Dokumente** vorlegt, wie sie bei den übrigen Akkreditivarten üblicherweise in Erscheinung treten und wie sie in den Bedingungen des Standby Letter of Credit im Einzelfall festgelegt sind.

Beispiel eines Standby Letter of Credit als Garantieinstrument

Abbildung: Standby L/C

Die **Abbildung Nr. 4.3-14** zeigt einen Auftrag der Akkreditivbank (Crédit Suisse, Schweizerische Kreditanstalt) an ihre Korrespondenzbank (London Bank Ltd.) zur Avisierung eines Standby Letter of Credit. Dieser Standby Letter of Credit trägt **Garantiecharakter** und dient der Absicherung der Bezahlung eines Exportgeschäfts.
Der Begünstigte hat bei Eintritt des Garantiefalls insbesondere zwei **schriftliche Erklärungen ("written statements")** (Ziffern 3 u. 4 in der Abbildung) abzugeben, deren Inhalt in den Akkreditivbedingungen genau definiert ist. Nur wenn der Begünstigte diese und weitere Nachweise einreicht, erfolgt die Auszahlung aus dem Standby Letter of Credit.
Noch mehr Sicherheit erhält der Akkreditivauftraggeber, wenn er zur Auflage macht, dass die Erklärungen (statements) von einem unabhängigen Dritten abzugeben sind.

ZURICH 1 MARCH 1994
FROM: CREDIT SUISSE,ZURICH
TO: LONDON BANK LTD.,GB-LONDON

TEST: 864523 FOR USD 13,500,000.00 ON 1 MARCH 1994

DOCUMENTARY CREDIT
HT-136413 A11 AR

ATTN. L/C DEPARTMENT

WE HEREWITH OPEN OUR IRREVOCABLE STAND-BY LETTER OF CREDIT NO.
HT-136413 A11 AS FOLLOWS:

APPLICANT	: BERGER + CO. AG HADLAUBSTRASSE 55 6300 ZUG / SWITZERLAND
BENEFICIARIES	: BELOIL LTD. 28 KINGSWAY GB-LONDON EC2 PHY
AMOUNT	: USD 13,500,000.00 +/- 10 PCT (UNITED STATES DOLLARS THIRTEEN MILLION FIVE HUNDRED THOUSAND 00/100 PLUS MINUS TEN PERCENT)
VALIDITY	: 11 APRIL 1994 AT OUR COUNTERS
COVERING	: SHIPMENT OF 900,000 NET U.S. BBLS +/- 10 PCT CRUDE OIL API GRAVITY 26.00 - 26.09, FROM EGYPTIAN PORT TO EUROPEAN PORT PER M/T 'TAMARA', LATEST 8 MARCH 1994.

AVAILABLE WITH US FOR PAYMENT AT SIGHT AGAINST PRESENTATION OF THE
FOLLOWING DOCUMENTS:

1) COPY OF COMMERCIAL INVOICE
2) NON-NEGOTIABLE COPY OF BILL OF LADING
3) BENEFICIARIES' WRITTEN STATEMENT CERTIFYING THAT BERGER + CO. AG, ZUG, HAVE FAILED TO FULFIL THEIR PAYMENT OBLIGATION WITH REGARD TO THE ABOVE MENTIONED SHIPMENT.
4) BENEFICIARIES' WRITTEN STATEMENT TO CONTAIN DECLARATION THAT THE ORIGINAL SHIPPING DOCUMENTS HAVE BEEN SENT BY THEM DIRECTLY TO BERGER + CO. AG, ZUG, IN ACCORDANCE WITH THEIR INSTRUCTIONS.

SPECIAL INSTRUCTIONS:

- PLEASE ADVISE BENEFICIARIES WITHOUT ADDING YOUR CONFIRMATION.
- THIS TELEX IS THE OPERATIVE INSTRUMENT. NO MAIL CONFIRMATION WILL FOLLOW.

REIMBURSEMENT CLAUSE:

UPON RECEIPT OF CREDIT CONFORM DOCUMENTS WE SHALL COVER YOU IN
ACCORDANCE WITH YOUR INSTRUCTIONS.

THIS STAND-BY L/C IS SUBJECT TO UCP, ICC PUBL. 500, REV. 1993.

REGARDS
CREDIT SUISSE

Abbildung 4.3-14 **Quelle:** Schweizerische Kreditanstalt 1995: S. 33

Beurteilung von Standby L/C

Vorzüge

Insbesondere im **Vergleich zur Bankgarantie** erweist sich der Standby Letter of Credit **für den Begünstigten** oft als das bessere Absicherungsinstrument, weil

- die Sicherstellung des Begünstigten und die Inanspruchnahme auf Grundlagen der strengen **Regeln der ERA** erfolgt;
- auch **Dokumente**, wie sie bei Akkreditiven typisch sind, einbezogen werden können;
- der **dokumentäre** Standby Letter of Credit regelmäßig durch eine inländische **Bank avisiert** wird, die mit angemessener Sorgfalt dessen augenscheinliche Echtheit zu prüfen hat (vgl. Art. 7 a. ERA);
- der Standby Letter of Credit wie jedes Akkreditiv durch eine (inländische) Zweitbank **bestätigt** werden kann. Mit einer Bestätigung durch eine inländische Zweitbank entfällt das politische Risiko des Begünstigten ebenso wie (praktisch) sein Garantendelkredererisiko (Bonitätsrisiko der Akkreditivbank).

Abbildung: Abwicklung

In **Abbildung 4.3-15** sind die einzelnen Schritte der Abwicklung der Absicherung einer Vorauszahlung des Importeurs durch einen Standby Letter of Credit dargestellt, und zwar mit Inanspruchnahme des Standby Letter of Credit wegen Eintritt des Garantiefalls.

4.3.4.3 Packing Credit (Anticipatory Credit, Bevorschussungskredit)

Charakterisierung

Packing Credits sind **Dokumentenakkreditive**, in denen die akkreditiveröffnende Bank eine Zweitbank (eine sog. andere Bank) durch eine Klausel ermächtigt, dem begünstigten Exporteur aus dem Akkreditiv -abgesichert durch die Akkreditivverpflichtung der eröffnenden Bank- einen **Vorschuss** auszuzahlen. Voraussetzung der Bevorschussung ist regelmäßig, dass der Akkreditivbegünstigte eine **Erklärung** abgibt, in der er sich verpflichtet, die im Akkreditiv geforderten (Versand-)Dokumente später, aber vor Verfall des Akkreditivs, einzureichen.
Darüber hinaus kann die Bevorschussung an die Bedingung geknüpft sein, dass der Begünstigte **Sicherheiten** zu stellen hat, die sich im Allgemeinen auf die zu liefernde Ware beziehen und die durch einzureichende Dokumente (z.B. Lagerscheine, Versicherungsscheine usw.) nachzuweisen sind.
Für den gewährten Vorschuss übernimmt die akkreditiveröffnende Bank die Haftung (vgl. Zahn u.a. 1986: S. 342f., Rdn 8/23; Klenke 1983: S. 156; Dortschy u.a. 1990: S. 279).

Vorkommen

Der Ausdruck "Packing Credit" rührt daher, dass der aus dem Akkreditiv zu leistende Vorschuss weniger dem Einkauf der Waren als vielmehr der **Finanzierung des Versands** dienen soll (vgl. Klenke 1983: S. 156). In der Praxis können die Begünstigten mit den Vorschüssen aber durchaus auch die Phase des **Einkaufs** bzw. der **Herstellung** finanzieren (vgl. Schweizerische Kreditanstalt 1995: S. 31).
Packing Credits kommen im Rohstoffhandel mit fernöstlichen Ländern, aber auch in den USA, vor.

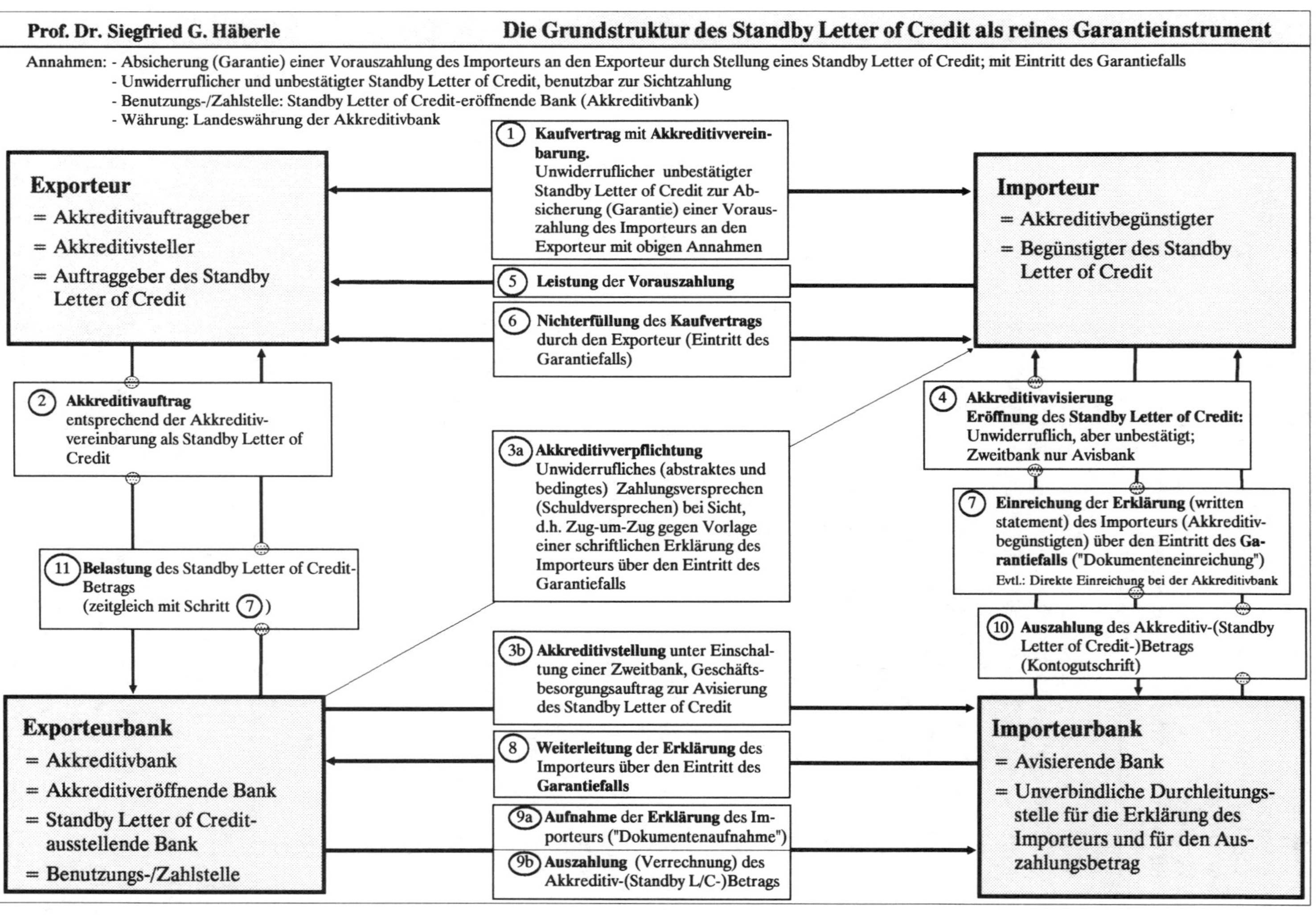

Abbildung 4.3-15

Keine Bevorschussungspflicht der Zweitbank

Die ermächtigte Zweitbank ist bei unbestätigten Packing Credits nicht verpflichtet, dem begünstigten Exporteur den Vorschuss tatsächlich zu gewähren. Vielmehr macht die Zweitbank ihre Entscheidung von der **Bonität der Akkreditivbank**, die der Zweitbank auf Grund der Akkreditivverpflichtung den Gegenwert des Vorschusses zur Verfügung zu stellen hat, ebenso abhängig wie von ihrer Einschätzung des **politischen Risikos** des Landes, in dem die Akkreditivbank ihren Sitz hat.

Remboursierungsanspruch/Rückbelastungsrecht der Zweitbank

Leistet eine Zweitbank den Vorschuss an den begünstigten Exporteur bevor sie selbst den Gegenwert von der Akkreditivbank erhalten hat, dann begründet diese Auszahlung ein **Kreditverhältnis** zwischen der auszahlenden Zweitbank und dem begünstigten Exporteur. Die den Vorschuss auszahlende Zweitbank hat zwar -sofern die Akkreditivbedingungen erfüllt sind- stets den im Akkreditiv verbrieften Anspruch auf Remboursierung an die akkreditiveröffnende Bank. Dringt die bevorschussende Bank jedoch mit diesem Remboursierungsanspruch bei der akkreditiveröffnenden Bank nicht durch (z.B. wegen deren Insolvenz oder wegen des Eintritts politischer Risiken), dann macht die bevorschussende Bank von ihrem **Rückbelastungsrecht** auf den vorschussempfangenden Exporteur Gebrauch.

Bestätigter Packing Credit

Wünscht der begünstigte Exporteur die Sicherheit, dass er bei Vorlage seiner Verpflichtungserklärung und eventuell weiterer im Akkreditiv geforderter Dokumente (Sicherheiten) einen **Anspruch** auf Auszahlung des Vorschusses **an die Zweitbank** erwirbt, dann muss er mit dem Akkreditivauftraggeber (Importeur) die Eröffnung eines von der Zweitbank bestätigten Bevorschussungs-Akkreditivs vereinbaren.

Sicherstellung

In den Akkreditivbedingungen kann der Akkreditivauftraggeber (Importeur) die Auflage erteilen, dass dem begünstigten Exporteur der Vorschuss von der ermächtigten Zweitbank nicht allein gegen Vorlage einer Erklärung über die Verpflichtung zur späteren fristgerechten Einreichung der im Akkreditiv geforderten (Versand-) Dokumente gewährt wird, sondern zusätzlich gegen Stellung von (bestimmten) **Sicherheiten** bzw. gegen Einreichung von **sichernden Dokumenten** (z.B. gegen Einreichung von Lagerscheinen, Versicherungsdokumenten u. Ä.).

Eine solche Sicherstellung liegt vor allem im Interesse des Akkreditivauftraggebers (Importeurs), weil jede Vorschussleistung der Zweitbank lediglich im **Außenverhältnis** von der Akkreditivbank durch deren Akkreditivverpflichtung abgedeckt wird. Im **Innenverhältnis** belastet die Akkreditivbank dagegen stets den Akkreditivauftraggeber weiter. Würde ein Akkreditivbegünstigter den Vorschuss allein auf Grundlage seiner Verpflichtungserklärung zur fristgerechten Nachreichung der (Versand-)Dokumente, also ohne weiter reichende Stellung von Sicherheiten, erlangen und käme der Begünstigte dieser Verpflichtung später nicht nach, dann könnte für den Akkreditivauftraggeber (Importeur) im ungünstigsten Fall der im Rahmen des Packing Credit geleistete Vorschuss verloren sein.

Sicherungsklauseln

Zur weiter reichenden Sicherstellung des Akkreditivauftraggebers schlagen Zahn u.a. (Zahn u.a. 1986: S. 344, Rdn 8/25) die folgenden **Weisungen** an die bevorschussende Zweitbank vor (teilweise gekürzte Wiedergabe):

- "Packing Credit in Höhe von... gegen **Lagerschein** (Warehouse Receipt) und Verpflichtungserklärung, die Dokumente fristgemäß nachzureichen, gestattet;
- Packing Credit in Höhe von... gegen **Trust Receipt** (oder Banksicherheiten wie Zessionen, Pfandrecht usw.) und Verpflichtungserklärung, die Dokumente fristgerecht nachzureichen, gestattet."

(Vgl. auch Textbeispiele zum gesicherten und ungesicherten Packing Credit bei Kemmer/Rädlinger 1979: S. 199f.).

Red-/Green-Clause

Packing Credits werden in Literatur und Praxis manchmal als "Red-Clause-Akkreditive" bezeichnet (vgl. Schweizerische Kreditanstalt 1995: S. 31). Diese Bezeichnung hängt damit zusammen, dass die Ermächtigung an die Zweitbank zur Leistung eines Vorschusses von der akkreditiveröffnenden Bank zur Hervorhebung früher mit roter Tinte in das Akkreditiv eingetragen wurde. Analog erklärt sich die Bezeichnung "Green-Clause".
Es ist der Versuch unternommen worden, jene Packing Credits als **"Red-Clause-Akkreditive"** zu definieren, bei denen der begünstigte Exporteur zur Erlangung des Vorschusses neben seiner Verpflichtungserklärung weitere **Sicherheiten** zu stellen hat. Dagegen sollte die Bezeichnung **"Green-Clause-Akkreditive"** solchen Packing Credits vorbehalten sein, die Vorschüsse nur gegen die angesprochene Verpflichtungserklärung, also **ohne weiter reichende Sicherstellung,** ermöglichen. In der betrieblichen Praxis wird diese Trennung jedoch nicht konsequent durchgehalten, sodass bei Verwendung der Bezeichnungen "Red-Clause" bzw. "Green-Clause" stets der damit verbundene Vorstellungsinhalt erfragt werden muss (vgl. Zahn u.a. 1986: S. 343f., Rdn 8/24; Dortschy u.a. 1990, S. 279f.).

4.3.4.4 Revolvierendes Akkreditiv (Revolving Credit)

Charakterisierung

Das revolvierende Dokumentenakkreditiv lautet über einen **Akkreditivbetrag**, der innerhalb eines bestimmten Zeitraums vom Begünstigten **mehrmals** (erneut, wieder auflebend, revolvierend) **in Anspruch genommen** werden kann, bis ein festgelegter **Höchstbetrag** erreicht ist.

Beispiel

Die **"Revolving-Klausel"** im Akkreditiv kann den Eigenheiten eines Außenhandelsgeschäfts beliebig angepasst werden. Sie weist beispielsweise folgenden Inhalt auf:

- Akkreditivbetrag: DM 25.000, siebenmal revolvierend bis zum Höchstbetrag von DM 200.000.

Nach der ersten Inanspruchnahme steht dem begünstigten Exporteur der Akkreditivbetrag von DM 25.000 sieben weitere Male innerhalb der Laufzeit und bis zum festgelegten Höchstbetrag des Akkreditivs von DM 200.000 zur Verfügung, sofern er jeweils die

Akkreditivbedingungen erfüllt, d.h. insbesondere die geforderten (Versand-)Dokumente vorlegt.

Vorkommen

Das revolvierende Dokumentenakkreditiv bietet sich als Zahlungsbedingung an, wenn ein Importeur zur Erlangung eines günstigen Einkaufspreises einen **Großabschluss** mit dem Exporteur tätigt, der die Abnahme der Ware sukzessive über einen längeren Zeitraum verteilt vorsieht. Solche **Sukzessivabnahmen** kommen vor allem bei Rohstoffeinkäufen vor.

Zeitliche Gestaltung

Revolvierende Akkreditive können hinsichtlich der **zeitlichen Inanspruchnahme** unterschiedlich gestaltet sein:

- **Ohne Festlegung einer zeitlichen Abfolge der revolvierenden Inanspruchnahmen des Akkreditivbetrags**

  Beispiel:
  Akkreditivbetrag DM 25.000, siebenmal revolvierend bis zum Höchstbetrag von DM 200.000.
  Der Akkreditivbegünstigte ist bei der Inanspruchnahme der jeweiligen Akkreditivbeträge mangels anderer Bedingungen **nicht an bestimmte (Spätest-)Termine** gebunden. Innerhalb der Laufzeit des Akkreditivs kann er die Akkreditivbeträge vielmehr in beliebiger zeitlicher Verteilung in Anspruch nehmen bis der Höchstbetrag erreicht ist.

- **Mit Festlegung einer zeitlichen Abfolge der revolvierenden Inanspruchnahmen des Akkreditivbetrags**

  Beispiel:
  Akkreditivbetrag DM 25.000, jeden Monat für die gleiche Summe revolvierend, und zwar erstmals im Mai 19.., letztmals im November 19.. . Maximalbetrag auszahlbar unter diesem Akkreditiv: DM 200.000 (Beispiel in Anlehnung an Schweizerische Bankgesellschaft 1994: S. 20).
  Der Akkreditivbegünstigte ist bei der Inanspruchnahme der jeweiligen Akkreditivbeträge **an bestimmte (Spätest-/Monats-) Termine** gebunden. Ist das revolvierende Akkreditiv beispielsweise am 1.4. eines Jahres eröffnet worden und für die erste Inanspruchnahme bis 30.4. dieses Jahres gültig gestellt, dann hat der Begünstigte im obigen Beispiel die erste Inanspruchnahme des Akkreditivs im April, die revolvierenden Inanspruchnahmen des Akkreditivs in monatlichen Abständen von Mai bis November dieses Jahres zu vollziehen. Der Akkreditivauftraggeber (der Importeur) will durch diese zeitliche Gestaltung des revolvierenden Akkreditivs die pünktliche Sukzessivlieferung der Waren durch den akkreditivbegünstigten Exporteur sichergestellt wissen.

Betragliche Gestaltung

Revolvierende Akkreditive können nicht nur hinsichtlich ihrer zeitlichen, sondern auch hinsichtlich ihrer **betraglichen Inanspruchnahme** unterschiedlich gestaltet sein. Unter diesem Blickwinkel sind "kumulative" und "nichtkumulative" revolvierende Akkreditive zu unterscheiden.

- **Kumulative revolvierende Akkreditive**
  "Kumulativ" bedeutet im Zusammenhang mit revolvierenden Dokumentenakkreditiven, dass ein revolvierender Betrag, den

der Akkreditivbegünstigte nicht bzw. nicht vollständig ausgenutzt hat, dem folgenden Betrag zugeschlagen wird. Bei der "kumulativen" Variante revolvierender Dokumentenakkreditive **verfallen** somit **unausgenützte Beträge nicht**, sondern können nachträglich und unter Beachtung der Rahmenbedingungen des revolvierenden Akkreditivs (Laufzeit, Höchstbetrag usw.) in Anspruch genommen werden.

Anmerkung: Ist im Akkreditiv die zeitliche Abfolge der revolvierenden Inanspruchnahme des Akkreditivbetrags z.B. in monatlichen Abständen festgelegt, dann würde durch die Klausel "kumulativ" diese zeitliche Festlegung wieder unterlaufen: Einerseits wäre der Begünstigte verpflichtet, monatliche Benutzungen vorzunehmen, andererseits würden nicht beanspruchte Beträge kumuliert. Dies widerspricht sich insoweit, als der Akkreditivauftraggeber durch die Festlegung der zeitlichen Abfolge der revolvierenden Inanspruchnahme den akkreditivbegünstigten Exporteur im Allgemeinen zur pünktlichen sukzessiven Auslieferung der Waren zwingen will. Dieses Beispiel zeigt, dass die Revolving-Klausel im Akkreditiv mit großer Umsicht zu definieren ist.

- **Nichtkumulative revolvierende Akkreditive**

  "Nichtkumulativ" ist ein revolvierendes Dokumentenakkreditiv, wenn (revolvierende) **Beträge**, die der Akkreditivbegünstigte **nicht bzw. nicht voll ausgenutzt** hat, **verfallen**. Das "nichtkumulative"-revolvierende Dokumentenakkreditiv bindet somit den Akkreditivbegünstigten streng an die einzelnen revolvierenden Beträge (und gegebenenfalls Termine), was aus Sicht des Akkreditivauftraggebers (des Importeurs), der an einer mengen- und fristgerechten Belieferung interessiert ist, als Vorteil zu bewerten ist.

  Zu **beachten** ist, dass bei einem "nichtkumulativen" revolvierenden Akkreditiv im Allgemeinen nur jene Akkreditivbeträge verfallen, die bei ihrer Fälligkeit nicht in Anspruch genommen wurden. Mit der Nichtbenutzung bzw. mit der nur teilweisen Benutzung eines einzelnen oder auch mehrerer revolvierender Akkreditivbeträge verfallen bei dieser Akkreditivart nicht zugleich auch die weiteren (zukünftigen) revolvierenden Inanspruchnahmen.

  Um **Mehrdeutigkeit** auszuschließen, ist es aber von Vorteil, diese Fortdauer (Fortsetzung) des revolvierenden Akkreditivs, die trotz einer eventuell unterlassenen oder nur teilweisen Inanspruchnahme einzelner Akkreditivbeträge erhalten bleiben soll, ausdrücklich in den Kaufvertrag und in die Akkreditivbedingungen aufzunehmen und sich nicht allein auf den Ausdruck "nichtkumulativ" und auf dessen (übliche) Interpretation zu verlassen.

Bestätigung

Revolvierende Akkreditive können widerruflich -was in der Praxis nicht vorkommt- oder **unwiderruflich** eröffnet werden. Wünscht der begünstigte Exporteur bei einer längeren Laufzeit des Außenhandelsgeschäfts und damit des revolvierenden Akkreditivs eine weiter reichende Sicherheit, dann hat er im Kaufvertrag die Stellung eines von einer deutschen Bank **bestätigten** revolvierenden Akkreditivs zu verlangen. Das Garantendelkredererisiko ebenso wie die politischen Risiken sind für den Akkreditivbegünstigten damit praktisch ausgeschlossen.

Fremdwährungsrisiko

Das bei revolvierenden Fremdwährungsakkreditiven entstehende **Wechselkursrisiko** ist für den begünstigten Exporteur wegen der festgelegten oder -durch die Warenlieferung- gestaltbaren Zahlungstermine einigermaßen überschaubar und kann auf die revolvierenden Fälligkeitszeitpunkte hin, z.B. durch Devisentermingeschäfte abgesichert werden.

Berechnungsmethoden der Bankprovision

Bei revolvierenden Akkreditiven existieren verschiedene Methoden der Berechnung der sog. Unwiderruflichkeitsprovision (Eröffnungsprovision) der Banken, die zu **unterschiedlichen Ergebnissen** führen. Dies hängt zunächst mit den verschiedenen Bemessungsgrundlagen zusammen, auf die der Provisionssatz angewandt werden kann.

Als **Bemessungsgrundlage** kommen infrage:

- der im revolvierenden Akkreditiv festgelegte **Höchstbetrag**;
- der zeitlich gestaffelte **Restbetrag** nach jeweils erfolgter Inanspruchnahme;
- die **einzelnen** (revolvierenden) **Akkreditivbeträge**.

Darüber hinaus wird die Höhe des zu zahlenden Provisionsbetrags von der **Definition des Provisionssatzes** bestimmt, und zwar nicht allein von dessen absoluter Höhe, sondern auch von dessen zeitlicher Dimension und einer u.U. kumulierenden Anwendung.
Dem Akkreditivauftraggeber ist zu empfehlen, die für ihn günstigste Methode zu ermitteln und eventuell Vergleichsangebote einzuholen.

Abgrenzung zu anderen Akkreditivarten

Abzugrenzen sind die revolvierenden Akkreditive von solchen **Dokumentenakkreditiven**, die **Inanspruchnahmen und/oder Verladungen in Raten** innerhalb bestimmter Zeiträume vorschreiben. Mangels einer anders lautenden Bedingung im Akkreditiv können die betreffende und jede weitere Rate eines solchen Akkreditivs vom Begünstigten nicht mehr ausgenutzt werden, sofern er auch nur eine Rate innerhalb des für sie vorgeschriebenen Zeitraums nicht in Anspruch genommen hat (vgl. Art. 41 ERA) bzw. eine Rate der Verladung nicht vollzogen wurde. Unterlässt der Begünstigte bei strenger terminlicher Definition der Raten in den Akkreditivbedingungen auch nur eine Teilverschiffung, dann schließt dies folglich die weitere Ausnutzung des Akkreditivs ganz aus, eine Regelung, die vor allem dem Sicherungsinteresse des Akkreditivauftraggebers (des Exporteurs) dient.
Im Gegensatz dazu bleibt dem Begünstigten bei revolvierenden Akkreditiven -wie oben erwähnt- der Anspruch auf den jeweils folgenden revolvierenden Betrag auch dann erhalten, wenn er den vorangehenden Betrag nicht bzw. nicht voll ausgenutzt hat. Bei kumulativen revolvierenden Akkreditiven können sogar mangels anderer Bedingungen die bislang noch nicht ausgenutzten Beträge nachträglich (unter Beachtung der Laufzeit und des Höchstbetrags des Akkreditivs) in Anspruch genommen werden.

4.3.4.5 Übertragbares Akkreditiv

4.3.4.5.1 Charakterisierung, Funktionen, besondere Merkmale und Ausprägungen

Charakterisierung

Definition

Ein übertragbares Dokumentenakkreditiv ist ein Akkreditiv, bei dem der Begünstigte berechtigt ist (im Zusammenhang mit übertragbaren Akkreditiven wird vom Erstbegünstigten gesprochen), die -je nach Akkreditivart- zur Zahlung, zur Übernahme einer Verpflichtung zur hinausgeschobenen Zahlung, zur Akzeptleistung bzw. zur Negoziierung ermächtigte Bank zu beauftragen, das Akkreditiv im Ganzen oder zum Teil einem oder mehreren anderen Begünstigten (Zweitbegünstigten) **verfügbar zu stellen**, also **zu übertragen** (vgl. Art. 48 a. ERA).

Ausdrückliche Bedingung

Ein Akkreditiv kann nur übertragen werden, wenn es von der eröffnenden Bank (Akkreditivbank) **ausdrücklich** als **übertragbar** (transferable) bezeichnet worden ist (vgl. Art. 48 b. ERA). Wünscht ein Exporteur die Stellung eines übertragbaren Akkreditivs, dann hat er dies mit dem Importeur bereits im Kaufvertrag zu vereinbaren. Nur dadurch wird der Importeur verpflichtet, bei seiner Bank (der Akkreditivbank) ausdrücklich die Eröffnung eines übertragbaren Akkreditivs zu beantragen.

Funktionen

Anwendungsbeispiele

Übertragbare Akkreditive finden insbesondere im Export- und Transithandel sowie bei Auslandsgeschäften unter Einschaltung von Generalunternehmen Anwendung:

- Der **Export- bzw. Transithändler** (sog. Zwischenhändler) finanziert den Einkauf der zu exportierenden Güter durch Übertragung desjenigen Akkreditivs auf seinen Vorlieferanten, das ihm sein eigener Abnehmer zur Verfügung gestellt hat.
- Analog überträgt der **Generalunternehmer** das zu seinen Gunsten eröffnete Akkreditiv auf seinen Subunternehmer (Zulieferer). Die Übertragung des Akkreditivs kann in Teilbeträgen auch an verschiedene Subunternehmer (Zulieferer) erfolgen, sofern die Akkreditivbedingungen Teilverladungen/Teilinanspruchnahmen nicht untersagen (vgl. Art. 48 g. ERA).

Vorteile für den Erstbegünstigten

Durch Übertragung des Akkreditivs **vermeidet** der Zwischenhändler/Exporteur bzw. der Generalunternehmer (der Erstbegünstigte) nicht nur die **Stellung eines eigenen Akkreditivs** an seine Vorlieferanten/Subunternehmer, was ihm bei mangelnder Kreditwürdigkeit womöglich schwer fallen würde, sondern u.U. auch den Einsatz liquider Mittel. Darüber hinaus bindet der Erstbegünstigte durch die (Teil-)Übertragung des Akkreditivs seine Vorlieferanten/Subunternehmer weitgehend in die **Bedingungen des Akkreditivs** -und damit indirekt in die Bedingungen des mit dem Endabnehmer (dem Importeur) abgeschlossenen Kaufvertrags- ein, so z.B. hinsichtlich der

Lieferpünktlichkeit, der Warenqualität, der Transportversicherung usw. Auch der Vorlieferant/Subunternehmer, auf den das Akkreditiv übertragen ist, muss diese Bedingungen durch Vorlage akkreditivkonformer Dokumente nachweisen, wenn er das Akkreditiv benutzen will.

Merkmale bzw. Richtlinien

Hinweis

Vorbemerkungen: Die folgende Darstellung der Merkmale bzw. Richtlinien zur Übertragung von Akkreditiven dient lediglich der **Einführung**. Diese und **weitere Merkmale bzw. Richtlinien** sind im folgenden Abschnitt "4.3.4.5.2 Grundstruktur und schrittweise Abwicklung der Übertragung eines Akkreditivs" umfassend aufgenommen und in ihrer Bedeutung für die Beteiligten analysiert und interpretiert.

Die **ERA** schreiben zur Übertragung von Dokumentenakkreditiven in **Art. 48** u.a. vor:

Einmalige Übertragbarkeit

- Ein übertragbares Akkreditiv kann -sofern nichts anderes angegeben ist- nur **einmal übertragen** werden (vgl. Art. 48 g. ERA). In den Fällen einmaliger Übertragbarkeit stellen die ERA außerdem klar, dass das Akkreditiv auch nicht auf Verlangen des Zweitbegünstigten auf einen Drittbegünstigten übertragen werden kann. Eine Rückübertragung vom Zweitbegünstigten auf den Erstbegünstigten ist allerdings keine verbotene Übertragung im Sinne dieser Norm (vgl. Art. 48 g. ERA).
  Die Richtlinie der nur einmaligen Übertragbarkeit ist sinnvoll, weil dadurch für die Beteiligten die **Abwicklung** des Akkreditivs **überschaubar** bleibt (z.B. wer welche Dokumente zur Benutzung des Akkreditivs wann vorzulegen hat bzw. an wen mit schuldbefreiender Wirkung Zahlung zu leisten ist usw.).

Übertragung von Teilen

- Teile eines übertragbaren Akkreditivs können getrennt übertragen werden, sofern Teilverladungen/Teilinanspruchnahmen nicht untersagt sind. Es versteht sich von selbst, dass diese Teilübertragungen im Ganzen den Gesamtbetrag des Akkreditivs nicht überschreiten dürfen (vgl. Art. 48 g. ERA).
  Die Teilübertragbarkeit des Akkreditivs ermöglicht es dem Exporteur (Erstbegünstigten), seine Akkreditivansprüche auf **mehrere (Teil-)Lieferanten** (Zweitbegünstigte) zu übertragen. Überträgt der Erstbegünstigte auf seine(n) Vorlieferanten nur einen Teilbetrag des Akkreditivs, dann bleibt er für den nicht übertragenen Restbetrag selbst berechtigt, Anspruch auf Zahlung an die Akkreditivbank zu erheben.

Gleiche Akkreditivbedingungen

- Grundsätzlich gilt, dass ein Akkreditiv nur zu den im **Originalakkreditiv** (Grundakkreditiv, Basisakkreditiv) angegebenen **Bedingungen übertragen** werden kann. Dies bedeutet wiederum, dass das Originalakkreditiv (Basisakkreditiv, Verkaufsakkreditiv) grundsätzlich mit den Dokumenten aus dem übertragenen Akkreditiv benutzt werden können muss.

  - Ausnahmen

  Von diesem Grundsatz lassen die ERA **Ausnahmen** zu. Gegenüber dem Originalakkreditiv können
  - der Akkreditivbetrag,

- die im Akkreditiv etwa genannten Preise pro Einheit,
- das Verfalldatum,
- das letzte Datum für die Vorlage des (Transport-)Dokuments (gemäß Art. 43 ERA),
- die Verladefrist

insgesamt oder einzeln ermäßigt oder verkürzt werden. Zulässig ist gemäß Art. 48 h. ERA auch, dass der Prozentsatz, auf den die **Versicherungsdeckung** lauten muss, in einer Weise erhöht werden kann, dass er den im Originalakkreditiv oder einen anderen gemäß ERA festgesetzten Deckungsbetrag erreicht.
Schließlich kann der **Erstbegünstigte** -sofern im Akkreditiv nichts anderes verlangt wird- veranlassen, dass bei Übertragung des Akkreditivs gegenüber dem Zweitbegünstigten **sein Name** an der Stelle des Akkreditivauftraggebers eingesetzt wird.

- Bedeutung der Ausnahmen

Insbesondere die zuletzt genannte Möglichkeit erklärt die Bedeutung der Übertragbarkeit von Akkreditiven:
Der Erstbegünstigte kann das Originalakkreditiv ganz oder teilweise auf einen Vorlieferanten übertragen, ohne dass dieser den **Namen des Endabnehmers** (des Akkreditivauftraggebers) oder die mit diesem vereinbarten **(Preis-)Konditionen** des Warengeschäfts erfährt. Wäre dagegen ein Akkreditiv ausnahmslos nur mit den Originalbedingungen übertragbar, dann würden dem Zweitbegünstigten (dem Vorlieferanten) gegenüber nicht nur die Preis- und Lieferkonditionen, also auch die Handelsspanne des Erstbegünstigten offen gelegt, sondern es bestünde auch die Gefahr, dass der Zweitbegünstigte (der Vorlieferant) künftig mit dem im Akkreditiv genannten Auftraggeber des Originalakkreditivs (mit dem Importeur) direkt in Geschäftsverbindung treten würde.
Anzumerken ist allerdings, dass die Übertragbarkeit des Akkreditivs -gerade was die (später auszutauschenden) Dokumente anlangt- in der Praxis nicht selten erhebliche **Probleme** bereitet.

- Hinweis

Die Bedeutung der Ausnahmen ist umfassend im folgenden Abschnitt "4.3.4.5.2 Grundstruktur und schrittweise Abwicklung der Übertragung eines Akkreditivs", insbesondere in Schritt "5. Akkreditivübertragungsauftrag" behandelt.

Rechnungsaustausch

Es ist deswegen konsequent, dass die ERA in Art. 48 i. dem Erstbegünstigten das Recht einräumen, bei der Benutzung des Akkreditivs seine eigenen Rechnungen an die Stelle derjenigen des Zweitbegünstigten zu setzen (allerdings nur mit Beträgen, welche den im Akkreditiv angegebenen Originalbetrag nicht übersteigen, und mit den im Akkreditiv gegebenenfalls angegebenen Originalpreisen pro Einheit). Durch einen solchen Rechnungsaustausch kann der Erstbegünstigte auf Grund des Akkreditivs den **Unterschiedsbetrag** (seine **Handelsspanne**) erheben, der gegebenenfalls zwischen seinen Rechnungen und denen der Zweitbegünstigten besteht.

Mögliche Zahlbarstellung am Platz des Zweitbegünstigten

- Sofern im Originalakkreditiv nichts anderes vorgeschrieben ist, kann der Erstbegünstigte verlangen, dass auch die Zahlung oder Negoziierung aus dem übertragenen Akkreditiv an dem **Platz**

vorgenommen wird, an den das Akkreditiv **übertragen** worden ist (vgl. Art. 48 j. ERA).
Eine solche Benutzbar-/Zahlbarstellung des übertragenen Akkreditivs bei einer Bank im Land des Zweitbegünstigten kommt vor allem der **Interessenlage des Zweitbegünstigten** entgegen. Bei dieser Bank sind die Dokumente fristwahrend einzureichen und diese Bank entscheidet im Namen und für Rechnung der Akkreditivbank über die Auszahlung des übertragenen Akkreditivs an den Zweitbegünstigten.
Für den Erstbegünstigten kann die Verlagerung der Benutzungs-/Zahlstelle auf eine Bank im Land des Zweitbegünstigten dagegen mit Nachteilen verbunden sein, die von der Problematik der Beibringung akkreditivkonformer Dokumente durch den Zweitbegünstigten über Fristversäumnisse bis zum Dokumentenverlustrisiko reichen können.

Keine Übertragungspflicht der Banken

- Eine Bank, die ersucht wird, die Übertragung eines Akkreditivs vorzunehmen, ist **nicht verpflichtet**, die Übertragung vorzunehmen, außer in dem Umfang und in der Art, wie sie ausdrücklich zugestimmt hat (vgl. Art. 48 c. ERA).

Bankkosten

- Sofern im Akkreditiv nichts anderes bestimmt ist, sind Bankkosten, die im Zusammenhang mit der Übertragung entstehen, **vom Erstbegünstigten zu tragen** (vgl. Art. 48 f. ERA).

Ausprägungen

Widerruflich/unwiderruflich

Die ERA schließen die Eröffnung widerruflicher übertragbarer Akkreditive nicht aus. Jedoch ist die Sicherheit eines widerruflichen Akkreditivs für einen Zweitbegünstigten ebenso wie für den Erstbegünstigten so gering, dass übertragbare Akkreditive **regelmäßig unwiderruflich** vereinbart und eröffnet werden.

Unbestätigt/bestätigt

Wie alle übrigen Akkreditivarten können auch übertragbare Akkreditive unbestätigt oder bestätigt eröffnet werden.
Bei **unbestätigten** Akkreditiven haben der Erstbegünstigte und der Zweitbegünstigte nur einen Zahlungsanspruch an die Akkreditivbank.
Ist dagegen das **Originalakkreditiv** von einer **Zweitbank bestätigt** worden, dann haben sowohl der Erstbegünstigte als auch der Zweitbegünstigte Zahlungsansprüche auch an diese Bestätigungsbank. Schließlich kann das **übertragene Akkreditiv** im Ausnahmefall von einer **Drittbank** zu Gunsten des Zweitbegünstigten **bestätigt** werden.

Hinweis

Die Ansprüche und Verpflichtungen der Beteiligten bei **unbestätigten bzw. bestätigten übertragbaren und übertragenen Akkreditiven** sind umfassend im folgenden Abschnitt "4.3.4.5.2 Grundstruktur und schrittweise Abwicklung der Übertragung eines Akkreditivs", insbesondere in den Schritten "1. Abschluss der Kaufverträge mit Akkreditivvereinbarung (Akkreditivklausel)" sowie "6. Akkreditivverpflichtung der Akkreditivbank/Bestätigungsbank" beschrieben.

4.3.4.5.2 Grundstruktur und schrittweise Abwicklung der Übertragung eines Akkreditivs

Abbildung/Prämissen

Die **Abbildung 4.3-16** zeigt die **Grundstruktur** eines **übertragbaren Akkreditivs** und die schrittweise **Abwicklung** seiner **Übertragung**. In den anschließenden Erläuterungen sind die einzelnen Schritte der Übertragung des Akkreditivs besprochen und durch **Hinweise an die Beteiligten** ergänzt. Die allgemein gültigen Aspekte der Abwicklung von Akkreditiven bleiben weitgehend im Hintergrund; im Mittelpunkt der Erörterungen stehen vielmehr die Besonderheiten übertragbarer Akkreditive.

Die Abwicklung der Übertragung des Akkreditivs beruht auf den folgenden **Annahmen**:

Beteiligte am Warengeschäft:

- **Exporthändler** (Transithändler, Zwischenhändler) in Land A;
- **Importeur** (Endabnehmer des Exporthändlers) in Land B;
- **Vorlieferant** (Lieferant des Exporthändlers) in Land C.

Warengeschäft und Zahlungsbedingungen:

- Der **Exporthändler verkauft** die Waren an den Importeur gegen Stellung eines unwiderruflichen, bestätigten und **übertragbaren Sichtzahlungsakkreditivs** (Originalakkreditiv, Basisakkreditiv, Grundakkreditiv, Verkaufsakkreditiv).
- Der **Exporthändler kauft** die Waren von seinem Vorlieferanten zu einem niedrigeren Preis gegen **Übertragung** des vom Importeur gestellten unwiderruflichen bestätigten **Sichtzahlungsakkreditivs**. Entsprechend dem niedrigeren Einkaufspreis erfolgt die Übertragung des Akkreditivs mit einem niedrigeren als dem im Originalakkreditiv ausgewiesenen Betrag.
- **Direkter Versand der Waren** vom Vorlieferanten in das Importland (eventuell mit "Notify"-Adresse).

Besondere Merkmale der Akkreditive:

- **Bestätigungsbank** des unwiderruflichen, bestätigten und übertragbaren **Sichtzahlungsakkreditivs** (Originalakkreditivs): Bank des Exporthändlers.
  Diese Bank ist zugleich Gültigkeits- und Benutzungs-/Zahlstelle des Originalakkreditivs sowie übertragende Bank.
- Das **übertragene Akkreditiv** ist bei einer Bank im Land des Vorlieferanten (des Zweitbegünstigten) gültig und benutzbar/zahlbar gestellt. Im vorliegenden Fall ist angenommen, dass der Zweitbegünstigte und seine Bank ihren Sitz in einem anderen Land als der Erstbegünstigte haben.

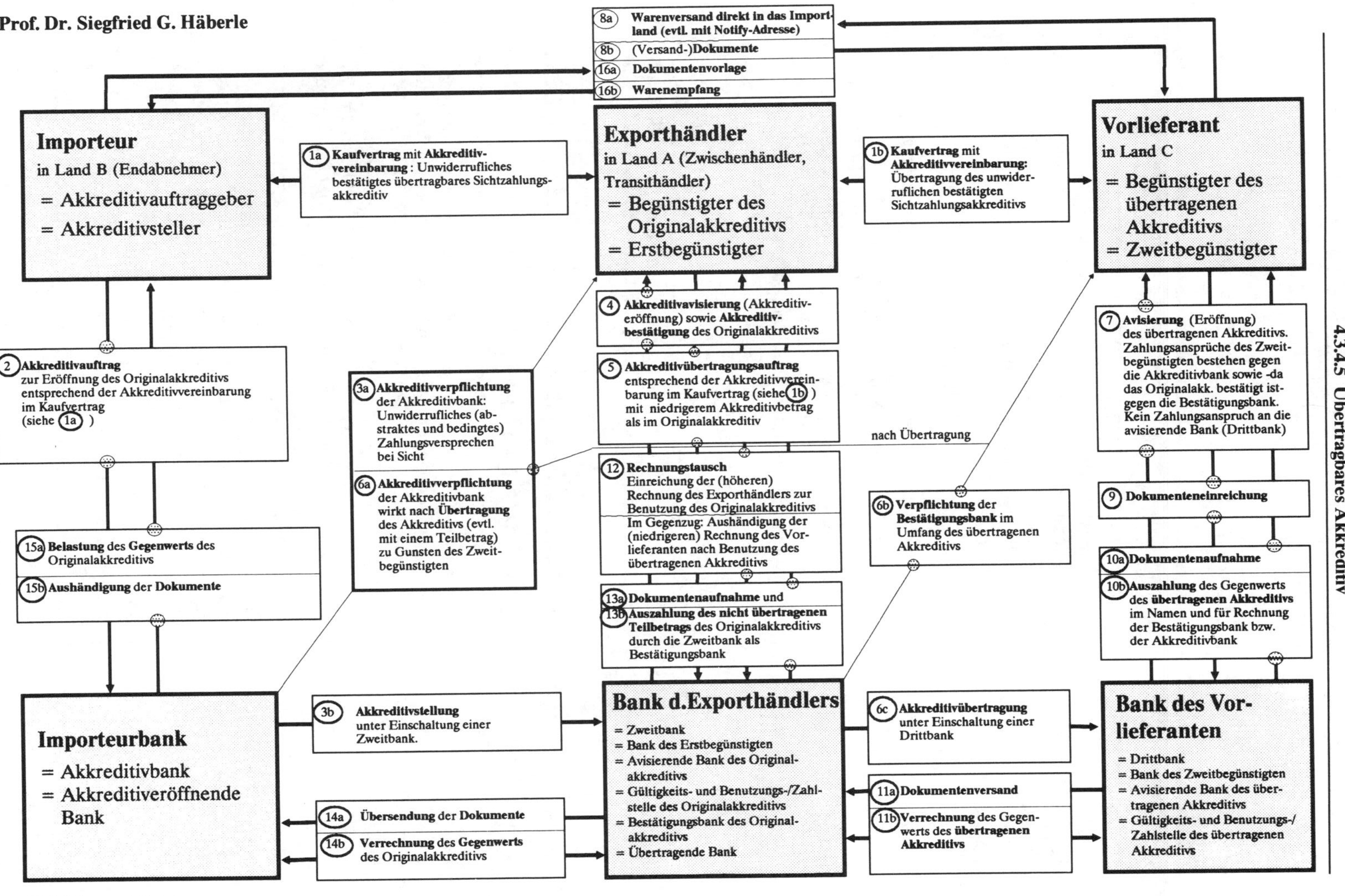

Abbildung 4.3-16

Erläuterungen:

Schrittweise Darstellung

1. **Abschluss der Kaufverträge mit Akkreditivvereinbarung (Akkreditivklausel)**

a) **Kaufvertrag zwischen Exporthändler (Transithändler, Zwischenhändler) und Importeur (Endabnehmer)**

Zahlungsbedingung (Akkreditivvereinbarung):
- Stellung eines unwiderruflichen **übertragbaren Sichtzahlungsakkreditivs**;
- **gültig und benutzbar/zahlbar** zu stellen am Sitz der Bank des Exporthändlers;
- zu **bestätigen** durch die Bank des Exporthändlers.

b) **Kaufvertrag zwischen Exporthändler und Vorlieferant**

Zahlungsbedingung (Akkreditivvereinbarung):
- Stellung eines unwiderruflichen **bestätigten Sichtzahlungsakkreditivs durch Übertragung** des unwiderruflichen, von der Bank des Importeurs eröffneten und von der Bank des Exporthändlers bestätigten Sichtzahlungsakkreditivs;
- **gültig und benutzbar/zahlbar** zu stellen bei der Hausbank des Vorlieferanten.

Entsprechend dem zwischen dem Exporthändler und seinem Vorlieferanten vereinbarten niedrigeren Einkaufspreis der Waren ist auch der Betrag des zu übertragenden Akkreditivs entsprechend niedriger festzulegen als der Betrag des Originalakkreditivs.

Hinweise für den Exporthändler (Erstbegünstigten):

Im Allgemeinen wünscht der Exporthändler nicht, dass der Importeur (Endabnehmer) den **Vorlieferanten erfährt**, und zwar auch dann nicht, wenn die direkte Auslieferung der Waren vom Vorlieferanten in das Land des Importeurs (Endabnehmers) vorgesehen ist. Ebenso sucht der Exporthändler zu vermeiden, dass der Vorlieferant Kenntnis über den Importeur (Endabnehmer) erlangt.
Dieses **Geheimhaltungsinteresse** des Exporthändlers ist bereits bei Abfassung der beiden Kaufverträge zu berücksichtigen, nämlich durch Vereinbarung entsprechender (neutraler) Dokumente bzw. eines geeigneten Versands (z.B. Warenversand an die Adresse eines treuhänderischen Dritten im Importland, d.h. an eine sog. Notify-Adresse), die den Geschäftspartnern des Exporthändlers keinen Aufschluss über den jeweiligen anderen Beteiligten geben.

Hinweise für den Vorlieferanten (Zweitbegünstigten):

Der Vorlieferant (Zweitbegünstigte) hat bei Übertragung **unbestätigter Akkreditive Ansprüche** auf Zahlung **nur an die Akkreditivbank** (akkreditiveröffnende Bank), nicht dagegen an die avisierende Drittbank und auch nicht an die das Akkreditiv übertragende Zweitbank.
Wünscht der Vorlieferant -so wie im vorliegenden Fall- eine weiter reichende Sicherheit, dann hat er bereits im Kaufvertrag die Übertragung eines **bestätigten** unwiderruflichen **Akkreditivs** zu vereinbaren. Bei Übertragung von Akkreditiven gibt es dazu **zwei Möglichkeiten**:

- Der Vorlieferant begnügt sich mit derjenigen **Bestätigung**, die -wie im vorliegenden Fall- eine **Bank im Land des Exporthändlers** zu Gunsten des Exporthändlers übernommen hat und die nach Übertragung des Akkreditivs auch zu Gunsten des Vorlieferanten (des Zweitbegünstigten) wirkt. Hier verbleiben dem Vorlieferanten aber neben dem Garantendelkredererisiko (Risiko der Zahlungsunfähigkeit der Bestätigungsbank) u.U. auch politische Risiken, weil die Bestätigungsbank -zumindest im vorliegenden Fall- ihren Sitz nicht im Land des Vorlieferanten hat.
- Der Vorlieferant verlangt zur Vermeidung derartiger Risiken die **(zusätzliche) Bestätigung** des übertragenen Akkreditivs durch eine Bank mit Sitz in seinem Land.

Im Übrigen sollte der Vorlieferant -wie im vorliegenden Fall- bei der Übertragung durchsetzen, dass das übertragene Akkreditiv bei einer Bank in seinem Land gültig und benutzbar/zahlbar gestellt ist. Dies erleichtert ihm zumindest die rechtzeitige Einreichung der Dokumente, verbunden mit den weiteren Vorzügen, die eine Gültigkeits- und Benutzungs-/Zahlstelle im eigenen Land einschließt.

Hinweise für den Importeur (Akkreditivauftraggeber):

Die Übertragbarkeit des vom Importeur zu stellenden Akkreditivs schließt ein, daß der Importeur damit rechnen muß, dass ihm die **Waren** nicht vom Exporthändler selbst, sondern von dessen **Vorlieferanten geliefert** werden. Zwar behält der Importeur zwei wesentliche **Sicherheiten**:

- Erstens behält er trotz Belieferung durch einen Vorlieferanten des Exporthändlers auf Grundlage des **Kaufvertrags** seine Ansprüche gegen den Exporthändler.

- Zweitens sind die **Bedingungen des Originalakkreditivs** bei Übertragung auf Dritte (Vorlieferanten des Exporthändlers) nur in engen Grenzen veränderbar.

Gleichwohl ist der Importeur in mehrfacher Hinsicht darauf angewiesen, dass der Exporthändler den **Vorlieferanten sorgfältig auswählt** (z.B. hinsichtlich der Qualität der zu liefernden Waren). Bestehen hierzu Bedenken, dann sollte der Importeur bereits in das Originalakkreditiv entsprechende Bedingungen aufnehmen lassen, die ihn auch bei einer Übertragung des Akkreditivs auf ihm unbekannte Vorlieferanten sichern (z.B. ein Qualitätszertifikat, ein spätestes Verladedatum, eine kurze Gültigkeitsdauer des Akkreditivs usw.).

2. Akkreditivauftrag

Der Importeur (Akkreditivauftraggeber, Akkreditivsteller) erteilt seiner Bank den Auftrag zur Eröffnung eines unwiderruflichen, bestätigten und übertragbaren Sichtzahlungsakkreditivs zu Gunsten des Exporthändlers (Begünstigter des Originalakkreditivs, Erstbegünstigter) **nach Maßgabe** der Akkreditivvereinbarung im **Kaufvertrag** (siehe Schritt 1 a.).
Nur in Ausnahmefällen erfolgt die Belastung des Akkreditivgegenwerts bzw. ein sog. Einschuss bereits in diesem Zeitpunkt auf dem Konto des Akkreditivauftraggebers.

3 a. Akkreditivverpflichtung der Akkreditivbank

Die Akkreditivverpflichtung der Importeurbank (Akkreditivbank, akkreditiveröffnende Bank) umfasst gegenüber dem Exporthändler (Begünstigter des Originalakkreditivs, Erstbegünstigter) das **unwiderrufliche**, im vorliegenden Fall **übertragbare Versprechen zur Zahlung bei Sicht**, d.h. Zug-um-Zug gegen Vorlage akkreditivkonformer Dokumente.
Nach erfolgter **Übertragung** des Akkreditivs auf den Zweitbegünstigten wirkt die Akkreditivverpflichtung der Akkreditivbank **zu Gunsten des Zweitbegünstigten** (siehe Schritt 6 a). Der Erstbegünstigte kann -solange die Übertragung wirksam ist- nur Zahlungsansprüche in Höhe von nicht übertragenen Teilbeträgen geltend machen. Nur in dem Fall, dass der Zweitbegünstigte das übertragene Akkreditiv nicht ausnutzt und das Originalakkreditiv zu diesem Zeitpunkt noch nicht verfallen ist, kann der Erstbegünstigte das Originalakkreditiv uneingeschränkt wieder selbst benutzen.
Analoges gilt für Ansprüche des Erstbegünstigten an die Bestätigungsbank, wenn das Akkreditiv -wie im vorliegenden Beispiel- bestätigt ist.

3 b. Akkreditivstellung unter Einschaltung einer Zweitbank

In der Regel bedient sich die Akkreditivbank bei der Akkreditiveröffnung und -abwicklung einer Zweitbank. Im vorliegenden Fall umfasst der Geschäftsbesorgungsauftrag der Akkreditivbank an die Zweitbank die **Avisierung**, die Einsetzung als **Gültigkeits- und Benutzungs/Zahlstelle** sowie die **Bestätigung** des Akkreditivs und -nach einem entsprechenden Auftrag des Erstbegünstigten- die Übertragung des Akkreditivs.

4. Akkreditivavisierung (Akkreditiveröffnung) und Bestätigung des Akkreditivs

Der begünstigte **Exporthändler** (Begünstigter des Originalakkreditivs, Erstbegünstigter) erlangt im vorliegenden Fall eine **zweifache Sicherheit**:
- Erstens den unwiderruflichen Anspruch auf Zahlung an die **Akkreditivbank.**
- Zweitens den unwiderruflichen Anspruch auf Zahlung an die **Bestätigungsbank.**

5. Akkreditivübertragungsauftrag

Der Exporthändler (Begünstigter des Originalakkreditivs, Erstbegünstigter) erteilt der Zweitbank in ihrer Eigenschaft als Benutzungs-/Zahlstelle des übertragbaren Akkreditivs den Auftrag zur Übertragung auf seinen Vorlieferanten (Begünstigter des übertragenen Akkreditivs, Zweitbegünstigter). Der Exporthändler hat den Auftrag zur Übertragung des Akkreditivs streng nach den mit seinem Vorlieferanten im Kaufvertrag getroffenen Vereinbarungen (siehe Ziffer 1 b) zu erteilen. Darüber hinaus hat der Exporthändler zu beachten, dass das Akkreditiv grundsätzlich nur zu den **Bedingungen des Originalakkreditivs** übertragen werden kann. Allerdings sind folgende **Ausnahmen** im zu übertragenden Akkreditiv möglich:

- **Ermäßigung des Akkreditivbetrags bzw. des im Akkreditiv etwa angegebenen Preises pro Einheit.**

Hinweise für den Exporthändler (Erstbegünstigten):
Der Exporthändler kann somit den Betrag des auf den Vorlieferanten zu übertragenden Akkreditivs **um seine Handelsspanne** (seinen Gewinn) **kürzen**, sodass der Vorlieferant aus dem übertragenen Akkreditiv nicht erfährt, zu welchen Preiskonditionen der Exporthändler die Waren an seinen Abnehmer weiterverkauft hat. Nur in Höhe des nicht übertragenen Akkreditivteilbetrags behält der Erstbegünstigte seine Ansprüche an die Akkreditivbank sowie an die Bestätigungsbank.

- **Verkürzung des Verfalldatums des Akkreditivs, des letzten Datums für die Vorlage der (Transport-)Dokumente gemäß Art. 43 ERA und/oder der Verladefrist**

Hinweise für den Exporthändler (Erstbegünstigten):
Die Aufnahme derartiger Fristverkürzungen in das zu übertragende Akkreditiv ist für den Exporthändler zweckmäßig: Erfüllt der **Vorlieferant** -kaufvertragswidrig- seine **Lieferverpflichtung nicht** (rechtzeitig), dann verfällt das zu dessen Gunsten übertragene Akkreditiv unausgenutzt. Weist das Originalakkreditiv eine längere Gültigkeitsdauer auf, dann hat der Exporthändler (der Erstbegünstigte) eventuell noch die Möglichkeit, die Waren anderweitig zu beschaffen und zu liefern (oder liefern zu lassen) und auf dieser Grundlage doch noch Zahlung aus dem Originalakkreditiv zu erlangen.

- **Erhöhung des Prozentsatzes, auf den die Versicherungsdeckung lauten muss, insoweit, dass der im Originalakkreditiv oder in den ERA festgesetzte Deckungsbetrag erreicht ist.**

Hinweise für den Exporthändler (Erstbegünstigten):
Der Vorlieferant (Zweitbegünstigte) liefert die Waren vertragsgemäß häufig direkt in das Importland. Es ist deswegen zweckmäßig, den Deckungssatz der Versicherung im übertragenen Akkreditiv nicht auf Grundlage des niedrigeren Akkreditivbetrags des übertragenen Akkreditivs, sondern -zur **Mitabdeckung der Handelsspanne** des Exporthändlers- auf Grundlage des Betrags des Originalakkreditivs festzulegen. Allerdings erlangt der zweitbegünstigte Vorlieferant dadurch indirekt Kenntnis von der Höhe der Handelsspanne des Exporthändlers.

- **Der Name des Erstbegünstigten (des Exporthändlers) kann im zu übertragenden Akkreditiv an die Stelle des Akkreditivauftraggebers (des Importeurs) gesetzt werden.**

Hinweise für den Exporthändler (Erstbegünstigten):
Durch diese Ausnahme wird es dem Exporthändler (Erstbegünstigten) ermöglicht, gegenüber dem Vorlieferanten (Zweitbegünstigten) seinen **Abnehmer** (Importeur, Akkreditiv-

auftraggeber) zu **verschweigen**. Wäre diese Ausnahme nicht gegeben und wäre somit im übertragenen Akkreditiv der Auftraggeber des Originalakkreditivs zu benennen, dann bestünde für den Exporthändler die Gefahr, dass der Vorlieferant künftig unter Umgehung des Exporthändlers direkt mit dem Importeur in Geschäftsverbindung tritt.
Bei direkter Lieferung der Waren vom Vorlieferanten in das Importland wird sodann nicht die Anschrift des Importeurs angegeben, sondern als **"Notify-Adresse"** die Anschrift eines treuhänderischen Dritten, z.B. die Anschrift der Akkreditivbank (im Importland). Insoweit erhält der Vorlieferant keine Information über den Endabnehmer.

- **Die Anonymisierung gelingt jedoch dann nicht, wenn im Originalakkreditiv ausdrücklich verlangt wird, dass der Name des Akkreditivauftraggebers (des Importeurs) in irgendeinem (irgendwelchen) anderen Dokument(en) als der Rechnung erscheint. Diese Bedingung muss laut ERA Art. 48 h. ERA auch im Rahmen des übertragenen Akkreditivs erfüllt werden.**

Hinweise für den Exporthändler (Erstbegünstigten):

Wenn der Exporthändler darauf Wert legt, dass der Zweitbegünstigte (Vorlieferant) den Namen des Importeurs (Akkreditivauftraggebers) nicht erfährt, hat dies der Exporthändler bereits bei Abschluss des Kaufvertrags mit dem Importeur zu bedenken. Der Exporthändler hat die Zahlungsbedingung (Akkreditivvereinbarung) im Kaufvertrag so zu vereinbaren, dass derart **verfängliche Dokumente nicht in die Akkreditivbedingungen** aufgenommen werden.

Der Erstbegünstigte (Exporthändler) hat zu beachten, dass diejenige Bank (Zweitbank als Benutzungs-/Zahlstelle), die er beauftragt, die **Übertragung** vorzunehmen (übertragende Bank), gemäß Art. 48 c. ERA dazu (außer in dem Umfang und in der Art, wie sie ausdrücklich zugestimmt hat) **nicht verpflichtet** ist. Im Übrigen hat der Erstbegünstigte die **Bankkosten**, die im Zusammenhang mit der Übertragung entstehen, zu tragen, sofern nichts anderes bestimmt ist (vgl. Art. Art. 48 f. ERA).

6 a. Akkreditivverpflichtung der Akkreditivbank (siehe auch Schritt 3 a.)

Durch Übertragung des Akkreditivs wirkt die Akkreditivverpflichtung der Akkreditivbank im übertragenen Umfang nunmehr **zu Gunsten des Zweitbegünstigten.**

6 b. Akkreditivverpflichtung der Bestätigungsbank

Da es sich im vorliegenden Fall um ein bestätigtes übertragbares Akkreditiv handelt, geht mit der Übertragung des Akkreditivs -im übertragenen Umfang- auch der **Anspruch auf Zahlung** gegen die **Bestätigungsbank** auf den Zweitbegünstigten über.

Hinweise für den Vorlieferanten (Zweitbegünstigten):

Der Zweitbegünstigte verfügt im vorliegenden Fall über eine **zweifache Banksicherheit**: Zum einen über den Zahlungsanspruch an die Akkreditivbank und zum anderen an die Bestätigungsbank.
Reicht dem Zweitbegünstigten diese Sicherheit ausnahmsweise und in Abweichung vom vorliegenden Beispiel nicht aus (immerhin haben die Akkreditivbank und die Bestätigungsbank ihren Sitz aus Sicht des Zweitbegünstigten regelmäßig im Ausland, sodass neben den Garantendelkredererisiken auch politische Risiken bestehen können), dann wäre als **weitere Sicherheit die Bestätigung** des übertragenen Akkreditivs durch eine **Drittbank** im Land des Zweitbegünstigten in Erwägung zu ziehen. Die Bestätigung durch eine Drittbank (eventuell durch die Hausbank des Zweitbegünstigten) hat der Zweitbegünstigte mit dem Erstbegünstigten im Kaufvertrag (siehe Schritt 1 b) zu vereinbaren.
Bei Übertragung **unbestätigter Akkreditive** hat der Zweitbegünstigte zu bedenken, dass er weder an die Zweitbank noch an die Drittbank, sondern nur an die Akkreditivbank Zahlungsansprüche aus dem übertragenen Akkreditiv erheben kann.

6 c. Akkreditivübertragung unter Einschaltung einer Drittbank

Die Übertragung eines Akkreditivs auf den Zweitbegünstigten erfolgt regelmäßig unter Einschaltung einer Drittbank. Die übertragende Zweitbank erteilt der Drittbank einen Geschäftsbesorgungsauftrag, der im vorliegenden Fall die **Avisierung** des übertragenen Akkreditivs sowie die Einsetzung als **Gültigkeits- und Benutzungs-/Zahlstelle** für das übertragene Akkreditiv umfasst.

7. Avisierung (Eröffnung) des übertragenen Akkreditivs

Mit der Avisierung (Eröffnung) des übertragenen Akkreditivs erlangt der Zweitbegünstigte den verbrieften **Zahlungsanspruch**, der sich im vorliegenden Fall an die Akkreditivbank sowie an die übertragende und zugleich bestätigende Zweitbank richtet. Keinen Zahlungsanspruch erwirbt der Zweitbegünstigte im vorliegenden Fall dagegen an die Drittbank, da diese das übertragene Akkreditiv nicht zusätzlich bestätigt hat.

Die Nennung der Akkreditivbank gegenüber dem Zweitbegünstigten erfolgt im übertragenen Akkreditiv beispielsweise mit der Formulierung: "Diese Übertragung beruht auf einem unwiderruflichen Dokumentenakkreditiv, eröffnet von der... (es folgt die Akkreditivbank)". Gegebenenfalls folgt -wie im vorliegenden Beispiel- auch die Nennung der das Originalakkreditiv bestätigenden Zweitbank.

8. Warenversand und Empfang der (Versand-)Dokumente

Der Zweitbegünstigte (Vorlieferant) versendet die Waren entsprechend dem mit dem Exporthändler geschlossenen Kaufvertrag (Schritt 1 b.) **direkt in das Importland**, und zwar entweder an die Adresse des Importeurs oder an die Adresse eines treuhänderischen Dritten (z.B. an die Adresse der akkreditiveröffnenden Bank oder an eine andere, im Kaufvertrag vereinbarte "Notify-Adresse").
Kennt der Zweitbegünstigte den Namen des Importeurs (Akkreditivauftraggebers) nicht, sondern nur eine Notify-Adresse, dann muss in den Akkreditivbedingungen klargestellt sein, dass bei Seeverfrachtung das **Orderkonnossement blanko zu indossieren** und eine Notify-Adresse im Importland anzugeben ist.
Im Gegenzug zum Warenversand erhält der Zweitbegünstigte (Vorlieferant) die (Transport-)Dokumente (Schritt 8 b).

9. Dokumenteneinreichung

Nach Zusammenstellung aller im übertragenen Akkreditiv geforderten **Dokumente** reicht der Zweitbegünstigte diese Dokumente bei der für das übertragene Akkreditiv als Gültigkeitsstelle und Benutzungs-/Zahlstelle eingesetzten Drittbank (eventuell zugleich seine Hausbank) ein, rechtzeitig **vor Verfall** des übertragenen Akkreditivs.

10. Dokumentenaufnahme und Auszahlung des Gegenwerts des übertragenen Akkreditivs

Da die **Drittbank** auch als **Benutzungs-/Zahlstelle** des übertragenen Akkreditivs eingesetzt ist, ist sie befugt, die Dokumente auf Übereinstimmung mit den Bedingungen des übertragenen Akkreditivs zu prüfen und im Namen und für Rechnung der Bestätigungsbank (Zweitbank) bzw. der Akkreditivbank den Akkreditivgegenwert **an den Zweitbegünstigten auszuzahlen**.
Der Zweitbegünstigte hat jedoch an die Drittbank -da diese das übertragene Akkreditiv nicht bestätigt hat- keinen Anspruch auf Auszahlung. Die tatsächliche Auszahlung an den Zweitbegünstigten kann sich deswegen solange verzögern, bis die Drittbank selbst über den Gegenwert des übertragenen Akkreditivs verfügt.

11. Dokumentenversand und Verrechnung des Gegenwerts des übertragenen Akkreditivs

Da die Drittbank als Benutzungs-/Zahlstelle eingesetzt ist, erwirbt sie einen **Remboursierungsanspruch** an die Bestätigungsbank sowie an die Akkreditivbank. Der Remboursierungsanspruch der Drittbank wird im vorliegenden Fall -im Gegenzug zum Dokumentenversand und nach Prüfung und Aufnahme der Dokumente durch die Zweitbank- durch Verrechnung zwischen Zweitbank und Drittbank erfüllt.

12. Rechnungsaustausch

Sobald die Zweitbank (übertragende Bank) von der Drittbank die Anzeige über die Auszahlung des Gegenwerts des übertragenen Akkreditivs erhält, fordert sie den **Erstbegünstigten** auf, unverzüglich seine eigene, auf den Importeur (Akkreditivauftraggeber) ausgestellte **Rechnung einzureichen.**

Hinweise für den Exporthändler (Erstbegünstigten):

Bei der Ausstellung der Rechnung des erstbegünstigten Exporthändlers ist darauf zu achten, dass die Beträge der Rechnung den im Akkreditiv angegebenen **Originalbetrag nicht übersteigen** bzw. den im Akkreditiv gegebenenfalls angegebenen Originalpreisen pro Einheit entsprechen (vgl. Art. 48 i. ERA).

Die Zweitbank (die übertragende Bank) **tauscht** nunmehr die **Rechnungen** aus: Sie setzt die (höhere) Rechnung des erstbegünstigten Exporthändlers an die Stelle der (niedrigeren) Rechnung des zweitbegünstigten Vorlieferanten.
Die **Rechnung** des zweitbegünstigten **Vorlieferanten** wird dem **Exporthändler** sodann **ausgehändigt.**

Hinweise für den Exporthändler (Erstbegünstigten):

Kommt der Erstbegünstigte (Exporthändler) der ersten **Aufforderung** der Zweitbank zur Einreichung seiner eigenen Rechnung an den Importeur (Akkreditivauftraggeber) nicht nach, dann hat die Zweitbank das **Recht**, der akkreditiveröffnenden Bank die Dokumente einschließlich der Rechnung des Zweitbegünstigten, also ohne die Rechnung des Erstbegünstigten, auszuhändigen (vgl. Art. 48 i. ERA).

13. Dokumentenaufnahme und Auszahlung des dem Erstbegünstigten zustehenden Teilbetrags aus dem Originalakkreditiv

Die Zweitbank **prüft** die vom erstbegünstigten Exporthändler eingereichte **Rechnung** in Verbindung mit den von der Drittbank zugegangenen **Dokumenten** auf Übereinstimmung mit dem Originalakkreditiv.
Auf dieser Grundlage zahlt die Zweitbank -im vorliegenden Fall in ihrer Eigenschaft als Bestätigungsbank- die **Differenz** zwischen dem höheren Betrag des Originalakkreditivs (bzw. dem Betrag der Rechnung des Erstbegünstigten) und dem niedrigeren Betrag des übertragenen Akkreditivs (bzw. dem Betrag der Rechnung des Zweitbegünstigten) an den Erstbegünstigten (Exporthändler) aus.
Wäre die Zweitbank -im Gegensatz zum vorliegenden Beispiel- nur Benutzungs-/Zahlstelle des Originalakkreditivs, nicht aber zugleich Bestätigungsbank, dann könnte sich die Auszahlung des Akkreditivbetrags bis zur Deckungsanschaffung durch die Akkreditivbank verzögern.

14. Dokumentenversand und Verrechnung des Gegenwerts des Originalakkreditivs

Dieser Schritt beinhaltet keine Besonderheiten gegenüber der üblichen Abwicklung von Akkreditiven.

15. Belastung des Gegenwerts des Originalakkreditivs und Aushändigung der Dokumente

Dieser Schritt beinhaltet keine Besonderheiten gegenüber der üblichen Abwicklung von Akkreditiven.

16. Dokumentenvorlage und Warenempfang

Der Importeur (Akkreditivauftraggeber) legt die Dokumente zum Nachweis seiner Berechtigung den relevanten Stellen vor: Ist der **Importeur** als **Adressat** in den Dokumenten ausgewiesen, vollzieht sich der Warenempfang wie üblich.
Ist dagegen in den Dokumenten lediglich eine "**Notify-Adresse**" angegeben, dann hat der Importeur den Empfang der Waren im Einvernehmen mit der angegebenen "Notify-Adresse" zu bewerkstelligen. Den Namen des Vorlieferanten (des Zweitbegünstigten aus dem Akkreditiv) erfährt der Importeur unter dieser Voraussetzung nicht aus dem Akkreditiv.

4.3.4.6 Gegenakkreditiv (Back-to-back-Akkreditiv)

Vorbemerkung

Das Gegenakkreditiv kommt in der **Praxis nicht allzu häufig** vor. Dies rechtfertigt es, das Gegenakkredititiv im Folgenden nur knapp zu charakterisieren sowie auf die Darstellung der schrittweisen Abwicklung des Gegenakkreditivs zu verzichten.

Charakterisierung

Ein Gegenakkreditiv entsteht, indem ein Exporthändler (Zwischenhändler, Transithändler) bzw. ein Generalunternehmer auf Grundlage eines zu seinen Gunsten eröffneten Akkreditivs seine Bank beauftragt, **back-to-back** (Rücken-an-Rücken) zu diesem Akkreditiv ein **(Gegen-)Akkreditiv** zu Gunsten seines eigenen Vorlieferanten bzw. zu Gunsten eines Subunternehmers zu eröffnen.

Zwei selbstständige Akkreditive

Zu beachten ist, dass es sich **rechtlich** um **zwei getrennte Akkreditive** handelt: Das von der Bank des Importeurs (des Abnehmers) zu Gunsten des Exporthändlers/Generalunternehmers eröffnete Akkreditiv (das aus Sicht des Exporthändlers/Generalunternehmers häufig als Verkaufsakkreditiv bzw. -in Anlehnung an übertragbare Akkreditive- als Basisakkreditiv bezeichnet wird) ist (akkreditiv-)rechtlich vom Gegenakkreditiv unabhängig, das der Exporthändler/Generalunternehmer von seiner Bank zu Gunsten seines eigenen Vorlieferanten/Subunternehmers eröffnen lässt.
Lediglich **intern**, d.h. im Verhältnis zwischen dem Exporthändler/Generalunternehmer und seiner Bank bildet das sog. Verkaufsakkreditiv (Basisakkreditiv) die wirtschaftliche und rechtliche Sicherheit zur Eröffnung des Gegenakkreditivs (Einkaufsakkreditivs).

Arten

Gegenakkreditive können unterteilt werden in:

- **Kongruente** Gegenakkreditive,
- **Nichtkongruente** Gegenakkreditive.

Kongruente Gegenakkreditive

Als kongruent (deckungsgleich) wird ein Gegenakkreditiv bezeichnet, wenn die (maßgeblichen) **Dokumente** (Transportdokument, Versicherungsdokument), die der akkreditivbegünstigte Vorlieferant zur Ausnutzung des Gegenakkreditivs (Einkaufsakkreditivs) vorlegt, vom Exporthändler **unverändert** zur Benutzung des Basisakkreditivs (Verkaufsakkreditivs) herangezogen werden können. Lediglich die Handelsrechnungen (und eventuell die Tratten, falls Wechselziehung vorgesehen ist) werden bei dieser Abwicklung ausgetauscht: Der Exporthändler/Generalunternehmer ersetzt die von seinem Vorlieferanten/Subunternehmer vorgelegte niedrigere Handelsrechnung durch seine eigene, an seinen Abnehmer (Importeur, Besteller) gerichtete höhere Handelsrechnung und benutzt auf dieser Grundlage das einen höheren Betrag ausweisende Basisakkreditiv (Verkaufsakkreditiv).

Nichtkongruente Gegenakkreditive

Nicht kongruent ist ein Gegenakkreditiv, wenn die vom begünstigten Vorlieferanten/Subunternehmer vorgelegten Dokumente vom Exporthändler/Generalunternehmer nicht zur Benutzung des zu seinen Gunsten eröffneten Verkaufsakkreditivs (Basisakkreditivs) verwendet werden können, sondern wenn die **Vorlage eigenständiger Dokumente** erforderlich ist.

Teilweise Analogie zum übertragbaren Akkreditiv

Während das **kongruente Gegenakkreditiv** in seiner Abwicklung weitgehend der Übertragung von Akkreditiven entspricht, tritt beim **nichtkongruenten Gegenakkreditiv** auch abwicklungstechnisch deutlich hervor, dass es sich bei Gegenakkreditiven um rechtlich selbstständige, von den sog. Basisakkreditiven losgelöste Akkreditive handelt.

Keine ausdrückliche Regelung in den ERA

Das Gegenakkreditiv ist in den ERA nicht ausdrücklich geregelt, was angesichts der Tatsache, dass es sich rechtlich um ein **selbstständiges Akkreditiv** handelt, konsequent ist.

Vorkommen

Gegenakkreditive kommen vor, wenn Bedarf auf Übertragung eines Akkreditivs besteht, aber das zu Grunde liegende Akkreditiv (Verkaufsakkreditiv, Basisakkreditiv) **nicht übertragbar gestellt** ist oder -obwohl übertragbar gestellt- die Vorschriften des Art. 48 ERA zur Übertragung nicht erfüllt werden können. Dies ist beispielsweise der Fall, wenn ein übertragbares Basisakkreditiv in einer **anderen Währung** übertragen werden sollte.

Vorteil für den Exporthändler

Die Abwicklung mit Gegenakkreditiven ist für einen Exporthändler bzw. Generalunternehmer immer dann von Vorteil, wenn es ihm -mangels eigener Liquidität bzw. Kreditwürdigkeit- schwer fallen würde oder gar unmöglich wäre, seinen Einkauf (seine Zulieferungen) frei zu finanzieren. Hier bietet sich das **Verkaufsakkreditiv** (Basisakkreditiv) als **(Sicherungs-)Grundlage** für das dem Vorlieferanten (Subunternehmer) zu stellende Akkreditiv (Gegenakkreditiv) an.

4.3.4.7 Abtretung des Akkreditiverlöses/Unwiderruflicher Zahlungsauftrag

4.3.4.7.1 Abtretung des Akkreditiverlöses

Charakterisierung

Abtretbarkeit

Der **Akkreditivbegünstigte** (in der Regel also der Exporteur) kann den ihm zustehenden oder künftig entstehenden Anspruch auf den **Akkreditiverlös** ganz oder teilweise **an Dritte abtreten**. Dies gilt laut Art. 49 ERA ausdrücklich auch dann, wenn das zu Grunde liegende Akkreditiv nicht übertragbar ist.

Abtretung an Banken bzw. Forfaiteure usw.

Die Abtretbarkeit bzw. die Abtretung des Anspruchs auf einen zustehenden oder künftig entstehenden Akkreditiverlös ist zunächst in allen Situationen von Bedeutung, in denen der Akkreditivbegünstigte **Kredite benötigt**, um den Zeitraum zwischen Akkreditiveröffnung und Eingang des Akkreditiverlöses zu überbrücken. Dies gilt vor allem für die Produktionsphase, aber auch für die Phase eines Zahlungsziels, wie es bei Akkreditiven mit hinausgeschobener Zahlung in Erscheinung tritt. Als von der Abtretung begünstigte Zessionare kommen deswegen nicht nur **Banken**, sondern auch **Forfaiteure** usw. infrage.

Abtretung an Zulieferer

Die Abtretung von Teilen des Akkreditiverlöses auf Dritte kommt darüber hinaus infrage, wenn der Exporteur Waren von **Zulieferern** unter Inanspruchnahme von Zahlungszielen bezieht und andere Finanzierungs- und Sicherungsinstrumente für diesen Warenbezug nicht zur Verfügung stehen. Analoges gilt für einen Generalunternehmer, der **Subunternehmer** mit der Ausführung von Teilen eines Auftrags betraut und diesen entsprechende Teilbeträge des Erlöses eines zu seinen Gunsten eröffneten oder zu eröffnenden Akkreditivs abtritt.

Bedeutung der Abtretung an Zulieferer für den Exporteur:

Erlangung von Zahlungszielen

- Dem Exporteur (dem Zedenten) dient die Abtretung des Anspruchs auf den Erlös eines zu seinen Gunsten eröffneten Akkreditivs dazu, von seinem Zulieferer ein entsprechendes Zahlungsziel zu erlangen. Der Akkreditiverlös kann vom akkreditivbegünstigten Exporteur in Teilbeträgen **an verschiedene Zulieferer** (Zessionare) abgetreten werden. Es hängt indessen vom Einzelfall ab, ob der Zulieferer die Abtretung des Akkreditiverlöses als hinreichende Sicherheit bewertet und dem Exporteur das erwünschte Zahlungsziel auf dieser Grundlage tatsächlich gewährt.

Evtl. Offenlegung

- Der Exporteur muss damit rechnen, dass der Zulieferer in seiner Eigenschaft als Zessionar die erfolgte **Abtretung** des Akkreditiverlöses der **Akkreditivbank** und -bei bestätigten Akkreditiven- auch der Bestätigungsbank bzw. der Benutzungs-/Zahlstelle (falls ihm die Abtretungserklärung nicht ohnehin von der als Benutzungs-/Zahlstelle eingesetzten Bank zugeht) **anzeigt**. Eine derartige Offenlegung der Abtretung (Zession) liegt nicht immer im Interesse des Exporteurs, weil damit Dritten zur Kenntnis kommt, dass er zur Erlangung von Zahlungszielen bei seinen Zulieferern offenkundig auf die Abtretung des Akkreditiverlöses angewiesen ist.

Bedeutung der Abtretung für den Zulieferer:

Keine akkreditivmäßige Sicherheit

- Dem Zulieferer (Zessionar) vermittelt die Abtretung (eines Teilbetrags) des Akkreditiverlöses eine weit **geringere Sicherheit** als sie beispielsweise Akkreditivübertragungen oder Gegenakkreditive bieten.
  Der Zulieferer (Zessionar) ist darauf angewiesen, dass der Exporteur die Akkreditivbedingungen pünktlich erfüllt, weil nur auf dieser Grundlage die Auszahlung des abgetretenen Akkreditiverlöses an ihn erfolgen kann. Der **Zulieferer** (Zessionar) selbst hat **keine Möglichkeit**, das zu Gunsten des Exporteurs eröffnete **Akkreditiv zu benutzen** (vgl. auch Art. 49 ERA). Insoweit bleibt der Zulieferer (Zessionar) trotz der Abtretung in einer gewissen Abhängigkeit zum Exporteur (des Zedenten).

Information/Spätestfrist

- Wie hoch die Abtretung des Akkreditiverlöses als Sicherheit für den Zulieferer (Zessionar) zu bewerten ist, hängt vom Einzelfall ab. In jedem Fall sollte der Zulieferer (Zessionar) mit dem Exporteur (dem Zedenten) bereits im Kaufvertrag eine umfassende Information über das der Abtretung zu Grunde liegende Akkreditiv vereinbaren und im Übrigen einen **spätesten Zeitpunkt** für eine Zahlungsverpflichtung des Exporteurs für den Fall festlegen, dass die Zahlung des abgetretenen Akkreditiverlöses nicht rechtzeitig erfolgt.

Offenlegung

- Die Offenlegung der Abtretung gegenüber der Akkreditivbank, der Benutzungs-/Zahlstelle bzw. einer eventuellen Bestätigungsbank ist für den Zulieferer (Zessionar) zumindest dann **ratsam**, wenn der Abtretungsvertrag direkt zwischen dem Exporteur (dem Zedenten) und dem Zulieferer (dem Zessionar) -also ohne Beauftragung einer Bank (der Zahlstelle) zur Abgabe der Abtretungserklärung gegenüber dem Zessionar- abgeschlossen wird. Erfolgt die Offenlegung der Zession nicht, dann besteht für den Zulieferer (Zessionar) die Gefahr, dass die zur Zahlung berechtigte Bank mit schuldbefreiender Wirkung an den Exporteur (den Akkreditivbegünstigten, Zedenten) bezahlt und dieser den abgetretenen Betrag nicht an den Zulieferer (Zessionar) weiterleitet.

Offene Rechtsfragen

Im Übrigen stellen sich bei **Zessionen**, insbesondere im Verkehr mit dem **Ausland**, weit reichende Form- und Rechtsfragen, die den Sicherungswert einer Abtretung für den Begünstigten (Zulieferer, Zessionar) infrage zu stellen vermögen.

4.3.4.7.2 Unwiderruflicher Zahlungsauftrag

Charakterisierung

Zahlungsauftrag an die Bank

Eine weitere Möglichkeit des Exporteurs, einem Zulieferer einen Teilbetrag seines Anspruchs auf den Akkreditiverlös zur Verfügung zu stellen, besteht in der Erteilung eines unwiderruflichen Zahlungsauftrags.
In diesem Fall erteilt der Akkreditivbegünstigte (Exporteur) seiner **Bank** (Benutzungs-/Zahlstelle des Akkreditivs, eventuell zugleich Bestätigungsbank) auf Grundlage des eröffneten Akkreditivs einen **unwiderruflichen Zahlungsauftrag zu Gunsten des Zulieferers**. Die beauftragte Bank benachrichtigt den Zulieferer vom Vorliegen dieses unwiderruflichen Zahlungsauftrags, wobei ausdrücklich auf das zu Grunde liegende Akkreditiv, insbesondere auf dessen Verfalldatum, Bezug genommen ist.

Beurteilung

Der **Zulieferer** hat folgende Aspekte zu beachten:

Kein Zahlungsversprechen der Bank

- **Es handelt sich nur um einen unwiderruflichen Zahlungsauftrag des Exporteurs** und keinesfalls um ein Zahlungsversprechen derjenigen Bank, die den Zulieferer vom Vorliegen dieses Zahlungsauftrags des Exporteurs benachrichtigt.

Abhängig vom Eingang des Akkreditiverlöses

- Die Bank führt den Zahlungsauftrag des Exporteurs an den Zulieferer nur aus, wenn der **Erlös** aus dem zu Grunde liegenden Akkreditiv bei ihr **vorbehaltlos**, d.h. zur freien Verfügung des Begünstigten, **eingeht**. Der unwiderrufliche Zahlungsauftrag des Exporteurs gewinnt für den Zulieferer somit nur an Wert, wenn der Exporteur die Bedingungen des Akkreditivs anstandslos und rechtzeitig erfüllt. Insoweit gerät der Zulieferer in Abhängigkeit zum guten Willen und zu den Möglichkeiten des Exporteurs, die Akkreditivbedingungen zu erfüllen.

Kein Anspruch auf Benutzung des Akkreditivs

- Der Zulieferer hat **keine Möglichkeit**, das zu Gunsten des Exporteurs eröffnete **Akkreditiv ersatzweise selbst zu benutzen**, wenn der Exporteur den Akkreditivbedingungen nicht entspricht.

Modifikation

- An der Stelle der bislang beschriebenen Konstruktion ist es auch möglich, dass der unwiderrufliche Zahlungsauftrag des Exporteurs zu Gunsten seines Zulieferers vom Akkreditiv insoweit losgelöst wird, als das **Akkreditiv zwar als Sicherheit** dient, bei Nichtbenutzung des Akkreditivs durch den Exporteur der **unwiderrufliche Zahlungsauftrag** aber bei Fälligkeit und bei Erfüllung weiterer Voraussetzungen **trotzdem auszuführen** ist.

4.3.5 Abwicklung von Dokumentenakkreditiven

4.3.5.1 Akkreditivvereinbarung im Kaufvertrag sowie Akkreditiveröffnungsauftrag des Importeurs

4.3.5.1.1 Allgemeine Aspekte

Vorbemerkungen

Der Importeur hat den Auftrag zur Eröffnung des Akkreditivs an seine Bank auf Grundlage und **in Übereinstimmung** mit der Akkreditivvereinbarung im Kaufvertrag zu stellen. Deswegen und um Wiederholungen zu vermeiden ist es zweckmäßig, die beiden (an sich rechtlich und chronologisch eigenständigen) Abwicklungsstufen

- **Vereinbarung der Akkreditivbedingungen im Kaufvertrag** (Kurzbezeichnungen: Akkreditivvereinbarung, Akkreditivklausel)
  und
- **Auftrag des Importeurs zur Eröffnung des Akkreditivs** an seine Bank (Kurzbezeichnung: Akkreditiveröffnungsauftrag)

in der folgenden Darstellung zusammenzufassen und **gemeinsam zu behandeln.**

Kurzakkreditiv

Einige Banken stellen Überlegungen an, ein **vereinfachtes Akkreditiv** zu schaffen, das als **Kurzakkreditiv** o. Ä. bezeichnet wird. Die Vereinfachung soll in den in das Akkreditiv aufzunehmenden Bedingungen, insbesondere in den geforderten Dokumenten, liegen. Grundsätzlich erleichtert eine solche Vereinfachung die Abwicklung der Akkreditive, was im Akkreditivverkehr mit Ländern von Belang ist, deren Bankwesen (noch) nicht dem Standard der westlichen Industrie-/Dienstleistungsnationen entspricht. Im Zeitpunkt der Ausarbeitung des Manuskripts zu diesem Buch war offen, ob die Pläne für ein vereinfachtes Akkreditiv/Kurzakkreditiv überhaupt realisiert werden.

Empfehlungen

- Grundsätzlich ist zu empfehlen, dass die Vertragspartner die Ausgestaltung des vom Importeur zu stellenden Akkreditivs bereits **im Kaufvertrag** so **detailliert** festlegen, dass für gegensätzliche Auffassungen bei der Abwicklung des Akkreditivs kein Spielraum bleibt.
- Die maßgeblichen, in die Akkreditivvereinbarung des Kaufvertrags und in den Akkreditiveröffnungsauftrag des

Importeurs aufzunehmenden **Merkmale** sind im folgenden Abschnitt 4.3.5.1.2 dargestellt und interpretiert. Diese Merkmale sind im daran anschließenden Abschnitt 4.3.5.1.3 in einer tabellarischen Prüfliste zusammengefasst. Den Exporteuren und Importeuren ist zu empfehlen, diese Merkmale auf ihre Anwendbarkeit und gegebenenfalls auf ihre Ausgestaltung bereits bei Abschluss des Kaufvertrags zu überprüfen.

- **Hilfestellung** bei der Abfassung der Akkreditivklausel im Kaufvertrag vermögen auch die in den **Akkreditiveröffnungsaufträgen** der Banken enthaltenen Merkmale zu geben. Die Bayerische Vereinsbank empfiehlt den Exporteuren ein solches Formular (den Akkreditiveröffnungsauftrag) Punkt für Punkt mit den Importeuren durchzugehen und als Anlage zum Kaufvertrag zu nehmen. Der Importeur hat sodann auf dieser eindeutigen Grundlage den Akkreditiveröffnungsauftrag an seine Bank zu erteilen (vgl. Bayerische Vereinsbank 1989: S. 23). Ein "Auftrag zur Eröffnung eines Dokumentenakkreditivs" (eines deutschen Importeurs) ist im folgenden Abschnitt abgebildet und ausführlich erläutert.

Interesse des Importeurs

Bei den Verhandlungen über die in den Kaufvertrag aufzunehmenden Merkmale des Akkreditivs lässt sich der Importeur insbesondere von dem Ziel leiten, den Exporteur zu einer in jeder Hinsicht **vertragsgemäßen Lieferung** der Waren zu zwingen. Dies erreicht der Importeur durch die Aufnahme von geeigneten **Dokumenten** in die Akkreditivbedingung des Kaufvertrags und durch Vereinbarung einer u.U. kurzen Laufzeit des Akkreditivs.

Interesse des Exporteurs

Dagegen richtet sich das Interesse des Exporteurs darauf, das vereinbarte **Akkreditiv** möglichst **rasch eröffnet** zu bekommen und zu gegebener Zeit ohne aufwändige und u.U. kostspielige Nachweise (Dokumente) **benutzen** zu können. Auch für den Exporteur ist eine detaillierte Definition des Akkreditivs und dessen Bedingungen im Kaufvertrag von Bedeutung, weil sich darauf sein Rechtsanspruch an den Importeur gründet, das Akkreditiv exakt mit den vereinbarten Merkmalen eröffnet zu bekommen.

Pflichten

Die Vereinbarung eines Akkreditivs als Zahlungsbedingung im **Kaufvertrag** führt zunächst zu den folgenden Pflichten der Geschäftspartner:

- des Importeurs

- Der Importeur hat die Pflicht, das **Akkreditiv** in genauer Übereinstimmung mit den im Kaufvertrag getroffenen Vereinbarungen **eröffnen zu lassen**. Dieser Pflicht genügt der Importeur nicht mit der bloßen Beauftragung seiner Bank zur Akkreditiveröffnung. Vielmehr ist diese Pflicht des Importeurs erst erfüllt, wenn das Akkreditiv zu Gunsten des Exporteurs tatsächlich eröffnet ist.

- des Exporteurs

- Der Exporteur hat sich an die Vereinbarung eines Akkreditivs als Zahlungsbedingung zu halten. Dies bedeutet insbesondere,

dass der Exporteur **nicht** nachträglich und nicht alternativ eine **andere Zahlungsbedingung** (z.B. Vorauszahlung) für sich beanspruchen kann. Der Exporteur muss vielmehr das eröffnete Akkreditiv zur Erlangung des Kaufpreises benutzen, sofern das Akkreditiv den Vereinbarungen des Kaufvertrags entspricht.
Nur in dem Fall, dass der akkreditivbegünstigte Exporteur -trotz Vorlage akkreditivkonformer Dokumente und trotz der Erfüllung aller übrigen Akkreditivbedingungen- tatsächlich keine Zahlung aus dem eröffneten unwiderruflichen Akkreditiv erhält, hat der Exporteur einen direkten Zahlungsanspruch an den Importeur. Einzelheiten vgl. Abschnitt "4.3.1.2 Rechtliche Aspekte, insbesondere Rechtsstellung des Akkreditivbegünstigten in ausgewählten Störfällen".

Fristsetzung

Der Exporteur sollte zu seiner Sicherheit **im Kaufvertrag** einen **spätesten Termin** vereinbaren, bis zu dem das Akkreditiv zu seinen Gunsten eröffnet sein muss.
Eventuell kann dies auch mit der Formulierung **"unverzügliche Akkreditivstellung"**, "sofortige Akkreditivstellung" o. Ä. geschehen. **Im Gegensatz zu einer absoluten Fristsetzung** lassen solche Formulierungen dem Importeur jedoch (begrenzte) zeitliche Spielräume für die Akkreditivstellung, zumal nicht immer ganz eindeutig zu bestimmen ist, welcher Zeitraum dem Importeur für die "unverzügliche", "sofortige" o. Ä. vereinbarte Akkreditivstellung zugebilligt werden muss.
Wird im Kaufvertrag überhaupt **keine zeitliche Vereinbarung** über die Stellung des Akkreditivs zu Gunsten des Exporteurs getroffen, dann wird man hilfsweise von den für das Warengrundgeschäft vereinbarten Fristen auf jenen Zeitraum schließen müssen, der dem Importeur für die Stellung des Akkreditivs zur Verfügung steht. Bei längerer Geschäftsbeziehung zwischen den Beteiligten könnte dazu u.U. auch die zeitliche Handhabung der Akkreditivstellung in der Vergangenheit herangezogen werden. Um Eindeutigkeit zu schaffen, ist jedoch einer festen Fristvereinbarung für die Akkreditivstellung der Vorzug zu geben.

Nichteröffnung

Bereits bei Abschluss des Kaufvertrags sollten sich die Beteiligten über die **Konsequenzen** im Klaren sein, die eintreten, wenn das Akkreditiv zu Gunsten des Exporteurs nicht oder nicht mit den im Kaufvertrag vereinbarten Merkmalen eröffnet wird.
Grundsätzlich sind bei der Darstellung der rechtlichen Konsequenzen zwei Ereignisse zu unterscheiden:

- Der Importeur kann das vereinbarte Akkreditiv wegen **objektiver Unmöglichkeit** (z.B. wegen staatlicher Maßnahmen) nicht stellen.
- Der Importeur kann das vereinbarte Akkreditiv wegen **subjektiver**, also vom Importeur zu vertretender **Gründe** (z.B. wegen mangelnder Kreditwürdigkeit) nicht stellen.

Die rechtlichen Konsequenzen dieser beiden Ereignisse sind in Abschnitt "4.3.1.2 Rechtliche Aspekte, insbesondere Rechtsstellung des Akkreditivbegünstigten in ausgewählten Störfällen" beschrieben.

Abweichende/mängelbehaftete Eröffnung

Wird ein Akkreditiv zu Gunsten des Exporteurs zwar avisiert, weicht das avisierte Akkreditiv jedoch von den Vereinbarungen im Kaufvertrag ab, dann bleibt es dem Exporteur -alternativ zur Geltendmachung seiner in Abschnitt 4.3.1.2 beschriebenen Rechte- unbenommen, dieses **Akkreditiv gleichwohl** mit den avisierten, nicht den Vereinbarungen im Kaufvertrag entsprechenden Bedingungen **anzunehmen**. Die (stillschweigende) Annahme eines solchen Akkreditivs wird der Exporteur jedoch nur vollziehen, wenn die Akkreditivbedingungen von den Vereinbarungen im Kaufvertrag nur geringfügig abweichen und sein Sicherungsinteresse von den Abweichungen nicht berührt wird.
Sind die **Abweichungen** des avisierten Akkreditivs gegenüber der Akkreditivvereinbarung im Kaufvertrag **erheblich**, dann wird der Exporteur im Interesse der Durchführung des Exportgeschäfts den Importeur -je nach Rechtslage eventuell unter Fristsetzung- zunächst auffordern, das avisierte **Akkreditiv** unverzüglich durch die beteiligten Banken entsprechend den Vereinbarungen im Kaufvertrag **ändern zu lassen**. Gelingt dies nicht, dann bleibt dem Exporteur immer noch die Möglichkeit, eine der in Abschnitt "4.3.1.2 Rechtliche Aspekte, insbesondere Rechtsstellung des Akkreditivbegünstigten in ausgewählten Störfällen" beschriebenen Alternativen zu ergreifen.

ERA

Für den Akkreditivbegünstigten ist es wichtig zu wissen, dass er sich **in keinem Fall auf die vertraglichen Beziehungen berufen** kann, die zwischen den Banken oder zwischen dem Akkreditivauftraggeber und der eröffnenden Bank bestehen (vgl. Art. 3 b. ERA). Weicht beispielsweise ein zu Gunsten des Exporteurs avisiertes Akkreditiv von den im Kaufvertrag getroffenen Vereinbarungen ab, dann hat der Exporteur nicht die Möglichkeit, von der akkreditiveröffnenden Bank eine Änderung des Akkreditivs unter Berufung auf die mit dem Importeur im Kaufvertrag getroffenen Vereinbarungen zu verlangen.

4.3.5.1.2 Merkmale der Akkreditivvereinbarung im Kaufvertrag sowie Merkmale des Akkreditiveröffnungsauftrags des Importeurs

4.3.5.1.2.1 Vorbemerkungen und Hinweise

Vorbemerkungen

Erkenntnisziel des vorliegenden Abschnitts ist es, den Exporteuren und Importeuren eine Leitlinie zur Abfassung der Akkreditivvereinbarung im Kaufvertrag sowie dem Importeur spezielle Hinweise zum Ausfüllen des Akkreditiveröffnungsauftrags an seine Bank zu geben. Ausgehend vom Akkreditiveröffnungsauftrag einer deutschen Bank werden dessen Merkmale (die zugleich die Merkmale der Akkreditivvereinbarung im Kaufvertrag sind) Schritt für Schritt behandelt.
Die Ausführungen umfassen nicht nur eine Beschreibung der (zum Teil alternativen) **Merkmale**, sondern jeweils auch deren **Beurteilung** aus Sicht von Importeuren und Exporteuren. Dadurch sollen

die Beteiligten in die Lage versetzt werden, auch die Konsequenzen der Festlegung der einzelnen Merkmale im Kaufvertrag bzw. im Akkreditiveröffnungsauftrag abzuschätzen. Diese Vorgehensweise bedingt, dass häufig auf die Merkmale der verschiedenen Akkreditivarten, die in Kapitel 4.3.2ff. dargestellt sind, zurückgegriffen werden muss. Um dem Leser ein andauerndes Zurückblättern zu ersparen, sind diese Merkmale -trotz der damit verbundenen Wiederholungen- im vorliegenden Abschnitt zum Teil erneut -allerdings nur skizzenhaft- aufgenommen.
Anzumerken ist, dass im **Tagesgeschäft** der Praxis manchmal vereinfacht vorgegangen wird (z.B. mit Akkreditivstellungen auf Grundlage von Proformarechnungen) und dass nicht alle Merkmale und deren Konsequenzen von gleicher praktischer Bedeutung sind. Aus Gründen der Vollständigkeit wurden diese aber gleichwohl in den vorliegenden Abschnitt aufgenommen.

Fallbeispiele/ Abbildungen

In den Abschnitten "4.3.5.1.3 Fallbeispiele/Formulare zum Akkreditiveröffnungsauftrag des Importeurs", "4.3.5.2.1 Ausführung des Akkreditiveröffnungsauftrags durch die beauftragte eröffnende Bank" und "4.3.5.2.2 Akkreditivavisierung/-eröffnung und eventuelle Akkreditivbestätigung durch die eingeschaltete Zweitbank" finden sich **Anwendungsbeispiele** und **Abbildungen** zu **Akkreditiveröffnungsaufträgen von Importeuren**, zu **Akkreditiveröffnungsschreiben/Akkreditiven** sowie **zu Akkreditivavisierungsschreiben.**

Hinweis

Im anschließenden Abschnitt 4.3.5.1.4 sind die nachstehend beschriebenen Merkmale in einer **Prüfliste** tabellarisch dargestellt und jeweils kurz interpretiert.

Ausdrückliche Bezeichnung der vereinbarten Zahlungsbedingung mit den Worten "Dokumenten-Akkreditiv", "documentary credit", falls zutreffend: (dokumentärer) **"Standby Letter of Credit" o. Ä. im Kaufvertrag;** vgl. auch Art. 2 ERA.

- Abgrenzung

- **Damit wird eine eindeutige Abgrenzung**, insbesondere zum Dokumenteninkasso, das ebenfalls eine Zug-um-Zug-Abwicklung "Dokumente gegen Kasse" bzw. "... gegen Akzept" umfasst, aber auch zu anderen Zahlungsbedingungen, erreicht.

- Hinweis

- Die **Art des Akkreditivs** (z.B. Sichtzahlungsakkreditiv, Akzeptakkreditiv usw.) ergibt sich aus den weiteren, in den Kaufvertrag aufzunehmenden Merkmalen (siehe unten: "Vereinbarung der Zahlungsmodalitäten/zugleich Vereinbarung der Akkreditivart").

Vereinbarung der von der Internationalen Handelskammer festgelegten "Einheitlichen Richtlinien und Gebräuche für Dokumenten-Akkreditive" (ERA) im Kaufvertrag

- Sicherheit

- Die ERA vermitteln die Sicherheit einer -von Sonderfällen abgesehen- eindeutigen und **international geläufigen Abwicklungsvorschrift** für die Beteiligten, insbesondere auch für die eingeschalteten Kreditinstitute.

- Die Kreditinstitute eröffnen Akkreditive in der Regel ohnehin unter **Zugrundelegung der ERA**. Gleichwohl ist es insbesondere für den begünstigten Exporteur empfehlenswert, durch Vereinbarung der ERA im Kaufvertrag das Risiko der Stellung eines Akkreditivs, das nicht auf dieser Rechtsgrundlage beruht, von vornherein auszuschließen.

- Ausdrückliche Vereinbarung

4.3.5.1.2.2 Vordruck: Akkreditiveröffnungsauftrag, Übermittlungsinstrumente/-wege der Akkreditiveröffnung

Erteilung des Akkreditiveröffnungsauftrags durch den Importeur an seine Bank

- **Hinweis:** In Abschnitt "**4.3.5.1.3 Fallbeispiele/Formulare zum Akkreditiveröffnungsauftrag des Importeurs**" sind mehrere ausgefüllte Akkreditiveröffnungsaufträge abgebildet.

- Fallbeispiele/ Abbildungen

- Siehe **Ziffer (1)** der **Abbildung Nr. 4.3-17** "Auftrag zur Eröffnung eines Dokumentenakkreditivs" (eines deutschen Importeurs an die deutsche Bank, Handelskreditbank AG).

- Abbildung

- Der Importeur erteilt seiner Bank den Akkreditiveröffnungsauftrag auf Grundlage und in Übereinstimmung mit den im Kaufvertrag zum Akkreditiv getroffenen Vereinbarungen. Dazu stellt ihm seine Bank einen Vordruck zur Verfügung, der regelmäßig auf dem **Standardformular**, das die Internationale Handelskammer entwickelt hat, beruht. Der Vordruck der Banken hat den Vorzug, dass die maßgeblichen Merkmale eines Akkreditivs bereits (alternativ) aufgeführt sind.

- Vordruck der Banken

- Es sind von den an der Akkreditivabwicklung Beteiligten Methoden entwickelt worden, die es den Importeuren ermöglichen, ihren Banken Akkreditiveröffnungsaufträge **auf elektronischem Weg** zu erteilen. Die darin aufzunehmenden (alternativen) Daten sind dieselben, wie im abgebildeten Formular, sodass die folgenden Darstellungen ihre Gültigkeit behalten. Siehe dazu auch Abschnitt "4.3.1.3 Exkurs: UN/EDIFACT in der Akkreditivabwicklung".

- EDV-Auftrag/ EDIFACT

- Die Vordrucke der Banken enthalten regelmäßig einen **Hinweis auf die ERA**: "Das Akkreditiv soll den 'Einheitlichen Richtlinien und Gebräuchen für Dokumenten-Akkreditive' der Internationalen Handelskammer, ICC-Publikation Nr. 500, Revision 1993 unterliegen" oder einen sinngemäßen Text.
  Siehe **Ziffer (2)** der **Abbildung** "Auftrag zur Eröffnung eines Dokumentenakkreditivs". Weitere Abbildungen/**Fallbeispiele** finden sich in Abschnitt 4.3.5.1.3.

- Gültigkeit der ERA

- In Art. 5 ERA ist u.a. ausgeführt: "*Aufträge zur Eröffnung eines Akkreditivs, das Akkreditiv selbst, Aufträge zur Akkreditiv-Änderung und die Änderung selbst müssen vollständig und genau sein. Um Irrtümern und Missverständnissen vorzubeugen, sollten die Banken jedem Versuch entgegentreten, zu weit gehende Einzelheiten in das Akkreditiv oder in eine Akkreditiv-Änderung aufzunehmen ...*" (Hervorhebungen durch den Verf.).

- Bestimmungen der ERA

Auftrag an Handelskreditbank AG
zur Eröffnung eines Dokumenten-Akkreditivs

Wir bitten Sie, in unserem Auftrag und für unsere Rechnung ein Akkreditiv zu nachstehenden Bedingungen zu eröffnen. (1)

Die **Eröffnung** ist – sofern sie nicht über S.W.I.F.T. erfolgt – vorzunehmen	☐ per Luftpost (3)	☐ mit kurzem Voravis per Telex/Telefax/Telegramm	☐ per Telex/Telefax/Telegramm (notfalls vollbezahlt) im vollen Wortlaut, d.h., das Akkreditiv soll aufgrund dieser Telekommunikation benutzbar sein	
Das Akkreditiv soll sein	☐ unwiderruflich (4)	☐ widerruflich	☐ übertragbar (5)	☐ bestätigt durch Ihre Korrespondenzbank (6)
Begünstigter *Name und Anschrift*	(7)			
Bank des Begünstigten *sofern bekannt*	(8) Sie sind berechtigt, das Akkreditiv dem Begünstigten auch über eine Korrespondenzbank Ihrer Wahl zuzuleiten.			
Akkreditivbetrag	(9)	in Worten		
Das Akkreditiv soll **benutzbar** sein bei	☐ Ihnen (8)	☐ Ihrer Korrespondenzbank	☐ jeder beliebigen Bank *)	
durch	☐ Sichtzahlung (10)	☐ hinausgeschobene Zahlung	☐ Akzeptierung einer Tratte des Begünstigten	☐ Negoziierung einer Tratte des Begünstigten
	fällig	gezogen auf (Bank)		
Verfalldatum/ Vorlagefrist	Dokumentenvorlage spätestens am (11)	und zwar innerhalb von Tagen nach dem Verladedatum. (12)		
Verladung/ letztes Verladedatum	von (13)	nach	spätestens am (14)	
Teilverladungen/ Umladung	☐ Teilverladungen gestattet (15)	☐ Teilverladungen nicht gestattet	☐ Umladung gestattet (16)	☐ Umladung nicht gestattet
Dokumente *Bei Lieferung per Bahn, Lkw, Luftfracht oder Post mit Angabe des auf dem Transportdokument auszuweisenden Empfängers.* *Falls Platz nicht ausreicht, bitte sämtliche Angaben auf separatem Blatt als Anlage beifügen.*	(17)			
Ware *Kurze Beschreibung, gegebenenfalls Menge, Einzelpreis, Lieferbedingungen wie CIF, FOB, FAS, CFR, CIP usw. auf Basis der INCOTERMS 1990*	(18) (19) (20)			
Versicherung/ Fremde Kosten	☐ Versicherung wird durch uns gedeckt	☐ Versicherung ist vom Verkäufer zu decken	☐ Fremde Kosten zu unseren Lasten (21)	☐ Fremde Kosten zu Lasten des Begünstigten
Zusätzliche Angaben	Datum Tel.	Referenz, Ansprechpartner bei Rückfragen		Gegenwert zu Lasten Konto-Nr.

Das Akkreditiv soll den ›Einheitlichen Richtlinien und Gebräuchen für Dokumenten-Akkreditive (Revision 1993), ICC-Publikation Nr. 500‹, unterliegen. (2)

Sollten Ihnen außer den unter dem Akkreditiv beizubringenden Dokumenten zusätzliche Dokumente oder Schriftstücke zugehen, sind Sie ermächtigt, diese ungeprüft – und ohne von ihrem Inhalt Kenntnis zu nehmen – an uns weiterzuleiten, ohne daß dadurch eine Verantwortung für Sie begründet wird.

*) *Nur ankreuzen, wenn der Begünstigte die Möglichkeit haben soll, ein durch Negoziierung benutzbares Akkreditiv bei jeder beliebigen Bank in Anspruch zu nehmen.*

Auftraggeber (Firmenstempel)

Rechtsverbindliche Unterschrift(en)

18-094 2 94

Anlage
Vordruck gemäß Anlage Z1 zur AWV ist beigefügt.

Abbildung Nr. 4.3-17

Festlegung des Übermittlungsinstruments/-wegs zur Akkreditiveröffnung

- Siehe **Ziffer (3)** der **Abbildung** "Auftrag zur Eröffnung eines Dokumentenakkreditivs". Weitere Abbildungen/**Fallbeispiele** finden sich in Abschnitt 4.3.5.1.3.

- Abbildung

- Die Vordrucke der Banken sehen in der Regel **alternative**, vom Auftraggeber anzukreuzende **Übermittlungsinstrumente(-wege)** für die Avisierung/ Eröffnung des Akkreditivs (unter Einschaltung einer Zweitbank) vor.
  Es gibt mehrere **Gründe**, die den Akkreditivauftraggeber dazu bewegen können, einen schnellen Übermittlungsweg für die Eröffnung des Akkreditivs zu wählen, so z.B.
  - die Verpflichtung im Kaufvertrag, das Akkreditiv sofort oder innerhalb bestimmter (kurzer) Frist zu stellen;
  - das Interesse an einer raschen Warenlieferung.

- Alternativen/Gründe

- Die **schnellste und häufigste Übermittlung** erfolgt über SWIFT bzw. manchmal über Telex. Innerhalb kurzer Zeit ist der Akkreditivbegünstigte -unter Einschaltung einer Zweitbank- im Besitz des Avises des Akkreditivs.

- SWIFT

- Die Übermittlung der Akkreditivavisierung (Akkreditiveröffnung) kann aber -in Fällen, in denen SWIFT nicht möglich ist- auch über die **Luftpost (by airmail)** abgewickelt werden. Entsprechend der jeweiligen Flugverbindungen können sich bei dieser Abwicklung jedoch Verzögerungen einstellen.

- Luftpost

- Um diesen Verzögerungen zu begegnen, kann der Auftraggeber Weisung erteilen, die Abwicklung zwar über die Luftpost, aber mit **telegrafischer Voranzeige/Voravis** (airmail with telegrafic pre-advice) vorzunehmen, was inzwischen aber selten vorkommt.
  Die zur Akkreditiveröffnung beauftragte Bank (Importeurbank) stellt sodann der eingeschalteten Zweitbank eine telegrafische Voranzeige (ein Voravis) zu, die ihrerseits per Voranzeige (Voravis) den Akkreditivbegünstigten informiert.

- Voravis

- Um **Eindeutigkeit** zu schaffen, ob lediglich eine unverbindliche oder bereits eine verbindliche Voranzeige oder aber eine verbindliche Akkreditivavisierung (Akkreditiveröffnung) vorliegt, sind in Art. 11 ERA Regeln aufgenommen, die in Abschnitt "4.3.5.2.2 Akkreditivavisierung ... " abgedruckt sind.

- ERA

- "*Die Banken übernehmen keine Haftung oder Verantwortung für die Folgen von Verzögerungen und/oder Verlusten bei Übermittlung von Nachrichten, Briefen oder Dokumenten, sowie für Verzögerung, Verstümmelung oder sonstige Irrtümer, die aus der Übermittlung einer Telekommunikation resultieren. Die Banken übernehmen keine Haftung oder Verantwortung für Irrtümer bei der Übersetzung und/oder Auslegung von technischen Ausdrücken und behalten sich das Recht vor, Akkreditiv-Bedingungen unübersetzt weiterzugeben*" (Art. 16 ERA, Hervorhebungen dch. d. Verf.).

- Haftungsausschluss

- "*Die Banken übernehmen keine Haftung oder Verantwortung für die Folgen der Unterbrechung ihrer Geschäftstätigkeit durch Fälle höherer Gewalt, Unruhen, Aufruhr, Aufstand, Kriege oder irgendwelche anderen Ursachen, die außerhalb ihrer Kontrolle liegen, sowie durch irgendwelche Streiks oder Aussperrungen. Sofern sie hierzu nicht ausdrücklich ermächtigt sind, werden die Banken bei Wiederaufnahme ihrer Geschäftstätigkeit unter Akkreditiven, die während einer solchen Unterbrechung ihrer Geschäftstätigkeit verfallen sind, nicht zahlen, keine Verpflichtung zur hinausgeschobenen Zahlung übernehmen, keine Tratten akzeptieren bzw. nicht negoziieren*" (Art. 17 ERA, Hervorhebungen dch. d. Verf.).

4.3.5.1.2.3 Unwiderruflichkeit, Übertragbarkeit, Bestätigung

Unwiderruflichkeit bzw. Widerruflichkeit

- **Abbildung**

Siehe auch **Ziffer (4)** der **Abbildung** "Auftrag zur Eröffnung eines Dokumentenakkreditivs". Weitere Abbildungen/**Fallbeispiele** finden sich in Abschnitt 4.3.5.1.3.

- **Ausnahme: Widerruflichkeit**

- Widerrufliche Akkreditive bieten für den begünstigten Exporteur nur eine **geringe Sicherheit** und treten deswegen in der Praxis nur sehr selten in Erscheinung.

- **Regelfall: Unwiderruflichkeit**

- Zu seiner **Sicherheit** sollte der **Exporteur** bereits im Kaufvertrag Eindeutigkeit schaffen und die Stellung eines unwiderruflichen Akkreditivs festlegen ("irrevocable documentary credit" o. Ä.). Zu beachten ist, dass Akkreditive, in denen die Angabe, ob sie widerruflich oder unwiderruflich sind, fehlt, gemäß den (neuen) ERA stets als unwiderruflich gelten (vgl. Art. 6 c. ERA).

- **Hinweis**

- Zur **Abwicklung** und **Beurteilung** widerruflicher und unwiderruflicher Akkreditive siehe Kapitel "4.3.2 Akkreditivarten nach der Sicherheit des Exporteurs".

Vereinbarung der Übertragbarkeit des Akkreditivs

- **Abbildung**

Siehe auch **Ziffer (5)** der **Abbildung** "Auftrag zur Eröffnung eines Dokumentenakkreditivs". Weitere Abbildungen/**Fallbeispiele** finden sich in Abschnitt 4.3.5.1.3.

- **Vorkommen**

- Die Vereinbarung der Übertragbarkeit des Akkreditivs ist für den **Begünstigten** insbesondere dann zweckmäßig, wenn er
  - **Transithändler** (Zwischenhändler, Exporthändler) ist und sich somit eines oder mehreren Vorlieferanten bedient;
  - **Generalunternehmer** ist und somit Subunternehmer mit der (Teil-)Ausführung des Auftrags betraut;
  - **Exporteur** ist und die Waren bzw. Rohteile von **Zulieferern einkauft**.

In allen diesen Fällen kann für den Erstbegünstigten (Exporteur, Transithändler o. Ä.) -z.B. mangels anderer Finanzierungsmittel- die ganze oder teilweise Übertragung des Akkreditivs auf den oder die Vorlieferanten, Subunternehmer, Zulieferer usw. infrage kommen.

- **Ausdrückliche Bezeichnung**

- Ein Akkreditiv kann gemäß Art. 48 b. ERA nur übertragen werden, wenn es von der eröffnenden Bank **ausdrücklich als "über-**

tragbar" ("transferable") bezeichnet worden ist. Folglich hat der Akkreditivbegünstigte (Exporteur, Transithändler, Generalunternehmer), sofern er ein übertragbares Akkreditiv wünscht, dafür Sorge zu tragen, dass die Übertragbarkeit des Akkreditivs in die Akkreditivklausel des Kaufvertrags ausdrücklich aufgenommen wird. Der Importeur hat sodann die Verpflichtung, die Übertragbarkeit des Akkreditivs auch in den Akkreditiveröffnungsauftrag aufzunehmen.

- Zur Abtretung des Anspruchs auf den Akkreditiverlös durch den Begünstigten an einen Dritten (z.B. an eine Bank oder an einen Lieferanten) ist die **Übertragbarkeit** des Akkreditivs **nicht erforderlich** (vgl. Art. 49 ERA). Einzelheiten zur Abtretung siehe Abschnitt 4.3.4.7.

  - **Abtretung**

- Ein übertragbares Akkreditiv kann **nur einmal** und -von einigen in Art. 48 h. ERA dargestellten Ausnahmen abgesehen- nur zu den **Bedingungen des Originalakkreditivs** übertragen werden. Die Einmaligkeit der Übertragbarkeit gilt nur, sofern im Akkreditiv nichts anderes festgelegt ist (vgl. Art. 48 g. ERA).

  - **Einmalübertragung u.a.**

- Für den Akkreditivauftraggeber (Importeur) kann die Übertragung des Akkreditivs mit gewissen Unwägbarkeiten verbunden sein. Beispielsweise hinsichtlich der **Zuverlässigkeit des Vorlieferanten**, auf den das Akkreditiv vom Exporteur (teilweise) übertragen wird, weil dieser die Güter nunmehr an der Stelle des Exporteurs ausliefert.

  - **Nachteil für den Akkreditivauftraggeber**

- Auch der Zweitbegünstigte (Vorlieferant o. Ä.) des übertragenen Akkreditivs hat einige Besonderheiten zu beachten, so insbesondere die Tatsache, dass sich sein **Zahlungsanspruch** bei Übertragung **unbestätigter** Akkreditive **nur auf die Akkreditivbank**, nicht aber auf die übertragende Bank richtet.

  - **Nachteil für den Zweitbegünstigten**

- Die Grundstruktur, die Abwicklung sowie die Vor- und Nachteile übertragbarer Akkreditive sind umfassend in Abschnitt "**4.3.4.5 Übertragbares Akkreditiv**" dargestellt.

  - **Hinweis**

Vereinbarung der Bestätigung des Akkreditivs

- Siehe auch **Ziffer (6)** der **Abbildung** "Auftrag zur Eröffnung eines Dokumentenakkreditivs". Weitere Abbildungen/**Fallbeispiele** finden sich in Abschnitt 4.3.5.1.3.

  - **Abbildung**

- Erachtet es der Exporteur im Hinblick auf das **politische Risiko** und/oder das **Garantendelkredererisiko** (z.B. das Risiko der Zahlungsunfähigkeit der Akkreditivbank) für notwendig, das Akkreditiv durch das Zahlungsversprechen einer weiteren Bank, d.h. durch eine Bestätigung abzusichern, dann ist dies in die Akkreditivvereinbarung des Kaufvertrags ausdrücklich (z.B. mit den Worten "confirmed irrevocable documentary credit") aufzunehmen.

  - **Risiken**

- Das **bestätigte Dokumentenakkreditiv** ist umfassend in Abschnitt "4.3.2.3 Unwiderrufliches bestätigtes Dokumentenakkreditiv" dargestellt.

  - **Hinweis**

- **Mögliche Bestätigungsbanken**

- Grundsätzlich kann für die Bestätigung von Akkreditiven ein enger oder weiter **Kreis von Banken** vereinbart werden:
  - die Hausbank des Exporteurs bzw. die avisierende Bank ("confirmed by the advising bank");
  - jede beliebige erstklassige Bank im Land des Exporteurs (z.B. "first class german bank");
  - jede erstklassige internationale Bank ("international prime bank").

  Die möglichen Bestätigungsbanken sind in Abschnitt "4.3.2.3.2 Grundstruktur, Abwicklung und besondere Merkmale (bestätigter Akkreditive)" in Schritt 1 ausführlich dargestellt und auf ihre **Eignung** untersucht.

  Für die vom Importeur mit der Akkreditiveröffnung beauftragten Bank ist es von Vorteil, wenn sie eine Zweitbank ihrer Wahl, d.h. auf Grundlage der eingespielten **Korrespondenzbeziehungen**, mit der Bestätigung beauftragen kann. Der vorliegende Akkreditiveröffnungsauftrag sieht diese Möglichkeit mit der Formulierung "bestätigt durch Ihre Korrespondenzbank" vor.

- **Unbestätigt gebliebende Akkreditive**

- Findet sich die zur Bestätigung des Akkreditivs beauftragte oder ermächtigte Zweitbank angesichts der damit verbundenen Risiken nicht bereit, dem Akkreditiv ihre Bestätigung hinzuzufügen, dann bestimmen die ERA, dass diese Zweitbank dem Begünstigten das Akkreditiv **ohne** Hinzufügung ihrer **Bestätigung avisieren kann**, sofern im Akkreditiv andere Weisungen nicht erteilt sind (vgl. Art. 9 c. ERA).

  Der begünstigte Exporteur hat sodann zu entscheiden, ob er sich mit dem unbestätigten Akkreditiv begnügt oder aber dieses Akkreditiv als nicht kaufvertragskonform zurückweist.

- **Empfehlung**

- Um die Situation zu vermeiden, dass ein im Kaufvertrag vereinbartes bestätigtes Akkreditiv bei Akkreditiveröffnung keine Bestätigung findet, ist dem akkreditivbegünstigten Exporteur zu empfehlen, vor Abschluss des Kaufvertrag **Kontakt mit seiner Bank** aufzunehmen. Er sollte dabei nicht nur die mit dem Importland verbundenen politischen Risiken zu erheben suchen, sondern auch klären, ob seine Hausbank bereit ist, eine Akkreditivbestätigung bezüglich der beabsichtigten Akkreditivbank und des betreffenden Landes abzugeben.

- **Hinweise**

- Die folgenden **Aspekte zur Bestätigung** von Akkreditiven sind ausführlich in Abschnitt "4.3.2.3.2 Grundstruktur, Abwicklung und besondere Merkmale (bestätigter Akkreditive), Schritt 4: Akkreditivavisierung (Akkreditiveröffnung) und Akkreditivbestätigung" dargestellt und beurteilt:
  - **Nachträgliche (spätere) Bestätigung bzw. Ankaufszusage;**
  - **eingeschränkte Bestätigung;**
  - **Eröffnung als unbestätigtes Akkreditiv;**
  - **Ansprüche des Begünstigten bei unbestätigt gebliebenen Akkreditiven.**

4.3.5.1.2.4 Begünstigter, Bank des Begünstigten, Benutzungs-/Zahlstelle, Gültigkeitsstelle

Angabe des Begünstigten im Akkreditiveröffnungsauftrag

- Siehe **Ziffer (7)** der **Abbildung** "Auftrag zur Eröffnung eines Dokumentenakkreditivs". Weitere Abbildungen/**Fallbeispiele** finden sich in Abschnitt 4.3.5.1.3.

  - **Abbildung**

- Es versteht sich von selbst, dass die Angabe (Anschrift) des Begünstigten **vollständig** und **zutreffend** sein muss, damit die beauftragten Banken das Akkreditiv korrekt abwickeln können.

  - **Angaben**

Vereinbarung der Gültigkeits- und Benutzbar-/Zahlbarstellung des Akkreditivs

- Siehe auch **Ziffern (8) an zwei Stellen** der **Abbildung** "Auftrag zur Eröffnung eines Dokumentenakkreditivs".

  - **Abbildung**

- **Gültigkeitsstelle** (Ort für die Dokumentenvorlage vor Verfall) und **Benutzungs-/Zahlstelle** eines Akkreditivs können **gleichgesetzt**, aber auch **verschieden** sein.
  Die **Verschiedenheit** von Gültigkeitsstelle einerseits und Benutzungs-/Zahlstelle andererseits kommt insbesondere bei **sog. Importakkreditiven** (mit inländischem Importeur) vor, die zwar im Ausland (im Land des akkreditivbegünstigten Exporteurs) gültig gestellt sind, aber im Inland bei der akkreditiveröffnenden Bank benutzbar/zahlbar gestellt sind.
  Einzelheiten siehe folgenden Abschnitt "**Abgrenzung von Benutzungs-/Zahlstelle und Gültigkeitsstelle**".

  - **Definition/ Abgrenzung**

- Ein Akkreditiv kann bei der akkreditiveröffnenden Bank (Akkreditivbank) gültig und benutzbar/zahlbar gestellt werden.
  Der Akkreditivbegünstigte (Exporteur) hat die **Dokumente** in diesem Fall vor Verfall des Akkreditivs bei der -aus seiner Sicht **ausländischen- Akkreditivbank einzureichen.** Die ausländische Akkreditivbank prüft die Dokumente, nimmt sie -sofern sie akkreditivkonform sind- auf und **zahlt im Gegenzug** den Akkreditivgegenwert an den Akkreditivbegünstigten aus.
  Im Vergleich zur Gültig- und Benutzbar-/Zahlbarstellung des Akkreditivs bei einer -aus Sicht des Exporteurs- inländischen Bank (eventuell sogar seiner Hausbank) ist die Gültig- und Benutzbar-/Zahlbarstellung des Akkreditivs bei der ausländischen Bank für den akkreditivbegünstigten Exporteur **eher nachteilig**: Zweifelsfragen zu den Dokumenten und zu den Akkreditivbedingungen sind mit einer ausländischen Gültigkeits- und Benutzungs-/Zahlstelle zumindest organisatorisch schwieriger zu lösen als mit einer inländischen Bank. Außerdem sind das Postlaufrisiko sowie das Dokumentenverlustrisiko zu bedenken, die bei dieser Gültig- und Benutzbar-/Zahlbarstellung zulasten des Akkreditivbegünstigten gehen. Schließlich kann sich die Auszahlung des Akkreditivgegenwerts an den Begünstigten bei einer Benutzbar-/Zahlbarstellung im Ausland etwas verzögern.
  Anzumerken ist, dass der Exporteur in der Praxis auch in den Fällen, in denen ein Akkreditiv bei der ausländischen Akkreditivbank gültig und benutzbar/zahlbar gestellt ist, die Dokumente

  - **Akkreditivbank**

regelmäßig bei seiner Hausbank bzw. bei der avisierenden Bank einreicht. Im Rahmen einer **unverbindlichen Serviceleistung** prüft dann diese Bank die Dokumente und leitet sie -gegen Entgelt und auf Risiko des akkreditivbegünstigten Exporteurs- an die ausländische Akkreditivbank weiter.

- **Bank im Land des Exporteurs/Exporteurbank**

- Ein Akkreditiv kann bei einer sog. anderen Bank, insbesondere bei einer Bank im Land des Exporteurs gültig und benutzbar/ zahlbar gestellt werden ("benannte Bank", "Nominated Bank"). Im -für den Exporteur- günstigsten Fall ist die als Gültigkeits- und Benutzungs-/Zahlstelle eingesetzte Bank zugleich seine Hausbank (die sog. Exporteurbank).
Wird zwischen den Beteiligten **im Kaufvertrag** lediglich der Ort bzw. lediglich das Land der Gültig- und Benutzbar-/Zahlbarstellung des zu stellenden Akkreditivs vereinbart und wird diese Vereinbarung vom Importeur in den **Akkreditiveröffnungsauftrag** übernommen, dann bleibt auch die mit der Akkreditiveröffnung beauftragte Bank in der **Auswahl der Gültigkeits- und Benutzungs-/Zahlstelle** am vereinbarten Ort bzw. im vereinbarten Land frei. Der Exporteur muss in diesem Fall damit rechnen, dass das Akkreditiv bei einer Bank gültig und benutzbar/zahlbar gestellt ist, mit der er nicht in Geschäftsverbindung steht (z.B. bei einer Niederlassung der Akkreditivbank im Land des Exporteurs oder bei deren Korrespondenzbank im Exportland).
Es entspricht deswegen häufig dem Wunsch des Exporteurs, dass in die Akkreditivvereinbarung des Kaufvertrags als Avisierungs-, Gültigkeits- und Benutzungs-/Zahlstelle des Akkreditivs die eigene **Hausbank** aufgenommen wird. Auch im Vordruck der Banken "Auftrag zur Eröffnung eines Dokumentenakkreditivs" ist diesem Wunsch mit der Rubrik "Bank des Begünstigten" Rechnung getragen. Allerdings behalten sich die beauftragten Banken -trotz Angabe der Bank des Begünstigten- im Allgemeinen vor, den Akkreditivauftrag über eine ihrer Korrespondenzbanken abzuwickeln. Dies kommt z.B. in der Fußnote im vorliegenden Akkreditiveröffnungsauftrag zum Ausdruck: "Sie sind berechtigt, das Akkreditiv dem Begünstigten auch über eine Korrespondenzbank Ihrer Wahl zuzuleiten".
Für den akkreditivbegünstigten Exporteur ist bei Vereinbarung einer inländischen Gültigkeits- und Benutzungs-/Zahlstelle zunächst von Vorteil, dass er die **Dokumente** fristwahrend vor Verfall des Akkreditivs bei einer aus seiner Sicht **inländischen Bank einzureichen hat**. Ebenso liegt der Vorzug auf der Hand, dass Zweifelsfragen des Exporteurs zu den Akkreditivbedingungen sowie zu den Dokumenten mit einer inländischen Gültigkeits- und Benutzungs-/Zahlstelle leichter zu klären sind als mit einer ausländischen Bank. Entscheidend ist jedoch, dass die von der Akkreditivbank als Benutzungs-/Zahlstelle eingesetzte Zweitbank die vom Exporteur eingereichten Dokumente sowie die Erfüllung der weiteren Akkreditivbedingungen prüft und den Akkreditivgegenwert im Namen und für Rechnung der Akkreditivbank an den Begünstigten auszahlen kann. Im Allgemeinen kann der Akkreditivbegünstigte deswegen bei einer Benutzbar-/

Zahlbarstellung des Akkreditivs in seinem Land mit einer **raschen Auszahlung** rechnen als sie bei einer Benutzbar-/Zahlbarstellung des Akkreditivs im Ausland erfolgt. In der Literatur wird schließlich als ein weiterer Vorzug der Benutzbar-/Zahlbarstellung des Akkreditivs im Land des Exporteurs hervorgehoben, dass -mangels anderer Vereinbarungen bzw. eines erkennbar anderen Parteiwillens- in der Regel davon auszugehen ist, dass für die dahingehende Akkreditivabwicklung ergänzend zu den ERA das Recht des Exportlandes als vereinbart gilt (vgl. Zahn u.a. 1986: S. 79, Rdn 2/92).

- Ist das Akkreditiv bestätigt, dann wird es im Allgemeinen bei der Bestätigungsbank auch gültig und benutzbar/zahlbar gestellt. Bestätigungsbank und damit im Regelfall auch Gültigkeits- und Benutzungs-/Zahlstelle ist meistens eine **Bank im Land des Exporteurs** (oft sogar seine Hausbank).
  Im Einzelfall kann jedoch ein Akkreditiv auch von einer **Bank in einem Drittland** bestätigt und bei dieser Bank gültig und benutzbar/zahlbar gestellt sein. Die von dieser Gültig- und Benutzbar-/Zahlbarstellung ausgehenden Nachteile des Exporteurs entsprechen im Wesentlichen jenen Nachteilen, wie sie auch aus einer Gültig- und Benutzbar-/Zahlbarstellung bei der ausländischen Akkreditivbank folgen.

- **Bestätigungsbank**

Abgrenzung von Benutzungs-/Zahlstelle und Gültigkeitsstelle

- **Benutzungs-/Zahlstelle**

- **Definition**

  Alle Akkreditive müssen zunächst angeben, bei welcher Bank das Akkreditiv **benutzbar (available) zur Zahlung** bzw. -je nach Akkreditivart- zur Übernahme einer Verpflichtung zur hinausgeschobenen Zahlung, zur Akzeptierung von Tratten oder zur Negoziierung ist (vgl. Art. 10 b. ERA):
  - Dies kann die **akkreditiveröffnende Bank** selbst sein.
  - Dies kann aber auch eine **andere** (die sog. benannte) **Bank** sein, die von der akkreditiveröffnenden Bank **ermächtigt** ist, **zu zahlen** -bzw. bei anderen Akkreditivarten-, eine Verpflichtung zur hinausgeschobenen Zahlung zu übernehmen, Tratten zu akzeptieren oder zu negoziieren.

  In diesem Buch wird diejenige Bank, bei der das Akkreditiv im oben genannten Sinne benutzbar (available) ist, als **Benutzungs-/Zahlstelle** bzw. manchmal nur als Benutzungsstelle oder nur als Zahlstelle bezeichnet. Analoges gilt für die Ausdrücke "Benutzung", "benutzen", "benutzbar" bzw. "zahlbar" usw. In den SWIFT-eröffneten Akkreditiven ist die Benutzungs-/Zahlstelle mit der Formulierung: **"available with ... (es folgt die Angabe der Bank)"** aufgenommen.

- **Gültigkeitsstelle (Ort/Bank für die Dokumentenvorlage vor Verfall)**

- **Definition**

  Alle Akkreditive müssen darüber hinaus ein **Verfalldatum und einen Ort für die Dokumentenvorlage** vorschreiben (expiry date and place for presentation of documents, vgl. Art. 42 a. ERA),

wobei die Dokumentenvorlage bei der **eröffnenden Bank** oder der **etwaigen bestätigenden Bank** oder einer **anderen Bank** erfolgen muss (vgl. Art. 10 b. ERA).
Diejenige Bank, bei der der Akkreditivbegünstigte die Dokumente vor Verfall des Akkreditivs einzureichen hat, ist zwar **häufig mit der** oben definierten **Benutzungs-/Zahlstelle identisch.** Es kommen aber auch Akkreditive vor, die **bei einer anderen Bank gültig** gestellt sind, im Sinne des **Verfalldatums** und des **Orts für die Dokumentenvorlage**, ohne bei dieser Bank zugleich benutzbar/zahlbar zu sein.
Um eine Sprachregelung zu treffen, wird in diesem Buch diejenige Bank, bei der der Akkreditivbegünstigte die Dokumente rechtzeitig vor Verfall des Akkreditivs vorzulegen hat, als **Gültigkeitsstelle** bezeichnet. Analog werden die Ausdrücke Gültigstellung", "gültigstellen", "gültig" u. Ä. verwendet.

- Abgrenzungsprobleme

- Zu beachten ist jedoch, dass weder in der Literatur noch in der Praxis die Ausdrücke "Gültigkeitsstelle", "Benutzungsstelle" sowie die verwandten Ausdrücke "gültig", "benutzbar", "zahlbar" usw. mit dem gleichen Vorstellungsinhalt verbunden werden. Dies mag auch damit zusammenhängen, dass -wie erwähnt- bei den Akkreditiven häufig ein und dieselbe Bank Gültigkeitsstelle sowie Benutzungs-/Zahlstelle ist.

- Fallbeispiele/ Formulare

- Auch in den Formularen der Banken "Auftrag zur Akkreditiveröffnung" ist der beschriebene Unterschied nur zum Teil ausdrücklich hervorgehoben. Dies ist beispielsweise der Fall in Abbildung 4.3-23 in Abschnitt **"4.3.5.1.3 Fallbeispiele/Formulare zum Akkreditiveröffnungsauftrag des Importeurs"**:
  - Die Rubrik "Gültigkeit" (Datum), sodann alternativ "bei der avisierenden Bank" oder "bei Ihnen", bestimmt die **Gültigkeitsstelle.**
  - Die Rubrik "Zahlbar/benützbar", sodann alternativ "bei Ihnen", "bei der avisierenden Bank", "bei irgendeiner Bank" bestimmt dagegen die **Benutzungs-/Zahlstelle.**
  - Analoges gilt für das Formular der Commerzbank AG (siehe Abbildung 4.3-21).
  - Dagegen ist im vorliegenden/besprochenen Formular (Abbildung 4.3-17) eine von der Benutzungs-/Zahlstelle eventuell abweichende Gültigkeitsstelle aus der Verbindung der Ziffern (8) "Bank des Begünstigten bzw. Benutzungs-/Zahlstelle" und einem bei Ziffer (11) "Dokumentenvorlage spätestens am ..." angegebenen Ort abzuleiten.

- Zahlung usw. durch Benutzungs-/Zahlstelle

- Ist die als **Gültigkeitsstelle** eingesetzte andere Bank nicht zugleich auch als Benutzungs-/Zahlstelle eingesetzt, dann ist sie zur **Auszahlung** des Akkreditivgegenwerts an den Akkreditivbegünstigten im Namen und für Rechnung der Akkreditivbank auch **nicht berechtigt**. Diese Funktion behält sich in diesem Fall die Akkreditivbank selbst vor (vgl. auch Schweizerische Bankgesellschaft 1984: S. 15).

- Hinweis

- Das **Verfalldatum** eines Akkreditivs, das in Verbindung mit dem Ort/der Bank für die Dokumentenvorlage, d.h. in Verbindung mit der Gültigkeitsstelle, zu sehen ist, ist in Abschnitt "4.3.5.1.2.7 Verfalldatum, Vorlagefrist ..." dargestellt.

- Die folgende **Tabelle** umfasst die **maßgeblichen Konstellationen für die Gültigkeitsstelle (Gültigkeitsort) für die Dokumentenvorlage vor Verfall** ("expiry date and place for presentation of documents") einerseits und **für die Benutzungs-/Zahlstelle** ("available with ...") andererseits.

- Maßgebliche Konstellationen

Prof. Dr. Siegfried G. Häberle

Konstellationen für Gültigkeitsstelle/Ort für die Dokumentenvorlage bzw. Benutzungs-/Zahlstelle bei Akkreditiven

	Gültigkeitsstelle/Ort für die Dokumentenvorlage vor Verfall des Akkreditivs (expiry date and place of presentation of documents), vgl. Art. 42 a. ERA ↓	**Benutzungs-/Zahlstelle** zur Zahlung/zur Übernahme der Verpflichtung zur hinausgeschobenen Zahlung/ zur Akzeptierung von Tratten/ zur Negoziierung (available with ...), vgl. Art. 10 b. ERA ↓
1. Konstellation:	**Akkreditiveröffnende Bank** (Akkreditivbank, Importeurbank)	**Akkreditiveröffnende Bank** (Akkreditivbank, Importeurbank)
2. Konstellation:	**Andere benannte Bank** (z.B. avisierende Bank, Zweitbank, Exporteurbank). Diese Bank ist **nur Vorlagestelle für die Dokumente** vor Verfall. Sie ist von der akkreditiveröffnenden Bank **zur Zahlung usw. nicht ermächtigt**.	**Akkreditiveröffnende Bank** (Akkreditivbank, Importeurbank)
3. Konstellation:	**Andere benannte Bank** (z.B. avisierende Bank, etwaige bestätigende Bank, Zweitbank, Exporteurbank).	**Andere benannte Bank** (z.B. avisierende Bank, etwaige bestätigende Bank, Zweitbank, Exporteurbank). Diese andere benannte Bank ist von der akkreditiveröffnenden Bank ermächtigt, zu zahlen usw. (siehe oben). Für alle Zahlungen usw. der anderen begünstigten Bank ist die akkreditiveröffnende Bank verpflichetet, diese zu remboursieren (den Gegenwert zu ersetzen).

Abbildung 4.3-18

- **Vorkommen**

- Bei den sog. **Importakkreditiven** (das sind aus deutscher Sicht Akkreditive, bei denen **deutsche Importeure** ihre (deutschen) Hausbanken zur Akkreditiveröffnung beauftragen) überwiegt inzwischen die 2. Konstellation (siehe obige Tabelle): Als **Gültigkeitsstelle/Ort** für die Dokumentenvorlage vor Verfall ist bei solchen Akkreditiven eine sog. andere (ausländische) **Bank** eingesetzt (im Allgemeinen eine Bank im Land des akkreditivbegünstigten Exporteurs, avisierende Bank). Dagegen bleibt die akkreditiveröffnende (deutsche) Bank (Importeurbank) die **Benutzungs-/Zahlstelle**.
- Bei den **Exportakkreditiven** (das sind aus deutscher Sicht Akkreditive, die von ausländischen Banken zu Gunsten **deutscher Exporteure** eröffnet werden) überwiegt inzwischen die 3. Konstellation (siehe obige Tabelle): Die avisierende bzw. eventuell bestätigende (andere benannte, deutsche) Bank (häufig die Hausbank des akkreditivbegünstigten Exporteurs) ist **Gültigkeitsstelle/Ort** für die Vorlage der Dokumente vor Verfall **und zugleich Benutzungs-/Zahlstelle**. D.h. die benannte andere (deutsche) Bank ist von der akkreditiveröffnenden Bank auch ermächtigt, in deren Namen und für deren Rechnung -je nach Akkreditivart- an den akkreditivbegünstigten deutschen Exporteur zu zahlen, eine Verpflichtung zur hinausgeschobenen Zahlung zu übernehmen, Tratten zu akzeptieren oder zu negoziieren.

- **Benutzbarkeit bei jeder beliebigen Bank**

- Die im vorliegenden Akkreditiveröffnungsauftrag vorgesehene Möglichkeit, dass das Akkreditiv bei jeder beliebigen Bank benutzbar sein soll, kommt bei Negoziierungsakkreditiven/ Commercial Letters of Credit vor und stellt insoweit eine Besonderheit dar.
  Hinsichtlich der freien oder beschränkten Negoziierbarkeit ebenso wie zur Abwicklung von Negoziierungsakkreditiven/ Commercial Letters of Credit wird auf die Ausführungen in Kapitel "4.3.4.1 Commercial Letter of Credit/Negoziierbares Akkreditiv" verwiesen.

4.3.5.1.2.5 Betrag und Währung

Festlegung des Akkreditivbetrags

- **Abbildung**

- Siehe auch **Ziffer (9)** der **Abbildung** "Auftrag zur Eröffnung eines Dokumentenakkreditivs". Weitere Abbildungen/**Fallbeispiele** finden sich in Abschnitt 4.3.5.1.3.

- **Festbetrag**

- Der Akkreditivbetrag kann als **feststehender Betrag** (fester Totalbetrag) vereinbart werden (manchmal ausdrücklich mit dem Zusatz "fest", "fix" o. Ä.).

- **Höchstbetrag**

- Der Akkreditivbetrag kann aber auch als Höchstbetrag (Maximalbetrag) festgelegt werden. Der Akkreditivbetrag wird dann mit einem **Zusatz** wie "**maximal**", "höchstens" o. Ä. verbunden. Der Importeur hat bei einem derartigen Zusatz zum Akkreditivbetrag einerseits zu bedenken, dass er dem Exporteur dadurch die Möglichkeit zu einer Minderlieferung eröffnet. Andererseits kann der Importeur den Spielraum zur Minderlieferung aber auch durch Festlegung der Menge, des Preises pro Einheit und/oder des Verbots von Teilverladungen/Teilinanspruchnahmen begrenzen.

- Der Akkreditivbetrag kann mit einem **festen Abweichungsprozentsatz** definiert werden, und zwar mit dem Zusatz " +/-...%".

  - **Festgelegte Toleranz**

- Die ERA lassen es schließlich auch zu, dass der Akkreditivbetrag mit den Ausdrücken **"etwa", ("about"), "ungefähr" ("approximately"), "zirka" o. Ä.** versehen werden kann. Man spricht in diesem Zusammenhang auch von einem **Richtbetrag**. Circa- Akkreditive sind beispielsweise dann zweckmäßig, wenn der Exporteur die Frachtkosten noch nicht genau kalkulieren kann (vgl. Bayerische Vereinsbank 1989: S. 21).

  - **Circa-Betrag**

- Die in den **ERA definierten Toleranzen** bezüglich **Akkreditivbetrag, Menge** und **Preis pro Einheit** stellen sich wie folgt dar (Hervorhebungen dch. d. Verf.):

  - **ERA**

  "*Die Worte 'etwa', 'ungefähr', 'zirka' oder ähnliche Ausdrücke, die in Verbindung mit dem Akkreditivbetrag oder der im Akkreditiv angegebenen Menge oder dem angegebenen Preis pro Einheit verwendet werden, sind dahin auszulegen, dass eine Abweichung bis zu 10% nach oben oder bis zu 10% nach unten von dem Betrag oder der Menge oder dem Preis pro Einheit, auf die sie sich beziehen, statthaft ist*" (Art. 39 a. ERA).

  "*Sofern ein Akkreditiv nicht vorschreibt, dass die angegebene Warenmenge nicht über- oder unterschritten werden darf, ist eine Abweichung bis zu 5% nach oben oder bis zu 5% nach unten statthaft, immer vorausgesetzt, dass der Betrag der Inanspruchnahme nicht den Akkreditivbetrag überschreitet. Diese Abweichung ist nicht zulässig, wenn im Akkreditiv die Menge in einer bestimmten Anzahl von Verpackungseinheiten oder Stücken angegeben ist*" (Art. 39 b. ERA).

  "*Sofern ein Akkreditiv, das Teilverladungen untersagt, nicht etwas anderes vorschreibt oder der vorstehende Absatz (b) nicht anwendbar ist, ist eine Minderinanspruchnahme um bis zu 5% zulässig, vorausgesetzt, dass bei im Akkreditiv vorgeschriebener Warenmenge diese Warenmenge in vollem Umfang geliefert und bei einem im Akkreditiv vorgeschriebenen Preis pro Einheit dieser Preis nicht unterschritten wird. Diese Bestimmung gilt nicht, wenn im Akkreditiv Ausdrücke der im vorstehenden Absatz (a) genannten Art verwendet werden*" (Art. 39 c. ERA).

- Die Abweichungen vom Akkreditivbetrag sind notwendigerweise dann zuzulassen, wenn bezüglich der zu liefernden **Warenmenge** und/oder des **Preises pro Einheit ebenfalls Toleranzen** vereinbart sind.

  - **Notwendige Abweichungen**

Festlegung der Währung

- Das Akkreditiv ist mangels anders lautender Vereinbarung in **derselben Währung** zu eröffnen, in der der Kaufvertrag abge-

  - **Währung**

schlossen ist. Für einen der Beteiligten stellt diese Währung eine Fremdwährung dar bzw. für beide Beteiligten, wenn im Kaufvertrag/Akkreditiv eine Drittlandwährung festgelegt ist. Insoweit stellt sich für den bzw. die Betroffenen die Frage einer Absicherung des **Wechselkursrisikos** und die Berücksichtigung der Kurssicherungskosten in der Kalkulation.

4.3.5.1.2.6 Zahlungsmodalitäten, Akkreditivarten (Sichtzahlung, hinausgeschobene Zahlung, Akzeptleistung usw.)

Festlegung der Zahlungsmodalitäten/zugleich Festlegung der Akkreditivart

- **Abbildung**
  - Siehe auch **Ziffer (10)** der **Abbildung** "Auftrag zur Eröffnung eines Dokumentenakkreditivs". Weitere Abbildungen/**Fallbeispiele** finden sich in Abschnitt 4.3.5.1.3.

- **Zahlungsmodalitäten/Akkreditivarten**
  - Die Zahlungsmodalitäten eines Akkreditivs bestimmen nach herkömmlicher Einteilung zugleich die Art eines Akkreditivs:
    - Zahlung bei **Sicht**: Sichtzahlungsakkreditiv (Sichtakkreditiv);
    - **Hinausgeschobene Zahlung**: Akkreditiv mit hinausgeschobener Zahlung (Deferred-Payment-Akkreditiv);
    - **Akzeptleistung** durch eine Bank und Einlösung (Zahlung) des Wechsels bei Fälligkeit: Akzeptakkreditiv;
    - **Wiederholte Zahlung** des Akkreditivbetrags innerhalb eines bestimmten Zeitraums und bis zu einem bestimmten Höchstbetrag: Revolvierendes Akkreditiv;
    - usw.

    Die im Kaufvertrag zu vereinbarenden Zahlungsmodalitäten des Akkreditivs werden im Einzelfall von den Eigenarten des Warengrundgeschäfts, von den Devisen- und Inkassovorschriften der beteiligten Länder, von den für die Beteiligten erkennbaren Risiken (politische Risiken, wirtschaftliche Risiken, Wechselkursrisiken usw.), von den Refinanzierungsmöglichkeiten und -konditionen sowie von vielen weiteren Einflussfaktoren bestimmt.

- **Hinweise**
  - Im Folgenden sind die drei gängigsten, in den Kaufvertrag bzw. in den Akkreditiveröffnungsauftrag aufzunehmenden Zahlungsmodalitäten der Akkreditive skizziert und knapp kommentiert. Eine jeweils ausführliche Darstellung und Analyse dieser Akkreditivarten sowie der Sonderformen der Akkreditive findet sich in den Kapiteln **"4.3.3 Akkreditivarten nach den Zahlungs- bzw. Benutzungsmodalitäten"** und **"4.3.4 Sonderformen"**.
  - Die im vorliegenden Vordruck "Akkreditiveröffnungsauftrag" aufgeführte Rubrik "Negoziierung einer Tratte des Begünstigten" bezieht sich auf die Negoziierungsakkreditive/Commercial Letters of Credit, die eine Sonderform der Akkreditive darstellen und hier nicht weiter behandelt werden. Siehe dazu Kapitel **"4.3.4.1 Commercial Letter of Credit/Negoziierbares Akkreditiv"**.

Vereinbarung der Zahlung bei Sicht

- Sofern die Beteiligten im Kaufvertrag ein Akkreditiv vereinbaren, das Sichtzahlung ("sight payment") vorsieht, dann erfolgt die **Auszahlung** des Akkreditivgegenwerts an den Akkreditivbegünstigten grundsätzlich **Zug-um-Zug** gegen Vorlage akkreditivkonformer **Dokumente** und bei Erfüllung der weiteren Akkreditivbedingungen.

  - **Zug-um-Zug-Zahlung**

- Die Sichtzahlung, d.h. die darin eingeschlossene Zug-um-Zug-Abwicklung, entspricht vor allem dem Interesse des Exporteurs nach **rascher Verfügbarkeit des Akkreditivgegenwerts**.
  Der Exporteur verringert bei dieser Zahlungsfälligkeit nicht nur eventuelle politische Risiken (die im ausländischen Sitz der Akkreditivbank begründet liegen) und das Garantendelkredererisiko, sondern bei Fremdwährungsakkreditiven auch das damit verbundene Wechselkursrisiko. Vor allem aber vermeidet der Exporteur jenen Refinanzierungsaufwand, der bei Einräumung von Zahlungszielen anfällt.

  - **Beurteilung des Exporteurs**

- Für den Importeur schließt die Sichtzahlung eines Akkreditivs **eher Nachteile** ein: Er kann über die Ware in der Regel erst verfügen, nachdem er die Dokumente vorliegen hat, d.h. nachdem die Zug-um-Zug-Abwicklung, also die Zahlung des Akkreditivgegenwerts, vollzogen ist. Auch die Qualität der Güter kann der Importeur bei dieser Abwicklung erst nach erfolgter Zahlung selbst prüfen.
  Darüber hinaus hat der Importeur die Finanzierungslasten des Geschäfts zu einem frühen Zeitpunkt zu tragen und bevor ihm der Erlös aus Weiterverkauf der importierten Waren zur Verfügung steht.

  - **Beurteilung des Importeurs**

- Umfassend ist das Sichtzahlungsakkreditiv in **Abschnitt 4.3.3.1** dargestellt und beurteilt.

  - **Hinweis**

Vereinbarung einer hinausgeschobenen Zahlung

- Die Zahlungsmodalitäten eines unbestätigten Akkreditivs mit hinausgeschobener Zahlung (Deferred-Payment-Akkreditiv) umfassen in zeitlicher Hinsicht **zwei Stufen**:

  - **Zeitversetzte Zahlung**

  - Der Akkreditivbegünstigte erhält im Gegenzug zur **Dokumenteneinreichung** (Dokumentenaufnahme) und bei Erfüllung der weiteren Akkreditivbedingungen lediglich die unwiderrufliche Zusage der Akkreditivbank auf Auszahlung des Akkreditivgegenwerts zu einem späteren Zeitpunkt.
    Anmerkung: Diese unwiderrufliche Zahlungszusage erhält der Akkreditivbegünstigte zwar von der als Benutzungs-/Zahlstelle eingeschalteten Zweitbank. Die Zweitbank handelt jedoch bei unbestätigten Deferred-Payment-Akkreditiven ausschließlich im Namen und für Rechnung der Akkreditivbank und übernimmt keinerlei eigene Verpflichtungen gegenüber dem Akkreditivbegünstigten.
  - Erst im Zeitpunkt der **hinausgeschobenen** Fälligkeit erhält der Akkreditivbegünstigte die **Zahlung** tatsächlich.

- **Definition**

• Im Kaufvertrag haben die Beteiligten bei dieser Zahlungsart nicht nur die Länge des **Zeitraums**, also die Dauer des Hinausschiebens der Zahlung, festzulegen, sondern auch den **Beginn** dieses Zeitraums. Diese Festlegungen hat der Importeur in den Akkreditiveröffnungsauftrag zu übernehmen. In den vorliegenden Vordruck kann dies z.B. mit der Formulierung "fällig 90 Tage nach dem Verladedatum des Transportdokuments" aufgenommen werden.

- **Zeitraum**

• Der dem Importeur als Zahlungsziel einzuräumende Zeitraum ist vor allem von der Art und von der Abwicklung des Warengrundgeschäfts sowie von den branchenüblichen Konditionen bestimmt. Die Länge dieses Zeitraums hängt aber auch vom Sicherungsinteresse des Exporteurs und -bei devisenknappen Importländern- von deren Importbedingungen ab. Häufig wird der Zeitraum der hinausgeschobenen Zahlung als **Nachsichtfrist** bezeichnet.

- **Alternative Zeitpunkte des Beginns**

• Als Bezugspunkte für den Beginn des Zeitraums der hinausgeschobenen Zahlung kommen unterschiedliche Daten infrage. So können beispielsweise folgende Vereinbarungen getroffen werden:
  - Zahlbar ... Tage/Monate nach dem **Verladedatum des Transportdokuments**. Zu beachten ist, dass in der Praxis unterschiedliche Daten in den Transportdokumenten (z.B. Ausstellungsdatum, Abflugdatum, Daten von Eingangsstempeln sowie von anderen Vermerken) eine Rolle spielen und dass deswegen der Bezugspunkt für den Beginn der hinausgeschobenen Zahlung eindeutig zu definieren ist.
  - Zahlbar ... Tage/Monate nach **Datum der Handelsrechnung** des Exporteurs.
  - Zahlbar ... Tage/Monate nach **Präsentation oder Aufnahme der Dokumente** bei der als Gültigkeits- und/oder Benutzungs-/Zahlstelle eingesetzten Bank, wobei sowohl der Zeitpunkt als auch die Stelle genau bestimmbar sein müssen. Diese Alternative kommt selten vor.
  - u.a.

- **Finanzierungsaufwand**

• Bei Vereinbarung von Akkreditiven mit hinausgeschobener Zahlung ist im Kaufvertrag auch die Frage der **Übernahme** der für das eingeräumte Zahlungsziel anfallenden **Finanzierungskosten** (Zinsaufwand u. Ä.) zu klären. Sofern der Finanzierungsaufwand nicht vom Exporteur, sondern vom Importeur zu übernehmen ist, dann ist im Kaufvertrag der dem Importeur in Rechnung zu stellende Zinssatz (der sog. **Abnehmerzins**) ebenso festzulegen wie der Beginn und das Ende der Zinsberechnung und eventuell die Zinsberechnungsmethode.

- **Beurteilung des Exporteurs**

• Hinausgeschobene Zahlung ist für den Exporteur im Vergleich zur Zahlung bei Sicht mit einer Anzahl von besonderen **Risiken** und **Nachteilen** verbunden:
  - **Politische Risiken**, insbesondere Transfer- und Konvertierungsrisiken bis zum Zeitpunkt des definitiven Zahlungseingangs (bei unbestätigten Akkreditiven);

- **Garantendelkredererisiko**, d.h. insbesondere die Gefahr der Zahlungsunfähigkeit der ausländischen Akkreditivbank bis zum Zeitpunkt der hinausgeschobenen Zahlungsfälligkeit (bei unbestätigten Akkreditiven);
- **Wechselkursrisiko** während des Zeitraums der hinausgeschobenen Zahlung, falls es sich für den Akkreditivbegünstigten um ein Fremdwährungsakkreditiv handelt;
- **Kreditaufnahme** und Aufwendungen (Zinsen u. Ä.) zur Finanzierung des dem Importeur eingeräumten Zahlungsziels.

- **Beurteilung des Importeurs**

- Für den Importeur führt ein Akkreditiv mit hinausgeschobener Zahlung im Vergleich zum Sichtzahlungsakkreditiv zu **Vorteilen**:
  - Wie jedes **Zahlungsziel** eröffnet die hinausgeschobene Zahlung dem Importeur die Chance, die importierten Waren zu nutzen bzw. weiterzuverkaufen, bevor er Zahlung leisten muss.
    Dieser Vorteil setzt allerdings voraus, dass der Importeur von der Akkreditivbank nicht bereits im Zeitpunkt der Akkreditiveröffnung bzw. nicht bereits im Zeitpunkt der Dokumentenaufnahme mit dem Gegenwert belastet wird und dass auch die Einfuhrbestimmungen des Importlandes eine solche Belastung nicht vorschreiben.
  - Der Importeur vermeidet die Aufnahme eines Bankkredits und nutzt die u.U. **günstigeren Finanzierungsbedingungen** des Exporteurs (z.B. ein niedrigeres Zinsniveau im Exportland). Allerdings ist zu bedenken, dass erfahrungsgemäß das Wechselkursrisiko bei Kreditaufnahmen in Niedrigzinsländern für den Kreditnehmer besonders hoch zu veranschlagen ist (Aufwertungsgefahr niedrig verzinslicher Währungen).

- **Hinweis**

- Umfassend ist das Akkreditiv mit hinausgeschobener Zahlung in **Abschnitt 4.3.3.2** dargestellt und beurteilt.

Vereinbarung einer Akzeptleistung mit hinausgeschobener Fälligkeit des Wechsels

- **Vorbemerkungen**

- In den seit 1. Jan. 1994 gültigen ERA werden als **Akzeptakkreditive** (Remboursakkreditive) nur solche Akkreditive bezeichnet, bei denen eine **Bank** die Tratte des akkreditivbegünstigten Exporteurs akzeptiert. Dagegen werden Akkreditive, bei denen der Importeur (dieser nur nach den früher gültigen, "alten" ERA) das Akzept zu leisten hat, im Sprachgebrauch der Praxis den **Akkreditiven mit hinausgeschobener Zahlung** zugeordnet.

- **Zeitversetzte Zahlung**

- Die Zahlungsmodalitäten eines Akzeptakkreditivs mit hinausgeschobener Fälligkeit (sog. Nachsichtfrist) des Wechsels umfassen **zwei Stufen**:
  - Der Akkreditivbegünstigte zieht eine Tratte auf die im Akkreditiv benannte Bank. Die bezogene Bank **akzeptiert** die **Tratte** des Exporteurs im **Gegenzug** zur Einreichung (Aufnahme) der **Dokumente** und bei Erfüllung der übrigen Akkreditivbedingungen.
  - Die **Bezahlung** (Einlösung) des (Bank-)Akzepts erfolgt bei dessen **Fälligkeit**, d.h. nach Ablauf der Wechsellaufzeit unter der akkreditivmäßigen Haftung der Akkreditivbank.

- **Festlegung des Bezogenen**

- Im Kaufvertrag haben die Beteiligten zunächst festzulegen, **auf wen die Tratte des Exporteurs zu ziehen** bzw. von wem sie zu akzeptieren ist. Dementsprechend sind vom Importeur die Rubriken "Akzeptierung einer Tratte des Begünstigten" sowie "gezogen auf" im Akkreditiveröffnungsauftrag auszufüllen.
  In den seit 1.1.1994 gültigen ERA ist bei den Akzeptakkreditiven die Wechselziehung des Akkreditivbegünstigten (des Exporteurs) nur noch auf die Akkreditivbank selbst oder auf eine andere Bank vorgesehen, nicht mehr dagegen auf den Akkreditivauftraggeber (Importeur). Im Fall der Wechselziehung auf eine andere Bank trägt die Akkreditivbank die Verantwortung für die Akzeptleistung und die Einlösung bei Fälligkeit durch die andere Bank (vgl. Art. 9 a. ERA).
  Für den **Exporteur** ist es die günstigste Alternative, wenn eine **Bank in seinem Land** (im Idealfall seine Hausbank) als Benutzungsstelle sowie als Akzeptbank fungiert. Dieses Argument bezieht sich nicht allein auf die einfachere technische Abwicklung bei der Akkreditivbenutzung, sondern vor allem darauf, dass der Exporteur in Form der Akzeptleistung einer in seinem Land ansässigen Bank auch bei unbestätigten Akzeptakkreditiven eine **weitere Sicherheit** erhält. Neben der Akkreditivbank ist die Akzeptbank ab dem Zeitpunkt ihrer Akzeptleistung zur Einlösung ihres Akzeptes bei Fälligkeit verpflichtet, sodass der Exporteur ab diesem Zeitpunkt vor politischen Risiken ebenso wie vor dem Risiko der Zahlungsunfähigkeit der Akkreditivbank gesichert ist.
  Dagegen gewinnt der Akkreditivbegünstigte keine gewichtige Sicherheit hinzu, wenn das Akzept von der Akkreditivbank geleistet wird, weil ihm diese ohnehin aus dem Akkreditiv haftet.

- **Festlegung der Wechsellaufzeit**

- Festzulegen haben die Beteiligten im Kaufvertrag die **Laufzeit** des Wechsels und den **Beginn** dieser Laufzeit. Entsprechend erfolgt die Aufnahme in den Akkreditiveröffnungsauftrag des Importeurs in der Rubrik "fällig", z.B. mit der Formulierung "fällig 90 Tage nach Sicht".
  Im Allgemeinen wird bei Akzeptakkreditiven die Ziehung von **Nachsichttratten** vereinbart. Die Nachsichtfrist beginnt in diesem Fall ab dem Zeitpunkt der Akzeptleistung des Bezogenen zu laufen, der bei seinem Akzept den sog. Sichtvermerk, das ist der Tag der Akzeptleistung, anbringt. Die Dauer der Nachsichtfrist wird von der Interessenlage der Beteiligten bzw. von den Devisen- und Inkassovorschriften des Importlandes bestimmt, aber auch von den Refinanzierungsmöglichkeiten der Beteiligten und von anderen Faktoren.
  Zur Formulierung sowie zur **Berechnung** der Fälligkeit von Nachsichtwechseln und anderer Wechsel vgl. Abschnitt "4.3.3.3.2 Grundstruktur des unbestätigten Akzeptakkreditivs...", Schritt "1. Akkreditivvereinbarung im Kaufvertrag" sowie Abschnitt "3.4.2.1.2 Rechtliche Merkmale...", Schritt "4. Verfallzeit".
  Von Bedeutung ist, dass bei Nachsichtwechseln die Akzeptleistung (der Sichtvermerk) des Bezogenen und damit der Beginn der Laufzeit des Wechsels letztlich in **Abhängigkeit** von der Abwicklung des **Warengeschäfts** erfolgt: Erst im Zeitpunkt der

Präsentation der Dokumente und bei Erfüllung der übrigen Akkreditivbedingungen akzeptiert der Bezogene die Tratte des Exporteurs und erst ab diesem Zeitpunkt beginnt die vereinbarte Nachsichtfrist zu laufen.
Grundsätzlich können der Exporteur und der Importeur auch die Ziehung eines sog. **Tagwechsels** (der auf einen bestimmten Verfalltag lautet; manchmal auch als Zeitwechsel bezeichnet) oder eines sog. **Datowechsels** (der auf einen bestimmten Zeitraum ab dem Tag der Ausstellung lautet) vereinbaren. Bei diesen Wechselarten liegt es im Interesse des Importeurs, dass der Ausstellungstag und die Laufzeit des Wechsels im Kaufvertrag so festgelegt werden, dass dem Importeur das vereinbarte Zahlungsziel in Form der Wechsellaufzeit auch bei verzögerter Abwicklung des Warengeschäfts erhalten bleibt.

- **Finanzierungsaufwand**

- Ebenso wie beim Akkreditiv mit hinausgeschobener Zahlung ist im Kaufvertrag eine Vereinbarung darüber zu treffen, welcher der Beteiligten die **Diskontzinsen** der Refinanzierung dieses in Wechselform gekleideten Zahlungsziels zu tragen hat. Sofern die Diskontzinsen nicht vom Exporteur, sondern vom Importeur zu tragen sind, dann ist die Höhe des sog. **Abnehmerzinses** und auch der **Verzinsungszeitraum** festzulegen, falls dieser länger als die Wechsellaufzeit ist.

- **Sonderfall**

- In der Regel lässt der Exporteur den akzeptierten Wechsel bei seiner Hausbank diskontieren. Ist die **Diskontierung** des akzeptierten Wechsels dagegen ausnahmsweise bei einer **Bank im Land des Importeurs** vorgesehen (dies kann sich anbieten, wenn der Wechsel auf die Währung des Importlandes lautet und der Importeur laut Kaufvertrag ohnehin verpflichtet ist, die Diskontzinsen zu bezahlen), dann ist dies im Kaufvertrag mit der Maßgabe festzulegen, dass die diskontierende Bank dem Exporteur (Akkreditivbegünstigten) den **Diskonterlös** bzw. den Wechselbetrag (falls der Importeur die Diskontzinsen zu zahlen hat) zur Verfügung stellen muss.

- **Beurteilung**

- Die Beurteilung des Akzeptakkreditivs entspricht über weite Teile dem Akkreditiv mit hinausgeschobener Zahlung. Der maßgebliche Unterschied liegt in der **größeren Sicherheit** des Exporteurs, sofern und sobald seine Tratte von einer **Zweitbank** (anderen Bank) **akzeptiert** ist, und in der **zinsgünstigen** und leicht zu bewerkstelligenden **Refinanzierung** mittels des akzeptierten Wechsels.

- **Hinweis**

- Eine umfassende Darstellung und Beurteilung des Akzeptakkreditivs findet sich in Abschnitt 4.3.3.3.

4.3.5.1.2.7 Verfalldatum des Akkreditivs, Vorlagefrist für die Dokumente ab Verladedatum

Festlegung des Verfalldatums des Akkreditivs

- **Abbildung**

- Siehe auch **Ziffer (11)** der **Abbildung** "Auftrag zur Eröffnung eines Dokumentenakkreditivs". Weitere Abbildungen/**Fallbeispiele** finden sich in Abschnitt 4.3.5.1.3.

- **ERA**

"*Alle Akkreditive müssen ein Verfalldatum und einen Ort für die Dokumentenvorlage zwecks Zahlung, Akzeptleistung oder -mit Ausnahme frei negoziierbarer Akkreditive- einen Ort für die Dokumentenvorlage zwecks Negoziierung vorschreiben. Ein für Zahlung, Akzeptleistung oder Negoziierung vorgeschriebenes Verfalldatum wird als Verfalldatum für die Dokumentenvorlage ausgelegt*" (Art. 42 a. ERA, Hervorhebungen dch. d. Verf.).

- **Abgrenzung**

- **Gültigkeitsstelle** (Ort für die Dokumentenvorlage vor Verfall) und **Benutzungs-/Zahlstelle** eines Akkreditivs können **gleichgesetzt**, aber auch **verschieden** sein. Einzelheiten und Vorkommen in der Praxis siehe Abschnitt "4.3.5.1.2.4 Begünstigter, Bank des Begünstigten, Benutzungs-/Zahlstelle, Gültigkeitsstelle".

- **Definition**

- Einem unmittelbar **festgelegten Verfalldatum** ist im Interesse einer reibungslosen Abwicklung des Akkreditivs der Vorzug zu geben. Wird von den Parteien stattdessen ein **Gültigkeitszeitraum** des Akkreditivs im Kaufvertrag vereinbart und vom Importeur in den Akkreditiveröffnungsauftrag eingetragen, dann stellt sich die Frage nach dem Zeitpunkt des Beginns des vereinbarten Gültigkeitszeitraums. Die ERA führen dazu aus: "*Wenn die eröffnende Bank angibt, dass das Akkreditiv 'für einen Monat', 'für sechs Monate' oder ähnlich benutzbar sein soll, aber nicht festlegt, wann diese Frist beginnen soll, wird das Datum der Eröffnung des Akkreditivs durch die eröffnende Bank als der erste Tag angesehen, an dem diese Frist beginnt*" (Art. 42 c. ERA).

- **Beurteilung des Importeurs**

- Das Verfalldatum des Akkreditivs ist für den Importeur ein Instrument, den Exporteur zu **fristgerechter** und rascher **Lieferung der Waren** anzuhalten. Der Importeur wird deswegen -eventuell inVerbindung mit dem Verladedatum des Transportdokuments- häufig auf ein frühes Verfalldatum, d.h. auf eine kurze Laufzeit (Gültigkeitsdauer) des Akkreditivs, drängen.

- **Beurteilung des Exporteurs**

- Der Exporteur sollte bei Abschluss des Kaufvertrags prüfen, ob er das in den Kaufvertrag aufzunehmende Verfalldatum des Akkreditivs voraussichtlich auch dann einhalten kann, wenn sich Verzögerungen bei der Abwicklung des Exportgeschäfts bzw. bei der Dokumentenbeschaffung ergeben. Im Interesse des Exporteurs liegt im Allgemeinen ein spätes Verfalldatum, d.h. eine **lange Laufzeit des Akkreditivs**.

- **Verlängerung**

- Der Importeur kann in seiner Eigenschaft als Akkreditivauftraggeber die Akkreditivbank beauftragen, das eröffnete Akkreditiv zu verlängern, d.h. ein neues Verfalldatum festzulegen. Insoweit ist eine **Anpassung** des Akkreditivs an eine verzögerte Abwicklung des Exportgeschäfts grundsätzlich **möglich**. Eine solche Änderung setzt jedoch bei unwiderruflichen Akkreditiven die **Zustimmung** der Akkreditivbank ebenso voraus wie die des Begünstigten und -falls das Akkreditiv bestätigt ist- auch der Bestätigungsbank (vgl. Art. 9 d. ERA).

Die beteiligten Banken haben indessen dann wenig Neigung, ein Akkreditiv zu verlängern, wenn sie in dem zu verlängernden Akkreditiv inzwischen ein Risiko sehen. Dies ist beispielsweise der Fall, wenn die Akkreditivbank die Kreditwürdigkeit des Importeurs (des Akkreditivauftraggebers) geringer einschätzt oder wenn die Bestätigungsbank inzwischen ein politisches Risiko oder ein Bonitätsrisiko in der Akkreditivbank erkennt.

Vorlagefrist für die Dokumente ab Verladedatum des Transportdokuments

- Siehe auch **Ziffer (12)** der **Abbildung** "Auftrag zur Eröffnung eines Dokumentenakkreditivs". Weitere Abbildungen/**Fallbeispiele** finden sich in Abschnitt 4.3.5.1.3. **- Abbildung**
- Zur Vermeidung der Situation, dass die Waren im Bestimmungsland zu einem Zeitpunkt ankommen, in dem dem Importeur die Dokumente noch nicht zur Verfügung stehen und womöglich deswegen (längere Zeit) eingelagert werden müssen, sehen die ERA in Art. 43 a. vor (Hervorhebungen dch. d. Verf.): "*Außer einem Verfalldatum für die Dokumentenvorlage sollte jedes Akkreditiv, das ein Transportdokument verlangt, auch eine genau bestimmte Frist nach dem Verladedatum vorschreiben, innerhalb welcher die Vorlage in Übereinstimmung mit den Akkreditiv- Bedingungen zu erfolgen hat. Ist eine derartige Frist nicht vorgeschrieben, nehmen die Banken Dokumente nicht an, die ihnen später als 21 Tage nach dem Verladedatum vorgelegt werden*". **- ERA**
- Zu beachten ist, dass je nach Art des Transportdokuments zur Definition des Verladedatums **unterschiedliche Daten** infrage kommen: Das angegebene Ausstellungsdatum unmittelbar, das Datum eines darauf befindlichen Eingangsstempels, das tatsächliche Abflugdatum, das Datum eines An-Bord-Vermerks usw. (siehe auch Art. 23ff. ERA). **- Definition des Verladedatums**
- Ist in einem Akkreditiv ausgehend vom Verladedatum des Transportdokuments eine Vorlagefrist für die Dokumente festgelegt, die bei einer im Einzelfall spät vorgenommenen Verladung über das Verfalldatum des Akkreditivs hinausreichen würde, dann wird dadurch das Verfalldatum des Akkreditivs **nicht hinausgeschoben**. Analoges gilt bezüglich der zitierten 21-Tage-Frist. Die ERA bestimmen dazu eindeutig: "In jedem Fall dürfen die Dokumente **nicht später als am Verfalldatum des Akkreditivs** vorgelegt werden" (Art. 43 a. ERA). **- Vorrang des Verfalldatums des Akkreditivs**

  Die Verfallfrist eines Akkreditivs kann sich somit durch die Vorlagefrist für die Dokumente ab Verladedatum des Transportdokuments zwar **verkürzen, aber nicht verlängern.**

4.3.5.1.2.8 Verladehafen/-ort usw., letztes Verladedatum, Zeitachsen maßgeblicher (maximaler) Fristen bei Dokumentenakkreditiven

Vereinbarung von Verladehafen (Abladeort, Versandort), Transportweg/Transportmittel, Löschungshafen (Bestimmungshafen, Bestimmungsort)

- Siehe auch **Ziffer (13)** der **Abbildung** "Auftrag zur Eröffnung eines Dokumentenakkreditivs". Weitere Abbildungen/**Fallbeispiele** finden sich in Abschnitt 4.3.5.1.3. **- Abbildung**

- **Transportbezogene Vereinbarungen**

- Im **Kaufvertrag** sind Vereinbarungen über
  - den Verladehafen (Abladeort, Versandort),
  - den Bestimmungshafen (Bestimmungsort),
  - den Transportweg/das Transportmittel

  zu treffen und vom Importeur entsprechend in den **Akkreditiveröffnungsauftrag** zu übernehmen.

- **Individuelle Vereinbarungen**

- Es ist im Einzelfall zu prüfen, welche Vereinbarungen aus Sicht der Vertragspartner zweckmäßig sind. Dies gilt auch für die Frage, inwieweit eine spezielle Festlegung der genannten Merkmale im Kaufvertrag überhaupt sinnvoll ist. Damit die **kostengünstigste Abwicklung** möglich bleibt, finden sich in Kaufverträgen und damit auch in Akkreditiven statt detaillierten Festlegungen durchaus auch generalisierende Bedingungen wie beispielsweise diese: "...shipped from any german port...".

- **Empfehlung**

- Weichen bei der Akkreditivbenutzung die in den vorgelegten Dokumenten ausgewiesenen Orte von den in den Akkreditivbedingungen bezeichneten Orten ab, dann haben die an der Akkreditivabwicklung beteiligten Banken diese **Dokumente** mangels anderweitiger Vereinbarung oder mangels der in den ERA definierten Toleranzen **zurückzuweisen**. Deswegen ist den Vertragspartnern, insbesondere aber dem Exporteur, zu empfehlen, bereits bei Abschluss des Kaufvertrags auf Vereinbarungen zu achten, die zu akkreditivkonformen (Transport-) Dokumenten führen.

Letztes/spätestes Verladedatum

- **Abbildung**

- Siehe auch **Ziffer (14)** der **Abbildung** "Auftrag zur Eröffnung eines Dokumentenakkreditivs".

- **Späteste/früheste Verladung**

- Neben der Verladung wird in den Kaufvertrag auf Betreiben des Importeurs häufig ein Zeitpunkt für die **späteste** und manchmal auch für die **früheste Verladung** der Güter aufgenommen, der dann auch in den Akkreditivbedingungen in Erscheinung tritt. "*Sofern im Akkreditiv nichts anderes vorgeschrieben ist, ist der zur Bestimmung eines frühesten und/oder eines letzten Verladedatums verwendete Ausdruck 'Verladung' so zu verstehen, dass er Ausdrücke wie 'Verladung an Bord', 'Versendung', 'angenommen zur Beförderung', 'Posteinlieferungsdatum', 'Abholdatum' und Ähnliche und bei einem Akkreditiv, das ein multimodales Transportdokument verlangt, den Ausdruck 'Übernahme' einschließt*" (Art. 46 a. ERA).

- **Definitionsprobleme**

- In den ERA ist darauf hingewiesen, dass Ausdrücke wie **"prompt"**, **"unverzüglich"**, **"baldmöglichst"** u. Ä. bezüglich der Verladung nicht verwendet werden sollten. "*Wenn sie verwendet werden, werden die Banken sie nicht beachten*" (Art. 46 b. ERA). "*Wenn der Ausdruck 'am oder um den' und ähnliche Ausdrücke verwendet werden, legen die Banken sie als eine Bestimmung aus, dass die Verladung innerhalb des Zeitraums von 5 Tagen vor bis 5 Tage nach dem angegebenen Datum durchzuführen ist, wobei der erste und letzte Tag eingeschlossen sind*" (Art. 46 c. ERA, Hervorhebung dch. d. Verf.).

Zeitachsen maßgeblicher (maximaler) Fristen bei Dokumentenakkreditiven

- Die Festlegung des (spätesten) **Verladedatums** hat in Abstimmung mit dem **Verfalltag des Akkreditivs** sowie mit der **Vorlagefrist für die Dokumente ab Verladedatum des Transportdokuments** zu erfolgen. Dem Exporteur muss nicht nur hinreichend Zeit bis zum spätesten Verladedatum, z.B. für die Produktion der Waren, belassen werden, sondern es muss davon ausgehend auch eine hinreichende Verfallfrist des Akkreditivs festgelegt werden.

  - Abstimmung mit dem Verfalldatum des Akkreditivs u.a.

- **Abbildung Nr. 4.3-19 "Zeitachsen maßgeblicher Fristen bei Dokumentenakkreditiven"** gibt Auskunft über die alternativen Auswirkungen der diversen Fristen auf die Verfallfrist des Akkreditivs.

  - Abbildung

- Insbesondere durch die Festlegung des spätesten Verladedatums eröffnet sich dem **Importeur** die Möglichkeit, den Exporteur zu einer fristgerechten Lieferung der Waren zu zwingen, sofern der Exporteur das Akkreditiv nicht unbenutzt verfallen lassen will.
  Der **Exporteur** hat vor der Festlegung des spätesten Verladedatums im Kaufvertrag zu prüfen, ob ihm die Einhaltung möglich sein wird. Zeichnen sich für den Exporteur Unwägbarkeiten ab, dann sollte der Exporteur bereits im Kaufvertrag eine entsprechend lange Verladefrist vereinbaren.

  - Beurteilung

4.3.5.1.2.9 Teilverladungen, Teilinanspruchnahmen u. Ä., Umladung(en)

Vereinbarung von Teilverladungen und/oder Teilinanspruchnahmen

- Siehe auch **Ziffer (15)** der **Abbildung** "Auftrag zur Eröffnung eines Dokumentenakkreditivs". Weitere Abbildungen/**Fallbeispiele** finden sich in Abschnitt 4.3.5.1.3.

  - Abbildung

- Aus Sicht der Beteiligten kann es zweckmäßig sein, an der Stelle des Warenversands in einem einzigen Transport, Teilverladungen der Waren (eventuell innerhalb bestimmter Fristen) zuzulassen. Gemäß Art. 40 a. ERA sind **Teilinanspruchnahmen und/ oder Teilverladungen zulässig**, sofern im Akkreditiv nicht etwas anderes vorgeschrieben ist. Insoweit erübrigt sich eine ausdrückliche Vereinbarung in der Akkreditivklausel des Kaufvertrags.

  - Teilverladungen

- Es trägt zur Klarstellung des **Begriffs "Teilverladung"** bei, wenn in den **ERA** diverse **Transportarten** bzw. Transportwege aufgeführt sind, die nicht als Teilverladung gelten (vgl. Art. 40 b. und c. ERA).

  - Abgrenzungsprobleme

- Der Importeur muss sich im Klaren sein, dass der **Exporteur** mangels ausdrücklicher Vereinbarung **freie Hand** hinsichtlich von Teilinanspruchnahmen/Teilverladungen hat. Wünscht der Importeur dies nicht, dann hat er das in der Akkreditivklausel des Kaufvertrags und im Akkreditiv **ausdrücklich auszuschließen.** Damit sind bei übertragbaren Akkreditiven zugleich ge-

  - Beurteilung

Prof. Dr. Siegfried G. Häberle

Zeitachsen maßgeblicher (maximaler) Fristen bei Dokumentenakkreditiven

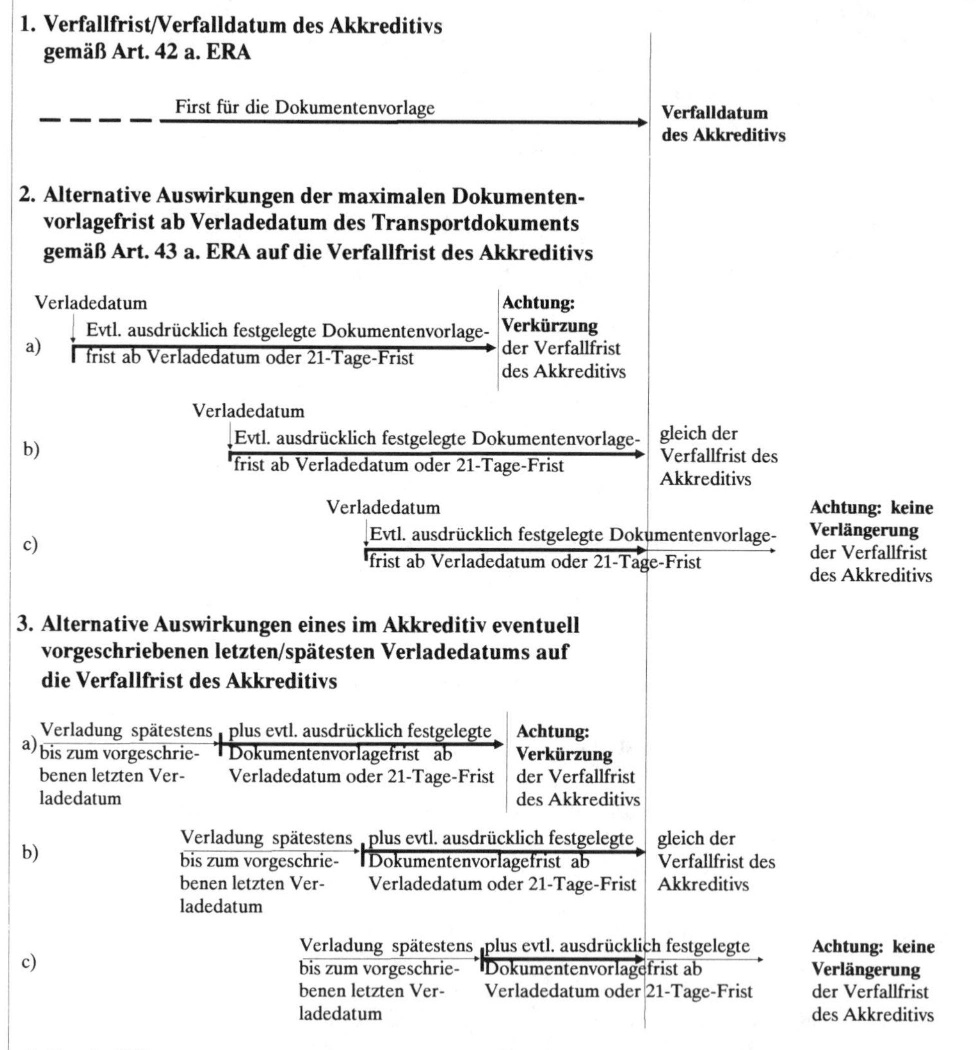

4. Sonderfälle

- Ist im Akkreditiv ist **kein letztes Verladedatum vorgeschrieben**, nehmen die Banken Transportdokumente **nicht an**, die ein späteres Verladedatum als das im Akkreditiv vorgeschriebene Verfalldatum ausweisen (vgl. Art. 44 b. ERA).
- Bei **Unterbrechung der Geschäftstätigkeit der Banken** durch Fälle höherer Gewalt, Unruhen, Streiks, Aussperrungen usw. sowie anderen Ursachen, die außerhalb ihrer Kontrolle liegen, werden die Banken - sofern sie hierzu nicht ausdrücklich ermächtigt sind- bei Wiederaufnahme ihrer Geschäftstätigkeit unter **Akkreditiven**, die während einer solchen Unterbrechung **verfallen sind, nicht zahlen**, keine Verpflichtung zur hinausgeschobenen Zahlung übernehmen, keine Tratten akzeptieren bzw. nicht negoziieren (vgl. Art. 17 ERA).
- Zur Verlängerung des Verfalldatums/der Verfallfrist wegen **Samstagen, Sonntagen, Feiertagen usw.** siehe Art. 44 ERA sowie Prüfliste des Exporteurs für avisierte/eröffnete Akkreditive ... (Abschnitt 4.3.5.3.2).

Abbildung 4.3-19

trennte Teilübertragungen an verschiedene Zweitbegünstigte (Zulieferer, Subunternehmer u. Ä.) ausgeschlossen (vgl. Art. 48 g. ERA).

- Das **Risiko** für den **Importeur** besteht u.a. darin, dass der Exporteur nach einer oder mehreren Teilverladungen die Verladung der restlichen Teile unterlässt. Zwar kann der Exporteur dann den Restbetrag des Akkreditivs auch nicht in Anspruch nehmen, gleichwohl ist die **Minderlieferung** für den Importeur im Allgemeinen nachteilig. Inwieweit der Exporteur durch dieses Unterlassen gegen den Kaufvertrag verstößt, hängt von dessen individuellen Bestimmungen ab.

Vereinbarung von Verladungen und/oder Inanspruchnahmen in Raten (sog. Sukzessivverladungen und/ oder -inanspruchnahmen)

- Im Kaufvertrag kann die Verladung und damit die Inanspruchnahme des Akkreditivs **in Raten** über einen **längeren Zeitraum** vereinbart werden. Beispielsweise kann im Kaufvertrag eine Lieferung pro Monat über den Zeitraum eines halben Jahres vorgesehen sein.

- Ratenweise Abwicklung

- "*Sind im Akkreditiv Inanspruchnahmen und/oder Verladungen in Raten innerhalb bestimmter Zeiträume vorgeschrieben und ist irgendeine Rate nicht innerhalb des für sie vorgeschriebenen Zeitraums in Anspruch genommen und/oder verladen worden, kann das Akkreditiv für diese betreffende und jede weitere Rate nicht mehr benutzt werden, sofern im Akkreditiv nichts anderes vorgeschrieben ist.*" (Art. 41 ERA).

- Folgen der Nichterfüllung

- Glaubt der **Exporteur** im Zeitpunkt des Abschlusses des Kaufvertrags Risiken zu erkennen, die einen derartigen chronologischen Ablauf infrage stellen könnten, dann ist es für den Exporteur empfehlenswert, entsprechende **zeitliche Toleranzen** in der Akkreditivklausel des Kaufvertrags durchzusetzen oder vom Importeur die Stellung eines revolvierenden Akkreditivs zu verlangen.

- Empfehlung

- **Revolvierende Akkreditive** sowie deren Abgrenzung zu Akkreditiven, die eine Inanspruchnahme in Raten vorsehen, sind in **Abschnitt 4.3.4.4** umfassend dargestellt.

- Hinweis

Vereinbarung der Zulässigkeit bzw. des Verbots von Umladung(en)

- Siehe auch **Ziffer (16)** der **Abbildung** "Auftrag zur Eröffnung eines Dokumentenakkreditivs". Weitere Abbildungen/**Fallbeispiele** finden sich in Abschnitt 4.3.5.1.3.

- Abbildung

- In den **ERA** ist der Begriff "Umladung" bei den verschiedenen Transportdokumenten und jeweils spezifisch auf die einzelnen Transportdokumente/Transportarten hin definiert. (vgl. z.B. Art. 23 b., 24 b., 27 b., 28 c. ERA).

- Definition

- Wegen der Vielfalt der Transportmittel und Transportdokumente umfassen die ERA **differenzierte, auf die einzelnen Transportdokumente zugeschnittene Bestimmungen** bezüglich der

- Zulässigkeit/Verbot

Aufnahmefähigkeit der Transportdokumente im Rahmen der Akkreditivabwicklung.
Grundsätzlich sind hinsichtlich der **Zulässigkeit bzw. des Verbots von Umladungen in den Akkreditivbedingungen** die folgenden Konstellationen gegeben:

- **Umladung in den Akkreditivbedingungen gestattet:**
  - **Aufnahme von solchen Transportdokumenten**, die Umladung der Ware vorsehen, zulassen o. Ä., **ohne weitere** von diesen Transportdokumenten zu erfüllende **Voraussetzungen.**
  - **Aufnahme von solchen Transportdokumenten**, die Umladung der Ware vorsehen, zulassen o. Ä., jedoch **mit weiteren** von diesen Transportdokumenten zu erfüllenden **Voraussetzungen.**
    Beispiel: Der gesamte Transport muss durch ein und dasselbe Transportdokument gedeckt sein (Seekonnossement, nichtbegebbarer Seefrachtbrief).
- **Umladung in den Akkreditivbedingungen nicht gestattet:**
  - **Keine Aufnahme von Transportdokumenten**, die Umladung der Ware vorsehen, zulassen o. Ä.
  - **Aufnahme von Transportdokumenten**, die Umladung der Ware vorsehen, zulassen o. Ä., **trotz Umladeverbot im Akkreditiv**, sofern **bestimmte Voraussetzungen** erfüllt sind. Diese Voraussetzungen sind in den ERA bei den einzelnen Transportdokumenten definiert (vgl. z.B. Art. 23 d. Seekonnossement; Art. 24 d. Nichtbegebbarer Seefrachtbrief; Art. 26 b. Multimodales Transportdokument; Art. 27 c. Lufttransportdokument; Art. 28 d. Dokumente des Straßen-, Eisenbahn- oder Binnenschiffstransports).

- Hinweis

- In der **"Prüfliste..." (Abschnitt 4.3.5.1.4)** sind maßgebliche, bei der Akkreditivabwicklung zu beachtende Aspekte bezüglich der Umladung enthalten.

- Beurteilung

- Eine Umladung kann für die Beteiligten Vor- und Nachteile haben. Der maßgebliche **Vorteil** einer Umladung liegt in den eventuell dadurch bewirkten Transportkostenvorteilen. Gewichtige **Nachteile** sind die u.U. verzögerte Ankunft am Bestimmungsort und das erhöhte Beschädigungsrisiko.

4.3.5.1.2.10 Akkreditivdokumente im Kaufvertrag und im Akkreditiveröffnungsauftrag

Vereinbarung der Akkreditivdokumente

- Abbildung

Siehe auch **Ziffer (17)** in der **Abbildung** "Auftrag zur Eröffnung eines Dokumentenakkreditivs". Weitere Abbildungen/**Fallbeispiele** finden sich in Abschnitt 4.3.5.1.3.

- Empfehlung: Aufstellung

- Die ERA bestimmen, dass die Akkreditive genau angeben müssen, gegen welches/welche Dokument(e) Zahlung, Akzeptleistung oder Negoziierung vorgenommen werden soll (vgl. Art. 5 b. ERA). Die Vertragspartner sollten folglich in einer **detaillierten Aufstellung** bereits im Kaufvertrag und damit zugleich für den Akkreditiveröffnungsauftrag des Importeurs festlegen, gegen welche Dokumente das Akkreditiv vom Exporteur benutzt werden kann. Unterbleibt eine eindeutige Festlegung der Art der Dokumente und -falls von der handelsüblichen Ausgestaltung abgewichen wird- des Inhalts der Dokumente im Kaufvertrag, dann läuft der Exporteur **Gefahr**, dass ihm der Importeur im Akkreditiveröffnungsauftrag und damit letztlich im Akkreditiv Dokumente bzw. Dokumenteninhalte auferlegt, die er nicht oder nur schwer beschaffen kann.

- Sicherheitsstreben des Importeurs

- Grundsätzlich eröffnet die Festlegung geeigneter Dokumente in der Akkreditivklausel des Kaufvertrags dem Importeur die Möglichkeit, den Exporteur zur **kaufvertragskonformen Lieferung** der Waren zu zwingen, wenn dieser den Akkreditivgegenwert erlangen will. Allerdings findet dieses Sicherheitsstreben des Importeurs in der Praxis eine Grenze in den Kosten. Insbesondere jene Dokumente, die die Qualität, das Funktionieren oder bestimmte Eigenschaften der Waren zum Inhalt haben, sind zum Teil sehr kostspielig.

- Empfehlungen an den Exporteur

- Der Exporteur hat bei Abschluss des Kaufvertrags grundsätzlich darauf zu achten, dass vom Importeur keine Dokumente bzw. Inhalte in Dokumenten gefordert werden, deren **Beschaffung** ihm unmöglich oder nur mit erheblichen Schwierigkeiten möglich ist.
  Vor allem aber hat der Exporteur sein Augenmerk darauf zu richten, dass keine Dokumente in die Akkreditivklausel des Kaufvertrags aufgenommen werden, durch die er bei Benutzung des Akkreditivs direkt oder indirekt in **Abhängigkeit** zum Importeur oder zu einem von diesem beauftragten Dritten gerät. Dies ist beispielsweise der Fall, wenn der Exporteur zur Akkreditivbenutzung eine Warenempfangsbestätigung eines Spediteurs im Importland vorzulegen hat oder ein Dokument, das von der Importeurbank gegenzuzeichnen ist (vgl. Bach o.J.: S. 46).
  Diese Abhängigkeit ist erst Recht gegeben, wenn der akkreditivbegünstigte Exporteur zur Benutzung des Akkreditivs gemäß den Akkreditivbedingungen einen **vom Importeur auszustellenden Nachweis** über den Baufortschritt oder über den Arbeitsfortschritt (z.B. ein "work progress certificate") vorzulegen hat. Weigert sich der Importeur, dieses Dokument auszustellen, dann kann der begünstigte Exporteur (z.B. eine Bauunternehmung) keine Zahlung aus dem Akkreditiv erlangen.
  Um dieses Risiko zu vermeiden, ist es in dieser Situation und im Sicherungsinteresse des Exporteurs notwendig, einen **spätesten Zeitpunkt** in die Akkreditivklausel des Kaufvertrags und damit auch in das Akkreditiv aufzunehmen, zu dem die **Zahlung ohne** die **Vorlage** eines vom Importeur auszustellenden oder zu unterzeichnenden Dokuments erfolgen kann (sog. Spätestens-Klausel). Diese "Spätestens-Klausel" birgt jedoch für den Importeur das Risiko, dass der Exporteur seinen vertraglichen Verpflichtungen nicht nachkommt und gleichwohl -zum spätesten Zeitpunkt- Zahlung aus dem Akkreditiv erlangt.
  Zum Ausgleich beider Interessen bietet sich an, einen unabhängigen Dritten mit der Ausstellung der oben angesprochenen Dokumente zu beauftragen.

- **ERA**

- Bereits bei der Vereinbarung der Dokumente im Kaufvertrag sollten die Beteiligten auch Art. 20 a. ERA beachten (Hervorhebungen dch. d. Verf.): "*Ausdrücke wie 'erstklassig', 'gut bekannt', 'qualifiziert', 'unabhängig', 'offiziell', 'kompetent', 'örtlich' u. Ä. sollen zur Klassifizierung der Aussteller irgendwelcher Dokumente, die unter einem Akkreditiv vorzulegen sind, nicht verwendet werden. Wenn solche Ausdrücke im Akkreditiv enthalten sind, nehmen die Banken die betreffenden Dokumente so an, wie sie vorgelegt werden, vorausgesetzt, dass sie ihrer äußerer Aufmachung nach den anderen Akkreditiv-Bedingungen zu entsprechen und nicht durch den Begünstigten ausgestellt zu sein scheinen.*"
  Exporteur und Importeur haben bei Abschluss des Kaufvertrags stets zu bedenken, dass sich die beteiligten **Kreditinstitute** bei der Abwicklung eines Akkreditivs **nur mit Dokumenten** und nicht mit Waren, Dienstleistungen und/oder anderen Leistungen, auf die sich die Dokumente möglicherweise beziehen, befassen (vgl. Art. 4 ERA). Eine Bank kann beispielsweise nicht nachprüfen, ob ein Sachverständiger, der ein Qualitätszertifikat erstellt hat, qualifiziert und unabhängig ist. Will der Importeur dahingehend Sicherheit erlangen, dann hat er im Kaufvertrag und in dessen Gefolge im Akkreditiv die Vorlage des Qualitätszertifikats eines genau definierten Sachverständigen (einer Sachverständigengesellschaft) zu vereinbaren.

- **Arten**

- Folgt man der Systematik der **ERA**, dann können die Dokumente in **vier Gruppen** unterteilt werden:
  - Handelsrechnungen,
  - Transportdokumente,
  - Versicherungsdokumente,
  - sonstige (andere) Dokumente.

- **Form und Inhalt von Handelsrechnungen**

- Form und inhaltlicher Rahmen von **Handelsrechnungen**, **Transportdokumenten** und **Versicherungsdokumenten** sind in den ERA im Wesentlichen entsprechend der Handelsüblichkeit dieser Dokumente geregelt (vgl. Art. 20ff. ERA sowie Zahn u.a. 1986: S. 63, Rdn 2/48). Insoweit bedarf es in der Akkreditivklausel des Kaufvertrags zu diesen Dokumenten im Allgemeinen nur dann ergänzender bzw. modifizierender Vereinbarungen, wenn von der Handelsüblichkeit abgewichen wird.

- **Form und Inhalt sonstiger Dokumente**

- Dagegen treten die **sonstigen/anderen Dokumente** in sehr unterschiedlichen Formen und Inhalten in Erscheinung. Sonstige/andere Dokumente umfassen Qualitäts- und Quantitätsnachweise (z.B. Qualitätszertifikate, Gewichtsbescheinigungen, Packlisten u. Ä.), aber auch amtliche Bescheinigungen (wie Ursprungszeugnisse, Warenverkehrsbescheinigungen usw.) und vielfältige weitere Dokumente.
  Zur Gruppe der sonstigen/anderen Dokumente führen die ERA aus: "*Wenn andere Dokumente als Transportdokumente, Versicherungsdokumente und Handelsrechnungen verlangt werden, sollten Aussteller sowie Wortlaut oder Inhaltsmerkmale solcher Dokumente im Akkreditiv bestimmt werden*" (Art. 21 ERA, Hervorhebungen dch. d. Verf.). Es ist keine Frage, dass die Geschäfts-

partner diese Merkmale der sonstigen Dokumente bereits bei Abschluss des Kaufvertrags bedenken und in den Vertragstext aufnehmen sollten. Nur so ist allen Beteiligten, also auch den eingeschalteten Banken eine eindeutige Grundlage bei der Geschäftsabwicklung und bei der Akkreditivabwicklung an die Hand gegeben. Wenn im Akkreditiv derartige Bestimmungen zu den sonstigen/anderen Dokumenten nicht enthalten sind, dann legen die **ERA in Art. 21** fest, dass die Banken solche Dokumente so annehmen, "*... wie sie vorgelegt werden, vorausgesetzt, ihre Inhaltsmerkmale stehen nicht im Widerspruch zu irgendeinem anderen vorgeschriebenen Dokument, das vorgelegt wurde.*"

Eine nur vage Bestimmung der sonstigen/anderen Dokumente im Kaufvertrag beinhaltet **Risiken** für beide Geschäftspartner: Der Importeur könnte geneigt sein, in den Akkreditiveröffnungsauftrag Detailbestimmungen zu den sonstigen/anderen Dokumenten aufzunehmen, die nicht dem vom Exporteur Gewollten entsprechen. Der Exporteur könnte geneigt sein, eine vage Formulierung sonstiger/anderer Dokumente im Akkreditiv zu seinen Gunsten zu nutzen, indem er lediglich das Minimum des Inhalts erfüllt, den die sonstigen/anderen Dokumente üblicherweise umfassen, zumal sich für ihn dadurch u.U. auch noch Kosten einsparen lassen.

- **Dokumente im Akkreditiveröffnungsauftrag/Abbildung**

• In den Formularen "Aufträge zur Eröffnung von Dokumentenakkreditiven" mancher Banken sind diejenigen **Dokumente**, die in der Praxis häufig vorkommen, bereits **eingedruckt**. Siehe dazu: **"Fallbeispiele/Formulare zum Akkreditiveröffnungsauftrag des Importeurs"** in Abschnitt 4.3.5.1.3.

Der Akkreditivauftraggeber hat in den derart vorbereiteten Akkreditiveröffnungsaufträgen nur noch die zutreffenden **Dokumente anzukreuzen** und in Bezug auf das konkrete Außenhandelsgeschäft zu **ergänzen**, so z.B. hinsichtlich der Anzahl der Ausfertigungen, des Umfangs des Versicherungsschutzes, des Ausstellers des Dokuments, des im Dokument auszuweisenden Adressaten bzw. Begünstigten (Remittenten), der eventuellen Angabe einer Notadresse usw.

Folgende Beispiele verdeutlichen dies:

- **Handelsrechnung**

  Sofern im Akkreditiv nichts anderes vorgeschrieben ist, muss die Handelsrechnung vom Akkreditivbegünstigten ausgestellt sein (Ausnahme bei übertragenen Akkreditiven) (vgl. Art. 37 a. ERA).

  Die Handelsrechnung ist vom Exporteur (vom Akkreditivbegünstigten) auf den **Namen des Akkreditivauftraggebers** auszustellen, falls nichts anderes vorgeschrieben ist (bezüglich von Akkreditivübertragungen vgl. jedoch Art. 37 a. in Verbindung mit Art. 48 h. ERA).

  Auf das Erfordernis, dass die Handelsrechnung vom Exporteur zu **unterschreiben** ist, wird im Akkreditiveröffnungsauftrag der Banken manchmal noch hingewiesen; die ERA verlangen die Unterzeichnung jedoch nicht mehr (vgl. Art. 37

a. ERA). Einzutragen hat der Akkreditivauftraggeber schließlich die Anzahl der **Ausfertigungen** (Originale), die der akkreditivbegünstigte Exporteur vorzulegen hat. Diese Anzahl ist insbesondere abhängig von den bei den verschiedenen Importbehörden vorzulegenden Exemplaren.

- **Transportdokument**
  In den Auftragsformularen sind die wichtigsten Transportdokumente und deren maßgeblichen Merkmale bereits aufgeführt, sodass der Auftraggeber (Importeur) entsprechend den Vereinbarungen im Kaufvertrag das Zutreffende nur anzukreuzen bzw. zu ergänzen hat.
  Beim **Konnossement** ist häufig bereits die (übliche) Vorlage eines **vollen Satzes** sowie der Zusatz **"rein"** im Auftragsformular eingedruckt. Ebenso ist im Vordruck das meistens vorkommende Orderkonnossement eingedruckt, zu dem noch auszufüllen ist, ob es **blanko zu indossieren** oder ob ein Remittent (im Allgemeinen der Importeur) einzutragen ist. Lediglich anzukreuzen hat der Auftraggeber in solchen Vordrucken auch die zutreffende Alternative zum **Frachtvermerk** ("Fracht bezahlt" bzw. "freight prepaid" oder "Fracht einzuziehen" bzw. "freight collect"). Der Importeur kann verlangen, dass in das Konnossement eine **Notadresse** (Notify, Meldeadresse o. Ä.) aufzunehmen ist. Der Notadressat wird von der bevorstehenden Ankunft des Schiffs und von eventuellen Vorkommnissen, die den Versand/Transport betreffen, informiert.

- **Versicherungsdokument**
  Diese Position im Akkreditiveröffnungsauftrag hat der Importeur dann anzukreuzen, wenn laut Kaufvertrag nicht er selbst, sondern der Exporteur zur Beschaffung der Versicherungsdeckung verpflichtet ist (was allerdings die Regel ist). Im Allgemeinen werden **Police oder Zertifikat** akzeptiert. Sie sind deswegen bereits im Akkreditiveröffnungsauftrag als gleichwertige Nachweise aufgeführt.
  Einzutragen hat der Auftraggeber, welche **Risiken** entsprechend den Vereinbarungen im Kaufvertrag durch die Versicherung gedeckt sein müssen. Ebenso hat der Importeur im Akkreditiveröffnungsauftrag den **Betrag/Wert** anzugeben, auf den die im Versicherungsdokument angegebene Versicherungsdeckung lauten muss (den sog. Versicherungswert). Weil die ERA -mangels anders lautender Bedingungen im Akkreditiv- als Mindestbetrag der Deckung den CIF-Wert bzw. den CIP- Wert der Waren zuzüglich 10% vorschreiben (Einzelheiten vgl. Art. 34 f. ERA), findet sich in manchen Auftragsformularen dieser Deckungsumfang bereits vorgedruckt.
  Im Formular "Auftrag zur Eröffnung eines Dokumenten-Akkreditivs" (Abb. 4.3-17) ist die Versicherungsdeckung in der Rubrik "Versicherung/Fremde Kosten" angesprochen.

- **Andere Dokumente**
  Bei einer Reihe von anderen Dokumenten haben sich Form und inhaltlicher Rahmen im Lauf der Zeit ebenfalls uniformiert. Dies gilt beispielsweise für **Ursprungszeugnisse**, sodass es genügt, wenn der Auftraggeber diese Position sowie das zugrunde zu legende Formblatt lediglich ankreuzt und die Anzahl der Ausfertigungen vermerkt.
  Darüber hinaus gibt es Dokumente, die auf die Eigenheiten des abzuwickelnden Außenhandelsgeschäfts zugeschnittene Besonderheiten aufweisen und die deswegen im Kaufvertrag und demzufolge auch im Akkreditiveröffnungsauftrag hinreichend genau zu definieren sind, so z.B. **Qualitätszertifikate**. Fehlen in den Akkreditivbedingungen die Angabe des Ausstellers sowie der Wortlaut oder die Inhaltsmerkmale eines solchen Dokuments, dann nehmen die Banken dieses Dokument so an, wie es vorgelegt wird, vorausgesetzt, seine Inhaltsmerkmale stehen nicht im Widerspruch zu irgendeinem anderen vorgeschriebenen Dokument, das vorgelegt wurde (vgl. Art. 21 ERA). Es dient folglich insbesondere der Sicherheit des Importeurs, wenn er im Akkreditiveröffnungsauftrag die sog. anderen/sonstigen Dokumente -in Übereinstimmung mit den im Kaufvertrag getroffenen Vereinbarungen- genau bestimmt.
  Werden den Banken **Dokumente/Schriftstücke** eingereicht, die **nicht** im Akkreditiveröffnungsauftrag bzw. nicht **in den Akkreditivbedingungen** aufgeführt sind, dann leiten die Banken diese Dokumente/Schriftstücke im Allgemeinen ungeprüft -und ohne vom Inhalt Kenntnis zu nehmen bzw. ohne Verantwortung zu übernehmen- an den Akkreditivauftraggeber weiter (siehe Fußnote im nicht ausgefüllten Formular, Abb. 4.3-17).

- Hinweis

- Im Kapitel "**4.1 Exportdokumente**" sind die bei Akkreditiven vorkommenden Dokumente umfassend beschrieben und zum Teil abgebildet.

- **Übermittlung der Dokumente**

- In der Regel hat der **Importeur** ein **Interesse** daran, nach erfolgter Akkreditivbenutzung durch den Exporteur möglichst schnell in den Besitz der Dokumente zu gelangen; sei es um damit in seinem Land die Importabfertigung in die Wege leiten zu können, sei es um eine kostspielige Einlagerung der Waren zu vermeiden (was in dem Fall eintreten würde, wenn die Waren vor den Dokumenten im Importland ankommen).
  Im Akkreditiveröffnungsauftrag kann der Importeur die Weisung erteilen, dass die **Dokumente per Luftpost**, **per Kurier** usw. (statt mit gewöhnlicher Post) zu versenden sind. Diese Weisung leitet die Akkreditivbank sodann an die als Benutzungs-/Zahlstelle eingesetzte Zweitbank (eventuell zugleich Bestätigungsbank) weiter.

4.3.5.1.2.11 Warenbeschreibung, Warenmenge, Preis pro Einheit, Lieferbedingungen

Warenbeschreibung

- **Abbildung**
  - Siehe auch **Ziffer (18)** der **Abbildung** "Auftrag zur Eröffnung eines Dokumentenakkreditivs". Weitere Abbildungen/**Fallbeispiele** finden sich in Abschnitt 4.3.5.1.3.

- **Beschreibung**
  - Die Warenbeschreibung im Kaufvertrag und auf dessen Grundlage auch im Akkreditiveröffnungsauftrag soll einerseits **vollständig und genau** sein. Denn die Banken müssen anhand der Warenbeschreibung im Akkreditiv nicht nur die Übereinstimmung der Beschreibung der Waren in der Handelsrechnung überprüfen, sondern auch ob die Warenbeschreibung in den anderen Dokumenten (in denen die Waren allerdings mit allgemein gehaltenen Ausdrücken beschrieben sein können) dazu nicht im Widerspruch steht (vgl. Art. 37 c. ERA). Um den beteiligten Banken die Akkreditivabwicklung zu erleichtern, wird im Übrigen empfohlen, die Warenbeschreibung im Akkreditiveröffnungsauftrag in derselben **Sprache** abzufassen, in der später voraussichtlich die Handelsrechnung ausgestellt werden wird (vgl. Brüggemann 1981: S. 138f.).
Andererseits sollen die Banken gemäß Art. 5 ERA jedem Versuch entgegentreten, **zu weitgehende Einzelheiten** in das Akkreditiv aufzunehmen. Dadurch sollen Irrtümer und Missverständnisse vermieden werden. Im Zweifel sollte der Akkreditivauftraggeber den Rat seiner Bank einholen.

- **Risiken**
  - Eine detaillierte Warenbeschreibung im Akkreditiveröffnungsauftrag bzw. im Akkreditiv schützt für sich genommen im Übrigen den Importeur keineswegs vor mängelbehafteter Warenlieferung: Sofern der Exporteur dieselbe detaillierte Warenbeschreibung in seine Handelsrechnung aufnimmt und Widersprüche zu den anderen Dokumenten nicht erkennbar sind, haben die Banken keine Veranlassung, diese Dokumente bei der Benutzung des Akkreditivs zurückzuweisen. Denn die **Banken** befassen sich bei der Akkreditivabwicklung **ausschließlich mit Dokumenten** und nicht mit den Waren, auf die sich die Dokumente möglicherweise beziehen (vgl. Art. 4 ERA).

Alternativen der Festlegung der Warenmenge/des Preises pro Einheit

- **Abbildung**
  - Siehe auch **Ziffer (19)** der **Abbildung** "Auftrag zur Eröffnung eines Dokumentenakkreditivs". Weitere Abbildungen/**Fallbeispiele** finden sich in Abschnitt 4.3.5.1.3.

- **Feste Warenmenge**
  - Im Kaufvertrag und damit im zur eröffnenden Akkreditiv kann eine **feste Warenmenge** festgelegt werden, für die eine Überschreitung oder eine Unterschreitung ausdrücklich untersagt ist.

- **Ca.-Warenmenge**
  - Die Beteiligten können im Kaufvertrag eine **ungefähre Warenmenge** vereinbaren, die dann auch in das vom Importeur zu stellende Akkreditiv mit dem Zusatz "etwa" ("about"), "ungefähr" ("approximately"), "zirka" o. Ä. aufzunehmen ist. Ein solcher Zusatz lässt bei der Benutzung des Akkreditivs **Abweichungen** der

Warenmenge **bis zu 10% nach oben** oder **bis zu 10% nach unten** von der Menge, auf den sich der Zusatz bezieht, zu (vgl. Art. 39 a. ERA).

Analoge Abweichungen gelten, wenn solche Zusätze/Ausdrücke in Verbindung mit dem angegebenen **Preis pro Einheit** verwendet werden (vgl. ebenda).

- Zulässige Abweichungen

- Legen die Beteiligten **nicht ausdrücklich fest**, dass die **Warenmenge** nicht über- oder unterschritten werden darf und ist dies ebenso in den Akkreditivbedingungen ausgewiesen, dann ist bei der Benutzung des Akkreditivs eine Abweichung **bis zu 5% nach oben** oder **bis zu 5% nach unten** statthaft. Dies gilt allerdings nur, wenn der Betrag der Inanspruchnahme den Akkreditivbetrag nicht überschreitet. Außerdem ist diese Abweichung nicht zulässig, wenn im Akkreditiv die Menge in einer bestimmten Anzahl von Verpackungseinheiten oder Stücken angegeben ist (vgl. Art. 39 b. ERA).
- In Art. 39 c. ERA ist schließlich unter Bezugnahme auf vorstehend zitierte Art. 39 a und 39 b. ERA folgendes geregelt (Hervorhebungen dch. d. Verf.):
  "*Sofern ein Akkreditiv, das Teilverladungen untersagt, nicht etwas anderes vorschreibt oder der vorstehende Absatz (b) nicht anwendbar ist, ist eine Minderinanspruchnahme um bis zu 5% zulässig, vorausgesetzt, dass bei im Akkreditiv vorgeschriebener Warenmenge diese Warenmenge in vollem Umfang geliefert und bei einem im Akkreditiv vorgeschriebenen Preis pro Einheit dieser Preis nicht unterschritten wird. Diese Bestimmung gilt nicht, wenn im Akkreditiv Ausdrücke der im vorstehenden Absatz (a) genannten Art verwendet werden.*"

Festlegung der Lieferbedingungen

- Abbildung

- Siehe auch **Ziffer (20)** der **Abbildung** "Antrag auf Eröffnung eines Dokumentenakkreditivs". Weitere Abbildungen/**Fallbeispiele** finden sich in Abschnitt 4.3.5.1.3.

- Incoterms

- In den Kaufvertrag und in dessen Gefolge auch in das zu eröffnende Akkreditiv sind die Bedingungen aufzunehmen, zu denen die Lieferung der Waren zu erfolgen hat.
  Im Allgemeinen werden von den Vertragspartnern **Lieferklauseln** auf Grundlage der sog. **Incoterms**, das sind die "Internationalen Regeln für die Auslegung der handelsüblichen Vertragsformeln" (International rules for the interpretation of trade terms, International commercial terms), in den Kaufvertrag aufgenommen. Diese Vertragsklauseln, die von der Internationalen Handelskammer aufgestellt und veröffentlicht sind, umfassen in Kurzbezeichnungen die Verteilung der Rechte und der Pflichten sowie der Risiken und Kosten auf Exporteur und Importeur. So sind z.B. geregelt: der Abschluss des Frachtvertrags und die Frachtzahlung, der Abschluss des Transportversicherungsvertrags und die Prämienzahlung, die ordnungsgemäße Verladung der Waren, die Beschaffung der relevanten Dokumente, die Gefahrentragung für die Ware und der Gefahrenübergang bis hin zur Zahlung der Löschkosten, der Zölle, der Einfuhrabgaben und der Lagerkosten.

4.3.5.1.2.12 Akkreditivkosten, Verteilung, Tabelle maßgeblicher Bankprovisionen

Festlegung der Verteilung der Akkreditivkosten

- Abbildung

- Siehe auch **Ziffer (21)** der **Abbildung** "Auftrag zur Eröffnung eines Dokumentenakkreditivs". Weitere Abbildungen/**Fallbeispiele** finden sich in Abschnitt 4.3.5.1.3.

- Kostenarten

- Für ihre Dienste bei der Abwicklung von Akkreditiven stellen die Banken verschiedene Provisionen (Kommissionen u. Ä.) in Rechnung, deren Ansatz u.a. von der Art des Akkreditivs abhängt. Beispiele:
  - **Eröffnungsprovision**; im Allgemeinen quartalsweise gestaffelt nach der Laufzeit des Akkreditivs;
  - **Avisierungsprovision**; ohne Laufzeitbezug;
  - **Bestätigungsprovision**; im Allgemeinen quartalsweise gestaffelt nach der Laufzeit des Akkreditivs;
  - **Dokumentenaufnahmeprovision**; ohne Laufzeitbezug.

  Bei kurzer Akkreditivlaufzeit ist -ohne Bestätigungsprovision- mit Kosten in Höhe von etwa 1% des Akkreditivbetrags zu rechnen.
  Darüber hinaus stellen die Banken im Einzelfall bzw. bei entsprechender **Akkreditivart** weitere Provisionen in Rechnung, wie z.B. Deferred-Payment-Provision, Akzeptprovision, Änderungsprovision, Vorausavisierungsprovision u.a.
  Die maßgeblichen Provisionssätze der Banken sind in der unten stehenden Tabelle differenziert dargestellt. Diese Sätze vermitteln lediglich einen groben Anhaltspunkt; die tatsächlich berechneten Provisionen können im Einzelfall erheblich abweichen.

- Verteilung

- Im Kaufvertrag und -in dessen Gefolge- im Akkreditiveröffnungsauftrag sollte die **Verteilung** der anfallenden Bankprovisionen **geregelt** werden. In der **Praxis** wird häufig die Vereinbarung getroffen, dass der akkreditivbegünstigte Exporteur lediglich die bei der Bank in seinem Land anfallende Dokumentenaufnahmeprovision zu tragen hat. Dagegen hat der Akkreditivauftraggeber (Importeur) bei dieser Vereinbarung alle übrigen Bankprovisionen zu tragen, und zwar auch jene Provisionen, die über die Dokumentenaufnahmeprovision hinaus bei der -aus Sicht des Importeurs- ausländischen Bank anfallen. Andere Verteilungen der anfallenden Bankprovisionen sind jedoch möglich, so beispielsweise, dass die bei der Akkreditivbank anfallenden Bankprovisionen zulasten des Akkreditivauftraggebers gehen, die fremden Bankprovisionen dagegen zulasten des Akkreditivbegünstigten. Erteilt der Akkreditivauftraggeber (Importeur) **keine gegenteilige Weisung** im Akkreditiveröffnungsauftrag, dann geht die beauftragte Bank üblicherweise davon aus, dass der Akkreditivauftraggeber **alle Bankprovisionen** trägt.

- Kostenstruktur

- Die **Abbildung 4.3-20** vermittelt eine differenzierte Übersicht über die **maßgeblichen Bankprovisionen**, die bei der Akkreditivabwicklung üblicherweise anfallen.

Prof. Dr. Siegfried G. Häberle

Maßgebliche Provisionen der Akkreditivbank (Importeurbank) für Akkreditiveröffnungen usw.

Kostenträger:
- **Akkreditivauftraggeber (Importeur) = Regelfall**
  oder
- **Akkreditivbegünstigter (Exporteur) = Ausnahmefall**

Provisionsart	Berechnungsmethode	Beispiel
• **Eröffnungsprovision** (Unwid. Akkreditive)	pro Quartal	3,0 ‰ bis zu 3 Mon., 6,0 ‰ bis zu 6 Mon., 1,5 ‰ für jeden weiteren Monat; Min. 50 - 100 DM pro Quartal
• **Eröffnungsprovision** (Wid. Akkreditive)	einmalig	2,0 ‰; Min. 50 - 100 DM
• **Dokumentenaufnahme-/ Abwicklungsprovision**	einmalig	3,0 ‰; Min. 50 - 100 DM
• **Deferred-Payment-Provision**	pro Monat	1,5‰ pro Monat; Min. 50 - 100 DM pro Quartal
• **Akzeptprovision**	pro Monat	1,5‰ pro Monat; Min. 50 - 100 DM pro Quartal
• **Akkreditivänderungen**	einmalig	50 - 100 DM neben den Provisionen aus eventuellen Betragserhöhungen und Laufzeitverlängerungen

- Je nach Vereinbarung im Kaufvertrag/Akkreditiveröffnungsauftrag hat der Akkreditivauftraggeber (Importeur) u.U. darüber hinaus auch Teile der bzw. alle Provisionen der Auslandsbank(en) (sog. fremde Spesen) zu tragen, die ihm dann über die Akkreditivbank in Rechnung gestellt werden.

Maßgebliche Provisionen der Zweitbank (Exporteurbank) für Avisierung, Bestätigung, Dokumentenaufnahme usw.

Kostenträger (entsprechend den Akkreditivbedingungen):
- **Akkreditivbegünstigter (Exporteur)**
  oder
- **Akkreditivauftraggeber (Importeur) durch Verrechnung mit der Akkreditivbank**

Provisionsart	Berechnungsmethode	Beispiel
• **Avisierungsprovision**	einmalig	1,0 ‰; Min. 50 - 100 DM, Max. 300 - 500 DM
• **Bestätigungsprovision**	pro Quartal	1,5 ‰ bis zu 3 Mon., 3,0 ‰ bis zu 6 Mon., 1,5 ‰ für jeden weiteren Monat; Min. 100 - 200 DM pro Quartal
• **Dokumentenaufnahme-/ Abwicklungsprovision**	einmalig	3,0 ‰; Min. 100 - 200 DM
• **Deferred-Payment-Provision**	z.T. einmalig, z.T. pro Monat (ab Dokumentenaufnahme)	u.a. abhängig, ob bestätigt oder unbestätigt; Anhaltspunkt: 1,5‰ pro Monat; Min. 100 - 200 DM pro Quartal
• **Akzeptprovision** (Remboursakkreditiv)	pro Monat	1,5 ‰ pro Monat; Min. 100 - 200 DM pro Quartal
• **Übertragungsprovision**	einmalig	2,0 ‰; Min. 100 - 200 DM, stets z.L. des Akkreditivbegünstigten
• **Akkreditivänderungen**	einmalig	50 - 100 DM neben den Provisionen aus eventuellen Betragserhöhungen und Laufzeitverlängerungen

Abbildung 4.3-20

4.3.5.1.3 Fallbeispiele/Formulare zum Akkreditiveröffnungsauftrag des Importeurs

Abbildung 4.3-21

Abbildung 4.3-21 zeigt den **Akkreditiveröffnungsauftrag** eines deutschen Importeurs an seine Bank. Eröffnet werden soll -aus deutscher Sicht- ein **sog. Importakkreditiv**, das im Sinne des Verfalldatums und des Orts für die Dokumentenvorlage in Shanghai **gültig** gestellt ist. Dagegen ist das beantragte Akkreditiv in Deutschland bei der Hausbank des Importeurs (Commerzbank AG) **benutzbar/zahlbar** gestellt.

Hinweis: In Abschnitt "**4.3.5.2.1 Ausführung des Akkreditiveröffnungsauftrags durch die beauftragte Bank**" ist in **Abbildung 4.3-24** die Ausführungsanzeige der akkreditiveröffnenden Bank (Commerzbank AG) für den Akkreditivauftraggeber (Import GmbH) abgebildet.

Abbildung 4.3-22

Abbildung 4.3-22 zeigt den **Akkreditiveröffnungsauftrag** eines japanischen Importeurs an seine Bank (Industrial Bank of Asia, Tokyo).

Hinweis: In Abschnitt "**4.3.5.2.1 Ausführung des Akkreditiveröffnungsauftrags durch die beauftragte Bank**" ist in **Abbildung 4.3-25** das Akkreditiveröffnungsschreiben/Akkreditiv der akkreditiveröffnenden japanischen Bank, das mittels SWIFT-System an die schweizerische Bank (Exporteurbank) gerichtet ist, abgebildet.

Hinweis: In Abschnitt "**4.3.5.2.2 Akkreditivavisierung/-eröffnung...**" ist in **Abbildung 4.3-27** die Akkreditivavisierungs-/-eröffnungsanzeige der schweizerischen Bank einschließlich der Bestätigung zu Gunsten des schweizerischen Exporteurs abgebildet.

Abbildung 4.3-23

Abbildung 4.3-23 zeigt den **Akkreditiveröffnungsauftrag** eines schweizerischen Importeurs (Elektro-Import AG) an seine Bank (Schweizerische Kreditanstalt).

Auftrag zur Akkreditiv-Eröffnung

Bitte zweifach einreichen mit „Zahlungsauftrag im Außenwirtschaftsverkehr"

An die
COMMERZBANK
AKTIENGESELLSCHAFT

Ich / Wir bitte(n) Sie, **für meine / unsere Rechnung** nachfolgendes Akkreditiv zu eröffnen:
[X] unwiderruflich [ ] widerruflich [ ] übertragbar
[ ] brieflich [X] per Telekommunikation [ ] mit Voravis per Telekommunikation

Datum und Ort des Verfalls: 15.2.19.. Shanghai

Name und Anschrift des Auftraggebers:
Import GmbH
Koenigstr. 34
70173 Stuttgart

Name und Anschrift des Begünstigten:
Shanghai Trading Co. Ltd.
No. 23 Zhongshan Dong Yi Road
Shanghai/China

Konto-Nr.: 9302035 | Telefon-Nr.: 1234567 | Sachb./Ref.: Mustermann

Akkreditiv-Betrag [X] über [ ] über circa (Gewünschtes ankreuzen)
USD 58.100,00

Bankverbindung des **Begünstigten (falls bekannt):**
Bank of China
Shanghai

Sie sind berechtigt, das Akkreditiv dem Begünstigten auch über eine Korrespondenzbank Ihrer Wahl zuzuleiten.

Akkreditiv benutzbar bei
[ ] Ihrer Korrespondenzbank [X] Ihnen
durch
[X] Sichtzahlung [ ] hinausgeschobene Zahlung per
[ ] Akzeptleistung [ ] Negoziierung
gegen Einreichung der nachstehend genannten Dokumente
[ ] und der Tratte(n) des Begünstigten per ...
gezogen auf ... (Name der Bank)

Teilverladung: [X] gestattet [ ] nicht gestattet
Umladung: [ ] gestattet [X] nicht gestattet

Verladung an Bord / Versendung / Übernahme
in / von: Shanghai nach: Hamburg
nicht später als: 30.01.19..

Ergänzen Sie bitte die folgenden Positionen durch weitere Einzelheiten (gewünschte Dokumente ankreuzen):

Muster

[X] Handelsrechnung ..3.... fach
[X] voller Satz reiner An-Bord-Seekonnossemente ausgestellt an Order und blanko indossiert
Notifyadresse: Import GmbH *(wie oben)*
[ ] mit dem Vermerk „Fracht bezahlt" [X] mit dem Vermerk „Fracht zahlbar am Bestimmungsort"

[ ] Eisenbahn-Duplikatfrachtbrief [ ] Internationaler Frachtbrief CMR (Exemplar für Absender) [ ] Posteinlieferungsschein/ Postversandbescheinigung

adressiert an uns / adressiert an ...
[ ] Luftfrachtbrief (Original for shipper) [ ] Multimodales Transportdokument (voller Satz) [ ] Kurierempfangsbestätigung

adressiert an uns / adressiert an ...
[ ] anderes Transportdokument (zu spezifizieren) [ ] Spediteur-Übernahmebescheinigung (FCR) ausweisend die Übernahme der Ware zum unwiderruflichen Versand

[ ] Versicherungs-Police oder -Zertifikat (voller Satz) folgende Risiken deckend:
(Risiken oder Klauseln bitte genau angeben)
adressiert an uns / adressiert an .....

[ ] Ursprungszeugnis, beglaubigt von Ursprungsland:
[X] Packliste .....3. fach
[ ] andere Dokumente (zu spezifizieren, insbesondere Aussteller und Inhalt)

Warenart und -Menge, evtl. Einzelpreise: **FOB Shanghai** Lieferbedingungen (z.B. CIF, CFR, FOB, DAF usw.)

Goods as per Proforma Invoice GTX 790ZI

Die Dokumente sind innerhalb von 15 Tagen nach dem Verladedatum des Transportdokuments vorzulegen, jedoch innerhalb der Gültigkeitsdauer des Akkreditivs.

Fremde Bankspesen gehen [ ] zu meinen / unseren Lasten [X] zu Lasten des Begünstigten; falls das Akkreditiv nicht ausgenutzt wird, zu meinen / unseren Lasten.

Das Akkreditiv ist durch Ihre Korrespondenzbank zu avisieren [ ] per Telekommunikation [ ] brieflich
[X] ohne Bestätigung [ ] mit Bestätigung [ ] mit Bestätigung auf Wunsch des Begünstigten
[ ] Zusätzliche Anweisungen oder Bedingungen (ggf. unter Angabe des vorzulegenden Dokuments) sind auf der Rückseite vermerkt.

Die Einlösung der Dokumente ist zu Lasten [ ] DM-Konto [X] Währungskonto Nr. 9302035 vorzunehmen.

Ich / Wir erkläre(n) mich/uns damit einverstanden, daß die Behandlung des vorstehenden Akkreditivauftrages aufgrund der seitens der Internationalen Handelskammer veröffentlichten „Einheitlichen Richtlinien und Gebräuche für Dokumenten-Akkreditive" (Revision 1993) ICC Publikation Nr. 500 erfolgt, soweit für den Zahlungsort nicht anderes ausländisches Recht oder andere Usancen maßgebend sind. Ergänzend gelten die Allgemeinen Geschäftsbedingungen Ihrer Bank, die in jeder Filiale eingesehen werden können und die auf Wunsch zugesandt werden.

Anlage: Zahlungsauftrag im Außenwirtschaftsverkehr — Anlage Z 1 zur AWV

Stuttgart, 13.01.19.. (Ort / Datum) Import GmbH (Stempel und Unterschriften)

Der Umwelt zuliebe auf chlorfrei gebleichtem Papier
503/00/28 HD0196

Abbildung 4.3-21

IBA

Please note:
☐ mark where applicable
sheet 1 to be mailed to IBA
sheet 2 copy principal

To: INDUSTRIAL BANK OF ASIA
TOKYO

Please open the following documentary credit:

[X] irrevocable ☐ transferable
☐ revocable

by ☐ airmail [X] telex (full text)
☐ airmail with telegraphic preadvice

By (bankers of the beneficiary):
UNION BANK OF SWITZERLAND
8021 ZURICH

Beneficiary:
GENERATOR AG
POSTFACH 642
8045 ZURICH

Amount
[X] max. SFR. *378'000.--*
☐ approx.(+/−10%)
[X] to be confirmed ☐ not to be confirmed
by your correspondent

Valid until: 21ST JUNE 19..
Available
[X] in the country of the beneficiary ☐ with you
Payable
[X] at sight
☐ after ____ days from
☐

Documents:
[X] commercial invoice 3 fold, SIGNED
[X] full set of ocean bill of lading
[X] to order, blank endorsed
☐

☐ duplicate of rail consignment note
☐ airway bill ("No. 3 Original for Shipper") } addressed to

marked [X] "Freight prepaid"
☐ "Freight collect"

notify: ELECTRICITY SUPPLY LTD.
P.O.BOX 1593
OSAKA

☐ forwarder's receipt

☐ insurance policy or certificate

[X] certificate of origin IN DUPLICATE, EVIDENCING SWISS ORIGIN AND LEGALIZED BY THE CHAMBER OF COMMERCE

- WORK CERTIFICATE
- WEIGHT LIST

SPECIMEN

Covering: 1 COMPLETE GENERATOR UNIT AS PER ORDER NO. 6348 OF 4TH MARCH 19..

Terms of delivery CFR OSAKA
Insurance covered by [X] us ☐ beneficiary

Despatch/shipment LATEST UNTIL 31ST MAY 19..
from ROTTERDAM to OSAKA

Partial shipments ☐ allowed [X] prohibited
Transshipments ☐ allowed [X] prohibited

Debit account No. 999.999.XX X
Purchase of foreign exchange cover: ☐ immediately
☐ on negotiation
☐ foreign exchange contract No.

Place: OSAKA
Date: 16TH MARCH 19..
Ref. IMPORT/CBX

Charges and expenses:
[X] all charges and/or expenses to be borne by us
☐ your charges and/or expenses to be borne by us, correspondent bank expenses to be charged to the beneficiary
☐

Signature/company seal
ELECTRICITY SUPPLY LTD
P.O.BOX 1593 - OSAKA

Except so far as otherwise expressly stated, this documentary credit is subject to the "Uniform Customs and Practice for Documentary Credits" of the International Chamber of Commerce issued for the first time in 1933 and including subsequent amendments.

0224 EN 6.92

Abbildung 4.3-22 **Quelle:** Schweizerische Bankgesellschaft 1994: S. 25

Auftraggeber

Elektro-Import AG
Voltastrasse 10

8000 Zurich

Datum: 1. April 1994 Ref.: AB
Sachbeabeiter: A. Berner Tel.: 01/55 66 00

SCHWEIZERISCHE KREDITANSTALT

8070 Zürich

Zahlbar / benützbar bei ☐ Ihnen ☒ der avisierenden Bank ☐ irgendeiner Bank

☒ bei Sicht
☐ Tage ab
☐

Betrag USD 30,000.00

☒ fix ☐ max. ☐ +/– %

Gültigkeit 20. Mai 1994

☒ bei der avisierenden Bank ☐ bei Ihnen

Auftrag zur Eröffnung eines Akkreditives

Wir bitten Sie, ein unwiderrufliches Akkreditiv wie folgt zu eröffnen:

☒ Zutreffendes bitte ankreuzen ☐ übertragbar

Begünstigter (Name und vollständige Adresse)

Nipponexport
20 Hakarucho 2-chome
Naniwa-ku

Osaka 530 / Japan

Zu avisieren durch ☐ einen Korrespondenten Ihrer Wahl ☒ die unten angegebene Bank

☐ per Telex ☒ per Luftpost

Avisierende Bank

Mitsuro Bank
P.O. Box 1202
Osaka 532 / Japan

Die avisierende Bank ☒ soll Bestätigung beifügen ☐ soll keine Bestätigung beifügen

Dokumente

☒ Handelsrechnung, unterschreiben, 5-fach
☐ Ursprungszeugnis, -fach, ausgestellt / beglaubigt durch eine Handelskammer ☐ GSP c.o. Form A ☐ EUR 1
☒ Versicherungspolice oder -zertifikat über 110% des CIF-Wertes, folgende Risiken deckend:
alle Risiken inkl. Krieg, Streik, Aufruhr und zivile Unruhen.
☒ voller Satz Ozeankonnossemente ausgestellt ☐ Multimodales Transport Dokument
☐ an Order, blanko indossiert
☒ an die Order von Elektro-Import AG
mit Vermerk ☐ 'freight collect' ☒ 'freight prepaid'
Notify Expeditio AG, Frachtstr. 100, 8000 Zurich
☐ Luftfrachtbrief (No. 3 – original for shipper) * ☐ truck consignment note (CMR) *
☐ Duplikatfrachtbrief (Bahn) * ☐ Hausluftfrachtbrief gestattet *
☐ Spediteurempfangsbescheinigung *
* adressiert an
mit Vermerk ☐ 'freight collect' ☐ 'freight prepaid'
☒ Packliste 2-fach
☐
☐

Warenbeschreibung (präzise kurze Beschreibung, ohne Beilage weiterer Dokumente wie Proforma-Rechnungen, aber allenfalls mit Hinweisen auf solche Dokumente):

120 Television Sets "Brilliant Colours 2000" zu USD 250.00 pro Stück

Lieferbedingungen: ☐ FCA FOB ☐ CFR ☒ CIP CIF ☐
☐ Versicherung durch uns gedeckt
Verschiffung / Versand / Übernahme zum Versand
von Kobe nach Hamburg
spätestens 30. April 1994

Teillieferungen / -benützungen: ☐ gestattet ☒ nicht gestattet

Umladung(en): ☒ gestattet ☐ nicht gestattet

Belasten Sie unser Konto Nr. 400700-02
Fremdwährungskauf: ☐ jetzt ☐ bei Benützung
☐ Devisenkontrakt Nr.
☒ Ihre und fremde Bankspesen zu unseren Lasten
☐ Ihre Spesen zu unseren Lasten, fremde Bankspesen zu Lasten des Begünstigten

FIRMENSTEMPEL / UNTERSCHRIFT(EN)
ELEKTRO-IMPORT AG
A. Schmidt P. Muster

Dieses Akkreditiv soll den «Einheitlichen Richtlinien und Gebräuche für Dokumenten-Akkreditive» der Internationalen Handelskammer, Publikation 500, Rev. 1993, unterliegen

1 Nr. 5948 1 88 10

Abbildung 4.3-23 **Quelle:** Schweizerische Kreditanstalt 1995ff.: S. 46

4.3.5.1.4 Prüfliste zu den Merkmalen der Akkreditivvereinbarung im Kaufvertrag und zu den Merkmalen des Akkreditiveröffnungsauftrags des Importeurs

Prof. Dr. Siegfried G. Häberle

4.3.5.1.4 Prüfliste und Ratschläge für Exporteure, Importeure und Banken

- **zu den Merkmalen der Akkreditivvereinbarung im Kaufvertrag**

und zugleich

- **zu den Merkmalen des Akkreditiveröffnungsauftrags des Importeurs an die Bank**

Vorbemerkungen:

- Die folgende Prüfliste ist sowohl bei der Vereinbarung eines Akkreditivs im **Kaufvertrag** anwendbar als auch bei der Erteilung des **Akkreditiveröffnungsauftrags** des Importeurs an seine Bank.
- Als Prüfliste kommt im übrigen auch das **Bankformular "Akkreditiveröffnungsauftrag des Importeurs"** in Frage, weil in diesem Formular im allgemeinen die maßgeblichen, alternativ anzukreuzenden Merkmale eines Akkreditivs vorgedruckt sind. Deswegen empfehlen manche Banken den Exporteuren und Importeuren, in dieses Formular die Merkmale des im Kaufvertrag zu vereinbarenden Akkreditivs einzutragen und sodann das ausgefüllte Formular dem Kaufvertrag als verbindliche Anlage beizufügen.
- Nicht alle der folgenden Merkmale werden stets und ausdrücklich in die Akkreditivvereinbarung des Kaufvertrags aufgenommen. Einige dieser Merkmale sind vielmehr im **allgemeinen Teil des Kaufvertrags** geregelt. Gleichwohl betreffen alle Merkmale die Ausgestaltung eines Akkreditivs.
- Die Anmerkungen zu den in dieser Prüfliste enthaltenen Merkmale sind -dem Zweck einer Prüfliste entsprechend- überwiegend kurz gefaßt. Ausführlicher sind diese Merkmale im vorangehenden Abschnitt "**4.3.5.1.2 Merkmale der Akkreditivvereinbarung im Kaufvertrag sowie Merkmale des Akkreditiveröffnungsauftrags des Importeurs**" kommentiert. Umfassend sind die folgenden Merkmale überdies in den ihnen ausdrücklich gewidmeten Abschnitten bzw. Kapiteln dieses Handbuchs dargestellt und beurteilt (siehe dazu Inhaltsverzeichnis bzw. Stichwortverzeichnis).
- Die Hinweise "**Siehe Ziffer ( )** des Akkreditiveröffnungsauftrags" beziehen sich auf den in Abschnitt 4.3.5.1.2 abgebildeten "**Auftrag zur Eröffnung eines Dokumenten-Akkreditivs**" der Deutschen Bank AG.
- Diese Prüfliste beruht auf der im Zeitpunkt der Drucklegung gültigen **Fassung der ERA** (Revision 1993, ICC-Publ. Nr. 500, anwendbar ab 1.1.1994).
- Im Einzelfall können sowohl die Merkmale als auch die in den Anmerkungen enthaltenen Informationen von den individuellen Bedingungen eines Akkreditivs abweichen. Insoweit ist diese Prüfliste nur auf die am meisten vorkommenden Fälle abgestellt; **abweichende Akkreditivbedingungen** sind ebenso zu beachten wie die **Detailbestimmungen der ERA.** Außerdem bestehen zum Teil Interpretations- und Ermessensspielräume, die sich überdies im Lauf der Zeit verändern können, so daß es im Zweifel notwendig ist, den Rat einer auslandserfahrenen Bank einzuholen.

Prüfkriterien:	Anmerkungen:
Ausdrückliche Bezeichnung der Zahlungsbedingung im Kaufvertrag als "(Dokumenten-)Akkreditiv gemäß ERA"	• Dadurch wird eine eindeutige **Abgrenzung** zu anderen Zahlungsbedingungen, insbesondere zum Dokumenteninkasso, bewirkt. • Zur Sicherheit der Beteiligten ist die Gültigkeit der **aktuellen ERA** bereits im Kaufvertrag zu vereinbaren (seit 1.1.1994 anzuwenden: "Einheitliche Richtlinien und Gebräuche für Dokumenten-Akkreditive, Revision 1993, ICC-Publikation Nr. 500", kurz: "ERA 500"; "Uniform Customs and Practice for Documentary Credits, 1993 Revision, ICC Publication No. 500", kurz: "UCP 500").

Fristvereinbarung im Kaufvertrag für die Stellung/Eröffnung des Akkreditivs

- Folgende **Alternativen** kommen in Betracht:
  - Vereinbarung eines **spätesten Zeitpunkts** für die Akkreditivstellung/-eröffnung. Vorzug: Eindeutige Bestimmbarkeit.
  - Vereinbarung einer "**unverzüglichen** Akkreditivstellung/-eröffnung", "**sofortigen** Akkreditivstellung/-eröffnung" o.ä.
    Nachteil: Die Definition der Ausdrücke "unverzüglich" o.ä. und damit die Definition des Verzugs des Importeurs ist u.U. schwierig.
  - **Keine Fristvereinbarung** für die Stellung/Eröffnung des Akkreditivs.
    Nachteil: Wie oben, jedoch ausgeprägter.
    Hilfsweise Fristbestimmung: Vereinbarte zeitliche Abwicklung des Warengrundgeschäfts o.ä.
- Zur Möglichkeit und zu den Konsequenzen der **Nichteröffnung** bzw. der **verspäteten Eröffnung** des vereinbarten Akkreditivs siehe Abschnitt "4.3.1.2 Rechtliche Aspekte, insbesondere Rechtsstellung des Akkreditivbegünstigten in ausgewählten Ereignissen (Störfällen)".

Akkreditiveröffnungsauftrag

- Siehe **Ziffern (1) und (2)** des abgebildeten Akkreditiveröffungsauftrags.
- Der Akkreditiveröffnungsauftrag an die Bank ist vom Importeur in **Übereinstimmung** mit den im **Kaufvertrag** getroffenen Vereinbarungen zu stellen.
- Zu den Konsequenzen einer vom Kaufvertrag **abweichenden** bzw. **mängelbehafteten Eröffnung** des Akkreditivs siehe Abschnitt "4.3.1.2 Rechtliche Aspekte, insbesondere Rechtsstellung des Akkreditivbegünstigten in ausgewählten Störfällen".
- Die Akkreditiveröffnungsaufträge (Vordrucke) der Banken enthalten regelmäßig einen Hinweis auf die **Anwendung der ERA**, siehe Ziffer (2).

Übermittlung der Akkreditiveröffnung

- Siehe **Ziffer (3)** des abgebildeten Akkreditiveröffnungsauftrags.
- Den Banken stehen **alternative**, vom Auftraggeber (Importeur) eventuell ausdrücklich anzuweisende **Übermittlungsinstrumente(-wege)** wie z.B. SWIFT, Luftpost usw. zur Verfügung.
- Eventuell (selten): **Voranzeige (sog. Voravis)**.
  Eine Voranzeige (Voravis) über die Eröffnung eines unwiderruflichen Akkreditivs soll von einer eröffnenden Bank nur erteilt werden, wenn diese Bank bereit ist, das Instrument für die Inanspruchnahme des Akkreditivs auszustellen. Sofern die eröffnende Bank **in dieser Voranzeige nichts anderes angibt**, ist die **eröffnende Bank**, die ein solches Voravis erteilt hat, **unwiderruflich verpflichtet**, das **Akkreditiv unverzüglich zu eröffnen**, und zwar zu Bedingungen, die nicht im Widerspruch zum Voravis stehen (vgl. Art. 11 c. ERA).
- **Achtung**: Es ist somit eine eindeutige **Abgrenzung** zwischen einer **verbindlichen** Akkreditiveröffnung bzw. einer **verbindlichen** Voranzeige (Voravis) und einer **unverbindlichen** Voranzeige (Voravis) erforderlich.

Unwiderruflichkeit/Widerruflichkeit

- Siehe **Ziffer (4)** des abgebildeten Akkreditiveröffnungsauftrags.
- Die ausdrückliche Festlegung der **Unwiderruflichkeit** des Akkreditivs im Kaufvertrag versperrt dem Importeur die Möglichkeit, ein lediglich widerrufliches Akkreditiv eröffnen zu lassen, das für den Exporteur nachteilig wäre.
- Im übrigen gilt ein Akkreditiv, in dem die **Angabe fehlt**, ob es widerruflich oder unwiderruflich ist, als **unwiderrufliches Akkreditiv** (vgl. Art. 6 c. ERA).

Übertragbarkeit

- Siehe **Ziffer (5)** des abgebildeten Akkreditiveröffnungsauftrags.
- Ein Akkreditiv kann nur übertragen werden, wenn es von der eröffnenden Bank **ausdrücklich als "übertragbar"** ("transferable") bezeichnet worden ist (vgl. Art. 48 b. ERA).
- Sofern im Akkreditiv nichts anderes angegeben ist, kann ein übertragbares Akkreditiv **nur einmal** und – von einigen Ausnahmen abgesehen – nur zu den **Bedingungen des Originalakkreditivs** übertragen werden (vgl. Art. 48 g. und h. ERA).
- Ein übertragbares Akkreditiv kann **im Ganzen** oder **zum Teil** einem oder mehreren anderen Begünstigten (Zweitbegünstigten) zur Verfügung gestellt werden (vgl. Art. 48 a. ERA). Teile eines übertragbaren Akkreditivs können getrennt übertragen werden, sofern Teilverladungen/Teilinanspruchnahmen nicht untersagt sind und der Akkreditivbetrag im Ganzen dadurch nicht überschritten wird (vgl. Art. 48 g. ERA).
- Die Übertragbarkeit des Akkreditivs ist zweckmäßig für Akkreditivbegünstigte (Erstbegünstigte), die **Transithändler**, **Generalunternehmer** o.ä. sind.
- Für den **Akkreditivauftraggeber (Importeur)** ist von **Nachteil**, daß er die (Liefer-)Zuverlässigkeit des Zweitbegünstigen (auf den das Akkreditiv übertragen wird) nicht beurteilen kann.
- Einzelheiten zur Übertragbarkeit/Übertragung von Akkreditiven siehe Abschnitt "**4.3.4.5 Übertragbares Akkreditiv**".

Bestätigung

- Siehe **Ziffer (6)** des abgebildeten Akkreditiveröffnungsauftrags.
- Folgende **alternativen Vereinbarungen** kommen in Betracht:
  - Bestätigung durch die **Hausbank des Exporteurs**.
    Sofern diese Bank zugleich Benutzungs-/Zahlstelle ist, beinhaltet diese Alternative ein Höchstmaß an Sicherheit für den Exporteur und an Vereinfachung der Akkreditivabwicklung.
    Im Einzelfall kann es zweckmäßig oder gar notwendig sein, daß der Exporteur vor Abschluß des Kaufvertrags mit seiner Hausbank klärt, ob diese zur Bestätigung des Akkreditivs (z.B. wegen des für sie entstehenden Garantendelkredererisikos bzw. wegen des politischen Risikos) überhaupt bereit ist.
  - Bestätigung durch eine **andere erstklassige deutsche Bank** (first class german bank).
    Beurteilung: Grundsätzlich wie oben.
  - Bestätigung durch eine **erstklassige internationale Bank** (international prime bank).
    Sofern die Bestätigung nicht durch eine deutsche international tätige Bank, sondern durch eine Bank in einem Drittland vorgenommen wird, beinhaltet dies für den Exporteur evtl. ein politisches Risiko bzw. ein u.U. höheres Garantendelkredererisiko als es bei inländischen Banken gegeben ist.

Akkreditivbegünstigter

- Siehe **Ziffer (7)** des abgebildeten Akkreditiveröffnungsauftrags.
- Im Akkreditveröffnungsauftrag ist die vollständige und zutreffende **Anschrift des Begünstigten** erforderlich. Eventuelle Folgen von Mängeln trägt der Akkreditivauftraggeber.

Benutzbar-/Zahlbarstellung/ Bank des Begünstigten

- Siehe **Ziffern (8)** des abgebildeten Akkreditiveröffnungsauftrags.
- Folgende **alternativen Vereinbarungen** kommen in Betracht:
  - Benutzbar-/Zahlbarstellung bei der **Akkreditivbank**.
    Eventuelle Probleme für den Exporteur: Verspätete Einreichung der Dokumente bei der ausländichen Akkreditivbank, Dokumentenverlustrisiko und verspätete Auszahlung des Akkreditivgegenwerts.

- Benutzbar-/Zahlbarstellung bei einer **Bank im Land des Exporteurs**, im günstigsten Fall bei der **Hausbank des Exporteurs**.
  In der Regel ist dies für den Exporteur die zweckmäßigste Alternative. Er vermeidet damit die oben angesprochenen Probleme weitgehend.
- Benutzbarkeit des Akkreditivs bei jeder **beliebigen Bank** (siehe Negoziierungsakkreditive bzw. Commercial Letters of Credit in Abschnitt 4.3.4.1).
- Kommen die Parteien überein, daß das Akkreditiv zu bestätigen ist, dann wird dieses Akkreditiv regelmäßig auch bei der **Bestätigungsbank** benutzbar/zahlbar gestellt.
  Problemvermeidung wie oben.

Akkreditivbetrag und Akkreditivwährung/Preis pro Einheit

- Siehe **Ziffer (9)** des abgebildeten Akkreditiveröffnungsauftrags.
- Der Akkreditivbetrag kann **alternativ**
  - als **Festbetrag** (manchmal ausdrücklich mit dem Zusatz "fest", "fix" o.ä.);
  - als **Höchstbetrag** (mit dem Ausdruck "maximal" o.ä);
  - als Betrag mit **festgelegter Toleranz** (" +/- ...%");
  - als **ungefährer** Betrag (mit den Ausdrücken "etwa", "ungefähr", "circa" o.ä.)

  im Kaufvertrag vereinbart und entsprechend in das Akkreditiv aufgenommen werden.
- Die Ausdrücke "**etwa**" ("about"), "ungefähr" ("approximately"), "circa" o.ä., die in Verbindung mit dem **Akkreditivbetrag** oder der im Akkreditiv angegebenen **Menge** oder dem angegebenen **Preis pro Einheit** verwendet werden, sind dahin auszulegen, daß eine Abweichung **bis zu 10% nach oben oder bis zu 10% nach unten** von dem Betrag oder der Menge oder dem Preis pro Einheit, auf die sie sich beziehen, statthaft ist (vgl. Art 39 a. ERA).
- Sofern ein Akkreditiv, das Teilverladung untersagt, nicht etwas anderes vorschreibt oder Art. 39 b. ERA (Abweichung der Warenmenge bis zu 5% nach oben oder bis zu 5% nach unten unter bestimmten Voraussetzungen) nicht anwendbar ist, ist eine **Minderinanspruchnahme** um bis zu 5% zulässig, vorausgesetzt, daß bei im Akkreditiv vorgeschriebener Warenmenge diese Warenmenge in vollem Umfang geliefert und bei einem im Akkreditiv vorgeschriebenen Preis pro Einheit dieser Preis nicht unterschritten wird. Diese Bestimmung gilt nicht, wenn im Akkreditiv Ausdrücke der im vorstehenden Absatz genannten Art ("etwa", "ungefähr", "circa" o.ä.) verwendet werden (vgl. Art. 39 c. ERA).
- Das Akkreditiv ist mangels anderer Vereinbarung in der im Kaufvertrag **vereinbarten Währung** zu eröffnen.
- Fremdwährungsakkreditive können für einen der Beteiligten (bei Drittlandwährung für beide Parteien) zu **Wechselkursrisiken** führen. Die Absicherungsmöglichkeiten sind zweckmäßigerweise bereits vor Abschluß des Kaufvertrags zu prüfen.

Zahlungsmodalitäten/Art des Akkreditivs

- Siehe **Ziffer (10)** des abgebildeten Akkreditiveröffnungsauftrags.
- Die zu vereinbarenden **Zahlungsmodalitäten** bestimmen nach herkömmlicher Einteilung zugleich die Art eines Akkreditivs.
- **Zahlung bei Sicht** (Sichtzahlungsakkreditiv):
  Auszahlung Zug-um-Zug gegen Vorlage akkreditivkonformer Dokumente. Diese Auszahlung entspricht vor allem der Interessenlage des Exporteurs.

- **Hinausgeschobene Zahlung** (Akkreditiv mit hinausgeschobener Zahlung, Deferred-Payment-Akkreditiv): Die Auszahlung zu einem späteren Zeitpunkt entspricht insbesondere dem Interesse des Importeurs an einem Zahlungsziel.

  Im **Kaufvertrag** sind festzulegen:

  - **Länge des Zeitraums** der hinausgeschobenen Zahlung;
  - Zeitpunkt für den **Beginn dieses Zeitraums** (z. B. das Verladedatum laut Transportdokument, das Datum der Handelsrechnung u.a.);
  - **Übernahme** (Verteilung) der **Zinsen** (evtl. Vereinbarung eines Abnehmerzinssatzes).

- **Akzeptleistung durch eine Bank** und Einlösung (Zahlung) des Wechsels zu einem späteren Zeitpunkt (Akzeptakkreditiv): Diese Zahlungsmodalität des Akkreditivs entpricht insbesondere dem Interesse des Importeurs an der Erlangung eines Zahlungsziels.
  U.U. zinsgünstigte Refinanzierung für den Exporteur durch Wechseldiskont.

  Im Kaufvertrag sind festzulegen:

  - **Akzeptant (Bezogene Bank)** der Tratte des Exporteurs (dies kann sein die Akkreditivbank, eine Bank im Land des Exporteurs, evtl. dessen Hausbank oder eine Drittbank).
    Dem Sicherungsinteresse des Exporteurs entspricht insbesondere eine solvente Bank im eigenen Land als Akzeptbank, im Idealfall seine Hausbank.
    Im Einzelfall kann es zweckmäßig oder gar notwendig sein, daß der Exporteur vor Abschluß des Kaufvertrags mit seiner Hausbank klärt, ob diese grundsätzlich zu einer Akzeptleistung (wegen des für sie ab dem Zeitpunkt der Akzeptleistung entstehenden Garantendelkredererisikos bzw. wegen des politischen Risikos) überhaupt bereit ist.
  - **Laufzeit** des Wechsels (z. B. als sog. Nachsichtfrist definiert); Einzelheiten siehe Abschnitt "3.4.2.1.2 Rechtliche Merkmale ..., 4. Verfallzeit".
  - **Beginn** der Laufzeit des Wechsels (z. B. Beginn mit Akzeptleistung durch Sichtvermerk); Einzelheiten siehe Abschnitt "3.4.2.1.2 Rechtliche Merkmale ..., 4. Verfallzeit".
  - **Übernahme** der Refinanzierung und Verteilung der **Diskontzinsen** (evtl. Vereinbarung eines Abnehmerzinssatzes).

- Sonderform "**Revolvierendes Akkreditiv**": Wiederholte Zahlung des Akkreditivbetrags innerhalb eines bestimmten Zeitraums und bis zu einem Höchstbetrag.

Verfalldatum des Akkreditivs

- Siehe **Ziffer (11)** des abgebildeten Akkreditiveröffnungsauftrags.
- Die Definition des Verfalldatums des Akkreditivs (Verfalldatum für die Dokumentenvorlage) ist möglich durch einen festzulegenden **Verfalltag** oder durch einen festzulegenden **Gültigkeitszeitraum** (z.B. benutzbar für drei Monate). Der Beginn eines Gültigkeitszeitraumes sollte eindeutig definiert sein (sonst gilt Art. 42 c. ERA, wonach das Datum der Eröffnung des Akkreditivs durch die eröffnende Bank als der erste Tag angesehen wird, an dem diese Frist beginnt).
- Neben dem Verfalldatum des Akkreditivs ist die im Akkreditiv eventuell vorgeschriebene **Frist für die Dokumentenvorlage nach dem Verladedatum des Transportdokuments** zu beachten. Ist eine derartige Frist nicht vorgeschrieben, nehmen die Banken Dokumente nicht an, die ihnen später als 21 Tage nach dem Verladedatum vorgelegt werden. Zu beachten ist, daß die Dokumente in jedem Fall nicht später als am Verfalldatum des Akkreditivs vorgelegt werden dürfen (vgl. Art. 43 a. ERA und siehe auch

Anmerkungen zu Ziffer (12)). Dies bedeutet, daß sich durch die Frist für die Dokumentenvorlage nach dem Verladedatum des Transportdokuments die **Verfallfrist des Akkreditivs** zwar **verkürzen**, aber nicht verlängern kann.

- Eventuelles Interesse des **Importeurs**: **Kurze Laufzeit** des Akkreditivs, um den Exporteur zur raschen Warenlieferung anzuhalten.
- Eventuelles Interesse des **Exporteurs**: **Lange Laufzeit** des Akkreditivs.
- Eine **Verlängerung** der Laufzeit (Festlegung eines neuen Verfalldatums) durch **Änderung des Akkreditivs** ist auf Antrag des Akkreditivauftraggebers (Importeurs) mit Zustimmung aller Beteiligten, also auch der Akkreditivbank und einer evtl. Bestätigungsbank, grundsätzlich möglich.

Vorlagefrist für die Dokumente ab Verladedatum des Transportdokuments

- Siehe **Ziffer (12)** des abgebildeten Akkreditiveröffnungsauftrags.
- Außer dem Verfalldatum des Akkreditivs sollte im Akkreditiv, das ein Transportdokument verlangt, auch eine genau bestimmte **Frist nach dem Verladedatum** vorgeschrieben werden, innerhalb welcher die Vorlage der Dokumente in Übereinstimmung mit den Akkreditivbedingungen zu erfolgen hat (vgl. Art. 43 a. ERA).
- Falls keine derartige Frist im Akkreditiv festgelegt ist, nehmen die Banken Dokumente nicht an, die ihnen später als **21 Tage nach dem Verladedatum** des Transportdokuments vorgelegt werden (vgl. Artikel 43 a. ERA).
- In beiden Fällen kann sich durch diese, auf das Verladedatum des Transportdokuments bezogene Vorlagefrist die **Verfallfrist des Akkreditivs verkürzen**.
  Eine Verlängerung der Verfallfrist des Akkreditivs wird dagegen durch die beschriebene Vorlagefrist keinesfalls bewirkt: In jedem Fall dürfen die Dokumente **nicht später als am Verfalldatum des Akkreditivs** vorgelegt werden (vgl. Art. 43 a. ERA).
- Grundsätzlich gilt somit: Die auf das Verladedatum des Transportdokuments bezogene Vorlagefrist ist mit dem Verfalldatum des Akkreditivs (siehe Anmerkungen zu Ziffer 11) und dem (letzten) Verladedatum (siehe Anmerkungen zu Ziffer 14) **abzustimmen**.
- Ziel der auf das Verladedatum des Transportdokuments bezogenen Vorlagefrist für die Dokumente ist es, die kostspielige **Einlagerung der Waren** im Bestimmungsland, die wegen fehlender Dokumente nicht abgefertigt und vom Importeur nicht in Empfang genommen werden können, **zu vermeiden**. Der Importeur hat folglich im allgemeinen ein Interesse an einer kurzen Frist.

Verladung usw.

- Siehe **Ziffer (13)** des abgebildeten Akkreditiveröffnungsauftrags.
- Im Kaufvertrag und im Akkreditiveröffnungsauftrag sind **Festlegungen über die Verladung** (Verladehafen/-ort, Bestimmungshafen/-ort, Transportweg/-mittel) zu treffen. Neben der Festlegung bestimmter Orte sind generalisierende Bedingungen wie z.B. "shipped from any german port" möglich.
- Bei der Benutzung des Akkreditivs haben die Banken die in den vorgelegten Dokumenten ausgewiesenen **Orte** auf Übereinstimmung mit den Akkreditivbedingungen zu überprüfen (siehe auch "Prüfliste des Exporteurs für avisierte/eröffnete Akkreditive ...").

Letztes (spätestes) Verladedatum

- Siehe **Ziffer (14)** des abgebildeten Akkreditiveröffnungsauftrags.
- Die Aufnahme eines letzten (spätesten) Verladedatums in den Kaufvertrag bzw. in den Akkreditiveröffnungsauftrag erfolgt im allgemeinen auf Betreiben des Importeurs, um den Exporteur zu einer **fristgerechten Lieferung** der Waren anzuhalten.
  Auch ein **frühestes Verladedatum** kann im Kaufvertrag bzw. im Akkreditiveröffnungsauftrag festgesetzt werden.

- **Achtung**: Sofern im Akkreditiv ein **letztes Verladedatum** vorgeschrieben ist, kann auch dieses letzte Verladedatum **in Verbindung** mit einer eventuell vorgeschriebenen, auf das Verladedatum des Transportdokuments bezogenen Frist für die Dokumentenvorlage bzw. der 21-Tage-Frist gemäß Art. 43 a. ERA eine **Verkürzung der Verfallfrist des Akkreditivs bewirken** (siehe auch Anmerkungen zu Ziffer 12).
- Zu beachten: Ist im Akkreditiv **kein letztes Verladedatum** vorgeschrieben, nehmen die Banken Transportdokumente nicht an, die ein späteres Verladedatum als das im Akkreditiv vorgeschriebene Verfalldatum ausweisen (vgl. Art. 44 b. ERA).
- Hinsichtlich der Definition der "Verladung" und des "Verladedatums" (der "Verladefristen") stellen sich **Probleme**, die in der "Prüfliste des Exporteurs für avisierte/eröffnete Akkreditive ..." dargestellt sind (vgl. auch Art. 46 f. ERA).
- Das späteste Verladedatum und das Verfalldatum des Akkreditivs sind mit der auf das Verladedatum des Transportdokuments bezogenen Vorlagefrist für die Dokumente **abzustimmen** (siehe auch Anmerkungen zu Ziffern 11 und 12).
- Eine **graphische Darstellung alternativer Auswirkungen der verschiedenenen Fristen** auf die Verfallfrist des Akkreditivs findet sich im Textteil dieses Buches (Abb. 4.3-18).

Teilverladungen und/oder Teilinanspruchnahmen

- Siehe **Ziffer (15)** des abgebildeten Akkreditiveröffnungsauftrags.
- Die ERA bestimmen in Artikel 40 a., daß Teilinanspruchnahmen und/oder Teilverladungen **zulässig** sind, sofern im Akkreditiv nicht etwas anderes vorgeschrieben ist. Im Kaufvertrag bzw. im Akkreditiv sind deswegen nur dann ausdrückliche Vereinbarungen zu treffen, wenn Teilinanspruchnahmen bzw. Teilverladungen (vor allem im Interesse des Importeurs) ausgeschlossen werden sollen.
- Ob ein solcher **Ausschluß zweckmäßig** ist, hängt u.a. von den Eigenarten des abzusichernden Außenhandelsgeschäftes ab und von der Gefahr für den Importeur, daß der Exporteur bei zulässigen Teilverladungen die Belieferung des Importeurs (kaufvertragswidrig) insgesamt nur teilweise vollzieht (und damit allerdings auch auf die weitere Inanspruchnahme des Akkreditivs verzichtet).

Verladungen und/oder Inanspruchnahmen in Raten (sog. Sukzessivverladungen und/oder -inanpruchnahmen)

- Bei bestimmten Auslandsgeschäften sind Verladungen in Raten über einen (längeren) Zeitraum zweckmäßig, deren jeweiligen Gegenwert der Akkreditivbegünstigte durch eine analoge ratenweise Inanspruchnahme des Akkreditivs erlangt. Gegebenenfalls ist eine entsprechende Vereinbarung in den Kaufvertrag und in dessen Gefolge in den Akkreditiveröffnungsauftrag des Importeurs an die Bank aufzunehmen. Darin sind insbesondere die **quantitative und die zeitliche Dimension** der Verladungen und Inanspruchnahmen in Raten festzulegen.
- Risiko des Exporteurs: Ist irgendeine Rate nicht innerhalb des für sie vorgeschriebenen Zeitraums in Anspruch genommen und/oder verladen worden, dann **verliert** er den **Zahlungsanspruch** aus dem Akkreditiv für diese und die folgenden Raten (vgl. Art. 41 ERA). Diese Klausel sichert insbesondere den Importeur, weil damit der Exporteur zur fristgerechten Verladung in Raten angehalten werden kann. Diese für den Exporteur u.U. nachteilige Klausel kann jedoch im Kaufvertrag und damit letztlich im Akkreditiv abgeändert bzw. ausgeschlossen werden.
- Der Exporteur sollte prüfen, ob seinem Interesse ein **revolvierendes Akkreditiv** besser entspricht als die Vereinbarung der Verladungen und/oder Inanspruchnahmen des Akkreditivs in Raten (Einzelheiten zum revolvierenden Akkreditiv siehe Abschnitt "4.3.4.4 Revolvierendes Akkreditiv (Revolving Credit)").

Umladung(en)

- Siehe **Ziffer (16)** des abgebildeten Akkreditveröffnungsauftrags.
- Bei Umladungsverboten ebenso wie bei zulässigen Umladungen in Akkreditiven ist zunächst zu beachten, wie in den **ERA Umladungen definiert** werden:
  - **Seekonnossemente und nichtbegebbare Seefrachtbriefe**: Umladung bedeutet das Ausladen und Wiederverladen von einem Schiff auf ein anderes Schiff im Verlauf des Seetransports vom Verladehafen zum Löschungshafen, wie sie im Akkreditiv vorgeschrieben sind (vgl. Art. 23 b. und 24 b. ERA);
  - **Multimodale Transportdokumente**: Umladung ist bei diesen Dokumenten wesensbestimmend und bedarf keiner weiteren Definition (vgl. Art. 26 ERA).
  - **Lufttransportdokumente**: Umladung bedeutet das Ausladen und Wiederverladen von einem Flugzeug in ein anderes Flugzeug im Verlauf des Transports vom Abflughafen zum Bestimmungsflughafen, wie sie im Akkreditiv vorgeschrieben sind (vgl. Art. 27 b. ERA);
  - **Dokumente des Straßen-, Eisenbahn- oder Binnenschiffstransports**: Umladung bedeutet das Ausladen und Wiederverladen von einem Beförderungsmittel auf ein anderes Beförderungsmittel unterschiedlicher Transportarten im Verlauf des Transports vom Verladeort zum Bestimmungsort, wie sie im Akkreditiv vorgeschrieben sind (vgl. Art. 28 c. ERA).
- **Achtung:** Selbst wenn **im Akkreditiv Umladung nicht verboten** ist, nehmen die Banken bestimmte Transportdokumente, die Umladung der Ware vorsehen, mangels anderer Weisungen nur an, wenn die **Voraussetzung** erfüllt ist, daß der gesamte Transport durch ein und dasselbe Transportdokument gedeckt ist. Beispiele:
  - Seekonnossement (vgl. Art. 23 c. ERA),
  - Nichtbegebbarer Seefrachtbrief (vgl. Art. 24 c. ERA).
- Wünscht der Importeur keine Umladung (z. B. wegen befürchteter Verzögerungen oder wegen Beschädigungsrisiken usw.), dann ist das **Umladeverbot** in den Kaufvertrag und in dessen Gefolge ausdrücklich auch **in das Akkreditiv** aufzunehmen.
- **Achtung:** Selbst wenn **im Akkreditiv Umladung verboten** ist, nehmen die Banken bei der Akkreditivabwicklung mangels anderer Weisungen
  - **Multimodale Transportdokumente an**, die vorsehen, daß Umladung stattfinden wird oder kann, vorausgesetzt, daß der gesamte Transport durch ein und dasselbe multimodale Transportdokument gedeckt ist (vgl. Art. 26 b. ERA);
  - **Lufttransportdokumente** an, die vorsehen, daß Umladung stattfinden wird oder kann, vorausgesetzt, daß der gesamte Transport durch ein und dasselbe Lufttransportdokument gedeckt ist (vgl. Art. 27 c. ERA).
  - **Dokumente des Straßen-, Eisenbahn- oder Binnenschiffstransports** an, die vorsehen, daß Umladung stattfinden wird oder kann, vorausgesetzt, daß der gesamte Transport durch ein und dasselbe Transportdokument gedeckt ist und innerhalb derselben Transportart stattfindet (vgl. Art. 28 d. ERA);

- **Konnossemente und nichtbegebbare Seefrachtbriefe an**, die

  a) vorsehen, daß Umladung stattfinden wird, sofern gemäß Angabe im Konnossement bzw. im nichtbegebbaren Seefrachtbrief das betreffende Frachtgut in Containern, Anhängern und/oder "LASH"-Leichtern verladen ist und der gesamte Seetransport durch ein und dasselbe Konnossement bzw. durch ein und denselben nichtbegebbaren Seefrachtbrief gedeckt ist,

  und/oder

  b) Klauseln enthalten, mit denen sich der Frachtführer das Recht zur Umladung vorbehält (vgl. Art. 23 d. und 24 d. ERA).

Dokumente

- Siehe **Ziffer (17)** des abgebildeten Akkreditiveröffnungsauftrags.
- Zur Sicherheit der Parteien ist es zweckmäßig, bereits im Kaufvertrag die bei der Akkreditivbenutzung vom Begünstigten vorzulegenden **Dokumente detailliert festzulegen**.
- **Achtung**: Der Exporteur sollte besonders darauf achten, daß ihm keine Dokumente auferlegt werden, die er nur **schwer beschaffen** kann oder die womöglich eine **Mitwirkung (Unterschrift) des Akkreditivauftraggebers** (des Importeurs) oder eines von diesem abhängigen/weisungsgebundenen Dritten bei der Akkreditivbenutzung voraussetzen.
- Form und inhaltlicher Rahmen von Handelsrechnungen, Transportdokumenten und Versicherungsdokumenten beruhen auf der **Handelsüblichkeit** bzw. auf den Bestimmungen der ERA (vgl. Art. 20 ff.). Insoweit konzentrieren sich die Festlegungen der Parteien auf evtl. ergänzende bzw. modifizierende Vereinbarungen.
- Dagegen treten die **sonstigen/anderen Dokumente** in unterschiedlichen Formen und Inhalten in Erscheinung, was empfiehlt, diese Dokumente bereits im Kaufvertrag – und in dessen Gefolge auch im Akkreditiv – hinsichtlich Aussteller sowie Wortlaut oder Inhaltsmerkmale genau zu definieren.
- Einzelheiten zu den Dokumenten im Kaufvertrag bzw. im Akkreditiveröffnungsauftrag sowie zu den Interessen der Beteiligten siehe vorangehenden Abschnitt 4.3.5.1.2 sowie Kap. "4.1 Exportdokumente".

Warenbezeichnung

- Siehe **Ziffer (18)** des abgebildeten Akkreditiveröffnungsauftrags.
- Aus dem Kaufvertrag sollte eine **kurze und präzise Warenbezeichnung** (Warenbeschreibung) in den Akkreditiveröffnungsauftrag übernommen werden. Dies dient einer zügigen Akkreditivabwicklung, weil die Banken die Übereinstimmung der Warenbeschreibung im Akkreditiv mit jener in der Handelsrechnung überprüfen müssen (vgl. Art. 37 c. ERA). In den anderen Dokumenten kann die Ware in allgemein gehaltenen Ausdrücken beschrieben sein, die nicht im Widerspruch zur Warenbeschreibung im Akkreditiv stehen (vgl. ebenda).

Warenmenge/Preis pro Einheit

- Siehe **Ziffer (19)** des abgebildeten Akkreditiveröffnungsauftrags.
- Die in das Akkreditiv aufzunehmende Warenmenge kann **alternativ** definiert werden:
  - Angabe einer **(absolut festen) Warenmenge**, für die Über- oder Unterschreitung ausdrücklich untersagt ist.
  - Angabe einer **ungefähren Warenmenge** mit dem Zusatz "etwa" ("about"), "ungefähr" ("approximately"), "circa" o.ä.
    Bei Benutzung des Akkreditivs sind Abweichungen der Warenmenge bis zu 10% nach oben oder bis zu 10% nach unten von der Menge, auf die sich die Zusätze "etwa" usw. beziehen, statthaft (vgl. Art. 39 a. ERA).

	- Analoge Abweichungen gelten, wenn solche Zusätze/Ausdrücke in Verbindung mit dem angegebenen **Preis pro Einheit** verwendet werden (vgl. ebenda). - Angabe einer **Warenmenge ohne ausdrückliche Festlegung, daß die Warenmenge nicht über- oder unterschritten werden darf.** Bei Akkreditivbenutzung ist eine Abweichung bis zu 5% nach oben oder bis zu 5% nach unten statthaft, immer vorausgesetzt, daß der Betrag der Inanspruchnahme nicht den Akkreditivbetrag überschreitet. Diese Abweichung ist nicht zulässig, wenn im Akkreditiv die Menge in einer bestimmten Anzahl von Verpackungseinheiten oder Stükken angegeben ist (vgl. Art. 39 b. ERA). ● Die Angabe der Warenmenge muß mit der Angabe des Akkreditivbetrags und evtl. mit dem Preis pro Einheit plausibel **abgestimmt** werden.
Lieferbedingungen	● Siehe **Ziffer (20)** des abgebildeten Akkreditiveröffnungsauftrags. ● Die Vereinbarung der Lieferklausel im Kaufvertrag erfolgt im allgemeinen auf Grundlage der **Incoterms**. ● Die vereinbarte Lieferklausel ist vom Importeur in den **Akkreditiveröffnungsauftrag** aufzunehmen, so daß diese Klausel auch in den Bedingungen des eröffneten Akkreditivs erscheint und vom Exporteur bei Benutzung des Akkreditivs in den vorgelegten **Dokumenten** nachgewiesen werden muß.
Akkreditivkosten (Bankprovisionen)	● Siehe **Ziffer (21)** des abgebildeten Akkreditiveröffnungsauftrags. ● Die Banken stellen für ihre Dienstleistungen **verschiedene Provisionen** in Rechnung, wie beispielsweise Eröffnungsprovision, Avisierungsprovision, Dokumentenaufnahmeprovision sowie - je nach Akkreditivart und Akkreditivabwicklung - Bestätigungsprovision, Deferred-payment-Provision, Akzeptprovision usw. ● Bei der **Verteilung** der Bankprovisionen wird im Kaufvertrag häufig die Regelung getroffen, wonach der Akkreditivauftraggeber (Importeur) alle Bankprovisionen mit Ausnahme der Dokumentenaufnahmeprovision der Bank im Land des Exporteurs übernimmt. Andere Verteilungen sind jedoch möglich, beispielsweise derart, daß die bei der Akkreditivbank anfallenden Bankprovisionen zu Lasten des Akkreditivauftraggebers gehen, die fremden Bankprovisionen dagegen zu Lasten des Akkreditivbegünstigten. ● Sofern der **Akkreditivauftraggeber** im Akkreditiveröffnungsauftrag keine bzw. keine gegenteilige Weisung zur Verteilung der Bankprovisionen erteilt, wird er **üblicherweise mit allen anfallenden Bankprovisionen** belastet.

4.3.5.2 Ausführung des Akkreditiveröffnungsauftrags durch die Akkreditivbank sowie Akkreditivavisierung(-eröffnung) durch die Bank(en)

4.3.5.2.1 Ausführung des Akkreditiveröffnungsauftrags durch die beauftragte eröffnende Bank

Prüfung des Akkreditiveröffnungsauftrags

Die mit der Akkreditiveröffnung **beauftragte Bank** prüft den Akkreditiveröffnungsauftrag des Importeurs im Rahmen einer **unverbindlichen Serviceleistung** zunächst auf Vollständigkeit aller zur Akkreditiveröffnung notwendigen Daten sowie auf Genauigkeit, Eindeutigkeit und Durchführbarkeit. Die Bank bringt dabei ihre Erfahrungen in der Abwicklung von Akkreditiven ebenso ein wie ihren aktuellen Kenntnisstand. Im Zweifel wird die Bank beim Auftraggeber rückfragen und -falls erforderlich- Änderungen des Akkreditiveröffnungsauftrags empfehlen.

Kreditleihe/Kontobelastung

Der Importeur erteilt seiner Bank im Akkreditiveröffnungsauftrag zwar Weisung, welches Konto mit dem Akkreditivgegenwert zu belasten ist. Bei gegebener Kreditwürdigkeit des Importeurs erfolgt die **Belastung** des Akkreditivgegenwerts jedoch im Allgemeinen **erst nach erfolgter Benutzung des Akkreditivs** durch den Exporteur. Bis zu diesem Zeitpunkt liegt eine Kreditleihe (ein Avalkredit) der akkreditiveröffnenden Bank an den Importeur vor.

Nur in Fällen, in denen die Kreditwürdigkeit des Importeurs nicht über jeden Zweifel erhaben ist, kann es vorkommen, dass die beauftragte Bank vom Importeur vor Akkreditiveröffnung einen **sog. Einschuss** (d.h. einen Teilbetrag) oder gar den vollen Akkreditivbetrag einfordert. Zu beachten ist darüber hinaus, dass die Allgemeinen Geschäftsbedingungen der akkreditiveröffnenden Bank die Möglichkeit einräumen, vom Akkreditivauftraggeber jederzeit, also auch während der Laufzeit eines Akkreditivs, einen Einschuss bzw. die Einzahlung des vollen Akkreditivbetrags zu verlangen.

In den **Einfuhrbestimmungen** einiger (devisenknapper) Länder ist festgelegt, dass die Importeure bereits im Zeitpunkt der Akkreditiveröffnung (bzw. Auftragserteilung) den Akkreditivgegenwert aufbringen bzw. hinterlegen müssen.

Wechselkursrisiko/Kurssicherung

Handelt es sich aus Sicht des Importeurs um ein **Fremdwährungsakkreditiv**, das er zu stellen hat, dann kann dies für ihn zu einem Wechselkursrisiko führen.

Grundsätzlich hat der Importeur die Möglichkeit, die **Position offen** zu lassen, d.h. keine Wechselkurssicherung vorzunehmen. Seine Bank kauft in diesem Fall die erforderlichen Devisen erst nach Benutzung des Akkreditivs durch den Exporteur und belastet den Gegenwert erst zu diesem Zeitpunkt auf dem Konto des Importeurs.

Der Importeur kann aber auch ein **Devisentermingeschäft** mit seiner Bank bereits im Zeitpunkt der Akkreditiveröffnung (oder später) auf den voraussichtlichen Benutzungstermin des Akkreditivs hin abschließen. Auch diese Absicherung bindet zunächst kein Kapital, jedoch fallen Kurssicherungskosten an.

Unterhält der Importeur bei seiner Bank Guthaben auf einem Fremdwährungskonto, dann bietet sich an, dass er seiner Bank Weisung erteilt, den Akkreditivgegenwert bei Fälligkeit diesem Konto zu belasten.

Ausführungsanzeige

Der Akkreditivauftraggeber (Importeur) erhält von der beauftragten Bank (akkreditiveröffnende Bank, Akkreditivbank) eine Kopie des Akkreditiveröffnungsschreibens (einen EDV-Ausdruck) als Nachweis über die Ausführung seines Auftrags (sog. Ausführungsanzeige).

Abbildung 4.3-24

Abbildung 4.3-24 zeigt die **Ausführungsanzeige** der akkreditiveröffnenden Bank für den Akkreditivauftraggeber (Copy for Applicant). Diese Ausführungsanzeige wird von der eröffnenden Bank auf Grundlage des Auftrags zur Akkreditiveröffnung des Importeurs er-

```
COMMERZBANK
                                                   * * * * * * * * * * * * * *
                                                   *  COPY FOR APPLICANT     *
                                                   * * * * * * * * * * * * * *
SWIFT700 - ISSUE OF A DOCUMENTARY CREDIT           January 24, 19..
VERSION CONTROL NUMBER: 6876

:TO : RECEIVING PARTY NAME AND ADDRESS
:   : 1987715758 BKCHCNBJ300
:   : Bank of China
:   : Shanghai Branch
:   : 23 Zhongshan Road (East 1)
:   : Shanghai 200002 / VR China                           Muster
:   :
:   :
:27 : SEQUENCE OF TOTAL
:   : 1/1
:   :
:40A: FORM OF THE DOCUMENTARY CREDIT
:   : Irrevocable
:   :
:20 : DOCUMENTARY CREDIT NUMBER
:   : STTIA418046160
:   :
:31C: DATE OF ISSUE
:   : ..0124
:   :
:31D: DATE AND PLACE OF EXPIRY
:   : ..0215 SHANGHAI
:   :
:50 : APPLICANT
:   : Import GmbH
:   : Koenigstr. 34
:   : 70173 Stuttgart
:   :
:59 : BENEFICIARY
:   : Shanghai Trading Co. Ltd.
:   : No. 23 Zhongshan Dong Yi Road
:   : Shanghai/P.R. of China
:   :
:32B: CURRENCY CODE, AMOUNT
:   : USD 58.100,00
:   :
:41A: AVAILABLE WITH...BY...
:   : COBADEFF600
:   : BY PAYMENT
:   :
:43T: TRANSHIPMENT
:   : not allowed
:   :
:44A: LOADING ON BOARD/DISPATCH/TAKING IN CHARGE AT/FROM ...
:   : SHANGHAI
:   :
:44B: FOR TRANSPORTATION TO ...
:   : HAMBURG
:   :
:44C: LATEST DATE OF SHIPMENT
:   : ..0130
:   :
:45A: DESCRIPTION OF GOODS AND/OR SERVICES
:   : GOODS AS PER PROFORMA INVOICE GTX 790ZI
:   : FOB SHANGHAI
:   :
:46A: DOCUMENTS REQUIRED
:   : + 3 original(s) of Signed Commercial Invoice
:   :
:   : + Full set of clean on board Marine Bills of Lading . made out to
:   : order and blank endorsed and notify Import GmbH, Koenigstr. 34,
:   : 70173 Stuttgart marked freight collect
:   :
:   :
:   : + 3 original(s) of Packing List
:   :
:47A: ADDITIONAL CONDITIONS
:   :
:   : + A fee of DEM 100,-- or equivalent is to be deducted from each
:   : drawing, if documents are presented with discrepancies.
:   :
:   :
:71B: CHARGES
:   : All bank charges outside Germany
:   : are for beneficiary's account.
:   :
:   :
:48 : PERIOD FOR PRESENTATION
:   : 15 days after date of shipment but
:   : within the validity of the credit.
:   :
:49 : CONFIRMATION INSTRUCTIONS
:   : without
:   :
:78 : INSTRUCTIONS TO THE PAYING/ACCEPTING/NEGOTIATING BANK
:   : Please forward documents to Commerzbank AG , Koenigstr. 34 ,
:   : D-70173 Stuttgart by first and second registered airmail, quoting
:   : our credit-number.
:   :
:   : On receipt of full set of documents in compliance with the terms
:   : of this credit we shall remit the proceeds as requested by you.
:   :
```

Abbildung 4.3-24

stellt (siehe Abbildung 4.3-21 in Abschnitt 4.3.5.1.3 "Fallbeispiele..."), und zwar -im vorliegenden Beispiel- mittels des SWIFT-Schemas. Anhand **derselben Daten**/Textbausteine wird das **Akkreditiveröffnungsschreiben/das Akkreditiv** von der eröffnenden Bank (Commerzbank AG) erstellt und sodann mittels SWIFT der avisierenden Bank (Bank of China) zugestellt.

Erstellung des Akkreditiveröffnungsschreibens/Akkreditivs

Reicht die Kreditwürdigkeit des Importeurs aus oder hat dieser die erforderliche Deckung bereits angeschafft, dann **eröffnet** die beauftragte Bank das **Akkreditiv**, und zwar in der Regel **unter Einschaltung einer Zweitbank** im Land des akkreditivbegünstigten Exporteurs.

Die Importeurbank (akkreditiveröffnende Bank) überträgt alle relevanten Daten des Akkreditiveröffnungsauftrags des Importeurs -je nach dem gewählten Übermittlungsweg(-instrument)-:

- in ein vorgedrucktes Akkreditiveröffnungsschreiben,
- in ein Telex-Schreiben (bzw. in ein anderes Telekommunikationssystem),
- in das SWIFT-System

und beauftragt damit die ausgewählte Zweitbank zur Akkreditivavisierung und -je nach Akkreditivart- eventuell zur Akkreditivbestätigung u. Ä.

Anmerkung: Siehe in diesem Zusammenhang auch "4.3.1.3 Exkurs: UN-EDIFACT in der Akkreditivabwicklung".

Abbildung 4.3-25

Die **Abbildung 4.3-25** zeigt das **Akkreditiveröffnungsschreiben/Akkreditiv** der akkreditiveröffnenden japanischen Bank, das an die mit der Akkreditivavisierung sowie -bestätigung beauftragte schweizerische Bank gerichtet ist, und zwar mittels SWIFT. Dieses Akkreditiveröffnungsschreiben/Akkreditiv beruht auf jenem Akkreditiveröffnungsauftrag des japanischen Importeurs, der in Abschnitt "4.3.5.1.3 Fallbeispiele/Formulare zum Akkreditiveröffnungsauftrag des Importeurs" abgebildet ist (Abbildung 4.3-22).

Abbildung 4.3-26

Die **Abbildung 4.3-26** zeigt das **Akkreditiveröffnungsschreiben/Akkreditiv** der akkreditiveröffnenden Bank (Creditbank München), das an die mit der Akkreditivavisierung sowie -bestätigung beauftragte schweizerische Bank (Schweizerische Kreditanstalt) gerichtet ist. Dieses Akkreditiv ist in Zürich sowohl gültig (Verfall und Ort für die Dokumentenvorlage) als auch benutzbar/zahlbar gestellt. Das Akkreditiv ist -auf Antrag des Begünstigten (Transit-Handel AG)- übertragbar.

Abgrenzung zum Voravis

Insbesondere bei Übermittlung des Auftrags zur Akkreditiveröffnung mittels Telekommunikation bzw. SWIFT muss für die Zweitbank eindeutig erkennbar sein, dass es sich nicht nur um eine (unverbindliche) Voranzeige (Voravis) handelt, sondern um das **Instrument für die Inanspruchnahme des Akkreditivs** (Einzelheiten siehe Abschnitt 4.3.5.2.2 sowie Art. 11 ERA).

Umfang der Geschäftsbesorgung

Die Akkreditivbank hat der Zweitbank eindeutig mitzuteilen, zur **Besorgung welcher Geschäfte** sie beauftragt, ermächtigt bzw. ersucht ist (z.B. zur Avisierung, Zahlung, Akzeptleistung, Bestätigung usw.).

Deckungsanschaffung

Schließlich hat die akkreditiveröffnende Bank der Zweitbank den **Verrechnungsweg** anzugeben, auf dem diese den Akkreditivgegenwert erhält, sofern die Zweitbank als zahlende, akzeptleistende, negoziierende und/oder bestätigende Bank fungiert.

ISSUE OF A DOCUMENTARY CREDIT
MT: 700 PRIOR: N
SENDER: 19.03.19.. / ..:..
BIC: .... XXX ISN: ....

***** SWIFT NORMAL *****
BATCH FP061L07 PROCESSED:
RECEIVER: 19.03.19.. / ..:..
BIC: UBSWCHZH 80A OSN: ...

INDUSTRIAL BANK OF ASIA
TOKYO / JAPAN

UNION BANK OF SWITZERLAND
CH-8021 ZUERICH

UNION BANK
OF SWITZERLAND
000'000-0
ZURICH

:40A: * FORM OF DOCUMENTARY CREDIT *
IRREVOCABLE
:20: * DOCUMENTARY CREDIT NUMBER *
9303222/8888
:31C: * DATE OF ISSUE *
19.03.19..
:31D: * DATE AND PLACE OF EXPIRY *
21.06.19.. SWITZERLAND
:50: * APPLICANT *
ELECTRICITY SUPPLY LTD.
P.O.BOX 1593
OSAKA / JAPAN
:59: * BENEFICIARY *
GENERATOR AG
P.O.BOX
CH-8045 ZURICH / SWITZERLAND
:32B: * CURRENCY CODE, AMOUNT *
Max. SFR 378 000.00
:41A: * AVAILABLE WITH . . . BY . . . . *
UNION BANK OF SWITZERLAND, CH-8021 ZURICH
BY PAYMENT AT SIGHT
:43P: * PARTIAL SHIPMENTS *
PROHIBITED
:43T: * TRANSHIPMENT*
PROHIBITED
:44A: * LOADING ON BOARD/DISPATCH/TAKING IN CHARGE AT /FROM *
ROTTERDAM / THE NETHERLANDS
:44B * FOR TRANSPORTATION TO . . . *
OSAKA / JAPAN
:44C: * LATEST DATE OF SHIPMENT *
31.05.19..
:45A: * DESCRIPTION OF GOODS AND/OR SERVICES *
1 COMPLETE GENERATOR UNIT AS PER ORDER NO. 6348 OF 4TH MARCH 19..
CFR OSAKA
:46B: * DOCUMENTS REQUIRED *
+ SIGNED COMMERCIAL INVOICE, 3 FOLD
+ FULL SET OF CLEAN ON BOARD MARINE BILL OF LADING, ISSUED TO ORDER, BLANK ENDORSED, NOTIFY: ELECTRICITY SUPPLY LTD., P.O.BOX 1593, OSAKA AND MARKED "FREIGHT PREPAID"
+ CERTIFICATE OF ORIGIN IN DUPLICATE, EVIDENCING SWISS ORIGIN AND LEGALIZED BY THE CHAMBER OF COMMERCE
+ WORK CERTIFICATE
+ WEIGHT LIST
:49: * CONFIRMATION INSTRUCTIONS *
CONFIRM
:53A: * REIMBURSEMENT BANK *
UNION BANK OF SWITZERLAND, CH-8021 ZURICH
:72: * SENDER TO RECEIVER INFORMATION *
PAYMENT TO THE DEBIT OF OUR SWISS FRANCS CURRENT ACCOUNT

SPECIMEN

Abbildung 4.3-25 **Quelle:** Schweizerische Bankgesellschaft 1994: S. 26

Creditbank München
Postfach 4004
81545 München

Ort und Datum der Ausstellung
Lieu d'émission et date
Place and date of issue
01.03.1994

Unwiderrufliches Dokumentar-Akkreditiv
Crédit documentaire irrévocable
Irrevocable documentary credit

L/C No. Z-26-400

Avisierende Bank/Banque notificatrice/Advising bank	Begünstigter/Bénéficiaire/Beneficiary
Schweizerische Kreditanstalt CH-8070 Zürich	Transit-Handel AG Frachtstrasse 15 CH-8000 Zürich

		Auftraggeber/Donneur d'ordre/Applicant
Betrag/Montant/Amount	USD 100,000.00	Karl Müller KG Lindenweg 2 D-81545 München
Zahlbar/payable	bei Sicht bei Ihnen	
gültig bis valable jusqu'au Expiry date	15.04.1994	
bei chez with	Ihnen in Zürich	

Wir eröffnen hiermit dieses Dokumentar-Akkreditiv zu Ihren Gunsten, benutzbar gegen Einreichung folgender Dokumente:
Nous émettons en votre faveur ce crédit documentaire qui est utilisable contre remise des documents suivants:
We hereby issue in your favour this documentary credit which is available against presentation of the following documents:

- Handelsrechnung, 4-fach
- Luftfrachtbrief (shipper's copy), adressiert an Karl Müller KG, Lindenweg 2, D-81545 München, ausweisend "Fracht bezahlt". Hausluftfrachtbrief annehmbar.
- Versicherungspolice oder -zertifikat, deckend "all risks" über 110 % des CIF Rechnungsbetrages

Deckend die Lieferung von:

100 Messinstrumente ABX zum Stückpreis von USD 1,000.00 CIF

von Atlanta, Georgia, nach CIF München Flughafen. spätestens am 27.03.1994.

- Teillieferungen sind gestattet, Umladung ist untersagt.
- Alle Kommissionen und Spesen ausserhalb von Deutschland gehen zu Lasten des Begünstigten.

Instruktionen für die avisierende Bank:
Ihre Zahlung ist per Telex anzuzeigen. Wir werden die Deckung gemäss Ihren Weisungen anschaffen.

Besondere Bedingungen/Conditions spéciales/Special conditions

Dieses Akkreditiv ist übertragbar und Ihrerseits zu bestätigen.

Wir verpflichten uns hiermit, dass Zahlung geleistet wird gegen Einreichung von Dokumenten in Übereinstimmung mit den Bedingungen dieses Akkreditivs.
Nous garantissons que le paiement sera dûment effectué contre les documents présentés en conformité avec les termes de ce crédit.
We hereby engage that payment will be duly made against documents presented in conformity with the terms of this credit.

Creditbank München

Für dieses Akkreditiv gelten die von der Internationalen Handelskammer festgelegten »Einheitlichen Richtlinien und Gebräuche für Dokumenten-Akkreditive«. IHK Publikationen 500, Rev. 1993.
Cette ouverture de crédit est réglée par les »Règles et usances uniformes relatives aux crédits documentaires« publiées par la Chambre de Commerce Internationale. CCI publication 500, Rev. 1993.
This credit is subject to the »Uniform Customs and Practice for Documentary Credits« published by the International Chamber of Commerce, ICC publication 500, Rev. 1993.

Abbildung 4.3-26 Quelle: Schweizerische Kreditanstalt, 1995ff.: S. 38

4.3.5.2.2 Akkreditivavisierung/-eröffnung und eventuelle Akkreditivbestätigung durch die eingeschaltete Zweitbank

Prüfungen der Zweitbank:

- Telekommunikation/ Voravis

Die von der Akkreditivbank beauftragte Zweitbank hat zunächst zu prüfen, ob es sich bei der ihr zugegangenen Mitteilung lediglich um eine (unverbindliche) **Voranzeige** (Voravis) handelt, z.B. gekennzeichnet durch den Vermerk "Vollständige Einzelheiten folgen".

Die **ERA** führen dazu in **Art. 11** aus (mit Hervorhebungen und ergänzenden Anmerkungen durch den Verf.):

"a. *Wenn eine eröffnende Bank eine avisierende Bank durch eine authentisierte Telekommunikation beauftragt, ein Akkreditiv oder eine Akkreditiv-Änderung zu avisieren, gilt die Telekommunikation als das Instrument für die Inanspruchnahme des Akkreditivs oder als die maßgebliche Änderungsmitteilung; eine briefliche Bestätigung sollte dann nicht erfolgen. Sollte eine briefliche Bestätigung dennoch erfolgen, ist sie ohne Wirkung, und die avisierende Bank ist nicht verpflichtet, diese briefliche Bestätigung mit dem durch Telekommunikation erhaltenen Instrument für die Inanspruchnahme des Akkreditivs oder der durch Telekommunikation erhaltenen maßgeblichen Änderungsmitteilung zu vergleichen. Wenn die Telekommunikation den Hinweis "vollständige Einzelheiten folgen" ("full details to follow" oder Worte ähnlicher Bedeutung) enthält oder angibt, dass die briefliche Bestätigung das Instrument für die Inanspruchnahme des Akkreditivs oder die maßgebliche Änderungsmitteilung sein soll, dann wird die Telekommunikation nicht als das Instrument für die Inanspruchnahme des Akkreditivs oder als die maßgebliche Änderungsmitteilung angesehen. Die eröffnende Bank muss das Instrument für die Inanspruchnahme des Akkreditivs oder die maßgebliche Änderungsmitteilung der avisierenden Bank unverzüglich übersenden.*

b. *Bedient sich eine Bank zur Avisierung eines Akkreditivs an den Begünstigten der Dienste einer avisierenden Bank, so muss sie sich auch der Dienste dieser Bank für die Avisierung von Änderungen bedienen."*

c. *Eine Voranzeige (Voravis)/preliminary advice (pre-advice) über die Eröffnung oder Änderung eines unwiderruflichen Akkreditivs soll von einer eröffnenden Bank nur erteilt werden, wenn diese Bank bereit ist, das Instrument für die Inanspruchnahme des Akkreditivs oder die maßgebliche Änderungsmitteilung auszustellen. Sofern die eröffnende Bank in dieser Voranzeige nichts anderes angibt, ist eine eröffnende Bank, die ein solches Voravis erteilt hat, unwiderruflich verpflichtet, das Akkreditiv unverzüglich zu eröffnen oder zu ändern, und zwar zu Bedingungen, die nicht im Widerspruch zum Voravis stehen."*

Kommt die von der Akkreditivbank in die Akkreditivabwicklung eingeschaltete Zweitbank dagegen zu dem Ergebnis, dass der ihr zugegangene Auftrag vollständig ist und das **Instrument für die Inanspruchnahme des Akkreditivs** darstellt, dann kann die beauftragte Zweitbank dem Begünstigten grundsätzlich das Akkreditiv avisieren/eröffnen.

- Echtheit

Vor dem Vollzug der Avisierung/Eröffnung des Akkreditivs prüft die eingeschaltete Zweitbank zunächst die **augenscheinliche Echtheit** des zu avisierenden Akkreditivs mit angemessener Sorgfalt (vgl. Art. 7 a. ERA).
In den **ERA** ist in Art. 7 b. auch der Fall, dass die beauftragte (avisierende) Bank die augenscheinliche **Echtheit** des zu avisierenden Akkreditivs nicht feststellen kann, ausdrücklich geregelt. Danach muss die beauftragte Bank die eröffnende Bank von diesem Sachverhalt unverzüglich informieren und -sofern sie das Akkreditiv trotzdem gegenüber dem Begünstigten avisiert- diesem mitteilen, dass sie nicht in der Lage war, die augenscheinliche Echtheit des Akkreditivs festzustellen.

- Weisungen

Zum Fall, dass eine (andere) Bank **unvollständige oder unklare Weisungen** zur Avisierung, Bestätigung oder Änderung eines Akkreditivs erhält, ist in den ERA folgendes geregelt: "*Eine Bank, die unvollständige oder unklare Weisungen zur Avisierung, Bestätigung oder Änderung eines Akkreditivs erhält, ist berechtigt, dem Begünstigten hiervon nur zu seiner vorläufigen Unterrichtung unverbindlich Kenntnis zu geben. Diese vorläufige Unterrichtung sollte eindeutig besagen, dass die Unterrichtung nur informationshalber und ohne Verbindlichkeit für die avisierende Bank erfolgt. In jedem Fall muss die avisierende Bank die eröffnende Bank über unternommene Schritte unterrichten und sie ersuchen, erforderliche Informationen zu übermitteln. Die eröffnende Bank muss die erforderlichen Informationen unverzüglich nachliefern. Das Akkreditiv wird erst nach Erhalt vollständiger und klarer Weisungen avisiert, bestätigt oder geändert, falls die avisierende Bank dann bereit ist, weisungsgemäß zu handeln*" (Art. 12 ERA, Hervorhebungen dch. d. Verf.).

- Bestätigung

Ist die Zweitbank von der Akkreditivbank beauftragt bzw. ermächtigt, dem Akkreditiv die **Bestätigung** hinzuzufügen, dann prüft die Zweitbank vor der Übernahme der Bestätigung überdies die **Kreditwürdigkeit der Akkreditivbank** bzw. deren Deckungsanschaffung.

Zeitpunkt der Akkreditiveröffnung

Die ERA regeln nicht, zu welchem Zeitpunkt ein Akkreditiv als eröffnet gilt. Diese Frage ist vielmehr anhand des jeweiligen nationalen Rechts zu lösen.
Ist **deutsches Recht** anzuwenden, dann gilt ein Akkreditiv in dem Zeitpunkt als eröffnet, in dem dem Begünstigten die **Mitteilung** (das Avis) **zugegangen** ist. Einer formellen Annahmeerklärung seitens des Begünstigten bedarf es nach herrschender Meinung nicht (vgl. Eisemann/Eberth 1979: S. 125f. und Eisemann/Schütze 1989: S. 131). Im Sprachgebrauch der Praxis wird deswegen zwischen der Avisierung eines Akkreditivs (also der Mitteilung der Bank an den Begünstigten) und der Eröffnung eines Akkreditivs (die die stillschweigende Annahme durch den Begünstigten voraussetzt) nicht unterschieden, sondern Akkreditivavisierung mit Akkreditiveröffnung gleichgesetzt.

Ausländische Rechtsordnungen führen hinsichtlich des Zeitpunkts der Eröffnung eines Akkreditivs überwiegend zum gleichen Ergebnis wie die deutsche Rechtsordnung (vgl. Eisemann/Eberth 1979: S. 126). Es gibt jedoch auch Rechtsordnungen im Ausland, die die Auffassung nahe legen, dass ein Akkreditiv bereits im Zeitpunkt der

Absendung der Mitteilung durch die Bank, also ohne Empfangsbedürftigkeit seitens des Akkreditivbegünstigten als eröffnet anzusehen ist (vgl. ebenda S. 126).

Durchführung der Akkreditivavisierung/ -eröffnung

Die mit der Avisierung/Eröffnung des Akkreditivs beauftragte Zweitbank hat mehrere **Möglichkeiten**, die Avisierung/Eröffnung gegenüber dem Begünstigten **abwicklungstechnisch** durchzuführen:

- **Übertragung** sämtlicher Daten und Bedingungen des von der Akkreditivbank zugegangenen Auftrags zur Avisierung/Eröffnung des Akkreditivs auf einen **eigenen Vordruck der Zweitbank**, der sodann dem Akkreditivbegünstigten zugestellt wird.
  Diese Übertragung ist zeitaufwendig und beinhaltet das Risiko von Übertragungsfehlern. Sie wird nur noch selten praktiziert.
- **Zusendung einer Kopie bzw. eines (modifizierten) EDV-Ausdrucks des Akkreditiveröffnungsschreibens/Akkreditivs der Akkreditivbank** zusammen **mit einem Begleitschreiben (Avisierungsvordruck, Akkreditiveröffnungsanzeige) der Zweitbank** an den Akkreditivbegünstigten .
  Dieses Begleitschreiben (der Avisierungsvordruck) der Zweitbank enthält lediglich einige maßgebliche Merkmale des Akkreditivs und verweist im Übrigen auf die detaillierten Bedingungen der als Anlage beigelegten Kopie bzw. des beigelegten (modifizierten) EDV-Ausdrucks des Akkreditiveröffnungsschreibens (der Eröffnungsanzeige) der Akkreditivbank.
  Hinweis: Die Akkreditiveröffnungsanzeigen, die unten abgebildet sind, beruhen auf dem soeben beschriebenen Verfahren.
- **Zusendung des Originalakkreditivs** (des Akkreditiveröffnungsschreibens, der Akkreditiveröffnungsanzeige, des Commercial Letter of Credit) **der Akkreditivbank** an den Akkreditivbegünstigten zusammen mit einem Begleitschreiben (Avisierungsvordruck) der Zweitbank. Dieses Begleitschreiben (der Avisierungsvordruck) enthält wiederum nur die maßgeblichen Merkmale des Akkreditivs und verweist im Übrigen auf die Bedingungen des beigelegten Originals. Im Allgemeinen findet sich in diesem Fall im Begleitschreiben (im Avisierungsvordruck) der Zweitbank der ergänzende Hinweis, dass der Begünstigte das Originalakkreditiv zusammen mit den Dokumenten bei Benutzung einzureichen hat. Die Zustellung des Originalakkreditivs (des Akkreditiveröffnungsschreibens der Akkreditivbank) an den Begünstigten erfolgt in der Praxis allerdings nur noch ausnahmsweise und nicht einmal regelmäßig bei Commercial Letters of Credit.

Bestätigung des Akkreditivs

In das Begleitschreiben (Akkreditiveröffnungsanzeige, Avisierungsvordruck) der Zweitbank ist -falls zutreffend- auch die Bestätigung des Akkreditivs durch die Zweitbank aufgenommen, z.B. mit der Formulierung: "Dieses Akkreditiv ist **unsererseits bestätigt**".

Abbildung 4.3-27

Die **Abbildung 4.3-27** zeigt die **Akkreditiveröffnungsanzeige/Avisierung** einer schweizerischen Bank, die dieser **Akkreditivavisierung** zugleich ihre **Bestätigung** hinzugefügt hat.
Diese Akkreditivavisierung/-eröffnung an den Begünstigten beruht auf dem in Abschnitt 4.3.5.2.1 abgebildeten Akkreditiveröffnungsschreiben/Akkreditiv der japanischen Bank (Abbildung 4.3-25).

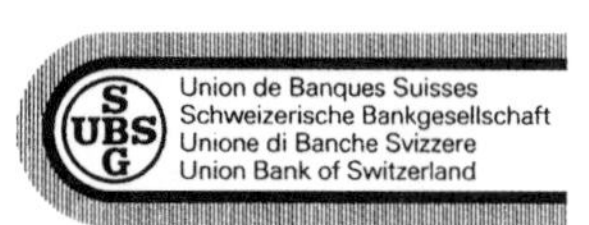

Lieu d'émission et date / Ort und Datum der Ausstellung / Place and date of issue: 8021 ZURICH, 20TH MARCH 19..

BAHNHOFSTRASSE 45, TEL 01/234 11 11

Crédit documentaire irrévocable **Unwiderrufliches Dokumentar-Akkreditiv** **Irrevocable documentary credit**	**L/C No** de la banque émettrice/der eröffnenden Bank/of issuing bank: 9303222/8888 notre/unsere/our **L/C No**: 000'000-0
Donneur d'ordre/Auftraggeber/Applicant ELECTRICITY SUPPLY LTD OSAKA / JAPAN	Bénéficiaire/Begünstigter/Beneficiary **Recommandée/Einschreiben/Registered** GENERATOR AG POSTFACH 642 8045 ZURICH
Montant/Betrag/Amount MAX. SFR. *378.000,00*	
[X] Notre préavis du / Unsere Voranzeige vom / Our preadvice dated 19.03.	valable jusqu'au / gültig bis / Expiry date: 21ST JUNE 19..
[ ] Confirmation de notre câble/télex du / Bestätigung unseres Kables/FS vom / Confirmation of our cable/telex dated	chez/en / bei/in / with/in: US
[ ] Ce crédit documentaire **n'est pas confirmé** par nous et ne comporte donc aucun engagement de notre part. / Dieses Akkreditiv ist unsererseits **nicht bestätigt**, deshalb ohne Verbindlichkeit für uns. / This documentary credit has **not been confirmed** by us and is therefore without our engagement.	Banque émettrice/Eröffnende Bank/Issuing bank **Par avion/Luftpost/Air mail** INDUSTRIAL BANK OF ASIA P.O.BOX 100 TOKYO / JAPAN
[X] Ce crédit documentaire est **confirmé** par nous. / Dieses Akkreditiv ist unsererseits **bestätigt**. / This documentary credit **bears our confirmation.**	

	Vous trouverez ci-inclus la **lettre de crédit** émise en votre faveur par la banque susmentionnée. Nous vous prions, en cas d'utilisation, de nous remettre la lettre de crédit avec les documents requis afin que nous puissions y inscrire le montant utilisé. Sie erhalten als Beilage den **Kreditbrief**, den die oben erwähnte Bank zu Ihren Gunsten ausgestellt hat. Wir bitten Sie, den Kreditbrief zusammen mit den erforderlichen Dokumenten zwecks Abschreibung des benützten Betrages wieder einzureichen. Enclosed is the **letter of credit** issued in your favour by the above-mentioned bank. May we ask you to return the letter of credit, together with the required documents, for endorsement of the amount drawn.
X	**Ce crédit documentaire a été ouvert par la banque susmentionnée.** En annexe, nous vous remettons une copie de l'avis d'ouverture qui nous a été adressé avec les conditions du crédit documentaire. Cette copie fait partie intégrante du crédit documentaire. **Dieses Akkreditiv ist von der oben erwähnten Bank eröffnet worden.** Als Beilage erhalten Sie eine Kopie der an uns adressierten Eröffnungsanzeige mit den aufgeführten Akkreditiv-Bedingungen. Diese Kopie bildet einen integrierenden Bestandteil dieses Akkreditivs. **This documentary credit has been opened by the above-mentioned bank.** Enclosed is a copy of the credit opening advice, addressed to us, with all terms and conditions. This copy forms an integral part of the documentary credit.
	Ce crédit documentaire a été ouvert irrévocablement par nous d'ordre de la banque susmentionnée. En annexe, nous vous remettons une copie de l'ordre d'ouverture avec les conditions du crédit documentaire. Cette copie fait partie intégrante du crédit documentaire. **Dieses Akkreditiv ist von uns unwiderruflich im Auftrag der oben erwähnten Bank eröffnet worden.** Als Beilage erhalten Sie eine Kopie des Eröffnungsauftrages mit den aufgeführten Akkreditiv-Bedingungen. Diese Kopie bildet einen integrierenden Bestandteil dieses Akkreditivs. **This documentary credit has been opened irrevocably by us as instructed by the above-mentioned bank.** Enclosed is a copy of the opening advice showing all terms and conditions of the credit. This copy forms an integral part of the documentary credit.

X	Nos commissions et frais sont à la charge de notre commettant. Unsere Kommissionen und Spesen gehen zu Lasten unseres Auftraggebers. Our commissions and charges are for the account of our applicant.		Nos commissions et frais sont à votre charge. Unsere Kommissionen und Spesen gehen zu Ihren Lasten. Our commissions and charges are for your account.

Conditions spéciales/Besondere Bedingungen/Special conditions

Union de Banques Suisses/Schweizerische Bankgesellschaft
Unione di Banche Svizzere/Union Bank of Switzerland

Unless otherwise expressly stated, this documentary credit is subject to the «Uniform Customs and Practice for Documentary Credits» of the International Chamber of Commerce issued for the first time in 1933 and including subsequent amendments.

Sofern nicht ausdrücklich etwas anderes bestimmt ist, gelten für dieses Dokumentar-Akkreditiv die «Einheitlichen Richtlinien und Gebräuche für Dokumentar-Akkreditive» der Internationalen Handelskammer, erstmals veröffentlicht 1933 und ihre seitherigen Änderungen.

Sauf stipulations particulières expressément définies, ce crédit documentaire est soumis aux «Règles et Usances uniformes relatives aux Crédits Documentaires» de la Chambre de Commerce Internationale établies pour la première fois en 1933 et tenant compte des modifications intervenues.

SPECIMEN

Abbildung 4.3-27 **Quelle:** Schweizerische Bankgesellschaft 1994: S. 27

Die **Abbildung 4.3-28** zeigt die **Akkreditiveröffnungsanzeige/Avisierung** einer deutschen Bank, die ihrer **Akkreditivavisierung** auch ihre **Bestätigung** hinzugefügt hat.

Abbildung 4.3-28

BANK FÜR HANDEL UND INDUSTRIE AG

AFK / Ausland
Filiale Stuttgart

Muster

Export GmbH
Koenigstr. 34

70173 Stuttgart

Datum: 24. Januar 19..

Avisierung eines unwiderruflichen Akkreditives

Akkreditiv Nummer: 1021DL761492
Unsere Ref. : STTEA418050450
Eröffnende Bank : Turkiye Is Bankasi A.S.
Galata branch
Bankalar Cad.27 80000
Karakoy/Istanbul/Turkey
Auftraggeber : Turkiye Sanayi ve Ticaret A.S.
515 Sokak No:26
Istanbul/Turkey
Gültig bis / in : 20. März 19 .. in STUTTGART
Akkreditivbetrag : DEM 520.000,00

Sehr geehrte Damen und Herren,

die vorgenannte Bank hat das oben bezeichnete Akkreditiv zu Ihren Gunsten eröffnet. Die Bedingungen bitten wir im einzelnen der Anlage zu entnehmen.

Auftragsgemäß bestätigen wir hiermit das vorgenannte Akkreditiv.

Die Dokumente müssen innerhalb von 7 Tagen nach dem Versanddatum vorgelegt werden.

Bitte prüfen Sie die Bedingungen des Akkreditivs schon jetzt sorgfältig und seien Sie um die genaueste Beachtung dieser Bestimmungen bemüht, da selbst unbedeutende Abweichungen die Aufnahme der Dokumente in Frage stellen können. Falls Sie mit den Akkreditivbedingungen nicht einverstanden sind oder glauben, sie nicht erfüllen zu können, bitten wir Sie, rechtzeitig eine Änderung durch Ihren Kontrahenten zu veranlassen.

Dieses Akkreditiv unterliegt den 'Einheitlichen Richtlinien und Gebräuchen für Dokumenten-Akkreditive (Revision 1993, Publikation Nr. 500)' der Internationalen Handelskammer.

Der Einreichung Ihrer Dokumente sehen wir gerne entgegen.

BANK FÜR HANDEL UND INDUSTRIE AG

Abbildung 4.3-28

Unbestätigte Akkreditive

An und für sich bedürfen Akkreditive, die unbestätigt sind, keines ausdrücklichen Hinweises, dass das Akkreditiv unbestätigt ist. In den Begleitschreiben (Avisierungsvordrucken) einiger Banken finden sich zur Klarstellung gleichwohl Hinweise wie beispielsweise dieser: "Durch Übermittlung dieser Akkreditiveröffnung erwächst unserer Bank **keinerlei Verbindlichkeit**" oder "Dieses Akkreditiv ist unsererseits nicht bestätigt, deshalb ohne Verbindlichkeit für uns".

Abbildung 4.3-29

Die **Abbildung 4.3-29** zeigt die Akkreditiveröffnungsanzeige einer deutschen Bank, die ausdrücklich darauf hinweist, dass das Akkreditiv ohne Bestätigung avisiert wird.

Verteilung der Bankprovisionen

Obwohl die Kopie des Akkreditiveröffnungsschreibens bzw. das Originalakkreditiv für den Akkreditivbegünstigten erkennen lässt, von wem die Bankprovisionen mit welchen Anteilen zu tragen sind, ist in den Begleitschreiben (Avisierungsvordrucken) der Zweitbanken manchmal diese Verteilung erneut aufgenommen.

Rechtsbeziehungen

Die zwischen dem **Akkreditivbegünstigten** und den beteiligten **Banken** wichtigsten Rechtsverhältnisse stellen sich wie folgt dar:

- **Zur akkreditiveröffnenden Bank (Akkreditivbank):**
  Die Rechtsbeziehung zwischen der akkreditiveröffnenden Bank (Akkreditivbank) und dem Begünstigten umfasst ein abstraktes **Schuldversprechen der akkreditiveröffnenden Bank** gegenüber dem Begünstigten, das an die Bedingung geknüpft ist, dass der Begünstigte die Akkreditivbedingungen erfüllt. Dieses Schuldversprechen der akkreditiveröffnenden Bank ist rechtlich vom Kaufvertrag ebenso losgelöst wie vom Vertragsverhältnis zwischen dem Akkreditivauftraggeber (Importeur) und der akkreditiveröffnenden Bank.

- **Zur Zweitbank als Avisstelle bzw. Benutzungs-/Zahlstelle:**
  Zwischen dem Akkreditivbegünstigten und der als Avisstelle und/oder als Benutzungs-/Zahlstelle eingesetzten Zweitbank entstehen bei unbestätigten Akkreditiven keine vertraglichen Beziehungen im engeren Sinne.
  Die das Akkreditiv **avisierende Zweitbank** ist primär nur Mitteilungsstelle (Durchleitungsstelle). Sie übernimmt gegenüber dem Akkreditivbegünstigten **keine akkreditivmäßige Haftung** (vgl. Art. 7 ERA). Die avisierende Bank hat lediglich mit angemessener Sorgfalt die augenscheinliche Echtheit des zu avisierenden Akkreditivs zu überprüfen (Einzelheiten siehe Art. 7 ERA, der oben wiedergegeben ist).
  Ist die **Zweitbank** von der Akkreditivbank als **Benutzungs-/Zahlstelle** eingesetzt, begründet dies gleichwohl **keine akkreditivmäßige Haftung** gegenüber dem Begünstigten (vgl. Art. 10 c. ERA), d.h. der Akkreditivbegünstigte hat auch in diesem Fall **keinen Anspruch** an die Zweitbank auf Zahlung, Übernahme einer Verpflichtung zur hinausgeschobenen Zahlung, Akzeptierung von Tratten oder Negoziierung.

BANK FÜR HANDEL UND INDUSTRIE AG

AFK / Ausland
Filiale Stuttgart

Export GmbH
Koenigstr. 34

70173 Stuttgart

Datum: 24. Januar 19..

Avisierung eines unwiderruflichen Akkreditives

Akkreditiv Nummer: 1CMLC269650
Unsere Ref. : STTEA418050950
Eröffnende Bank : UNITED OVERSEAS BANK LTD.
P.O.BOX 628
SINGAPORE
Auftraggeber : Singapore Trading Company
6, Shenton Way
Singapore 0106
Gültig bis / in : 17. April 19.. in STUTTGART
Akkreditivbetrag : FRF 106.848,00

Sehr geehrte Damen und Herren,

die vorgenannte Bank hat das oben bezeichnete Akkreditiv zu Ihren Gunsten eröffnet. Die Bedingungen bitten wir im einzelnen der Anlage zu entnehmen.

Wir sind nicht beauftragt, dieses Akkreditiv unsererseits zu bestätigen. Die Avisierung erfolgt daher ohne Verbindlichkeit für uns.

Das Akkreditiv sieht vor, daß alle unsere Provisionen und Spesen zu Lasten des Begünstigten gehen, d.h., daß die in diesem Zusammenhang bei uns anfallenden Provisionen und Spesen von Ihnen zu tragen sind.

Bitte prüfen Sie die Bedingungen des Akkreditivs schon jetzt sorgfältig und seien Sie um die genaueste Beachtung dieser Bestimmungen bemüht, da selbst unbedeutende Abweichungen die Aufnahme der Dokumente in Frage stellen können. Falls Sie mit den Akkreditivbedingungen nicht einverstanden sind oder glauben, sie nicht erfüllen zu können, bitten wir Sie, rechtzeitig eine Änderung durch Ihren Kontrahenten zu veranlassen.

Der Dokumentengegenwert ist abzufordern bei SOCIETE GENERALE, DEPARTEMENT DE L'ETRANGER, INTL/BAN/TRT/COR, F-94727 FONTENAY SOUS BOIS CX.

Dieses Akkreditiv unterliegt den 'Einheitlichen Richtlinien und Gebräuchen für Dokumenten-Akkreditive (Revision 1993, Publikation Nr. 500)' der Internationalen Handelskammer.

Der Einreichung Ihrer Dokumente sehen wir gerne entgegen.

BANK FÜR HANDEL UND INDUSTRIE AG

Abbildung 4.3-29

- **Zur Zweitbank als Bestätigungsbank:**
  Die Rechtsbeziehung zwischen der bestätigenden Bank und dem Akkreditivbegünstigten umfasst ein abstraktes **Schuldversprechen der Bestätigungsbank** gegenüber dem Akkreditivbegünstigten. Die bestätigende Bank verpflichtet sich **zusätzlich** zum Schuldversprechen der akkreditiveröffnenden Bank zur Zahlung des Akkreditivbetrags -bzw. je nach Akkreditivart-, zur Übernahme einer Verpflichtung zur hinausgeschobenen Zahlung, zur Akzeptierung von Tratten oder zur Negoziierung, sofern der Begünstigte die Akkreditivbedingungen erfüllt (vgl. Art. 9 b. ERA).
  Ist die Zweitbank z.B. wegen mangelnder Bonität der Akkreditivbank oder wegen politischer Risiken **nicht bereit,** dem Akkreditiv ihre **Bestätigung** hinzuzufügen, dann kann sie -mangels anderer Weisung der akkreditiveröffnenden Bank- das Akkreditiv **dem Begünstigten unbestätigt avisieren** (vgl. Art. 9 c. ERA).
  Die Zweitbank muss die akkreditiveröffnende Bank unverzüglich davon **unterrichten**, dass sie zur Bestätigung nicht bereit ist. Gegenüber dem Importeur kann der akkreditivbegünstigte Exporteur dieses unbestätigte Akkreditiv als nicht kaufvertragskonform zurückweisen.

Im Übrigen hat der Akkreditivbegünstigte stets zu bedenken, dass er sich **in keinem Fall auf die vertraglichen Beziehungen berufen** kann, die zwischen den Banken oder zwischen dem Akkreditivauftraggeber und der eröffnenden Bank bestehen (vgl. Art. 3 b. ERA).

4.3.5.3 Prüfung des avisierten/eröffneten Akkreditivs durch den Akkreditivbegünstigten (Exporteur)

4.3.5.3.1 Grundsätzliche Aspekte

Erfüllbarkeit der Akkreditivbedingungen

Will der Exporteur nicht Gefahr laufen, dass er die Sicherheit, die ihm das Akkreditiv bietet, verliert, dann hat er die **Akkreditivbedingungen** genauestens zu erfüllen, insbesondere die **Dokumente** in der **Form** und mit dem **Inhalt** beizubringen, wie sie im Akkreditiv gefordert sind. Die Banken entscheiden über die Auszahlung aus dem Akkreditiv ausschließlich auf Grundlage der vorgelegten Dokumente und den darin enthaltenen Angaben. Sie müssen deswegen höchste Anforderungen an die Übereinstimmung der Dokumente mit den Akkreditivbedingungen stellen.

Akkreditiv nicht kaufvertragskonform

Wird ein Akkreditiv zu Gunsten des Exporteurs mit Bedingungen eröffnet, die nicht den im Kaufvertrag getroffenen Vereinbarungen entsprechen, dann hat der Exporteur grundsätzlich drei Möglichkeiten:

- **Zurückweisung des Akkreditivs** und Rücktritt vom Kaufvertrag; eventuell unter Geltendmachung von Schadensersatz.
  Inwieweit der akkreditivbegünstigte Exporteur berechtigt ist, diese Alternative zu ergreifen, hängt u.a. vom Grad der Abweichung des Akkreditivs von den Vereinbarungen im Kaufvertrag ab, von der objektiven oder der subjektiven Unmöglichkeit des Importeurs, das Akkreditiv kaufvertragskonform eröffnen zu lassen, von der anzuwendenden Rechtsordnung sowie von anderen Aspekten.
  Siehe dazu auch Abschnitt "4.3.1.2 Rechtliche Aspekte, insbesondere Rechtsstellung des Akkreditivbegünstigten in ausgewählten Ereignissen (Störfällen)".
- Verlangen an den Importeur, das eröffnete **Akkreditiv** entsprechend den Vereinbarungen im Kaufvertrag unverzüglich (unter Fristsetzung) durch die Akkreditivbank **abändern zu lassen**. Erfolgt diese Änderung nicht (rechtzeitig), dann kann vom Exporteur die erstgenannte Alternative ergriffen werden.
- **Annahme des Akkreditivs** trotz (kleinerer) Abweichungen der Akkreditivbedingungen von den Vereinbarungen des Kaufvertrags.

Akkreditivänderungen auf Wunsch des Exporteurs

Erkennt der Exporteur, dass er die Bedingungen eines in Übereinstimmung zum Kaufvertrag eröffneten Akkreditivs nicht erfüllen kann, sollte er den **Importeur veranlassen**, das Akkreditiv durch die Akkreditivbank entsprechend seinen Wünschen ändern zu lassen. Mit diesem Wunsch wird der Exporteur beim Importeur jedoch nur durchdringen, wenn dieser unverändert ein Interesse an der Erfüllung des Kaufvertrags hat bzw. seine Sicherheit durch die Akkreditivänderung nicht infrage gestellt sieht.

Nichtbenutzung des Akkreditivs

Es bleibt dem **Exporteur** grundsätzlich unbenommen, ein zu seinen Gunsten (kaufvertragskonform) eröffnetes **Akkreditiv unbenutzt verfallen** zu lassen. Der Exporteur hat dann allerdings die Rechtsfolgen zu bedenken, die sich für ihn aus der damit regelmäßig verbundenen Nichterfüllung des Kaufvertrags ergeben.

4.3.5.3.2 Prüfliste des Exporteurs für avisierte/eröffnete Akkreditive

Prof. Dr. Siegfried G. Häberle

4.3.5.3.2 Prüfliste des Exporteurs für avisierte/eröffnete Akkreditive

Vorbemerkungen:

- Die **Anmerkungen** zu den in dieser Prüfliste enthaltenen Merkmalen sind – dem Zweck einer Prüfliste entsprechend – überwiegend **kurz gefaßt**.
- Umfassend sind die folgenden Merkmale in den ihnen ausdrücklich gewidmeten **Abschnitten bzw. Kapiteln** dieses **Handbuchs** dargestellt und beurteilt (siehe dazu Inhaltsverzeichnis bzw. Stichwortverzeichnis).
- Die meisten der in der nachstehenden Prüfliste enthaltenen Merkmale sind überdies in Abschnitt "**4.3.5.1.2 Merkmale der Akkreditivvereinbarung im Kaufvertrag sowie Merkmale des Akkreditiveröffnungsauftrags des Importeurs**" kommentiert.
- Diese Prüfliste beruht auf der im Zeitpunkt der Drucklegung gültigen **Fassung der ERA** (Revision 1993, ICC-Publ. Nr. 500, anwendbar ab 1.1.1994).
- Im Einzelfall können sowohl die Merkmale als auch die in den Anmerkungen enthaltenen Informationen von den individuellen Bedingungen eines Akkreditivs abweichen. Insoweit ist diese Prüfliste nur auf die am meisten vorkommenden Fälle abgestellt; **abweichende Akkreditivbedingungen** sind ebenso zu beachten wie die **Detailbestimmungen der ERA**. Außerdem bestehen zum Teil Interpretations- und Ermessensspielräume, die sich überdies im Lauf der Zeit verändern können, so daß es im Zweifel notwendig ist, den Rat einer auslandserfahrenen Bank einzuholen.

Prüfkriterien:	Anmerkungen:
Akkreditive per Telekommunikation	● Wenn eine eröffnende Bank eine avisierende Bank durch eine authentisierte Telekommunikation (SWIFT, geschlüsseltes Telex o.ä.) beauftragt, ein Akkreditiv zu avisieren, dann gilt diese **Telekommunikation** als das **Instrument für die Inanspruchnahme des Akkreditivs**. Eventuell brieflich eingehende Bestätigungen solcher Akkreditive sind wirkungslos; im übrigen sollten diese unterlassen werden (vgl. Art. 11 a. I. ERA). ● Wenn die Telekommunikation - den Hinweis "**vollständige Einzelheiten folgen**" ("full details to follow") oder Worte ähnlicher Bedeutung enthält - oder angibt, daß die **briefliche Bestätigung** das Instrument für die Inanspruchnahme des Akkreditivs sein soll, dann wird die **Telekommunikation nicht** als das **Instrument für die Inanspruchnahme des Akkreditivs** angesehen. Die eröffnende Bank muß in diesen Fällen das Instrument für die Inanspruchnahme des Akkreditivs der avisierenden Bank unverzüglich übersenden (vgl. Art. 11 a. II. ERA). ● Die vorstehenden Richtlinien finden bei **Änderungen von Akkreditiven** eine analoge Anwendung.
Voranzeige (Voravis), preliminary advice (pre-advice)	● Es ist auf Grundlage des zugegangenen Textes zunächst zu klären, ob - eine **verbindliche Akkreditiveröffnung** (Instrument für die Inanspruchnahme des Akkreditivs) oder - eine **verbindliche Voranzeige (Voravis, preliminary advice, pre-advice)** oder - eine **unverbindliche Voranzeige** (durch ausdrückliche Angabe der Unverbindlichkeit in der Voranzeige seitens der eröffnenden Bank) vorliegt.

- Sofern die eröffnende Bank in einer **Voranzeige nichts anderes angibt**, ist die eröffnende Bank, die ein solches Voravis über die Eröffnung eines unwiderruflichen Akkreditivs erteilt hat, **unwiderruflich verpflichtet**, das **Akkreditiv unverzüglich zu eröffnen**, und zwar zu Bedingungen, die nicht im Widerspruch zum Voravis stehen (vgl. Art. 11 c. ERA). **Mangels anderer Angabe** trägt eine solche Voranzeige (Voravis) somit einen **verbindlichen Charakter**.
  Ob bzw. inwieweit die angesprochene **Unverzüglichkeit** der eröffnenden Bank bis zur Akkreditiveröffnung zeitliche Spielräume beläßt, ist bislang nicht eindeutig zu erheben. In der Praxis findet sich die Auffassung, daß "unverzüglich" in jedem Fall kürzer als die 7-Tage-Frist gemäß Art. 13 und 14 ERA ist, die lediglich als "angemessene" Frist gilt.

- Im übrigen **soll** eine **Voranzeige** (Voravis) über die Eröffnung eines unwiderruflichen Akkreditivs von einer eröffnenden Bank nur erteilt werden, wenn diese Bank **bereit** ist, das **Instrument für die Inanspruchnahme des Akkreditivs auszustellen** (vgl. Art. 11 c. ERA). Damit soll offenkundig die Erteilung unverbindlicher Voranzeigen (Voravise) eingeschränkt werden.

- Die vorstehenden Richtlinien der ERA finden bei **Akkreditivänderungen** eine analoge Anwendung (vgl. Art. 11 ERA).

Unvollständige oder unklare Weisungen/Vorläufige, unverbindliche Information des Begünstigten

- Eine Bank, die **unvollständige oder unklare Weisungen** zur Avisierung, Bestätigung oder Änderung eines Akkreditivs erhält, ist berechtigt, dem Begünstigten hiervon nur zu seiner **vorläufigen Unterrichtung** unverbindlich Kenntnis zu geben.
  Diese vorläufige Unterrichtung sollte eindeutig besagen, daß die Unterrichtung nur informationshalber und **ohne Verbindlichkeit** für die avisierende Bank erfolgt (vgl. Art. 12 ERA).

- **Betrifft die Banken**: In jedem Fall muß die avisierende Bank die eröffnende Bank über unternommene Schritte unterrichten und sie ersuchen, erforderliche Informationen zu übermitteln (vgl. Art. 12 ERA).

- Die eröffnende Bank muß die erforderlichen **Informationen** unverzüglich **nachliefern**.
  Das Akkreditiv wird **erst nach Erhalt** vollständiger und **klarer Weisungen avisiert, bestätigt oder geändert**, falls die avisierende Bank dann bereit ist, weisungsgemäß zu handeln (vgl. Art. 12 ERA).

Generell: Übereinstimmung mit den Vereinbarungen im Kaufvertrag/Fristgerechte Eröffnung des Akkreditivs

- Maßgebliche Grundlage der Prüfung des Exporteurs sind alle im **Kaufvertrag** getroffenen Vereinbarungen. Dies gilt auch für die Frage, ob das Akkreditiv vom Importeur **fristgerecht** zu Gunsten des Exporteurs gestellt worden ist.

- Zur Möglichkeit und zu den Konsequenzen der **Nichteröffnung** des vereinbarten Akkreditivs siehe Abschnitt "4.3.3 Rechtliche Aspekte, insbesondere Rechtsstellung des Akkreditivbegünstigten in ausgewählten Ereignissen (Störfällen)".

Einheitliche Richtlinien und Gebräuche für Dokumenten-Akkreditive (ERA)

- Die Geltung der ERA für das eröffnete Akkreditiv erhöht die **Sicherheit des Exporteurs** und der Zweitbank, insbesondere bei der Abwicklung des Akkreditivs.

Namen und Adressen der Beteiligten

- Die genaue und zutreffende Angabe von Name und Adresse des Akkreditivauftraggebers und des Akkreditivbegünstigten ist wichtig, weil die zur Benutzung des Akkreditivs einzureichenden **Dokumente** diesen Angaben **entsprechen** müssen.

Akkreditivbank

- Entspricht die **Bonität** der Akkreditivbank (der evtl. im Kaufvertrag getroffenen Vereinbarung) einer "international prime bank", "first class bank"?

- Erscheint es notwendig, wegen der (minderen) Bonität der Akkreditivbank und/oder wegen politischer Risiken des Sitzlandes (Domizillandes) der Akkreditivbank (im allgemeinen das Importland) vom Importeur eine **nachträgliche Bestätigung** durch eine solvente Zweitbank zu verlangen bzw. die eigene Bank um eine **Ankaufszusage** zu ersuchen?

Bestätigungsbank

- Erfüllt – sofern das Akkreditiv bestätigt ist – die Bestätigungsbank die Kriterien einer "**international prime bank**", "first class (german) bank"?
  Dieses Merkmal ist insbesondere von Belang, wenn ausnahmsweise die deutsche Niederlassung/Tochtergesellschaft der ausländischen Akkreditivbank als Bestätigungsbank eingesetzt ist oder wenn die Bestätigungsbank ihren Sitz im Ausland (in einem Drittland) hat.
  Evtl. ist in diesem Fall neben dem Garantendelkredererisiko ein politisches Risiko zu bedenken.

- **Einzelheiten zur Bestätigung** siehe Abschnitte "4.3.2.3 Unwiderrufliches bestätigtes Dokumentenakkreditiv" und "4.3.5.1.2.3 Unwiderruflichkeit, Übertragbarkeit, Bestätigung".

Unwiderruflichkeit

- Obwohl ein Akkreditiv, in dem die Angabe fehlt, ob es widerruflich oder unwiderruflich ist, gemäß Art. 6 c. ERA als unwiderruflich gilt, sollte der Exporteur prüfen, ob sich der Ausdruck "**unwiderruflich**" ("**irrevocable**") – entsprechend der Vereinbarung im Kaufvertrag – im eröffneten Akkreditiv findet.

Übertragbarkeit

- Das eröffnete Akkreditiv kann vom Exporteur nur übertragen werden, wenn es von der eröffnenden Bank **ausdrücklich als "übertragbar"** ("**transferable**") bezeichnet ist (vgl. Art. 48 b. ERA).

- Ein übertragbares Akkreditiv kann (sofern im Akkreditiv nichts anderes angegeben ist) **nur einmal** und – von einigen Ausnahmen abgesehen – nur zu den Bedingungen des Originalakkreditivs übertragen werden (vgl. Art. 48 g. ERA).
  Eine Rückübertragung an den Erstbegünstigten stellt keine unzulässige Übertragung dar.

- Der Exporteur kann **Teile** eines übertragbaren Akkreditivs **getrennt übertragen**, sofern Teilverladungen/Teilinanspruchnahmen nicht untersagt sind und der Akkreditivbetrag im Ganzen dadurch nicht überschritten wird (vgl. Art 48 g. ERA).

- Einzelheiten zur Akkreditivübertragung siehe Abschnitt "**4.3.4.5 Übertragbares Akkreditiv**".

Zahlungsmodalitäten (zugleich Art des Akkreditivs):

- Der Exporteur sollte die im eröffneten Akkreditiv ausgewiesenen Zahlungsmodalitäten sofort auf **Übereinstimmung mit dem Kaufvertrag** prüfen:

- Sichtzahlung (Sichtzahlungsakkreditiv, Sichtakkreditiv, Zahlungsakkreditiv)

  - Ist das Akkreditiv ausdrücklich zur **Zahlung bei Sicht** (sight payment, payable at sight o.ä.) gestellt?

- Hinausgeschobene Zahlung (Akkreditiv mit hinausgeschobener Zahlung, Deferred-Payment-Akkreditiv)

  - Ist im Akkreditiv ausdrücklich **hinausgeschobene Zahlung** (deferred payment) durch Angabe des Zeitraums und des Beginns dieses Zeitraums ausgewiesen (z.B. "payable after... days from...")?
  - Stimmt die **Länge des Zeitraums** der hinausgeschobenen Zahlung mit der Vereinbarung im Kaufvertrag überein?
  - Stimmt der **Zeitpunkt für den Beginn** der hinausgeschobenen Zahlung (z. B. Datum der Verladung gemäß Transportdokument) mit der Vereinbarung im Kaufvertrag überein?

- Akzeptleistung (Akzeptakkreditiv, Remboursakkreditiv)

- Ist im eröffneten Akkreditiv ausdrücklich die **Ziehung von Tratten** des Exporteurs sowie die vereinbarte **Akzeptleistung** (acceptance, to accept) ausgewiesen, z. B. durch die Formulierung "... your draft(s) at ... drawn on ..."?
- Ist der im Kaufvertrag vereinbarte **Akzeptant** richtig angegeben ("...gezogen auf...", "... drawn on...", z. B. auf die avisierende Bank, die Akkreditivbank oder eine Drittbank)?
- Stimmen die im Akkreditiv angegebene **Wechsellaufzeit** und der Zeitpunkt des **Beginns dieser Laufzeit** (z. B. Sichtvermerk bei Akzeptleistung) mit den Vereinbarungen des Kaufvertrags überein?

● **Einzelheiten zu den Akkreditivarten** siehe Kapitel 4.3.2 und 4.3.3.

Akkreditivbetrag und Währung/ Preis pro Einheit

● Neben der Prüfung auf **Übereinstimmung** mit dem **Kaufvertrag** ist zu prüfen,

- ob der Akkreditivbetrag ausreicht, um evtl. zusätzlich entstehende **Nebenkosten** zu decken, sofern deren Zahlung durch das Akkreditiv statthaft ist;
- ob der **Akkreditivbetrag** mit der bei der Warenbeschreibung angegebenen **Menge** (Stückzahl usw.) und dem **Preis pro Einheit korrespondiert**;
- ob bei Fremdwährungsakkreditiven zur Absicherung des **Wechselkursrisikos** ein Devisentermingeschäft o.ä. notwendig erscheint.

● Die Ausdrücke "**etwa**" ("about"), "ungefähr" ("approximately"), "circa" o.ä. in Verbindung mit dem **Akkreditivbetrag** bewirken, daß eine **Abweichung bis zu 10 % nach oben oder bis zu 10 % nach unten** von dem Betrag, auf den sich diese Zusätze beziehen, statthaft ist (vgl. Art. 39 a. ERA).
Analoges gilt, wenn beim **Preis pro Einheit** das Wort "etwa", "ungefähr", "circa" o.ä. steht (vgl. ebenda).

● Sofern ein Akkreditiv, das Teilverladung untersagt, nicht etwas anderes vorschreibt oder Absatz 39 b. ERA (Abweichung der Warenmenge bis zu 5% nach oben oder bis zu 5% nach unten unter bestimmten Voraussetzungen) nicht anwendbar ist, ist eine **Minderinanspruchnahme** um bis zu 5% zulässig, vorausgesetzt, daß bei im Akkreditiv vorgeschriebener Warenmenge diese Warenmenge in vollem Umfang geliefert und bei einem im Akkreditiv vorgeschriebenen Preis pro Einheit dieser Preis nicht unterschritten wird. Diese Bestimmung gilt nicht, wenn im Akkreditiv Ausdrükke der im vorstehenden Absatz genannten Art ("etwa" usw.) verwendet werden (vgl. Art. 39 c. ERA).

Warenbeschreibung, Menge

● Neben der Prüfung auf **Übereinstimmung** mit dem **Kaufvertrag** ist zu prüfen,

- ob die **Warenbeschreibung** des Akkreditivs in die **Handelsrechnung** und – falls erforderlich – in die **übrigen Dokumente** übernommen werden kann. Gemäß Art. 37 c. ERA muß die Beschreibung der Ware in der Handelsrechnung mit der Beschreibung im Akkreditiv übereinstimmen. In allen anderen Dokumenten kann die Ware in allgemein gehaltenen Ausdrücken, die nicht im Widerspruch zur Warenbeschreibung im Akkreditiv stehen, beschrieben sein;
- ob die angegebene **Menge** (Stückzahl, Verpackungseinheiten u.ä.) mit dem evtl. angegebenen **Preis pro Einheit** und mit dem **Akkreditivbetrag** korrespondiert.

- Die Ausdrücke "**etwa**" ("about"), "ungefähr" ("approximately"), "circa" o.ä. in Verbindung mit der im Akkreditiv angegebenen Warenmenge bewirken, daß eine **Abweichung bis zu 10% nach oben oder bis zu 10% nach unten** von der Menge, auf die sich diese Ausdrücke beziehen, statthaft ist (vgl. Art. 39 a. ERA).
- Sofern ein Akkreditiv **nicht vorschreibt**, daß die angegebene Warenmenge nicht über- oder unterschritten werden darf, ist eine **Abweichung bis zu 5% nach oben oder bis zu 5% nach unten** statthaft, immer vorausgesetzt, daß der Betrag der Inanspruchnahme nicht den Akkreditivbetrag überschreitet. Diese Abweichung ist nicht zulässig, wenn im Akkreditiv die Menge in einer bestimmten Anzahl von Verpackungseinheiten oder Stücken angegeben ist (vgl. Art. 39 b. ERA).

Gültigkeits- bzw. Benutzbar-/ Zahlbarstellung

- Entspricht die Gültigkeits- bzw. Benutzbar-/Zahlbarstellung des Akkreditivs dem **Kaufvertrag**?
  Sofern das Akkreditiv bei einer **ausländischen Bank** gültig bzw. benutzbar/ zahlbar gestellt ist, sind die längeren Postlaufzeiten beim Dokumentenversand und das eventuell erhöhte Dokumentenverlustrisiko zu bedenken.
- **Gültigkeitstelle** (Ort für die Dokumentenvorlage vor Verfall) und **Benutzungs-/Zahlstelle** eines Akkreditivs können **gleichgesetzt**, aber auch **verschieden** sein. Einzelheiten und Vorkommen in der Praxis siehe Abschnitt "4.3.5.1.2.4 Begünstigter, Bank des Begünstigten, Benutzungs-/Zahlstelle, Gültigkeitsstelle".

Verfalldatum des Akkreditivs

Allgemeine Bestimmungen und Ratschläge:

- Stimmt das Verfalldatum des Akkreditivs mit den **Vereinbarungen** im **Kaufvertrag** überein?
- Ein für Zahlung, Akzeptleistung oder Negoziierung vorgeschriebenes Verfalldatum wird als **Verfalldatum für die Dokumentenvorlage** ausgelegt (vgl. Art. 42 a. ERA).
- Reicht der **Zeitraum** bis zum Verfall des Akkreditivs aus, um die Warenlieferung zu bewerkstelligen und die **Dokumente fristgerecht** bei der Gültigkeitsstelle einzureichen?
- Falls der zeitliche Spielraum zu eng erscheint, sollte der Akkreditivsteller (Importeur) frühzeitig veranlaßt werden, die Akkreditbank mit der **Verlängerung des Akkreditivs** zu beauftragen; evtl. auch mit der Verlängerung des letzten Verladedatums und der Vorlagefrist für die Dokumente.
- Wenn die eröffnende Bank angibt, daß das Akkreditiv "**für einen Monat**", "für sechs Monate" **oder ähnlich** benutzbar sein soll, aber nicht festlegt, wann diese Frist beginnen soll, wird das Datum der Eröffnung des Akkreditivs durch die eröffnende Bank als der erste Tag angesehen, an dem diese Frist beginnt (vgl. Art. 42 c. ERA).
- Es ist zu beachten, daß die Banken nicht verpflichtet sind, Dokumente außerhalb ihrer **Öffnungszeiten** entgegenzunehmen (vgl. Art. 45 ERA).
- **Achtung**: Sofern die **Banken** hierzu nicht ausdrücklich ermächtigt sind, werden sie bei Wiederaufnahme ihrer Geschäftstätigkeit unter Akkreditiven, die während der **Unterbrechung ihrer Geschäftstätigkeit** durch
  - Fälle höherer Gewalt, Unruhen, Aufruhr, Aufstand, Kriege oder
  - irgendwelche andere Ursachen, die außerhalb ihrer Kontrolle liegen, sowie
  - durch irgendwelche Streiks oder Aussperrungen

verfallen sind, **nicht zahlen**, keine Verpflichtung zur hinausgeschobenen Zahlung übernehmen, keine Tratten akzeptieren bzw. nicht negoziieren (vgl. Art. 17 ERA).

Verkürzung der Verfallfrist des Akkreditivs:

- Ist im Akkreditiv eine bestimmte **Frist nach dem Verladedatum des Transportdokuments** vorgeschrieben, innerhalb welcher die Dokumentenvorlage zu erfolgen hat (vgl. Art. 43 a. und b. in Verbindung mit 40 b.)?
  Sofern diese Frist vor dem im Akkreditiv enthaltenen Verfalldatum endet, bewirkt diese Frist eine **Verkürzung der Verfallfrist des Akkreditivs.**

- Ist im Akkreditiv eine derartige Frist nicht vorgeschrieben, nehmen die Banken **Dokumente nicht an**, die ihnen **später als 21 Tage nach dem Verladedatum** vorgelegt werden (vgl. Art. 43 a. ERA).
  Sofern die auf das Verladedatum des Transportdokuments bezogene 21-Tage-Frist vor dem im Akkreditiv enthaltenen Verfalldatum endet, bewirkt die 21-Tage-Frist auch in diesem Fall eine **Verkürzung der Verfallfrist des Akkreditivs.**

- Reichen die obigen, auf das Verladedatum des Transportdokuments bezogenen Fristen dagegen über das Verfalldatum des Akkreditivs hinaus, dann bewirkt dies **keinesfalls eine Verlängerung** der Verfallfrist des Akkreditivs. Die ERA bestimmen eindeutig: "In jedem Fall dürfen die Dokumente nicht später als am Verfalldatum des Akkreditivs vorgelegt werden" (Art. 43 a. ERA).

- **Achtung**: Sofern im Akkreditiv ein **letztes Verladedatum** vorgeschrieben ist, kann auch dieses letzte Verladedatum in Verbindung mit der auf das Verladedatum des Transportdokuments bezogenen Frist für die Dokumentenvorlage eine **Verkürzung der Verfallfrist des Akkreditivs** bewirken.

- **Hinweis:** Eine graphische Darstellung **alternativer Auswirkungen der verschiedenene Fristen** auf die Verfallfrist des Akkreditivs findet sich in Abschnitt "4.3.5.1.2 Merkmale ..." (Abb. 4.3-19).

Verlängerung der Verfallfrist des Akkreditivs:

- Fällt das Verfalldatum des Akkreditivs auf einen Tag, an dem die **Bank**, der die Dokumente vorzulegen sind, **geschlossen** ist, dann wird das Verfalldatum auf den nächstfolgenden Tag, an dem diese Bank geöffnet ist, hinausgeschoben (vgl. Art. 44 a. ERA). Zu beachten sind jedoch die Vorbehalte bezüglich Art. 17 ERA; siehe unten.

- Diese Verlängerung gilt auch hinsichtlich des letzten Tages der im Akkreditiv vorgeschriebenen **Dokumentenvorlagefrist** (vorgeschriebene Frist nach dem Verladedatum des Transportdokuments, vgl. Art. 43 ERA) bzw. hinsichtlich des letzten Tages der nach Art. 43 ERA anwendbaren Dokumentenvorlagefrist ("21-Tage-Frist" nach dem Verladedatum des Transportdokuments). Zu beachten sind jedoch die Vorbehalte bezüglich Art. 17 ERA; siehe unten.

- **Betrifft die Banken**: Diejenige Bank, der die Dokumente an einem solchen nächstfolgenden Arbeitstag vorgelegt werden, muß eine Erklärung abgeben, daß die Dokumente innerhalb der gemäß Art. 44 a. ERA, Revision 1993, ICC-Publikation Nr. 500, hinausgeschobenen Fristen vorgelegt wurden (vgl. Art. 44 c. ERA).

- Diese **Fristverlängerungen gelten nicht**, wenn die Geschäftstätigkeit der Bank durch Fälle höherer Gewalt, Unruhen, Aufruhr, Aufstand, Kriege oder irgendwelche anderen Ursachen, die außerhalb ihrer Kontrolle liegen, sowie durch irgendwelche Streiks oder Aussperrungen unterbrochen ist (vgl. Art. 44 a. in Verbindung mit Art. 17 ERA).
- **Achtung**: Durch das oben beschriebene Hinausschieben des Verfalldatums des Akkreditivs und/oder der Frist nach dem Verladedatum für die Dokumentenvorlage wird das **letzte Verladedatum nicht hinausgeschoben** (vgl. Art. 44 b. ERA).
- **Achtung**: Sofern im Akkreditiv kein letztes Verladedatum vorgeschrieben ist, nehmen die Banken Transportdokumente nicht an, die ein **späteres Verladedatum als** das im Akkreditiv vorgeschriebene **Verfalldatum** ausweisen (vgl. Art. 44 b. ERA).

Letztes (evtl. frühestes) Verladedatum

Prüfpunkte sowie allgemeine Ausdrücke für Verladung bzw. Verladetermine:

- Stimmt das letzte (evtl. früheste) Verladedatum im Akkreditiv mit den **Vereinbarungen des Kaufvertrags** überein?
- Kann das **letzte Verladedatum** voraussichtlich **eingehalten** werden?
  Falls nicht, ist der Importeur zu veranlassen, der Akkreditivbank einen entsprechenden Änderungsauftrag zu erteilen.
- **Achtung**: Ist im Akkreditiv kein letztes Verladedatum vorgeschrieben, nehmen die Banken **Transportdokumente nicht an**, die ein **späteres Verladedatum als** das im Akkreditiv vorgeschriebene **Verfalldatum** ausweisen (vgl. Art. 44 b. ERA). Siehe auch Prüfpunkte zur Verfallfrist des Akkreditivs.
- Sofern im Akkreditiv nichts anderes vorgeschrieben ist, ist der zur Bestimmung eines frühesten und/oder eines letzten Verladedatums verwendete Ausdruck **"Verladung" ("shipment")** so zu verstehen, daß er die folgenden und ähnliche Ausdrücke einschließt:
  - "Verladung an Bord" ("loading on board"),
  - "Versendung" ("dispatch"),
  - "angenommen zur Beförderung" ("accepted for carriage"),
  - "Posteinlieferungsdatum" ("date of post receipt"),
  - "Abholdatum" ("date of pick-up"),
  - bei Akkreditiven, die ein multimodales Transportdokument verlangen: "Übernahme" ("taking in charge");

  (vgl. Art. 46 a. ERA).
- Der Ausdruck **"am oder um den"** ("on or about") oder ähnliche Ausdrücke im Akkreditiv bedeuten, daß die Verladung **innerhalb des Zeitraums von 5 Tagen vor bis 5 Tage nach dem angegebenen Datum** durchzuführen ist, wobei der erste und letzte Tag eingeschlossen sind (vgl. Art. 46 c. ERA).
- Ausdrücke wie **"prompt"** ("prompt"), "unverzüglich" ("immediately"), "baldmöglichst" ("as soon as possible") und ähnliche Ausdrücke werden von den Banken **nicht beachtet** (vgl. Art. 46 b. ERA).
- Zeitterminologie für **Verladefristen:**
  - Die Worte "bis", "bis zum", "ab" ("to", "until", "till", "from") und Ausdrücke ähnlicher Bedeutung, die sich im Akkreditiv auf irgendein Datum oder irgendeinen Zeitraum der Verladung beziehen, schließen das angegebene Datum ein (vgl. Art. 47 a. ERA).

- Das Wort "nach" ("after") ist so zu verstehen, daß es das angegebene Datum ausschließt (vgl. Art. 47 b. ERA).
- Die Ausdrücke "erste Hälfte" ("first half") und "zweite Hälfte" ("second half") eines Monats bedeuten "1. bis 15. einschließlich" bzw. "16. bis letzter Tag des Monats einschließlich" (vgl. Art. 47 c. ERA).
- Die Ausdrücke "Anfang" ("beginning"), "Mitte" ("middle") oder "Ende" ("end") eines Monats bedeuten "1. bis 10. einschließlich", "11. bis 20. einschließlich" bzw. "21. bis letzter Tag des Monats einschließlich" (vgl. Art. 47 d. ERA).

Spezielle Ausdrücke für Verladung bzw. Verladetermine:

- **Seekonnossement**, **nichtbegebbarer Seefrachtbrief** und **Charterpartie-Konnossement**:
  - Das **Ausstellungsdatum** dieser Transportdokumente gilt als Datum der Verladung an Bord und als Verladedatum, sofern durch einen vorgedruckten Wortlaut auf dem Transportdokument ausgewiesen wird, daß die Ware an Bord eines namentlich genannten Schiffes verladen oder auf einem namentlich genannten Schiff verschifft worden ist.
  - Das **Datum des An-Bord-Vermerks** auf diesen Transportdokumenten gilt in allen anderen Fällen als Verladedatum, wobei die Verladung an Bord eines namentlich genannten Schiffes durch einen Vermerk auf dem Transportdokument nachgewiesen werden muß, der das Datum angibt, an dem die Ware an Bord verladen worden ist.
  - Vgl. Art. 23 a. II., 24 a. II. und 25 a. IV. ERA.
- **Multimodales Transportdokument**:
  - Weist das multimodale Transportdokument durch Stempel oder auf andere Weise ein **Datum der Versendung**, **Übernahme** oder **Verladung an Bord** aus, gilt dieses Datum als Verladedatum.
  - In den anderen Fällen gilt das **Ausstellungsdatum** des multimodalen Transportdokuments als Datum der Versendung, Übernahme oder Verladung an Bord und als Verladedatum, vorausgesetzt, daß die Versendung, Übernahme oder Verladung an Bord durch einen entsprechenden Wortlaut auf dem multimodalen Transportdokument ausgewiesen ist.
  - Vgl. Art. 26 a. II. ERA.
- **Lufttransportdokument**:
  - Falls das Akkreditiv ein tatsächliches Abflugdatum (actual date of dispatch) verlangt, nehmen die Banken ein Lufttransportdokument an, das dieses Datum durch einen speziellen Vermerk ausweist, wobei das so auf dem Lufttransportdokument ausgewiesene **Abflugdatum** als **Verladedatum** gilt.
    Hinweis: Im Sinne der ERA gelten Angaben, die auf dem Lufttransportdokument in der mit "For Carrier Use Only" oder ähnlicher Bezeichnung versehenen Rubrik für Flugnummer und Flugdatum erscheinen, nicht als ein spezieller Vermerk dieses Abflugdatums.
  - In allen anderen Fällen gilt das **Ausstellungsdatum** des Lufttransportdokuments als Verladedatum.
  - Vgl. Art. 27 a. III. ERA.

- **Dokumente des Straßen-, Eisenbahn- oder Binnenschiffstransports**:
  - Sofern diese Transportdokumente einen Empfangsstempel enthalten, gilt das **Datum des Empfangsstempels** als **Verladedatum**.
  - In allen anderen Fällen gilt das **Ausstellungsdatum** dieser Transportdokumente als Verladedatum.
  - Vgl. Art. 28 a. II. ERA.
- **Posteinlieferungsschein, Postversandbescheinigung**:
  - Als Verladedatum oder Versanddatum gilt dasjenige **Datum** im Postdokument, das an dem Ort, der im Akkreditiv als **Verladeort oder Versandort** der Ware vorgeschrieben ist, **gestempelt** oder in anderer Weise authentisiert und datiert zu sein scheint.
  - Vgl. Art. 29 a. I. ERA
- **Dokumente der Kuriere oder Expressdienste**:
  - Das im Dokument ausgewiesene **Abhol-** oder **Empfangsdatum** oder etwas **Entsprechendes** gilt als Verladedatum oder Versanddatum.

    Vgl. Art. 29 b. II. ERA.

Vorlagefrist für die Dokumente

- Kann die im Akkreditiv vorgeschriebene, **auf das Verladedatum des Transportdokuments bezogene Vorlagefrist für die Dokumente** eingehalten werden?
- Falls eine solche Vorlagefrist im Akkreditiv nicht vorgeschrieben ist: Kann die in den ERA (vgl. Art. 43 a.) festgelegte **21-Tage-(Spätest)Frist** nach dem Verladedatum des Transportdokuments für die Vorlage der Dokumente eingehalten werden?
- **Achtung**: Unabhängig von den derart definierten spätesten Vorlagezeitpunkten für die Dokumente dürfen die Dokumente **in keinem Fall später als am Verfalldatum** des Akkreditivs vorgelegt werden (vgl. Art. 43 a. ERA).
- **Achtung**: Die obigen, auf das Verladedatum des Transportdokuments bezogenen Fristen für die Dokumentenvorlage können zu einer **Verkürzung der Verfallfrist** des Akkreditivs führen. Einzelheiten siehe Position "Verfalldatum des Akkreditivs".
- Fällt der **letzte Tag der Vorlagefrist** für die Dokumente auf einen Tag, an dem die **Bank**, der die Dokumente vorzulegen sind, **geschlossen** ist, dann wird der letzte Tag der Frist nach dem Verladedatum für die Dokumentenvorlage auf den nächstfolgenden Tag, an dem diese Bank geöffnet ist, hinausgeschoben. Analoges gilt für das Verfalldatum des Akkreditivs (vgl. Art. 44 a. ERA). Diese Fristverlängerung gilt allerdings nicht, wenn die Geschäftstätigkeit der Bank durch Fälle höherer Gewalt, Unruhen, Aufruhr, Aufstand, Kriege, Streiks, Aussperrungen o.ä. unterbrochen ist (Einzelheiten vgl. Art. 44 a. in Verbindung mit Art. 17 ERA).
  Der akkreditivbegünstigte Exporteur hat zu beachten, daß durch dieses Hinausschieben der Vorlagefrist für die Dokumente und/oder des Verfalldatums des Akkreditivs **nicht zugleich das letzte Verladedatum hinausgeschoben** wird (vgl. Art. 44 b. ERA) .
- **Achtung**: Sofern im Akkreditiv kein letztes Verladedatum vorgeschrieben ist, nehmen die Banken **Transportdokumente nicht an**, die ein **späteres Verladedatum** als das im Akkreditiv vorgeschriebene **Verfalldatum** ausweisen (vgl. Art. 44 b. ERA).

- Für alle vorgelegten Dokumente gilt im übrigen: Sofern im Akkreditiv nichts anderes vorgeschrieben ist, **nehmen die Banken ein Dokument an**, welches ein **Ausstellungsdatum** trägt, das **vor dem des Akkreditivs** liegt, wenn dieses Dokument innerhalb der im Akkreditiv und in den ERA festgesetzten Fristen vorgelegt wird (vgl. Art. 22 ERA).

- **Hinweis**: Die Banken sind **nicht** verpflichtet, Dokumente **außerhalb** ihrer **Öffnungszeiten** entgegenzunehmen (vgl. Art. 45 ERA).

Teilverladungen und/oder Teilinanspruchnahmen

- Sofern im Akkreditiv **nicht etwas anderes vorgeschrieben** ist, sind Teilinanspruchnahmen und/oder Teilverladungen **zulässig** (vgl. Art. 40 a. ERA).

- Transportdokumente, die ihrer äußeren Aufmachung nach auszuweisen scheinen, daß Verladung auf **demselben Beförderungsmittel** und für **dieselbe Reise** mit **demselben Ziel** erfolgte, gelten **nicht als Teilverladungen** abdeckend, selbst wenn die Transportdokumente ein unterschiedliches Verladedatum und/oder unterschiedliche Verladehäfen, Übernahme- oder Versandorte ausweisen (Art. 40 b. ERA).

- Versendungen per **Post** oder **Kurier** gelten nicht als Teilverladungen, wenn die Posteinlieferungsscheine oder Postversandbescheinigungen oder Kurierempfangsbestätigungen oder Kurierversandnachweise an dem Ort, der im Akkreditiv als Versandort der Ware vorgeschrieben ist, und an demselben Tag gestempelt, unterzeichnet oder in anderer Weise authentisiert zu sein scheinen (Art. 40 c. ERA).

- Bei **übertragbaren Akkreditiven** ist von Bedeutung, daß der Exporteur nur dann Teile eines übertragbaren Akkreditivs getrennt übertragen kann, sofern Teilverladungen/Teilinanspruchnahmen nicht untersagt sind (vgl. Art. 48 g. ERA).

Verladungen/Inanspruchnahmen in Raten (sog. Sukzessivverladungen und/oder -inanspruchnahmen)

- Wenn im Akkreditiv Inanspruchnahmen und/oder Verladungen in Raten innerhalb bestimmter Zeiträume vorgeschrieben sind, ist zunächst deren **zeitliche, mengenmäßige und betragliche Übereinstimmung** mit den Vereinbarungen des Kaufvertrags zu überprüfen.

- Der Exporteur hat ferner zu prüfen, ob er den Akkreditivbedingungen in jeder Hinsicht, insbesondere dem **zeitlichen Ablauf der ratenweisen Lieferungen**, entsprechen kann. Zu beachten hat der Exporteur nämlich Art. 41 ERA: Ist irgendeine Rate nicht innerhalb des für sie vorgeschriebenen Zeitraums in Anspruch genommen und/oder verladen worden, kann das Akkreditiv für diese betreffende und jede weitere **Rate nicht mehr benutzt** werden, sofern im Akkreditiv nichts anderes vorgeschrieben ist.

- Zu den Gestaltungsmöglichkeiten **revolvierender Akkreditive** siehe Abschnitt "4.3.4.4 Revolvierendes Akkreditiv (Revolving Credit)".

- Bei Umladungsverboten ebenso wie bei zulässigen Umladungen in Akkreditiven ist zunächst zu beachten, wie in den **ERA Umladungen definiert** werden:
  - **Konnossemente und nichtbegebbare Seefrachtbriefe**: Umladung bedeutet das Ausladen und Wiederverladen von einem Schiff auf ein anderes Schiff im Verlauf des Seetransports vom Verladehafen zum Löschungshafen, wie sie im Akkreditiv vorgeschrieben sind (vgl. Art. 23 b. und 24 b. ERA).
  - **Multimodale Transportdokumente**: Umladung ist bei diesen Dokumenten wesensbestimmend und bedarf keiner weiteren Definition (vgl. Art. 26 ERA).
  - **Lufttransportdokumente**: Umladung bedeutet das Ausladen und Wiederverladen von einem Flugzeug in ein anderes Flugzeug im Verlauf des Transports vom Abflughafen zum Bestimmungsflughafen, wie sie im Akkreditiv vorgeschrieben sind (vgl. Art. 27 b. ERA).

- **Dokumente des Straßen-, Eisenbahn- oder Binnenschiffstransports**: Umladung bedeutet das Ausladen und Wiederverladen von einem Beförderungsmittel auf ein anderes Beförderungsmittel unterschiedlicher Transportarten im Verlauf des Transports vom Verladeort zum Bestimmungsort, wie sie im Akkreditiv vorgeschrieben sind (vgl. Art. 28 c. ERA).

- **Achtung:** Selbst wenn **im Akkreditiv Umladung nicht verboten** ist, nehmen die Banken bestimmte Transportdokumente, die Umladung der Ware vorsehen, mangels anderer Weisungen nur an, wenn die **Voraussetzung** erfüllt ist, daß der gesamte Transport durch ein und dasselbe Transportdokument gedeckt ist. Beispiele:
  - Seekonnossement (vgl. Art. 23 c. ERA).
  - Nichtbegebbarer Seefrachtbrief (vgl. Art. 24 c. ERA)

- **Achtung**: Selbst wenn **im Akkreditiv Umladung verboten** ist, **nehmen die Banken** bei der Akkreditivabwicklung mangels anderer Weisungen
  - **multimodale Transportdokumente an**, die vorsehen, daß Umladung stattfinden wird oder kann, vorausgesetzt, daß der gesamte Transport durch ein und dasselbe multimodale Transportdokument gedeckt ist (vgl. Art. 26 b. ERA);
  - **Lufttransportdokumente an**, die vorsehen, daß Umladung stattfinden wird oder kann, vorausgesetzt, daß der gesamte Transport durch ein und dasselbe Lufttransportdokument gedeckt ist (vgl. Art. 27 c. ERA);
  - **Dokumente des Straßen-, Eisenbahn- oder Binnenschiffstransports an**, die vorsehen, daß Umladung stattfinden wird oder kann, vorausgesetzt, daß der gesamte Transport durch ein und dasselbe Transportdokument gedeckt ist und innerhalb derselben Transportart stattfindet (vgl. Art. 28 d. ERA);
  - **Konnossemente und nichtbegebbare Seefrachtbriefe an**, die

    a) vorsehen, daß Umladung stattfinden wird, sofern gemäß Angabe im Konnossement bzw. im nichtbegebbaren Seefrachtbrief das betreffende Frachtgut in Containern, Anhängern und/oder "LASH"-Leichtern verladen ist und der gesamte Seetransport durch ein und dasselbe Konnossement bzw. durch ein und denselben nichtbegebbaren Seefrachtbrief gedeckt ist,

    und/oder

    b) Klauseln enthält, mit denen sich der Frachtführer das Recht zur Umladung vorbehält (vgl. Art. 23 d. und 24 d. ERA).

Lieferbedingungen

- Stimmen die im Akkreditiv ausgewiesenen Lieferbedingungen mit den **Vereinbarungen des Kaufvertrages** überein?
- Können die Lieferbedingungen exakt **erfüllt** und in den relevanten Dokumenten **ausgewiesen** werden?

Transportweg/Transportmittel

- Sind die im Akkreditiv vorgeschriebenen **Transportbedingungen** erfüllbar? (Im Zweifel frühzeitige Kontaktaufnahme mit dem Frachtführer empfehlenswert).

Verladehafen/Abflughafen/Übernahmeort/Verladeort/Versandort

Löschungshafen/Löschungsflughafen/Bestimmungsflughafen/Löschungsort/Bestimmungsort Bestimmungshafen (Bestimmungsort)

- Welche **Freiheiten** belassen die Akkreditivbedingungen dem Exporteur bei der Auswahl von Verladehafen (z. B. "shipped from any german port"), Transportweg, Bestimmungshafen usw. unter Zeit- und Kostenaspekten?
- Sind die im Akkreditiv festgelegten **Termine** (letztes Verladedatum, Verfalldatum des Akkreditivs, Vorlagefrist für die Dokumente) mit der vereinbarten bzw. ausgewählten Transportart bzw. dem Transportweg einzuhalten?

- Grundsätzlich: Ist die **Übereinstimmung** der im Akkreditiv vorgeschriebenen Orte mit den Vereinbarungen des **Kaufvertrags** gegeben?

- **Seekonnossement oder nicht begebbarer Seefrachtbrief**:
  Sofern im Akkreditiv nichts anderes vorgeschrieben ist, nehmen die Banken diese Dokumente an, wenn sie den im Akkreditiv vorgeschriebenen **Verladehafen** und **Löschungshafen** ausweisen, unabhängig davon, ob sie

  a) einen vom Verladehafen unterschiedlichen Übernahmeort und/oder einen vom Löschungshafen unterschiedlichen endgültigen Bestimmungsort ausweisen
  und/oder

  b) den Hinweis "intended" oder einen ähnlichen Vorbehalt in bezug auf den Verladehafen und/oder den Löschungshafen enthalten, sofern diese Dokumente auch den im Akkreditiv vorgeschriebenen Verladehafen und/oder Löschungshafen angeben.

  Weist das Konnossement bzw. der nichtbegebbare Seefrachtbrief einen vom **Verladehafen unterschiedlichen Empfangsort** oder Übernahmeort aus, dann muß der An-Bord-Vermerk auch den im Akkreditiv vorgeschriebenen Verladehafen und den Namen des Schiffes enthalten, auf dem die Ware verladen worden ist, und zwar auch dann, wenn sie auf dem im Konnossement bzw. auf dem im nichtbegebbaren Seefrachtbrief namentlich genannten Schiff verladen worden ist. Diese Bestimmung gilt auch, wenn die Verladung an Bord des Schiffes durch einen auf dem Konnossement bzw. auf dem nicht begebbaren Seefrachtbrief vorgedruckten Wortlaut ausgewiesen ist.
  Vgl. Art. 23 a. und 24 a. ERA.

- **Charterpartie-Konnossement, Lufttransportdokument, Dokumente des Straßen-, Eisenbahn- oder Binnenschiffstransports**:
  Sofern im Akkreditiv nichts anderes vorgeschrieben ist, nehmen die Banken diese Dokumente an, wenn sie den im Akkreditiv vorgeschriebenen

  - **Verladehafen / Abflughafen / Verladeort**

  und

  - **Löschungshafen / Bestimmungsflughafen / Bestimmungsort**

  ausweisen.

  Vgl. Art. 25, 27 und 28 ERA.

- **Posteinlieferungsschein, Postversandbescheinigung**:
  Sofern im Akkreditiv nichts anderes vorgeschrieben ist, nehmen die Banken solche Dokumente an, die ihrer äußeren Aufmachung nach an dem **Ort**, der im Akkreditiv als Verladeort oder Versandort der Ware vorgeschrieben ist, **gestempelt** oder in anderer Weise authentisiert und datiert zu sein scheinen.
  Vgl. Art. 29 a. ERA.

- **Dokumente der Kuriere oder Expressdienste**:
  Sofern im Akkreditiv nichts anderes vorgeschrieben ist, nehmen die Banken solche Dokumente, die den Empfang der Ware zur Beförderung ausweisen, an, wenn sie ihrer äußeren Aufmachung nach den **Namen** des Kuriers/Dienstes auszuweisen scheinen und von diesem namentlich genannten Kurier/Dienst **gestempelt**, unterzeichnet oder in anderer Weise authentisiert zu sein scheinen.
  Sofern das Akkreditiv nicht ausdrücklich ein von einem bestimmten Kurier/Dienst ausgestelltes Dokument verlangt, nehmen die Banken ein Dokument an, das von **irgendeinem** Kurier/Dienst ausgestellt ist.
  Vgl. Art. 29 b. ERA.

	• **Multimodales Transportdokument**: Sofern im Akkreditiv nichts anderes vorgeschrieben ist, nehmen die Banken ein solches Transportdokument an, wenn es den im Akkreditiv vorgeschriebenen **Übernahmeort** ausweist, der ein anderer als der Verladehafen, Verladeflughafen oder Verladeort sein kann, und den im Akkreditiv vorgeschriebenen **endgültigen Bestimmungsort** ausweist, der ein anderer als der Löschungshafen, Löschungsflughafen oder Löschungsort sein kann, und/oder den Hinweis "intended" oder einen ähnlichen Vorbehalt in bezug auf das Schiff und/oder den Verladehafen und/oder den Löschungshafen enthält. Vgl. Art. 26 a. ERA.
Akkreditivkosten	• Entspricht die Übernahme/Verteilung der Akkreditivkosten (Bankspesen usw.) den **Vereinbarungen im Kaufvertrag**?
	• Zur **(üblichen) Verteilung** der Akkreditivkosten siehe Prüfliste "4.3.5.1.4 ... zu den Merkmalen im Kaufvertrag ...".
	• Bei **Akkreditivübertragungen** gilt: Mit Übertragungen in Zusammenhang stehende Spesen der übertragenden Bank einschließlich Provisionen, Gebühren, Kosten und Auslagen sind vom Erstbegünstigten zu zahlen, sofern nichts anderes vereinbart ist. Stimmt die übertragende Bank der Akkreditivübertragung zu, ist sie nicht verpflichtet, die Übertragung vorzunehmen, bevor diese Spesen bezahlt sind (vgl. Art. 48 f. ERA).
Dokumente	• **Vorbemerkung**: Die im Auslandsgeschäft tätigen **Banken** stellen dem Exporteur sog. Checklisten zur Verfügung, anhand derer eine umfassende Prüfung der Dokumente möglich ist.
	• Entsprechen die in den Akkreditivbedingungen genannten Dokumente nach Art und Inhalt den **Vereinbarungen im Kaufvertrag**?
	• Können alle Dokumente entsprechend den Akkreditivbedingungen bzw. den ERA in der vorgeschriebenen **Form (Bezeichnung)** beschafft werden?
	• Können alle Dokumente **inhaltlich** den Akkreditivbedingungen entsprechend erlangt werden? Z. B. muß das Versicherungsdokument die Deckung der in den Akkreditivbedingungen angegebenen Risiken im festgelegten Umfang ausweisen.
	• Steht ein in den Akkreditivbedingungen gefordertes Dokument in **Widerspruch zu den Lieferbedingungen**?
	• Können alle Dokumente **fristgerecht** (bezüglich des Verfalldatums des Akkreditivs, des letzten Verladedatums, der Vorlagefrist für die Dokumente; Einzelheiten siehe bei den obigen Stichworten) beschafft werden?
	• Werden in den Dokumenten vom Exporteur oder von Dritten **Erklärungen** verlangt, die der Exporteur nicht abgeben kann oder will bzw. die der Exporteur von Dritten nicht bzw. nicht in der verlangten Formulierung bzw. nicht rechtzeitig erlangen kann? Dies gilt auch für **Beglaubigungen** und **Legalisierungen** durch die Industrie- und Handelskammern bzw. durch die Konsulate.
	• **Achtung:** Sofern im Akkreditiv Dokumente verlangt werden, die durch den **Importeur**, durch die **Akkreditivbank** oder durch einen diesen **weisungsgebundenen Dritten** ausgestellt oder gegengezeichnet sein müssen, gerät der akkreditivbegünstigte Exporteur in **Abhängigkeit**: Wenn der Importeur, dessen Bank oder der weisungsgebundene Dritte nicht bereit ist, das erforderliche Dokument auszustellen bzw. gegenzuzeichnen, dann kann der Exporteur das Akkreditiv nicht benutzen. **Beispiele** für solche Dokumente sind die Warenempfangsbescheinigung eines Spediteurs im Lande des Importeurs, der vom Akkreditivauftraggeber (Importeur) oder seinem Bauleiter zu bestätigenden Nachweis über den Baufortschritt bzw. über den Arbeitsfortschritt usw.

	• **Empfehlung der Banken**: Für die Erstellung der erforderlichen Versicherungs- bzw. Transportdokumente ist es am günstigsten, eine **Kopie** des Akkreditivs **an die Versicherung** bzw. an den Frachtführer zu geben, damit von dieser Seite alle Bedingungen beachtet werden können. Zu bedenken ist allerdings, daß damit u.U. die Versicherungsgesellschaft, das Transportunternehmen oder deren Agenten einen tieferen Einblick in die Einzelheiten des Außenhandelsgeschäftes bekommen (z. B. über den Preis pro Einheit) als es dem Exporteur im Einzelfall wünschenswert erscheint. • Können die Dokumente in der im Akkreditiv vorgeschriebenen **Anzahl** bzw. als **Original(e)** beschafft werden?

4.3.5.4 Prüfung der Dokumente vor/bei Akkreditivbenutzung durch den Akkreditivbegünstigten und durch die Banken sowie Akkreditivauszahlung

Dokumente als Auszahlungsgrundlage

Genaueste Übereinstimmung

Die Banken stellen **höchste Anforderungen** an die vom akkreditivbegünstigten Exporteur eingereichten Dokumente, weil sie auf dieser Grundlage über die Auszahlung (bzw. Akzeptleistung usw.) aus dem Akkreditiv zu entscheiden haben (vgl. ERA Art. 4 sowie Art. 14 ERA).
Der Akkreditivbegünstigte muss die hohen Anforderungen an die Dokumente in jeder Phase der Geschäftsabwicklung im Auge behalten: Der Exporteur hat beispielsweise dem Transportunternehmen den Transportauftrag ebenso in Übereinstimmung mit den Akkreditivbedingungen zu erteilen wie der Versicherungsgesellschaft den Versicherungsauftrag. Nur durch diese Handlungsweise ist gewährleistet, dass das Transportdokument und das Versicherungsdokument von den Banken bei Benutzung des Akkreditivs anstandslos aufgenommen werden kann. Um die genaue Übereinstimmung sicherzustellen, übergeben manche Exporteure dem beauftragten Transportunternehmen (seltener: auch der Versicherungsgesellschaft) eine Fotokopie des Akkreditivs bzw. der relevanten Akkreditivbedingungen.

Handelsübliche(r) Form/Inhalt

Sind im Akkreditiv die Dokumente ohne weit reichende Einzelheiten und ohne Besonderheiten benannt, wie es für die Handelsrechnung, das Transport- und das Versicherungsdokument regelmäßig der Fall ist, dann muss der Exporteur lediglich die **einschlägigen Bestimmungen der ERA** zu diesen Dokumenten (vgl. Art. 20-37 ERA) sowie diejenigen Kriterien beachten, die bei diesen Dokumenten als **handelsüblich** gelten.

Dies trifft auch für einen Teil der sog. anderen/sonstigen Dokumente (z.B. für die Quantitäts- und Ursprungsnachweise) zu, die zwar im Allgemeinen eine bestimmte Form und einen üblichen Inhalt aufweisen, deren Beschaffung dem Exporteur aber in der Regel nicht schwer fällt (z.B. werden zur Ausstellung von Ursprungszeugnissen Formvordrucke verwendet, deren Art im Akkreditiv im Allgemeinen mit einer Kurzbezeichnung vorgeschrieben ist und deren Inhalt standardisiert ist).

Individueller Inhalt

Zu manchen der sog. **anderen/sonstigen Dokumente**, insbesondere zu Qualitätsnachweisen, finden sich dagegen in den Akkreditivbedingungen detaillierte Angaben zum Aussteller und zum Inhalt, bis hin zu vorgegebenen Formulierungen, die wörtlich in das entsprechende Zertifikat aufzunehmen sind.

Bezeichnung der Dokumente

Die Dokumente müssen nicht nur in Form und Inhalt den Akkreditivbedingungen entsprechen, sondern in der Regel auch **exakt** so **bezeichnet** (überschrieben) sein, wie es in den Akkreditivbedingungen festgelegt ist.

Gesonderte Erklärungen u. Ä.

Werden im Akkreditiv Erklärungen, Nachweise u. Ä. gefordert, die gemäß den Akkreditivbedingungen **in einem gesonderten Dokument abzugeben** sind bzw. die üblicherweise in einem gesonderten Dokument abgegeben werden, dann weisen die Banken im Allgemeinen solche Dokumente zurück, in denen die geforderte Erklärung zusammen mit anderen Erklärungen, Nachweisen usw. aufgeführt ist. Dies gilt auch dann, wenn die abgegebene Erklärung inhaltlich voll den Akkreditivbedingungen entspricht.

Einhaltung der Termine

Bei der Abwicklung des Außenhandelsgeschäfts, insbesondere in der Phase zwischen Akkreditiveröffnung und Dokumenteneinreichung, hat der Exporteur stets die im Akkreditiv festgelegten Termine zu beachten und die Beschaffung der Dokumente danach zu planen:

- **Verfall** des Akkreditivs;
- Frühestes bzw. letztes **Verladedatum**;
- **Vorlagefrist der Dokumente** (u.U. ist die 21-Tage-Frist gemäß Art. 43 a. ERA zu beachten).
  Einzelheiten zu diesen Terminen siehe "Prüfliste des Exporteurs für avisierte/eröffnete Akkreditive ..." in Abschnitt 4.3.5.3.2.

Verspätet eingereichte Dokumente bzw. Dokumente, die ausweisen, dass das (früheste bzw. letzte) Versanddatum nicht eingehalten wurde, müssen die Banken zurückweisen und somit die **Auszahlung** aus dem Akkreditiv **verweigern**.

Grundsätzliche Prüfkriterien

Die **Prüfung der Dokumente** umfasst die folgenden grundsätzlichen Kriterien:

- Übereinstimmung der Dokumente mit den **Akkreditivbedingungen**;
- Übereinstimmung der Dokumente mit den **ERA**, falls die Akkreditivbedingungen keine ausdrücklichen bzw. abweichenden Weisungen enthalten;
- **Widerspruchsfreiheit** der Dokumente untereinander (vgl. Art. Art. 13 a. ERA);
- **Vollständigkeit** -nach Art und Anzahl- der Dokumente in Übereinstimmung mit den Akkreditivbedingungen.

In den **ERA** ist überdies aufgenommen, dass die Banken eingereichte Dokumente, die im Akkreditiv nicht vorgeschrieben sind, nicht prüfen werden. Sie geben solche Dokumente an den Einreicher zurück oder sie leiten sie unverbindlich weiter (vgl. Art. 13 a. ERA).

Beratung durch die Banken

Ist der akkreditivbegünstigte Exporteur im Zweifel über die **Auslegung** einzelner **Akkreditivbedingungen**, insbesondere über Inhalt und Form der vorzulegenden Dokumente, dann sollte er frühzeitig den Rat einer auslandserfahrenen Bank einholen.

Prüflisten

Die Banken stellen den Exporteuren Prüflisten (sog. Checklisten) zur **Dokumentenkontrolle** zur Verfügung, die der Exporteur nicht nur in jeder Phase der Geschäftsabwicklung beachten sollte, sondern die er erneut und abschließend vor Einreichung der Dokumente bei der Bank, also vor Benutzung des Akkreditivs, heranziehen sollte.
In die Prüflisten der Banken sind sowohl die einschlägigen Bestimmungen der **ERA** eingearbeitet als auch jene Anforderungen an die Dokumente, die auf **anderen Rechtsquellen** (z.B. auf dem Wechselrecht) beruhen oder die **handelsüblich** sind.

Einreichung mängelbehafteter Dokumente; eventuelle Honorierung/Auszahlung unter Vorbehalt

Alternativen:

Reicht der Exporteur bei einer als Gültigkeits- und Benutzungs-/Zahlstelle eingesetzten Zweitbank **Dokumente** ein, die **nicht den Akkreditivbedingungen entsprechen**, dann bleiben grundsätzlich die folgenden **Möglichkeiten:**

- Berichtigung

- Die als Gültigkeits- und Benutzungs-/Zahlstelle eingesetzte Zweitbank empfiehlt dem akkreditivbegünstigten Exporteur, die mängelbehafteten Dokumente **schnellstmöglich zu berichtigen** bzw. berichtigen zu lassen. Das Akkreditiv erlischt nicht, wenn der Akkreditivbegünstigte zunächst mängelbehaftete Dokumente einreicht und die Bank diese Dokumente zunächst zurückweist.
  Diese Möglichkeit kann jedoch nur ergriffen werden, wenn ein hinreichender **zeitlicher Spielraum** bis zum Verfall des Akkreditivs (unter Beachtung der Vorlagefrist für die Dokumente) besteht bzw. wenn die Mängel überhaupt noch zu beseitigen sind. Die Mängelbeseitigung ist beispielsweise nicht mehr möglich, wenn der Exporteur ein Transportdokument vorlegt, in dem das im Akkreditiv festgelegte letzte Verladedatum überschritten ist oder wenn eine andere Versandart gewählt wurde, als sie in den Akkreditivbedingungen festgelegt ist.

- Akkreditivänderung

- Die als Gültigkeits- und Benutzungs-/Zahlstelle eingesetzte Zweitbank empfiehlt dem akkreditivbegünstigten Exporteur, den **Akkreditivauftraggeber (Importeur)** zu **veranlassen**, die Akkreditivbedingungen durch die Akkreditivbank entsprechend den vorgelegten Dokumenten ändern zu lassen.
  Die Realisierung dieser Möglichkeit erfordert neben dem entsprechenden zeitlichen Spielraum bis zum Verfall des Akkreditivs bzw. bis zum Ablauf der weiteren im Akkreditiv festgelegten Termine auch das **Einverständnis** des Importeurs, der Akkreditivbank sowie -falls das Akkreditiv bestätigt ist- der Bestätigungsbank. Diese Möglichkeit sollte deswegen nicht erst nach erfolgter Dokumenteneinreichung, sondern schon in dem Zeit-

punkt ergriffen werden, in dem vom Exporteur erkannt wird, dass ein Dokument nicht akkreditivkonform beigebracht werden kann.

- Aufnahme unter Vorbehalt

- Die als Gültigkeits- und Benutzungs-/Zahlstelle eingesetzte Zweitbank nimmt die Dokumente vom Exporteur unter dem ausdrücklich erklärten **Vorbehalt** auf, dass auch die **Akkreditivbank** diese **Dokumente** so wie sie vorgelegt werden **aufnimmt** (sog. Honorierung der Dokumente unter Vorbehalt, d.h. Auszahlung an den Exporteur unter Vorbehalt; auch "interner Vorbehalt" genannt).
  Diese Möglichkeit wird von der Zweitbank im Allgemeinen nur ergriffen, wenn sie im Zweifel ist, ob die Abweichungen der Dokumente von der handelsüblichen Ausgestaltung überhaupt als Mängel zu bewerten sind bzw. wenn ihr die Mängel an den Dokumenten als nicht gravierend erscheinen.
  Nimmt die Akkreditivbank (in der Regel nach Rücksprache mit dem Akkreditivauftraggeber) die Dokumente wider Erwarten nicht auf, dann wird der Exporteur mit dem unter Vorbehalt ausgezahlten Akkreditivbetrag zuzüglich der angefallenen Bankspesen und eventueller Zinsen zurückbelastet.

- Information der Akkreditivbank

- Die als Gültigkeits- und Benutzungs-/Zahlstelle eingesetzte Zweitbank informiert die Akkreditivbank über die Mängel der Dokumente per Telekommunikation und erbittet **Weisung** bezüglich der **Aufnahme oder** der **Zurückweisung** der Dokumente (sog. externer Vorbehalt). Diese Alternative ergreift die Zweitbank dann, wenn die Mängel an den eingereichten Dokumenten offenkundig bzw. erheblich sind.
  Die Akkreditivbank wird im Regelfall ihrerseits Rücksprache mit dem Akkreditivauftraggeber nehmen und sodann der Zweitbank die getroffene Entscheidung mitteilen.

- Ersatzweises Dokumenteninkasso

- Die als Gültigkeits- und Benutzungs-/Zahlstelle eingesetzte Zweitbank empfiehlt dem akkreditivbegünstigten Exporteur die Dokumente unter Bezugnahme auf das Akkreditiv ersatzweise **mittels Inkassoauftrag** an die Akkreditivbank zu senden.
  Die Zweitbank wird eine derart schwerwiegende Empfehlung nur aussprechen, wenn alle übrigen Möglichkeiten zur Bereinigung der Mängel in den Dokumenten bzw. zur Erlangung der Zusage der Akkreditivbank bzw. des Akkreditivauftraggebers, die Dokumente mängelbehaftet aufzunehmen, fehlschlagen, aussichtslos oder nicht mehr möglich sind. Der Exporteur verliert in diesem Fall die Sicherheit des Akkreditivs.

- Zurückweisung

- Schließlich kann die als **Gültigkeits- und Benutzungs-/Zahlstelle** eingesetzte Zweitbank die **Dokumente** ohne Rücksprache mit der Akkreditivbank **von sich aus zurückweisen**. Diese Möglichkeit wird die Zweitbank nur ergreifen, wenn die Mängel in den Dokumenten gravierend sind und weder eine rechtzeitige Bereinigung der Mängel möglich noch eine Zustimmung der Akkreditivbank zur Aufnahme der mängelbehafteten Dokumente erlangbar erscheint.

- Funktionen der Akkreditivbank

- Sofern das Akkreditiv nicht bei einer Zweitbank im Land des akkreditivbegünstigten Exporteurs, sondern bei der -aus Sicht des Exporteurs ausländischen- Akkreditivbank selbst gültig und benutzbar-/zahlbar gestellt ist, kann die **Rückgabe** und die **Berichtigung** eingereichter mängelbehafteter Dokumente innerhalb der verbleibenden Akkreditivlaufzeit unter Umständen **kaum mehr vollzogen** werden. Auch unter diesem Blickwinkel erweist es sich für den Exporteur als vorteilhaft, wenn das Akkreditiv bei einer Bank in seinem Land bzw. bei seiner Hausbank benutzbar/zahlbar gestellt ist.
  Die **ERA** sehen im Übrigen vor:
  "*Wenn die eröffnende Bank entscheidet, dass die Dokumente ihrer äußeren Aufmachung nach nicht den Akkreditiv-Bedingungen zu entsprechen scheinen, kann sie sich wegen eines Verzichts auf Geltendmachung der Unstimmigkeit(en) nach eigenem Ermessen an den Auftraggeber wenden. Dadurch verlängert sich jedoch nicht der in Artikel 13(b) erwähnte Zeitraum.*" (Art. 14 c. ERA, Hervorhebung dch. d. Verf.).

Prüfungszeit der Banken

Den als Benutzungs-/Zahlstellen handelnden Banken steht eine **angemessene Zeit** zu, die Dokumente zu prüfen und zu entscheiden, ob sie die Dokumente aufnehmen oder zurückweisen wollen:
"*Der eröffnenden Bank, der etwaigen bestätigenden Bank oder einer für sie handelnden benannten Bank steht jeweils eine angemessene, sieben Bankarbeitstage nach dem Tag des Dokumentenerhalts nicht überschreitende Zeit zu, die Dokumente zu prüfen und zu entscheiden, ob sie die Dokumente aufnehmen oder zurückweisen will, und denjenigen entsprechend zu unterrichten, von dem sie die Dokumente erhielt.*" (Art. 13 b. ERA, Hervorhebungen dch. d. Verf.).

Zurückweisung

"*Wenn sich die eröffnende Bank und/oder die etwaige bestätigende Bank oder eine für sie handelnde benannte Bank zur Zurückweisung der Dokumente entscheidet,*

- *muss sie eine entsprechende Mitteilung unverzüglich, jedoch nicht später als am Ende des siebten Bankarbeitstages nach dem Tag des Dokumentenerhalts durch Telekommunikation oder, wenn dies nicht möglich ist, auf anderem schnellen Weg geben.*
- *Diese Mitteilung ist an die Bank zu richten, von der sie die Dokumente erhalten hat, oder an den Begünstigten, wenn sie die Dokumente unmittelbar von diesem erhalten hat.*
- *Diese Mitteilung muss alle Unstimmigkeiten nennen, auf Grund derer die Bank die Dokumente zurückweist und muss auch besagen, ob die Dokumente zur Verfügung des Einreichers gehalten oder ihm zurückgesandt werden*" (Art. 14 d. ERA, Hervorhebungen dch. d. Verf.).

Akkreditivbenutzung/Akkreditivauszahlung

Zweitbank: Avisbank

Ist die **Zweitbank lediglich avisierende Bank**, die akkreditiveröffnende Bank (Akkreditivbank) dagegen selbst Gültigkeits- und Benutzungs-/Zahlstelle des Akkreditivs, dann muss der akkreditivbegünstigte Exporteur die **Dokumente fristwahrend** bei der -aus seiner Sicht- ausländischen **Akkreditivbank** einreichen.

Wenn der Exporteur die Dokumente trotzdem der avisierenden Bank vorlegt, was die Regel ist, dann übernimmt diese Zweitbank lediglich die Funktion einer unverbindlichen Durchleitungs-/Weiterleitungsstelle. Auch die Prüfung der Dokumente auf Übereinstimmung mit den Akkreditivbedingungen ist nur eine unverbindliche Serviceleistung der Zweitbank für den Exporteur, die die Akkreditivbank nicht bindet. Einen Zahlungsanspruch an die Zweitbank erwirbt der Exporteur durch die Einreichung der Dokumente nicht.

Zweitbank: Gültigkeitsstelle

Ist die avisierende **Zweitbank** von der Akkreditivbank als **Gültigkeitsstelle**, nicht aber als Benutzungs-/Zahlstelle eingesetzt worden, nimmt sie die **Dokumente** vom Exporteur in Empfang, bescheinigt die **fristgerechte Einreichung** und leitet die Dokumente sodann an die als Benutzungs-/Zahlstelle fungierende Akkreditivbank weiter.
Die Zweitbank ist in ihrer Eigenschaft als bloße Gültigkeitsstelle nicht berechtigt, die Dokumente im Namen und für Rechnung der Akkreditivbank förmlich aufzunehmen und -je nach Akkreditivart- Zahlung bzw. Akzept usw. zu leisten. Einen derartigen Anspruch an die Zweitbank erwirbt der Exporteur durch die Einreichung der Dokumente nicht.

Hinweis

Gültigkeitstelle (Ort für die Dokumentenvorlage vor Verfall) und **Benutzungs-/Zahlstelle** eines Akkreditivs können **gleichgesetzt**, aber auch **verschieden** sein. Einzelheiten und Vorkommen in der Praxis siehe Abschnitt "4.3.5.1.2.4 Begünstigter, Bank des Begünstigten, Benutzungs-/Zahlstelle, Gültigkeitsstelle".

Zweitbank: Gültigkeits- und Benutzungs-/Zahlstelle

Ist die avisierende **Zweitbank** von der Akkreditivbank als **Gültigkeits- und Benutzungs-/Zahlstelle** eingesetzt worden, dann ist die Zweitbank ermächtigt -je nach Akkreditivart- die **Auszahlung des Akkreditivgegenwerts** bzw. die Akzeptleistung usw. gegen Vorlage akkreditivkonformer Dokumente und bei Erfüllung der übrigen Akkreditivbedingungen an den akkreditivbegünstigten Exporteur im Namen und für Rechnung der Akkreditivbank vorzunehmen. Der akkreditivbegünstigte Exporteur hat jedoch zwei wesentliche Aspekte zu beachten:

- Bei unbestätigten Akkreditiven hat der akkreditivbegünstigte Exporteur **keinen unmittelbaren Anspruch** an die als Benutzungs-/Zahlstelle eingesetzte Zweitbank auf Auszahlung bzw. Akzeptleistung usw. Sein Anspruch richtet sich stets gegen die Akkreditivbank.
- Die als Benutzungs-/Zahlstelle eingesetzte Zweitbank schreibt dem Akkreditivbegünstigten den Akkreditivgegenwert erst dann vorbehaltlos gut, wenn sie selbst den Akkreditivgegenwert erlangt hat bzw. wenn ihr Remboursierungsanspruch gesichert ist.

Zweitbank: Bestätigungsbank

Nur wenn die **Zweitbank** das Akkreditiv **bestätigt** hat, kann der akkreditivbegünstigte Exporteur **unmittelbar Ansprüche** -je nach Akkreditivart- auf Auszahlung, Akzeptleistung usw. gegen die Zweitbank als Bestätigungsbank geltend machen, sofern er die Akkreditivbedingungen erfüllt, d.h. insbesondere akkreditivkonforme Dokumente eingereicht hat.

Vordruck

Die Banken stellen den Exporteuren Vordrucke zur **Dokumenteneinreichung** zur Verfügung, in denen die wesentlichen Arten der Dokumente aufgeführt sind.

Haftungsausschlüsse der Banken

- **Haftungsauschluss für Wirksamkeit von Dokumenten**

  "*Die Banken übernehmen keine Haftung oder Verantwortung für Form, Vollständigkeit, Genauigkeit, Echtheit, Verfälschung oder Rechtswirksamkeit von Dokumenten oder für die allgemeinen und/oder besonderen Bedingungen, die in den Dokumenten angegeben oder denselben hinzugefügt sind. Sie übernehmen auch keine Haftung oder Verantwortung für Bezeichnung, Menge, Gewicht, Qualität, Beschaffenheit, Verpackung, Lieferung, Wert oder Vorhandensein der durch Dokumente vertretenen Waren, oder für Treu und Glauben oder Handlungen und/oder Unterlassungen sowie für Zahlungsfähigkeit, Leistungsvermögen oder Ruf der Absender, Frachtführer, Spediteure, Empfänger oder Versicherer der Waren oder irgendwelcher anderer Personen*" (Art. 15 ERA, Hervorhebungen dch. d. Verf.).

- **Haftungsausschluss für Nachrichtenübermittlung**

  "*Die Banken übernehmen keine Haftung oder Verantwortung für die Folgen von Verzögerungen und/oder Verlusten bei Übermittlung von Nachrichten, Briefen oder Dokumenten, sowie für Verzögerung, Verstümmelung oder sonstige Irrtümer, die aus der Übermittlung einer Telekommunikation resultieren. Die Banken übernehmen keine Haftung oder Verantwortung für Irrtümer bei der Übersetzung und/oder Auslegung von technischen Ausdrücken und behalten sich das Recht vor, Akkreditiv-Bedingungen unübersetzt weiterzugeben*" (Art. 16 ERA, Hervorhebungen dch. d. Verf.).

- **Höhere Gewalt**

  "*Die Banken übernehmen keine Haftung oder Verantwortung für die Folgen der Unterbrechung ihrer Geschäftstätigkeit durch Fälle höherer Gewalt, Unruhen, Aufruhr, Aufstand, Kriege oder irgendwelche anderen Ursachen, die außerhalb ihrer Kontrolle liegen, sowie durch irgendwelche Streiks oder Aussperrungen. Sofern sie hierzu nicht ausdrücklich ermächtigt sind, werden die Banken bei Wiederaufnahme ihrer Geschäftstätigkeit unter Akkreditiven, die während einer solchen Unterbrechung ihrer Geschäftstätigkeit verfallen sind, nicht zahlen, keine Verpflichtung zur hinausgeschobenen Zahlung übernehmen, keine Tratten akzeptieren bzw. nicht negoziieren*" (Art. 17 ERA, Hervorhebungen dch. d. Verf).

- **Weitere Haftungsausschlüsse** finden sich in Art. 18 ERA u.a.

Hinweis

Zu **Negoziierungskrediten** (Bevorschussungskredite, Vorschüsse) der Banken in Verbindung mit Dokumentenakkreditiven siehe Abschnitt 5.5.4 in Kapitel "5.5. Negoziierungskredite (Negoziationskredite)".

5 Kurzfristige Refinanzierungs- und Absicherungsinstrumente

5.1 Kontokorrentkredite

5.1 Kontokorrentkredite

5.1.1 Übersicht

5.1.1.1 Kurzinformation: Maßgebliche Merkmale von Kontokorrentkrediten

Kurzinformation über maßgebliche Merkmale

- **Hinweis:**
  Diese Kurzinformation über maßgebliche Merkmale von Kontokorrentkrediten dient lediglich der Einführung und der Übersicht. Umfassend sind diese und weitere Merkmale in den folgenden Abschnitten dargestellt und untersucht.

- **Inanspruchnahme:**
  Kontokorrentkredite bilden ein Liquiditäts-/Ausgleichspotenzial zur Deckung des schwankenden kurzfristigen Kapitalbedarfs des Kreditnehmers: Im Rahmen des **eingeräumten Limits** und der vereinbarten Laufzeit kann der Kreditnehmer den Kontokorrentkredit in jeweils **beliebiger Höhe** und im Zeitablauf **revolvierend** in Anspruch nehmen.
  Bei gegebener Kreditwürdigkeit lassen die Banken **Überziehungen** der eingeräumten Kreditgrenze (stillschweigend) zu.

- **Laufzeit:**
  Die Laufzeit von Kontokorrentkrediten ist -formal gesehen- **kurz-** bis allenfalls **mittelfristig**. Sofern die Bonität eines Kreditnehmers zu Zweifeln keinen Anlass gibt, sind die Banken jedoch regelmäßig zu Verlängerungen bereit, sodass -faktisch gesehen- häufig eine längerfristige Kreditgewährung vorliegt.
- **Sicherstellung:**
  Zur Sicherstellung von Kontokorrentkrediten eignen sich neben den **klassischen Kreditsicherheiten**, die sich auf die langfristigen Objekte des Anlagevermögens beziehen (wie z.B. Grundpfandrechte), auch solche Sicherheiten, die **schwieriger zu bewerten** und im Zeitablauf intensiver zu überwachen sind (z.B. die Übereignung bzw. Abtretung von Warenlagern, Forderungen u. Ä.).
  Weist ein Kreditnehmer eine hevorragende Kreditwürdigkeit auf, dann sind die Banken im Einzelfall bereit, den Kontokorrentkredit als **Blankokredit**, d.h. ohne die ausdrückliche Bestellung von Kreditsicherheiten zu gewähren.
- **Verwendungszweck:**
  Kontokorrentkredite dienen insbesondere der Finanzierung **kurzfristiger Geschäftsvorfälle**, wie beispielsweise der Finanzierung des Wareneinkaufs, der Lager, der Produktion und des Forderungsbestandes.
  Im Allgemeinen wird weder bei der Aufnahme noch bei der weiteren Inanspruchnahme von Kontokorrentkrediten danach unterschieden, ob damit **Inlandsgeschäfte** oder **Auslandsgeschäfte** finanziert werden. Lediglich bei Negoziierungskrediten, die teilweise ebenfalls in Form von kurzfristigen Kontokorrentkrediten gewährt werden, stellen die Banken den Zusammenhang von Auslandsgeschäft und Kreditgewährung strikt her (Einzelheiten siehe Kapitel 5.5).
  Als typische **auslandsbezogene Geschäftsvorfälle** der Exporteure werden die den ausländischen Geschäftspartnern gewährten Zahlungsziele, aber auch der Wareneinkauf und die Produktion für das Exportgeschäft mit Kontokorrentkrediten finanziert.
  Importeure finanzieren mit Kontokorrentkrediten insbesondere den Wareneinkauf im Ausland; sie überbrücken damit aber auch die Zeit bis zum Eingang des Weiterverkaufserlöses importierter Waren.

- **Währung**:
  Neben **DM-Kontokorrentkrediten**, die die Regel sind, stellen die (größeren) Geschäftsbanken und die Zweigstellen ausländischer Banken auch **Fremdwährungs-Kontokorrentkredite** in den Währungen der führenden westlichen Industrienationen zur Verfügung. Einen eingeräumten Fremdwährungs-Kontokorrentkredit kann der Kreditnehmer im Allgemeinen genauso flexibel in Anspruch nehmen wie einen DM-Kontokorrentkredit.

- **Kosten:**
  Die Banken berechnen für die in Anspruch genommenen Kontokorrentkredite **Zinsen**, die -in Anpassung an die Marktzinsentwicklung- in der Regel **variabel** sind.
  Die Berechnung einer gesonderten **Kreditprovision** ist z.T. noch üblich. Günstiger ist für den Kreditnehmer aber ein sog. Nettozinssatz, in dem Zinssatz und Kreditprovision zusammengefasst sind.
  Neben den Zinsen berechnen die Banken Kontoführungsgebühren, Auslagen im Einzelfall und bei betraglichen oder zeitlichen Überziehungen des Kreditrahmens eine **Überziehungsprovision.**
  Krediteinräumungsprovision, Bereitstellungsprovision u.ä. Provisionsarten sind bei Kontokorrentkrediten unüblich.
  Die Banken geben -bei gewerblichen Kreditantragstellern auf deren Wunsch- den anfänglichen effektiven Jahreszins bekannt.
  Die für Fremdwährungskredite berechneten Zinsen orientieren sich am Marktzinsniveau der betreffenden Fremdwährung.

Die **Abbildung 5.1-01** informiert über **Grundstruktur und Merkmale** von Kontokorrentkrediten.

Abbildung

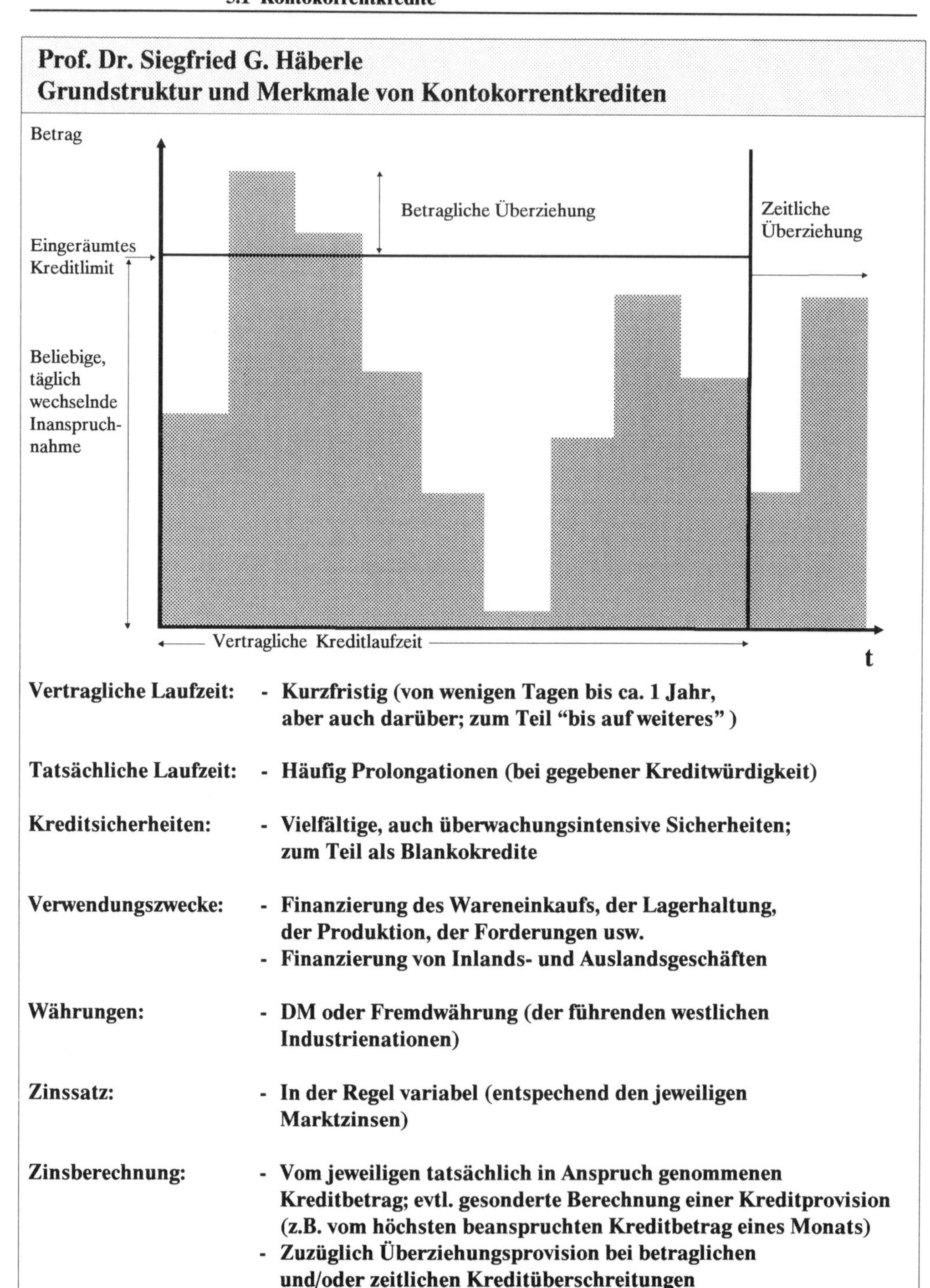

Abbildung 5.1-01

5.1.1.2 Kurzinformation: Refinanzierung mit Kontokorrentkrediten (grafische und schrittweise Darstellung)

Die **Grundstruktur der Refinanzierung** mit Kontokorrentkrediten ist in **Abbildung 5.1-02** dargestellt und anschließend in einzelnen Schritten erläutert.

Abbildung

Erläuterungen:

1. **Abschluss des Kaufvertrags**

   Die Zahlungsbedingung des zwischen Exporteur und Importeur abgeschlossenen Kaufvertrags umfasst die Einräumung eines Zahlungsziels zu Gunsten des Importeurs (das in der außenwirtschaftlichen Fachsprache als Liefervertragskredit bezeichnet wird).

2. **Kontokorrentkreditvertrag**

   Der Exporteur schließt mit seiner Bank (Kurzbezeichnung: Exporteurbank) einen Kontokorrentkreditvertrag. Üblicherweise umfasst der Kontokorrentkreditvertrag einen Kreditrahmen (ein Kreditlimit), innerhalb dessen der Kreditnehmer den Kontokorrentkredit zu beliebigen Zeitpunkten und im Allgemeinen auch zu beliebigen Verwendungszwecken beanspruchen kann.
   Eventuell ist als Kreditsicherheit die Abtretung (Zession) der (Export-)Forderungen des Exporteurs (des Zedenten) zu Gunsten der kreditgewährenden Bank (des Zessionars) vereinbart.

3. **Kreditinanspruchnahme**

   Der Exporteur nimmt den Kontokorrentkredit -entsprechend seinem jeweiligen Kapitalbedarf- bereits bei Aufnahme der Produktion (z.B. zur Bezahlung der Rohstoffe, der Löhne und Gehälter usw.) in Anspruch. Der Exporteur refinanziert damit außerdem die Forderungsphase, also den Zeitraum zwischen Warenauslieferung (Warenabnahme) und Forderungseingang.

4. **Warenlieferung und Rechnungsstellung**

   Mit der Auslieferung der Waren stellt der Exporteur dem Importeur den Kaufpreis -unter Einräumung des vereinbarten Zahlungsziels- in Rechnung.

5. **Evtl.: Offenlegung der Forderungsabtretung**

   Sofern im Kontokorrentkreditvertrag die Abtretung der (Export-)Forderungen als Kreditsicherheit zu Gunsten der Bank vereinbart ist, behält sich die Bank im Allgemeinen das Recht zur Offenlegung der Forderungsabtretung vor.
   Macht die Bank von ihrem Recht zur Offenlegung (ausnahmsweise) Gebrauch, dann teilt sie dem Importeur mit, dass die Forderung an sie abgetreten ist und dass der Importeur mit schuldbefreiender Wirkung an die Bank zu zahlen hat (dünne Linie).

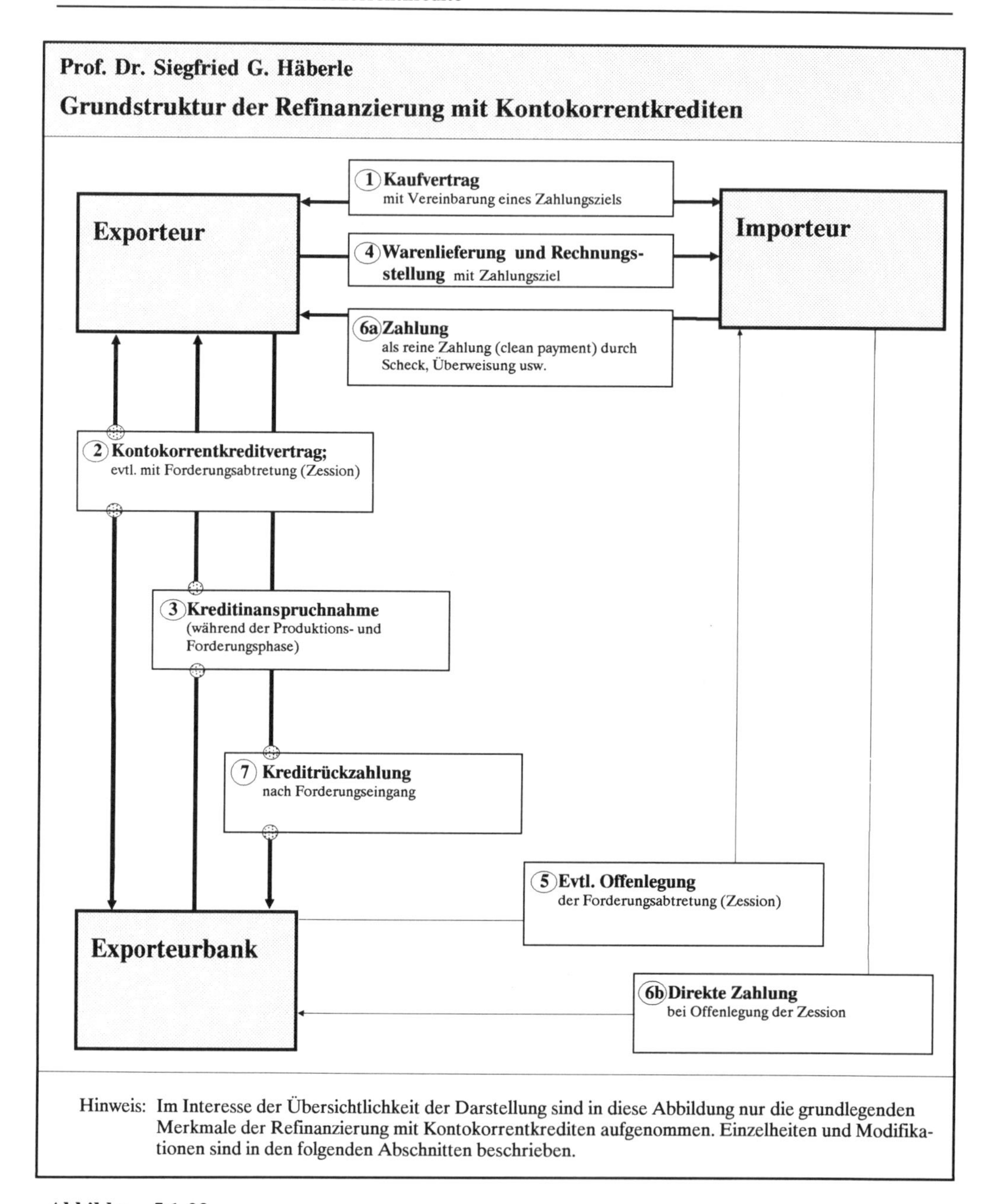

Abbildung 5.1-02

6a. Zahlung des Importeurs

In den Fällen, in denen zwischen Exporteur und Exporteurbank keine Forderungsabtretung vereinbart ist bzw. die Exporteurbank eine Forderungsabtretung gegenüber dem Importeur nicht offen gelegt hat, zahlt der Importeur mit schuldbefreiender

Wirkung an den Exporteur. Mit dem Exporterlös führt der Exporteur die Kontokorrentkreditinanspruchnahme entsprechend zurück.

6b. Bei Offenlegung der Forderungsabtretung: Zahlung an die Bank

Ist die Forderung an die Exporteurbank abgetreten und ist von dieser gegenüber dem Importeur die Abtretung offen gelegt worden, dann hat der Importeur mit schuldbefreiender Wirkung an die Exporteurbank zu zahlen (dünne Linie).

7. Kreditrückzahlung

Beide Zahlungswege (6a. und 6b.) führen zu einer Rückführung der Inanspruchnahme des Kontokorrentkredits.
Bei Kapitalbedarf kann der Exporteur den Kontokorrentkredit erneut bis zur eingeräumten Höchstgrenze in Anspruch nehmen.

5.1.2 Untersuchung der Merkmale von Kontokorrentkrediten

Wesen

Kreditrahmen

Der Kontokorrentkredit wird dem Kreditnehmer auf einem **Kontokorrentkonto** (Konto in laufender Rechnung, Girokonto) bis zu einer im Kreditvertrag festgelegten **Höhe** (Kreditlimit, Kreditrahmen) für einen bestimmten **Zeitraum** eingeräumt.

Anpassung an den Kapitalbedarf

Innerhalb der festgelegten Höhe kann der Kreditnehmer den Kontokorrentkredit entsprechend seinem jeweiligen Kapitalbedarf **jederzeit in beliebigem Umfang** in Anspruch nehmen. Das bedeutet, dass der Kreditnehmer den Kontokorrentkredit -im Gegensatz zu längerfristigen Darlehen- auch (vorübergehend) zurückzahlen und anschließend erneut beanspruchen kann. Ein Kontokorrentkonto, auf dem ein Kredit eingeräumt ist, eignet sich deswegen durchaus auch zur Abwicklung des **Zahlungsverkehrs**.

Kontokorrentkredite erleichtern die **Liquiditätsdisposition** und die **Finanzplanung** des Kreditnehmers erheblich, insbesondere weil sie ein Ausgleichspotenzial für den schwankenden Kapitalbedarf des Kreditnehmers darstellen.

Laufzeit

Kurze Laufzeit

Im Kreditvertrag wird von den Beteiligten für Kontokorrentkredite im Allgemeinen eine kurze Laufzeit vereinbart, die -entsprechend dem **Verwendungszweck** des Kontokorrentkredits- wenige Wochen, mehrere Monate, aber auch 1 bis 2 Jahre umfassen kann.

Prolongationen

Die Erfahrung zeigt, dass Kontokorrentkredite auf Wunsch der Kreditnehmer oft verlängert werden. Trotz der formalen Kurzfristigkeit stehen Kontokorrentkredite den Kreditnehmern dadurch **längerfristig zur Verfügung**. Die Notwendigkeit der Prolongation hängt damit zusammen, dass die Kreditnehmer häufig einen andauernden Kapitalbedarf haben, der aus einer revolvierenden Abfolge an sich kurzfristiger Geschäftsvorfälle wie z.B. der laufenden Produktion resultiert.

"bis auf weiteres"

Sofern ein Antragsteller den Zeitraum seines Kreditbedarfs nicht genau bestimmen kann und sofern die **Kreditwürdigkeit** dieses Antragstellers über jeden Zweifel erhaben ist, wird in Kontokorrentkreditverträgen die Laufzeit manchmal mit der Formulierung "bis auf weiteres" festgelegt. **Formal** bedeutet diese Laufzeitdefinition ein **jederzeitiges Rückforderungsrecht** der kreditgebenden Bank bzw. ein jederzeitiges Rückzahlungsrecht des Kreditnehmers, das dem Kreditnehmer allerdings auch bei den anderen Laufzeitvereinbarungen gegeben ist.

Praktisch kommt jedoch in der Formulierung "bis auf weiteres" eine zunächst **unbefristete Krediteinräumung** zum Ausdruck: Solange der Kreditnehmer kreditwürdig erscheint, sieht die kreditgewährende Bank im Allgemeinen keinen Anlass, von ihrem jederzeitigen Rückforderungsrecht Gebrauch zu machen.

Kündigungsrecht der Banken

Der Kreditnehmer hat bei Kontokorrentkrediten ebenso wie bei langfristigen Darlehen und bei den anderen Kreditarten zu bedenken, dass den Banken unabhängig von der im Kreditvertrag getroffenen Laufzeitvereinbarung **jederzeit ein (vorzeitiges) Kündigungs- und Rückforderungsrecht** auf Grundlage ihrer Allgemeinen Geschäftsbedingungen (AGB) zusteht. Zwar bestimmen die AGB der Banken, dass dieses jederzeitige Kündigungs- und Rückforderungsrecht nur gegeben ist, wenn ein wichtiger Grund vorliegt. Weil jedoch diese wichtigen Gründe in den AGB nicht abschließend definiert sind, verbleibt den Banken ein erheblicher Spielraum des Ermessens.

Sicherheiten

Blankokredit

Für den Kreditnehmer ist es am günstigsten, wenn ihm seine Bank einen sog. Blankokredit, d.h. einen Kontokorrentkredit **ohne** die ausdrückliche Bestellung von **Sicherheiten**, einräumt. Dieser Vorzug wird von der Bank manchmal dann gewährt, wenn die Kreditwürdigkeit des Kreditantragstellers zweifelsfrei gegeben ist.

Negativerklärung

Die Gewährung von Blankokrediten machen die Banken z.T. davon abhängig, dass der Kreditnehmer eine sog. **Nichtbelastungs- und Nichtveräußerungserklärung** (eine sog. Negativerklärung) unterzeichnet. Darin verpflichtet sich der Kreditnehmer gegenüber der kreditgewährenden Bank, sein (Anlage-)Vermögen weder zu veräußern noch Dritten als Kreditsicherheit zur Verfügung zu stellen, wobei die im Rahmen der gewöhnlichen Geschäftstätigkeit vorkommenden Veräußerungen und Belastungen aber regelmäßig toleriert sind.

Verschiedene Kreditsicherheiten

Im Gegensatz zur Absicherung von langfristigen Darlehen, für die der Kreditnehmer im Allgemeinen Grundpfandrechte bestellen lassen muss, kommen zur Absicherung von Kontokorrentkrediten **auch andere** Arten von **Sicherheiten** infrage. So akzeptieren die Banken bei Kontokorrentkrediten auch Kreditsicherheiten, die einer laufenden und intensiveren Überwachung bedürfen, wie z.B. die Sicherungsübereignung von Maschinen oder die Abtretung von Forderungen.

Verwendungszweck

Finanzierung kurzfristiger Geschäftsvorfälle

Kontokorrentkredite dienen in erster Linie zur Finanzierung jener betrieblichen Geschäftsvorfälle, die das Kapital nur kurzfristig binden, wie beispielsweise der Kauf von Roh-, Hilfs- und Betriebsstoffen, der Produktionsprozess und die den Abnehmern gewährten Zahlungsziele. Mit Blick auf diese Verwendungszwecke werden Kontokorrentkredite auch als **Umsatz- oder Betriebsmittelkredite** bezeichnet. Ist der Kapitalbedarf eines Betriebs saisonal verursacht, dann wird von **Saisonkrediten** gesprochen.

Finanzierung von Export- und Importgeschäften:

Im Kern unterscheiden sich die Verwendungszwecke von Kontokorrentkrediten bei der Finanzierung von **Inlandsgeschäften** und bei der Finanzierung von **Auslandsgeschäften** kaum. Der Kontokorrentkredit wird vom Exporteur und vom Importeur immer dann in Anspruch genommen, wenn zinsgünstigere bzw. laufzeitentsprechendere Finanzierungsalternativen nicht bzw. noch nicht zur Verfügung stehen.
Beispiele:

- Zahlungsziele

- Ein Exporteur räumt seinen ausländischen Abnehmern Zahlungsziele von beispielsweise 60 Tagen ein. Die dadurch entstehenden **Forderungen finanziert** der Exporteur durch Inanspruchnahme des Kontokorrentkredits.

- Wareneinkauf usw.

- Ein Produzent vereinbart mit seinen ausländischen Abnehmern die Zahlungsbedingung **Dokumenteninkasso: "Dokumente gegen Zahlung"**. Sofern der Produzent bei seinen eigenen Lieferanten Zahlungsziele nicht in Anspruch nehmen will, finanziert er mit dem Kontokorrentkredit den Einkauf der **Rohstoffe**, die Aufwendungen der **Produktionsphase** sowie die Phase des **Absatzes** bis zum Zeitpunkt des Eingangs des Inkassogegenwerts.

- Produktionsphase

- Ein **Investitionsgüterexporteur** vereinbart mit seinem Abnehmer beispielsweise die Zahlungsbedingung: 10% des Kaufpreises als Vorauszahlung, 10% als sog. Dokumentenrate gegen Verschiffungsdokumente, 80% des Kaufpreises als Liefervertragskredit auf 3 Jahre, zu tilgen in halbjährlichen Fälligkeiten.
  Weil der Exporteur die bis zum Zeitpunkt der Verschiffung anfallenden Aufwendungen für die **Produktion** nur zum kleinen Teil mit der Vorauszahlung bzw. mit der sog. Dokumentenrate abdecken kann, nimmt er zur Deckung der **Finanzierungslücke** den Kontokorrentkredit in Anspruch.
  Anzumerken ist, dass der Exporteur den seinem Abnehmer gewährten mittelfristigen Liefervertragskredit in der Regel nicht mit einem (kurzfristigen) Kontokorrentkredit, sondern beispielsweise mit einem mittelfristigen Bankdarlehen, mit einer Kreditaufnahme bei der AKA Ausfuhrkredit Gesellschaft mbH, durch Forderungsverkauf an eine Forfaitierungsgesellschaft bzw. an eine Bank oder durch eine andere laufzeitadäquate und häufig auch zinsgünstigere Alternative refinanziert. Einzelheiten

siehe Kapitel "6 Mittel- bis langfristige Refinanzierungs- und Absicherungsinstrumente". Ergreift der Exporteur eine dieser Refinanzierungsalternativen, dann bedarf er des Kontokorrentkredits nur bis zum Zeitpunkt des Eingangs der soeben angesprochenen Refinanzierungsmittel.

Fremdwährungskredite

Fremdwährungskonten

Bei Bedarf richten die (größeren) deutschen Geschäftsbanken und die Niederlassungen ausländischer Banken den deutschen Exporteuren und Importeuren Fremdwährungs-Kontokorrentkonten ein. Grundsätzlich kann ein Fremdwährungskonto für solche Bankkunden von Vorteil sein, die sowohl **Zahlungseingänge** als auch **Zahlungsausgänge in derselben Fremdwährung** haben. Die Kunden vermeiden dadurch die bei An- und Verkäufen von Devisen bestehende Spanne zwischen den Geld- und Briefkursen sowie die Courtage. Allerdings verzinsen die Banken (kleinere und kurzfristig überlassene) Fremdwährungsguthaben nicht oder nur mit niedrigen Zinsen, sodass sich für die Bankkunden der oben skizzierte Vorteil relativieren kann.

Fremdwährungs-Kontokorrentkredite

Die Aufnahme von Fremdwährungskrediten auf Kontokorrentbasis kann den Exporteuren bzw. Importeuren Vorteile bringen, wenn sie einen **schwankenden Kapitalbedarf** in den fraglichen Fremdwährungen haben. Bei feststehendem Kapitalbedarf bietet sich dagegen die Aufnahme von Fremdwährungs-(Festzinssatz-)Eurokrediten an.

Einzelheiten siehe Kapitel "5.2 Eurokredite".

Beispiel

Von **Vorteil** sind Fremdwährungskreditaufnahmen beispielsweise für einen deutschen **Exporteur**, der damit abwertungsbedrohte **Fremdwährungsexportforderungen** absichert und finanziert. Allerdings bestätigt sich dieser Vorteil nur, wenn die fragliche Fremdwährung gegenüber der DM tatsächlich abgewertet wird und die zu zahlenden Fremdwährungszinsen (abzüglich der alternativ für einen DM-Kontokorrentkredit oder DM-Eurokredit zu zahlenden Zinsen) den durch die Fremdwährungskreditaufnahme vermiedenen Abwertungsverlust einer Fremdwährungsexportforderung nicht übersteigen (vgl. dazu auch Abschnitt "5.2.4 Anwendungsbeispiel: Fremdwährungskreditaufnahme .. am Euromarkt", insbesondere auch unter Abschnitt "5.2.4.2 Exkurs: Alternative Refinanzierungs- und Wechselkurssicherungsinstrumente").

Zinsen

Die für Fremdwährungskredite berechneten Zinsen entsprechen -über die Einbeziehung des Swap-Satzes- etwa dem **Marktzinsniveau** der betreffenden **Fremdwährung**. Zwar gehen die Banken meistens vom Zinsniveau für DM-Kontokorrentkredite (z.T. zuzüglich einer Überziehungsprovision) aus; sie berücksichtigen dann aber den (3-Monate-)Swap-Satz der betreffenden Fremdwährung als Zuschlag bzw. als Abschlag.

5.1.3 Kosten der Kontokorrentkredite

Kostenkomponenten

Es hängt von der **Kosten-(Zins-)berechnungsmethode** der kreditgewährenden Bank ebenso ab wie von der **Verhandlungsstärke** des Kreditnehmers, welche Kosten für einen Kontokorrentkredit im Einzelfall anfallen.
Grundsätzlich kommen die folgenden Kostenkomponenten infrage:

- **Sollzinsen,**
- **Kreditprovision,**
- **Überziehungsprovision,**
- **Kontoführungsgebühren,**
- **besondere Auslagen.**

Sollzinsen

Variabler Zinssatz

Der von den Banken in den Kreditvertrag aufgenommene Sollzinssatz ist in aller Regel variabel. Dies bedeutet, dass die **Bank berechtigt** ist, den **Sollzinssatz jederzeit zu ändern**. In den Kreditverträgen wird dazu im Allgemeinen beispielhaft auf die Veränderungen des Zinsniveaus am Geld- und/oder Kapitalmarkt Bezug genommen. Praktisch lässt eine solche Vereinbarung der Bank große **Ermessensspielräume**: Mit dieser Definition ist weder festgelegt, welche Kapitalkategorie und folglich welcher der verschiedenen Zinssätze des Geld- oder Kapitalmarktes Bezugsgröße für den Kontokorrent-Kreditzinssatz ist, noch wie hoch der Aufschlag auf den Referenzzinssatz gegebenenfalls sein soll (siehe auch Abschnitt "5.1.4 Ratschläge").
Einen **festen Zinssatz** für Kontokorrentkredite kann der Kreditnehmer bei den Banken nur in Ausnahmefällen und allenfalls bei kurzer Kreditlaufzeit durchsetzen.

Nettozinssatz

Stellt die Bank die **Kreditprovision** nicht gesondert in Rechnung, sondern einen entsprechend **erhöhten Sollzinssatz**, dann spricht man von einem Nettozinssatz. Für den Kreditnehmer hat der Nettozinssatz zunächst den Vorteil, dass er dadurch die Angebote verschiedener Kreditinstitute leichter vergleichen kann. Darüber hinaus führt die Anwendung eines Nettozinssatzes häufig zu einer **geringeren Gesamtkostenbelastung** für den Kreditnehmer als sie sich bei getrennter Anwendung eines (niedrigeren) Sollzinssatzes zuzüglich einer gesondert berechneten Kreditprovision ergibt, was mit den unterschiedlichen Berechnungsgrundlagen und -methoden dieser beiden Größen zusammenhängt (Einzelheiten siehe unten).

Hinweis: Zur Berechnung der **Zinsen für Fremdwährungs-Kontokorrentkredite** siehe Abschnitt 5.1.2, Überschrift "Fremdwährungskredite", Randstichwort "Zinsen".

Kreditprovision

Methoden:

Es gibt unterschiedliche Methoden und Bemessungsgrundlagen für die Berechnung der Kreditprovision:

- taggenau vom beanspruchten Kreditbetrag

- Die Kreditprovision kann taggenau aus dem jeweils in Anspruch genommenen Kreditbetrag berechnet werden. Diese Berechnungsmethode führt **praktisch** zum **Nettozinssatz**, weil sowohl der Sollzinssatz als auch der Kreditprovisionssatz als Sätze pro anno definiert und auf dieselbe Berechnungsgrundlage, nämlich taggenau auf den jeweils in Anspruch genommenen Kreditbetrag bezogen sind.
  Üblich ist bei dieser Berechnungsmethode eine Kreditprovision in Höhe von ca. 3% p.a. Zum Ausgleich wird der Sollzinssatz gegenüber dem entsprechenden Nettozinssatz um diese 3% p.a. reduziert.

- aus dem höchsten Sollsaldo eines Monats

- Die Kreditprovision kann aus dem jeweils höchsten, vom Kreditnehmer in Anspruch genommenen Kreditbetrag (Sollsaldo) eines Monats berechnet werden. Die Kreditprovision wird in diesem Fall in einem sog. Pro-Monat-Satz ausgedrückt, z.B. 0,25% p.M.).
  Diese Berechnungsmethode ist **für den Kreditnehmer** dann **nachteilig**, wenn er den Kontokorrentkredit nur während eines kurzen Zeitraums in hohem Umfang, während der übrigen Zeit aber nur in geringem Umfang in Anspruch nimmt. Beispielsweise berechnet die Bank die Kreditprovision auch dann für einen vollen Monat, wenn der Kreditnehmer den Kontokorrentkredit nur an einem einzigen Tag während dieses Monats beansprucht hat.

- aus dem eingeräumten Kreditbetrag

- Die Kreditprovision kann aus dem eingeräumten Kreditbetrag berechnet werden, unabhängig davon, ob und ggf. in welchem Umfang der eingeräumte Kreditbetrag in Anspruch genommen wird.
  Die Kreditprovision trägt in diesem Fall den **Charakter** einer **Krediteinräumungsprovision**. Diese Berechnungsmethode der Kreditprovision ist **unüblich**.

- aus dem nicht beanspruchten Kreditteil

- Die Kreditprovision kann aus dem eingeräumten, aber nicht Anspruch genommenen Kreditbetrag berechnet werden, also aus der Differenz zwischen dem eingeräumten Kreditlimit und dem jeweils in Anspruch genommenen Kreditbetrag.
  Bei dieser Berechnungsmethode ist die belastete Kreditprovision hoch, wenn sich der Kreditnehmer einen hohen Kredit einräumen lässt, den er nicht oder nur in geringem Umfang in Anspruch nimmt. Sie ist niedrig bzw. sie entfällt ganz, wenn der Kreditnehmer das eingeräumte Limit überwiegend oder voll in Anspruch nimmt. Indessen ist auch diese Berechnungsmethode, bei der die Kreditprovision den **Charakter** einer **Bereitstellungsprovision** trägt, **unüblich**.

Zu den Empfehlungen an Kreditantragsteller und Kreditnehmer siehe Abschnitt "5.1.4 Ratschläge".

Überziehungsprovision

Die Banken stellen Überziehungsprovision in Rechnung,

Gründe

- wenn ein Kreditnehmer einen höheren Kreditbetrag beansprucht als auf seinem Kontokorrentkonto eingeräumt ist, m.a.W., wenn ein Kreditnehmer das eingeräumte **Kreditlimit überzieht** (Kreditüberziehung);
- wenn ein Kontoinhaber Kredit beansprucht, ohne dass ihm auf seinem Konto zuvor ein Kreditlimit eingeräumt wurde, d.h. wenn ein Kontoinhaber sein **Konto überzieht** (Kontoüberziehung);
- wenn die vertragliche **Kreditlaufzeit beendet** ist und der Kreditnehmer den Kredit weder zurückgezahlt noch eine Verlängerung der Laufzeit beantragt oder erhalten hat (Laufzeitüberziehung).

Bei gegebener Kreditwürdigkeit des Kontoinhabers/Kreditnehmers lassen die Banken **Überziehungen** im Allgemeinen **stillschweigend** zu. Der Kontoinhaber bzw. Kreditnehmer hat jedoch darauf keinen Rechtsanspruch.

Berechnungsgrundlagen

Berechnungsgrundlagen der Überziehungsprovision sind der überzogene **Betrag** und der **Zeitraum** der Überziehung.

Überzogener Betrag ist die Differenz zwischen dem eingeräumten Kreditlimit und dem tatsächlich in Anspruch genommenen Kreditbetrag bzw. bei einer Kontoüberziehung der beanspruchte Kreditbetrag. Ist die Überziehung durch Beendigung der vertraglichen Kreditlaufzeit entstanden, dann rechnen die Banken stets aus dem vollen Kreditbetrag Überziehungsprovision. In diesem Fall trägt die Überziehungsprovision den Charakter von Verzugszinsen.

Höhe

Die Höhe der Überziehungsprovision liegt im Allgemeinen zwischen **3% und 5% p.a.** Zum Teil wird der Provisionssatz pro Tag angegeben, beispielsweise mit 1/8‰ pro Tag, was einem Provisionssatz von 4,5 % pro Jahr entspricht (siehe auch Abschnitt "5.1.4 Ratschläge").

Kontoführungsgebühren

Verfahren

Die Banken wenden **unterschiedliche Methoden** zur Berechnung von Kontoführungsgebühren an. Zum Teil werden Pauschalbeträge pro Monat, zum Teil aber auch Gebühren pro Buchungsposten oder Gebühren, die nach Art der Geschäftsvorfälle gestaffelt sind, und/oder Gebühren pro Kontoauszug in Rechnung gestellt (Ratschläge an Kreditnehmer sind in Abschnitt 5.1.4 dargestellt).

Besondere Auslagen

Gründe

Besondere Auslagen entstehen beispielsweise bei der Bestellung und bei der Bewertung von **Sicherheiten** und bei einigen weiteren Anlässen. Diese Auslagen stellt die Bank dem Kunden in aller Regel in Rechnung.

Angabe des Effektivzinssatzes

"Unterjährige" Zinsbelastung

Die Banken stellen ihren Kreditkunden die Kreditkosten (Zinsen usw.) in der Regel am Ende eines jeden Quartals (also "unterjährig") in Rechnung. Die sich dadurch zu Gunsten der Bank ergebenden **Zinseszinseffekte** sind im Nominalzinssatz -wie er im Kreditvertrag ausgewiesen ist- nicht enthalten. Dagegen müssen derartige Zinseszinseffekte, die zulasten des Kreditnehmers gehen, in den sog. Effektivzinssatz einbezogen sein.

5.1.4 Ratschläge

Ratschläge an Kreditantragsteller/Kreditnehmer

Kreditbetrag

Es ist zweckmäßig, wenn sich der Kreditnehmer den Kontokorrentkredit in einer Höhe einräumen lässt, die der Obergrenze seines absehbaren kurzfristigen **Kreditbedarfs** entspricht. Dadurch

- **erhöht** der Kreditnehmer seinen freien **Liquiditätsspielraum** in Form eines eingeräumten, bei Bedarf sofort verfügbaren Kredits;
- **vermeidet** der Kreditnehmer die Zahlung von **Überziehungsprovision**;
- **verbessert** der Kreditnehmer u.U. sein **Bonitätsimage** bei Dritten (z.B. bei Lieferanten), die Bankauskünfte über ihn einholen, sofern die Bank von der unausgenutzten Kreditlinie berichtet.

Laufzeit

Sofern für den Kreditnehmer ein zwar kurzfristig verursachter, aber sich laufend wiederholender und somit **nachhaltiger Kapitalbedarf** erkennbar ist (wie z.B. der Einkauf von Rohstoffen, die Gewährung von Zahlungszielen an die Abnehmer u. Ä.), ist es für den Kreditnehmer zweckmäßig, die Laufzeitvereinbarung **"bis auf weiteres"** bzw. eine seinem nachhaltigen Kapitalbedarf entsprechende **lange Laufzeitvereinbarung** im Kreditvertrag anzustreben.

Sicherheiten

Wenn der Kreditantragsteller eine Kreditgewährung auf **Blankobasis** von seiner Bank nicht erlangen kann, dann sollte er wenigstens den Versuch unternehmen, dass sich die Bank mit seinem Umlaufvermögen als Kreditsicherheit für den Kontokorrentkredit begnügt. Der Kreditnehmer behält dadurch für spätere bzw. für längerfristige Kreditaufnahmen sein Anlagevermögen als anzubietende **Kreditsicherheit in Reserve**.

Fremdwährungs-Kontokorrentkredite

Die Aufnahme von Fremdwährungs-Kontokorrentkrediten kann bei stark schwankendem Kapitalbedarf in der fraglichen Fremdwährung lohnend sein. Exporteure und Importeure haben jedoch im **Einzelfall** zu prüfen,

- ob die berechneten **Fremdwährungszinsen** (unter vergleichender Berücksichtigung der DM-Zinsen für Kontokorrentkredite) den vermiedenen Wechselkursverlust nicht übersteigen;
- ob **andere Refinanzierungs- und Sicherungsinstrumente** wie z.B. Fremdwährungs-Eurokredite oder Devisentermingeschäfte in Verbindung mit DM-Krediten die bessere Alternative sind.

Zinssatz

Nimmt die kreditgewährende Bank **entgegen der** tatsächlichen **Marktzinsentwicklung**

- Erhöhungen des Kontokorrentzinssatzes vor, die der Kreditnehmer als zu weit reichend oder als verfrüht bzw.
- Senkungen des Kontokorrentzinssatzes vor, die der Kreditnehmer als zu gering oder als verspätet

erachtet, dann bleibt dem Kreditnehmer die Möglichkeit, mit der Bank -evtl. nach Einholung von Vergleichsangeboten- zu verhandeln, um ein für ihn akzeptables Zinsniveau zu erreichen. Zu bedenken hat der Kreditnehmer jedoch auch, dass die Banken bei abnehmender Kreditwürdigkeit ihres Kreditnehmers eine Risikoprämie in den Zinssatz einkalkulieren müssen.

- **DM-Eurokredite** (als Festzinssatzkredit oder als Kredit mit variablem Zinssatz) können -allerdings in Abhängigkeit zur jeweiligen (Geld-)Marktzinsentwicklung- kostengünstiger sein als DM-Kontokorrentkredite. Einzelheiten siehe Kapitel "5.2 Eurokredite".

Kreditprovision

- Für den Kreditnehmer ist es im Allgemeinen von Vorteil, wenn eine gesonderte Kreditprovision von der Bank nicht in Rechnung gestellt wird, sondern der sog. **Nettozinssatz** Anwendung findet.
- Berechnet die Bank die Kreditprovision stattdessen gesondert und aus dem jeweils **höchsten**, vom Kreditnehmer in Anspruch genommenen **Kreditbetrag** (Sollsaldo) **eines Monats**, dann ist dem Kreditnehmer -soweit dies sein Kapitalbedarf zulässt- zu empfehlen, den Kontokorrentkredit ohne starke Schwankungen in Anspruch zu nehmen.
  Der Kreditnehmer hat bei Verhandlungen mit der Bank zu bedenken, dass die Banken in dieser Berechnungsmethode einen Ausgleich für ihre eigene Liquiditätsvorhaltung suchen.

- Die beiden **weiteren Alternativen** der Kreditprovisionsberechnung sind nicht üblich.

Überziehungsprovision

Für solvente Kreditnehmer ist die Überziehungsprovision **weitgehend vermeidbar**, wenn die folgenden Empfehlungen beachtet werden:

- Beantragung eines **Kreditbetrags**, der der Obergrenze des absehbaren kurzfristigen Kapitalbedarfs entspricht. Überziehungsprovision fällt dann allenfalls für den nicht vorhersehbaren Spitzenbedarf an kurzfristigem Kapital an.
- Ausrichtung der **Kreditlaufzeit** an der absehbaren Dauer des Kapitalbedarfs.
- **Frühzeitige Verlängerung** der Kreditlaufzeit bei offenkundig anhaltendem Kapitalbedarf. Bei Finanzierung sich wiederholender Betriebsprozesse mit Kontokorrentkrediten (z.B. Kauf von Rohstoffen, Finanzierung von Zahlungszielen) ist die Fristvereinbarung "bis auf weiteres" empfehlenswert. Durch diese Vereinbarung wird die zeitliche Begrenzung des Kredits und damit das Problem der Überziehungsprovision wegen Beendigung der Kreditlaufzeit praktisch aufgehoben, es sei denn, die Bank macht von ihrem jederzeitigen Rückforderungsrecht Gebrauch.

Grundsätzlich kann auch die Höhe der von der Bank berechneten Überziehungsprovision Gegenstand einer Verhandlung sein. Der Kreditnehmer ist jedoch in schwacher Verhandlungsposition, wenn er die Überziehung schon vollzogen hat oder darauf angewiesen ist.

Kontoführungsgebühren

Die Höhe der Kontoführungsgebühren bzw. die anzuwendende Berechnungsmethode sind in der Praxis häufig Gegenstand von **Verhandlungen** zwischen Banken und Kreditnehmern.
Die Berechnung einer Umsatzprovision von der umsatzstärkeren Seite des Kontos an der Stelle der Berechnung einer Kontoführungsgebühr ist nicht mehr üblich.

Effektivzinssatz

Der Kreditantragsteller kann von den Banken die **Angabe** des Effektivzinssatzes -berechnet **nach der Preisangabenverordnung**- verlangen.
Bei der Beurteilung des von der Bank genannten Effektivzinssatzes ist zu bedenken, dass die Banken nur einen **anfänglichen Effektivzinssatz** nennen können, weil der Nominalzinssatz bei Kontokorrentkrediten regelmäßig variabel ist.
Zu berücksichtigen hat der Kreditnehmer dabei auch, dass die Einbeziehung der Kreditprovision in den Efffektivzinssatz u.U. offene Fragen belässt.

5.2 Eurokredite

5.2 Eurokredite

Vorbemerkung

Manche Banken gewähren alternativ oder an der Stelle von Eurokrediten sog. **FIBOR-Kredite, (Währungs-)Barvorschüsse o. Ä.** Diese Kreditarten haben mit den Eurokrediten einige Gemeinsamkeiten, jedoch auch gewichtige Unterschiede aufzuweisen. In den folgenden, primär auf die Eurokredite bezogenen Ausführungen finden sich häufig **Anmerkungen**, die die Besonderheiten der FIBOR-Kredite, Barvorschüsse usw. hervorheben.

5.2.1 Übersicht

5.2.1.1 Kurzinformation: Maßgebliche Merkmale von Euromarkt, Eurokrediten, FIBOR-Krediten, (Währungs-)Barvorschüssen

Kurzinformation über maßgebliche Merkmale von Euromarkt, Eurokrediten, FIBOR-Krediten, (Währungs-)Barvorschüssen

- **Hinweis:** Diese Kurzinformation über maßgebliche Merkmale von Euromarkt, Eurokrediten, FIBOR-Krediten usw. dient lediglich der Einführung und der Übersicht. Umfassend sind diese und weitere Merkmale in den folgenden Abschnitten dargestellt und untersucht.

- Zu untergliedern ist der Eurofinanzmarkt in den **Eurogeldmarkt** für kurz- bis mittelfristige Kreditaufnahmen und in den **Eurokapitalmarkt** für die langfristigen Kreditaufnahmen (überwiegend in Wertpapierform).
  Anmerkung: Häufig wird verkürzt von Euromarkt gesprochen, wobei meistens der Eurogeldmarkt gemeint ist.
- Die **Zinssätze**, die sich am Euromarkt beim Geldhandel der Banken für die verschiedenen Währungen und Laufzeiten bilden, sind die sog. Interbank Rates, deren bekannteste **LIBOR** (London Interbank Offered Rate) ist.
- Analoge Zinssätze sind beispielsweise **FIBOR** (Frankfurt Interbank Offered Rate) und **PIBOR** (Paris Interbank Offered Rate).
- Der Eurogeldmarkt, der im Mittelpunkt der folgenden Darstellung steht, ist eine ergiebige Quelle zur Deckung des Kapitalbedarfs von Exporteuren und Importeuren.
  Dies trifft sowohl für die Aufnahme von **DM-Krediten** als auch von **Fremdwährungskrediten** in den maßgeblichen Handelswährungen zu.
- Durch Aufnahme von Fremdwährungskrediten am Eurogeldmarkt kann sowohl eine **Refinanzierung** als auch eine **Wechselkurssicherung** erreicht werden.
- **Kurz- und mittelfristige Eurokredite** weisen folgende **Merkmale** auf:
  - **Kreditlaufzeiten:**
    Der Eurogeldmarkt kennt **feste Laufzeitkategorien**, die nach Monaten und bei einigen gängigen Währungen darüber hinaus nach Jahren gestaffelt sind, sowie "krumme" Laufzeiten und **tägliche Fälligkeit** ("bis auf weiteres"), Letztere allerdings nur bei hohen Kreditbeträgen.
  - **Kreditbeträge:**
    Die **Mindestbeträge** für kurz- bis mittelfristige Eurokredite belaufen sich auf etwa DM 100.000 bis DM 200.000 bzw. Fremdwährungsgegenwert. Ausdrückliche Höchstbeträge existieren nicht.
  - **Zinssätze:**
    Die Zinssätze für Eurokredite **können** -in Abhängigkeit zur aktuellen Geld- und Kreditmarktsituation- über längere Phasen deutlich **niedriger liegen** als die Zinssätze für vergleichbare Kreditaufnahmen (z.B. für DM-Kontokorrentkredite) auf dem nationalen Kreditmarkt der gleichen Währung.
    Die Zinssätze sind für die vereinbarte Kreditlaufzeit im Allgemeinen **fest vereinbart** (bei täglicher Fälligkeit aber praktisch variabel).
    LIBOR bzw. andere Interbank Rates sind für den kreditnehmenden Exporteur bzw. Importeur wichtige Anhaltspunkte für die Angemessenheit des Eurokreditangebotes (bzw. der Marge) der Bank.

- **Kreditverwendung:**
  In der Verwendung des empfangenen Eurokredits ist der Kreditnehmer -bei gegebener Kreditwürdigkeit- weitgehend **frei**. Insbesondere aufgenommene DM-Eurokredite erfüllen nicht selten ähnliche Funktionen wie DM-Kontokorrentkredite, d.h. sie dienen zur anpassungsfähigen Finanzierung beliebiger Auslands- und Inlandsgeschäfte.
- **Kreditantrag:**
  Eurokredite beantragt der Exporteur bzw. der Importeur in der Regel **über** seine **Hausbank**.
  Nur größeren Betrieben ist der unmittelbare Weg zu den Eurobanken geöffnet.
- **Kredithaftung bzw. Kreditsicherheiten:**
  Im Zusammenhang mit der Kreditbeantragung ist die Haftungsfrage gegenüber der kreditgewährenden Eurobank zu klären. Die Verfahren sind unterschiedlich: Entweder übernimmt die vermittelnde Hausbank diese Haftung oder -was am häufigsten zutrifft- der von einer konzerneigenen Eurobank gewährte Kredit wird (intern) **in den Kreditrahmen** des Kreditnehmers bei der vermittelnden, demselben Konzern angehörenden **Hausbank einbezogen**.
  Möglich ist aber auch eine Kreditgewährung der Eurobank an den Exporteur bzw. Importeur ohne Haftungsübernahme einer anderen Bank.
  Die unmittelbare und ausdrückliche Bestellung von Kreditsicherheiten zu Gunsten der Eurobank, die über die evtl. Haftung der vermittelnden Bank hinausreicht, kommt bei kurzfristigen Eurokrediten dagegen eher selten vor.

- **FIBOR-Kredite, (Währungs-)Barvorschüsse** u. Ä. weisen zum Teil dieselbe Struktur wie Eurokredite auf, zum Teil aber auch **Unterschiede**; wobei anzumerken ist, dass die verschiedenen Bankengruppen diese Kreditarten mit **unterschiedlichen Bezeichnungen** belegen und auch unterschiedlich abwickeln:
  - Zum Teil werden diese Kredite nur mit einer jeweils festen Laufzeit bis zu einem Jahr gewährt; tägliche Fälligkeit ("bis auf weiteres") ist im Allgemeinen nicht möglich.
  - **Basiszinssatz** ist im Allgemeinen **FIBOR** (Frankfurt Interbank Offered Rate), und zwar als Festzinssatz.
  - Der Kreditnehmer stellt den Kreditantrag bei seiner **Hausbank**, die ihm den **Kredit/Barvorschuss unmittelbar gewährt**, also ohne Einschaltung einer Eurobank.

  Die obigen Merkmale sind nur grobe Anhaltspunkte für eine mögliche Abwicklung. Im Einzelfall sind die **speziellen Merkmale** der jeweiligen Bank zu **erheben**.

5.2.1.2 Kurzinformation: Refinanzierung mit Eurokrediten (grafische und schrittweise Darstellung)

Abbildung

Die **Grundstruktur der Einräumung/Auszahlung eines Eurokredits** unter Vermittlung und mit Haftungsübernahme der Hausbank des Kreditnehmers gegenüber der Eurobank ist in **Abbildung 5.2-01** dargestellt und anschließend in einzelnen Schritten erläutert.

Vorbemerkung:

Die im Folgenden beschriebene und in der Abbildung dargestellte Abwicklung trifft nur zu, wenn die Eurobank und die Hausbank des Eurokreditnehmers nicht demselben Bankkonzern angehören. Nur in diesem Fall erfolgt die **Haftungsübernahme der Hausbank** des Eurokreditnehmers gegenüber der Eurobank ausdrücklich.
Gehören die Hausbank des Eurokreditnehmers und die Eurobank dagegen zum selben Konzern, was in der Praxis überwiegend zutrifft, dann stellt sich die Haftungsfrage allenfalls konzernintern. In diesen Fällen erfolgt die Einräumung und Gewährung des Eurokredits regelmäßig **innerhalb des Kreditrahmens**, den die **Hausbank** dem Kreditnehmer zur Verfügung gestellt hat. Eine ausdrückliche Haftungserklärung gibt die Hausbank (z.B. die Filiale einer Großbank) gegenüber der Eurobank (z.B. der Niederlassung dieser Großbank in London) nicht ab.

Erläuterungen:

1 a. Vermittlung des Eurokredits

Die **Hausbank** des Eurokreditnehmers übernimmt verschiedene vermittelnde **Funktionen**, insbesondere
- die Anfrage bei der Eurobank über die **aktuellen Konditionen**;
- die Anfrage bei der Eurobank über die **Bereitschaft zur Kreditgewährung**;
- die **Weiterleitung des Kreditantrags** des Exporteurs/Importeurs usw. an die Eurobank;
- die **Durchleitung des Kreditvertrags** bzw. der Kreditbestätigung an den Kreditnehmer (sofern diese nicht direkt zugestellt werden).

1 b. Evtl.: Einräumung eines Avalkredits

Sofern die Eurobank von der Hausbank eine ausdrückliche Haftungserklärung für den zu gewährenden Eurokredit verlangt, erfordert dies die Einräumung eines Avalkredits der Hausbank an den Eurokreditnehmer.
Eventuell wird die Hausbank zur Absicherung der abzugebenden Haftungserklärung (des Avalkredits) die Stellung von Kreditsicherheiten vom Eurokreditnehmer verlangen.

2 a. Weiterleitung des Kreditantrags

2 b. Evtl.: Bereitschaftserklärung der Hausbank zur Haftungsübernahme

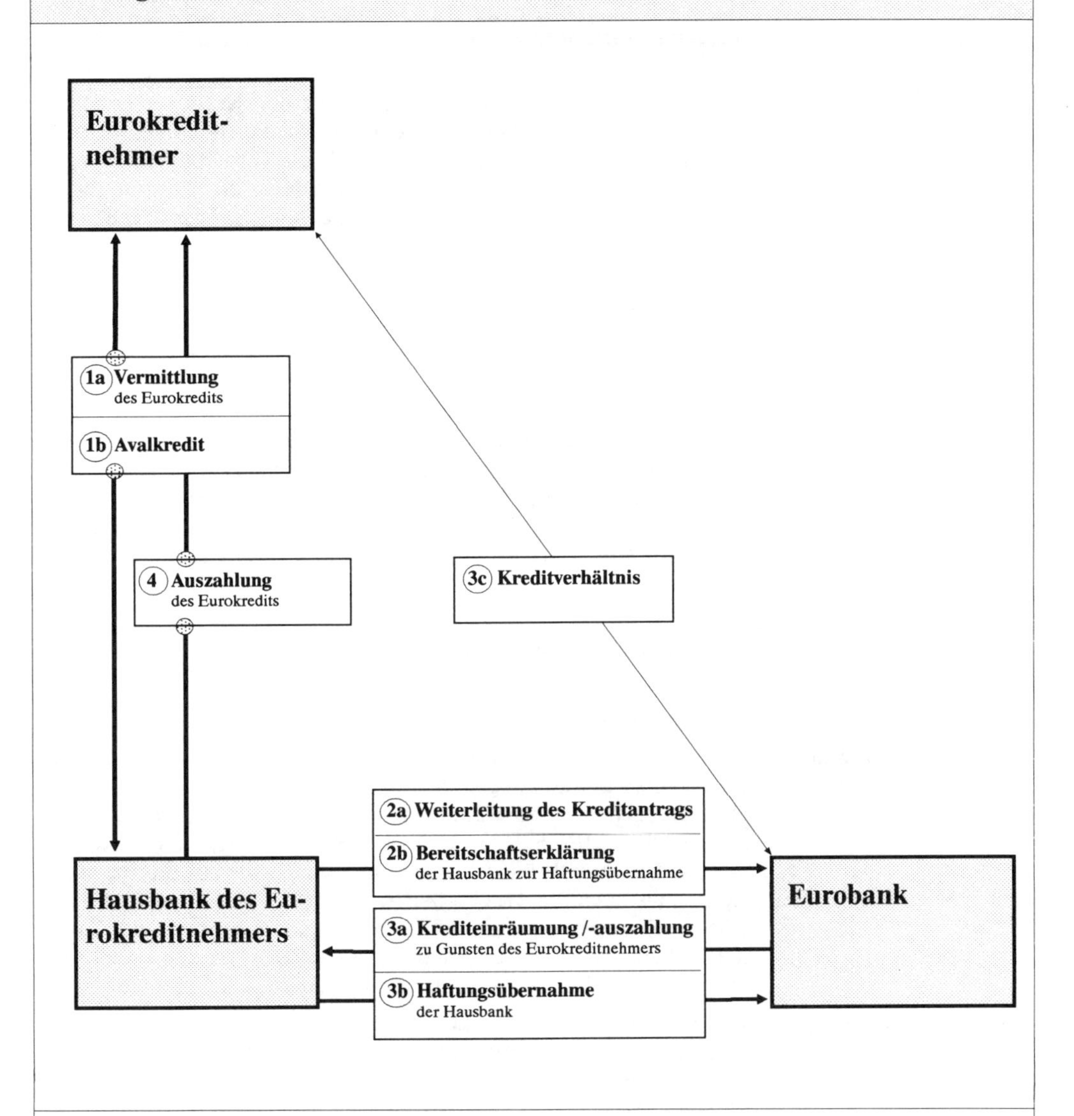

Hinweis: Im Interesse der Übersichtlichkeit der Darstellung sind in diese Abbildung nur die grundlegenden Merkmale der Einräumung/Auszahlung eines Eurokredits aufgenommen. Einzelheiten und Modifikationen sind in den folgenden Abschnitten beschrieben.

Abbildung 5.2-01

3 a. Krediteinräumung/Kreditauszahlung der Eurobank

3 b. Evtl.: Haftungsübernahme der Hausbank

3 c. Kreditverhältnis

Zwischen dem Eurokreditnehmer und der Eurobank wird ein Kreditverhältnis begründet, das durch den **Kreditvertrag** bzw. durch die **Kreditbestätigung** der Eurobank dokumentiert ist. Inwieweit die Hausbank in dieses Kreditverhältnis durch Haftungsübernahme oder durch Einbeziehung des Eurokredits in das eigene Kreditengagement einbezogen ist, hängt vom Einzelfall ab (siehe Vorbemerkung).

4. Auszahlung des Eurokredits an den Eurokreditnehmer

Der Eurokredit wird dem Kreditnehmer über seine Hausbank zur Verfügung gestellt.

Anmerkungen:

Sofern die Eurobank auf die **Haftungsübernahme** der Hausbank **verzichtet**, entfallen die Positionen 1 b., 2 b. und 3 b.
Wie in den Vorbemerkungen erwähnt, entfallen diese Positionen auch, wenn der Eurokredit von einer Eurobank gewährt wird, die **demselben Konzern** wie die vermittelnde Hausbank angehört.

5.2.2 Wesen und Grundstruktur des Euromarktes

Refinanzierung und Wechselkurssicherung mit Eurokrediten

DM- und Fremdwährungs-Eurokredite

Zur Refinanzierung ebenso wie zur Wechselkurssicherung steht den Exporteuren und Importeuren der Eurofinanzmarkt offen.
Dies gilt auch für Kreditaufnahmen in der jeweils eigenen Währung, also aus deutscher Sicht in DM. Während der Exporteur bzw. Importeur bei **Fremdwährungskreditaufnahmen** sowohl die Refinanzierung als auch die Wechselkurssicherung im Auge hat, steht bei **DM-Kreditaufnahmen** die Refinanzierung, insbesondere der Zinsunterschied zwischen dem inländischen Zinsniveau und den Zinssätzen für DM-Eurokredite, im Mittelpunkt der Überlegungen.

Weitgehend freie Verwendung

Der Kreditnehmer ist -bei gegebener Kreditwürdigkeit- in der Verwendung des Eurokredits weitgehend frei: Er kann damit ebenso **Auslandsgeschäfte** wie (beliebige) **Inlandsgeschäfte** finanzieren.

Eurogeldmarkt und Eurokapitalmarkt

Unter dem Kriterium der Fristigkeit sind der Eurokapitalmarkt und der Eurogeldmarkt zu unterscheiden.

Eurokapitalmarkt

Auf dem Eurokapitalmarkt werden **längerfristige Wertpapiere** emittiert und gehandelt.

Eurogeldmarkt

Dagegen umfasst der Eurogeldmarkt insbesondere die **kurz- bis mittelfristigen Einlagen** bzw. **Geldmarktpapiere** und die kurz- bis mittelfristigen **Kredite** sowie den darauf beruhenden Geldhandel der Banken. Die in diesem Kapitel behandelten kurz- und mittelfristigen Eurokredite gehören zum **Bankengeldmarkt**, der manchmal auch "Eurodevisenmarkt" genannt wird.

Hinweis

Auf den **Eurokapitalmarkt** wird wegen seines langfristigen Charakters nur mit einer skizzenhaften Information in Abschnitt 5.2.6 eingegangen.

Sprachgebrauch

In der Praxis wird der hier zu behandelnde Eurogeldmarkt häufig mit der **Kurzbezeichnung "Euromarkt"** belegt und die korrespondierenden Eurogeldmarktkredite kurz als **"Eurokredite"** bezeichnet. In Anpassung an diesen Sprachgebrauch der Praxis wird diese Terminologie in den folgenden Darstellungen ebenfalls z.T. angewandt.

Einlagen/Geldmarktpapiere

Der Eurogeldmarkt wird zum einen gespeist durch kurzfristige **Termineinlagen**, deren Fristenspektrum von Tagesgeld bis zu 6 bzw.12 Monaten reicht.
Zum anderen werden auf dem Eurogeldmarkt sog. **Geldmarktpapiere** emittiert und gehandelt (Euronotes, Certificates of Deposit, Floating Rate Certificates of Deposit), die Laufzeiten von einem bis etwa fünf Jahren aufweisen. Kapitalanleger auf dem Eurogeldmarkt sind neben den Geschäftsbanken insbesondere Notenbanken, staatliche Stellen, Großunternehmen, Investmentfonds u.a.

Eurofinanzplätze

Organisiert ist der Euromarkt an den sog. Eurofinanzplätzen, die in Europa insbesondere in **London**, **Paris** und **Luxemburg** angesiedelt sind. Weitere Handelsplätze finden sich in **Asien** und in den **USA**. Der Euromarkt ist ein sog. Interbankenmarkt, d.h. kein staatlich (amtlich) organisierter Markt.

Kreditformen

Auf Grundlage der verfügbaren Einlagen bzw. der emittierten Geldmarktpapiere gewähren die sog. Eurobanken:

- Zum einen **kurz- bis mittelfristige Eurokredite** mit fester Laufzeit und festem Zinssatz. Diese Eurokredite werden traditionell als **Eurofestsatzkredite** bezeichnet, obwohl sie manchmal auch mit einem variablen Zinssatz ausgestattet sein können.
- Zum anderen **mittel- und langfristige Eurokredite** (z.B. als sog. Roll-over-Kredite), die durch stufenweise, zu bestimmten Terminen vollzogene Zinsanpassungen gekennzeichnet sind.

LIBOR u.a.

Interbankenmarkt

Entstehen bei Eurobanken **Einlagenüberschüsse**, dann werden diese am sog. Interbankenmarkt angeboten und von jenen Eurobanken nachgefragt, bei denen die **Kreditnachfrage** überwiegt.

Interbank Rate/LIBOR

Der Zinssatz, der sich bei diesen **Geldgeschäften unter Banken** bildet, wird als Interbank Rate (IBR) bezeichnet. Die bekannteste und bedeutenste Interbank Rate ist LIBOR (London Interbank Offered Rate).

- Definition

- LIBOR wird **nicht amtlich** ermittelt. LIBOR ist auch kein allgemein verbindlicher Satz. LIBOR drückt vielmehr lediglich die aktuelle Geldangebots- und Geldnachfragesituation der Banken im Sinne einer **Indikation** aus, wobei die Zinssätze von Bank zu Bank durchaus unterschiedlich sein können und überdies im Tagesverlauf schwanken.

- Als Referenzzinssatz

- In mittel- bis langfristigen Kreditverträgen, in denen LIBOR beispielsweise als Grundlage für eine viertel- oder halbjährliche Zinsanpassung vereinbart ist, ist deswegen zugleich das **Verfahren festzulegen**, nach dem LIBOR im konkreten Fall zu ermitteln ist. Im Allgemeinen werden bestimmte Londoner Eurobanken als sog. **Referenzbanken** angegeben, deren eigene oder gebotene Zinssätze für am Stichtag angebotenes Eurogeld -im Allgemeinen um 11 Uhr- Basis für die Errechnung von LIBOR sind (als arithmetisches Mittel, ggf. mit Rundung auf das nächsthöhere sechzehntel Prozent).

- Währungen und Laufzeiten

- Die LIBOR-Sätze werden als **Indikationen**, differenziert nach Währungen und Laufzeiten (mindestens für US-Dollar und DM mit 3 und 6 Monaten Laufzeit) in den Wirtschaftszeitungen **veröffentlicht** (siehe auch Abbildung 5.2-02).

FIBOR/PIBOR u.a.

Analog zu LIBOR wird in Frankfurt FIBOR (Frankfurt Interbank Offered Rate, siehe ebenfalls Abbildung 5.2-02) sowie in Paris PIBOR (Paris Interbank Offered Rate) usw. festgestellt.

Zinsunterschiede zum nationalen Kreditmarkt

Gründe für Zinsunterschiede

Für Kreditnehmer, die sich am Euromarkt refinanzieren, ist von Interesse, dass das Zinsniveau für am Eurogeldmarkt aufgenommene Kredite weitgehend **losgelöst** ist **vom** jeweiligen **nationalen Kreditzinsniveau für Nichtbanken**.
Dies hängt zum einen damit zusammen, dass für Einlagen am Euromarkt **Reglementierungen**, wie sie z.B. die Mindestreservepflicht der Banken darstellt, **entfallen**. Zum anderen ergeben sich Zinsunterschiede zwischen dem nationalen Kreditmarkt (Kredite für **Nichtbanken**) und dem Euromarkt dadurch, dass sich auf dem Eurogeldmarkt **Liquiditätsüberschüsse** oder **Liquiditätsdefizite des Bankensystems** -in enger Korrelation zum jeweils nationalen Bankengeldmarkt- widerspiegeln.
Dagegen treten die **Geldbeschaffungskosten** (insbesondere die Zinsen) der Banken für Einlagen von Nichtbanken (z.B. für Spareinlagen und Termineinlagen), die die Banken in ihrem Stammland zu bezahlen haben und die das Kreditzinsniveau für Nichtbanken **im Stammland** maßgeblich bestimmen, am Eurogeldmarkt -trotz gleicher Währung- in den Hintergrund.
Maßgeblich für die **Eurozinsen** ist somit primär die **Liquiditätslage des Bankensystems**. Für die nationalen (deutschen) Kreditzinsen für Nichtbanken sind dagegen die Einlagenzinsen für Nichtbanken (für Spareinlagen, Termineinlagen usw.) im Inland bestimmend.

Eurozinsvorteil nicht immer gegeben

Finanzierungen mit **Eurokrediten**, insbesondere auch Finanzierungen mit DM-Eurokrediten, können im Vergleich zu Finanzierungen mit DM-Kontokorrentkrediten, die im Inland aufgenommen werden, erheblich **zinsgünstiger** sein. Indessen hängt es von der aktuellen Liquiditätslage des Bankensystems ab, ob der Zinsvorteil

tatsächlich gegeben ist. In Phasen **angespannter Bankenliquidität** kann sich der **nationale Kreditmarkt** im Vergleich zum Euromarkt für den Exporteur bzw. den Importeur durchaus als **zinsgünstiger** erweisen.
Ein Betrieb mit Kapitalbedarf sollte deswegen stets aktuelle Angebote zu allen infrage kommenden Finanzierungs- und Absicherungsinstrumenten einholen.

5.2.3 Kurz- bis mittelfristige Eurokredite -Merkmale und Beurteilung-

Antragstellung

Vermittlung der Hausbank

Von wenigen Großunternehmen abgesehen schalten Kreditnehmer bei Kreditaufnahmen am Euromarkt ihre **Hausbank** als Vermittler zu einer Eurobank ein.
Die größeren deutschen Geschäftsbanken stehen in engem Kontakt zu den -meistens konzerneigenen- Eurobanken und können einem Interessenten innerhalb kürzester Zeit die **aktuellen Konditionen** nennen und ein **Eurokreditangebot** unterbreiten.

Kreditsicherheiten bzw. Kredithaftung

Kreditsicherheiten

Im Allgemeinen verlangt die Eurobank -zumindest bei kurzfristiger Kreditgewährung- vom Kreditnehmer **keine** unmittelbare und ausdrückliche Bestellung von **Kreditsicherheiten**, die über die eventuelle Haftung der vermittelnden Hausbank hinausreichen.

Bonitätsprüfung durch die Hausbank

Gehören vermittelnde Hausbank und kreditgewährende Eurobank demselben Konzern an, dann stellt sich die Haftungsfrage lediglich als ein konzerninternes Problem: Die **vermittelnde Bank** rechnet die Eurokreditaufnahme ihres Kunden in diesem Fall **auf das eigene Gesamtengagement** dieses Kunden an.

Haftungserklärung der Hausbank

Gehören Hausbank und Eurobank nicht demselben Bankkonzern an, dann übernimmt die Hausbank nicht nur eine Vermittlerrolle, sondern im Allgemeinen auch die **Haftung gegenüber** der kreditgewährenden **Eurobank.** In diesen Fällen stellt sich für die vermittelnde und haftungsübernehmende Hausbank des Kreditnehmers dann schon die Frage, ob für die Haftungserklärung zu Gunsten der kreditgewährenden Eurobank die Bestellung besonderer Kreditsicherheiten erforderlich ist oder ob diese Haftungsübernahme im Rahmen der ohnehin gegebenen Kreditwürdigkeit bzw. im Rahmen der ohnehin für die Geschäftsbeziehung mit diesem Kunden bestellten Sicherheiten abgegeben werden kann.

Währung und Beträge

Alle gängigen Außenhandelswährungen

Eurokredite stehen in den Währungen aller führenden **westlichen Industrienationen** sowie in der **ECU** zur Verfügung.
Wichtigste Währung für deutsche Kreditnehmer ist häufig die **DM**, zumindest in Zeiten, in denen DM-Eurokredite zinsgünstiger sind als DM-Kontokorrentkredite im Inland.

Abbildung

Die am Eurogeldmarkt gängigen Währungen und Laufzeitkategorien können der **Abbildung 5.2-02 "Eurogeldmarktsätze"** entnommen werden.

Eurogeldmarktsätze

Unter Banken (in Prozent)

24.2.1997	1 Monat	2 Monate	3 Monate	6 Monate	12 Monate
$	5 1/4 – 5 3/8	5 5/16 – 5 7/16	5 5/16 – 5 7/16	5 7/16 – 5 9/16	5 11/16 – 5 13/16
£	6 – 6 1/16	6 1/16 – 6 1/8	6 1/8 – 6 3/16	6 5/16 – 6 3/8	6 9/16 – 6 5/8
DM	3 3/16 – 3 5/16	3 1/8 – 3 1/4	3 1/8 – 3 1/4	3 1/8 – 3 1/4	3 1/8 – 3 1/4
sfr	1 5/8 – 1 3/4	1 5/8 – 1 3/4	1 5/8 – 1 3/4	1 5/8 – 1 3/4	1 11/16 – 1 13/16
hfl	2 7/8 – 3	2 13/16 – 3 1/16	2 15/16 – 3	3 – 3 1/8	3 1/8 – 3 3/16
YEN	3/8 – 1/2	3/8 – 1/2	3/8 – 1/2	3/8 – 1/2	3/8 – 1/2
FF	3 3/16 – 3 1/4	3 1/4 – 3 5/16	3 1/4 – 3 5/16	3 1/4 – 3 5/16	3 5/16 – 3 3/8
bfr	3 1/8 – 3 1/4	3 1/8 – 3 1/4	3 1/8 – 3 1/4	3 1/8 – 3 1/4	3 1/8 – 3 1/4
kan $	2 15/16 – 3 1/16	2 15/16 – 3 1/16	3 – 3 1/8	3 1/8 – 3 1/4	3 7/16 – 3 9/16
Lit.	7 3/8 – 7 1/2	7 1/4 – 7 3/8	7 1/8 – 7 1/4	6 7/8 – 7	6 3/4 – 7
ECU	4 1/16 – 4 3/16	4 1/16 – 4 3/16	4 1/16 – 4 3/16	4 1/16 – 4 1/8	4 1/16 – 4 1/8
Dr.	11 5/8 – 12 1/8	11 1/2 – 12	11 7/16 – 11 15/16	11 1/8 – 11 5/8	11 – 11 1/2
ir. £	5 11/16 – 5 13/16	5 3/4 – 5 7/8	5 11/16 – 5 13/16	5 3/4 – 5 7/8	5 13/16 – 5 15/16
A $	5 3/4 – 6 1/16	5 3/4 – 6 1/16	5 3/4 – 6	5 3/4 – 6 1/16	5 15/16 – 6 5/16
NZ $	7 – 7 5/16	7 – 7 5/16	7 – 7 3/8	7 1/8 – 7 7/16	7 7/16 – 7 11/16
Pta	6 1/16 – 6 1/8	5 15/16 – 6	5 7/8 – 5 15/16	5 11/16 – 5 3/4	5 7/16 – 5 11/16
Esc	6 1/4 – 6 5/16	6 1/8 – 6 1/4	6 1/16 – 6 1/8	5 13/16 – 5 15/16	5 3/4 – 5 13/16

$ = 24 Monate 6-6 1/16, 36 Monate 6 3/16-6 1/4, DM = 24 Monate 3 1/2-3 5/8, 36 Monate 3 7/8-4. Bis 14 Uhr genannte Indikationen. Mitgeteilt von WestLB-International.

Fibor Overnight Fixing (DM) = 3,13775%; **Fibor** alt (DM) = 3 Mon. 3,20%, 6 Mon. = 3,25%; **Fibor** neu (DM) = 1 Mon. 3,24467%, 3 Mon. 3,22592%, 6 Mon. 3,21858%, 12 Mon. 3,26233%

Libor (DM) = 1 Mon. 3,25000%, 3 Mon. 3,22656%, 6 Mon. 3,21875%, 12 Mon. 3,26953%; **Libor** ($) = 1 Mon. 5,37500%, 3 Mon. 5,47656%, 6 Mon. 5,56250%, 12 Mon. 5,79688%

Abbildung 5.2-02 Quelle: Handelsblatt, Düsseldorf und Frankfurt/Main

Mindestbeträge

Die Mindestbeträge für **kurzfristige Kreditaufnahmen** am Euromarkt lagen in der Vergangenheit bei etwa DM 250.000 bzw. Fremdwährungsgegenwert. In jüngerer Zeit wurden diese Mindestbeträge bis auf **ca. DM 100.000** gesenkt, sodass sich grundsätzlich auch dem Kleinbetrieb der Weg zum Eurokredit eröffnet.
Bei **mittelfristigen Eurokrediten** lag der Mindestbetrag in der Vergangenheit im Allgemeinen deutlich höher, nämlich bei etwa DM 1.000.000 bzw. Fremdwährungsgegenwert. Allerdings streuen die von den Kreditinstituten genannten Mindestbeträge stark. Außerdem ist auch bei den mittelfristigen Krediten die Tendenz erkennbar, die Mindestbeträge zu senken.

Höchstbeträge

Ausdrückliche Höchstbeträge existieren am Euromarkt nicht. Bei sehr hohen Kreditvergaben bilden die Kreditinstitute **Konsortien.**

FIBOR-Kredite/ (Währungs-) Barvorschüsse

Zu den maßgeblichen **Unterschieden** dieser Kredite zu den Eurokrediten finden sich am Schluss dieses Gliederungspunktes einige Anmerkungen.

Laufzeiten

Laufzeitkategorien

Am Eurokreditmarkt wird meistens mit **festen Laufzeitkategorien** gearbeitet. Im kurzfristigen Kreditbereich umfassen die typischen Laufzeitkategorien 1 Monat, 2 Monate, 3 Monate, 6 Monate und 12 Monate, aber auch 24 und 36 Monate. Eine Übersicht über die gängigen Laufzeitkategorien gibt die Tabelle "Eurogeldmarktsätze".

Möglich sind aber auch Kreditlaufzeiten, die außerhalb dieser Kategorien liegen, nämlich sog. **krumme** bzw. gebrochene **Laufzeiten.** Dadurch ist dem Kreditnehmer die Möglichkeit eröffnet, Kreditbedarf und Kreditaufnahme zeitlich in genaue Übereinstimmung zu bringen.

Gebrochene Laufzeiten

Schließlich kann die Kreditüberlassung (bislang eher ausnahmsweise) auch als täglich fälliges Geld ("bis auf weiteres") erfolgen, d.h. mit einem von **Tag zu Tag** gegebenen Rückzahlungsrecht des Kreditnehmers und einem entsprechenden Rückforderungsrecht des Kreditgebers, was aber praktisch auf eine Prolongation des Kredits von Tag zu Tag hinausläuft.

Tägliche Fälligkeit

Zu beachten ist, dass am Euromarkt die sog. **Anschaffung** (das ist die Auszahlung des Kreditbetrags) erst am **zweiten Geschäftstag** nach Abschluss des Geschäfts erfolgt. Analoges gilt für Einlagen auf dem Euromarkt.

Auszahlungszeitpunkt

Im mittelfristigen Kreditbereich liegen die Laufzeiten **zwischen 1 und 5 Jahren**, im Einzelfall auch darüber. Die Rückzahlung solcher Kredite erfolgt im Allgemeinen nicht in einem Betrag, sondern zeitlich gestaffelt, z.B. in gleich bleibenden Raten, die über einen festzulegenden Zeitraum verteilt sind.

Mittelfristige Kreditlaufzeiten

Bei Aufnahme von Fremdwährungskrediten zur Kurssicherung und Refinanzierung später fälliger Fremdwährungsexport-Forderungen können die festen Laufzeitkategorien am Euromarkt insbesondere dann von Nachteil sein, wenn sich der **Eingang** des **Exporterlöses verspätet** (Einzelheiten dazu siehe Anwendungsbeispiel in Abschnitt 5.2.4).

Problem bei festen Kreditlaufzeiten

Zinskosten

Die von der Eurobank berechneten Zinskosten beruhen auf dem sog. Einstandszinssatz, also jenem **Zinssatz**, zu dem sich die Eurobank selbst das **Kapital beschaffen** kann, zuzüglich eines **Zinszuschlages** für die kreditgewährende Eurobank, der als "Marge" bezeichnet wird. Hinzu kommt die Marge der kreditvermittelnden Hausbank.

Einstandszinssatz zuzüglich Marge(n)

Dem Kreditantragsteller tritt die vermittelnde Hausbank allerdings nicht mit solch differenzierten Sätzen gegenüber, sondern nur mit einem einzigen **Zinssatz**, der die entsprechenden **Margen** bereits **enthält**.

Zusammengefasster Zinssatz

Der Zinssatz gilt bei den hier behandelten Euro(festsatz)krediten -entsprechend deren Bezeichnung- für die **gesamte Kreditlaufzeit** als **fest** vereinbart. Bei den Euro(festsatz)krediten erlangt der Kreditnehmer insoweit eine sichere Dispositionsgrundlage.

Festzinssatz

Ausgenommen davon sind lediglich die **Eurokredite** mit **täglicher Fälligkeit**, deren Zinssatz jeweils nur für einen Tag gilt und der sich entsprechend der Zinsentwicklung für Tagesgeld unter Banken ändert. Praktisch liegt bei täglicher Fälligkeit des Eurokredits somit eine variable Zinsvereinbarung vor.

Variabler Zinssatz

Die aktuellen Einstandszinssätze der Kreditinstitute für die verschiedenen Währungen und Laufzeiten entsprechen weitgehend

Aktuelle Einstandszinssätze

den Eurogeldmarktsätzen unter Banken, die dem **Wirtschaftsteil der Tageszeitungen** entnommen werden können. Die obige Tabelle "Eurogeldmarktsätze" ist dem Handelsblatt entnommen und vermittelt dem kreditsuchenden Exporteur bzw. Importeur den notwendigen Überblick. Zu beachten ist, dass die veröffentlichten Zinssätze nur unverbindliche **Indikationen** darstellen und sowohl von Bank zu Bank abweichen als auch im Tagesverlauf schwanken können. Eine amtliche Notiz der Zinssätze am Euromarkt gibt es nicht. Dies gilt auch für LIBOR, dessen Zustandekommen in Abschnitt 5.2.2 behandelt ist.

Margen

Die Margen der Eurobank sowie der kreditvermittelnden Bank, also die Zuschläge auf den Einstandszinssatz, sind u.a. von der **Kreditwürdigkeit** des Kreditnehmers, von der **Kreditlaufzeit**, von der **Kredithöhe** und von anderen Faktoren abhängig.

Zinsberechnungsmethoden

Die Zinsen werden für **Eurokredite** wie folgt berechnet:

365/360-Methode

- Für alle Währungen außer dem britischen £ und dem belgischen Franc gilt: Berechnung der **Zinstage** (bzw. der Kreditlaufzeit) nach **Kalendertagen** und Ansatz des **Zinsjahres** mit **360 Tagen** (sog. 365/360-Methode). Diese Zinsberechnungsmethode wird häufig als **"Euromethode"**, manchmal auch als **"internationale Methode"** bezeichnet.

365/365-Methode

- Für das britische £ und den belgischen Franc gilt: Die **Zinstage** werden nach **Kalendertagen** berechnet und das **Zinsjahr** mit **365 Tagen** angesetzt (sog. 365/365-Methode).

Errechnung der Zinszahlen/Laufzeit

- Die **vordere Zahl** dieser Methodenbezeichnungen gibt an, nach welcher **Methode** die **Zinszahlen** (bzw. die Kreditlaufzeit) berechnet werden:
  - **365** steht für kalendermäßig genaue **Auszählung** der Tage;
  - **360** steht für **Pauschalierung** ganzer Monate mit 30 Tagen und für kalendermäßig genaue Auszählung der Tage angefangener Monate.

Errechnung des Zinsdivisors

- Die **hintere Zahl** gibt an, mit wie viel Tagen das **Zinsjahr** bei der Berechnung des **Zinsdivisors** anzusetzen ist (Zinsdivisor = Zinsjahr : Zinssatz). Bei gleichen Zinssätzen errechnet sich bei Ansatz des Zinsjahres mit 365 Tagen ein höherer Zinsdivisor, der bei einer gleich großen Summe von Zinszahlen zu einer geringeren Zinsbelastung führt als beim Ansatz des Zinsjahres mit 360 Tagen.

360/360-Methode

- Die Zinsen für **Inlandskredite** berechnen die deutschen Banken nach der 360/360-Methode.

Berechnungsbeispiel

- Beispielsweise kostet ein **Eurokredit** über DM 1.000.000 mit einem Nominalzinssatz von 9,0% p.a. vom 1.7.-1.8. eines Jahres:
  - Nach der **Methode "365/360"**, also für 31 Kalendertage, DM 7.750,00 Zinsen, (310.000 Zinszahlen bei einem Zinsdivisor von 40).
  - Derselbe Kredit würde nach der **Methode "360/360"**, also für 30 Zinstage, nur DM 7.500,00 Zinsen kosten, (300.000 Zinszahlen bei einem Zinsdivisor von 40).

- Im Vergleich mit der deutschen 360/360-Methode verteuert sich der Eurokredit durch Anwendung der 365/360-Methode in diesem Beispiel auf 9,3% p.a.

Zinszahlungstermine

Die Zinszahlung erfolgt bei kurzfristigen Eurokrediten am **Ende der Laufzeit**. Bei länger laufenden Krediten sind die Kreditzinsen im Allgemeinen halbjährlich zu entrichten.

Avalprovision

In jüngerer Zeit stellen die kreditvermittelnden Banken ihren Kunden eine gesonderte Avalprovision nicht mehr in Rechnung. Vielmehr gilt die **Avalprovision** in der Marge der kreditvermittelnden Bank, die ihrerseits üblicherweise in den **Eurozinssatz einbezogen** ist, als abgegolten.

Arrangement Fee

Bei länger laufenden Eurokrediten (Laufzeiten von mehr als 1 Jahr) wird dem Kreditnehmer zum Teil die sog. Arrangement Fee in Rechnung gestellt, die als **einmalig zu zahlender Provisionssatz** auf den Kreditbetrag definiert ist.

Kreditbestätigung bzw. Kreditvertrag

Kreditbestätigung

Die Eurobank fertigt eine sog. Kreditbestätigung aus, die alle relevanten **Daten des Kreditverhältnisses** umfasst und dem Kreditnehmer im Allgemeinen direkt zugeht. Die vermittelnde Hausbank erhält -sofern es eine Eurokreditgewährung innerhalb eines Bankkonzerns ist- lediglich eine Kopie.
Eine Kreditbestätigung ist im folgenden Abschnitt abgebildet.

Individueller Kreditvertrag

Sofern ein zu begründendes Kreditverhältnis von den üblichen **Merkmalen** der Eurokreditgewährung **abweicht** oder bei längerfristigen Kreditlaufzeiten, wird im Allgemeinen ein individueller Kreditvertrag formuliert und geschlossen.

Evtl. Avalkreditverhältnis zur Hausbank

In den Fällen, in denen die vermittelnde **Hausbank** die **Haftung** ausnahmsweise ausdrücklich gegenüber der Eurobank für diese Kreditgewährung übernimmt, entsteht ein eigenständiges (Aval-) Kreditverhältnis zwischen dem Kreditnehmer und der haftenden Hausbank. Vollzieht sich dagegen die Eurokreditgewährung innerhalb eines Bankkonzerns, dann wird die Eurokreditgewährung -wie oben erwähnt- ohnehin in das Kreditengagement der Hausbank einbezogen.

Auszahlungs- und Rückzahlungsmodalitäten

Festabschluss

Wenn der Kreditantragsteller die angebotenen Konditionen der Eurobank akzeptiert, macht die vermittelnde **Hausbank das Geschäft mit der Eurobank fest**: Telegrafisch und codiert werden der Eurobank alle relevanten Daten (z.B. der Kreditnehmer, der Kreditbetrag, die Währung, die Laufzeit, der vereinbarte Zinssatz, die evtl.

Haftungsübernahme u.a.) mitgeteilt. Innerhalb von Bankenkonzernen erfolgt außerdem die Eingabe der relevanten Daten in die sog. zentrale Erfassung.

Gutschrift des Kreditgegenwerts

Dem Eurokreditnehmer wird der Kreditbetrag in der Regel über seine Hausbank zur Verfügung gestellt. Handelt es sich um einen **DM-Eurokredit**, dann erfolgt die Gutschrift unmittelbar auf dem DM-Kontokorrentkonto des Kreditnehmers. Dagegen wird ein **Fremdwährungskreditbetrag** -falls eine gegenteilige Weisung des Kreditnehmers nicht vorliegt, z.B. keine Weisung zur Gutschrift auf ein Fremdwährungskonto in der relevanten Währung- zum Kassageldkurs in DM umgetauscht und dem DM-Kontokorrentkonto des Kreditnehmers gutgeschrieben.

Auszahlungsmodus

Bei Eurokrediten ist es üblich, dass die **Auszahlung** des Kreditbetrags erst **zwei Geschäftstage nach dem Tag des Abschlusses** des Geschäfts erfolgt. Abschlusstag ist regelmäßig der Tag, an dem der Kreditnehmer mit der vermittelnden Hausbank Übereinkunft über die Kreditkonditionen erzielt. Dabei ist unterstellt, dass die vermittelnde Bank ihrerseits bei der Eurobank am selben Tag alle erforderlichen Schritte zum Abschluss des Geschäfts in die Wege leitet.

Rückzahlung

Der Kreditnehmer hat der Eurobank den Rückzahlungsbetrag **zum Fälligkeitszeitpunkt** ohne zeitliche Spielräume, d.h. ohne die bei der Auszahlung des Eurokredits gegebene Toleranz von zwei Geschäftstagen, zur Verfügung zu stellen. Sofern es eine Kreditgewährung innerhalb eines Bankkonzerns ist, belastet die Hausbank den Kreditnehmer am Fälligkeitstag mit dem Kreditbetrag zuzüglich der aufgelaufenen Zinsen und überträgt diesen Betrag zeitgleich an die Eurobank.

FIBOR-Kredite, (Währungs-)Barvorschüsse u. Ä.

Unterschiede

- Fibor-Kredite, (Währungs-)Barvorschüsse u. Ä. weisen zum Teil dieselben Merkmale und Abwicklungen wie Eurokredite auf, zum Teil aber auch Unterschiede, wobei anzumerken ist, dass die verschiedenen Bankengruppen die erstgenannten Kreditarten mit **unterschiedlichen Bezeichnungen** belegen und auch unterschiedlich abwickeln:
  - Zum Teil werden diese Kredite nur mit einer jeweils festen Laufzeit bis zu einem Jahr gewährt; tägliche Fälligkeit ("bis auf weiteres") ist im Allgemeinen nicht möglich.
  - **Basiszinssatz** ist im Allgemeinen **FIBOR** (Frankfurt Interbank Offered Rate), und zwar als Festzinssatz.
  - Der Kreditnehmer stellt den Kreditantrag bei seiner **Hausbank**, die ihm den **Kredit/Barvorschuss unmittelbar gewährt**, also ohne Einschaltung einer Eurobank.
- Die obigen Merkmale sind nur grobe Anhaltspunkte für eine mögliche Abwicklung. Im Einzelfall sind die **speziellen Merkmale** der jeweiligen Bank zu **erheben**.

5.2.4 Anwendungsbeispiel: Fremdwährungskreditaufnahme (Festsatzkreditaufnahme) am Euromarkt

5.2.4.1 Darstellung des Anwendungsbeispiels

Ausgangssituation

Die Matex GmbH, ein deutscher Textilmaschinenhersteller, liefert an einen US-amerikanischen Importeur Maschinen im Gesamtwert (Rechnungsbetrag) von USD 200.000. Im Kontrakt sind USD, also aus Sicht des deutschen Exporteurs **Fremdwährung** und ein **Zahlungsziel** von 3 Monaten vereinbart.
Die Matex GmbH wünscht dieses Zahlungsziel über den Euromarkt zu **refinanzieren** und zugleich das **Wechselkursrisiko abzudecken**.

Kreditantrag/Kreditbestätigung

Über ihre **Hausbank** beantragt und erhält die Matex GmbH einen Eurokredit über USD 200.000 mit einer Laufzeit von 3 Monaten. Der vereinbarte Zinssatz von 6,0% p.a., der auf Grundlage des Zinsniveaus für USD am Euromarkt kalkuliert wird, ist ein Festzinssatz und enthält die Margen der Eurobank sowie der kreditvermittelnden Hausbank.
Der Eurokreditnehmer erhält eine **Kreditbestätigung** der Eurobank, die neben dem Kreditbetrag, die Fälligkeit, den Zinssatz und den Zinsbetrag enthält.
Hinweis: Aus Gründen der Aktualität ist in Abschnitt 5.2.3 eine Tabelle "Eurogeldmarktsätze" mit anderen Zinssätzen abgebildet, als sie dem Anwendungsbeispiel zu Grunde liegen.

Gutschrift des Kreditgegenwerts in DM

Die Matex GmbH weist ihre Hausbank an, den **USD-Kreditbetrag** unverzüglich zum Kassadevisen-Geldkurs **in DM umzutauschen**. Der aktuelle Kassageldkurs des USD beläuft sich auf DM 1,6773 für 1 USD. Die Gutschrift auf dem DM-Kontokorrentkonto der Matex GmbH lautet über DM 335.460,00 abzüglich 1/4‰ Courtage von DM 83,86, also DM 335.376,14. Über diesen DM-Betrag kann die Matex GmbH sofort und uneingeschränkt verfügen.

Refinanzierung/ Wechselkurssicherung

Durch Aufnahme des Eurokredits hat die Matex nicht nur das dem US-amerikanischen Importeur gewährte **Zahlungsziel** betragsgleich und zeitgleich **refinanziert**, sondern auch ihr **Wechselkursrisiko kompensiert**: Der Forderung der Matex GmbH an den US-amerikanischen Importeur über USD 200.000 mit einer Laufzeit von 3 Monaten steht eine Kreditverbindlichkeit der Matex GmbH am Euromarkt ebenfalls über USD 200.000 mit einer Laufzeit von 3 Monaten gegenüber. Weder eine Aufwertung noch eine Abwertung des USD während der 3-monatigen Laufzeit vermag die Matex GmbH zu berühren.

Rückzahlung des Kredits zuzüglich Zinsen

Bei Ablauf der 3-monatigen Laufzeit zahlt die Matex GmbH mit dem **eingegangenen Exporterlös** über USD 200.000 den fälligen Eurokredit zurück. Den aufgelaufenen, in USD zu zahlenden **Zinsbetrag** verschafft sich die Matex GmbH durch Kauf zum Briefkurs am Devisenkassamarkt spätestens im Zeitpunkt der Fälligkeit des Kredits.

Sofern der USD während des 3-Monatszeitraums abgewertet wurde, verbilligt sich der für die Zinsen notwendige USD-Kauf. Wurde der USD dagegen aufgewertet, bedeutet dies eine entsprechende Verteuerung. Zeichnet sich eine Aufwertung des USD bereits während der Kreditlaufzeit ab, dann kann es zweckmäßig sein, den für die Zinszahlung aufzubringenden USD-Betrag bereits vor Fälligkeit zu kaufen oder -bei größeren Zinsbeträgen- ein Devisentermingeschäft per Fälligkeitstag des Eurokredits abzuschließen.

5.2.4.2 Exkurs: Alternative Refinanzierungs- und Wechselkurssicherungsinstrumente

Alternative: DM-Kontokorrentkredit und Devisentermingeschäft

Eine statt der Aufnahme eines Fremdwährungs-Eurokredits häufig ergriffene Alternative ist die Aufnahme eines DM-Kontokorrentkredits zur Refinanzierung des gewährten Zahlungsziels in Verbindung mit einem Devisentermingeschäft zur Wechselkurssicherung.
Die **Kosten** des Devisentermingeschäfts und die **Zinsen** des DM-Kontokorrentkredits erweisen sich **zusammengenommen** jedoch **häufig höher** als der Zinssatz eines **Fremdwährungs-Eurokredits**, in dem die Kosten der Refinanzierung und der Wechselkurssicherung abgegolten sind. Dies hängt insbesondere damit zusammen, dass die deutschen Banken Zinsen für DM-Kontokorrentkredite auf Grundlage des inländischen Zinsniveaus für Einlagen von Nichtbanken (Spareinlagen, Termineinlagen usw.) kalkulieren müssen. Dagegen sind die Eurogeldmarktsätze, und zwar sowohl in Fremdwährung als auch in DM, weit mehr von der aktuellen Liquiditätsituation des Bankensystems als Ganzes bestimmt und insoweit vom Zinsniveau für DM-Kontokorrentkredite weitgehend abgekoppelt.
Hinweise: Kontokorrentkredite sind umfassend in Kapitel 5.1, Devisentermingeschäfte in Kapitel 7 behandelt.

Alternative: DM-Eurokredit und Devisentermingeschäft

Würde die Matex GmbH einen DM-Kredit am Euromarkt an der Stelle eines DM-Kontokorrentkredits im Inland aufnehmen und dies in Verbindung mit einem Devisentermingeschäft vollziehen, dann würden die **Zinskosten** dieser DM-Eurorefinanzierung zusammen mit den **Kurssicherungskosten** des Devisentermingeschäfts **etwa dieselbe Höhe** annehmen wie die Zinskosten der entsprechenden **Eurofremdwährungsfinanzierung** allein.
Der Exporteur hat somit im Einzelfall zu prüfen, welche Refinanzierungs- und Absicherungsinstrumente zur Verfügung stehen und welche Alternative die kostengünstigste Lösung verspricht.

5.2.4.3 Probleme und Beurteilung

Probleme und Strategien bei Eingang des Exportlöses nach Fälligkeit des Eurokredits

Ausgangsproblem

Ein gewichtiges Problem entsteht dem Exporteur dann, wenn der **Fremdwährungsexporterlös** bei Fälligkeit des aufgenommenen Fremdwährungs-Eurokredits **noch nicht eingegangen** ist.

Lösungsalternativen:

Im vorliegenden Fall hat die Matex GmbH bei Fälligkeit zunächst den USD-Zinsbetrag für den ursprünglichen 3-Monatezeitraum zu bezahlen und am Devisenkassamarkt zu kaufen. Hinsichtlich des Folgezeitraumes hat der Exporteur -hier die Matex GmbH- grundsätzlich folgende **Möglichkeiten**:

- Prolongation des Eurokredits mit Festlaufzeit

- **Verlängerung des USD-Eurokredits** (zu dem im Zeitpunkt der Verlängerung gültigen Zinssatz) um den **Zeitraum**, um den sich der Eingang des Exporterlöses voraussichtlich verzögert.
  Bei der Wahl dieses Verlängerungszeitraumes hat die Matex GmbH allerdings die festen Laufzeitkategorien am Euromarkt zu bedenken: Sofern der **USD-Exporterlös vor Fälligkeit** des prolongierten Eurokredits eingeht, ergibt sich ein überschießender Zeitraum des USD-Eurokredits.

  Der Exporteur hat in dieser Situation folgende Möglichkeiten:
  - Für den frühzeitig eingegangenen USD-Exporterlös könnte der Exporteur eine USD-Zwischenanlage bis zur Fälligkeit des USD-Eurokredits suchen, deren Zinsertrag jedoch im Allgemeinen gering ist.
  - Der sofortige Umtausch des USD-Exporterlöses in DM bietet sich dagegen an, wenn der Exporteur mit einer Abwertung des USD rechnet, weil er dann einen höheren Umtauscherlös in DM erzielt als er später bei Fälligkeit des USD-Eurokredits aufwenden muss. Allerdings ist die Fremdwährungsposition (der USD-Eurokredit) des Exporteurs ab dem Zeitpunkt des sofortigen Umtausches des USD-Exporterlöses vor Wechselkursrisiken nicht mehr gesichert.
  - Schließlich kann die Matex GmbH den aufgenommenen USD-Eurokredit vorzeitig zurückzahlen, eine Möglichkeit, die das Einverständnis der Eurobank voraussetzt und u.U. die Zahlung einer sog. Vorfälligkeitsentschädigung verursacht.

- Prolongation des Eurokredits mit täglicher Fälligkeit

- **Verlängerung des USD-Eurokredits** durch Aufnahme eines **täglich fälligen USD-Eurokredits.**
  Der Vorzug dieser Alternative liegt in ihrer zeitlich exakten **Anpassungsfähigkeit** an den Eingang des USD-Exporterlöses. Jedoch bedeutet tägliche Fälligkeit zugleich einen evtl. täglich wechselnden, also variablen Zinssatz, was je nach Zinsentwicklung für den Kreditnehmer günstig oder nachteilig sein kann. Täglich fällige USD-Eurokredite stehen nicht als Kleinbeträge zur Verfügung.

- Verzicht auf weitere Absicherung

- **Offenhaltung der Fremdwährungs-Forderungsposition** bis zum späteren Eingang des USD-Exporterlöses.
  Diese Alternative bedeutet, dass die Matex GmbH mit Ablauf der ursprünglichen 3-Monatsfrist den fälligen USD-Eurokredit durch Kauf von USD 200.000 zuzüglich der USD-Zinskosten am Devisenkassamarkt erfüllt, jedoch einen **neuen Eurokredit nicht aufnimmt** (bzw. den fälligen USD-Eurokredit nicht verlängert). Der DM-Kaufpreis der Devisen (des USD-Betrags) wird -sofern die Matex GmbH über liquide Mittel nicht verfügt- zulasten des DM-Kontokorrentkreditkontos der Matex entrichtet, d.h. die Refinanzierung der USD-Exportforderung wird auf DM-Basis fortgesetzt. Deswegen ist das Wechselkursrisiko des Exporteurs bis zum tatsächlichen Eingang des USD-Exporterlöses ab diesem Zeitpunkt nicht mehr abgedeckt.
  Die Matex wird diese Alternative nur ergreifen, wenn sie davon ausgehen kann, dass der USD bis zum Zeitpunkt des voraussichtlichen Eingangs des USD-Exporterlöses aufgewertet werden wird. Tritt diese erwartete Aufwertung des USD ein, dann ist der in DM umgetauschte Exporterlös höher als jener DM-Betrag, den die Matex GmbH zur Erfüllung des fälligen USD-Eurokredits aufwenden musste (abgesehen von den USD-Zinskosten, die bei diesem Vergleich nicht zu berücksichtigen sind). Tritt an Stelle der erwarteten Aufwertung des USD dagegen eine Abwertung ein, dann erleidet die Matex GmbH -resultierend aus der Tatsache, dass sie diese USD-Exportforderung für die Restlaufzeit ungesichert gelassen hat- einen Wechselkursverlust.

Probleme und Strategien bei Eingang des Exporterlöses vor Fälligkeit des Eurokredits

Ausgangsproblem

Ein anders gelagertes Problem entsteht dem Exporteur, wenn der Fremdwährungsexporterlös **vor Fälligkeit** des aufgenommenen Fremdwährungs-Eurokredits eingeht.

Lösungsalternativen:

Grundsätzlich eröffnen sich dem Exporteur -im vorliegenden Beispiel der Matex GmbH- die folgenden **Alternativen**:

- Zwischenanlage auf USD-Konto

- **Zwischenanlage** des vorzeitig eingegangenen USD-Exporterlöses auf einem **USD-Guthabenkonto** bis zur Fälligkeit des aufgenommenen USD-Eurokredits.
  Diese Alternative wird die Matex GmbH dann ergreifen, wenn sie mit einer Aufwertung des USD bis zum Zeitpunkt der Fälligkeit des USD-Eurokredits rechnet. Der maßgebliche Nachteil dieser Alternative liegt darin, dass die Verzinsung von kleineren und kurzfristigen Fremdwährungsguthaben -gemessen am Zinssatz für aufgenommene Fremdwährungskredite- im Allgemeinen gering ist.

- Umtausch in DM

- **Umtausch** des vorzeitig eingegangenen USD-Exporterlöses in DM zum Kassageldkurs und **Gutschrift** auf dem **DM-Kontokorrentkonto** der Matex GmbH.

Diese Alternative bedeutet zugleich, dass der aufgenommene USD-Eurokredit ab diesem Zeitpunkt, d.h. während seiner Restlaufzeit, ungesichert ist. Der Vorzug dieser Alternative liegt in der sofortigen DM-Verfügbarkeit des umgetauschten Exporterlöses. Im Einzelfall können sich dadurch Zinseinsparungen durch entsprechende Kreditrückzahlung oder Skontogewinne durch frühzeitige Zahlung von Lieferantenrechnungen ergeben. Der Nachteil dieser Alternative liegt in der Gefahr der Aufwertung des USD bis zum Zeitpunkt der Fälligkeit des USD-Eurokredits. Wird der USD dagegen bis zur Fälligkeit des USD-Exportkredits abgewertet, dann kann die Matex GmbH den zur Rückzahlung des Eurokredits erforderlichen USD-Betrag am Kassadevisenmarkt zu einem niedrigeren Wechselkurs kaufen als jenem Wechselkurs, zu dem sie den vorzeitig eingegangenen USD-Exporterlös in DM umgetauscht hat.

- **Vorzeitige Rückzahlung des USD-Eurokredits**

- **Vorzeitige Rückzahlung** des **USD-Eurokredits** mit dem vorzeitig eingegangenen USD-Exporterlös.
  Die vorzeitige Rückzahlung des USD-Eurokredits setzt grundsätzlich das Einverständnis der Eurobank voraus (das im Allgemeinen erteilt wird) und verursacht Zusatzkosten (eine sog. Vorfälligkeitsentschädigung), über deren Höhe sich der Kreditnehmer vor Ergreifung dieser Alternative informieren sollte.

5.2.5 Ratschläge

Ratschläge für Kreditantragsteller/Kreditnehmer

Aufnahme von DM-Eurokrediten

- DM-Eurokredite eignen sich sowohl zur Refinanzierung von **Auslandsgeschäften** als auch von **Inlandsgeschäften**. Refinanziert werden können mit DM-Eurokrediten einzelne Geschäfte, aber auch eine Abfolge von Geschäften.
- DM-Eurokredite stehen in **verschiedenen Laufzeitkategorien** zur Verfügung, die als Festzinssatzkredite bis zu 36 Monaten reichen. Daneben bieten die Eurobanken ausnahmsweise auch täglich fällige DM-Eurokredite sowie DM-Eurokredite mit gebrochenen Laufzeiten an.
- Die Aufnahme von DM-Eurokrediten ist lohnend, wenn der Zinssatz für **DM-Kontokorrentkredite** höher liegt bzw. andere zinsgünstige DM-Refinanzierungsalternativen nicht zur Verfügung stehen.

- Der vereinbarte **Zinssatz** ist **fest** für die Gesamtlaufzeit. Insoweit bietet der Eurokredit eine **feste Kalkulationsgrundlage** und Schutz vor Zinssteigerungen. Dies gilt allerdings nicht für DM-Eurokredite mit täglicher Fälligkeit. Deren Zinssatz schwankt von Tag zu Tag.
  Die Zinsen sind am Ende der Laufzeit bzw. bei längerer Laufzeit halbjährlich zu zahlen. Eine gewisse Verteuerung gegenüber der deutschen Zinsberechnung liegt in der 365/360-Methode des Euromarktes.

Aufnahme von Fremdwährungs-Eurokrediten:

- Fremdwährungs-Eurokredite eignen sich insbesondere zur **Refinanzierung** und zur **Wechselkurssicherung** von kurz- bis mittelfristigen Fremdwährungsforderungen der Exporteure.
- Die **Zinsen (Kosten)** für Eurofremdwährungskredite sind meistens **niedriger** als der Zinsaufwand für einen DM-Kontokorrentkredit und die Kurssicherungskosten für ein Devisentermingeschäft zusammengenommen.
- Nachteilig können sich die **festen Laufzeiten** der Eurokredite für den Kreditnehmer auswirken. Beispielsweise dann, wenn sich der Eingang einer mit dem Eurokredit finanzierten Fremdwährungsforderung verzögert.
- Der **Festzinssatz** der Eurokredite vermittelt dem Kreditnehmer grundsätzlich eine **feste Kalkulationsgrundlage**. Je nach Entwicklung der Marktzinsen kann ein Festzinssatz aber ein Zinsänderungsrisiko oder eine Zinsänderungschance für den Kreditnehmer bedeuten.
- Wichtiger Anhaltspunkt für die Angemessenheit des Zinssatzes eines Eurokreditangebotes sind die Eurogeldmarktsätze unter Banken bzw. LIBOR, die in den Wirtschaftszeitungen veröffentlicht werden. Zu diesen Sätzen sind allerdings die Margen der beteiligten Kreditinstitute hinzuzurechnen.
- Zu den maßgeblichen Unterschieden von **FIBOR-Krediten, (Währungs-)Barvorschüssen** u. Ä. zu den Eurokrediten siehe Schluss von Abschnitt 5.2.3.

5.2.6 Kurzinformationen über die mittel- bis langfristigen Eurokredite (Roll-over-Eurokredite)

Die Aufnahme von mittel- bis langfristigen Eurokrediten gehört nicht zum Tagesgeschäft von Exporteuren und Importeuren. Zum einen, weil es sich bei solchen Kreditaufnahmen regelmäßig um Großbeträge handelt, zum anderen weil dabei vielfältige spezielle

Fragen (z.B. rechtliche und steuerrechtliche Fragen, Vorbehaltsklauseln) u. Ä. aufgeworfen sind.
Im Folgenden sind deswegen lediglich die **Grundelemente** des sog. **Roll-over-Eurokredits** skizziert. Auf die Darstellung der Finanzierung durch Wertpapieremissionen wird ebenso wenig eingegangen wie auf spezielle Fragestellungen.

Kurzinformationen über wesentliche Merkmale von Roll-over-Eurokrediten

Merkmale	Ausprägungen bzw. Anmerkungen
Antragstellung	• Über die Hausbank(en) an ein Eurobankenkonsortium.
Währungen	• Alle wesentlichen Außenhandelswährungen einschließlich ECU; • Wechsel der Kreditwährung zu den sog. Roll-over-Terminen (Zinsfestlegungsterminen, Zinszahlungsterminen) u.U. möglich.
Mindestbetrag	• Mehrere Millionen DM bzw. Fremdwährungsgegenwert.
Laufzeiten und Kreditinanspruchnahme	• Mittel- bis langfristige Laufzeiten (ca. 5-10 Jahre) mit folgenden Alternativen: - Fester Kreditbetrag, der mit regelmäßigen Raten zu tilgen ist. Keine erneute (revolvierende) Inanspruchnahme; - Einräumung einer Kreditlinie (eines Kreditrahmens), die entsprechend dem jeweiligen Kapitalbedarf des Kreditnehmers revolvierend in Anspruch genommen werden kann. Rückzahlung und Wiederinanspruchnahme jedoch nur in glatten Beträgen und nur zu den sog. Roll-over-Terminen (Zinsfestlegungsterminen, Zinszahlungsterminen); - Kombinationen aus den beiden vorstehenden Alternativen.
Zinsen	• Zinsfestschreibung nur für kurze Zeiträume (Grund: Die Eurobanken refinanzieren die Roll-over-Kredite mit kurzfristigen Termineinlagen); • Zinsanpassung viertel- bzw. halbjährlich oder in anderen Intervallen (zu den sog. Roll-over-Terminen);

	• Grundlage der Zinsanpassung: LIBOR oder anders ermittelter repräsentativer Zinssatz, der zwei Geschäftstage vor dem jeweils anstehenden Roll-over-Termin Gültigkeit hat; • Wechsel der Intervalldauer möglich; • hinzu kommt die Marge der Bank(en).
Sonstige Kreditkosten	• Management Fee (einmalige Provision für das Konsortium und die übrigen Beteiligten); • Agency Fee (Vermittlungsprovision für die vermittelnde Hausbank des Kreditnehmers); • Bereitstellungsprovision, falls ein fester Kreditbetrag nicht voll ausgeschöpft wird bzw. -bei eingeräumter, revolvierend in Anspruch zu nehmender Kreditlinie- vom jeweils nicht beanspruchten Teil der Kreditlinie.
Sicherheiten	• Bei hervorragender Sicherheit als Blankokredit, sonst bankübliche Sicherheiten; verwahrt und verwaltet durch die Konsortialführerin.
Sonstige Merkmale	• Vielfältige sonstige Vereinbarungen; siehe spezielle Literatur.

5.3 Wechseldiskontkredite

5.3 Wechseldiskontkredite

5.3.1 Übersicht

5.3.1.1 Kurzinformation: Maßgebliche Merkmale von Wechseldiskontkrediten

Kurzinformation über maßgebliche Merkmale von Wechseldiskontkrediten

- **Hinweis**: Diese Kurzinformation über maßgebliche Merkmale von Wechseldiskontkrediten dient lediglich der Einführung und der Übersicht. Umfassend sind diese und weitere Merkmale in den folgenden Abschnitten dargestellt und untersucht.
- **Hinweis:** Die Wechselbestandteile, die Wechselarten, die verschiedenen Geschäfte, die einer Wechselziehung zu Grunde liegen können, das sog. Scheck-Wechsel-Verfahren sowie die verschiedenen Verwendungsmöglichkeiten von Wechseln durch den Wechselbegünstigten sind in Kapitel "**3.4 Auslandswechsel**" umfassend beschrieben.
- **Wechseldiskontkredite** der Banken
  - ermöglichen dem Wechseleinreicher sofortige **Liquiditätsbeschaffung** und damit die Vermeidung anderer Kreditaufnahmen (z.B. von Kontokorrentkrediten);
  - sind in der Regel **zinsgünstiger** als Kontokorrentkredite, sofern die Wechsel den Anforderungen der Deutschen Bundesbank entsprechen;

- erfordern bei der Einräumung des Wechseldiskontkredits häufig **keine zusätzlichen Kreditsicherheiten**, weil sich die diskontierende Bank mit dem wechselrechtlichen Anspruch an den Akzeptanten bzw. an die übrigen Wechselverpflichteten einschließlich des Rückgriffsrechts auf den Wechseleinreicher begnügt;
- ermöglichen bei Fremdwährungswechseln die **Überwälzung des Wechselkursrisikos** auf die diskontierende Bank;
- **entlasten die Bilanz** des Kreditnehmers, weil Indossamentsverbindlichkeiten aus weitergegebenen (diskontierten) Wechseln lediglich "unter dem Bilanzstrich" zu erfassen sind.

- **In den Besitz von Wechseln** kommt ein Exporteur beispielsweise auf Grundlage
  - einer "reinen" Zahlungsbedingung, die ein **Zahlungsziel** für den Importeur, das in Wechselform gekleidet wird, umfasst (Einzelheiten siehe Kap. 3.4);
  - eines **Dokumenteninkassos** "Dokumente gegen Akzept" (Einzelheiten siehe Kap. 4.2);
  - eines **Akzeptakkreditivs**, das Wechselziehung auf eine (Zweit-)Bank (z.B. auf die Hausbank des Exporteurs) vorsieht (Einzelheiten siehe Kap. 4.3).
- Die Diskontierung von **Tratten**, also von gezogenen, aber vom Bezogenen noch nicht akzeptierten Wechseln, kommt in der Praxis kaum vor. Stattdessen werden die vom Exporteur eingereichten Dokumente "bevorschusst" ("negoziiert"), d.h. auf Grundlage der eingereichten Dokumente wird von der Bank ein Kontokorrentkredit gewährt. Dieser Vorgang ist mit einer Diskontierung jedoch nicht gleichzusetzen.

5.3.1.2 Kurzinformation: Refinanzierung mit Wechseldiskontkrediten (grafische und schrittweise Darstellung)

Abbildung

Die **Grundstruktur der Refinanzierung mit Wechseldiskontkrediten** ist in **Abbildung 5.3-01** dargestellt und anschließend in einzelnen Schritten erläutert.

Erläuterungen:

1. **Abschluss des Kaufvertrags**

Die Zahlungsbedingung des Kaufvertrags umfasst
- die Vereinbarung eines Zahlungsziels sowie
- die Vereinbarung der Wechselziehung des Exporteurs auf den Importeur und
- die Verpflichtung des Importeurs, den auf ihn gezogenen Wechsel zu akzeptieren.

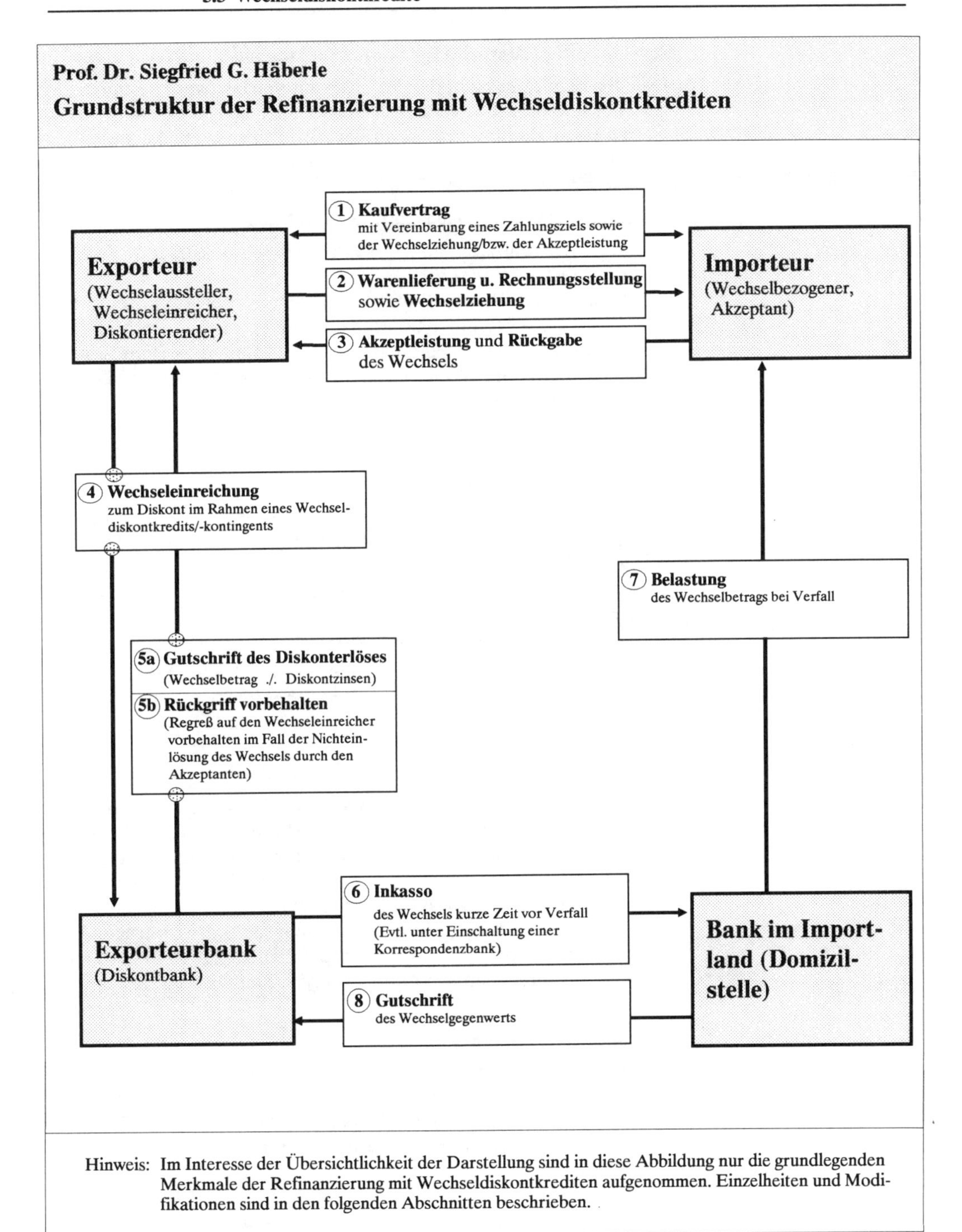

Abbildung 5.3-01

2. Warenlieferung und Rechnungsstellung mit Wechselziehung

Der Exporteur zieht den Wechsel auf den bezogenen Importeur (der Exporteur stellt den Wechsel aus) und übersendet diese Tratte an den Importeur mit der Aufforderung zur Leistung des Akzepts.

3. Akzeptierung und Rückgabe des Wechsels

Nach Leistung des Akzepts sendet der Importeur den Wechsel an den Exporteur zurück.
Anmerkung: In der Praxis fertigt häufig der Importeur den Wechsel aus, akzeptiert diesen und sendet diesen Wechsel dem Exporteur sodann zahlungshalber zu. Der Exporteur unterzeichnet diesen Wechsel erst in diesem Zeitpunkt (und nicht mit Schritt 2) als Aussteller und gibt ihn anschließend an seine Bank zum Diskont bzw. einem Lieferanten weiter.

4. Wechseleinreichung zum Diskont

Der Exporteur beantragt bei seiner Bank, den Wechsel im Rahmen des eingeräumten **Diskontkredits** (Diskontkontingents) zu diskontieren.
Bei gegebener Kreditwürdigkeit des Exporteurs entspricht das Kreditinsitut dem Antrag des Exporteurs unverzüglich.
Die Höhe des berechneten **Diskontsatzes** (Diskontzinses) ist u.a. abhängig von der Bundesbankfähigkeit des Wechsels und von der Verhandlungsmacht des Exporteurs.

5 a. Gutschrift des Diskonterlöses

Bei Fremdwährungswechseln ist mit der Diskontierung das **Wechselkursrisiko auf die Bank überwälzt**, sofern der Diskonterlös in DM gutgeschrieben wird. Allerdings erfolgt die Umrechnung in DM nicht zum Devisenkassakurs, sondern zum sog. Wechselankaufskurs, der praktisch dem Devisenterminkurs der betreffenden Fremdwährung entspricht.
Inwieweit der Exporteur die Diskontzinsen selbst zu tragen hat oder dem Importeur in Rechnung stellen kann, ist Gegenstand einer entsprechenden Vereinbarung im Kaufvertrag.

5 b. Rückgriff vorbehalten

Die Diskontbanken behalten sich stets das Recht zum Rückgriff (Regress) auf den Exporteur für den Fall der Nichteinlösung des Wechsels durch den Bezogenen vor. Als Aussteller des Wechsels kann sich der Exporteur diesem Rückgriff nicht entziehen.

6. Inkasso des Wechsels kurze Zeit vor Verfall

Die Diskontbank entnimmt den Wechsel kurze Zeit vor Verfall ihrem Bestand (dem sog. Portefeuille) und übergibt den Wechsel einer Korrespondenzbank im Land des Importeurs bzw. direkt der **Domizilstelle** zum Inkasso des Wechselbetrags.

Anmerkung: Sofern die Diskontbank den Wechsel bei einer anderen Bank, z.B. bei der Deutschen Bundesbank, rediskontiert hat, übernimmt die Rediskontbank auch den Einzug des Wechsels.
In dem Fall, in dem eine Korrespondenzbank eingeschaltet ist, legt diese den Wechsel bei Verfall der Domizilstelle (Bank, bei der der Wechsel vom Importeur zahlbar gestellt ist) zur Zahlung vor. Anmerkung: In der obigen Darstellung ist angenommen, dass die Korrespondenzbank zugleich die Hausbank des Importeurs und Domizilstelle des Wechsels ist.

7. **Belastung des Wechselbetrags bei Verfall**

   Auf Grundlage des Einlösungsauftrags des Importeurs belastet die Domizilstelle das Konto des Importeurs.

8. **Gutschrift des Wechselgegenwerts**

   Die Domizilstelle überweist den Wechselgegenwert an die Diskontbank (evtl. durch Verrechnung über eine eingeschaltete Korrespondenzbank).

5.3.2 Einräumung des Diskontkredits/Abschluss des Kreditvertrags

Kreditbetrag

In der Regel wird von den Kreditinstituten eine **Kreditlinie** im Sinne eines Höchstbetrags eingeräumt, bis zu dem der Kreditnehmer Wechsel zum Diskont bei der Bank einreichen kann. Diese Kreditlinie (das sog. Diskontkontingent) steht dem Kreditnehmer für eine **revolvierende Inanspruchnahme** zur Verfügung, d.h. nach Einlösung fälliger Wechsel besteht die Möglichkeit zur erneuten Einreichung von Wechseln bis zur Höhe des vereinbarten Limits.

Laufzeit

Die Laufzeit des Kreditvertrags kann mehrere Jahre, aber auch die Vereinbarung "**bis auf weiteres**", umfassen, die praktisch eine zunächst unbefristete Kreditgewährung darstellt.

Wechsel

Die **Art der einzureichenden Wechsel** (das sog. Wechselmaterial) wird in den Kreditverträgen im Allgemeinen analog zu den Ankaufskriterien der Deutschen Bundesbank festgelegt (Einzelheiten siehe folgenden Abschnitt). Dies gilt insbesondere hinsichtlich der Geschäfte, die der Wechselziehung zu Grunde liegen. Im Allgemeinen wird die Einreichung sog. guter Warenwechsel/Handelswechsel vereinbart.

Sicherheiten

Häufig **verzichten** die Kreditinstitute bei der Einräumung von Wechseldiskontkrediten auf die ausdrückliche Bestellung von **Sicherheiten**. Zum einen sehen die Banken in der (Mit-)Verpflichtung des bzw. der übrigen Wechselbeteiligten eine tragfähige Sicherstellung. Zum anderen können sie im Allgemeinen davon ausgehen, dass sich bei einem ausnahmsweise erforderlichen Rückgriff auf den Wechseleinreicher dessen Kreditrahmen bzw. dessen Vermögen als ausreichend erweist.

Diskontzinsen

Die Höhe der von der Bank in Rechnung gestellten Diskontzinsen beruht auf der **Marktzinsentwicklung**, die ihrerseits ab 1999 maßgeblich von der Höhe der Offenmarktkonditionen des Europäischen Systems der Zentralbanken (ESZB) abhängt. Sofern die eingereichten Wechsel den Ankaufsbedingungen der Deutschen Bundesbank entsprechen ("notenbankfähig" sind), ist der von den Geschäftsbanken in Rechnung gestellte Diskontzinssatz in der Regel erheblich niedriger als beispielsweise der Zinssatz für Kontokorrentkredite, weil die Geschäftsbanken diese Wechsel zu Offenmarktkonditionen -und damit im Allgemeinen **zinsgünstig**- bei der Deutschen Bundesbank refinanzieren können.
Gilt bis 1998: Eine Unterscheidung bei der Höhe der Diskontzinsen zwischen **Inlandswechseln** und **Auslandswechseln** wird heute im Allgemeinen nicht mehr getroffen. Sie ist auch nicht gerechtfertigt, weil die Geschäftsbanken bei der Deutschen Bundesbank auch Auslandswechsel zum offiziellen Diskontsatz refinanzieren können und in ihre Diskontberechnung ohnehin Respekttage bei Auslandswechseln einbeziehen.

Fremdwährungswechsel werden von den Geschäftsbanken ebenfalls auf Grundlage des deutschen Zinsniveaus diskontiert, sofern die Gutschrift des Diskonterlöses auf dem DM-Konto des Wechseleinreichers erfolgt. Allerdings wird die Umrechnung des Fremdwährungsbetrags in DM nicht zum aktuellen Devisenkurs (nicht zum Kassakurs) dieser Währung vorgenommen, sondern zum sog. Wechselankaufskurs, der dem Devisenterminkurs dieser Währung entspricht (Einzelheiten dazu und zum Diskontzins bei Gutschrift des Diskonterlöses eines Fremdwährungswechsels auf dem Fremdwährungskonto des Wechseleinreichers siehe Abschnitt 5.3.4).
Für **Wechsel**, die bei der Bundesbank **nicht refinanzierungsfähig** sind, stellen die Banken im Allgemeinen Diskontzinsen in Höhe des jeweiligen Zinssatzes für Kontokorrentkredite in Rechnung.
Auf Grundlage der Vereinbarung im Kreditvertrag legt die ankaufende Bank den Diskontzinssatz (Diskontabzug) für jeden anzukaufenden Wechsel fest. Der im Zeitpunkt des Ankaufs eines Wechsels festgelegte **Zinssatz** bleibt für die Restlaufzeit dieses Wechsels **unverändert**, und zwar auch dann, wenn die Deutsche Bundesbank danach den Diskontsatz erhöht oder senkt.

Diskontprovision

Früher haben die Banken den Diskont zum Teil in den Diskontzins und in eine Diskontprovision aufgespalten. Für den Kreditnehmer war diese **Aufspaltung** dann nachteilig, wenn die Diskontprovision nicht restlaufzeitgenau, sondern als Monatssatz für jeweils angefangene 30 Tage Laufzeit gerechnet wurde. Bei einem Wechsel, der im Zeitpunkt der Diskontierung eine Restlaufzeit von beispielsweise 65 Tagen aufwies, wurde nach dieser Methode für volle 3 Monate Diskontprovision in Rechnung gestellt.

Sonstige Kosten

Neben den Diskontzinsen stellen die Geschäftsbanken bei der Diskontierung von Auslandswechseln die bei Auslandszahlungen generell übliche **Abwicklungsprovision** (Bearbeitungsprovision, Kommission) in Höhe von 1,5‰ des Wechselbetrags (bzw. des DM-Gegenwerts) in Rechnung. Die Mindestprovision der Banken

ist allerdings bei Auslandswechseln höher als bei Auslandsüberweisungen und bei Auslandsschecks.
Insbesondere bei Auslandswechseln, die notenbankfähig sind, eröffnet sich dem Wechseleinzieher ein **Verhandlungsspielraum** über die Höhe der Abwicklungsprovision, weil die Geschäftsbanken ihrerseits -im Fall der Refinanzierung- keine Abwicklungsprovision an die Deutsche Bundesbank bezahlen müssen.
Die Abwicklungsprovision der Geschäftsbanken bei Diskontierung von Auslandswechseln **entfällt** im Regelfall, wenn die (akzeptierten) Wechsel den Geschäftsbanken im Rahmen eines von ihnen abgewickelten **"Dokumente gegen Akzept"-Inkassos** zugehen. In diesen Fällen haben die Geschäftsbanken die Abwicklungsprovision bereits bei der Abwicklung des Dokumenteninkassos in Rechnung gestellt.

Die Domizilstelle ihrerseits berechnet dem Bezogenen im Allgemeinen eine **Domizilprovision**.

5.3.3 Rediskontbedingungen der Deutschen Bundesbank

Neue Refinanzierung

An die Stelle der bisherigen Rediskontmöglichkeit von Wechseln bei der Deutschen Bundesbank tritt **ab 1.1.1999** voraussichtlich die **"Hereinnahme (Verpfändung) von Wirtschaftskrediten"** durch die Deutsche Bundesbank. Im Zeitpunkt der Ausarbeitung des Manuskripts zu diesem Buch zeichnet sich dieses neue Refinanzierungsverfahren allerdings erst in Grobkonturen ab, sodass die folgenden Ausführungen noch Änderungen erfahren können.

Offenmarktgeschäfte

Bei diesem neuen Refinanzierungsverfahren können die Geschäftsbanken neben Kreditforderungen auch **Wechsel** bei der Bundesbank **verpfänden**. Auf Grundlage dieser Verpfändung können sich die Geschäftsbanken **Liquidität** im Rahmen der Offenmarktgeschäfte des Europäischen Systems der Zentralbanken (ESZB) beschaffen. Diese Liquiditätsbeschaffung erfolgt zu **Marktkonditionen**. Der Diskontsatz der Deutschen Bundesbank wird abgeschafft. Ebenso entfallen die bisherigen Rediskontkontingente.

Anwendungskatalog/ Merkmale

Voraussichtlich müssen die sog. **einreichungsfähigen Handelswechsel** (die auch Bankakzepte und sog. Debitorenziehungen sein können) und Kreditforderungen u.a. die folgenden Anforderungen erfüllen:

- Der Forderungs- bzw. **Wechselschuldner** muss ein Nichtbank-Unternehmen oder ein wirtschaftlich Selbstständiger mit **Sitz im Inland** sein.
- Der Forderungs- bzw. Wechselschuldner muss **notenbankfähig** sein. Die Bundesbank prüft die Notenbankfähigkeit anhand einer **Bonitätsprüfung**, die vom Verfahren her analog zur bisherigen Prüfung von Wechseln ausgestaltet sein soll.
- Die Kreditforderungen und Wechsel müssen auf **Euro** (während der Übergangszeit auch DM oder andere EWU-Teilnehmerwährungen möglich) lauten.

Anmerkung: Die Überwälzung des Wechselkursrisikos von Fremdwährungswechseln auf die Bundesbank durch Rediskontierung, wie sie bis 1998 mittels Umtausch des Fremdwährungswechselbetrags zum sog. Wechselankaufskurs in DM erfolgt(e), ist bei dem neuen Refinanzierungsverfahren somit nicht mehr möglich.

- Die **Mindestlaufzeit** der Handelswechsel und Kreditforderungen muss einen Monat betragen, die **Restlaufzeit** bei Handelswechseln höchstens 6 Monate, bei Kreditforderungen höchstens 2 Jahre.
- Die Deutsche Bundesbank übernimmt den **Einzug** der verpfändeten Wechsel bei Fälligkeit. Wegen des dafür erforderlichen Zeitaufwands endet die Anrechnung auf das Verpfändungsvolumen voraussichtlich bei Inlandswechseln bereits 2 Geschäftstage, bei Auslandswechseln bereits 25 Kalendertage vor dem Verfalltag der Wechsel.
- Im Gegensatz zu ihrer bisherigen **Definition** wird die Deutsche Bundesbank die Unterscheidung zwischen **Inlandswechseln** und **Auslandswechseln** an der Zahlbarstellung der Wechsel ausrichten.

Abnehmende Bedeutung

Weil dieses neue Refinanzierungsverfahren mit Handelswechseln zu Marktkonditionen durchgeführt wird, **verteuert** sich tendenziell die **Refinanzierung** der Banken im Vergleich zu der bisherigen Rediskontfinanzierung. Dies legt die Vermutung nahe, dass der Wechsel und der Wechseldiskontkredit in Zukunft an Bedeutung verlieren werden.

Exkurs: Rediskontbedingungen bis 1998

Im Wesentlichen sind es folgende Anforderungskriterien, auf deren Einhaltung der Exporteur bereits bei Abschluss des Kontrakts mit seinem ausländischen Geschäftspartner achten sollte, sofern die Zahlungsbedingung eine **Wechselziehung** vorsieht:

Aus den Wechseln sollen **drei** als zahlungsfähig bekannte **Verpflichtete** haften, wobei der dritte Verpflichtete regelmäßig die diskontierende Bank ist. Die Bundesbank kann sich im Ausnahmefall mit zwei solventen Wechselverpflichteten begnügen.
Rediskontfähige Auslandswechsel müssen von einem **inländischen Aussteller** auf eine Person oder Personenvereinigung im Ausland (gewöhnlicher Aufenthalt, Wohnsitz, Sitz oder Niederlassung) gezogen und von dieser akzeptiert sein. Analoges gilt für eigene Wechsel (Solawechsel), bei denen ein inländisches Unternehmen als Wechselnehmer aufgenommen sein muss.

Die Wechsel müssen **innerhalb von 3 Monaten** nach dem Tag des Ankaufs durch die Deutsche Bundesbank **fällig** sein. Bei Auslandswechseln werden dabei die in den einzelnen Ländern üblichen Respekttage nicht mitgezählt. Auslandswechsel müssen im Zeitpunkt des Ankaufs durch die Deutsche Bundesbank noch eine **Mindestlaufzeit** von 20 Tagen haben.

Die Wechsel sollen gute Handelswechsel/Warenwechsel sein, d.h. auf Grund von **Warenlieferungen** oder von **Dienstleistungen** zwi-

schen Unternehmen und/oder wirtschaftlich Selbstständigen begeben worden sein.
Prolongationen zu Handelswechseln können von der Deutschen Bundesbank angekauft werden, so weit sie nicht auf Zahlungsschwierigkeiten der Wechselverpflichteten beruhen.

Die Deutsche Bundesbank kauft neben Wechseln, die auf **DM** lauten, auch **Fremdwährungswechsel** an.
Der Kreis der **zugelassenen Fremdwährungen** ist allerdings **beschränkt**. Im Wesentlichen sind es die europäischen Währungen (ohne die Währungen der mittel- und osteuropäischen Reformstaaten) sowie der US-$, der kanadische Dollar, der japanische Yen und einige weitere Währungen bedeutender Handelsländer. Rediskontfähige Auslandswechsel können auch auf DM lauten und gleichwohl im Ausland zahlbar gestellt sein.

In Deutschland zahlbar gestellte Wechsel müssen als Domizilstelle ein Kreditinstitut an einem **Bankplatz** (Ort, an dem die Bundesbank/Landeszentralbank eine Niederlassung unterhält) aufweisen.
Die bei Auslandswechseln möglichen **Zahlungsländer** umfassen im Wesentlichen die europäischen Länder (ohne mittel- und osteuropäische Reformstaaten) sowie weitere sog. westliche Industrieländer.
Die Akzeptanten der Auslandswechsel -bei Solawechseln die Aussteller- können ihren Sitz auch außerhalb des Landes haben, in dem die Wechsel zahlbar gestellt sind.

In ihren Mitteilungen (Bekanntmachungen) hat die Deutsche Bundesbank **detaillierte Ländervorschriften** zusammengestellt, die von der im Einzelfall zulässigen Herstellung der Unterschriften auf mechanischem Wege, über die Versteuerung der Wechsel, über "Ohne-Kosten-Vermerke" bis hin zur Berechnung von Respekttagen reichen.

Die Deutsche Bundesbank kauft sowohl Wechsel, die auf DM, als auch Wechsel, die auf ausländische Währung lauten, **zum Diskontsatz der Bundesbank** an.
Bei Wechseln, die in bestimmten Ländern zahlbar gestellt sind (z.B. in Irland, Kanada, Hongkong, Australien) werden bei der Zinsberechnung drei **Respekttage** hinzugerechnet, sofern im Wechseltext beim Verfalltag nicht der Zusatz "fixed" oder "without days of grace" steht.
Ist der Fälligkeitstag ein **Sonntag** oder für das Land, in dem der Zahlungsort liegt, ein Tag, der nach den "Mitteilungen der Deutschen Bundesbank" bei der Zinsberechnung zu berücksichtigen ist (für die meisten Länder die **Samstage** sowie bestimmte **Feiertage**), so werden **Zinsen bis zum nächsten Werktag gerechnet**.
Der Mindestdiskont beträgt DM 5.--.

Über ausländische Währung lautende Wechsel werden zum **Ankaufskurs** (Wechselkurs, Wechselankaufskurs) der Bundesbank abgerechnet und der rediskontierenden Bank in DM gutgeschrieben. Die Ankaufskurse werden von der Deutschen Bundesbank in Anpassung an die jeweiligen Terminkurse festgelegt.

Die Rediskontbedingungen der Deutschen Bundesbank regeln darüber hinaus vielfältige **weitere Anforderungen** und organisatorische Abläufe, wie z.B. Auskunftspflichten über die Geschäftsgrundlage auf Verlangen, evtl. Übersetzung fremdsprachlicher Wechseltexte, Behandlung fremder Einzugsgebühren und Kursdifferenzen, Rückrufe, Rückrechnungen u.v.a.

Ende Exkurs

5.3.4 Weitere Besonderheiten der Diskontierung von Auslandswechseln

Zinsberechnungsmethode:

Beim Diskont von Auslandswechseln erfolgt die Zinsberechnung der Geschäftsbanken sowie der Deutschen Bundesbank heute im Allgemeinen unabhängig von der Währung nach der sog. **Euro-Methode** (internationale Methode). Grundsätzlich bedeutet dies die Anwendung der sog. **365/360-Methode**. Hinweis: Einzelheiten zu den verschiedenen Zinsberechnungsmethoden am Euromarkt siehe Abschnitt 5.2.3.

- Bedeutung der ersten Ziffer

Die erste **Ziffer "365"** besagt, dass bei der Errechnung der Zinstage (der Restlaufzeit des Wechsels) diese Zinstage kalendermäßig genau ausgezählt werden.
Sofern der Verfalltag des Wechsels auf einen Samstag, Sonn- oder Feiertag fällt, wird bis zum nächsten Arbeitstag gerechnet. Die Deutsche Bundesbank stellt den Geschäftsbanken eine Übersicht über solche Tage in den maßgeblichen Ländern zur Verfügung.

- Bedeutung der zweiten Ziffer

Die zweite **Ziffer "360"** legt für die Berechnung des Zinsdivisors das Zinsjahr mit 360 Tagen fest. Anmerkung: Ein Anwendungsbeispiel ist im folgenden Abschnitt 5.3.5 dargestellt.

Respekttage:

Bei Auslandswechseln werden von den Geschäftsbanken bei der **Berechnung der Diskontzinsen** (genauer: bei der Berechnung der Zinstage) über den Verfalltag des Wechsels hinaus sog. Respekttage hinzugerechnet.

- Gründe

Für die Hinzurechnung von Respekttagen gibt es zwei gewichtige Gründe:

- Zum einen reichen in einigen Ländern die **Vorlegungsfristen** weit über den Verfalltag des Wechsels hinaus;
- zum anderen erfordert die **Deckungsanschaffung**, d.h. die Überweisung des Wechselgegenwerts von der Domizilstelle an die Diskontbank, unter Umständen einen längeren Zeitraum (sog. Reisetage der Überweisungsgutschrift).

- Bundesbank

Gilt bis 1998: Von der Bundesbank werden Respekttage nur bei wenigen Ländern und nur mit **maximal 3 Tagen** angesetzt. Allerdings kann die Bundesbank bei verspätetem Eingang des Wechselbetrags (sog. verzögerte Anschaffung) nachträglich Zinsen in Höhe des Diskontsatzes für den Verzugszeitraum berechnen.

- Geschäftsbanken

Die Geschäftsbanken gehen dieser nachträglichen Zinsbelastung weitgehend dadurch aus dem Weg, dass sie bereits bei der Diskontierung eine **größere Anzahl von Respekttagen** ansetzen:

- bei Wechseln, die in Europa zahlbar gestellt sind, bis zu 10 Tagen;

- bei Wechseln, die im übrigen Ausland zahlbar gestellt sind, bis zu 15 Tagen.

Zum Teil wird bei der von den Geschäftsbanken angesetzen Anzahl der Respekttage auch danach differenziert, ob die Wechsel auf DM bzw. auf Landeswährung des Zahlungsortes oder aber auf eine andere Währung lauten.

Wechselkurs/Diskontzinsen bei Fremdwährungswechseln

Gilt bis 1998: Beim Diskont von Fremdwährungswechseln, deren Diskonterlös auf dem **DM-Konto** des Wechseleinreichers gutgeschrieben werden soll, legen die Geschäftsbanken bei der Umrechnung des Fremdwährungswechselbetrags in DM den aktuellen **Wechselankaufskurs** der Bundesbank zu Grunde. Der Wechselankaufskurs der Bundesbank beruht seinerseits im Wesentlichen auf dem aktuellen Devisenterminkurs der relevanten Fremdwährung.
Die Geschäftsbanken ziehen am Wechselankaufskurs der Deutschen Bundesbank -wie bei allen Devisengeschäften mit Kunden- eine sog. **Marge** ab, die sich im Allgemeinen als Differenz zwischen dem Mittelkurs und dem Geldkurs der betreffenden Fremdwährung definiert. Ab 1999 werden sich die Geschäftsbanken bei der Umrechnung von Fremdwährungswechselbeträgen an den Devisenterminkursen orientieren.
Bei DM-Gutschriften von diskontierten Fremdwährungswechseln berechnen die Diskontbanken schließlich noch die bei Devisengeschäften anfallende **Courtage**, die 0,25 ‰ beträgt.

Beim Ankauf von Fremdwährungswechseln, deren Diskonterlös auf dem **DM-Konto** des Wechseleinreichers gutgeschrieben wird, legen die Geschäftsbanken einen **Diskontzinssatz** zu Grunde, der dem **deutschen Zinsniveau für Wechselankäufe** entspricht, das seinerseits im Wesentlichen auf dem jeweiligen Diskontsatz der Deutschen Bundesbank beruht.

5.3.5 Anwendungsbeispiel mit Beurteilung

Beispiel

Ein deutscher Exporteur reicht am 2. Juli .. einen auf seinen kanadischen Geschäftspartner gezogenen Wechsel über kan. $ 100.000, fällig am 29. September .. in Quebec, zum Diskont bei seiner deutschen Bank ein. Die Gutschrift des Diskonterlöses soll auf dem DM-Konto des Exporteurs erfolgen. Die Bank berechnet einen Diskontsatz in Höhe von 6,0 % p.a. nach der Euro-Methode, also nach der Methode 365/360.

1. **Umrechnung des Wechselbetrags** von kan. $ 100.000 in DM:

   Umrechnungsgrundlage der diskontierenden Bank:
   - Wechselankaufskurs der Bundesbank von beispielsweise DM 1,2440 für 1 kan. $
   - abzüglich Marge der diskontierenden Bank von DM 0,0040 für 1 kan. $
   - dem Wechseleinreicher berechneter Kurs: DM 1,2400 für 1 kan. $
   - Wechselbetrag kan. $ 100.000 entsprechend DM 124.000,00

2. **Berechnung** der **Zinstage** sowie der **Zinszahlen**:
   - Berechnung der Zinstage nach der Euro-365-Tage-Methode vom 2.7. bis 29.9. = 89 Tage (Juli = 29 Tage, August = 31 Tage, September = 29 Tage) zuzüglich 3 Respekttage = 92 Zinstage

- **Zinszahlen** $= \frac{\text{Zinstage x Wechselbetrag}}{100}$

  $= \frac{92 \text{ x } 124.000}{100}$

  $= \underline{\underline{114.080}}$

3. **Berechnung des Zinsdivisors** und der **Diskontzinsen**:

- **Zinsdivisor** $= \frac{\text{Zinsjahr in Tagen}}{\text{Zinssatz p.a.}}$

  $= \frac{360}{6{,}0}$

  $\underline{\underline{60}}$

- **Zinsbetrag (Diskontzinsen):**

  Zinsbetrag $= \frac{\text{Zinszahlen}}{\text{Zinsdivisor}}$

  $= \frac{114.080}{60}$

  $= \underline{\underline{\text{DM } 1.901{,}33}}$

4. **Gutschrift auf dem DM-Konto des Wechseleinreichers:**

Wechselbetrag kan. $ 100.000 zum Wechselkurs von DM 1,2400	= DM	124.000,00
./. Diskontzinsen	= DM	1.901,33
./. Abwicklungsprovision (Bearbeitungsprovision/Kommission) 1‰ vom Wechselbetrag (DM-Gegenwert)	= DM	124,00
./. Courtage 0,25‰ vom Wechselbetrag (DM-Gegenwert)	= DM	31,00
./. Spesen	= DM	3,00
= DM-Gutschrift Val. 2.7.	= DM	121.940,67

Anmerkung: Der Satz der Abwicklungsprovision in Höhe von nur 1‰ stellt eine Sonderbedingung zu Gunsten des Wechseleinreichers dar. Der Normalsatz beläuft sich auf 1,5 ‰.

Abbildungen

Nachstehend sind der zu diskontierende **Wechsel,** siehe **Abbildung 5.3-02**, sowie die **Diskontabrechnung** der Bank für Handel und Industrie AG, siehe **Abbildung 5.3-03**, abgebildet.

Ulm, den 20. Juni 19.. (Ort und Tag der Ausstellung (Monat in Buchstaben))
Quebec (Canada) (Zahlungsort) 29.09.. (Verfalltag)

Gegen diesen **Wechsel** - 1. Ausfertigung - zahlen Sie 29. September 19.. (Fälligkeit)

an Order eigene CAD (Währung) 100.000,-- (Betrag in Ziffern)

CAD (Währung in Buchstaben) (KANADISCHE DOLLAR-einhunderttausend------------------------------) (Betrag in Buchstaben)

Bezogener A & P Machine Tools
2677 Midland Drive **Muster**
in Quebec, P.Q., Canada (Ort und Straße (genaue Anschrift))

Zahlbar in Quebec, P.Q., Canada (Zahlungsort)
bei The Royal Bank of Canada (Name des Kreditinstituts) 1498-349 (z. L. Konto-Nr.)

MAX BERI GMBH
Münstergasse 12-14
D-89032 U l m
Germany
(Unterschrift und genaue Anschrift des Ausstellers)

Angenommen
A & P Machine Tools

Deutscher Wechsel / o. W. / 2
Verlag Ruster & Haas · D-6253 Hadamar
Telefon 06433/2345 + 5194 · Telefax 06433/5717

Stempelmarken auf der Rückseite unmittelbar unter diesem Rande aufkleben

Abbildung 5.3-02

Beurteilung

- Sofern die zu diskontierenden Wechsel den Anforderungen der Deutschen Bundesbank entsprechen, ist der Wechseldiskontkredit in der Regel erheblich **zinsgünstiger** als ein Kontokorrentkredit.
- Durch Diskontierung von Fremdwährungswechseln **überwälzt** der Wechseleinreicher zugleich das **Wechselkursrisiko** auf die diskontierende Bank.
- Die **Gutschrift** des Diskonterlöses **in Fremdwährung** statt in DM bietet sich an, wenn der Wechseleinreicher in der relevanten Fremdwährung ein Konto bei der diskontierenden Bank unterhält und in absehbarer Zeit ohnehin Zahlungen in dieser Währung zu leisten hat. Die diskontierende Bank legt dann bei der Berechnung der Diskontzinsen allerdings einen Zinssatz zu Grunde, der nicht dem deutschen Zinsniveau, sondern dem Zinsniveau der relevanten Fremdwährung entspricht.
- Die diskontierende Bank behält das **Rückgriffsrecht** auf den Wechseleinreicher im Fall der Nichteinlösung des Wechsels durch den Bezogenen/Akzeptanten. Neben dem Wechselbetrag stellt die Bank dann die Protestkosten, die Gebühren sowie die aufgelaufenen Zinsen u.a. in Rechnung.
- **Anmerkungen:**
  - Das wechselrechtliche Rückgriffsrecht kann der Wechseleinreicher **nicht ausschließen**, sofern er Aussteller eines gezogenen Wechsels ist.
  - Ist der Wechseleinreicher dagegen lediglich Indossant eines gezogenen oder eines eigenen Wechsels, dann kann er das Regressrisiko durch ein sog. **Angstindossament** grundsätzlich ausschließen (Einzelheiten siehe Kap. "3.4 Auslandswechsel").

BANK FÜR HANDEL UND INDUSTRIE AG

DEVISENABT. - FOREIGN PAYMENTS

AUFTRAGGEBER/BY ORDER OF
DISK. WECHSEL WÄHRUNG

GUTSCHRIFTSAUFGABE/CREDIT ADVICE
REF.NO.

Muster

Empfänger/Addressee

Max Beri GmbH
Münstergasse 12-14

89032 Ulm (Donau)

CAD 100.000,--

AUFTRAG VOM 2.JULI
ORDER OF

ZAHLUNGSGRUND/REASON FOR PAYMENT
WECHSEL BEZ.: A & P MACHINE TOOLS

D I S K O N T W E C H S E L A B R E C H N U N G

REF. 1301290 WECHSEL PER 29.SEPTEMBER 19
ZAHLUNGSORT: QUEBEC
DISKONTRECHNUNG: DEM 1.901,33 SIND GLEICH 6,0 PROZENT
DISKONT FUER 92 TAGE INCL. 3 RESPEKTTAGE.

ABZURECHNENDER BETRAG/AMOUNT TO BE SETTLED		100.000,--	CAD
KURS/RATE	1,2400		
GEGENWERT/EQUIVALENT		124.000,--	DEM
BEARB.GEB./COMMISSION		124,--	DEM
COURTAGE/BROKERAGE		31,--	DEM
SPESEN/CHARGES		3,--	DEM
DISKONT		1.901,33	DEM

	KTO./ACCOUNT	WERT/VALUE	BETRAG/AMOUNT	WAE./CURR.
C R E D I T	1234278	02.07.	121.940,67	DEM

Bank für Handel und Industrie AG Filiale Ulm

Abbildung 5.3-03

- Bei **Rückbelastung von Fremdwährungswechseln** auf seinem DM-Konto hat der Exporteur die Wechselkursveränderungen zwischen dem Tag der Diskontierung (zum Wechselankaufskurs) und dem Tag der Rückbelastung (zum Kassakurs) des Wechsels zu bedenken, die -je nach Wechselkursveränderung- zu einem Kursgewinn oder zu einem Kursverlust führen können.

5.3.6 Ratschläge

Ratschläge für Kreditantragsteller/Kreditnehmer

Hinweis

Maßgebliche Ratschläge kann der Exporteur der Beurteilung des vorstehenden Anwendungsbeispiels entnehmen.

Beachtung der Bundesbankbedingungen

Der Exporteur sollte spätestens bei Ziehung eines Wechsels (besser aber bereits bei Vereinbarung der entsprechenden Zahlungsbedingung mit dem Importeur im Kaufvertrag) auf die **Ankaufskriterien der Banken**, insbesondere auf die Kriterien der Deutschen Bundesbank achten. Nur dadurch sichert sich der Exporteur den Zugang zum zinsgünstigen Wechseldiskontkredit.

Strategien bei Abschluss des Kreditvertrags mit der Bank

Bei Abschluss des Diskontkreditvertrags sollte der Exporteur

- zur Erleichterung seiner Disposition und zu seiner Sicherheit sich ein **Limit** einräumen lassen, das über den absehbaren Bedarf hinausreicht, zumal die Banken dafür keine Bereitstellungsprovision o. Ä. in Rechnung stellen;
- darauf hinwirken, dass die Einräumung des Diskontkredits ohne die ausdrückliche Bestellung von **Kreditsicherheiten** erfolgt;
- die folgenden Kriterien, die seinen **Verhandlungsspielraum** bei der Festlegung der Höhe der Diskontzinsen bestimmen, gezielt zu seinen Gunsten nutzen:
  - **Art** der einzureichenden **Wechsel** (niedrigere Diskontzinsen bei Handels-/Warenwechseln, höhere Diskontzinsen bei Finanzierungswechseln, Prolongationswechseln, Finanzwechseln u. Ä.);
  - **Refinanzierbarkeit** der Wechsel bei der Deutschen Bundesbank bzw. beim Europäischen System der Zentralbanken (ESZB);
  - **Restlaufzeit** der Wechsel im Zeitpunkt der Diskontierung (ab 1999 max. 6 Monate, weil nur dadurch sofortige Refinanzierbarkeit bei der Bundesbank möglich ist);

- **Wechselbeträge** (Kleinbeträge werden mit höheren Diskontzinsen belastet);
- **Kreditwürdigkeit** des **Wechseleinreichers** und Folgegeschäfte des Wechseleinreichers mit der Bank;
- **Kreditwürdigkeit** der **übrigen Wechselverpflichteten** (im Regelfall des Bezogenen);
- Aktuelle **Geldmarktsituation** der Banken bzw. Offenmarktpolitik des ESZB.

- Gilt bis 1998: Im günstigsten Fall erreicht der Kreditnehmer die Vereinbarung eines nur **geringen Aufschlags** über dem jeweiligen Diskontsatz der Deutschen Bundesbank. Dies gilt grundsätzlich auch für Auslandswechsel, weil die Banken auch Auslandswechsel -unabhängig davon, ob die Auslandswechsel auf DM oder auf Fremdwährung lauten- zum offiziellen Diskontsatz bei der Deutschen Bundesbank rediskontieren können.
- Einer Verhandlung zugänglich sein kann auch die von den Banken angesetzte Anzahl der **Respekttage** sowie die Höhe der **Abwicklungsprovision** (Kommission, Bearbeitungsgebühr u. Ä.).

5.4 Akzeptkredite/Bankakzepte

5.4 Akzeptkredite/Bankakzepte

5.4.1 Kurzinformation

Kurzinformation: Maßgebliche Merkmale der Refinanzierung mit Bankakzepten

Bankakzepte dienen

- der **zinsgünstigen Refinanzierung** (Diskontierung) von Exporteuren, Importeuren und anderen Kreditnehmern bei den Akzeptbanken. Die Zinsvorteile sind allerdings nur dann gegeben, wenn die Bankakzepte den Refinanzierungsbedingungen der Deutschen Bundesbank bzw. des ESZB entsprechen;
- der **ersatzweisen Refinanzierung** (Diskontierung) bei den Akzeptbanken in den Fällen, in denen der jeweilige in- oder ausländische Geschäftspartner eines Exporteurs bzw. eines Importeurs nicht bereit ist, einen Handelswechsel zu akzeptieren bzw. auszustellen;
- der besonderen **Sicherstellung des Exporteurs**, weil als Akzeptant des Wechsels nicht der Importeur, sondern dessen Bank oder eine andere Bank fungiert.
  Anmerkung: Dem Exporteur, der das Bankakzept zahlungshalber vom Importeur erhält, haftet neben der Akzeptbank weiterhin auch der Importeur in seiner Eigenschaft als Aussteller des Bankakzepts.

Bei **Akzeptakkreditiven** sind Bankakzepte definitionsgemäß einbezogen, und zwar -gemäß den jeweiligen Akkreditivbedingungen- durch **Akzeptleistung**

- der **akkreditiveröffnenden Bank** (Akkreditivbank)
  bzw.

- einer **anderen benannten Bank** (sog. Zweitbank, evtl. die Hausbank des Exporteurs).

Im zweiten Fall gewinnt der akkreditivbegünstigte Exporteur eine zusätzliche Sicherheit in Form des Bankakzepts der anderen benannten Bank. Ein solches Akzeptakkreditiv wird auch als Remboursakkreditiv bezeichnet. Einzelheiten zu den Akzeptakkreditiven siehe Abschnitt 4.3.3.3.

5.4.2 Abwicklung einer Importzahlung mit Bankakzept

Vorbemerkung

Die im Folgenden beschriebene Abwicklung kommt in der Praxis selten vor. Gleichwohl wird sie aus **didaktischen Gründen** aufgenommen, weil dem Leser damit die Rechtsbeziehungen und die Funktionen von Bankakzepten erfahrungsgemäß transparenter vor Augen geführt werden können, als dies bei der unten (in Abschnitt 5.4.3) behandelten Diskontierung eines Bankakzepts durch die Akzeptbank der Fall ist.

Ausgangssituation

Beispiel

Die TEXGRO GmbH, eine Textilwarengroßhandlung in Frankfurt am Main, kauft Strickwaren von dem schweizerischen Hersteller Lagrange SA in Fribourg zum Kaufpreis von DM 250.000. Die TEXGRO GmbH wünscht ein **Zahlungsziel** von 90 Tagen. Der schweizerische Exporteur ist jedoch weder dazu bereit, dieses Zahlungsziel auf Grundlage einer offenen Rechnung zu gewähren, noch im Rahmen einer Wechselziehung auf die TEXGRO GmbH. In beiden Fällen würde der Lagrange SA das **Delkredererisiko** verbleiben. Bei Einräumung des Zahlungsziels auf Grundlage offener Rechnung würde der Lagrange SA außerdem die Möglichkeit der zinsgünstigen Refinanzierung fehlen, die bei einer Wechselziehung grundsätzlich gegeben ist.
Die TEXGRO GmbH, die auf das Zahlungsziel nicht verzichten will, bietet der Lagrange SA deswegen an, das **Akzept ihrer Hausbank**, der Bank für Handel und Industrie AG, beizubringen.

Ziehung (Ausstellung) des Bankakzepts und Weitergabe zahlungshalber an den ausländischen Exporteur

Kreditantrag

Der deutsche Importeur, die TEXGRO GmbH, hat zunächst die Ziehung des Bankakzepts mit der Hausbank, der Bank für Handel und Industrie AG, zu vereinbaren, also einen **Akzeptkredit** zu **beantragen**.

Bankakzept/Abbildung

Nach erteilter Kreditzusage zieht die TEXGRO GmbH einen Wechsel über DM 250.000 auf die Bank für Handel und Industrie AG. Ausstellerin dieses Wechsels ist die TEXGRO GmbH, **Bezogene** ist die genannte **Bank**. Zugleich mit ihrer **Akzeptleistung** belastet die Bank für Handel und Industrie AG das **Avalkreditkonto** der

TEXGRO GmbH, um damit der Kreditleihe an die TEXGRO (eine solche stellt die Akzeptleistung dar) Rechnung zu tragen. **Abbildung Nr. 5.4-01** zeigt dieses Bankakzept.

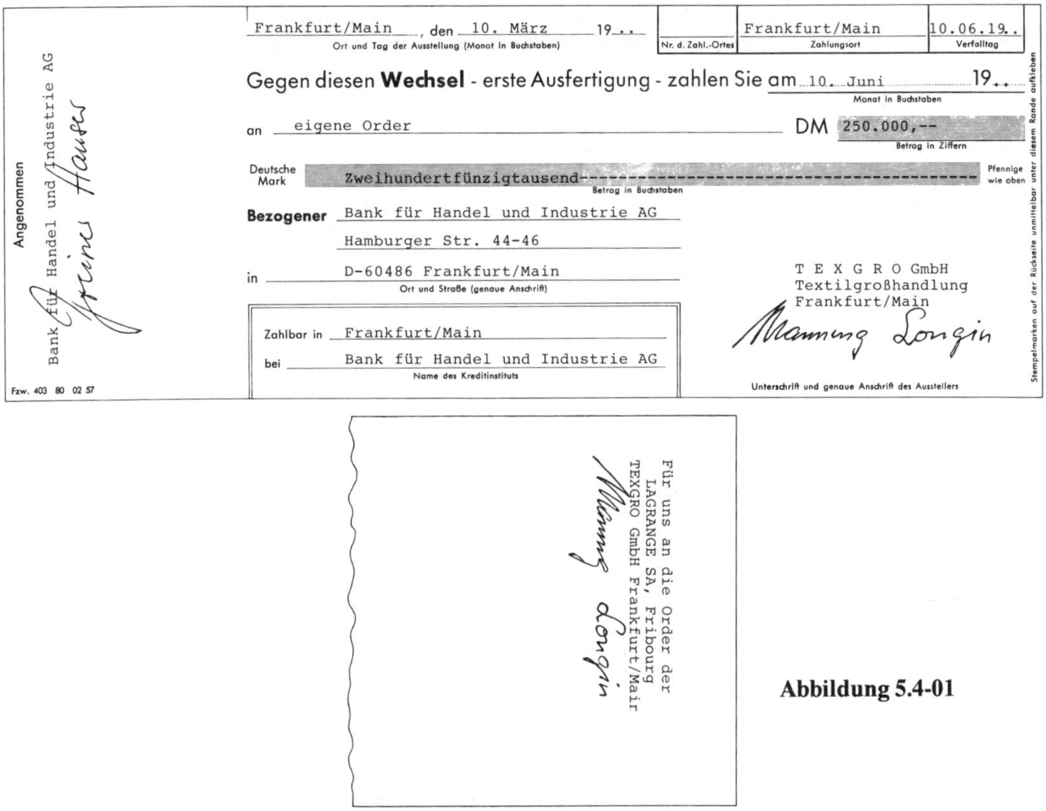

Frankfurt/Main, den 10. März 19..
Ort und Tag der Ausstellung (Monat in Buchstaben)

Nr. d. Zahl.-Ortes

Frankfurt/Main
Zahlungsort

10.06.19..
Verfalltag

Gegen diesen **Wechsel** - erste Ausfertigung - zahlen Sie am 10. Juni 19..
Monat in Buchstaben

an eigene Order DM 250.000,--
Betrag in Ziffern

Deutsche Mark Zweihundertfünzigtausend------------------------------------ Pfennige wie oben
Betrag in Buchstaben

Bezogener Bank für Handel und Industrie AG
Hamburger Str. 44-46

in D-60486 Frankfurt/Main
Ort und Straße (genaue Anschrift)

Zahlbar in Frankfurt/Main
bei Bank für Handel und Industrie AG
Name des Kreditinstituts

T E X G R O GmbH
Textilgroßhandlung
Frankfurt/Main

Unterschrift und genaue Anschrift des Ausstellers

Angenommen
Bank für Handel und Industrie AG

Stempelmarken auf der Rückseite unmittelbar unter diesem Rande aufkleben

Fzw. 403 80 02 57

Für uns an die Order der
LAGRANGE SA, Fribourg
TEXGRO GmbH Frankfurt/Main

Abbildung 5.4-01

Remittent und Indossant

Wechselbegünstigte (Remittentin) ist kraft Ordervermerk die TEXGRO GmbH selbst, und zwar dokumentiert mit der Formulierung **"an eigene Order"**. Folge dieses Ordervermerks ist es, dass ausschließlich der TEXGRO GmbH das Recht zusteht, die Wechselrechte auf Dritte zu übertragen, d.h. das erste Indossament auf dem Wechsel anzubringen.

Weitergabe

Der von der Bank akzeptierte Wechsel wird der TEXGRO GmbH ausgehändigt, die ihn mit einem Indossament versieht und **zahlungshalber** im Gegenzug zu den empfangenen Waren der Lagrange SA übersendet.

Sicherungsinstrument für den Exporteur

Schutz vor dem Delkredererisiko

Das zahlungshalber empfangene Bankakzept sichert den Exporteur (die Lagrange SA) vor dem Delkredererisiko, weil die **Akzeptbank** unabhängig von der Zahlungsfähigkeit des Wechselausstellers an ihn bzw. an jeden gutgläubigen Dritten, der das Bankakzept rechtens in Händen hält, **bezahlen muss.**

Restrisiken

Als Restrisiken bleiben aus Sicht des Exporteurs das **Garantendelkredererisiko**, d.h. das Risiko der Zahlungsunfähigkeit der Akzeptbank, sowie das politische Risiko, ausgehend von jenem Land, in dem die Akzeptbank ihren Sitz hat. Sollte der -außergewöhnliche- Fall eintreten, dass die Akzeptbank nicht in der Lage ist, zu zahlen, dann bleibt dem Exporteur (der Lagrange SA) immer noch das Recht auf Rückgriff (Regress) auf den Wechselaussteller (die TEXGRO GmbH).

Verwendungsalternativen des ausländischen Exporteurs für das empfangene Bankakzept

Alternativen

Der ausländische Exporteur kann das empfangene Bankakzept

- seiner Bank zum **Diskont** einreichen (was die Regel ist);
- im **eigenen Bestand** (Portefeuille) behalten und kurz vor Verfall seiner Bank zum Inkasso des Wechselbetrags übergeben;
- an einen **Vorlieferanten** zahlungshalber weitergeben.

Welche dieser Alternativen der Exporteur (die Lagrange SA) ergreift, hängt von seinem Kreditbedarf ebenso ab wie von den aktuellen Diskontkonditionen sowie von den speziellen Kreditbedingungen des Kreditwesens in seinem Land.

Vorlage und Einlösung bei Fälligkeit

Vorlage

Bei Fälligkeit wird das Bankakzept der **Akzeptbank** (die in der Regel zugleich als **Domizilstelle** im Bankakzept eingetragen ist) zur Zahlung von jenem Dritten vorgelegt, auf den die Wechselrechte vom Exporteur (von der Lagrange SA) durch Indossament inzwischen übertragen wurden (z.B. von einer schweizerischen Bank, bei der der schweizerische Exporteur das Bankakzept diskontiert hat).

Haftung im Außenverhältnis

Im Außenverhältnis, d.h. **gutgläubigen Dritten gegenüber**, die ihre Legitimation durch eine lückenlose Indossamentenkette nachweisen, ist die **Akzeptbank** (Bank für Handel und Industrie AG) in jedem Fall **wechselrechtlich verpflichtet**, das Bankakzept zu bezahlen. Diese Verpflichtung der Akzeptbank besteht unabhängig von der Zahlungsfähigkeit des Wechselausstellers.

Haftung im Innenverhältnis

Im Innenverhältnis hat die Akzeptbank auf Grund des Kreditvertrags mit der TEXGRO GmbH (der eine **Kreditleihe**, also eine Art Avalkredit, umfasst) und auf Grund ihrer Allgemeinen Geschäftsbedingungen dagegen das Recht, den Wechselaussteller (TEXGRO GmbH) bei Fälligkeit mit dem Wechselbetrag auf seinem **Kontokorrentkonto** zu belasten.

Abbildung

Die **Abbildung 5.4-02** zeigt die **Abwicklung einer Importzahlung mit Bankakzept** in einzelnen Schritten.

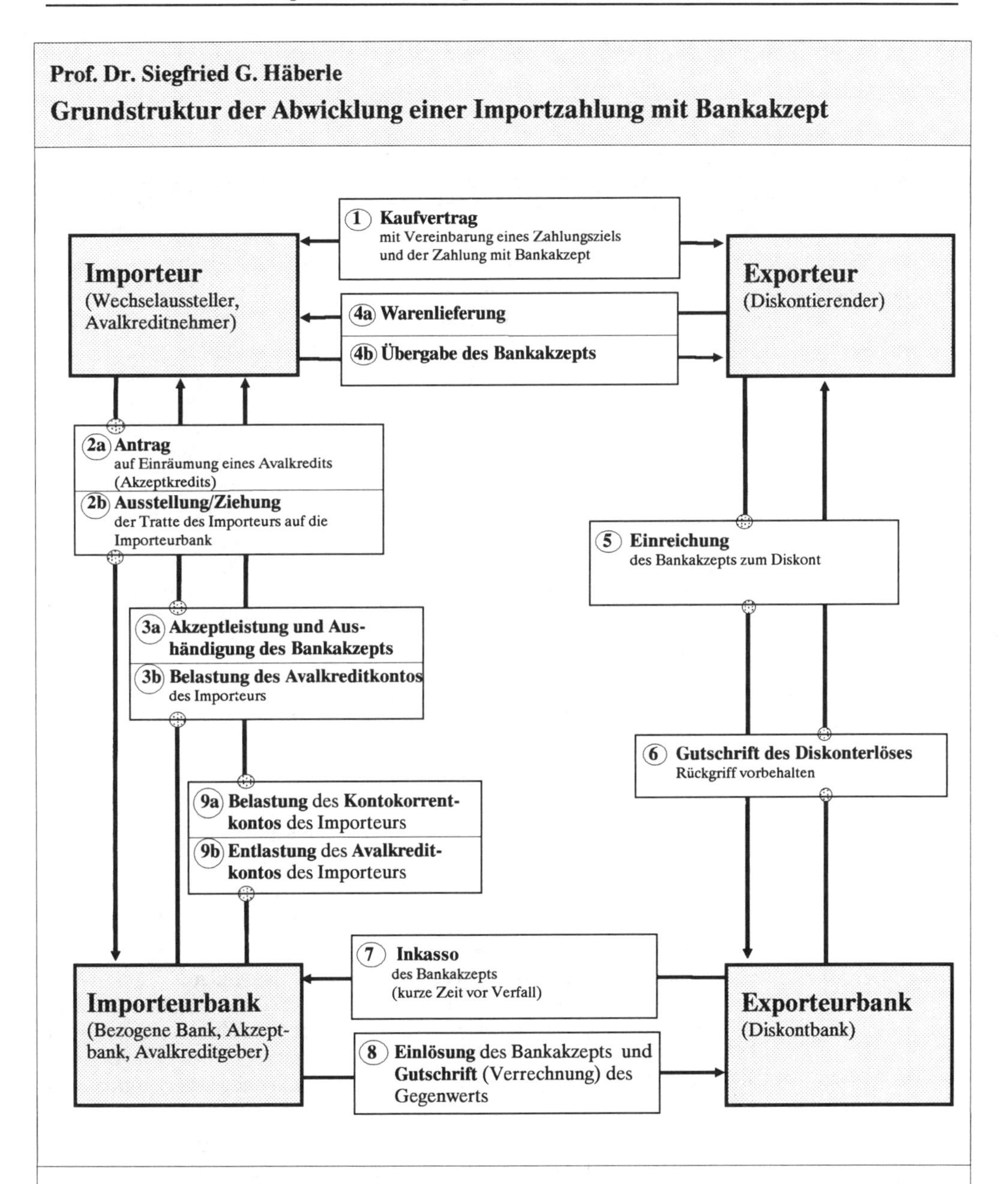

Hinweis: Im Interesse der Übersichtlichkeit der Darstellung sind in diese Abbildung nur die grundlegenden Merkmale der Abwicklung einer Importzahlung mit Bankakzepten aufgenommen. Einzelheiten und Modifikationen sind in den folgenden Abschnitten beschrieben.

Abbildung 5.4-02

5.4.3 Refinanzierung von Exporteuren und Importeuren mit Bankakzepten

Ausgangssituation

Beispiel: Exportfinanzierung

Warenlieferanten (Exporteure) vereinbaren mit ihren Hausbanken die Ziehung von Bankakzepten insbesondere dann, wenn ihre in- oder ausländischen Abnehmer nicht bereit sind, einen Wechsel zu akzeptieren oder der akzeptierte Wechsel nicht bundesbankfähig ist und deswegen nur zu hohen Zinssätzen refinanzierbar wäre.

Beispiel: Importfinanzierung

Warenkäufer (Importeure) vereinbaren mit ihren Hausbanken die Ziehung von Bankakzepten insbesondere dann, wenn ihre in- oder ausländischen Lieferanten nicht bereit sind, einen Wechsel auszustellen, sodass das sog. Scheck-Wechsel-Verfahren nicht praktiziert werden kann und deswegen diese zinsgünstige Finanzierung des Wareneinkaufs nicht möglich ist (zum Scheck-Wechsel-Verfahren vgl. Abschnitt 3.4.4).

Mittels **Bankakzept** eröffnet sich diesen Betrieben doch noch der Zugang zum **zinsgünstigen Diskontkredit**. Voraussetzung ist allerdings, dass die Bankakzepte den Anforderungen der Deutschen Bundesbank entsprechen, d.h. notenbankfähig sind. Voraussetzung ist jedoch nicht, dass dem Bankakzept ein Außenhandelsgeschäft zu Grunde liegt; vielmehr können damit auch inländische Handelsgeschäfte finanziert werden.

Abbildung

In **Abbildung 5.4-03** ist die **"Grundstruktur der Abwicklung einer Refinanzierung mit Bankakzept"** in einzelnen Schritten dargestellt, und zwar unter Einbeziehung der Rediskontierung des Bankakzepts (ab 1999 ersetzt durch Offenmarktrefinanzierung des ESZB).

Ziehung (Ausstellung) des Bankakzeptes und Diskontierung durch die Akzeptbank

Ausstellung/Akzeptleistung

Der Exporteur oder der Importeur (der jeweilige Kreditnehmer) zieht -nach entsprechender Kreditvereinbarung- einen Wechsel auf seine **Hausbank**, die diesen Wechsel **akzeptiert**.

Diskontierung

Dieselbe Bank **diskontiert** anschließend **ihr eigenes Bankakzept** und schreibt dem Aussteller den Diskonterlös auf seinem Kontokorrentkonto gut. Insoweit beansprucht der Wechselaussteller zwei Kreditarten bei seiner Bank, nämlich einen Akzeptkredit (als sog. Kreditleihe, die auch als Avalkredit bezeichnet wird) und einen Wechseldiskontkredit.

Anmerkung: Grundsätzlich möglich ist auch die Aushändigung des Bankakzepts an den Aussteller, der das Bankakzept sodann bei einer anderen Bank diskontieren lässt. Praktisch kommt dies aber nur selten vor.

Gilt bis 1998: Rediskont bei der Deutschen Bundesbank oder bei einem anderen Zentralinstitut

Refinanzierung

Die Ziehung von Bankakzepten mit anschließender Diskontierung durch die Akzeptbank macht nur Sinn, wenn die **Diskontbank** (und

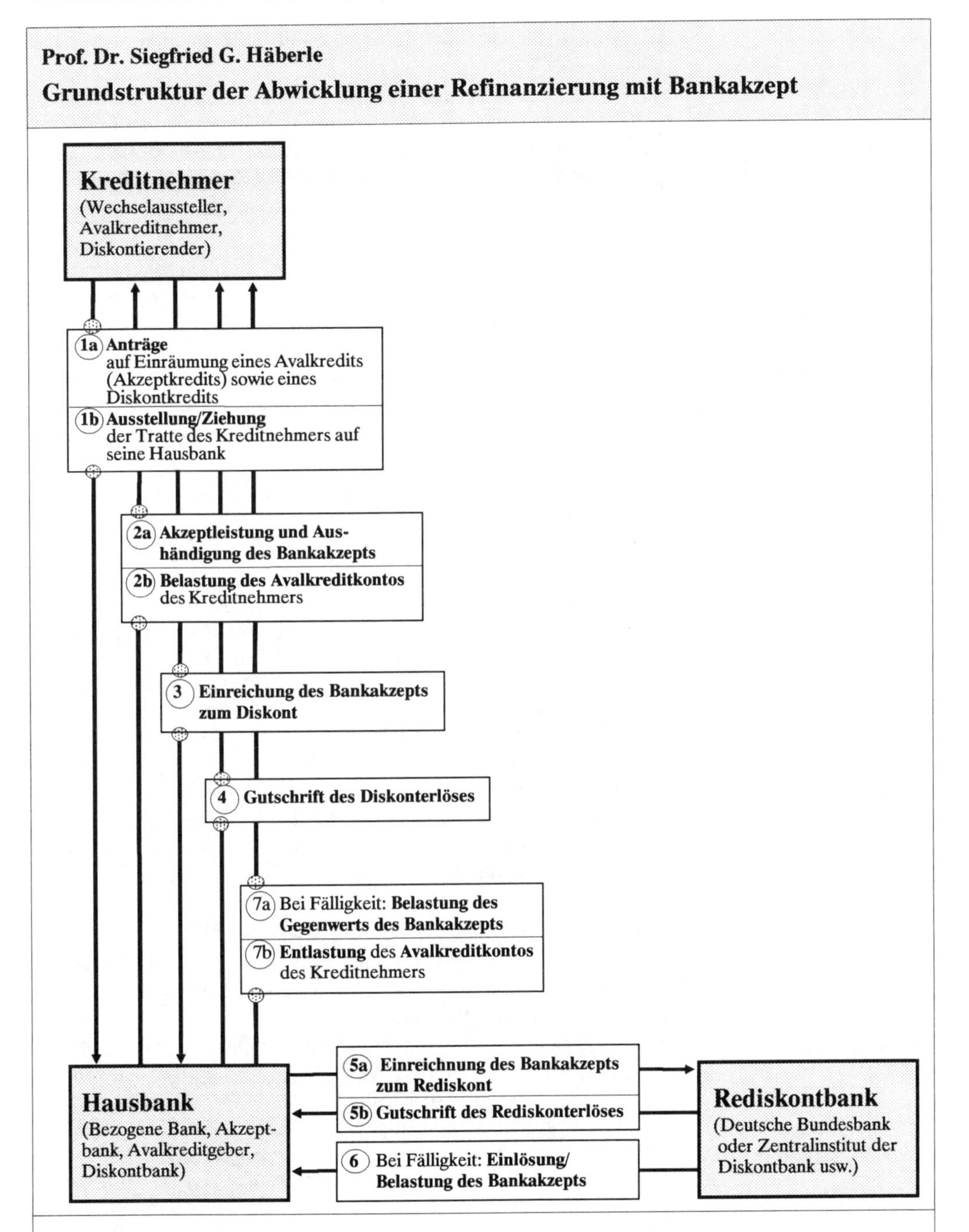

Abbildung 5.4-03

Akzeptbank) ihrerseits über eine **zinsgünstige Refinanzierungsmöglichkeit** verfügt.

Anforderungskatalog

Die Deutsche Bundesbank kauft bis 1998 Bankakzepte zum **offiziellen Diskontsatz** an, wenn diese -analog zu den anzukaufenden Handelswechseln- mindestens folgende **Voraussetzungen** erfüllen:

- Die Bankakzepte müssen **innerhalb von 3 Monaten** nach dem Tag des Ankaufs **fällig** sein (maximale Restlaufzeit von 90 Tagen).
- Wirtschaftliche Grundlage der Ausstellung von Bankakzepten haben **Handelsgeschäfte** (Warenlieferungen oder Dienstleistungen) zwischen Unternehmen bzw. wirtschaftlich Selbstständigen zu sein (keine reine Kreditfinanzierung).
- Beim Ankauf von Bankakzepten begnügt sich die Deutsche Bundesbank mit der Unterschrift von **zwei** als zahlungsfähig bekannten **Verpflichteten** (also der Akzeptbank und des Wechselausstellers).

Ab 1999 erfolgt die **Refinanzierung** von Bankakzepten im Rahmen der **Offenmarktpolitik des ESZB**.

Vorlage und Einlösung bei Fälligkeit

Einlösung

Diese Vorgänge vollziehen sich wie oben beschrieben: Die **Akzeptbank löst** ihr Bankakzept, das ihr von der Bundesbank/Rediskontstelle bei Fälligkeit vorgelegt wird, **ein und belastet** den **Wechselaussteller** mit dem Wechselbetrag auf seinem Kontokorrentkonto. Zugleich erfolgt in diesem Zeitpunkt die Entlastung des Wechselausstellers von der Inanspruchnahme des Wechseldiskontkredits und des Akzeptkredits (Entlastung des Avalkreditkontos).

Haftung

Im **Außenverhältnis**, also gutgläubigen Dritten gegenüber, haftet die Akzeptbank uneingeschränkt für die Einlösung des Bankakzepts. Im **Innenverhältnis** haftet dagegen der wechselausstellende Betrieb der Akzeptbank.

Anmerkungen zur ehemaligen Refinanzierung mit Privatdiskonten

DM-Bankakzepte

Privatdiskonten waren **DM-Akzepte** der zum Privatdiskontmarkt zugelassenen **Akzeptbanken**. Sie dienten ausschließlich der Finanzierung von Außenhandelsgeschäften.

Fehlende Rediskontlinie

Der Zentralbankrat der Deutschen Bundesbank hat 1989 beschlossen, die der Privatdiskont AG eingeräumte Kreditlinie im Offenmarktgeschäft stufenweise abzubauen und ab 1.1.1992 ganz zu streichen. Dadurch ist die zinsgünstige Finanzierung der Geschäftsbanken bei der Privatdiskont AG zum Erliegen gekommen. Die **Privatdiskont AG** ist seit 1.1.1992 **ohne aktive Geschäftstätigkeit**. Die Privatdiskont AG wartet ab, ob sich im gemeinsamen europäischen Markt in Zukunft neue Geschäftsmöglichkeiten ergeben.

5.4.4 Kosten der Bankakzepte bzw. der Akzeptkredite

Art und Umfang der Kosten, die den Ausstellern von Bankakzepten (den Bankkunden) entstehen, hängen zum einen von der Verwendung des Bankakzeptes, zum anderen von den (aktuellen) Refinanzierungskosten der Diskontbank (Akzeptbank) ab.

Akzeptprovision

Risikoprämie der Akzeptbank

Akzeptprovision (Avalprovision) stellt die Bank ihrem Kunden (dem Wechselaussteller) für die Übernahme des Akzepts in Rechnung. Die Akzeptprovision ist als **Entgelt** der Akzeptbank für das **übernommene Risiko** (für die sog. Kreditleihe) zu verstehen.

Die Akzeptprovision wird zwar nach den Methoden der Zinsrechnung ermittelt. Als Risikoprämie ist ihre Höhe jedoch nicht vom aktuellen Zinsniveau abhängig, sondern von der Risikoeinschätzung der Akzeptbank, also von der Kreditwürdigkeit des Wechselausstellers (des Bankkunden), weil dieser letztlich -bei Fälligkeit- von der Akzeptbank mit dem Wechselbetrag belastet wird.

Bestimmungsfaktoren für die Höhe

Die **Streubreite** der Höhe der Akzeptprovisionen reicht -in Abhängigkeit von den individuellen Verhältnissen- von Minimalsätzen bis hin zu Prozentsätzen, die deutlich über einem Prozent p.a. liegen.
Sofern die Akzeptbank zugleich Diskontbank ist, wird die Akzeptprovision gegenüber dem Kunden häufig nicht gesondert ausgewiesen, sondern in die **Diskontzinsen einbezogen**.
Dient ein Bankakzept dagegen -wie in Abschnitt 5.4.2 beschrieben- der Sicherstellung eines Zahlungsempfängers (eines Exporteurs bzw. Lieferanten) und reicht der Zahlungspflichtige (der Importeur, der Warenabnehmer) den auf seine Bank gezogenen Wechsel nach deren Akzeptleistung zahlungs- und sicherungshalber an den Zahlungsempfänger weiter, dann berechnet die Akzeptbank in der Tat eine **gesonderte Akzeptprovision**.

Zinsen

Diskont

Die Akzeptbank berechnet dem Wechselaussteller -wie bei jedem Wechselankauf- **Diskontzinsen**, sofern sie vom Wechselaussteller beauftragt ist, das eigene Bankakzept zu diskontieren.

Höhe

Gilt bis 1998: Die Höhe des Diskontsatzes ist vor allem von demjenigen Zinssatz abhängig, zu dem sich die Akzept- und Diskontbank selbst refinanzieren kann. Bei Bankakzepten ist dies im Allgemeinen der offizielle **Diskontsatz der Deutschen Bundesbank**.
Welchen (höheren) Zinssatz die Akzept- und Diskontbank dem Aussteller des Bankakzeptes sodann in Rechnung stellt, ist insbesondere beeinflusst von der aktuellen Geld- und Kreditmarktsituation.

Domizilprovision

Zum Teil berechnen die Akzeptbanken, bei denen das eigene Akzept regelmäßig auch zahlbar gestellt ist, dem Wechselaussteller bei

Belastung des Wechselbetrags am Fälligkeitstag auf seinem Konto zusätzlich eine Domizilprovision. Der Wechselaussteller kann sich jedoch auf den Standpunkt stellen, dass die Zahlbarstellung (Domizilierung) des Bankakzepts bei der Akzeptbank mit der gezahlten Akzeptprovision bzw. mit den gezahlten Diskontzinsen abgegolten sein sollte.

5.4.5 Ratschläge

Ratschläge für Kreditantragsteller/Kreditnehmer

Beweggründe

Exporteure und Importeure sollten die im Allgemeinen **zinsgünstige Refinanzierungsalternative** mit Bankakzepten insbesondere dann in Erwägung ziehen, wenn eine Wechselziehung bzw. Wechselzahlung mit den Geschäftspartnern nicht möglich ist oder nicht zu bundesbankfähigen Wechseln führen würde, sodass dieser Weg zum zinsgünstigen Wechseldiskontkredit versperrt ist.

Bedingungen der Bundesbank bzw. des ESZB

Nur die **genaue Beachtung** der Bedingungen der Deutschen Bundesbank bzw. des ESZB sichert den Zugang zu diesem zinsgünstigen Refinanzierungsinstrument.

Kosten

- Ein wichtiger Anhaltspunkt für die Angemessenheit der von den Banken berechneten Diskontzinsen ist für den Wechselaussteller bis 1998 der offizielle **Diskontsatz der Deutschen Bundesbank**. Die Zinsaufschläge der Diskontbanken sind ab 1999 von der aktuellen Geld- und Kreditmarktsituation sowie von den Offenmarktkonditionen des ESZB abhängig.
- Sofern die Akzeptbank zugleich Diskontbank des Bankakzeptes ist, sollte der Bankkunde anstreben, daß die **Akzeptprovision** ebenso wie die **Domizilprovision** im Diskontzinssatz **abgegolten** sind.
- Wird das Bankakzept vom Wechselaussteller dagegen als **Zahlungs- und Sicherungsinstrument** an einen Lieferanten weitergegeben, dann berechnet die Akzeptbank eine Akzeptprovision. Die Akzeptprovision ist dann als Risikoprämie der Akzeptbank zu verstehen.

5.5 Negoziierungskredite (Negoziationskredite)

5.5 Negoziierungskredite (Negoziationskredite)

5.5.1 Kurzinformation

Kurzinformation über maßgebliche Merkmale

Negoziierungskredite (Negoziationskredite, Bevorschussungskredite) der Banken, die in unterschiedlichen Formen in Erscheinung treten und mit unterschiedlichen Vorstellungsinhalten verbunden werden,

- **überbrücken** die **Zeitspanne** zwischen Warenversand des Exporteurs und (dem evtl. durch ein Zahlungsziel zusätzlich hinausgeschobenen) Zahlungseingang;
- werden im Allgemeinen auf Grundlage der eingereichten **Exportdokumente** an Exporteure gewährt und erfordern -bei generell gegebener Kreditwürdigkeit des Exporteurs- in der Regel keine zusätzlichen Kreditsicherheiten;
- können in Verbindung mit **Dokumenteninkassi** bzw. **Dokumentenakkreditiven** stehen;
- werden aber in seltenen Fällen auch auf Grundlage von **Ziehungsermächtigungen** (drawing authorizations) und auf Wechselbasis gewährt.

5.5.2 Charakterisierung

Verschiedene Sachverhalte

Die Ausdrücke "negoziieren" bzw. "Negoziierungskredit" oder auch "Negoziationskredit" werden in der Literatur ebenso wie in der betrieblichen Praxis mit **unterschiedlichen Vorstellungsinhalten** verknüpft.

Kreditgewährung (Bevorschussung)

Als **gemeinsames Kriterium** kristallisiert sich lediglich die Tatsache heraus, dass der Vorgang des Negoziierens eine Kreditgewährung (Bevorschussung) an Exporteure umfasst.
Manchmal ist damit eine **Bevorschussung** eines Exportgeschäfts auf Grundlage vorgelegter Exportdokumente gemeint.
Manchmal wird unter Negoziierung auch **die Diskontierung** eines Wechsels, den der Exporteur auf den Importeur oder auf einen Dritten (z.B. auf die Importeurbank) gezogen hat, in Verbindung mit der Einreichung weiterer Exportdokumente verstanden.
Zumindest das zweite Beispiel zeigt, dass in manchen Fällen statt von "Negoziierung" ebenso von "Diskontierung" gesprochen werden könnte, was in der Praxis manchmal auch geschieht.
Weil die wünschenswerte **Eindeutigkeit** der Begriffe "Negoziierung", "Negoziierungskredit" usw. **nicht gegeben** ist, kann im Folgenden nur der Versuch unternommen werden, einige Sachverhalte zu umreißen, die in Praxis und Literatur -zwar nicht einheitlich, aber doch häufig- mit den Ausdrücken "Negoziierung", "Negoziierungskredit" u. ä. Begriffen belegt werden.

Formen

Im Wesentlichen können bei Negoziierungskrediten die folgenden **Abwicklungen** unterschieden werden:

1. Kreditgewährungen (Bevorschussungen) an Exporteure auf Grundlage vorgelegter **Exportdokumente** und in Verbindung mit **Dokumenteninkassi**.
2. Kreditgewährungen (Bevorschussungen) an Exporteure auf Grundlage vorgelegter **Exportdokumente** und in Verbindung mit zu Gunsten der Exporteure eröffneten **Dokumentenakkreditiven**.
3. Kreditgewährungen (Bevorschussungen) an Exporteure auf Grundlage vorgelegter **Exportdokumente** und in Verbindung mit **Ziehungsermächtigungen** (drawing authorizations).

Kreditverhältnis

In der Regel wird ein eigenständiges Kreditverhältnis zwischen dem **Exporteur** und der **negoziierenden** (kreditierenden) **Bank** (im Allgemeinen ist dies die Hausbank des Exporteurs) begründet. Die vom Exporteur eingereichten Exportdokumente, ein evtl. zu Gunsten des Exporteurs eröffnetes Akkreditiv bzw. ein vom Importeur oder von einem Dritten evtl. bereits akzeptierter Wechsel dienen der negoziierenden Bank als Kreditsicherheit.

5.5.3 Negoziierungskredite in Verbindung mit Dokumenteninkassi

Kreditgewährungen in Verbindung mit "Dokumente gegen Zahlung"-Inkassi

Grundstruktur

Mit **Einreichung der Exportdokumente** und der Erteilung des Inkassoauftrags an die Inkassobank/Exporteurbank (Einzelheiten zur Abwicklung von Dokumenteninkassi siehe Kapitel 4.2) beantragt der Exporteur zugleich eine (möglichst hohe) Bevorschussung des Inkassobetrags.

Bewilligt die Exporteurbank diesen Negoziierungskredit, dann kann der Exporteur damit den Zeitraum zwischen Warenversand (genauer: zwischen Dokumenteneinreichung bei seiner Bank) und dem Eingang des Inkassoerlöses aus dem Ausland überbrücken. Als **Kreditsicherheit** dienen der Bank (neben der generell gegebenen Kreditwürdigkeit des Exporteurs) die eingereichten Inkassodokumente bzw. der Anspruch an den ausländischen Importeur auf Zahlung des Inkassobetrags.

Entspricht der Importeur dem Inkassoauftrag nicht, d.h. nimmt er die Dokumente nicht auf und verweigert er somit auch die Zahlung, dann **belastet** die Exporteurbank dem **Exporteur** den gewährten **Kredit zurück**.

Vorschusskonto

Anzumerken ist, dass die Banken die Negoziierung (die Bevorschussung, den Barvorschuss) im Allgemeinen auf einem Vorschusskonto belasten (das dem Kreditengagement des Kunden zugerechnet wird) und den **Bevorschussungsbetrag** sodann auf dem **Kontokorrentkonto** des Kunden (des Exporteurs) **gutschreiben**. Die Laufzeit des Vorschusses wird befristet und bei Bedarf prolongiert.

Eine absolut strenge Zuordnung zwischen der Bevorschussung und dem Exportgeschäft erfolgt im Allgemeinen weder in betraglicher noch in zeitlicher Hinsicht. Dies bedeutet, dass der aus dem Ausland eingehende Inkassoerlös (analoges gilt bei bevorschussten Akkreditiven) im Allgemeinen nicht auf dem Vorschusskonto des Exporteurs, sondern auf dessen Kontokorrentkonto gutgeschrieben wird. Erst bei Ablauf der vereinbarten Vorschussfrist wird sodann der Vorschussbetrag **zuzüglich aufgelaufener Zinsen** auf dem Kontokorrentkonto des Exporteurs belastet. Analoges gilt für die Beträge: Der bevorschusste Betrag braucht dem Inkasso-/Akkreditivbetrag keineswegs absolut gleich zu sein; der Exporteur kann sich vielmehr mit einem Teilvorschuss begnügen.

Die Banken gewähren Barvorschüsse in DM und in den gängigen Fremdwährungen -bei entsprechender Zinskonstellation- überwiegend auf **Eurogeldmarktbasis**, sofern ein Mindestbetrag von DM 100.000 oder Fremdwährungsgegenwert erreicht ist. Die Mindestlaufzeit des Vorschusses beläuft sich im Allgemeinen auf 15 Tage, die Höchstlaufzeit auf 180 Tage. Prolongationen sind möglich. Anzumerken ist im Übrigen, dass solche Barvorschüsse auch zur Finanzierung von Inlandsgeschäften beansprucht werden können.

Kreditgewährungen in Verbindung mit "Dokumente gegen Akzept"-Inkassi

Grundstruktur

Auch **"Dokumente gegen Akzept"-Inkassi** können von der Inkassobank/Exporteurbank analog den "Dokumente gegen Zahlung"-Inkassi im Rahmen eines Negoziierungskredits und in Höhe des Inkassobetrags oder eines Teilbetrags **bevorschusst** werden, insbesondere für den Zeitraum zwischen Dokumenteneinreichung und Eingang (Diskontierung) des vom Importeur akzeptierten Wechsels.

Unüblich ist es aber, dass die Exporteurbank die vom Exporteur auf den Importeur gezogene Tratte diskontiert, bevor diese vom Importeur akzeptiert ist. Dagegen kommt es häufig vor, dass sich der Exporteur den vom Importeur im Rahmen des Dokumenteninkassos akzeptierten Wechsel zurücksenden und sodann von seiner Bank diskontieren lässt. Jedoch wird in diesem Zusammenhang nicht von einem Negoziierungskredit, sondern von einem **Wechseldiskontkredit** gesprochen. Auch hier behält sich die diskontierende Bank im Übrigen das Rückgriffsrecht auf den Exporteur vor.

5.5.4 Negoziierungskredite in Verbindung mit Dokumentenakkreditiven

Kreditgewährung der Exporteurbank in Verbindung mit Sichtzahlungsakkreditiven

Problem: Verzögerte Akkreditivauszahlung

Die ein unbestätigtes Akkreditiv avisierende (Exporteur-)Bank ist selbst in dem Fall, dass sie zugleich als Benutzungs-/Zahlstelle fungiert, keineswegs verpflichtet, den Akkreditivgegenwert zeitgleich mit der Einreichung der Dokumente an den akkreditivbegünstigten Exporteur auszuzahlen. Die Exporteurbank hat insbesondere dann Anlass, die **Auszahlung** des Akkreditivbetrags an den Exporteur **hinauszuschieben**, wenn sie selbst noch nicht über den Gegenwert verfügt. Im Einzelfall verzögert sich bei bestimmten Importländern die Auszahlung des Akkreditivbetrags um zwei Wochen und mehr.

Bevorschussung

Wünscht der Exporteur jedoch die **Auszahlung** des Akkreditivbetrags **Zug um Zug** zur Einreichung akkreditivkonformer **Dokumente**, dann sind die deutschen Banken in der Regel bereit, eine Bevorschussung im Rahmen eines Negoziierungskredits vorzunehmen.

Vorschusskonto

Die **Verbuchung des Vorschusses** auf dem Vorschusskonto und die eventuelle Refinanzierung auf dem Euromarkt erfolgt bei der Bevorschussung von Akkreditiven genauso wie bei bevorschussten Dokumenteninkassi (siehe Abschnitt "5.5.3 Negoziierungskredite in Verbindung mit Dokumenteninkassi", Randstichwort "Vorschusskonto)".

Kosten

Die Banken berechnen ihren Kunden für den Bevorschussungszeitraum **Kreditzinsen** und zusätzlich eine **Negoziierungsprovision** für den mit einer Negoziierung verbundenen Bearbeitungs- und Überwachungsaufwand. Bei Sichtakkreditiven ist die Negoziierungsprovision im Allgemeinen eine vom Akkreditivbetrag unabhängige Festprovision von beispielsweise DM 100.

Rückbelastung vorbehalten

Zu beachten ist, dass sich die negoziierende Bank bei der Bevorschussung von **unbestätigten Akkreditiven** die Rückbelastung auf dem Konto des Exporteurs vorbehält, falls sie selbst den Akkreditivbetrag von der Akkreditivbank nicht erhält (z.B. wegen Zahlungsunfähigkeit der Bank oder wegen des Eintritts politischer Risiken). Dies gilt auch dann, wenn die negoziierende Bank als Benutzungs-/Zahlstelle des Akkreditivs eingesetzt ist. Die Negoziierung von unbestätigten Akkreditiven bedeutet also keinen regresslosen Ankauf durch die Bank.

Kreditgewährung der Exporteurbank in Verbindung mit Akkreditiven mit hinausgeschobener Zahlung

Zeitliche Überbrückung

Bei Akkreditiven mit hinausgeschobener Zahlung ist es nahe liegend, dass sich der akkreditivbegünstigte Exporteur den **(u.U. langen) Zeitraum** zwischen der Dokumenteneinreichung und dem Fälligkeitstag der hinausgeschobenen Zahlung von seiner Bank durch einen Negoziierungskredit überbrücken lässt. Die Verbuchung des Negoziierungskredits erfolgt über das oben angesprochene Vorschusskonto.

Kosten

Die Höhe der von den Banken für die Bevorschussung berechneten **Kreditzinsen** ist von der Art der Refinanzierung abhängig, wobei in der Praxis die Eurokredite eine Rolle spielen. Daneben stellen die Banken eine **Negoziierungsprovision** in Rechnung, die sich im Allgemeinen auf 1,5 ‰ pro angefangenem Laufzeitmonat beläuft.

Rückbelastung vorbehalten

Zu beachten ist auch bei dieser Akkreditivart das **Rückbelastungsrecht** der negoziierenden Bank auf den Exporteur, sofern es sich nicht um ein von der negoziierenden Bank bestätigtes Akkreditiv mit hinausgeschobener Zahlung handelt. An diesem Rückbelastungsrecht der negoziierenden Bank ändert sich auch dann nichts, wenn sie in ihrer Eigenschaft als Gültigkeits- und Benutzungs-/Zahlstelle des Akkreditivs dem begünstigten Exporteur im Gegenzug zur Einreichung der Dokumente die Bescheinigung zur Zahlung am Fälligkeitstag der hinausgeschobenen Zahlung im Namen und für Rechnung der Akkreditivbank erteilt hat (Einzelheiten zur Abwicklung von Akkreditiven mit hinausgeschobener Zahlung siehe Abschnitt 4.3.3.2).

Ausnahme

Nur wenn die negoziierende Bank das **Akkreditiv** mit hinausgeschobener Zahlung zugleich **bestätigt** hat, ist eine Rückbelastung des Exporteurs ab dem Zeitpunkt der vorbehaltlosen Aufnahme der Dokumente durch die Bestätigungsbank faktisch ausgeschlossen.

Kreditgewährung der Exporteurbank in Verbindung mit Akzeptakkreditiven (Remboursakkreditiven)

Negoziierung/Diskontierung des Wechsels

Akzeptakkreditive erfordern für den akkreditivbegünstigten Exporteur im Regelfall dann eine Refinanzierung, wenn das dem Importeur gewährte, in Wechselform gekleidete **Zahlungsziel** eine längere Frist umfasst. Die Refinanzierung von Akzeptakkreditiven

stellt sich indessen als **Diskontierung** des im Rahmen eines Akkreditivs akzeptierten Wechsels dar, sodass von einer **Negoziierung** nur noch **in einem weiteren Sinne** gesprochen werden kann. Lediglich die bevorschussende Überbrückung des Zeitraums zwischen Dokumenteneinreichung und Vorliegen des Bankakzepts würde einen Negoziierungskredit im engeren Sinne darstellen.
Anmerkung: Die Abwicklung von Akzeptakkreditiven (Remboursakkreditiven) ist in Abschnitt 4.3.3.3 ausführlich dargestellt.

Rückgriffsrecht

Bezüglich des Rückbelastungsrechts der diskontierenden (im weiteren Sinne negoziierenden) Bank kommt es darauf an, von wem der angekaufte Wechsel akzeptiert ist. Ist Bezogener und **Akzeptant** die **Importeurbank** (die Akkreditivbank) und ist das Akkreditiv von der diskontierenden Bank **nicht bestätigt**, dann behält die diskontierende Bank das Rückgriffsrecht auf den Exporteur in dem Fall, dass der Wechsel bei Fälligkeit nicht eingelöst wird (z.B. wegen Eintritt politischer Risiken).
Anmerkung: Der akkreditivbegünstigte Exporteur gewinnt in den Fällen, in denen die Akkreditivbank den Wechsel akzeptiert, praktisch keine zusätzliche Sicherheit hinzu, die über das Akkreditiv hinausreichen würde. In der Praxis werden derartige Akkreditive deswegen manchmal den Akkreditiven mit hinausgeschobener Zahlung und nicht den Akzeptakkreditiven (nicht den Remboursakkreditiven) zugeordnet. Nur wenn das Akzept von einer anderen Bank als der Akkreditivbank geleistet wird, spricht die Praxis von einem Akzeptakkreditiv (Remboursakkreditiv). Die Akzeptakkreditive sind umfassend in Abschnitt "4.3.3.3 Akzeptakkreditiv (Remboursakkreditiv)" dargestellt.

Kein Rückgriffsrecht

Ist dagegen die diskontierende (negoziierende) **Exporteurbank selbst** Bezogene und **Akzeptantin** des im Rahmen eines Akzeptakkreditivs gezogenen Wechsels, dann verbleibt ihr kein Rückbelastungsrecht auf den Exporteur. Sobald die von der Akkreditivbank beauftragte Exporteurbank die Tratte des Exporteurs akzeptiert hat, richtet sich ihr Remboursierungsanspruch gegen die Akkreditivbank (in deren Auftrag sie die Tratte des Exporteurs akzeptiert) und nicht gegen den akkreditivbegünstigten und wechseleinreichenden Exporteur (Einzelheiten siehe Abschnitt 4.3.3.3.2).

Kreditgewährung der Exporteurbank in Verbindung mit negoziierbaren Akkreditiven bzw. Commercial Letters of Credit (CLC)

Negoziierbare Akkreditive bzw. Commercial Letters of Credit (CLC) sehen die **Negoziierung** der vom Akkreditivbegünstigten gezogenen Sicht- oder Nachsichttratten **ausdrücklich** vor (Struktur und Abwicklung negoziierbarer Akkreditive bzw. CLC, sind in Abschnitt 4.3.4.1 dargestellt). Anzumerken ist indessen, dass die Banken dem Exporteur -unter dessen Haftung- jedes Akkreditiv bevorschussen können, unabhängig davon, ob es ausdrücklich negoziierbar gestellt ist oder nicht.

Keine Pflicht des Exporteurs zur Negoziierung

Zu beachten ist zunächst, dass der Akkreditivbegünstigte bei negoziierbaren Akkreditiven bzw. CLC von der Negoziierungsmöglichkeit keineswegs zwingend Gebrauch machen muss, sondern nach vollzogener Dokumenteneinreichung auch den **Eingang** des von der Akkreditivbank zu zahlenden **Akkreditivbetrags abwarten** kann. Der Vorzug dieser Alternative liegt darin, dass der Akkreditivbegünstigte dadurch die Negoziierungsprovision spart; ihr Nachteil liegt in der Zeitspanne bis zum Eingang des Akkreditivgegenwerts beim Akkreditivbegünstigten. Im Übrigen ist anzumerken, dass bei negoziierbaren Akkreditiven -laut deren Akkreditivbedingungen- häufig auf die Ausstellung von Tratten verzichtet werden kann.

Frei wählbare Negoziierungsbank

Entschließt sich der Akkreditivbegünstigte zur Negoziierung, dann bleibt ihm bei unbestätigten und frei negoziierbaren Akkreditiven bzw. CLC die Freiheit, eine ihm geeignet erscheinende **Bank zur Negoziierung** -unter Vorlage des Originalakkreditivs bzw. des Kreditbriefs sowie der im Akkreditiv geforderten Dokumente und der von ihm gemäß Akkreditivbedingungen eventuell zu ziehenden Tratte(n)- **auszuwählen**.

Keine Verpflichtung der Bank zur Negoziierung

Die ausgewählte Bank ist jedoch zur Negoziierung keineswegs verpflichtet. Sie hat zwar ebenso wie der akkreditivbegünstigte Exporteur die Sicherheit, dass die akkreditiveröffnende Bank gemäß Art. 9 bzw. 10 ERA akkreditivkonform gezogene Tratten bzw. den Vorschuss letztlich bezahlen muss. Sie kann die **Negoziierung** aber beispielsweise dann **ablehnen**, wenn ihr weder die **Kreditwürdigkeit der Akkreditivbank** noch des Akkreditivbegünstigten gewährleistet erscheint oder wenn sie politische Risiken sieht.

Rückbelastung vorbehalten

Nach erfolgter Negoziierung durch eine Bank des Exporteurs ist der akkreditivbegünstigte Exporteur bei **unbestätigten Negoziierungsakkreditiven** bzw. **unbestätigten CLC** vor einem Rückgriff der negoziierenden Bank keineswegs sicher. Erlangt die negoziierende Bank von der Akkreditivbank die Zahlung beispielsweise aus wirtschaftlichen oder politischen Gründen nicht, dann nimmt sie in der Tat Rückgriff auf den Akkreditivbegünstigten. Der begünstigte Exporteur muss selbst dann mit einem Rückgriff der negoziierenden Bank rechnen, wenn diese Mängel an den eingereichten Dokumenten übersehen hat und die Akkreditivbank sich deswegen weigert, den Akkreditivbetrag zu bezahlen.

Ausnahme

Bei **bestätigten Negoziierungsakkreditiven** bzw. **bestätigten CLC** entfällt das Rückbelastungsrecht der negoziierenden Bestätigungsbank, sofern der Akkreditivbegünstigte die Akkreditivbedingungen erfüllt, d.h. insbesondere akkreditivkonforme Dokumente rechtzeitig vorlegt.

5.5.5 Negoziierungskredite auf Grundlage von Ziehungsermächtigungen (Drawing Authorizations)

Charakterisierung

- Wechselziehung

Ziehungsermächtigungen (Drawing Authorizations) erteilen die **Importeurbanken** im Auftrag von Importeuren **zu Gunsten von Exporteuren**. Mit Ziehungsermächtigungen ist den Exporteuren die Möglichkeit eröffnet, eine Tratte -je nach Bestimmungen einer Ziehungsermächtigung- auf den Importeur, auf die Importeurbank oder auf einen benannten Dritten zu ziehen und diese Tratte -wiederum nach den Bestimmungen der Ziehungsermächtigung- bei der eigenen Bank oder bei einer anderen Bank zu negoziieren. Von Ziehungsermächtigungen können die begünstigten Exporteure im Allgemeinen nur Gebrauch machen, wenn sie bestimmte **Exportdokumente vorlegen**.

- Negoziierung

Trattenankaufskredit

Treffend wird diese Art des Negoziierungskredits manchmal als "Trattenankaufskredit" bezeichnet. Der Ausdruck "Tratte" wird häufig durch das Wort "Dokumentär" ergänzt, weil dem begünstigten Exporteur regelmäßig auferlegt ist, mit dem gezogenen Wechsel auch die **Exportdokumente** als Beweis des vollzogenen Warenversands **einzureichen**.

Negoziationskredit

Zum Teil wird für diese Ausprägung des Negoziierungskredits der Ausdruck "Negoziationskredit" statt "Trattenankaufskredit" gewählt, weil die Negoziierung auch **ohne Tratte**, d.h. allein auf Grundlage der eingereichten Dokumente vollzogen werden kann.

Haftung des Exporteurs

Zu beachten ist, dass der **Exporteur** bei Negoziierungskrediten, die auf Ziehungsermächtigungen beruhen, mangels anderweitiger Vereinbarungen gegenüber der negoziierenden Bank in der **(wechselrechtlichen) Haftung** bleibt. Die von der Importeurbank erteilte Ziehungsermächtigung bzw. Refinanzierungszusage trägt im Allgemeinen **nicht den sichernden Charakter eines Akkreditivs**, sondern kann -mangels anderweitiger Vereinbarungen- **widerrufen** werden.

Ausnahme

Nur wenn tatsächlich ein **unwiderrufliches Negoziierungsakkreditiv** bzw. ein **unwiderruflicher CLC** zu Gunsten des Exporteurs ausgestellt ist, ist das Risiko ausgeschlossen, dass sich die akkreditiveröffnende Importeurbank aus ihrer Einlösungszusage für akkreditivkonform gezogene Tratten des Exporteurs zurückziehen kann.

Abnehmende Bedeutung

Ziehungsermächtigungen kommen manchmal im Handel mit den **Ländern Südostasiens** vor. Allerdings mit abnehmender Bedeutung, weil die kreditmäßige Überbrückung der inzwischen kurzen Post- und Verrechnungslaufzeiten auch mit anderen Instrumenten leicht möglich ist.

Ausprägungen

Ziehungsermächtigungen und damit verbundene Negoziierungen können unterschiedlich und auf das einzelne Exportgeschäft zugeschnitten und bezeichnet sein, z.B. als **authority to purchase**, **order to negotiate**, authority to negotiate, authority to draw, authority to take drafts usw.

Literatur

Im Hinblick auf **geringe Bedeutung** der Ziehungsermächtigungen kann auf die Literatur verwiesen werden, z.B. auf Zahn u.a. (1986: S. 338ff., Rdn 8/13ff), auf Klenke (1983: S. 155) oder auf Kemmer/Rädlinger (1979: S. 70f.).

5.6 Exportfactoring

5.6 Exportfactoring

5.6.1 Übersicht

5.6.1.1 Kurzinformation: Maßgebliche Merkmale des Exportfactoring

Kurzinformation über maßgebliche Merkmale des Exportfactoring

- **Hinweis:** Diese Kurzinformation über maßgebliche Merkmale des Exportfactoring dient lediglich der Einführung und der Übersicht. Umfassend sind diese und weitere Merkmale in den folgenden Abschnitten dargestellt und untersucht.
- Exportfactoring ist der **laufende Verkauf kurzfristiger Exportforderungen** an eine Factoringgesellschaft (bzw. an ein Kreditinstitut).

- Factoringgesellschaften übernehmen grundsätzlich die folgenden **Funktionen**:
  - **Finanzierungsfunktion** durch Sofortgutschrift (abzüglich eines Sicherungseinbehalts);
  - **Delkrederefunktion** durch Übernahme des Forderungsausfallrisikos bei Zahlungsunfähigkeit des Schuldners (die Übernahme der Delkrederefunktion ist zwar inzwischen die Regel, sie kann im Factoringvertrag aber auch ausgeschlossen bleiben. Politische Risiken übernehmen Factoringgesellschaften nicht);
  - **Dienstleistungsfunktionen** (z.B. die Bonitätsprüfung der Abnehmer, das Mahn- und Inkassowesen usw.);
  - zum Teil: Übernahme des **Wechselkursrisikos.**
- Der Umfang der übernommenen Funktionen bestimmt die **Form des Factoring**. So wird beispielsweise unterschieden zwischen Standardfactoring, echtem Factoring, unechtem Factoring usw.
- Exportfactoring hat für Exporteure
  - **Liquiditäts-** und **Finanzierungsvorteile,**
  - **bilanzielle** und **steuerliche Vorteile,**
  - sowie **Sicherheits- und Dienstleistungsvorteile.**
- Die **Factoringkosten** setzen sich zusammen aus
  - **Factoringprovision** für die Verwaltung und den Einzug der Exportforderungen,
  - **Delkredereprovision** für die Übernahme des Forderungsausfallrisikos,
  - **Zinsen** für die Bereitstellung der Finanzierungsmittel,
  - **Wechselkurssicherungskosten** bei Fremdwährungsforderungen, sofern das Wechselkursrisiko übernommen wird.

  Die Höhe der Factoringkosten hängt von den Eigenarten der Exportforderungen ab und wird individuell festgelegt (ausgehandelt).
- Exportfactoring eignet sich grundsätzlich **auch** für **Mittelbetriebe** und -in Verbindung mit Factoring von Inlandsforderungen- auch für **Kleinbetriebe.**
- Ein **Vergleich** von Factoringangeboten mit anderen Finanzierungs- und Absicherungsalternativen (z.B. mit Bankkrediten, Warenkreditversicherungen) ist empfehlenswert.

5.6.1.2 Kurzinformation: Refinanzierung mit Exportfactoring (grafische und schrittweise Darstellung)

Abbildung

Die **Grundstruktur der Abwicklung und Refinanzierung mit Exportfactoring** ist in **Abbildung 5.6-01** dargestellt und anschließend in einzelnen Schritten erläutert.

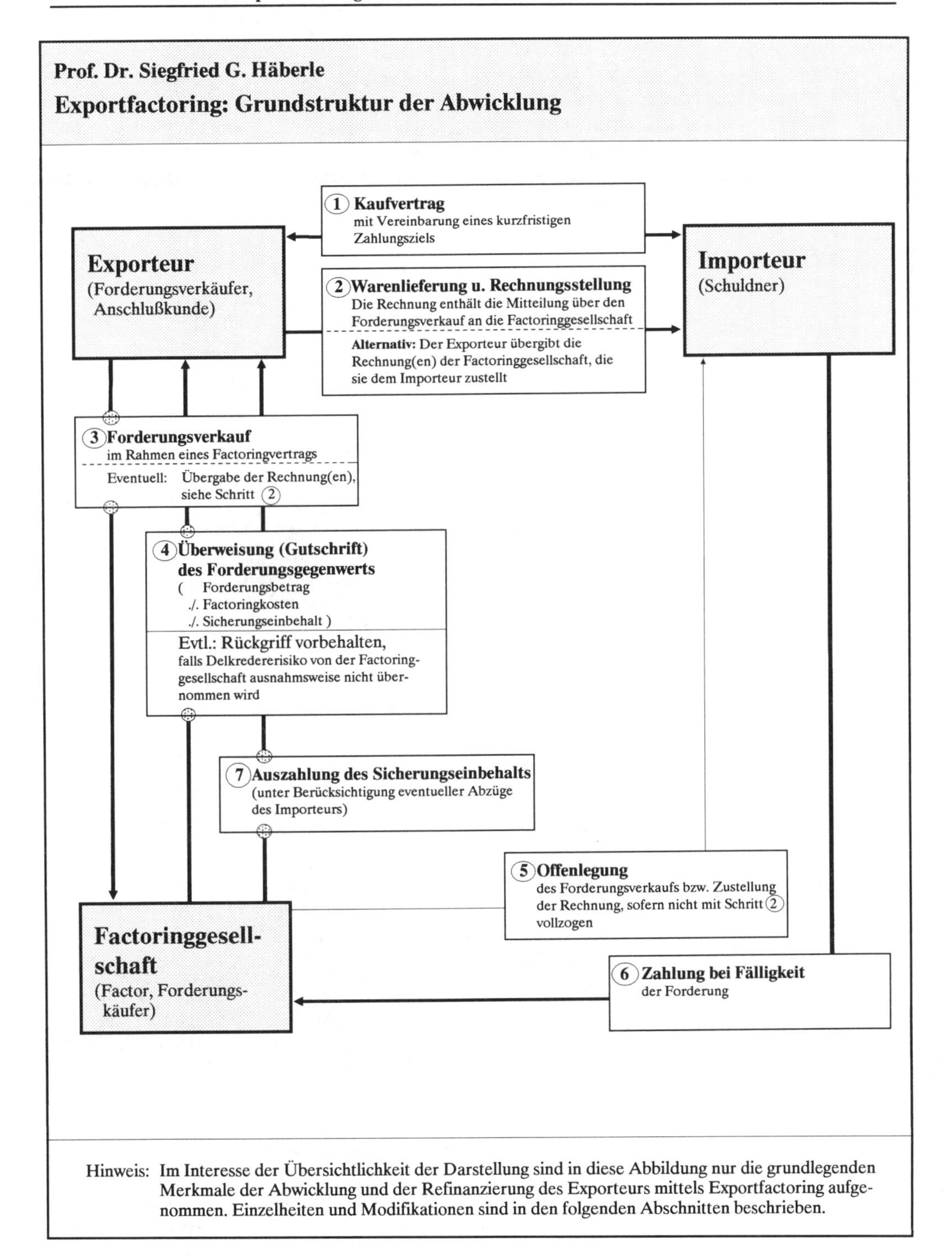

Abbildung 5.6-01

Erläuterungen:

1. Abschluss des Kaufvertrags

Die Zahlungsbedingung des Kaufvertrags umfasst die Einräumung eines **Zahlungsziels**. Der Exporteur hat jedoch bei Abschluss des Kaufvertrags zu beachten, dass Factoringgesellschaften Inlandsforderungen im Allgemeinen nur mit einer maximalen Laufzeit bis ca. 120 Tagen, Exportforderungen mit einer Laufzeit bis ca. 180 Tagen ankaufen.

2. Warenlieferung und Rechnungsstellung

In der Regel nimmt der Exporteur bereits in seine Rechnung die **Mitteilung** an den **Importeur** über den **Verkauf der Forderung** an die Factoringgesellschaft auf, verbunden mit der Maßgabe, dass der Importeur mit schuldbefreiender Wirkung an die Factoringgesellschaft zu zahlen hat.
Für Reklamationen, die die gelieferten Waren betreffen, für Preisnachlässe u. Ä. bleibt unverändert der Exporteur zuständig.

Hinweis: Aus Gründen der Übersichtlichkeit der Darstellung ist in Abb. 5.6-01 die Rechnungsstellung unmittelbar zwischen Exporteur und Importeur aufgenommen. In der Praxis übergibt der Exporteur die Rechnung dagegen in der Regel der Factoringgesellschaft, die ihrerseits diese Rechnung dem Importeur zustellen lässt. In Abänderung der Abb. 5.6-01 wäre diese Rechnungszustellung mit Schritt 5 zu vollziehen.

3. Forderungsverkauf im Rahmen eines Factoringvertrags

Warenlieferanten schließen mit Factoringgesellschaften im Allgemeinen **Factoringverträge** ab, die den Verkauf aller Inlands- und/oder Auslandsforderungen oder zumindest eine bestimmte Kategorie von Forderungen umfassen. Der Verkauf der einzelnen (Export-)Forderung an die Factoringgesellschaft erfolgt sodann im Rahmen dieser Factoringverträge.

4. Gutschrift des Forderungsgegenwerts

Factoringgesellschaften, die das Delkredererisiko übernehmen, was heute die Regel ist, prüfen die Kreditwürdigkeit der Importeure (Schuldner) vor Forderungsankauf und legen sodann ein **Limit pro Schuldner** fest, an das sich der Exporteur zu halten hat. Im Rahmen dieses Limits kaufen die Factoringgesellschaften die Forderung an.

Am angekauften Forderungsbetrag zieht die Factoringgesellschaft die **Factoringkosten** ab, mit denen der Dienstleistungsaufwand und -falls vereinbart- auch das Delkredererisiko der Factoringgesellschaft abgegolten ist. Daneben nimmt die Factoringgesellschaft regelmäßig einen **Sicherungseinbehalt** in Höhe von ca. 10 bis ca. 20% als Abzug am Forderungsbetrag vor.

Dieser einbehaltene Betrag dient zur Verrechnung mit eventuellen Rechnungsabzügen des Importeurs (z.B. mit Skontoabzügen, nachträglichen Rabatten usw.). Der nach Abzug der Factoringkosten und des Sicherungseinbehalts verbleibende **Forderungsgegenwert** wird sodann dem Exporteur **zur Verfügung gestellt**.

Aus dem bevorschussten Betrag rechnet die Factoringgesellschaft **Zinsen** für den Zeitraum zwischen dem Ankauf der Forderung und dem Zahlungseingang. Die Zinsen werden dem Exporteur erst **nachträglich** (im Allgemeinen vierteljährlich), und zwar für den jeweiligen Gesamtbestand der angekauften Forderungen (wie bei einem Kontokorrentkreditkonto) in Rechnung gestellt. In Abbildung 5.6-01 ist die derart abgewickelte Zinszahlung nicht ausdrücklich aufgenommen. Ein Sofortabzug der Zinsen an der einzelnen angekauften Forderung ist nicht möglich, weil der tatsächliche Zahlungseingang im Zeitpunkt des Forderungsankaufs noch nicht bekannt ist.

Sofern die Factoringgesellschaft vereinbarungsgemäß das Delkredererisiko übernimmt, **haftet der Exporteur** nach diesem Forderungsankauf gegenüber der Factoringgesellschaft nur noch für den rechtlichen Bestand der verkauften Forderung, **nicht** aber **bei Zahlungsunfähigkeit** des zahlungspflichtigen Importeurs.

Wenn jedoch die Factoringgesellschaft das Forderungsausfallrisiko ausnahmsweise nicht übernimmt (und dann auch keine Delkredereprovision im Rahmen der Factoringkosten berechnet), behält sich die Factoringgesellschaft das **Recht auf Rückgriff** auf den Exporteur im Fall der Nichtzahlung durch den Importeur vor.

5. **Offenlegung des Forderungsverkaufs**

Sofern nicht bereits der Exporteur den Importeur gesondert oder mit der Rechnungsstellung vom Forderungsverkauf an die Factoringgesellschaft informiert hat (siehe Schritt 2), legt die Factoringgesellschaft ihrerseits die Tatsache des **Forderungsverkaufs** gegenüber dem Importeur durch eine entsprechende Mitteilung offen (häufig in Form der Rechnung, die der Exporteur der Factoringgesellschaft übergibt). Darin wird dem Importeur auch dargelegt, dass er mit schuldbefreiender Wirkung nur noch an die Factoringgesellschaft und nicht mehr an den Exporteur zu zahlen hat.

6. **Zahlung des Importeurs bei Fälligkeit der Forderung**

Der Importeur zahlt bei Fälligkeit der Forderung **an die Factoringgesellschaft**. Gerät der zahlungspflichtige Importeur in Verzug, dann übernimmt die Factoringgesellschaft die Mahnung bis hin zu gerichtlichen Beitreibungsmaßnahmen.

7. **Auszahlung des Sicherungseinbehalts**

   Nach endgültiger Zahlung des Importeurs zahlt die Factoringgesellschaft auch den zur Sicherheit **einbehaltenen Betrag an den Exporteur** aus. Von diesem Betrag zieht die Factoringgesellschaft die berechtigten Abzüge des Importeurs (z.B. für Skonto, für nachträgliche, vom Exporteur eingeräumte Rabatte oder Preisnachlässe usw.) ab.
   Sofern die Factoringgesellschaft das Delkredererisiko übernommen hat, muss sie den Sicherungseinbehalt an den Exporteur auch dann auszahlen, wenn die Forderung endgültig ausfällt.

Alternative Abwicklung

Die vorstehende grafische Darstellung sowie die zugehörigen schrittweisen Erklärungen treffen nur dann zu, wenn die **Factoringgesellschaft das Inkasso** der angekauften Auslandsforderungen **selbst vornimmt**. Bei dieser Abwicklung mahnt die ankaufende Factoringgesellschaft säumige Schuldner auch selbst. Nur wenn die Mahnungen nichts fruchten, betraut die Factoringgesellschaft versierte Anwälte bzw. Inkassospezialisten im jeweiligen Ausland mit der gerichtlichen Eintreibung der überfälligen Forderungen.
Es gibt indessen auch Factoringgesellschaften, die die angekauften Exportforderungen (bzw. einen Teil dieser Forderungen) nicht selbst einziehen, sondern diese **Forderungen** an eine Factoringgesellschaft im Importland oder in einem Drittland **weiterverkaufen**. Mit diesem Weiterverkauf ist in der Regel auch die Übertragung aller Risiken auf die Factoringgesellschaft im Importland bzw. in einem Drittland verbunden. Der Vorzug für die weiterverkaufende Factoringgesellschaft liegt in der Überwälzung der Risiken sowie der Refinanzierungslast auf die ankaufende Factoringgesellschaft im Importland bzw im Drittland. Der Nachteil liegt in der verbleibenden geringeren Ertragsspanne.

5.6.2 Charakterisierung des Exportfactoring und Anforderungen an Exporteure (Anschlusskunden)

Definition

Aus Sicht des Exporteurs (des sog. Anschlusskunden) ist Exportfactoring als **laufender Verkauf von kurzfristigen Exportforderungen** an eine Factoringgesellschaft (an einen Factor) zu charakterisieren. Gegenstand des Factoring sind nur Forderungen aus **Lieferungen und Leistungen** an gewerbliche Abnehmer; Forderungen an Verbraucher werden nicht angekauft.

Abgrenzung zur Forfaitierung

Auch **Forfaitierung** ist Forderungsverkauf (an ein Forfaitierungsunternehmen bzw. an eine Bank).

- Im Gegensatz zum Factoring haben die à forfait verkauften Forderungen jedoch in der Regel eine **mittel- bis langfristige Laufzeit** (ab ca. 180 Tage).

- Bei Forfaitierungen werden die Forderungen außerdem nicht laufend bzw. nicht als Kategorie, sondern **einzeln verkauft**, zumal es sich bei Forfaitierungen im Allgemeinen um hohe Forderungsbeträge handelt.
- Ein weiterer Unterschied liegt darin, dass die **Delkredereübernahme** durch die Forfaitierungsgesellschaft die **Regel** ist, während beim Factoring ein Ankauf mit Rückgriffsvorbehalt auf den Forderungsverkäufer (allerdings mit geringer Bedeutung) noch vorkommt.
- Im Gegensatz zu den Forfaitierungsgesellschaften schließen die Factoringgesellschaften außerdem die Übernahme des **politischen Risikos** regelmäßig aus.
- **Wechselkursrisiken** werden bei angekauften Fremdwährungsforderungen von Factoringgesellschaften in der Regel nicht, von Forfaitierungsgesellschaften dagegen stets übernommen (Einzelheiten siehe Abschnitt "5.6.3.2 Delkrederefunktion").
- Schließlich sind forfaitierte Forderungen meistens durch ein **Zahlungsversprechen** (Bankgarantie, Bankbürgschaft, z.T. Wechselaval) der **Importeurbank** oder einer anderen als solvent bekannten Bank abgesichert.

Einzelheiten zur Forfaitierung siehe Kapitel 6.5.

Factoringvertrag

Der Exporteur schließt mit einer Factoringgesellschaft einen Factoringvertrag, der in der Regel eine **zweijährige Laufzeit** aufweist und der entweder alle Inlandsforderungen und/oder **alle Exportforderungen** oder nur Exportforderungen in bestimmte Länder bzw. in Ausnahmefällen nur Forderungen an bestimmte (in- und/oder ausländische) Abnehmergruppen einschließt. Falls ein Factoringvertrag nur eine bestimmte Forderungskategorie vorsieht, schreiben die Factoringgesellschaften häufig Mindestumsätze factoringfähiger Forderungen pro Importland bzw. pro Abnehmergruppe vor.

Anforderungen an den Exporteur bzw. an die Forderungen

Factoringgesellschaften stellen an den forderungsverkaufenden Exporteur eine Reihe grundsätzlicher Anforderungen, die beispielsweise die folgenden, im Einzelfall zu modifizierenden und zu erweiternden **Kriterien** umfassen können:

- Die **Laufzeit** der zu verkaufenden Exportforderungen sollte **180 Tage nicht überschreiten**;
- die Forderungen müssen **frei von Rechten Dritter** sein und bei ihrer Entstehung der Höhe nach einwandfrei feststehen;
- die Forderungen dürfen **nicht** mit einem **Abtretungsausschluss des Schuldners** belegt sein.
  Anmerkung: Dieses **sog. Abtretungsverbot** ist zwar nach deutschem Recht für Geldforderungen, die auf Handelsgeschäften u. Ä. beruhen, inzwischen weggefallen; bei Anwendung ausländischen Rechts sind dagegen -trotz Harmonisierungsbestrebungen- in einigen Ländern nach wie vor Abtretungsverbote zu beachten. Im Einzelfall wird versucht, das Abtretungsverbot durch Verhandlungen mit dem Schuldner oder durch Zusicherungen der Factoringgesellschaft an den Schuldner aufzuheben;

- der **Abnehmerkreis** des Exporteurs bzw. die Importländer sollten keinem allzu starken Wechsel ausgesetzt sein;
- die **Bonität** und die Seriosität des **Exporteurs** müssen gewährleistet sein, weil sich die Factoringgesellschaft darauf verlassen können muss, dass die angekauften Forderungen überhaupt entstanden sind.

Factoring ist keineswegs nur auf **Großbetriebe** zugeschnitten. Vielmehr kommt eine Teilnahme am Factoringverfahren durchaus auch für **Klein- und Mittelbetriebe** des Produktionsgewerbes und des Großhandels infrage. Der Jahresumsatz des Anschlusskunden sollte sich allerdings auf mindestens DM 2 Millionen belaufen. Die einzelne Rechnung sollte bei Inlandsforderungen nicht unter DM 400 liegen; bei Auslandsforderungen gelten im Allgemeinen höhere Beträge.

5.6.3 Funktionen des Exportfactoring

5.6.3.1 Finanzierungsfunktion

Liquiditätszufluss

Das maßgebliche Argument für eine Teilnahme am Factoringverfahren ist bei den meisten Forderungsverkäufern (Anschlusskunden) die **Finanzierungsfunktion**: Unmittelbar nach der Entstehung einer Kundenforderung stellt die Factoringgesellschaft dem forderungsverkaufenden Unternehmen den Forderungsgegenwert -von einem geringen vorläufigen Sicherungseinbehalt abgesehen- **zur freien Verfügung**. Insbesondere im Vergleich zu den Zessionskrediten der Banken, die im Allgemeinen geringere Beleihungsquoten für den Forderungsbestand eines Kunden festlegen, erweist sich Factoring unter Finanzierungsaspekten als die vorzugswürdigere Alternative. Im Übrigen zahlen die Factoringgesellschaften den Sicherungseinbehalt unmittelbar nach Eingang einer Forderung an den Anschlusskunden aus.
Der unverzügliche, vor allem aber der **hohe Liquiditätszufluss**, den der Exporteur von der Factoringgesellschaft erhält, ermöglicht es ihm, den **Importeuren** das marketingpolitisch erwünschte **Zahlungsziel** zu gewähren. Außerdem eröffnet sich dem Exporteur im Einzelfall die Möglichkeit, die Rechnungen der eigenen **Lieferanten** mit **Skontoabzug** zu bezahlen. Hinzu tritt, dass Factoring geeignet ist, die Liquiditätsdisposition des Exporteurs zu präzisieren, weil die Unwägbarkeiten des Forderungseingangs entfallen.

Anpassungsfähigkeit

Darüber hinaus erweist sich Factoring als ein anpassungsfähiges Finanzierungsinstrument: Factoringgesellschaften sind in der Regel bereit, ein steigendes Volumen an Exportforderungen anzukaufen, wenn die Ausfuhrgeschäfte des Exporteurs zunehmen, was die Kennzeichnung des Factoring als **umsatzkongruente Finanzierung** rechtfertigt.
Im Gegensatz zu diesem expansiven Einsatz hat der Exporteur auch die Möglichkeit, die Factoringfinanzierung nur sporadisch, z.B. während eines **saisonalen Liquiditätsbedarfs**, in Anspruch zu nehmen.

Ein weiteres Argument für die Teilnahme am Factoringverfahren kann die Verbesserung der Bilanzkennzahlen, insbesondere die Verbesserung der **Eigenkapital-/Fremdkapitalrelation** sein, sofern die Factoringerlöse tatsächlich zur Tilgung bestehender Schulden verwendet werden.

Bilanzielle Auswirkungen

5.6.3.2 Delkrederefunktion

Forderungsausfallrisiko

Übernimmt die Factoringgesellschaft vom Exporteur das Delkredererisiko (was heute die Regel ist), dann ist der Exporteur durch den Ankauf der Forderungen vor Zahlungsausfällen -soweit diese auf der **Zahlungsunfähigkeit der Importeure** beruhen- **gesichert**.

Sicherungseinbehalt

Zwar behält die Factoringgesellschaft auch bei Übernahme des Delkredererisikos **vorläufig 10% bis 20%** (in Ausnahmefällen bis zu 30%) des Gegenwerts einer Exportforderung als **Sicherheit** ein. Dieser Sicherungseinbehalt wird dem Exporteur -nach Verrechnung mit den berechtigten Rechnungsabzügen des Importeurs (für nachträgliche Rabatte, Skonti usw.)- aber **in jedem Fall ausbezahlt**: entweder nach erfolgter Zahlung des Importeurs an die Factoringgesellschaft oder nach einer bestimmten Frist (im Allgemeinen höchstens 120 Tage) nach Fälligkeit der Forderung, also auch bei Nichtzahlung des Importeurs wegen Zahlungsunfähigkeit. Somit ist der Exporteur in vollem Umfang gesichert. Für den forderungsverkaufenden Exporteur entfallen deswegen sowohl Abschreibungen auf Forderungen als auch Zuführungen zu den Wertberichtigungen.

Kreditlimit pro Importeur

Factoringgesellschaften übernehmen indessen das Delkredererisiko vom Exporteur keineswegs unbesehen. Vor Übernahme des Delkredererisikos unterzieht die Factoringgesellschaft vielmehr die **Abnehmer** ihres Anschlusskunden einer intensiven **Kreditwürdigkeitsprüfung**, die im Ergebnis zur Festlegung eines Limits pro Abnehmer führt. Die Factoringgesellschaft ist bereit, das **Delkredererisiko** bis zu dieser Höhe zu **übernehmen**. Liefert der Exporteur allerdings über das Limit hinaus an einen Importeur auf Kredit, dann trägt er das Risiko selbst. Die Factoringgesellschaft übernimmt in diesem Fall aber im Allgemeinen das Inkasso der nicht angekauften Forderungen.

Politische Risiken

Während die Factoringgesellschaften grundsätzlich bereit sind, das wirtschaftliche Risiko (Delkredererisiko) im skizzierten Rahmen zu übernehmen, **schließen** sie die **Übernahme** des **politischen Risikos** faktisch **aus**. Factoringgesellschaften kaufen nur solche Forderungen mit Übernahme des Delkredererisikos an, bei denen sie im Zeitpunkt des Ankaufs ein gewichtiges politisches Risiko des Importlandes nicht zu erkennen glauben. Da sich die privaten Warenkreditversicherungsunternehmen bei der Übernahme des politischen Risikos ähnlich verhalten, bleibt dem Exporteur häufig nur der Weg zur staatlichen Absicherung (sog. Hermes-Deckung).

Wechselkursrisiko

Das Wechselkursrisiko, das bei Fremdwährungsforderungen besteht, übernehmen Factoringgesellschaften vom Exporteur in der

Regel nicht. Diese **Zurückhaltung** der Factoringgesellschaften lässt sich mit mehreren Argumenten begründen:

- Erstens **fakturieren** deutsche Exporteure nach wie vor überwiegend in **Deutsche Mark**;
- zweitens stehen dem Exporteur bei Fremdwährungsforderungen hinreichende **Wechselkurssicherungsinstrumente** der Banken zur Verfügung (z.B. Devisentermingeschäfte);
- drittens streben die Exporteure keineswegs in allen Situationen nach einer Abdeckung des Wechselkursrisikos, weil sie bei manchen Fremdwährungen mit einer stabilen oder gar steigenden Kurstendenz während der Forderungslaufzeit rechnen und deswegen solche **Forderungen** (Positionen) nicht selten **ungesichert** (offen) lassen;
- viertens ist zu bedenken, dass Factoringgesellschaften, die das Wechselkursrisiko des Exporteurs übernehmen würden, den **Kurssicherungsaufwand** diesem letztlich **in Rechnung stellen** müssten;
- fünftens würde die Wechselkurssicherung der Factoringgesellschaft erst ab dem Zeitpunkt des Forderungsankaufs beginnen, d.h. während der **Angebots- und Produktionsphase** bliebe das Wechselkursrisiko entweder **ungesichert** oder es müsste anderweitig abgedeckt werden.

5.6.3.3 Dienstleistungsfunktionen

Je nach Vertragsgestaltung erbringen die Factoringgesellschaften verschiedene Dienstleistungen für den Exporteur:

Kreditwürdigkeitsprüfung

Am bedeutendsten ist für den Exporteur die Prüfung der **Bonität des Importeurs** durch die Factoringgesellschaft, die auch eine laufende Kreditüberwachung einschließt. Die Factoringgesellschaften verfügen nicht nur über ergiebige Quellen zur Auskunftsbeschaffung, sondern auch über geeignete Mitarbeiter für ein qualifiziertes Debitorenmanagement. Im Übrigen kooperieren die inländischen Factoringgesellschaften häufig mit ausländischen Factoringgesellschaften, und zwar nicht nur bei der Bonitätsprüfung von Abnehmern im jeweiligen Land, sondern teilweise auch beim Weiterverkauf von Forderungen an Factoringgesellschaften in den jeweiligen Importländern bzw. beim Forderungsinkasso.

Übernahme des Mahn- und Inkassowesens

Ähnlich bedeutsam ist die Übernahme des Mahn- und Inkassowesens durch die Factoringgesellschaft. Das Inkasso von Exportforderungen setzt **umfassende Kenntnisse** der unterschiedlichen Rechtsordnungen und Gepflogenheiten der verschiedenen Importländer voraus, die zumindest dem exportierenden Klein- und Mittelbetrieb in der Regel nicht zur Verfügung stehen.

Statistische Auswertungen

Statistische Auswertungen durch die Factoringgesellschaften treten als Argument für die Teilnahme am Exportfactoring dagegen eher in den **Hintergrund**, weil die Exporteure heute selbst über leistungsfähige EDV-Anlagen verfügen.

5.6.4 Factoringformen

- Standardfactoring liegt vor, wenn die Factoringgesellschaft alle drei Funktionen, d.h. die **Finanzierungsfunktion**, die **Delkrederefunktion** sowie die **Dienstleistungsfunktionen**, übernimmt. Dies ist der Regelfall.

Standardfactoring

- Von echtem Factoring wird gesprochen, wenn die Factoringgesellschaft mit dem Ankauf der Forderungen das **Delkredererisiko** übernimmt. Praktisch entspricht das echte Factoring dem Standardfactoring, weil -von Ausnahmen abgesehen- beim echten Factoring meistens auch die Übernahme der Finanzierungsfunktion sowie der Dienstleistungsfunktionen durch die Factoringgesellschaft eingeschlossen ist.

Echtes Factoring

- Im Gegensatz zum echten Factoring **entfällt** beim unechten Factoring die Übernahme des **Delkredererisikos** durch die Factoringgesellschaft. Die Finanzierungsfunktion trägt bei dieser Factoringform lediglich Bevorschussungs-(Kredit-)charakter, weil das Risiko der Uneinbringlichkeit einer Forderung beim Forderungsverkäufer (beim Exporteur) verbleibt.

Unechtes Factoring

- Bei dieser Form des Factoring entfällt die Übernahme der Finanzierungsfunktion und in der Regel auch der Delkrederefunktion durch die Factoringgesellschaft. Diese übernimmt **lediglich** das **Inkasso** der Forderungen bei Fälligkeit und stellt dem Anschlusskunden den Forderungsgegenwert erst nach Zahlungseingang zur Verfügung.

Fälligkeitsfactoring

- Beim offenen Factoring wird der **Debitor** (der Importeur) von der Tatsache des Verkaufs der Forderungen **in Kenntnis** gesetzt. Dies geschieht durch die Factoringgesellschaft bzw. durch den Exporteur.

Offenes Factoring

- Im Gegensatz zum offenen Factoring erhält der **Debitor** (der Importeur) beim stillen Factoring **keine Mitteilung** über die Einschaltung einer Factoringgesellschaft. Der Debitor zahlt weiterhin mit schuldbefreiender Wirkung an den Lieferanten, was einschließt, dass das Inkasso durch die Factoringgesellschaft bei dieser Variante des Factoring entfällt. Dagegen wird die Finanzierungsfunktion, manchmal auch die Delkrederefunktion von der Factoringgesellschaft übernommen.

Stilles Factoring

5.6.5 Mögliche Reaktionen der Debitoren auf die Teilnahme am Factoring

Nach den bisherigen Erfahrungen wird die **Offenlegung** der Tatsache, dass ein Unternehmen seine Forderungen an eine Factoringgesellschaft verkauft, nicht (mehr) als ein Indiz für mangelnde Kreditwürdigkeit oder gar für beengte Liquidität des forderungsverkaufenden Betriebs interpretiert, zumal sich auch große, als solvent bekannte Unternehmen am Factoringverfahren beteiligen.

Kein Indiz für mangelnde Kreditwürdigkeit

Auf Wunsch des Anschlusskunden **informiert** die **Factoringgesellschaft** (evtl. unter Einschaltung ausländischer Factoringgesellschaf-

Information

ten) die Debitoren des Exporteurs über die technische Abwicklung und über die rechtlichen Aspekte des Factoring. Insbesondere wird den Debitoren verdeutlicht, dass unverändert der Exporteur für eventuelle Mängel an den Waren, für Serviceleistungen, für Preisnachlässe u. Ä. zuständig bleibt, und dass auch die Factoringgesellschaft die daraus resultierenden Gegenansprüche der Importeure in Bezug auf die angekauften Forderungen gegen sich gelten lässt.

Forderungseintreibung

Der maßgebliche Grund für eine zurückhaltende oder ablehnende Haltung der Debitoren kann in der -berechtigten- Befürchtung liegen, dass die Factoringgesellschaft nicht nur die Bonitätsprüfung intensiver vornimmt und den Kreditrahmen enger setzt als der Exporteur dies bislang praktiziert hat, sondern dass eine **Factoringgesellschaft** fällige Forderungen auch rasch und rigoros **eintreibt**.
Dieser Umgang der Factoringgesellschaft mit säumigen Schuldnern mag dem Exporteur zwar im Einzelfall Absatzchancen verbauen, generell dient dieses Vorgehen aber auch der Sicherung des eigenen Unternehmens des Exporteurs.

Abtretungsausschluss

Forderungen an ausländische Abnehmer, die die **Übertragung der Kaufpreisforderung** auf Dritte nach **ausländischem Recht** rechtswirksam **ausgeschlossen** haben, können von Factoringgesellschaften grundsätzlich nicht angekauft werden. Gleichwohl kann im Einzelfall der Weg zum Factoring durch geeignete Zusicherungen der Factoringgesellschaft an solche (Groß-)Abnehmer doch noch eröffnet werden bzw. durch Verhandlungen versucht werden, eine Aufhebung des Abtretungsausschlusses zu erreichen.

Anmerkung: Nach **deutschem Recht** ist das sog. Abtretungsverbot für Geldforderungen, die auf Handelsgeschäften u. Ä. beruhen, inzwischen weggefallen.

5.6.6 Kosten des Exportfactoring

Factoringprovision

Aufwand für Bonitätsprüfung, Inkasso u. Ä.

Die Factoringprovision wird von der Factoringgesellschaft für die erbrachten **Dienstleistungen** erhoben,

- also insbesondere für die **Prüfung der Debitoren** (wofür teilweise auch eine einmalige oder jährliche Prüfungsprovision gesondert in Rechnung gestellt wird),
- für die **Verwaltung des Debitorenbestandes** und
- für die Übernahme des **Mahn- und Inkassowesens**.

Es liegt auf der Hand, dass der Aufwand der Factoringgesellschaft von den individuellen Verhältnissen des Exporteurs abhängt. Hat der Exporteur einen laufend wechselnden Abnehmerkreis, dann ist der Aufwand der Factoringgesellschaft für die Bonitätsprüfung ungleich größer, als bei einem festen Abnehmerstamm, wo sich die Factoringgesellschaft nach der ersten Bonitätsprüfung in der Folgezeit mit einer Kreditüberwachung begnügen kann. Analoges gilt für den Inkassoaufwand der Factoringgesellschaft: Sind die Beträge pro Lieferung, also die Rechnungsbeträge des Exporteurs, niedrig und beliefert der Exporteur eine Vielzahl von Abnehmern, dann ist der Inkassoaufwand und unter Umständen der Mahnaufwand der Factoringgesellschaft erheblich.

Höhe

In der Praxis streut deswegen die Höhe der Factoringprovision von **ca. 0,5% bis ca. 2,0% des Umsatzes** des Exporteurs, mit der Factoringgesellschaft.

Delkredereprovision und evtl. Kurssicherungskosten

Delkredereprovision

Die Delkredereprovision erhebt die Factoringgesellschaft für die Übernahme des **Forderungsausfallrisikos.** Es ist keine Frage, dass die Höhe der Delkredereprovision noch mehr als die Factoringprovision vom **Einzelfall** abhängt. Hier spielen die Forderungsausfälle des Exporteurs in den letzten Jahren ebenso eine Rolle wie das Ergebnis der Bonitätsprüfung der Factoringgesellschaft und die Streuung der Abnehmer, insbesondere auch hinsichtlich der Streuung nach Importländern.

Höhe

Die Höhe der Delkredereprovision beläuft sich beim Exportfactoring auf **bis zu ca. 0,4% des Umsatzes** des Exporteurs mit der Factoringgesellschaft.
Die meisten Factoringgesellschaften sind dazu übergegangen, die Delkredereprovision **in die Factoringprovision einzubeziehen**, und weisen somit nur noch einen einzigen Provisionssatz aus. Dies ist deswegen nahe liegend, weil die Übernahme des Delkredererisikos durch die Factoringgesellschaften inzwischen die Regel ist.

Der **zusammengefasste Provisionssatz** streut von ca. **0,5 % bis ca. 2,5 %** vom Umsatz des Exporteurs mit der Factoringgesellschaft. Zu beachten ist, dass die Factoringgesellschaft für die **Bonitätsprüfung** der Abnehmer eventuell eine **zusätzliche** einmalige oder jährliche **Provision** in Rechnung stellt.

Kurssicherungskosten

Sofern die Factoringgesellschaft bei Fremdwährungsforderungen das **Wechselkursrisiko** ausnahmsweise übernimmt, kommen die Kurssicherungskosten hinzu. In diesem Fall entspricht die Höhe der Kurssicherungskosten im Wesentlichen den **Kosten von Devisentermingeschäften** der Banken.

Mehrwertsteuer

Sofern die Factoringgesellschaft für die Mehrwertsteuer optiert hat, erhöhen sich die Factoringprovision ebenso wie die Zinsen um die darauf berechnete Mehrwertsteuer, die jedoch vom Anschlusskunden **als Vorsteuer abgesetzt** werden kann.

Zinsen

Forderungsankauf

Die Factoringgesellschaften können die Zinsen für die angekauften Forderungen erst in dem Zeitpunkt berechnen, in dem der zahlungspflichtige Abnehmer (Importeur) bezahlt hat (oder der Ausfall feststeht: spätestens 120 Tage nach Fälligkeit der Forderung), weil erst ab diesem Zeitpunkt der **Zinsberechnungszeitraum endgültig** bestimmt werden kann.

Indessen erstellen die Factoringgesellschaften nicht isoliert für jede angekaufte Forderung eine eigenständige Zinsabrechnung, sondern sie berechnen die Zinsen **auf Grundlage des jeweiligen Gesamtbestandes** aller angekauften Forderungen eines Anschlusskunden (eines Exporteurs). Wie bei Kontokorrentkrediten wird der (u.U. täglich) wechselnde Saldo des Gesamtbestandes angekaufter, von den Zahlungspflichtigen (Abnehmern, Importeuren) noch nicht beglichener Forderungen einer staffelmäßigen Zinsrechnung unterworfen. Der derart ermittelte Zinsbetrag wird dem Anschlusskunden (dem Exporteur) im Allgemeinen vierteljährlich in Rechnung gestellt.

Der **Zinssatz**, den die Factoringgesellschaften anwenden, ist -entsprechend der Marktzinsentwicklung und analog zu den Zinssätzen für Kontokorrentkredite- **variabel.**

Vergleichsmaßstab des Exporteurs für die Angemessenheit der Zinshöhe ist insbesondere der Zinssatz für die Kontokorrentkredite der Banken, aber auch der Zinssatz für DM-Eurokredite in der entsprechenden Laufzeitkategorie.

Guthaben

Zu berücksichtigen hat der Exporteur auch, dass die Factoringgesellschaften das zur Sicherheit auf einem Sperrkonto einbehaltene Guthaben des Exporteurs in der Regel zu einem **niedrigeren Zinssatz** verzinsen als jenem für die angekauften Forderungen.

5.6.7 Ratschläge

Ratschläge an Interessenten und Teilnehmer des Exportfactoring

Finanzwirtschaftliche Schwächen des Betriebs des Exporteurs

Der Exporteur sollte zunächst seinen Betrieb nach den typischen finanzwirtschaftlichen **Schwächen**, wie sie insbesondere **rasch expandierende Betriebe** aufweisen, analysieren:

- Die **Bankkredite reichen nicht** aus, um alle erkennbaren **Marktchancen** wahrzunehmen.
- Die (deswegen) beanspruchten **Lieferantenkredite** sind **kostspielig** (Skontoentgang).
- Die **Abschreibungen** bzw. Wertberichtigungen auf **(Export-)Forderungen** sind **hoch**, weil das eigene Debitorenmanagement des Exporteurs bei der Bonitätsprüfung der (ausländischen) Abnehmer bzw. beim Forderungsinkasso (im Ausland) überfordert ist.
- Das berechtigte Begehren der **Abnehmer** des Exporteurs nach (längeren) **Zahlungszielen** muss wegen fehlender finanzwirtschaftlicher Spielräume abgelehnt werden.

Falls im Betrieb des Exporteurs mindestens eine dieser finanzwirtschaftlichen Schwächen auftritt, ist für den Exporteur Exportfactoring bzw. **Factoring** generell eine **erwägenswerte Finanzierungs- und Absicherungsalternative.**

Vergleich verschiedener Angebote

Der Exporteur sollte die Angebote der Factoringgesellschaften **vergleichen**, insbesondere die Factoringkosten:

- **Factoringprovision**:
  Die Höhe ist u.a. abhängig
  - vom Betrag pro Forderung bzw. von der Anzahl der Abnehmer;
  - von der Kontinuität des Abnehmerkreises (fester Abnehmerstamm);
  - vom Umfang des (erwarteten) Mahn- und Inkassoaufwands der Factoringgesellschaft;
  - von den weiteren Dienstleistungen, die der Exporteur bei der Factoringgesellschaft beansprucht.
- **Delkredereprovision**:
  Die Höhe ist u.a. abhängig
  - von den Forderungsausfällen des Exporteurs in den letzten Jahren;
  - vom Ergebnis der Kreditwürdigkeitsprüfung der Abnehmer durch die Factoringgesellschaft;
  - von der Streuung des Abnehmerkreises;
  - von der Neigung des Exporteurs, auch an Abnehmer minderer Bonität zu liefern;
  - von den erwarteten Veränderungen des Zahlungsverhaltens der Unternehmen generell.

  Anmerkung: Ein Vergleich mit den Versicherungsprämien der Warenkreditversicherungsunternehmen ist nur begrenzt möglich, weil diese einen hohen Selbstbehalt (Selbstbeteiligung am Schaden) vorsehen.

  Anmerkung: Die Factoringgesellschaften sind dazu übergegangen, die Delkredereprovision in die Factoringprovision einzubeziehen, und weisen somit im Allgemeinen nur noch einen **einzigen Provisionssatz** aus.

  Anmerkung: Eventuell berechnet die Factoringgesellschaft für die **Bonitätsprüfung** der Abnehmer eine **zusätzliche** einmalige oder jährliche **Provision.**

- **Zinsen**:
  - Maßstab für die Angemessenheit der Zinsen der Factoringgesellschaften ist zunächst der Zinssatz für Kontokorrentkredite der Banken bzw. für Eurokredite.
  - Die Factoringgesellschaften verfügen über zinsgünstige Refinanzierungsmöglichkeiten, die dem Exporteur durchaus Verhandlungsmöglichkeiten über die Höhe des Zinssatzes eröffnen.

- **Wechselkurssicherungskosten**:
  - Der Exporteur hat zunächst zu prüfen, ob die anbietenden Factoringgesellschaften überhaupt dazu bereit sind, das Wechselkursrisiko zu übernehmen.
  - Gegebenenfalls ist zu prüfen, ob sich die Kurssicherungskosten in Höhe der Kosten für Devisentermingeschäfte der Banken bewegen.

Die Factoringkosten sind vom Exporteur in Relation zu den Vorzügen des Factoring zu setzen, insbesondere zum Vorzug des hohen und raschen **Liquiditätszuflusses** durch Factoring, zum Vorzug der **qualifizierten Bonitätsprüfung** der Abnehmer und anderer Vorzüge des Factoring.

Prüfung von Beispielrechnungen der Factoringgesellschaften

Der Exporteur sollte die Beispielrechnungen in den Angeboten der Factoringgesellschaften insbesondere danach prüfen, inwieweit die darin angenommenen **Zahlen** tatsächlich **auf sein Unternehmen zugeschnitten** sind.
Ob die in den Angeboten häufig ausgewiesene "Ertragssteigerung durch Factoring" für den Betrieb des Exporteurs zu erreichen ist, hängt u.a. von folgenden **Fragen** ab:

- Eröffnet sich auf Grundlage des Liquiditätszuflusses durch Factoring für den Betrieb des Exporteurs tatsächlich eine umfassende **Skontiermöglichkeit** bei den eigenen Lieferanten?
- Wie hoch ist das **skontierfähige Einkaufsvolumen** des Exporteurs tatsächlich?
- Wie hoch sind die von den Lieferanten des Exporteurs gewährten **Skontosätze**?
- Welche Zeiträume umfassen die von den Lieferanten eingeräumten **Zahlungsziele**?
- Kann der Exporteur bei seinen Lieferanten -wegen des Liquiditätszuflusses durch Factoring- tatsächlich **verbesserte Einkaufskonditionen** durchsetzen?
- Ist die **Rückzahlung** bislang beanspruchter **Bankkredite** zweckmäßig und in welcher Relation stehen die Zinseinsparungen einerseits zu den Factoringkosten andererseits?
- Treffen die von den Factoringgesellschaften unterstellten **Einsparungen** an Personal- und Sachkosten tatsächlich zu?
- Bleiben die **Factoringgebühren** und die **Delkredereprovision** während der Vertragslaufzeit **konstant**?
- Entspricht die angesetzte Delkredereprovision dem **durchschnittlichen Risikoumfang** des Forderungsbestandes des Exporteurs?

Finanzierungs- und Absicherungsalternativen zum Factoring

Der Exporteur sollte Factoring mit anderen Finanzierungs- und Absicherungsalternativen vergleichen. Infrage kommt dazu insbesondere der **Bankkontokorrentkredit**, evtl. unter Abtretung der Forderungen (Zessionskredit) und evtl. in Verbindung mit einer **Warenkreditversicherung** zur Abdeckung des Delkredererisikos.

Die im folgenden Abschnitt abgedruckte Gegenüberstellung gibt dem Exporteur die maßgeblichen **Beurteilungskriterien** an die Hand.
Ausführlich sind Bankkontokorrentkredite in Kapitel 5.1, Warenkreditversicherungen in Kapitel 9.1 behandelt.
Das Wechselkursrisiko bei Fremdwährungsforderungen kann der Exporteur durch Devisentermingeschäfte ausschließen (siehe Kapitel 7).
Neben der klassischen **Refinanzierung** mit Bank-(Kontokorrent-)Krediten kommen als weitere Alternativen zum Exportfactoring der **Wechseldiskontkredit** (siehe Kapitel 5.3), **Bankakzepte** (siehe Kapitel 5.4) oder **Eurokredite** (siehe Kapitel 5.2) infrage.

Zur **Refinanzierung** und **Absicherung** längerfristiger Forderungen stehen **Forfaitierungen** (siehe Kapitel 6.5 sowie weitere mittel- bis langfristige Refinanzierungs- und Absicherungsinstrumente (siehe Kapitel 6.1 ff.) zur Verfügung.

Anbieter

Die Anschriften deutscher **Factoringgesellschaften** erhält der Exporteur vom

Deutschen Factoring-Verband e.V.
Rheinallee 3 d
55116 Mainz
Fax: 06131/2877099.

Angebote unterbreiten aber auch **Banken**, die das Factoringgeschäft z.T. selbst betreiben oder sektoreigene Factoringgesellschaften gegründet haben.
Factoring mit einer Bank bzw. mit deren (sektor-)eigenen Factoringgesellschaft hat für den Exporteur einerseits den Vorteil der problemlosen Zusammenarbeit, zumal Factoring Kreditaufnahmen bei Banken nicht vollständig zu ersetzen vermag. Andererseits kann dadurch eine gewisse Abhängigkeit des Exporteurs entstehen, weil beide Finanzierungsformen praktisch aus einer Hand kommen.

5.6.8 Vergleichende Beurteilung von Standardfactoring (Echtes Factoring), Bankkontokorrentkredit (Zessionskredit) und Warenkreditversicherung

Ausgewählte Vergleichskriterien	Standardfactoring (Echtes Factoring)	Bankkontokorrent-kredit mit Zession	Warenkredit-versicherung
Zugangsvoraussetzungen und Rahmenbedingungen:			
Mindestumsatz	Jahresumsatz mind. ca. 2 Mio. DM	Kein Mindestumsatz	Nicht ausdrücklich genannt. Programme auch für Klein- und Mittelbetriebe
Art der Forderungen	Aus Warenlieferungen und Leistungen einschließlich Exportforderungen	Primär aus Warenlieferungen und Leistungen, aber auch andere Forderungen einschließlich Exportforderungen	Aus Warenlieferungen und Leistungen einschließlich Exportforderungen
Laufzeit der Forderungen	Kurzfristig, Inlandsforderungen bis ca. 120 Tage; Exportforderungen bis ca. 180 Tage	Keine zeitliche Begrenzung	Kurzfristig, bis ca. 180 Tage
Debitorenkreis	Möglichst gleichbleibend	Veränderungen grundsätzlich möglich	Möglichst gleichbleibend
Anforderungen an die eigene Kreditwürdigkeit	Seriosität und Bonität müssen grundsätzlich gegeben sein	Hohe Anforderungen. Evtl. neben Zession weitere Sicherheiten erforderlich	Seriosität und Bonität müssen grundsätzlich gegeben sein
Vertragslaufzeit	I.d.R. 2 Jahre mit Verlängerungsmöglichkeit	6 Monate bis 1 Jahr oder länger, z.T. bis auf weiteres mit Verlängerungsmöglichkeit. Faktisch jederzeit durch Tilgung des Kredits zu beenden	Unterschiedlich, i.d.R. 1 Jahr mit Verlängerungsmöglichkeit
Finanzierungsfunktion:			
Umfang und Zeitpunkt des Liquiditätszuflusses	80–90% der Forderungsbeträge sofort verfügbar; Rest auf Sperrkonto, Auszahlung nach Forderungseingang bzw. im Delkrederefall	Durchschnittlich deutlich niedrigere Beleihungsquoten als bei Factoring (50–60%). Häufig nur individuell bestimmbar	Entfällt
Probleme bzw. Hemmnisse	Abtretungsausschluß bei Auslandsforderungen und Anwendung ausl. Rechts (bei einigen Ländern)	Analog. Evtl. Kollision mit verlängertem Eigentumsvorbehalt	Entfällt
Auswirkung auf die Bilanz	Bilanzverkürzung. Dadurch u.a. eine verbesserte EK/FK-Relation	Entfällt	Entfällt

Ausgewählte Vergleichskriterien	Standardfactoring (Echtes Factoring)	Bankkontokorrent-kredit mit Zession	Warenkredit-versicherung
Delkrederefunktion:			
• Umfang	Volle Übernahme	Keine Übernahme	Übernahme mit Selbstbehalt
• Vorbehalte	Warenkreditlimit pro Abnehmer. Ablehnung im Einzelfall	Entfällt	Limitierte Versicherungssummen pro Abnehmer. Ablehnung im Einzelfall
• Auswirkung der Delkredereübernahme auf die eigene Bonität	Positiv bei vorbehaltloser Delkredereübernahme für alle Forderungen	Entfällt	Grundsätzlich positiv, jedoch relativ hoher Selbstbehalt. Abtretung der Versicherungs-(Entschädigungs-) ansprüche an die Bank zur Absicherung des Zessionskredits möglich.
Überwälzung des Wechselkursrisikos:			
• Übernahme	Ausnahme	Entfällt; jedoch Abschluß eines Devisentermingeschäftes möglich	Entfällt
• Zeitpunkt	Ab Forderungsverkauf	Abschluß eines Devisentermingeschäftes zu beliebigem Zeitpunkt möglich	Entfällt
Dienstleistungsfunktion:			
• Bonitätsprüfung der Debitoren	Umfassende Bonitätsprüfung und -überwachung der Debitoren. Selektion neuer Abnehmer unter Bonitätsaspekten	Lediglich interne, stichprobenartige Bonitätsprüfung und -überwachung der Debitoren. Auftragsweise Einholung von Bankauskünften gegen (geringe) Gebühr	Bonitätsprüfung ab bestimmten Versicherungssummen (i. a. ab 50000 DM pro Abnehmer). Bei kleineren Beträgen erfolgt Bonitätsprüfung durch den Versicherungsnehmer nach vorgegebenem Kriterienkatalog
• Verwaltungs- und Inkassoaufgaben	Verwaltung des Debitorenbestandes. Übernahme von Mahnungen und Inkassi, einschließlich der Übernahme der anfallenden Beitreibungskosten	Entfällt Ausnahme: Inkasso bei Offenlegung der Zession	Entfällt
• Sonstige	Erstellung diverser Statistiken, Provisionsabrechnungen		

Ausgewählte Vergleichskriterien	Standardfactoring (Echtes Factoring)	Bankkontokorrentkredit mit Zession	Warenkreditversicherung
Mögliche Reaktionen der Debitoren:			
• Bei Neueinführung	U. U. ablehnend, wegen konsequenter Mahnung und Beitreibung durch die Factoringgesellschaft	Entfällt zunächst, da i. d. R. stille Zession mit Offenlegungsvorbehalt	Entfällt
• Auswirkungen der Offenlegung auf das eigene Standing	I. w. neutral	Negativ	Entfällt
Kosten:			
• Zinsen	Banküblicher Kontokorrentzinsen (im Zeitablauf variabel)	Kontokorrentzinsen (im Zeitablauf variabel). Höhe u. a. von der Kreditwürdigkeit des Kreditnehmers abhängig	Entfällt
• Delkredereprovision	Individuelle Festlegung der Delkredereprovision, ca. 0,2% bis 0,4% vom Umsatz, meistens mit der Factoringprovision zusammengefaßt	Entfällt	Umsatzabhängige Delkredereprovision, ca. 0,3% bis 0,4% vom Umsatz; Malus- bzw. Bonussystem
• Dienstleistungsprovision	Individuelle Festlegung der Factoringprovision, ca. 0,5% bis 2,0% vom Umsatz; evtl. zusätzliche einmalige/jährliche Provision für die Bonitätsprüfung der Abnehmer		
• Kurssicherungskosten	Entsprechend den Kosten von Devisentermingeschäften mit Banken	Bei Abschluß von Devisentermingeschäften fallen die üblichen Kosten an	Entfällt
Die angeführten Bedingungen stellen nur näherungsweise Anhaltspunkte dar.			

Quelle: Häberle, Exportfactoring, Gruppe 4/10, S. 19-23.

6 Mittel- und langfristige Refinanzierungs- und Absicherungsinstrumente

6.1 Grundbegriffe und Grundlagen

6.1 Grundbegriffe und Grundlagen

Vorbemerkungen

Die folgenden Grundbegriffe und Grundlagen beziehen sich im Wesentlichen auf die mittel- und langfristigen **Kreditarten**, weniger dagegen auf die Forfaitierung und auf das Exportleasing (siehe dazu Kapitel "6.5 Forfaitierung" und Kapitel "6.6 Exportleasing").

Im Übrigen tragen die "Grundbegriffe und Grundlagen" dieses Abschnitts lediglich skizzenhaften und **einführenden Charakter**. Sie beziehen sich auf einige **Gemeinsamkeiten**, die die Finanzierungsalternativen der wesentlichen **Träger** der mittel- und langfristigen **Kreditarten**, nämlich

- der im Auslandsgeschäft engagierten (größeren) **Geschäftsbanken**,
- der **AKA Ausfuhrkredit-Gesellschaft mbH**,
- der **Kreditanstalt für Wiederaufbau (KfW)**,

aufweisen.

Hinweise

Die **umfassenderen Informationen** zum Finanzierungsangebot der genannten Träger der mittel- und langfristigen Exportkredite finden sich in den **anschließenden Kapiteln:**

- 6.2 Mittel- und langfristige Exportfinanzierung der Geschäftsbanken,
- 6.3 Mittel- und langfristige Exportfinanzierung der AKA Ausfuhrkredit-Gesellschaft mbH,
- 6.4 Mittel- und langfristige Exportfinanzierung der Kreditanstalt für Wiederaufbau (KfW).

6.1.1 Besonderheiten des Investitionsgüter- und Anlagenexports und seiner finanziellen Abwicklung

6.1.1.1 Marketing/Lieferbeteiligte

Besonderheiten

Die Besonderheiten des Investitionsgüter- und Anlagenexports prägen die **korrespondierenden Finanzierungsbedürfnisse und Finanzierungsinstrumente**. Es ist deswegen zweckmäßig, zunächst einige dieser Besonderheiten (z.T. in Anlehnung an Voigt 1989: S. 34ff.) hervorzuheben.

Markterschließung/ Kundenpflege

Investitionsgüterexporte, insbesondere Anlagenexporte bedürfen einer umfassenden und **langfristigen Marketingplanung**. Diese reicht von der zu wählenden Akquisitionsstrategie über die Planung des Vertriebswegs bis zur Sicherstellung von Service- und Reparaturleistungen an den gelieferten Investitionsgütern bzw. an den erstellten Anlagen.

Häufig sind die exportierten Investitionsgüter und insbesondere die im Ausland zu erstellenden Anlagen **schlüsselfertig nach den Plänen der Auftraggeber** zu bauen. Solche Spezialanfertigungen ("Problemlösungen") erfordern einen aufwändigen und nachhaltigen Dialog zwischen dem Auftraggeber und dem Exporteur. Insbesondere werden vom Exporteur Geduld und Entgegenkommen erwartet. Nur auf dieser Grundlage bildet sich jenes Vertrauensverhältnis, das **Folgeaufträge** auch dann eröffnet, wenn die Preisvorstellungen des deutschen Exporteurs -im Vergleich zu den Konkurrenten- in isolierter Betrachtung hoch erscheinen.

Lieferbeteiligte

Bei Investitionsgüterexporten, insbesondere bei Anlagenexporten, handelt es sich häufig um größere und **komplexe Objekte/Projekte**. Dieser Komplexität kann mit unterschiedlichen rechtlichen und betriebswirtschaftlichen Formen Rechnung getragen werden. Dementsprechend können die **Beteiligten** Konsortialführer, Hauptlieferant, Generalunternehmer, Konsorte, Unterlieferant, (stiller) Zulieferer u. Ä. sein. Dies gilt im Übrigen auch für Dienstleistungen von Consultingunternehmen.

Hervorzuheben ist bei Investitionsgüter-/Anlagenexporten, dass als Konsorten, Zulieferer u. Ä. häufig nicht nur inländische Betriebe, sondern auch ausländische Betriebe einbezogen sind. Nicht selten schreibt der ausländische Auftraggeber (eine staatliche Stelle) darüber hinaus vor, dass in einem bestimmten Mindestumfang **Lieferanten des Importlandes zu berücksichtigen** sind. Dies führt für den Exporteur zu sog. **lokalen/örtlichen Aufwendungen** für Lieferungen/Leistungen aus dem Bestellerland, die evtl. besondere (Währungs-)Risiken beinhalten und im Übrigen in der Konstruktion der Finanzierung zu bedenken sind.

Maßgeblich für die Beteiligten ist indessen nicht allein ihre Fertigungs- bzw. Dienstleistungsfunktion im Rahmen eines solchen komplexen Investitionsgüter-/Anlagenexports, sondern auch ihre **Risikotragung**. Der bei Investitionsgüter-/Anlagenexporten von den Beteiligten übernommene Risikoanteil kann von der alleinigen Risikotragung durch einen Beteiligten über die quotale Verteilung des Risikos auf alle Beteiligten bis zum Risikoausschluss für bestimmte Beteiligte (wie es für einen kleineren inländischen Zulieferer zutreffen mag) reichen. Im Übrigen kann bei der Aufteilung der Risikoanteile nach der Art der Risiken differenziert werden.

6.1.1.2 Besondere Risiken und Sicherstellungen

Besondere Risiken

Bei **Investitionsgüter- und Anlagenexporten** sind die **Risiken** des Exporteurs besonders ausgeprägt:

- Von besonderem Gewicht ist zunächst das in der Seriosität und Zahlungsfähigkeit des Importeurs liegende **wirtschaftliche Risiko**. Längere Zahlungsziele erfordern eine dahingehende langfristig gültige Prognose, die jedoch angesichts des raschen Wandels der Wirtschaft kaum mehr möglich ist (was eine entsprechende Absicherung des Risikos nahe legt).
- Hinzu tritt das **politische Risiko**, weil sich die Importeure häufig in jenen Ländern finden, deren Verschuldung hoch ist.
- Schließlich ist das **Wechselkursrisiko** zu beachten, wenn der deutsche Exporteur den Kontrakt statt in DM in einer Fremdwährung abschließen muss.

Im Gegensatz zu den meisten Konsumgüterexporten treten diese Risiken bei Investitionsgüter- und Anlagenexporten bereits während der **Fabrikations-/Bauphase** ausgeprägt in Erscheinung: In vielen Fällen handelt es sich bei den Investitionsgütern bzw. Anlagen um Objekte, die nach den Plänen des Importeurs/Bestellers gebaut werden. Dem Exporteur bleiben deswegen bei Eintritt des wirtschaftlichen Risikos während der Fabrikationsphase (z.B. bei Vertragsverletzung oder Insolvenz des Importeurs) keine alternativen Verwertungsmöglichkeiten der im Bau befindlichen Anlagen bzw. Spezialerzeugnisse. Analoges gilt bei Eintritt politischer Risiken.

Sicherheiten

Investitionsgüter- und Anlagenexporte mit mittel- und langfristigen Zahlungszielen bedürfen in der Regel einer **umfassenden Sicherstellung**.

Folgende, allerdings von der Art der Finanzierung abhängige Sicherheiten sind wesentlich:

- **Zahlungsgarantie einer erstklassigen Bank** im Bestellerland (oder in einem Drittland). Diese Sicherheit trifft häufig zu bei Lieferantenkrediten und bei Finanzkrediten, die Bestellerkredite sind. Dagegen entfällt diese Sicherheit in der Regel bei Finanzkrediten, die Bank-zu-Bank-Kredite sind, weil bei diesen Krediten die ausländische Bank selbst (solvente) Schuldnerin ist.
- **Hermes-Deckung** für die **Kreditphase**, häufig auch schon für die **Fabrikationsphase**. Je nach Art der Finanzierung des mittel- oder langfristigen Zahlungsziels wird die Hermes-Deckung bei

Lieferantenkrediten dem deutschen Exporteur (der seine Ansprüche sodann auf die finanzierende Bank überträgt) oder bei gebundenen Finanzkrediten direkt der finanzierenden deutschen Bank (Hermes-Finanzkreditdeckung) gewährt.

Darüber hinaus haben der Exporteur und der Importeur meistens weitere **Sicherungsrechte** an die Banken zu übertragen, **Verpflichtungserklärungen** abzugeben usw.

6.1.1.3 Zeitliche Abwicklung

Zeitliche Struktur

Es hängt von den Eigenheiten des jeweiligen Exportgeschäfts ab, welche **Zeitspannen** die einzelnen **Abschnitte des Exportgeschäfts** beanspruchen. Exportgeschäfte, die beispielsweise Maschinen ohne erforderliche Montageleistung zum Gegenstand haben, weisen eine gestraffte zeitliche Struktur auf im Vergleich zum Export von Anlagen, insbesondere im Vergleich zur Erstellung von schlüsselfertigen Anlagen im Ausland.

Abbildung

Eine Übersicht über die mögliche **zeitliche und sachliche Abwicklung eines Anlagenexportgeschäfts** vermittelt die folgende **Abbildung Nr. 6.1-01** (Voigt 1994: S. 11):

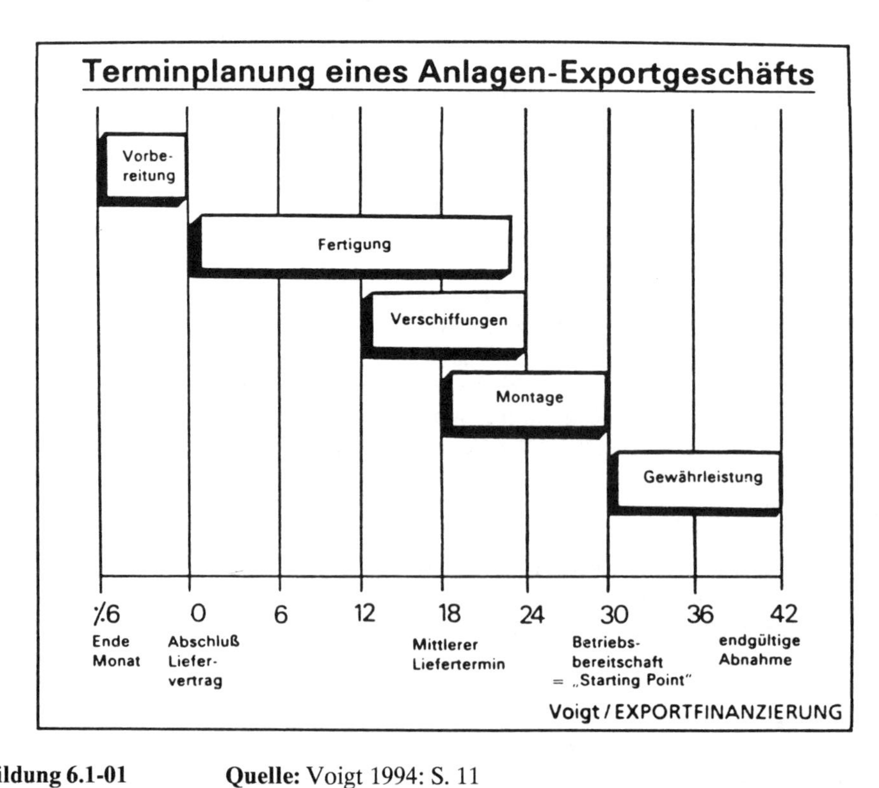

Abbildung 6.1-01 **Quelle:** Voigt 1994: S. 11

6.1.1.4 Finanzielle Abwicklung

Kreditbedarf während der Produktions-/Bauphase

Bei Exportgeschäften mit mittel- oder langfristigen Zahlungszielen entsteht ein erheblicher Kapitalbedarf. Die **Anzahlung** des Importeurs, die nach Vertragsabschluss zu leisten ist, beträgt häufig nur 5% des Auftragswerts. Ausnahmsweise entfällt sie (ebenso wie die im Folgenden angesprochene Dokumentenrate) bei sog. 100%-Finanzierungen (des Auftragwerts) sogar ganz.

Die **Dokumentenrate**, die der Exporteur unter Vorlage der Versanddokumente und anderer Dokumente (evtl. im Rahmen eines Dokumentenakkreditivs oder eines Dokumenteninkassos) als **Zwischenzahlung** erhält, beträgt in vielen Fällen nur (weitere) 10%.

Bauzinsen

Mit den genannten Zahlungen kann der Exporteur die Aufwendungen bis zur Betriebsbereitschaft oder Übernahme einer Anlage nicht annähernd decken. Der Exporteur hat folglich bereits für die sog. **Bauphase Kredite** aufzunehmen, für die Zinsen, die sog. **Bauzinsen**, anfallen.

Die Berücksichtigung der Bauzinsen erfolgt nach verschiedenen Vorgehensweisen:

- **Einbeziehung in den Preis** des Investitionsgegenstands bzw. der erstellten Anlage.
- Offene **Inrechnungstellung** der Bauzinsen gegenüber dem Importeur, der die Bauzinsen -je nach getroffener Vereinbarung-
  - in einer Summe bei Übernahme der Anlage
  - oder entsprechend ihrem Anfall

  zu bezahlen hat.

Bei **gebundenen Finanzkrediten** (Bestellerkrediten, Bank-zu-Bank-Krediten), die an den Exporteur "Progress Payment", also entsprechend dem Fertigungsfortschritt, ausgezahlt werden, entfallen die obigen Vorgehensweisen. Bei diesen Krediten und bei diesem ausnahmsweise angewandten Auszahlungsverfahren (Progress Payment) gehen die Kreditzinsen zulasten des Kreditschuldners, also des Bestellers bzw. seiner Bank.

Kreditbedarf während der Kreditphase

Der maßgebliche Kapitalbedarf entsteht indessen durch das dem Importeur eingeräumte **mittel- bis langfristige Zahlungsziel** über einen (nach Abzug der meist geringen An- und Zwischenzahlungen des Importeurs) hohen Anteil am Auftragswert.

Die bei der Finanzierung anfallenden Zinsaufwendungen sind wegen der mittel- bis langfristigen Kreditinanspruchnahme erheblich.

Kreditzinsen

Die Behandlung der **Zinsaufwendungen der Kreditphase** kann in Abhängigkeit von der vereinbarten Refinanzierung unterschiedlich gestaltet sein:

- Bei sog. **Lieferantenkrediten**, das sind Bankkredite an Exporteure, werden die Zinsen dem Exporteur in Rechnung gestellt. Der Exporteur berechnet die Zinsen dem Importeur weiter, wobei die Zinsen der Bank und die dem Importeur berechneten Zinsen keineswegs gleich hoch sein müssen. Kann der Exporteur gegenüber dem Importeur nur einen niedrigeren Zinssatz durchsetzen, dann muss er versuchen, dieses Zinsdefizit in der Kalkulation unterzubringen.

- Bei **gebundenen Finanzkrediten** werden die Zinsen von der kreditgewährenden deutschen Bank unmittelbar dem ausländischen Kreditschuldner (dem Besteller/Importeur bzw. der Importeurbank) belastet. Anmerkung: Finanzkredite sind liefergebundene Kredite deutscher Banken an die ausländischen Besteller/Importeure bzw. an deren Banken, die jedoch -weil sie liefergebunden sind- nicht diesen Kreditschuldnern, sondern dem deutschen Exporteur gegen entsprechende Liefer-/Leistungsnachweise ausgezahlt werden; die Einzelheiten sind in den folgenden Kapiteln ausführlich beschrieben.
In der Regel berühren den Exporteur bei gebundenen Finanzkrediten die Kreditzinsen somit nicht. Nur in Fällen, in denen die deutsche Bank dem ausländischen Kreditschuldner -auf Antrag des Exporteurs wegen der Wettbewerbslage- einen Zinssatz unter dem Marktzinsniveau eingeräumt hat, kann der Exporteur zu einer Zinszuzahlung verpflichtet sein.

Sonstige Kredit-/ Sicherungskosten

Neben den Zinsen fallen in der Regel eine **Zusage-/Bereitstellungsprovision**, eine (einmalige) **Bearbeitungsprovision** sowie z.T. erhebliche **Aufwendungen** bei der Beschaffung der Kredit(sicherungs) unterlagen an.

Im Allgemeinen wird der Exporteur auch bei gebundenen Finanzkrediten (Bestellerkredite, Bank-zu-Bank-Kredite) verpflichtet, das **Hermes-Entgelt** für die Hermes- Finanzkreditdeckung zu übernehmen.
Darüber hinaus wird dem Exporteur von der kreditgewährenden deutschen Bank gegebenenfalls eine **Risikoprämie** belastet, die dem Risiko der Bank für den bei Hermes-Finanzkrediten wählbaren 5%igen, nicht abwälzbaren Selbstbehalt Rechnung trägt.

Verbundene Finanzierung

Eine weitere Besonderheit der Finanzierung von Exportgeschäften mit mittel- oder langfristigen Zahlungszielen liegt in der häufig angewandten **Verbindung/Koppelung unterschiedlicher Kreditarten** (Lieferantenkredite, Bestellerkredite bzw. Bank-zu-Bank-Kredite, Komplementärkredite, Vorfinanzierungskredite usw.), eventuell von verschiedenen Kreditgebern (Geschäftsbanken, AKA, KfW usw.). Solche Verbindungen verschiedener Kreditarten können parallel und/oder hintereinander geschaltet sein.

Die Notwendigkeit, unterschiedliche Kreditarten von eventuell verschiedenen Kreditgebern zu verbinden, folgt insbesondere daraus, dass die Richtlinien der verschiedenen Kreditprogramme der AKA und der KfW laufzeitbezogene, kredithöhenbezogene und andere Restriktionen enthalten. Je nach Lage des Falls kann es deswegen zweckmäßig sein, verschiedene Kreditprogramme einer der Spezialbanken zu einer Gesamtfinanzierung zu verbinden und sodann die kredithöhenbezogene oder laufzeitbezogene Ergänzungsfinanzierung außerhalb zu suchen.

Weitere verbundene/gekoppelte Finanzierungsmodelle stehen zur Verfügung. Die Banken verfügen über EDV-Programme, die die Finanzierungsalternativen mit den aktuellen Konditionen auf den Einzelfall zugeschnitten präsentieren.

6.1.2 Mittel- und langfristige Kreditarten: Definitionen und Beteiligte

Definitionen

Exportfinanzierung/ Außenhandelsfinanzierung

Zum Teil werden in Literatur und Praxis unter dem Ausdruck Exportfinanzierung lediglich die mittel- bis langfristigen Finanzierungsgeschäfte des betrieblichen Exports verstanden. Für die kurzfristigen Finanzierungen wird bei dieser Abgrenzung stattdessen der Ausdruck Außenhandelsfinanzierung verwendet.

Diese begriffliche Differenzierung ist deswegen **problematisch**, weil damit einseitig nur ein einziges Merkmal, nämlich die Fristigkeit zur Unterscheidung dieser Ausdrücke, herangezogen ist. Beiden Ausdrücken sind jedoch weitere gewichtige Merkmale immanent, deren Vielfalt allein schon durch eine Wortumkehrung deutlich wird: "Exportfinanzierung" als "Finanzierung des (gesamten) Exports" schließt alle möglichen Merkmale der unterschiedlichen Exportgeschäfte und deren Finanzierung ein. "Außenhandelsfinanzierung" als "Finanzierung des (gesamten) Außenhandels" schließt die vielfältigen Merkmale der Finanzierung von Exportgeschäften ebenso ein wie die vielfältigen Merkmale der Finanzierung von Importgeschäften.

Die **Fristigkeit**/Laufzeit einer Finanzierung wird deswegen in diesem Buch **nicht als Unterscheidungsmerkmal** zwischen dem Ausdruck Exportfinanzierung und dem Ausdruck Außenhandelsfinanzierung herangezogen. Vielmehr bleibt es ohne eine zeitliche Differenzierung bei den Charakterisierungen, die in der Einleitung dieses Buches aufgenommen sind, nämlich der Ausdruck **Außenhandelsfinanzierung** als **Oberbegriff** für die **Exportfinanzierung** sowie für die **Importfinanzierung** (und für die Auslandsfinanzierung).

Fristen

Ein anderes Problem ist darin zu erblicken, dass die **zeitliche Dimension** der Ausdrücke "kurzfristig", "mittelfristig" und "langfristig" nicht eindeutig definiert ist. In Umrissen kristallisiert sich lediglich heraus, dass mit dem Ausdruck **langfristig** häufig die Vorstellung eines Zeitraums von 4 Jahren und darüber verbunden wird. Dies hängt damit zusammen, dass in mehreren, für Kreditinstitute gültigen Normen der Zeitraum von 4 Jahren und mehr als langfristig definiert ist (z.B. im Bilanzrecht, in den Grundsätzen des Bundesaufsichtsamts für das Kreditwesen, im Mindestreserverecht usw.).

Unter dem Ausdruck **kurzfristig** wird meistens ein Zeitraum von 6 Monaten bis maximal 1 Jahr verstanden, was zugleich die zeitliche Dimension des Ausdruck **mittelfristig** definiert, nämlich über 6 Monate bzw. über 1 Jahr bis unter 4 Jahre.

Abbildung

Die **Abbildung Nr. 6.1-02** stellt die im folgenden beschriebenen Kreditarten der mittel- bis langfristigen Exportfinanzierung nach den **Kreditbeteiligten** kurz gefasst dar.

Liefervertragskredit

Der Liefervertragskredit wird dem Importeur vom Exporteur **im Rahmen eines Liefervertrags** (Kaufvertrag, Exportvertrag, Ausfuhrvertrag, Kontrakt) als Zahlungsziel gewährt.

Umgangssprachlich und insbesondere bei Inlandsgeschäften wird in diesem Zusammenhang von Lieferantenkredit gesprochen. Im internationalen Geschäft wird der Ausdruck Lieferantenkredit dage-

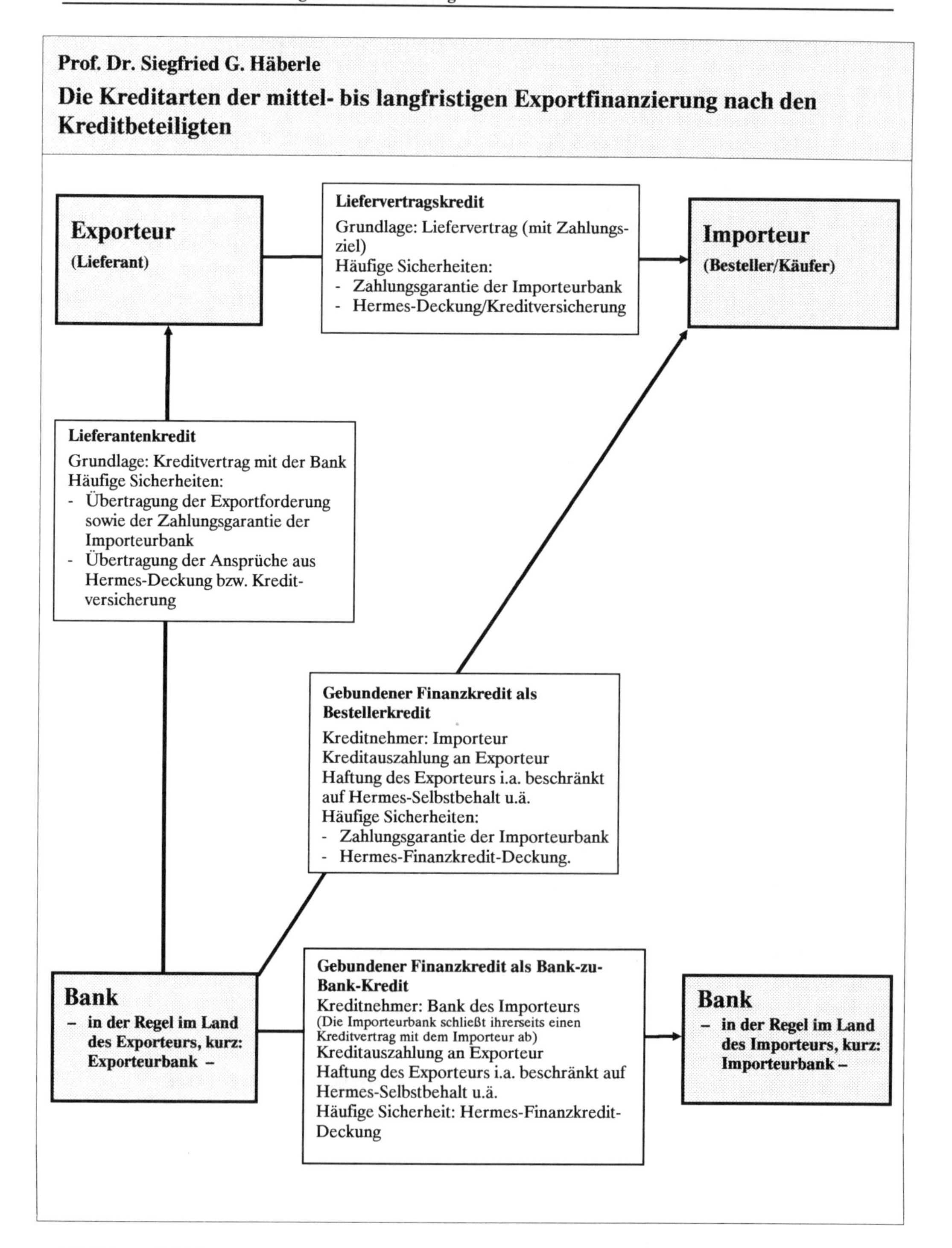

Abbildung 6.1-02

gen mit einem anderen, nämlich mit dem im folgenden Abschnitt beschriebenen Vorstellungsinhalt verbunden.

Bei größeren mittel- und langfristigen Liefervertragskrediten erfolgt häufig die Absicherung der Ansprüche des Exporteurs durch die **Zahlungsgarantie** (das Aval) einer solventen Bank im Importland (kurz: Importeurbank). Darüber hinaus sind solche Liefervertragskredite meistens durch eine **Hermes-Deckung** abgesichert.

Lieferantenkredit

Der Lieferantenkredit ist ein **Bankkredit an den Exporteur** in seiner Eigenschaft als Lieferant. Bei mittel- und langfristigen Exportfinanzierungen ist die Zuordnung des Lieferantenkredits zu einem bestimmten Exportgeschäft die Regel. Dagegen umfassen Lieferantenkredite, die der Finanzierung kurzfristiger Exportgeschäfte (oder Inlandsgeschäfte) dienen, im Allgemeinen einen Kreditrahmen, und zwar in Form eines Kontokorrentkredits. Nur bei größeren kurzfristigen Fremdwährungskrediten erfolgt wiederum die jeweilige Zuordnung der Kreditaufnahme zu einem bestimmten Exportgeschäft, im Allgemeinen jedoch ohne die im Folgenden beschriebene Übertragung der Sicherheiten auf die Bank.

Zur Sicherung des Lieferantenkredits **überträgt der Exporteur seine Sicherheiten** aus dem zu finanzierenden Exportgeschäft an die kreditgewährende **Bank**. Diese Übertragung umfasst insbesondere die Forderungsansprüche des Exporteurs an den Importeur aus dem Exportgeschäft und die dafür haftenden Sicherheiten (Zahlungsgarantie der Importeurbank) sowie gegebenenfalls die Übertragung der Ansprüche aus der Hermes-Deckung oder aus einer Kreditversicherung.

Gebundener Finanzkredit: Bestellerkredit bzw. Bank-zu-Bank-Kredit

Der gebundene Finanzkredit ist der Kredit einer **Bank** - im Allgemeinen im Land des Exporteurs (kurz: Exporteurbank) - an den Importeur bzw. an die Bank des Importeurs (kurz: Importeurbank):

- Von **Bestellerkredit** wird gesprochen, wenn der Kredit der Exporteurbank dem Importeur (in seiner Eigenschaft als Besteller/Käufer) gewährt wird.
- Dagegen wird von **Bank-zu-Bank-Kredit** (manchmal auch Bank-an-Bank-Kredit) gesprochen, wenn der Kredit von der Exporteurbank an die Importeurbank gewährt wird. Die Importeurbank schließt bei Bank-zu-Bank-Krediten ihrerseits einen analogen Kreditvertrag mit dem Importeur ab.
- Der Bestellerkredit und der Bank-zu-Bank-Kredit sind somit **Unterformen des gebundenen Finanzkredits**.

Gebundene Finanzkredite sind im Allgemeinen durch **Hermes** gedeckt. Darüber hinaus sind Bestellerkredite in der Regel durch die **Zahlungsgarantie** der Importeurbank gesichert.

Der **Exporteur** haftet meistens nur für Verluste in Höhe des **Hermes-Selbstbehalts**. Im Einzelfall kann aber auch eine weiter reichende Haftung des Exporteurs vereinbart werden.

Der gebundene Finanzkredit wird in der Regel nicht an den Kreditschuldner (Besteller bzw. dessen Bank) **ausgezahlt**, sondern -auf Grundlage vorzulegender Bestätigungen über erfolgte Lieferungen/Leistungen- an den **Exporteur**.

Der maßgebliche Vorzug von gebundenen Finanzkrediten liegt für den **Exporteur**

- in der **direkten Auszahlung** des Kredits an den Exporteur zulasten des Kreditkontos des Schuldners (Besteller bzw. ausländische Bank);
- im völligen oder weit reichenden **Haftungsausschluss** des Exporteurs für den gebundenen Finanzkredit;
- in der **bilanziellen Entlastung**, weil der Exporteur nicht Kreditschuldner ist.

Der **Nachteil** der Auszahlung von Finanzkrediten pro rata Lieferung kann durch eine **Vorfinanzierung** mittels eines Lieferantenkredits (eines Bankkredits an den Exporteur) ausgeglichen werden.

6.1.3 Maßgebliche Elemente und Restriktionen der Zahlungsbedingungen von Exportgeschäften mit mittel- und langfristigen Zahlungszielen

6.1.3.1 Maßgebliche Elemente der Zahlungsbedingungen

Grundsätzlich: Individuelle Vertragsgestaltung

Investitionsgüter- und Anlagenexporte mit mittel- oder langfristigen Zahlungszielen erfordern einen individuellen Zuschnitt des **Exportvertrags** und der darin enthaltenen **Zahlungsbedingungen**. Gleichwohl kristallisieren sich einige Stammelemente der Zahlungsbedingungen heraus, die durch individuelle Festlegung der quantitativen und zeitlichen Dimension auf die Belange des einzelnen Exportgeschäfts ausgerichtet werden können.

Stammelemente

Der folgende **Merkmalkatalog** beschreibt maßgebliche Elemente der Zahlungsbedingungen in Exportverträgen mit mittel- oder langfristigen Zahlungszielen (Voigt 1989: S. 269ff.; ausformulierte Zahlungsbedingungen sowie weitere Aspekte zur Formulierung von Exportverträgen finden sich in Reitz 1989: S. 12ff.; siehe auch Kapitel "2.1 Im Kaufvertrag festzulegende maßgebliche Merkmale der Zahlungsbedingungen", mit einer tabellarischen Übersicht in Abschnitt 2.1.3):

1. **Kaufpreis, Nebenkosten, Preiserhöhungen:**
   - Kaufpreis (Betrag und Währung)
   - Gesondert zu bezahlende Nebenkosten wie Montage, Versicherung, Transport, Finanzierungskosten etc. (Beträge und Währung)
   - Preiserhöhungen (Preisgleitung oder Festpreis) für Kaufpreis und Nebenkosten

2. **Zahlungsbedingungen im engeren Sinne (Teilbeträge und Fälligkeiten):**
   - Anzahlung
   - Zwischenraten

- Zielraten (= Liefervertragskredit)
- Eventuelle Garantierate

3. **Verzinsung:**
   - Verzinsung während der Bauzeit;
   - während der Tilgungszeit für Restkaufpreisforderung; ("Kundenzinssatz");
   - bei Verzug.

4. **Sicherheiten, die vom Exporteur zu stellen sind:**
   - Anzahlungsgarantie
   - Performance-Garantie

5. **Sicherheiten, die vom Besteller für den kreditierten Teil der Forderung und die Verschiffungsraten zu stellen sind:**
   - Inhalt und Umfang (Gegenstand, Betrag, Dauer)
   - Sicherheitengeber (Bank, Regierung, Privatperson)
   - Form (Aval, Garantieerklärung, Garantievertrag, Akkreditiv)

6. **Umfinanzierung auf eventuellen späteren Bestellerkredit:**
   - Verpflichtung des Verkäufers, sich ggf. um Vermittlung eines Bestellerkredits zur Finanzierung des Kreditteils und ggf. der An- und Zwischenzahlungen zu bemühen.
   - Regelung der aus einer Umfinanzierung entstehenden Folgen für Käufer und Verkäufer.
   - Anmerkung: Dies ist derzeit eine eher untypische Form, da Bestellerkredite heute meist von vornherein fest in das gesamte Finanzierungskonzept für ein Exportgeschäft eingebaut werden. Vgl. Ziff. 7.

7. **Feste Bestellerfinanzierung:**
   - Vereinbarung, dass Besteller die bei jeweiliger Lieferung oder Betriebsbereitschaft noch bestehende Restkaufpreisforderung aus einem (vom Exporteur ggf. zu vermittelnden) Bestellerkredit zahlen wird.
   - Koppelung des In-Kraft-Tretens von Exportvertrag und Bestellerkreditvertrag aneinander.
   - Bei fehlender Koppelung beider Verträge aneinander: Festlegung, unter welchen Modalitäten die Restkaufpreisforderung vom Besteller an den Exporteur zu tilgen ist, falls ein Bestellerkredit nicht zu Stande kommt oder nicht ausgezahlt wird (= Vereinbarung eines sog. "alternativen Lieferantenkredits").

8. **Zahlungsvoraussetzungen und Nachweise, insbesondere**
   - für Anzahlung (Genehmigung);
   - für Verschiffungsraten (Konnossemente);
   - für Beginn Kreditlaufzeit, so genannter "starting point" (Betriebsbereitschaftszertifikat);
   - für Rückgabe der Anzahlungs- und Performance-Garantie.

6.1.3.2 Maßgebliche Restriktionen der Zahlungsbedingungen

Allgemeine Vorschriften

Bei Vereinbarung der Zahlungsbedingungen von Exportgeschäften mit mittel- und langfristigen Zahlungszielen haben die Beteiligten zunächst jene Vorschriften zu beachten, die für alle Ausfuhr- bzw. Einfuhrgeschäfte des Exportlandes bzw. des Importlandes gelten. Weil das deutsche Recht nur wenige Auflagen erteilt, sind dies vor allem die **Einfuhrbestimmungen**, insbesondere die **Inkasso- und Devisenvorschriften des Importlandes.**

Spezielle Vorschriften

Darüber hinaus sind einige spezielle Restriktionen bei Exportgeschäften mit mittel- und langfristigen Zahlungszielen zu beachten, sofern der Exporteur oder die finanzierende Bank eine **Hermes-Deckung** erlangen will, was regelmäßig der Fall ist. Diese Restriktionen sind auch zu beachten, wenn **Exportkredite mit öffentlichen Mitteln gefördert** werden, wie beispielsweise das KfW-ERP-Exportfinanzierungsprogramm.
Es sind insbesondere die folgenden **internationalen Einrichtungen/ Vereinbarungen**, die der Exporteur zu berücksichtigen hat:

- **Berner Union**
- **Konsultationsverfahren der EU-Länder**
- **OECD-Konsensus.**

Hinweis

Es ist im Rahmen eines Lehrbuchs nicht möglich, zeitlos und detailliert die Bedingungen der genannten Einrichtungen darzustellen. Die angesprochenen Bedingungen sind vielfältig und außerdem von Zeit zu Zeit Veränderungen unterworfen. Im Folgenden werden deswegen nur skizzenhaft einige Grundzüge dieser Bedingungen dargestellt. Detaillierte und aktuelle Informationen sind in der Loseblattsammlung von Schallehn (siehe Literaturverzeichnis) enthalten.

Berner Union

Die Berner Union ist die **internationale Vereinigung der staatlichen Exportkreditversicherungen.**

Für den deckungssuchenden Exporteur ist von Bedeutung, dass es unter den Mitgliedern der Berner Union eine Reihe von "understandings" dahingehend gibt, für bestimmte Warenarten (die z.T. wertmäßig gestaffelt sind) bestimmte Kreditfristen nicht zu überschreiten (vgl. Schallehn 1994: Gruppe VI, S. 28a).

Darüber hinaus eröffnet die Berner Union die Möglichkeit, Informationen über das **Konkurrenzverhalten** ausländischer Kreditversicherer einzuholen, und zwar über die versicherbaren Zahlungsbedingungen sowohl von Warengruppen als auch von Einzelgeschäften (vgl. ders. ebenda). Eine solche Information kann die **Anpassung** eines staatlichen Kreditversicherers an die von einem anderen staatlichen Kreditversicherer akzeptierten Zahlungsbedingungen für ein konkretes Geschäft zur Folge haben (das sog. **Matching**; vgl. ders. ebenda).

EU-Konsultationsverfahren

Einen weiteren Beitrag zur Wettbewerbsgerechtigkeit und zur Standardisierung der Zahlungsbedingungen bei Exportgeschäften mit mittel- und langfristigen Zahlungszielen leistet das EU-Konsultationsverfahren.

Gegenstand dieses Konsultationsverfahrens sind (vgl. Voigt 1994: S. 37):

- Die maximalen **Kreditlaufzeiten** über 5 Jahre, gruppenweise gestaffelt nach dem Wohlstand der Importländer.
- Die Mindesthöhe der **An- und Zwischenzahlungen**.
- Die Anteile der zu kreditierenden **lokalen Kosten**, die den Prozentsatz der An- und Zwischenzahlungen überschreiten.

OECD-Konsensus

Der OECD-Konsensus umfasst ein "**Übereinkommen über Leitlinien für staatlich unterstützte Exportkredite**".

Im Konsensus verpflichten sich die Partner die in den Leitlinien festgelegten Regeln über

- Zahlungsbedingungen für **An- und Zwischenzahlungen**,
- **Höchstkreditlaufzeiten**,
- **Kreditraten** und **Zinserhebung**,
- kreditierte **örtliche Kosten**,
- **Mindestzinssätze** und
- an nationale Exporte gebundene **Hilfskredite**

einzuhalten (vgl. Schallehn 1994: Gruppe VI, S. 33).

Der Konsensus findet **Anwendung** auf öffentlich unterstützte Exportkredite mit einer Kreditlaufzeit von mindestens 2 Jahren.
Der OECD-Konsensus umfasst eine **Vielzahl von Bestimmungen**, die von Auslegungen ergänzt sind. Detaillierte Informationen finden sich in der Loseblattsammlung von Schallehn (siehe Literaturverzeichnis).
Drei **Ausdrücke bzw. Verfahren**, die im Zusammenhang mit dem **OECD-Konsensus** in Erscheinung treten, werden im Folgenden skizziert, weil sie von grundsätzlicher Bedeutung sind oder in anderen Bereichen ebenfalls Anwendung finden:

CIRR

Für jede Währung der OECD-Konsensus-Teilnehmer wird ein **Kommerzieller Referenzzinssatz** (CIRR, Commercial Interest Reference Rate) festgelegt, der sich an der aktuellen Entwicklung der Marktzinsen der betreffenden Währung orientiert.

Die CIRR wird zum 15. eines jeden Monats neu festgelegt und entspricht im Falle der DM der in der Frankfurter Allgemeinen Zeitung veröffentlichten "FAZ-Renten-Rendite" von festverzinslichen Wertpapieren öffentlicher Emittenten mit einer Restlaufzeit von 5 Jahren am letzten Börsentag des Vormonats zuzüglich eines Aufschlags von 1% p.a. (KfW 1996: S. 41).

Matching

Die Teilnehmer des **OECD-Konsensus** sind im Rahmen von Konsultations- und Notifikationsverfahren verpflichtet, bestimmte **Konditionen** eines Exportgeschäfts (z.B. die Kreditlaufzeit), für das eine öffentliche Unterstützung beabsichtigt wird, den übrigen Konsensus-Teilnehmern mitzuteilen. Die **Anpassung** an derartig mitgeteilte Konditionen bei einem mit dem notifizierten Angebot konkurrierenden, öffentlich unterstützten nationalen Angebot wird als Matching bezeichnet (KfW 1996: S. 41).

Eine analoge Bezeichnung findet das **Anpassungsverfahren** der in der **Berner Union** zusammengeschlossenen staatlichen Kreditversicherer.

Starting Point

Der Starting Point bezeichnet bei Hermes-gedeckten Krediten den **Beginn der Kreditlaufzeit**.

Je nach Art des Ausfuhrgeschäfts akzeptiert Hermes

- den Zeitpunkt der **mittleren gewogenen Lieferung**,
- den Zeitpunkt der **letzten wesentlichen Lieferung**,

  oder
- den Zeitpunkt der **Betriebsbereitschaft**

als Starting Point.

Die erste Rückzahlungsrate ist 6 Monate nach dem Starting Point fällig. Im Kreditvertrag wird für den Tilgungsbeginn zusätzlich ein Spätesttermin festgesetzt, der sich an dem erwarteten Starting Point orientiert (vgl. KfW 1996: S. 43).

6.2 Mittel- und langfristige Exportfinanzierungen der Geschäftsbanken

6.2 Mittel- und langfristige Exportfinanzierungen der Geschäftsbanken

6.2.1 Kurzinformation über das mittel- und langfristige Exportfinanzierungsangebot der Geschäftsbanken

Kurzinformation: Allgemeine Übersicht über das mittel- und langfristige Exportfinanzierungsangebot der Geschäftsbanken

- Die Kurzinformation dient der **Vorentscheidung** von Exporteuren, ob für sie das mittel- und langfristige Exportfinanzierungsangebot der Geschäftsbanken infrage kommt. Bei gegebenem Interesse finden sich sodann in den folgenden Abschnitten die maßgeblichen Detailinformationen und Entscheidungshilfen.

Es ist allerdings anzumerken, dass sich im Einzelfall erhebliche **Abweichungen** von den im Folgenden beschriebenen Merkmalen ergeben können, sodass die Einholung der aktuellen Bedingungen bei den Geschäftsbanken stets angebracht ist.

- **Anbieter** mittel- und langfristiger Exportfinanzierungen sind prinzipiell alle **größeren deutschen Geschäftsbanken**, insbesondere
  - die Großbanken,
  - die Regionalbanken und die größeren sonstigen Kreditbanken,
  - die Spitzeninstitute des Sparkassensektors,
  - die Spitzeninstitute der Kreditgenossenschaften,
  - einige Niederlassungen ausländischer Kreditinstitute.

- **Kreditarten** (insbesondere nach Kreditnehmern):
  - **(Liefer-)gebundene Finanzkredite**
    - **an Besteller** (Bestellerkredite)
    - **an Bestellerbanken** oder staatliche Finanzinstitutionen (Bank-zu-Bank-Kredite)
  - **Lieferantenkredite** (Bankkredite an Exporteure)
  - **Projektkredite**(-finanzierungen).

- **Verbundene Finanzierungen**
  Bei der Finanzierung von Exportgeschäften mit mittel- und langfristigen Zahlungszielen sind häufig nicht nur **unterschiedliche Kreditarten** (Lieferantenkredite, Bestellerkredite, Bank-zu-Bank-Kredite, Vorfinanzierungskredite, Komplementärkredite usw.) parallel oder zeitlich hintereinander geschaltet, sondern diese Verbindung der Kreditarten erfolgt darüber hinaus oft von **verschiedenen Kreditgebern** (AKA, KfW, Geschäftsbanken usw.).
  Welche Verbindung der Kreditarten beispielsweise aus den verschiedenen Kreditprogrammen der AKA, der KfW und der Geschäftsbanken zweckmäßig oder notwendig ist (insbesondere weil die Richtlinien der AKA und der KfW kredithöhen- und laufzeitbezogene Restriktionen enthalten), muss im Einzelfall geprüft werden.
  Die Banken verfügen über EDV-Programme, die die verfügbaren Finanzierungsalternativen unter Einbeziehung der aktuellen Konditionen auf den Einzelfall hin zugeschnitten präsentieren.

- **Finanzierungsgegenstände**
  Grundsätzlich keine Beschränkungen, schwerpunktmäßig jedoch
  - Export langlebiger **Investitionsgüter** und damit im Zusammenhang stehender Leistungen (z.B. Montage u. Ä.),
  - **Auslandsbauleistungen**,
  - selbstständige **Engineering- und Consulting-Leistungen**,
  - **Mitfinanzierung von Zulieferungen** aus Drittländern,
  - **Mitfinanzierung von Aufwendungen** für Waren und Dienstleistungen aus dem Käuferland (sog. örtliche/lokale Kosten).

- **Kredithöhe**
  - Bei gegebener Kreditwürdigkeit grundsätzlich **keine Beschränkungen**.
  - Bei **Hermes-gedeckten Krediten** ist jedoch häufig die Kredithöhe auf die Höhe der Hermes-Deckung ausgerichtet (bis zu 85% des Auftragswerts).
  - Zum Teil zusätzlich ungedeckte **Komplementärfinanzierungen** möglich (Zusatzfinanzierungen von Hermes-ungedeckten An- und Zwischenzahlungen), sodass insgesamt eine sog. 100%-Finanzierung (100% des Auftragswerts) erreicht wird.
  - Lokale Kosten sind im Allgemeinen in den Kreditbetrag integrierbar.

- **Kreditwährungen**
  - **DM-Kredite.**
  - **Fremdwährungskredite** in den Währungen der führenden westlichen Industrienationen oder in ECU.
  - Sonderform: Fremdwährungsfinanzierungskredite (an Besteller bzw. an Bestellerbanken) setzen **nicht** zwingend die **Fakturierung in dieser Fremdwährung** voraus, sondern DM-Fakturierung und DM-Kreditauszahlung zulasten des Fremdwährungsfinanzkredits bleiben bei entsprechender vertraglicher Konstruktion möglich.
- **Kreditlaufzeit**
  - **Definitorische Vorbemerkung:**
    Bei Investitionsgüterexporten wird häufig bei einer
    - Laufzeit bis zu zwei Jahren von **kurzfristigen** Krediten,
    - Laufzeit bis zu vier Jahren von **mittelfristigen** Krediten,
    - Laufzeit über vier Jahren von **langfristigen** Krediten

    gesprochen. Diese Abgrenzung wird jedoch in Praxis und Literatur nicht einheitlich angewandt.
  - Bei gegebener Kreditwürdigkeit ist die Kreditlaufzeit grundsätzlich individuell **gestaltbar.**
  - Bei **Hermes-gedeckten Krediten** entspricht die Kreditlaufzeit den Vorgaben der Hermes-Deckung und bewegt sich grundsätzlich innerhalb der gemäß **OECD-Konsensus** zulässigen Höchstkreditlaufzeiten.
- **Kreditsicherheiten**
  - **Hermes-Deckung**; eventuell als Hermes-Teildeckung; eventuell Verzicht auf Hermes-Deckung bei anderweitiger Sicherstellung bzw. bei hervorragender Kreditwürdigkeit.
  - **Exporteurgarantie** bei Bestellerkrediten und bei Bank-zu-Bank-Krediten
    Anmerkung: Die Exporteurgarantie beinhaltet zwar diverse Verpflichtungen, jedoch in der Regel nur eine eng begrenzte Teilhaftung des Exporteurs.
  - **Zahlungsgarantie** der Auslandsbank (bei Bestellerkrediten).
  - **Übertragung der Exportforderung** auf die kreditgewährende Bank mit allen dafür haftenden Sicherheiten (bei Lieferantenkrediten).
- **Zinsen, Provisionen u.a.**
  - **Feste** oder **variable Zinsvereinbarung** grundsätzlich möglich, und zwar sowohl für DM-Kredite als auch für Fremdwährungskredite.
  - Variable Zinsvereinbarung auf Wunsch auch auf **LIBOR-/FIBOR-Basis.**
  - Sonderform: Variable Verzinsung mit **Option** des Kreditnehmers auf Festzinsvereinbarung.
  - **Zusageprovision.**
  - **Bearbeitungsgebühr u. Ä.**
  - **Hermes-Kosten** zulasten des Exporteurs (Übernahmeverpflichtung im Rahmen der Exporteurgarantie).
  - **Sonstige Kosten**, die fallweise und individuell anfallen.

  Anmerkung: Die vorstehende Aufstellung trägt lediglich beispielhaften Charakter.
- **Kreditauszahlung**
  - **Bestellerkredite** und **Bank-zu-Bank-Kredite:**
    Die Kreditauszahlung erfolgt nicht an den Kreditschuldner, sondern an den **Exporteur** auf Grundlage von Nachweisen/Dokumenten über erfolgte Lieferungen/Leistungen.

- Die Auszahlung erfolgt "**pro rata Lieferung**" oder (bei längerer Fertigungsdauer) "**Progress Payment**", d.h. pro rata innerbetrieblichem Produktionsfortschritt oder nach anderer vertraglicher Vereinbarung.
- **Lieferantenkredite:** Kreditauszahlung an den **Exporteur.**

6.2.2 Refinanzierung mit Lieferantenkrediten (Bankkredite an Exporteure) - grafische und schrittweise Darstellung-

Lieferantenkredite

Lieferantenkredite, das sind **Bankkredite an Exporteure** (in deren Eigenschaft als Lieferanten) zur Finanzierung von Exportgeschäften.

Dagegen wird im internationalen Geschäft von **Liefervertragskrediten** gesprochen, wenn die Exporteure den Importeuren im Rahmen des Liefervertrags ein Zahlungsziel gewähren (Anmerkung: Im Inlandsgeschäft wird ein solches Zahlungsziel unverändert mit dem Ausdruck Lieferantenkredit belegt).

Bei mittel- und langfristigen Exportfinanzierungen kommen zwar Lieferantenkredite noch vor; **vorwiegend** erfolgt die mittel- bis langfristige Finanzierung jedoch mit **liefergebundenen Finanzkrediten** (als Bestellerkredite bzw. Bank-zu-Bank-Kredite, siehe dazu folgenden Abschnitt).

Bei **kurzfristigen Exportfinanzierungen** haben die **Lieferantenkredite** dagegen nach wie vor eine erhebliche Bedeutung.

Abbildung

Die **Grundstruktur eines Hermes-gedeckten Lieferantenkredits** (mit Zahlungsgarantie der Importeurbank) ist in **Abbildung 6.2-01** dargestellt und anschließend in einzelnen Schritten erläutert.

Anmerkung

Neben Hermes-gedeckten Lieferantenkrediten gewähren die Geschäftsbanken auch Lieferantenkredite **ohne Hermes-Deckung**. Voraussetzung dafür ist zunächst eine hervorragende Kreditwürdigkeit des kreditnehmenden Exporteurs. Darüber hinaus achten die Banken auf die Werthaltigkeit der gestellten Sicherheiten, insbesondere der abgetretenen Exportforderung (und damit auf die Zahlungsfähigkeit des Importeurs) sowie auf die Zahlungsfähigkeit der Importeurbank, falls diese das Aval übernommen hat, und auf das politische Risiko.

1. **Zahlungsverpflichtung(en) des Importeurs an den Exporteur auf Grundlage des Ausfuhrvertrags (Exportforderung des Exporteurs)**

   Im Ausfuhrvertrag können beispielsweise folgende Zahlungsquoten und -termine festgelegt sein:

   10% Anzahlung innerhalb von ... Tagen nach Abschluss des Ausfuhrvertrags.

   5% Zwischenzahlung pro rata Lieferung/Leistung gegen Dokumente (eventuell im Rahmen eines zu Gunsten des Exporteurs spätestens bis zum ... zu eröffnenden Akkreditivs).

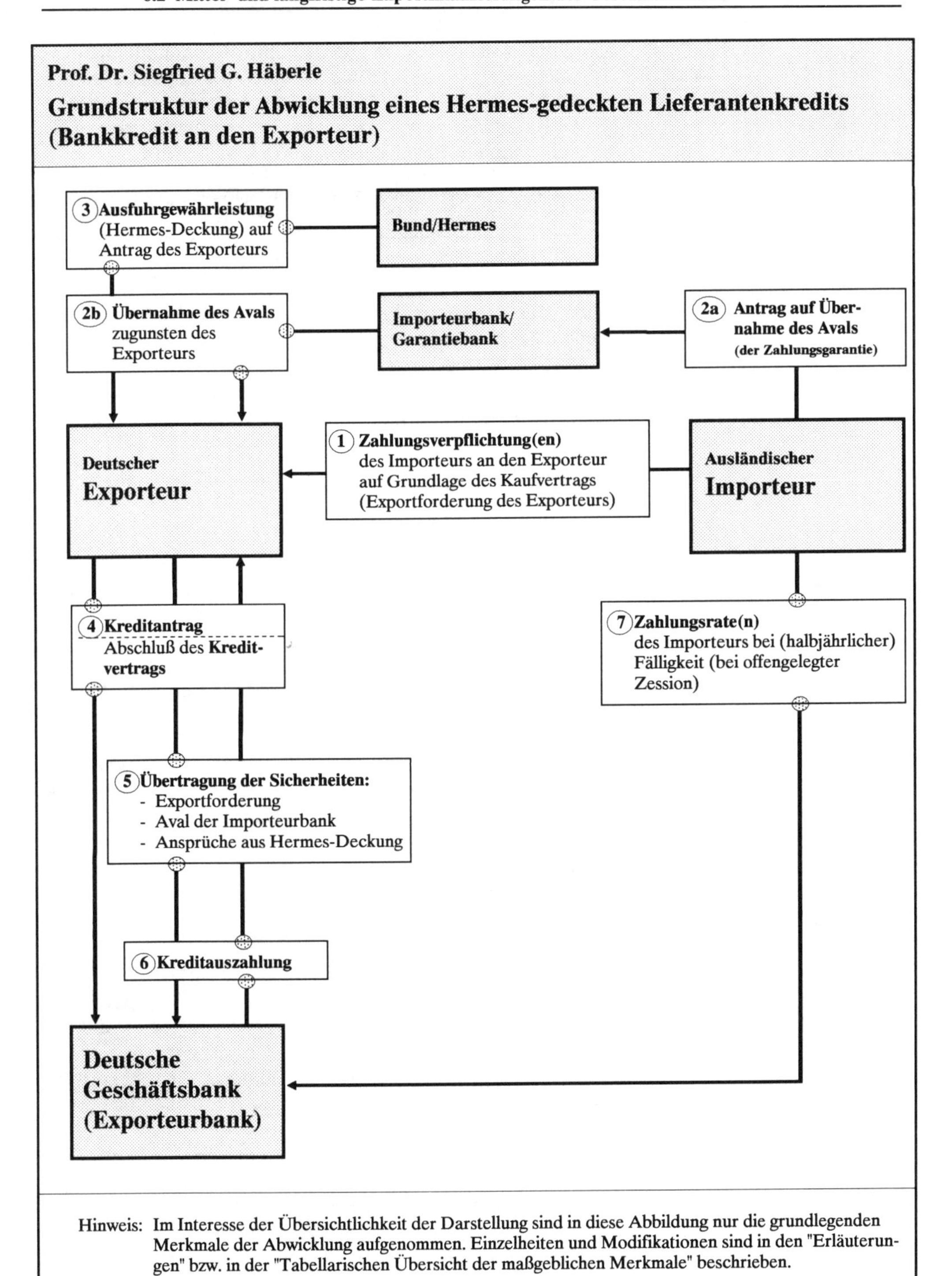

Abbildung 6.2-01

85% Zahlbar in ... gleichen aufeinander folgenden Halbjahresraten, deren erste 6 Monate nach dem Datum der mittleren gewogenen Lieferung/der letzten wesentlichen Lieferung/der Betriebsbereitschaft der Anlage (oder zu einem anderen festzulegenden Termin) fällig wird.

Daneben sind im Ausfuhrvertrag u.a. die Abnehmerzinsen (und deren Berechnungsmethode; siehe dazu Kapitel "6.5 Forfaitierung"), die zu stellenden Sicherheiten (z.B. die Stellung einer Bankgarantie) und vieles andere festzulegen.

2. **Antrag des Importeurs bei einer als solvent eingestuften Bank** (eventuell zugleich Hausbank des Importeurs) **auf Übernahme des Avals**

Je nach Einzelfall kann das Aval eine **Zahlungsgarantie** der Bank, ein **Wechselaval** oder eine andere Form der Sicherstellung umfassen.

Übernahme des Avals (der Zahlungsgarantie) zu Gunsten des Exporteurs

Anmerkungen:

- Der Exporteur hat bereits in die Vertragsverhandlungen mit dem Importeur die Frage der **Sicherstellung**, insbesondere die Stellung der Zahlungsgarantie, einzubeziehen.
- Die Zahlungsgarantie der Importeurbank kann -je nach den getroffenen Finanzierungsvereinbarungen- statt **zu Gunsten des Exporteurs** auch zu Gunsten der finanzierenden **Exporteurbank** ausgestellt werden.

3. **Der Exporteur beantragt und erhält eine Ausfuhrgewährleistung des Bundes (Hermes-Deckung) für die Fabrikationsphase und/oder für die Kreditphase (für die Laufzeit der Exportforderung)**

Anmerkungen:

- Sofern der Exporteur Hermes-Deckung für notwendig erachtet, hat er die erforderlichen Schritte mit Hermes zweckmäßigerweise vor **Abschluss des Ausfuhrvertrags** bzw. vor den Vertragsverhandlungen mit dem Importeur zu vollziehen.
- Im Übrigen hat der Exporteur in der Regel vor Abschluss des Ausfuhrvertrags mit seiner **Bank** zu klären, ob sie für die Finanzierung eine Hermes-Deckung zur Auflage macht.
- Aus Gründen einer einfachen Darstellung ist die soeben skizzierte **Chronologie** in die Abbildung nicht aufgenommen worden.
- Ob bereits die **Fabrikationsphase** mit einer Hermes-Deckung abzusichern ist bzw. ob eine sog. **Hermes-Teildeckung** in Frage kommt, ist im Einzelfall zu prüfen.

4. **Kreditantrag/Abschluss des Kreditvertrags**

Vorbemerkung

Der Exporteur sollte mit seiner Bank -ebenso wie mit Hermes (siehe Anmerkungen zu Schritt 3)- bereits **vor Beginn der Ver-**

handlungen über den Exportvertrag in Kontakt treten. Diese frühzeitige Kontaktaufnahme ist zweckmäßig, um die sich abzeichnenden Kosten der Finanzierung zu erheben und wegen der notwendig erachteten Sicherstellung usw., Daten also, die regelmäßig in die mit dem Importeur zu vereinbarenden Zahlungsbedingungen eingehen.

Kreditunterlagen/ Informationen

Dem **Kreditantrag** hat der Exporteur in der Regel folgende Unterlagen beizufügen bzw. Informationen zu erteilen:

- Informationen über den **Besteller** und über eventuelle ausländische **Garanten**.
- Kopie des eventuell bereits gestellten **Hermes-Deckungsantrags** bzw. Kopie einer eventuell bereits vorliegenden Hermes-Deckungszusage für das Ausfuhrgeschäft.
- Informationen über die **Merkmale** des (beabsichtigten) **Ausfuhrgeschäfts** bzw. -falls bereits vorliegend- die Kopie des Ausfuhrvertrags.

Finanzierungsangebot/ Mittelreservierung

Die Bank prüft die eingereichten Unterlagen und die erteilten Informationen. Sie tritt bei offenen Fragen, bei zu erteilenden Anregungen bzw. bei notwendig erachteten Auflagen (z.B. hinsichtlich des ausländischen Garanten) in den Dialog mit dem Exporteur.
Auf dieser Grundlage und bei positiver Entscheidung kann die Bank dem Exporteur ein **Finanzierungsangebot** erteilen.
Zu welchen **Bedingungen** (Zeitraum, Provision usw.) die Bank bereit ist, dem Exporteur die Kreditmittel zu **reservieren**, muss im Einzelfall geklärt werden.

Kreditvertrag

Im Kreditvertrag sind neben den üblichen Merkmalen
- die **Zweckbindung des Kredits** zur Finanzierung eines bestimmten Exportgeschäfts;
- die **Voraussetzungen** für die Kreditinanspruchnahme (z.B. das Vorliegen der Zahlungsgarantie der Importeurbank, das Vorliegen der Hermes-Deckung usw.)

aufgenommen.

Kredithöhe

Die Kredithöhe hängt von den Vereinbarungen des Ausfuhrgeschäfts ab. Grundsätzlich bestehen folgende Alternativen:
- Die Kredithöhe ist ausgerichtet auf den **Betrag**, der dem Importeur gemäß dem Ausfuhrvertrag als **Liefervertragskredit** gewährt ist (beispielsweise nach Abzug der geleisteten An- und Zwischenzahlungen 85% des Auftragswerts) und der -falls Hermes-Deckung beantragt/gewährt ist- im Allgemeinen auch in dieser Höhe Hermes-gedeckt ist.
- Sofern jedoch der Exporteur mit dem Importeur seinerseits eine sog. **100%-Finanzierung** (100% des Auftragswerts, also ohne An- und Zwischenzahlung) vereinbart hat, sind die Banken -bei überschaubaren Risiken- auch bereit, das Ausfuhrgeschäft in dieser Höhe zu finanzieren. Der Bank bleibt bei dieser Finanzierung ein Hermes-ungedecktes Teilrisiko in

Höhe der mitfinanzierten, als solche vom Importeur aber nicht zu leistenden An- und Zwischenzahlungen.

5. **Übertragung der Sicherheiten auf die Geschäftsbank**

Der Exporteur hat der Bank die folgenden Sicherheiten zu stellen:
- **Übertragung der Forderungen** aus dem zugrunde liegenden Exportgeschäft (einschließlich dahingehender Erklärungen des Exporteurs, eventuell im Rahmen einer sog. Exporteurgarantie).
- **Übertragung** aller für die Exportforderung(en) haftenden **Sicherheiten,** insbesondere Übertragung des Avals/der Zahlungsgarantie der Importeurbank (falls diese nicht von Anfang an zu Gunsten der finanzierenden Exporteurbank ausgestellt wird).
- **Übertragung** der Ansprüche aus der **Hermes-Deckung**.

6. **Kreditauszahlung**

Die Auszahlung der Kreditmittel an den kreditnehmenden Exporteur kann grundsätzlich
- entsprechend dem innerbetrieblichen **Produktionsfortschritt ("Progress Payment")** oder
- im Zeitpunkt der **Lieferung/Leistung/Betriebsbereitschaft** o. Ä., d.h. im Zeitpunkt der Entstehung der Exportforderung,

erfolgen.
Abhängig ist die Kreditauszahlung vom Vorliegen der Sicherheiten, den Hermes-Bestimmungen sowie den vom Exporteur zu führenden Nachweisen.

7. **Zahlungen des Importeurs**

Sofern die Exporteurbank gegenüber dem zahlungspflichtigen Importeur die Übertragung der Exportforderung **offen gelegt** hat, ist der Importeur verpflichtet, fällige **Zahlungsraten an die Exporteurbank** zu leisten. Die Exporteurbank verrechnet sodann diese Zahlungsraten mit dem Kreditkonto des Exporteurs. Diese Abwicklung ist in Abbildung 6.2-01 angenommen. Ist die Übertragung der Exportforderung auf die Exporteurbank dagegen **still** erfolgt, dann ist der Exporteur gemäß Kreditvertrag verpflichtet, eingehende Zahlungen des Importeurs der finanzierenden Exporteurbank unverzüglich zur Verfügung zu stellen.
Ist im Kreditvertrag ein höherer **Zinssatz** als der mit dem Importeur vereinbarte Abnehmerzinssatz bzw. eine höhere Tilgung festgelegt, dann hat der Exporteur bei Fälligkeit entsprechende Zuzahlungen an die Exporteurbank zu leisten.

Nicht in die **Abbildung** aufgenommen:
- Bei **Zahlungsunfähigkeit**/Zahlungsunwilligkeit des **Importeurs** hat die garantierende Importeurbank die übernommene Zahlungsgarantie zu erfüllen.

- Wird dieser Zahlungsanspruch von der Garantiebank nicht erfüllt -z.B. wegen deren Insolvenz oder wegen eingetretener politischer Risiken-, dann wird auf die **Hermes-Deckung** zurückgegriffen.

6.2.3 Refinanzierung mit gebundenen Finanzkrediten (Bestellerkredite und Bank-zu-Bank-Kredite) -grafische und schrittweise Darstellungen der Abwicklungen-

6.2.3.1 Übersicht über die Kreditarten

Definitionen/ Kreditarten

Der Ausdruck "**(liefer-)gebundene Finanzkredite**" wird im Allgemeinen als Oberbegriff für Kredite inländischer Banken an ausländische Besteller/Käufer (Bestellerkredite) und für Kredite inländischer Banken an die Banken der ausländischen Besteller/Käufer (Bank-zu-Bank-Kredite) verwendet:

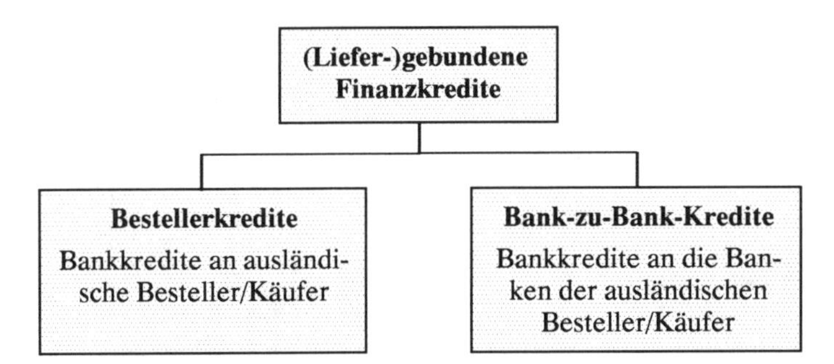

Anzumerken ist, dass der Ausdruck "**Bestellerkredit**" keine einheitliche Anwendung findet:

- Zum Teil wird der Ausdruck "Bestellerkredit" mit dem gleichen umfassenden Vorstellungsinhalt verbunden wie der Ausdruck "**gebundener Finanzkredit**", d.h. als Oberbegriff verwendet.
- Zum Teil werden unter dem Ausdruck "Bestellerkredit" nur die (inländischen) **Bankkredite an** die ausländischen **Besteller/Käufer** verstanden, nicht aber die (inländischen) Bankkredite an deren Banken.

Lieferantenkredite

Lieferantenkredite sind **Bankkredite an Exporteure** (in deren Eigenschaft als Lieferanten) zur Finanzierung von Exportgeschäften (siehe Abschnitt 6.2.2).

6.2.3.2 Gebundene Finanzkredite als Hermes-gedeckte Bestellerkredite -grafische und schrittweise Darstellung-

Abbildung

Die Grundstruktur der Abwicklung von **Hermes-gedeckten Bestellerkrediten** ist in **Abbildung 6.2-02** dargestellt und anschließend in einzelnen Schritten erläutert.

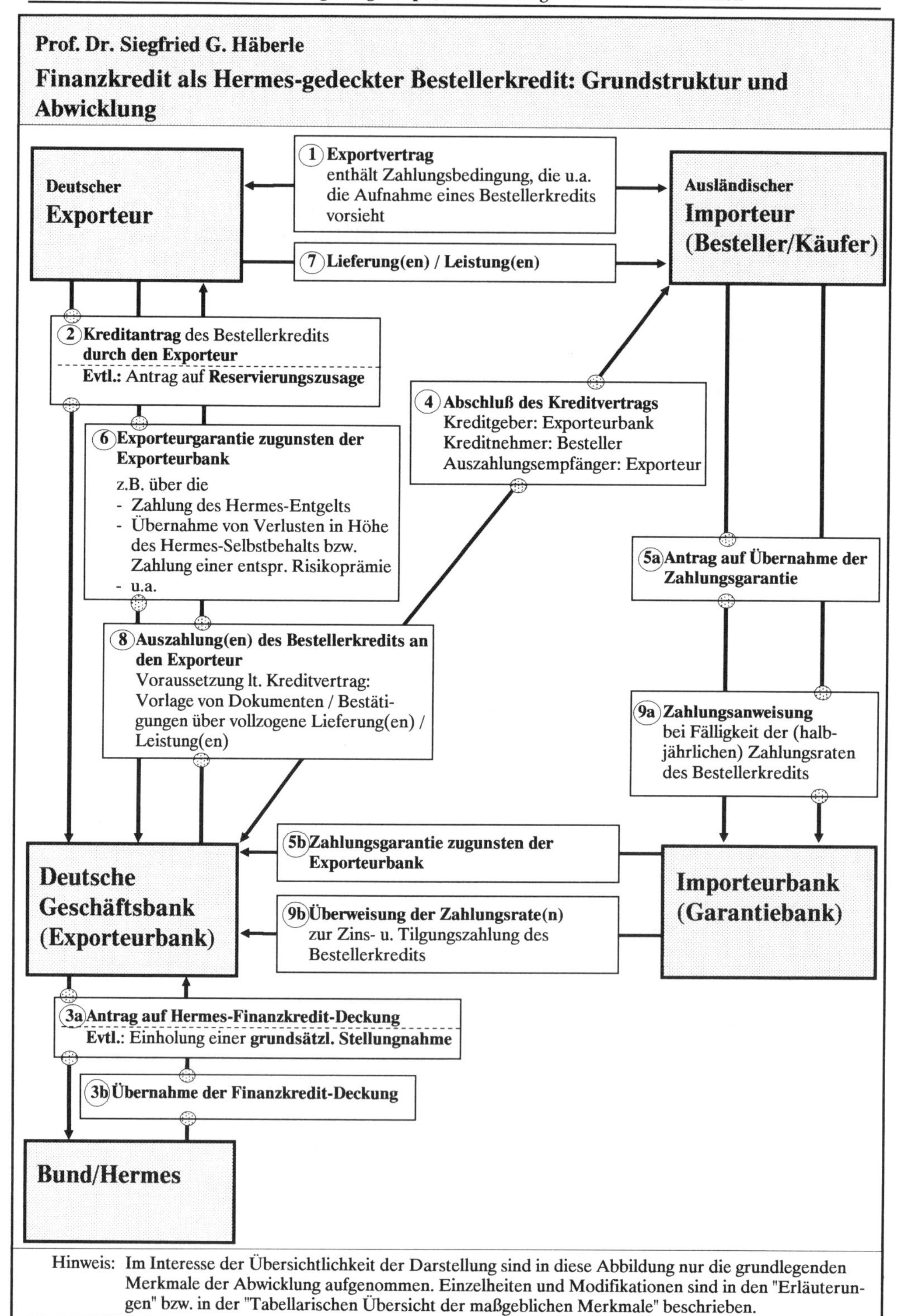

Abbildung 6.2-02

1. Exportvertrag mit Zahlungsbedingungen

Erläuterungen:

Aufbau Zahlungsbedingungen

Die Zahlungsbedingungen im Ausfuhrvertrag können **beispielsweise** wie folgt aufgebaut sein:

10% **Anzahlung** innerhalb von ...Tagen nach Abschluss des Ausfuhrvertrags;

5% **Zwischenzahlung** pro rata Lieferung und/oder Leistung gegen Dokumente oder aus einem unwiderruflichen Akkreditiv;

85% **Pro rata Lieferung** und/oder Leistung aus einem Bestellerkredit der ...-Bank, auszahlbar gemäß Vorlage von Abrufen/Dokumenten.
Die Form der **Abrufe** und der Dokumentenprüfung soll in dem abzuschließenden Bankkreditvertrag vereinbart werden.
Der abzuschließende Bankkredit soll in ... gleichen, aufeinander folgenden **Halbjahresraten** zurückzuzahlen sein, deren erste 6 Monate nach dem Datum der mittleren gewogenen Lieferung/der letzten wesentlichen Lieferung/der Betriebsbereitschaft der Anlage bzw. zu einem von der Bank festzulegenden Spätesttermin fällig sein wird, je nachdem, welcher Termin früher liegt (in Anlehnung an KfW 1996: S. 31).

Ratschlag: Inkrafttreten des Ausfuhrvertrags

Wenn der Exporteur keine alternative Lieferantenkreditvereinbarung trifft, sind die Mittel des Finanzkredits die einzige sichere Quelle, die zur fristgerechten Bezahlung der Lieferungen und Leistungen des Exporteurs zur Verfügung stehen. Der Exporteur sollte demnach möglichst vor dem In-Kraft-Treten des Ausfuhrvertrags die Finanzierung seines Ausfuhrgeschäfts sicherstellen. Es empfiehlt sich daher in der Regel den **Ausfuhrvertrag** erst dann **in Kraft zu setzen**, wenn der rechtswirksame Abschluss des Darlehensvertrags und die ordnungsgemäße Bestellung der Sicherheiten **durch** entsprechende **Rechtsnachweise bestätigt** worden sind (KfW 1996: S. 31).

Ratschlag: Recht zur Anhebung des Kaufpreises

Verzögerungen beim Abschluss des Darlehensvertrags, bei der Bestellung der Sicherheiten und insbesondere beim vom ausländischen Darlehensnehmer zu erbringenden Nachweis der Rechtswirksamkeit können nicht ausgeschlossen werden. Sofern durchsetzbar, sollte der Exporteur daher darauf bedacht sein, sich vertraglich das Recht zur Anhebung des vereinbarten Kaufpreises zu sichern, wenn der in Aussicht genommene Finanzkreditvertrag und seine Auszahlungsreife **nicht innerhalb einer bestimmten Frist** zu Stande gekommen sind (KfW 1996: S. 31).

2. Kreditantrag

Der Antrag auf Gewährung eines Bestellerkredits wird nicht vom ausländischen Besteller/Käufer, sondern vom **deutschen Exporteur** bei der deutschen Geschäftsbank gestellt.

Ratschläge

Der Exporteur sollte sich auf jeden Fall **frühzeitig**, am besten schon vor Aufnahme der Verhandlungen über den Ausfuhrvertrag, mit der Bank in Verbindung setzen, damit

- der Exporteur bereits in seiner Angebotskalkulation auf ihn zukommende **Kosten und Risiken** im Zusammenhang mit der Finanzierung des Ausfuhrgeschäfts berücksichtigen kann und
- **die Zahlungsbedingungen** des Ausfuhrvertrags und der **Hermes-Deckungsantrag**, so weit vom Exporteur noch nicht gestellt, mit der Bank abgestimmt werden können (KfW 1996: S. 28).

Anmerkung: Aus Gründen einer vereinfachten Darstellung ist in der Abbildung unterstellt, dass der Exporteur bei Hermes ausnahmsweise keine Deckung seiner Ausfuhr- und Fabrikationsrisiken beantragt, sondern dass die **Hermes-Finanzkreditdeckung** isoliert beantragt und gewährt wird (siehe Schritt 3).

Kreditunterlagen/ Informationen

Dem Kreditantrag hat der Exporteur in der Regel folgende Unterlagen beizufügen bzw. Informationen zu erteilen:

- Informationen über den **Besteller** (Kreditnehmer) und über eventuelle ausländische **Garanten**.
- Informationen über die **Merkmale** des (beabsichtigten) **Ausfuhrgeschäfts** bzw. -falls bereits vorliegend- die Kopie des Ausfuhrvertrags.
- Kopie des eventuell bereits gestellten **Hermes-Deckungsantrags** bzw. Kopie einer eventuell bereits vorliegenden Hermes-Deckungszusage für das Ausfuhrgeschäft.

Kredithöhe

Die Kredithöhe hängt von den Vereinbarungen des Ausfuhrgeschäfts ab. Grundsätzlich bestehen folgende **Alternativen**:

- Die Kredithöhe ist ausgerichtet auf den **Betrag**, der dem Importeur gemäß dem **Ausfuhrvertrag** als Liefervertragskredit gewährt ist (beispielsweise nach Abzug der geleisteten An- und Zwischenzahlungen 85% des Auftragswerts) und der -falls Hermes-Deckung beantragt/gewährt ist- im Allgemeinen auch in dieser Höhe von Hermes gedeckt ist.
- Sofern jedoch der Exporteur mit dem Importeur seinerseits eine sog. **100%-Finanzierung** (100% des Auftragswerts), also ohne An- und Zwischenzahlung vereinbart hat, sind die Banken -bei überschaubaren Risiken- auch bereit, das Ausfuhrgeschäft in dieser Höhe zu finanzieren. Der Bank bleibt bei dieser Finanzierung ein Hermes-ungedecktes Teilrisiko in Höhe der mitfinanzierten, als solche vom Importeur aber nicht zu leistenden An- und Zwischenzahlungen.

Finanzierungsangebot/ Mittelreservierung

Die Bank prüft die eingereichten Unterlagen und die erteilten Informationen. Sie tritt bei offenen Fragen, bei zu erteilenden Anregungen bzw. notwendig erachteten Auflagen (z.B. hinsichtlich des noch abzuschließenden Ausfuhrvertrags, hinsichtlich des ausländischen Garanten usw.) in den Dialog mit dem Exporteur.

Auf dieser Grundlage und bei positiver Entscheidung kann die Bank dem Exporteur ein **Finanzierungsangebot** unterbreiten. Je nach Stand des (beabsichtigten) Ausfuhrgeschäfts kann der

Exporteur auf dieser Grundlage seinem Lieferungs-/Leistungsangebot dieses Finanzierungsangebot beifügen bzw. dieses Finanzierungsangebot in die laufenden Vertragsverhandlungen einbeziehen bzw. bei ausnahmsweise bereits abgeschlossenem Ausfuhrvertrag nachreichen (der Ausfuhrvertrag sollte im letztgenannten Fall eine Vorbehaltsklausel hinsichtlich der Darstellung der Finanzierung enthalten).
Zu welchen **Bedingungen** (Zeitraum, Provision usw.) die Bank bereit ist, die Kreditmittel zu **reservieren**, muss im Einzelfall geklärt werden.

3. **Antrag auf Hermes-Finanzkreditdeckung und Übernahme**

Hermes-Deckung

Sofern der Exporteur keine Deckung seiner Ausfuhr- und Fabrikationsrisiken beantragt hat, wird die **Finanzkreditdeckung** isoliert beantragt und -wie in der Abbildung unterstellt- von Hermes auch gewährt.

Verzicht

Bei hervorragender **Kreditwürdigkeit** des Bestellers und insbesondere der ausländischen **Garantiebank** sowie bei nicht erkennbarem politischem Risiko sind die Banken bereit, zu erwägen, eine Finanzierung ohne Hermes-Deckung zu vollziehen.

Teildeckung

Grundsätzlich möglich ist auch eine Hermes-Teildeckung, die den Vorteil **niedriger Hermes-Entgelte** hat.

4. **Abschluss des Kreditvertrags**

Nach der endgültigen **Kreditentscheidung**, in die insbesondere die Bonität des ausländischen Kreditnehmers (Importeur/Besteller), des Garanten (Importeurbank/Garantiebank) und die weiteren Sicherheiten einbezogen sind, erfolgt der Abschluss des Kreditvertrags mit dem ausländischen Besteller/Käufer.

Besondere Merkmale

Im Kreditvertrag sind neben den üblichen Merkmalen

- die **Zweckbindung des Kredits** zur Finanzierung eines bestimmten Exportgeschäfts (liefergebundener Finanzkredit);
- die **Voraussetzungen** für die **Kreditinanspruchnahme** (z.B. das Vorliegen der Zahlungsgarantie der Importeurbank, das Vorliegen der Hermes-Deckung usw.);
- die **Definition der Voraussetzungen**/Nachweise/Dokumente (über erfolgte Lieferungen/Leistungen), die zur Auszahlung des Kredits an den Exporteur führen,

aufgenommen.

5. **Antrag/Übernahme der Zahlungsgarantie**

Als ausländische Sicherheit verlangen die deutschen Geschäftsbanken bei mittel- und langfristigen Exportkrediten in der Regel die Zahlungsgarantie einer **erstklassigen ausländischen Bank** oder des **Staates**, in dem der Besteller seinen Sitz hat.

Anmerkungen: Der Exporteur hat **bereits in die Vertragsverhandlungen** (Schritt 1) die Frage der Sicherstellung, insbesondere die Stellung der Zahlungsgarantie, einzubeziehen. Entsprechendes gilt hinsichtlich der weiteren vorangehenden Schritte. Lediglich aus Gründen der Übersichtlichkeit der Abbildung sind der Antrag sowie die Übernahme der Zahlungsgarantie erst in diesem 5. Schritt aufgeführt.

6. Übernahme der Exporteurgarantie

Charakterisierung

Die sog. Exporteurgarantie umfasst **Verpflichtungserklärungen/ Informationspflichten des Exporteurs gegenüber** der deutschen Geschäftsbank (und eventuell gegenüber Hermes).
Die Exporteurgarantie hat jedoch entgegen dem mit diesem Ausdruck eventuell verbundenen Vorstellungsinhalt im Allgemeinen **nicht die volle Haftung des Exporteurs** im Schadensfall zum Gegenstand, sondern allenfalls die Übernahme einer Teilhaftung (siehe unten).

Häufige Inhalte

Die **Ausgestaltung der Exporteurgarantie** hängt grundsätzlich von den jeweiligen Vereinbarungen/Merkmalen des Ausfuhrvertrags ab. Häufig finden sich folgende Inhalte:

- Bei Hermes-gedeckten Ausfuhrgeschäften verpflichtet sich der **Exporteur** in der Exporteurgarantie zur **Zahlung der Hermes-Entgelte**, und zwar nicht nur für die Fabrikationsrisikodeckung, sondern auch für die Finanzkreditdeckung.
- Hinsichtlich des **Selbstbehalts** (das ist die Quote der Beteiligung des Hermes-Deckungsnehmers am Ausfall im Schadensfall) gibt es bei Hermes-Finanzkreditdeckungen **zwei Möglichkeiten**, die ihrerseits den Inhalt der Exporteurgarantie bestimmen:
  - Der **Exporteur** verpflichtet sich im Rahmen der Exporteurgarantie gegenüber der Geschäftsbank, den **Selbstbehalt im Schadensfall** zu übernehmen. Dies gilt, wenn im Rahmen der Hermes-Finanzkreditdeckung die Alternative des abwälzbaren Selbstbehalts gewählt wurde.
  - Der **Exporteur** verpflichtet sich zur Zahlung einer **Risikoprämie** an die Geschäftsbank, wenn im Rahmen der Hermes-Finanzkreditdeckung die Alternative des 5%igen, nicht abwälzbaren Selbstbehalts gewählt wurde.
  - Je nach Lage des Einzelfalls sind die Geschäftsbanken auch bereit, auf die Überwälzung des Selbstbehalts auf den Exporteur bzw. auf die Berechnung der ersatzweisen Risikoprämie zu **verzichten**.
- **Eventuell**: Übernahme von **Risiken**, die von **Hermes nicht gedeckt** sind.
- **Eventuell**: Übernahme von **Zinsdifferenzen** durch den Exporteur, falls der Außenzins unter dem Sollzins der deutschen Geschäftsbank liegt.

Im Einzelfall **verzichtet** die deutsche Geschäftsbank **auf eine Exporteurgarantie**, insbesondere dann, wenn wegen anderweitiger Sicherheiten bzw. wegen geringer Risiken keine Hermes-Finanzkreditdeckung besteht und sich somit weder die

Notwendigkeit der Zahlung von Hermes-Entgelten noch die Frage des Tragens/des Überwälzens von Hermes-Selbstbehalten usw. stellt.

7. **Vollzug der Lieferungen/Leistungen des Exporteurs**

8. **Auszahlung(en) des Bestellerkredits an den Exporteur**

   Das Auszahlungsverfahren ist im Kreditvertrag festgelegt. Meistens ist eine Direktauszahlung des Bestellerkredits an den Exporteur **pro rata** der erbrachten **Lieferungen** und/oder Leistungen vorgesehen. Die Auszahlung des Bestellerkredits an den Exporteur kann aber auch als **"Progress Payment"**, d.h. pro rata des innerbetrieblichen Produktionsfortschritts, erfolgen.
   Der Exporteur hat als Voraussetzung für die Auszahlung(en) Bestätigungen bzw. **Dokumente** über vollzogene Lieferungen/Leistungen vorzulegen, die ebenfalls im Kreditvertrag definiert sind.

9. **Zahlung der Zahlungsraten bei Fälligkeit**

   Der **Importeur**/Besteller erteilt bei (im Allgemeinen halbjährlicher) Fälligkeit der Zahlungsraten des Bestellerkredits einen **Zahlungsauftrag** an seine Bank (Importeurbank).
   Die beauftragte Bank **überweist** die Zahlungsraten an die deutsche Geschäftsbank (Exporteurbank), die diese Zahlungseingänge mit den fälligen Zins- und Tilgungsleistungen des Bestellerkredits verrechnet.

Nicht in die **Abbildung** aufgenommen:

- Bei **Zahlungsunfähigkeit**/Zahlungsunwilligkeit des **Importeurs** hat die garantierende Importeurbank die übernommene **Zahlungsgarantie** gegenüber der deutschen Geschäftsbank zu erfüllen.
- Wird der Zahlungsanspruch der deutschen Geschäftsbank an die Garantiebank -z.B. wegen deren Insolvenz oder wegen eingetretener politischer Risiken- nicht erfüllt, dann greift die deutsche Geschäftsbank auf die **Hermes-Finanzkreditdeckung** zurück.
- Sofern der Exporteur im Rahmen der sog. **Exporteurgarantie** eine Haftung in Höhe des **Selbstbehalts** im Schadensfall übernommen hat (siehe Schritt 6), wird in diesem Umfang von der deutschen Geschäftsbank auf den Exporteur zurückgegriffen.

6.2.3.3 Gebundene Finanzkredite als Hermes-gedeckte Bank-zu-Bank-Kredite -grafische und schrittweise Darstellung- mit Exkurs: "Rahmen-/Grundkreditvereinbarung"

Die **Grundstruktur der Abwicklung von Hermes-gedeckten Bank-zu-Bank-Krediten** ist in **Abbildung 6.2-03** dargestellt und anschließend in einzelnen Schritten erläutert.

Abbildung

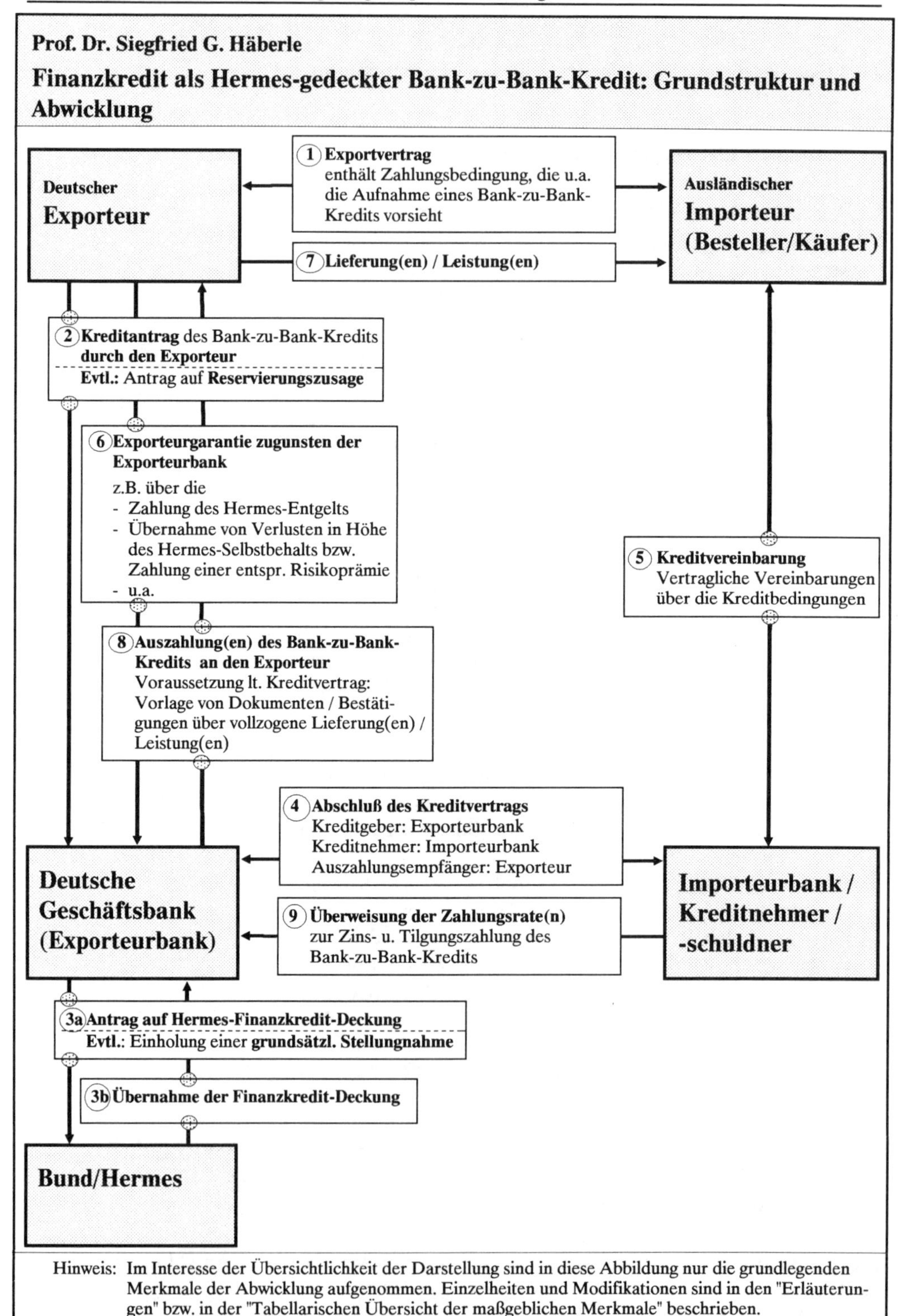

Abbildung 6.2-03

1. **Exportvertrag mit Zahlungsbedingungen -analog Schritt 1 "Bestellerkredit" (siehe vorangehenden Abschnitt)-**

2. **Kreditantrag -analog Schritt 2 "Bestellerkredit" (siehe vorangehenden Abschnitt)-**

3. **Antrag auf Hermes-Finanzkreditdeckung -analog Schritt 3 "Bestellerkredit" (siehe vorangehenden Abschnitt)-**

4. **Abschluss des Kreditvertrags**

   Nach der endgültigen Kreditentscheidung der deutschen Geschäftsbank erfolgt der Abschluss des Kreditvertrags mit der ausländischen Bank (Importeurbank). Kreditgeberin ist die Exporteurbank, **kreditnehmende/kreditschuldende Bank ist die ausländische Bank** (Importeurbank).

Besondere Merkmale

Im Kreditvertrag sind neben den üblichen Merkmalen
- die **Zweckbindung des Kredits** zur Finanzierung eines bestimmten Exportgeschäfts (liefergebundener Finanzkredit);
- die **Voraussetzungen** für die **Kreditinanspruchnahme** (z.B. das Vorliegen der Hermes-Deckung);
- die **Definition der Voraussetzungen**/Nachweise/Dokumente über erfolgte Lieferungen bzw. Leistungen, die zur Auszahlung des Kredits an den Exporteur führen,

aufgenommen.

Exkurs: Rahmen-/Grundkreditvereinbarungen

Zur **Vereinfachung** und **Beschleunigung** des Abschlusses und der Abwicklung von Finanzkrediten haben die führenden deutschen Geschäftsbanken sowie die AKA und die KfW mit einer Reihe von **ausländischen (staatlichen) Banken sog. Rahmenkreditvereinbarungen/Grundverträge** abgeschlossen.

Die **Rahmenkreditverträge** umfassen im Allgemeinen eine zweckgebundene **Kreditlinie** deutscher Banken zu Gunsten von ausländischen (staatlichen) Banken. Im Rahmen dieser Kreditlinie können Ausfuhrgeschäfte **deutscher Exporteure** mit Importeuren des Bestellerlandes zu mittel- und langfristigen Zahlungsbedingungen finanziert werden.
An die Stelle des Abschlusses eines Einzelkreditvertrags zwischen der deutschen und der ausländischen Bank (siehe Schritt 4) tritt die Rahmenkreditvereinbarung. Rahmenkreditvereinbarungen erreichen Beträge von mehreren 100 Millionen DM und haben teilweise eine Laufzeit von mehreren Jahren. Das einzelne Finanzierungsgeschäft wird sodann innerhalb des vereinbarten Rahmenkredits abgewickelt.

Sog. **Grund(kredit)verträge** weisen keine ausdrückliche Kreditlinie, d.h. keinen festen Rahmen, auf. Ansonsten sind in Grundverträgen dieselben Merkmale festgeschrieben, wie sie auch in Rahmenverträgen zu finden sind.

Konditionen

Im Allgemeinen sehen Rahmenkreditverträge zwischen den deutschen und den ausländischen Banken für das einzelne zu finanzierende Ausfuhrgeschäft bestimmte **Mindest-/Höchstbe-**

träge, bestimmte **Mindest-/Höchstlaufzeiten**, bestimmte Absicherungen (z.T. Hermes-Deckungen) und weitere Bedingungen vor. Es ist deswegen ratsam, dass sich der deutsche Exporteur bzw. der ausländische Besteller **frühzeitig** über eine eventuell bestehende Rahmenkreditvereinbarung und deren Konditionen bei den Banken erkundigen, um die Zahlungsbedingungen des Ausfuhrvertrags daran ausrichten zu können. Im Einzelfall ist auch zu prüfen, ob eine sog. 100%-Finanzierung des Auftragswerts möglich ist.

Ende Exkurs

5. Kreditvereinbarung zwischen Importeurbank und Importeur

Grundsätzlich ist die Kreditvereinbarung zwischen der Importeurbank und dem Importeur **ausschließlich deren Sache** und berührt weder die deutsche Geschäftsbank (Exporteurbank) noch den Exporteur.
Auf die Gestaltung der vertraglichen Vereinbarung zwischen der Importeurbank und dem Importeur nimmt die deutsche Geschäftsbank folglich keinen Einfluss.

6. Übernahme der Exporteurgarantie

Die sog. Exporteurgarantie umfasst **Verpflichtungserklärungen/ Informationspflichten des Exporteurs** gegenüber der deutschen Geschäftsbank (und eventuell gegenüber Hermes). Die Exporteurgarantie hat jedoch -entgegen dem mit diesem Ausdruck eventuell verbundenen Vorstellungsinhalt- im Allgemeinen nicht die volle Haftung des Exporteurs im Schadensfall zum Gegenstand, sondern allenfalls die Übernahme einer Teilhaftung, z.B. in Höhe des Selbstbehalts.
Einzelheiten siehe Schritt 6 "Bestellerkredit" (im vorangehenden Abschnitt).

7. Vollzug der Lieferungen/Leistungen des Exporteurs

8. Auszahlung des Bank-zu-Bank-Kredits an den Exporteur

Analog Schritt 8 "Bestellerkredit", insbesondere auch hinsichtlich der vom Exporteur als Auszahlungsvoraussetzung zu erbringenden **Nachweise**.

9. Überweisung der Zahlungsrate(n)

Die kreditnehmende Importeurbank überweist die (im Allgemeinen halbjährlich) zu leistenden Zahlungsraten **bei Fälligkeit** an die kreditgewährende Exporteurbank, die diese Zahlungseingänge mit den fälligen Zins- und Tilgungsleistungen des Bank-zu-Bank-Kredits verrechnet.
Dass der **Importeur** in der Regel **zeitgleich Zahlungen** an die Importeurbank auf Grundlage der getroffenen Kreditvereinbarung (siehe Schritt 5) zu leisten hat, ist in die Abbildung nicht aufgenommen. Dies ist damit zu begründen, dass die Kreditvereinbarung zwischen der Importeurbank und dem Importeur weder die deutsche Geschäftsbank noch den Exporteur tangiert.

In die Abbildung ebenfalls nicht aufgenommen ist die eventuelle Inanspruchnahme der **Hermes-Finanzkreditdeckung**, die dann eintritt, wenn die kreditnehmende Bank -z.B. wegen Insolvenz oder wegen politischer Risiken- dem Rückzahlungsanspruch der deutschen Geschäftsbank nicht mehr genügt.

6.2.4 Sicherheiten

Art der Sicherheiten

Die Geschäftsbanken sind bei der Besicherung der mittel- und langfristigen Exportkredite nicht an bestimmte Vorschriften gebunden. Sie können grundsätzlich auch Kredite gewähren, deren Sicherheit ausschließlich auf der Seriosität und der Zahlungsfähigkeit des Kreditnehmers (des Exporteurs bei Lieferantenkrediten, des Importeurs bei Bestellerkrediten, der ausländischen Bank bei Bank-zu-Bank-Krediten) beruht.

Die meisten mittel- und langfristigen Exportkredite der deutschen Geschäftsbanken erfahren jedoch eine **ausdrückliche und zusätzliche Absicherung** durch die Bestellung von Sicherheiten, deren maßgebliche

- die **Hermes-Deckung** (bei allen Kreditarten),
- die **Zahlungsgarantie** einer erstklassigen **ausländischen Bank** (bei Lieferantenkrediten und bei Bestellerkrediten),
- die **Exporteurgarantie** (bei Bestellerkrediten und bei Bank-zu-Bank-Krediten)

sind.

6.2.4.1 Hermes-Deckung

Lieferantenkredit

Zur Abdeckung der politischen und (bei privaten Schuldnern) der wirtschaftlichen Risiken eines Ausfuhrgeschäfts sucht der **Exporteur** in vielen Fällen eine Hermes-Deckung zu erlangen, und zwar häufig nicht nur für die Phase des eingeräumten **Zahlungsziels**, sondern auch für die Phase der **Fabrikation**.
Bei Lieferantenkrediten, die die deutschen Geschäftsbanken den Exporteuren (eventuell schon während der Fabrikationsphase) gewähren, kommt als Sicherheit die **Übertragung** der Exporteuransprüche an Hermes auf die kreditgewährende Bank infrage.

Finanzkredite

Bei Finanzkrediten (Bestellerkredite, Bank-zu-Bank-Kredite) gewährt der Bund den kreditgewährenden **deutschen Geschäftsbanken** Hermes-Finanzkreditdeckungen als Finanzkreditbürgschaften (bei öffentlich-rechtlichen Schuldnern) bzw. als Finanzkreditgarantien (bei privaten Schuldnern).

Selbstbehalt

Im Schadensfall ist der Hermes-Deckungsnehmer mit dem sog. Selbstbehalt am Ausfall beteiligt:

- bei Lieferantenkrediten

Bei Hermes-gedeckten Lieferantenkrediten verbleibt der **Selbstbehalt** und damit dieses Restrisiko -trotz Übertragung der Hermes-

Ansprüche auf die kreditgewährende Bank- grundsätzlich beim **Exporteur**.

- bei Finanzkrediten

Bei Hermes-gedeckten Finanzkrediten (Bestellerkrediten, Bank-zu-Bank-Krediten) bestehen zur Behandlung des Selbstbehalts zwei **Alternativen**:

- Sofern sich die kreditgewährende Bank bei der Hermes-Finanzkreditdeckung für den (höheren) **abwälzbaren Selbstbehalt** entscheidet, wird sie diesen Selbstbehalt in der Regel auf den Exporteur im Rahmen der sog. Exporteurgarantie (siehe unten Abschnitt 6.2.4.3) abwälzen.
- Sofern sich die kreditgewährende Bank bei der Hermes-Finanzkreditdeckung für den (niedrigeren) **nicht abwälzbaren Selbstbehalt** entscheidet, muss die Bank diesen Selbstbehalt als Restrisiko selbst tragen. Sie stellt jedoch dem Exporteur dafür im Allgemeinen eine gesonderte Risikoprämie in Rechnung.

Teildeckung

- Charakterisierung

Bei sehr geringen wirtschaftlichen und politischen Risiken eines Ausfuhrgeschäfts kann es erwägenswert sein, auf eine Hermes-Deckung ganz zu verzichten (die in diesem Fall als Kreditsicherheit dann auch nicht zur Verfügung steht) oder eine sog. Hermes-Teildeckung zu beantragen. Die Hermes-Teildeckung belässt dem Deckungsnehmer eine **quotale Beteiligung am Ausfall**.

Der **Vorteil** der Hermes-Teildeckung liegt insbesondere in der Reduzierung des Hermes-Entgelts, das der Exporteur in der Regel auch bei Finanzkrediten (entsprechend den Vereinbarungen in der sog. Exporteurgarantie) zu tragen hat.

- bei Lieferanten krediten

Bei Hermes-teilgedeckten Lieferantenkrediten verbleibt das **Restrisiko** aus der Hermes-Teildeckung -trotz Übertragung der Hermes-Ansprüche auf die kreditgewährende Bank- grundsätzlich beim **Exporteur**.

- bei Finanzkrediten

Bei Hermes-teilgedeckten Finanzkrediten (Bestellerkredite, Bank-zu-Bank-Kredite) kann die **Bank** dieses aus der Hermes-Teildeckung verbleibende **Restrisiko** selbst tragen oder im Rahmen der sog. Exporteurgarantie (siehe unten Abschnitt "6.2.4.3 Exporteurgarantie") auf den **Exporteur** abwälzen.

6.2.4.2 Ausländische Sicherheiten

Sicherungsgeber

Lieferantenkredite (Bankkredite an Exporteure) sowie Bestellerkredite (Bankkredite an Importeure) sind -zumindest bei längeren Kreditlaufzeiten und/oder hohen Kreditbeträgen- regelmäßig durch die **Zahlungsgarantie**

- einer **erstklassigen ausländischen Bank**

  oder

- des **ausländischen Staates** (Importlandes)

abgesichert.

Frühzeitige Informationen

Der Exporteur sollte sich bereits **vor Eintritt in die Verhandlungen** mit dem Importeur darüber informieren, welche Banken bzw. welche Sicherungseinrichtungen des Importlandes von der finanzierenden deutschen Bank und -bei Hermes-gedeckten Finanzierungen-vom Bund als Sicherungsgeber anerkannt sind.

Zum Inhalt, zur Abwicklung und zur Problematik von **Bankgarantien** siehe Kapitel "8 Bankgarantien".

6.2.4.3 Exporteurgarantie

Vorbemerkungen

Eine Exporteurgarantie im hier beschriebenen Sinne ist vom Exporteur bei **Hermes-gedeckten Finanzkrediten** (Hermes-gedeckte Bestellerkredite, Hermes-gedeckte Bank-zu-Bank-Kredite) abzugeben.
Bei der Finanzierung **Hermes-ungedeckter Ausfuhrgeschäfte** kommt je nach deren Eigenart eine **Rückhaftung (Teilhaftung) des Exporteurs** zwar auch infrage, jedoch liegt damit keine Exporteurgarantie im hier gemeinten Sinne vor.

Verpflichtungen des Exporteurs

Mit dem Ausdruck "Exporteurgarantie" darf nicht die Vorstellung verbunden werden, dass die Bank darin das volle Kreditrisiko aus gewährten Finanzkrediten auf den Exporteur überwälzen würde. Zumindest im Regelfall ist die **Haftungsübernahme des Exporteurs** im Rahmen der Exporteurgarantie **eng begrenzt**. Sie umfasst im Allgemeinen die folgenden Verpflichtungen gegenüber der finanzkreditgewährenden Bank bzw. gegenüber Hermes:

- Selbstbehalt

- Der **Exporteur** haftet der finanzkreditgewährenden Bank in Höhe des **Selbstbehalts**, also in Höhe des von Hermes nicht gedeckten Ausfallrisikos bei gewährten Bestellerkrediten bzw. bei Bank-zu-Bank-Krediten.
  Sofern sich die finanzkreditgewährende Bank für die Hermes-Finanzkreditdeckung mit **nicht abwälzbarem Selbstbehalt** entscheidet, entfällt diese Haftung des Exporteurs. Die Bank stellt dem Exporteur jedoch in diesem Fall im Allgemeinen ersatzweise eine gesonderte **Risikoprämie** in Rechnung.

- Hermes-ungedeckte Zinsen u. Ä.

- Der Exporteur haftet der kreditgewährenden Bank für **Zinsen/Zinszuschläge bei rückständigen Rückzahlungsraten** u. Ä., soweit diese durch die Hermes-Finanzkreditdeckung nicht abgesichert sind.

- Hermes-Entgelte

- Übernahme und Zahlung des **Hermes-Entgelts** und sonstiger von Hermes in Rechnung gestellter Gebühren.

- Zahlungsverweigerung durch Hermes

- Zahlungsverpflichtung des Exporteurs an die kreditgewährende Bank für den Fall der Zahlungsverweigerung des Bundes (Hermes) wegen **unrichtiger/unvollständiger Angaben** u. Ä. des Exporteurs.

Verpflichtungserklärung gegenüber Hermes

Ebenfalls Gegenstand der Exporteurgarantie ist die Abgabe einer Verpflichtungserklärung des Exporteurs gegenüber Hermes, die sich insbesondere auf den **Fall der mängelbehafteten Erfüllung des Ausfuhrvertrags** durch den Exporteur oder seiner Zulieferanten bezieht.

Informationspflichten

Darüber hinaus übernimmt der Exporteur bestimmte, insbesondere auf das **Ausfuhrgeschäft** und dessen **Beteiligten** bezogene Informationspflichten gegenüber der kreditgewährenden Bank und gegenüber Hermes.

Absicherung der Exporteurgarantie

Die sich aus der Exporteurgarantie ergebenden Zahlungsverpflichtungen des Exporteurs können im Einzelfall durch ausdrückliche **Bestellung von Sicherheiten** abgesichert werden.

6.2.5 Kredithöhe und Kreditwährung

6.2.5.1 Kredithöhe

Kein formales Limit

Grundsätzlich sind die deutschen Geschäftsbanken bei der Kredithöhe keinen Beschränkungen unterworfen, sofern die gestellten **Sicherheiten** diese Freiheit rechtfertigen.

Grundsätzliche Alternativen

Gleichwohl kristallisieren sich in der Praxis die folgenden **Alternativen** heraus:

- Die Kredithöhe entspricht dem **Auftragswert** des Ausfuhrvertrags **abzüglich** der vom Auftraggeber geleisteten **An- und Zwischenzahlungen.** Häufig sind dies 85% des Auftragswerts.
- Die Kredithöhe entspricht der **Höhe der Hermes-Deckung**.
- Die Kredithöhe entspricht **100% des Auftragswerts** des Ausfuhrvertrags.

Häufig korrespondieren die beiden erstgenannten Kategorien.

Finanzierung der Fabrikationsphase

In zeitlicher Hinsicht kann in die Bankfinanzierung bereits die Fabrikationsphase einbezogen bzw. diese Phase mit einem gesonderten Kredit finanziert werden. Bei gegebener Kreditwürdigkeit erweisen sich die Geschäftsbanken als sehr **anpassungsfähig** an den jeweiligen Kreditbedarf eines Exporteurs bzw. seiner Geschäftspartner.

Lokale Kosten

Diese Anpassungsfähigkeit gilt auch bezüglich der Finanzierung von Aufwendungen des Exporteurs für empfangene **Lieferungen und Leistungen aus dem Bestellerland** im Rahmen eines bestimmten Ausfuhrgeschäfts (sog. örtliche/lokale Kosten).

6.2.5.2 Kreditwährung

DM oder Fremdwährung

Die deutschen Geschäftsbanken gewähren den Exporteuren bzw. ihren Geschäftspartnern (Besteller, ausländische Banken) nicht nur Kredite auf DM-Basis, sondern auch mittel- bis langfristige Kredite in den **Währungen** der maßgeblichen **Industrienationen.**
Bei beabsichtigter Aufnahme von Fremdwährungskrediten sollte der Exporteur frühzeitig mit der Bank wegen der Bedingungen (Mindesthöhe, Laufzeit usw.) Kontakt aufnehmen.

Die Aufnahme von **Fremdwährungskrediten** ist nahe liegend, wenn der Ausfuhrvertrag und damit die **Faktura Fremdwährung** umfassen. Die Tilgungen und Zinszahlungen des Fremdwährungskredits erfolgen bei dieser Vereinbarung mittels der vom ausländischen Schuldner eingehenden Fremdwährungszahlungen. Dies trifft nicht nur auf gebundene Finanzkredite (Bestellerkredite, Bank-zu-Bank-Kredite) zu, sondern im Prinzip auch auf Lieferantenkredite, bei denen zwar der Exporteur Kreditschuldner ist, bei denen aber die Rückführung des Fremdwährungskredits letztlich ebenfalls aus den in Fremdwährung eingehenden Zahlungen des Importeurs bestritten werden kann.

Der Exporteur trägt jedoch ein **Wechselkursrisiko** bis zum Zeitpunkt der Auszahlung des Fremdwährungskredits, insbesondere wenn die Auszahlung erst pro rata Lieferung an ihn erfolgt (z.B. bei Bestellerkrediten bzw. bei Bank-zu-Bank-Krediten). Dieses Wechselkursrisiko entsteht, weil der Exporteur die Beschaffungs-/Fabrikations-/Montagephase unter obigen Annahmen in seiner eigenen Währung (in DM) vorfinanzieren muss, den Gegenwert aber erst zu einem späteren Zeitpunkt in Fremdwährung im Zuge der Kreditauszahlung erhält, d.h. diesen Fremdwährungsbetrag erst zu diesem Zeitpunkt in seine eigene Währung (in DM) umtauschen kann. Zur Wechselkursabsicherung in dieser Phase bieten die Kreditinstitute Devisen(termin)geschäfte, Zwischenkredite auf Fremdwährungsbasis u.a. Instrumente an (siehe dazu auch Kapitel "7 Wechselkurse und Devisengeschäfte" und Kapitel "5.2 Eurokredite").

Unterschiedliche Währungen in Faktura und Kredit

Eine **Alternative** zu der im Allgemeinen identischen Währung in Faktura und Kredit beschreibt die KfW für **gebundene Finanzkredite** (Bestellerkredite, Bank-zu-Bank-Kredite):

- **Fakturierung** des Ausfuhrgeschäfts in **DM**
  und zugleich
- **Kreditaufnahme** in **Fremdwährung**.

In diesem Fall wird die Kaufpreisforderung gemäß den Bedingungen des Liefervertrags durch in DM denominierte Auszahlungen des Finanzkredits beglichen. Der Kreditnehmer (der Besteller bzw. die ausländische Bank) wird dagegen mit dem Fremdwährungsäquivalent des ausgezahlten DM-Betrags belastet. Die Umrechnung erfolgt zu den Wechselkursen am jeweiligen Auszahlungstag.

Bei diesem von der KfW in einer Reihe von Fällen praktizierten Verfahren steht für den Kreditnehmer (Besteller, ausländische Bank) der zu tilgende Fremdwährungsbetrag erst nach Vollauszahlung fest. Inwiefern der **Besteller/Kreditnehmer** bereit ist, diese Konstruktion und das damit verbundene **Wechselkursrisiko** zu akzeptieren, hängt entscheidend von seinen Wechselkurserwartungen für den Auszahlungszeitraum ab. So wirkt ein Anstieg des Wechselkurses der Kreditwährung gegenüber dem Zeitpunkt des Abschlusses des Liefervertrags wie eine Preisminderung; umgekehrt hat ein niedrigerer Wechselkurs als bei Liefervertragsabschluss den Effekt einer Preiserhöhung. Auch ein Vergleich mit den Währungsrisiken bei einer DM-Finanzierung spielt in diesem Zusammenhang eine wichtige Rolle (KfW 1996: S. 17).

6.2.6 Kreditauszahlung -Verfahren und Voraussetzungen-

6.2.6.1 Auszahlungsverfahren

Lieferantenkredite

Bei der Auszahlung von mittel- und langfristigen Krediten, die die Banken den Exporteuren einräumen (Lieferantenkredite), sind die Banken -bei gegebener Kreditwürdigkeit des Exporteurs und nach Erfüllung der Kreditbedingungen- grundsätzlich **nicht an ein bestimmtes Verfahren** gebunden. Gleichwohl ist es nahe liegend und praktikabel, auch bei Lieferantenkrediten ein Auszahlungsverfahren im Kreditvertrag festzulegen, das einem der folgenden, bei Finanzkrediten angewandten Auszahlungsverfahren entspricht.

Finanzkredite

Bei Finanzkrediten (Bestellerkredite, Bank-zu-Bank-Kredite) wird in der Regel im Ausfuhrvertrag und im Kreditvertrag die **Direktauszahlung an den Exporteur** vereinbart, also **nicht** die Auszahlung an den Kreditnehmer (Besteller bzw. ausländische Bank).

- Pro rata Lieferung

Der übliche Auszahlungsmodus an den Exporteur ist

- **pro rata** der vom Exporteur erbrachten **Lieferungen** und/oder Leistungen.

- Progress Payment

Es kommen jedoch auch Kreditauszahlungen an den Exporteur als

- Progress Payment, d.h. **pro rata des innerbetrieblichen Produktionsfortschritts** vor.

Dieses Auszahlungsverfahren kommt dem Interesse des Exporteurs bei der Erstellung von Anlagen mit einer langen Fertigungsdauer entgegen.

- Erstattungsverfahren

Ausnahmsweise werden Bestellerkredite bzw. Bank-zu-Bank-Kredite von den kreditgewährenden Banken im

- **Erstattungsverfahren**

ausgezahlt.
In diesem Fall hat der **Exporteur die Zahlungen** vom Besteller bzw. von der Importeurbank **bereits erhalten**. Deswegen erfolgt die **Auszahlung des Kredits** nicht an den Exporteur, sondern als Erstattung an den Kreditnehmer der deutschen Geschäftsbank, d.h. an den **Besteller** (bei Bestellerkrediten) bzw. an die **Importeurbank** (bei Bank-zu-Bank-Krediten).

Ratschlag

Bei Kreditauszahlungen pro rata Lieferungen und/oder Leistungen bzw. Progress Payment sollte im Ausfuhrvertrag und im Kreditvertrag darauf geachtet werden, dass die Kreditauszahlungen an den Exporteur (dessen Abrufe) **ohne direkte Mitwirkung des Bestellers** möglich sind. Der Exporteur läuft sonst Gefahr, dass der Besteller trotz erbrachter Lieferungen/Leistungen die Kreditauszahlungen an den Exporteur hinauszuzögern oder gar zu blockieren sucht.

Nachweise/ Abwicklungen

Zum Abruf der Auszahlungen von Finanzkrediten (Bestellerkredite, Bank-zu-Bank-Kredite; teilweise auch bei Lieferantenkrediten) hat der Exporteur im Allgemeinen (im Kreditvertrag definierte) **Lieferdokumente** und/oder Leistungsdokumente vorzulegen.
Anmerkung zur praktischen Abwicklung: Häufig hat der Importeur gemäß dem Ausfuhrvertrag neben der Anzahlung eine weitere Zah-

lung an den Exporteur nach erbrachter Lieferung/Leistung zu leisten. Diese Zahlung wird im Allgemeinen als **Dokumentenrate** bezeichnet und wird in vielen Fällen auf Basis eines Akkreditivs zu Gunsten des Exporteurs abgewickelt. Weil im Rahmen dieses **Akkreditivs** ohnehin die relevanten **Dokumente** einzureichen sind, lässt sich diese Abwicklung mit der Auszahlung des Bankkredits bzw. mit der Vorlage der dafür erforderlichen dokumentären Nachweise **koppeln**.

6.2.6.2 Auszahlungsvoraussetzungen

Sicherheiten

Die im Kreditvertrag festgelegten Sicherheiten, das sind in der Regel das **Hermes-Deckungsdokument**, die **Exporteurgarantie** sowie die ausländische **Zahlungsgarantie** (bei Lieferantenkrediten und bei Bestellerkrediten), müssen in ordnungsgemäßer Form vorliegen.

Abruf/Nachweise

Der Exporteur hat einen **unterzeichneten Abruf** für die Auszahlung des Kredits vorzulegen. Der Abruf muss -zumindest bei Hermes-gedeckten Krediten- von Nachweisen/Dokumenten über erbrachte Lieferungen/Leistungen begleitet sein. Außerdem sind im Einzelfall weitere Nachweise/Bestätigungen (z.T. des Bestellers) vorzulegen.

Rechtsgutachten (Legal Opinion)

Vor der ersten Auszahlung aus dem Darlehensvertrag hat der Darlehensnehmer (und der Garant) durch ein Rechtsgutachten (Legal Opinion) darzulegen, dass der Darlehensvertrag **wirksame Verpflichtungen** des Darlehensnehmers (und die Zahlungsgarantie wirksame Verpflichtungen des Garanten) begründet.
Gegebenenfalls ist auch die **Rechtswirksamkeit** von weiteren vereinbarten Sicherheiten nachzuweisen. Ferner ist im Rahmen des Rechtsgutachtens zu bestätigen, dass alle **devisenrechtlichen Genehmigungen** für den Abschluss und die Durchführung des Darlehensvertrags erteilt worden sind.
Die im Rechtsgutachten getroffenen Aussagen sind durch Dokumente und Unterlagen zu belegen (KfW 1996: S. 20).

6.2.7 Kreditlaufzeit und Kreditrückzahlung

Grundsatz

Bei Hermes-gedeckten Krediten werden Kreditlaufzeit und Tilgungsmodalitäten von den **Vorgaben der Bundesdeckung** bestimmt.

Tilgung

Die Tilgung bei Hermes-gedeckten Krediten erfolgt in **gleichhohen aufeinander folgenden Halbjahresraten**. Die erste Tilgungsrate ist dabei 6 Monate nach dem von Hermes festgelegten Beginn der Kreditlaufzeit (dies ist der sog. Starting Point) fällig.
Hinweis: Zur Definition des Starting Point siehe am Schluss von Abschnitt "6.1.3.2 Maßgebliche Restriktionen der Zahlungsbedingungen".

Laufzeit

Bei Hermes-gedeckten Krediten entspricht die **Kreditlaufzeit** ebenfalls den Vorgaben des Bundes und bewegt sich grundsätzlich innerhalb der gemäß **OECD-Konsensus** zulässigen Höchstkreditlauf-

zeiten. In der Regel ist eine Kreditlaufzeit von 5 Jahren und damit eine Tilgung in 10 Halbjahresraten vorgesehen.
Bei ausländischen Konkurrenzangeboten, d.h. bei Vorliegen des sog. "**Matching-Falls**" und/oder Großvorhaben, können je nach Einkommenskategorie des Bestellerlandes auch Kreditlaufzeiten von 8,5 und 10 Jahren zugestanden werden. In Ausnahmefällen sind auch längere Laufzeiten möglich (vgl. KfW 1996: S. 20).
Hinweis: Zum **OECD-Konsensus** und zum sog. **Matching-Fall** siehe Abschnitt "6.1.3.2 Maßgebliche Restriktionen der Zahlungsbedingungen".

Ohne Hermes-Deckung

Bei Ausfuhrgeschäften, die ohne Hermes-Deckung finanziert werden, unterliegen die Banken bei den Rückzahlungsbedingungen **keinen formellen Vorgaben**. Es ist somit in diesem Fall ein individueller Zuschnitt der Rückzahlungsbedingungen auf die Eigenarten eines Ausfuhrgeschäfts möglich.

6.2.8 Finanzierungskosten u. Ä.

Zinsen

Die deutschen Geschäftsbanken sind in der Lage, die Zinsgestaltung den Eigenarten bzw. den Wünschen der Kreditnehmer anzupassen.

Grundsätzlich kann bei mittel- und langfristigen Exportkrediten

- ein **fester Zinssatz** über die volle Kreditlaufzeit,
- ein **variabler Zinssatz** über die volle Kreditlaufzeit

  oder
- ein variabler Zinssatz für die anfängliche Kreditlaufzeit und sodann ein fester Zinssatz für die Restlaufzeit bzw. eine ähnliche **Zinsgestaltung** vereinbart werden.

Festzinssatz

Bei Vereinbarung eines Festzinssatzes ist im Kreditvertrag auch festzulegen, auf welchen **Zeitpunkt** der Festzinssatz definiert ist. Grundsätzlich kann der Festzinssatz bereits im Zeitpunkt des **Abschlusses** des Darlehensvertrags abschließend festgelegt werden. Möglich ist aber auch, den Festzinssatz erst im Zeitpunkt der **Auszahlung** festzulegen. Bei mehreren Auszahlungsraten des Kredits werden die unterschiedlichen Festzinssätze zu einem gewogenen durchschnittlichen Festzinssatz zusammengefasst.

Variabler Zinssatz

Die Vereinbarung variabler Zinssätze kann auf unterschiedlichen Grundlagen (Basis-Zinssätzen) beruhen, zu denen sodann die Marge der kreditgewährenden Bank hinzuzuschlagen ist.

Basis-Zinssatz ist beispielsweise

- **FIBOR**, d.h. der Frankfurter Interbankensatz,
- **LIBOR**, d.h. der Londoner Interbankensatz, wobei zu beiden Basiszinssätzen die Laufzeitkategorie und die Erhebungsstichtage im Kreditvertrag festzulegen sind;
- ein eigens zu **definierender** variabler **Zinssatz**, der auf unterschiedlichen Basiszinssätzen bzw. Erhebungsstichtagen beruhen kann.

Zinssatz-Kombinationen

Die beiden Arten der **Zinsvereinbarung** können im Kreditvertrag **gekoppelt** werden. Beispielsweise derart, dass der Kreditnehmer die **Option** erhält, nach einer anfänglichen Kreditphase mit variablem Zinssatz für die weitere Kreditphase in einen Festzinssatz zu wechseln. Von Belang ist in diesem Fall die Definition des Basis-Zinssatzes, auf dem der später gültige Festzinssatz beruht.

Fremdwährungskredite

Die beschriebenen Zinsvereinbarungen können grundsätzlich auch bei Fremdwährungskrediten getroffen werden. Allerdings sind bei Fremdwährungskrediten im Allgemeinen **Mindestbeträge** sowohl hinsichtlich der Höhe des Gesamtkredits als auch hinsichtlich der Höhe der einzelnen Rückzahlungsraten zu berücksichtigen.

Sonstige Kosten

Für den Zeitraum zwischen dem Abschluss des Kreditvertrags und den Auszahlungszeitpunkten (der Kreditinanspruchnahme) berechnen die Banken üblicherweise eine **Zusage- bzw. Bereitstellungsprovision.**

Des Weiteren werden dem Kreditnehmer die der kreditgewährenden Bank **von Dritten** in Rechnung gestellten **Aufwendungen** belastet.

Zum Teil berechnen die Banken neben den Zinsen und neben der Zusage-/Bereitstellungsprovision ein **Einmalentgelt**, das grundsätzlich den Charakter einer Bearbeitungsprovision trägt. Darüber hinaus kann die Höhe dieses Einmalentgelts auch von den Besonderheiten eines Ausfuhrgeschäfts bestimmt sein, so z.B. von dessen besonderen Risiken. Dieses Einmalentgelt wird als **Front-End Fee** bezeichnet.

Sofern sich die kreditgewährende Bank bei der Hermes-Finanzkreditdeckung (bei Bestellerkrediten und bei Bank-zu-Bank-Krediten) für den **5%igen nicht abwälzbaren Selbstbehalt** entscheidet, berechnet sie dem Exporteur dafür im Allgemeinen ersatzweise eine **Risikoprämie**. Diese Risikoprämie entfällt bei Hermes-Finanzkreditdeckungen, die einen abwälzbaren Selbstbehalt vorsehen (im Normalfall 10% bzw. 15%), weil die Bank in diesem Fall diesen Selbstbehalt in der Regel und im Rahmen der sog. Exporteurgarantie auf den Exporteur abwälzt.

Schließlich ist der Exporteur im Rahmen der Exporteurgarantie im Allgemeinen verpflichtet, das **Hermes-Entgelt** und andere Hermes-Gebühren zu entrichten.

6.2.9 Projektfinanzierung -Kurzinformation-

Projektfinanzierungen (Projektkredite) sind -gemessen an der Gesamtzahl mittel- und langfristiger Exportfinanzierungen- eher die Ausnahme und im Übrigen auf die Finanzierung von **Großprojekten** beschränkt. Aus diesen Gründen werden die maßgeblichen Merkmale von Projektfinanzierungen im Folgenden lediglich stichwortartig beschrieben.
Maßgebliche Quelle für die folgenden Ausführungen ist die Broschüre "Langfristige Exportfinanzierung der Kreditanstalt für Wie-

deraufbau", Frankfurt am Main 1996. Diese Bank führt neben den Geschäftsbanken Projektfinanzierungen durch.

Kurzinformation über wesentliche Merkmale von Projektkrediten

Merkmale:	Ausprägungen bzw. Anmerkungen:
Charakterisierung	Eine Projekfinanzierung umfasst einen zweckgebundenen (Groß-) Kredit für ein Investitionsvorhaben, • das eine **sich selbst tragende Wirtschaftseinheit** darstellt und • das in der Regel von einer **rechtlich selbstständigen** und eigens zu diesem Zweck gegründeten **Projektgesellschaft** (Special Purpose Company) realisiert und betrieben wird.
Beispiele	Typische Gegenstände von Projektfinanzierungen sind • Erstellung kompletter **Industrieanlagen**, • Erstellung von **Dienstleistungszentren**, • **Kraftwerksbau**, • Erschließung von **Rohstoffvorkommen**.
Selbsttragung	Grundsätzlich soll sich das Projekt in dem Sinne selbst tragen, dass es einen **Cashflow** erwirtschaftet, der zumindest zur Deckung der Betriebskosten und des Schuldendienstes ausreicht. Die technische und wirtschaftliche Machbarkeit eines Projekts wird im Rahmen einer sog. **Feasibility-Studie** untersucht.
Haftung Projektträger	Entsprechend der Selbsttragung der Projekte ist ein **Rückgriff** der finanzierenden Bank(en) auf die Projektträger (sog. Sponsoren) oder auf eventuelle Garanten • entweder nur in betragsmäßig **begrenztem Ausmaß** und nur in vorher exakt festgelegten Situationen möglich (Limited-Recourse-Financing) • oder **gänzlich ausgeschlossen** (Non-Recourse-Financing).
Projekt-/Kreditprüfung	Maßgebliche **Sicherheit** für die finanzierende(n) Bank(en) sind der **Vermögenswert des Projekts** an sich sowie die daraus **erwirtschafteten Mittel (der Cashflow)**. Im Mittelpunkt der Kreditprüfung steht deswegen neben der bereits angesprochenen Prüfung der technischen und wirtschaftlichen Durchführbarkeit des Projekts und der Analyse des erwarteten Cashflows insbesondere • die Tragfähigkeit der Besicherungskonstruktion, • die Gewährleistung der Fertigstellung des Vorhabens, • die Funktionsfähigkeit der Anlage, • die Sicherung der Energie- und Rohstoffversorgung, • der sachkundige Betrieb der Anlage, • die Situation auf den Absatzmärkten für die Projekterzeugnisse.

Pflichten der Exporteure

Bei einer Projektfinanzierung haben die Exporteure **erhebliche Pflichten** zu übernehmen, so z.B.

- die Besorgung und Aufbereitung von Prüfungsunterlagen,
- die Darstellung der Funktionsweise der gelieferten/erstellten Anlage, einschließlich der Ausarbeitung von Input-Output-Relationen,
- die Stellung umfangreicher Gewährleistungsgarantien,
- die Beteiligung an der Projektgesellschaft,
- die Verantwortung für den Betrieb der Anlage.

Noch ausgeprägter ist die Einbindung des Exporteurs bei den sog. **Build-Own-Operate-Transfer (BOOT)-Modellen**. Für einen bestimmten Zeitraum hat der Exporteur unternehmerähnliche Funktionen und Risiken zu übernehmen:

- "Build", der Exporteur ist für die Errichtung und Fertigstellung des Projekts zuständig;
- "Own", der Exporteur ist für einen bestimmten Zeitraum Miteigentümer;
- "Operate", der Exporteur ist für einen bestimmten Zeitraum Mitbetreiber;
- "Transfer", der Exporteur übernimmt (für einen bestimmten Zeitraum) die Verantwortung für den Transfer der Projekterlöse zur Bedienung des Projektkredits.

Hermes-Deckung

Der Bund ist grundsätzlich bereit, für Projektfinanzierungen Hermes-Deckung zu gewähren. Allerdings sind zur Erlangung der Hermes-Deckung verschiedene **Voraussetzungen** zu erfüllen, die aktuell bei Hermes abzufragen sind.

6.3 Exportfinanzierungen der AKA Ausfuhrkredit-Gesellschaft mbH

6.3 Exportfinanzierungen der AKA Ausfuhrkredit-Gesellschaft mbH

6.3.1 Kurzinformationen zum Finanzierungsangebot und zur Struktur der AKA

6.3.1.1 Kurzinformation: Allgemeine Übersicht über das Finanzierungsangebot der AKA

Kurzinformation: Allgemeine Übersicht über das Finanzierungsangebot der AKA Ausfuhrkredit-Gesellschaft mbH

- Diese Kurzinformation dient lediglich der **Vorentscheidung** von Exporteuren (sowie der beratenden Banken), ob für sie das Finanzierungsangebot der AKA überhaupt infrage kommt.
  Bei gegebenem Interesse finden sich in den folgenden Abschnitten die maßgeblichen Detailinformationen und Entscheidungshilfen. Es ist jedoch anzumerken, daß sich im

Einzelfall erhebliche Abweichungen von den im Folgenden beschriebenen Merkmalen ergeben können, weil diese Merkmale Veränderungen unterworfen sind. Die Einholung der aktuellen Bedingungen der AKA ist in jedem Fall angebracht.

- Das Angebot der AKA dient der **Finanzierung deutscher Exportgeschäfte.**
- Finanziert werden **abgeschlossene Exportgeschäfte.**
  Bereits vor Abschluss der Exportverträge kann sich der Exporteur jedoch die voraussichtlich benötigten **Kreditmittel** -auch zu einem Festzinssatz- **reservieren** lassen.
- **Plafond A: DM-Kredite an deutsche Exporteure**
  (sog. Lieferantenkredite aus Mitteln der Gesellschafterbanken der AKA)
  - **Refinanzierung** der Aufwendungen des deutschen Exporteurs während der **Produktionszeit** und/oder zur Refinanzierung des **Zahlungsziels.**
  - In der Regel ist die Absicherung durch **Hermes-Deckung** erforderlich.
  - Wahlmöglichkeit zwischem **variablem** und **festem Zinssatz.**
  - **Kreditauszahlung** durch Überweisung auf das Konto des Exporteurs bei seiner Hausbank.
  - **Kreditantrag** nur über Gesellschafterbanken der AKA.
  - Einzelheiten siehe **Abschnitt 6.3.2.**
- **Sonderform: Globalkredite an deutsche Exporteure im Rahmen von Plafond A**
  - **Bündelung kleinerer Exportgeschäfte** kurzfristiger Art (auch Konsumgüterexporte und Abrufgeschäfte), die mit Globalkrediten des Plafonds A der AKA refinanziert werden.
  - Ansonsten weisen Globalkredite im Wesentlichen die **gleichen Merkmale** auf wie die normalen Kredite aus Plafond A.
  - Einzelheiten zu den Globalkrediten siehe **Abschnitt 6.3.3.**
- **Bisheriger Plafond B: Kredite an deutsche Exporteure sowie Kombinations-/Parallelfinanzierung aus den Plafonds A und D**
  Die deutsche Bundesbank hat der AKA das restliche **Sonderrediskontkontingent**, mit dem die Kredite des Plafond B refinanziert wurden, zum 31. Mai 1996 **gestrichen**. Plafond B-Kredite sowie Kombinations-/Parallelfinanzierungen werden deswegen in der bisherigen Form **nicht mehr angeboten.**
- **Plafonds C und D: Kredite an ausländische Besteller/Käufer bzw. an deren Banken**
  (Gebundene Finanzkredite als Bestellerkredite bzw. als Bank-zu-Bank-Kredite)
  - **Kreditgeber**: AKA.
  - **Kreditnehmer**: Ausländischer Besteller/Käufer (häufig unter Garantie seiner Bank) oder die Bank des ausländischen Bestellers/Käufers.
  - In der Regel ist **Hermes-Deckung** erforderlich.
  - Der **Exporteur** übernimmt im Allgemeinen nur die **Verpflichtungen** zur Zahlung des Hermes-Entgelts, zur Übernahme von Verlusten im Schadensfall in Höhe des Hermes-Selbstbehalts (bei abwälzbarem Hermes-Selbstbehalt) bzw. die Zahlung einer Risikoprämie (bei nicht abwälzbarem Hermes-Selbstbehalt), zur Übernahme bestimmter von Hermes nicht gedeckter Risiken und eventueller Zinsdifferenzen, falls der Außenzins unter dem Sollzins der AKA liegt.
  - Die **Kreditauszahlung** erfolgt nicht an den ausländischen Kreditnehmer, sondern **an den deutschen Exporteur.**
    Die Auszahlung an den Exporteur kann nach Kostenfortschritt, entsprechend dem Lieferungs- und Leistungsfortschritt oder zu anderen Zeitpunkten gegen entsprechende Nachweise erfolgen.
  - Wahlmöglichkeit zwischen **variablem und festem Zinssatz (Plafond C)** bzw. **variabler Zinssatz** für Kredite in **DM** oder in **Fremdwährung** basierend auf **FIBOR** oder **LIBOR (Plafond D).**

- **Kreditantrag** nur über Gesellschafterbanken der AKA.
- Einzelheiten siehe **Abschnitt 6.3.4.**

- **Plafond E: Kredite an ausländische Besteller/Käufer bzw. an deren Banken**
  - Der seit Oktober 1997 angebotene **Plafond E** für Kredite an ausländische Besteller und Banken weist im Vergleich zu den Plafonds C und D einige **Besonderheiten** auf.
  - Einzelheiten siehe **Abschnitt 6.3.4.**
- **Übernahme bundesgedeckter Exportforderungen von deutschen Exporteuren**
  - Ankauf von einredefreien **Exportforderungen zuzüglich** eventueller **Abnehmerzinsen** von deutschen Exporteuren.
  - **Hermes-Deckung** zwingend.
  - Der forderungsverkaufende **Exporteur** haftet für den rechtlichen Bestand der von der AKA angekauften Exportforderung. Darüber hinaus einzelfallbezogene Regelungen.
  - Es gelten die gleichen **Zinssätze** wie für **Bestellerkredite** aus Plafond C.
  - **Antragstellung** nur über Gesellschafterbanken der AKA.
  - Einzelheiten siehe **Abschnitt 6.3.5.**
- **Verbundene Finanzierungen**

  Bei der Finanzierung von Exportgeschäften mit mittel- und langfristigen Zahlungszielen sind häufig nicht nur **unterschiedliche Kreditarten** (Lieferantenkredite, Bestellerkredite, Bank-zu-Bank-Kredite, Vorfinanzierungskredite, Komplementärkredite usw.) parallel oder zeitlich hintereinander geschaltet, sondern diese Kredite werden manchmal auch von **verschiedenen Kreditgebern** (AKA, KfW, Geschäftsbanken usw.) gewährt.
  Welche Verbindung der Kreditarten aus den verschiedenen Programmen der AKA, der KfW und der Geschäftsbanken zweckmäßig oder notwendig ist (insbesondere, weil die Richtlinien der AKA und der KfW kredithöhen- und laufzeitbezogene Restriktionen enthalten), muss im **Einzelfall** geprüft werden.
  Die Banken verfügen über **EDV-Programme**, die die verfügbaren Finanzierungsalternativen unter Einbeziehung der aktuellen Konditionen auf den Einzelfall hin zugeschnitten präsentieren.

6.3.1.2 Zins- und Provisionssätze der AKA

Abbildung

Die **Abbildung 6.3-01** informiert über **Art und Staffelung der Zinssätze und Provisionen der AKA.** Die jeweils aktuellen Sätze können bei den Geschäftsbanken bzw. bei der AKA (Anschrift usw. siehe Abschnitt 6.3.1.3) erfragt werden.

6.3.1.3 Kurzinformation: Struktur der AKA Ausfuhrkredit-Gesellschaft mbH

Gesellschafter

Die AKA Ausfuhrkredit-Gesellschaft mbH, Frankfurt am Main (im Folgenden: AKA), wird von 40 namhaften **Gesellschafterbanken** getragen, die praktisch alle Sparten des deutschen Bankenapparates vertreten.

Kreditanträge für die nach Streichung der Rediskontlinie bei der Deutschen Bundesbank verbliebenen Kreditplafonds A, C und D der AKA können nur über eine Gesellschafterbank (eventuell auch

AKA Ausfuhrkredit-Gesellschaft mbH

Zins- und Provisionssätze Stand April 1998

a) Zinssätze

Plafond A	variabler Satz	5,750	% p.a.
	Festsatz/Zinsbindung bis zu 2 Jahren	5,875	% p.a.
	Festsatz/Zinsbindung bis zu 4 Jahren	6,125	% p.a.
	Festsatz/Zinsbindung bis zu 5 Jahren	6,250	% p.a.
Plafond C	variabler Satz	5,750	% p.a

Festzinssätze werden für den Einzelfall beschlossen.

Für den Ankauf vor Exportforderungen durch die AKA gelten die gleichen Sätze wie für Bestellerkredite aus Plafond C.

Plafond D Die variablen Zinssätze für Kredite in DM oder Fremdwährung basieren auf FIBOR oder LIBOR und werden für den Einzelfall beschlossen.

Plafond E Sämtliche marktorientierten Zinsgestaltungen sind darstellbar: variable b.a.w.-Zinssätze, FIBOR- oder LIBOR-basierte Zinssätze oder Festzinssätze.

b) **Provisionen für genehmigte Beträge mit allein variablem Zinssatz**

Provisionsfrei - bis Abschluß des Kreditvertrages

Ab Kreditvertragsabschluß auf den zugesagten Betrag bis zur Auszahlung

Plafond A 1/4 % p.a.
Plafond C/D 1/4 % p.a.

c) **Provisionen für genehmigte Beträge mit festem Zinssatz**

Ab Kreditgenehmigung auf den zugesagten/reservierten Betrag bis zur Auszahlung

Plafond A 1/4 % p.a.
Plafond C 1/4 % p.a.

Die Provision wird zum Ende eines jeden Kalendervierteljahres berechnet.

Anpassung des Festzinssatzes an die Marktlage, wenn der Kreditvertrag nicht innerhalb der Befristung der Reservierungszusage von 3 Monaten (ab Genehmigung) abgeschlossen wurde.

d) **Provisionen für vorzeitige Rückzahlungen,**

wenn der Gegenwert nicht aus den Erlösen des finanzierten Geschäfts stammt

Plafond A - bei festem Zinssatz für den Einzelfall zu berechnen, mindestens 1/4 %

e) **Bearbeitungsgebühren**

Plafond A keine

Plafond C/D abhängig vom Arbeits- und Kostenaufwand des Einzelfalles

Abbildung 6.3-01

in deren Verbund mit einer Nicht-Gesellschafterbank) gestellt werden. Deswegen ist die in **Abbildung 6.3-02** aufgenommene **Liste der Gesellschafterbanken** von praktischer Bedeutung.
Anzumerken ist, dass einige Gesellschafterbanken eine Vielzahl **weiterer Geschäftsbanken repräsentieren** (z.B. die Landesbanken jeweils eine Vielzahl von Sparkassen, die DG Bank Deutsche Genossenschaftsbank eine Vielzahl von Kreditgenossenschaften bzw. genossenschaftliche Zentralbanken), über die indirekt ebenfalls AKA-Finanzierungen abgewickelt werden können.

AKA-Gesellschafter

Deutsche Bank Aktiengesellschaft, Frankfurt am Main – Konsortialführerin
Baden-Württembergische Bank Aktiengesellschaft, Stuttgart
Bayerische Hypotheken- und Wechsel-Bank Aktiengesellschaft, München
Bayerische Landesbank Girozentrale, München
Bayerische Vereinsbank Aktiengesellschaft, München
Berliner Bank Aktiengesellschaft, Berlin
Berliner Handels- und Frankfurter Bank, Frankfurt am Main
BfG Bank Aktiengesellschaft, Frankfurt am Main
Bremer Landesbank Kreditanstalt Oldenburg – Girozentrale –, Bremen
Commerzbank Aktiengesellschaft, Frankfurt am Main
Deutsche Bank Lübeck Aktiengesellschaft vormals Handelsbank, Lübeck
Deutsche Bank Saar Aktiengesellschaft, Saarbrücken
Deutsche Girozentrale – Deutsche Kommunalbank –, Frankfurt am Main
Deutsch-Südamerikanische Bank Aktiengesellschaft, Hamburg
DG Bank Deutsche Genossenschaftsbank, Frankfurt am Main
Dresdner Bank Aktiengesellschaft, Frankfurt am Main
DSL Bank Deutsche Siedlungs- und Landesrentenbank, Bonn
Hamburgische Landesbank – Girozentrale –, Hamburg
Georg Hauck & Sohn Bankiers Kommanditgesellschaft auf Aktien, Frankfurt am Main
IKB Deutsche Industriebank Aktiengesellschaft, Düsseldorf
Bankhaus Hermann Lampe Kommanditgesellschaft, Bielefeld
Landesbank Berlin – Girozentrale –, Berlin
Landesbank Hessen-Thüringen Girozentrale, Frankfurt am Main - Erfurt
Landesbank Rheinland-Pfalz Girozentrale, Mainz
Landesbank Saar Girozentrale, Saarbrücken
Landesbank Schleswig-Holstein Girozentrale, Kiel
Merck, Finck & Co., München
B. Metzler seel. Sohn & Co. Kommanditgesellschaft auf Aktien, Frankfurt am Main
National Westminster Bank Aktiengesellschaft, Frankfurt am Main
Norddeutsche Landesbank Girozentrale, Braunschweig – Hannover – Magdeburg
Sal. Oppenheim jr. & Cie. Kommanditgesellschaft auf Aktien, Köln
Schröder, Münchmeyer, Hengst & Co., Hamburg
Schweizerische Bankgesellschaft (Deutschland) Aktiengesellschaft, Frankfurt am Main
Schweizerische Kreditanstalt (Deutschland) Aktiengesellschaft, Frankfurt am Main
Südwestdeutsche Landesbank Girozentrale, Stuttgart – Mannheim
Trinkaus & Burkhardt Kommanditgesellschaft auf Aktien, Düsseldorf
Vereins- und Westbank Aktiengesellschaft, Hamburg
Westdeutsche Landesbank Girozentrale, Düsseldorf – Münster
Westfalenbank Aktiengesellschaft, Bochum
Bankhaus Wölbern & Co., Hamburg

Abbildung 6.3-02

Mittelbereitstellung

Die zur Finanzierung der Geschäfte der AKA erforderlichen Mittel werden durch die **Gesellschafterbanken** zur Verfügung gestellt.
Die früher für Plafond B eingeräumte Rediskontlinie der AKA bei der Deutschen Bundesbank wurde zum 31.5.1996 vollends gestrichen.

Informationen

Informationen über das Finanzierungsangebot der AKA, über die zu erfüllenden Voraussetzungen, über die aktuellen Konditionen, über die Abwicklung usw. erhält der Exporteur

- direkt von der
  AKA Ausfuhrkredit-Gesellschaft mbH
  Postfach 10 01 63
  60001 Frankfurt am Main

  Telefon 069/29891-0
  Telefax 069/29891200;
- von den **Gesellschafterbanken**
  -siehe Abbildung 6.3-02-;
- von jeder im Auslandsgeschäft engagierten **Geschäftsbank** und **Sparkasse**.

Die AKA erstellt ein Konditionenblatt mit den jeweils **aktuellen Zins- und Provisionssätzen** (siehe Abbildung 6.3-01), das bei den Banken verfügbar ist. In diesem Konditionenblatt können auch Mitteilungen allgemeiner Art enthalten sein. Kunden und Interessenten können auf Wunsch unmittelbar in die Liste der regelmäßigen Empfänger der Informationen über geänderte Konditionen aufgenommen werden.

6.3.2 Kredite an Exporteure (sog. Lieferantenkredite) aus Plafond A

6.3.2.1 Übersicht über die maßgeblichen Merkmale von Plafond A-Krediten

Übersicht über die maßgeblichen Merkmale von Plafond A-Krediten an deutsche Exporteure (sog. Lieferantenkredite)

- **Definitorische Vorbemerkungen:**
  - Im internationalen Geschäft werden unter **Lieferantenkrediten Bank**kredite an Exporteure (in deren Eigenschaft als Lieferanten) verstanden.
  - Für Kredite von Lieferanten an ihre Abnehmer (im Rahmen von Zahlungszielen) wird im internationalen Geschäft dagegen der Ausdruck **Liefervertragskredit** (und nicht der Ausdruck Lieferantenkredit) verwendet.
- Bereits vor Abschluss der Exportverträge kann sich der Exporteur die voraussichtlich benötigten **Kreditmittel** -auch zu einem Festzinssatz- **reservieren** lassen.
- **Kreditzweck:**
  - Refinanzierung der **Aufwendungen** des deutschen Exporteurs während der **Produktionszeit** und/oder zur Refinanzierung des **Zahlungsziels.**
  - Der Kredit dient ausschließlich der Finanzierung des **Exportgeschäfts** gemäß dem tatsächlichen Finanzbedarf.

- **Kredithöhe:**

  Die jeweilige Kredithöhe ergibt sich aus
  - den **Aufwendungen** des Exporteurs während der Produktionszeit und/oder
  - den liefervertraglich vereinbarten **Zahlungsbedingungen**,

  abzüglich
  - der **An- und Zwischenzahlungen des Importeurs**, und
  - einer vom Exporteur zu tragenden **Selbstfinanzierungsquote** in Höhe von 10%/15%. Die Höhe der Selbstfinanzierungsquote ist am Hermes-Selbstbehalt orientiert. Die Selbstfinanzierungsquote kann bei Befürwortung durch die Hausbank entfallen.
- **Kreditwährung: DM**
- **Kreditlaufzeit:**

  Die Kreditlaufzeit ergibt sich aus dem zeitlichen Anfall der Aufwendungen des Exporteurs während der Produktionszeit und/oder den liefervertraglich vereinbarten Zahlungsbedingungen und beginnt ab Kreditgenehmigung bei Wahl eines Festzinssatzes bzw. ab Kreditvertragsabschluss (Kreditzusageschreiben der AKA) bei Wahl eines variablen Zinssatzes.
- **Tilgungen:**
  - Die Tilgung des Kredits erfolgt aus den **Exporterlösen**.
  - Die eingehenden Exporterlöse werden im Finanzierungsplan vorab **quotal aufgeteilt**, und zwar einerseits zur Tilgung des AKA-Kredits und andererseits für den Exporteur entsprechend seiner Selbstfinanzierungsquote.

  Siehe "Muster eines **Finanzierungsplans** für einen Kredit aus Plafond A" in Abschnitt 6.3.2.3.
- **Kreditversicherung:**
  - Bei Krediten mit einer Laufzeit von über 24 Monaten soll das finanzierte Exportgeschäft durch eine **Hermes-Deckung** abgesichert sein.
  - **Ausnahmen** sind möglich, wenn der Eingang der Exporterlöse bzw. die Rückführung des Kredits gesichert erscheint.
- **Sicherheiten:**

  Die Regelung erfolgt im Rahmen des Kreditvertrags durch
  - **Übertragung** der **Forderungen** aus dem zu Grunde liegenden Exportgeschäft mit allen dafür haftenden **Sicherheiten** (z.B. Zahlungsgarantie der Bank des Käufers, avalierte Wechsel usw.)

  und gegebenenfalls aus
  - **Übertragung** der Ansprüche aus der **Hermes-Deckung**.
- **Zinsen:**
  - Der Exporteur kann zwischen einem **variablem Zinssatz** und einem **Festzinssatz** wählen.
  - Die angebotenen **Festzinssätze** sind entsprechend der Zinsbindungsdauer gestaffelt (siehe Abbildung 6.3-01 "Zins- und Provisionssätze..." in Abschnitt 6.3.1.2).
  - Die Zinssätze von Plafond A beruhen auf den Zinssätzen am **Geld- und Kapitalmarkt**.
- **Provisionen:**
  - **Zusageprovision/Bereitstellungsprovision** für genehmigte/reservierte, aber noch nicht ausgezahlte Beträge.
  - **Provision** für **vorzeitige Rückzahlungen** von Festzinssatzkrediten unter bestimmten Voraussetzungen.
  - **Keine Bearbeitungsprovision**.
  - **Einzelheiten** siehe Abbildung 6.3-01 "Zins- und Provisionssätze..." in Abschnitt 6.3.1.2.

- **Kreditinanspruchnahme:** Überweisung auf das Konto des Exporteurs bei der **Hausbank** auf Abruf des Exporteurs. Keine Solawechsel (mehr).
- **Kreditantrag:** Über die **Gesellschafterbanken** der AKA.
- **Verbundene Finanzierungen:** Bei der Finanzierung von Exportgeschäften mit mittel- und langfristigen Zahlungszielen sind häufig nicht nur **unterschiedliche Kreditarten** (Lieferantenkredite, Bestellerkredite, Bank-zu-Bank-Kredite, Vorfinanzierungskredite, Komplementärkredite usw.) parallel oder zeitlich hintereinander geschaltet, sondern diese Kredite werden manchmal auch von **verschiedenen Kreditgebern** (AKA, KfW, Geschäftsbanken usw.) gewährt.
  Welche Verbindung der Kreditarten aus den verschiedenen Kreditprogrammen der AKA, der KfW und der Geschäftsbanken zweckmäßig oder notwendig ist (insbesondere, weil die Richtlinien der AKA und der KfW kredithöhen- und laufzeitbezogene Restriktionen enthalten), muß im **Einzelfall** geprüft werden.
  Die Banken verfügen über **EDV-Programme**, die die verfügbaren Finanzierungsalternativen unter Einbeziehung der aktuellen Konditionen auf den Einzelfall hin zugeschnitten präsentieren.

6.3.2.2 Grundstruktur der Abwicklung von Plafond A-Krediten (sog. Lieferantenkredite) -grafische und schrittweise Darstellung-

Abbildung

Die **Grundstruktur der Abwicklung von Plafond A-Krediten (sog. Lieferantenkredite)** ist in **Abbildung 6.3-03** dargestellt und anschließend in einzelnen Schritten erläutert.

Erläuterungen

1. **Zahlungsverpflichtung(en)** des Importeurs an den Exporteur auf Grundlage des Kaufvertrags [Forderung(en) des Exporteurs an den Importeur, kurz: Exportforderung(en)].
2. **Antrag** des Importeurs bei einer als solvent eingestuften Bank (eventuell zugleich Hausbank des Importeurs) **auf Übernahme des Avals.**
   Je nach Einzelfall kann das Aval eine **Zahlungsgarantie**, ein Wechselaval der ausländischen Bank oder eine andere Form der Sicherstellung umfassen. Infrage kommen als Garanten neben den ausländischen Banken auch ausländische staatliche Institutionen, mit denen die AKA möglicherweise einen Grund- bzw. Rahmenvertrag abgeschlossen hat und die gegebenenfalls auch von Hermes als Garanten akzeptiert sind. Die AKA bzw. die Geschäftsbanken beraten den Exporteur hinsichtlich der Auswahl und der **Bonität** von Garantiebanken und anderer Garanten.

   Übernahme des Avals (der Zahlungsgarantie) zu Gunsten des Exporteurs.
3. Der Exporteur beantragt und erhält eine **Ausfuhrgewährleistung des Bundes (Hermes-Deckung)** für die Fabrikationsphase und/oder für die Kreditphase (für die Laufzeit der Exportforderung).
   Anmerkung: Nur bei AKA-Krediten mit einer Laufzeit von über 24 Monaten sollen die finanzierten Geschäfte durch Her-

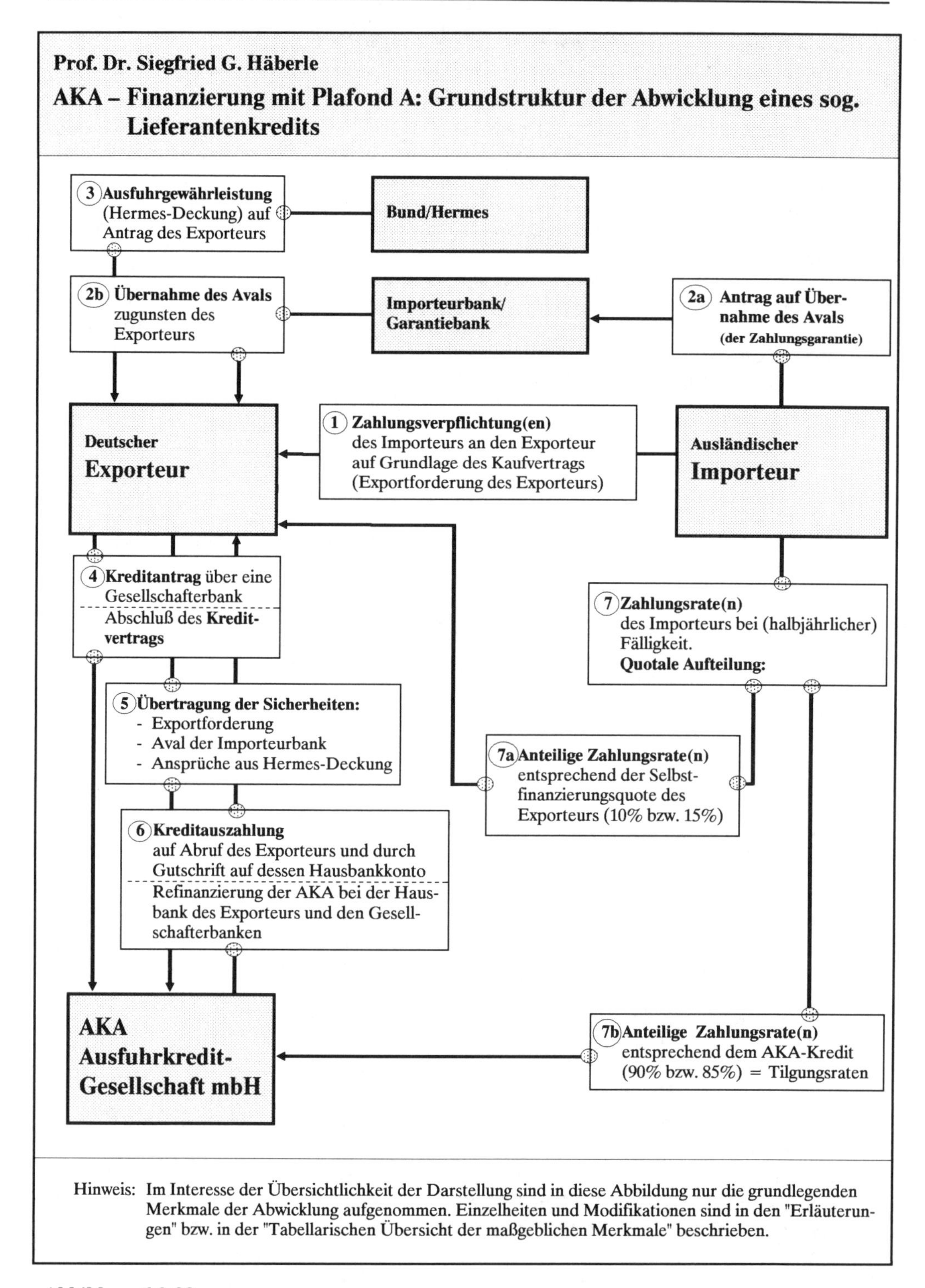

Abbildung 6.3-03

mes abgedeckt sein, wobei auch davon Ausnahmen möglich sind, wenn der Eingang der Exporterlöse bzw. die Rückführung des Kredits gesichert erscheint.

4. Der **Kreditantrag** an die AKA ist bei Plafond A-Krediten über eine Gesellschafterbank der AKA zu stellen.
   Abschluss des **Kreditvertrags** nach Annahme des Kreditantrags durch die AKA.

5. Der Exporteur überträgt der AKA im Rahmen des Kreditvertrags die folgenden **Sicherheiten**:
   - die **Forderungen** aus dem zugrunde liegenden Exportgeschäft;
   - alle für die Exportforderung haftenden **Sicherheiten**, insbesondere Übertragung des Avals/der Zahlungsgarantie der Importeurbank;
   - die Ansprüche aus der **Hermes-Deckung**.

6. Die **Kreditauszahlung** erfolgt nach Erfüllung der Voraussetzungen des Kreditvertrags auf Abruf des Exporteurs zu Gunsten von dessen Konto bei seiner Hausbank.
   Der Exporteur hat eine **Selbstfinanzierungsquote** von 10% bzw. 15%, die am Selbstbehalt der Hermes-Deckung orientiert ist, zu übernehmen. Die Selbstfinanzierungsquote des Exporteurs kann bei Befürwortung durch die Hausbank entfallen.
   Die **Refinanzierung der AKA** erfolgt bei Krediten aus Plafond A durch die Hausbank des Exporteurs bzw. durch die Gesellschafterbanken.

7. Der Importeur ist verpflichtet, die **Zahlungsraten** bei (im Allgemeinen halbjährlicher) Fälligkeit zu leisten.
   Bei einer **offenen Zession** der Exportforderung hat der Importeur die Zahlungsraten mit schuldbefreiender Wirkung an die AKA zu leisten.
   Bei der in der Regel stillen Zession leistet der Importeur seine Zahlung(en) an den Exporteur, der sodann zur Weiterleitung an die AKA verpflichtet ist. In beiden Fällen erfolgt eine **Aufteilung der Zahlungsrate(n)**
   - in den Anteil für den Exporteur auf Grundlage der von ihm übernommenen Selbstfinanzierungsquote (10% bzw. 15%),
   - in den Anteil für die AKA auf Grundlage des Kreditvertrags (90% bzw. 85%) = Tilgungsrate(n), wie sie im Finanzierungsplan errechnet wurde(n).

   Nur wenn die AKA auf eine Selbstfinanzierungsquote des Exporteurs verzichtet hat, fließen ihr 100% der Zahlungsrate(n) des Importeurs zu.
   Punkt 7 fließt vorab in den Finanzierungsplan ein, wonach sowohl die Kreditauszahlungsbeträge (Abrufe) als auch die Tilgungsbeträge errechnet und damit festgelegt sind.

6.3.2.3 Muster eines Finanzierungsplans für einen Kredit aus Plafond A

Die **Abbildung 6.3-04 "Muster eines Finanzierungsplans für einen Kredit aus Plafond A"** verdeutlicht die Struktur der Finanzierung

Abbildung: Finanzierungsplan

eines Exportgeschäfts mit einem AKA-Kredit aus Plafond A. Im vorliegenden Beispiel sind die Aufwendungen des Exporteurs während der Fabrikationsphase bereits in die Finanzierung einbezogen.

Das Beispiel steht unter folgenden **Annahmen**:

- **Gesamtauftragswert:** DM 1 Million
- **Zahlungsbedingungen:**
  - 5% Anzahlung bei Vertragsabschluss,
  - 10% Dokumentenrate ("gegen Verschiffungsdokumente"),
  - 85% in zehn gleichen Halbjahresraten, deren erste 6 Monate nach Lieferung fällig wird.

in TDM

Monate ab Genehmigung/ Kreditvertragsabschluß	1	2	6	9	12	18	24	30	36	42	48	54	60	66	72
Aufwendungen	300	200	300	100	100										
·/· Zahlungseingänge	50				100	85	85	85	85	85	85	85	85	85	85
	250	200	300	100	–										
·/· 10 % Selbst-finanzierungsquote	25	20	30	10	–										
Kredit	225	180	270	90	–										
Tilgung mit 90 % der Exporterlöse						76	77	76	77	76	77	76	77	76	77
kumulativer Kreditbetrag	225	405	675	765	765	689	612	536	459	383	306	230	153	77	–

Gesamtauftragswert: DM 1 000 000,–
Zahlungsbedingungen:
5 % Anzahlung bei Vertragsabschluß
10 % gegen Verschiffungsdokumente
85 % in 10 gleichen Halbjahresraten, deren erste 6 Monate nach Lieferung fällig wird

Abbildung 6.3-04 Quelle: AKA-Ausfuhrkredit-Gesellschaft mbH, Ihr Partner für mittel- und langfristige Exportfinanzierung, 1996: S. 20.

6.3.3 Globalkredite der AKA Ausfuhrkredit-Gesellschaft mbH im Rahmen von Plafond A

Charakterisierung

Globalkredite der AKA sind besondere Lieferantenkredite aus Plafond A an den Exporteur, jedoch nicht auf der Grundlage eines Einzelexportgeschäfts, bei dem ausschließlich diese Aufwendungen finanziert werden, sondern auf der Basis einer **Vielzahl kleinerer Exportgeschäfte** mit in der Regel **kurzfristigen Zahlungsbedingungen** (30-120 Tage).

Um Exporteuren mit einer Vielzahl kleinerer Exportgeschäfte zu kurzfristigen Zahlungsbedingungen die Möglichkeit einer Lieferantenkredit-Finanzierung zu geben, wurde innerhalb des Plafond A der Globalkredit geschaffen (Finanzierung eines revolvierenden Auslandsforderungsbestandes).

Kreditbetrag

Ausgehend vom Exportvolumen der letzten Monate und weiterer Orientierungsgrößen legen der Exporteur und seine Hausbank einen bei der AKA zu beantragenden Kreditbetrag fest. Man berücksichtigt hierbei, dass diesem Kreditbetrag während der zu beantragenden Laufzeit (1 bis 5 Jahre) immer ein **Exportvolumen von 130%** dieses Betrags gegenüber steht und so in der Regel gewährleistet sein wird, dass die eingeräumte Kreditlinie bis zum Ende der Kreditlaufzeit unverändert bestehen bleiben kann. Eine Reduzierung des Kreditbetrags wegen ausbleibender oder fehlender Exportforderungen ist möglich.
In von der AKA festgelegten zeitlichen Abständen -in der Regel zum Quartalsende- reicht der Exporteur so genannte **Bestandslisten** seiner jeweils aktuellen Exportforderungen bei der AKA als Forderungsnachweis ein. Eine vollständige Adressenliste seiner ausländischen Kunden, die in die Finanzierung einbezogen sind, hinterlegt er bei der AKA und hält sie über die Laufzeit des Kredits aktuell.

Zweckbindung

Globalkredite sind zur Finanzierung von Exportgeschäften zweckgebunden.

Vorzüge

Neben dem Vorzug, auch mit kleineren Exportgeschäften Zugang zur **zinsgünstigen Finanzierung** mit Plafond A der AKA zu gewinnen, steht der Vorteil eines -gegenüber der Einzelkreditgewährung der AKA- **vereinfachten Beantragungsverfahrens** (formlos).

Laufzeit

Globalkredite werden dem Exporteur für mindestens ein Jahr bis zu maximal 5 Jahren zur Verfügung gestellt. Danach ist auf Antrag unter sonst gleichen Bedingungen eine Prolongation des Globalkredits möglich.

Kreditinanspruchnahme

Nach Erfüllung der kreditvertraglichen Auszahlungsvoraussetzungen erfolgt die Kreditinanspruchnahme mittels **Abrufzertifikat** - wie bei Plafond A-Einzelkrediten.

Sicherheiten

Im Kreditvertrag erfolgt auch die Kreditbesicherung, die in der Regel die **Globalzession** nach bestimmten Kunden, allen Kunden, bestimmten Ländern oder allen Ländern vorsieht. Abgetreten werden die entsprechenden Exportforderungen nebst dazugehörigen ausländischen Sicherheiten sowie gegebenenfalls die Ansprüche des Exporteurs aus einer Ausfuhrgewährleistung des Bundes oder einer privaten Kreditversicherung.

Zinsen

Die Zinssätze für Globalkredite der AKA sind im Allgemeinen niedriger als die Zinssätze für Kontokorrentkredite der Geschäftsbanken. Der kreditnehmende Exporteur kann zwischen einem **variablen Zinssatz** und einem **festen Zinssatz** wählen. Die jeweils aktuellen Zinssätze der AKA erfährt er von seiner Hausbank bzw. von der AKA.

Provisionen

Einzelheiten zu den Provisionen und Provisionssätzen siehe Abschnitt "6.3.1.2 Zins- und Provisionssätze der AKA" und "6.3.2.1 Übersicht...".

Kreditantrag und Kreditvertrag

Der Exporteur stellt den Kreditantrag bei seiner **Hausbank**. Zu beachten ist, dass nur Banken, die Gesellschafter der AKA sind, Zugang zu den Plafonds A, C und D der AKA und damit auch zum Globalkredit haben. Praktisch sind dies jedoch alle bedeutenden Geschäftsbanken sowie die Sparkassen über ihre Landesbanken/Girozentralen und die Kreditgenossenschaften über die DG-Bank.
Der Kreditvertrag wird zwischen der AKA und dem Exporteur abgeschlossen. Die Hausbank des Exporteurs hat gegenüber der AKA eine **Refinanzierungsquote** von 75% zu übernehmen. Der restliche Finanzierungsanteil von 25% wird grundsätzlich von der AKA dargestellt.

6.3.4 Kredite an ausländische Besteller/Käufer bzw. an deren Banken (gebundende Finanzkredite) aus Plafond C, D und E

6.3.4.1 Übersicht über die maßgeblichen Merkmale von gebundenen Finanzkrediten (Bestellerkredite und Bank-zu-Bank-Kredite) aus Plafond C, D und E

Übersicht über die maßgeblichen Merkmale von gebundenen Finanzkrediten als Bestellerkredite bzw. als Bank-zu-Bank-Kredite aus Plafond C, D und E

- **Vorbemerkung zu Plafond E:**
  - Seit **Oktober 1997** bietet die AKA auch **Kredite an ausländische Besteller und Banken** aus dem neu geschaffenen Plafond E an.
  - Die Besonderheiten dieser Finanzkredite sind am Schluß dieser Übersicht dargestellt.
- **Definitorische Vorbemerkungen:**
  - Der Ausdruck **"(liefer)gebundener Finanzkredit"** wird im Allgemeinen als Oberbegriff für Bankkredite an ausländische Besteller/Käufer (Bestellerkredite) und für Bankkredite an die Banken der ausländischen Besteller/Käufer (Bank-zu-Bank-Kredite) verwendet.
  - Allerdings findet der Ausdruck **"Bestellerkredit"** keine einheitliche Anwendung: Zum Teil wird dieser Ausdruck mit dem gleichen umfassenden Vorstellungsinhalt verbunden wie der Ausdruck "gebundener Finanzkredit", d.h. als Oberbegriff verwendet. Zum Teil werden unter dem Ausdruck "Bestellerkredit" nur die Bankkredite an die ausländischen Besteller/Käufer verstanden, nicht aber die Bankkredite an deren Banken.
- **Kreditnehmer:** Kreditnehmer der gebundenen Finanzkredite der AKA aus den Plafonds C und D können sein:
  - Der **ausländische Besteller/Käufer** (häufig unter Garantie der Bank des Bestellers/Käufers) oder
  - die **Bank** des ausländischen Bestellers/Käufers.
- **Kreditgeber:** AKA Ausfuhrkredit-Gesellschaft mbH.
- **Kreditauszahlung:**
  - Die Auszahlung von gebundenen Finanzkrediten der AKA erfolgt direkt **an den deutschen Exporteur**, normalerweise auf das Konto bei seiner Hausbank.
    Die Auszahlung kann grundsätzlich **nicht an den ausländischen Kreditnehmer** erfolgen.

Die Auszahlung des Kredits an den deutschen Exporteur erfolgt (eventuell in Kreditteilbeträgen) **gegen Vorlage von Bestätigungen**, die im Kreditvertrag definiert sind und die sich -je nach Art des Exportgeschäfts bzw. Exportvertrags- am Produktionsfortschritt, am Baustand, an den Lieferungen, an der Betriebsbereitschaft usw. orientieren.

- Die **Auszahlungszeitpunkte** des Kredits an den deutschen Exporteur können -in Abhängigkeit vom jeweiligen Exportgeschäft- eventuell als Kreditteilbeträge beispielsweise festgelegt werden:
  - Entsprechend dem Liefer- und Leistungsfortschritt (p.r.L., pro rata Lieferung/Leistung);
  - nach Kostenfortschritt (Progress Payment), also auch während der Produktionszeit;
  - zu anderen festzulegenden Zeitpunkten.

- **Kreditwährung:**
  - **Plafond C**: Ausschließlich **DM**.
  - **Plafond D**: **DM** oder **Fremdwährung**.
  - Siehe auch Position "Zinsen".

- **Kredithöhe:**
  - Der **Höchstbetrag** des AKA-Kredits entspricht in der Regel dem um die An- und Zwischenzahlungen verminderten Auftragswert.
  - Überlicherweise umfasst der AKA-Höchstkredit somit **85% des Auftragswerts** eines Exportgeschäfts, da die Zahlungsbedingungen gemäß internationaler Absprachen mindestens 15% An- und Zwischenzahlungen voraussetzen.

- **Kreditlaufzeit**: Die Laufzeit von Finanzkrediten ist durch den von der **Finanzkredit-Gewährleistung des Bundes** (der Hermes-Deckung) gezogenen zeitlichen Rahmen grundsätzlich vorgegeben.

- **Kredittilgung:**
  - Die Anzahl der Tilgungsraten und damit die Kreditlaufzeit hängen von der Deckungsbereitschaft von Hermes ab, wobei sich Hermes in Abhängigkeit vom Exportgegenstand, Geschäftsvolumen sowie dem Länder-Rating des Importlandes an internationalen Konventionen ausrichtet. In der Regel sind die Finanzkredite in **Halbjahresraten** zu tilgen.
  - Der **Tilgungsbeginn, Starting Point,** wird ebenfalls gemäß der Deckungsbereitschaft von Hermes festgelegt, wobei dieser in der Regel 6 Monate nach
    - dem mittleren gewogenen Liefertermin,
    - der Betriebsbereitschaft oder
    - der letzten wesentlichen Teillieferung

    liegt.
  - Unabhängig vom Starting Point wird ein sog. **Spätesttermin** vereinbart; dieser greift, sofern der Starting Point (z.B. die Betriebsbereitschaft) bis zum festgelegten Spätesttermin nicht erreicht wurde.

- **Kreditversicherung:**
  - Finanzkredite der AKA werden üblicherweise durch eine **Finanzkredit-Gewährleistung des Bundes (Hermes-Deckung)** abgesichert. Die Indeckungnahme des Finanzkredits wird von der AKA bei Hermes beantragt.
  - Die **Selbstbeteiligung** am Risiko kann auf Antrag der AKA von Hermes auf 5% herabgesetzt werden. In diesem Fall darf das Risiko der Selbstbeteiligung nicht auf den Exporteur abgewälzt werden (siehe auch Position "Exporteurgarantie").
  - Von einer Hermes-Deckung kann im begründeten Einzelfall **abgesehen** werden, insbesondere wenn die Rückzahlung des Kredits gesichert erscheint.

- **Exporteurgarantie:** Die Exporteurgarantie gegenüber der AKA beinhaltet u.a. folgende **Verpflichtungen des Exporteurs:**
  - **Zahlung des Hermes-Entgelts** durch den Exporteur.
  - Bei **abwälzbarem** Hermes-Selbstbehalt (Selbstbeteiligung): **Übernahme von Verlusten** im Schadensfall durch den Exporteur **in Höhe des Hermes-Selbstbehalts** oder eines Teils davon.
    Anmerkung: Der Hermes-Selbstbehalt (Selbstbeteiligung) beläuft sich bei Finanzkreditdeckungen, sowohl für Bürgschaften als auch für Garantien auf in der Regel 10% bzw. 15%, je nachdem, ob es sich um einen politischen oder einen wirtschaftlichen Schadensfall handelt.
  - Bei **nicht** auf den Exporteur **abwälzbarem** Hermes-Selbstbehalt (Selbstbeteiligung), der sich auf 5% beläuft (siehe obige Position "Kreditversicherung"): Verpflichtung des Exporteurs zur **Zahlung** einer an der Einschätzung des Länderrisikos orientierten **Risikoprämie** an die AKA.
  - Verpflichtung des Exporteurs zur Übernahme bestimmter **von Hermes nicht gedeckter Risiken.**
  - **Übernahme** der **Zinsdifferenz** durch den Exporteur, falls der Außenzins unter dem Sollzins der AKA liegt.
- **Sicherheiten:**
  - **Ausländische Sicherheiten,** z.B. die Zahlungsgarantie der Bank des ausländischen Käufers (bei Bestellerkrediten) oder die Zahlungsgarantie einer staatlichen Institution, die der Bund (Hermes) für die Finanzkreditdeckung voraussetzt.
  - **Anmerkung**: Die AKA hat mit einer größeren Anzahl von Kreditnehmern (Banken) im Ausland sog. Grund- bzw. Rahmenverträge abgeschlossen. **Diese Grund- bzw. Rahmenverträge** ermöglichen einen beschleunigten Abschluss von Einzelkreditverträgen, eine vereinfachte Dokumentation der in diesem Rahmen abzuwickelnden Einzelkredite sowie eine beschleunigte Auszahlung des einzelnen Finanzkredits.
  - Den aktuellen Stand über die abgeschlossenen Grund- bzw. Rahmenverträge und über die jeweiligen Bedingungen erhält der Exporteur von der AKA oder von den im Auslandsgeschäft tätigen Geschäftsbanken.
  - **Ausfuhrgewährleistung** für gebundene Finanzkredite durch den Bund (Hermes-Deckung).
  - Abgabe/Unterzeichnung der sog. **"Exporteurgarantie"** gegenüber der AKA durch den Exporteur (siehe obige Position "Exporteurgarantie").
- **Zinsen:**
  - **Plafond C**: Variabler Zinssatz oder Festzinssatz
    - Die Höhe der angebotenen **Festzinssätze** ist entsprechend der jeweiligen Zinsbindungsdauer **gestaffelt.**
    - Der Festzinssatz wird an die **Marktlage angepasst,** wenn der Kreditvertrag nicht innerhalb der Befristung der **Reservierungszusage** von 3 Monaten (ab Genehmigung durch die AKA) abgeschlossen wurde.
    - **Einzelheiten** siehe Abbildung 6.3-01 "Zins- und Provisionssätze..." in Abschnitt 6.3.1.2.
    - Die Zinssätze des Plafond C beruhen auf den Zinssätzen am **Geld- und Kapitalmarkt.**
  - **Plafond D**: Variabler Zinssatz
    - Die variablen Zinssätze für DM-Kredit bzw. für Fremdwährungskredite setzen sich aus den FIBOR- bzw. LIBOR-Sätzen plus einer Marge zusammen. Die Marge wird für den jeweiligen Einzelfall beschlossen.

- Für die Verzinsung werden üblicherweise 6-Monats-Interbanken-Sätze zu Grunde gelegt.

- **Provisionen u.Ä.**
  - **Zusageprovision/Bereitstellungsprovision** bei **festem Zinssatz:** Provision von zurzeit 1/4% p.a. **ab Kreditgenehmigung** durch die AKA auf den zugesagten/reservierten Betrag bis zur Auszahlung.
  - **Zusageprovision/Bereitstellungsprovision** bei **variablem Zinssatz**: Provision von zurzeit 1/4% p.a. **ab Kreditvertragsabschluss** auf den zugesagten Betrag bis zur Auszahlung. Bis zum Abschluss des Kreditvertrags: provisionsfrei.
  - Die **Bearbeitungsgebühr** ist abhängig vom Arbeits- und Kostenaufwand des Einzelfalls.
- **Kreditantrag**: Über die Gesellschafterbanken der AKA, die der AKA im Übrigen auch die Refinanzierungsmittel zur Verfügung stellen.
- **Bilanzielle Entlastung**: Gebundene Finanzkredite entlasten die Bilanz des Exporteurs in dem Moment, in dem die Kreditmittel an ihn ausgezahlt sind und somit seine Forderung unter dem Exportvertrag erloschen ist.
- **Verbundene Finanzierungen:** Bei der Finanzierung von Exportgeschäften mit mittel- und langfristigen Zahlungszielen sind häufig nicht nur **unterschiedliche Kreditarten** (Lieferantenkredite, Bestellerkredite, Bank-zu-Bank-Kredite, Vorfinanzierungskredite, Komplementärkredite usw.) parallel oder zeitlich hintereinander geschaltet, sondern diese Kredite werden manchmal von **verschiedenen Kreditgebern** (AKA, KfW, Geschäftsbanken usw.) gewährt.
  Welche Verbindung der Kreditarten aus den verschiedenen Kreditprogrammen der AKA, der KfW und der Geschäftsbanken zweckmäßig oder notwendig ist (insbesondere weil die Richtlinien der AKA und der KfW kredithöhen- und laufzeitbezogene Restriktionen enthalten), muss im **Einzelfall** geprüft werden.
  Die Banken verfügen über **EDV-Programme**, die die verfügbaren Finanzierungsalternativen unter Einbeziehung der aktuellen Konditionen auf den Einzelfall hin zugeschnitten präsentieren.
- **Besonderheiten von Finanzkrediten aus Plafond E (Kredite an ausländische Besteller und Banken):**
  - Die **Entscheidung** der AKA über einen Kreditantrag **erfolgt unmittelbar** nach Erhalt des Antrags, und zwar ohne Behandlung in deren Kreditausschuss.
  - Auf Vorschlag der Hausbank der Exporteurs sind sämtliche **marktorientierten Konditionsgestaltungen möglich.**
  - An der Stelle von variablen Zinssätzen, die von Zeit zu Zeit angepasst werden (sog. bis auf weiteres-Zinssätze), sind Zinsvereinbarungen auf Basis **FIBOR** oder **LIBOR** ebenso darstellbar wie **feste Zinssätze**.
  - Die Finanzierungsmöglichkeiten aus Plafond E schließen neben voll **hermesgedeckten Krediten** auch **teilgedeckte** und **ungedeckte** Finanzierungen für An- und Zwischenzahlungen und/oder örtliche Kosten ein.
  - An die Stelle der Konsortialquote tritt eine **AKA-Quote**, die allein von der AKA übernommen und finanziert wird, und zwar aus eigenen Mitteln, einschließlich von der AKA am Geld- und Kapitalmarkt aufgenommener Mittel.
  - Der **Finanzierungsanteil der Hausbank** des Exporteurs beträgt bei Krediten unter DM 10 Mio 85%, bei Krediten ab DM 10 Mio 90%.
  - **Kreditanträge** sind - wie bisher - über die **Hausbank des Exporteurs** zu stellen.

6.3.4.2 Grundstruktur der Abwicklung eines gebundenen Finanzkredits als Bestellerkredit aus Plafond C oder D -grafische und schrittweise Darstellung-

Übertragbarkeit der Darstellung und Erläuterung

Die folgende grafische und schrittweise Darstellung bezieht sich auf einen gebundenen Finanzkredit, der ein **Bestellerkredit** ist. Kreditnehmer ist in diesem Fall der ausländische **Besteller/Käufer**. Die Rolle der Bank des Bestellers/Käufers ist in diesem Fall auf die Übernahme einer Zahlungsgarantie zu Gunsten der AKA beschränkt.
Sowohl die grafische als auch die schrittweise Darstellung des Bestellerkredits lassen sich grundsätzlich auch auf gebundene Finanzkredite, bei denen die **Bank** des Bestellers/Käufers Kreditnehmerin ist, übertragen. Insoweit tragen die folgenden Erkenntnisse allgemein gültigen Charakter für beide Arten von gebundenen Finanzkrediten.

Hinweis

Im Übrigen entspricht die Abwicklung eines gebundenen Finanzkredits der AKA als Bank-zu-Bank-Kredit in seiner Grundstruktur der Abwicklung von **Bank-zu-Bank-Krediten der Geschäftsbanken bzw. der KfW**. Es wird deswegen auf die grafischen und schrittweisen Darstellungen der Bank-zu-Bank-Kredite in den Kapiteln 6.2 und 6.4 verwiesen.

Abbildung

Die **Grundstruktur der Abwicklung eines gebundenen Finanzkredits als Bestellerkredit aus Plafond C oder D** ist in **Abbildung 6.3-05** dargestellt und anschließend in einzelnen Schritten erläutert.

Erläuterungen

Vorbemerkung: Der zeitliche Ablauf der im Folgenden beschriebenen Abwicklungsschritte vollzieht sich in der Praxis zum Teil gleichzeitig, zum Teil -je nach Lage des Einzelfalls- auch in einer anderen Reihenfolge. Aus Gründen der Übersichtlichkeit wurde jedoch die nachstehende Reihenfolge gewählt.

1. Der **Exportvertrag** enthält die Zahlungsbedingung, die u.a. die Aufnahme eines Bestellerkredits vorsieht.

2. Der **Antrag** auf Gewährung eines AKA-Kredits an den ausländischen Besteller/Käufer wird nicht von diesem, sondern **vom Exporteur** über seine Bank, die Gesellschafterbank der AKA sein muss, bei der AKA gestellt.
   Es ist zweckmäßig bzw. zwingend, mit der AKA-Gesellschafterbank bzw. mit der AKA **vor Abschluss des Exportvertrags** in Kontakt zu treten.
   Je nach zeitlichem Ablauf des (beabsichtigten) Exportgeschäfts kann es vorteilhaft sein, bei der AKA einen **Antrag auf Reservierung** der Kreditmittel zu stellen.

3. Die AKA beantragt und erhält (zu einem späteren Zeitpunkt) eine **Hermes-Deckung** für den **Finanzkredit** (aus Vereinfachungsgründen in einem Schritt dargestellt). Von der Hermes-Finanzkreditdeckung kann im begründeten Einzelfall

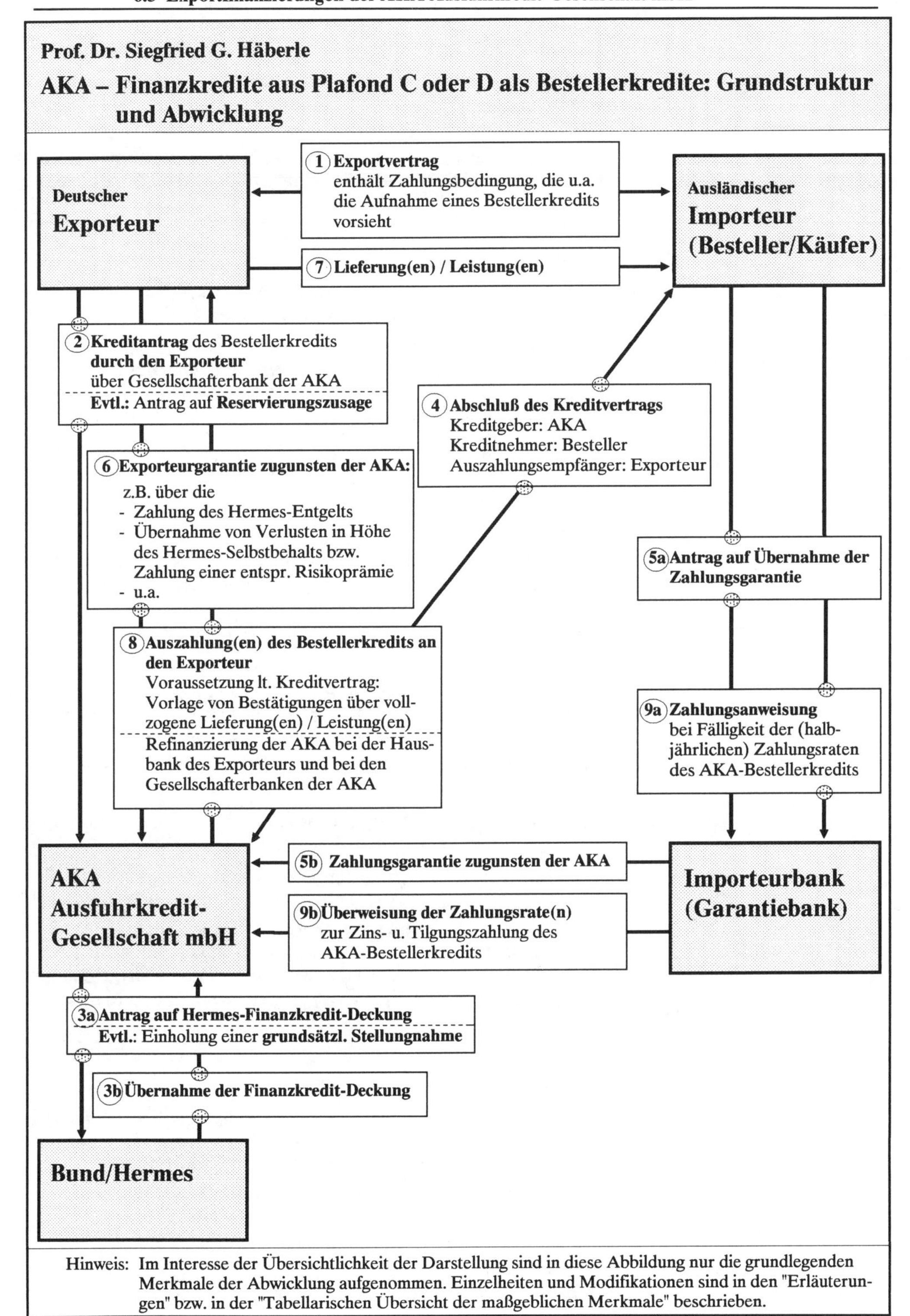

Abbildung 6.3-05

abgesehen werden, insbesondere wenn die Rückzahlung des Kredits gesichert erscheint.

Hinweis: Anträge auf Ausfuhrgewährleistungen für Finanzkredite sind möglichst **vor Abschluss des Kreditvertrags,** spätestens vor Beginn des zu deckenden Risikos zu stellen. Nach Risikobeginn gestellte Anträge können als verspätet zurückgewiesen werden.

4. Abschluss des Kreditvertrags:

Im Kreditvertrag sind neben den üblichen Merkmalen u.a.
- die **Zweckbindung** des Kredits zur Finanzierung eines bestimmten Exportgeschäfts,
- die **Voraussetzungen** für die **Kreditinanspruchnahme** (z.B. das Vorliegen der Zahlungsgarantie der Importeurbank, das Vorliegen der Hermes-Deckung usw.),
- die **Definition der vorzulegenden Bestätigungen** (über erfolgte Lieferungen/Leistungen), die zur Auszahlung des Kredits an den Exporteur führen,

aufgenommen.

Anmerkung: Die AKA entwirft zunächst einen Kreditvertrag, den sie der Hausbank des Exporteurs und dem Exporteur zur Verfügung stellt. Erst nach deren Zustimmung wird der Kreditvertrag dem Besteller/Käufer zur Unterzeichnung zugeleitet.

5a. Antrag des ausländischen Importeurs bei einer als solvent eingestuften und von der AKA als Garantiebank anerkannten **Bank** (eventuell zugleich Hausbank des Importeurs) auf **Übernahme der Zahlungsgarantie** für den Bestellerkredit der AKA.

5b. Übernahme der Zahlungsgarantie durch die Importeurbank zu Gunsten der AKA für den Bestellerkredit.

Anmerkung: Der Exporteur hat bereits in die Vertragsverhandlungen (Schritt 1) die Frage der Sicherstellung, insbesondere die Stellung der Zahlungsgarantie, einzubeziehen. Entsprechendes gilt hinsichtlich der weiteren vorangehenden Schritte. Lediglich aus Gründen der Übersichtlichkeit der Abwicklung ist der Antrag/die Übernahme der Zahlungsgarantie erst in diesem 5. Schritt aufgegriffen.

6. Übernahme der Exporteurgarantie

Die Exporteurgarantie kann insbesondere folgende **Verpflichtungen des Exporteurs** umfassen:
- **Zahlung des Hermes-Entgelts** durch den Exporteur.
- Übernahme von Verlusten im Schadensfall in **Höhe des Hermes-Selbstbehalts** oder -bei nicht abwälzbarem Hermes-Selbstbehalt- ersatzweise gegebenenfalls Zahlung einer Risikoprämie.
- **Übernahme** bestimmter **von Hermes nicht gedeckter Risiken**.

- **Übernahme der Zinsdifferenz** durch den Exporteur, falls der Außenzins unter dem Sollzins der AKA liegt.

7. Vollzug der **Lieferungen/Leistungen** des Exporteurs.

8. **Auszahlung(en) des Bestellerkredits an den Exporteur**
   - Die Auszahlung kann -entsprechend den Vereinbarungen im Exportvertrag- nach **Kostenfortschritt, pro rata Lieferung/ Leistung** oder nach einem anderen zeitlichen Ablauf erfolgen.
   - Der Exporteur hat als Voraussetzung für die Auszahlung(en) **Bestätigungen/Dokumente** über vollzogene Lieferungen/Leistungen vorzulegen, die im Exportvertrag/Kreditvertrag definiert sind.
   - Die **Auszahlung** des AKA-Bestellerkredits an den **Importeur** (Besteller/Käufer) ist **nicht möglich.**

Die Refinanzierung der AKA für Finanzkredite der Plafonds C und D erfolgt durch die Hausbank des Exporteurs und durch die Gesellschafterbanken der AKA.

9a. Der Importeur erteilt bei (im Allgemeinen halbjährlicher) Fälligkeit der Zahlungsraten des AKA-Kredits einen **Zahlungsauftrag** an seine Bank.

9b. Die beauftragte **Bank überweist** die **Zahlungsraten** an die AKA, die diese Zahlungseingänge mit den fälligen Zins- und Tilgungsleistungen des Bestellerkredits verrechnet.

Nicht in die Abbildung aufgenommen:

- Bei **Zahlungsunfähigkeit**/Zahlungsunwilligkeit des Importeurs hat die garantierende Importeurbank die übernommene **Zahlungsgarantie** gegenüber der AKA zu erfüllen.
- Wird der Zahlungsanspruch der AKA an die Garantiebank -z.B. wegen deren Insolvenz oder wegen politischer Risiken- nicht erfüllt, dann greift die AKA auf die **Hermes-Finanzkredit-Deckung** und auf die **Exporteurgarantie** zurück.

6.3.5 Übernahme/Ankauf bundesgedeckter Exportforderungen von deutschen Exporteuren

Seltenes Vorkommen

Bei der Übernahme/dem Ankauf bundesgedeckter Exportforderungen durch die AKA handelt es sich nicht um eine Forfaitierung im engeren Sinne. Im **Vergleich zur Forfaitierung**, wie sie in Kapitel 6.5 beschrieben ist, weist das Instrument der AKA eine Reihe von **Modifikationen** auf, die es nahe legen, von Forderungsübernahme, statt von Forderungsankauf zu sprechen.
Die Übernahme/der Ankauf bundesgedeckter Exportforderungen hat bei der AKA nur eine **untergeordnete Bedeutung**.

Informationen

Das folgende **AKA-Merkblatt (Abbildung 6.3-06)** gibt Auskunft über die Merkmale für die Übernahme/den Ankauf von bundesgedeckten Exportforderungen durch die AKA.

Merkmale für den Ankauf von bundesgedeckten Exportforderungen

Käufer der Forderung:	*AKA Ausfuhrkredit-Gesellschaft mbH*
Schuldner der Forderung: *(Zahlungsverpflichteter)*	*der ausländische Besteller/Käufer*
Kredithöhe:	*Der Kreditbetrag entspricht der anzukaufenden einredefreien Exportforderung und gegebenenfalls der Zinsforderung*
Laufzeit:	*entspricht der Restlaufzeit der Forderung unter der Ausfuhrdeckung*
Zinssatz:	*Der Exporteur kann wählen zwischen dem* ***variablen Zinssatz*** *für Kredite aus Plafond C* *und dem* ***Festzinssatz***
Auszahlung:	*Die Zahlung des Kaufpreises erfolgt nach Erfüllung der im Ankaufsvertrag vereinbarten Zahlungsvoraussetzungen inklusive der für die Exportforderung gestellten Sicherheiten.* *- Übertragung der Forderungen aus dem zugrundeliegenden Exportgeschäft mit allen dafür haftenden Sicherheiten (z.B. Zahlungsgarantie der Bank des Schuldners, avalierte Wechsel usw.)* *- Übertragung der Ansprüche aus der Ausfuhr-Gewährleistung der Bundesrepublik Deutschland)*
Refinanzierung:	*Die Refinanzierung erfolgt durch die Gesellschafterbanken der AKA*
Tilgung:	*Die Rückführung der Exportforderung erfolgt entsprechend den Vereinbarungen des Exportvertrages*
Zusageprovision:	*Analog Bestellerkredite*

Abbildung 6.3-06

6.4 Exportfinanzierung der KfW Kreditanstalt für Wiederaufbau

6.4 Exportfinanzierung der KfW Kreditanstalt für Wiederaufbau

6.4.1 Kurzinformation zum Exportfinanzierungsangebot der KfW

6.4.1.1 Kurzinformation: Allgemeine Übersicht über das Exportfinanzierungsangebot der KfW

Kurzinformation: Allgemeine Übersicht über das Exportfinanzierungsangebot der KfW
• Diese Kurzinformation dient der **Vorentscheidung** von Exporteuren, ob für sie das Finanzierungsangebot der KfW überhaupt infrage kommt. Bei gegebenem Interesse finden sich sodann in den folgenden Abschnitten maßgebliche Detailinformationen und Entscheidungshilfen. Im Übrigen ist anzumerken, dass sich -wegen vorkommender Änderungen- **Abweichungen** von den im Folgenden beschriebenen Merkmalen ergeben können, sodass die **Einholung der aktuellen Bedingungen der KfW** in jedem Fall angebracht ist.

- **Finanzierungsgegenstände der "Allgemeinen Exportfinanzierung" der KfW:**
  - Export langlebiger **Investitionsgüter** und damit im Zusammenhang stehende Leistungen (z.B. Montage u. Ä.) sowie **Auslandsbauleistungen.**
  - Selbständige **Engineering- und Consulting-Leistungen.**
  - **Ursprungsland** der Lieferungen und Leistungen muss grundsätzlich die **Bundesrepublik Deutschland** sein, jedoch sind Abweichungen unter bestimmten Voraussetzungen möglich:
    - Mitfinanzierung von **Zulieferungen** aus Drittländern bis zu bestimmten, nach Ländergruppen gestaffelten Quoten.
    - Mitfinanzierung von **Aufwendungen** für Waren und Dienstleistungen aus dem **Käuferland** (örtliche/lokale Kosten).
  - Keine Finanzierung der Exporte von Konsumgütern, Vorprodukten, Kleinteilen und sonstigen kurzlebigen Wirtschaftsgütern.
- **Finanzierungsgegenstände und andere Merkmale der "Sonderexportfinanzierung" der KfW:**
  - Schiffs- und Flugzeugexportfinanzierung.
  - Mischfinanzierung aus Mitteln der Finanziellen Zusammenarbeit (Kapitalhilfe) der Bundesrepublik Deutschland und kommerziellen Mitteln.
  - Die "Sonderexportfinanzierung" wird wegen ihres speziellen Charakters im Folgenden nicht weiter vertieft. Die KfW stellt Interessenten Informationen zur Verfügung.
- **Finanzierungsquellen und regionale Begrenzungen:**
  - **KfW-ERP-Exportfinanzierungsprogramm:**
    - Finanzierung von Ausfuhrgeschäften mit Entwicklungsländern.
    - Mindestzinsregelung des OECD-Konsensus.
  - **KfW-Marktmittelkredite:**
    - Finanzierungsalternative oder Finanzierungsergänzung zum KfW-ERP-Exportfinanzierungsprogramm bei Ausfuhrgeschäften nach Entwicklungsländern.
    - Finanzierung von Ausfuhrgeschäften in Nicht-Entwicklungsländer.
  - Keine Mindestzinsregelung des OECD-Konsensus.
- **Kreditarten (insbesondere nach Kreditnehmern gegliedert):**
  - **(Liefer-)Gebundene Finanzkredite**
    - an Besteller (Bestellerkredite)
    - an Bestellerbanken oder an staatliche Finanzinstitutionen (Bank-zu-Bank-Kredite)
  - **Lieferantenkredite** (Ausnahme)
  - **Projektkredite(-finanzierungen)**
- **Verbundene Finanzierungen:**
  - Bei der Finanzierung von Exportgeschäften mit mittel- und langfristigen Zahlungszielen, sind häufig nicht nur **unterschiedliche Kreditarten** (Lieferantenkredite, Bestellerkredite, Bank-zu-Bank-Kredite, Vorfinanzierungskredite, Komplementärkredite usw.) parallel oder zeitlich hintereinander geschaltet, sondern diese Kredite werden manchmal auch von **verschiedenen Kreditgebern** (AKA, KfW, Geschäftsbanken usw.) gewährt.
  - Welche Verbindung der Kreditarten aus den verschiedenen Kreditprogrammen der AKA, der KfW und der Geschäftsbanken zweckmäßig oder notwendig ist (insbesondere, weil die Richtlinien der AKA und der KfW kredithöhen- und laufzeitbezogene Restriktionen enthalten), muss im **Einzelfall** geprüft werden.
  - Die Banken verfügen über **EDV-Programme**, die die verfügbaren Finanzierungsalternativen unter Einbeziehung der aktuellen Konditionen auf den Einzelfall hin zugeschnitten präsentieren.

- **Kredithöhe:**
  - Grundsätzlich im Umfang der **Hermes-Deckung** (bis zu 85% des Auftragswerts), jedoch gestaffelte Kreditobergrenzen.
  - **Aufstockung** von KfW-ERP-Exportfinanzierungen bis zur Höhe von 85% des tatsächlichen Auftragswerts aus KfW-Marktmittelkrediten ist möglich.
  - **Lokale Kosten** in begrenztem Umfang zusätzlich integrierbar.
  - Sonderbestimmungen bei Ausfuhrgeschäften **ohne Hermes-Deckung** (bis zu 100% des Auftragswerts).
  - Sonderbestimmungen bei sog. **ungedeckten Komplementärfinanzierungen** (Finanzierung von Hermes-ungedeckten An- und Zwischenzahlungen bis zu 15% des Auftragswerts bei sog. 100%-Finanzierungen).
- **Kreditwährungen:**
  - **DM-Kredite**
  - **Fremdwährungskredite** in den Währungen der führenden westlichen Industrienationen oder in ECU.
  - Bei Fremdwährungskrediten **Mindestfinanzierungsvolumen**.
  - **Sonderform**: Fremdwährungsfinanzkredite (an Besteller bzw. an Bestellerbanken) setzen nicht zwingend die **Fakturierung** des Exporteurs in dieser Fremdwährung voraus, sondern DM-Fakturierung und DM-Kreditauszahlung zulasten eines Fremdwährungsfinanzkredits bleiben bei entsprechender vertraglicher Konstruktion möglich.
- **Kreditlaufzeit:**
  - Entsprechend ihrer generellen Ausrichtung auf die Finanzierung von Vorhaben, die einer langfristigen Mittelbereitstellung bedürfen, schaltet sich die KfW nur dann in Exportfinanzierungen ein, wenn die einzuräumende Kreditlaufzeit **mindestens 4 Jahre** beträgt.
  - Hermes-gedeckte Kredite: Die Kreditlaufzeit entspricht den **Vorgaben der Hermes-Deckung** und bewegt sich grundsätzlich innerhalb der gemäß OECD-Konsensus zulässigen Höchstkreditlaufzeiten. In der Regel ist eine Kreditlaufzeit von 5 Jahren und damit eine Tilgung in 10 Halbjahresraten vorgesehen.
  - **Hermes-ungedeckte Komplementärfinanzierungen:** Orientierung an den Tilgungsbestimmungen der Hermes-gedeckten Finanzierung.
  - Ausfuhrgeschäfte **ohne Hermes-Deckung:** Keine formellen Vorschriften, d.h. individuell gestaltbar.
- **Kreditsicherheiten:**
  - **Hermes-Deckung** bei KfW-ERP-Krediten die Regel; eventuell Hermes-Teildeckung.
  - **Exporteurgarantie** bei Bestellerkrediten und bei Bank-zu-Bank-Krediten. Anmerkung: Die Exporteurgarantie beinhaltet zwar diverse Verpflichtungen des Exporteurs, jedoch in der Regel nur eine eng begrenzte Teilhaftung des Exporteurs.
  - **Zahlungsgarantie** der Auslandsbank (bei Bestellerkrediten).
  - **Übertragung der Exportforderung** auf die KfW mit allen dafür haftenden **Sicherheiten** (bei Lieferantenkrediten, die jedoch nur noch ausnahmsweise vorkommen).
- **Zinsen, Provisionen u. Ä.:**
  - **Festzinssatz** bei KfW-ERP-Krediten; Mindestzinsregelung des **OECD-Konsensus** ist zu beachten.
    Bei den sonstigen Krediten sind feste oder variable Zinsvereinbarungen mit Modifikationsmöglichkeiten gegeben.
  - **Zusageprovision**

- **Bearbeitungsgebühr**
- **Hermes-Kosten** zulasten des Exporteurs (Übernahmeverpflichtung im Rahmen der Exporteurgarantie).

- **Kreditauszahlung:**
  - **Bestellerkredite und Bank-zu-Bank-Kredite:** Die Kreditauszahlung erfolgt nicht an die Kreditschuldner, sondern **an den Exporteur** auf Grundlage von Nachweisen/Dokumenten über erfolgte Lieferungen bzw. Leistungen.
    Anmerkung: Lieferantenkredite (Bankkredite an Exporteure), die naturgemäß ebenfalls an die Exporteure ausgezahlt werden, kommen nur noch ausnahmsweise vor.
  - Die Auszahlung des Kredits kann erfolgen **pro rata Lieferung** oder (bei längerer Fertigungsdauer) "**Progress Payment**", d.h. pro rata innerbetrieblichem Produktionsfortschritt.
- **Achtung: Nachfinanzierungen sind nicht zulässig**
  - **Frühzeitige Kontaktaufnahme** mit der KfW ist empfehlenswert, damit der Exporteur die Kosten und Risiken der Finanzierung bereits in der Angebotskalkulation bzw. in den Vertragsverhandlungen berücksichtigen kann.
  - Der **Hermes-Antrag** und der **Finanzierungsantrag** bei der KfW sind rechtzeitig vor Liefer- bzw. Leistungsbeginn zu stellen, da Nachfinanzierungen nicht zulässig sind.

6.4.1.2 Kurzinformation: Struktur der KfW Kreditanstalt für Wiederaufbau

Rechtsform u. Ä.

Die Kreditanstalt für Wiederaufbau (KfW) ist eine **Körperschaft des öffentlichen Rechts**. Das Grundkapital der KfW wird vom Bund und von den Bundesländern gehalten, wobei die Beteiligung des Bundes maßgeblich ist.
Die KfW verfügt neben dem Grundkapital über hohe Rücklagen. In den internationalen Bonitäts-/Standingbeurteilungen findet sich die KfW in sehr guter Position.

Aufgaben

Schwerpunktmäßig umfassen die Aufgaben der KfW die folgenden Bereiche:

- **Förderung der deutschen Wirtschaft**
  - Investitionen
    - Kredite
    - Zuschüsse
  - Exportfinanzierung und ungebundene Finanzkredite
    - Kredite
    - Zuschüsse
- **Förderung der Entwicklungsländer**
  - Finanzielle Zusammenarbeit
    - Kredite
    - Zuschüsse
  - Sonstige Kredite
- **Weitere Förderungsmaßnahmen**
- **Beratungsaufgaben**

Investitionsförderung

Die Investitionsförderung der deutschen Wirtschaft umfasst ein breites Spektrum von **Förderungsprogrammen**, insbesondere für kleinere und mittlere Betriebe. Die Investitionsförderung ist regelmäßig durch Bundes- und Landesmittel, durch Mittel der Europäischen Union oder zulasten der eigenen Erträge der KfW verbilligt.
Das **Spektrum** der Förderungsbereiche der KfW reicht weit: Neben der allgemeinen Förderung der Finanzierung von Investitionen mittelständischer Betriebe reicht die Finanzierungsförderung von Innovationen über Infrastrukturmaßnahmen und Umweltschutzmaßnahmen bis hin zu wohnwirtschaftlichen Maßnahmen.

Exportfinanzierung

Die KfW finanziert den Export von **langlebigen Investitionsgütern** und damit zusammenhängender oder auch selbstständiger **Dienstleistungen** vor allem in Entwicklungs- und Schwellenländer, in die Neuen Unabhängigen Staaten (NUS) sowie in die mittel- und osteuropäischen Staaten.
Auch werden Vorhaben im Ausland, an denen die Bundesrepublik Deutschland ein erhebliches wirtschaftliches Interesse hat, mitfinanziert.

Die Exportfinanzierung der KfW ist in zwei Bereiche gegliedert:

- **Allgemeine Exportfinanzierung**
- **Sonderexportfinanzierung.**

Einzelheiten dazu siehe Abschnitt 6.4.2.1

Ungebundene Finanzkredite

In besonderen Fällen -z.B. zur Sicherung der Rohstoffversorgung der deutschen Wirtschaft- vergibt die KfW an **ausländische Darlehensnehmer** auch Kredite, die nicht an deutsche Lieferungen gebunden sind.

Informationen

Informationen über das **Exportfinanzierungsangebot** der KfW, über die zu erfüllenden **Voraussetzungen**, über die aktuellen **Konditionen**, über die Abwicklung usw. erhält der Exporteur

- direkt von der
  KfW Kreditanstalt für Wiederaufbau
  Postfach 11 11 41
  60046 Frankfurt am Main

  Telefon 069/74310
  Telefax 069/74312944,
- von jeder im Auslandsgeschäft engagierten **Geschäftsbank** und **Sparkasse**.

6.4.2 Die KfW-Exportfinanzierung: Instrumente und Abwicklungen

Vorbemerkung: Die folgenden Ausführungen beruhen auf der Broschüre "Langfristige Exportfinanzierung der Kreditanstalt für Wiederaufbau - Ein Leitfaden für die Praxis", herausgegeben von der Kreditanstalt für Wiederaufbau, Frankfurt am Main, 1996.

6.4.2.1 Bereiche und Voraussetzungen der KfW-Exportfinanzierung

Bereiche der KfW-Exportfinanzierung

Bereiche nach Finanzierungsgegenständen

Unter dem Merkmal des Finanzierungsgegenstandes unterscheidet die KfW ihre Exportfinanzierung in die beiden Bereiche

- **Allgemeine Exportfinanzierung** und
- **Sonderexportfinanzierung.**

- Allgemeine Exportfinanzierung

Die Allgemeine Exportfinanzierung umfasst Kredite für die Ausfuhr **langlebiger Investitionsgüter** und damit zusammenhängender **Dienstleistungen**, insbesondere

- des **Anlagen- und Maschinenbaus**,
- der **elektrotechnischen Industrie** und
- der **Verkehrstechnik** sowie
- die Finanzierung von **Auslandsbauleistungen** der deutschen Bauwirtschaft.

- Sonderexportfinanzierung

Im Bereich "Sonderexportfinanzierung" der KfW sind

- die **Schiffsexportfinanzierung** und
- die **Flugzeugexportfinanzierung** sowie
- die sog. **Mischfinanzierung** angesiedelt.

  Die sog. **Mischfinanzierung** ist eine Kombination von Mitteln der Finanziellen Zusammenarbeit (Kapitalhilfe) der Bundesrepublik Deutschland an Entwicklungsländer mit kommerziellen Exportkrediten. Die Mischfinanzierung ist in der Finanzierungspraxis der KfW von untergeordneter Bedeutung und wird deswegen im Folgenden nicht weiter vertieft.

Bereiche nach Finanzierungsquellen

Unter dem Merkmal der Finanzierungsquellen unterscheidet die KfW

- **KfW-ERP-Exportfinanzierungen** und
- **KfW-Marktmittelkredite.**

- ERP Exportfinanzierung

Maßgebliche Merkmale des KfW-ERP-Exportfinanzierungsprogramms sind

- Finanzierung von Ausfuhrgeschäften mit **Entwicklungsländern.**
- Förderung dieses Kreditprogramms durch den Einsatz von Mitteln aus dem **ERP Sondervermögen** des Bundes.
- Mindestzinsregelung des **OECD-Konsensus.**

- Marktmittelkredite

Die KfW gewährt auch Exportkredite, die ausschließlich aus Marktmitteln refinanziert werden. Die KfW Marktmittelkredite stellen zum einen

- eine **Finanzierungsalternative** oder eine **Finanzierungsergänzung** zum KfW-ERP Kreditprogramm bei Ausfuhrgeschäften nach Entwicklungsländern

dar. Zum anderen kann mit KfW-Marktmittelkrediten

- die Finanzierung von Ausfuhrgeschäften nach **Nicht-Entwicklungsländern**

vorgenommen werden.

Marktmittelkredite der KfW fallen **nicht** unter die **Mindestzinsregelung** des OECD-Konsensus.

Voraussetzungen der KfW-Exportfinanzierung

Finanzierungsgegenstände

Hinsichtlich des Gegenstands der Finanzierung ist eine KfW-Exportfinanzierung an folgende Voraussetzungen gebunden:

- Export langlebiger **Investitionsgüter** und damit im Zusammenhang stehender Leistungen (wie z.B. Montage, Montageüberwachung, Transfer von Know how).
- Export selbstständiger **Engineering- und Consulting-Leistungen**.
- **Ursprungsland** der Lieferungen und Leistungen muss grundsätzlich die **Bundesrepublik Deutschland** sein.
  Zulieferungen aus Drittländern können mitfinanziert werden, sofern diese nach den Regularien für Hermes-gedeckte Geschäfte in die zu finanzierenden Auftragswerte eingeschlossen werden dürfen.
  Örtliche/lokale Kosten (Aufwendungen für Waren und Dienstleistungen aus dem Käuferland) können bis zur Höhe der An- und Zwischenzahlungen zu Kreditbedingungen von Hermes in Deckung genommen werden und damit auch von der KfW mitfinanziert werden.
- **Keine Finanzierung** der Exporte von Konsumgütern, Vorprodukten, Kleinteilen und sonstiger kurzlebiger Wirtschaftsgüter.

Zahlungsbedingungen/Kreditlaufzeit

Die im Ausfuhrvertrag vereinbarten Zahlungsbedingungen haben

- den **internationalen Usancen** zu entsprechen,
- mindestens 15% des Auftragswerts als **An- und Zwischenzahlungen** sowie
- den Restbetrag von maximal 85% des Auftragswerts als **Kreditteil**

vorzusehen.

Entsprechend ihrer generellen Ausrichtung auf die Finanzierung von Vorhaben, die einer langfristigen Mittelbereitstellung bedürfen, schaltet sich die KfW nur dann in Exportfinanzierungen ein, wenn die einzuräumende **Kreditlaufzeit mindestens 4 Jahre** beträgt.

Hermes-Deckung

Im **Regelfall** wird zur Absicherung der politischen und wirtschaftlichen Risiken eine Hermes-Deckung benötigt. Die von Hermes gedeckte Kreditlaufzeit sollte mindestens 4 Jahre (gerechnet ab Beginn der Rückzahlungsphase des Kredits) betragen.

Abstandnahmen vom Regelfall der Hermes-Deckung kommen vor

- bei sog. **Komplementärfinanzierungen**, die die Finanzierung der An- und Zwischenzahlungen in Höhe bis zu 15% des Auftragswerts (und damit letztlich eine sog. 100%-Finanzierung des Auftragswerts) umfassen;
- bei **hervorragender Bonität** des Kreditnehmers als Hermes-Teildeckung oder als gänzlicher Verzicht auf eine Hermes-Deckung.

Mindestauftragswert

Unter den von der KfW mit ausländischen Banken abgeschlossenen Rahmenverträgen/Grundverträgen können in der Regel bereits

Auftragswerte ab **DM 500.000** finanziert werden (zu den Rahmenverträgen/Grundverträgen siehe Abschnitt "6.2.3.3 ... Exkurs: Rahmen- /Grundkreditvereinbarungen"). In allen anderen Fällen sollte der Auftragswert grundsätzlich höher sein.

KfW-ERP-Exportfinanzierung

Im Gegensatz zu den Marktmittelkrediten der KfW können

- Kredite aus dem KfW-ERP-Exportfinanzierungsprogramm nur im Rahmen von Exportgeschäften mit **Entwicklungsländern**

vergeben werden.

Als Entwicklungsländer gelten Länder, die in der jeweils gültigen

- **Liste** des Ausschusses für Entwicklungsländer (DAC) der **OECD**

aufgeführt werden. Ein aktuelles Verzeichnis kann bei der KfW angefordert werden.

6.4.2.2 Gebundene Finanzkredite (Bestellerkredite und Bank-zu-Bank-Kredite) -grafische und schrittweise Darstellung der Abwicklungen-

Vorbemerkungen/Definitionen

Finanzkredite

Der Ausdruck "**(liefer)gebundene Finanzkredite**" wird im Allgemeinen als Oberbegriff für

- Bankkredite an **ausländische Besteller/Käufer (Bestellerkredite)**
  und
- für Bankkredite **an die ausländischen Banken** der Besteller/Käufer **(Bank-zu-Bank-Kredite)**

verwendet.

Lieferantenkredite

Lieferantenkredite sind Bankkredite **an Exporteure** (in deren Eigenschaft als Lieferanten) zur Finanzierung von Exportgeschäften. Lieferantenkredite kommen in der Allgemeinen Exportfinanzierung der KfW nur noch ausnahmsweise vor. Sie werden deswegen im Folgenden nicht weiter vertieft.

Liefervertragskredite

Liefervertragskredite umfassen **Zahlungsziele** (Kredite) von Exporteuren **an Importeure**, die im Liefervertrag (Exportvertrag, Kaufvertrag, Kontrakt) vereinbart sind. Im Inlandsgeschäft und umgangssprachlich wird die Gewährung von Zahlungszielen (Krediten) der Lieferanten an ihre Abnehmer im Allgemeinen als Lieferantenkredit bezeichnet. Im internationalen Geschäft werden unter Lieferantenkrediten dagegen die oben beschriebenen Bankkredite an Exporteure (an Lieferanten) verstanden.

6.4.2.2.1 KfW-Finanzkredite als Hermes-gedeckte Bestellerkredite -grafische und schrittweise Darstellung-

Abbildung

Die **Grundstruktur der Abwicklung von Hermes-gedeckten KfW-Bestellerkrediten** ist in **Abbildung 6.4-01** dargestellt und anschließend in einzelnen Schritten erläutert.

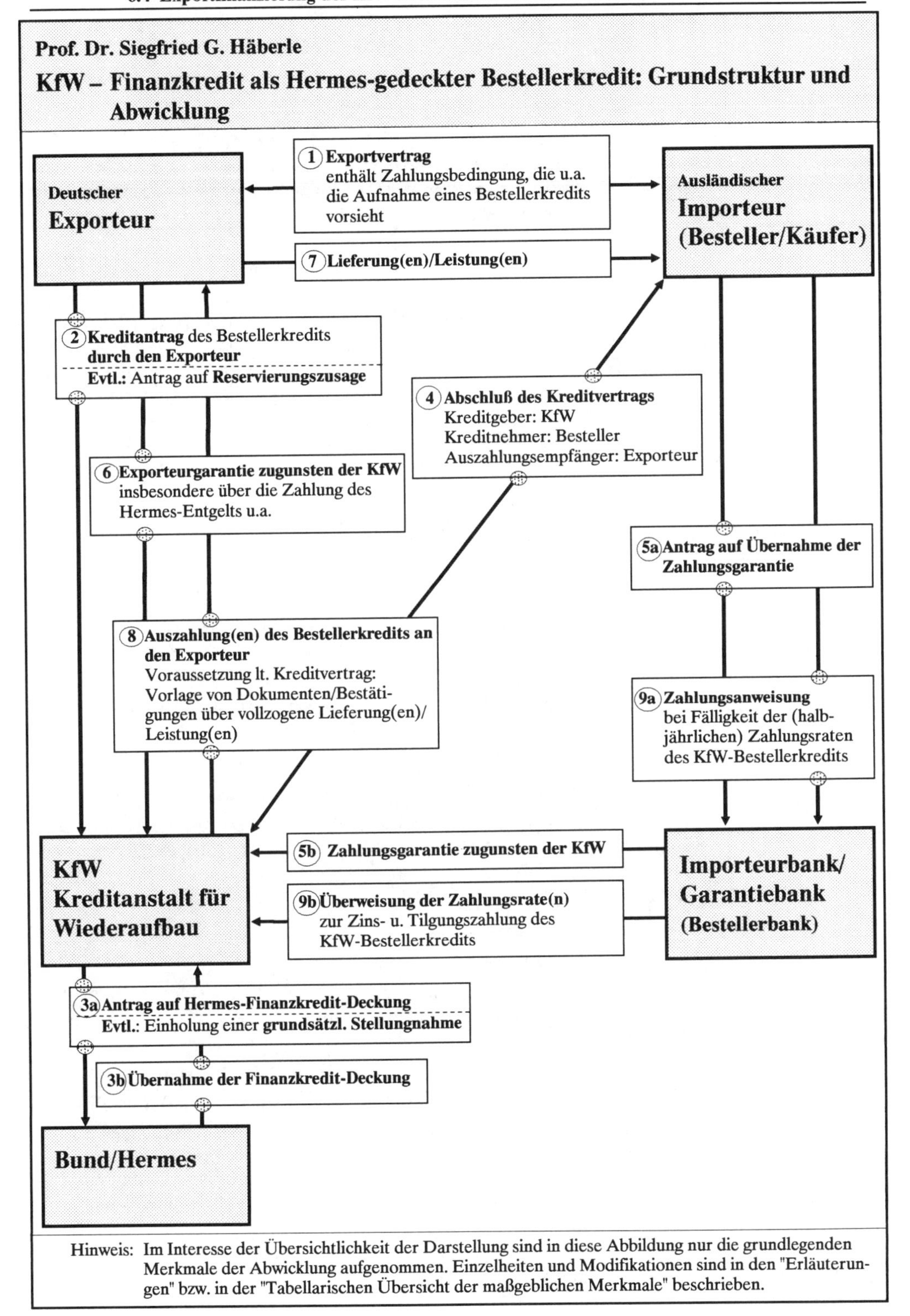

Abbildung 6.4-01

Erläuterungen: Aufbau der Zahlungsbedingungen

1. **Ausfuhrvertrag mit Zahlungsbedingungen**

Die Zahlungsbedingungen im **Ausfuhrvertrag** können beispielsweise wie folgt aufgebaut sein:

10% **Anzahlung** innerhalb von ... Tagen nach Abschluss des Ausfuhrvertrags;

5% **Zwischenzahlung** pro rata Lieferung und/oder Leistungen gegen Dokumente oder aus einem unwiderrruflichen Akkreditiv;

85% pro rata Lieferung und/oder Leistung aus einem **Bestellerkredit** (bzw. -im vorliegenden Beispiel nicht zutreffend- aus einem **Bank-zu-Bank-Kredit**) der KfW ("KfW-Kredit"), auszahlbar gemäß Vorlage von Abrufen/Dokumenten. Die Form der Abrufe/Dokumentenprüfung soll in dem abzuschließenden KfW-Kredit vereinbart werden. Der abzuschließende KfW-Kredit soll in ... gleichen, aufeinander folgenden Halbjahresraten zurückzuzahlen sein, deren erste 6 Monate nach dem Datum der mittleren gewogenen Lieferung/der letzten wesentlichen Lieferung/der Betriebsbereitschaft der Anlage bzw. zu einem von der KfW festzulegenden Spätesttermin fällig wird, je nachdem, welcher Termin früher liegt.

Quelle: KfW 1996: S. 31, z.T. mit Ergänzungen des Verfassers.

Ratschlag: In-Kraft-Treten des Ausfuhrvertrags

Wenn der Exporteur keine alternative Lieferantenkreditvereinbarung trifft, sind die Mittel des Finanzkredits die einzige sichere Quelle, die zur fristgerechten Bezahlung der Lieferungen und Leistungen des Exporteurs zur Verfügung stehen. Der Exporteur sollte demnach möglichst vor dem In-Kraft-Treten des Ausfuhrvertrags die Finanzierung seines Ausfuhrgeschäfts sicherstellen. Es empfiehlt sich daher in der Regel, den **Ausfuhrvertrag** erst dann **in Kraft zu setzen**, wenn der rechtswirksame Abschluss des Darlehensvertrags und die ordnungsgemäße Bestellung der Sicherheiten **durch** entsprechende **Rechtsnachweise bestätigt** worden sind.

Quelle: KfW 1996: S. 31.

2. **Kreditantrag**

Der Antrag auf Gewährung eines KfW-Bestellerkredits wird nicht vom ausländischen Besteller/Käufer, sondern **vom deutschen Exporteur** gestellt.

Ratschläge

Der Exporteur sollte sich auf jeden Fall **frühzeitig**, am besten schon vor Aufnahme der Verhandlungen über den Ausfuhrvertrag mit der KfW in Verbindung setzen, damit

- der Exporteur bereits in seiner Angebotskalkulation auf ihn zukommende **Kosten und Risiken** im Zusammenhang mit der Finanzierung des Ausfuhrgeschäfts berücksichtigen kann und
- die Zahlungsbedingungen des Ausfuhrvertrags und der **Hermes-Deckungsantrag**, so weit vom Exporteur noch nicht ge-

stellt, mit der KfW abgestimmt werden können (KfW 1996: S. 28).
Anmerkung: Aus Gründen einer vereinfachten Darstellung ist in der Abbildung unterstellt, dass der Exporteur bei Hermes ausnahmsweise keine Deckung seiner Ausfuhr- und Fabrikationsrisiken beantragt, sondern die Hermes-Finanzkreditdeckung isoliert beantragt und gewährt wird (siehe Schritt 3).

Hinweise

Es ist zu beachten, dass

- **Nachfinanzierungen nicht zulässig** sind; Hermes-Antrag und Finanzierungsantrag bei der KfW sind daher rechtzeitig vor Liefer- bzw. Leistungsbeginn zu stellen;
- die bei fehlendem alternativen Lieferantenkredit von Hermes gewährte **Fabrikationsrisikodeckung** nur wirksam wird, wenn der Finanzkreditvertrag abgeschlossen wurde und die geforderten ausländischen Sicherheiten für die Finanzierung vorliegen (KfW 1996: S. 29).

Vorabentscheidung

Der Exporteur hat der KfW diverse **Unterlagen** für die Kreditbearbeitung einzureichen,

- die von der Kopie des eventuell bereits gestellten **Hermes-Deckungsantrags** bzw. der Kopie einer eventuell bereits vorliegenden **Hermes-Deckungszusage** für das Ausfuhrgeschäft,
- über **Informationen** zum **Besteller** und eventuell zum ausländischen **Garanten**,
- bis zu **Informationen** über den **Exporteur** selbst (z.B. Jahresabschlüsse)

reichen.

Auf der Basis dieser Informationen trifft die KfW möglichst rasch eine **grundsätzliche Kreditentscheidung** und ist bei positivem Ergebnis bereit, dem Exporteur in einer **Finanzierungsofferte** ihre grundsätzliche Finanzierungsbereitschaft zu erklären. In dieser Finanzierungsofferte werden neben den zugrunde liegenden Daten des Ausfuhrgeschäfts die Konditionen und Gestaltungsmöglichkeiten der in Aussicht gestellten Finanzierung dargestellt und die Voraussetzungen für die definitive Bereitschaft der KfW zur Kreditgewährung aufgeführt.
Die **Finanzierungsangebote** der KfW sind so konzipiert, dass sie der Exporteur an seinen ausländischen Kunden und/oder den vorgesehenen Darlehensnehmer weiterleiten kann (KfW 1996: S. 29).

Mittelreservierung

Auf Wunsch des Exporteurs können in der Akquisitionsphase des Ausfuhrgeschäfts noch vor Abschluss des Kreditvertrags Mittel aus dem KfW-ERP-Exportfinanzierungsprogramm bis zu 4 Monaten **zu einem verbindlichen Zinssatz reserviert** werden. Bei Unsicherheit über die weitere Kapitalmarktentwicklung oder bei Erwartung steigender Zinsen kann dies von entscheidender Bedeutung für den Zuschlag eines Geschäfts sein (KfW 1996: S. 30).

Der Exporteur hat eine **Reservierungsprovision** zu entrichten. Die **Übertragung** von Reservierungsbeträgen auf andere Exportgeschäfte des Exporteurs oder auf andere Exporteure ist **nicht möglich**.

3. Hermes-Finanzkreditdeckung

Sofern der Exporteur ausnahmsweise keine Deckung seiner Ausfuhr- und Fabrikationsrisiken beantragt hat, wird die Finanzkreditdeckung isoliert **beantragt** und -wie in der Abbildung unterstellt- von Hermes auch **gewährt**.

4. Abschluss des Kreditvertrags

Nach der endgültigen **Kreditentscheidung** der KfW, in die insbesondere die Bonität des Darlehensnehmers, gegebenenfalls des Garanten und die weiteren Sicherheiten einbezogen sind, erfolgt der Abschluss des Kreditvertrags mit dem ausländischen Besteller/Käufer.

Besondere Merkmale

Im Kreditvertrag sind neben den üblichen Merkmalen

- die **Zweckbindung des Kredits** zur Finanzierung eines bestimmten Exportgeschäfts (liefergebundener Finanzkredit),
- die **Voraussetzungen** für die **Kreditinanspruchnahme** (z.B. das Vorliegen der Zahlungsgarantie der Importeurbank, das Vorliegen der Hermes-Deckung usw.),
- die **Definition der Voraussetzungen**/Nachweise/Dokumente (über erfolgte Lieferungen bzw. Leistungen), die zur Auszahlung des Kredits an den Exporteur führen,

aufgenommen.

5. Antrag/Übernahme der Zahlungsgarantie

Als ausländische Sicherheit verlangt die KfW in der Regel die abstrakte Zahlungsgarantie einer erstklassigen ausländischen Bank oder des Staates, in dem der Besteller seinen Sitz hat.
Anmerkung: Der Exporteur hat bereits in die Vertragsverhandlungen (Schritt 1) die Frage der Sicherstellung, insbesondere die Stellung der Zahlungsgarantie einzubeziehen. Entsprechendes gilt hinsichtlich der weiteren vorangehenden Schritte. Lediglich aus Gründen der Übersichtlichkeit der Abbildung sind der Antrag sowie die Übernahme der Zahlungsgarantie erst in diesem fünften Schritt aufgegriffen.

6. Übernahme der Exporteurgarantie

Die Exporteurgarantie umfasst insbesondere die Verpflichtung des Exporteurs gegenüber der KfW zur Zahlung der **Hermes-Entgelte**. Darüber hinaus sind in der Exporteurgarantie weitere Verpflichtungserklärungen/Informationspflichten gegenüber Hermes bzw. gegenüber der KfW aufgenommen, die auf die Eigenarten des jeweiligen Exportgeschäfts abgestimmt sind.
Obwohl die KfW bei Hermes grundsätzlich die Alternative des 5%igen nicht abwälzbaren Selbstbehalts wählt, berechnet die

KfW den Exporteuren dafür **keine Risikoprämie**. Nur in den Fällen, in denen Hermes eine Deckung nur zu erhöhtem Selbstbehalt gewährt, gibt die KfW den Selbstbehalt im Rahmen der Exporteurgarantie an den Exporteur weiter (im Einzelfall trägt dabei die KfW jedoch den angesprochenen 5%igen Selbstbehalt wiederum selbst).

Verzicht auf die Exporteurgarantie

Bei der Finanzierung von Ausfuhrgeschäften ohne Hermes-Deckung ist grundsätzlich eine Exporteurgarantie nicht erforderlich. Davon abweichend kann der Exporteur je nach Risikolage der Finanzierung jedoch im Einzelfall am Risiko beteiligt werden.

7. **Vollzug der Lieferungen/Leistungen des Exporteurs**

8. **Auszahlung(en) des Bestellerkredits an den Exporteur**

Das Auszahlungsverfahren sieht üblicherweise eine Direktauszahlung an den Exporteur pro rata der erbrachten Lieferungen und/oder Leistungen vor. Die Auszahlung des Bestellerkredits kann aber auch als "Progress Payment", d.h. pro rata des innerbetrieblichen Produktionsfortschritts, erfolgen. Der Exporteur hat als Voraussetzung für die Auszahlung(en) Bestätigungen bzw. Dokumente über vollzogene Lieferungen bzw. Leistungen vorzulegen.

9. **Zahlung der Rate(n) durch den Importeur**

Der Importeur/Besteller erteilt bei (im Allgemeinen halbjährlicher) **Fälligkeit** der Zahlungsraten des KfW-Kredits einen **Zahlungsauftrag** an seine Bank.
Die beauftragte Bank überweist die Zahlungsraten an die KfW, die diese Zahlungseingänge mit den **fälligen Zins- und Tilgungsleistungen** des Bestellerkredits verrechnet.

Nicht in die Abbildung aufgenommen:

- Bei **Zahlungsunfähigkeit**/Zahlungsunwilligkeit des Importeurs hat die garantierende Importeurbank die übernommene **Zahlungsgarantie** gegenüber der KfW zu erfüllen.
- Wird der Zahlungsanspruch der KfW an die Garantiebank -z.B. wegen deren Insolvenz oder wegen eingetretener politischer Risiken- nicht erfüllt, dann greift die KfW auf die **Hermes-Finanzkreditdeckung** zurück.

6.4.2.2.2 KfW-Finanzkredite als Hermes-gedeckte Bank-zu-Bank-Kredite -grafische und schrittweise Darstellung-

Abbildung

Die **Grundstruktur der Abwicklung von Hermes-gedeckten KfW-Bank-zu-Bank-Krediten** ist in **Abbildung 6.4-02** dargestellt und anschließend in einzelnen Schritten erläutert.

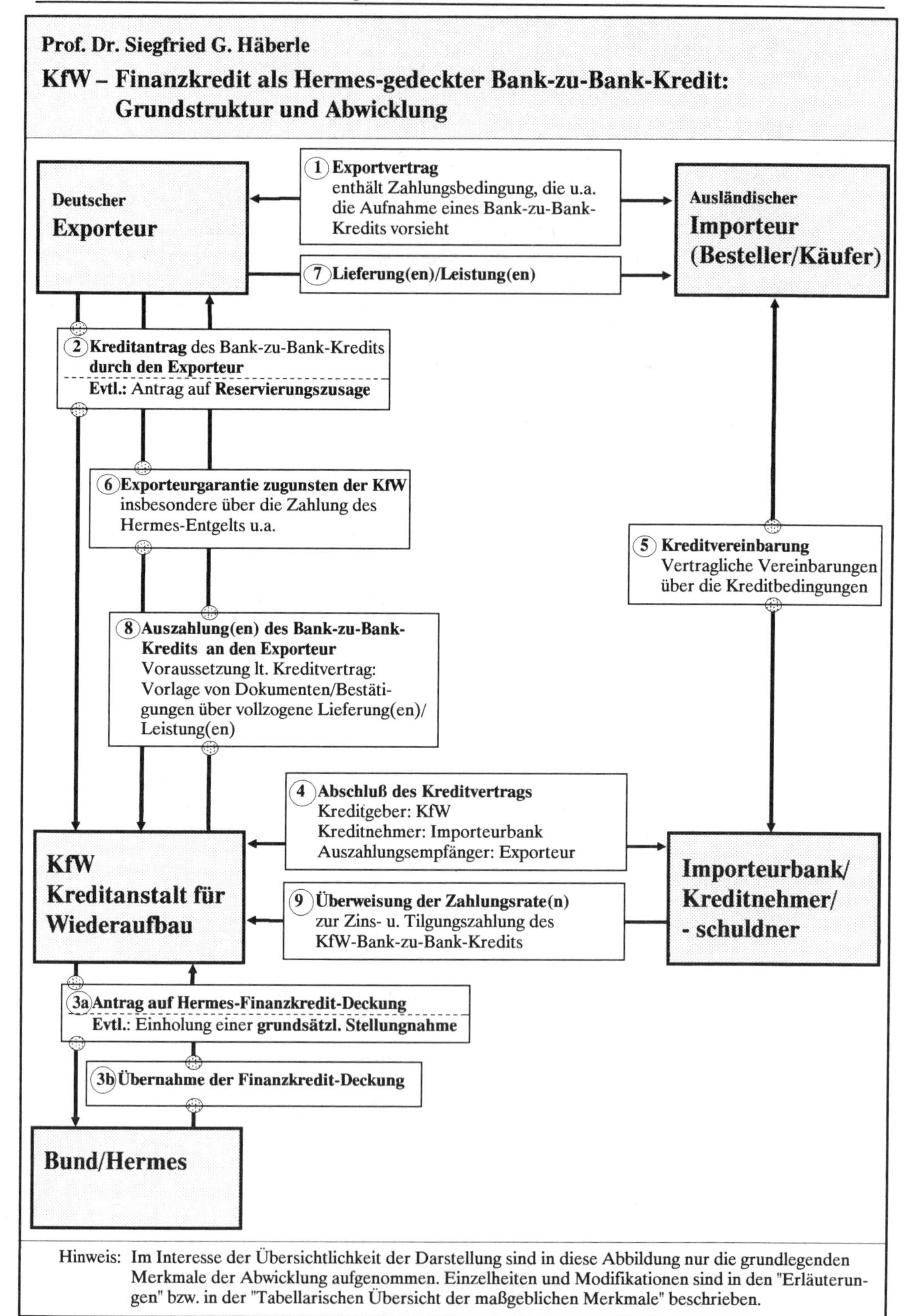

Abbildung 6.4-02

Erläuterungen:

1. **Ausfuhrvertrag mit Zahlungsbedingungen**

   Analog Schritt 1 "KfW-Bestellerkredit" (siehe vorangehenden Abschnitt).

2. **Kreditantrag durch den Exporteur**

   Analog Schritt 2 "KfW-Bestellerkredit", und zwar auch hinsichtlich den Möglichkeiten der Vorabentscheidung und der Mittelreservierung.

3. **Antrag auf Hermes-Finanzkreditdeckung**

   Analog Schritt 3 "KfW-Bestellerkredit".

4. **Abschluss des Kreditvertrags**

   Nach der endgültigen **Kreditentscheidung** der KfW erfolgt der Abschluss des Kreditvertrags mit der ausländischen Bank (Importeurbank).

   Besondere Merkmale

   Im Kreditvertrag sind neben den üblichen Merkmalen

   - die **Zweckbindung des Kredits** zur Finanzierung eines bestimmten Exportgeschäfts (liefergebundener Finanzkredit),
   - die **Voraussetzungen für die Kreditinanspruchnahme** (z.B. das Vorliegen der Hermes-Deckung),
   - die **Definition der Voraussetzungen**/Nachweise/Dokumente über erfolgte Lieferungen bzw. Leistungen, die zur Auszahlung des Kredits an den Exporteur führen,

   aufgenommen.

   Bei Bank-zu-Bank-Krediten kann in der Regel auf die Zahlungsgarantie einer ausländischen Institution verzichtet werden.

   Anmerkung

   Zur Vereinfachung und Beschleunigung des Abschlusses und der Abwicklung von einzelnen Finanzkrediten hat die KfW mit einer Reihe ausländischer Banken **Rahmenkreditvereinbarungen/Grundkreditvereinbarungen** abgeschlossen. Zum Inhalt solcher Rahmen-/Grundverträge siehe Abschnitt "6.2.3.3 ... Exkurs: Rahmen-/Grundkreditvereinbarungen".

5. **Kreditvereinbarung zwischen Importeurbank und Importeur**

   Grundsätzlich ist die Kreditvereinbarung zwischen der Importeurbank und dem Importeur ausschließlich **deren Sache** und berührt weder die KfW noch den Exporteur.
   Auf die Gestaltung der vertraglichen Vereinbarung zwischen Importeurbank und Importeur nimmt die KfW folglich **keinen Einfluss.**

6. **Übernahme der Exporteurgarantie**

   Die Exporteurgarantie umfasst insbesondere die Verpflichtung des Exporteurs zur Zahlung der **Hermes-Entgelte**.
   Einzelheiten, die analog anwendbar sind, siehe Schritt 6 "KfW-Bestellerkredit".

7. **Vollzug der Lieferungen bzw. Leistungen des Exporteurs**

8. **Auszahlung(en) des Bank-zu-Bank-Kredits an den Exporteur**
   Analog Schritt 8 "KfW-Bestellerkredit".

9. **Überweisung der Zahlungsrate(n)**
   Die kreditnehmende Importeurbank überweist die (im Allgemeinen halbjährlich) zu leistenden Zahlungsraten bei Fälligkeit an die KfW, die diese Zahlungseingänge mit den **fälligen Zins- und Tilgungsleistungen** des Bank-zu-Bank-Kredits verrechnet. Dass der **Importeur** in der Regel **zeitgleiche Zahlungen** an die Importeurbank auf Grundlage der getroffenen Kreditvereinbarung (siehe Schritt 5) zu leisten hat, ist in die Abbildung nicht aufgenommen. Dies ist damit zu begründen, dass die Kreditvereinbarung zwischen Importeurbank und Importeur weder die KfW noch den Exporteur tangiert.

In die Abbildung nicht aufgenommen ist die eventuelle **Inanspruchnahme der Hermes-Finanzkreditdeckung**, die dann eintritt, wenn die kreditnehmende Bank -z.B. wegen Insolvenz oder wegen politischer Risiken- dem Rückzahlungsanspruch der KfW nicht genügt.

6.4.2.3 Sicherheiten

Vorbemerkung

Die Besicherung von Exportkrediten der KfW setzt sich in der Regel aus den Elementen **Hermes-Deckung, Exporteurgarantie** und **ausländische Sicherheit(en)** zusammen.

Hermes-Deckung

Finanzkredit-Deckung

Zur Abdeckung politischer und (bei privaten Schuldnern) wirtschaftlicher Risiken gewährt der Bund Hermes-Finanzkreditdeckungen als **Finanzkreditbürgschaften** (bei öffentlich-rechtlichen Schuldnern) bzw. als **Finanzkreditgarantien** (bei privaten Schuldnern).

Selbstbehalt

Hinsichtlich des vom Deckungsnehmer im Schadensfall zu übernehmenden Selbstbehalts beantragt die KfW bei Hermes grundsätzlich die Alternative des 5%igen nicht abwälzbaren Selbstbehalts.

Für diese, von der KfW zu tragende Risikobeteiligung berechnet die KfW dem Exporteur jedoch **keine** gesonderte **Risikoprämie.**

Erhöhter Selbstbehalt

In den Fällen, in den Hermes eine Deckung nur zu erhöhten Selbstbehalten gewährt, gibt die KfW den **Selbstbehalt** im Rahmen der Exporteurgarantie an den **Exporteur** weiter. Je nach Konstellation des Einzelfalls ist sie aber gegebenenfalls bereit, auch von dem abgewälzten erhöhten Selbstbehalt wiederum 5% des Risikos ohne Berechnung einer Risikoprämie selbst zu tragen (KfW 1996: S. 25).

Teildeckung

Bei der Teildeckung als Deckungsform übernimmt der Bund nur für Teile der Forderung an den ausländischen Schuldner die Haftung. Als Regelfall der Teildeckung ist die **quotale Teildeckung** anzuse-

hen; dabei ist die Deckung auf einen bestimmten durchgängigen Anteil an jeder Forderungsrate beschränkt. Die Deckungsquote soll bei normalem Selbstbehalt (5%) mindestens 60% betragen. So weit sich die KfW zu Finanzierungen mit Teildeckung entschließt, ist sie grundsätzlich bereit, die ungedeckte Quote ebenso wie den üblichen Selbstbehalt in ihr Risiko zu nehmen (KfW 1996: S. 25).
Der **Vorteil** der Hermes-Teildeckung liegt insbesondere in der Reduzierung des Hermes-Entgelts, das vom Exporteur zu tragen ist (siehe auch "Exporteurgarantie"). Hermes-Teildeckung kommt nur bei Schuldnern/Schuldnerländern mit überdurchschnittlicher **Bonität** infrage.

Deckungsverzicht

In geeignet erscheinenden Fällen ist die KfW bereit, zu prüfen, ob die Finanzierung eines Ausfuhrgeschäfts **ohne Hermes-Deckung** infrage kommt. Es versteht sich von selbst, dass die KfW in diesem Fall besonders hohe Anforderungen an Kreditnehmer, Sicherheiten und Schuldnerland zu stellen hat.

Ungedeckte Komplementärfinanzierung

So weit das einzugehende Kreditrisiko vertretbar erscheint, ist die KfW im Einzelfall bereit, auch die **An- und Zwischenzahlungen** in Höhe bis zu 15% des Auftragswerts zu **finanzieren.** Eine öffentliche Unterstützung durch eine Hermes-Deckung kann allerdings für solche Komplementärfinanzierungen nicht gewährt werden, sodass die Risiken dieser Kreditvergabe voll von der KfW zu tragen sind.

Exporteurgarantie

Verpflichtungen des Exporteurs

Bei allen Hermes-gedeckten Finanzierungen der KfW hat der Exporteur eine sog. Exporteurgarantie abzugeben. Darin sind die Verpflichtungen festgelegt, die der Exporteur gegenüber der KfW und z.T. gegenüber Hermes zu übernehmen hat.

Im Wesentlichen sind dies die folgenden Verpflichtungen:

- Übernahme und Zahlung des **Hermes-Entgelts** und sonstiger von Hermes in Rechnung gestellter Gebühren.
- Abgabe einer Verpflichtungserklärung gegenüber **Hermes**, die sich insbesondere auf den Fall der **mängelbehafteten Erfüllung** des Ausfuhrvertrags durch den Exporteur oder seiner Zulieferanten bezieht.
- Zahlungsverpflichtung des Exporteurs an die **KfW** für den Fall der Zahlungsverweigerung des Bundes (Hermes) wegen **unrichtiger/unvollständiger Angaben u. Ä.** des Exporteurs.
- Bei **Garantiegeschäften** im Sinne der Hermes-Deckung hat sich der Exporteur darüber hinaus bereit zu erklären, für die Erfüllung der nicht von der Finanzkreditgarantie des Bundes gedeckten Forderungen aus dem Darlehensvertrag (Zinsen nach Fälligkeit der jeweiligen Rückzahlungsrate, Zinszuschläge für rückständige Rückzahlungsraten, Ersatz für Verzugsschäden) einzustehen, so weit diese nicht auf die bei der KfW verbleibende 5%ige Selbstbeteiligung entfallen (KfW 1996: S. 26).
- In den Fällen eines **erhöhten und abgewälzten Selbstbehalts** haftet der Exporteur bei Bürgschafts- und Garantiegeschäften in

Höhe des an ihn weitergegebenen Selbstbehalts für die Rückzahlung des Darlehens und die Zinsen bis zur vertraglichen Fälligkeit der Rückzahlungsraten. Bei Garantiegeschäften tritt -wie dargestellt- noch die Haftung für die nicht unter die Finanzkreditgarantie fallenden Forderungen hinzu (KfW 1996: S. 26).

Absicherung der Exporteurgarantie

Die Zahlungsverpflichtungen des Exporteurs aus der Exporteurgarantie sind gegebenenfalls durch **zusätzliche Sicherheiten** abzusichern.

KfW-Finanzierung ohne Exporteurgarantie

So weit Ausfuhrgeschäfte gänzlich **ohne Hermes-Deckung** finanziert werden, ist eine Exporteurgarantie in dem oben skizzierten Sinne nicht erforderlich. Je nach Risikolage kann aber auch bei diesen Finanzierungen der Exporteur etwa durch eine Rückhaftung oder durch Berechnung eines Entgeltes am Kreditrisiko beteiligt werden (KfW 1996: S. 26).

Ausländische Sicherheit(en)

Zahlungsgarantie

Als ausländische Sicherheit verlangt die KfW in der Regel die abstrakte Zahlungsgarantie einer **erstklassigen ausländischen Bank** oder des **Staates**, in dem der Besteller seinen Sitz hat.
Bei Hermes-gedeckten Krediten muss der Sicherungsgeber auch für den Bund akzeptabel sein (KfW 1996: S. 27).

Komplementäre Finanzierung

Für die komplementäre Finanzierung der **An- und Zwischenzahlungen** verlangt die KfW grundsätzlich die gleiche ausländische Besicherung wie für die Hermes-gedeckte Finanzierung des Kreditteils.

6.4.2.4 Kredithöhe und Kreditwährung

Kredithöhe

Bei Hermes-Deckung

Die Kredithöhe entspricht in der Regel dem Umfang der Hermes-Deckung, also **bis zu 85% des Auftragswerts**. Zusätzlich können **lokale Kosten** bis zur Höhe der An- und Zwischenzahlungen mit in die Hermes-gedeckte Finanzierung einbezogen werden.

Komplementärfinanzierungen

Ungedeckte Komplementärfinanzierungen der An- und Zwischenzahlungen sollen **15% des Auftragswerts** möglichst nicht überschreiten.

Ohne Hermes-Deckung

Bei Finanzierungen von Ausfuhrgeschäften ohne Hermes-Deckung kann die Kredithöhe bis zu **100% des Auftragswerts** betragen (KfW 1996: S. 16).

KfW-ERP-Exportfinanzierungen

Für Kredite aus dem KfW-ERP-Exportfinanzierungsprogramm gelten nach Auftragswerten gestaffelte maximale Kredithöhen.
Eine Aufstockung des mit ERP-Mitteln geförderten Kreditbetrags bis zur Höhe von 85% des tatsächlichen Auftragswerts aus von der KfW ergänzend bereitgestellten Marktmitteln ist jedoch möglich.

Kreditwährung

DM-Kredite überwiegen

Die KfW bietet sowohl Kredite in **DM** als auch Kredite in **Fremdwährung** an. Bislang überwiegen DM-Kredite.

Fremdwährungskredite

Das Finanzierungsangebot der KfW umfasst auch die gängigen Fremdwährungen. Fremdwährungskredite der KfW setzen allerdings ein bestimmtes **Mindestfinanzierungsvolumen** voraus, so z.B. bei US-Dollar-Krediten den Gegenwert von DM 5 Millionen.
Bei Hermes-Deckungen für Finanzkredite in Fremdwährung macht die KfW grundsätzlich von der seit 1986 bestehenden Möglichkeit Gebrauch, den Wegfall der (Wechsel-)Kursbegrenzung bei der Berechnung der Entschädigung zu beantragen (KfW 1996: S. 17).

6.4.2.5 Kreditauszahlung -Verfahren und Voraussetzungen-

Auszahlungsverfahren

Pro rata Lieferung

Überlicherweise wird im Ausfuhrvertrag und im Kreditvertrag die **Direktauszahlung** an den Exporteur vereinbart, und zwar

- **pro rata** der vom Exporteur erbrachten Lieferungen und/oder Leistungen.

Progress Payment

Es kommen jedoch auch **Kreditauszahlungen an den Exporteur** vor, und zwar als

- **Progress Payment**, d.h. pro rata des innerbetrieblichen Produktionsfortschritts.

Dieses Auszahlungsverfahren kommt dem Exporteur bei der Erstellung von Anlagen mit einer langen Fertigungsdauer entgegen.

Erstattungsverfahren

Ausnahmsweise können die Kreditmittel von der KfW auch im

- **Erstattungsverfahren**

ausgezahlt werden. In diesem Fall hat der Exporteur die Zahlungen vom Besteller bzw. von der Importeurbank bereits erhalten. Deswegen erfolgt die **Auszahlung** des KfW-Kredits nicht an den Exporteur, sondern als **Erstattung an den KfW-Kreditnehmer**, d.h. an den **Besteller** (bei KfW-Bestellerkrediten) oder an die **Importeurbank** (bei KfW-Bank-zu-Bank-Krediten).

Ratschlag

Bei Kreditauszahlungen pro rata Lieferungen und/oder Leistungen sollte im Ausfuhrvertrag und im Kreditvertrag darauf geachtet werden, dass die Kreditauszahlungen an den Exporteur (dessen Abrufe) **ohne** direkte **Mitwirkung des Bestellers** möglich sind.

Nachweise/Abwicklung

Zum Abruf der Auszahlungen des KfW-Kredits hat der Exporteur in der Regel (im Kreditvertrag definierte) **Lieferdokumente und/oder Leistungsdokumente** vorzulegen. Ausnahmsweise prüft die KfW diese Dokumente/Nachweise selbst.
Im Allgemeinen reicht der Exporteur diese Dokumente/Nachweise jedoch bei einer deutschen **Geschäftsbank** ein. Diese prüft die eingereichten Dokumente und stellt darüber dem Exporteur eine Bestätigung aus, auf deren Grundlage sodann der Abruf/die Auszahlung des KfW-Kredits an den Exporteur erfolgt. Die deutsche Geschäftsbank reicht die Dokumente sodann an die Bestellerseite weiter.
Häufig hat der Importeur gemäß dem Ausfuhrvertrag neben der Anzahlung eine weitere Zahlung an den Exporteur nach erbrachter

Lieferung/Leistung zu leisten. Diese Zahlung wird im Allgemeinen als **Dokumentenrate** bezeichnet und wird in vielen Fällen auf Basis eines **Akkreditivs** zu Gunsten des deutschen Exporteurs abgewickelt. Weil im Rahmen dieses Akkreditivs ohnehin die relevanten **Dokumente** einzureichen sind, lässt sich diese Abwicklung mit der Auszahlung des KfW-Kredits bzw. mit der Vorlage der dafür erforderlichen dokumentären Nachweise **koppeln**.

Auszahlungsvoraussetzungen

Sicherheiten

Die im Kreditvertrag festgelegten Sicherheiten, das sind in der Regel das **Hermes-Deckungsdokument**, die **Exporteurgarantie** sowie die ausländische **Zahlungsgarantie** (bei Bestellerkrediten), müssen in ordnungsgemäßer Form vorliegen.

Abruf/Nachweise

Der Exporteur hat einen **unterzeichneten Abruf** für die **Auszahlung** des Kredits vorzulegen. Der Abruf muss in der Regel von einer **Bankbestätigung** über eingereichte dokumentäre Nachweise der erbrachten Lieferungen und/oder Leistungen begleitet sein. Nur ausnahmsweise übernimmt die KfW die Prüfung der vom Exporteur einzureichenden Dokumente selbst (Einzelheiten siehe oben "Nachweise/Abwicklungen").
Obligatorisch bei jedem Abruf von Darlehensmitteln aus Hermes-gedeckten Krediten ist auch die **Bestätigung des Exporteurs**, dass der Besteller seinen bisherigen Verpflichtungen aus dem Ausfuhrvertrag nachgekommen ist.

Bonität

Weitere Voraussetzung für die Kreditauszahlung ist die **unverändert** ausreichende **Bonität** des Kreditnehmers, des eventuell eingeschalteten Garanten sowie des Schuldnerlandes.

Rechtsgutachten (Legal Opinion)

Vor der ersten Auszahlung aus dem Darlehensvertrag hat der Darlehensnehmer (und der Garant) durch ein Rechtsguthaben (Legal Opinion) darzulegen, dass der Darlehensvertrag **wirksame Verpflichtungen** des Darlehensnehmers (und die Zahlungsgarantie wirksame Verpflichtungen des Garanten) begründet. Gegebenenfalls ist auch die **Rechtswirksamkeit** von weiteren vereinbarten Sicherheiten nachzuweisen.
Ferner ist im Rahmen des Rechtsgutachtens zu bestätigen, dass alle **devisenrechtlichen Genehmigungen** für den Abschluss und die Durchführung des Darlehensvertrags erteilt worden sind.
Die im Rechtsgutachten getroffenen Aussagen sind durch **Dokumente und Unterlagen** zu belegen (KfW 1996: S. 20).

6.4.2.6 Kreditlaufzeit und Kreditrückzahlung

Kredite mit Hermes-Deckung

Grundsatz

Bei Hermes-gedeckten Krediten werden Kreditlaufzeit und Tilgungsmodalitäten von den **Vorgaben der Bundesdeckung** bestimmt.

Tilgung

Die Tilgung bei Hermes-gedeckten Krediten erfolgt in **gleichhohen aufeinander folgenden Halbjahresraten.**

Die erste Tilgungsrate ist dabei 6 Monate nach dem von Hermes festgelegten Beginn der Kreditlaufzeit (dies ist der sog. Starting Point) fällig.
Hinweis: Zur Definition des **Starting Point** siehe am Schluss von Abschnitt "6.1.3.2 Maßgebliche Restriktionen der Zahlungsbedingungen".

Laufzeit

Die **Kreditlaufzeit** entspricht den Vorgaben der Hermes-Deckung und bewegt sich grundsätzlich innerhalb der gemäß **OECD-Konsensus** zulässigen Höchstkreditlaufzeiten. In der Regel ist eine Kreditlaufzeit von 5 Jahren und damit eine Tilgung in 10 Halbjahresraten vorgesehen.

Bei ausländischen Konkurrenzangeboten (d.h. bei Vorliegen des sog. **"Matching-Falls"**) und/oder Großvorhaben können je nach Einkommenskategorie des Bestellerlandes auch Kreditlaufzeiten von 8,5 und 10 Jahren zugestanden werden. In Ausnahmefällen (z.B. bei der Finanzierung von Kraftwerken) sind auch längere Laufzeiten möglich (KfW 1996: S. 20).

Hinweis: Zum **OECD-Konsensus** und zum sog. **Matching-Fall** siehe am Schluss von Abschnitt "6.1.3.2 Maßgebliche Restriktionen der Zahlungsbedingungen".

Kredite ohne Hermes-Deckung

Komplementärfinanzierungen

Die Tilgungsmodalitäten von **ungedeckten Komplementärfinanzierungen der An- und Zwischenzahlungen** (in der Regel 15% des Auftragswerts) orientieren sich an den Tilgungsbestimmungen der Hermes-gedeckten Finanzierung des (meist 85%igen) Kreditteils. Der Beginn der Rückzahlung wird jedoch üblicherweise von Anfang an definitiv im Darlehensvertrag festgelegt. Die Anzahl der halbjährlichen Rückzahlungsraten kann u.U. geringer sein als bei der korrespondierenden Hermes-gedeckten Finanzierung des Kreditteils (KfW 1996: S. 21).

Gesamtfinanzierungen

Bei Ausfuhrgeschäften, die gänzlich **ohne Hermes-Deckung** finanziert werden, unterliegt die KfW bei den Rückzahlungsbedingungen keinen formellen Vorgaben. Es ist somit ein **individueller Zuschnitt** der Rückzahlungsbedingungen auf die Eigenarten eines Exportgeschäfts möglich.

6.4.2.7 Finanzierungskosten u. Ä.

Zinssätze

KfW-ERP-Kredite

Bei Krediten aus dem KfW-ERP-Exportfinanzierungsprogramm, das ausschließlich Festzinskredite vorsieht, erfolgt die Zinsfestlegung bereits bei Abschluss des Darlehensvertrags.
Gemäß **OECD-Konsensus** entspricht der Zinssatz für diese Kredite dem zum Zeitpunkt des Darlehensvertragsabschlusses geltenden Mindestzinssatz für öffentlich unterstützte Exportkredite. Für die DM ist dies in der Regel die so genannte Commercial Interest Reference Rate (CIRR).

Hinweis: Zur **Definition** des kommerziellen Referenzzinssatzes **(CIRR)** siehe Abschnitt "6.1.3.2 Maßgebliche Restriktionen der Zahlungsbedingungen".

KfW-Marktmittelkredite

Bei Krediten, die ausschließlich aus Marktmitteln der KfW refinanziert werden, erfolgt die **Zinsfestlegung** in der Regel erst bei **Auszahlung** der Darlehensmittel.
In geeigneten Fällen kann auch bei Marktmittelkrediten der Zins bereits bei **Abschluss des Darlehensvertrags** fixiert werden.

Im Übrigen kann statt eines Festzinssatzes ein **variabler Zinssatz** -eventuell auf LIBOR-Basis- vereinbart werden.
Möglich ist schließlich auch die **Kombination** eines variablen Zinssatzes für die Anfangsphase der Finanzierung mit einem Festzinssatz beispielsweise ab Vollauszahlung des Kredits.

Fremdwährungskredite

Die KfW ist in der Lage, auch bei Fremdwährungskrediten sowohl hinsichtlich der **Laufzeit** als auch hinsichtlich des Zinssatzes interessante Angebote zu unterbreiten.
Beispiel für einen US-Dollar-Kredit:
Für die Auszahlungsphase wird in der Regel eine **variable Verzinsung auf LIBOR-Basis** vereinbart. Nach Vollauszahlung oder wenn ein bestimmtes Mindestauszahlungsvolumen erreicht ist, erhält der Darlehensnehmer die **Option**, jederzeit zu einem **Festzinssatz** überzuwechseln, wenn er dies auf Grund der Marktverhältnisse für opportun hält. Der anzuwendende US-Dollar-Festzinssatz basiert auf den Einstandskosten der KfW am US-Kapitalmarkt (KfW 1996: S. 23).

Sonstige Finanzierungskosten

Zusageprovision

Vom Zeitpunkt des Darlehensvertragsabschlusses bis zur Auszahlung der Darlehensmittel wird dem Kreditnehmer für den noch nicht ausgezahlten Kreditbetrag eine **Zusageprovision** in Rechnung gestellt, die nachträglich zum Ende eines jeden Kalendervierteljahres zu zahlen ist.

Sonstige Kosten

Sonstige Kosten entstehen dem Darlehensnehmer fallweise, wenn etwa im Zusammenhang mit dem Abschluss und der Durchführung des Darlehensvertrags Kosten wie z.B. Steuern und Gebühren anfallen oder der KfW besonderer Aufwand bei der Dokumentation des Kreditgeschäfts (z.B. Anwaltskosten) oder im Zusammenhang mit der Kreditauszahlung entsteht.
Ferner verlangt die KfW bei Finanzierungspaketen, die Elemente ohne Hermes-Deckung enthalten (z.B. ungedeckte Komplementärfinanzierung), in vielen Fällen ein Entgelt, das der Darlehensnehmer in Form eines einmaligen Betrags unmittelbar nach Vertragsabschluss zu entrichten hat (Front-End Fee). Die Höhe richtet sich nach Risikoeinschätzung und den Marktverhältnissen (KfW 1996: S. 24).

Hermes-Kosten

zulasten des Exporteurs

Im Rahmen der gegenüber der KfW abzugebenden Exporteurgarantie übernimmt der Exporteur die Verpflichtung zur Zahlung des gesamten Hermes-Entgelts für die Fabrikationsrisiko-, Ausfuhr- und Finanzkreditdeckung.

zulasten der ausländischen Kreditnehmer

In Ausnahmefällen ist die KfW bereit, das Hermes-Entgelt dem Darlehensnehmer im Rahmen des Darlehensvertrags in Rechnung zu stellen.

6.5 Forfaitierung

6.5 Forfaitierung

6.5.1 Übersicht

6.5.1.1 Kurzinformation: Maßgebliche Merkmale der Forfaitierung

Kurzinformation über maßgebliche Merkmale der Forfaitierung

- **Hinweis:** Diese Kurzinformation über maßgebliche Merkmale der Forfaitierung dient lediglich der Einführung und der Übersicht. Umfassend sind diese und weitere Merkmale in den folgenden Abschnitten dargestellt und untersucht.
- Forfaitierung ist der **Verkauf einzelner mittel- und langfristiger Exportforderungen** an Forfaitierungsgesellschaften bzw. an Kreditinstitute (sog. Forfaiteure) mit **Übernahme aller Forderungsrisiken** durch den Forfaiteur.
  Anmerkung: Im Folgenden wird der in der Praxis übliche Ausdruck "Forfaitierungsgesellschaft" statt "Forfaiteur" beibehalten, wobei zugleich auch diejenigen Banken einbezogen sein sollen, die Forfaitierungsgeschäfte betreiben.

- **Forfaitierungsgesellschaften**
  - erteilen auf Wunsch des Exporteurs **Ankaufzusagen** vor Forderungsentstehung,
  - übernehmen die **Finanzierungsfunktion** durch Gutschrift des Forderungsgegenwerts ohne Sicherungseinbehalt,
  - übernehmen regelmäßig das **Delkredererisiko** einschließlich der politischen Risiken,
  - übernehmen **Dienstleistungsfunktionen** (z.B. die Bonitätsprüfung des Importeurs und der bürgenden Bank sowie das Inkasso der Forderung),
  - übernehmen bei Fremdwährungsforderungen das **Wechselkursrisiko** ab dem Zeitpunkt des Forderungsankaufs.
- Forfaitierung hat für den Exporteur somit
  - **Liquiditäts- und Finanzierungsvorteile,**
  - **Sicherheits- und Dienstleistungsvorteile,**
  - sowie **bilanzielle Vorteile.**
- Die Kosten der Forfaitierung umfassen im Wesentlichen den **Diskontsatz** (Ankaufszinssatz) der Forfaitierungsgesellschaft, der über den jeweiligen Marktzinssatz hinaus eine Risikoprämie enthält; teilweise zuzüglich einer **Bearbeitungsgebühr**.
  Für Ankaufzusagen vor Forderungsentstehung wird dem Exporteur eine **Bereitstellungsprovision** in Rechnung gestellt.
- Forfaitierung eignet sich insbesondere für Investitionsgüterexporteure und zunehmend auch für Konsumgüterexporteure, die aus akquisitorischen Gründen gezwungen sind, ihren Abnehmern **mittel- bis langfristige Zahlungsziele einzuräumen.**

6.5.1.2 Kurzinformation: Refinanzierung durch Forfaitierung (grafische und schrittweise Darstellung)

Abbildung

Die **Grundstruktur der Abwicklung** der Forfaitierung **einer Buchforderung** mit Aval der Importeurbank ist in Abbildung 6.5-01 dargestellt und anschließend in einzelnen Schritten erläutert.

Erläuterungen:

1. **Abschluss des Kaufvertrags**

   Die Zahlungsbedingung des Kaufvertrags umfasst die Einräumung eines **mittel- bis langfristigen Zahlungsziels**. Bei größeren Exportgeschäften hat der Importeur häufig eine Anzahlung bei Vertragsabschluss sowie eine Abschlagszahlung bei Warenlieferung (die sog. Dokumentenrate) zu leisten. Die danach verbleibende Restschuld ist vom Importeur sodann in **halbjährlichen Raten** zu tilgen.

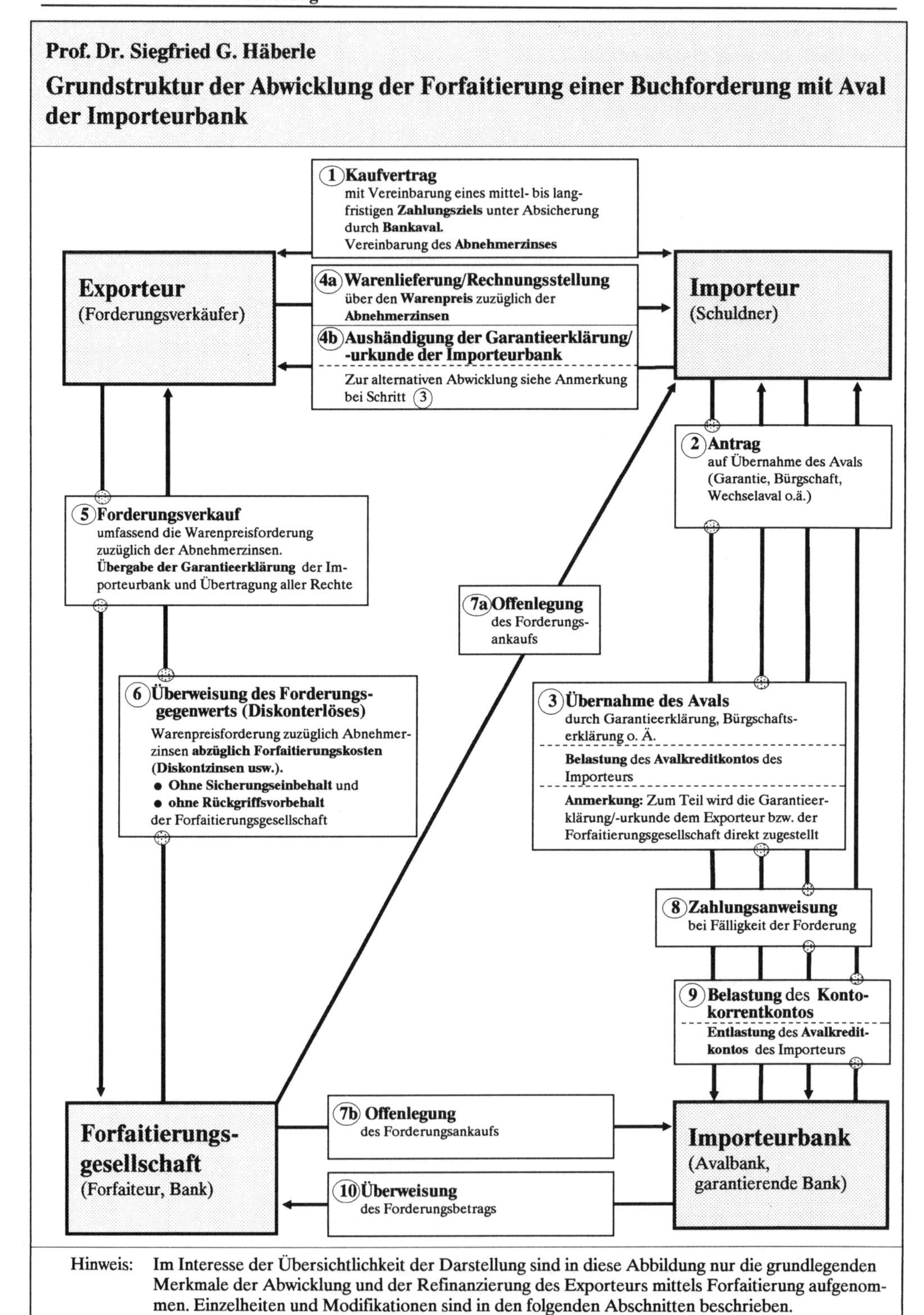

Abbildung 6.5-01

Bei Einräumung längerfristiger Zahlungsziele macht der Exporteur dem Importeur im Allgemeinen die Beibringung eines **Bankavals** (als Bankgarantie, Wechselaval o. Ä.) zur Absicherung der Forderung zur Auflage.
In den Kaufvertrag ist außerdem eine Vereinbarung über die Höhe der vom Importeur zu zahlenden **Zinsen** (die sog. **Abnehmerzinsen**) aufzunehmen.

2. Antrag auf Übernahme des Avals

Entsprechend den Vereinbarungen im Kaufvertrag stellt der **Importeur bei seiner Bank** einen Antrag auf Übernahme des Avals [Bankgarantie oder Wechselaval -falls in Abweichung zum vorliegenden Beispiel- mit (Sola-)Wechseln bezahlt wird].

3. Übernahme des Avals

Die Bank des Importeurs (oder eine beauftragte Drittbank) übernimmt das Aval und stellt -da es sich um eine Buchforderung handelt- darüber eine **Garantieerklärung/-urkunde** (ein Garantiedokument) aus, die sie dem Importeur (oder -in Abweichung zum vorliegenden Beispiel- direkt dem Exporteur bzw. der Forfaitierungsgesellschaft) aushändigt. Zugleich belastet die avalübernehmende Bank das **Avalkreditkonto** des Importeurs.
Wäre über die Forderung des Exporteurs -in Abweichung zum vorliegenden Beispiel- ein Wechsel ausgefertigt worden (im Allgemeinen als Solawechsel des Importeurs), dann könnte die Importeurbank das Aval in Form ihrer Unterschrift (Avalerklärung) auf dem Wechsel als sog. Wechselaval erbringen.

4a. Warenlieferung und Rechnungsstellung

Der Exporteur bringt die Waren zum Versand und stellt dem Importeur den **Warenpreis** in Rechnung. Daneben weist die Rechnung auch die vom Importeur zu zahlenden **Abnehmerzinsen** aus.
Mit Abnahme der Waren durch den Importeur ist die Forderung an den Importeur, die den Warenpreis zuzüglich der Abnehmerzinsen umfasst, entstanden.

4b. Aushändigung der Garantieerklärung der Importeurbank

Im Gegenzug händigt der Importeur die **Garantieerklärung** der Importeurbank **an den Exporteur** aus.
In der Praxis wird die Garantieerklärung -wie bei Schritt 3 erwähnt und in Abweichung zum vorliegenden Beispiel- zum Teil von der Importeurbank direkt gegenüber der Forfaitierungsgesellschaft abgegeben.

5. Forderungsverkauf

Der Exporteur verkauft die **Exportforderung** an eine **Forfaitierungsgesellschaft** (bzw. an eine Bank, die Forfaitierungsgeschäfte macht). Häufig hat der Exporteur schon vor Abschluss

des Kaufvertrags mit dem Importeur in Kontakt mit der Forfaitierungsgesellschaft gestanden. Eventuell hat der Exporteur mit der Forfaitierungsgesellschaft bereits bei Abschluss des Kontrakts mit dem Importeur einen **Festabschluss** über den künftigen Forderungsverkauf getroffen.
Die verkaufte Forderung umfasst nicht nur den Kaufpreis der Waren, sondern auch die **Abnehmerzinsen.**
Forfaitierfähig sind auch **Fremdwährungsforderungen** in den gängigen Währungen der führenden westlichen Industrienationen.
Zugleich mit dem Forderungsverkauf übergibt der Exporteur die **Garantieerklärung** der Importeurbank an die Forfaitierungsgesellschaft unter Übertragung aller Rechte.

6. Überweisung (Gutschrift) des Forderungsgegenwerts

Die Forfaitierungsgesellschaft zieht an der angekauften Buchforderung die **Forfaitierungskosten** (die auch bei Buchforderungen als Diskontzinsen bezeichnet werden) ab und überweist dem Exporteur den verbleibenden **Forderungsgegenwert.** Weil die Forfaitierungsgesellschaften Exportforderungen einschließlich der dem Importeur in Rechnung gestellten Abnehmerzinsen ankaufen, verbleibt dem Exporteur nach Abzug der Forfaitierungskosten ein Forfaitierungserlös, der etwa dem (Rest-)Kaufpreis der Waren entspricht. Nur in den Fällen, in denen der im Kaufvertrag vereinbarte Abnehmerzins und der mit der Forfaitierungsgesellschaft vereinbarte Forfaitierungssatz erheblich voneinander abweichen, können sich -unter Berücksichtigung der unterschiedlichen Zinsberechnungsmethoden- für den Exporteur erhebliche Abweichungen zwischen Forfaitierungserlös einerseits und reiner Kaufpreisforderung an den Importeur andererseits ergeben.
Forfaitierungsgesellschaften kaufen Exportforderungen in der Regel mit **Übernahme aller wirtschaftlichen, politischen und währungsbezogenen Risiken** an. Forfaitierungsgesellschaften machen deswegen -von wenigen Ausnahmen abgesehen- gegenüber dem forderungsverkaufenden Exporteur weder Rückgriffsvorbehalte noch behalten sie zu ihrer Sicherheit Teilbeträge ein.

7. Offenlegung des Forderungsankaufs

Die **Offenlegung** des Forderungsankaufs durch die Forfaitierungsgesellschaft gegenüber dem Importeur und gegenüber derjenigen Bank, die das Aval übernommen hat, ist **die Regel.** Der Importeur hat mit schuldbefreiender Wirkung nur noch an die Forfaitierungsgesellschaft und nicht mehr an den Exporteur zu zahlen.

8. Zahlungsanweisung bei Fälligkeit der Forderung

Bei Fälligkeit der Forderung (bzw. der Teilbeträge, sofern Ratenzahlung vereinbart ist) erteilt der **Importeur Zahlungsanweisung** an seine Bank.

9. Belastung des Kontokorrentkontos des Importeurs

Im Gegenzug belastet die Importeurbank den Importeur mit dem **Zahlungsbetrag** auf seinem **Kontokorrentkonto.**
Im gleichen Zeitpunkt und in gleichem Umfang **entlastet** die Importeurbank den Importeur auf seinem **Avalkreditkonto.**
Sofern der Importeur im Zeitpunkt der Fälligkeit der Forderung nicht mehr zahlungsfähig ist, hat die **Importeurbank** auf Grund des übernommenen **Avals** Zahlung an die Forfaitierungsgesellschaft zu leisten.

10. Überweisung des Forderungsbetrags

Die Importeurbank überweist den **Forderungsbetrag** an die **Forfaitierungsgesellschaft.**

6.5.2 Charakterisierung und Grundstruktur der Forfaitierung

Definition

Aus Sicht des Exporteurs ist Forfaitierung der im Allgemeinen **regresslose Verkauf einzelner mittel- bis langfristiger Exportforderungen** an Forfaitierungsgesellschaften bzw. an Kreditinstitute.

Anmerkung: Im Folgenden wird aus Vereinfachungsgründen überwiegend nur noch von Forfaitierungsgesellschaften (Forfaiteuren) gesprochen, wobei die forfaitierenden Kreditinstitute mit einbezogen sind.

à forfait

Der Ausdruck "à forfait" bedeutet, dass die Forderungen als Ganzes (in "Bausch und Bogen"), d.h. **mit allen Risiken**, von den Forfaitierungsgesellschaften angekauft werden.

Echte Forfaitierung

- Echte Forfaitierung liegt bei **vorbehaltloser Übernahme aller** mit der angekauften Forderung verbundenen **Risiken** (insbesondere des Delkredererisikos, der politischen Risiken und des Wechselkursrisikos bei Fremdwährungsforderungen) durch die Forfaitierungsgesellschaft vor.

Unechte Forfaitierung

- Von unechter Forfaitierung wird gesprochen, wenn der **Rückgriff auf den Forderungsverkäufer** -im Ausnahmefall und im genau zu definierenden Umfang- nicht ausgeschlossen ist.

Vertragsverhältnis

Im Gegensatz zum Exportfactoring verpflichtet sich der Exporteur bei der Forfaitierung im Allgemeinen nicht in einem Rahmenvertrag zum Verkauf aller mittel- und langfristigen Exportforderungen an eine bestimmte Forfaitierungsgesellschaft bzw. an eine bestimmte Bank. Forfaitierungsverträge werden vielmehr **für jeden Einzelfall** -evtl. unter Einholung von Angeboten verschiedener Forfaitierungsgesellschaften bzw. Banken- abgeschlossen.
Häufig betätigt sich die **Hausbank** des Exporteurs als **Vermittlerin** und besorgt ihrem Kunden einen geeigneten Forfaiteur, sofern sie die Forfaitierung nicht selbst vorzunehmen wünscht.

Betragshöhe

Die Höhe ankaufsfähiger Forderungen ist allgemein gültig nicht festgelegt. Die Forfaitierungsgesellschaften wünschen jedoch einen **Mindestbetrag** (eine Ratenhöhe) von **ca. DM 50.000.--** bzw. Fremdwährungsgegenwert. Eine Obergrenze existiert nicht.

Laufzeit

Die maximale Laufzeit ankaufsfähiger Forderungen ist **abhängig vom Schuldnerland**, d.h. von jenem Land, in dem der Importeur bzw. die für die Zahlung haftende Bank den Sitz haben. Bei Schuldnerländern, deren Kreditwürdigkeit als relativ gering eingeschätzt wird, begrenzen die Forfaitierungsgesellschaften die Höchstlaufzeit auf ca. 1 bis 3 Jahre. Forderungen auf Länder, deren Kreditwürdigkeit keinen Anlass zu Zweifeln gibt, sind dagegen mit Laufzeiten bis zu 7 Jahren und -in Ausnahmefällen- auch darüber forfaitierungsfähig.

Die kürzeste Laufzeit forfaitierbarer Forderungen beginnt prinzipiell dort, wo die Höchstlaufzeit der an Factoringgesellschaften verkäuflichen Exportforderungen endet, nämlich bei ca. 180 Tagen. Allerdings fällt der Ankauf derart kurzfristiger Forderungen nicht mehr unter den Vorstellungsinhalt der "klassischen" Forfaitierung, bei der eine längerfristige Laufzeit üblich ist.

Währungen

Forfaitierungsgesellschaften kaufen **DM-Forderungen** und **Fremdwährungsforderungen** an. Forfaitierungsfähige Fremdwährungsforderungen müssen auf die Währungen der bedeutenden westlichen Welthandelsländer lauten, weil die ankaufende Forfaitierungsgesellschaft nur für diese Währungen am Euromarkt ein Refinanzierungs- und Absicherungspotenzial vorfindet.

Effektivklausel

Bei Wechseln, die **nicht auf die Währung des Schuldnerlandes** lauten (z.B. bei Wechseln, die auf DM lauten und im Ausland zahlbar sind), ist es im Einzelfall empfehlenswert, den Vermerk "effektiv" vor den Wechselbetrag zu setzen. Dadurch wird zu verhindern versucht, dass der Schuldner den Wechselbetrag mit schuldbefreiender Wirkung in seiner eigenen Währung zahlen kann, was ohne den "Effektivvermerk" in einigen Ländern sonst möglich wäre. Allerdings ist die sichernde Wirkung von "Effektivvermerken" nicht immer gewährleistet.

Hinweis

Weitere Ausführungen zur Effektivklausel finden sich in Abschnitt "2.1.2 Maßgebliche Merkmale der Zahlungsbedingungen", Unterabschnitt "Währung".

6.5.3 Art und Besicherung forfaitierbarer Exportforderungen

Geschäftsgrundlagen der Exportforderungen

Forfaitierungsfähige Forderungen entstehen vor allem bei **Investitionsgüterexporten** bzw. im **Anlagenbau**. Mit Blick auf die Langlebigkeit von Investitionsgütern und Anlagen sind in diesen Bereichen längerfristige Zahlungsziele betriebswirtschaftlich nahe liegend und häufig auch branchenüblich. Zunehmend sehen sich aber auch Konsumgüterexporteure dem Begehren ihrer (Groß-)Abnehmer nach Einräumung mittelfristiger Zahlungsziele ausgesetzt. Die Forfaitierung derartiger, auf Konsumgüterexporten beruhender Forderungen ist ebenfalls möglich, sofern die Sicherheit der Zahlung gewährleistet erscheint.

Forfaitierung von

... Solawechseln

Mit Solawechseln lässt sich aus Sicht des forderungsverkaufenden Exporteurs die **Forfaitierung am einfachsten** bewerkstelligen. Der Importeur verpflichtet sich als Aussteller des Solawechsels (andere

Bezeichnung: "eigener Wechsel") zur Zahlung bei Fälligkeit. Der Exporteur tritt im Solawechsel lediglich als Remittent (Wechselnehmer, Wechselbegünstigter) in Erscheinung und indossiert (überträgt die Wechselrechte) mit einem sog. **Angstindossament** (Zusatz "ohne Regress", "without recours", "sans recours" o. Ä.) auf die Forfaitierungsgesellschaft. Eine wechselrechtliche Haftung übernimmt der forderungsverkaufende Exporteur gegenüber der Forfaitierungsgesellschaft nicht. Hinweis: In Abschnitt 3.4.2.2 ist ein Solawechsel abgebildet.
Es ist jedoch anzumerken, dass der Haftungsausschluss durch Angstindossament **nicht in allen Ländern anerkannt** ist, sodass der Exporteur Gefahr läuft, von Dritten, an die die Forfaitierungsgesellschaft den Solawechsel weitergegeben hat, doch in Anspruch genommen zu werden. In der Literatur wird vorgeschlagen, den Ausschluss der Haftung des Exporteurs dadurch zu erreichen, dass der wechselausstellende Importeur angewiesen wird, im Solawechsel keinen Remittenten einzutragen, sodass nach Forderungsverkauf die Forfaitierungsgesellschaft als Remittent eingetragen werden kann und der Exporteur auf dem Solawechsel somit überhaupt nicht in Erscheinung tritt (vgl. Klenke 1983: S. 274). Von Bankpraktiken wird allerdings in Zweifel gezogen, dass dieses Verfahren -von seltenen Ausnahmen abgesehen- in der Praxis durchgeführt werden kann.

... gezogenen Wechseln

Bei einem gezogenen Wechsel ist der **Exporteur Wechselaussteller** und übernimmt damit eine **wechselrechtlich nicht ausschließbare Haftung**. Auch die Weitergabe des gezogenen Wechsels mit einem sog. Angstindossament an die Forfaitierungsgesellschaft befreit den Exporteur aus der Ausstellerhaftung nicht, sondern nur aus der Haftung als Indossant.

Freistellungserklärung

Um die gewünschte **Entbindung** des Exporteurs von der **wechselrechtlichen Haftung** gegenüber der Forfaitierungsgesellschaft zu ermöglichen, stellt ihm die Forfaitierungsgesellschaft eine sog. Freistellungserklärung, die auch Enthaftungserklärung genannt wird, aus. Darin erklärt die Forfaitierungsgesellschaft gegenüber dem Exporteur, dass sie ihn von allen wechselrechtlichen Ansprüchen freistellen wird. Zu beachten hat der Wechselaussteller jedoch, dass ihn gutgläubige Erwerber des Wechsels weiterhin in Anspruch nehmen können. Dies wird für den Exporteur dann zum Problem, wenn die Forfaitierungsgesellschaft trotz der Freistellungserklärung gegenüber dem Exporteur die Erstattung des Wechselbetrags verweigert oder gar zahlungsunfähig wird.

Forfaitierung von Buchforderungen

Forfaitierung setzt Wechselausstellung keineswegs zwingend voraus. Die Forderung des Exporteurs kann vielmehr auch als **Buchforderung** an eine Forfaitierungsgesellschaft verkauft werden, wobei jedoch unter anderem das Recht des Schuldnerlandes hinsichtlich der rechtsgültigen Übertragung (Abtretung) der Forderung auf die Forfaitierungsgesellschaft zu beachten ist.

Haftung des Exporteurs

Bei allen Formen der Forfaitierung haftet der forderungsverkaufende Exporteur gegenüber der Forfaitierungsgesellschaft für den **rechtlichen Bestand der Forderung**: Die Forderung muss in ihrer

Höhe einwandfrei bestehen und frei von Rechten Dritter sein. Der Exporteur bleibt beispielsweise insoweit in der Haftung, als der Importeur berechtigterweise Aufrechnungen vornimmt oder wenn dieser die Forderung wegen mängelbehafteter Lieferung o. Ä. (teilweise) bestreitet. Zum Teil verlangen die Forfaitierungsgesellschaften überdies eine Erklärung des zahlungspflichtigen Importeurs über die uneingeschränkte Anerkennung der Forderung.

Besicherung durch

Die Besicherung der Exportforderung durch das **Zahlungsversprechen der Importeurbank** bzw. einer anderen als solvent geltenden Bank ist regelmäßig Voraussetzung für die Forfaitierung.
Als Sicherungsinstrumente kommen das Wechselaval (die Wechselbürgschaft) und die Bankgarantie, aber auch Akkreditive infrage.

... Wechselaval

Das Wechselaval der Bank bietet sich an, wenn die Exportforderung ohnehin in Wechselform gekleidet ist. Die mithaftende Bank bringt -im Allgemeinen auf der Vorderseite des Wechsels- den **Vermerk "Per Aval"** mit Stempel und **Unterschrift** an. Handelt es sich statt um einen Solawechsel um einen gezogenen Wechsel, dann ist im Aval anzugeben für wen diese Wechselbürgschaft gelten soll. Die Bank hat dann den Vermerk anzubringen "Per Aval für den Bezogenen". Grundsätzlich kann eine Wechselbürgschaft auch auf einem gesonderten Blatt abgegeben werden.
Für die Forfaitierungsgesellschaft bietet das Wechselaval einer Bank ein **hohes Maß an Sicherheit**, weil es wechselrechtliche Ansprüche gegen die bürgende Bank begründet, die von der Exportforderung losgelöst sind.

... Garantieerklärung

Sofern Wechselziehung zwischen Exporteur und Importeur nicht vereinbart ist, kann die entstandene, zu forfaitierende Buchforderung durch eine Garantieerklärung einer Bank abgesichert werden.
Diese Garantieerklärung muss -um die für die Forfaitierung notwendige Sicherheit und Mobilität zu gewährleisten- **unwiderruflich und übertragbar** sein, und sie darf bezüglich ihrer Erfüllung **nicht an besondere Bedingungen** geknüpft sein.

Hinweis: Einzelheiten zu den **Bankgarantien** siehe Kapitel 8.

... Akkreditiv

Hat der Exporteur dem Importeur ein Zahlungsziel im Rahmen eines **Akkreditivs mit hinausgeschobener Zahlung** (Deferred payment-Akkreditiv) gewährt, dann ist es bei entsprechender Laufzeit nahe liegend, die mit der Dokumenteneinreichung bzw. Dokumentenaufnahme entstehende Akkreditivforderung an eine Forfaitierungsgesellschaft oder Bank zu verkaufen. Die ankaufende Forfaitierungsgesellschaft bzw. Bank ist durch das Akkreditivversprechen der Akkreditivbank und -bei bestätigenden Akkreditiven auch durch die Bestätigungsbank- gesichert.

Hinweis: Einzelheiten zu den **Dokumentenakkreditiven** siehe Kapitel 4.3.

Abtretung der Ansprüche aus Bundesdeckung

Sofern der Exporteur für die zu verkaufende Exportforderung eine Risikoabsicherung in Form einer **Ausfuhrgewährleistung** des Bundes (sog. Hermes-Deckung) vorgenommen hat, kann er seine **Deckungsansprüche** an die Forfaitierungsgesellschaft -mit Zustimmung des Bundes- **abtreten**. Mit Erlangung und durch Abtretung der Hermes-Deckung werden Forfaitierungen auch von solchen Exportforderungen ermöglicht, für die sich wegen politischer Risiken des Schuldnerlandes sonst womöglich kein Forfaiteur finden würde. Ebenso wirkt sich eine Abtretung der Hermes-Ansprüche auf die **Ankaufkonditionen** aus, weil die Forfaitierungsgesellschaft dann keine Veranlassung hat, einen (erhöhten) Risikozuschlag zu erheben.

Restriskiko des Exporteurs

Der Exporteur bleibt im Allgemeinen gegenüber der ankaufenden Forfaitierungsgesellschaft in der **Haftung**, wenn der Bund die **Hermes-Deckung** auf Grund des Verschuldens des Exporteurs **entzieht**. Ein Restrisiko kann dem Exporteur aber auch dann verbleiben, wenn er den bei Hermes üblichen **Selbstbehalt** (die Selbstbeteiligung) in Höhe von 10 % oder 15 % der Ausfuhrforderung weiterhin **selbst zu tragen** hat. Im Forfaitierungsvertrag kann das Restrisiko in Höhe des Selbstbehalts aber auch auf die Forfaitierungsgesellschaft überwälzt werden.

6.5.4 Funktionen der Forfaitierung

Finanzierungsfunktion

Für den Exporteur ist der **sofortige Liquiditätszufluss** ein gewichtiges Argument zur Forfaitierung seiner Forderung, zumal ihm die Finanzierung der den Importeuren eingeräumten mittel- bis langfristigen Zahlungsziele aus eigenen Mitteln in der Regel nicht möglich ist.
Von Bedeutung ist überdies, dass Forfaitierungsgesellschaften die **Exportforderungen einschließlich** der den Abnehmern (Importeuren) in Rechnung gestellten **Zinsen** (sog. Abnehmerzinsen) ankaufen, sodass die Forfaitierungserlöse etwa den Exportforderungen entsprechen, d.h. sog. Vollfinanzierungen vorliegen (Einzelheiten siehe unten "Abwicklung"). Dagegen sehen die traditionellen Finanzierungen der Geschäftsbanken und Spezialbanken manchmal (noch) eine Selbstfinanzierungsquote des Exporteurs vor, die im Allgemeinen in Höhe des Hermes-Selbstbehalts definiert ist.
Durch Forfaitierung verbessert der Exporteur seine Bilanzkennzahlen, insbesondere die **Eigenkapital-/Fremdkapitalrelation**, sofern er den Forfaitierungserlös zur Schuldentilgung verwendet.

Delkrederefunktion

Die von Forfaitierungsgesellschaften "à forfait" übernommene Delkrederefunktion reicht sehr weit. Sie umfasst nicht nur die **wirtschaftlichen Risiken** (Zahlungsausfallrisiko, Zahlungsverzögerungsrisiko) einer Exportforderung einschließlich der Zinsforderung an den Importeur, sondern auch alle **politischen Risiken**.
Bei Fremdwährungsforderungen übernehmen die Forfaitierungsgesellschaften überdies das **Wechselkursrisiko** ab dem Zeitpunkt des (vorbehaltlosen) Forderungsankaufs.
Anmerkung: Die Beibringung einer Bundesdeckung ist beim Forderungsankauf von Forfaitierungsgesellschaften und von Geschäftsbanken keineswegs zwingend, wogegen beispielsweise die Ausfuhrkredit-Gesellschaft mbH (AKA) grundsätzlich vorgibt, dass die Forderung (bei längerer Laufzeit) durch Bundesdeckung abgesichert sein soll.

Dienstleistungsfunktionen

Die Dienstleistungsfunktionen der Forfaitierungsgesellschaften für die forderungsverkaufenden Exporteure sind nicht von so großer praktischer Bedeutung, wie sie es beim Exportfactoring sind. Die Forfaitierungsgesellschaften bzw. Banken können den Exporteur auf dessen Wunsch

- bei Abschluss des Kaufvertrags mit dem Importeur hinsichtlich der aufzunehmenden **Zahlungsbedingungen beraten**,
- sie können **Auskünfte** über den **Importeur** bzw. über die die Zahlung garantierende **ausländische Bank** einholen,
- und sie können dem Exporteur ihre **Analyse** des **politischen Risikos** des Schuldnerlandes überlassen.

Dass die Forfaitierungsgesellschaften das Inkasso der angekauften Forderungen übernehmen, entspricht ohnehin dem Wesen des Forderungsankaufs.

6.5.5 Abwicklung und Kosten der Forfaitierung

Unverbindliche Information (Indikation)

Häufig holt sich der Exporteur bereits bei Angebotskalkulation, spätestens aber während der Vertragsverhandlungen mit dem Importeur Informationen über die **möglichen Ankaufskonditionen** der Forfaitierungsgesellschaften und Banken ein. Derart erlangte Informationen binden jedoch weder die Forfaitierungsgesellschaft noch den Exporteur. Sie werden deswegen (unverbindliche) Indikation genannt.

Festofferte (Festangebot)

Zeichnet sich ab, dass der Abschluss des Kontrakts mit dem Importeur mit hoher Wahrscheinlichkeit zu Stande kommen wird, dann benötigt der Exporteur **definitiv gültige Ankaufskonditionen**, um dem Importeur seinerseits ein verbindliches Angebot über den sog. Abnehmerzins, d.h. über den Zins, den der Importeur zu zahlen hat, unterbreiten zu können. In dieser Situation sollte der Exporteur bei einer oder mehreren Forfaitierungsgesellschaften eine sog. Festofferte einholen.

In Festofferten verpflichten sich die befragten Forfaitierungsgesellschaften einseitig zur Forfaitierung zu den darin genannten Konditionen. Allerdings halten die Forfaitierungsgesellschaften **Festofferten nur kurze Zeit aufrecht**, insbesondere bei steigenden Marktzinsen.

Festabschluss

Einen sog. Festabschluss mit der Forfaitierungsgesellschaft bzw. mit der Bank, d.h. den Abschluss des **beidseitig verbindlichen Forfaitierungsvertrags** mit exakter Beschreibung der zu forfaitierenden Forderung und den verbindlichen Ankaufskonditionen, vollzieht der Exporteur -evtl. auf Grundlage einer vorliegenden Festofferte- im Allgemeinen unmittelbar nach Abschluss des Kontrakts mit dem Importeur.

Risiken bei Hinausschieben des Festabschlusses

Nur wenn der Exporteur sicher sein kann, für die später entstehende Forderung jederzeit ein Forfaitierungsunternehmen zu finden, wenn überdies weder eine Verschlechterung der **politischen Situation** des Schuldnerlandes noch der **Kreditwürdigkeit** des **Importeurs** und der **garantierenden Bank** zu erwarten sind und wenn schließlich die **Marktzinsen** in der relevanten Währung eine sinkende Tendenz aufweisen, kann es der Exporteur riskieren, den (Fest-) Abschluss des Forfaitierungsvertrags bis zum Zeitpunkt der Entstehung der Forderung bzw. bis zu einem noch späteren Zeitpunkt hinauszuschieben.

Vorlaufzeit

Zur Vermeidung der skizzierten Risiken wird der Exporteur den Forfaitierungsvertrag jedoch im Allgemeinen frühzeitig abschließen, insbesondere wenn sich zwischen dem Abschluss des Kontrakts mit dem Importeur und der Auslieferung der Ware (der Forderungsentstehung) eine längere (Fabrikations-)Phase schiebt. Forfaitierungsgesellschaften bezeichnen den **Zeitraum** zwischen dem **Abschluss des Forfaitierungsvertrags** (Festabschluss, Festzusage) und dem **Zeitpunkt des Ankaufs der Forderung** als Vorlaufzeit.

Bereitstellungsprovision

Für die Dauer der Vorlaufzeit berechnen die Forfaitierungsgesellschaften im Allgemeinen eine Bereitstellungsprovision, deren Höhe sich bei stabilem Marktzinsniveau auf **etwa 1% bis 2% p.a.** des (später anzukaufenden) Forderungsbetrags beläuft. Die Bereitstellungsprovision rechtfertigt sich in der Sicherheit des Exporteurs über den unwiderruflichen Forderungsankauf zu festgelegten Konditionen.
Die im Einzelfall vereinbarte **Höhe der Bereitstellungsprovision** hängt von der Dauer der Vorlaufzeit, vor allem aber von der **Situation auf dem Geld- und Kapitalmarkt** ab: Mit zunehmender Länge der Vorlaufzeit und bei starken Schwankungen auf den Geld- und Kreditmärkten wird es für die Forfaitierungsgesellschaft zunehmend schwieriger, die im Zeitpunkt des späteren Forderungsankaufs gültigen Marktzinsen abzuschätzen. Die Forfaitierungsgesellschaft wird in einer solchen Situation eine Festzusage -wenn überhaupt- nur gegen eine relativ hohe Bereitstellungsprovision erteilen.
Zur Vermeidung hoher Bereitstellungsprovisionen besteht zwar grundsätzlich die Möglichkeit, die **Ankaufszusage** nicht mit einem Festzinssatz auszustatten, sondern an einen -entsprechend dem Marktzinsniveau- **veränderlichen repräsentativen Zinssatz** (z.B. an LIBOR) zu koppeln. Der Exporteur trägt dann aber ein erhebliches Zinsänderungsrisiko, das eintritt, wenn das Marktzinsniveau ansteigt. Umgekehrt eröffnet dem Exporteur eine derartige Zinsvereinbarung bei sinkendem Marktzins eine Zinsänderungschance. Im Idealfall kann der Exporteur diese Unsicherheiten allerdings dadurch vermeiden, dass er das Zinsänderungsrisiko im Kaufvertrag auf seinen ausländischen Abnehmer überwälzt.

Optionsgebühr/ Optionsprämie

Die Optionsgebühr/Optionsprämie trägt einen ähnlichen Charakter wie die Bereitstellungsprovision, wobei allerdings anzumerken ist, dass die mit dem Ausdruck "Optionsgebühr"/"Optionsprämie" verbundenen Vorstellungsinhalte nicht immer gleich sind. Zum Teil wird der Ausdruck Optionsgebühr/Optionsprämie **in Verbindung mit einem Festabschluss** bzw. mit einer Festzusage, zum Teil -wie oben näher erläutert- **in Verbindung mit einer** die Forfaitierungsgesellschaft **einseitig bindenden Festofferte** (einem Festangebot) gebraucht.
Lässt sich ein Exporteur beispielsweise bereits in einer Phase, in der das Zustandekommen des Kaufvertrags mit dem ausländischen Ab-

nehmer noch nicht sicher ist, von der Forfaitierungsgesellschaft eine **Festofferte** (ein Festangebot) im Sinne eines von ihm ausübbaren **Optionsrechts** erteilen, dann hat der Exporteur im Falle des Nichtzustandekommens des Exportgeschäfts an die Forfaitierungsgesellschaft die Optionsgebühr/Optionsprämie zu entrichten.
Grundsätzlich ist die Optionsgebühr/Optionsprämie auch dann zur Zahlung fällig, wenn der Forderungsverkauf tatsächlich vollzogen wird. Jedoch kann in der Festofferte für diesen Fall vereinbart werden, dass dem Exporteur die Optionsgebühr/Optionsprämie erlassen wird.

Keine Überwälzung des Wechselkursrisikos während der Vorlaufzeit

Der Exporteur hat zu beachten, dass weder die Festofferte noch der Festabschluss sein Wechselkursrisiko bei später entstehenden Fremdwährungsforderungen ausschließen. Die Forfaitierungsgesellschaft **garantiert** im Rahmen ihrer Zusagen im Allgemeinen **lediglich den Ankauf einer Fremdwährungsforderung**. Sie garantiert dem forderungsverkaufenden Exporteur den Forfaitierungserlös also nicht in DM, sondern in der relevanten Fremdwährung. Den Fremdwährungserlös kann der Exporteur nach erfolgter Forfaitierung zum aktuellen Kassageldkurs in DM umtauschen oder anderweitig verwenden.
Erkennt der Exporteur in der Phase zwischen Festofferte bzw. Festabschluss und voraussichtlichem Eingang des Forfaitierungserlöses ein Wechselkursrisiko, dann ist es seiner Entscheidung vorbehalten, dieses Risiko beispielsweise durch ein **Devisentermingeschäft** abzusichern.

Diskontzinsen (Forfaitierungssatz)

Nach Forderungsentstehung (nach Abnahme der Ware durch den Importeur, nach Montage der Anlagen usw.) ist der Exporteur in der Lage, den Forfaitierungsvertrag zu erfüllen und der Forfaitierungsgesellschaft die Forderung -evtl. in Wechselform gekleidet und zeitlich gestaffelt- zu verkaufen. Die Forfaitierungsgesellschaft stellt **Zinsen als Diskont** in Rechnung und überweist dem Exporteur den Diskonterlös (Barwert, Gegenwert) zur freien Verfügung. Dieser im Vertrag vereinbarte und bei der Diskontierung angewandte Zinssatz (Forfaitierungssatz, dem häufig LIBOR zu Grunde liegt und der einen Risikozuschlag enthält) ist ein **Festzinssatz**, der für die ganze Forderungslaufzeit gilt. Von Zinsänderungen, die nach dem Zeitpunkt der Diskontierung eintreten, wird der Exporteur nicht berührt. Nur in **Ausnahmefällen** kommt die Vereinbarung **variabler Zinsen** vor.
Die Zinsberechnung nach der Diskontmethode findet nicht nur bei Wechseln, sondern auch bei der Forfaitierung von Buchforderungen Anwendung.

Einflussfaktoren auf die Höhe der Diskontzinsen

Die **Höhe der Diskontzinsen** (des Forfaitierungssatzes) ist insbesondere von folgenden Faktoren abhängig:

- **Zinsniveau am Euromarkt** jener Währung, auf die die Forderung lautet. Die enge Verbindung zum Euromarkt hängt damit zusammen, dass sich die Forfaitierungsgesellschaften unmittelbar am Euromarkt refinanzieren. Forfaitierende Banken haben darüber hinaus auch andere Refinanzierungsmittel (z.B. aus dem Einlagengeschäft) zur Verfügung. Gleichwohl orientieren sich auch die forfaitierenden Banken bei ihren Angeboten am Euromarkt;

- **Laufzeit** der zu forfaitierenden Forderung;
- **Höhe** und evtl. **Stückelung** der zu forfaitierenden Forderung;
- Zahlungsfähigkeit des **Schuldnerlandes** und Wahrscheinlichkeit des Eintritts politischer Risiken;
- **Bonität** und Standing der **mithaftenden Bank**;
- **Kreditwürdigkeit** des zahlungspflichtigen **Importeurs**.

Kalkulation der Forfaiteure

Die oben genannten Faktoren sind zugleich Grundlage für die **Kalkulation** der Forfaitierungsgesellschaften und der forfaitierenden Banken. Deren Kalkulation setzt sich wie folgt zusammen:

- Eigene **Refinanzierungskosten** am Euromarkt oder im originären Grundgeschäft (Einlagengeschäft) der forfaitierenden Banken;
- **Risikoprämien** (für das Delkredererisiko, für politische Risiken und evtl. für das Zinsänderungsrisiko, falls die Refinanzierung nicht laufzeitkongruent erfolgt);
- **Verwaltungskosten** (z.B. akquisitorische Kosten, Kosten der Kreditwürdigkeitsprüfung des Importeurs und der garantierenden Bank, laufende Risikoanalysen der Schuldnerländer, Inkassokosten usw.);
- **Gewinnspanne**

Die unterschiedliche Gewichtung bzw. Bedeutung dieser Faktoren bei den anbietenden Forfaitierungsgesellschaften und Banken eröffnet dem Exporteur einen gewissen **Verhandlungsspielraum** über die Höhe des im Einzelfall anzuwendenden Forfaitierungssatzes.

Abbildung

Die Abbildung "**Indicative Risk Premiums on Trade Receivables**" der Finanz AG, Zürich, zeigt die nach Ländern gestaffelten Risikoprämien einer Forfaitierungsgesellschaft. Die Abbildung findet sich in Abschnitt 1.5.3.3.

Laufzeitberechnung/ Zinsdivisor

Die **Restlaufzeit** der Wechsel bzw. der Buchforderungen (Zeitraum zwischen Ankaufstag/Valuta und Fälligkeitstag der Wechsel/Buchforderungen) wird -im Gegensatz zur deutschen Berechnungsmethode- im Allgemeinen **kalendermäßig genau** ausgezählt (sog. Laufzeittage). Fällt der Fälligkeitstag auf einen arbeitsfreien Tag (Sonntag, Feiertag, Samstag), dann werden die Zinsen (die Zinstage) bis zum nächsten Arbeitstag gerechnet.
Der **Zinsdivisor** wird dagegen gemäß der deutschen Methode errechnet, d.h. unter Zugrundelegung des **Zinsjahres mit 360 Tagen**.
Laufzeitberechnung und Zinsdivisorberechnung erfolgen somit nach der sog. **365/360-Methode** (Einzelheiten siehe folgendes Anwendungsbeispiel).
Hinweis: Zu den verschiedenen Methoden der Zinsberechnung siehe Abschnitt "5.2.3.2 Darstellung und Beurteilung von Eurofestsatzkrediten", Stichwort "Zinsberechnungsmethoden".

Respekttage

Wie beim Diskont von Auslandswechseln üblich rechnen die Forfaitierungsgesellschaften den **Laufzeittagen** der Forderung(en) noch sog. **Respekttage hinzu**. Der Zuschlag der Respekttage auf die Laufzeit ist damit zu rechtfertigen, dass erfahrungsgemäß ein (Transfer-) Zeitraum zwischen dem Fälligkeitstag einer Forderung (Verfalltag eines Wechsels) und dem Tag des Zahlungseingangs bei der Forfaitierungsgesellschaft bzw. bei der forfaitierenden Bank verstreicht. Die **Anzahl** der Respekttage ist vom Schuldnerland, aber auch von der Währung abhängig. Die Anzahl der berechneten Respekttage streut von wenigen Tagen (Schwerpunkt 3 bis 6 Tage) bis zu 30 und mehr Tagen (was aber selten vorkommt).

Zinstage

Die **Laufzeittage** (also die Tage vom Ankaufstag bis zum Fälligkeitstag einer Forderung bzw. eines Wechsels) **zuzüglich** der **Respekttage** ergeben die **Zinstage**, die die Forfaitierungsgesellschaft der Diskontberechnung zu Grunde legt (Berechnungsbeispiel siehe unten).

Pönale

Erfüllt der Exporteur den abgeschlossenen **Forfaitierungsvertrag nicht**, dann kann die Forfaitierungsgesellschaft dem Exporteur eine sog. Pönale als Ausgleich für ihre bislang angefallenen Aufwendungen und Dispositionen in Rechnung stellen, sofern sich der Exporteur einer entsprechenden Vereinbarung im Forfaitierungsvertrag unterworfen hat.

Vermittlungsprovision

Schaltet der Exporteur eine **Bank** in das Forfaitierungsgeschäft ein, die selbst keine Forfaitierungen vornimmt, dann hat er u.U. damit zu rechnen, dass ihm diese Bank eine Vermittlungsprovision in Rechnung stellt.

6.5.6 Anwendungsbeispiel und Berechnungsmethoden

I. Merkmale des Exportgeschäfts und Forfaitierungsbedingungen

Exportgeschäft:

– Gesamtauftragswert/Rechnungsbetrag:	DM 2.000.000,–
– Zahlungsbedingungen:	10% Anzahlung bei Vertragsabschluß
	20% gegen Verschiffungsdokumente (sog. Dokumentenrate)
	70% in 7 gleichen Halbjahresraten, deren erste 6 Monate nach Lieferung fällig wird
– Lieferzeitpunkt:	1. August 1993
– Abnehmerzins:	8% p.a. zahlbar auf die jeweilige Restschuld

Forfaitierungsbedingungen:

– Diskontsatz (Forfaitierungssatz):	9% p.a. nach der Methode 365/360
– Bearbeitungsgebühr o.ä.:	keine
– Respekttage:	5
– Abrechnungsvaluta:	1. September 1993 (Tag des Forderungsankaufs und des Beginns der Zinsberechnung der Forfaitierungsgesellschaft)

Berechnung der Abnehmerzinsen und der Halbjahresraten durch den Exporteur:

– Errechnung der zu finanzierenden Restschuld:

Rechnungsbetrag	DM 2.000.000,–
abzgl. 10% Anzahlung bei Vertragsabschluß	DM 200.000,–
abzgl. 20% Dokumentenrate	DM 400.000,–
Restschuld und Finanzierungsbetrag	DM 1.400.000,–

II. Exkurs: Alternative Methoden der Berechnung der Abnehmerzinsen und der Halbjahresraten (ohne Berücksichtigung evtl. mit dem Abnehmer vereinbarter Respekttage)

1. Zinsberechnung nach der Restschuldmethode
(im vorliegenden Fallbeispiel lt. Kaufvertrag anzuwenden)

Fälligkeit ... Monate nach Lieferung	Reine Kapitalraten	Restschuld bis zur jeweiligen Fälligkeit	Abnehmerzins 8% p.a., zu berechnen auf die jeweilige Restschuld	Halbjahresrate einschließlich Abnehmerzins
1. Fälligkeit 6 Monate nach Lieferung	200.000	1.400.000	56.000	256.000
2. Fälligkeit 12 Monate ...	200.000	1.200.000	48.000	248.000
3. Fälligkeit 18 Monate ...	200.000	1.000.000	40.000	240.000
4. Fälligkeit 24 Monate ...	200.000	800.000	32.000	232.000
5. Fälligkeit 30 Monate ...	200.000	600.000	24.000	224.000
6. Fälligkeit 36 Monate ...	200.000	400.000	16.000	216.000
7. Fälligkeit 42 Monate ...	200.000	200.000	8.000	208.000
Summen	1.400.000	–	224.000	1.624.000

- Die Spalte „Halbjahresrate einschließlich Abnehmerzins" weist diejenigen Beträge aus, die – evtl. lt. Kaufvertrag in Wechselform gekleidet – der Importeur bei Fälligkeit zu zahlen hat.
- Alle „Halbjahresraten einschließlich Abnehmerzinsen" zusammen stellen die zu forfaitierende Exportforderung dar.
- Für den Exporteur ist die Berechnung der Abnehmerzinsen nach der Restschuldmethode die günstigste Alternative, weil der Importeur damit verpflichtet ist, hohe Zinsbeträge bereits während der Anfangsphase der Kreditlaufzeit zu zahlen.

2. Zinsberechnung für die Laufzeit jeder Halbjahresrate – Wechseldiskontmethode –
(im vorliegenden Fallbeispiel nicht anzuwenden)

Fälligkeit ... Monate nach Lieferung	Reine Kapitalraten	Laufzeit bis zur jeweiligen Fälligkeit in Monaten	Abnehmerzins 8% p.a., zu berechnen für die Laufzeit jeder Halbjahresrate	Halbjahresrate einschließlich Abnehmerzins
1. Fälligkeit 6 Monate nach Lieferung	200.000	6	8.000	208.000
2. Fälligkeit 12 Monate ...	200.000	12	16.000	216.000
3. Fälligkeit 18 Monate ...	200.000	18	24.000	224.000
4. Fälligkeit 24 Monate ...	200.000	24	32.000	232.000
5. Fälligkeit 30 Monate ...	200.000	30	40.000	240.000
6. Fälligkeit 36 Monate ...	200.000	36	48.000	248.000
7. Fälligkeit 42 Monate ...	200.000	42	56.000	256.000
Summen	1.400.000	–	224.000	1.624.000

- Die Spalte „Halbjahresraten einschließlich Abnehmerzins“ weist diejenigen Beträge aus, die – evtl. lt. Kaufvertrag in Wechselform gekleidet – der Importeur bei Fälligkeit zu zahlen hat.
- Alle „Halbjahresraten einschließlich Abnehmerzins“ zusammen stellen die zu forfaitierende Exportforderung dar.
- Für den Exporteur ist die Berechnung der Abnehmerzinsen nach obiger Wechseldiskontmethode nachteilig, weil der Importeur – im Gegensatz zur Restschuldmethode – die hohen Zinsbeträge erst während der Schlußphase der Kreditlaufzeit zu zahlen hat.

3. **Zinsberechnung auf Grundlage der mittleren Laufzeit der Halbjahresraten und Gleichverteilung der Zinsbeträge**
(im vorliegenden Fallbeispiel nicht anzuwenden)

Fälligkeit ... Monate nach Lieferung	Reine Kapitalraten	Laufzeit bis zur jeweiligen Fälligkeit in Monaten	Mittlere Laufzeit der Halbjahresraten in Monaten	Abnehmerzins 8% p.a., zu berechnen auf die mittlere Laufzeit	Halbjahresraten einschließlich Abnehmerzins
1. Fälligkeit 6 Monate nach Lieferung	200.000	6	Summe der Monate dividiert durch die Anzahl der Fälligkeiten 168:7 = 24	32.000	232.000
2. Fälligkeit 12 Monate ...	200.000	12		32.000	232.000
3. Fälligkeit 18 Monate ...	200.000	18		32.000	232.000
4. Fälligkeit 24 Monate ...	200.000	24		32.000	232.000
5. Fälligkeit 30 Monate ...	200.000	30		32.000	232.000
6. Fälligkeit 36 Monate ...	200.000	36		32.000	232.000
7. Fälligkeit 42 Monate ...	200.000	42		32.000	232.000
Summen	1.400.000	168		224.000	1.624.000

- Die Spalte „Halbjahresraten einschließlich Abnehmerzins“ weist diejenigen Beträge aus, die – evtl. lt. Kaufvertrag in Wechselform gekleidet – der Importeur bei Fälligkeit zu zahlen hat.
- Alle „Halbjahresraten einschließlich Abnehmerzinsen“ zusammen stellen die zu forfaitierende Exportforderung dar.
- Die obige Zinsberechnung auf Grundlage der mittleren Laufzeit der Halbjahresraten mit zeitlicher Gleichverteilung der vom Importeur zu zahlenden Zinsbeträge bevorzugt weder Importeur noch Exporteur.

III. Abrechnung der Forfaitierungsgesellschaft (Errechnung des Forfaitierungserlöses/Diskonterlöses bei Forfaitierungen nach der üblichen „365/360-Methode“)

Anmerkung: Die „365/360-Methode“ bedeutet, daß die Zinstage der diversen Halbjahresraten, ausgehend von der Abrechnungsvaluta 1.9.1993, kalendermäßig genau errechnet werden. Der Zinsdivisor wird dagegen auf Grundlage von 360 Zinstagen p.a. berechnet.

* **Errechnung der Zinszahlen:**

Halbjahresraten einschließlich Abnehmerzins (evtl. in Wechselform):	Fälligkeit:	Zinstage (kalendermäßig errechnete Laufzeit – zzgl. evtl. Zuschlagstage bei Fälligkeit an arbeitsfreien Tagen – zzgl. der vereinbarten 5 Respekttage):	Zinszahlen: $\frac{\text{Kapital} \cdot \text{Zinstage}}{100}$
DM 256.000	1.2.94	153 + 5 = 158	404.480
DM 248.000	1.8.94	334 + 5 = 339	840.720
DM 240.000	1.2.95	518 + 5 = 523	1.255.200
DM 232.000	1.8.95	699 + 5 = 704	1.633.280
DM 224.000	1.2.96	883 + 5 = 888	1.989.120
DM 216.000	1.8.96	1065 + 5 = 1070	2.311.200
DM 208.000	1.2.97 Sa	1249 + 2 + 5 = 1256	2.612.480
DM 1.624.000	–	– –	11.046.480

* **Errechnung des Zinsbetrages (Diskont):**

$$\text{Zinsdivisor (deutsche Methode)} = \frac{360}{\text{Zinssatz}} = \frac{360}{9} = 40$$

$$\text{Zinsbetrag} = \frac{\text{Summe der Zinszahlen}}{\text{Zinsdivisor}} = \frac{11046480}{40} = \text{DM } 276.162$$

* **Errechnung des Forfaitierungserlöses:**

Summe aller Halbjahresraten einschl. Abnehmerzinsen (Forfaitierungsbetrag)	DM 1.624.000
abzgl. Forfaitierungskosten	DM 276.162
= Forfaitierungserlös verfügbar Val. 1.9.93	DM 1.347.838

* **Errechnung von Unterdeckung bzw. Überdeckung:**

Anzahlung des Importeurs	DM 200.000
Dokumentenrate	DM 400.000
Forfaitierungserlös	DM 1.347.838
Zwischensumme	DM 1.947.838
Rechnungsbetrag	DM 2.000.000
Unterdeckung	DM 52.162

IV. Anmerkungen und Beurteilung

- Die **Unterdeckung** ist zunächst Folge der **unterschiedlichen Zinssätze**. Der Forfaitierungssatz beläuft sich auf 9% p.a., der dem Importeur berechnete Abnehmersatz dagegen nur auf 8% p.a.
- Die **Unterdeckung** ist aber auch Folge davon, daß der Exporteur die Abnehmerzinsen **ausgehend** von den **reinen Kapitalraten** (im Fallbeispiel aus jeweils DM 200.000) berechnet. Dagegen rechnet die Forfaitierungsgesellschaft die **Diskontzinsen ausgehend** von den **Halbjahresraten einschließlich** der **Abnehmerzinsen** (im Fallbeispiel aus DM 256.000, DM 248.000 usw.) also aus jeweils höheren Beträgen.

- Die **Unterdeckung** wäre noch höher, wenn die **Abnehmerzinsen** nicht nach der – für den Exporteur günstigen – **Restschuldmethode**, sondern – wie die Forfaitierung – nach der Wechseldiskontmethode berechnet worden wären.
- Nicht berücksichtigt ist in obigem Fallbeispiel, daß die Auslieferung der Ware bereits am 1.8.93 erfolgt, der Forfaitierungserlös dagegen erst mit Valuta 1.9.93 zur Verfügung steht. Die Unterdeckung erhöht sich somit um die **Kosten eines Zwischenkredits** für diesen Zeitraum.
- Unberücksichtigt bleiben im obigen Fallbeispiel auch die erheblichen **Finanzierungskosten** des Exporteurs während der Fabrikationsphase, die sich durch die Anzahlung des **Importeurs nur unwesentlich** verringern.
- Mangels anderslautender Vereinbarungen (z.B. mangels Vereinbarung eines höheren Abnehmerzinssatzes) im Kaufvertrag muß der Exporteur eine **Unterdeckung** und die weiteren, im Fallbeispiel unberücksichtigt gebliebenen Aufwendungen in der **Kalkulation** des **Warenpreises** unterbringen.
- Der Aufbau des obigen Anwendungsbeispiels ist angelehnt an eine Darstellung in der Broschüre „Die wichtigsten Fragen zur Forfaitierung", die im Rahmen der Reihe **„Ratgeber für das Auslandsgeschäft"** von der Deutschen Bank AG herausgegeben wird (Frankfurt am Main 1987, S. 15 ff.).

6.5.7 Ratschläge

Ratschläge an Interessenten und Anwender der Forfaitierung

Frühzeitige Kontaktaufnahme mit Forfaitierungsgesellschaften oder forfaitierenden Banken

Kontaktaufnahme mit Forfaitierungsgesellschaften oder forfaitierenden Banken bereits vor Kalkulation eines Angebots bzw. **vor Abschluss eines Kontrakts** ist dem Exporteur immer dann zu empfehlen, wenn erfahrungsgemäß nicht davon ausgegangen werden kann, dass die Forfaitierung der entstehenden Exportforderung jederzeit problemlos und zu den Standardbedingungen der Forfaitierungsgesellschaften möglich sein wird.
Dies ist beispielsweise der Fall

- bei Exporten in politisch labile und/oder wirtschaftlich schwache **Schuldnerländer**;
- bei Geschäften mit **neuen Abnehmern** und bei Garantiebanken, deren Standing dem Exporteur unbekannt ist;
- bei Exportgeschäften, deren Umfang oder deren Zahlungsziele den **bisherigen Rahmen** sprengen;
- bei **steigendem Marktzins** der Fakturierungswährung;
- bei restriktiver Geld- und Kreditpolitik und sich **verengenden Finanzmärkten.**

Indikation und Beratung

Forfaitierungsgesellschaften können dem Exporteur in dieser Phase nicht nur **-unverbindliche- Forfaitierungssätze** (Indikationen) nennen. Sie können auch fundierte Informationen über die Kreditwürdigkeit des Importeurs und über die Zahlungsfähigkeit der infrage kommenden Garantiebank(en) zur Verfügung stellen und ihn hinsichtlich des Schuldnerlandes sowie der mit dem Importeur zu vereinbarenden **Zahlungsbedingungen** beraten.

Festofferte

Die Einholung von einseitig bindenden, allerdings nur kurzfristig gültigen Festofferten bei Forfaitierungsgesellschaften empfiehlt sich für den Exporteur, wenn sich ein Geschäftsabschluss mit einem Importeur in einem Land mit **erkennbaren Risiken** abzeichnet oder wenn **Marktzinserhöhungen** in der beabsichtigten Fakturierungswährung erwartet werden.

Festabschluss

Ist mit dem Importeur der Kontrakt geschlossen worden, dann ist dem Exporteur in der oben skizzierten Risikosituation ein **zeitgleicher Festabschluss** mit einer Forfaitierungsgesellschaft -evtl. auf Grundlage einer bereits vorliegenden Festofferte- zu empfehlen.
Der damit vollzogenen Risikoüberwälzung hat der Exporteur allerdings die anfallende **Bereitstellungsprovision** der Forfaitierungsgesellschaft abwägend gegenüberzustellen.

Keine Überwälzung des Wechselkursrisikos während der Vorlaufzeit

Der Exporteur hat zu beachten, dass durch einen Festabschluss das Wechselkursrisiko von zu verkaufenden Fremdwährungsforderungen im Allgemeinen nicht auf die Forfaitierungsgesellschaft überwälzt ist. Erkennt der Exporteur während der sog. Vorlaufzeit ein Wechselkursrisiko, dann empfiehlt sich eine Absicherung zum Beispiel mit einem **Devisentermingeschäft**.

Vergleich mehrerer Angebote

Zu vergleichen sind insbesondere

- **Bereitstellungsprovision** (bei Festabschlüssen);
- **Forfaitierungssatz** (Diskontsatz, Zinssatz einschließlich Risikoprämie) sowie die Zinsberechnungsmethoden;
- eventuelle **Bearbeitungsprovision**;
- eventuelle **Vermittlungsprovision** (sofern die eingeschaltete Hausbank die Forfaitierung nicht selbst vornimmt).

Gegenstand des Vergleichs sind aber auch die -nicht quantifizierbare- **Beratungsqualität** und die **Risikobereitschaft** der verschiedenen Anbieter.

Pönale

Durchdenken sollte der Exporteur auch die Konsequenzen der Situation, dass die zu forfaitierende **Forderung** überhaupt **nicht entsteht**, z.B. weil die Auslieferung der bestellten Güter aus politischen Gründen nicht opportun erscheint.
Diese Situation führt zwar zunächst zur Frage nach der Risikoüberwälzung auf Dritte (z.B. des Fabrikationsrisikos auf den Bund im Rahmen einer Hermes-Deckung), sie führt aber auch zu der Frage nach der Höhe und nach dem Fälligwerden einer evtl. mit der Forfaitierungsgesellschaft vereinbarten Pönale.

Abnehmerzins: Berechnungsmethode

Die für den Exporteur günstigste Berechnungsmethode der Abnehmerzinsen ist die sog. **Restschuldmethode**. Es empfiehlt sich, diese Methode im Kontrakt mit dem Importeur ausdrücklich festzulegen.

Abnehmerzins: Höhe

Der Exporteur hat zu beachten, dass ein Forfaitierungssatz (Diskontsatz) selbst dann, wenn er die gleiche Höhe wie der vereinbarte Abnehmerzinssatz aufweist, wegen der unterschiedlichen Zinsberechnungsgrundlagen(-methoden) zu einer **Unterdeckung** führt.

Anbieter

Angebote erhält der Exporteur nicht nur von **Forfaitierungsgesellschaften**, sondern auch von den großen **Kreditinstituten**, die Forfaitierungsgeschäfte selbst betreiben, aber auch durch **Vermittlung** kleinerer Banken.

6.6 Exportleasing

6.6 Exportleasing

6.6.1 Allgemeine Begriffe und Grundlagen zu Leasing

6.6.1.1 Charakterisierung maßgeblicher Leasingarten -mit tabellarischer Übersicht-

Leasing

Im allgemeinen Sinne wird unter Leasing

- die **Vermietung** (Überlassung zur Nutzung) von langlebigen **Gebrauchs- und Investitionsgütern**
- von einem **Leasinggeber** (Leasinggesellschaft, Hersteller, Händler)

- an einen **Leasingnehmer** (Nutzer, Betrieb, Person)
- gegen Zahlung von (monatlich oder vierteljährlich fälligen) **Leasingraten**
- über einen bestimmten **Zeitraum**

verstanden.

Hinweis

Über die maßgeblichen Leasingarten gibt die am Ende dieses Abschnittes eingefügte **tabellarische Zusammenstellung** mit jeweiliger Kurzcharakterisierung Auskunft.

Exportleasing: Charakterisierung

Auf den ersten Blick scheint der Ausdruck Exportleasing unter dem Merkmal der Grenzüberschreitung leicht zu definieren. Bei näherem Hinsehen erweist sich indessen, dass es verschiedenartige Erscheinungs- und Abwicklungsformen sind, die unter dem Ausdruck Exportleasing verstanden werden können.

Als **gemeinsame Merkmale** des mit diesem Ausdruck verbundenen Vorstellungsinhalts kristallisieren sich lediglich heraus, dass

- der **Leasingnehmer** seinen **Sitz im Ausland** hat
  und dass
- ein **inländischer Hersteller**/Händler direkt als Leasinggeber auftritt
  oder
- eine **inländische Leasinggesellschaft** unmittelbar als Leasinggeber auftritt bzw. in irgendeiner Form beim Abschluss des Leasingvertrags mit einer ausländischen Leasinggesellschaft (vermittelnd) mitwirkt.

Abgrenzungsproblem: Vermittlung von Leasinggeschäften

Problematisch an der vorstehenden Charakterisierung des Ausdrucks Exportleasing ist, dass darin nicht nur Leasinggeschäfte einbezogen sind, bei denen eine inländische Leasinggesellschaft **selbst Leasinggeber** ist, sondern (gemäß dem letzten Teilsatz der obigen Charakterisierung) auch Leasinggeschäfte, die eine inländische Leasinggesellschaft an eine ausländische Leasinggesellschaft (eventuell an die eigene Tochtergesellschaft) **vermittelt.**

Der Bundesverband Deutscher Leasing-Gesellschaften e.V. legt in seinen Erhebungen über das grenzüberschreitende Leasing diese weite Definition zu Grunde. Es ist deswegen pragmatisch (z.B. wegen der Verfügbarkeit statistischer Erhebungen und wegen deren eventueller zukünftiger Bedeutung), diese vermittelten Formen des Exportleasing im Folgenden nicht gänzlich auszuschließen, sondern zumindest peripher zu behandeln. Siehe dazu auch die Beschreibung und Abbildung der "Formen des Exportleasing nach den Beteiligten" in Abschnitt 6.6.2.1.

Abgrenzungsproblem: Ursprung des Leasinggegenstands

Offen bleibt bei der oben stehenden Charakterisierung des Ausdrucks Exportleasing auch die (grenzüberschreitende) Rolle bzw. der Ursprung des **Leasinggegenstands**.

Es ist zwar nahe liegend, davon auszugehen,

- dass bei Exportleasing der Leasinggegenstand **im Inland produziert** und sodann vom Hersteller/Händler als direktem Leasinggeber dem ausländischen Leasingnehmer zur Nutzung zur Verfügung gestellt wird bzw.

- dass der **im Inland produzierte** Leasinggegenstand von einer inländischen Leasinggesellschaft erworben wird und sodann dem ausländischen Leasingnehmer zur Verfügung gestellt wird.

Diese Annahmen schließen in den Ausdruck Exportleasing das **Exportgeschäft des Leasinggegenstands** ein.

Erwirbt jedoch eine inländische Leasinggesellschaft (oder ein Händler) den Leasinggegenstand bei einem **ausländischen Hersteller** (eventuell in einem Drittland) und stellt ihn sodann einem ausländischen Leasingnehmer zur Verfügung, dann drängt sich durchaus die Frage auf, ob dieser Vorgang noch in den Ausdruck Exportleasing einzuordnen ist.

Eine analoge Frage stellt sich, wenn **Immobilien, die im Ausland liegen**, Gegenstand eines Leasingvertrags sind, der mit einer inländischen Leasinggesellschaft abgeschlossen wird. Der Zusammenhang zu einem warenbezogenen Exportgeschäft ist in diesem Fall allenfalls dann gegeben, wenn Anlagen oder Bauwerke von einem inländischen Betrieb geliefert bzw. auf der Immobilie errichtet wurden.

Vereinfachte Charakterisierung

Zur Vereinfachung und aus pragmatischen Gründen wird im Folgenden die Frage ausgeklammert, ob der Ausdruck Exportleasing als konstitutives Merkmal ein **Exportgeschäft des Leasinggegenstands** einschließen sollte. Aus denselben Gründen wird im Folgenden der Ausdruck Exportleasing so verstanden, wie er eingangs auf die Leasingbeteiligten und deren Sitz hin charakterisiert ist:

- Der **Leasingnehmer** hat seinen Sitz im **Ausland**
  und
- der **Leasinggeber** (Hersteller, Händler, Leasinggesellschaft) hat seinen Sitz im **Inland**
  bzw.
- eine **inländische Leasinggesellschaft vermittelt** das Leasinggeschäft (dem regelmäßig ein Exportgeschäft des Leasinggegenstands zu Grunde liegt) **an eine ausländische Leasinggesellschaft.**

Importleasing

Der Ausdruck Importleasing umfasst in **Umkehrung** des Ausdrucks Exportleasing grenzüberschreitende Leasinggeschäfte, bei denen der Leasingnehmer (aus dem Blickwinkel eines ausländischen Herstellers oder einer ausländischen Leasinggesellschaft) seinen Sitz im Inland hat.

Oberbegriffe

Als Oberbegriffe für **Exportleasing und Importleasing** finden sich unter anderem die Ausdrücke

- **Internationales Leasing,**
- **Auslandsleasing,**
- **Grenzüberschreitendes Leasing (Cross-Border-Leasing).**

Zu beobachten ist, dass diese Ausdrücke z.T. gleichbedeutend mit dem Ausdruck Exportleasing Verwendung finden, wie umgekehrt das Wort Exportleasing manchmal mit dem umfassenden Vorstellungsinhalt eines Oberbegriffs verbunden wird.

Mobilienleasing/ Vorgehensweisen

Im Mittelpunkt der folgenden Ausführungen stehen Exportleasinggeschäfte mit Mobilien, und zwar gewerblich genutzte Mobilien, d.h. langlebige (maschinelle) **Investitionsgüter**. Bei diesen Gütern, die typischerweise Gegenstand von mittel- bis langfristigen Leasingverträgen sind, ist die **Vorgehensweise bis zum Abschluss des Leasingvertrags** unterschiedlich:

- Der **Lieferant** selbst (Hersteller, Händler) bietet dem Leasingnehmer (häufig über eine konzerneigene oder kooperierende Leasinggesellschaft) den Abschluss des Leasingvertrags an.
- Der **Leasingnehmer sucht** sich für ein von ihm ausgewähltes Investitionsgut einen Leasinggeber. Der Leasinggeber kauft dieses Leasinggut und überlässt es dem Leasingnehmer zur Nutzung im Rahmen eines Leasingvertrags.
- Der **Leasingnehmer** und der **Leasinggeber (die Leasinggesellschaft) arbeiten** bereits während der Phase der Einholung von Angeboten verschiedener Hersteller des fraglichen Investitionsgegenstands und während der anschließenden Fabrikationsphase **zusammen**. Der Leasingnehmer kann in dieser frühen Phase der Geschäftsabwicklung vom umfassenden Beschaffungs-Know-how des Leasinggebers profitieren.
- Der (künftige) Leasingnehmer ist (bislang) Eigentümer eines gebrauchten oder (seltener) neuen Investitionsgegenstands, der an eine Leasinggesellschaft verkauft wird und sodann im Rahmen eines Leasingvertrags vom bisherigen Eigentümer gemietet wird. Diese Vorgehensweise wird als **"sale-and-lease-back"**-Verfahren bezeichnet. Das "sale-and-lease-back"-Verfahren findet u.a. bei Sanierungsverfahren Anwendung, um dem Verkäufer/ Leasingnehmer damit liquide Mittel zu verschaffen.

Institutionelles Leasing/Herstellerleasing

Fungiert eine **Leasinggesellschaft** als Leasinggeberin, dann wird im Allgemeinen von institutionellem Leasing gesprochen. Wird dagegen der Leasingvertrag zwischen dem **Hersteller** oder dessen (konzern-)eigener Leasinggesellschaft und dem Leasingnehmer geschlossen, dann wird der Ausdruck Herstellerleasing verwendet. In diesem Sinne müsste der Ausdruck Händlerleasing gebraucht werden, wenn ein **Händler** Leasinggeber ist. Indessen ist erkennbar, dass auch in diesem Fall meistens der Ausdruck Herstellerleasing Verwendung findet.

Vertriebsleasing

Das Vertriebsleasing ist institutionelles Leasing, allerdings mit einer sehr **engen Zusammenarbeit** zwischen einer **Leasinggesellschaft** und einem **Hersteller** bzw. Händler. Die Leasinggesellschaft kauft vom Hersteller/Händler nicht nur sporadisch Leasinggegenstände, sondern im Rahmen einer vertraglich abgesicherten Kooperation (laufend) ein größeres Kontingent, im Extrem eine ganze Serie (Produktgruppe) des Herstellers bzw. Händlers. Der Hersteller bzw. Händler benennt der Leasinggesellschaft im Gegenzug und auf Basis seiner Vertriebsorganisation die leasingbereiten Kunden, mit denen die Leasinggesellschaft (nicht der Hersteller bzw. nicht der Händler) sodann den Leasingvertrag abschließt.

Der maßgebliche **Vorzug** des Vertriebsleasing liegt für den Hersteller bzw. Händler in der sofortigen Verfügbarkeit des Kaufpreises an der Stelle von Leasingraten, die beim Herstellerleasing über einen langen Zeitraum verteilt sind und deren Einbringlichkeit womöglich infrage gestellt ist.

Finanzierungsleasing/ Operating-Leasing

Maßgebliches Unterscheidungskriterium zwischen Finanzierungsleasing (Finance-Leasing) und Operating-Leasing ist die Laufzeit bzw. die Kündigungsmöglichkeit des Leasingvertrags. Beim **Operating-Leasing** ist die Laufzeit **kurzfristig**, beim **Finanzierungsleasing** dagegen mittel- bis **langfristig**.
Ist dem Leasingnehmer wie beim **Operating-Leasing** ein kurzfristiges Kündigungsrecht eingeräumt, dann verbleibt dem **Leasinggeber** ein **Investitionsrisiko bzw. Verwertungsrisiko**. Operating-Leasing findet deswegen insbesondere bei leicht verwertbaren, also marktgängigen Leasinggegenständen (z.B. bei Fahrzeugen) Anwendung. Beim **Finanzierungsleasing** mit einer mittel- bis langfristigen unkündbaren Laufzeit liegt das **Investitionsrisiko** im Wesentlichen beim **Leasingnehmer**.

Vollamortisations-leasing

- Charakterisierung

Vollamortisation bedeutet eine Kalkulation der Leasingraten während der mit dem (ersten) Leasingnehmer abgeschlossenen Leasingzeit, die zur **vollen Amortisation des Leasinggegenstands** (Anschaffungskosten, Zinsen, Nebenkosten, Gewinn) beim Leasinggeber führt.

Leasingverträge, die eine Vollamortisation des Leasingguts vorsehen, werden über eine feste, **unkündbare Grundvertragsdauer** abgeschlossen.

- Optionen

Nach Ablauf der Grundvertragsdauer hat der Leasingnehmer bei Vollamortisationsverträgen im Allgemeinen die Möglichkeit,

- das Investitionsgut zu **kaufen** oder
- den Leasingvertrag zu **verlängern** oder
- das Investitionsgut definitiv an den Leasinggeber **zurückzugeben.**

Für die erstgenannten Alternativen (Kaufoption bzw. Mietverlängerungsoption) ist im Leasingvertrag als Wertansatz im Zeitpunkt der Optionsausübung im Allgemeinen vorgesehen

- der **Restbuchwert** bei linearer Abschreibung oder
- der **niedrigere Zeitwert.**

Vollamortisationsverträge können auch ohne die Ausstattung einer Kaufoption bzw. Mietverlängerungsoption für den Leasingnehmer abgeschlossen werden.

Teilamortisations-leasing

- Charakterisierung

Ist die Kalkulation des Leasinggebers dagegen auf eine **teilweise Amortisation** während der ersten Mietphase ausgerichtet, dann liegt Teilamortisationsleasing vor. Unter sonst gleichen Voraussetzungen führt eine Teilamortisationskalkulation zu **niedrigeren Tilgungsraten** als eine Vollamortisationskalkulation, was grundsätzlich der Interessenlage des Leasingnehmers entgegenkommt.

- Andienung

Zu beachten ist, dass sich die Art der Kalkulation auf den Preis/Restwert des Leasinggegenstands auswirkt, zu dem der Leasingnehmer -bei entsprechender Vertragsgestaltung- diesen Leasinggegenstand nach Ablauf der Leasingzeit zu erwerben hat oder erneut mieten kann.

Hat der Leasinggeber ein **Andienungsrecht**, dann bedeutet dies, dass der Leasingnehmer auf Verlangen des Leasinggebers verpflichtet ist, den Leasinggegenstand zu dem bei Abschluss des Leasingvertrags vereinbarten Preis zu kaufen (oder aber -unter Vermeidung der Andienung- einen Mietverlängerungsvertrag abzuschließen). Der Leasinggeber ist nicht verpflichtet, von diesem Andienungsrecht Gebrauch zu machen. Er kann den Leasinggegenstand beispielsweise auch an Dritte veräußern.

Das beim Leasingnehmer liegende **Restwertrisiko** bedeutet, dass der Leasingnehmer in Teilamortisationsverträgen zur Übernahme der noch nicht abgedeckten Kosten des Leasinggebers bei anderweitigem Verkauf bzw. bei anderweitiger Vermietung des Leasinggegenstands verpflichtet ist. Mehrerlöse werden zwischen dem Leasingnehmer und dem Leasinggeber aufgeteilt, wobei rechtliche Aspekte zu beachten sind.

Es gibt auch Teilamortisationsverträge, bei denen das Restwertrisiko nicht vom Leasingnehmer zu tragen ist.

Kündbarer Leasingvertrag

Das maßgebliche Merkmal des kündbaren Leasingvertrags ist, dass er zwar auf unbestimmte Zeit läuft, jedoch **nach Ablauf** einer unkündbaren **Grundvertragsdauer** (unter Einhaltung einer Kündigungsfrist) zu bestimmten Terminen **gekündigt** werden kann.

Macht der Leasingnehmer von seinem Kündigungsrecht Gebrauch, dann hat er an den Leasinggeber eine **Abschlusszahlung** zu leisten, die dem Leasinggeber als Differenz zwischen dem Verkaufserlös des Leasinggegenstands und den noch nicht gedeckten Gesamtkosten (unter Berücksichtigung der während der Leasingzeit geleisteten Leasingraten) entsteht.

Kündbare Leasingverträge finden insbesondere Anwendung bei **Investitionsgütern**, die einem **raschen technischen Fortschritt** unterliegen bzw. generell bei Investitionsvorhaben, bei denen die nachhaltige Nutzung durch einen einzelnen Betrieb nicht gewährleistet erscheint. Es liegt im Sicherungsinteresse beider Beteiligten, dass das Leasinggut bei kündbaren Leasingverträgen **universell nutzbar** ist.

Tabelle: Leasingarten

Die nachstehende tabellarische Übersicht umfasst die maßgeblichen **Leasingarten** mit einer zugehörigen **Kurzcharakterisierung**.

Tabellarische Übersicht über maßgebliche Leasingarten

Leasingart	Kurzcharakterisierung/maßgebliche Besonderheiten/Anmerkungen
• **Exportleasing** • **Importleasing**	Ein Beteiligter hat seinen **Sitz im Ausland** und/oder der Leasinggegenstand wird exportiert (Exportleasing) bzw. importiert (Importleasing). Andere Bezeichnungen (als Oberbegriffe): **Internationales Leasing, Grenzüberschreitendes Leasing, Cross-Border-Leasing.**
• **Herstellerleasing**	Leasinggeber ist der **Hersteller** unmittelbar oder die **(konzern-)eigene Leasinggesellschaft** (wobei im zweiten Fall u.U. Abgrenzungsprobleme zum institutionellen Leasing entstehen). Mit Blick auf die direkten vertraglichen Beziehungen zwischen Hersteller und Leasingnehmer wird Herstellerleasing manchmal als **direktes Leasing** bezeichnet.
• **Institutionelles Leasing**	Leasinggeber ist eine **Leasinggesellschaft**. Zum Teil wird institutionelles Leasing als **indirektes Leasing** bezeichnet.
• **Vertriebsleasing**	Leasinggeber ist eine **Leasinggesellschaft** (institutionelles Leasing), jedoch in enger und weitreichender **Zusammenarbeit** (im Vertrieb) **mit einem Hersteller.**
• **Finance-Leasing Financing-Leasing Financial-Leasing Finanzierungsleasing**	Die **Grundmietzeit** (unkündbare erste Mietperiode) ist **mittel- bis langfristig**. Durch die lange unkündbare Laufzeit liegt das Investitionsrisiko im wesentlichen beim Leasingnehmer.
• **Operating-Leasing**	Die **Grundmietzeit** (unkündbare erste Mietperiode) ist **kurzfristig.** Anwendung: Nur bei marktgängigen Leasinggütern (z.B. bei Fahrzeugen). Das Investitionsrisiko liegt beim Operating-Leasing im wesentlichen beim Leasinggeber.
• **Vollamortisationsleasing**	**Volle Amortisation der Aufwendungen** für die Investition, für die Finanzierung und für Sonstiges durch die Leasingraten des Leasingnehmers **während der unkündbaren (ersten) Vermietungsphase.**
• **Teilamortisationsleasing**	**Teilweise Amortisation der Aufwendungen** für die Investition, die Finanzierung und für Sonstiges durch die Leasingraten des Leasingnehmers, **während der unkündbaren (ersten) Vermietungsphase.** Teilamortisationsleasing führt tendenziell zu niedrigeren Leasingraten als Vollamortisationsleasing.

Leasingart	Kurzcharakterisierung/maßgebliche Besonderheiten/Anmerkungen
• **Konsumgüter-leasing** • **Investitionsgüter-leasing** -Mobilienleasing -Immobilienleasing	Zum Teil haben sich die **Leasinggeber** auf einen **Güterbereich spezialisiert**, weil die jeweiligen Investitionsgüter und deren Refinanzierungen sehr unterschiedlichen Anforderungen unterliegen.
• **Ausrüstungsleasing (Equipment-Leasing)** • **Anlagenleasing (Plant-Leasing)**	Leasinggegenstand ist eine **einzelne Maschine** o.ä. Leasinggegenstand ist eine **komplette (industrielle) Anlage**.
• **Sale-and-lease-back**	Ein Betrieb **verkauft** ein (im allgemeinen bereits gebrauchtes) **Investitionsgut** (insbesondere Immobilien) an eine Leasinggesellschaft ("sale") und **mietet anschließend** dieses Investitionsgut im Rahmen eines Leasingvertrags **zurück** ("lease-back"). Anwendung zum Teil zur Liquiditätsbeschaffung im Sanierungsfall.
• **Subleasing**	Eine (inländische) Leasinggesellschaft schließt über einen ihr gehörenden Leasinggegenstand mit einer anderen (ausländischen) Leasinggesellschaft einen Leasingvertrag, den diese **andere** (ausländische) **Leasinggesellschaft** an einen (ausländischen) (End-) Leasingnehmer im Rahmen eines (Sub-)Leasingvertrags **weitervermietet.**
• **Maintenance-Leasing** • **(Full-)Service-Leasing** • **Netto-Leasing**	Der **Leasinggeber** stellt nicht nur den Leasinggegenstand zur Verfügung, sondern **übernimmt** auch im Leasingvertrag genau zu definierende **Unterhaltungs- und Reparaturaufwendungen** am Leasinggegenstand. Im wesentlichen **wie oben** (Maintenance-Leasing). Der Leasinggeber stellt nur den Leasinggegenstand zur Verfügung, **ohne** jedoch **Serviceleistungen** (Unterhaltungs- und Reparaturleistungen) am Leasinggegenstand zu übernehmen.

6.6.1.2 Beurteilung von Leasing aus der Sicht des Leasingnehmers

6.6.1.2.1 Vorbemerkungen

Vergleichsmaßstab

Es ist nahe liegend in die Beurteilung von Leasing aus der Sicht des Leasingnehmers einen **Vergleich mit (überwiegend) kreditfinanzierten Investitionen** einzubeziehen. Aus diesem Grund sind die folgenden Beurteilungskriterien jeweils mit den **Randstichwörtern "Leasing"** und "Kreditfinanzierung" versehen, wobei unter der Kurzbezeichnung **"Kreditfinanzierung" eine (überwiegend) fremdfinanzierte Investition** zu verstehen ist.

Vergleichsmethode

Anzumerken ist, dass in Literatur und Praxis diverse **Methoden der Vergleichsrechnung** zwischen Leasing und kreditfinanzierten Investitionen geboten sind. Bei der Anwendung, insbesondere aber beim Aussagewert der Ergebnisse solcher Vergleichsrechnungen, stellen sich **Probleme und Vorbehalte**:

- Dies hängt zunächst damit zusammen, dass **keineswegs** alle Aspekte des Leasing bzw. der kreditfinanzierten Investition **quantifizierbar** sind und (exakt) in eine Vergleichsrechnung aufgenommen werden können.
- Dies hängt aber auch damit zusammen, dass diese Vergleichsrechnungen häufig auf **(vereinfachenden) Annahmen** beruhen, die in der Praxis nicht nachhaltig, d.h. nicht für den ganzen Vergleichszeitraum gegeben sind.
- Schließlich bedarf ein Vergleich zwischen Leasing und kreditfinanzierter Investition des **individuellen Zuschnitts** auf den entscheidenden Betrieb, sodass sich die Vergleichsrechnungen auch unter diesem Blickwinkel lediglich als eine von mehreren Entscheidungshilfen erweisen.

6.6.1.2.2 Kriterium: Finanzierungsfunktion

Die wichtigste Funktion und zugleich der **bedeutendste Vorteil** des Leasing ist aus der Sicht des Leasingnehmers die Finanzierungsfunktion.
Bei gewerblich genutzten Investitionsgütern können die Leasinggesellschaften auf eine anfängliche Sonderzahlung/Anzahlung des Leasingnehmers grundsätzlich verzichten. Sofern allerdings eine Hermes-Deckung erlangt werden soll, muss gemäß der gegenwärtigen Konsensus-Regelung eine entsprechende Anzahlung geleistet werden.
Unabhängig von einer derartigen Anzahlung bedeutet dies, dass der Leasingnehmer im Zeitpunkt des Abschlusses des Leasingvertrags kein Kapital oder -wegen einer zu leistenden Anzahlung- Kapital allenfalls nur in geringem Umfang einzusetzen hat, gleichwohl aber ein praktisch **uneingeschränktes Nutzungsrecht** über den Leasing-

gegenstand erlangt. Aus diesem Grund sind es häufig Betriebe mit hohem Wachstum, die vom Instrument des Leasing Gebrauch machen.

- **Eigenkapital**

Leasing

Im Gegensatz zur Eigeninvestition, die zumindest mit Blick auf die von den Gläubigern erwartete Eigenkapital-/Fremdkapitalrelation in der Bilanz letztlich auch einen teilweisen Eigenkapitaleinsatz erfordert, **entfällt** dieser **Eigenkapitaleinsatz** beim Einsatz geleaster Investitionsgegenstände weitgehend.
Die Leasinggeber prüfen zwar die Seriosität eines Leasingnehmers und im Einzelfall auch dessen Jahresabschlüsse, insbesondere um die Fähigkeit zur nachhaltigen Bedienung der Leasingraten erkennen zu können. Die Auflagen der Leasinggeber gehen aber nicht so weit, dass sie dem Leasingnehmer eine Erhöhung seines Eigenkapitals auferlegen würden.

Kreditfinanzierung

Dagegen erteilen die Kreditinstitute ihren Kunden bei größeren, von ihnen finanzierten Investitionen solche Auflagen bei ungünstigen **Eigenkapital-/Fremdkapitalrelationen** durchaus (und sei es nur in indirekter Form durch das Verlangen nach Bürgschaften der Gesellschafter des kreditnehmenden Betriebs).

- **Fremdkapital**

Leasing

Trotz der Verfügbarkeit des Investitionsgegenstands (im Rahmen des Leasingvertrags) geht damit **keine Neuverschuldung** einher. Leasing ist für den Leasingnehmer in der Regel **bilanzneutral**, weil das Leasinggut -von einigen Sonderfällen abgesehen- beim Leasinggeber zu bilanzieren ist.
Gemessen an einer eigenen Investition, die regelmäßig überwiegend mit Fremdkapital finanziert ist, bleibt die **Eigenkapital-/ Fremdkapitalrelation** unverändert, und dies obwohl der Betrieb seine Kapazität mittels des geleasten Investitionsgegenstands erweitert oder zumindest eine Rationalisierung vollzieht.
Im Übrigen bleibt dem Leasingnehmer der anderweitig eingeräumte **Kreditspielraum** zur Finanzierung anderer Geschäfte erhalten.

Kreditfinanzierung

Der Leasingnehmer muss sich beim Leasing von Investitionsgütern nicht einer derart umfassenden **Kreditwürdigkeitsprüfung** unterziehen, wie dies bei Kreditaufnahmen bei Kreditinstituten üblich ist. Damit hält sich auch sein dahingehender Aufwand bei Leasing in engen Grenzen.
Im Übrigen schlägt sich die kreditfinanzierte Investition in der **Bilanz** verlängernd nieder, was unter sonst gleichen Annahmen zu einer **Verschlechterung der Eigenkapital-/Fremdkapitalrelation** führt.

- **(Zusatz-)Sicherheiten**

Leasing

Die beiden Vorteile des Leasing, keine Bindung von Eigenkapital und keine Inanspruchnahme von Fremdkapital schließen ein, dass es sich bei Leasing betriebswirtschaftlich gesehen letztlich um eine

sog. **100%-Fremdfinanzierung** handelt (sofern von einer eventuellen Anzahlung des Leasingnehmers abgesehen wird).
Als Sicherheit für diese "100%-Fremdfinanzierung" behält der Leasinggeber lediglich das **(Eigentums-)Recht am Leasinggut**, und zwar in der Regel als einzige Sicherheit.

Kreditfinanzierung

Dagegen begnügen sich die Kreditinstitute bei 100%-Fremdfinanzierungen, aber auch bei Fremdfinanzierungen mit geringeren Quoten nur ausnahmsweise mit dem Investitionsgut allein als Kreditsicherheit. Zumindest bei größeren Krediten hat der Kreditnehmer im Rahmen des Gesamtkreditengagements seiner Bank **(Zusatz-) Sicherheiten** in einem Umfang zu stellen, dessen Verkehrswert das Kreditengagement der Bank deutlich übersteigt.

6.6.1.2.3 Kriterium: Investition

Leasing

Vordergründig gesehen trägt der Leasingnehmer kein Investitionsrisiko. Im Regelfall kann der Leasingnehmer die Leasingraten nachhaltig aus der Nutzung des Investitionsgegenstands erwirtschaften, was mit dem Schlagwort **"pay as you earn"** beschrieben wird. In ähnlichem Zusammenhang wird von **Kostenkongruenz** gesprochen, womit gemeint ist, dass bei Leasing die Kosten und die Erträge einer "Investition" zeitlich parallel verlaufen.
Je nach Gestaltung des Leasingvertrags kann ein **Investitionsrisiko** für den Leasingnehmer trotzdem gegeben sein: Bei langfristigen Leasingverträgen ohne Kündigungsmöglichkeit für den Leasingnehmer ist das Investitionsrisiko auf den Leasingnehmer in Form der in diesem Zeitraum regelmäßig zu leistenden Leasingraten überwälzt, zumindest wenn der Leasinggeber in seine Kalkulation eine Vollamortisation des Investitionsgegenstands einbezogen hat. Für den Leasingnehmer kann somit durchaus die Situation eintreten, dass er das Leasinggut nicht mehr oder nur noch teilweise nutzen kann, die Leasingraten aber in unveränderter Höhe und bis zum Ablauf des Leasingvertrags leisten muss. Nur bei Leasingverträgen mit kurzer Laufzeit bzw. kurzer Kündigungsfrist (Operating-Leasing) ist dieses Investitionsrisiko für den Leasingnehmer begrenzt.
Inwieweit der Leasingnehmer von **Wertsteigerungen** (z.B. von stark steigenden Wiederbeschaffungspreisen des Investitionsguts) profitiert oder aber **Wertverluste** hinnehmen muss, hängt grundsätzlich von der Konstruktion des Leasingvertrags ab, unter anderem von der Gestaltung eventueller Optionsrechte (Kaufoption bzw. Mietverlängerungsoption) des Leasingnehmers bei Ablauf der Leasingzeit.

Kreditfinanzierung

Vollzieht ein Betrieb eine kreditfinanzierte Investition, dann ist sein **Investitionsrisiko** in der Regel hoch. Bei Unterauslastung oder gar notwendiger Stilllegung des Investitionsguts hat der Betrieb trotzdem die Zins- und Tilgungsleistungen an die finanzierende Bank zu entrichten. Im Gegensatz zur Einbindung in einen langfristigen Leasingvertrag kann der Betrieb bei kreditfinanzierten Investitionen jedoch versuchen, das Investitionsgut zu veräußern und sich durch eine vorzeitige Kreditrückzahlung zu entlasten.

Wertsteigerungen und **Wertverluste** des Investitionsgegenstands bleiben bei kreditfinanzierten Investitionen stets und uneingeschränkt beim Betrieb, ohne dass es einer vertraglichen Regelung bedarf.

6.6.1.2.4 Kriterium: Leasingraten

Leasing

Die Höhe der Leasingraten hängt grundsätzlich von der gewählten Leasingart, von der Laufzeit des Leasingvertrags (von der Grundmietzeit), von den Vereinbarungen über die Übernahme der Unterhaltungs- und Reparaturkosten und von weiteren Bestimmungsfaktoren ab. Mindestens sind jedoch die folgenden Positionen in die **Kalkulation** der **Leasinggeber** einbezogen:

- **Abschreibung** des Investitionsgegenstands,
- Aufwendungen, insbesondere **Zinsen** für die Refinanzierung des Leasinggebers,
- **Verwaltungskosten** des Leasinggebers,
- **Marge** für das übernommene **Risiko** des Leasinggebers,
- **Gewinn** des Leasinggebers.

Bei Hermes-gedecktem Exportleasing ist es nahe liegend, das **Hermes-Entgelt** als gesonderte Position aufzunehmen, sodass die Marge für das übernommene Restrisiko in diesem Fall nur noch ein geringeres Gewicht hat.
Sofern ein sog. **Voll-Service-Leasingvertrag** (mit Übernahme von Unterhaltungs- und Reparaturaufwendungen durch den Leasinggeber) abgeschlossen wird, hat der Leasinggeber die ihm entstehenden bzw. belasteten Service-Leistungen in die Kalkulation der Leasingraten aufzunehmen.
Die vom Leasingnehmer zu leistenden Leasingraten sind **Betriebsausgaben** und gehen als Aufwand in seine Gewinn- und Verlustrechnung ein (siehe auch Position "Steuern").
Die (im Allgemeinen monatlich zu leistenden) Leasingraten können in **gleich bleibender Höhe** (Normalfall) oder aber in degressivem Verlauf (mit anfänglich hohen und im Zeitverlauf sinkenden Leasingraten) vereinbart werden. In jedem Fall ist die Höhe der Leasingraten bei Mobilien im Leasingvertrag abschließend definiert.
Damit verbindet sich für den Leasingnehmer eine sichere **Kalkulationsgrundlage** und eine einfache **Liquiditätsdisposition.**

Kreditfinanzierung

Mittel- bis langfristige Bankkredite weisen diesen Vorzug ebenfalls auf, sofern der Kreditnehmer mit seiner Bank einen **festen Zinssatz** und gleich bleibende Tilgungsraten vereinbart. Trifft der Kreditnehmer mit seiner Bank jedoch die Vereinbarung eines **variablen Zinssatzes**, dann führt dies für ihn zu Zinsänderungsrisiken, aber auch zu Zinsänderungschancen. Dies gilt auch für die Folgephase eines Kredits, wenn ein fester Zinssatz nur für die Anfangsphase der Kreditlaufzeit festgelegt ist.
Zumindest bei **Teilamortisationsleasingverträgen** dürfte die Belastung eines Leasingnehmers unter sonst gleichen Annahmen eher

niedriger sein als die Belastung eines Betriebs, der seine Investition mit Krediten finanziert. In isolierter Betrachtung einer einzelnen Investition und des damit korrespondierenden Kredits neigen die Banken tendenziell zu höheren Tilgungsraten als sie sich in der Kalkulation von Leasingraten widerspiegeln. Dies hängt u.a. damit zusammen, dass Banken für Investitionsgüter im Allgemeinen schlechtere Verwertungsmöglichkeiten haben als dies bei Leasinggesellschaften, die einen engen Bezug zur Beschaffung der Investitionsgüter und damit letztlich auch zu deren Verwertung haben, der Fall ist.

6.6.1.2.5 Kriterium: Dienstleistungen u.a.

Dienstleistungen

Leasing

Die von Leasinggebern gebotenen Dienstleistungen erstrecken sich insbesondere auf die Bereiche

- **Full-service,**
- **Beschaffung,**
- **Verwertung.**

Bei bestimmten Leasinggütern (Fahrzeugen u. Ä.) bieten die Leasinggeber sog. **Full-service-Verträge** an, in denen die Unterhaltungs- und Reparaturaufwendungen mit den zu zahlenden Leasingraten abgegolten sind.
Besonders bei geleasten Investitionsgütern, die nach den Plänen des Leasingnehmers konstruiert (Maschinen, Anlagen) oder gebaut (Immobilien) werden, kommen dem Leasingnehmer die vielfältigen Beziehungen und **Erfahrungen der Leasinggeber** mit Lieferanten/Erbauern derartiger Investitionsgüter zustatten.

Letztlich profitiert auch der Leasingnehmer vom **Verwertungs-know-how** der Leasinggesellschaften für Leasinggüter, die bei Ablauf des Leasingvertrags nicht vom bisherigen Leasingnehmer übernommen werden.

Kreditfinanzierung

Die Kreditinstitute sind in der Regel **nicht in der Lage**, die skizzierten Dienstleistungen von Leasinggebern in gleichem Umfang zu erbringen.

Verkaufsförderung

Leasing

Augenfällig ist die Förderung des Verkaufs mittels Leasing insbesondere in der **Automobilbranche**. Mit Leasingangeboten der meist hersteller- oder händlereigenen Leasinggesellschaften fördern die Automobilunternehmen den Absatz ihrer Fahrzeuge.
Eine Absatzförderung liegt aber auch vor, wenn ein Hersteller oder Händler mit einem oder mehreren Leasinggeber(n) zusammenarbeitet, um seinen **Kunden** bei Bedarf -neben Teilzahlungsangeboten und anderen Finanzierungsmodellen- auch **Leasingangebote** unterbreiten zu können. Die Spielräume konzernfremder Leasinggesellschaften zur Verkaufsförderung sind indessen geringer als jene der (konzern-)eigenen Gesellschaften. Letztere können -eventuell subventioniert von der Muttergesellschaft- weisungsgebunden in Ver-

kaufsförderungsaktionen mit attraktiven Leasingangeboten einbezogen werden.

Kreditfinanzierung

Grundsätzlich finden sich bei kreditfianzierten Investitionen **analoge Verkaufsförderungen**. Auch in diesem Bereich sind es häufig die konzerneigenen Finanzierungsgesellschaften der großen (Automobil-)Hersteller, die mit günstigen Teilzahlungsangeboten Verkaufsförderung für die jeweiligen Hersteller betreiben.
Häufig arbeiten die Hersteller und die Händler von Investitionsgütern mit Kreditinstituten zusammen, um ihren Kunden **Zahlungsziele** (eventuell mit Ratenzahlung und auf Wechselbasis) beim Kauf der Investitionsgüter einräumen zu können. Bei derartigen Finanzierungsmodellen kann der Lieferant (Hersteller, Händler) als Kreditnehmer der Bank (zur Refinanzierung des Zahlungsziels) in Erscheinung treten oder aber der Käufer unmittelbar.

Steuern

Leasing

Steuerrechtlich stellen sich bei Leasingverträgen mehrere Fragen, insbesondere ob der **Leasinggegenstand** dem Leasingnehmer oder dem Leasinggeber steuerrechtlich zuzuordnen ist, in welchem Umfang eventuelle **Wertsteigerungen** des Leasinggegenstands auf die Beteiligten unter steuerrechtlichen Aspekten verteilt werden dürfen u.v.a.m.

Dem **Leasinggeber** darf beispielsweise nach **deutschem Recht** ein Leasinggegenstand bislang steuerrechtlich nur zugeordnet werden, wenn bei **Vollamortisationsverträgen** die vereinbarte unkündbare Grundmietzeit einen erheblichen Teil der betriebsgewöhnlichen Nutzungsdauer des Leasinggegenstands umfasst.
Bei **Teilamortisationsverträgen** über mobile Gegenstände setzt die steuerrechtliche Zuordnung des Leasinggegenstands zum Vermögen des Leasinggebers voraus, dass dieser an einer eventuellen Wertsteigerung des Leasinggegenstands beteiligt ist. Nur unter dieser und anderen **Voraussetzungen** ist es nach deutschen Steuerrecht möglich, dass das Leasinggut in die Bilanz des **Leasinggebers** aufgenommen und von diesem abgeschrieben wird.

Der **Leasingnehmer** darf das Leasinggut unter den genannten Voraussetzungen nicht aktivieren. Die vom Leasingnehmer zu leistenden Leasingraten sind **Betriebsausgaben/Aufwand** in seiner Gewinn- und Verlustrechnung.
Die steuerrechtliche Problematik stellt sich angesichts des z.T. abweichenden **ausländischen Steuerrechts** bei **Exportleasing** noch ausgeprägter dar als es bei inländischen Leasingverträgen der Fall ist. Die aktuelle (steuer-)rechtliche Situation erfährt der am Exportleasing Interessierte von den

- Leasinggesellschaften

  oder vom

- Bundesverband Deutscher Leasing-Gesellschaften e.V.
  Heilsbachstr. 32
  53123 Bonn

  Telefon 0228/641033
  Telefax 0228/6420459

Kreditfinanzierung

Ein **Vergleich** zwischen einer kreditfinanzierten Investition und Leasing ist nicht nur generell, sondern auch unter steuerrechtlichen Aspekten **schwierig.** Dies hängt weniger mit dem für das Leasing gültigen Steuerrecht zusammen, zumal die Leasingraten regelmäßig Betriebsausgaben sind. Der Vergleich wird vor allem dadurch erschwert, dass sich eine **kreditfinanzierte Investition** in steuerrechtlicher Hinsicht als sehr **komplex** erweist.
Zu denken ist beispielsweise an die Auswirkungen der gewählten Abschreibungsmethode und Abschreibungshöhe auf die Steuern, an die Auswirkungen der bei der Investition gewählten Eigenkapital-/Fremdkapitalrelation und damit an die Auswirkungen auf die Höhe der steuermindernden (u.U. variablen) Zinszahlungen, an die zeitlichen Unterschiede beim Anfall der Aufwendungen bei Leasing einerseits und bei kreditfinanzierten Investitionen andererseits u.v.a.m.
Zu berücksichtigen sind bei einem Vergleich überdies die Auswirkungen der verschiedenen Steuerarten, denen die Betriebe unterworfen sind.
Es ist keine Frage, dass in einem derartigen Vergleich bei Exportleasing die jeweilige **steuerrechtliche Situation** des **Auslands** einzubeziehen ist. Die Leasinggesellschaften bzw. deren Bundesverband (siehe oben) verfügen über die maßgeblichen Informationen.

6.6.2 Exportleasing: Formen und Abwicklungen

6.6.2.1 Formen des Exportleasing

Formen des Exportleasing

Zu unterscheiden ist zwischen

- Exportleasing von **Herstellern** und **Händlern** (zusammengefasst: Herstellerleasing)
  und
- Exportleasing von **Leasinggesellschaften** (sog. institutionelles Leasing).

Hersteller-Exportleasing

Bei Hersteller-Exportleasing im engeren Sinne wird der Leasingvertrag direkt zwischen dem **inländischen Hersteller** und dem **ausländischen Besteller/Leasingnehmer** abgeschlossen.
Bedient sich ein Hersteller oder Händler der **(konzern-)eigenen Leasinggesellschaft**, dann liegt zwar formal institutionelles (Export-)Leasing vor. Faktisch und im weiteren Sinne bleibt diese Abwicklung jedoch Hersteller-Leasing, insbesondere in den Fällen, in denen die (konzern-)eigene Leasinggesellschaft ausschließlich und weisungsgebunden für den Konzern arbeitet. Trotz einiger Abgrenzungsprobleme wird im Folgenden diese, der faktischen Handhabung entsprechende Charakterisierung in den Begriff Hersteller-Leasing einbezogen.

Hinweis

Eine umfassende **Beschreibung und Beurteilung** sowie eine **grafische Darstellung des Hersteller-Exportleasing** findet sich in Kapital "6.6.2.3 Hersteller-Exportleasing".

Institutionelles Exportleasing

Exportleasing von institutionellen Leasinggesellschaften erfährt im Prinzip **vier verschiedene Abwicklungsarten**:

- Der Leasingvertrag wird zwischen einer **inländischen Leasinggesellschaft** und einem **ausländischen Leasingnehmer** geschlossen.
- Ein **erster Leasingvertrag** wird zwischen einer inländischen Leasinggesellschaft und einer ausländischen Leasinggesellschaft geschlossen. Ein **zweiter Leasingvertrag (sog. Subleasingvertrag)** wird über dasselbe Leasinggut zwischen der ausländischen Leasinggesellschaft und einem ausländischen Leasingnehmer geschlossen.
- Vermittlung: Der Leasingvertrag wird zwischen einer **ausländischen Leasinggesellschaft**, die jedoch **Tochtergesellschaft** einer inländischen Leasinggesellschaft ist, und einem **ausländischen Leasingnehmer** geschlossen, und zwar unter Vermittlung der **inländischen (Mutter-)Leasinggesellschaft.**
- Vermittlung: Der Leasingvertrag wird zwischen einer wirtschaftlich und rechtlich selbstständigen **ausländischen Leasinggesellschaft** und einem **ausländischen Leasingnehmer** geschlossen, und zwar **vermittelt** von einer **inländischen Leasinggesellschaft** (eventuell im Rahmen sog. Leasclubs).

Zumindest bei den **vermittelten** Leasinggeschäften muss unterstellt werden, dass jeweils auch der **Export des Leasinggegenstands** einbezogen ist. Nur unter dieser Annahme lässt sich rechtfertigen, dass die von inländischen Leasinggesellschaften im Ausland vermittelten Leasinggeschäfte als Formen des Exportleasing aufzunehmen sind. Zu Einzelheiten und Abgrenzungsproblemen siehe Abschnitt "6.6.1.1 Charakterisierung maßgeblicher Leasingarten".

Anzumerken ist, dass die **Bedeutung** der oben skizzierten **Abwicklungsarten** in der Vergangenheit sowohl hinsichtlich der Stückzahl als auch hinsichtlich der Beträge stark geschwankt hat. Diese Feststellung gründet sich unter anderem auf eine Erhebung des Bundesverbandes Deutscher Leasing-Gesellschaften e.V., die von der Mitte der Siebzigerjahre zur Mitte der Neunzigerjahre reicht.

Abbildung

In **Abbildung Nr. 6.6-01** sind die **Formen des Exportleasing nach den Beteiligten** zusammenfassend dargestellt. Die von inländischen Leasinggesellschaften **vermittelten Leasinggeschäfte** sind mit einer dünnen Linie mit dem institutionellen Exportleasing verbunden.

Hinweis

Eine umfassende **Beschreibung und Beurteilung** dieser Leasingformen findet sich (z.T. mit grafischer Darstellung) in Kapitel "6.6.2.4 Institutionelles Exportleasing (durch Leasinggesellschaften)".

6.6.2.2 Hermes-Deckungen für Leasinggeschäfte mit dem Ausland

Vorbemerkung

Ziel der folgenden Ausführungen ist es, einen Überblick über die **Grundzüge** von Hermes-Deckungen für Leasinggeschäfte mit dem Ausland zu vermitteln. Detailinformationen und den jeweils aktuellen Stand erhält der Interessent von der Hermes Kreditversiche-

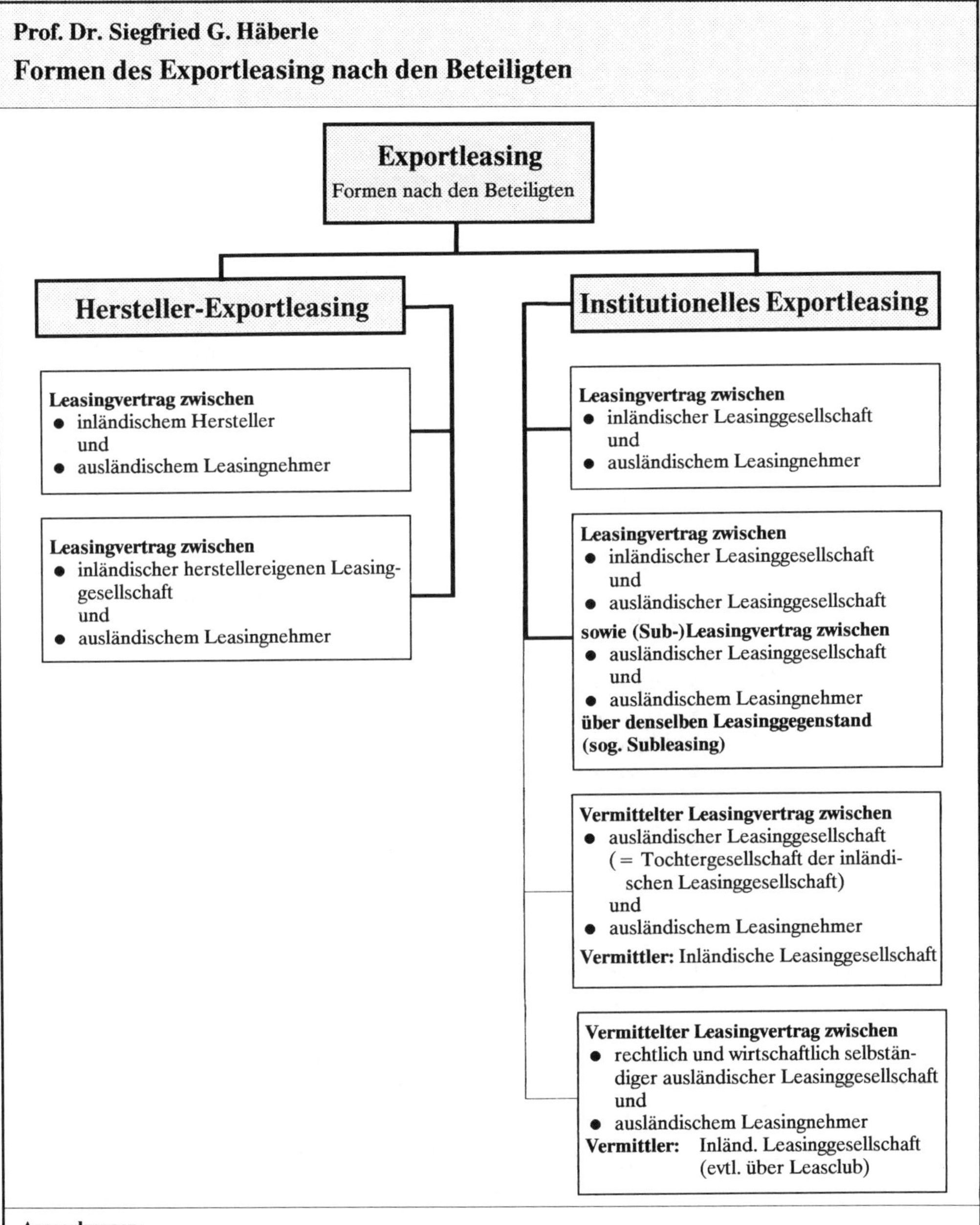

Anmerkungen:

- Hersteller-(Export-)Leasing wird wegen der direkten Beziehung zwischen dem Hersteller als Leasinggeber und dem Leasingnehmer z.T. als **direktes Leasing** bezeichnet. Institutionelles Leasing ist in diesem Sinne **indirektes Leasing.**
- Bei obiger Darstellung der Formen des Exportleasing nach den Beteiligten ist unterstellt, daß diesen Formen das **Exportgeschäft des jeweiligen Leasinggegenstandes** zugrunde liegt. Nur mit dieser Annahme läßt sich die Aufnahme von ins Ausland **vermittelten Leasingverträgen** in obige Darstellung unter der Bezeichnung "Exportleasing" rechtfertigen.

Abbildung 6.6-01

rungs-AG. Quelle der nachstehenden Ausführungen ist das Merkblatt "Ausfuhrgewährleistungen des Bundes - Leasinggeschäfte (2/96)" sowie AGA-Report Nr. 61 vom Juni 1996.

Leasingdeckung

Bei **Leasinggeschäften mit Leasingnehmern im Ausland** - so genanntes Cross-Border-Leasing - entstehen besondere Risiken, die durch Ausfuhrgewährleistungen des Bundes (als Ausfuhrgarantie oder als Ausfuhrbürgschaft) abgedeckt werden können. Leasingdeckungen werden **zu Gunsten des Leasinggebers** (Hersteller, Leasingunternehmen) nach Maßgabe der Allgemeinen Bedingungen übernommen.

Die Leasingdeckung wird für die **gesamte Laufzeit des Leasingvertrags** gewährt und schützt gegen das **Risiko**, dass die Leasingforderung aus **politischen oder wirtschaftlichen Gründen** uneinbringlich wird.

Voraussetzungen

Die Leasingdeckung, die sich sowohl auf bewegliche als auch auf unbewegliche Güter beziehen kann (z.B. Leasing von Anlagen und von Immobilien), setzt seit Juni 1996 nicht mehr voraus, dass es sich grundsätzlich um einen **Vollamortisationsvertrag** handeln muss. Vielmehr steht die Hermes-Deckung jetzt auch für **Teilamortisationsverträge** zur Verfügung.

Der Leasinggeber muss im Regelfall berechtigt sein, den Leasinggegenstand bei Zahlungsverzug des Leasingnehmers zurückzunehmen bzw. mindestens das Nutzungsrecht zu entziehen.

Konditionen des Leasingvertrags

Die Dauer und die Konditionen des Leasingvertrags müssen in Einklang stehen mit den im internationalen Handel **üblichen Zahlungsbedingungen für entsprechende Liefergeschäfte** unter Berücksichtigung der für Leasinggeschäfte anerkannten Ausnahmen (Möglichkeit der Bildung von durchgehend gleich hohen Leasingraten einschließlich Finanzierungsanteil). Insbesondere sind bestimmte Begrenzungen der Finanzierungsbedingungen zu beachten, die auf internationalen Empfehlungen (der Berner Union) oder Vereinbarungen der OECD-Mitgliedstaaten (sog. OECD-Konsensus über Exportkreditbedingungen) beruhen.

Gegenstand der Deckung

Die Leasingdeckung umfasst den **Gesamtforderungsbetrag** der im Leasingvertrag vereinbarten **Leasingraten** (nach Abzug eventuell vor Versand eingehender An- und Zwischenzahlungen) bzw. die bei einer verzugsbedingten Kündigung entstehenden vertraglichen Forderungen, die an die Stelle der als Gegenleistung vereinbarten Leasingforderung treten.

Umfang der Deckung

Die **Haftung** des Bundes **beginnt** -wie bei einem normalen Exportgeschäft- mit der **Versendung des Leasinggegenstands**. Bei einer der Leasingdeckung **vorgeschalteten Fabrikationsrisikodeckung** endet die Haftung aus der Fabrikationsrisikodeckung mit Abnahme des Leasinggegenstands bzw. mit dessen Versand. Die Haftung aus der Leasingdeckung beginnt dann in jedem Fall mit dem Ende der Haftung aus der Fabrikationsrisikodeckung.

Anmerkung: Seit Juni 1996 besteht durchgehender Deckungsschutz auch für den Fall, dass der Leasinggeber (weil er nicht zugleich Hersteller ist) erst zu einem Zeitpunkt nach Versand Eigentümer des Leasinggegenstands wird.

Gedeckte Risiken

Zu den bei **Ausfuhrgarantien** und **Ausfuhrbürgschaften** gedeckten **politischen Risiken** gehören

- gesetzgeberische oder behördliche Maßnahmen, kriegerische Ereignisse, Aufruhr oder Revolution im Ausland, die die Erfüllung der gedeckten Forderung verhindern - sog. **allgemeiner politischer Schadensfall**;
- die Nichtkonvertierung und Nichttransferierung der vom Schuldner in Landeswährung eingezahlten Beträge infolge von Beschränkungen des zwischenstaatlichen Zahlungsverkehrs - sog. **KT-Fall**;
- der Verlust von Ansprüchen infolge auf politische Ursachen zurückgehender **Unmöglichkeit der Vertragserfüllung**;
- der **Verlust der Ware** vor Gefahrübergang infolge politischer Umstände.

Als **wirtschaftliche Risiken** sind gedeckt

bei Ausfuhr**garantien**

- die Uneinbringlichkeit infolge **Zahlungsunfähigkeit** (Insolvenz) des ausländischen Bestellers, z.B. bei Konkurs, amtlichem bzw. außeramtlichem Vergleich, fruchtloser Zwangsvollstreckung, Zahlungseinstellung;
- die **Nichtzahlung** innerhalb einer Frist von 6 Monaten nach Fälligkeit (Nichtzahlungsfall, sog. Protracted Default);

bei Ausfuhr**bürgschaften**

- grundsätzlich der **Nichtzahlungsfall**.

Selbstbeteiligung

Die **Selbstbeteiligung** des Garantie- bzw. Bürgschaftsnehmers am Ausfall beträgt im Regelfall

- bei Ausfuhr**garantien**
  - für die politischen Risiken 10%
  - für die Insolvenzrisiken 15%
  - für die Nichtzahlungsrisiken 25%
- bei Ausfuhr**bürgschaften**
  - für die politischen Risiken 10%
  - für die Nichtzahlungsrisiken 15%.

Das Risiko aus der Selbstbeteiligung darf nicht anderweitig abgesichert werden. Davon unberührt bleibt die Möglichkeit von Leasinggesellschaften, den Selbstbehalt an den Hersteller weiterzugeben.

Entgelt

Im Rahmen der Ausfuhrgewährleistungen werden **Bearbeitungsentgelte** in Form einer "Antragsgebühr", einer "Ausfertigungsgebühr" und einer "Verlängerungsgebühr" berechnet.

Für die übernommenen Ausfuhrgewährleistungen werden **Entgelte** (entsprechend den "Prämien" von Versicherungen) erhoben. Einzelheiten dazu enthält das Entgelt-Merkblatt Ausfuhrgewährleistungen (siehe Kapitel 9.2 "Ausfuhrgewährleistungen des Bundes ...").

Sonstige Merkmale

Im zitierten Merkblatt "Ausfuhrgewährleistungen des Bundes - Leasinggeschäfte" finden sich darüber hinaus Ausführungen zum Entschädigungsverfahren, zu den Besonderheiten bei Fabrikationsrisikodeckung, zu weiteren Voraussetzungen der Leasingdeckung und zu den Konditionen des Leasingvertrags, zum Antragsverfahren usw.

6.6.2.3 Hersteller-Exportleasing

6.6.2.3.1 Grafische und erläuternde Darstellung der praktischen Abwicklung

Abbildung

Die **Abbildung 6.6-02** zeigt die **Grundstruktur der Abwicklung eines Hersteller-Exportleasinggeschäfts**. Die Abwicklung wird anschließend in einzelnen Schritten und unter den folgenden **Annahmen** erläutert:

- Der Hersteller/Leasinggeber beantragt und erhält eine **Hermes-Deckung**.
- Zur Absicherung der Leasingforderung übernimmt die **Bank** des Leasingnehmers **eine Zahlungsgarantie**.

Anmerkungen

- Die **zeitliche Abwicklung** der einzelnen Schritte in Abbildung 6.6-02 überschneidet sich in der Praxis z.T. bzw. sie kehrt sich manchmal um. Um die Übersichtlichkeit zu erhalten, bleiben die Schritte jedoch in der Abbildung hintereinander geschaltet.
- Im Übrigen ist festzustellen, dass in der Praxis teilweise **modifizierte**, hier nicht näher beschriebene Abwicklungen angewandt werden.
- Die folgenden Ausführungen beziehen sich überwiegend auf **Finanzierungsleasing/Vollamortisationsleasing**.

Erläuterungen:

- **Leasingvertrag**

1. **Abschluss des Leasingvertrags**

Der Leasingvertrag definiert grundsätzlich den **Leasinggegenstand**, die Rechte und Pflichten des **Herstellers**, die Rechte und Pflichten des **Leasingnehmers**, die im vorliegenden Beispiel unter anderem die Stellung der **Zahlungsgarantie** einer Bank umfassen. Inwieweit diese Bankgarantie notwendig erscheint, hängt auch von der Bonität des Leasingnehmers, von den Eigenarten des Leasinggegenstands, von der Art und der Laufzeit des Leasingvertrags und von weiteren Faktoren ab.

- **Risiken des Leasinggebers**

Die **Risiken** des Herstellers in seiner Eigenschaft als Leasinggeber sind erheblich:

- **Wirtschaftliche Risiken**, die je nach Eigenart des Leasinggegenstands (Exportgeschäfts) bereits während der Fabrikationsphase, insbesondere aber während der Forderungsphase, von großem Gewicht sein können (u.a. Zahlungsverzug oder Insolvenz des Leasingnehmers).
- **Garantendelkredererisiko**, das insbesondere in der Zahlungsunfähigkeit der ausländischen Garantiebank begründet liegt.

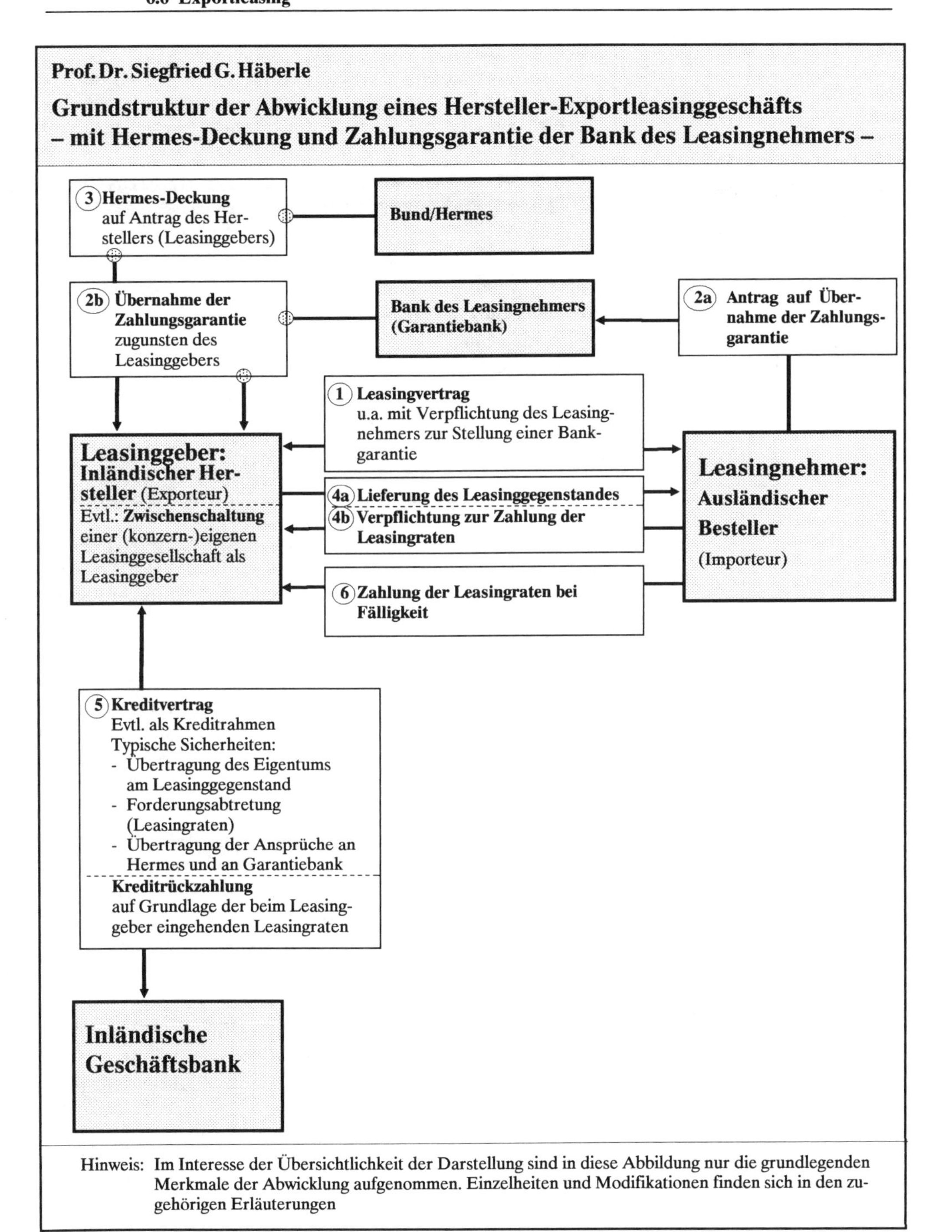

Abbildung 6.6-02

- **Politische Risiken**, die nicht nur die zahlungsbezogenen Risiken umfassen (insbesondere Transfer-/Konvertierungsrisiken), sondern die sich auch auf politisch verursachte Beeinträchtigungen am Eigentumsrecht des Leasinggebers beziehen können.
- **Evtl. Wechselkursrisiken**, falls im Leasingvertrag aus Sicht des Exporteurs Fremdwährung vereinbart ist.

Welches Gewicht diese Risiken haben, hängt ebenso vom Einzelfall ab, wie die Notwendigkeit der Absicherung bzw. der Risikoüberwälzung auf Dritte (z.B. auf Hermes).

- **(konzern-)eigene Leasinggesellschaft**

Anmerkung: Sofern der Hersteller eine (konzern-)eigene **Leasinggesellschaft zwischenschaltet**, wird
- einerseits ein **Kaufvertrag** zwischen dem Hersteller und der (konzern-)eigenen Leasinggesellschaft über das Investitionsgut abgeschlossen und
- andererseits ein **Leasingvertrag** zwischen der (konzern-)eigenen Leasinggesellschaft und dem ausländischen Leasingnehmer.

Weil die Chancen und Risiken dieser Abwicklung letztlich in einer Hand, nämlich beim Hersteller liegen, wird diese Abwicklung nicht in einer gesonderten Abbildung und Beschreibung behandelt.

2. **Zahlungsgarantie der Bank des Leasingnehmers**

Der Leasingnehmer beantragt bei seiner Bank die im Leasingvertrag verlangte Zahlungsgarantie. Die Zahlungsgarantie dieser Bank wird **zu Gunsten des Herstellers** oder -bei Zwischenschaltung einer (konzern-)eigenen Leasinggesellschaft- zu Gunsten dieser Leasinggesellschaft abgegeben.

3. **Hermes-Deckung**

- **Antragsberechtigte/ Deckung**

Hermes-Deckungen für Leasinggeschäfte mit dem Ausland, d.h. mit ausländischen Leasingnehmern/Bestellern, stehen nicht allein deutschen **Leasinggesellschaften**, sondern auch **deutschen Exporteuren** (Herstellern) und deren (konzern-)eigenen Leasinggesellschaften zur Verfügung.

Gegenstand der Hermes-Deckung ist der **Gesamtforderungsbetrag der Leasingraten**, also nicht der Leasinggegenstand.

- **Fabrikationsrisikodeckung**

Inwieweit der Hersteller bereits während der **Fabrikationsphase Risiken** erkennt (z.B. bei Maschinen, die nach Plänen des Bestellers/Leasingnehmers gefertigt werden) und inwieweit für diese Phase eine Fabrikationsrisikodeckung von Hermes erforderlich erscheint und verfügbar ist, muss im Einzelfall geprüft werden.

- **Informationen**

In jedem Fall sollte sich der Hersteller **frühzeitig**, d.h. vor Abschluss des Leasingvertrags, informieren, ob und gegebenenfalls mit welchen Auflagen **Hermes** Deckung bietet. Welche Risiken grundsätzlich deckungsfähig sind sowie Aspekte/Auflagen von

Hermes bei Exportleasingdeckungen ist in **Abschnitt 6.6.2.2** beschrieben.

4. **Lieferung des Leasinggegenstands/Verpflichtung zur Zahlung der Leasingraten**

• **Lieferung/Zahlungsverpflichtung**

Die **Lieferung** des Leasinggegenstands durch den Hersteller bzw. die **Abnahme** dieses Leasinggegenstands durch den Besteller begründet dessen Verpflichtung zur **Zahlung der Leasingraten bei Fälligkeit** gemäß dem abgeschlossenen Leasingvertrag (siehe Schritt 1).

• **Hermes-Deckung**

Bei Hermes-Deckungen ist von Belang, zu welchem **Zeitpunkt die Haftung beginnt**: Wie bei einem normalen Exportgeschäft beginnt die Haftung des Bundes mit der Versendung des Leasinggegenstands.

Sofern dieser Ausfuhrdeckung für das Leasinggeschäft eine **Fabrikationsrisikodeckung** vorausgeht, so beginnt die Haftung des Bundes mit dem Ende der Fabrikationsrisikodeckung (Einzelheiten siehe Abschnitt 6.6.2.2).

5. **Refinanzierung: Kreditvertrag/Kreditrückzahlung**

• **Kreditvertrag**

Der Hersteller/Leasinggeber ist in der Regel nicht in der Lage, einen längeren Leasingzeitraum aus eigenen Mitteln zu finanzieren. Der Hersteller/Leasinggeber lässt sich zur Refinanzierung des Leasinggeschäfts von seiner Bank vielmehr einen Kredit einräumen. Dieser **Kredit** kann sich auf ein einzelnes (größeres) Leasinggeschäft beziehen, oder aber einen **Kreditrahmen** umfassen, innerhalb dessen -im Zeitablauf revolvierend- verschiedene (kleinere) Leasinggeschäfte refinanziert werden.
In den Kreditvertrag kann auch einbezogen sein, dass mit dem Kredit bereits die **Fabrikationsphase** und nicht nur die **Forderungsphase** des Herstellers finanziert wird.

• **Sicherheiten**

Typische Sicherheiten der Refinanzierung, die vom Hersteller/Leasinggeber zu stellen sind:
- **Übertragung** des **Eigentums** am **Leasinggegenstand** auf die finanzierende Bank.
  Hinweis: Eine derartige Übertragung bedarf der Zustimmung von Hermes.
- (Stille) **Abtretung (Zession)** der Forderungen an den Leasingnehmer (insbesondere der Leasingraten) an die finanzierende Bank.
- Übertragung der **Ansprüche an Hermes** aus der erteilten Deckung an die finanzierende Bank.
- **Übertragung** der **Ansprüche an die ausländische Garantiebank** an die finanzierende Bank.

• **Konzerneigene Leasinggesellschaft**

Ist in die Geschäftsabwicklung die (konzern-)eigene Leasinggesellschaft zwischengeschaltet, dann stellt sich für den Hersteller

-vordergründig gesehen- die Frage der Refinanzierung nicht. Der **Hersteller verkauft** den Leasinggegenstand an die **(konzern-)eigene Leasinggesellschaft** und erhält im Gegenzug den Kaufpreis zur Verfügung gestellt.
Tatsächlich ist jedoch das **Refinanzierungsproblem** lediglich auf die (konzern-)eigene Leasinggesellschaft **überwälzt**. Diese kann sich prinzipiell ebenfalls mit Bankkrediten, eventuell unter Stellung der skizzierten Sicherheiten, oder aber durch Kreditaufnahmen beispielsweise am Euromarkt (unter Einschaltung einer deutschen Bank) refinanzieren. Diese Finanzierung steht im Übrigen auch Leasinggebern offen, die Hersteller sind.

- **Kreditrückzahlung**

Die Kreditrückzahlung erfolgt grundsätzlich auf Basis der vom Leasingnehmer an den Leasinggeber bei Fälligkeit geleisteten **Leasingraten**. Zu beachten ist jedoch, dass der Hersteller/Leasinggeber auf Grundlage des Kreditvertrags mit seiner Bank **selbst Schuldner** ist und die Kreditrückzahlung von ihm letztlich unabhängig vom Eingang der Leasingraten zu leisten ist.

- **Forfaitierung**

Bei größeren (und mittel- bis langfristigen) Leasinggeschäften kommt als **Refinanzierungs- und Absicherungsalternative** die Forfaitierung infrage. Der Leasinggeber, d.h. der Hersteller oder seine (konzern-)eigene Leasinggesellschaft, verkauft die Gesamtforderung (den Gesamtbetrag aller Leasingraten) an eine Forfaitierungsgesellschaft bzw. an eine forfaitierende Bank (an einen Forfaiteur).
Der **Forfaiteur übernimmt** in der Regel alle mit der Forderung verbundenen **Risiken**, also nicht nur das wirtschaftliche Risiko, sondern auch das Garantendelkredererisiko und das politische Risiko sowie das Wechselkursrisiko bei Fremdwährungsforderungen. Der Forfaiteur lässt sich in diesem Fall alle für die Forderung eventuell bestellten **Sicherheiten übertragen**, insbesondere die Ansprüche aus der Garantie an die ausländische Bank sowie die Ansprüche an den Bund (Hermes).

Der Forfaiteur stellt dem forderungsverkaufenden Leasinggeber/Hersteller bzw. dessen (konzern-)eigener Leasinggesellschaft den **Barwert** der Leasingforderung nach Abzug von Diskontzinsen, die auch eine vom Risiko des Einzelgeschäfts abhängige Risikoprämie enthalten, zur Verfügung. Einzelheiten zur Forfaitierung finden sich in Kapitel 6.5.
Zu beachten ist, dass die Forfaitierung **keine Absicherung und Refinanzierung** des Herstellers/Leasinggebers während der **Fabrikationsphase** beinhaltet. Bei erkennbaren Risiken in dieser Phase ist an eine Fabrikationsrisiko-Deckung von Hermes zu denken.

Hinweis: Ebenso wie bei kreditrefinanzierten Leasinggeschäften sollte der Leasinggeber bei beabsichtigter Forfaitierung vor Abschluss des Leasingvertrags Kontakt mit Forfaiteuren aufnehmen, um die aktuellen Bedingungen und eventuelle Auflagen zu erheben sowie um eventuell eine sog. Festofferte des Forfaiteurs zu erlangen. Einzelheiten siehe Kapitel 6.5.

6. **Zahlung der Leasingraten bei Fälligkeit**

Der Leasingnehmer hat die Leasingraten bei Fälligkeit **an den Leasinggeber** zu entrichten. Lediglich bei einer offenen Forderungsabtretung (Zession) der Leasingraten an die Bank hat der Leasingnehmer die Leasingraten bei Fälligkeit an die finanzierende Bank zu leisten.

- **Zahlungsempfänger**

Sofern der Leasingnehmer nicht willens oder nicht in der Lage ist, die Leasingraten zu zahlen, wird auf die **garantierende ausländische Bank zurückgegriffen**. Wenn sich diese Sicherheit als nicht tragfähig erweist, ist die **Hermes-Deckung** in Anspruch zu nehmen, wobei der Selbstbehalt zulasten des Herstellers/Leasinggebers geht.

- **Zahlungsunfähigkeit**

6.6.2.3.2 Risikobeurteilung aus Sicht des Herstellers/Leasinggebers

Die Risiken des Herstellers/Leasinggebers bei Leasinggeschäften (insbesondere bei Finanzierungsleasinggeschäften mit einer langen Laufzeit) sind weitgehend **vergleichbar** mit den hohen **Risiken von Exportgeschäften mit mittel- bis langfristigen Zahlungszielen**. Diese Feststellung gilt analog für eine zwischengeschaltete (konzern-) eigene Leasinggesellschaft. Der Hersteller/Leasinggeber hat deswegen zunächst eine umfassende **Risikoanalyse** zu vollziehen, die möglichen **Sicherungsinstrumente** zu erheben und frühzeitig Kontakt mit Sicherungs- und Refinanzierungsinstitutionen aufzunehmen.

- **Wirtschaftliches Risiko**

In isolierter Betrachtung ist das wirtschaftliche **Risiko** des Herstellers/Leasinggebers -zumindest bei Finanzierungsleasinggeschäften mit einer langen Laufzeit- **hoch**. Es ist für einen mehrjährigen Leasingzeitraum nur schwer zu prognostizieren, ob ein Leasingnehmer in einigen Jahren noch in der Lage sein wird, fällige Leasingraten problemlos zu entrichten.
Hinzu kommt, dass die praktische (und eventuell auch die rechtliche) **Durchsetzung von Eigentumsrechten** am Leasinggegenstand für den Leasinggeber im Ausland im Allgemeinen schwieriger ist als im Inland.
Bei langlaufenden Leasingverträgen sucht der Hersteller/Leasinggeber deswegen zusätzliche Sicherheiten zu gewinnen. Die maßgeblichen Sicherheiten sind die **Zahlungsgarantie** der Bank des Leasingnehmers und die **Hermes-Deckung**, die sowohl die Deckung der politischen als auch der wirtschaftlichen Risiken umfasst. Insbesondere in Abhängigkeit von der Art des Leasinggegenstands (z.B. Leasinggegenstände, die nach Plänen des Auftraggebers gefertigt werden bzw. die eine lange Fertigungszeit erfordern) kann es notwendig sein, die Hermes-Deckung bereits für die **Phase der Fabrikation** zu beantragen.

- **Garantendelkredererisiko**

Das im Subjekt des Leasingnehmers liegende wirtschaftliche Risiko sollte -zumindest bei mittel- bis langfristigen Leasingverträgen- durch die **Zahlungsgarantie einer ausländischen Bank** abgedeckt werden.

Indessen stellt sich bei Bankgarantien das Garantendelkredererisiko, d.h. die Frage, ob die garantierende ausländische Bank in der Lage sein wird, während der Garantielaufzeit eventuell geltend gemachte Zahlungsansprüche zu erfüllen.

Die ausländische Bank hat deswegen dem Merkmal einer "**first class bank**", "international prime bank" bzw. analogen Einstufungen zu entsprechen. Die deutschen Banken beraten den Hersteller/Leasinggeber nicht nur dahingehend, sondern auch über Inhalte (Formulierungen) von Bankgarantien. Siehe dazu auch Kapitel 8 "Bankgarantien".

- **Politisches Risiko**

Die politischen Risiken des Herstellers/Leasinggebers können bereits während der **Fabrikationsphase**, insbesondere aber während der **Forderungsphase** erheblich sein (z.B. Konvertierungs- und Transferrisiken).

Eine **Hermes-Deckung** kann somit nicht allein wegen wirtschaftlicher Risiken, sondern insbesondere auch wegen politischer Risiken im Einzelfall angebracht sein. Zu bedenken hat der Hersteller/Leasinggeber jedoch, dass die Hermes-Deckung während der Forderungsphase nicht das Leasinggut selbst, sondern den **Gesamtbetrag aller Leasingraten** (als reine Forderungsdeckung) umfasst. Außerdem verbleibt dem Hersteller/Leasinggeber im Schadensfall der Selbstbehalt.

- **Wechselkursrisiko**

Ist im Leasingvertrag Fremdwährung für die Leasingraten vereinbart, dann kann das **Fremdwährungsrisiko** (und die Fremdwährungschance) des Leasinggebers -angesichts der langen Laufzeit von Finanzierungsleasingverträgen- erheblich sein.

Zur **Absicherung** kommen im Wesentlichen nur noch die marktmäßigen Instrumente der Banken (einschließlich der Forfaitierung) infrage. Die Wechselkursdeckung des Bundes steht nur noch eingeschränkt zur Verfügung und wird vom Bund im Übrigen auf Beibehaltung bzw. Abschaffung überprüft.

Eine **kompensierende Wechselkursabsicherung** kann der Leasinggeber durch **Refinanzierung** der Leasingforderung in jener Fremdwährung vornehmen, in der der Leasingnehmer die Leasingraten zu leisten hat. Dabei ist die zeitliche Abfolge der Leasingraten mit den Tilgungs- und Zinsterminen des aufgenommenen Fremdwährungskredits abzustimmen.

6.6.2.4 Institutionelles Exportleasing (durch Leasinggesellschaften)

6.6.2.4.1 Formen des institutionellen Exportleasing

Hinweis

In **Abbildung Nr. 6.6-01** (Abschnitt 6.6.2.1 "Formen des Exportleasing") sind die **Formen des Exportleasing nach den Beteiligten** dargestellt.

Leasingverträge zwischen inländischen Leasinggesellschaften und ausländischen Leasingnehmern

Exportleasing im engsten Sinne

Sofern der Leasingvertrag zwischen einer **inländischen Leasinggesellschaft** und einem **ausländischen Leasingnehmer** abgeschlossen wird, kann von Exportleasing im engsten Sinne gesprochen werden, insbesondere wenn das **Leasinggut** (eventuell direkt vom inländischen Hersteller) ebenfalls vom **Inland** in das Ausland exportiert wird.

Abwicklung

Die inländische Leasinggesellschaft **kauft** in diesem Fall den Leasinggegenstand vom inländischen Hersteller und schließt über diesen Leasinggegenstand mit einem ausländischen Leasingnehmer einen **Leasingvertrag**. Bei Investitionsgütern erfolgt die **Auslieferung** des Leasinggegenstands meistens **direkt** vom inländischen Hersteller an den ausländischen Leasingnehmer. Im Übrigen kommen solche Leasingverträge in der Regel auf Initiative des inländischen Herstellers zu Stande, der dem ausländischen Investor Leasing (neben anderen Finanzierungsalternativen) anbietet.
Eigentümerin des Leasinggegenstands ist die inländische Leasinggesellschaft. Der ausländische Leasingnehmer, dem der Leasinggegenstand zur Nutzung überlassen ist, hat die Leasingraten an die inländische Leasinggesellschaft zu entrichten.

Risiken der Leasinggesellschaft

Der inländischen Leasinggesellschaft entstehen bei dieser Leasingform diejenigen Risiken, wie sie typischerweise bei Exportgeschäften entstehen:

- **Wirtschaftliche Risiken** (insbesondere Zahlungsverzug oder Zahlungsunfähigkeit des ausländischen Leasingnehmers).
- **Politische Risiken** (insbesondere Beschlagnahmerisiko sowie Konvertierungs- und Transferrisiken).
- **Evtl. Wechselkursrisiken.**

Hinzu treten beim Exportleasing Risiken, die aus dem länderweise unterschiedlichen Recht, insbesondere auch dem **Steuerrecht**, resultieren.

Anmerkung: Die Instrumente der Leasinggesellschaften zur Absicherung dieser Risiken sind in Abschnitt 6.6.2.4.3 angesprochen.

Risiken des Herstellers

Dagegen verbleiben dem inländischen Hersteller, der der inländischen Leasinggesellschaft den Leasinggegenstand verkauft, praktisch **keine besonderen Risiken**: Der Kaufvertrag zwischen der inländischen Leasinggesellschaft und dem inländischen Hersteller beruht auf inländischem Recht, politische Risiken und Wechselkursrisiken existieren somit in der Regel nicht. Sofern die Solvenz der inländischen Leasinggesellschaft unterstellt und überdies sofortige Zahlung angenommen wird, besteht ein wirtschaftliches Risiko für den Hersteller ebenfalls nicht.

Allenfalls zwei **Ausnahmen** hat der Hersteller zu bedenken:

- Sofern während der Fabrikationsphase des Leasinggegenstands eine definitive Abnahmepflicht der Leasinggesellschaft/des Leasingnehmers nicht besteht, kann für den Hersteller ein -von der Art des Investitionsgutes abhängiges- **Fabrikationsrisiko** bestehen.
- Die vom Hersteller für den gelieferten Investitionsgegenstand übernommene **Gewährleistung**, die im Übrigen meist von der Leasinggesellschaft (der Käuferin) an den Leasingnehmer übertragen wird, hat der Hersteller bei Geltendmachung nicht im Inland, sondern i**m Ausland zu erbringen**.

Hinweis

Einzelheiten der grafischen und schrittweise erläuterten Abwicklung zu dieser Leasingform finden sich in **Abschnitt 6.6.2.4.3.**

Exportleasing im engeren Sinne

Exportleasing in einem etwas erweiterten, gleichwohl nach wie vor engeren Sinne liegt in der hier angenommenen Einteilung vor, wenn der **Leasinggegenstand** von einem **ausländischen Hersteller** (eventuell ebenfalls direkt an den ausländischen Leasingnehmer) geliefert wird. Maßgeblich für die Einordnung dieser Leasingform als Exportleasing bleibt, dass unverändert die Leasinggesellschaft ihren Sitz im Inland und der Leasingnehmer seinen Sitz im Ausland hat.

Leasingverträge zwischen inländischen Leasinggesellschaften und ausländischen Leasinggesellschaften

Subleasing

Im grenzüberschreitenden Leasing kann die folgende Konstruktion infrage kommen:

- Eine inländische Leasinggesellschaft **erwirbt** den Leasinggegenstand vom Hersteller.
- Die inländische Leasinggesellschaft schließt einen **Leasingvertrag** mit einer ausländischen Leasinggesellschaft.
- Die ausländische Leasinggesellschaft schließt ihrerseits über den Leasinggegenstand einen sog. **Subleasingvertrag** mit dem ausländischen Leasingnehmer.

Vorteile/Risiken

Der maßgebliche Vorteil liegt in der **Verlagerung des Subleasinggeschäfts** in das Land des Leasingnehmers, weil zum einen die ausländische Leasinggesellschaft die lokalen rechtlichen Rahmenbedingungen kennt und weil zum anderen der ausländische Leasingnehmer es mit einer Leasinggesellschaft im eigenen Land zu tun hat.

Die **inländische Leasinggesellschaft** trägt aus dem Vertrag mit der ausländischen Leasinggesellschaft das wirtschaftliche Risiko (Gefahr der Insolvenz der ausländischen Leasinggesellschaft) sowie politische Risiken (insbesondere das Transfer- und Konvertierungsrisiko der Leasingraten). Dagegen ist der Hersteller des Leasinggegenstands nicht in diese Risiken einbezogen.

Leasingverträge zwischen ausländischen Leasinggesellschaften und ausländischen Leasingnehmern

Unterformen

Bei dieser Rechtsbeziehung sind zunächst zwei Unterformen zu beachten:

- Der Leasingvertrag wird zwischen einer **rechtlich und wirtschaftlich selbstständigen ausländischen Leasinggesellschaft** und dem ausländischen Leasingnehmer geschlossen

  oder

- der Leasingvertrag wird zwischen der **ausländischen Tochtergesellschaft** einer inländischen Leasinggesellschaft und dem ausländischen Leasingnehmer geschlossen.

Voraussetzung dafür, dass diese Rechtsbeziehungen aus inländischer Sicht als **Exportleasing** eingestuft werden können, ist, dass diese Verträge durch **Vermittlung** einer inländischen Leasinggesellschaft zu Stande kommen und außerdem der **Leasinggegenstand** regelmäßig vom Inland in das Ausland geliefert/**exportiert** wird, also auch insoweit ein Exportgeschäft vorliegt.
Zur Problematik der Definition und Abgrenzung des Begriffs Exportleasing siehe Abschnitt 6.6.1.1.

Leasclubs

Die Einschaltung einer ausländischen Tochtergesellschaft durch die inländische Leasinggesellschaft ist organisatorisch einfach zu bewerkstelligen. Dagegen bedarf die Einschaltung einer rechtlich und wirtschaftlich selbstständigen ausländischen Leasinggesellschaft besonderer Kontakte. Diese Kontakte sind im Rahmen sog. Leasclubs(Leasklubs) gegeben, in denen sich in- und ausländische **Leasinggesellschaften lose zusammengeschlossen** haben. Von Bedeutung in der Arbeit dieser Leasclubs ist die **gegenseitige Vermittlung** von Leasingverträgen gegen Zahlung einer Vermittlungsprovision.

Vorteile/Risiken der Leasinggesellschaften

Es liegt auf der Hand, dass eine **ausländische Leasinggesellschaft** die wirtschaftlichen und rechtlichen **Rahmenbedingungen** für Leasinggeschäfte im eigenen Land **bestens kennt**. Das politische Risiko entfällt für diese Leasinggesellschaft ebenso wie im Regelfall das Wechselkursrisiko. Lediglich das wirtschaftliche Risiko nimmt für eine inländische und für eine ausländische Leasinggesellschaft grundsätzlich dieselbe Dimension an. Allerdings hat die ausländische Leasinggesellschaft durch ihre Nähe zum Leasingnehmer auch hier (Informations-)Vorteile bei der Risikobegrenzung.

Die **vermittelnde inländische Leasinggesellschaft** trägt **kein Risiko**, sofern sie das Leasinggeschäft nicht in irgendeiner Form refinanziert oder absichert. Ist jedoch die ausländische Leasinggesellschaft die Tochtergesellschaft der inländischen (Mutter-)Leasinggesellschaft, dann fällt letztlich das Risiko der Tochtergesellschaft auf die Muttergesellschaft zurück.

Risiken des Herstellers/Exporteurs

Für den inländischen Hersteller ist der Verkauf des Leasinggegenstands an die ausländische Leasinggesellschaft ein **Exportgeschäft** mit allen damit verbundenen Risiken. Es hängt vom Einzelfall und von den mit der ausländischen Leasinggesellschaft vereinbarten **Zahlungsbedingungen** ab, welchen Umfang das wirtschaftliche und das politische Risiko sowie -bei Fremdwährung- das Wechselkursrisiko annimmt. Dies gilt auch für die Fabrikationsphase.

6.6.2.4.2 Spezielle Bankrefinanzierungen für grenzüberschreitende Leasinggeschäfte

In die grenzüberschreitenden Leasinggeschäfte können **in- und/oder ausländische Banken** mit unterschiedlichen Refinanzierungsfunktionen eingebunden sein:

Leasinggebundener Bestellerkredit

- Eine inländische Bank gewährt der ausländischen Leasinggesellschaft einen Kredit zum Kauf des Leasinggegenstands bei einem inländischen Hersteller (Exporteur).

  Dieser Kredit wird -gegen entsprechende Produktions-/Versand-/Abnahmenachweise- an den **inländischen Hersteller** ausgezahlt, also **nicht** an die ausländische Leasinggesellschaft (nicht an den Kreditschuldner).

  Die ausländische Leasinggesellschaft zahlt den Kredit -letztlich aus den Leasingraten des ausländischen Leasingnehmers- in Raten an die inländische Bank zurück.

  Diese Abwicklung entspricht in Grobkonturen einem **liefergebundenen Bestellerkredit**. Einzelheiten dazu siehe Kapitel 6.2.3, insbesondere Abschnitt 6.2.3.2.

Leasinggebundener Bank-zu-Bank-Kredit

- Eine inländische Bank eröffnet einer ausländischen Bank einen zweckgebundenen Kreditrahmen (Rahmenkreditvertrag/Grundkreditvertrag) zur Finanzierung grenzüberschreitender Leasinggeschäfte.
  Die ausländische Bank gewährt ihrerseits auf dieser Grundlage und in diesem Rahmen einer bestimmten ausländischen Leasinggesellschaft von Leasingfall zu Leasingfall Kredit zum Kauf von Leasinggegenständen bei Exporteuren (Herstellern) des Inlands.
  Die Kredite werden von der inländischen Bank -gegen entsprechende Produktions-/Versand-/Abnahmenachweise- an den **inländischen Hersteller** (Exporteur) **ausgezahlt**, also nicht an die ausländische Bank (nicht an die Kreditschuldnerin).
  Die ausländische Schuldnerbank hat die Kredite in Raten zurückzuzahlen, die unter sonst gleichen Annahmen den Rückzahlungsraten der ausländischen Leasinggesellschaft entsprechen.
  Die ausländische Leasinggesellschaft erhält ihrerseits die Leasingraten von den ausländischen Leasingnehmern, die ihr letztlich zur Kreditrückzahlung dienen.
  Diese Abwicklung entspricht in Grobkonturen einem **liefergebundenen Bank-zu-Bank-Kredit**. Einzelheiten dazu siehe Kapitel 6.2.3, insbesondere Abschnitt 6.2.3.3.

Finanzierungsmodelle/ Entscheidungsmerkmale

Neben den skizzierten Bankrefinanzierungen von Leasinggeschäften gibt es **weitere Finanzierungsmodelle**, die auf die Eigenarten des jeweiligen Leasingfalls zugeschnitten werden.

Wie bei jeder grenzüberschreitenden Finanzierung spielen auch bei den leasinggebundenen Finanzierungsmodellen die Ergiebigkeit der **Kreditmärkte**, **Zinsunterschiede**, die **steuerrechtlichen Aspekte**, die **Risiken** und die Möglichkeiten zu ihrer **Absicherung** und andere Bestimmungsfaktoren in den beteiligten Ländern bzw. bei den beteiligten Banken eine gewichtige Rolle.

6.6.2.4.3 Grafische und erläuternde Darstellung der praktischen Abwicklung des Exportleasing zwischen einer inländischen Leasinggesellschaft und einem ausländischen Leasingnehmer

Abbildung

Die **Abbildung 6.6-03** zeigt die **Grundstruktur der Abwicklung des Exportleasing-Geschäfts einer inländischen Leasinggesellschaft**. Die Abwicklung wird anschließend in einzelnen Schritten und unter den folgenden Annahmen erläutert:

- Die Leasinggesellschaft beantragt und erhält eine **Hermes-Deckung**.
- Zur Absicherung der Leasingforderung übernimmt die Bank des ausländischen Leasingnehmers die **Zahlungsgarantie**.
- Die **Gewährleistungsansprüche** der Leasinggesellschaft an den Hersteller (in ihrer Eigenschaft als Käuferin/Eigentümerin des Leasinggegenstands) werden auf den Leasingnehmer **übertragen**.
- Der **Leasingnehmer** übernimmt die **Kosten für Wartung und Service** am Leasinggegenstand (und schließt eventuell einen dahingehenden Servicevertrag direkt mit dem Hersteller ab).

Anmerkungen

- Die **zeitliche Abwicklung** der einzelnen Schritte in Abbildung 6.6-03 überschneidet sich in der Praxis zum Teil bzw. sie kehrt sich manchmal um. Um die Übersichtlichkeit zu erhalten, bleiben die Schritte jedoch in der Abbildung hintereinander geschaltet.
  Im Übrigen ist festzustellen, dass in der **Praxis** teilweise **modifizierte**, hier nicht näher beschriebene Abwicklungen angewandt werden.
- Die folgenden Ausführungen beziehen sich insbesondere auf **Finanzierungsleasing/Vollamortisationsleasing.**

1. Abschluss des Leasingvertrags

Erläuterungen:

- **Leasingvertrag**

Der Leasingvertrag definiert den **Leasinggegenstand**, die Rechte und Pflichten der **Leasinggesellschaft**, die Rechte und Pflichten des **Leasingnehmers**, die im vorliegenden Beispiel u.a. die Stellung der Zahlungsgarantie einer Bank umfassen.

- **Gewährleistung**

Eine **Besonderheit** von Verträgen, in denen Leasinggesellschaften an der Stelle der Hersteller Leasinggeber sind, liegt in der Behandlung der **Gewährleistung des Herstellers** für das gelieferte Investitions-/Leasinggut.

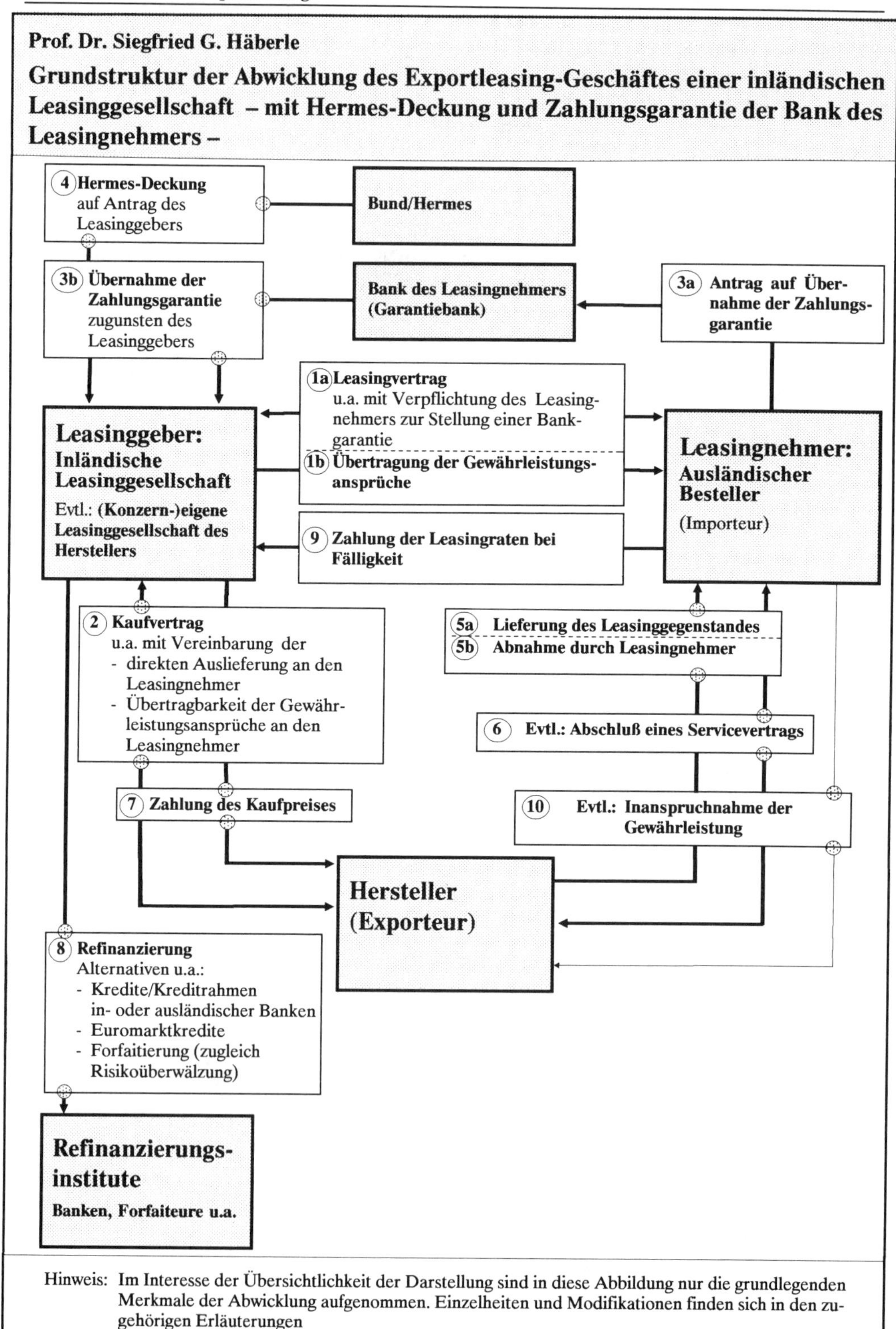

Abbildung 6.6-03

Im Folgenden ist angenommen, dass die Gewährleistungsansprüche der Leasinggesellschaft an den Hersteller, die sie als Käuferin/Eigentümerin des Leasinggegenstands hat, auf den Leasingnehmer übertragen werden.

- **Wartungs- und Servicekosten**

Außerdem ist unterstellt, dass im Leasingvertrag dem **Leasingnehmer** die Kosten für Wartung und Service des Leasinggegenstands **auferlegt** sind.
Eventuell schließt der Leasingnehmer direkt mit dem Hersteller einen dahingehenden **Servicevertrag** ab (siehe Schritt 6).

- **(Konzern-)eigene Leasinggesellschaft des Herstellers**

Grundsätzlich ist die im Folgenden beschriebene Abwicklung auf den Fall **übertragbar**, dass ein Hersteller die (konzern-)eigene Leasinggesellschaft zwischenschaltet und nicht -wie im Folgenden unterstellt- eine rechtlich und wirtschaftlich selbstständige Leasinggesellschaft eingeschaltet ist.

Weil die Chancen und Risiken dieser Abwicklung über eine (konzern-)eigene Leasinggesellschaft letztlich auf den Hersteller zurückfallen, kann in diesem Fall aber auch die Beschreibung des Hersteller-Leasing (siehe vorangehenden Abschnitt) herangezogen werden.

- **Ablauf**

Der **Impuls** zum Abschluss eines Leasingvertrags geht in vielen Fällen vom **Hersteller (Exporteur)** aus, der dem ausländischen Besteller diese Finanzierungsform -neben anderen Finanzierungsalternativen- anbietet. Der Hersteller stellt gegebenenfalls den Kontakt zwischen der inländischen Leasinggesellschaft und dem ausländischen Leasingnehmer her.

- **Risiken**

Die Risiken der Leasinggesellschaft sind **erheblich**:

- **Wirtschaftliches Risiko**, u.a. Zahlungsverzug oder Insolvenz des Leasingnehmers.
- **Garantendelkredererisiko**, das insbesondere in der Zahlungsunfähigkeit der ausländischen Garantiebank begründet liegt.
- **Politische Risiken**, die nicht nur die zahlungsbezogenen Risiken umfassen (insbesondere Transfer-/Konvertierungsrisiken), sondern die sich auch auf politisch verursachte Beeinträchtigungen am Eigentumsrecht des Leasinggebers beziehen können.
- **Evtl. Wechselkursrisiken**, falls im Leasingvertrag aus Sicht der inländischen Leasinggesellschaft Fremdwährung vereinbart ist.

Welches Gewicht diese Risiken haben, hängt ebenso vom Einzelfall ab, wie die Notwendigkeit der Absicherung bzw. Risikoüberwälzung auf Dritte (z.B. auf Hermes).

2. **Abschluss des Kaufvertrags**

- **Kaufvertrag**

Die inländische Leasinggesellschaft schließt mit dem Hersteller einen **Kaufvertrag/Liefervertrag** über den Leasinggegenstand. Je nach Art des Leasinggegenstands und des Einzelfalls kann der Abschluss vor, während oder nach erfolgter Produktion erfolgen, was im Übrigen auch für den Leasingvertrag gilt.

- **Auslieferung**

Im Allgemeinen wünscht die Leasinggesellschaft die **direkte Auslieferung** des Leasinggegenstands **an den Leasingnehmer**, was im Vertrag festzuhalten ist.

- **Gewährleistung**

Es liegt im Interesse des Leasinggebers, dass im Kaufvertrag eine Vereinbarung getroffen wird, wonach die **Ansprüche auf Gewährleistung** an den Hersteller auf den Leasingnehmer **übertragbar** sind.

3. **Zahlungsgarantie der Bank des Leasingnehmers**

Der Leasingnehmer ist im vorliegenden Beispiel gemäß Leasingvertrag verpflichtet, die Zahlungsgarantie einer "**first class international bank**" beizubringen. Die Garantie wird zu Gunsten des Leasinggebers ausgestellt und zur Verfügung gestellt. Zu den Arten und zum Inhalt von Bankgarantien siehe Kapitel 8.

4. **Hermes-Deckung**

- **Deckungsgegenstand**

Gegenstand der Hermes-Deckung ist der **Gesamtforderungsbetrag** der Leasingraten, also nicht der Leasinggegenstand.

- **Informationen**

Leasinggesellschaft und Hersteller haben sich **frühzeitig**, d.h. vor Abschluss des Leasingvertrags, zu informieren, ob und gegebenenfalls mit welchen Auflagen Hermes Deckung bietet. Welche Risiken grundsätzlich deckungsfähig sind und welche weiteren Aspekte/Auflagen von Hermes bei Exportleasingdeckungen zu beachten sind, ist in Abschnitt 6.6.2.2 beschrieben.

5. **Lieferung des Leasinggegenstands/Abnahme durch den Leasingnehmer**

Im Kaufvertrag zwischen Leasinggeber und Hersteller sowie im Leasingvertrag zwischen Leasinggeber und ausländischem Leasingnehmer ist im vorliegenden Beispiel die **Lieferung des Leasinggegenstands vom Hersteller zum Leasingnehmer vereinbart**.

Über die erfolgte **Abnahme** (Übernahme) des Leasinggegenstands durch den Leasingnehmer wird ein **Protokoll** erstellt, dessen maßgeblichen Inhalte eventuell bereits im Leasingvertrag vorgegeben sind.
Die Abnahme des Leasinggegenstands schließt ein, dass der Leasingnehmer auf Grundlage des Leasingvertrags nunmehr **verpflichtet** ist, die vereinbarten **Leasingraten** bei Fälligkeit zu **entrichten**.
Die **Gewährleistungsansprüche** des Leasinggebers (Eigentümer des Leasinggegenstands) an den Hersteller sind bereits im Leasingvertrag an den ausländischen Leasingnehmer übertragen worden.

6. **Evtl. Abschluss eines Servicevertrags**

Sofern sich der Leasingnehmer im Leasingvertrag zur Übernahme der **Kosten für Wartung, Reparatur u. Ä.** am Leasinggegenstand verpflichtet hat (wie im vorliegenden Beispiel angenommen), dann ist der Abschluss eines Servicevertrags mit dem Hersteller erwägenswert.

7. **Zahlung des Kaufpreises**

Auf Grundlage des geschlossenen Kaufvertrags sowie nach der erfolgten Abnahme des Leasinggegenstands durch den Leasingnehmer zahlt die Leasinggesellschaft den vereinbarten Kaufpreis an den Hersteller.
Im Gegensatz zum Hersteller-Leasing verfügt der Hersteller bei dieser Abwicklung in diesem Zeitpunkt über einen **sofortigen Liquiditätszufluss** in Höhe des Kaufpreises.
Von der übernommenen Gewährleistung abgesehen, verbleiben dem Hersteller unter den getroffenen Annahmen **keine weiteren Risiken.**

8. **Refinanzierung der Leasinggesellschaft**

Leasinggesellschaften verfügen über weit reichende und kostengünstige Refinanzierungsmöglichkeiten.
Neben der traditionellen Refinanzierung mit **Bankkrediten**, die den Leasinggesellschaften als revolvierend beanspruchbarer Kreditrahmen zur Verfügung gestellt sind, sind Eurokredite und Forfaitierung zu erwähnen.
Angesichts des großen Volumens kann die Refinanzierung am **Euromarkt** mit DM-Krediten oder mit Fremdwährungskrediten (was eine Wechselkurssicherung der Fremdwährungsforderungen der Leasinggesellschaft einschließt) vollzogen werden.
Refinanzierung und Risikoüberwälzung zugleich ist beim Verkauf der Leasingforderungen im Rahmen der **Forfaitierung** an forfaitierende Banken oder Forfaitierungsgesellschaften (Forfaiteure) erreicht: Forfaitierung beinhaltet im Allgemeinen den regresslosen Ankauf der Forderungen durch den Forfaiteur. Die Leasinggesellschaft haftet dem Forfaiteur nur für den rechtlichen Bestand und für die Einredefreiheit der verkauften Forderungen. Es ist indessen eine Frage der Forfaitierungskosten (insbesondere der vom Forfaiteur einkalkulierten Risikoprämie), ob dieses Refinanzierungs- und Absicherungsinstrument für die Leasinggesellschaft zweckmäßig ist (siehe auch Kapitel 6.5).

9. **Zahlung der Leasingraten**

Der Leasingnehmer hat die Leasingraten an die Leasinggesellschaft **bei Fälligkeit** zu entrichten.
Bei **Zahlungsunfähigkeit** des Leasingnehmers kann die **Garantie der ausländischen Bank** in Anspruch genommen werden. Treten wirtschaftliche und/oder politische Risiken ein, wonach weder vom Leasingnehmer noch von der ausländischen Garantiebank Zahlung zu erlangen ist, dann steht -falls erteilt- die **Hermes-Deckung** zur Verfügung. Ob der Leasinggeber Zugriff auf sein **Eigentum**, den Leasinggegenstand, behält, welche Ver-

wertungsmöglichkeiten sich gegebenenfalls eröffnen u.a.m., hängt vom Einzelfall ab.

10. Evtl. Inanspruchnahme der Gewährleistung

Dem Leasingnehmer steht bei entsprechender vertraglicher Vereinbarung das Recht zu, während des Gewährleistungszeitraums den **Hersteller** dahingehend in Anspruch zu nehmen.

7 Wechselkurse und Devisengeschäfte

7 Wechselkurse und Devisengeschäfte

7.1 Grundlagen: Wechselkursverhältnisse, Währungssysteme

7.1.1 Überblick über die verschiedenen Wechselkursverhältnisse

7.1.1.1 Übersicht

Wechselkursverhältnisse

Grundsätzlich können folgende Wechselkursverhältnisse (Austauschverhältnisse) einer (inländischen) Währung zu anderen (ausländischen) Währungen unterschieden werden:

- **Absolut feste** Wechselkurse, sog. **fixe Wechselkurse**;
- **ungebundene**, d.h. entsprechend den Marktverhältnissen frei schwankende Wechselkurse, sog. **flexible Wechselkurse**;
- in eine bestimmte **Bandbreite** eingebundene, d.h. innerhalb dieser Bandbreite frei schwankende Wechselkurse, sog. **bandfixierte Wechselkurse**.

Abbildung

Abbildung 7.1-01 vermittelt beispielhaft einen Eindruck von der Verschiedenartigkeit der vorkommenden Wechselkurssysteme, deren Gültigkeit sich im Laufe der Zeit im Übrigen häufig ändert. Eine Übersicht über die Währungen und Wechselkursregelungen vieler Länder vermitteln die Statistischen Beihefte "Devisenkursstatistik", Reihe 5, zu den Monatsberichten der Deutschen Bundesbank.

7.1.1.2 Feste Wechselkurse

Erfahrungen

In der weiteren Vergangenheit war die DM fest an den USD gebunden, was -vordergründig gesehen- für Exporteure, Importeure und für Kapitalanleger den Vorzug einer **sicheren Kalkulationsgrundlage** beinhaltet hat. Wegen der unterschiedlichen Entwicklung der beiden Volkswirtschaften waren jedoch häufig **Neufestsetzungen (Paritätsänderungen)** des Wechselkurses, und zwar als Abwertungen des USD gegenüber der DM erforderlich. Von einer sicheren Kalkulationsgrundlage konnte deswegen keine Rede mehr sein, zumal Exporteure, Importeure und Kapitalanleger Gefahr liefen, dass ihr Kursverlust bei einer stufenweisen Abwertung des USD gegenüber der DM wegen des Rückstaueffektes (d.h. wegen des Hinausschiebens der Paritätsänderung durch die Verantwortlichen) auf kurze Sicht gesehen stärker ausfallen würde als bei gleitender Kursbewegung im Rahmen flexibler Wechselkurse.

Wechselkurssysteme der Emerging Markets

Land	Wechselkurssystem	Referenzwährung/ -währungskorb
China	Managed Float (Bandbreite +/– 0,3%)	US-$
Indonesien	Managed Float (Bandbreite 66 Rp), stetige Abwertung gegenüber Währungskorb	Korb unveröffentlicht, haupts. US-$
Malaysia	Managed Float	Korb unveröffentlicht
Philippinen	Managed Float	US-$
Südkorea	Managed Float (Bandbreite +/– 2,5%)	US-$
Taiwan	Managed Float, regelmäßige Interventionen	
Thailand	Managed Float (Bandbreite +/– 0,02 Baht)	Korb unveröffentlicht, US-$ 80–82%, Yen 11–13%, DM 5–6%
Argentinien	Fixkurssystem	US-$
Brasilien	Quasi-fixiert (enges Band)	US-$
Chile	Managed Float (Bandbreite +/– 10%)	US-$ 45%, DM 30%, Yen 25%
Mexiko	Freies Floating	
Venezuela	Freies Floating	
Polen	Managed Float (Bandbreite +/– 7%), monatliche Abwertung um 1%	US-$ 45%, DM 35%, GBP 10%, FF 5%, CHF 5%
Ungarn	Managed Float, monatliche Abwertung um 1,2%	ECU 70%, US-$ 30%
Slowakische Republik	Managed Float (Bandbreite +/– 3%)	DM 60%, US-$ 40%
Tschechische Republik	Managed Float (Bandbreite +/– 7,5%)	DM 68%, US-$ 32%
Südafrika	Freies Floating, sporadische Interventionen	

Abbildung 7.1-01 **Quelle:** IWF/Dresdner Bank AG

Tragfähig sind feste Wechselkurse nur, wenn sich die beteiligten Länder (einigermaßen) im **wirtschaftlichen Gleichschritt** bewegen, insbesondere was die Entwicklung des realen Sozialprodukts, des Geldwerts, der Leistungsbilanz, der öffentlichen Verschuldung und anderer Bestimmungsfaktoren von Wechselkursen anlangt. Zu den Inflationsübertragungseffekten siehe Abschnitt 7.1.2, zu den maßgeblichen Bestimmungsfaktoren von Wechselkursen siehe Abschnitt 7.1.3.

EURO

Im Prinzip können die Ausführungen zu den **festen Wechselkursen** auf den beabsichtigten EURO **übertragen** werden, und zwar für beide Zeiträume seiner Existenz:

- Die befristete sog. **Parallelphase** ist dadurch gekennzeichnet, dass die jeweiligen **nationalen Währungen** weiterhin **neben dem EURO** existieren. Die nationalen Währungen stehen zum EURO in einem **festen Wechselkursverhältnis**, was einschließt, dass die nationalen Währungen der beteiligten Länder untereinander ebenfalls in einem festen Wechselkursverhältnis stehen.

- Im Anschluss an die Parallelphase existiert in den teilnehmenden Ländern nur noch der **EURO** als **einzige Währung**.
  Im Prinzip bleiben die Erkenntnisse und Probleme eines Systems fester Wechselkurse auf den EURO auch nach Abschluss der Parallelphase übertragbar. Dies hängt damit zusammen, dass für die Gültigkeit des EURO zwar einerseits ein Währungsgebiet und eine Zentralbank bestimmt sein werden, aber andererseits **innerhalb dieses Währungsgebietes weiterhin autonome Länder existieren**, deren Regierungen womöglich egoistisch und damit zulasten des Werts der gemeinsamen Währung handeln.

Wegen dieser gegensätzlichen Situation bleiben **Inflationsübertragungseffekte**, wie sie in einem System fester bzw. bandfixierter Wechselkurse in Erscheinung treten können (Einzelheiten zum Effekt der sog. importierten Inflation siehe Abschnitt 7.1.2), auch für das Währungsgebiet des EURO grundsätzlich und analog erhalten. Nur wenn sich die beteiligten Länder volkswirtschaftlich (und politisch) im Gleichschritt bewegen und sich insbesondere bei den wichtigsten fiskal- und wirtschaftspolitischen Größen (den sog. Konvergenzkriterien) disziplinieren oder von den beabsichtigten Sanktionen bei Abweichungen beeindrucken lassen, ist eine solide Basis für die Werthaltigkeit des EURO gegeben.

7.1.1.3 Flexible Wechselkurse

Freie Kursbildung

Der flexible **Wechselkurs** zwischen zwei Währungen entwickelt sich **rein marktmäßig**, d.h. durch Devisenangebot und Devisennachfrage, die ihrerseits von den Warenimporten, Warenexporten, grenzüberschreitenden Dienstleistungen, Übertragungen, aber auch von den reinen Kapitalströmen bestimmt sind (siehe dazu auch Abschnitt "7.1.3 Maßgebliche Bestimmungsfaktoren von Wechselkursen" sowie Abschnitt "7.1.4 Angebot und Nachfrage am Devisenmarkt ausgehend von den Teilbilanzen der Zahlungsbilanz"). Greifen die Notenbanken durch Devisenabgaben bzw. Devisenaufnahmen in das Marktgeschehen ein, dann spricht man von **"schmutzigem" Floaten** der ansonsten flexiblen Wechselkurse.

Vor- und Nachteile

Das **Wechselkursrisiko** von Exporteuren, Importeuren, Kapitalanlegern, Kreditnehmern usw. scheint bei flexiblen Wechselkursen **größer** zu sein als bei festen bzw. bei bandfixierten Wechselkursen. Dies ist in der Tat zutreffend, solange bei festen bzw. bandfixierten Wechselkursen keine Leitkursänderung (Paritätsänderung), also keine stufenweise Auf- oder Abwertung vorgenommen wird. Erfolgt jedoch bei festen Wechselkursen eine Paritätsänderung bzw. bei bandfixierten Wechselkursen eine Leitkursänderung oder eine Verbreiterung des Bandes, dann können die Wechselkursrisiken bzw. die Wechselkurschancen wegen des bei den festen Wechselkursen bereits angesprochenen Rückstaueffektes (hinausgeschobene Paritäts- bzw. Leitkursänderungen) im Einzelfall und auf kurze Sicht gesehen durchaus einen größeren Umfang annehmen als bei flexiblen Wechselkursen, bei denen sich die **Wechselkursänderungen** im Zeitablauf **gleitend** vollziehen.

7.1.1.4 Bandfixierte Wechselkurse

EURO

Es ist beabsichtigt, dass Länder, die dem EURO-Währungssystem beitreten wollen, ihre Eignung in einer **Vorbereitungsphase mit bandfixierten Wechselkursen zum EURO** unter Beweis zu stellen haben. Insoweit bleiben Elemente des bisherigen Europäischen Währungssystems (zunächst) erhalten.
Offen ist im Zeitpunkt der Abfassung des Manuskripts jedoch, welche Struktur ein solches System bandfixierter Wechselkurse tatsächlich aufweisen wird. Im Folgenden sind deswegen lediglich einige Elemente aufgeführt, wie sie bei bandfixierten Wechselkurssystemen typischerweise in Erscheinung treten können.

Interventionssystem

Das Austauschverhältnis der an diesem Wechselkurssystem beteiligten Währungen ist in ein Interventionssystem eingebunden, das vereinfachend als "**Band**" bezeichnet wird. Schwankungen der Wechselkurse innerhalb dieses Bandes sind prinzipiell ohne Eingriffe der Notenbanken zulässig.

Erreicht der Wechselkurs einer Währung das **obere** oder das **untere Ende des Bandes**, dann sind die Notenbanken der betroffenen Währungen verpflichtet, zu intervenieren. Intervention bedeutet, dass diese **Notenbanken Fremdwährung** (Devisen) in dem Umfang **aufzukaufen** bzw. **abzugeben** haben, dass der Wechselkurs dieser Fremdwährung die Untergrenze bzw. die Obergrenze des festgelegten Bandes nicht durchbricht.

Festlegung

Die **Regierungen** der am Interventionsmechanismus teilnehmenden Länder legen

1. **bilaterale Leitkurse** ihrer Währungen sowie
2. **Höchst- und Niedrigstkurse**, die die sog. Bandbreite definieren,

fest.

Grundelemente des Interventionssystems/ Abbildung

Diese **Grundelemente des bisherigen ("alten") Interventionssystems des EWS** sind in **Abbildung 7.1-02** dargestellt und beispielhaft für den **FF/DM-Wechselkurs** erläutert. Diese beiden Währungen werden zwar (voraussichtlich) durch den EURO ersetzt. Die folgenden Erkenntnisse sind jedoch auf die Währungen jener beitrittswilligen Länder übertragbar, die ihre Eignung für die Aufnahme in das EURO-System zunächst in einer Phase bandfixierter Wechselkurse unter Beweis stellen müssen. In diesem Sinne kann im folgenden Beispiel an die Stelle der DM der EURO gesetzt werden und an die Stelle des FF die Währung eines beitrittswilligen Landes.
Anzumerken ist, dass die Bandbreite für die Währungen beitrittswilliger Länder voraussichtlich nicht 30 % betragen wird, wie dies für den Wechselkurs FF/DM zuletzt der Fall war, sondern -wegen der erwünschten Bewährung bzw. Disziplinierung der beitrittswilligen Länder- eine geringere Bandbreite. Aus diesem Grund ist in die

Abbildung 7.1-02 für den FF/DM-Wechselkurs die **frühere Bandbreite** von 4,5 % bzw. für andere Währungen in Klammern von 12,0 % aufgenommen.

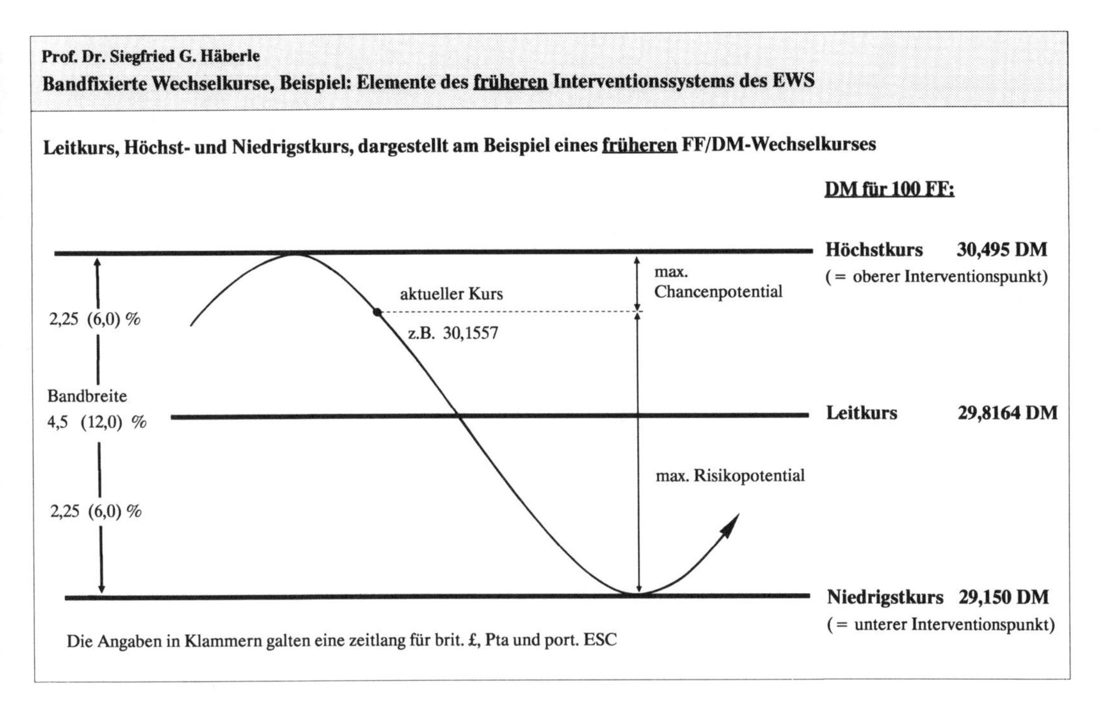

Abbildung 7.1-02

Erläuterungen zum Interventionssystem:

- Die Breite des Bandes, d.h. der **maximale Schwankungsbereich,** betrug 4,5% bzw. ausgehend vom Leitkurs jeweils 2,25% nach oben und nach unten. Anmerkung: Die genauen maximalen Abweichungen vom Leitkurs betrugen ca. 2,2753% nach oben und ca. 2,2247% nach unten.
  Bei einigen anderen Währungen war die Bandbreite mit 12,0% bzw. ausgehend vom Leitkurs mit jeweils 6,0% nach oben und nach unten festgelegt. Anmerkung: Die genauen maximalen Abweichungen vom Leitkurs betrugen 6,18% nach oben und 5,82% nach unten.

  - Bandbreiten

- Drohte der FF den festgelegten Niedrigstkurs (den unteren Interventionspunkt) an der Devisenbörse in Frankfurt zu unterschreiten, weil das Angebot an FF überwog, dann war die Deutsche Bundesbank verpflichtet, zu intervenieren. Dies bedeutete, dass die **Deutsche Bundesbank** in unbegrenztem Umfang solange **FF aufkaufen** musste, dass der vereinbarte Niedrigstkurs (der sog. untere Interventionspunkt) von DM

  - Unterer Interventionspunkt

29,150 für FF 100 bei der Kursfeststellung an der Devisenbörse nicht unterschritten wurde.

- Oberer Interventionspunkt

- Drohte der Wechselkurs des FF wegen starker Nachfrage dagegen den festgelegten Höchstkurs (den oberen Interventionspunkt) von DM 30,495 für USD 100 zu durchbrechen, dann war die **Deutsche Bundesbank** zur **Abgabe von FF-Beständen** in den Devisenmarkt insoweit verpflichtet, dass der obere Interventionspunkt nicht überschritten wurde. Reichten die FF-Bestände der Bundesbank zur Intervention nicht aus, dann war die französische Notenbank im Rahmen sog. kurzfristiger **Kreditfazilitäten** gehalten, der Deutschen Bundesbank den notwendigen FF-Betrag zur Verfügung zu stellen. Erwies sich das Ungleichgewicht des Wechselkurses dagegen als nachhaltig, dann sah das EWS zwar einen mittelfristigen Beistand vor, der aber unter wirtschaftlichen Auflagen des Ministerrates der EG an das kreditnehmende Land stand.

- Abweichungsschwelle

- Maßnahmen wurden von den beteiligten Ländern jedoch bereits erwartet, wenn die sog. Abweichungsschwelle erreicht war. Diese Schwelle war mit **75% der höchstmöglichen Abweichung** einer Währung von ihrem Leitkurs definiert (genauer: 75% der höchstmöglichen Abweichung des ECU-Tageswerts vom ECU-Leitkurs einer Währung).

Kursschwankungspotenzial

Ein Exporteur/Importeur usw. konnte sein **maximales Chancen- und Risikopotenzial** ausgehend vom jeweils aktuellen Kurs des FF bestimmen. Belief sich der aktuelle Kurs des FF (oder der vom Exporteur/Importeur usw. kalkulierte Kurs des FF) auf beispielsweise DM 30,1557 pro FF 100, dann verblieb ihm im Rahmen der Bandbreite eine maximale Kurschance von DM 0,3393 pro FF 100 und ein maximales Kursrisiko von DM 1,0057 pro FF 100 (siehe Abbildung 7.1-02).

Bei der zuletzt, d.h. vor dem Übergang zum EURO vereinbarten **Bandbreite von 30 %** für den FF/DM-Wechselkurs sowie für die Wechselkurse weiterer europäischer Währungen, bleibt bzw. blieb innerhalb des Bandes ein derart großes Kursschwankungspotenzial, dass für Exporteure und Importeure damit praktisch **keine kalkulierbare Kurssicherheit** mehr gegeben ist bzw. war.

Leitkursänderungen

Weder die Leitkurse noch die Höchst- und Niedrigstkurse (Interventionspunkte) waren garantiert. Exporteure und Importeure liefen durchaus **Gefahr**, dass die Regierungen bei anhaltenden Verwerfungen zwischen den Währungen Leitkursänderungen (mit im Allgemeinen unveränderten Bandbreiten) vereinbarten. Die mit solchen **"stufenweisen" Auf- bzw. Abwertungen** verbundenen Kursrisiken bzw. Kurschancen waren wegen des oben angesprochenen Rückstaueffektes, d.h. auf kurze Sicht gesehen im Allgemeinen größer als bei flexiblen Wechselkursverhältnissen, deren Wechselkurse sich den Marktverhältnissen im Zeitablauf gleitend anpassen.

Indikatoren zur Früherkennung von Leitkursänderungen

Exporteure und Importeure sollten auf die folgenden Indikatoren achten, die **Leitkursänderungen** (stufenweise Auf- bzw. Abwertungen) von Währungen wahrscheinlich erscheinen lassen:

- Längeres **Verharren** ("Kleben") des Wechselkurses einer Währung am unteren oder am oberen **Interventionspunkt**.
  Informationsquellen: Aktuelle Angaben der Devisenkassakurse in den Medien in Verbindung mit den festgelegten Höchst- und Niedrigstkursen.
- Hohe und anhaltende **Interventionen** der beteiligten Notenbanken in den betroffenen Währungen.
  Informationsquellen: Wirtschaftspresse und andere Medien.
- **Fundamentale Ungleichgewichte** der Entwicklung der Volkswirtschaften (z.B. hohe, evtl. weiter zunehmende Leistungsbilanzunterschiede; unterschiedliche, evtl. weiter auseinander entwickelnde Inflationsgeschwindigkeiten usw.).
  Informationsquellen: Prognosen der Europäischen Union, der OECD, der Wirtschaftsforschungsinstitute, der Kreditinstitute und anderer Institutionen.

7.1.2 Inflationsübertragung (sog. importierte Inflation) bei festen bzw. bei bandfixierten Wechselkursen

Wechselkursentwicklung bei Inflation

Die Erfahrung lehrt, dass dem Wertverfall einer Währung im Innern (hohe Inflationsrate) der Wertverfall dieser Währung auch nach außen (Abwertung des Wechselkurses dieser Währung) folgt. D.h. die **Währung** des im Innern **inflationierenden Landes** wird **nach außen abgewertet**, was einschließt, dass die Wechselkurse anderer, schwächer inflationierender Länder in Relation zum inflationierenden Land aufgewertet werden. Dieser Effekt ist an drei **Voraussetzungen** geknüpft:

- Es muss ein sog. Inflationsgefälle zu anderen Ländern (zumindest zu einem anderen Land) in dem Sinne bestehen, dass diese anderen Länder eine niedrigere Inflationsrate aufweisen.
- Der Einfluss dieses Inflationsgefälles auf den Wechselkurs darf nicht durch andere Einflussfaktoren kompensiert oder gar überkompensiert werden.
- Der Wechselkurs des stärker inflationierenden Landes muss sich zu den Wechselkursen der schwächer inflationierenden Länder (weitgehend) frei (d.h. in der Fachsprache: flexibel) bewegen können.

Inflationsübertragung

In einem System bandfixierter oder gar fester Wechselkurse ist diese Flexibilität nur begrenzt bzw. überhaupt nicht gegeben. Die **fehlende Flexibilität des Wechselkurses** des stärker inflationierenden Landes führt dazu, dass eine inflationsbedingte Abwertung des Wechselkurses dieses Landes nur noch begrenzt bzw. nicht mehr erfolgt, d.h. ein bestehendes, womöglich sich vergrößerndes Inflationsgefälle findet keinen (hinreichenden) Ausgleich mehr in den Wechselkursen der am bandfixierten Wechselkurssystem beteiligten Länder.

Die **Folge** fehlender Flexibilität des Wechselkurses des stärker inflationierenden Landes zu den Wechselkursen schwächer inflationierender Länder ist eine Inflationsübertragung vom stärker inflationierenden Land auf die bislang schwächer inflationierenden Länder, die sog. **importierte Inflation.**

EURO

Die Gefahr der **Inflationsübertragung** besteht nicht nur in Systemen mit bandfixierten oder festen Wechselkursen, sondern auch **innerhalb von Währungsgebieten**, die eine **Einheitswährung** aufweisen, wie es für den EURO bzw. für das EURO-Währungsgebiet zutrifft. Innerhalb des EURO-Währungsgebiets handeln die einzelnen Regierungen (systemwidrig!) weiterhin autonom. Dies bedeutet, dass in den Teilgebieten des EURO-Währungsgebietes unterschiedliche Geldwertentwicklungen (Inflationsraten) mit den entsprechenden Inflationsgefällen entstehen können, die wegen der Existenz einer Einheitswährung (des EURO) keinen Ausgleich in Wechselkursveränderungen zu den anderen Teilgebieten mehr finden können. Vielmehr wirkt die höhere Inflationsrate eines Teilgebietes zulasten der gemeinsamen Inflationsrate des gesamten EURO-Währungsgebietes. Im Ergebnis entspricht diese Inflationsübertragung jener Inflationsübertragung, wie sie in einem System bandfixierter bzw. fester Wechselkurse in Erscheinung treten kann.

Augenfällig ist der Zusammenhang zwischen der Darstellung der Inflationsübertragung in Abbildung 7.1-03 und dem EURO-Währungssystem

- zum einen während der sog. Parallelphase, in der die jeweils nationalen Währungen noch parallel zum EURO existieren, d.h. mit dem EURO und damit auch untereinander mit festen Wechselkursen verbunden sind;
- zum anderen für die Währungen der beitrittswilligen Länder, so weit diese in einer Vorbereitungs- und Bewährungsphase zum EURO in bandfixierte Wechselkurse eingebunden werden.

Ablauf der importierten Inflation/ Abbildung

In **Abbildung 7.1-03 "Inflationsübertragung bei bandfixierten Wechselkursen (sog. importierte Inflation)"** sind die Auswirkungen von unterschiedlichen Inflationsraten bzw. unterschiedlichen Inflationsgeschwindigkeiten (eines sog. Inflationsgefälles) auf zwei Länder stichwortartig dargestellt:

- Zum einen unter der Prämisse **flexibler Wechselkurse** (Schritte 3a. und 4a.),
- zum anderen unter der Prämisse **bandfixierter Wechselkurse** (Schritte 3b. bis 5b.).

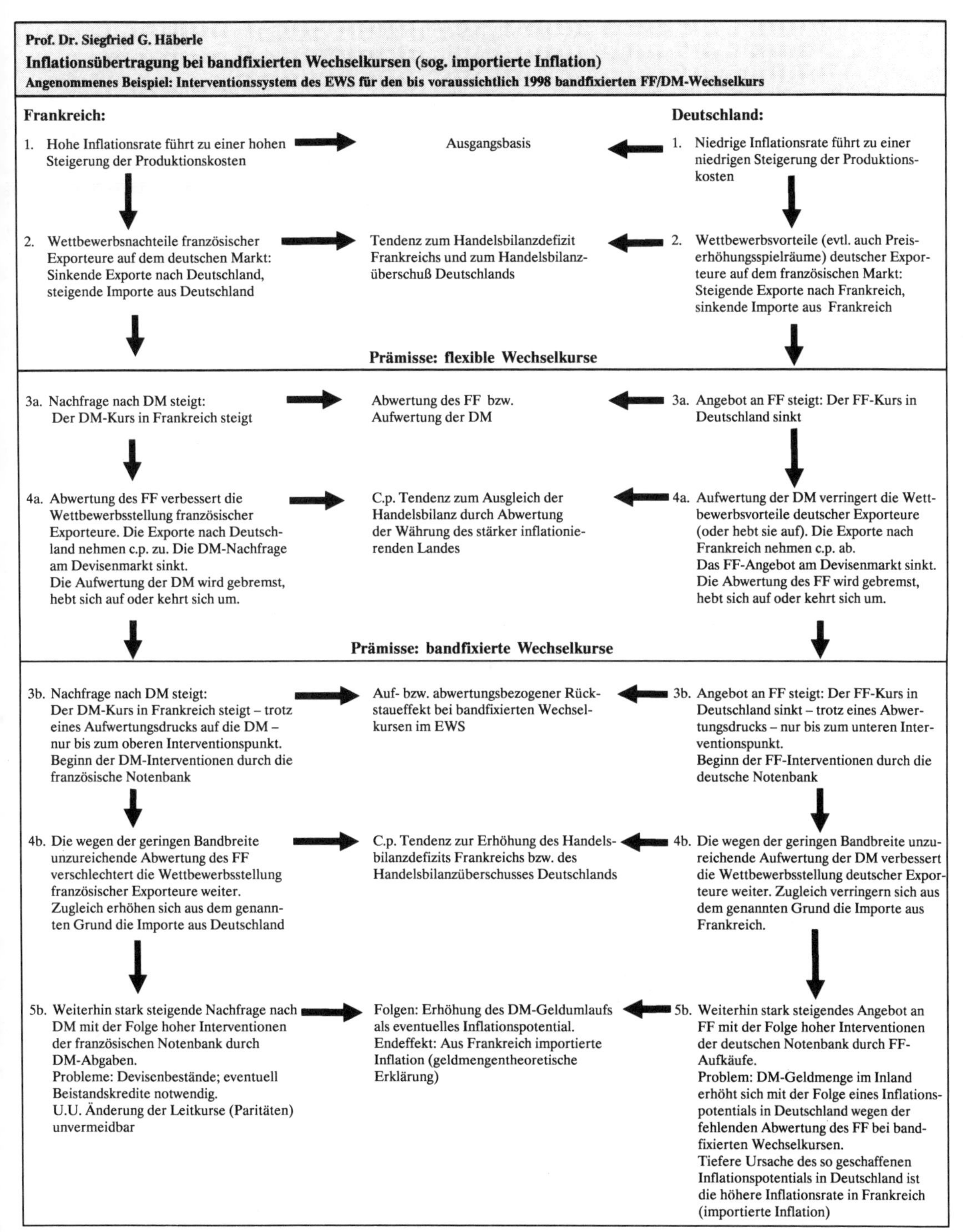

Anmerkung: Entwickelt auf Grundlage einer Darstellungsform in der Zeitschrift "Der Spiegel".

Abbildung 7.1-03

Das Beispiel beruht bei den Schritten 3b. bis 5b. auf dem bandfixierten Wechselkursverhältnis zwischen DM und FF, wie es bis zur voraussichtlichen Einführung des EURO (bis 31. Dezember 1998) besteht bzw. bestand.

Die Interventionen am unteren Interventionspunkt des FF (Schritte 3b. bis 4c.) führen aus deutscher Sicht zu einer Erhöhung der umlaufenden DM-Geldmenge, was grundsätzlich ein (von Frankreich übertragenes) Inflationspotenzial für Deutschland beinhaltet. Insoweit hebt die Abbildung 7.1-03 auf den **geldmengentheoretischen Erklärungsansatz** der importierten Inflation ab. Der **einkommenstheoretische Erklärungsansatz** der importierten Inflation rückt dagegen die im Zuge der steigenden Exporte ebenfalls steigenden Gewinn- und Arbeitseinkommen in den Mittelpunkt: Weil die bandfixierten Wechselkurse eine DM-Aufwertung verhindern, führt die verbesserte Wettbewerbsstellung der deutschen Exporteure zu entsprechenden Einkommenssteigerungen, die ihrerseits eine steigende Güternachfrage in Deutschland bewirken. Zugleich verknappt sich das Güterangebot in Deutschland, zum einen weil sich das Importgüterangebot aus Frankreich wegen der bei bandfixierten Wechselkursen fehlenden FF-Abwertung verringert, zum anderen wegen des wechselkursbedingten attraktiven Exports der deutschen Güter nach Frankreich. Die einkommensbedingte steigende Güternachfrage stößt somit auf ein tendenziell stagnierendes, zumindest nicht gleichermaßen wachsendes Güterangebot. Ein Inflationspotenzial ist gegeben.

Anwendung auf den EURO

Die obigen Erkenntnisse sowie **die Abbildung 7.1-03** sind voraussichtlich auch in Zukunft anwendbar, wenn

- an die Stelle der DM der EURO bzw. an die Stelle Deutschlands das EURO-Währungsgebiet gesetzt wird und
- an die Stelle des FF eine zum EURO bandfixierte Währung eines beitrittswilligen Landes bzw. an die Stelle Frankreichs dieses beitrittswillige Land gesetzt wird.

7.1.3 Maßgebliche Bestimmungsfaktoren von Wechselkursen

Bestimmungsfaktoren

Der Wechselkurs einer Währung wird von verschiedenen Faktoren beeinflusst. Einige maßgebliche Bestimmungsfaktoren sind in der folgenden **tabellarischen Darstellung** erfasst und skizzenhaft auf ihre Auswirkungen auf den Wechselkurs (den Außenwert) einer Währung untersucht.

Gewichtung

Zu beachten ist, dass diese Bestimmungsfaktoren zwar gemeinsam, aber mit einer sich **im Zeitablauf verändernden Bedeutung** (Gewichtung) wirksam werden. Dadurch können gemeinsam kumulierende, aber auch kompensierende Einflüsse auf den Wechselkurs einer Währung entstehen.

Das Wirksamwerden dieser Bestimmungsfaktoren hängt auch von der Art des **jeweiligen Wechselkurssystems** ab:

Wirksamwerden bei

- Nur bei flexiblem Austauschverhältnis können diese Faktoren in quantitativem und zeitlichem Umfang **uneingeschränkt wirksam** werden, sofern die Notenbanken nicht doch kursregulierend eingreifen (sog. schmutziges Floating).

- flexiblen

- Bei bandfixierten Wechselkursen endet die Wirkung der Bestimmungsfaktoren zunächst an den **Ober- bzw. Untergrenzen** des vereinbarten **Bandes**. Wird der Druck auf eine Währung allerdings zu massiv, dann ist mit einer **Änderung des Leitkurses** bzw. mit einer Verbreiterung des Bandes zu rechnen. Letztlich ist es auch bei bandfixierten Wechselkursen unvermeidlich, der Wirkung der marktmäßigen Bestimmungsfaktoren von Wechselkursen -wenn sie auch zunächst zurückgestaut werden- zum Durchbruch zu verhelfen.

- bandfixierten

- Analoges gilt für feste Wechselkursverhältnisse zwischen zwei Währungen. Bei fundamentalen Ungleichgewichten in der wirtschaftlichen Entwicklung der beteiligten Länder ist eine **Änderung der Paritäten** auf Dauer nicht zu vermeiden.

- festen Wechselkursverhältnissen

Abbildung 7.1-04 gibt in tabellarischer und stichwortartiger Form Aufschluss über "**Maßgebliche Bestimmungsfaktoren des Wechselkurses (des Außenwerts) einer Währung**".

Tabelle: Bestimmungsfaktoren

In **Abbildung 7.1-05** ist ein **"Beispiel zur Kaufkraftparität"** aufgeführt, auf das in der Tabelle "7.1-04 Maßgebliche Bestimmungsfaktoren ..." Bezug genommen ist.

Kaufkraftparität

7.1.4 Angebot und Nachfrage am Devisenmarkt ausgehend von den Teilbilanzen der Zahlungsbilanz

Angebot und Nachfrage am Devisenmarkt werden von **Zahlungsströmen** bestimmt, die ihrerseits in der Zahlungsbilanz einen differenzierten Niederschlag finden. Ausgangspunkt einer Analyse der Einflussfaktoren auf Wechselkurse können deswegen auch die verschiedenen **Teilbilanzen der Zahlungsbilanz** sein.

Zahlungsbilanz

In **Abbildung 7.1-06** sind **Devisenangebot** und **Devisennachfrage**, wie sie aus den Zahlungsströmen der Teilbilanzen der Zahlungsbilanz folgen, tabellarisch dargestellt.
Zu beachten ist, dass Devisenangebot und Devisennachfrage darüber hinaus durch die pflichtgemäßen oder freiwilligen Interventionen der Notenbanken massiv beeinflusst sein können.

Devisenmarkt/ Abbildung

Prof. Dr. Siegfried G. Häberle

Maßgebliche Bestimmungsfaktoren des Wechselkurses (des Außenwerts) einer Währung

Bestimmungsfaktoren:	Tendenzielle Auswirkungen auf den Wechselkurs (Außenwert) der inländischen/eigenen Währung:	Anmerkungen:
• Leistungsbilanz (insbesondere Außenhandelsbilanz): **- Defizit mit zunehmender Tendenz**	**Abwertungstendenz** Begründung: - Die Nachfrage nach Devisen zur Bezahlung der zunehmenden Importe steigt. - Das Devisenangebot sinkt wegen abnehmender Exporterlöse.	Durch ein abnehmendes Leistungsbilanzdefizit kann die Abwertungstendenz gestoppt werden oder evtl. eine Aufwertung (nach zuvor erfolgter starker Abwertung) einsetzen.
- Überschuß mit zunehmender Tendenz	**Aufwertungstendenz** Begründung: - Die Nachfrage nach Devisen zur Bezahlung der abnehmenden Importe sinkt. - Das Devisenangebot steigt wegen zunehmender Exporterlöse.	Durch einen abnehmenden Leistungsbilanzüberschuß kann die Aufwertungstendenz gestoppt werden oder evtl. eine Abwertung (nach erfolgter starker Aufwertung) einsetzen.
	Ein Leistungsbilanzdefizit bzw. ein Leistungsbilanzüberschuß können Folge eines sog. Konjunkturgefälles zwischen dem Inland und dem Ausland sein. Bei Hochkonjunktur (hohe Zuwachsraten des realen Sozialprodukts) im Inland und relativ schwacher Konjunktur (niedrige Zuwachsraten des realen Sozialprodukts) im Ausland kann beispielsweise ein Importsog des Inlandes wegen der besseren Konjunktur entstehen. Aus demselben Grund, d. h. wegen der starken Inlandsnachfrage, können die Exporte des Landes mit der besseren Konjunktur abnehmen. Beide Faktoren zusammengenommen können zur Verringerung von bisherigen Leistungsbilanzüberschüssen, zur Entstehung oder zu einem weiteren Anstieg von Leistungsbilanzdefiziten mit den entsprechenden Auswirkungen auf den Wechselkurs des Landes mit der besseren Konjunktur führen.	

• Geldwertentwicklung:		
- Inflationsrate höher als im Ausland und mit steigender Tendenz	**Abwertungstendenz** Begründung: - Die höhere inländische Inflationsrate impliziert höhere Produktionskosten als im Ausland und schwächt die Wettbewerbsstellung der inländischen Exporteure. Folge: Die Exporterlöse und somit das Devisenangebot sinken.	Erst nach erfolgter Abwertung der eigenen Währung (der DM) verbessert sich die Wettbewerbsstellung der inländischen (deutschen) Exporteure auf den Auslandsmärkten wieder.
	- Umgekehrt verbessert die höhere inländische (deutsche) Inflationsrate bzw. die niedrigere ausländische Inflationsrate die Wettbewerbsstellung ausländischer Exporteure auf dem inländischen (deutschen) Absatzmarkt. Folge: Die Importe steigen und somit die Nachfrage nach Devisen.	Erst nach erfolgter Abwertung der inländischen Währung (der DM) bzw. nach erfolgter Aufwertung der ausländischen Währungen verschlechtert sich die Wettbewerbsstellung der ausländischen Exporteure auf dem inländischen (deutschen) Absatzmarkt wieder. Voraussetzung für die Abwertung sind flexible Wechselkurse bzw. - bei bandfixierten Wechselkursen - ein hinreichender Spielraum innerhalb der Bandbreite.
- Inflationsrate niedriger als im Ausland und mit sinkender Tendenz	**Aufwertungstendenz** Begründung: - Die niedrigere inländische Inflationsrate impliziert niedrigere Produktionskosten als im Ausland und stärkt die Wettbewerbsstellung der inländischen Exporteure auf den ausländischen Absatzmärkten. Folge: Die Exporterlöse und somit das Devisenangebot steigen.	Erst nach erfolgter Aufwertung der eigenen Währung (der DM) verschlechtert sich die Wettbewerbsstellung der inländischen (deutschen) Exporteure auf den Auslandsmärkten wieder.
	- Umgekehrt verschlechtert die niedrigere inländische Inflationsrate bzw. die höhere ausländische Inflationsrate die Wettbewerbsstellung ausländischer Exporteure auf dem inländischen (deutschen) Absatzmarkt. Folge: Die Importe sinken und damit auch die Nachfrage nach Devisen.	Erst nach erfolgter Aufwertung der inländischen Währung (der DM) bzw. nach erfolgter Abwertung der ausländischen Währungen verbessert sich die Wettbewerbsstellung der ausländischen Exporteure auf dem inländischen (deutschen) Absatzmarkt wieder.
	Die Ursachen zunehmender Inflationsraten sind vielfältig. Sie können von hohen Defiziten der öffentlichen Haushalte, über hohe (die Produktivitätszuwächse übersteigende) Lohnsteigerungen bis zu Inflationsübertragungen aus dem Ausland (importierte Inflation bei festen bzw. bei bandfixierten Wechselkursen) führen.	

• Kaufkraftparität: - **Warengegenwert (in international handelbaren Gütern) beim gegenwärtigen Wechselkurs ist höher als im Ausland (die inländische Währung ist bezüglich ihres Warengegenwertes unterbewertet)**	**Aufwertungstendenz** Begründung: - Es ist für Außenhändler (Importeure) lohnend, Währungseinheiten des Landes mit der unterbewerteten Währung (mit dem niedrigeren Wechselkurs) zu erwerben, um damit international handelbare Güter billiger als in Ländern mit überbewerteten Währungen einzukaufen (sog. Arbitragegeschäfte). - In Ländern mit (bislang) unterbewerteter Währung entsteht ein steigendes Devisenangebot; die eigene Währung dieser Länder wird nachgefragt und dadurch tendenziell aufgewertet.	Theorie: Langfristig nähern sich die Wechselkurse der Währungen ihren Kaufkraftparitäten an. In Wirklichkeit sind Arbitragegeschäfte mit vielerlei Hemmnissen belastet: Unterschiedliche Transportkosten, Qualitätsunterschiede der Güter, unterschiedliche Warenkörbe (Verbrauchsgewohnheiten) u.a.
- **Warengegenwert (in international handelbaren Gütern) beim gegenwärtigen Wechselkurs ist niedriger als im Ausland (die inländische Währung ist bezüglich ihres Warengegenwertes überbewertet)** **Anmerkung: siehe auch Abbildung "Beispiel zur Kaufkraftparität"**	**Abwertungstendenz** Begründung: - Es ist für Außenhändler (Importeure) lohnend, international handelbare Güter in Ländern mit unterbewerteter Währung (billig) einzukaufen und in Ländern mit überbewerteter Währung (teuer) zu verkaufen (vereinfachte Darstellung). - In Ländern mit (bislang) überbewerteter Währung entsteht eine steigende Devisennachfrage; die eigene Währung dieser Länder wird angeboten und dadurch tendenziell abgewertet.	Wie oben
• Zinsunterschiede: - **Zinsen höher als im Ausland**	**Aufwertungstendenz** Begründung: - Die Nachfrage nach Währungseinheiten des Hochzinslandes nimmt an den internationalen Devisenbörsen zu.	Voraussetzung ist, daß die Zinsunterschiede tatsächlich Kapitalströme auslösen. Häufig spielen die Kapitalsicherheit bzw. die Kapitalunsicherheit (Kapitalflucht) sowie wirtschaftspolitische und allgemeinpolitische Ereignisse eine größere Rolle als die Zinsunterschiede allein.
- **Zinsen niedriger als im Ausland**	**Abwertungstendenz** Begründung: - Das Angebot an Währungseinheiten des Niedrigzinslandes nimmt an den internationalen Devisenbörsen zu.	

● Spekulative Erwartungen:		
- Die sog. Spekulation erwartet eine Aufwertung	**Aufwertungstendenz** Begründung: - Um von der erwarteten Aufwertung einer Währung profitieren zu können, muß der international operierende Anleger diese Währung kaufen, d. h. die Nachfrage nach Währungseinheiten dieses Landes nimmt an den internationalen Devisenbörsen zu.	Die spekulative Erwartung rechtfertigt und realisiert sich durch das den Erwartungen entsprechende Handeln der Spekulanten. Darüber hinaus sind der Spekulation erhebliche Selbstverstärkungskräfte immanent ("Auf den anfahrenden Zug aufspringen"). Häufig gründen sich spekulative Erwartungen auf ökonomische Einflußfaktoren wie z.B. auf erwartete Leistungsbilanzdefizite oder -überschüsse, steigende oder sinkende Haushaltsdefizite, Zinsänderungen u.a.
- Die sog. Spekulation erwartet eine Abwertung	**Abwertungstendenz** Begründung: - Um der erwarteten Abwertung einer Währung zu entgehen, muß der international operierende Anleger diese Währung verkaufen, d. h. das Angebot an Währungseinheiten dieses Landes an den intenationalen Devisenbörsen nimmt zu.	
● Eingriffe der Notenbanken:		
- Devisenabgaben (Devisenverkäufe der Notenbank)	**Aufwertung der eigenen Währung; Abwertung von Fremdwährungen** Ziele: - Herbeiführung einer Aufwertungstendenz der eigenen Währung; zugleich Herbeiführung einer Abwertungstendenz von bestimmten Fremdwährungen bzw. - Bremsung einer marktmäßigen Abwertungstendenz der eigenen Währung; zugleich Bremsung einer marktmäßigen Aufwertungstendenz bestimmter Fremdwährungen.	Eingriffe (Interventionen) der Notenbanken in den Devisenmarkt können auf freiwilliger Basis erfolgen. Bei flexiblen Wechselkursen spricht man dann von "schmutzigem" Floaten. Im Rahmen der bandfixierten Wechselkurse des Europäischen Währungssystems ist eine Notenbank dagegen zu Devisenabgaben verpflichtet, wenn eine am Interventionssystem beteiligte Fremdwährung an den oberen Interventionspunkt gelangt. Sie ist zum Ankauf von Devisen verpflichtet, wenn eine am Interventionssytem beteiligte Fremdwährung an den unteren Interventionspunkt gelangt. Die Möglichkeiten der Notenbanken zur Intervention sind trotz der eingerichteten Kreditmechanismen begrenzt. Zumindest beim US-Dollar hat sich die Spekulation stärker als die Notenbanken erwiesen. Bei Pflichtinterventionen (Devisenaufnahmen) im Rahmen des Europäischen Währungssystems können sich Übertragungen inflationärer Effekte (importierte Inflation) ergeben.
- Devisenaufnahmen (Devisenkäufe der Notenbank)	**Abwertung der eigenen Währung; Aufwertung von Fremdwährungen** Ziele: - Herbeiführung einer Abwertungstendenz der eigenen Währung; zugleich Herbeiführung einer Aufwertungstendenz bestimmter Fremdwährungen bzw. - Bremsung einer marktmäßigen Aufwertungstendenz der eigenen Währung; zugleich Bremsung einer marktmäßigen Abwertungstendenz bestimmter Fremdwährungen.	

- Neben den obigen Bestimmungsfaktoren werden Wechselkurse von vielfältigen **allgemeinpolitischen** (z.B. von erwarteten oder eingetretenen Wahlergebnissen) bzw. von **wirtschaftspolitischen Ereignissen** beeinflußt, die in bestimmten Situationen sogar Dominanz erlangen können.
- Die **Auswirkung** der verschiedenen Bestimmungsfaktoren auf den Wechselkurs einer Währung kann **gleichgerichtet** (kumulierend), aber auch **gegenläufig** (kompensierend) sein. Außerdem ändert sich der Einfluß (die Gewichtung) der Bestimmungsfaktoren auf den Wechselkurs einer Währung im **Zeitablauf**.

Abbildung 7.1-04

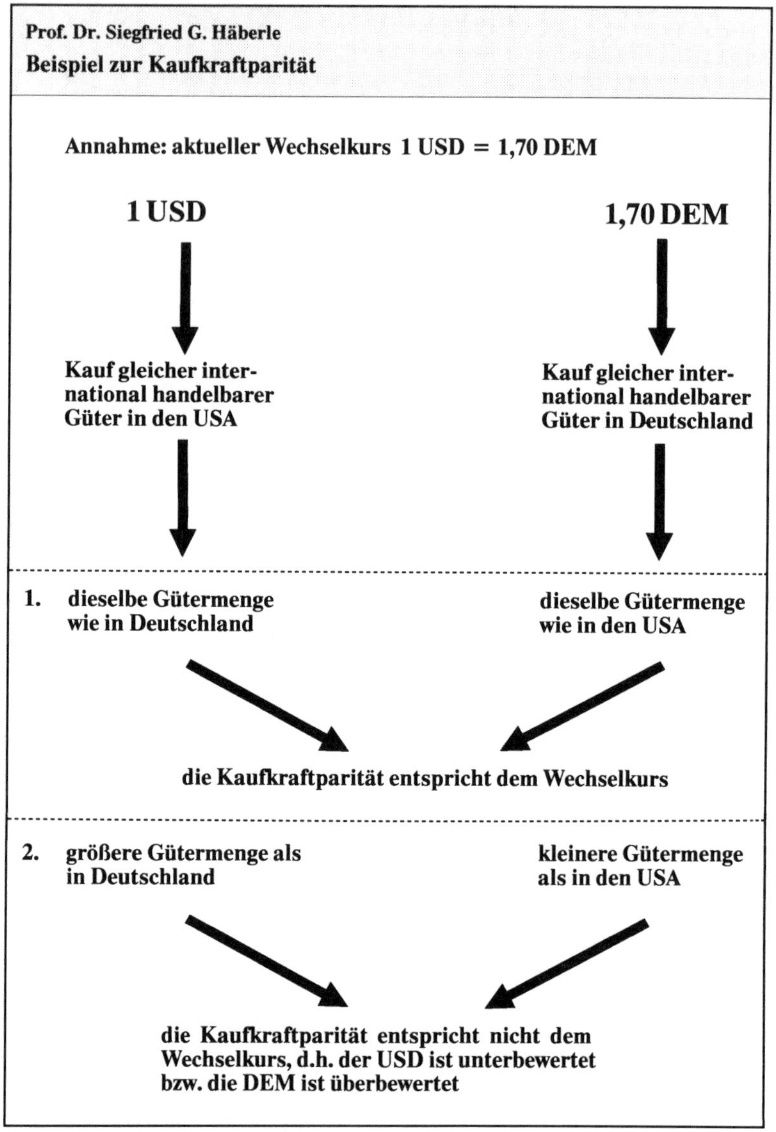

Prof. Dr. Siegfried G. Häberle

Beispiel zur Kaufkraftparität

Annahme: aktueller Wechselkurs 1 USD = 1,70 DEM

1 USD	**1,70 DEM**
↓	↓
Kauf gleicher international handelbarer Güter in den USA	**Kauf gleicher international handelbarer Güter in Deutschland**
↓	↓
1. dieselbe Gütermenge wie in Deutschland	**dieselbe Gütermenge wie in den USA**

↘ ↙

die Kaufkraftparität entspricht dem Wechselkurs

2. größere Gütermenge als in Deutschland	**kleinere Gütermenge als in den USA**

↘ ↙

die Kaufkraftparität entspricht nicht dem Wechselkurs, d.h. der USD ist unterbewertet bzw. die DEM ist überbewertet

Abbildung 7.1-05

Prof. Dr. Siegfried G. Häberle

Angebot und Nachfrage am Devisenmarkt ausgehend von maßgeblichen Positionen der Zahlungsbilanz (ohne Vermögensübertragungen usw.)

Teilbilanz der Zahlungsbilanz	**Devisenangebot** beispielsweise hervorgerufen durch ...	**Devisennachfrage** beispielsweise hervorgerufen durch ...
Leistungsbilanz:	° Warenexport	° Warenimport
	° Einnahmen aus Reiseverkehr von Ausländern im Inland	° Ausgaben für Reiseverkehr von Inländern im Ausland
	° Einnahmen aus Transportleistungen	° Ausgaben für Transportleistungen
	° Einnahmen (Zinsen usw.) aus Kapitalanlagen im Ausland	° Ausgaben (Zinsen usw.) für Kapitalanlagen ausländischer Kapitalanleger im Inland
	° Zahlungen von internationalen Organisationen an das Inland	° Zahlungen des Inlands an internationale Organisationen
	° Zahlungen von Inländern, die im Ausland beschäftigt sind	° Heimatüberweisungen der Gastarbeiter
Kapitalbilanz:	° Wertpapierkäufe von Ausländern im Inland	° Wertpapierkäufe von Inländern im Ausland
	° Direktinvestitionen von Ausländern im Inland	° Direktinvestitionen von Inländern im Ausland
	° Aufnahme von Krediten im Ausland	° Vergabe von Krediten an das Ausland

Abbildung 7.1-06

7.2 Grundbegriffe und Auswertung des Devisenkursblattes

7.2.1 Sorten, Devisen, Geld- und Briefkurse

Abbildung

Die **Abbildung 7.2-01** zeigt die **"Devisen- und Sortenkurse"** der Wirtschaftszeitung "Handelsblatt" (Düsseldorf und Frankfurt am Main) vom 24.2.1997. Die in den folgenden Anwendungsbeispielen genannten Kurse sind dem abgebildeten Kursblatt entnommen.

Devisen- und Sortenkurse

24.2.1997		Kassakurse amtlich		3 Monate*)		6 Monate*)		Preise am Bankschalter**)		Kassa (sfrs) u. Banken***)
		Geld	Brief	Geld	Brief	Geld	Brief	Geld	Brief	Mittelkurs
USA	1 US-$	1,6714	1,6794	1,6624	1,6705	1,6525	1,6606	1,620	1,730	1,4625
Großbrit.	1 £	2,7185	2,7325	2,6987	2,7133	2,6778	2,6921	2,630	2,820	2,3792
Irland	1ir. £	2,6420	2,6560	2,6260	2,6404	2,6092	2,6242	2,570	2,750	
Kanada	1 kan-$	1,2253	1,2333	1,2257	1,2339	1,2251	1,2334	1,170	1,290	1,0724
Niederl.	100 hfl	88,855	89,075	88,899	89,133	88,893	89,145	87,800	90,300	77,6650
Schweiz	100 sfr	114,664	114,864	115,099	115,310	115,526	115,750	113,500	116,400	
Belgien	100 bfr	4,8353	4,8553	4,8351	4,8560	4,8344	4,8558	4,700	4,980	4,2303
Frankreich	100 FF	29,559	29,679	29,554	29,680	29,540	29,672	28,450	30,700	25,8550
Dänemark	100 dkr	26,150	26,270	26,124	26,249	26,086	26,216	25,000	27,250	22,8800
Norwegen	100 nkr	25,038	25,158	25,026	25,152	24,996	25,129	23,700	25,950	21,8450
Schweden	100 skr	22,627	22,747	22,578	22,704	22,526	22,657	21,300	23,550	19,8100
Italien	1000 Lire	1,0044	1,0124	0,9945	1,0026	0,9857	0,9939	0,945	1,065	0,8793
Österreich	100 öS	14,189	14,229	14,172	14,212	14,152	14,194	14,040	14,390	12,4050
Spanien	100 Pta	1,1779	1,1859	1,1700	1,1782	1,1630	1,1713	1,115	1,245	1,0317
Portugal	100 Esc	0.9926	0,9986	0,9858	0,9919	0,9798	0,9862	0,885	1,045	
Japan	100 Yen	1,3701	1,3731	1,3798	1,3829	1,3892	1,3926	1,320	1,400	1,1946
Finnland	100 Fmk	33,332	33,492	33,354	33,520	33,356	33,528	32,150	34,400	
Deutschland	100 DM									87,2900
Griechenl.	100 Dr.							0,535	0,695	
Australien	1 A-$							1,240	1,370	1,1365
Neuseeland	1 NZ-$									1,0175

*) Mitgeteilt von der WestLB Girozentrale, Düsseldorf; **) Frankfurter Sortenkurse, mitgeteilt von der DVB; ***) Dev.-Not. Zürich.

Abbildung 7.2-01

Sorten

Definition

Sorten sind die **baren ausländischen** gesetzlichen **Zahlungsmittel**, also ausländische Banknoten und ausländische Münzen.

Devisen

Definition

Im strengen Sinne bezieht sich der Ausdruck Devisen auf das sog. **Buchgeld** in Form von Fremdwährungsguthaben auf Bankkonten. Als Devisen werden in der Praxis manchmal aber auch die **unbaren ausländischen Zahlungsmittel** bezeichnet, beispielsweise Schecks und Wechsel, sofern diese Zahlungsinstrumente auf Fremdwährung lauten. Gegenstand des Devisenhandels sind jedoch (letztlich) die Fremdwährungsguthaben auf Bankkonten.

Im weiteren Sinne können auch die Sorten als Devisen angesehen werden. Meistens werden Sorten -wegen ihrer von den Devisen abweichenden Kurse und wegen der anders laufenden Abwicklung des Sortenverkehrs- jedoch gesondert bezeichnet und behandelt.

Geld- und Briefkurse

Definition

Der (niedrigere) **Geldkurs** ist stets der **Ankaufskurs** der **Banken**, also der Kurs, zu dem die Banken von ihren Kunden Devisen, Sorten, Wertpapiere usw. ankaufen.
Der (höhere) **Briefkurs** ist stets der **Verkaufskurs der Banken**, d.h. der Kurs, zu dem die Banken an ihre Kunden Devisen, Sorten, Wertpapiere usw. verkaufen.

Spanne

Die **Spanne zwischen dem Geldkurs** und dem **Briefkurs** einer Währung ist vordergründig gesehen die Handelsspanne der Banken. Tatsächlich verbleibt den Banken diese Handelsspanne jedoch nur, wenn sie den Währungsbetrag von einem Kunden zum Geldkurs ankaufen und denselben Währungsbetrag am selben Tag "durchhandeln", d.h. an einen anderen Kunden am selben Tag zum Briefkurs weiterverkaufen. Verzögert sich der Weiterverkauf oder ist der Verkäufer bzw. der Käufer der Fremdwährung eine andere Bank oder "verhandelt" der Kunde (bei größeren Währungsbeträgen) über den festzulegenden Geld- bzw. Briefkurs, dann schrumpft die Spanne der Bank u.U. rasch.

7.2.2 Erklärung und Anwendung von Kassakursen

Amtliche Kassakurse

Charakterisierung

Die Kassakurse haben Gültigkeit für **Devisenkauf- und -verkaufsgeschäfte**, die von den Beteiligten **sofort zu erfüllen** sind. Einschränkend ist allerdings anzumerken, dass auch bei dieser "sofortigen" Erfüllung von Devisenkassageschäften die Usance "Valutastellung 2 Arbeitstage" zu berücksichtigen ist. Dies bedeutet, dass zwischen dem Tag des Abschlusses und dem Tag der Erfüllung von Devisenkassageschäften 2 Arbeitstage liegen.

Anwendungsbeispiel:

Beispiel:

- Ein deutscher Importeur beauftragt seine Bank am 24.2.1997 zulasten seines DM-Kontos eine **Überweisungszahlung** in Höhe von **USD 100.000** an einen US-amerikanischen Exporteur vorzunehmen.

- Devisenkurs/Konto-belastung

- Die beauftragte Bank stellt dem Importeur für den Kauf der Devisen den am 24.2.1997 gültigen **Kassabriefkurs** des USD von DM 1,6794, also DM 167.940 zuzüglich einer **Courtage** (Makler-provision) in Höhe von 0,25‰ des ausmachenden Betrags (des DM-Gegenwerts) in Rechnung. Bei kleineren Fremdwährungsbeträgen wird eine Minimum-Courtage berechnet.

- Die **Belastung** des DM-Gegenwerts auf dem DM-Konto des deutschen Importeurs erfolgt am Tag des Devisenkaufs, also am 24.2.1997, und zwar mit gleicher Wertstellung.

Exkurs: "Valutastellung 2 Arbeitstage":

- Ausführung/Valuta

- Die beauftragte deutsche Bank leitet den Überweisungsauftrag zwar im Allgemeinen unverzüglich über SWIFT an eine US-amerikanische Korrespondenzbank weiter. Die **Ausführung** des Überweisungsauftrags durch die US-amerikanische Bank und damit die Gutschrift des USD-Betrags auf dem Konto des Zahlungsempfängers bzw. auf dem Konto einer eventuell zwischengeschalteten weiteren US-amerikanischen Bank erfolgt nicht am 24.2.1997, sondern -entsprechend der internationalen Usance "Valutastellung 2 Arbeitstage"- erst **2 Bankarbeitstage später**.

  Im vorliegenden Beispiel führt diese Usance zum 26.2.1997. Wäre der 24.2.1997 jedoch beispielsweise ein Donnerstag, dann wäre neben den beiden Arbeitstagen das Wochenende mit zwei Tagen zu berücksichtigen. Daneben sind eventuelle Feiertage zu berücksichtigen, wobei das Land, dessen Währung gehandelt wird (also im vorliegenden Beispiel die USA), maßgeblich ist.
  Die Usance "Valutastellung 2 Arbeitstage" ermöglicht es der beauftragten deutschen Bank, in diesem Zeitraum den USD-Betrag auf ihrem Konto bei ihrer US-amerikanischen Korrespondenzbank anzuschaffen.

- Sofortige Ausführung

- Wünscht der deutsche Importeur, dass dem US-amerikanischen Exporteur der Überweisungsbetrag in Höhe von USD 100.000 ausnahmsweise sofort, also ohne Anwendung der Usance "Valutastellung 2 Arbeitstage", gutgeschrieben wird, dann hat er seiner Bank ausdrücklich eine entsprechende **Weisung** zu erteilen. In diesem Fall legt die beauftragte deutsche Bank der Abrechnung mit dem Importeur einen um die **Zinsen** für 2 Arbeitstage **berichtigten Devisenkassakurs** zu Grunde. Dies erklärt sich damit, dass die beauftragte deutsche Bank bei ihrer US-amerikanischen Korrespondenzbank u.U. selbst Kreditzinsen für den Zeitraum bis zur Deckungsanschaffung bezahlen muss.

- Eingehende Überweisungen

- Die von ausländischen Banken bei deutschen Banken eingehenden Überweisungsaufträge werden analog behandelt: Maßgeblich für die Ausführung des Überweisungsauftrags ist für die deutsche Bank nicht der Tag des Eingangs des Überweisungsauftrags, sondern dessen **Valutierung**.
  Der Tag der Valuta bedeutet den Tag der **Deckungsanschaffung** durch die ausländische Bank zu Gunsten der deutschen Bank.

Ende Exkurs

Amtlicher Mittelkurs

Die **Kassakurse** werden -im Gegensatz zu den Termin- und Sortenkursen- an der Frankfurter Devisenbörse **amtlich festgestellt**. Die Kursmakler ermitteln aus den vorliegenden Kauf- und Verkaufsaufträgen den sog. **Mittelkurs** einer Währung, auf dessen Grundlage sodann mit feststehenden, vom Börsenvorstand **festgelegten Spannen der Geldkurs und der Briefkurs** dieser Währung festgelegt wird.

Beispielsweise beträgt die Spanne zwischen dem Geldkurs und dem Briefkurs beim USD = DM 0,008 pro 1 USD.

Ratschläge

- Die Geschäftsbanken können von den amtlich festgestellten **Kassakursen zu Gunsten der Kunden abweichen**, d.h. der Bankkunde sollte zumindest bei größeren Beträgen versuchen, einen für ihn günstigen Kassadevisenkurs mit seiner Bank zu vereinbaren.
- Weil die Kreditinstitute Devisenkassageschäfte häufig nicht über die amtlichen Devisenmakler, sondern unmittelbar mit anderen Banken abwickeln, fällt für sie in vielen Fällen **keine Courtage** an. Dadurch eröffnet sich für Großkunden durchaus ein Spielraum zur Verhandlung mit den Banken bezüglich der Höhe oder des Wegfalls der Courtage.

Preisnotierung

An der Frankfurter Devisenbörse erfolgt die Kursfeststellung als sog. Preisfeststellung (Preisnotierung, direkte Notierung). Der notierte Kurs (Preis) gibt an, **wie viele inländische Währungseinheiten, also wie viele DM (welcher Preis) für 1** (z.B. 1 USD), **für 100** (z.B. 100 FF) oder **für 1000** (z.B. 1000 Lire) **ausländische Währungseinheit(en)** bei einem Kauf bezahlt werden müssen bzw. bei einem Verkauf gezahlt werden, d.h. welcher **in DM ausgedrückte Preis** zu bezahlen ist bzw. erzielt wird (siehe abgebildetes Kursblatt).
Die Preisnotierung findet sowohl bei den **Devisenkassa- und den Devisenterminkursen** als auch bei den Sortenkursen Anwendung.

Mengennotierung

Die Mengennotierung (indirekte Notierung) drückt dagegen aus, **wie viele, also welche Menge ausländische Währungseinheiten** ein Käufer **für 1, 100 oder 1000 inländische Währungseinheiten**, also z.B. für 1 DM, bezahlen muss bzw. wie viele ausländische Währungseinheiten, also welche Menge ausländische Währungseinheiten ein Verkäufer für 1, 100 oder 1000 inländische Währungseinheiten erhält.

Reziproker Wert

Im Devisenhandel findet der auf die DM bezogene reziproke Wert einiger Fremdwährungen Anwendung: Ausgehend von der Preisnotierung definiert der reziproke Wert einer Fremdwährung, **wie viele Einheiten dieser Fremdwährung einer oder einhundert DM entsprechen**.

Beispiel:

- Die **Preisnotierung** des sfr am 24.2.97 lautet (siehe Kursblatt):

  sfr 100 = DM 114,664 Geld bzw.
  DM 114,864 Brief.

- Der **reziproke Wert** lautet ca.:

  DM 100 = sfr 87,211 Brief bzw.
  sfr 87,059 Geld.

Bei reziproken Werten, die ausgehend von den Preisnotierungen errechnet werden, ist zu berücksichtigen, dass

- **der Geldkurs der Preisnotierung zum Briefkurs der reziproken Notierung**

  bzw.

- **der Briefkurs der Preisnotierung zum Geldkurs der reziproken Notierung**

wird.

Diese Umkehrung von Geld- in Briefkurs bzw. von Brief- in Geldkurs erklärt sich damit, dass für eine Bank ein Devisenankaufgeschäft, bei dem der Geldkurs zu Grunde gelegt wird, in reziproker Sicht ein DM-Verkaufsgeschäft ist, bei dem die Bank den Briefkurs zugrundelegt und umgekehrt.

Devisenkurse im Freiverkehr

Keine amtliche Kursfeststellung

Eine amtliche Kursfeststellung durch Makler an der Frankfurter Devisenbörse erfolgt nur für jene Währungen westlicher (Industrie-)Nationen, die für den Außenhandel Deutschlands von Bedeutung sind. Gegenwärtig sind dies 17 Währungen (siehe in Abschnitt 7.2.1 abgebildetes Kursblatt).

Unter der Bezeichnung "Devisenkurse im Freiverkehr" werden aber auch Kurse anderer Währungen in den Wirtschaftszeitungen veröffentlicht. Diese Kurse beruhen aber lediglich auf **Mitteilungen der Banken** und bieten insoweit nur mehr oder weniger grobe Anhaltspunkte. Eine **Courtage** (Maklerprovision), wie sie bei den amtlich notierten Währungen berechnet wird, **entfällt** bei den Währungen des Freiverkehrs.

Die Freiverkehrskurse sind Kassakurse, für die ebenfalls die Preisnotierung gilt.

Ratschlag

Hat ein Bankkunde größere Beträge an solchen Devisen, die nur im Freiverkehr gehandelt werden, zu kaufen oder zu verkaufen, dann ist es empfehlenswert, **Wechselkursangebote von verschiedenen Banken** einzuholen.

Abbildung

Die **Abbildung 7.2-02** zeigt die **"Devisenkurse im Freiverkehr"**, wie sie vom Handelsblatt für den 24.2.1997 veröffentlicht wurden.

Devisen im Freiverkehr

24.2.97		Geld	Brief
Algerien	100 Dinar	2,7460	3,1460
Australien	1 A-$	1,3000	1,3120
Brasilien	100 Brasil Real	159,2600	159,5600
Bulgarien	100 Leva	0,0200	0,1200
China	100 RMB	20,0800	20,4400
Europa	1 Ecu	1,9330	1,9450
Griechenl.	100 Dr.	0,6320	0,6440
Hongkong	100 HK-$	21,5700	21,6900
Indien	100 IR	4,6100	4,7300
Indonesien	1000 Rupiah	0,6960	0,7060
Korea,Süd	100 Won	0,1930	0,1950
Kuweit	1 Dinar	5,5000	5,5600
Malaysia	100 Ringgit	67,4600	67,7600
Marokko	100 Dirham	17,7500	18,2500
Mexiko	100 neue Pes.	21,2100	22,0100
Neuseeland	1 NZ-$	1,1620	1,1740
Nigeria	100 Neira	2,0400	2,1400
Pakistan	100 PRs	4,1300	4,2300
Philipp.	100 Pesos	6,3100	6,4100
Polen	100 n. Zloty	54,9700	55,2700
Rumänien	100 Lei	0,0083	0,0283
Rußland	1000 Rubel	0,2929	0,2979
Saudi-Ar.	100 Rial	44,5200	44,8200
Singapur	100 S-$	117,7900	118,0900
Slowakei	100 Kronen	5,0500	5,1500
Slowenien	100 Tolar	1,0800	1,1200
Südafrika	1 Rand	0,3270	0,3840
Taiwan	100 NT-$	6,0300	6,1300
Thailand	100 Baht	6,4200	6,5200
Tschechien	100 Kronen	5,8500	5,9500
Türkei	1000 Lire/Pfund	0,0113	0,0163
Tunesien	1 Dinar	1,5430	1,5930
Ungarn	100 Forint	0,9500	0,9700
Ver. Ar. E.	100 DIRHAM	45,4600	45,7600

Diese Kurse können nur als Anhaltspunkte dienen. Sie sind von Bank zu Bank unterschiedlich und haben keinen verbindlichen Charakter

Abbildung 7.2-02

7.2.3 Erklärung und Anwendung von Terminkursen

Vorbemerkung: Die Grundstruktur und die Abwicklung von Devisentermingeschäften ist umfassend in Abschnitt 7.4 dargestellt.

Charakterisierung

Bei den oben behandelten Devisenkassageschäften ist der Zeitpunkt des Abschlusses und der Zeitpunkt der Erfüllung des Devisengeschäfts derselbe (sofern die oben erwähnte Usance "Valutastellung 2 Arbeitstage" vernachlässigt wird). Dagegen ist bei Devisentermingeschäften der Zeitpunkt der **Erfüllung** (die Fälligkeit) um den vereinbarten Zeitraum (z.B. um 1, 3 oder 6 Monate ab dem Zeitpunkt des Abschlusses des Devisentermingeschäfts) **hinausgeschoben.**

Anwendungsbeispiel zum Export:

Beispiel:

- Ein deutscher Exporteur liefert am 24.2.1997 Waren zu einem Kaufpreis von **Lit 100.000.000** nach Italien. Laut Kaufvertrag hat der Exporteur dem italienischen Importeur ein **Zahlungsziel** ab Rechnungsdatum (24.2.1997) von 3 Monaten einzuräumen. Der Exporteur fürchtet, dass die italienische Lira in diesem Zeitraum eine **Abwertung** erfahren könnte. Er schließt deswegen mit seiner Bank ein Devisenterminverkaufsgeschäft ab, das folgende Struktur aufweist:

- Verkauf per Termin

- Der Exporteur **verkauft** am 24.2.1997 Lit 100.000.000, also einen Betrag in Höhe des zukünftig eingehenden Exporterlöses, an seine Bank **per Termin** 3 Monate zum **Termingeldkurs** von DM 0,9945 (für Lit 1.000).
  Der Exporteur wird durch das Termingeschäft verpflichtet, seiner Bank bei Fälligkeit des Termingeschäfts, also nach Ablauf der 3 Monate, Lit 100.000.000 zur Verfügung zu stellen sowie den vereinbarten Terminkurs von DM 0,9945 (für Lit 1.000) beim Umtausch im Zeitpunkt der Fälligkeit gelten zu lassen. Der Exporteur geht davon aus, dass ihm der Exporterlös in Höhe von ebenfalls Lit 100.000.000 spätestens bei Fälligkeit des Devisentermingeschäfts zur Verfügung stehen wird, um damit das Devisentermingeschäft erfüllen zu können.
  Anmerkung: Zur Berechnung des genauen Fälligkeitstages von Devisentermingeschäften -unter Berücksichtigung der internationalen Usance "Valutastellung 2 Arbeitstag"- vgl. Abschnitt 7.4.

- Sicherheit

- Der Exporteur erlangt durch den Abschluss des Devisenterminverkaufsgeschäfts die Sicherheit eines **garantierten Umtauschkurses**, unabhängig davon, welche Kursentwicklung die Lira während der 3 Monate tatsächlich nimmt.

- Kosten

- Der "Preis", den der Exporteur für diese Kurssicherung zahlt, liegt im **Unterschied zwischen dem Kassageldkurs und dem Termingeldkurs** der Lira: Hätte der Exporteur den Exporterlös in Höhe von Lit 100.000.000 bereits am 24.2.1997 zur Verfügung, dann würde seine Bank den Lire-Betrag zum aktuellen Kassageldkurs von DM 1,0044 (pro Lit 1.000) umtauschen. Der Gegenwert würde sich dann auf DM 100.440 belaufen. Bei Fälligkeit des abgeschlossenen Termingeschäfts erhält der Exporteur dagegen nur den vereinbarten Termingeldkurs von DM 0,9945 pro Lit 1.000, also einen Gegenwert von DM 99.450. Die Kurssicherungskosten belaufen sich somit im vorliegenden Beispiel auf DM 0,0099 pro Lit 1.000 bzw. DM 990,-- für Lit 100.000.000.
  Hinweis: Es ist schwierig, den richtigen Maßstab zur Bestimmung der Höhe des Kursgewinns bzw. des Kursverlustes festzulegen. In Abschnitt 7.4.4 ist zu diesem Problem Stellung bezogen.

Anwendungsbeispiel zum Import:

Beispiel:

Ein deutscher Importeur hat aus Frankreich Waren im Wert von **FF 100.000** bezogen. Die Rechnung ist **in 6 Monaten zur Zahlung fällig**. Der Importeur rechnet mit einer **Aufwertung des FF** gegenüber der DM bis zum Zeitpunkt der Fälligkeit seiner Zahlung an den französichen Exporteur.

- Kauf per Termin

- Um der drohenden Aufwertung des FF zu entgehen, schließt der deutsche Importeur am 24.2.1997 ein 6-Monate-**Devisenterminkaufgeschäft** mit seiner Bank über den Terminkauf von FF 100.000 und mit dem Terminbriefkurs von DM 29,672 (für FF 100) ab. Dieses Devisentermingeschäft sichert ihm den Kurs von DM 29,672 für den Zeitpunkt seiner 6 Monate später fälligen FF-Zahlung nach Frankreich.

- Vorteil

- Rückblickend war für den Importeur der Abschluss des Devisentermingeschäfts dann vorteilhaft, wenn der **Kassakurs des FF** im Zeitpunkt der FF-Zahlung nach Frankreich (also nach Ablauf der 6-Monate-Frist) **über** den vereinbarten **Terminbriefkurs** von DM 29,672 **angestiegen** ist. Hätte der Importeur kein Devisentermingeschäft abgeschlossen, dann müsste er den FF-Betrag nunmehr am Kassamarkt "teurer" als zum vereinbarten Terminkurs von DM 29,672 kaufen.

- Nachteil

- Für den Importeur war der Abschluss des Devisentermingeschäfts dagegen nachteilig, wenn der im Zeitpunkt der FF-Zahlung nach Frankreich (also nach Ablauf der 6-Monate-Frist) gültige **Kassabriefkurs niedriger** liegt **als** der im Devisenterminkaufgeschäft vereinbarte **Terminbriefkurs**. Ohne Abschluss des Devisentermingeschäfts hätte der Importeur dann bei Fälligkeit seiner FF-Zahlung nach Frankreich den FF-Betrag "billiger" am Kassamarkt kaufen können.

Laufzeiten

Im abgebildeten Kursblatt sind lediglich die **3-Monate-** und die **6-Monate**-Devisenterminkurse aufgenommen. Übliche Laufzeiten sind aber auch **2 und 12 Monate**.

Gebrochene Laufzeiten

Häufig entspricht jedoch die Laufzeit eines Export- oder Importgeschäfts nicht den üblichen ("glatten") Laufzeitkategorien der Devisentermingeschäfte. Zumindest in den **gängigen Fremdwährungen** sind die Banken bereit, ihren Kunden Devisentermingeschäfte mit **gebrochenen (krummen) Laufzeiten** (broken dates) anzubieten. Die Banken rechnen den Deport bzw. Report (den Swapsatz) für ein Devisentermingeschäft mit gebrochener Laufzeit unter Zugrundlegung der Swapsätze für die beiden nächstliegenden glatten Termine (Einzelheiten zu Deport und Report siehe folgenden Abschnitt 7.2.4; Einzelheiten zur Abwicklung von Devisentermingeschäften siehe Kapitel 7.4).

Keine amtlichen Terminkurse

Im Gegensatz zu den Devisenkassakursen werden die Terminkurse nicht amtlich festgestellt. Diese Kurse beruhen vielmehr auf **Angaben der Geschäftsbanken**. Insoweit tragen die veröffentlichten Devisenterminkurse lediglich den Charakter von **Indikatoren**, was auch bedeutet, dass der Exporteur bzw. der Importeur den Devisenterminkurs mit seiner Bank im Einzelfall vereinbaren kann. Eine Courtage fällt bei Devisentermingeschäften nicht an.

Währungen

In den gängigen **Welthandelswährungen** ermöglichen die Banken den Exporteuren und Importeuren den Abschluss von Devisentermingeschäften im Allgemeinen in der gewünschten (relativ kurzen) Laufzeit. Dagegen ist der erwünschte Abschluss von Devisentermingeschäften in sog. **exotischen Währungen** auch schon bei kurzer Laufzeit manchmal mit Schwierigkeiten verbunden. Bei solchen Währungen sollten Exporteure bzw. Importeure bereits vor Abschluss des Kontrakts ihre Hausbank wegen der Verfügbarkeit von Wechselkurssicherungsmöglichkeiten zurate ziehen.

7.2.4 Erklärung von Deport, Report bzw. Swapsätzen

Deport

Als Deport (Abschlag) wird der **Unterschiedsbetrag** zwischen dem (höheren) **Kassakurs** einer Währung und dem **niedrigeren Terminkurs** dieser Währung bezeichnet.

Beispiel:	Geldkurse	Briefkurse
Kassakurs der ital. Lira (1000 Lire)	DM 1,0044	DM 1,0124
3-Monate-Terminkurs der ital. Lira (1000 Lire)	DM 0,9945	DM 1,0026
Deport (Abschlag) (1000 Lire)	DM 0,0099	DM 0,0098

Report

Als Report (Aufschlag) wird der **Unterschiedsbetrag** zwischen dem (niedrigeren) **Kassakurs** einer Währung und dem **höheren Terminkurs** dieser Währung bezeichnet.

Beispiel:	Geldkurse	Briefkurse
Kassakurs des jap.Yen (100 Yen)	DM 1,3701	DM 1,3731
3-Monate-Terminkurs des jap.Yen (100 Yen)	DM 1,3798	DM 1,3829
Report (Aufschlag) (100 Yen)	DM 0,0097	DM 0,0098

Swapsatz

Ein anderer Begriff und zugleich ein **Oberbegriff für Deport bzw. Report** ist der Ausdruck "Swapsatz". Dieser Ausdruck rührt von Devisengeschäften her, die insbesondere Banken durch **Tausch** (swap) von Devisenkassageschäften gegen Devisentermingeschäfte oder umgekehrt bzw. durch Tausch von Devisentermingeschäften mit unterschiedlichen Fälligkeiten in derselben Währung vollziehen.
Statt der Nennung des Devisenterminkurses als absolutem Kurs, kann der **Devisenterminkurs** auch ausgehend vom Kassakurs einer Währung **zuzüglich bzw. abzüglich ihres Swapsatzes** für die entsprechende Laufzeitkategorie definiert werden.

Pari

Als "pari" wird eine Kurskonstellation bezeichnet, die keinen Unterschiedsbetrag (keinen Deport, Report bzw. Swapsatz) zwischen dem

Kassakurs und dem Terminkurs einer Währung ausweist. "Pari" bedeutet somit **gleiche Termin- und Kassakurse** einer Währung.

Bestimmungsfaktoren

Die Höhe von Deport bzw. Report einer Währung (also die Abweichung des Terminkurses einer Währung vom Kassakurs derselben Währung) oder allgemeiner ausgedrückt, der Swapsatz einer Währung, wird maßgeblich von den **Zinsunterschieden dieser Währung zum DM-Zinsniveau** am Eurogeldmarkt bestimmt. Dies hängt damit zusammen, dass die Banken die Zinsunterschiede zwischen den verschiedenen Währungen am Euromarkt durch Kapitalanlagen bzw. Kreditaufnahmen nutzen und zur Absicherung solcher Euromarkttransaktionen zugleich Devisenkassa- und Devisentermingeschäfte abschließen.

Abbildung

Die **Abbildung 7.2-03** gibt Aufschluss über die tendenziellen **Auswirkungen der Zinsunterschiede** am Euromarkt **auf Deport bzw. Report** einer Währung.

Prof. Dr. Siegfried G. Häberle

Die Bestimmung von Deport bzw. Report durch Zinsunterschiede – Beispiele zur Bestimmung der Tendenz –

DM-Zinsniveau		Fremdwährungs-Zinsniveau	bestimmen tendenziell:	Terminkurs der Fremdwährung		Kassakurs der Fremdwährung		Zinsinduzierter Deport bzw. Report (Swapsatz)
DM-Zinssatz p.a. für 3-Monate-Geld am Euromarkt	<	Lire-Zinssatz p.a. für 3-Monate-Geld am Euromarkt	⟶	3-Monate-Terminkurs der Lira	<	Kassakurs der Lira	=	Deport des 3-Monate-Terminkurses der Lira gegenüber dem Kassakurs der Lira
DM-Zinssatz p.a. für 6-Monate-Geld am Euromarkt	<	brit. £-Zinssatz p.a. für 6-Monate-Geld am Euromarkt	⟶	6-Monate-Terminkurs des brit. £	<	Kassakurs des brit. £	=	Deport des 6-Monate-Terminkurses des brit. £ gegenüber dem Kassakurs des brit. £
DM-Zinssatz p.a. für 3-Monate-Geld am Euromarkt	>	sfr.- Zinssatz p.a. für 3-Monate-Geld am Euromarkt	⟶	3-Monate-Terminkurs des sfr	>	Kassakurs des sfr	=	Report des 3-Monate-Terminkurses des sfr gegenüber dem Kassakurs des sfr

Diese zinsinduzierten Kausalketten gelten nur, wenn sich die betrachteten in- und ausländischen Zinssätze sowie die betrachteten Devisenterminkurse jeweils auf ein- und dieselbe Laufzeitkategorie beziehen.

Abbildung 7.2-03

Formel Swapsatz

Die Höhe des Swapsatzes einer Währung kann -soweit sie von den Zinsunterschieden am Euromarkt bestimmt ist- für die jeweilige Laufzeitkategorie nach der Formel

$$\textbf{Swapsatz} = \frac{\text{Kassakurs x Zinsdifferenz x Zeit}}{\text{100 x Basis}}$$

errechnet werden.

Dabei sind:

Zeit = Laufzeit des Geschäfts (errechnet nach der am Euromarkt üblichen genauen Auszählung der Kalendertage);

Basis = Anzahl der Tage, die das Zinsjahr definieren (am Euromarkt für die meisten Währungen mit 360 Tagen anzusetzen; Ausnahme z.B. das brit. £, für das das Zinsjahr mit 365 Tagen anzusetzen ist).

Diese Formel führt zu sog. Dezimalstellen (Stellen), die als Deport vom aktuellen Kassakurs der betreffenden Fremdwährung abzuziehen bzw. als Report dem aktuellen Kassakurs der betreffenden Fremdwährung hinzuzurechnen sind, um zum Devisenterminkurs der betreffenden Währung zu kommen.

Anmerkungen:

- Quelle: Fischer-Erlach, 1988: S. 75.
- Fischer-Erlach weist auf den **Schwachpunkt** dieser Berechnungsmethode hin, nämlich auf die Annahme, dass der (später fällige) Zinsertrag zu jenem (aktuellen) Kassakurs umgetauscht wird, der in die Formel eingesetzt wird, eine Kurskonstellation, die allenfalls zufällig eintritt. Fischer-Erlach stellt auf S. 75ff. präzisere Methoden zur Berechnung der Swapsätze vor.
- Eine **umfassendere und genauere Formel** zur Errechnung von Swapsätzen findet sich in der Broschüre: Bayerische Vereinsbank (Hrsg.), Das Devisengeschäft, München 1991.
- Zu den unterschiedlichen **Zinsberechnungsmethoden** am Euromarkt (sog. 365/360-Methode bzw. 365/365-Methode) siehe Abschnitt 5.2.3.2.

Die Zinsunterschiede als Bestimmungsfaktoren der Swapsätze können in Phasen, in denen die Kursbewegungen stark von der **Spekulation** beeinflusst sind, etwas in den Hintergrund treten. Deswegen kann der **Swapsatz**, der mit einer auf den Zinsunterschieden beruhenden Formel errechnet wird, in solchen Phasen (geringfügig) von den tatsächlichen (marktmäßigen) Swapsätzen **abweichen**.

7.3 Alternative Wechselkurse (Umrechnungskurse) in der Angebotskalkulation des Exporteurs

7.3.1 Problemstellung und grundsätzliche Alternativen

Ausgangsproblem

Umrechnungskurs

Ein Exporteur, der ein **Angebot in Fremdwährung** zu unterbreiten hat, ist gezwungen, einen **Wechselkurs** auszuwählen, mit dem die Umrechnung seines zunächst intern in DM kalkulierten Angebotes in Fremdwährung erfolgen soll.

Die **Auswahl des Wechselkurses** (Umrechnungskurses) hat weit reichende **Konsequenzen:**

- Zum einen ist der in die Angebotskalkulation aufgenommene Wechselkurs mitbestimmend für die **Höhe** der **Wechselkurschance** bzw. des **Wechselkursrisikos**, die sich für den Exporteur bis zum Zeitpunkt des Zahlungseingangs ergeben können, vorausgesetzt, dass der Exporteur den Auftrag überhaupt erhält.

Wechselkurschance und -risiko

- Zum anderen hat die Auswahl des in die Angebotskalkulation aufgenommenen Wechselkurses auch Auswirkungen auf das **Angebots- bzw. Wettbewerbsrisiko** des Exporteurs. Darunter ist die Gefahr zu verstehen, dass der Exporteur mit seinem Angebot deswegen nicht zum Zuge kommt, weil er bei der Umrechnung des kalkulierten DM-Betrags in Fremdwährung einen Wechselkurs zu Grunde gelegt hat, der den Angebotspreis in Fremdwährung und damit aus der Sicht des Importeurs als überhöht erscheinen lässt.

Wettbewerbschance und -risiko

Der maßgebliche **Vorzug** des EURO liegt für die Exporteure und Importeure innerhalb des Währungsgebietes des EURO darin, dass

EURO

- **weder Wechselkursrisiken bzw. -chancen** bestehen und damit auch keine Notwendigkeit und keine Kosten für eine Wechselkurssicherung entstehen,
- **noch wechselkursbedingte Angebots-/Wettbewerbsrisiken** bestehen, die in der Vergangenheit -wegen starker DM-Aufwertungen- vor allem den deutschen Exporteuren zu schaffen gemacht haben. Allerdings entfallen für die teilnehmenden Länder in Zukunft auch solche wechselkursbedingten Wettbewerbschancen, die einige Länder durch eine starke Abwertung des Wechselkurses ihrer Währung (zulasten der Arbeitsplätze in anderen Nationen) erlangt haben.

Ausgangsbeispiel

Ein deutscher Exporteur hat einem US-amerikanischen Importeur ein **Warenangebot in USD** zu unterbreiten. Der Importeur wünscht ein **Zahlungsziel** von 2 Monaten ab Rechnungsdatum.

Angebot in Fremdwährung

Der Exporteur geht davon aus, dass der Importeur über die Annahme des Angebotes rasch entscheiden wird, sodass die Güter gegebenenfalls innerhalb eines Monats nach Angebotsabgabe ausgeliefert werden könnten. Der gesamte Zeitraum zwischen dem Tag der Angebotskalkulation und dem Tag des voraussichtlichen Zahlungseingangs beläuft sich somit auf ca. 3 Monate.

Die vorliegenden Bankauskünfte weisen aus, dass die Kreditwürdigkeit des US-amerikanischen Importeurs die Einräumung des gewünschten Zahlungsziels rechtfertigt.

Alternative Wechselkurse in der Angebotskalkulation

Der deutsche Exporteur kalkuliert sein Angebot zunächst in DM. Der Exporteur hat sodann den **kalkulierten DM-Angebotsbetrag in Fremdwährung**, im vorliegenden Fall also in USD, **umzurechnen**,

Umrechnungskurse

weil er dem US-amerikanischen Importeur ein Angebot zu unterbreiten hat, das auf USD lautet.
Die Umrechnung des kalkulierten DM-Betrags in USD kann alternativ mit den folgenden Wechselkursen erfolgen:

- zum **aktuellen Kassageldkurs** des USD am Tag der Angebotskalkulation;
- zum **Devisentermingeldkurs** des USD bezogen auf den Zeitpunkt des voraussichtlichen Zahlungseingangs, im vorliegenden Beispiel der Geldkurs des 3-Monate-USD;
- zu jenem **Kassageldkurs** des USD, den der Exporteur im Zeitpunkt des voraussichtlichen Zahlungseingangs in 3 Monaten **erwartet**;
- zu jedem **beliebigen** anderen **Wechselkurs** des USD, was eine gewisse Willkür beinhaltet und deswegen nicht weiter vertieft wird.

7.3.2 Angebotskalkulation mit dem aktuellen Kassageldkurs

Beispiel

Annahmen auf Grundlage des Ausgangsbeispiels:

- Kalkulierter DM-Angebotsbetrag: DM 100.000;
- Umrechnung zum **Kassageldkurs** des USD am Tag der Angebotskalkulation (24.2.1997) = DM 1,6714 für 1 USD (Wechselkursangaben im Folgenden stets auf 1 USD bezogen);
- Angebotsbetrag in USD: ca. USD 59.830;
- das **Angebot** des deutschen Exporteurs wird vom US-amerikanischen Importeur **angenommen**;
- der US-amerikanische Importeur leistet -unter Ausnutzung des eingeräumten Zahlungsziels- **Zahlung 3 Monate nach Angebotskalkulation.**

Alternative Kurskonstellationen im Zeitpunkt des Eingangs des Exporterlöses in Höhe von USD 59.830:

Kassageldkurs bei Zahlungseingang = Kalkulationskurs

- **1. Konstellation:**

  Der Kassageldkurs des USD im Zeitpunkt des Eingangs des Exporterlöses beläuft sich auf DM 1,6714. Dieser Wechselkurs entspricht (zufällig!) demjenigen Kassageldkurs, den der Exporteur seiner Angebotskalkulation zu Grunde gelegt hatte.
  Der Exporterlös in DM beläuft sich unter dieser Annahme auf ca. DM 100.000 (USD 59.830 umgetauscht zum Kassageldkurs von DM 1,6714; Bankprovisionen für die Zahlungsabwicklung bleiben hier und im Folgenden unberücksichtigt).
  Der Exporteur hat **weder** einen **Kursgewinn noch** einen **Kursverlust** (sofern als Basis zur Bestimmung von Kursgewinn bzw.

Kursverlust derjenige Wechselkurs zu Grunde gelegt wird, den der Exporteur in seine Angebotskalkulation einbezogen hatte; vgl. zum Maßstab für Kursgewinn bzw. -verlust Abschnitt 7.4.4).

- **2. Konstellation:**

  Kassageldkurs bei Zahlungseingang > Kalkulationskurs

  Der Kassageldkurs des USD im Zeitpunkt des Eingangs des Exporterlöses beläuft sich auf DM 1,7414. Gegenüber demjenigen Wechselkurs des USD, den der Exporteur seiner Angebotskalkulation zu Grunde gelegt hatte, ist der USD somit inzwischen **aufgewertet** worden.
  Der Exporterlös in DM beläuft sich unter dieser Annahme auf ca. DM 104.188 (USD 59.830 umgetauscht zum Kassageldkurs von DM 1,7414).
  Der Exporteur erzielt einen **Kursgewinn** in Höhe von ca. DM 4.188.

- **3. Konstellation:**

  Kassageldkurs bei Zahlungseingang < Kalkulationskurs

  Der Kassageldkurs des USD im Zeitpunkt des Eingangs des Exporterlöses beläuft sich auf DM 1,6114. Gegenüber demjenigen Wechselkurs des USD, den der Exporteur seiner Angebotskalkulation zu Grunde gelegt hatte, ist der USD somit inzwischen **abgewertet** worden.
  Der Exporterlös in DM beläuft sich unter dieser Annahme auf ca. DM 96.410 (USD 59.830 umgetauscht zum Kassageldkurs von DM 1,6114).
  Der Exporteur erleidet einen **Kursverlust** in Höhe von ca. DM 3.590.

Ratschläge

Die **Kalkulation** mit dem im Zeitpunkt der Angebotsabgabe gültigen **Kassageldkurs** ist nur dann angebracht,

- wenn der Exporteur davon ausgehen kann, dass sich der Wechselkurs der Fremdwährung, in der er anzubieten hat, bis zum Zeitpunkt des voraussichtlichen Eingangs des Exporterlöses **nicht wesentlich ändern** wird,
  oder
- wenn Anzeichen auf eine **Aufwertung** der Fremdwährung, in der der Exporteur anzubieten hat, hindeuten.

Im Allgemeinen sind solche Wechselkursprognosen nur bei kurzer Geschäftsabwicklungsdauer möglich.

7.3.3 Angebotskalkulation mit dem Devisentermingeldkurs

Termingeldkurs als Umrechnungsgrundlage

Umrechnungskurs

Häufig legen die Exporteure ihrer Angebotskalkulation jenen **Devisentermingeldkurs** zu Grunde, der im Zeitpunkt der Kalkulation für den voraussichtlichen Zeitraum der Geschäftsabwicklung Gültigkeit hat. Im vorliegenden Beispiel ist dies der 3-Monate-Geldkurs, wie er am 24.2.1997 notiert wurde.

Erwartung

Die Exporteure verbinden mit der Einbeziehung des Devisenterminkurses in die Kalkulation die Erwartung, dass im Terminkurs die **zukünftigen Auf- oder Abwertungen** der Fremdwährung, in der sie anzubieten haben, **vorweggenommen** sind.

Annahmen auf Grundlage des Ausgangsbeispiels:

Beispiel

- Kalkulierter DM-Angebotsbetrag: DM 100.000;
- Umrechnung zum **3-Monate-Geldkurs** des USD am Tag der Angebotskalkulation (24.2.1997) = DM 1,6624;
- Angebotsbetrag in USD: ca. USD 60.154.

Folgen

Angebotsverteuerung bei Deport

Die Einbeziehung des Termingeldkurses in die Angebotskalkulation führt im vorliegenden Fall zu einer (geringfügigen) **"Verteuerung" des Angebotes** auf USD 60.154 gegenüber demjenigen Angebot, in das der Exporteur den niedrigeren Kassageldkurs einbezogen hatte und das auf USD 59.830 lautete. Die "Verteuerung" des Angebotes wäre bei einem größeren Deport des Termin-USD gegenüber dem Kassa-USD noch weit höher ausgefallen als dies bei der am 24.2.1997 gegebenen Kurskonstellation des USD der Fall ist. Die **Wahrscheinlichkeit**, dass das **Angebot** eines deutschen Exporteurs vom ausländischen Importeur **angenommen** wird, **sinkt** also, wenn der im Angebot einkalkulierte Devisenterminkurs einen Deport gegenüber dem aktuellen Kassakurs der Fremdwährung, in der anzubieten ist, aufweist. Wird das Angebot des Exporteurs vom Importeur trotzdem angenommen, dann ist durch die Kalkulation mit dem Devisenterminkurs ein **"Polster"** zu Gunsten des Exporteurs in Höhe des Deports für eine eventuell **zukünftig eintretende Abwertung** des Kassakurses der betreffenden Fremdwährung während der Forderungslaufzeit geschaffen worden (siehe auch "Beurteilung und Ratschläge" am Ende dieses Abschnitts und die tabellarische Darstellung "Wettbewerbsrisiken bzw. -chancen sowie Wechselkursrisiken bzw. -chancen bei Angebotskalkulation mit Terminkursen oder mit erwarteten Wechselkursen" in Abschnitt 7.3.4).

Angebotsverbilligung bei Report

Weist der Devisenterminkurs der Fremdwährung, in der der deutsche Exporteur anzubieten hat, in Abweichung von obigem Zahlenbeispiel im Zeitpunkt der Angebotskalkulation dagegen einen Report gegenüber dem Kassakurs dieser Währung auf, dann würde die Kalkulation mit dem Devisenterminkurs (statt mit dem aktuel-

len Kassakurs) zu einer "**Verbilligung**" des in Fremdwährung ausgedrückten **Angebotsbetrags** führen.
Die **Wahrscheinlichkeit**, dass das **Angebot** des Exporteurs vom Importeur **angenommen** wird, **steigt** dadurch (siehe auch "Beurteilung und Ratschläge" am Ende dieses Abschnitts und die tabellarische Darstellung "Wettbewerbsrisiken bzw. -chancen sowie Wechselkursrisiken bzw. -chancen bei Angebotskalkulation mit Terminkursen oder mit erwarteten Wechselkursen" in Abschnitt 7.3.4).
Tritt die in Form des Reports in die Kalkulation einbezogene Aufwertung der Fremdwährung während der Forderungslaufzeit nicht ein, dann erleidet der Exporteur einen Kursverlust.

Abschluss eines Devisentermingeschäfts

Vorbemerkung: Grundstruktur und Abwicklung von Devisentermingeschäften sind umfassend in Abschnitt 7.4 dargestellt.

Vorteil

Kursverluste, aber auch Kursgewinne schließt der Exporteur aus, wenn er im Zeitpunkt der Angebotskalkulation ein **Devisentermingeschäft** zu jenem **Terminkurs** abschließt, den er in seine **Angebotskalkulation** einbezieht: Der Exporteur erlangt durch den Abschluss des Devisentermingeschäfts die Sicherheit, dass er den in sein Angebot einkalkulierten Wechselkurs beim Umtausch in DM auch tatsächlich erhält.

Nachteil: Offene Position

Der soeben skizzierte Vorteil setzt voraus, dass der Exporteur den Auftrag tatsächlich erhält. Ist dies nicht der Fall, dann ist das abgeschlossene Devisentermingeschäft eine sog. offene Position, d.h. der Exporteur hat das **Devisentermingeschäft** zu **erfüllen**, ohne dass ihm dazu ein **Exporterlös** zur Verfügung stehen würde. Eine solche offene Position kann schon für sich genommen zu Kursverlusten bzw. Kursgewinnen führen. Deswegen neigen Exporteure im Zeitpunkt der Angebotskalkulation nur dann zum Abschluss eines Devisentermingeschäfts, wenn sie davon ausgehen können, dass sie den Auftrag erhalten.

Abweichender Kalkulationskurs

Der Vollständigkeit halber ist anzumerken, dass der Exporteur -obwohl er im Zeitpunkt der Angebotskalkulation ein Devisentermingeschäft abgeschlossen hat- seiner Kalkulation trotzdem einen anderen als den im Termingeschäft festgelegten **Wechselkurs** zu Grunde legen kann.
Liegt der im Angebot einkalkulierte Wechselkurs niedriger als der Devisenterminkurs, dann erzielt der Exporteur einen Kursgewinn. Liegt der im Angebot einkalkulierte Wechselkurs dagegen höher als der Devisenterminkurs, dann erleidet der Exporteur einen Kursverlust.

Übersicht

Tabelle

In der folgenden **Abbildung 7.3-01**/tabellarischen Darstellung sind die **Wechselkursgewinne** und **Wechselkursverluste** sowie die möglichen Probleme, wie sie bei einer **Angebotskalkulation** mit Devisenterminkursen entstehen können, überblickhaft dargestellt.

Prof. Dr. Siegfried G. Häberle

Angebotskalkulation mit Devisenkursen: Wechselkursgewinne bzw. Wechselkursverluste sowie mögliche Probleme

Im Angebot des Exporteurs einkalkulierter Wechselkurs	Abschluß eines Devisentermingeschäfts im Zeitpunkt der Angebotskalkulation	Wechselkursgewinne bzw. Wechselkursverluste	Anmerkungen bzw. Probleme
● **Devisentermingeldkurs** im Zeitpunkt der Angebotskalkulation	**nein**	- **Wechselkursgewinn,** falls der Kassageldkurs (Umtauschkurs) im Zeitpunkt des Zahlungseingangs höher ist als der im Angebot einkalkulierte Devisentermingeldkurs. - **Wechselkursverlust,** falls der Kassageldkurs (Umtauschkurs) im Zeitpunkt des Zahlungseingangs niedriger ist als der im Angebot einkalkulierte Devisentermingeldkurs.	
● **Devisentermingeldkurs** im Zeitpunkt der Angebotskalkulation	**ja**	- **Entfallen,** weil der Umtauschkurs bei Zahlungseingang der festgelegte und vom Exporteur einkalkulierte Devisentermingeldkurs ist.	- Falls der Exporteur den Auftrag nicht erhält, dann ist das abgeschlossene Devisentermingeschäft eine sog. offene Position. - Falls der Exporterlös bei Fälligkeit des Devisentermingeschäfts noch nicht zur Verfügung steht, ist das Devisentermingeschäft durch ein Devisenkassageschäft/ Swapgeschäft zu erfüllen.
● Der Exporteur kalkuliert sein Angebot mit einem **niedrigeren Wechselkurs** als dem Devisentermingeldkurs im Zeitpunkt der Angebotskalkulation.	**ja**	- **Kursgewinn** In Höhe der Differenz zwischen dem niedrigeren Kalkulationskurs und dem höheren Devisenterminkurs des abgeschlossenen Devisentermingeschäfts.	- wie oben
● Der Exporteur kalkuliert sein Angebot mit einem **höheren Wechselkurs** als dem Devisentermingeldkurs im Zeitpunkt der Angebotskalkulation.	**ja**	- **Kursverlust** In Höhe der Differenz zwischen dem höheren Kalkulationskurs und dem niedrigeren Devisenterminkurs des abgeschlossenen Devisentermingeschäfts.	- wie oben

Abbildung 7.3-01

Beurteilung und Ratschläge

Eignung des Terminkurses:

- Sofern davon ausgegangen wird, dass der Terminkurs einer Fremdwährung eine erwartete Abwertung oder eine erwartete Aufwertung dieser Währung widerspiegelt, erscheint der **Terminkurs** als Kalkulationsgrundlage durchaus **geeignet**.
- Allerdings ist zu **bedenken**, dass ein Deport bzw. Report einer Fremdwährung gegenüber ihrem Kassakurs maßgeblich von den **Zinsunterschieden** dieser Fremdwährung zum DM-Zinsniveau am Euromarkt bestimmt wird, weniger dagegen von den Auf- oder Abwertungserwartungen, die allenfalls indirekt in den Zinsunterschieden zum Ausdruck kommen.

Angebotsverteuerung bei einem Deport:

- Bei einem **Deport** des Terminkurses gegenüber dem Kassakurs der Fremdwährung, in der der Exporteur anzubieten hat, **verteuert** sich das **Angebot** des Exporteurs, wenn er statt des Kassakurses seiner Kalkulation den Terminkurs zu Grunde legt.
- Allgemein ausgedrückt: Indem ein Exporteur eine erwartete Abwertung derjenigen Fremdwährung, in der er anzubieten hat, in seiner Kalkulation vorwegnimmt, verteuert sich sein Angebot. Der Exporteur schafft sich dadurch einerseits zwar ein "**Polster**" für den Fall, dass die Fremdwährung bis zum Zeitpunkt des Eingangs des Exporterlöses tatsächlich abgewertet wird. Andererseits läuft er Gefahr, dass sein **Angebot** vom Importeur **nicht angenommen** wird, weil es -wechselkursbedingt- für den Importeur zu teuer ist.

Angebotsverbilligung bei einem Report:

- Bei einem **Report** des Terminkurses gegenüber dem Kassakurs der Fremdwährung, in der der Exporteur anzubieten hat, **verbilligt** sich das **Angebot** des Exporteurs, wenn er statt des Kassakurses den Terminkurs seiner Kalkulation zu Grunde legt.
- Allgemein ausgedrückt: Indem ein Exporteur eine erwartete Aufwertung derjenigen Fremdwährung, in der er anzubieten hat, in seiner Kalkulation vorwegnimmt, verbilligt sich sein Angebotspreis. Die Wahrscheinlichkeit, dass sein **Angebot angenommen** wird, nimmt zu, m.a.W. sein wechselkursbedingtes Wettbewerbsrisiko nimmt ab.
- Tritt die erwartete und in der Angebotskalkulation bereits berücksichtigte Aufwertung der Fremdwährung jedoch nicht ein, dann erleidet der Exporteur einen **Kursverlust**.

7.3.4 Angebotskalkulation mit dem für den Zeitpunkt des Zahlungseingangs erwarteten Kassageldkurs

Erwarteter Wechselkurs als Umrechnungsgrundlage

Wechselkurs

Der Terminkurs der Fremdwährung, in der ein Exporteur anzubieten hat, spiegelt weniger die von den Marktteilnehmern erwartete Auf- oder Abwertung dieser Währung wider, als vielmehr die Zinsunterschiede dieser Fremdwährung zum deutschen Zinsniveau. Kommt der Exporteur zum Ergebnis, dass der Kassakurs der Fremdwährung, in der er anzubieten hat, bis zum voraussichtlichen **Zeitpunkt des Geldeingangs** stärker oder schwächer auf- bzw. abgewertet werden wird, als es im gegenwärtigen Terminkurs dieser Währung zum Ausdruck kommt, dann wird der Exporteur statt des Terminkurses den **erwarteten Kassakurs** dieser Währung seiner Kalkulation zu Grunde legen.

Annahmen auf Grundlage des Ausgangsbeispiels:

Beispiel

- Kalkulierter DM-Angebotsbetrag: DM 100.000;
- Umrechnung zu dem vom Exporteur für den voraussichtlichen Zeitpunkt des Eingangs des Exporterlöses **erwarteten** gesunkenen **Kassageldkurs** 1 USD = DM 1,6000;
- Angebotsbetrag in USD = USD 62.500.

Folgen:

Angebotsverteuerung

Der Angebotsbetrag in Höhe von USD 62.500 ist weit höher als der mit dem aktuellen Kassakurs bzw. mit dem Termingeldkurs kalkulierte Angebotsbetrag. Je mehr ein Exporteur eine **erwartete Abwertung** der Fremdwährung, in der er anzubieten hat, in seiner Kalkulation vorwegnimmt, desto höher wird sein Angebotspreis.

Angebotsverbilligung

Dagegen wird der Angebotspreis umso niedriger, je mehr ein Exporteur eine **erwartete Aufwertung** der Fremdwährung, in der er anzubieten hat, in seiner Kalkulation vorwegnimmt.

Risiken und Chancen

Einen umfassenden Überblick über **Wettbewerbsrisiken bzw. -chancen** sowie **Wechselkursrisiken bzw. -chancen** bei Angebotskalkulation mit erwarteten Wechselkursen oder mit Terminkursen gibt die folgende **Abbildung 7.3-02**/tabellarische Darstellung.

Ratschlag

Dem Exporteur sind grundsätzlich **dieselben Ratschläge** zu erteilen, wie sie bei der Kalkulation mit den Devisenterminkursen aufgeführt sind, wobei die Wettbewerbsrisiken bzw. -chancen sowie die Kursgewinne bzw. Kursverluste -je nach erwarteter und einkalkulierter Kurskonstellation- noch ausgeprägter sein können.

Prof. Dr. Siegfried G. Häberle

Wettbewerbsrisiken bzw. -chancen sowie Wechselkursrisiken bzw. -chancen bei Angebotskalkulation mit Terminkursen oder mit erwarteten Wechselkursen

In die Angebotskalkulation einbezogener Wechselkurs:	Wettbewerbsrisiko bzw. -chance des Exporteurs:	Wechselkursrisiko bzw. -chance des Exporteurs bei Annahme des Angebots durch den Importeur:
• **Terminkurs** bzw. **erwarteter Kurs** mit einem **Abschlag** gegenüber dem aktuellen Kassakurs (Der Kalkulationskurs ist niedriger als der aktuelle Kassakurs)	Das **Wettbewerbsrisiko** des Exporteurs ist relativ hoch, weil der in die Kalkulation einbezogene, gegenüber dem aktuellen Kassakurs niedrigere Wechselkurs zu einer **Erhöhung des Angebotspreises** führt. Exporteure, die am Auftrag des Importeurs sehr interessiert sind, neigen deswegen dazu, erwartete Abwertungen der Fremdwährung, in der sie anzubieten haben, nur begrenzt in die Angebotskalkulation aufzunehmen. Dieses Verhalten des Exporteurs erhöht zwar seine Wettbewerbschancen, zugleich aber auch sein Wechselkursrisiko.	Das **Wechselkursrisiko** des Exporteurs ist relativ **gering**, weil die erwartete Abwertung im Angebotspreis bereits vorweggenommen ist. Nur für den Fall, daß der Kassageldkurs im Zeitpunkt des Eingangs des Exporterlöses noch niedriger sein sollte als der in die Angebotskalkulation einbezogene Terminkurs bzw. als der einbezogene erwartete Wechselkurs, erleidet der Exporteur einen **Kursverlust**. Ist der Kassageldkurs im Zeitpunkt des Eingangs des Exporterlöses dagegen höher als der in die Angebotskalkulation einbezogene erwartete Kurs, dann erzielt der Exporteur einen **Kursgewinn**.
• **Terminkurs** bzw. **erwarteter Kurs** mit einem **Aufschlag** gegenüber dem aktuellen Kassakurs (Der Kalkulationskurs ist höher als der aktuelle Kassakurs)	Das **Wettbewerbsrisiko** des Exporteurs ist relativ **gering**, weil der in die Kalkulation einbezogene, gegenüber dem aktuellen Kassakurs höhere Wechselkurs zu einer **Verminderung des Angebotspreises** führt. Exporteure, die am Auftrag des Importeurs sehr interessiert sind, neigen dazu, erwartete Aufwertungen der Fremdwährung, in der sie anzubieten haben, in der Angebotskalkulation zu berücksichtigen. Dieses Verhalten des Exporteurs erhöht zwar seine Wettbewerbschancen, zugleich erhöht dies aber auch sein Wechselkursrisiko.	Das **Wechselkursrisiko** des Exporteurs ist relativ **hoch**, weil nicht sicher ist, daß die erwartete, im Angebotspreis bereits vorweggenommene Aufwertung auch tatsächlich (in vollem Umfang) eintritt. Ist der Kassageldkurs im Zeitpunkt des Eingangs des Exporterlöses niedriger als der in die Angebotskalkulation einbezogene Terminkurs bzw. als der einbezogene erwartete Kurs, dann erleidet der Exporteur einen **Kursverlust.** Nur für den Fall, daß der Kassageldkurs im Zeitpunkt des Eingangs des Exporterlöses noch höher sein sollte als der in die Angebotskalkulation einbezogene Terminkurs bzw. als der einbezogene erwartete Kurs, erzielt der Exporteur einen **Kursgewinn**.

Abbildung 7.3-02

7.3.5 Exkurs: Exportangebote auf DM-Basis

DM-Angebote

Vordergründig betrachtet **vermeidet** der Exporteur jedes **Wechselkursrisiko**, wenn er in DM anbietet und -falls sein Angebot vom Importeur angenommen wird- auch in DM fakturiert.

Wettbewerbsrisiko

In Wirklichkeit muss der Exporteur jedoch das Wettbewerbsrisiko bedenken, weil eine **Aufwertung der DM**, die sich tendenziell gegenüber vielen (Importland-)Währungen in den letzten Jahrzehnten vollzogen hat, für den **Importeur** ein **Wechselkursrisiko** bedeutet. Befürchtet der Importeur eine Aufwertung der DM, dann wird er Angeboten von Wettbewerbern des Exporteurs den Vorzug geben, die in der Importlandwährung anbieten oder die in einer Währung anbieten, die sich mit der Importlandwährung erfahrungsgemäß im Abwertungsgleichschritt bewegt.
Nur für den Fall, dass die **DM** gegenüber der heimischen Währung des Importeurs unter **Abwertungsdruck** steht, verbessert sich die Wettbewerbsstellung des deutschen Exporteurs. Allerdings steht auch diese Wettbewerbschance unter dem Vorbehalt, dass diejenigen Währungen, in denen die Konkurrenten des deutschen Exporteurs anbieten, nicht noch stärker abgewertet werden.

Nachbesserung

Die Erfahrung zeigt, dass sich **Exporteure** bei DM-Fakturierung nicht selten nachträglich **am Wechselkursrisiko des Importeurs beteiligen** müssen, sofern sie den Importeur als Kunden für die Zukunft behalten wollen. Insoweit liegt u.U. ein indirektes Wechselkursrisiko der Exporteure trotz DM-Fakturierung vor, das sich in Preisnachlässen bei zukünftigen Aufträgen oder in anderer Form ausdrücken kann.

Übersicht

Die **Abbildung 7.3-03**/Zusammenstellung gibt Aufschluss über das **Wettbewerbsrisiko** sowie über das indirekte Wechselkursrisiko der Exporteure bei DM-Angeboten.

7.4 Grundstruktur und Abwicklung von Devisentermingeschäften

7.4.1 Vorbemerkungen; einführendes Beispiel und Abwicklung

Vorbemerkungen:

- Instrumente zur **Absicherung des Wechselkursrisikos** sind neben den -im Folgenden behandelten Devisentermingeschäften- auch einige der in Kapitel 5 und 6 dargestellten **Refinanzierungsalternativen**.

  Ein Exporteur kann beispielsweise das **Wechselkursrisiko**
  - durch den **Diskont von Fremdwährungswechseln** (siehe Kapitel "5.3 Wechseldiskontkredite"),

Prof. Dr. Siegfried G. Häberle

Das wechselkursbedingte Wettbewerbsrisiko (sowie das indirekte Wechselkursrisiko) des Exporteurs bei Angeboten auf DM-Basis

Angebot auf DM-Basis	Beurteilung des Angebots- bzw. Wettbewerbs-risikos des Exporteurs	Beurteilung des (indirekten) Wechselkursrisikos des Exporteurs
• Prämisse: **steigender DM-Kurs** (in Relation zur Währung des Importlandes) nach Angebotsabgabe = DM-Aufwertung	**Angebots- bzw. Wettbewerbsrisiko vorhanden**, da Kursanstieg der DM eine Überhöhung des Angebotspreises für den ausländischen Importeur bewirkt. C.p. Wettbewerbsvorteile für Anbieter (Konkurrenten) aus "Schwachwährungsländern".	**Kein Wechselkursrisiko**, da Kursanstieg zu Lasten des ausländischen Importeurs geht. U.U. verlangt der Importeur jedoch nachträglich Preisnachlässe o.ä. (indirektes Wechselkursrisiko des Exporteurs).
	Neigung der Exporteure bei erwartetem Anstieg des DM-Kurses zu äußerst knapper DM-Kalkulation. Falls die DM-Aufwertung jedoch nicht eintritt, bedeutet dies eine Ertragseinbuße gemessen am ursprünglich - ohne Berücksichtigung der erwarteten DM-Aufwertung - kalkulierten Angebotspreis.	
• Prämisse: **sinkender DM-Kurs** (in Relation zur Währung des Importlandes) nach Angebotsabgabe = DM-Abwertung	C.p. **Verbesserung der Wettbewerbsstellung** des Exporteurs, da DM-Abwertung für den ausländischen Importeur eine Verringerung des Angebotspreises bedeutet. Jedoch Gefahr des "Abwertungswettlaufs" mit den Währungen bzw. Ländern, in denen die Konkurrenten ihren Sitz haben.	**Kein Wechselkursrisiko**, aber auch keine Wechselkurschance, da DM-Abwertung zu Gunsten des ausländischen Importeurs geht.
	Neigung der Exporteure bei erwarteter DM-Abwertung zur Kalkulation relativ hoher DM-Preise, um einen wechselkursbedingten Gewinn zu erzielen. Falls DM-Abwertung jedoch nicht eintritt, entsteht das Risiko des Auftragsentgangs.	

Abbildung 7.3-03

- durch die **Aufnahme von Fremdwährungskrediten** am Euromarkt (siehe Kapitel "5.2 Eurokredite"),
- durch den **Verkauf von Fremdwährungsforderungen** an **Factoringgesellschaften**, die allerdings nur ausnahmsweise das Wechselkursrisiko übernehmen (siehe Kapitel "5.6 Exportfactoring"),
- durch den **Verkauf von Fremdwährungsforderungen** an **Forfaitierungsgesellschaften**, die das Wechselkursrisiko regelmäßig übernehmen (siehe Kapitel "6.5 Forfaitierung"),

auf Dritte **überwälzen**.

- **Devisenoptionsgeschäfte** sind in der Praxis bislang eher von untergeordneter Bedeutung und werden deswegen nicht behandelt.
- Der Situation, dass der Exporteur zur Absicherung einer Fremdwährungsforderung ein **Devisentermingeschäft** abgeschlossen hat, jedoch der **Exporterlös bei Fälligkeit** des Devisentermingeschäfts noch **nicht eingegangen** ist, kann grundsätzlich wie folgt begegnet werden:
  - Erfüllung des fälligen Devisentermingeschäfts **ohne** Abschluss eines Anschlusstermingeschäfts (sog. offene Position),
  - Erfüllung des fälligen Devisentermingeschäfts **mit** Abschluss eines Anschlusstermingeschäfts (sog. Prolongation bzw. Swapgeschäft).

  Ebenso kann die Situation eintreten, dass der Exporteur bereits in der **Angebotsphase** (evtl. im Zeitpunkt der Abgabe seines Angebotes) ein Devisentermingeschäft abschließt, jedoch den Auftrag nicht erhält.

  Der Verfasser hat diese Situationen und deren Lösungsalternativen untersucht. Die vielen möglichen Kurskonstellationen führen jedoch zu weit reichenden und differenzierten Darstellungen, die den Rahmen dieses Buches sprengen würden.

Anwendungsbeispiel: Wechselkurssicherung während der Forderungsphase

Hinweis

Anwendungsbeispiele zur **Angebotskalkulation** mit alternativen Wechselkursen finden sich im Abschnitt 7.3.

Ausgangssituation

Die Techno GmbH, ein Hersteller von Werkzeugmaschinen, liefert am 24.2.1997 Maschinen an die TradeCo in London aus. Die **Rechnung** der Techno GmbH über **brit. £ 1 Mio.** ist ebenfalls am 24.2.1997 ausgestellt. Die Techno GmbH räumt der TradeCo -entsprechend den Vereinbarungen im Kaufvertrag- ein **Zahlungsziel** von 3 Monaten ab Rechnungsdatum ein. Die Gewährung dieses Zahlungsziels erscheint der Techno GmbH angesichts ihrer Erfahrungen aus einer langjährigen Geschäftsbeziehung mit der TradeCo und der vorliegenden Bankauskünfte vertretbar.

Refinanzierung

Das gewährte Zahlungsziel refinanziert die Techno GmbH durch Aufnahme eines **DM-Kontokorrentkredits** bei ihrer Hausbank.

Anmerkung: Die Frage, ob diese Refinanzierung zinsgünstig ist oder ob andere Refinanzierungsalternativen ergriffen werden sollten, bleibt im Folgenden im Hintergrund.

Absicherung

Weil die Techno GmbH eine Abwertung des brit. £ während der Laufzeit ihrer Forderung befürchtet, schließt sie am 24.2.1997 ein **Devisenterminverkaufsgeschäft** mit ihrer Bank ab.

Abschluss des Devisenterminverkaufsgeschäfts

Die Techno GmbH **verkauft** am 24.2.1997 **brit. £ 1 Mio.**, also in gleicher Höhe wie der zukünftig eingehende Exporterlös, **per Termin** (per Valuta) 26.5.1997 zum Devisentermingeldkurs (3-Monate-Kurs) von DM 2,6987 pro £ an ihre Bank.
Anmerkung: Die Berechnung des Fälligkeitstages von Devisentermingeschäften ist unten erläutert.

Verpflichtungen

Durch dieses Devisenterminverkaufsgeschäft ist die Techno GmbH **verpflichtet**,

- der Bank **bei Fälligkeit** des Devisentermingeschäfts, also am 26.5.1997, **brit. £ 1 Mio. zur Verfügung zu stellen** und
- den am 24.2.1997 **vereinbarten Terminkurs** von DM 2,6987 pro £ bei Erfüllung des Devisentermingeschäfts am 26.5.1997 als **unveränderbaren Kurs** (Festkurs) **gelten zu lassen.**

Umgekehrt umfasst dieses Devisentermingeschäft die Verpflichtung der Bank zur Abnahme der Devisen bei Fälligkeit des Devisentermingeschäfts und zur Umrechnung in DM zum vereinbarten Devisenterminkurs.

Abbildung

In **Abbildung 7.4-01** sind die durch den Abschluss von Devisentermingeschäften entstehenden **Verpflichtungen der Exporteure** bzw. Importeure aufgeführt.

Prof. Dr. Siegfried G. Häberle

Die Grundstruktur von Devisentermingeschäften

Abschluß des Devisentermingeschäftes

Umfaßt folgende Verpflichtungen:

- zur Lieferung eines feststehenden Devisenbetrages an die Bank bei Fälligkeit des Devisentermingeschäftes (Devisenterminverkaufsgeschäft eines Exporteurs)

bzw.

- zur Abnahme eines feststehenden Devisenbetrages von der Bank bei Fälligkeit des Devisentermingeschäftes (Devisenterminkaufgeschäft eines Importeurs)

und

- zum Umtausch des Devisenbetrages bei Fälligkeit in DM (Exporteur) bzw. von DM in Fremdwährung (Importeur) zum heute vereinbarten Wechselkurs (Devisenterminkurs)

Erfüllung des Devisentermingeschäftes bei Fälligkeit

Umfaßt:

- Lieferung des festgelegten Devisenbetrages an die Bank (Devisenterminverkaufsgeschäft)

bzw.

- Abnahme des festgelegten Devisenbetrages von der Bank (Devisenterminkaufgeschäft)

und

- Umtausch des Devisenbetrages in DM bzw. von DM in Fremdwährung zum vereinbarten Wechselkurs (Devisenterminkurs) unabhängig von der inzwischen eingetretenen Veränderung des Devisenkassakurses

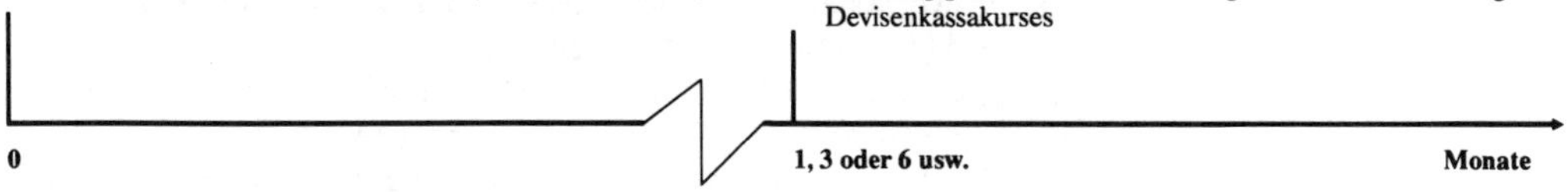

0 — **1, 3 oder 6 usw.** — **Monate**

Laufzeit des Devisentermingeschäftes z.B. 1, 3, 6, 12 oder 24 usw. Monate, aber auch sog. gebrochene Laufzeiten, die zwischen diesen Laufzeitkategorien liegen.

Abbildung 7.4-01

Berechnung der Fälligkeit

Anmerkungen zur Berechnung des **Fälligkeitstages** (der sog. **Valuta**) von Devisentermingeschäften:

- Bei der Berechnung des Fälligkeitstages (Tag der Erfüllung, Tag der Anschaffung des Devisenbetrags) eines Devisentermingeschäfts findet die unter Banken angewandte Usance **"Valutastellung 2 Arbeitstage"** Anwendung: Zum Tag des Abschlusses werden 2 Bankarbeitstage hinzugeschlagen.
- Im vorliegenden **Beispiel** ist der 24.2.1997 (der Tag des Abschlusses des Devisentermingeschäfts) ein Montag, sodass die Frist unter Berücksichtigung der Usance "Valutastellung 2 Arbeitstage" am 26.2.1997 beginnt (dieser Tag wird in der Praxis als "Kassavaluta" bezeichnet, weil dies zugleich der Tag der Erfüllung bei Devisenkassageschäften ist). Ein 1-monatiges Devisentermingeschäft wäre dann beispielsweise am 26.3.1997 und das vorliegende 3-monatige Devisentermingeschäft ist am 26.5.1997 fällig, immer vorausgesetzt, dass diese Fälligkeitstage im **Heimatland der gehandelten Währung** Bankarbeitstage sind. Falls dies nicht zutrifft, wird der Fälligkeitstag bis zum nächsten Arbeitstag verschoben.
  Anmerkung: Wäre der Tag des Abschlusses des Devisentermingeschäfts **in Abänderung des vorliegenden Beispiels** ein Donnerstag, dann wäre bereits bei der Errechnung der Kassavaluta das Wochenende zu berücksichtigen. Der **Zeitpunkt für den Beginn** der Frist des Devisentermingeschäfts wäre dann der folgende Montag, von dem aus sodann der Fälligkeitstag des Devisentermingeschäfts zu berechnen ist.
- Sofern der Exporteur mit seiner Bank ein Devisentermingeschäft mit **Optionszeit** abschließt, ist ihm die Möglichkeit eröffnet, das Devisentermingeschäft statt an einem bestimmten Fälligkeitstag innerhalb der Optionszeit zu jedem beliebigen Zeitpunkt zu erfüllen. Einzelheiten zu Devisentermingeschäften mit Optionszeit siehe Abschnitt 7.4.2.

Sicherheit

Die Techno GmbH erlangt durch Abschluss dieses Devisentermingeschäfts bereits am 24.2.1997 die Sicherheit, dass sie -rechtzeitiger Eingang des £-Exporterlöses vorausgesetzt- am 26.5.1997 mit einem **feststehenden DM-Exporterlös** von DM 2.698.700 rechnen kann (brit. £ 1 Mio. bei Fälligkeit des Devisentermingeschäfts umgetauscht zum vereinbarten Devisenterminkurs von DM 2,6987). Es ist dann gleichgültig, welche Entwicklung der Kassakurs des brit. £ während der Laufzeit des Devisentermingeschäfts nimmt.

Kein Kapitaleinsatz

Devisentermingeschäfte erfordern von den Bankkunden bei Abschluss des Geschäfts im Allgemeinen keinen Kapitaleinsatz. Nur ausnahmsweise verlangen die Banken einen sog. **Einschuss** zu ihrer Sicherheit (einen Sicherheitsvorschuss).
Der Bankkunde erhält von der Bank nach erfolgtem Abschluss lediglich eine **Bestätigung**, in der die vereinbarten Beträge, die Kurse sowie die Fälligkeiten aufgeführt sind. Die Buchungen auf dem Kontokorrentkonto des Kunden erfolgen erst bei Erfüllung des Devisentermingeschäfts.

Kosten

Die Kosten der Wechselkurssicherung des vorliegenden Devisentermingeschäfts können im **Deport** gesehen werden, den der vereinbarte 3-Monate-Termingeldkurs des brit. £ von DM 2,6987 gegenüber dem Kassageldkurs des brit. £ von DM 2,7185 am 24.2.1997 aufgewiesen hat, nämlich DM 0,0198 pro £.
Die **Begründung** für diese Kostenberechnung lautet: Hätte der Exporteur den Exporterlös von brit. £ 1 Mio. bereits am 24.2.1997 statt erst am 26.5.1997 zur Verfügung und würde er diesen Fremdwährungsbetrag bereits am 24.2.1997 an seine Bank verkaufen, dann würde der Exporteur statt des niedrigeren Devisentermingeldkurses von DM 2,6987 pro £ den um den Deport von DM 0,0198 pro £ höheren Kassageldkurs von DM 2,7185 pro £ erhalten. Die derart definierten Kurssicherungskosten belaufen sich im vorliegenden Beispiel auf DM 19.800. Provisionen erheben die Banken bei Devisentermingeschäften nicht. Der Aufwand der Bank gilt im Deport bzw. Report (im Swapsatz) als abgegolten, zumal auch bei Devisenterminkursen die Spanne zwischen Geld- und Briefkurs existiert.

Formel

Die **Kosten** der Wechselkurssicherung durch Devisentermingeschäfte können **auf das Jahr bezogen** mit der Formel

$$\textbf{Kurssicherungskosten in Prozent pro Jahr} = \frac{\textbf{Swapsatz x 360 x 100}}{\textbf{Kassakurs x Tage}}$$

ermittelt werden.

Die **einzusetzenden Tage** umfassen die Laufzeit des Devisentermingeschäfts, die -entsprechend der Usancen am Euromarkt- kalendermäßig genau ausgezählt werden. Ausgangstag für die Berechnung der Laufzeit ist nicht der Tag des Abschlusses des Devisentermingeschäfts, sondern die sog. Kassavaluta, die ihrerseits auf der Usance "Valutastellung 2 Arbeitstage" beruht. Im vorliegenden Beispiel ist -wie oben berechnet- von der Kassavaluta 26.2.1997 auszugehen und sodann kalendermäßig bis zum 26.5.1997 auszuzählen, was eine Laufzeit von 89 Tagen ergibt. Das **Zinsjahr** wird -da es die Kurssicherungskosten aus deutscher Sicht zu ermitteln gilt- nach deutscher Zinsberechnungsmethode mit 360 Tagen angenommen. Dagegen wäre das Zinsjahr nach britischer Zinsberechnungsmethode mit 365 Tagen anzunehmen. Anzumerken ist, dass bei dieser Errechnung der Kurssicherungskosten einige Fragen nicht nur zur Berechnung der Tage, sondern auch zu den anzunehmenden Kursen offen bleiben.
Sofern der Kassakurs im Zeitpunkt des Abschlusses des Devisentermingeschäfts von DM 2,7185 pro £ zu Grunde gelegt wird, ergeben sich im vorliegenden **Anwendungsbeispiel** die folgenden Kurssicherungskosten pro Jahr:

$$\textbf{Kurssicherungskosten in Prozent pro Jahr} = \frac{0{,}0198 \times 360 \times 100}{2{,}7185 \times 89}$$

$$\approx \underline{\underline{\textbf{2,946}}}$$

Anmerkungen:

- Die Formel ist entnommen: Hiering Werner, Jacobs Rolf, Absicherung von Fremdwährungsrisiken, Stuttgart, 1991: S. 43.
- Die mit obiger Formel zu errechnenden Kurssicherungskosten sind u.a. vom eingesetzten Kassakurs abhängig. Als Maßstab für die Höhe der zu errechnenden Kurssicherungskosten kommen grundsätzlich auch andere Kurse, wie beispielsweise der Kassakurs der betreffenden Fremdwährung im Zeitpunkt der Fälligkeit des Devisentermingeschäfts infrage.
- Analoge Fragen stellen sich bei der Definition von (vermiedenen) Kursgewinnen bzw. Kursverlusten. Siehe dazu Abschnitte 7.4.3 und 7.4.4.

Erfüllung des Devisenterminverkaufsgeschäfts

Erfüllung der Verpflichtungen

Sofern der Exporterlös in Höhe von brit. £ 1 Mio. im Zeitpunkt der Fälligkeit des Devisentermingeschäfts am 26.5.1997 zur Verfügung steht, vollzieht sich die Erfüllung des Devisentermingeschäfts exakt nach den am 24.2.1997 getroffenen Vereinbarungen:

- Der **Exporteur** stellt der Bank am 26.5.1997 den Betrag von **brit. £ 1 Mio. zur Verfügung**.
- Die Bank kauft den Betrag von brit. £ 1 Mio. zum **vereinbarten Terminkurs** von DM 2,6987 pro £ und schreibt den DM-Gegenwert in Höhe von DM 2.698.700 auf dem Konto der Techno GmbH am 26.5.1997 gut.
  Dabei ist es völlig unerheblich, welchen aktuellen Kassakurs das brit. £ in diesem Zeitpunkt aufweist. Zu Grunde zu legen ist bei der Erfüllung des Devisentermingeschäfts ausschließlich der darin vereinbarte Wechselkurs.

Abbildung

In der obigen **Abbildung 7.4-01** sind die bei Fälligkeit von Devisentermingeschäften zu erfüllenden Verpflichtungen der Exporteure bzw. der Importeure aufgeführt.

7.4.2 Devisentermingeschäfte mit Optionszeit

Problem

Der Exporteur kann vor der Situation stehen, dass einerseits ein abgeschlossenes Devisentermingeschäft fällig und andererseits die damit abgesicherte **Fremdwährungsforderung noch nicht eingegangen** ist.

Optionszeit

Diese Situation ist in gewissen Grenzen vermeidbar, wenn der Exporteur mit seiner Bank ein Devisentermingeschäft abschließt, das ihm bei der Ausübung (Erfüllung) eine Optionszeit einräumt: An der Stelle eines bestimmten Fälligkeitstages wird ein **Zeitraum vereinbart**, innerhalb dessen es in das Belieben des Bankkunden gestellt ist, zu welchem Zeitpunkt er die Option auszuüben, d.h. das Devisentermingeschäft zu erfüllen wünscht.

Anwendungsbeispiel

- Die Techno GmbH hat dem britischen Importeur, der TradeCo, -in Abweichung zu den Zahlenbeispielen in Abschnitt 7.4.1- lediglich ein Zahlungsziel bis zum 16.5.1997 zugestanden. Die Techno GmbH vermag jedoch nicht auszuschließen, dass die **TradeCo** den Kaufpreis von brit. £ 1 Mio. statt spätestens am 16.5.1997, erst **einige Tage später bezahlen** wird.
  Dieser Erwartung trägt ein **Devisentermingeschäft mit Optionszeit** Rechnung: Die Techno GmbH schließt am 24.2.1997 (dem Tag der Auslieferung der Waren bzw. der Rechnungsstellung) ein Devisentermingeschäft mit ihrer Bank über den Verkauf von brit. £ 1 Mio. mit einer Optionszeit vom 16.5.1997 bis 26.5.1997 zum Termingeldkurs von DM 2,6987 pro £ ab.
- **Verzögert** sich der **Eingang des Exporterlöses** in Höhe von brit. £ 1 Mio. tatsächlich über das dem britischen Importeur bis zum 16.5.1997 eingeräumte Zahlungsziel hinaus, dann bleibt der Techno GmbH immer noch die Zeit für die Erfüllung des Devisentermingeschäfts bis zum 26.5.1997, und zwar zum festgelegten Kurs von DM 2,6987 pro £.
- Erst zu diesem **spätesten Zeitpunkt** der möglichen Ausübung der Option (im vorliegenden Beispiel am 26.5.1997) kann für die Techno GmbH die eingangs skizzierte Situation eintreten, dass einerseits das abgeschlossene Devisentermingeschäft fällig und andererseits die damit abgesicherte Fremdwährungsforderung noch nicht eingegangen ist.

Optionszeiten

Devisentermingeschäfte mit einem Optionszeitraum an der Stelle eines festen Fälligkeitstages können entsprechend den terminlichen **Bedürfnissen der Bankkunden** gestaltet werden. Dies gilt sowohl bezüglich des ersten Zeitraumes, während dem die Erfüllung des Termingeschäfts nicht möglich ist, als auch bezüglich des nachgeschalteten Optionszeitraumes.
Üblich sind Optionszeiträume bis **maximal 4 Wochen**.

Devisenterminkurs...

Die Höhe des festgelegten Wechselkurses (Devisenterminkurses) ist bei Devisentermingeschäften, die einen Optionszeitraum umfassen, davon abhängig, ob es sich um eine Währung handelt, die gegenüber ihrem Kassakurs einen Deport oder einen Report aufweist:

... bei Deport

Bei Währungen, deren Devisenterminkurs einen Deport gegenüber dem Kassakurs aufweist, wird derjenige **Terminkurs** zu Grunde gelegt, der dem **Ende des Optionszeitraumes** entspricht. Dadurch tragen die Banken dem Fall Rechnung, dass der Kunde tatsächlich das Ende der Opitionszeit abwartet.
Auf das obige Beispiel bezogen wird demnach der 3-Monate-Geldkurs von DM 2,6987 pro £ im Devisenterminkontrakt vereinbart, der bei Erfüllung dieses Kontraktes auch dann zu Grunde gelegt wird, wenn der Exporteur seine Option bereits zu Beginn oder während der Optionszeit wahrnimmt.

... bei Report

Bei Währungen, deren Devisenterminkurs einen Report gegenüber dem Kassakurs aufweist, wird dagegen derjenige **Terminkurs** zu Grunde gelegt, der dem **Beginn des Optionszeitraumes** entspricht.

7.4.3 Alternative Kurskonstellationen zur Beurteilung der Zweckmäßigkeit von Devisentermingeschäften

Zweckmäßigkeit

Der Exporteur kann im Zeitpunkt der Erfüllung des Devisentermingeschäfts rückblickend der Frage nachgehen, ob der Abschluss des Devisentermingeschäfts zweckmäßig war. Die Frage ist somit, ob der Exporteur einen **Kursverlust** oder einen **Kursgewinn** in dem Fall gehabt hätte, wenn er auf den Abschluss des Devisentermingeschäfts zur Absicherung seiner £-Forderung verzichtet, d.h. seine **Forderung ungesichert** (seine Position offen) gelassen hätte.

Basiskurs

Maßstab (Basiskurs) für die Höhe von Verlust bzw. Gewinn, der durch den Abschluss des Devisentermingeschäfts vermieden wurde, ist in obigem Beispiel der im Zeitpunkt der Erfüllung des Devisentermingeschäfts (präziser: der im Zeitpunkt des Eingangs des Exporterlöses) gültige **Kassageldkurs** des brit. £ im Verhältnis zu dem im Devisentermingeschäft vereinbarten Termingeldkurs. Hätte der Exporteur kein Devisentermingeschäft abgeschlossen, dann würde nämlich der im Zeitpunkt des Eingangs des Exporterlöses gültige Kassageldkurs beim Umtausch von brit. £ in DM Anwendung finden.

Konstellationen

Im vorliegenden Beispiel sind folgende Konstellationen möglich:

Alternativ angenommene Devisenkassageldkurse im Zeitpunkt der Erfüllung des Devisentermingeschäfts **DM pro £**	**Vereinbarter Devisentermingeldkurs (feststehend)** **DM pro £**	**Ergebnis**
z.B. 2,7487	**2,6987**	Rückblickend wäre es für den Exporteur günstiger gewesen, die **£-Forderung** nicht durch ein Devisentermingeschäft abzusichern, sondern **offen zu lassen** und den Exporterlös in Höhe von £ 1 Mio. im Zeitpunkt des Zahlungseingangs zum aktuellen Kassageldkurs von DM 2,7487 pro £ einzutauschen. Der Umtauschbetrag hätte unter dieser Voraussetzung DM 2.748.700 betragen. Dagegen erhält der Exporteur im Rahmen der Erfüllung des abgeschlossenen Devisentermingeschäfts nur einen DM-Gegenwert von DM 2.698.700. Dem Exporteur ist demnach durch den Abschluss des Devisentermingeschäfts ein **Kursgewinn** in Höhe von DM 50.000 **entgangen**.

z.B. 2,6487	**2,6987**	Rückblickend ist es zweckmäßig gewesen, dass der Exporteur die **£-Forderung** durch ein Devisentermingeschäft **abgesichert** hat. Hätte der Exporteur kein Devisentermingeschäft abgeschlossen, dann würde sein Exporterlös von £ 1 Mio. zum aktuellen Kassageldkurs von DM 2,6487 umgetauscht; der DM-Gegenwert würde sich nur auf DM 2.648.700 belaufen. Dagegen erhält der Exporteur im Rahmen der Erfüllung des Devisentermingeschäfts den darin vereinbarten Kurs von DM 2,6987 pro £ berechnet, was zu einem DM-Gegenwert von DM 2.698.700 führt. Der Exporteur hat somit durch den Abschluss des Devisentermingeschäfts einen **Kursverlust** von DM 50.000 **vermieden**.
z.B. 2,6987	**2,6987**	Entspricht der aktuelle Kassageldkurs im Zeitpunkt der Fälligkeit des Devisentermingeschäfts **zufällig** dem darin vereinbarten Wechselkurs, dann ist es rückblickend gleichgültig, ob der Exporteur ein Devisentermingeschäft abgeschlossen hatte oder nicht. Sofern man den aktuellen Kassageldkurs als Maßstab zugrundelegt, erleidet der Exporteur **weder** einen **Kursverlust noch** erlangt er einen **Kursgewinn**.

Abbildung

In der **Abbildung 7.4-02** sind die durch Abschluss von Devisentermingeschäften **vermiedenen Kursverluste** bzw. die **entgangenen Kursgewinne** bei unterschiedlicher Entwicklung des Kassakurses der Fremdwährung dargestellt.

7.4.4 Anmerkungen zur Bestimmung des Maßstabs (des Basiskurses) für Kursgewinn bzw. Kursverlust

Problem

Es ist schwierig, den richtigen Maßstab (den richtigen Basiskurs) zur Bestimmung der Höhe des Kursgewinns bzw. des Kursverlustes festzulegen, weil **als Maßstab verschiedene Wechselkurse** (überdies zu verschiedenen Zeitpunkten) infrage kommen.

Kalkulationskurse

Grundsätzlich ist jener Wechselkurs der richtige Maßstab zur Bestimmung der Höhe von Kursgewinn bzw. Kursverlust, den der **Exporteur** seiner **Angebotskalkulation** bzw. den der Importeur seiner Einkaufskalkulation zu Grunde gelegt hat.

Bereich: Außenhandelsfinanzierung

Die Grundstruktur von Devisentermingeschäften

Vermiedene Kursverluste bzw. entgangene Kursgewinne durch Abschluß von Devisentermingeschäften bei unterschiedlichen Entwicklungen des Kassakurses bis zum jeweilgen Fälligkeitszeitpunkt des Devisentermingeschäftes

Annahmen bzw. Anmerkungen:

- Fremdwährung mit Deport im Zeitpunkt des Abschlusses des Devisentermingeschäftes
- Bemessungsgrundlage zur Definition vermiedener Kursverluste bzw. entgangener Kursgewinne ist der jeweilige Unterschied zwischen dem (fest vereinbarten) Devisenterminkurs und dem aktuellen Kassakurs im Zeitpunkt der Fälligkeit des Devisentermingeschäftes

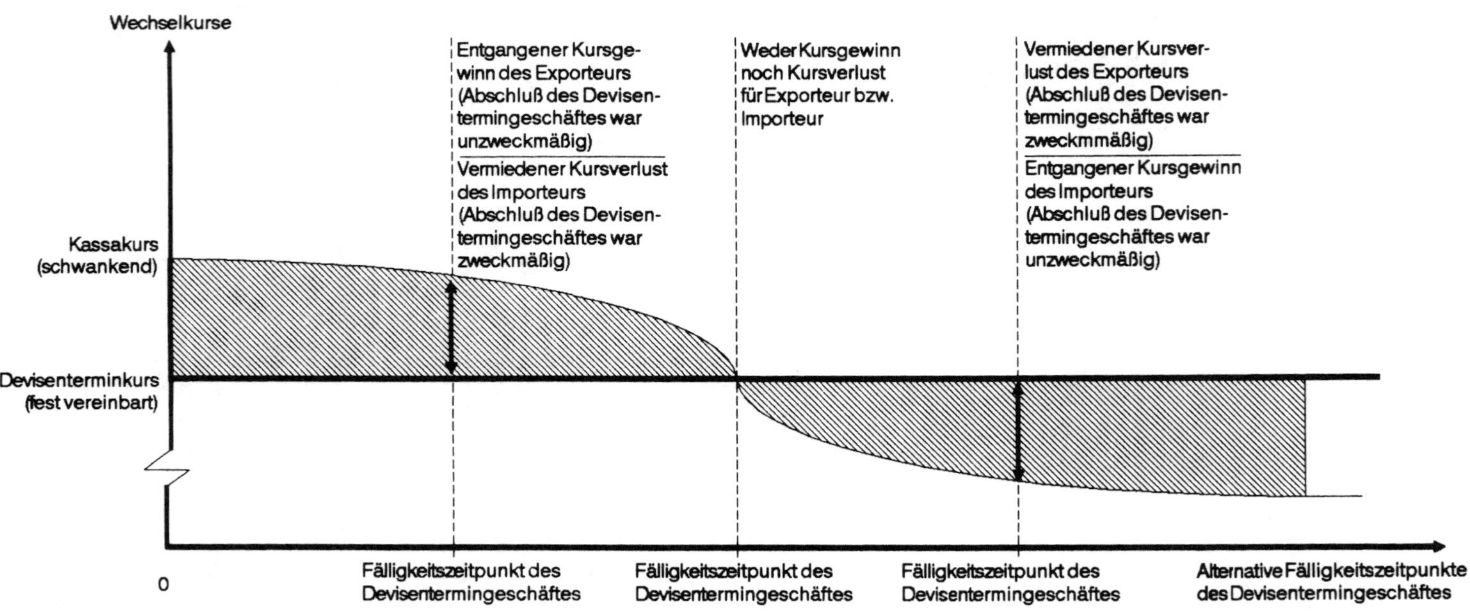

Abbildung 7.4-02

Jedoch kommen zur Angebotskalkulation unterschiedliche Wechselkurse infrage, die dann zu ebenso unterschiedlich definierten Ausmaßen von Kursgewinn bzw. Kursverlust führen: Der Exporteur kann den am **Kalkulationstag** notierten **Kassageldkurs** seiner Kalkulation ebenso zu Grunde legen wie den von ihm **erwarteten Kassageldkurs** im Zeitpunkt des voraussichtlichen Zahlungseingangs. Häufig wird in der Praxis der am Kalkulationstag gültige **Devisentermingeldkurs** (bezogen auf den Zeitraum bis zum voraussichtlichen Geldeingang) der Kalkulation zu Grunde gelegt, allerdings ohne dass immer ein Devisentermingeschäft bereits in diesem Zeitpunkt abgeschlossen würde. Einzelheiten siehe Abschnitt "7.3 Alternative Wechselkurse (Umrechnungskurse) in der Angebotskalkulation des Exporteurs".

Devisentermingeschäft bei Angebotsabgabe

Sofern der Exporteur gleichwohl schon im Zeitpunkt der Angebotsabgabe ein Devisentermingeschäft abgeschlossen und den darin vereinbarten Festkurs seiner Angebotskalkulation auch zu Grunde gelegt hat, ist ein **eindeutiger Maßstab** (Wechselkurs) zur Bestimmung der Höhe von Kursgewinn bzw. Kursverlust gegeben. Dies gilt allerdings nur unter der Voraussetzung, dass das Angebot des Exporteurs tatsächlich angenommen wird und der Exporterlös zum Zeitpunkt der Fälligkeit des Devisentermingeschäfts tatsächlich eingeht.

Devisentermingeschäft bei Rechnungsstellung

Häufig schließt der Exporteur ein Devisentermingeschäft erst in dem Zeitpunkt ab, in dem sein Angebot vom Importeur angenommen ist oder -wie im obigen Beispiel- erst im Zeitpunkt der Auslieferung der Güter, d.h. im Zeitpunkt der Rechnungsstellung.

Zieht der Exporteur den Festkurs eines nach Angebotsabgabe abgeschlossenen Devisentermingeschäfts als Maßstab für die Höhe seines Kursgewinns bzw. Kursverlustes heran, dann bleiben jene **Wechselkursveränderungen**, die im Zeitraum **zwischen Angebotskalkulation** und späterem **Abschluss** des **Devisentermingeschäfts** entstehen, in der Berechnung der Höhe von Kursgewinn bzw. Kursverlust **unberücksichtigt**.

8 Bankgarantien

8 Bankgarantien

8.1 Grundstruktur von Bankgarantien

8.1.1 Charakterisierung, Vorkommen, Anbieter und Rechtsgrundlagen

Charakterisierung

Im Garantiegeschäft übernehmen die **Geschäftsbanken im Auftrag** und für Rechnung **ihrer Kunden** (Garantieauftraggeber) die im Allgemeinen **unwiderrufliche Verpflichtung, einen Geldbetrag an einen Dritten** (an den Garantienehmer/Garantiebegünstigten) **zu zahlen**, sofern bestimmte, in der Garantie benannte **Voraussetzungen** der Inanspruchnahme erfüllt sind.
Die Bankgarantie umfasst eine **selbstständige Verpflichtung** der garantierenden Bank, d.h. sie ist losgelöst vom (Waren-)Grundgeschäft zwischen Exporteur und Importeur. Mit dieser Abstraktheit steht die Bankgarantie im Gegensatz zur Bürgschaft, die akzessorisch ist.
Durch die übernommene Garantie ist die Bank im Allgemeinen verpflichtet, auf **erstes Verlangen** des Garantienehmers zu zahlen.
Die garantierende Bank behält sich regelmäßig das **Rückgriffsrecht auf den Garantieauftraggeber** für den Fall vor, dass der Garantiebegünstigte die Garantie tatsächlich in Anspruch nimmt.

Vorkommen

Exporteure, insbesondere **Investitionsgüterexporteure** und **Anlagenbauer** sind häufig mit der Forderung ihrer ausländischen Geschäftspartner nach Stellung von Bankgarantien konfrontiert.
Anlass zur **Sicherstellung von Importeuren** (ausschreibenden Stellen/Bestellern usw.) mittels Bankgarantien entsteht in allen Phasen von Exportgeschäften:

- **Bietungsgarantien**, die das Risiko der ausschreibenden Stelle (des Importeurs) absichern, dass der Exporteur (der Anbieter) -bei Erteilung des Zuschlags- die Übernahme des Auftrags ablehnt;
- **Anzahlungsgarantien**, die das Risiko des Importeurs (des Bestellers) absichern, dass der Exporteur (der Anzahlungsempfänger) seinen vertraglichen Pflichten nicht nachkommt bzw. die Rückzahlung der geleisteten Anzahlung vertragswidrig unterlässt;
- **Liefergarantien**, die das Risiko des Importeurs (des Bestellers) absichern, dass der Exporteur die Waren nicht vertragsgerecht, insbesondere nicht termingerecht liefert;
- **Vertragserfüllungsgarantien**, die solche Risiken des Importeurs absichern, die im Zusammenhang mit der vom Exporteur geschuldeten Lieferung, Leistung und häufig auch der Gewährleistung stehen;

- **Gewährleistungsgarantien**, die die Risiken des Importeurs absichern, die im Zusammenhang mit den Gewährleistungsansprüchen an den Exporteur -wegen Mängeln an der gelieferten Ware bzw. an der gebauten Anlage- stehen.

Neben diesen, zu Gunsten von Importeuren ausgestellten Bankgarantien kommen in der Praxis auch **Garantien zu Gunsten von Exporteuren** bzw. von **Dritten** (z.B. von Reedereien, Zollbehörden, Gerichten) vor.

Anbieter

Außer den **Geschäftsbanken** übernehmen auch die **privatwirtschaftlichen Kreditversicherungsgesellschaften** Avale (Bürgschaften, Garantien und Bonds): Im Rahmen einer abgeschlossenen **Kautionsversicherung** beauftragt beispielsweise der deutsche Exporteur ein Kreditversicherungsunternehmen, eine Garantie zu Gunsten eines ausländischen Geschäftspartners zu übernehmen. Ebenso wie bei den Avalen der Banken bleibt jedoch der **Garantieauftraggeber** auch bei Avalen, die von Kreditversicherungsgesellschaften übernommen werden, im Fall der Inanspruchnahme des Avals durch den Avalbegünstigten dem **Rückgriff** der garantierenden Versicherungsgesellschaft ausgesetzt. Eine **Versicherung** im herkömmlichen Sinne **liegt** also bei der sog. Kautionsversicherung **nicht vor**. Vielmehr ist die Kautionsversicherung der Kreditversicherungsunternehmen -zumindest was den Rückgriff auf den Auftraggeber des Avals anlangt- genauso strukturiert wie der Avalkredit der Geschäftsbanken.

Hinweis

Die **Kreditversicherungsunternehmen** informieren in ihren Merkblättern zur **Kautionsversicherung** über die Einzelheiten der von ihnen übernommenen Avale. In ihrer Information

- "Avale vom Kreditversicherer oder von der Bank?"

vergleicht die Hermes Kreditversicherungs-AG darüber hinaus die Avalangebote von Banken und von Kreditversicherern (Information Nr. 35, Januar 1992).
Merkblätter zur **Avalübernahme** sind z.B. erhältlich von:

- **Allgemeine Kreditversicherung AG**,
  Postfach 12 09, 55002 Mainz;
- **Gerling-Konzern Speziale Kreditversicherungs-AG**,
  Postfach 10 08 08, 50597 Köln;
- **Hermes Kreditversicherungs-AG**,
  Postfach 50 07 40, 22707 Hamburg;
- **Zürich Kautions- und Kreditversicherungs-AG**,
  Postfach 17 05 40, 60079 Frankfurt am Main.

Auch die Kreditversicherungsunternehmen bieten einen **umfassenden Beratungsservice** bei Haftungsfragen, bei der Formulierung von Avaltexten und bei der Abwicklung der Avale.

Sprachgebrauch

Trotz des Avalangebots der Kreditversicherungsunternehmen wird aus Gründen der traditionellen Bezeichnung sowie wegen der sprachlichen Eindeutigkeit im Folgenden nur noch der **Ausdruck "Bankgarantie"** verwendet. Ebenso sind in die folgenden Anwendungsbeispiele und in die grafischen Darstellungen nur noch die Banken als Garantieträger einbezogen. Die dargelegten Erkenntnisse sind jedoch im Wesentlichen **auf die Garantien der Kreditversicherungsunternehmen übertragbar**. Dies gilt auch für indirekte Garantien, weil auch die Kreditversicherungsunternehmen in der Lage sind, über ihre Korrespondenten im Ausland (Bürgengesellschaften, Surety Companies, Banken) alle möglichen Formen von Avalen zu stellen.

Bürgschaft oder Garantie?

Im Gegensatz zur Bürgschaft ist die **Garantie nicht akzessorisch**. Für die Beteiligten ist dieser Unterschied erheblich: Die Auszahlung einer Bankgarantie an den Begünstigten auf Grund einer u.U. **ungerechtfertigten Inanspruchnahme** der Garantie kann -von wenigen, an strengste Anforderungen geknüpfte Ausnahmen abgesehen- mit Einreden, die auf dem grundgeschäftlichen Schuldverhältnis beruhen, **nicht verhindert** werden.
Dagegen ist eine **Bürgschaft** nach deutschem Recht vom Bestehen einer (grundgeschäftsbezogenen) Hauptschuld abhängig, sodass eventuelle **ungerechtfertigte Inanspruchnahmen** durch die Begünstigten bei Bankbürgschaften -zumindest unter dem Blickwinkel der Akzessorietät- leichter **abzuwehren** sind.
Aus Sicht des Auftraggebers ist somit die Bürgschaft das risikoärmere Instrument. Gleichwohl können deutsche Exporteure und deutsche Importeure zu stellende Bankbürgschaften an der Stelle von Bankgarantien in den Vertragsverhandlungen mit ihren ausländischen Geschäftspartnern nicht allzu häufig durchsetzen. Vielmehr besteht der ausländische Geschäftspartner zu seiner Sicherheit meistens auf der **Stellung einer Bankgarantie**, die ihm im Allgemeinen eine rasche, nur an wenige, von ihm selbst erfüllbare Voraussetzungen geknüpfte Inanspruchnahme ermöglicht.
Aus diesem Grund sind die folgenden **Ausführungen** auf die **Bankgarantien** konzentriert.

Rechtsgrundlagen

Bankgarantien unterliegen regelmäßig dem **nationalen Recht der garantierenden Bank**, worauf die Banken in ihren Garantien im Allgemeinen ausdrücklich hinweisen. Beispiel: "Die Rechte und Pflichten aus dieser Garantie bestimmen sich nach dem Recht der Bundesrepublik Deutschland".
Das **Rechtsverhältnis** zwischen dem **Garantieauftraggeber** und der Bank regeln die **Kreditinstitute** in ihren "Bedingungen für das Avalgeschäft" bzw. in ihren "Allgemeinen Geschäftsbedingungen". Garantieübernehmende **Kreditversicherungsgesellschaften** übernehmen die Garantien auf Grundlage ihrer Bedingungen für die Kautionsversicherung.

ICC-Richtlinien

Die **Internationale Handelskammer Paris** hat bereits vor Jahren "Einheitliche Richtlinien für Vertragsgarantien" herausgegeben. Im Gegensatz zu den Einheitlichen Richtlinien für Dokumentenakkreditive und für Dokumenteninkassi erfahren die "Einheitlichen Richtlinien für Vertragsgarantien" bislang jedoch keine durchgreifende Anwendung. Dies gilt auch für die im Jahr 1992 veröffentlichte Neufassung ("Einheitliche Richtlinien für auf Anfordern zahlbare

Garantien – Demand Guarantees"; ICC-Pub.-Nr. 458/1), die von Banken erfahrungsgemäß nur auf ausdrücklichen Wunsch zu Grunde gelegt wird.

8.1.2 Grundstruktur der Abwicklung einer direkten Bankgarantie

Charakterisierung

Sofern die vom Garantieauftraggeber **beauftragte Bank** die Garantieerklärung **selbst/direkt** gegenüber dem Begünstigten abgibt, bezeichnet man diesen Vorgang bzw. die Garantieerklärung (das Garantiedokument, die Garantieurkunde) als direkte Bankgarantie.

8.1.2.1 Grafische Darstellung

Abbildung

Die **Abbildung 8.1-01** verdeutlicht die **Grundstruktur der Abwicklung einer direkten Bankgarantie** in Verbindung mit einem Exportgeschäft. Diese Abwicklung, in die auch die Garantieinanspruchnahme durch den Garantiebegünstigten einbezogen ist, wird nachstehend in einzelnen Schritten erläutert.

8.1.2.2 Schrittweise Erläuterungen

1. **Kaufvertrag mit Garantieklausel**

   Im Kaufvertrag zwischen Exporteur und Importeur ist die Vereinbarung getroffen, dass der Exporteur zu Gunsten des Importeurs eine **direkte unwiderrufliche Bankgarantie** hat stellen zu lassen (sog. Garantieklausel).
   Mit einer solchen Garantie soll beispielsweise sichergestellt werden, dass der Exporteur seine Verpflichtung zur Lieferung der Güter vertragsgemäß, insbesondere rechtzeitig erfüllt.

2. **Antrag auf Übernahme der Garantie**

   Der Exporteur stellt bei seiner Hausbank einen Antrag auf direkte Übernahme der Garantie. In der Systematik der Kreditarten der Banken ist dies ein **Avalkredit**, den der Exporteur beantragt. Zum Teil wird in diesem Zusammenhang auch von Kreditleihe der Banken gesprochen (im Gegensatz zur Geldleihe der Banken, die z.B. Darlehen, Kontokorrentkredite u. Ä., also verfügbares Kapital umfasst).

3. **Übernahme der Garantie**

   Die Hausbank des Exporteurs prüft dessen Kreditwürdigkeit und räumt ihm gegebenenfalls einen entsprechenden **Avalkredit(-rahmen)** ein. Die Bank fertigt auf dieser Grundlage das Garantiedokument (die Garantieerklärung, die Garantieurkunde) zu Gunsten des Importeurs aus.

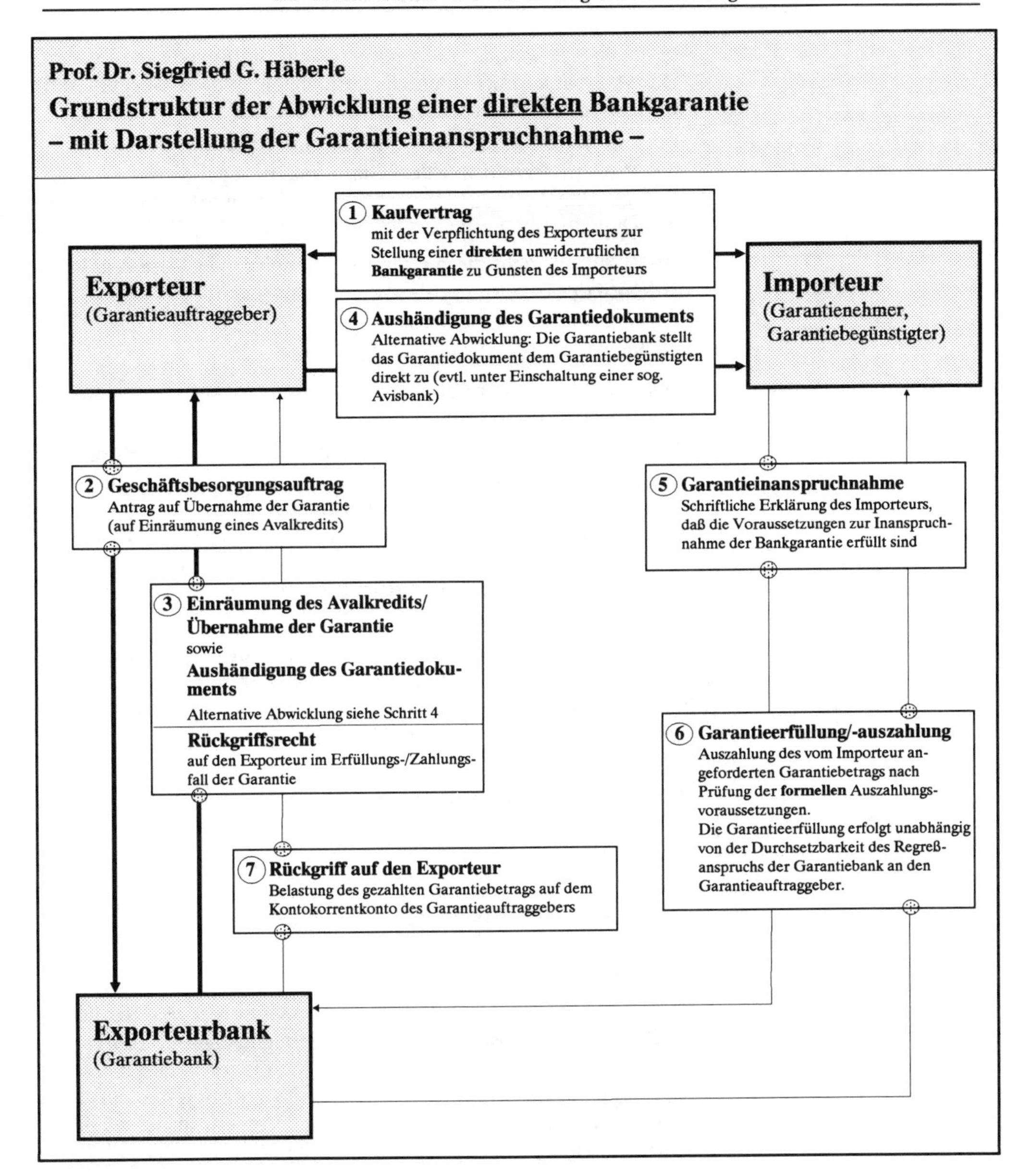

Abbildung 8.1-01

Das **Garantiedokument** könnte -wie in der Abbildung aus Vereinfachungsgründen dargestellt- dem Exporteur zur Verfügung gestellt werden, der es an den Importeur weiterleitet. Meistens wird das Garantiedokument jedoch von der Garantiebank dem Garantiebegünstigten unmittelbar zugestellt. In diese "unmittelbare" Abwicklung kann auch eine Bank im Land des Garantiebegünstigten (die sog. Avisbank) eingeschaltet werden, die jedoch keine eigene Garantieerklärung gegenüber dem Begünstigten abgibt, sondern lediglich als Weiterleitungsstelle fungiert. Die Avisbank prüft allenfalls mit angemessener Sorgfalt die Echtheit der Unterschriften der Garantiebank.

In aller Regel behält sich die Garantiebank (Exporteurbank) das **Rückgriffsrecht** auf den Garantieauftraggeber (Exporteur) vor, für den Fall, dass sie selbst vom Garantienehmer in Anspruch genommen wird.

Die Bank verbucht diese Garantieübernahme auf dem **Avalkreditkonto** des Exporteurs als sog. Eventualrisiko.

4. **Aushändigung des Garantiedokuments**

   Der Exporteur übergibt die Bankgarantie (das Garantiedokument) an den Importeur.

   Sofern der Exporteur seine Verpflichtungen aus dem Kontrakt mit dem Importeur vertragsgemäß und zeitgerecht erfüllt, besteht für den Importeur **keine Veranlassung, die Bankgarantie zu beanspruchen**. Die Bank des Exporteurs entlastet in diesem Fall das Avalkreditkonto des Exporteurs bei Verfall der Garantie bzw. im Zeitpunkt der Rückgabe des Garantiedokuments durch den Importeur.

In dem Fall, dass der Exporteur jedoch gegen die relevanten Vereinbarungen des Kontrakts verstößt, wird der Importeur seine **Ansprüche aus der Bankgarantie** geltend machen, was in den Schritten 5-7 der Abbildung dargestellt ist (dünne Linien).

5. **Garantieinanspruchnahme**

   Der begünstigte Importeur erklärt der Garantiebank schriftlich, dass die Voraussetzungen für die Inanspruchnahme der Bankgarantie erfüllt sind, und er fordert die Garantiebank auf Grundlage dieser Erklärung zur Zahlung auf.

6. **Garantieerfüllung/-auszahlung**

   Die Garantiebank hat **lediglich die formellen Voraussetzungen** des Auszahlungsanspruchs des garantiebegünstigten Importeurs zu prüfen, d.h. ihre Prüfung ist primär auf die formelle Übereinstimmung der Erklärung des Garantiebegünstigten einerseits mit den Bedingungen der Garantie andererseits gerichtet. Die Garantiebank prüft nicht, ob der Exporteur (der Garantieauftraggeber) tatsächlich gegen den Kaufvertrag verstoßen hat.

   Zur **Erfüllung der Garantie**/zur Zahlung des angeforderten Garantiebetrages ist die **Bank** gegenüber dem Garantiebegünstigten (also im Außenverhältnis) **verpflichtet**, unabhängig von der Durchsetzbarkeit ihres Anspruchs auf Regress an den Garantieauftraggeber.

7. **Rückgriff auf den Exporteur**

   Im Innenverhältnis, d.h. im Verhältnis zwischen Garantieauftraggeber und Garantiebank, haftet der Garantieauftraggeber der garantierenden Bank. Die Garantiebank **belastet** deswegen das **Kontokorrentkonto des Garantieauftraggebers** (Exporteurs) mit dem gezahlten Garantiebetrag. In gleichem Umfang wird das Avalkreditkonto des Exporteurs entlastet, sofern die Garantie mit der Auszahlung an den Importeur erloschen ist.

8.1.3 Grundstruktur der Abwicklung einer indirekten Bankgarantie

Charakterisierung

Sofern die vom Garantieauftraggeber beauftragte Bank die Garantieerklärung nicht selbst/nicht direkt gegenüber dem Begünstigten abgibt, sondern damit eine **andere Bank** (eine sog. Zweitbank, i.Allg. im Land des Begünstigten) **beauftragt**, dann wird dieser Vorgang als **indirekte** Garantie(stellung) bezeichnet.

8.1.3.1 Grafische Darstellung

Abbildung

Die **Abbildung 8.1-02** verdeutlicht die **Grundstruktur der Abwicklung einer indirekten Bankgarantie** in Verbindung mit einem Exportgeschäft. Im Gegensatz zur Abbildung der Abwicklung der direkten Bankgarantie (vgl. Abb. 8.1-01) ist in Abbildung 8.1-02 die Abwicklung der Garantieinanspruchnahme aus Gründen der Übersichtlichkeit nicht aufgenommen.

Die Abwicklung einer indirekten Bankgarantie ist nachstehend in einzelnen Schritten erläutert.

8.1.3.2 Schrittweise Erläuterungen

1. **Kaufvertrag mit Garantieklausel**

   Im Kaufvertrag zwischen Exporteur und Importeur ist die Vereinbarung getroffen, dass der Exporteur zu Gunsten des Importeurs eine indirekte unwiderrufliche Bankgarantie hat stellen zu lassen, und zwar im Allgemeinen von einer **Bank im Land des Importeurs** (oder ausnahmsweise von einer Bank in einem Drittland), nicht jedoch von der Bank des Exporteurs.
   Mit einer solchen **indirekten Garantie** soll -analog der besprochenen direkten Garantie- beispielsweise sichergestellt werden, dass der Exporteur seine Verpflichtung zur Lieferung der Güter vertragsgemäß, insbesondere rechtzeitig erfüllt.

2. **Geschäftsbesorgungsauftrag des Exporteurs**

   Der Exporteur stellt bei seiner Hausbank einen Antrag auf indirekte Übernahme der Garantie, d.h. er beauftragt seine Bank, die Garantie durch eine (eventuell ausdrücklich benannte) **Zweitbank** zu Gunsten des Importeurs stellen zu lassen.

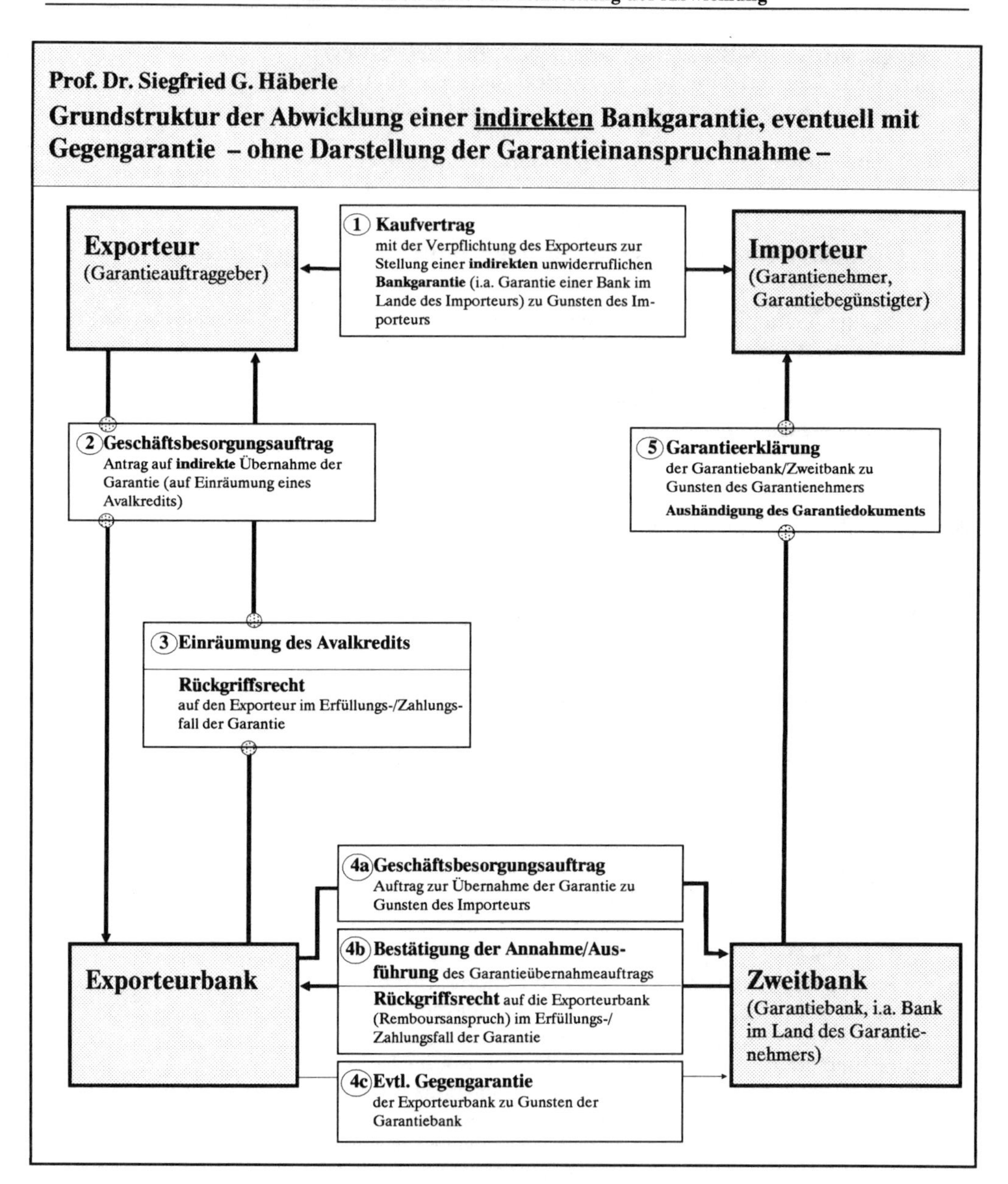

Abbildung 8.1-02

Der Kredit, den der Exporteur bei seiner Bank beantragt, ist in der Systematik der Kreditarten der Banken ein **Avalkredit**. Dies trifft auch bei indirekten Garantien zu, weil die Bank des Exporteurs einerseits gegenüber der Zweitbank, die die Garantie gegenüber dem Importeur übernimmt, in der Haftung bleibt und weil sie andererseits diese Haftung -im Innenverhältnis- auf den Exporteur abwälzt.

3. Einräumung des Avalkredits

Die Hausbank des Exporteurs prüft dessen Kreditwürdigkeit und räumt ihm gegebenenfalls einen entsprechenden **Avalkredit(-rahmen)** ein.
Auch bei indirekten Garantien behält sich die Exporteurbank -wie bei Schritt 2 erwähnt- das **Rückgriffsrecht** auf den Garantieauftraggeber (Exporteur) für den Fall vor, dass sie selbst von der Garantiebank (Zweitbank) in Anspruch genommen wird.

4 a. Geschäftsbesorgungsauftrag der Exporteurbank

Die Exporteurbank erteilt der Zweitbank (ihrer Korrespondenzbank) den Auftrag zur Übernahme der Garantie zu Gunsten des Importeurs. Dabei stützt sich die Exporteurbank auf die unter Korrespondenzbanken üblicherweise eingeräumten Kreditfazilitäten.

4 b. Annahme/Ausführung des Garantieübernahmeauftrags

Die beauftragte Zweitbank hat zu prüfen, inwieweit die Kreditfazilitäten bzw. die Kreditwürdigkeit der Exporteurbank ausreichen, um den Garantieauftrag auszuführen.
Entspricht die Zweitbank dem Garantieübernahmeauftrag, dann erwirbt sie -im Erfüllungs-/Zahlungsfall der übernommenen Garantie- einen **Remboursierungsanspruch** an die beauftragende Exporteurbank, d.h. sie kann in diesem Fall auf die Exporteurbank Rückgriff nehmen.

4 c. Evtl. Gegengarantie/Rückgarantie

Die beauftragte Zweitbank verlangt von der beauftragenden Exporteurbank eventuell eine sog. **Gegengarantie** (Rückgarantie), die Vereinbarungen enthält, die dem **Sicherungsinteresse** der beauftragten **Zweitbank** entsprechen. Weil sich manche Zweitbanken allein mit dem Geschäftsbesorgungsauftrag(-vertrag) der Exporteurbank als Sicherheit begnügen, ist die Linie der Gegengarantie dünn eingezeichnet.

5. Garantieerklärung der Garantiebank

Die garantierende Zweitbank übernimmt die Garantie gegenüber dem Garantienehmer (Importeur), indem sie ihm die **Garantieurkunde** (das Garantiedokument) **zustellt**.

"Bestätigte" Bankgarantie

An der Stelle der beschriebenen Abwicklung einer indirekten Bankgarantie kommt es in der Praxis auch vor, dass die **Zweitbank** die Garantie der Erstbank (der Exporteurbank) **"gegenzeichnet"** und insoweit eine **zusätzliche Haftung** gegenüber dem Garantiebegünstigten (dem Importeur) übernimmt. In Analogie zur Bestätigung von Dokumentenakkreditiven wird diese Abwicklung auch als "Bestätigung" der Garantie der Erstbank durch die Zweitbank bezeichnet.

8.1.3.3 Vorkommen und Kurzbeurteilung

Vorkommen

Indirekte Bankgarantien kommen insbesondere vor, wenn

- die **Devisen- und Inkassovorschriften** des Landes des Garantiebegünstigten diese Garantieart vorschreiben oder diese im Land des Garantiebegünstigten (branchen-)üblich ist;
- der Garantiebegünstigte **Unwägbarkeiten** auszuschließen wünscht, wie sie aus dem u.U. anzuwendenden **fremden Landesrecht** resultieren könnten.

Beurteilung durch den Garantieauftraggeber

Für den **Garantieauftraggeber** sind indirekte Bankgarantien -im Vergleich zu direkten Bankgarantien- mit **Nachteilen** verbunden:

- **Höhere Kosten** (Avalprovisionen), weil zumindest eine weitere Bank eingeschaltet ist und diese (höheren) Kosten keineswegs immer auf den Garantienehmer überwälzt werden können.
- **Anwendung ausländischen Rechts** bei der eventuellen Inanspruchnahme der Garantie durch den Garantienehmer, weil die Garantie zu Gunsten des Garantienehmers von der Zweitbank regelmäßig auf Grundlage von deren Landesrecht abgegeben wird. Damit verbunden ist im Allgemeinen ein erhöhtes Prozess(kosten)risiko für den deutschen Garantieauftraggeber.

Beurteilung durch den Garantienehmer

Für den **Garantienehmer** ist die indirekte Garantie -wiederum im Vergleich zur direkten Garantie- mit **Vorteilen** versehen, vorausgesetzt, dass die Garantie von einer Zweitbank **in seinem Land** abgegeben wird:

- Im Verhältnis zur Garantiebank findet regelmäßig das **Landesrecht des Garantienehmers Anwendung**;
- **politische Risiken**, die den Wert der Garantie beeinträchtigen könnten, sind für den Garantienehmer **nicht vorhanden**;
- sofern die Solvenz und die Seriosität der -für den Garantienehmer inländischen- Garantiebank unterstellt werden können, besteht für den Garantienehmer **kein Garantendelkredererisiko**.

8.2 Garantiearten

Hinweis

Die **Hermes Kreditversicherungs-AG** informiert in ihren Merkblättern ausführlich über die Abwicklung und über die Besonderheiten von

- **Performance Bonds in den USA und in Kanada** (Information Nr. 43);
- **Bürgschaften/Garantien in Mittel- und Südamerika** (Information Nr. 48).

Die Merkblätter werden von der Hermes Kreditversicherungs-AG, Postfach 500740, 22707 Hamburg, und von deren Außenstellen kostenlos abgegeben.

8.2.1 Bietungsgarantie (Offertgarantie, Angebotsgarantie)

Andere Bezeichnungen

In Praxis und Literatur finden sich für **Bietungsgarantien** weitere Bezeichnungen, wobei allerdings anzumerken ist, dass manchmal weniger die Bezeichnung als vielmehr der Garantietext Aufschluss über die Art der Garantie gibt:

- **Offertgarantie,**
- **Angebotsgarantie,**
- **Bid Bond,**
- **Tender Guarantee,**
- **Tender Bond,**
- **Garantie de soumission.**

Garantiezweck

Bietungsgarantien kommen insbesondere bei **öffentlichen Ausschreibungen** vor: Die ausschreibende Stelle verlangt von den Anbietern, dass das Angebot von der Bietungsgarantie einer Bank begleitet sein muss.
Mit der Bietungsgarantie sichert sich die ausschreibende Stelle -je nach Formulierung des Garantietextes- insbesondere vor den finanziellen Folgen des Risikos ab, dass

- sich der Anbieter aus seinem **Angebot** vorzeitig **zurückzieht** oder dieses **abändert**;
- der Anbieter -bei Erteilung des Zuschlags- die **Übernahme des Auftrags ablehnt**;
- der Anbieter sich nach Annahme des Auftrags **weigert** oder nicht in der Lage ist, eine geforderte/vereinbarte Liefergarantie, Leistungsgarantie oder **Vertragserfüllungsgarantie** stellen zu lassen.

Die Absicherung durch eine Bietungsgarantie ist nahe liegend, weil die Folgen der beschriebenen Risiken für die ausschreibende Stelle erheblich sein können: Kosten und Zeitverluste für die erforderliche Neuausschreibung, Verzögerungen bei der Realisierung des Ausschreibungsobjektes, Preissteigerungen usw.

Garantiebetrag

Der Betrag einer Bietungsgarantie beläuft sich im Allgemeinen auf **1-5% des Angebotsbetrags**, manchmal aber auch auf einen deutlich höheren Prozentsatz.
Teilweise wird in Ausschreibungen statt eines Prozentsatzes des jeweiligen Angebotsbetrags ein absoluter Betrag, über den die Bietungsgarantie zu lauten hat, vorgeschrieben.

Garantiegültigkeit

Entsprechend dem kurzen Zeitraum bis zur Entscheidung der ausschreibenden Stelle über den Zuschlag, haben auch die Bietungsgarantien eine **kurze Laufzeit**, die sich im Allgemeinen zwischen 3 und 6 Monaten bewegt.
Weil die ausschreibende Stelle regelmäßig eine lückenlose Absicherung anstrebt, ist die Laufzeit der Bietungsgarantie im Ausschreibungstext meistens derart vorgeschrieben, dass im Falle des Zuschlags die Vertragsunterzeichnung innerhalb der Laufzeit der Bietungsgarantie erfolgen kann. Notfalls ist die Verlängerung der Bietungsgarantie erforderlich. Die damit verbundene Verlängerung

der Aufrechterhaltung des Angebots beinhaltet jedoch unter Umständen eigenständige Risiken (Kostenerhöhungen, günstigere Absatzmöglichkeiten) für den Anbieter.

Die **Bietungsgarantie erlischt** -je nach Formulierung des Garantietextes bzw. des Kontrakts sowie des anzuwendenden Rechts- :

- im Falle des Zuschlags im Zeitpunkt des **Abschlusses des Kontrakts** oder im Zeitpunkt der **Stellung** einer anschließenden **Liefergarantie/Erfüllungsgarantie** durch den Exporteur (siehe unten "Besonderheiten");
- durch **Rückgabe des Garantiedokuments** an den Anbieter;
- im **festgelegten Zeitpunkt des Verfalls** der Garantie.

Ratschlag

Um willkürlichen **Forderungen** des Garantiebegünstigten nach **Verlängerung der Bietungsgarantie** zu begegnen, findet sich bankseitig die folgende Empfehlung: Sofern dies nach den Ausschreibungsbedingungen zulässig ist, sollte der Anbieter sein grundgeschäftliches Angebot immer mit einer festen Optionsfrist versehen, innerhalb welcher der Zuschlag gegebenenfalls erteilt werden muss. Damit ist zumindest die Frage der Verlängerung einer Bietungsgarantie in die Sphäre des korrespondierenden Grundgeschäftes verlagert (vgl. Deutsche Bank AG, 1988: S. 20).

Besonderheiten

Es kommt in Ausschreibungstexten manchmal vor,

- dass eine Bietungsgarantie verlangt ist, die sich -im Falle des Zuschlags- **automatisch** in eine **Lieferungs-/Erfüllungsgarantie** zu Gunsten der ausschreibenden Stelle **umwandelt**;
- dass die garantierende Bank **zusätzlich** zur Bietungsgarantie eine **Absichts- oder Verpflichtungserklärung** (letter of intent, performance surety undertaking/lettre d'intention) abzugeben hat, die die Bereitschaft der Bank dokumentiert, im Falle des Zuschlags eine Lieferungs-/Erfüllungsgarantie zu übernehmen (vgl. auch Dortschy/Jung/Köller, 1990: S. 343).

Abbildungen/ Mustertexte

Auf Grundlage von **Mustertexten** im "Ratgeber für das Auslandsgeschäft" der **Deutschen Bank AG** ist

- in **Abbildung 8.2-01** der Mustertext einer Bietungsgarantie in **deutscher Sprache**

wiedergegeben.

Umfassendere Mustertexte, in die das **Verfahren der Inanspruchnahme** und des Erlöschens der Bankgarantie detaillierter aufgenommen ist, präsentiert der **Schweizerische Bankverein** in seiner Schrift "Bankgarantien" (1995):

- **Abbildung 8.2-02** zeigt den Mustertext einer Bietungsgarantie in **deutscher Sprache.**
- **Abbildung 8.2-03** zeigt den Mustertext einer Bietungsgarantie (Bid Bond) in **englischer Sprache.**
- **Abbildung 8.2-04** zeigt den Mustertext einer Bietungsgarantie (Garantie de soumission) in **französischer Sprache.**

Die Mustertexte vermögen nur generelle Anhaltspunkte zu geben. Im konkreten Fall ist der **individuelle Zuschnitt** des Garantietextes auf das jeweils vorliegende Auslandsgeschäft erforderlich, wozu die international versierten Banken Hilfestellung leisten.

Hinweis

An

____
(Garantienehmer)

Bietungsgarantie Nr. __________

Wir wurden davon unterrichtet, daß (1) __________ Ihnen unter Ihrer Ausschreibung Nr. ______ vom __________ ein Angebot (2) __________ auf (3) __________ unterbreitet hat und daß Ihre Ausschreibungsbedingungen die Erstellung einer Bietungsgarantie vorsehen.

Dies vorausgeschickt, verpflichten wir, die Deutsche Bank AG, Filiale ______________, uns hiermit unwiderruflich, an Sie auf Ihre erste schriftliche Anforderung hin unverzüglich einen Betrag bis zur Höhe von

____

(in Worten: ____)

zu zahlen, wenn Sie uns gleichzeitig schriftlich bestätigen, daß (1) __________ die mit dem Angebot eingegangenen Verpflichtungen nicht erfüllt hat.

Diese Garantie erlischt, selbst bei Nichtrückgabe dieser Urkunde, am __________, es sei denn, daß Sie uns vor Ablauf dieses Tages, schriftlich bei uns in ______________ eintreffend, nach Maßgabe der vorstehend aufgeführten Bedingungen aus ihr in Anspruch genommen haben.

Diese Garantie ist nur mit unserer Zustimmung abtretbar.

Die Ausstellung dieser Garantie ist gemäß den gesetzlichen Bestimmungen der Bundesrepublik Deutschland zulässig.

Die Rechte und Pflichten aus dieser Garantie bestimmen sich nach dem Recht der Bundesrepublik Deutschland.

Deutsche Bank AG

Filiale ________________________

(1) Auftraggeber (zur Beibringung der Garantie Verpflichteter)
(2) falls bekannt, z. B. „Nr. __________ vom __________"
(3) Angebotsgegenstand

Abbildung 8.2-01

...
(Adresse Begünstigter
= Käufer)

Bietungsgarantie Nr. ......

Wir haben davon Kenntnis genommen, dass die Firma ... (Lieferant) Ihnen unter Ihrer Ausschreibung Nr. ... vom ... ein Angebot für ... zu einem Gesamtpreis von ... unterbreitet hat. Gemäss den Ausschreibungsbedingungen hat die Firma ... (Lieferant) eine Bietungsgarantie in Höhe von ... zu stellen.

Dies vorausgeschickt, verpflichten wir, der **Schweizerische Bankverein**, ... (Adresse), uns hiermit unwiderruflich, Ihnen auf Ihre erste Anforderung hin, ungeachtet der Gültigkeit und der Rechtswirkungen des eingangs erwähnten Vertrages und unter Verzicht auf jegliche Einwendungen und Einreden aus demselben, jeden Betrag bis zur Höhe von maximal

(Währung / Betrag) (in Worten: ...)

zu zahlen, gegen Ihre schriftliche Zahlungsaufforderung und Ihre schriftliche Bestätigung, dass das vorerwähnte Angebot ganz oder teilweise von Ihnen angenommen wurde, die Firma ... (Lieferant) sich jedoch weigert, den erteilten Auftrag gemäss ihrem Angebot oder den Ausschreibungsbedingungen auszuführen.

Aus Identifikationsgründen gilt Ihre Inanspruchnahme unter dieser Garantie nur dann als ordnungsgemäss, wenn sie uns durch eine erstklassige Bank zugeleitet wird, mit der Bestätigung, dass Ihre Zahlungsaufforderung und Ihre vorerwähnte schriftliche Bestätigung rechtsgültig von Ihnen unterzeichnet sind. Sollte diese Bank sich hierbei geschlüsselten Fernschreibens/Telegramms oder SWIFTS bedienen, so hat sie den vollständigen Wortlaut Ihrer Zahlungsaufforderung und Ihrer obenerwähnten schriftlichen Bestätigung zu übermitteln und gleichzeitig zu bestätigen, dass die von Ihnen gültig unterzeichneten Originale dieser Dokumente an uns weitergeleitet wurden.

Unsere Garantie ist gültig bis

...

und erlischt automatisch und vollumfänglich, unabhängig von der Rückgabe der Urkunde, sofern entweder Ihre schriftliche Zahlungsaufforderung zusammen mit Ihrer vorerwähnten schriftlichen Bestätigung oder das genannte ordnungsgemäss geschlüsselte Fernschreiben/Telegramm oder SWIFT der Bank bis zu diesem Zeitpunkt nicht in unserem Besitz beim Schweizerischen Bankverein in ... sind.

Jede unter dieser Garantie geleistete Zahlung erfolgt in Reduktion unserer Verpflichtung.

... **SCHWEIZERISCHER BANKVEREIN**
(Ort, Datum)

Abbildung 8.2-02

...
(beneficiary = buyer)

Bid Bond No. ......

We have been informed that Messrs. ... (supplier) have submitted to you on ... under your tender No. ... of ... their bid for the supply of ... at a total price of ... . According to your tender conditions, Messrs. ... (supplier) are required to provide you with a bid bond in the amount of ... .

This being stated, we, **Swiss Bank Corporation**, ... (address), irrespective of the validity and the legal effects of the above-mentioned contract and waiving all rights of objection and defense arising from the principal debt, hereby irrevocably undertake to pay immediately to you, upon your first demand, any amount up to

(currency / maximum amount) (in full letters: ...)

upon receipt of your written request for payment and your written confirmation stating that you have accepted, in whole or in part, the above-mentioned bid and that Messrs. ... (supplier) have failed to sign the contract in due time or in accordance with the tender conditions.

For the purpose of identification, your request for payment and your confirmation have to be presented through the intermediary of a first rate bank confirming that the signatures are legally binding upon your firm. If, in this respect, such bank will make use of tested telex, SWIFT or tested cable, it will have to transmit in any case the full wording of your request for payment and of your above-mentioned written confirmation and to confirm at the same time that the originals of these documents, legally binding upon your firm, have been forwarded to us.

Our guarantee is valid until

...

and expires in full and automatically, irrespective of whether the present document is returned to us or not, should your written request for payment and your above-mentioned written confirmation or the above-described tested telex, SWIFT or tested cable sent by the bank not be in our possession by that date at our counters in ... .

With each payment under this guarantee our obligation will be reduced pro rata.

...
(Place, date)

SWISS BANK CORPORATION

Abbildung 8.2-03

...
(bénéficiaire = acheteur)

Garantie de soumission nº ......

Nous sommes informés que la maison ... (fournisseur) vous a soumis, en date du ..., une offre pour ... à un prix total de ... . Selon les conditions de votre appel d'offres, la maison ... (fournisseur) doit vous fournir une garantie bancaire s'élevant à ... (... % du prix total).

Ceci dit, nous, la **Société de Banque Suisse**, ... (adresse), nous engageons par la présente, de façon irrévocable, à vous payer immédiatement, indépendamment de la validité et des effets juridiques du contrat en question et sans faire valoir d'exception ni d'objection résultant dudit contrat, à votre première demande, tout montant jusqu'à concurrence de

(devise / montant maximal) (en toutes lettres: ...)

contre remise d'une demande de paiement et d'une confirmation écrites de votre part attestant en particulier que vous avez totalement ou partiellement adjugé le marché à la maison ... (fournisseur), mais que cette dernière a omis de signer le contrat selon la soumission ou selon les conditions de votre appel d'offres.

Pour des raisons d'identification, votre demande de paiement ainsi que votre confirmation susmentionnée ne seront considérées comme valables que si elles nous parviennent par l'intermédiaire d'une banque de premier ordre, accompagnées d'une déclaration de cette dernière certifiant que les signatures qui y figurent vous engagent valablement. Si ladite banque utilise la voie du télex/télégramme codé ou du SWIFT, elle devra dans tous les cas reproduire le texte intégral de votre demande de paiement et de votre confirmation écrites susmentionnées tout en confirmant qu'elle nous a fait parvenir les originaux desdits documents valablement signés par vous-mêmes.

Notre garantie est valable jusqu'au

...

et s'éteindra automatiquement et entièrement, même dans l'hypothèse où le présent instrument ne nous aurait pas été retourné, si votre demande de paiement et votre confirmation écrites, ou le message de la banque par télex/télégramme codé ou par SWIFT susmentionné ne sont pas en possession de la Société de Banque Suisse à ..., d'ici cette date au plus tard.

Tout paiement fait sous cette garantie en réduira le montant d'autant.

... **SOCIETE DE BANQUE SUISSE**
(Lieu, date)

Abbildung 8.2-04

8.2.2 Liefergarantie (Lieferungsgarantie)

Andere Bezeichnungen

Grundsätzlich gleichbedeutende Bezeichnungen für **Liefergarantien** sind:

- **Lieferungsgarantie,**
- **Delivery Guarantee,**
- **Garantie de livraison.**

Garantiezweck

Mit einer Liefergarantie sichert sich der Importeur vor den finanziellen Folgen der **Risiken** ab, dass der Exporteur die Güter **nicht vertragsgerecht**, insbesondere nicht termingerecht **liefert**.
Abzugrenzen ist die Liefergarantie von der umfassenderen Vertragserfüllungsgarantie. Neben den auf die (reine) Lieferung bezogenen Risiken beziehen sich Vertragserfüllungsgarantien darüber hinaus auch auf die grundgeschäftlichen Leistungen (z.B. auf das einwandfreie Funktionieren gelieferter Investitionsgüter), häufig einschließlich der damit verbundenen (längerfristigen) Gewährleistungen.

Ratschlag

Die Bezeichnungen "**Performance Guarantee**" und "**Performance Bond**" werden im englischen Sprachgebrauch sowohl für Liefergarantien als auch für Vertragserfüllungsgarantien und Gewährleistungsgarantien verwendet. Von den Banken wird deswegen empfohlen, bei der Formulierung des Textes einer Liefergarantie streng darauf zu achten, dass sich diese Garantie tatsächlich nur auf die finanziellen Folgen von Risiken bezieht, die im Zusammenhang mit der vom Exporteur geschuldeten termin- und kontraktgerechten **Lieferung** der Güter und nicht auf darüber hinausreichende Sachverhalte bezieht (vgl. Deutsche Bank AG, 1988: S. 21).

Garantiebetrag

Liefergarantien lauten im Allgemeinen auf **5-10% des Vertragswertes.**

Vorleistungen

Das In-Kraft-Treten bzw. die Inanspruchnahme einer Liefergarantie kann durch entsprechende Gestaltung des Garantietextes von **Vorleistungen des garantiebegünstigten Importeurs** -entsprechend der im Einzelfall zutreffenden Vereinbarungen- **abhängig** gemacht werden.

Beispiele:

- Der Importeur (die ausschreibende Stelle) hat eine eventuell erteilte **Bietungsgarantie zurückzugeben.**
- Der Importeur hat als Vorleistung ein **Dokumentenakkreditiv** zu Gunsten des Exporteurs eröffnen zu lassen.

Umgekehrt kann dem Exporteur die Stellung einer Liefergarantie als Vorleistungspflicht auferlegt sein, bevor ein Akkreditiv zu seinen Gunsten in Kraft tritt.

Teillieferungen

Sind im Kaufvertrag Teillieferungen vorgesehen, dann liegt eine **Reduzierung der Garantiesumme** entsprechend der vorgenommenen Teillieferungen, d.h. die Aufnahme einer sog. **Reduzierungsklausel** in die Bankgarantie im Allgemeinen im Interesse des Exporteurs. Bankseitig wird darauf hingewiesen, dass es des Weiteren im Sicherungsinteresse des Exporteurs liegt, die Reduzierungsklausel sowie die vom Exporteur beizubringenden Nachweise (Dokumente) über die Teillieferungen in der Bankgarantie so eindeutig zu formulieren, dass die Bankgarantie ohne Zustimmung des Garantiebegünstigten (des Importeurs) reduziert werden kann.

Abbildungen

Auf Grundlage von **Mustertexten** im "Ratgeber für das Auslandsgeschäft" der Deutschen Bank AG ist

- in **Abbildung 8.2-05** der Mustertext einer Liefergarantie in **deutscher Sprache**

wiedergegeben.

An

____

(Garantienehmer)

Liefergarantie Nr. _________

Wir wurden davon unterrichtet, daß zwischen Ihnen und (1) ________, nachstehend „Verkäufer", am ________ unter der Nr. ______ ein Vertrag auf (2) _________ zu einem Gesamtpreis von _________ abgeschlossen worden ist, der die Erstellung einer Liefergarantie in Höhe von ______% des Gesamtpreises vorsieht.

Dies vorausgeschickt, verpflichten wir, die Deutsche Bank AG, Filiale ___________, uns hiermit unwiderruflich, an Sie auf Ihre erste schriftliche Anforderung hin unverzüglich einen Betrag bis zur Höhe von

____

(in Worten: ____)

zu zahlen, wenn Sie uns gleichzeitig schriftlich bestätigen, daß der Verkäufer seinen vertraglichen Lieferpflichten nicht nachgekommen ist.

Diese Garantie ermäßigt sich automatisch um ______% von 100% des Rechnungswerts jeder Lieferung. Als Nachweis jeder Lieferung gilt die Einreichung ordnungsgemäßer Dokumente bei uns unter dem Akkreditiv Nr. _________ der _________-Bank (3).

Diese Garantie erlischt, selbst bei Nichtrückgabe dieser Urkunde, am _________, es sei denn, daß Sie uns vor Ablauf dieses Tages, schriftlich bei uns in ___________ eintreffend, nach Maßgabe der vorstehend aufgeführten Bedingungen aus ihr in Anspruch genommen haben.

Diese Garantie ist nur mit unserer Zustimmung abtretbar.

Die Ausstellung dieser Garantie ist gemäß den gesetzlichen Bestimmungen der Bundesrepublik Deutschland zulässig.

Die Rechte und Pflichten aus dieser Garantie bestimmen sich nach dem Recht der Bundesrepublik Deutschland.

Deutsche Bank AG

Filiale __________________

(1) Auftraggeber (zur Beibringung der Garantie Verpflichteter)
(2) Vertragsgegenstand
(3) nur im Fall eines bei der garantierenden Bank benutzbaren Akkreditivs

Abbildung 8.2-05

Die Mustertexte vermögen nur generelle Anhaltspunkte zu geben. Im konkreten Fall ist der **individuelle Zuschnitt** des Garantietextes auf das jeweils vorliegende Auslandsgeschäft erforderlich, wozu die international versierten Banken Hilfestellung leisten.

Hinweis

8.2.3 Vertragserfüllungsgarantie (Erfüllungsgarantie)

Andere Bezeichnungen

Für **Vertragserfüllungsgarantien** finden sich in Literatur und Praxis weitere Bezeichnungen, wobei die Abgrenzung zur Liefergarantie bzw. zur Gewährleistungsgarantie nicht immer eindeutig ist:

- **Erfüllungsgarantie,**
- **Performance Bond,**
- **Garantie de bonne exécution.**

Im Übrigen ist zu beachten, dass manchmal nicht die Bezeichnung, sondern der Garantietext Aufschluss über die Art der Garantie gibt.

Garantiezweck

Mit einer Vertragserfüllungsgarantie sichert sich der Importeur vor finanziellen Folgen von **Risiken** ab, die im Zusammenhang mit der vom Exporteur geschuldeten **Lieferung, Leistung** und häufig auch der **Gewährleistung** stehen.
Die Vertragserfüllungsgarantie ist eine **umfassende Garantie**, die bei voller Ausgestaltung die (Teil-)Garantien

- **Liefergarantie**, insbesondere bezüglich der fristgerechten und vertragskonformen Lieferung der Güter,
- **Leistungsgarantie**, insbesondere bezüglich der Mängelfreiheit bzw. des Funktionierens der gelieferten (Investitions-)Güter,
- **Gewährleistungsgarantie**, bezüglich der Gewährleistungsansprüche des Käufers während einer eventuell vereinbarten Gewährleistungsphase,

einschließt.

Insoweit kann der Ausdruck "Vertragserfüllungsgarantie" als zusammenfassender **Oberbegriff** für die genannten Garantiearten angesehen werden:

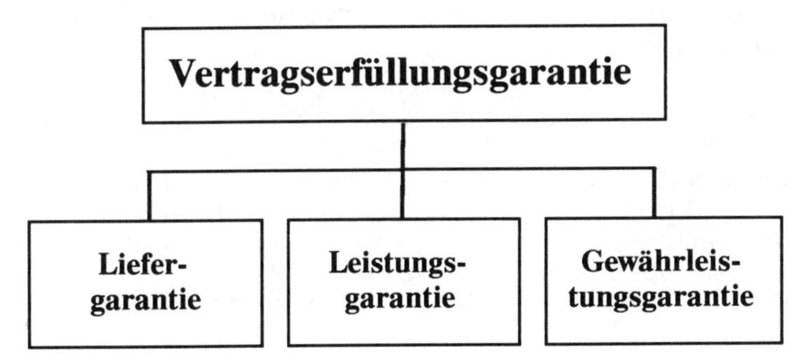

Kombinationen

In der Praxis kommen neben der jeweils getrennten Übernahme der genannten (Teil-)Garantien und neben der (umfassenden) Übernahme von Vertragserfüllungsgarantien auch Kombinationen von

- **Liefergarantien in Verbindung mit Leistungsgarantien** (häufig wird diese Kombination als "Erfüllungsgarantie" bezeichnet; nicht zu verwechseln mit einer Vertragserfüllungsgarantie, die umfassender ist) sowie
- **Leistungsgarantien in Verbindung mit Gewährleistungsgarantien**

vor.

Garantiegültigkeit

Über die (reine) Lieferung der Waren hinaus sichert die Vertragserfüllungsgarantie -je nach Formulierung des Garantietextes- den garantiebegünstigten Importeur auch vor Leistungs- und Gewährleistungsrisiken. Solche Risiken können beispielsweise bei Maschinen oder Anlagen im nicht vertragsgemäßen Funktionieren liegen. Die **Laufzeit** von Vertragserfüllungsgarantien erstreckt sich deswegen bei Investitionsgüterexporten zumindest bis zur **Abnahmeinspektion** von Maschinen bzw. im Anlagenbau bis zur **Inbetriebnahme** eines Werks.
Sind darüber hinaus im Grundgeschäft **Gewährleistungen** des Lieferanten über einen bestimmten Zeitraum vereinbart, dann erstreckt sich die Vertragserfüllungsgarantie in der Regel auch auf diese Phase und umfasst dann eine Laufzeit von mehreren Jahren, es sei denn, es wird jeweils eine gesonderte Leistungsgarantie und eine gesonderte Gewährleistungsgarantie erstellt.

Ratschlag

Die Banken empfehlen eine **eindeutige Befristung** der Vertragserfüllungsgarantie. Insbesondere sollte das Verfalldatum nicht mit vagen Ausdrücken wie beispielsweise "bis zum befriedigenden Funktionieren" ("satisfactory operation") o. Ä. in den Garantietext aufgenommen werden (vgl. Schweizerische Kreditanstalt, 1989: S. 102).

Garantiebetrag

Weil der garantiebegünstigte Importeur mit einer Vertragserfüllungsgarantie ein breites Risikospektrum abzudecken wünscht, beläuft sich der Garantiebetrag bei dieser Garantieart häufig auf **bis zu 10% des Vertragswertes**, manchmal auch darüber. Indessen hängt es vom Einzelfall ab (z.B. von der Art der exportierten Güter, von der Wahrscheinlichkeit des Mängeleintritts, vom finanziellen Aufwand erforderlicher Mängelbeseitigungen usw.), welcher Garantiebetrag angemessen erscheint.

Vorleistungen

Ebenso wie bei einer Liefergarantie kann auch bei der Vertragserfüllungsgarantie durch eine entsprechende Gestaltung des Garantietextes das In-Kraft-Treten bzw. die Inanspruchnahme der Garantie von Vorleistungen der Beteiligten abhängig gemacht werden. So kann beispielsweise einem garantiebegünstigten Importeur als Vorleistungspflicht die **Rückgabe** einer eventuell erstellten **Bietungsgarantie** oder die **Eröffnung eines Dokumentenakkreditivs** zu Gunsten des Exporteurs auferlegt sein (siehe auch Abschnitt "8.2.2 Liefergarantie").

Hinweis

Zur Aufnahme einer sog. **Reduzierungsklausel** in den Garantietext **bei Teillieferungen** siehe ebenfalls Abschnitt "8.2.2 Liefergarantie".

Abbildungen

Auf Grundlage von **Mustertexten** im "Ratgeber für das Auslandsgeschäft" der Deutschen Bank AG ist

- in **Abbildung 8.2-06** der Mustertext einer Vertragserfüllungsgarantie in **deutscher Sprache**

wiedergegeben.

An

____
(Garantienehmer)

Vertragserfüllungsgarantie Nr. __________

Wir wurden davon unterrichtet, daß zwischen Ihnen und (1) ________, nachstehend „Verkäufer", am _________ unter der Nr. _______ ein Vertrag auf (2) __________ zu einem Gesamtpreis von __________ abgeschlossen worden ist, der die Erstellung einer Vertragserfüllungsgarantie in Höhe von _______% des Gesamtpreises vorsieht.

Dies vorausgeschickt, verpflichten wir, die Deutsche Bank AG, Filiale ____________, uns hiermit unwiderruflich, an Sie auf Ihre erste schriftliche Anforderung hin unverzüglich einen Betrag bis zur Höhe von

____

(in Worten: ____)

zu zahlen, wenn Sie uns gleichzeitig schriftlich bestätigen, daß der Verkäufer seinen vertraglichen Pflichten nicht nachgekommen ist.

Diese Garantie erlischt, selbst bei Nichtrückgabe dieser Urkunde, am __________, es sei denn, daß Sie uns vor Ablauf dieses Tages, schriftlich bei uns in _____________ eintreffend, nach Maßgabe der vorstehend aufgeführten Bedingungen aus ihr in Anspruch genommen haben.

Diese Garantie ist nur mit unserer Zustimmung abtretbar.

Die Ausstellung dieser Garantie ist gemäß den gesetzlichen Bestimmungen der Bundesrepublik Deutschland zulässig.

Die Rechte und Pflichten aus dieser Garantie bestimmen sich nach dem Recht der Bundesrepublik Deutschland.

Deutsche Bank AG
Filiale ____________________

(1) Auftraggeber (zur Beibringung der Garantie Verpflichteter)
(2) Vertragsgegenstand

Abbildung 8.2-06

Einen umfassenderen Mustertext, in den das **Verfahren der Inanspruchnahme** und das Erlöschen der Bankgarantie detaillierter aufgenommen ist, präsentiert der **Schweizerische Bankverein** in seiner Schrift "Bankgarantien" (1995):

- **Abbildung 8.2-07** zeigt den Mustertext einer **Performance Guarantee gemäß ICC Richtlinien.**

...
(beneficiary = buyer)

Performance Guarantee No. ......

We have been informed that you have concluded on ... a contract No. ... (hereinafter called the "Contract") with Messrs. ... (hereinafter called the "Principal") for the supply of ... at a total price of ... . According to the Contract, the Principal is required to provide you with a performance guarantee in the amount of ... (... % of the total price).

This being stated, we, **Swiss Bank Corporation**, ... (address), irrespective of the validity and the legal effects of the Contract and waiving all rights of objection and defense arising from the principal debt, hereby irrevocably undertake to pay immediately to you, upon your first demand, any amount up to

(currency / maximum amount) (in full letters: ...)

upon receipt of your written request for payment and your written confirmation stating that the Principal is in breach of his obligation(s) under the Contract and explaining in which respect the Principal is in breach.

For the purpose of identification, your request for payment and your confirmation have to be presented through the intermediary of a first rate bank confirming that the signatures are legally binding upon your firm. If, in this respect, such bank will make use of tested telex, SWIFT or tested cable, it will have to transmit in any case the full wording of your request for payment and of your above-mentioned written confirmation and to confirm at the same time that the originals of these documents, legally binding upon your firm, have been forwarded to us.

Our guarantee is valid until

...

and expires in full and automatically, irrespective of whether the present document is returned to us or not, should your written request for payment and your above-mentioned written confirmation or the above-described tested telex, SWIFT or tested cable sent by the bank not be in our possession by that date at our counters in ... .

With each payment under this guarantee our obligation will be reduced pro rata.

This guarantee is subject to the Uniform Rules for Demand Guarantees, ICC Publication No. 458.

... SWISS BANK CORPORATION
(Place, date)

Abbildung 8.2-07

Hinweis

Die Mustertexte vermögen nur generelle Anhaltspunkte zu geben. Im konkreten Fall ist der **individuelle Zuschnitt** des Garantietextes auf das jeweils vorliegende Auslandsgeschäft erforderlich, wozu die international versierten Banken Hilfestellung leisten.

8.2.4 Gewährleistungsgarantie

Fremdsprachliche Bezeichnungen

Die **Gewährleistungsgarantie** wird in der englischen Sprache als

- **Guarantee for Warranty Obligations,**

in der französischen Sprache als

- **Garantie de bonne fin**

bezeichnet, wobei anzumerken ist, dass manchmal weniger die Bezeichnung als vielmehr der Garantietext Aufschluss über die Art der Garantie gibt.

Garantiezweck für den Importeur

Mit der Gewährleistungsgarantie sichert der Importeur seine **Gewährleistungsansprüche** an den Exporteur ab, wie sie durch **Mängel an den gelieferten Waren** bzw. an der gebauten Anlage entstehen.
Die Absicherung der Gewährleistungsansprüche des Käufers kann auch -wie oben dargestellt- in eine Vertragserfüllungsgarantie einbezogen sein.

Garantiezweck für den Exporteur

Aus Sicht des Exporteurs kann die Gewährleistungsgarantie den folgenden Zweck erfüllen: Dem Importeur steht in manchen Fällen laut Kaufvertrag das Recht zu, für die Dauer der Gewährleistungsphase einen **Teilbetrag** von beispielsweise 5 oder 10% des Vertragswertes bzw. des Rechnungsbetrags zu seiner Sicherheit **einzubehalten.** Die für den Exporteur mit diesem Einbehalt verbundenen Liquiditäts- und Zinsnachteile sind offenkundig. Je nach Lage des Einzelfalls kann diese **Einbehaltung durch** die Stellung einer **Gewährleistungsgarantie** zu Gunsten des Importeurs **ersetzt** und auf dieser Grundlage die volle Auszahlung des Rechnungsbetrags an den Exporteur erreicht werden.
In der Praxis ist in diesem Zusammenhang manchmal von einer **Haftrücklassgarantie** die Rede.

Ratschlag

Um sich vor willkürlichen Inanspruchnahmen der Gewährleistungsgarantie zu schützen, kann es im Sicherungsinteresse des Exporteurs liegen, dass in den Garantietext eine Klausel aufgenommen wird, wonach die Gewährleistungsgarantie vom garantiebegünstigten Importeur nur unter **Vorlage eines Sachverständigengutachtens** beansprucht werden kann.

Garantiegültigkeit/ -betrag

Die Laufzeit ebenso wie der Betrag einer Gewährleistungsgarantie orientieren sich an den Vereinbarungen über die Gewährleistung laut Kaufvertrag: Zu beobachten sind Laufzeiten von **mehreren Jahren** und Beträge, die sich zwischen **5 und 10% des Rechnungsbetrags** bewegen.

8.2.5 Anzahlungsgarantie bzw. Vorauszahlungsgarantie

Fremdsprachliche Bezeichnungen

Die **Anzahlungsgarantie** wird in der englischen Sprache als

- **Advance Payment Guarantee,**

in der französischen Sprache als

- **Garantie de remboursement d'acompte**

bezeichnet. Es ist jedoch zu beachten, dass manchmal nicht die Bezeichnung, sondern erst der Garantietext Aufschluss über die Art der Garantie gibt.

Garantiezweck

Bei **Investitionsgüterexporten** (insbesondere von Spezialmaschinen nach Plänen der Besteller) bzw. im **Anlagenbau** finden sich häufig Zahlungsbedingungen, die eine **Anzahlung** [seltener eine volle Zahlung des Kaufpreises, d.h. seltener eine (volle) Vorauszahlung] des Importeurs zu Gunsten des Exporteurs vorsehen. Eine solche Anzahlung trägt insoweit den Charakter einer risikobehafteten **Vorauszahlung** als der Importeur über einen (Waren-)Gegenwert im Zeitpunkt der Zahlung noch nicht verfügt: Der Exporteur kann beispielsweise vor Lieferung der Güter zahlungsunfähig werden, sich vom Vertrag lossagen u.a.m. Der Importeur ist deswegen zu einer Anzahlung/Vorauszahlung meistens nur bereit, wenn er zu seiner Sicherheit eine Anzahlungsgarantie/Vorauszahlungsgarantie der Bank des Exporteurs erhält.
Die Anzahlungsgarantie/Vorauszahlungsgarantie sichert dem garantiebegünstigten Besteller (dem an-/vorauszahlenden Importeur) die **Rückzahlung der geleisteten Anzahlung/Vorauszahlung** für den Fall zu, dass der Exporteur (der Anzahlungsempfänger/Vorauszahlungsempfänger) seinen vertraglichen Pflichten nicht nachgekommen ist.

Begriffliche Anmerkung

Aus Vereinfachungsgründen ist im Folgenden nur noch von Anzahlung bzw. Anzahlungsgarantie die Rede, zumal sich in der Praxis der Ausdruck **"Anzahlungsgarantie" als Oberbegriff** für alle abzusichernden Anzahlungen, Abschlagszahlungen und Vorauszahlungen eingebürgert hat.

Garantiebetrag/ Auszahlung

Der Garantiebetrag richtet sich nach der **Höhe der Anzahlung**.
Die Auszahlung des Anzahlungsbetrags an den Exporteur sowie die Vorlage der Garantieurkunde können **in ein Akkreditiv**, das zu Gunsten des Exporteurs eröffnet wird, **einbezogen** sein: Der akkreditivbegünstigte Exporteur erhält nur gegen Vorlage der Anzahlungsgarantie seiner Bank einen im Akkreditivtext festgelegten (Teil-)Betrag ausbezahlt, der der vereinbarten Anzahlung entspricht.

Reduzierungsklausel/ Ratschlag

Die Banken empfehlen den Exporteuren in den Garantietext eine Klausel aufzunehmen, wonach sich der Betrag der **Anzahlungsgarantie entsprechend** dem Wert geleisteter **Lieferungen** absolut oder prozentual **reduziert** bzw. die Garantie erlischt. Als Nachweis geleisteter Lieferungen kommen die (Versand-)Dokumente infrage, die im Garantietext exakt bezeichnet sein müssen. Möglich ist auch, diesen Nachweis an diejenigen Dokumente zu koppeln, die im Rahmen eines eventuell zu Gunsten des Exporteurs eröffneten Akkreditivs bei der Garantiebank einzureichen sind.

Garantiegültigkeit/ Ratschläge

Der zur Anzahlung verpflichtete Importeur ist zur Leistung der Anzahlung im Allgemeinen nur bereit und verpflichtet, wenn er die Anzahlungsgarantie der Bank in Händen hält. Um der Gefahr zu begegnen, dass ein Importeur Ansprüche aus einer Anzahlungsgarantie geltend macht, ohne die Anzahlung überhaupt geleistet zu haben, empfiehlt es sich, in die Anzahlungsgarantie eine Klausel aufzunehmen, wonach diese erst **im Zeitpunkt des vorbehaltlosen Eingangs der Anzahlung** beim Exporteur bzw. bei der garantierenden Bank **in Kraft tritt**.
Eine **andere praktikable Lösung** des skizzierten Problems besteht darin, dass der Importeur die Anzahlung nicht direkt an den Exporteur, sondern an die garantierende Bank zu leisten hat. Erst danach erhält der Importeur von dieser Bank die Garantieurkunde zugestellt und der Exporteur im Gegenzug den Anzahlungsbetrag ausbezahlt. Im Übrigen liegt es im Sicherungsinteresse des Importeurs, wenn er dieser Bank ausdrücklich auferlegt, dass sie den Anzahlungsbetrag an den Exporteur erst nach erfolgter Übernahme der Anzahlungsgarantie weiterleiten darf.
Die **Laufzeit** der Anzahlungsgarantie sollte entsprechend der oben beschriebenen Reduzierungsklausel und in Bezug auf die vollzogenen (Teil-)Lieferungen des Exporteurs gestaltet werden. Wie bei jeder Bankgarantie ist darüber hinaus der **Tag des Erlöschens** (der Verfalltag) der Garantie in den Text aufzunehmen.

Abbildungen

Auf Grundlage von **Mustertexten** im "Ratgeber für das Auslandsgeschäft" der Deutschen Bank AG ist

- in **Abbildung 8.2-08** der Mustertext einer Anzahlungsgarantie in **deutscher Sprache**

wiedergegeben.

An

____
(Garantienehmer)

Anzahlungsgarantie Nr. ________

Wir wurden davon unterrichtet, daß zwischen Ihnen und (1) _______, nachstehend „Verkäufer", am ________ unter der Nr. ______ ein Vertrag auf (2) ________ zu einem Gesamtpreis von ________ abgeschlossen worden ist, der eine Anzahlung in Höhe von _____% des Gesamtpreises gegen die Erstellung einer Anzahlungsgarantie vorsieht.

Dies vorausgeschickt, verpflichten wir, die Deutsche Bank AG, Filiale __________, uns hiermit unwiderruflich, an Sie auf Ihre erste schriftliche Anforderung hin unverzüglich einen Betrag bis zur Höhe von

____

(in Worten: ______________________________________)

zu zahlen, wenn Sie uns gleichzeitig schriftlich bestätigen, daß der Verkäufer seinen vertraglichen Pflichten zur (2) ________ nicht nachgekommen ist und Sie demzufolge berechtigt sind, die geleistete Anzahlung zurückzufordern.

Diese Garantie ermäßigt sich automatisch um ______% von 100% des Rechnungswerts jeder Lieferung. Als Nachweis jeder Lieferung gilt die Einreichung ordnungsgemäßer Dokumente bei uns unter dem Akkreditiv Nr. __________ der __________-Bank (3).

Diese Garantie erlischt, selbst bei Nichtrückgabe dieser Urkunde, am __________, es sei denn, daß Sie uns vor Ablauf dieses Tages, schriftlich bei uns in ____________ eintreffend, nach Maßgabe der vorstehend aufgeführten Bedingungen aus ihr in Anspruch genommen haben.

Diese Garantie ist nur mit unserer Zustimmung abtretbar.

Die Ausstellung dieser Garantie ist gemäß den gesetzlichen Bestimmungen der Bundesrepublik Deutschland zulässig.

Die Rechte und Pflichten aus dieser Garantie bestimmen sich nach dem Recht der Bundesrepublik Deutschland.

Deutsche Bank AG

Filiale ____________________

(1) Auftraggeber (zur Beibringung der Garantie Verpflichteter)
(2) Vertragsgegenstand
(3) nur im Fall eines bei der garantierenden Bank benutzbaren Akkreditivs

Abbildung 8.2-08

Abbildung 8.2-09 umfasst den Mustertext einer Anzahlungsgarantie des Schweizerischen Bankvereins.

...
(Adresse Begünstigter
=Käufer)

Anzahlungsgarantie Nr. ......

Wir haben davon Kenntnis genommen, dass Sie am ... mit der Firma ... (Lieferant) einen Vertrag unter der Nr. ... für die Lieferung von ... zu einem Gesamtpreis von ... abgeschlossen haben. Gemäss den vertraglichen Bedingungen ist von Ihnen eine Anzahlung in Höhe von ... (... % des Gesamtpreises) zu leisten. Ihr Anspruch auf Rückerstattung der Anzahlung im Falle der nicht ordnungsgemässen Lieferung der Ware durch die Firma ... (Lieferant) soll durch eine Bankgarantie sichergestellt werden.

Dies vorausgeschickt, verpflichten wir, der **Schweizerische Bankverein**, ... (Adresse), uns hiermit unwiderruflich, Ihnen auf Ihre erste Anforderung hin, ungeachtet der Gültigkeit und der Rechtswirkungen des eingangs erwähnten Vertrages und unter Verzicht auf jegliche Einwendungen und Einreden aus demselben, jeden Betrag bis zur Höhe von maximal

(Währung / Betrag) (in Worten: ...)

zu zahlen, gegen Ihre schriftliche Zahlungsaufforderung und Ihre schriftliche Bestätigung, dass die Firma ... (Lieferant) ihre vertraglichen Lieferverpflichtungen nicht ordnungsgemäss erfüllt hat und Sie damit berechtigt sind, die von Ihnen geleistete Anzahlung zurückzufordern.

Die vorliegende Garantie tritt erst dann in Kraft, wenn die Firma ... (Lieferant) den vorerwähnten Anzahlungsbetrag erhalten hat.

Aus Identifikationsgründen gilt Ihre Inanspruchnahme unter dieser Garantie nur dann als ordnungsgemäss, wenn sie uns durch eine erstklassige Bank zugeleitet wird, mit der Bestätigung, dass Ihre Zahlungsaufforderung und Ihre vorerwähnte schriftliche Bestätigung rechtsgültig von Ihnen unterzeichnet sind. Sollte diese Bank sich hierbei geschlüsselten Fernschreibens/Telegramms oder SWIFTS bedienen, so hat sie den vollständigen Wortlaut Ihrer Zahlungsaufforderung und Ihrer obenerwähnten schriftlichen Bestätigung zu übermitteln und gleichzeitig zu bestätigen, dass die von Ihnen gültig unterzeichneten Originale dieser Dokumente an uns weitergeleitet wurden.

Unsere Garantie ist gültig bis

...

und erlischt automatisch und vollumfänglich, unabhängig von der Rückgabe der Urkunde, sofern entweder Ihre schriftliche Zahlungsaufforderung zusammen mit Ihrer vorerwähnten schriftlichen Bestätigung oder das genannte ordnungsgemäss geschlüsselte Fernschreiben/Telegramm oder SWIFT der Bank bis zu diesem Zeitpunkt nicht in unserem Besitz beim Schweizerischen Bankverein in ... sind.

Jede unter dieser Garantie geleistete Zahlung erfolgt in Reduktion unserer Verpflichtung.

... **SCHWEIZERISCHER BANKVEREIN**
(Ort, Datum)

Abbildung 8.2-09

Hinweis

Die Mustertexte vermögen nur generelle Anhaltspunkte zu vermitteln. Im konkreten Fall ist der **individuelle Zuschnitt** des Garantietextes auf das jeweils vorliegende Auslandsgeschäft erforderlich, wozu die international versierten Banken Hilfestellung leisten.

8.2.6 Zahlungsgarantie (Ausfall-Zahlungsgarantie)

Andere Bezeichnungen

In der Praxis bzw. in der Literatur finden sich für **Zahlungsgarantien** auch die Bezeichnungen

- **Ausfall-Zahlungsgarantie,**
- **Payment Guarantee,**
- **Garantie de paiement.**

Es ist jedoch zu beachten, dass manchmal weniger die Bezeichnung als vielmehr der Garantietext Aufschluss über die Art der Garantie gibt.

Garantiezweck

Zahlungsgarantien der Banken kommen wegen der Verschiedenartigkeit abzusichernder Zahlungsansprüche in unterschiedlichen Ausprägungen bzw. Formulierungen der Garantietexte vor. Mit Zahlungsgarantien werden in der Praxis beispielsweise **Ansprüche auf Zahlung gesichert**, die sich grundgeschäftlich auf Warenlieferungen, Dienstleistungen, manchmal aber auch auf (reine) **Kreditverhältnisse** u. ä. Geschäftsvorfälle beziehen.

Gemeinsames Merkmal von Zahlungsgarantien ist die Absicherung des Gläubigers (des Exporteurs) vor dem **Risiko**, dass der Schuldner (der Importeur) seine **Verpflichtung zur Zahlung nicht** bzw. nicht rechtzeitig **erfüllt**.

Forfaitierungen

Zahlungsgarantien der Banken spielen darüber hinaus bei **Forfaitierungen von Buchforderungen** eine Rolle. Werden bei Forfaitierungen über die vom Importeur zu zahlenden Raten keine (Sola-)Wechsel ausgestellt oder ist die Bank des Importeurs nicht bereit oder nicht befugt, ein Wechselaval zu übernehmen, dann kann die Buchforderung durch eine Zahlungsgarantie der Bank des Importeurs oder einer anderen Bank gesichert und damit die Forfaitierung der Buchforderung ermöglicht werden.

Reine/dokumentäre Garantie

Eine **reine Zahlungsgarantie** liegt vor, wenn der Garantiebegünstigte (der Exporteur) allein auf Grundlage

- seiner ersten schriftlichen **Anforderung** des Garantie(teil)betrags bei der Garantiebank sowie
- seiner schriftlichen **Erklärung**, dass der Garantieauftraggeber (der Importeur) seinen vertraglichen Zahlungsverpflichtungen nicht nachgekommen ist,

Zahlung aus der Bankgarantie erlangt.

Die Inanspruchnahme einer **dokumentären Zahlungsgarantie** setzt dagegen **zusätzlich** zur oben beschriebenen Anforderung und Erklärung des Garantiebegünstigten (des Exporteurs) voraus, dass dieser

- bestimmte, im Garantietext definierte **Dokumente** (die beispielsweise den vollzogenen Versand der Güter an den Importeur beweisen)

vorzulegen hat.

Garantiebetrag/ -gültigkeit

Zahlungsgarantien können sich nur auf den **geschuldeten Betrag** beziehen oder zusätzlich auch auf eventuelle **Zinszahlungsverpflichtungen** und andere **Nebenleistungen** des Schuldners, wobei Letztere inhaltlich, quantitativ, zeitlich und methodisch (z.B. die Höhe des Zinssatzes, der Zeitpunkt des Beginns der Zinszahlungen, die Zinsberechnungsmethode usw.) im Garantietext genau festgelegt werden sollten.
Die **Laufzeit** von Zahlungsgarantien orientiert sich an den grundgeschäftlichen Erfordernissen und weist deswegen in der Praxis sehr unterschiedliche Zeiträume auf.

Abgrenzung zum Dokumentenakkreditiv

Zahlungsgarantien der Banken erfüllen ebenso wie Dokumentenakkreditive eine Zahlungssicherungsfunktion für den Garantie- bzw. Akkreditivbegünstigten. Es gilt indessen gewichtige **Unterschiede** zwischen diesen beiden Sicherungsinstrumenten zu beachten:

- **Dokumentenakkreditive** werden eröffnet, damit der Akkreditivbegünstigte Zahlung erlangt, sofern er die Akkreditivbedingungen erfüllt:
  - Zweck des Akkreditivs ist somit die **Auszahlung** an den Begünstigten als **Regelfall**.
  - Die **Auszahlungsvoraussetzungen** (die Akkreditivbedingungen) hat beim Akkreditiv allein der **Begünstigte** zu erfüllen.

- **Zahlungsgarantien** werden dagegen lediglich zur Sicherheit des Garantiebegünstigten eröffnet:
  - Die **Auszahlung** des Garantiebetrags ist deswegen nicht Regelfall, sondern **Ausnahmefall.**
  - Die **Auszahlungsvoraussetzungen** liegen in einem **Verstoß des Garantieauftraggebers** gegen die grundgeschäftlichen Vereinbarungen (z.B. im Zahlungsverzug des Importeurs) begründet.

Standby Letters of Credit

Standby Letters of Credit sind gemäß Artikel 2 ERA **Akkreditive**: Sie umfassen wie jedes Akkreditiv ein Zahlungsversprechen (Schuldversprechen) der eröffnenden Bank. Ihre Besonderheit ist darin zu erblicken, dass Standby Letters of Credit als **garantieähnliche Instrumente** eingesetzt werden. Mit Standby Letters of Credit können warenbezogene Verpflichtungen (wie z.B. die Erfüllung von Kaufverträgen hinsichtlich der Lieferung, der Bezahlung oder der Gewährleistung) ebenso akkreditivmäßig abgesichert (garantiert) werden wie Verpflichtungen zur Rückzahlung von Krediten.

Einzelheiten zu Standby Letters of Credit als

- **reine Garantieinstrumente** und als
- **dokumentäre Garantieinstrumente**

siehe Abschnitt "4.3.4.2 Standby Letter of Credit".

Wechseleinlösungsgarantie/Ratschlag

Als eine Sonderform der Zahlungsgarantie kann die Wechseleinlösungsgarantie angesehen werden: Die garantierende Bank übernimmt **die Verpflichtung, die Wechselsumme zu bezahlen**, sofern der Garantiebegünstigte den Wechselbetrag bei Fälligkeit des Wechsels vom Wechselzahlungspflichtigen (Akzeptant eines gezogenen Wechsels, Aussteller eines Solawechsels) nicht erlangt. Es ist nahe liegend, eine Wechseleinlösungsgarantie insoweit **"dokumentär"** zu **gestalten**, als dem Garantiebegünstigten die Vorlage des (protestierten) Wechsels als Voraussetzung für die Inanspruchnahme der Garantie auferlegt wird.

Anmerkung: Sofern eine Bank ihr Aval unmittelbar auf der Wechselurkunde anbringt, liegt eine **Wechselbürgschaft** (ein sog. Wechselaval) und keine Wechseleinlösungsgarantie im oben beschriebenen Sinne vor.

8.2.7 Kreditsicherungsgarantie (Kreditgarantie)

Garantiezweck

Die Kreditsicherungsgarantie, zum Teil kurz als Kreditgarantie (Guarantee, Garantie) bezeichnet, sichert den Kreditgeber vor **Risiken**, die **aus einem Kreditverhältnis** resultieren.
Die **grundgeschäftlichen Kreditverhältnisse**, die die Kreditsicherungsgarantie einer Bank erfordern, können verschiedenartiger Natur sein.

Beispiele:

- Kreditaufnahme eines deutschen Unternehmens bei einer **ausländischen Bank**, abzusichern durch eine Kreditsicherungsgarantie der deutschen Hausbank des Kreditnehmers zu Gunsten der ausländischen kreditgebenden Bank;

- Kreditaufnahme einer ausländischen **Tochtergesellschaft bei einer ausländischen Bank**, abzusichern durch eine Kreditsicherungsgarantie der deutschen Hausbank der Muttergesellschaft zu Gunsten der kreditgebenden ausländischen Bank;
- Kreditaufnahme bei einem (ausländischen) **Lieferanten**, die nicht auf einer Warenlieferung, sondern auf einer "reinen" Kreditbeziehung beruht, abzusichern durch eine Kreditsicherungsgarantie der Bank des Kreditnehmers (die Grenzen zur reinen Zahlungsgarantie einer Bank sind in diesem Fall allerdings fließend).

Garantiebetrag/ - gültigkeit

Analog zu den Zahlungsgarantien, kann sich der Garantiebetrag bei Kreditsicherungsgarantien nur auf den grundgeschäftlichen **Kreditbetrag** oder aber auch auf die damit verbundenen **Zinszahlungen** sowie **Nebenkosten** des Kreditverhältnisses beziehen.
Sofern die **Zinsen**, Nebenkosten usw. in die Kreditsicherungsgarantie einbezogen werden, ist eindeutig zu definieren, in welchem **Umfang** und für welchen **Zeitraum** die Zinsen, Nebenkosten usw. in die Garantie einbezogen sind.
Die **Laufzeit** einer Kreditsicherungsgarantie ist regelmäßig an der Laufzeit des grundgeschäftlichen Kreditverhältnisses orientiert.

8.2.8 Sonderformen

8.2.8.1 Konnossementsgarantie

Garantiezweck

Bei Seefracht hat der Importeur seine Legitimation zum Empfang der Güter durch Vorlage des Konnossements gegenüber der Reederei nachzuweisen. In der Regel hält der Importeur das Konnossement vor Ankunft der Ware in Händen. Es kommt jedoch auch vor, dass die Güter im Bestimmungshafen ankommen, bevor dem Importeur das Konnossement beispielsweise im Rahmen eines Dokumenteninkassos oder eines Dokumentenakkreditivs zur Verfügung gestellt ist. Um in dieser Situation die angelandeten Güter trotzdem in Empfang nehmen zu können, beantragt der Importeur bei seiner Bank eine **Konnossementsgarantie (Bill of Lading Guarantee, Guarantee for missing Bill of Lading, Garantie pour connaissement, Garantie pour connaissement manquant)**. Darin verpflichtet sich die Garantiebank gegenüber dem Garantiebegünstigten (gegenüber der Reederei) zur **Übernahme** der finanziellen Folgen von **Schäden**, Nachteilen usw., die dem Garantiebegünstigten (der Reederei) dadurch entstehen, dass er dem Garantieauftraggeber (dem Importeur) die **Güter ohne Vorlage des Konnossements aushändigt**. Eine analoge Verpflichtung geht die Garantiebank gegenüber der Reederei ein, wenn ein Konnossement verloren geht und deswegen und auf Grundlage der Bankgarantie ein Ersatzkonnossement von der Reederei ausgestellt wird.

Garantiebetrag/ - gültigkeit

Der Garantiebetrag umfasst mindestens den **Warenwert** der Sendung, im Allgemeinen jedoch 150%, manchmal sogar 200% des Warenwertes.

Häufig sind Konnossementsgarantien auf Verlangen der Reederei **unbefristet** zu stellen.

Hinweis: Zur Problematik unbefristeter Bankgarantien siehe Abschnitt 8.3.4.

Im Falle der Ausstellung eines **Ersatzkonnossements** wegen des Verlustes des Originalkonnossements kann die Befristung der Konnossementsgarantie der Bank an die Kraftloserklärung des Originalkonnossements gebunden werden.

Abbildung 8.2-10 zeigt den Mustertext einer **Konnossementsgarantie** des Schweizerischen Bankvereins.

Abbildung

...
(Begünstigter = Reederei)

Konnossementsgarantie Nr. ......

Wir haben davon Kenntnis genommen, dass Sie bereit sind, entsprechend dem Ersuchen der Firma ... (Käufer) an diese oder an einen von ihr zu benennenden Dritten die Warenpartie ..., die am ... per M/S ... in ... eingetroffen ist, freizugeben, ohne dass die Firma ... (Käufer) zur Zeit das für diese Partie am ... in ... ausgestellte Original-Konnossement Nr. ... vorlegt. Bedingung hierfür ist, dass die Firma ... (Käufer) Ihnen eine Konnossementsgarantie beibringt.

Dies vorausgeschickt verpflichten wir, der **Schweizerische Bankverein,** ... (Adresse), uns hiermit unwiderruflich, Ihnen auf Ihre erste Anforderung hin, ungeachtet der Gültigkeit und der Rechtswirkungen des eingangs erwähnten Grundverhältnisses und unter Verzicht auf jegliche Einwendungen und Einreden aus demselben, jeden Betrag bis zur Höhe von maximal

(Währung / Betrag) (in Worten: ...)

zu zahlen, gegen Ihre schriftliche Zahlungsaufforderung und Ihre schriftliche Bestätigung, dass der unter dieser Garantie verlangte Betrag Ihnen aufgrund eines Schadens zusteht, der Ihnen aus der Auslieferung der vorerwähnten Warenpartie ohne Vorlage des Original-Konnossements erwachsen ist.

Aus Identifikationsgründen gilt Ihre Inanspruchnahme unter dieser Garantie nur dann als ordnungsgemäss, wenn sie uns durch eine erstklassige Bank zugeleitet wird, mit der Bestätigung, dass Ihre Zahlungsaufforderung und Ihre vorerwähnte schriftliche Bestätigung rechtsgültig von Ihnen unterzeichnet sind. Sollte diese Bank sich hierbei geschlüsselten Fernschreibens/Telegramms oder SWIFTS bedienen, so hat sie den vollständigen Wortlaut Ihrer Zahlungsaufforderung und Ihrer obenerwähnten schriftlichen Bestätigung zu übermitteln und gleichzeitig zu bestätigen, dass die von Ihnen gültig unterzeichneten Originale dieser Dokumente an uns weitergeleitet wurden.

Diese Garantie erlischt, sobald wir Ihnen eine Ausfertigung des Original-Konnossements für die vorerwähnte Partie eingereicht haben. Das Original dieser Urkunde ist uns gegen Einreichung einer Ausfertigung des Original-Konnossements bei Ihnen oder bei Befriedigung der Ansprüche aus der Garantie zurückzusenden.

```
Jede unter dieser Garantie geleistete Zahlung erfolgt in Reduktion
unserer Verpflichtung.

...                                        SCHWEIZERISCHER BANKVEREIN
(Ort, Datum)
```

Abbildung 8.2-10

8.2.8.2 Zollgarantie

Garantiezweck

Manche **Güter** werden nur **vorübergehend** in ein anderes Land **eingeführt**. Dies ist beispielsweise bei Ausstellungsstücken, Mustern, Vorführgeräten für Messen, aber auch bei Maschinen, die nur vorübergehend (kurzfristig) im Ausland zum Einsatz kommen, der Fall. Verzichtet die Zollbehörde in diesen Fällen auf die Erhebung des Einfuhrzolls, dann entgehen ihr bei unterlassener Wiederausfuhr der betreffenden Güter (zu der der vorübergehend Einführende, der "Importeur", verpflichtet ist) u.U. erhebliche Zollbeträge.

Eine **Zollgarantie (Customs Guarantee, Garantie de douane)** sichert die finanziellen Ansprüche der Zollbehörde des "Importlandes", die dadurch entstehen, dass die **Wiederausfuhr** (vorübergehend) eingeführter Güter bis zu einem bestimmten Zeitpunkt **nicht vollzogen** wird. Zollgarantien sind regelmäßig von Banken des "Importlandes" abzugeben.

Garantiebetrag/ - gültigkeit

Der Garantiebetrag richtet sich grundsätzlich nach den Vorschriften der jeweiligen Zollbehörde. Im Allgemeinen umfasst der Garantiebetrag auf Grundlage dieser Vorschriften den **Höchstzollsatz** der fraglichen Güter. Zollgarantien sind regelmäßig **unbefristet**.
Hinweis: Zur Problematik unbefristeter Bankgarantien siehe Abschnitt 8.3.4.

8.2.8.3 Prozessgarantie

Garantiezweck

Bei Gerichtsverfahren, die im Ausland geführt werden, kommt es vor, dass das Gericht die Hinterlegung eines Geldbetrags oder aber ersatzweise die Stellung einer Prozessgarantie (Gerichtsgarantie) zu Gunsten des Gerichts oder zu Gunsten der gegnerischen Partei auferlegt.
Solche Garantien beziehen sich insbesondere auf die **Prozesskosten** (Gerichtskosten, Parteikosten), zu deren Zahlung die inländische (deutsche) Partei -je nach Gerichtsurteil- u.U. verpflichtet wird, oder auf **auferlegte Zahlungen an die gegnerische Partei**.

Garantiebetrag/ - gültigkeit

Der Garantiebetrag hängt vom Einzelfall ab und wird **vom Gericht bestimmt**.
Im Allgemeinen verlangen die Gerichte **unbefristete** Garantien.

8.2.9 Zusammenfassende Übersicht: Kurzcharakterisierung maßgeblicher Bankgarantien im Außenhandel

Prof. Dr. Siegfried G. Häberle

Kurzcharakterisierung maßgeblicher Bankgarantien im Außenhandel

Garantieart	Garantie-begünstigter	Garantiezweck **Die Bankgarantie sichert den Garantiebegünstigten vor den finanziellen Folgen ...**
• **Bietungs-garantie**	**Importeur/ ausschreibende Stelle**	... des Risikos, daß der **Anbieter** (Exporteur) –bei Erteilung des Zuschlags– die Übernahme des **Auftrags ablehnt**; ... des Risikos, daß der **Anbieter** (Exporteur) sich nach Annahme des Auftrags **weigert** oder nicht in der Lage ist, eine geforderte/vereinbarte **Liefer-garantie, Leistungsgarantie oder Vertragserfül-lungsgarantie** stellen zu lassen.
• **Liefergarantie**	**Importeur**	... des Risikos, daß der **Exporteur** die Waren nicht vertragsgerecht, insbesondere **nicht termingerecht liefert**.
• **Vertragserfül-lungsgarantie**	**Importeur**	... der Risiken, die im Zusammenhang mit der vom **Exporteur geschuldeten Lieferung, Leistung** und häufig auch der **Gewährleistung** stehen.
• **Gewährlei-stungsgarantie**	**Importeur**	... der Risiken. die im Zusammenhang mit den **Gewährleistungsansprüchen an den Exporteur** –wegen Mängeln an den gelieferten Waren– stehen.
• **Anzahlungs-garantie**	**Importeur/ Besteller**	... des Risikos, daß der **Exporteur** (Anzahlungs-empfänger) seinen **vertraglichen Pflichten nicht nachkommt** bzw. die Rückzahlung der geleisteten Anzahlung vertragswidrig unterläßt.
• **Zahlungs-garantie**	**Exporteur/ Kreditgeber**	... des Risikos, daß der **Schuldner** (Importeur) seine Verpflichtung zur **Zahlung nicht** bzw. nicht rechtzeitig **erfüllt**.
• **Kreditsiche-rungsgarantie**	**Kreditgeber/ Bank**	... der Risiken, die dem Kreditgeber (einer Bank) aus dem **Kreditverhältnis** mit einem Schuldner erwachsen.
• **Konnosse-mentsgarantie**	**Reederei**	... von Schäden/Nachteilen usw., die der Reederei durch die **Aushändigung der Waren ohne** Vorlage des **Konnossements** oder durch die Ausstellung eines **Ersatzkonnossements** entstehen können.
• **Zollgarantie**	**ausländische Zollbehörde**	... des Risikos, daß der Zollbehörde **Einfuhrzölle** entgehen, weil die **Wiederausfuhr** (vorübergehend) eingeführter Waren **unterbleibt**.
• **Prozeß-garantie**	**ausländisches Gericht/u.U. ausländische gegnerische Partei**	... des Risikos, daß die inländische Partei –bei entsprechender Gerichtsentscheidung– für die auferlegten **Prozeßkosten nicht aufkommt** bzw. auferlegte Zahlungen an die gegnerische Partei nicht leistet.

Abbildung 8.2-11

8.3 Gestaltungselemente von Bankgarantien

8.3.1 Vorbemerkungen

Individuelle Gestaltung

Die Gestaltung der Garantievereinbarung im Grundgeschäftsvertrag (Kaufvertrag, Liefervertrag usw.) ebenso wie die Formulierung des Textes der darauf beruhenden Bankgarantie hängen grundsätzlich von den **Eigenarten** des jeweiligen **Außenhandelsgeschäfts** ab. Gleichwohl kristallisieren sich einige **allgemein gültige Merkmale** von Bankgarantien heraus, die im Folgenden vorgestellt und kommentiert sind.

Beratung durch Kreditinstitute

Vor Vereinbarung einer Bankgarantie im Grundgeschäftsvertrag ist dem Garantieauftraggeber und dem Garantiebegünstigten zu empfehlen, jeweils eine im internationalen Geschäft versierte Bank zu kontaktieren:

- Dem **Garantieauftraggeber**, um die Bereitschaft dieser Bank zur Garantieübernahme bzw. -falls zutreffend- um deren Möglichkeiten zur Stellung einer indirekten Garantie zu erheben.
- **Beiden Beteiligten**, um den aktuellen Kenntnisstand über die Abwicklung, über die sich ändernde Rechtslage und über andere wesentliche Aspekte von Bankgarantien in Erfahrung zu bringen.
- Dem **Garantiebegünstigten**, um in den Besitz von Informationen über die Solvenz der (beabsichtigten) Garantiebank sowie über die Einschätzung der aktuellen politischen Risiken des Domizillandes der Garantiebank zu gelangen.

Hinweis

Die im vorangehenden Kapitel "8.2 Garantiearten" **abgebildeten Mustertexte** können zur Verdeutlichung der folgenden Ausführungen herangezogen werden.

8.3.2 Einleitung/Präambel

Grundgeschäft

In den Texten von Bankgarantien findet sich im Allgemeinen einleitend ein **Hinweis** auf das zwischen dem Garantieauftraggeber (z.B. dem Exporteur) und dem Garantiebegünstigten (z.B. dem Importeur) abgeschlossene **(Waren-)Grundgeschäft.**

Beispiel

Zahlungsgarantie zu Gunsten eines Exporteurs:

Sie haben mit der Firma ... (Garantieauftraggeber, Importeur) am ... einen Vertrag Nr. ... für die Lieferung von ... zum Preis von ... abgeschlossen. Die Bezahlung der Ware soll durch eine Bankgarantie sichergestellt werden.

Beispiel

Vertragserfüllungsgarantie zu Gunsten eines Importeurs/Bestellers:

Wir wurden davon unterrichtet, dass zwischen Ihnen (Garantienehmer, Importeur) und ... (Garantieauftraggeber, Exporteur) am ... unter der Nr. ... ein Vertrag auf ... zu einem Gesamtpreis von ... abgeschlossen worden ist, der die Erstellung einer Vertragserfüllungsgarantie in Höhe von ...% des Gesamtpreises vorsieht.

Derartige Einleitungen/Präambeln tragen lediglich den Charakter von Hinweisen auf das jeweilige Grundgeschäft. **Keinesfalls** soll damit die **Abstraktheit der Bankgarantie aufgehoben** werden: Die Bankgarantie bleibt regelmäßig losgelöst vom grundgeschäftlichen Vertragsverhältnis zwischen dem Garantieauftraggeber und dem Garantiebegünstigten.

Hinweischarakter

8.3.3 Garantie-/Zahlungsklausel

8.3.3.1 Formulierungen

Garantieerklärung

Das Zahlungsversprechen der Garantiebank (die Garantieerklärung, die sog. Garantie-/Zahlungsklausel) umfasst die folgenden Bestandteile:

- **unwiderrufliches Zahlungsversprechen** der Garantiebank, einschließlich der Angabe des Garantie(höchst)betrags;
- Verpflichtung zur Zahlung auf **erste schriftliche Anforderung** des Garantienehmers;
- **Voraussetzungen** für die **Inanspruchnahme** der Garantie durch den Garantienehmer.

Beispiel

Zahlungsgarantie zu Gunsten eines Exporteurs:

Im Auftrag der Firma ... (Garantieauftraggeber, Importeur) verpflichten wir, die ... (Garantiebank), uns hiermit unwiderruflich, Ihnen auf Ihre erste Anforderung hin, ungeachtet der Gültigkeit und der Rechtswirkungen des eingangs erwähnten Vertrags und unter Verzicht auf jegliche Einwendungen und Einreden aus demselben, jeden Betrag bis maximal ... zu bezahlen, gegen Ihre schriftliche, rechtsgültig unterzeichnete Zahlungsaufforderung und Ihre schriftliche Bestätigung, wonach Sie

a) der Firma ... (Garantieauftraggeber, Importeur) die unter dem eingangs erwähnten Vertrag bestellte Ware vertragsgemäß geliefert
und
b) für den unter dieser Garantie verlangten Betrag bei Fälligkeit keine Zahlung erhalten haben.

Beispiel

Vertragerfüllungsgarantie zu Gunsten eines Importeurs/Bestellers:

Wir ... (Garantiebank) verpflichten uns hiermit unwiderruflich, an Sie (Garantienehmer, Importeur/Besteller) auf Ihre erste schriftliche Anforderung hin unverzüglich einen Betrag bis zu einer Höhe von ... zu zahlen, wenn Sie uns gleichzeitig schriftlich bestätigen, dass der Verkäufer (der Garantieauftraggeber, der Exporteur) seinen vertraglichen Verpflichtungen nicht nachgekommen ist.

Ratschlag

Das für Bankgarantien einschlägige Recht ist Veränderungen unterworfen. Insoweit vermögen die obigen und die folgenden Formulierungen nur unverbindliche Anregungen zu geben.

Die Beteiligten sollten vielmehr zur Formulierung einer im Kaufvertrag zu vereinbarenden Bankgarantie, insbesondere zur **Formu-**

lierung der Garantie-/Zahlungsklausel, den Rat einer **auslandserfahrenen Bank** einholen.

8.3.3.2 Garantiebetrag

Geldsumme

Die Garantiebank ist weder willens noch in der Lage, eine vom Garantieauftraggeber zu erbringende Leistung oder Lieferung an dessen Stelle zu Gunsten des Garantienehmers zu erfüllen. Die **Garantieverpflichtung** der Bank bezieht sich deswegen **stets** auf eine **Geldsumme**.

Zinsen u. Ä.

Fallen gemäß dem Grundgeschäft Zinsen oder andere Nebenkosten an, und sollen diese in der Bankgarantie Berücksichtigung finden, dann ist der Garantiebetrag entsprechend zu gestalten:

- **Erhöhung des Garantiebetrags** insoweit, dass Zinsen usw. bereits eingeschlossen sind
  oder
- Festlegung eines Garantiebetrags **zuzüglich von Zinsen usw.**, wobei der anzuwendende Zinssatz sowie der (maximale) Zinsberechnungszeitraum exakt definiert sein müssen.

Ermäßigung / Erhöhung / Ratschlag

Manche Banken nehmen in den Garantietext ausdrücklich eine **Klausel** auf, wonach sich die Garantiesumme mit jeder von der Bank unter der Garantie geleisteten Zahlung **reduziert.**

Über diese -auf den Eintritt des Garantiefalls bezogene- Reduzierungsklausel hinaus kann es ausgehend von den **Bedürfnissen des (Waren-)Grundgeschäftes** ratsam sein, in den Garantietext eine andere Klausel aufzunehmen, wonach sich die **Garantiesumme** unter bestimmten Voraussetzungen **verringert oder erhöht.**
Die **Problematik** solcher Klauseln liegt indessen darin, dass die **Voraussetzungen** für eine Reduzierung bzw. Erhöhung der Garantiesumme eindeutig definiert werden müssen: Einerseits besteht ein Interesse der Beteiligten daran, die Betragsänderungen der Bankgarantie möglichst eng mit dem Ablauf des Grundgeschäftes zu verknüpfen. Andererseits darf dadurch die Abstraktheit, d.h. die Losgelöstheit der Bankgarantie vom Grundgeschäft, nicht untergraben werden. Unter diesem Blickwinkel empfehlen die Banken, die Aufnahme eindeutig quantifizierter Beträge und Termine für Reduzierungen oder Erhöhungen der Garantiesumme bzw. ausdrücklich und eindeutig definierte Nachweise (Dokumente), die die Betragsänderungen auslösen.

Beispiel

In **Anzahlungsgarantien** sowie in **Liefergarantien** zu Gunsten von Bestellern (Importeuren) ist manchmal eine Klausel aufgenommen, wonach sich die Garantiesumme **in Abhängigkeit** von vom Exporteur (Garantieauftraggeber, Akkreditivbegünstigter) einzureichenden **(Akkreditiv-)Dokumenten reduziert**:

> *Diese Garantie ermäßigt sich automatisch um ...% von 100% des Rechnungswertes jeder Lieferung. Als Nachweis jeder Lieferung gilt die Einreichung ordnungsgemäßer Dokumente bei uns unter dem Akkreditiv Nr. ... der ...-Bank.*

Die Aufnahme dieser Reduzierungsklausel in die Bankgarantie setzt im Allgemeinen voraus, dass das Akkreditiv bei der garantierenden Bank benutzbar gestellt ist, weil dann mit ein und denselben, vom Exporteur einzureichenden Dokumenten sowohl das Akkreditiv benutzt als auch die Garantiesumme reduziert werden soll.

Es kommt jedoch auch der Fall vor, dass die **Bescheinigung der Akkreditivstelle** über die vorbehaltlose **Dokumentenaufnahme** als auslösendes Dokument zur Reduzierung der Garantiesumme in den Text der Bankgarantie aufgenommen wird.

8.3.3.3 Zahlung auf erstes Anfordern

Abstraktheit

Mit den Worten "auf erstes Anfordern" bzw. mit ähnlichen Formulierungen wird zunächst die Abstraktheit der Bankgarantie dokumentiert, insbesondere der **Verzicht der Garantiebank auf Einwendungen und Einreden**, die aus dem Grundgeschäft (Grundgeschäftsvertrag) resultieren.

Liquiditätsfunktion

Die Verpflichtung der Garantiebank, "auf erstes Anfordern" zu zahlen, verdeutlicht darüber hinaus den Liquiditätsaspekt der Bankgarantien: In vielen Fällen **ersetzen Bankgarantien** die **Hinterlegung** bzw. die **Einbehaltung von Geldbeträgen.**
So finden sich beispielsweise in Bauverträgen häufig Klauseln, nach denen der Bauauftraggeber berechtigt ist, einen festgelegten Prozentsatz des Rechnungsbetrags während der Gewährleistungszeit zu seiner Sicherheit einzubehalten. Die damit für den Bauauftragnehmer verbundenen Liquiditäts- und Zinsnachteile sind offenkundig. Begnügt sich der Bauauftraggeber dagegen für die Zeit der Gewährleistung mit einer **Gewährleistungsgarantie** der Bank des Bauauftragnehmers und zahlt er auf dieser Grundlage den vollen Rechnungsbetrag an den Bauauftragnehmer aus, dann sind die Liquiditäts- und Zinsnachteile für den Bauauftragnehmer -von den Kosten der Bankgarantie abgesehen- aufgehoben.
Für den Garantienehmer (Bauauftraggeber) stellt sich indessen die **Frage der Gleichwertigkeit** eines einbehaltenen Sicherungsbetrags einerseits und einer Gewährleistungsgarantie einer Bank andererseits: Der Bauauftraggeber wird unter diesem Blickwinkel eine Gewährleistungsgarantie der Bank nur annehmen, wenn ihm diese Garantie bei Eintritt des Gewährleistungsfalls grundsätzlich denselben schnellen Zugriff auf die Geldsumme ermöglicht wie ein einbehaltener Geldbetrag. Die Formulierung "auf erstes Anfordern" soll diesem Sicherungsinteresse des Garantienehmers Rechnung tragen.

8.3.3.4 Voraussetzungen der Garantieinanspruchnahme

Regelmäßige Voraussetzungen

Es unterstreicht den oben angesprochenen Liquiditätsaspekt der Bankgarantien und es entspricht dem Sicherungsinteresse des Garantienehmers, wenn im Garantietext als Voraussetzung für die Inanspruchnahme lediglich

- die **erste schriftliche Anforderung** des Garantienehmers
- sowie dessen **schriftliche Bestätigung**, dass der Garantieauftraggeber (Anbieter, Verkäufer usw.) seinen vertraglichen Verpflichtungen nicht nachgekommen ist,

festgelegt wird.

Zusätzliche Voraussetzungen

Um der Gefahr missbräuchlicher Inanspruchnahmen der Garantie durch den Garantienehmer zu begegnen, kann es jedoch im Sicherungsinteresse der garantierenden Bank, insbesondere aber des Garantieauftraggebers liegen, weitere Voraussetzungen für die Garantieinanspruchnahme in den Garantietext aufzunehmen. Solche weiteren Voraussetzungen können **zusätzliche schriftliche Erklärungen** des Garantienehmers ebenso umfassen wie die Vorlage von -im Garantietext genau zu definierenden- **Dokumenten** (z.B. Inhalte der Dokumente, Originale oder Kopien, Zahl der Ausfertigungen u.a.), die von **Dritten** auszustellen sind (z.B. Sachverständigenzertifikate, Schiedsgerichtsurteile usw.).

Probleme

Indessen beeinträchtigen solche weiteren Voraussetzungen der Garantieinanspruchnahme nicht nur die Liquiditätsfunktion einer Bankgarantie, sondern sie können u.U. sogar den **abstrakten Charakter** der Bankgarantie **aushöhlen**, sofern diese weiteren Voraussetzungen eine ausgeprägte Koppelung zum Grundgeschäft herstellen.

8.3.4 Befristung/Verfall

Befristung notwendig

Unbefristete Bankgarantien beinhalten für die garantierende Bank ebenso wie letztlich für den Garantieauftraggeber erhebliche, u.U. kaum überschaubare Risiken. Die Banken empfehlen ihren Kunden deswegen dringend, **bereits im Grundgeschäftsvertrag** (Kaufvertrag, Liefervertrag u. Ä.) auf einer Befristung der zu stellenden Bankgarantie zu bestehen.

Formulierungen

In den Text von Bankgarantien kann die **Befristung bzw. das Verfalldatum** der Garantie z.B. wie folgt aufgenommen werden:

Beispiel 1

Unsere Garantie ist gültig bis ... (Verfalldatum) und erlischt automatisch und vollumfänglich, sofern Ihre schriftliche Inanspruchnahme zusammen mit der Bestätigung Ihrer Unterschriften durch eine erstklassige Bank bis zu diesem Zeitpunkt nicht in unserem Besitz sind.

Beispiel 2

Diese Garantie erlischt, selbst bei Nichtrückgabe dieser Urkunde, am ... (Verfalldatum), es sei denn, dass Sie uns vor Ablauf dieses Tages, schriftlich bei uns in ... (im Allgemeinen ist der Ort der die Bankgarantie ausstellenden Bankniederlassung/-filiale einzutragen) eintreffend, nach Maßgabe der vorstehend aufgeführten Bedingungen aus ihr in Anspruch genommen haben.

Rückgabe der Garantieurkunde

Im ersten Beispiel ist neben der Befristung als Voraussetzung der Inanspruchnahme die **Bestätigung der Unterschriften** durch eine

erstklassige Bank aufgenommen. Die Frage der Rückgabe/Nichtrückgabe der Garantieurkunde ist in diesem Garantietext nicht angesprochen.
Im zweiten Beispiel findet sich dagegen die ausdrückliche Festlegung, dass die **Garantie** auch bei **Nichtrückgabe der Garantieurkunde** zum definierten Verfalldatum bzw. bei Garantieinanspruchnahme **erlischt**. Die Aufnahme dieser Klausel in den Garantietext trägt zwar zur Klarstellung bei; gleichwohl ist es empfehlenswert, dass der Garantieauftraggeber dem Garantienehmer darüber hinaus **im Grundgeschäftsvertrag die Rückgabe der Bankgarantie** bzw. die Abgabe einer ausdrücklichen **Entlastungserklärung (Enthaftungserklärung)** bei Garantieverfall bzw. bei Wegfall des Garantiegegenstandes auferlegt.
Diese Auflage erlangt im Übrigen besonderes Gewicht bei unbefristeten Bankgarantien bzw. auch bei befristeten (indirekten) Garantien, deren Befristung wegen des anzuwendenden Auslandsrechts nicht wirksam ist, weil durch Vollzug der beschriebenen Auflagen eine Bankgarantie im Allgemeinen erlischt.

Anzumerken ist indessen, dass die Rückgabe der Garantieurkunde nicht in allen Fällen mit dem Erlöschen der Garantie gleichzusetzen ist. Zwar kann an die Rückgabe der Garantieurkunde im Allgemeinen die Folgerung geknüpft werden, dass der Garantienehmer damit den Garanten enthaften will. **Ausnahmsweise** kommt es aber auch vor, dass **trotz Rückgabe** der Garantieurkunde die **Garantie weiterbesteht**: Sei es, dass ein dahingehender Vorbehalt (z.B. als sog. Nachhaftzeit) ausdrücklich dokumentiert wird; sei es, dass die Urkunde zwar von einem (berechtigten oder unberechtigten) Dritten (z.B. von einem Gericht) zurückgegeben wird, dem Garantiebegünstigten jedoch (z.B. auf Grundlage einer beglaubigten Abschrift) unverändert Ansprüche zustehen. In manchen Garantie-/Bürgschaftstexten werden derartige Unwägbarkeiten ausdrücklich auszuschließen versucht, z.B. mit der Formulierung: "Die Garantie (bzw. die Bürgschaft) erlischt, sobald uns die Urkunde -auch über Dritte- zurückgegeben wird..." (vgl. auch Hermes Kreditversicherungs-AG, Information Nr. 84, 1984: S. 1f.).

Zeitpunkt und Ort des Verfalls

Im zweiten Beispiel ist eine weitere Präzisierung aufgenommen: Der Zeitpunkt der **spätesten Vorlage der schriftlichen Erklärungen** bzw. der Dokumente des Garantienehmers bei Inanspruchnahme der Bankgarantie ist auf den Ort der Niederlassung **der garantierenden Bank** bezogen.

Damit ist dem eventuellen Argument des inanspruchnehmenden Garantienehmers, dass für die fristgerechte Inanspruchnahme der Garantie der Eintritt des Garantiefalles ausreiche, sofern dieser innerhalb der Befristung der Garantie liege, der Boden entzogen. Gemäß dem Text in Beispiel 2 können vom Garantienehmer vielmehr "Garantiefälle", die zwar innerhalb der Garantiefrist eingetreten sind, jedoch nach Verfall der Garantie bei der Garantiebank geltend gemacht werden, grundsätzlich nicht mehr durchgesetzt werden.

Fristversäumnis

Der **Garantienehmer** trägt das **Risiko** der Fristversäumnis. Dies gilt nach Auffassung der Literatur und auf Grundlage des Urteils eines deutschen Gerichts selbst dann, wenn die zur Inanspruchnahme geforderten Erklärungen des Garantienehmers infolge höherer Gewalt nicht fristgerecht gegenüber der Garantiebank abgegeben werden (vgl. Zahn u.a., 1986: S. 365f., Rdn. 9/31, unter Berufung auf Nielsen; vgl. auch Graf von Westphalen, 1987: S. 333f.). In der Praxis finden sich jedoch auch Stimmen, die diese Konsequenz als nicht zwingend ansehen.

Fristbindung an das Grundgeschäft

Eine unmittelbare **Bindung** der Befristung einer Bankgarantie an Fristen bzw. Termine des korrespondierenden Grundgeschäfts (Grundgeschäftsvertrags) wird von den Banken **nicht empfohlen**. Zum einen geraten die Beteiligten in Abhängigkeit zum tatsächlichen Ablauf des Grundgeschäftes bzw. in Abhängigkeit zur Gegenpartei (z.B. zu deren guten Willen, erforderliche Bestätigungen usw. rechtzeitig abzugeben), was nicht nur dem abstrakten Rechtscharakter der Bankgarantie, sondern auch dem Sicherungsinteresse des Garantiebegünstigten zuwiderläuft. Zum anderen sind für die Garantiebank solche grundgeschäftsbezogenen Sachverhalte -je nach Lage des Falls- wenn überhaupt, dann nur schwierig nachzuprüfen.

Wirkungslose Befristung

Bei **indirekten Garantien** gilt im Verhältnis zwischen dem -aus Sicht eines deutschen Garantieauftraggebers- ausländischen Garantienehmer und der ausländischen Garantiebank regelmäßig das ausländische Recht der garantierenden Zweitbank. **Ausländische Rechtsordnungen** anerkennen indessen die Befristung bzw. das mit Eintritt des Verfalldatums "automatische" Erlöschen einer Bankgarantie nicht in allen Fällen. Im Einzelfall eröffnet sich demnach dem Begünstigten die Möglichkeit, die Garantie auch nach Ablauf der Frist in Anspruch zu nehmen, zumindest solange er die Garantieurkunde in Händen hält.
Ist bei direkten Bankgarantien ausnahmsweise ausländisches Recht anzuwenden, dann gilt es, die skizzierte Problematik auch bei dieser Garantieart im Auge zu behalten.

Ratschläge für den Garantieauftraggeber

Es liegt im Interesse der Sicherheit des Garantieauftraggebers, **im Grundgeschäftsvertrag** (Liefervertrag, Kaufvertrag u. Ä.) hinsichtlich der zu stellenden Bankgarantie

- eine **Befristung** der Bankgarantie durchzusetzen, mit der Maßgabe, dass die Garantie auch bei Nichtrückgabe der Garantieurkunde zum definierten Verfalldatum bzw. bei Garantieinanspruchnahme erlischt;
- den Zeitpunkt der **spätesten Vorlage der Erklärungen**/Dokumente des Garantienehmers bei Inanspruchnahme der Bankgarantie (den Verfalltag) auf den **Ort** der Niederlassung **der garantierenden Bank** zu beziehen (was Garantieinanspruchnahmen mittels "Garantiefällen" ausschließen dürfte, die zwar vor Verfall der Garantie eingetreten sind, die jedoch erst nach dem derart definierten Verfall der Garantie geltend gemacht werden);

- den Garantienehmer zur **Rückgabe der Garantieurkunde** (bzw. zur Abgabe einer Entlastungserklärung) im Zeitpunkt des Wegfalls des Garantiegegenstandes zu verpflichten (was -Vollzug der Rückgabe der Garantieurkunde bzw. Abgabe der Entlastungserklärung vorausgesetzt- im Allgemeinen auch unbefristete Bankgarantien bzw. befristete (indirekte) Bankgarantien, deren Befristung wegen des anzuwendenden Auslandsrechts nicht wirksam ist, zum Erlöschen bringen dürfte).

8.3.5 Abtretbarkeit

Vorteil für den Garantienehmer

Insbesondere bei Zahlungsgarantien kann es für den Garantienehmer zweckmäßig oder gar notwendig sein, wenn er das **Recht auf Inanspruchnahme** der Garantie an Dritte **abtreten** kann. Dies ist beispielsweise der Fall, wenn ein Garantienehmer einen Bankkredit beantragt, der mittels einer (Export-)Forderung (einer Forderungsabtretung an die Bank) und einer zu seinen Gunsten gestellten Zahlungsgarantie abgesichert werden soll, oder beim Verkauf von Exportforderungen (Forfaitierung/Exportfactoring), die ihrerseits durch Zahlungsgarantien abgesichert sind.

Zustimmungsvorbehalt

Indessen finden sich in den Texten der Bankgarantien häufig Klauseln, wonach die Garantie **nur mit Zustimmung der Garantiebank** abtretbar ist. Eine solche Klausel dient -zumindest bei Garantien, die nicht Zahlungsgarantien sind- im Allgemeinen dem Interesse aller Beteiligten. Zum einen, weil die Garantietexte häufig individuell auf den Sicherungsbedarf eines bestimmten Auslandsgeschäfts zugeschnitten sind, sodass es statt der Abtretung einer bestehenden Garantie im Einzelfall besser sein kann, eine neue, individuell zu gestaltende Garantie für ein Folgegeschäft -unter Löschung der bisherigen Garantie- zu erstellen. Zum anderen, weil die Rechtsbeziehungen für die Beteiligten überschaubar bleiben sollten.

8.4 Inanspruchnahme und Abwehrmöglichkeiten

8.4.1 Garantieinanspruchnahme

Grundlage der Inanspruchnahme einer Bankgarantie sind die **Bestimmungen des Garantietextes**. Demzufolge hat die **Garantiebank** insbesondere **zu prüfen**:

Bestätigung des Garantienehmers

- **Liegt die geforderte Bestätigung des Garantienehmers über den Eintritt des Garantiefalls in der festgelegten Form vor?**

  In aller Regel ist die schriftliche Form im Garantietext gefordert. Zwar dürften neben der **brieflichen** Form auch die Instrumente der schriftlichen **Telekommunikation** im Allgemeinen

diesem Anspruch genügen. Gleichwohl lassen manche Banken im Interesse der Klarheit diese Instrumente im Garantietext ausdrücklich zu oder sie schließen sie ausdrücklich aus.
Eindeutigkeit hinsichtlich der Form der Garantieinanspruchnahme und der damit verbundenen Überprüfung durch die Garantiebank ist durch die folgende Klausel gegeben:

" *Aus Identifikationsgründen gilt Ihre Inanspruchnahme unter dieser Garantie nur dann als ordnungsgemäß, wenn sie uns durch eine erstklassige Bank zugeleitet wird, mit der Bestätigung, dass Ihre Zahlungsaufforderung und Ihre vorerwähnte schriftliche Bestätigung rechtsgültig von Ihnen unterzeichnet sind. Sollte diese Bank sich hierbei geschlüsselten Fernschreibens/Telegramms oder SWIFTS bedienen, so hat sie den vollständigen Wortlaut Ihrer Zahlungsaufforderung und Ihrer oben erwähnten schriftlichen Bestätigung zu übermitteln und gleichzeitig zu bestätigen, dass die von Ihnen gültig unterzeichneten Originale dieser Dokumente an uns weitergeleitet wurden.*"

Erfüllung der Zahlungsvoraussetzungen

- **Entsprechen die vorgelegten Bestätigungen des Garantienehmers den festgelegten Zahlungsvoraussetzungen der Garantie?**

Diese Prüfung richtet sich insbesondere auf die **formelle** und inhaltliche **Übereinstimmung** der vorgelegten Bestätigungen (und eventueller weiterer Erklärungen) des Garantienehmers mit dem Wortlaut der Garantie.
Sofern gemäß den Garantiebedingungen keine zusätzlichen Erklärungen, Bestätigungen o. Ä. des Begünstigten oder Dritter vorzulegen sind, erstreckt sich die Prüfung der Garantiebank lediglich darauf, ob der Garantiebegünstigte seine Zahlungsanforderung form- und fristgerecht präsentiert.
Im Übrigen liegt es im Interesse des Garantienehmers, die Auszahlungsvoraussetzungen im Grundgeschäftsvertrag und in dessen Gefolge auch im Garantietext so eindeutig, d.h. im Allgemeinen so knapp wie möglich zu definieren, um der garantierenden Bank (bzw. im Hintergrund dem Garantieauftraggeber) keine dahingehenden Interpretationsspielräume zu belassen, die die Auszahlung der Garantie verzögern oder gar verhindern könnten.

Anzumerken ist, dass die Kreditinstitute in ihren Avalbedingungen die **Haftung** und Verantwortung für Form, Vollständigkeit, Genauigkeit, Echtheit oder Rechtswirksamkeit von Erklärungen und Dokumenten gegenüber dem Garantieauftraggeber **ausgeschlossen** haben.

Vorzulegende Dokumente

- **Entsprechen die vom Garantienehmer eventuell zusätzlich (zu seinen Bestätigungen, Erklärungen) vorzulegenden Dokumente den festgelegten Zahlungsvoraussetzungen der Garantie?**

Die Prüfung der Garantiebank entspricht grundsätzlich dem Prüfungsumfang eingereichter Dokumente bei Akkreditiven. Gegenstand der Prüfung ist die **formelle** und -soweit im Garantietext ausdrücklich formuliert- auch die inhaltliche **Übereinstimmung** der Dokumente mit den im Garantietext festgelegten Auszahlungsvoraussetzungen.

Dagegen ist das Grundgeschäft nicht Gegenstand der Prüfung der Bank, selbst wenn sich die vorgelegten Dokumente auf das Grundgeschäft beziehen (was die Regel ist): Wie bei Akkreditiven hat die Garantiebank ihre Auszahlungsentscheidung allein auf Grundlage der äußeren Aufmachung der vorgelegten Dokumente (sowie der Erfüllung der übrigen Auszahlungsvoraussetzungen) zu treffen. Jede weiter reichende Auszahlungsvoraussetzung würde dem abstrakten Rechtscharakter von Bankgarantien zuwiderlaufen.
Zu prüfen hat die Garantiebank überdies, ob gemäß den Garantiebedingungen die Vorlage von **Originalen** oder von **Kopien** Auszahlungsvoraussetzung ist.

- **Erfolgt die Inanspruchnahme der Garantie rechtzeitig vor Verfall?**

Verfall der Garantie

Die Garantiebank hat insbesondere zu prüfen, ob der Garantienehmer die geforderten Bestätigungen einschließlich der eventuell einzureichenden Dokumente **rechtzeitig vor Verfall** der Garantie am **festgelegten Ort** der Niederlassung der Garantiebank vorlegt.
Hinweis: Die Einzelheiten der Befristung einer Garantie sind in Abschnitt 8.3.4 ausführlich besprochen.

Es kommt in der Praxis auch vor, dass der Garantiebegünstigte die Garantiebank zur Zahlung mit der Maßgabe auffordert, entweder tatsächlich zu bezahlen oder aber die bestehende Bankgarantie zu **verlängern** ("extend or pay"). Sind alle übrigen Garantiebedingungen vom Garantienehmer erfüllt, dann könnte die Garantiebank die Zahlung im Allgemeinen nicht verweigern. Die alternativ zu vollziehende Verlängerung der Bankgarantie kann die Garantiebank allerdings nur mit dem Einverständnis des Garantieauftraggebers bewerkstelligen.

Auszahlung/Kontobelastung

Sofern der Garantienehmer diese und alle weiteren Garantiebedingungen erfüllt und sofern keine der im Folgenden skizzierten Einreden oder gerichtlichen Maßnahmen geltend gemacht werden, hat die Garantiebank den Auszahlungsanspruch des Garantienehmers in der Tat **auf "erstes Anfordern" zu erfüllen**.
Im Gegenzug zur Auszahlung der Garantie wird der Garantieauftraggeber zwar auf seinem **Avalkreditkonto entlastet**, zugleich **belastet** die Garantiebank den Auftraggeber jedoch mit dem Auszahlungsbetrag auf dessen **Kontokorrentkonto**.

8.4.2 Abwehr missbräuchlicher Garantieinanspruchnahmen

Vorbemerkungen

Die ungerechtfertigte Inanspruchnahme von Bankgarantien kommt **sehr selten** vor. Insoweit beziehen sich die folgenden Ausführungen auf Ausnahmesituationen. Im Übrigen ändern sich Rechtsauffassungen und Rechtsprechung, sodass der Garantieauftraggeber und die Garantiebank gehalten sind, im Falle einer missbräuchlichen Garantieinanspruchnahme die **aktuellen Abwehrmöglichkeiten** zu **erheben.**

Abwehrmöglichkeiten sehr begrenzt

Der Garantieauftraggeber sollte sich bei Vereinbarungen von Bankgarantien in Grundgeschäftsverträgen nicht der Meinung hingeben, dass er einer eventuellen Inanspruchnahme durch den Garantienehmer gegebenenfalls leicht entgegentreten könne. Vielmehr sind die Möglichkeiten zur Abwehr von Garantieinanspruchnahmen bzw. -auszahlungen äußerst begrenzt und an **strenge Voraussetzungen** geknüpft.

Rechtsmissbrauch

Wird vom Sonderfall der Ungültigkeit des Garantievertrags zwischen Garantiebank und Garantienehmer abgesehen, dann beruhen die Möglichkeiten zur Abwehr von Garantieinanspruchnahmen -sofern deutsches Recht anzuwenden ist- im Wesentlichen auf dem **Einwand des Rechtsmissbrauchs**.

Voraussetzungen

Der Einwand des Rechtsmissbrauchs gegen eine -formell begründete- Inanspruchnahme der Bankgarantie ist nur tragfähig, wenn "offensichtlich oder liquide beweisbar" (in einigen Quellen: "offensichtlich und liquide beweisbar") der Nachweis erbracht werden kann, dass der Garantiefall im Grundgeschäftsverhältnis (zwischen Garantieauftraggeber und Garantienehmer; der Bundesgerichtshof spricht von Valutaverhältnis) nicht eingetreten ist.

Skizzenhaft lassen sich die folgenden **Elemente der Tragfähigkeit des Einwandes des Rechtsmissbrauchs** festhalten:

- **"Offensichtlich"**

  " *'Offensichtlich' ist .. nur der Sachverhalt, der vom Garantie-Auftraggeber gegenüber der Bank in einer so eindeutigen, jeden vernünftigen Zweifel ausschließenden Weise dargelegt ist, dass sich die Bank dem Ergebnis, es liege ein Rechtsmissbrauch vor, nicht entziehen kann. Auslegungszweifel sind deshalb keine Basis, den Rechtsmissbrauch liquide zu begründen."*
  (Graf von Westphalen, 1987: S. 339).

- **"Liquide beweisbar"**

  " *'Liquide' Beweismittel sind in diesem Sinne -jedenfalls nach herrschender Meinung- nur eindeutige Urkunden, nicht aber eidesstattliche Versicherungen. So gesehen ist entscheidend, dass das Kriterium 'offensichtlich', weil vom BGH alternativ verwendet (vgl. 'oder') mit dem Erfordernis der 'liquiden' Beweisbarkeit als austauschbar zu werten ist" (derselbe, ebenda 1987: S. 339; vgl. auch Zahn u.a. 1986: S. 417, Rdn. 9/117).*

- **Missbrauchstatbestand**

  Weiteres und maßgebliches Element ist eine auf die Schädigung der Garantiebank bzw. des Garantieauftraggebers gerichtete (und somit missbräuchliche) Inanspruchnahme der Garantie.

  " *Erforderlich ist .., dass die konstitutiven Elemente des Missbrauchstatbestandes in objektiver und subjektiver Hinsicht nachgewiesen werden. Daraus folgt unmittelbar: In subjektiver Hinsicht ist es erforderlich, dass sich die 'liquiden' Beweismittel darauf beziehen, dass der Begünstigte jedenfalls mit bedingtem Vorsatz gehandelt hat: Der Begünstigte reklamiert danach Zahlung, ohne dass diese Rechtsposition -bezogen auf das Vertrags-*

verhältnis zwischen dem Garantie-Auftraggeber und dem Begünstigten- unter irgendeinem vernünftigerweise in Betracht kommenden rechtlichen Aspekt abgesichert ist: Nur so kann der zentrale Unterschied zwischen einer lediglich unberechtigten und einer rechtsmissbräuchlichen Inanspruchnahme einer -abstrakten- Bankgarantie verdeutlicht werden. Je offensichtlicher der Rechtsmissbrauch ist, umso geringer sind die Anforderungen, die an den -zusätzlichen- Nachweis der subjektiven Elemente zu stellen ist, um den Verschuldensvorwurf gegenüber dem Begünstigten zu begründen. Dies bedeutet freilich nicht, dass in jedem Fall eine absichtliche Schädigung erforderlich ist, um die subjektive Komponente des Rechtsmissbrauchs nachzuweisen."
(Derselbe ebenda 1987: S. 340).

Die skizzierten Voraussetzungen zeigen, welch **hohe Anforderungen** die Garantiebanken an die Darlegungen und Beweise eines Garantieauftraggebers zu stellen haben, der die Auszahlung aus der Garantie an den Garantiebegünstigten -trotz dessen formell ordnungsgemäßen Anspruchs- verhindern will.

Gerichtliche Maßnahmen/Ratschlag

Sofern deutsches Recht anzuwenden ist, kommen als gerichtliche, vom Garantieauftraggeber zu beantragende Maßnahmen zur Verhinderung der Zahlung an den Garantiebegünstigten die **einstweilige Verfügung** und der **Arrest** in Betracht. Diese Maßnahmen des einstweiligen Rechtsschutzes, die sich gegen die Garantiebank bzw. gegen den Garantiebegünstigten richten, finden in der einschlägigen Literatur eine differenzierte, zum Teil in gegensätzliche Auffassungen einmündende Erörterung.

Als **Ergebnis für den Praktiker** ist aus diesen Erörterungen letztlich die ernüchternde Erkenntnis abzuleiten, dass sich ein Garantieauftraggeber besser **nicht auf** die Erwirkung bzw. Durchsetzbarkeit dieser **gerichtlichen Eilmaßnahmen verlassen** sollte, und dies vor allem aus drei Gründen:

- Die angesprochenen Maßnahmen des einstweiligen Rechtsschutzes sind -soweit sie im Zusammenhang mit der Inanspruchnahme von Bankgarantien beurteilt werden- **keineswegs unumstritten** (vgl. beispielsweise die Darstellungen der gegensätzlichen Auffassungen zum Instrument der einstweiligen Verfügung in Zahn u.a., 1986: S. 428ff., Rdn. 9/133ff. sowie in Graf von Westphalen, 1987: S. 369ff.).
- Die **praktische Durchsetzbarkeit** dieser Maßnahmen ist -sofern sie sich gegen den ausländischen Garantiebegünstigten richtenwenn nicht unmöglich, so doch **schwierig.**
- Wenn auch in den letzten Jahren Arreste leichter durchgesetzt werden konnten, bleibt doch die grundsätzliche Beobachtung bestehen, dass die **Gerichte** entsprechenden Anträgen eher **nur in Ausnahmefällen** stattgeben, was zeigt, dass neben den Banken auch die Gerichte offenkundig nicht geneigt sind, den Sicherungscharakter der Bankgarantie und deren Abstraktheit leichtfertig auszuhöhlen.

8.5 Sonstige Merkmale der Abwicklung von Bankgarantien

8.5.1 Exportgarantieprogramme der Bundesländer

Vorbemerkung

Die folgenden Ausführungen sind vor allem für solche mittelständischen Exporteure von Interesse, deren Hausbank beantragte Bankgarantien wegen **fehlender Sicherheiten** nicht oder nur zögernd übernimmt.

Weil sich die Förderprogramme unterscheiden und die Bestimmungen im Lauf der Zeit Veränderungen erfahren, können im Folgenden lediglich **skizzenhaft** die **Grobkonturen** der Exportgarantieprogramme der Bundesländer vorgestellt werden.

Ziel: Exportförderung

Erklärtes Ziel der Exportgarantieprogramme der Bundesländer ist es, den mittelständischen Unternehmen das **Exportgeschäft zu erleichtern**, um damit die Leistungskraft des gewerblichen Mittelstandes zu stärken.

Im Allgemeinen weisen die Exportgarantieprogramme der Bundesländer die folgenden Elemente auf:

Rückgarantien

- Das Bundesland -vertreten durch eine landeseigene Einrichtung oder durch eine landeseigene Spezialbank- übernimmt sog. Rückgarantien mit folgender Konstruktion:
  - Es ist unverändert die **Hausbank** des Exporteurs, die die vom Exporteur beantragten **Garantien zu Gunsten Dritter** (zu Gunsten von Importeuren) übernimmt.
  - Zu ihrer eigenen Sicherheit erhält die garantiegewährende **Hausbank** des Exporteurs jedoch eine **Rückgarantie** vom Bundesland.

Fehlende Banksicherheiten

- Mit diesen Exportgarantieprogrammen sollen Exportgeschäfte ermöglicht werden, die ohne die Rückgarantie des Bundeslandes nicht zu Stande kämen. Es ist deswegen konsequent, wenn Rückgarantien nur übernommen werden, sofern **bankübliche Sicherheiten** des Exporteurs zur Absicherung der von der Hausbank übernommenen Garantien **nicht** in ausreichendem Umfang **zur Verfügung** stehen.

Abbildung

- Die **Abbildung 8.5-01** verdeutlicht die **Grundstruktur der Rückgarantien der Bundesländer**.

Förderungskreis

- Als Begünstigte der Exportgarantieprogramme kommen im Wesentlichen **mittelständische Exporteure** in Betracht, die leistungsfähig und zuverlässig sein müssen und die nach Möglichkeit Erfahrungen im Exportgeschäft besitzen sollten.

Quoten

- Rückgarantien werden von den Bundesländern mit bestimmten Quoten/Höchstbeträgen an den von den Hausbanken zu stellenden Garantien übernommen. Die Rückgarantien lauten auf DM.

Ausfall

- Am eventuellen Ausfall der garantiegewährenden Hausbank beteiligt sich das Bundesland mit dem übernommenen **Prozentsatz der Rückgarantie**. Sind Kreditsicherheiten für die Garantieübernahme zu Gunsten der Hausbank bestellt worden, dann haften diese Sicherheiten anteilig und gleichrangig für den rückgarantierten und für den nicht rückgarantierten Anteil.

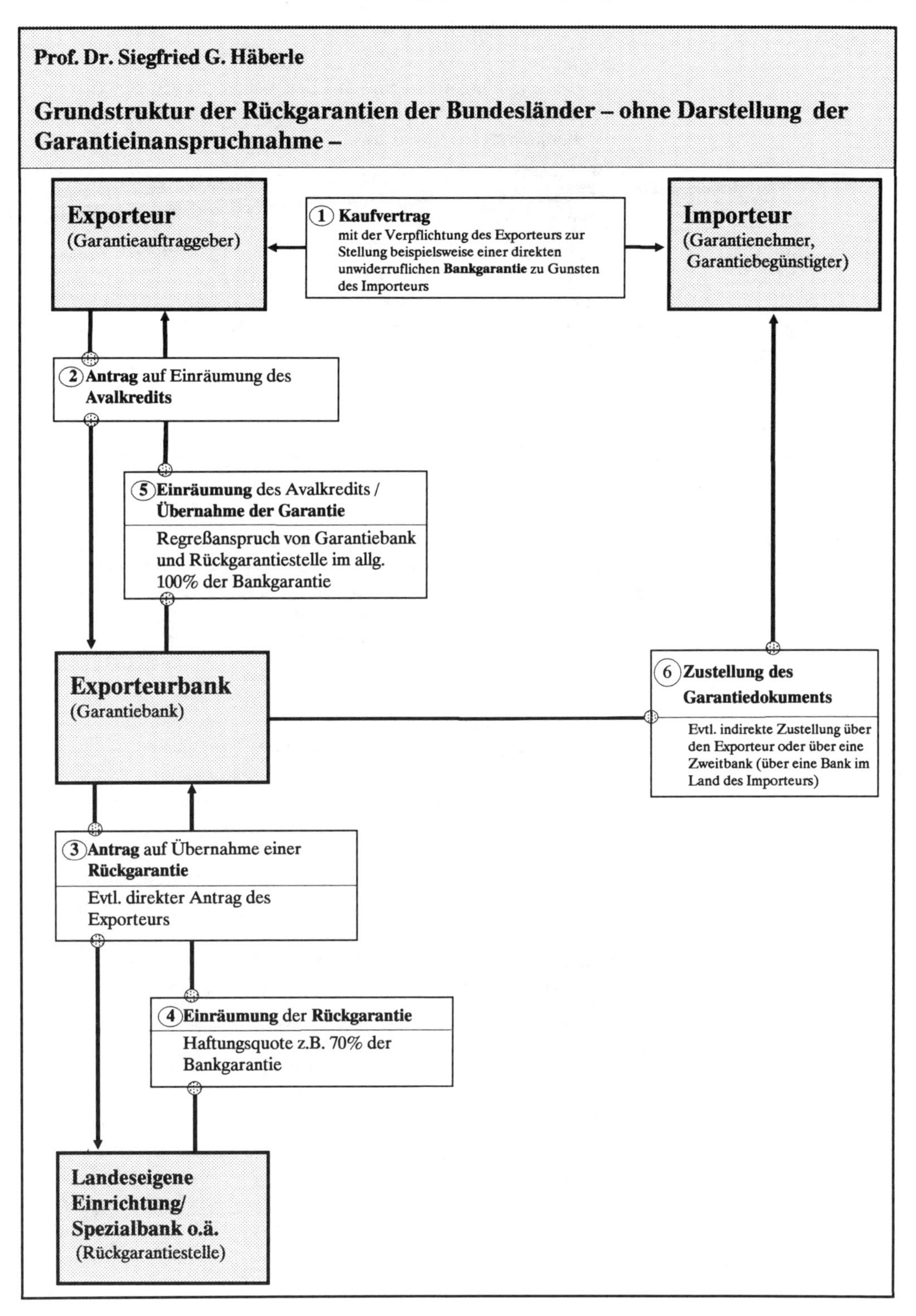

Abbildung 8.5-01

Regress

- Wie bei übernommenen Bankgarantien üblich, nehmen die Garantiebank bzw. die rückgarantierende landeseigene Einrichtung/Spezialbank **Rückgriff auf den Garantieauftraggeber** (auf den Exporteur), sofern der Garantiebegünstigte (der Importeur) die Bankgarantie beansprucht.

Kosten

- Für Rückgarantien wird von den Bundesländern eine **Provision** erhoben, deren Höhe von den Umständen des Einzelfalls abhängt.

Informationsquellen

Aktuelle sowie auf das jeweilige Bundesland speziell zutreffende Informationen erhält der Exporteur von den auslandserfahrenen **Kreditinstituten**, von **Industrie- und Handelskammern** sowie von den **wirtschafts-/exportfördernden Einrichtungen** bzw. Spezialbanken der **Bundesländer**. Letztere halten auch Merkblätter über die aufgelegten Exportförderungsprogramme bereit.

8.5.2 Absicherungsmöglichkeiten durch staatliche Ausfuhrgewährleistungen (Hermes-Deckungen)

Deckungsfähige Risiken

Unter bestimmten Voraussetzungen deckt der Bund einige der Risiken des Garantieauftraggebers (des deutschen Exporteurs), die bei der Stellung von Bietungs-, Anzahlungs-, Liefer-/Leistungs- und Gewährleistungsgarantien auftreten können.
Die Bundesdeckung ist im Wesentlichen auf die folgenden **Risiken** bzw. auf die in deren Gefolge entstehenden Verluste des Garantieauftraggebers (des deutschen Exporteurs) beschränkt:

- **Widerrechtliche Inanspruchnahme** der Bankgarantie infolge von im Ausland auftretenden **politischen Umständen**.
- (Rechtmäßige) **Inanspruchnahme** der Bankgarantie durch den Garantienehmer (Besteller), weil der **Garantieauftraggeber** (der deutsche Exporteur) seine **Verpflichtungen aus** im Ausland liegenden **politischen Gründen nicht erfüllen** kann (Anzahlungs-, Liefer-/Leistungs- und Gewährleistungsgarantien).
- **Uneinbringlichkeit des** (gerichtlich zuerkannten) **Rückzahlungsanspruchs** nach widerrechtlicher Inanspruchnahme der Bankgarantie auf Grund jener Risiken, wie sie allgemein bei Ausfuhrgarantien und Ausfuhrbürgschaften gedeckt sind.

Anmerkung: Die Deckungspraxis, insbesondere die jeweiligen Deckungsgegenstände können Veränderungen unterliegen, sodass es geboten ist, die jeweils aktuellen Bedingungen bei Hermes zu erheben. Dies gilt auch für die besonderen Bedingungen der Garantien bei Bauleistungsgeschäften.

Besonderheiten

Diese Risikodeckungen werden vom Bund entsprechend der Art und dem zeitlichen Ablauf der Bankgarantien modifiziert, was im Einzelfall zu einer Ausweitung der Deckung, aber auch zu deren Einschränkung führen kann. Beispielsweise ist die oben an zweiter

Stelle skizzierte Risikodeckung bei **Bietungsgarantien** anders definiert, nämlich als Haftung des Bundes für Verluste, wenn

> *"... die Bietungsgarantie von dem Begünstigten in Anspruch genommen wird, weil der Deckungsnehmer sein Angebot vor Beendigung des Ausschreibungsverfahrens zurückzieht oder nach Zuschlag die Übernahme des Auftrags ablehnt, weil der Bund die bereits zugesagte Deckung aus Gründen, die der Deckungsnehmer nicht zu vertreten hat, zurücknimmt. Dieses Risiko wird naturgemäß nur dann übernommen, wenn der Bund gleichzeitig für das Exportgeschäft zu einer beantragten Deckung von Fabrikations- und/oder Ausfuhrrisiken eine grundsätzliche Stellungnahme abgegeben hat. Erfolgt eine derartige grundsätzliche Stellungnahme nicht oder nur eingeschränkt, so wird das ... beschriebene Risiko nicht übernommen." (Schallehn/Stolzenburg, Garantien und Bürgschaften..., Loseblattsammlung, diverse Erscheinungsjahre: V., S. 34).*

Deutsches Embargo

Die vom Bund **gedeckten Risiken** bei Bietungs-, Liefer-, Leistungs- und Gewährleistungsgarantien umfassen auch das Risiko eines **deutschen Embargos**.

Einbeziehung in andere Deckungsformen

Von Bedeutung für den deckungssuchenden Exporteur ist, dass ein Teil der Bundes-Deckungen bei Bankgarantien **in andere Deckungsformen** des Bundes **miteinbezogen** werden, wenn für das gleiche Exportgeschäft eine **Fabrikationsrisikodeckung** bzw. eine **Ausfuhrrisikodeckung** gewährt wird.
Dies ist beispielsweise der Fall bei Liefer- und Leistungsgarantien, die in der Regel nicht allein gedeckt werden, es sei denn, dass auf Grund der Zahlungsbedingungen für die Exportforderung keine anderen als auf die Bankgarantie bezogenen abdeckbaren Risiken entstehen.
Mit gewissen Modifikationen gilt dies auch für Gewährleistungsgarantien.
Anzumerken ist, dass der Exporteur trotz der beschriebenen Einbeziehung in andere Deckungsformen einen **ausdrücklichen Antrag** auf Bundesdeckung bezüglich der Übernahme der Risiken aus Bankgarantien zu stellen hat (entsprechend anzukreuzen im Antrag auf Übernahme der Ausfuhrrisikodeckung) und dass für die Übernahme der Risiken aus Bankgarantien in dieser einbezogenen Form auch das entsprechende Entgelt zu entrichten ist.
Es gibt aber auch Bundesdeckungen bei Bankgarantien, die **unabhängig** von einer Fabrikationsrisiko- oder Ausfuhrrisikodeckung gewährt werden. Dies ist naturgemäß bei **Bietungsgarantien** der Fall.
Schließlich gilt es für Risiken aus **Anzahlungsgarantien** im angesprochenen Zusammenhang **zwei Phasen** zu beachten: Während der Laufzeit einer Fabrikationsrisikodeckung kann -auf entsprechenden Antrag- auch die Deckung für die Anzahlungsgarantie einbezogen werden. Nach Erlöschen der Fabrikationsrisikodeckung können -das Bestehen entsprechender Risiken vorausgesetzt- die Risiken einer Anzahlungsgarantie auf Antrag auch für den auf die Laufzeit

der Fabrikationsrisikodeckung folgenden Zeitabschnitt gesondert und gegenständlich gedeckt werden.

Selbstbeteiligung

Die Selbstbeteiligung des deutschen Exporteurs am Ausfall beläuft sich bei allen auf Bankgarantien bezogenen Deckungsformen **regelmäßig auf 10%**.

Entgelte

Der Bund berechnet dem deutschen Exporteur seit 1.7.1994 für die Übernahme der Risiken aus gestellten Bankgarantien **in der Länderkategorie III** ein **Entgelt in Höhe von 0,40%** aus dem **gedeckten Betrag**. Bei Deckungen der Länderkategorie I und II verringert sich dieser Entgeltsatz auf 0,13% bzw. 0,27%; bei Deckungen der Länderkategorie IV und V erhöht sich der Entgeltsatz auf 0,60% bzw. 0,80% .
Bei Deckungen von Exporteurgarantien in **Fremdwährung** mit Aufhebung der Kursbegrenzung bei Entschädigung wird ein **Zusatzentgelt** von 10 % auf das Entgelt erhoben.
Hinzu kommen die **Bearbeitungsentgelte**.

8.5.3 Kosten von Bankgarantien

Risikoprämie

Die von den Banken den Garantieauftraggebern in Rechnung gestellte **Avalprovision** (zum Teil als Kommission o. Ä. bezeichnet) ist primär als Risikoprämie zu interpretieren: Solange der Garantiefall nicht eintritt, braucht die garantierende Bank **Kapital nicht einzusetzen**, sodass die Berechnung von Zinsen entfällt.

Höhe

Die Höhe der Avalprovision **streut** in der Praxis stark, weil sie -angesichts der folgenden Einflussfaktoren- nur **individuell kalkuliert** und festgelegt werden kann. Die Höhe ist insbesondere abhängig

- von der **Kreditwürdigkeit des Garantieauftraggebers**, weil sich die Bank im Garantiefall regelmäßig den Rückgriff auf den Garantieauftraggeber vorbehält;
- von den **Sicherheiten**, die der Garantieauftraggeber der Bank zur Verfügung stellen kann;
- von der **Art der Garantie** (beispielsweise ist eine Anzahlungsgarantie für die Bank dann mit geringeren Risiken verbunden, wenn der Exporteur die empfangene Anzahlung zur nachhaltigen Rückführung seines Kontokorrentkreditkontos verwendet oder gar als Festgeld anlegt).

Dagegen tritt die Einschätzung der **Eintrittswahrscheinlichkeit des Garantiefalls** durch die Bank als Einflussfaktor auf die Höhe der Avalprovision eher in den Hintergrund.

Verhandlungsspielraum

Wegen des Rückgriffrechts der Bank auf den Garantieauftraggeber im Garantiefall ist dessen Kreditwürdigkeit der gewichtigste Einflussfaktor auf die Höhe der Avalprovision. Bei **unbedenklicher Bonität** des Garantieauftraggebers ist das Risiko der Bank minimal, was einem solchen Garantieauftraggeber einen entsprechenden **Verhandlungsspielraum** über die Höhe der zu berechnenden Avalprovison eröffnet.

Sonstige Kosten

Neben der Avalprovision stellen die Banken zum Teil ein Entgelt für die **Ausfertigung** der Garantie (Erstellungsprovision) sowie die anfallenden **Auslagen** (z.B. bei indirekten Garantien) und -falls zutreffend- die Aufwendungen bei der Prüfung von Dokumenten in Rechnung.

Berechnungsmethoden

Die Berechungsmethoden der Banken bei der Berechnung der Avalprovision sind unterschiedlich.
Manche Banken berechnen die Avalprovision analog den Methoden der Zinsrechnung: **Tag- und betraggenau** entsprechend der jeweiligen Inanspruchnahme des Avalkredits durch den Garantieauftraggeber. Für den Garantieauftraggeber ist diese Berechnungsmethode im Allgemeinen am günstigsten.
Andere Banken berechnen die Avalprovision nach dem Stand der Inanspruchnahme des Avalkredits **zu Beginn eines Quartals bzw. Monats**, d.h. für jedes angefangene Quartal bzw. für jeden angefangenen Monat wird die volle Provision berechnet.
Zu beachten hat der Garantieauftraggeber bei der Berechnung der Avalprovision auch, dass die Banken Garantien, bei denen (nach ausländischem Recht) die Befristung nicht wirksam ist, erst ausbuchen, wenn die Garantieurkunde zurückgegeben oder vom Garantienehmer eine Haftungsentlastungserklärung abgegeben wird.

9 Ausfuhrversicherungen

9 Ausfuhrversicherungen

9.1 Privatwirtschaftliche Ausfuhrkreditversicherungen

9.1.1 Charakterisierung und Grundstruktur

Vorbemerkungen

- Die Bedeutung privatwirtschaftlicher Ausfuhrkreditversicherungen wird in Zukunft zunehmen, weil sich der **Bund aus der Absicherung kurzfristiger sog. marktfähiger Risiken zurückzieht**: So werden beispielsweise seit dem 1. Oktober 1997 grundsätzlich **keine Deckungen** mehr für **wirtschaftliche** Risiken aus kurzfristigen Geschäften bis zu zwei Jahren Kreditlaufzeit mit **privaten** Schuldnern in den Ländern Australien, Belgien, Dänemark, Finnland, Frankreich, Griechenland, Irland, Island, Italien, Japan, Kanada, Luxemburg, Neuseeland, Niederlande, Norwegen, Österreich, Portugal, Schweden, Schweiz, Spanien, Vereinigtes Königreich und Vereinigte Staaten übernommen.
- Die **Versicherungsbestimmungen** der privatwirtschaftlichen Ausfuhrkreditversicherungen (z.B. die Definition der Deckungsgegenstände in inhaltlicher und zeitlicher Hinsicht, die Abwicklung, die Konditionen usw.) unterliegen **Veränderungen**. Die folgenden Ausführungen können deswegen nur einen einführenden und unverbindlichen Charakter tragen. Die jeweils aktuell gültigen Versicherungsbestimmungen über die (Ausfuhr-)Kreditversicherungen erhält der Interessent von den unten genannten und von weiteren Gesellschaften.

Delkrederefunktion

Die privatwirtschaftliche Ausfuhrkreditversicherung (Exportkreditversicherung, Warenkreditversicherung) deckt das **Forderungsausfallrisiko** des Exporteurs bei Zahlungsunfähigkeit seines Abnehmers (Delkredereversicherung). Unter bestimmten Voraussetzungen können auch das Risiko des **Zahlungsverzugs** sowie -bei Spezialanfertigungen- das **Fabrikationsrisiko** des Exporteurs und weitere Risiken in die Versicherung einbezogen werden.
An Schäden ist der Versicherte regelmäßig mit einem sog. **Selbstbehalt** (einer Selbstbeteiligung) beteiligt.

Bonitätsprüfung

Neben der Übernahme des Delkredererisikos erfüllen die Kreditversicherungsgesellschaften Dienstleistungsfunktionen, deren wichtigste die **qualifizierte Prüfung** der **Kreditwürdigkeit der Abnehmer** des Exporteurs ist. Die Kreditversicherungsgesellschaften verfügen über Informationsquellen, zu denen ein Exporteur im Allgemeinen keinen Zugang hat (z.B. durch Kooperation mit den ausländischen Kreditversicherungsunternehmen). Die Ergebnisse der Bonitätsprüfung erhält der Exporteur mitgeteilt, was ihn nicht nur vor Forderungsausfällen -in Höhe seines Selbstbehalts (seiner Selbstbeteiligung)- schützt, sondern was ihm auch umsichtige Dispositionen gegenüber den Abnehmern ermöglicht.

Ausschluss politischer Risiken

Die **Deckung politischer Risiken** (Länderrisiken) wird von den privaten Kreditversicherungsgesellschaften regelmäßig **ausgeschlossen**. Zum Teil geschieht dies in den Bedingungen ausdrücklich, zum Teil wird die Übernahme politischer Risiken indirekt dadurch ausgeschlossen, dass Forderungen an Importeure in bestimmten risikobehafteten Ländern oder Ländergruppen im Einzelfall nicht versichert werden.

In den "Allgemeinen Bedingungen für die Warenkreditversicherung S-Europa" schließt beispielsweise die Allgemeine Kreditversicherung AG politische und ähnliche Risiken mit der folgenden Formulierung aus: "Nicht ersetzt werden Forderungsausfälle, bei denen der Versicherer nachweist, daß sie durch

- **Krieg, kriegerische Ereignisse, innere Unruhen,**
- **Streik, Beschlagnahme**,
- **Behinderung des Waren- und Zahlungsverkehrs von hoher Hand**,
- **Naturkatastrophen** oder durch **Kernenergie**

mitverursacht wurden. Ist nicht festzustellen, ob eine der Ursachen vorliegt, so entscheidet die überwiegende Wahrscheinlichkeit" (vgl. ebenda, § 1, Ziff. 3; Hervorhebungen durch den Verf.).

Ausschluss von Wechselkursrisiken

Kreditversicherungsgesellschaften übernehmen in der Regel **keine Wechselkursrisiken** vom Exporteur. Vertragswährung für Versicherungssummen, Prämienzahlungen und Entschädigungsleistungen ist vielmehr -zumindest bei den deutschen Anbietern von Warenkreditversicherungen- die Deutsche Mark.
Im Schadensfall entschädigt beispielsweise die Allgemeine Kreditversicherung AG bei der Warenkreditversicherung S-Europa Fremdwährungsforderungen auf Grundlage des aktuellen Mittelkurses der Frankfurter Devisenbörse am Tag des Eintritts des Versicherungsfalls, jedoch zu keinem höherem Wechselkurs als er am Tag der Lieferung oder Leistung Gültigkeit hatte.

Auch für Klein- und Mittelbetriebe

Die Ausfuhrkreditversicherung ist keineswegs nur auf Großbetriebe zugeschnitten. Die Versicherungsgesellschaften bieten auch den Klein- und Mittelbetrieben Versicherungsschutz an, und zwar zum Teil als **verbundene Versicherung**, die Inlands- und Auslandsforderungen einschließt (z.B. die Europa-Police der Allgemeinen Kreditversicherung AG Mainz und die Warenkreditversicherung-S der Hermes Kreditversicherungs-AG).

Anbieter

Warenkreditversicherungen/Ausfuhrkreditversicherungen bieten unter anderen die folgenden Versicherungsgesellschaften an:

- Allgemeine Kreditversicherung AG,
  Postfach 12 09, 55002 Mainz
- Gerling-Konzern Speziale Kreditversicherungs-AG,
  Postfach 10 08 08, 50597 Köln
- Hermes Kreditversicherungs-AG,
  Postfach 50 07 40, 22707 Hamburg

- R + V Allgemeine Versicherung AG,
  65181 Wiesbaden
- Zürich Kautions- und Kreditversicherungs AG,
  Postfach 17 05 40, 60079 Frankfurt am Main.

Diese Gesellschaften unterhalten Niederlassungen bzw. Außendienste in Deutschland. Neben diesen Gesellschaften gewähren weitere inländische und auch ausländische Versicherungsunternehmen Versicherungsschutz für Warenkredite/Ausfuhrkredite.

Vertrag

Der Inhalt des zwischen Exporteur und Versicherungsgesellschaft geschlossenen Vertrags wird auf die **individuellen Verhältnisse des Exporteurs** zugeschnitten. Dies gilt beispielsweise für Art und Umfang der versicherten Forderungen ebenso wie für die Höhe der zu zahlenden Versicherungsprämie. Die im Folgenden beschriebenen Merkmale spiegeln deswegen nur grobe Anhaltspunkte wider. Der Vertrag des Exporteurs mit der Versicherungsgesellschaft läuft im Allgemeinen zunächst ein Jahr, wobei vereinbart ist, dass sich das Vertragsverhältnis um jeweils ein weiteres Jahr verlängert, sofern nicht auf einen bestimmten Stichtag hin gekündigt wird.

Andienungspflicht

Die **versicherten Forderungen** werden im Vertrag **definiert**. Versicherungsgegenstand können alle Exportforderungen oder eine bestimmte Kategorie sein. Der Exporteur hat der Versicherungsgesellschaft alle im Vertrag festgelegten Forderungen anzudienen. Damit sucht die Versicherungsgesellschaft auszuschließen, dass der versicherte Exporteur seine Forderungen selektiert und die "schlechten Risiken" auf die Versicherungsgesellschaft zu überwälzen trachtet.

Begrenzung des Versicherungsschutzes

Die individuelle Vertragsgestaltung ermöglicht auch die Vereinbarung, dass der Exporteur nur **Exportforderungen** ab einem bestimmten **Mindestbetrag** bei der Versicherungsgesellschaft versichert. Der Exporteur hat bei dieser Möglichkeit aber abzuwägen, ob die damit verbundene Einsparung der Versicherungsprämie das weiterhin zu tragende Risiko und den verbleibenden Aufwand der Bonitätsprüfung in Bezug auf die nicht versicherten (Klein-)Abnehmer rechtfertigt.

Bisheriger Forderungsbestand

Im Einzelfall und nach näherer Überprüfung sind die Kreditversicherungsgesellschaften bereit, dem Exporteur auch für jene **Exportforderungen Versicherungsschutz** zu gewähren, die **vor Abschluss des Versicherungsvertrags** entstanden sind.

Selbstbehalt (Selbstbeteiligung)

Die Versicherungsbedingungen sehen vor, dass der Exporteur im Schadensfall einen Teil des Forderungsausfalls selbst trägt. Bei der Ausfuhrkreditversicherung der Hermes Kreditversicherungs-AG beläuft sich die Selbstbeteiligung **beispielsweise auf 25% des Schadens.** Es steht dem Versicherungsnehmer grundsätzlich frei, mit der Versicherungsgesellschaft eine Selbstbeteiligung in **anderer Höhe** zu vereinbaren, als sie die Standardbedingungen vorsehen, zumal damit auch eine entsprechende Prämienanpassung verbunden ist.
Es ist keine Frage, dass die Selbstbeteiligung den Exporteur bei der Abwicklung von Exportgeschäften zu mehr Umsicht und Risikobewusstsein anregt als bei einer Vollversicherung.

Art/Laufzeit der Exportforderungen

Versichert sind Kredite (Zahlungsziele) des Exporteurs aus **Warenlieferungen und Dienstleistungen** an gewerbliche Abnehmer im Ausland. Die versicherbare Forderungslaufzeit beläuft sich im Allgemeinen **auf bis zu 180 Tagen**.

Investitionsgüterkreditversicherung

Ist der Exporteur gezwungen, dem Importeur (oder einem inländischen Abnehmer) **längerfristige Zahlungsziele** einzuräumen, dann hat er die Möglichkeit, das Forderungsausfallrisiko durch eine Investitionsgüterkreditversicherung abzusichern. Eine derartige Absicherung kann zunächst wegen der längeren Forderungslaufzeit erwägenswert sein. Wegen der schwierigen Verwertbarkeit insbesondere solcher Investitionsgüter, die nach den Plänen der Auftraggeber gefertigt werden, ist darüberhinaus auch an die Versicherung des Fabrikationsrisikos des Exporteurs beim Kreditversicherungsunternehmen zu denken. In Aufbau und Ablauf entspricht die Investitionsgüterkreditversicherung weitgehend der Ausfuhrkreditversicherung bzw. der inlandsbezogenen Warenkreditversicherung. Auf die Investitionsgüterkreditversicherung wird deswegen im Folgenden nicht mehr vertiefend eingegangen.

9.1.2 Abwicklung

Bonitätsprüfung der Abnehmer

Die Kreditversicherungsgesellschaft unterzieht die Kunden des Exporteurs einer intensiven Kreditwürdigkeitsprüfung. Dazu nutzt sie verschiedene **Informationsquellen**, die dem Exporteur bei eigenen Kreditwürdigkeitsprüfungen seiner Abnehmer weder in diesem Umfang noch in dieser Qualität zur Verfügung stehen:

- Auskünfte von ausländischen Kreditversicherungsgesellschaften,
- Auskünfte von Banken und von gewerblichen Auskunfteien,
- Auskünfte anderer Versicherter über das Zahlungsverhalten des relevanten Abnehmers,
- Auswertung von Geschäftsberichten u. ä. Unterlagen des Abnehmers,
- Selbstauskünfte des Abnehmers bis hin zu Kreditgesprächen mit dem Abnehmer.

Welche der Informationsquellen im Einzelfall von der Versicherungsgesellschaft genutzt werden, hängt von der Kredithöhe, der Kreditlaufzeit, dem Abnehmerland und von vielen weiteren Faktoren ab. Das Instrument der Selbstauskunft und die Auswertung von Geschäftsberichten u. Ä. kommen im Allgemeinen nur bei Inlandsforderungen infrage.

Limit pro Abnehmer

Auf Grundlage dieser Kreditwürdigkeitsprüfung trifft die Versicherungsgesellschaft die **Entscheidung**, ob sie **Deckung** erteilt und gegebenenfalls bis zu welcher Höhe. Dieses sog. Limit pro Abnehmer steht dem Exporteur als Versicherungsschutz im Zeitablauf **revolvierend** zur Verfügung.

Laufende Kreditüberwachung

Neben dieser aufwändigen Kreditwürdigkeitsprüfung, wie sie insbesondere bei Neukunden Anwendung findet, überwacht die Kreditversicherungsgesellschaft die Kreditwürdigkeit des **Abnehmerstamms des Exporteurs** laufend.

Auskünfte an den Exporteur

Der Exporteur profitiert von den Erkenntnissen seines Kreditversicherers, weil dieser sich nicht auf die bloße Mitteilung der Gewährung oder Ablehnung des Versicherungsschutzes beschränkt, sondern den Exporteur auch mit **umfassenderen Informationen** über die wirtschaftliche Situation der Abnehmer in Kenntnis setzt und den Exporteur im Zweifel frühzeitig warnt (sog. Frühwarnsystem).

Selbstprüfung durch den Versicherungsnehmer

Diese weit reichende Kreditwürdigkeitsprüfung und Kreditüberwachung der Versicherungsgesellschaft ist kostspielig und schlägt sich letztlich in den **Versicherungsprämien** bzw. gesondert zu bezahlenden **Kreditprüfungsprovisionen** nieder. Neben der bereits erwähnten Möglichkeit, im Versicherungsvertrag kleinere Forderungen vom Versicherungsschutz auszuschließen (wie sie beispielsweise die Hermes Ausfuhrkreditversicherung bietet), sieht die Europa-Police der Allgemeinen Kreditversicherung AG vor, dass der Versicherungsnehmer bei gegebenem Versicherungsschutz die **Kreditwürdigkeit** seiner **Abnehmer** bei kleineren Forderungen **selbst prüft**. Dazu erteilt die Versicherungsgesellschaft **Prüfungsleitlinien**, die der Versicherte anzuwenden hat. Anzumerken ist allerdings, dass der Versicherte Gefahr läuft, den Versicherungsschutz für die selbst geprüften Forderungen im Schadensfall zu verlieren, wenn er die Prüfungsleitlinien der Gesellschaft nicht exakt beachtet hat.

Online Kreditanträge/ Online Deckungszusage

Die Kreditversicherungsunternehmen haben einen großen Datenbestand über gewerbliche Käufer (sog. Adressen) im In- und Ausland. Ein kreditversicherter Lieferant hat **Online-Zugriff** auf diese Adressen, wozu ihm der Kreditversicherer die entsprechende Software zur Verfügung stellt. Der Lieferant kann beispielsweise Online eine **Entscheidung des Kreditversicherers** herbeiführen, ob dieser bereit ist, ein Zahlungsziel an einen neuen Abnehmer zu versichern. Entsprechende Online-Kreditanträge kann der Lieferant auch bezüglich der selbst zu prüfenden (kleineren) Abnehmer stellen und Online Deckungszusage, Teildeckung bzw. Ablehnung erlangen.

Lieferung unter Eigentumsvorbehalt

Zur Sicherung ihrer eigenen Ansprüche hat die Versicherungsgesellschaft ein Interesse daran, dass die **Forderungen** des versicherten Lieferanten an seine Abnehmer **durch Eigentumsvorbehalt abgesichert** sind. Weil manche (inländischen) Abnehmer in ihren Einkaufsbedingungen jedoch versuchen, derartige Vorbehalte auszuschließen und weil sich im Ausland die Rechtslage zum Teil anders darstellt oder weil wegen fehlender gesetzlicher Vorschriften ein Eigentumsvorbehalt gar nicht vereinbart werden kann, muss der Exporteur frühzeitig den dahingehenden Rat der Versicherungsgesellschaft einholen. Analoges gilt hinsichtlich eines eventuell im Kaufvertrag vereinbarten **Pfandrechts** des Lieferanten/Exporteurs.

Marketingvorteile

Gewährt die Kreditversicherungsgesellschaft Versicherungsschutz, dann eröffnet sich dem Exporteur der marketingpolitisch bedeutsame Vorteil, dass er seinen **Abnehmern die Kreditspielräume erhöhen bzw. verlängern** kann. Auch neuen Kunden kann der Exporteur auf dieser Grundlage bereits bei der ersten Lieferung ein Zahlungsziel einräumen. Zu bedenken hat der Exporteur allerdings sein Restrisiko in Form der Selbstbeteiligung im Schadensfall.

Lieferung auf eigenes Risiko

Lehnt die Kreditversicherungsgesellschaft die Übernahme der Deckung ab, dann bleibt es dem Exporteur unbenommen, an seinen Abnehmer auf eigenes Risiko zu liefern. Analoges gilt, wenn der Exporteur durch weitere Lieferungen das von der Versicherungsgesellschaft bei einem Abnehmer **gesetzte Limit überschreitet** oder Auflagen der Versicherungsgesellschaft (z.B. bezüglich der Dauer der einzuräumenden Zahlungsziele) nicht beachtet.

Abtretung der Entschädigungsansprüche

Der Exporteur kann seine Entschädigungsansprüche, die er im Schadensfall an die Versicherungsgesellschaft hat, **an seine Bank abtreten**. Dadurch erhöht sich der Wert eines zur Kreditsicherung an die Bank abgetretenen Forderungsbestandes und damit der Kreditspielraum des Exporteurs.

Erhöhung der Kreditwürdigkeit

Mit Abschluss eines Ausfuhrkreditversicherungsvertrags erhöht der Exporteur überdies seine **eigene Kreditwürdigkeit**. Zum einen, weil Insolvenzen seiner Abnehmer nur noch begrenzt (in Höhe der Selbstbeteiligung) auf ihn durchschlagen. Zum anderen, weil Zahlungsausfälle (und damit zu leistende Selbstbeteiligungen im Schadensfall) wegen der fundierten Bonitätsprüfung der Abnehmer des Exporteurs durch die Versicherungsgesellschaft ohnehin weniger wahrscheinlich werden.

9.1.3 Entschädigung

Schadensregulierung

Der **vereinbarte Versicherungsumfang** bestimmt die Definition des Schadens und den Ablauf der Schadensregulierung.

Definition der Zahlungsunfähigkeit

Erstreckt sich der vereinbarte Versicherungsschutz auf den Forderungsausfall durch Zahlungsunfähigkeit des Abnehmers, dann ist zunächst der Frage nachzugehen, welche **Ereignisse** als Zahlungsunfähigkeit des Abnehmers definiert sind und zu welchem **Zeitpunkt** sie als eingetreten gelten. In der Regel sehen die Versicherungsgesellschaften die Zahlungsunfähigkeit eines Abnehmers erst dann als eingetreten an, wenn

- das **Konkursverfahren** eröffnet oder dessen Eröffnung vom Gericht mangels Masse ablehnt worden ist oder
- das **gerichtliche Vergleichsverfahren** zur Abwendung des Konkurses eröffnet worden ist oder
- mit sämtlichen Gläubigern ein **außergerichtlicher Liquidations- oder Quotenvergleich** zu Stande gekommen ist oder
- eine **Zwangsvollstreckung** des versicherten Lieferanten beim Abnehmer nicht zur vollen Befriedigung geführt hat.

Nur bei ausländischen Abnehmern anerkennen die Versicherungsgesellschaften als Zahlungsunfähigkeit in der Regel auch an, wenn infolge nachgewiesener ungünstiger Umstände eine **Zahlung** des Importeurs **aussichtslos** erscheint, z.B. weil eine Zwangsvollstreckung, ein Konkursantrag oder eine andere gegen den Abnehmer gerichtete Maßnahme des Exporteurs keinen Erfolg verspricht.

Definition des Entschädigungsbetrags

Die Versicherungsgesellschaft entschädigt dem Exporteur den Ausfall in Höhe des **versicherten Forderungsumfangs**, jedoch ohne die Kosten der Rechtsverfolgung. Aufrechnungen mit eventuellen Gegenforderungen an den Abnehmer sind zuvor vorzunehmen. Ebenso sind eventuelle Erlöse aus Eigentumsvorbehalten und aus der Verwertung sonstiger Rechte und Sicherheiten zu berücksichtigen. Von dem derart definierten Forderungsausfall zieht die Versicherungsgesellschaft schließlich noch die vereinbarte **Selbstbeteiligung** des Exporteurs ab.
Die Versicherungsverträge sehen im Allgemeinen vor, dass die Versicherungsgesellschaft Bagatellentschädigungen nicht vorzunehmen hat.

Höchstentschädigung

Die Versicherungsgesellschaften begrenzen die Entschädigung für die in einem **Versicherungsjahr** eingetretenen Versicherungsfälle zum Teil auf einen Höchstbetrag.
Bei günstigem **Konjunkturverlauf** dürfte diese Begrenzung der Entschädigung für den Exporteur nicht von Belang sein, zumal die Versicherungsgesellschaft die Risiken durch die intensive Bonitätsprüfung der Abnehmer weitgehend auszuschalten trachtet. In Phasen eines konjunkturellen Niedergangs, der u.a. durch einen starken Anstieg der **Insolvenzen** gekennzeichnet ist, stellt sich dagegen durchaus die Frage, ob diese Höchstgrenze zur Sicherung des Exporteurs ausreicht.

Entschädigungszeitpunkt

Der späteste Entschädigungszeitpunkt ist in den Versicherungsbedingungen unterschiedlich geregelt. Die Hermes Ausfuhrkreditversicherung sieht vor, dass Schadensfälle **innerhalb von 3 Monaten abgerechnet** werden, und zwar auch vorläufig, sofern die endgültige Höhe des Forderungsausfalls noch nicht feststeht. In der Europa-Police der Allgemeinen Kreditversicherung AG ist festgelegt, dass der Versicherer den Entschädigungsbetrag spätestens **4 Wochen** nach Zugang der vollständig ausgefüllten **Schadensanzeige** zahlt.

Neben diesen Zeiträumen ist für den versicherten Exporteur vor allem von Bedeutung, dass zwischen der Fälligkeit seiner Exportforderung und der in den Versicherungsbedingungen als Entschädigungsvoraussetzung geforderten **förmlichen Feststellung der Zahlungsunfähigkeit** des Importeurs ein langer Zeitraum liegen kann. Die möglichen Auswirkungen dieser Bedingung auf die Liquidität, aber auch auf die Rentabilität des Exporteurs sind offenkundig.

Schadensregulierung bei Zahlungsverzug (protracted default)

Zur Abwendung der skizzierten Auswirkungen kann der Versicherungsnehmer beantragen, dass die Kreditversicherungsgesellschaft auch das **Risiko des Zahlungsverzugs** mitversichert. Unter bestimmten, auf den Einzelfall abgestellten Voraussetzungen und gegen entsprechende Prämienzahlung sind die Versicherungsgesellschaften bereit, Deckung zu erteilen.
Der **Versicherungsfall** gilt bei Mitversicherung dieses Risikos als eingetreten, wenn der **Abnehmer nicht innerhalb eines** im Versicherungsvertrag **festgelegten Zeitraums nach Fälligkeit** der versicherten Forderung **bezahlt** hat. Der Kreditversicherer entschädigt

den Exporteur bereits zu diesem Zeitpunkt mit dem oben definierten Entschädigungsbetrag, ohne dass die Zahlungsunfähigkeit des Importeurs eingetreten und förmlich festgestellt sein muss. Durch Mitversicherung des Zahlungsverzugs des Abnehmers halten sich die nachteiligen Auswirkungen auf die Liquidität des Exporteurs im Schadensfall in engen Grenzen.

9.1.4 Versicherungsprämie

Grundlagen

Grundlage für die Berechnung der Versicherungsprämie ist in der Regel der **Umsatz** des Versicherungsnehmers. Sind nur Inlandsforderungen versichert, ist der Inlandsumsatz des Versicherten Grundlage; schließt der Versicherte eine Ausfuhrkreditversicherung ab, dann ist es sein Exportumsatz. Bei der Europa-Police der Allgemeinen Kreditversicherung AG sowie bei der Warenkreditversicherung-S der Hermes Kreditversicherungs-AG bildet dagegen der Gesamtumsatz die Grundlage, da im Rahmen dieser Police Inlands- und (begrenzt) Auslandsforderungen versichert sind. Im Allgemeinen ist die **Versicherungsprämie** nach der Höhe des Umsatzes **gestaffelt**: Mit steigenden Jahresumsätzen sinkt die Höhe der als Promillesatz ausgedrückten Versicherungsprämie.
Ein weiteres Kriterium für die Höhe der festzulegenden Versicherungsprämie ist die **Dauer** des den Abnehmern durchschnittlich **eingeräumten Zahlungsziels.**

Individuell vereinbarte Prämiensätze

Von den speziell auf den Mittelstand ausgerichteten Warenkreditversicherungen (z.B. der Warenkreditversicherungs-S oder der Europa-Police) abgesehen, bieten die Kreditversicherungsgesellschaften ihre Leistungen **nicht** zu **feststehenden Prämiensätzen** an. Ebenso wie die übrigen Vereinbarungen im Versicherungsvertrag auf die Verhältnisse des Versicherungsnehmers zugeschnitten sind, wird auch die Versicherungsprämie individuell vereinbart. Wichtige Bezugsgrößen sind die jeweilige Umsatzhöhe, die Branche und die Zahlungsziele.

Als grober **Anhaltspunkt** kann dienen, dass sich bei Ausfuhrkreditversicherungen die Jahresprämie ungefähr auf **4 bis 5 ‰** (zuzüglich Versicherungssteuer) des **jährlichen Exportumsatzes** des Exporteurs beläuft. Bei einem jährlichen Exportumsatz des Exporteurs von beispielsweise 10 Mill. DM sind dies etwa DM 45.000.-- p.a. zuzüglich Versicherungssteuer.

Bei der Europa-Police der Allgemeinen Kreditversicherung AG (analog gilt dies auch für die Warenkreditversicherungs-S der Hermes Kreditversicherungs-AG) ist die Versicherungsprämie nicht nur nach der Höhe des Umsatzes gestaffelt, sondern auch nach **Prämienklassen** gegliedert: Entschädigungsleistungen der Versicherungsgesellschaft führen zur Einstufung in eine höhere Prämienklasse und damit zu höheren Prämiensätzen in den folgenden Versicherungsjahren. Bei Schadensfreiheit verringert sich der Prämiensatz dagegen.

9.1.5 Ratschläge

Ratschläge an Versicherungsnehmer und an Interessenten

Vorteile

Der Abschluss einer Ausfuhrkreditversicherung ist erwägenswert, wenn

- sich der Exporteur dem (zunehmenden) **Begehren** seiner ausländischen Abnehmer nach Einräumung von **Zahlungszielen** ausgesetzt sieht,
- der Exporteur Schwierigkeiten hat, fundierte **Auskünfte** über die Kreditwürdigkeit seiner ausländischen Abnehmer zu beschaffen,
- die **Abschreibungen** bzw. Wertberichtigungen auf Exportforderungen in der Vergangenheit hoch waren,
- es dem Exporteur schwer fällt, ein eigenes qualifiziertes **Debitorenmanagement** zur Kreditwürdigkeitsprüfung und Kreditüberwachung seiner ausländischen Abnehmer sowie zum Forderungsinkasso aufzubauen,
- der Exporteur **Folgen** von Forderungsfällen auf die eigene Liquidität und Rentabilität **weitgehend auszuschließen** sucht,
- der Exporteur seinen **Forderungsbestand** an eine Bank als **Kreditsicherheit** abtreten und damit eine Erweiterung seines Kreditrahmens anstreben will.

Grenzen der Risikoüberwälzung

Der Exporteur hat die Grenzen der Risikoüberwälzung auf die Versicherungsgesellschaft zu bedenken.

Vom **Versicherungsschutz** sind **ausgeschlossen**

- die **politischen Risiken**
- sowie das **Wechselkursrisiko** bei Fremdwährungsforderungen.

Das Risiko des **Zahlungsverzugs** sowie das **Fabrikationsrisiko** können nur unter bestimmten Voraussetzungen und nur auf ausdrücklichen Antrag des Exporteurs -gegen entsprechende Prämienerhöhung- einbezogen werden.

Die **Schadensregulierung** kann sich wegen der erforderlichen förmlichen Feststellung der Zahlungsunfähigkeit des Importeurs und wegen der anschließenden Abwicklung bei der Versicherungsgesellschaft **verzögern**.

Die **Selbstbeteiligung** des Exporteurs im Schadensfall ist **relativ hoch**.

Verhandlungsspielraum

Von den Standardpolicen (wie z.B. der Europa-Police der Allgemeinen Kreditversicherung AG und der Warenkreditversicherungs-S der Hermes Kreditversicherungs-AG) abgesehen, wird die Höhe der **Versicherungsprämie** mit dem Exporteur entsprechend seiner Risikosituation **individuell vereinbart**.

Diese Vorgehensweise eröffnet dem Exporteur einen Verhandlungsspielraum, der insbesondere von folgenden Faktoren bestimmt ist:

- von den **Forderungsausfällen** des Exporteurs in der **Vergangenheit**,
- vom Ergebnis der **Prüfung der Kreditwürdigkeit** der Abnehmer des Exporteurs durch die Versicherungsgesellschaft,
- von der Neigung des Exporteurs, auch an **Abnehmer minderer Bonität** zu liefern,
- von der **Absicherung der Forderungen**, z.B. durch Eigentumsvorbehalt (sofern der Eigentumsvorbehalt bei Exportforderungen überhaupt möglich und ggf. realisierbar ist),
- von der **Streuung der Abnehmer** nach Größe und Branchen (einerseits ist eine starke Streuung der Abnehmer von der Versicherungsgesellschaft erwünscht, weil sich dadurch deren Risiko verringert; andererseits erhöht sich der Aufwand der Versicherungsgesellschaft für die Kreditwürdigkeitsprüfung und Kreditüberwachung bei starker Streuung der Abnehmer beträchtlich),
- von den **Importländern**, weil dort häufig große Unterschiede hinsichtlich der Zahlungsmoral, der Rechtsordnung sowie der Durchsetzungsfähigkeit von Ansprüchen bestehen,
- von der durchschnittlichen **Laufzeit** der den Abnehmern eingeräumten **Zahlungsziele**,
- von der Einschätzung der **konjunkturellen Situation** und dem damit verbundenen Zahlungsverhalten der Abnehmer.

Strategien

Sofern die Versicherungsgesellschaft die folgenden Möglichkeiten anbietet, kann der versicherte Exporteur die **Versicherungsprämie** dadurch **senken**,

- dass er nur **Exportforderungen ab** einer **bestimmten Größe** in den Versicherungsschutz einbezieht,
- die **Selbstprüfung der Kreditwürdigkeit** der Abnehmer bei kleineren Forderungen selbst übernimmt,
- eine **hohe Selbstbeteiligungsquote** im Schadensfall vereinbart.

Hinweis

Am Schluss von Kapitel "5.6 Exportfactoring" ist ein umfassender Katalog von **Merkmalen zur Beurteilung der Warenkreditversicherung** im Vergleich zum Forderungsverkauf (Factoring) aufgenommen.

9.2 Ausfuhrgewährleistungen des Bundes (sog. Hermes-Deckungen)

9.2.1 Kurzinformationen

Kurzinformation: Maßgebliche Merkmale von Hermes-Deckungen

- **Ausfuhrgewährleistungen** des Bundes (häufig als "Hermes-Deckungen" bezeichnet) stehen dem deutschen Exporteur zur Deckung maßgeblicher Risiken
  - während der Fabrikationsphase als **Fabrikationsrisikodeckungen** und
  - während der Forderungsphase als **Ausfuhrdeckungen**

  zur Verfügung.
- Der Bund deckt regelmäßig die entstehenden **wirtschaftlichen und politischen Risiken** des Exporteurs ab.
- Allerdings **reduziert** der Bund in letzter Zeit sein Deckungsangebot für sog. marktfähige (d.h. am privatwirtschaftlichen Versicherungsmarkt versicherbare) wirtschaftliche Risiken im kurzfristigen Geschäft (Einzelheiten siehe folgenden Abschnitt).
- Auch **Kredite der deutschen Banken** zur Finanzierung von deutschen Exportgeschäften können in die Deckung des Bundes einbezogen werden (sog. Finanzkreditdeckungen).
- Daneben bietet der Bund **Sonderdeckungsformen** an, die von der Deckung von Beschlagnahmerisiken für Läger im Ausland über Deckungen im Rahmen von Bauleistungsgeschäften bis zu Leasinggeschäften mit dem Ausland u.a. reichen.
- Bei erheblichen politischen und wirtschaftlichen Risiken von Exportgeschäften **lehnt der Bund** die **Deckung ab** oder **begrenzt** die **Deckung** bzw. erteilt dem Exporteur Auflagen bezüglich der mit dem Importeur zu vereinbarenden Zahlungsbedingungen.
- Der Exporteur kann in Anpassung an seine individuellen Absicherungsbedürfnisse bei Exportforderungen wählen zwischen **Einzeldeckungen**, **revolvierenden Deckungen**, **Ausfuhr-Pauschal-Gewährleistungen** und **Länder-Pauschal-Gewährleistungen**.

9.2.2 Charakterisierung, Grundsätze, Organisation und Verfahren

Nur Überblick

Vorbemerkungen zu diesem und zu den folgenden Abschnitten:

- Ziel der Ausführungen ist es, die Ausfuhrgewährleistungen des Bundes in ihrer **Grundstruktur** und mit den wesentlichen Elementen in einem vorläufigen und unverbindlichen Überblick darzustellen. Die Deckungspraxis, insbesondere die jeweiligen Deckungsgegenstände, können Veränderungen unterliegen, sodass es geboten ist, die jeweils **aktuellen Bedingungen bei Hermes zu erheben.**
- **Weiter reichende** und die jeweils aktuell gültigen **Informationen** finden sich in den Merkblättern zu den verschiedenen Deckungsformen, deren Inhalt im Folgenden zum Teil wiedergegeben ist und die von der Hermes Kreditversicherungs-AG, 22746 Hamburg, Fax (040) 8834-7744 bzw. von deren Außenstellen bezogen werden können.

Einstellung des Deckungsangebots für marktfähige Risiken im kurzfristigen Geschäft

Hinsichtlich der Behandlung kurzfristiger sog. marktfähiger (d.h. am privatwirtschaftlichen Markt versicherbarer) Risiken, hat der Bund entschieden, sich aus der Absicherung dieser Risiken zurückzuziehen. So werden seit 1. Oktober 1997 grundsätzlich **keine Deckungen mehr für wirtschaftliche Risiken aus kurzfristigen Geschäften** bis zu zwei Jahren Kreditlaufzeit mit **privaten Schuldnern** in den Ländern Australien, Belgien, Dänemark, Finnland, Frankreich, Griechenland, Irland, Island, Italien, Japan, Kanada, Luxemburg, Neuseeland, Niederlande, Norwegen, Österreich, Portugal, Schweden, Schweiz, Spanien, Vereinigtes Königreich und Vereinigte Staaten übernommen.

Länder-Pauschal-Gewährleistung

Die mit Exportgeschäften in die genannten Länder verbundenen, nicht marktfähigen **politischen Risiken (Länderrisiken)** können beim Bund weiterhin -allerdings isoliert- abgesichert werden. Hierfür ist mit der **Länder-Pauschal-Gewährleistung (LPG)** eine neue Deckungsform geschaffen worden.
Auf Grund des neuen, sehr pauschalen Ansatzes dieser Deckung -abgesichert wird ein vom Exporteur gemeldeter Höchstbetrag, der dem (voraussichtlichen) Länderumsatz von 3 Monaten entspricht- steht der Exportwirtschaft zur Absicherung dieser politischen Risiken ein kostengünstiges und sehr einfach zu handhabendes Instrument zur Verfügung. Einzelheiten siehe Hermes-Merkblatt "Länder-Pauschal-Gewährleistungen (LPG)".

Charakterisierung

Ausfuhrgewährleistungen

Ausfuhrgewährleistungen der Bundesrepublik Deutschland (Kurzbezeichnung: Bund) zu Gunsten deutscher Exporteure und Kreditinstitute (Finanzierungsinstitute) dienen der **Absicherung der mit Exportgeschäften verbundenen Käuferrisiken** (Delkredere) und **Länderrisiken** (politische Ursachen).

Grundsätze

Allgemeine Grundsätze:

Die **Richtlinien des Bundes** für die Übernahme von **Ausfuhrgewährleistungen** enthalten unter anderem folgende allgemein gültigen grundsätzlichen Aspekte, die die deckungsbeantragenden Exporteure bzw. Finanzierungsinstitute zu beachten haben:

Subsidiaritätsprinzip

Ausfuhrdeckungen, die auf dem **privaten Versicherungsmarkt** allgemein in derselben Art und in demselben Umfang angeboten werden, sollen **nicht** als Ausfuhrgewährleistungen **übernommen** werden. Siehe dazu auch obige Ausführung bei Randstichwort "Einstellung des Deckungsangebots für marktfähige Risiken im kurzfristigen Geschäft".
Anmerkung: Dies trifft beispielsweise auch zu für die Risiken des Transports, deren Deckung durch privatwirtschaftliche Versicherungsgesellschaften möglich ist.

Kein Deckungsanspruch

Die deutschen Exporteure bzw. die deutschen Finanzierungsinstitute haben **keinen Anspruch an den Bund** auf Übernahme von Ausfuhrgewährleistungen.

Deckung nur für deutsche Deckungsnehmer

Ausfuhrgewährleistungen dürfen nur gegenüber **deutschen** Exporteuren und **deutschen** Kreditinstituten (Finanzierungsinstituten) übernommen werden.

Deckung nur für deutsche Exporte

Ausfuhrgewährleistungen dienen der Förderung der deutschen Ausfuhr. Sie sollen nur übernommen werden, wenn die nach dem Ausfuhrvertrag zu liefernden Waren oder die zu erbringenden Leistungen ihren **Ursprung** im Wesentlichen **im Inland** haben.
Anmerkung: Die Richtlinien lassen zwar bestimmte Anteile ausländischer Zulieferungen u. Ä. zu, gleichwohl soll mit diesem Grundsatz ebenso wie mit der Beschränkung der Deckung auf Deutsche verhindert werden, dass ausländische Exporteure grenzübergreifend vom Deckungsangebot des Bundes profitieren.

In den **Richtlinien des Auslands** finden sich im Übrigen analoge Beschränkungen. Deutschen Exporteuren ist deswegen der Zugang zu den manchmal kostengünstigeren und umfassenderen Absicherungsmöglichkeiten des Auslandes im Regelfall versperrt. Allerdings eröffnet sich in der Praxis manchmal durch die Einschaltung von ausländischen Tochtergesellschaften oder durch die Beteiligung an Konsortien im Ausland doch noch der Weg zu einer staatlichen Absicherung im Ausland.

Deckungsantrag für alle abdeckbaren Risiken

Anträge auf Übernahme einer Ausfuhrgewährleistung sind grundsätzlich auf eine **Deckung sämtlicher** mit dem Exportgeschäft verbundenen **abdeckbaren Risiken** zu richten.
Anmerkung: Bei der Entscheidung über die Übernahme von Ausfuhrgewährleistungen kann der Bund **Risiken von der Deckung ausschließen** oder den **Umfang der Deckung beschränken.**

Risikomäßige Vertretbarkeit

Der Bund übernimmt Ausfuhrgewährleistungen nur, wenn eine vernünftige **Aussicht** auf einen **schadensfreien Verlauf** des Exportgeschäfts besteht. In seiner Übernahmeentscheidung hat der Bund allerdings auch den Grad der Förderungswürdigkeit des Ausfuhrgeschäfts (insbesondere das gesamtwirtschaftliche Interesse, wie es in der Sicherung von Arbeitsplätzen zum Ausdruck kommt) zu berücksichtigen. Zur Risikobeschränkung bzw. zum Risikoausschluss bedient sich der Bund eines breit gefächerten Instrumentariums, das im Folgenden skizziert wird.

Ausschluss bzw. Beschränkung wirtschaftlicher Risiken

Vor Übernahme einer Ausfuhrgewährleistung analysiert Hermes im Auftrag des Bundes die **Kreditwürdigkeit** der privatwirtschaftlichen ausländischen **Importeure**. Dazu stehen Hermes verschiedene **Informationsquellen** zur Verfügung, die von den Auskünften ausländischer Banken und gewerblicher Auskunfteien über die Einschaltung ausländischer Kreditversicherer bis zu den Erfahrungen deutscher Exporteure mit dem fraglichen ausländischen Abnehmer reichen.

Erweist sich die Bonität eines Importeurs als bedenklich, dann kann der Bund die **Deckung** des Risikos **ablehnen** oder die Übernahme der Deckung von der Vereinbarung einer weitgehend **sicherstellenden Zahlungsbedingung** im Kaufvertrag abhängig machen.

Ausschluss bzw. Beschränkung politischer Risiken

Sind erhebliche **politische Risiken** eines **Importlandes** erkennbar, dann schließt der Bund die Übernahme von Ausfuhrgewährleistungen aus. **Deckungsausschlüsse** kommen indessen nicht nur bei den hochverschuldeten Ländern vor, sondern auch bei Ländern, deren **innen- oder außenpolitisches Verhalten** der Bundesregierung die (zeitweise) Aussetzung der Deckung -eventuell trotz gegebener Zahlungsfähigkeit des betreffenden Landes- nahe legen.

Für andere Länder erlässt der Bund **Deckungsbeschränkungen** bzw. Auflagen, die ein breites Spektrum umfassen, so zum Beispiel

- Beschränkungen der deckungsfähigen **Auftragswerte**,
- Beschränkungen der deckungsfähigen **Kreditlaufzeiten**,
- Beschränkungen auf bestimmte (Mindest-)**Zahlungsbedingungen** im Kaufvertrag,
- Auflagen zur Stellung von **Sicherheiten** wie zum Beispiel Garantien der Geschäftsbanken oder der Zentralbank des Importlandes,
- Festlegung von **Plafonds** für bestimmte Importländer bzw. für bestimmte Exporte oder Leistungen.

Anmerkung: **Aktuelle Informationen** über Deckungsausschlüsse und Deckungsbeschränkungen erhält der Exporteur von Hermes und deren Außenstellen. Weil diese Informationen die Risikoeinschätzung des Bundes widerspiegeln, sind sie für den Exporteur selbst dann wertvoll, wenn er eine Risikoabsicherung (zunächst) nicht beabsichtigt.

Verkehrsüblichkeit der Vertragsbedingungen

Ausfuhrgewährleistungen sollen nur übernommen werden, wenn die zwischen dem deutschen Antragsteller und seinem ausländischen Geschäftspartner vereinbarten Konditionen mit den **im Außenhandel üblichen Vertragsbedingungen** übereinstimmen.

Berücksichtigung internationaler Vereinbarungen

Ebenso sollen Ausfuhrgewährleistungen nur übernommen werden, wenn die Zahlungsbedingungen bzw. Rückzahlungsbedingungen des Exportgeschäfts den einschlägigen **zwischenstaatlichen Vereinbarungen** und den **international abgestimmten Grundsätzen** für Exportgeschäfte entsprechen.

Dieser Grundsatz ist von erheblicher praktischer Bedeutung bei der Vereinbarung mittel- und langfristiger Zahlungsziele, weil beispielsweise die **Länder der Europäischen Union**, die **OECD** und die **Kreditversicherer** (im Rahmen ihres Zusammenschlusses in der "**Berner Union**") Vereinbarungen getroffen haben, die die einzuräumenden Zahlungsziele (Kreditlaufzeiten) an ausländische Importeure standardisieren und begrenzen. Vereinbart ein deutscher Exporteur darüber hinausgehende Konditionen, läuft er Gefahr, eine Bundesdeckung nicht zu erlangen. Einzelheiten siehe Abschnitt "6.1.3.2 Maßgebliche Restriktionen der Zahlungsbedingungen".

Organisation

Übertragung der Geschäftsführung

Der Bund hat die Geschäftsführung im Zusammenhang mit der Übernahme und Abwicklung der Ausfuhrgewährleistungen einem Mandatar-Konsortium übertragen, welchem die **Hermes Kreditversicherungs-AG** und die **C&L** Deutsche Revision Aktiengesellschaft Wirtschaftsprüfungsgesellschaft angehören. Die Hermes Kreditversicherungs-AG (kurz: Hermes) ist federführend ermächtigt, alle die Ausfuhrgewährleistungen betreffenden Erklärungen im Namen, im Auftrag und für Rechnung des Bundes abzugeben und entgegenzunehmen. In der Praxis hat sich deswegen für die Ausfuhrgewährleistungen des Bundes die Bezeichnung "**Hermes-Deckung(en)**" eingebürgert.
Zu beachten ist, dass die Hermes Kreditversicherungs-AG neben dem Mandatsgeschäft auch Versicherungsleistungen **auf eigene Rechnung** anbietet (z.B. Warenkreditversicherungen, Ausfuhrkreditversicherung, Konsumentenkreditversicherung, Kautionsversicherung und Vertrauensschadenversicherung).

Beteiligte an der Deckungsentscheidung

Die Entscheidung über eine Übernahme von Ausfuhrgewährleistungen wird im "**Interministeriellen Ausschuss** für Ausfuhrgarantien und Ausfuhrbürgschaften" getroffen. Neben den zuständigen **Ministerien** sind die beiden **Mandatare** und Abgesandte der Kreditanstalt für den Wiederaufbau (KfW), der AKA Ausfuhrkredit-Gesellschaft mbH sowie des Bundesrechnungshofs vertreten. Darüber hinaus können beratende Sachverständige der Exportwirtschaft, des Bankgewerbes, der Bundesbank usw. berufen werden.

Verfahren

Antrag /Ratschlag

Ausfuhrgewährleistungen werden nur auf Antrag übernommen. Ein Antrag soll möglichst **vor Abschluss des Ausfuhrvertrags** und gegebenenfalls des Kreditvertrags, jedenfalls vor Beginn des zu deckenden Risikos gestellt werden: Es empfiehlt sich, schon vor dem endgültigen Vertragsabschluss, also noch während der Vertragsverhandlungen, einen Antrag auf Übernahme einer Ausfuhrgewährleistung zu stellen, damit etwaige Auflagen und Einschränkungen durch den Interministeriellen Ausschuss beim Vertragsabschluss berücksichtigt werden können. So ist wesentliche **Voraussetzung** für eine positive Entscheidung u.a. die **Vereinbarung angemessener**

Zahlungsbedingungen. Die Zulässigkeit der Kreditkonditionen ist abhängig von Art und Wert des Liefergutes. Beispielsweise ist für Konsumgüter das deckungsfähige Zahlungsziel auf einen kurzen Zeitraum begrenzt.

Grundsätzliche Stellungnahme

Vor dem Abschluss eines Ausfuhrvertrags und gegebenenfalls eines Kreditvertrags kann gegenüber dem Antragsteller eine grundsätzliche Stellungnahme über die **Aussichten einer Indeckungnahme** abgegeben werden.

Zusicherung des Bundes

Die grundsätzliche Stellungnahme umfasst die Zusicherung des Bundes, über die beantragte Ausfuhrgewährleistung bei unveränderter Sach- und Rechtslage **positiv zu entscheiden**, sofern der Ausfuhrvertrag bzw. der Kreditvertrag innerhalb einer gesetzten Frist abgeschlossen wird und der im Haushaltsgesetz festgesetzte Höchstbetrag der Gewährleistungen ausreicht.

Entbindung des Bundes

Ändert sich nach Abgabe der grundsätzlichen Stellungnahme die **Sach- und Rechtslage** derart, dass das Bundesministerium für Wirtschaft bei Kenntnis der nachträglich eingetretenen Änderung die Stellungnahme nicht abgegeben hätte oder aus rechtlichen Gründen nicht hätte abgeben dürfen, ist der Bund an die Zusicherung nicht gebunden. Einzelheiten siehe "Richtlinien für die Übernahme von Ausfuhrgewährleistungen".

Endgültige Entscheidung

Über den Antrag auf Übernahme einer Ausfuhrgewährleistung wird endgültig entschieden, wenn sämtliche entscheidungserheblichen Tatsachen vorliegen. Eine abschließende positive Entscheidung (endgültige Deckungszusage) wird regelmäßig erst getroffen, wenn der **Ausfuhrvertrag** sowie gegebenenfalls auch der Kreditvertrag **abgeschlossen** sind und sämtliche für die Beurkundung durch die Bundesschuldenverwaltung notwendigen Daten vorliegen.

Gewährleistungsvertrag

Auf Grund der endgültigen Deckungszusage schließt der Bund mit dem Deckungsnehmer einen Gewährleistungsvertrag, in dem die Einzelheiten der Deckung geregelt sind. Die ausgefertigte Deckungsurkunde ist von den Mandataren sowie von der Bundesschuldenverwaltung unterzeichnet.

Deckungen nach Ländergruppen

Abbildung

Die **Abbildung 9.2-01** informiert über die jeweiligen **Anteile der Hermes-gedeckten Exporte** an der deutschen Gesamtausfuhr nach Ländergruppen von 1987 bis 1996.

9.2.3 Formen der Ausfuhrgewährleistungen

Vorbemerkung:

Abbildung

Der Ausdruck "**Ausfuhrgewährleistungen**" ist der **Oberbegriff** für verschiedenartige Formen der Deckung des Bundes. In **Abbildung 9.2-02** sind diese Formen überblickhaft dargestellt.

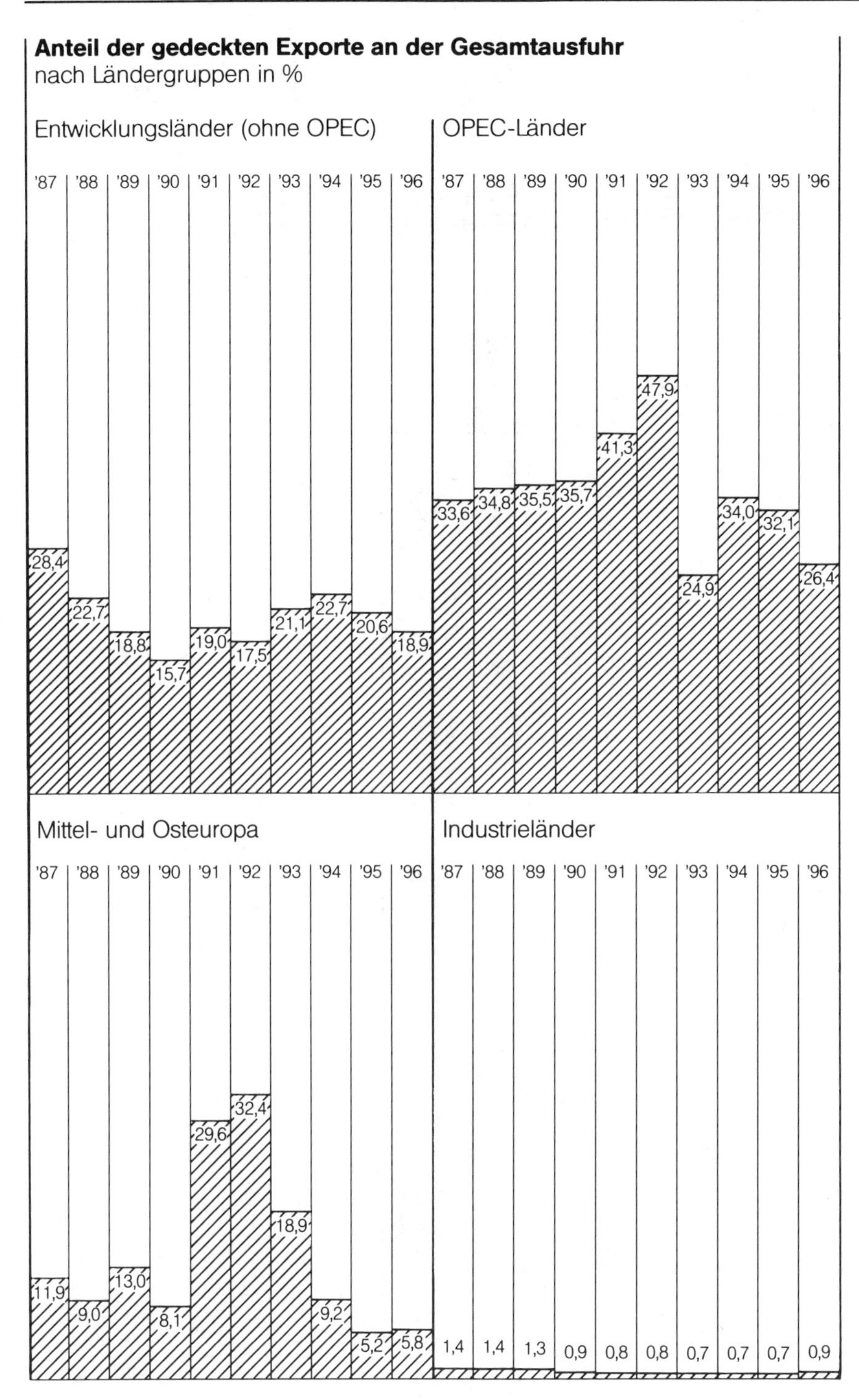

Abbildung 9.2-01 **Quelle:** Ausfuhrgarantien und Ausfuhrbürgschaften der Bundesrepublik Deutschland, Bericht über das Jahr 1996 (o.O. 1997), S. 16.

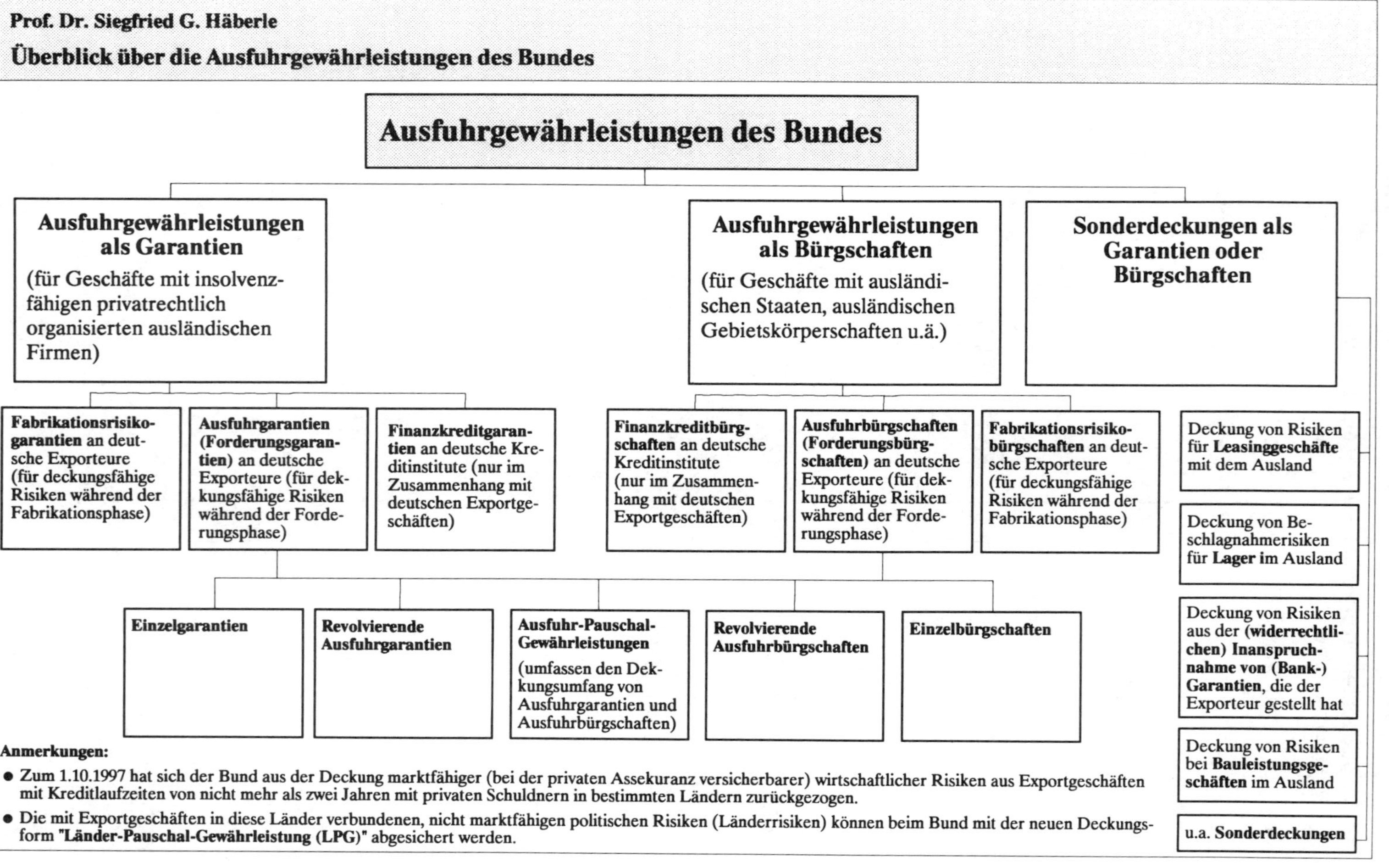

Abbildung 9.2-02

9.2.3.1 Garantien und Bürgschaften

Zu unterscheiden sind

- Ausfuhrgewährleistungen, die als **Garantien** und
- Ausfuhrgewährleistungen, die als **Bürgschaften**

gewährt werden.

Garantien des Bundes

Charakterisierung

Garantien des Bundes decken **Exportgeschäfte** mit ausländischen Vertragspartnern, die **insolvenzfähige privatrechtlich organisierte Firmen** sind.

Risikodeckung

Es ist zu beachten, dass die Garantien des Bundes trotz ihrer definitorischen Bindung an privatrechtlich organisierte ausländische Firmen nicht nur **wirtschaftliche Risiken** abdecken, wie sie bei Geschäften mit privatrechtlich organisierten Firmen normalerweise entstehen können (so z.B. das Forderungsausfallrisiko wegen Insolvenz des Importeurs). Vielmehr sind deutsche Exporteure und Finanzierungsinstitute mit Garantien auch gegen **politische Risiken** abgesichert, wie sie beispielsweise durch gesetzgeberische oder behördliche Maßnahmen des Auslandes bzw. durch Beschränkungen des zwischenstaatlichen Zahlungsverkehrs u.a. entstehen.

Bürgschaften des Bundes

Charakterisierung

Bürgschaften des Bundes decken **Exportgeschäfte** mit ausländischen Vertragspartnern, die **Staaten**, **Gebietskörperschaften** oder vergleichbare Institutionen sind. Ausfuhrgewährleistungen in Form von Bürgschaften des Bundes kommen auch infrage, wenn ein für das Forderungsrisiko voll haftender Garant eine der genannten öffentlichen Institutionen ist.
Zu beachten ist, dass Risiken, die durch Bürgschaften des Bundes gedeckt werden, letztlich stets politisch verursacht sind.

9.2.3.2 Fabrikationsrisikodeckungen

Charakterisierung/ Deckungsgegenstand

Fabrikationsrisikodeckungen werden vom Bund -je nach ausländischem Vertragspartner des deutschen Exporteurs- als **Fabrikationsrisikogarantien** oder als **Fabrikationsrisikobürgschaften** gewährt. Fabrikationsrisikodeckungen beziehen sich -vereinfacht ausgedrückt- auf die deckungsfähigen Risiken des Exporteurs vor Versand der Ware.

Ob und gegebenenfalls inwieweit Schäden durch Eintritt des sog. **Warenabnahmerisikos** im Sinne der Nichtabnahme bereitgestellter (bzw. versandter) Ware durch den Importeur im Rahmen der Deckungen des Bundes mit abgedeckt sind, hängt vom Einzelfall ab, so u.a. auch von den vereinbarten Lieferbedingungen. Bei erkennbarem Fabrikationsrisiko bzw. Warenabnahmerisiko ist mit dem Bund frühzeitig in Kontakt zu treten, um die aktuellen Deckungsmöglichkeiten und die eventuellen Deckungsvoraussetzungen bzw. die Deckungsausschlüsse zu erheben.

Abgesichert sind mit den Fabrikationsrisikodeckungen die **Selbstkosten**, die dem Exporteur zwischen In-Kraft-Treten des Ausfuhrvertrags und dem vorzeitigen Ende der Fertigung infolge des Eintritts gedeckter Risiken dadurch entstehen, dass die **Fertigstellung** bzw. der **Versand der Ware** auf Grund politischer oder wirtschaftlicher Umstände **unmöglich** oder dem Exporteur **nicht mehr zumutbar** ist.
Die vom Bund gedeckten **Selbstkosten** sind in den Allgemeinen Bedingungen für Fabrikationsrisikogarantien bzw. -bürgschaften umfassend definiert.
Nicht unter die **Gewährleistung** fallen:

- Der kalkulatorische Gewinn des Deckungsnehmers,
- das Entgelt für die Gewährleistung,
- Aufwendungen, die nach dem anwendbaren Recht verboten sind.

Hinweis

Einzelheiten zu den **gedeckten Risiken** bzw. **Schadenstatbeständen** finden sich in Abschnitt "9.2.5 Gedeckte Risiken bei Fabrikationsrisikodeckungen".

Teildeckung

Die **Beschränkung der Fabrikationsrisikodeckung** auf die Selbstkosten von Teilen der zu fertigenden Exportgüter ist unter bestimmten Voraussetzungen und auf Antrag möglich.

Nur Einzeldeckung

Im Gegensatz zu den Ausfuhrdeckungen, die sich auf Risiken ab Versand der Ware beziehen und die als revolvierende oder als pauschale Gewährleistungen abgeschlossen werden können, sind bei den Fabrikationsrisikodeckungen **nur Einzeldeckungen** möglich (zu den Einzeldeckungen siehe unten).

Abbildung

Die **Abbildung 9.2-03** verdeutlicht die **Deckungsgegenstände und die Haftungszeiträume** der **Fabrikationsrisikodeckungen** sowie der im Folgenden dargestellten **Ausfuhrdeckungen (Forderungsdeckungen)**.

9.2.3.3 Ausfuhrdeckungen (Forderungsdeckungen)

9.2.3.3.1 Wesen und Deckungsumfang

Charakterisierung

Ausfuhrdeckungen (Forderungsdeckungen) werden vom Bund -abgestimmt auf den ausländischen Vertragspartner des deutschen Exporteurs- entweder als **Ausfuhrgarantien** (Forderungsgarantien) oder als **Ausfuhrbürgschaften** (Forderungsbürgschaften) gewährt.

Vereinfacht ausgedrückt schützt die Ausfuhrdeckung den Exporteur ab Versand der Ware oder Beginn der Leistung bis zur vollständigen Bezahlung gegen die **Uneinbringlichkeit der Exportforderung aufgrund politischer oder wirtschaftlicher Risiken.**

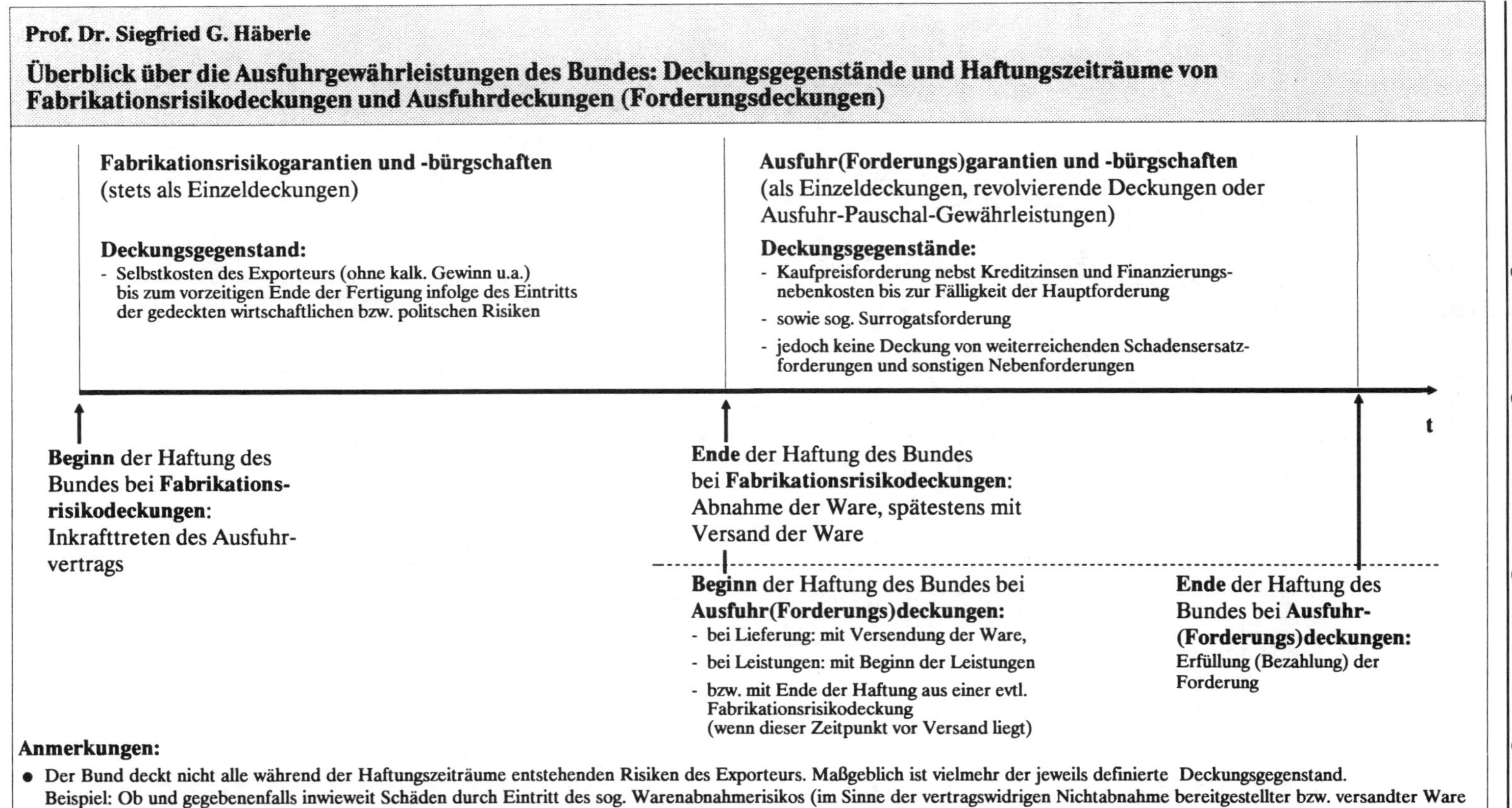

Abbildung 9.2-03

Kaufpreisforderung

(1) **Gegenstand der Ausfuhrdeckung** sind die im Ausfuhrvertrag zwischen Deckungsnehmer und ausländischem Schuldner für Lieferungen und Leistungen des Deckungsnehmers als Gegenleistung vereinbarten und in der Ausfuhrdeckungs-Erklärung bezeichneten **Geldforderungen** (gedeckte Forderung).

Surrogatforderung

(2) Die gedeckte Forderung umfasst unter der Voraussetzung, dass der Ausfuhrvertrag wirksam zustande gekommen ist, auch solche Geldforderungen, die auf den **Ausgleich erbrachter Lieferungen und Leistungen** gerichtet sind und aufgrund des Ausfuhrvertrags oder aus anderen Rechtsgründen an die Stelle der als Gegenleistung vereinbarten Geldforderung treten.

Zinsen und Nebenforderungen

(3) Die gedeckte Forderung umfasst ferner die im Ausfuhrvertrag vereinbarten und in der Ausfuhrdeckungs-Erklärung bezeichneten Kreditzinsen und Finanzierungsnebenkosten bis zur Fälligkeit der Hauptforderung. **Schadensersatzforderungen**, soweit sie nicht gemäß Absatz 2 von der Deckung umfasst sind, **und sonstige Nebenforderungen**, z.B. auf Verzugszinsen, Vertragsstrafen oder Reugeld, **sind auch dann nicht gedeckt, wenn sie in dem Vertrag zwischen Deckungsnehmer und ausländischem Schuldner ausdrücklich vorgesehen sind.**

Warenabnahmerisiko

(4) Ob und gegebenenfalls inwieweit Schäden durch Eintritt des sog. Warenabnahmerisikos im Sinne der **vertragswidrigen Nichtabnahme versandter (bzw. bereitgestellter) Ware durch den Importeur** im Rahmen der Deckungen des Bundes mit abgedeckt sind, hängt vom Einzelfall ab, so unter anderem von den vereinbarten Liefer- und Zahlungsbedingungen.
Der Exporteur muss davon ausgehen, dass bedeutsame Erscheinungsformen des Warenabnahmerisikos durch den Bund nicht gedeckt sind. Welche Risiken bzw. Schadenstatbestände vom Bund gedeckt werden und welche Bedingungen zur Erlangung der Deckung zu erfüllen sind, ist vom Exporteur frühzeitig und **von Fall zu Fall bei Hermes zu erheben.**

Hinweis

Einzelheiten zu den **gedeckten Risiken** bzw. **Schadenstatbeständen** finden sich in Abschnitt "9.2.4 Gedeckte Risiken bei Ausfuhrdeckungen (Forderungsdeckungen)".

Formen

Die auf die Exportforderung bezogene Ausfuhrdeckung steht dem Exporteur in verschiedenen Formen zur Verfügung, nämlich als **Einzeldeckung**, als **Revolvierende Deckung** sowie als **Ausfuhr-Pauschal-Gewährleistung**. Diese Formen sind in den folgenden Abschnitten beschrieben.

Abbildung

Die **Abbildung 9.2-04** vermittelt einen **Überblick über die Formen der Ausfuhrdeckung**.

9.2.3.3.2 Einzeldeckungen und Revolvierende Deckungen (Sammeldeckungen)

Einzeldeckungen

Charakterisierung

Einzeldeckungen des Bundes, die -in Abhängigkeit vom ausländischen Vertragspartner des deutschen Exporteurs- als **Einzelgaran-**

Prof. Dr. Siegfried G. Häberle

Überblick über die Ausfuhrgewährleistungen des Bundes: Formen der Ausfuhrdeckung

Formen der Ausfuhrdeckung (Forderungsdeckung)

Einzeldeckung

- Für deckungsfähige Geldforderungen des Exporteurs
  - aus einem Ausfuhrvertrag
  - mit einem ausländischen Besteller
- Bei Folgeexporten an denselben ausländischen Besteller ist erneute Antragstellung erforderlich

Revolvierende Deckung (Sammeldeckung)

- Für deckungsfähige Geldforderungen des Exporteurs
  - aufgrund wiederholter Lieferungen
  - an denselben ausländischen Besteller
  - zu kurzfristigen Zahlungsbedingungen
- Einräumung eines Höchstbetrags, der revolvierend alle Forderungen an diesen Importeur absichert
- Monatliche Meldung

Ausfuhr-Pauschal-Gewährleistung (APG)

- Für deckungsfähige Geldforderungen des Exporteurs
  - aufgrund laufender Belieferung
  - einer Mehrzahl von ausländischen Kunden
  - in verschiedenen Ländern
  - zu kurzfristigen Zahlungsbedingungen
- Deckungsbeschränkungen auf bestimmte Länder lt. Länderliste
- Weitreichende Einbeziehungspflicht von absicherbaren Forderungen an private ausländische Schuldner
- Jedoch Einbeziehungsrecht für Forderungen, die nicht der Einbeziehungspflicht unterliegen (unter bestimmten Voraussetzungen)
- Selbstprüfung der Kreditwürdigkeit ausländischer Schuldner innerhalb bestimmter Grenzen
- Festlegung von (revolvierend beanspruchbaren) Höchstbeträgen durch den Bund
- Monatliche Meldung

Anmerkungen:

- Zum 1.10.1997 hat sich der Bund aus der Deckung marktfähiger (bei der privaten Assekuranz versicherbarer) wirtschaftlicher Risiken aus Exportgeschäften mit Kreditlaufzeiten von nicht mehr als zwei Jahren mit privaten Schuldnern in bestimmten Ländern zurückgezogen.
- Die mit Exportgeschäften in diese Länder verbundenen, nicht marktfähigen politischen Risiken (Länderrisiken) können beim Bund mit der neuen Deckungsform **"Länder-Pauschal-Gewährleistung (LPG)"** abgesichert werden.

Abbildung 9.2-04

tien oder als **Einzelbürgschaften** gewährt werden, decken Exportforderungen

- aus **einem** Ausfuhrvertrag
- mit **einem** ausländischen Besteller.

Folgeexporte

Bei Folgeexporten an denselben ausländischen Besteller ist somit eine **erneute Antragstellung** erforderlich.

Besonderheit

Die Deckung des sog. **Nichtzahlungsfalls** (Nichtzahlung der Exportforderung innerhalb einer Frist von 6 Monaten nach Fälligkeit) steht bei Einzeldeckung nur bei Exporten von **Investitionsgütern** zur Verfügung (zur Definition der gedeckten politischen und wirtschaftlichen Risiken siehe Abschnitt 9.2.3).

Revolvierende Deckungen (Sammeldeckungen)

Charakterisierung

Revolvierende Deckungen des Bundes, die -je nach ausländischem Vertragspartner des deutschen Exporteurs- als **revolvierende Ausfuhrgarantien** oder als **revolvierende Ausfuhrbürgschaften** gewährt werden, decken Exportforderungen

- auf Grund **wiederholter Lieferungen**
- an **denselben** ausländischen **Besteller**
- zu **kurzfristigen Zahlungsbedingungen.**

Höchstbetrag

Der Bund räumt einen **Höchstbetrag** ein, der **revolvierend in Anspruch genommen** werden kann und alle Forderungen an den betreffenden ausländischen Besteller absichert.
Die Versendungen hat der Exporteur monatlich zu melden.

9.2.3.3.3 Ausfuhr-Pauschal-Gewährleistungen (APG)

Beabsichtigte Änderungen der APG

Der Bund beabsichtigt, voraussichtlich Anfang 1998 einige Änderungen bzw. Anpassungen der Bedingungen der Ausfuhr-Pauschal-Gewährleistung (APG) vorzunehmen. Einige der beabsichtigten Änderungen, die in den folgenden Text noch nicht aufgenommen sind, werden sich voraussichtlich beziehen auf:

- Einheitliche Behandlung der Deckung von **Waren ausländischen Ursprungs** im Kurzfristgeschäft.
- Verkürzte **Kreditlaufzeiten.**
- Anhebung der üblichen **Selbstprüfungsgrenze.**
- Einführung eines einheitlichen **Wahlbereichs** im Rahmen der APG für sog. **Akkreditivgeschäfte.**

Charakterisierung

Ausfuhr-Pauschal-Gewährleistungen (APG) des Bundes decken Exportforderungen

- auf Grund **laufender Belieferung**
- einer **Mehrzahl** von ausländischen **Kunden**
- in **verschiedenen Ländern**
- zu **kurzfristigen Zahlungsbedingungen.**

Eine Ausfuhr-Pauschal-Gewährleistung wird vom Bund in einem **Rahmenvertrag** (Pauschalvertrag) übernommen, der auf die individuellen Bedürfnisse des Exporteurs zugeschnitten werden kann. Der Bund übernimmt Ausfuhr-Pauschal-Gewährleistungen in der Regel für eine **Laufzeit** von 2 Jahren. Verlängerungen des Pauschalvertrags mit jeweils zweijährigen Vertragsperioden sind möglich.

Vertrag

Ausfuhr-Pauschal-Gewährleistungen decken sowohl **Exportforderungen** an insolvenzfähige privatrechtlich organisierte **ausländische Firmen** als auch Exportforderungen an **ausländische Staaten**, ausländische Gebietskörperschaften oder vergleichbare Institutionen ab. Eine Unterscheidung in Ausfuhr-Pauschal-Garantien und Ausfuhr-Pauschal-Bürgschaften erfolgt deswegen nicht.

Garantien und Bürgschaften

Im Rahmen einer APG können Forderungen an private und öffentliche ausländische Schuldner aus Liefergeschäften abgesichert werden, deren **Kreditlaufzeit 24 Monate nicht überschreitet**.

Kreditlaufzeit

In besonderen Fällen können auch Forderungen aus Leistungsgeschäften in die Ausfuhr-Pauschal-Gewährleistungen einbezogen werden.

Leistungsgeschäfte

Ausfuhr-Pauschal-Gewährleistungen eignen sich vor allem für größere Exporteure, deren Exportforderungen die genannten Merkmale aufweisen. Gegenüber der Beantragung und Abwicklung von Einzeldeckungen ist der **Aufwand** des Exporteurs bei Ausfuhr-Pauschal-Gewährleistungen **geringer**.

Für größere Exporteure

Obwohl der Ausdruck "Pauschal" auch eine andere Folgerung zulässt, sind die **Fabrikationsrisiken** des Exporteurs **nicht** in die Ausfuhr-Pauschal-Gewährleistungen **einbezogen**. Zur Abdeckung der Risiken während der Fabrikationsphase bedarf es -ebenso wie bei den anderen Formen der Ausfuhrdeckung- vielmehr einer gesonderten Fabrikationsrisikodeckung, die vom Bund als Einzeldeckung erteilt wird.

Fabrikationsrisiko nicht einbezogen

Die Deckung des sog. **Nichtzahlungsfalls** (Nichtzahlung der Exportforderung innerhalb einer Frist von 6 Monaten nach Fälligkeit) ist in die Ausfuhr-Pauschal-Gewährleistung **eingeschlossen**.

Nichtzahlungsfall eingeschlossen

Der mit dem Bund geschlossene Pauschalvertrag wird ergänzt durch ein Verzeichnis der in die Ausfuhr-Pauschal-Gewährleistung **eingeschlossenen Absatzländer** (die sog. Länderliste) und durch eventuelle Länderbestimmungen.
Ausfuhrdeckung durch Ausfuhr-Pauschal-Gewährleistung eröffnet dem Exporteur somit keineswegs die Freiheit, in beliebige Länder zu beliebigen Konditionen zu liefern.

Länderliste, Länderbestimmungen

Der Exporteur hat in die Ausfuhr-Pauschal-Gewährleistung **alle absicherbaren Forderungen** aus Geschäften mit allen privaten ausländischen Schuldnern in Ländern, die nicht der OECD angehören, einzubeziehen. **Ausgenommen** sind von der Einbeziehungspflicht

Einbeziehungspflicht

- Forderungen aus Lieferungen auf Sichtakkreditivbasis und
- Forderungen aus Geschäften mit verbundenen Unternehmen.

Einbeziehungsrecht

Dem Exporteur bleibt jedoch das Recht, die von der Einbeziehungspflicht ausgenommenen Forderungen gleichwohl in die **Deckung** der Ausfuhr-Pauschal-Gewährleistung **einzubeziehen.** Dies sind -spiegelbildlich der Abgrenzung bei der Einbeziehungspflicht- Forderungen

- an private ausländische Schuldner in OECD-Ländern,
- an öffentliche ausländische Schuldner,
- an verbundene Unternehmen,
- Auslieferungen auf Sichtakkreditivbasis.

Sein Einbeziehungsrecht kann der Exporteur allerdings nur **pro Vertragsperiode** und -nach seiner Wahl- jeweils nur **länderweise**, d.h. bezüglich aller Forderungen an Schuldner in den ausgewählten Ländern, ausüben.

Dadurch, dass bestimmte (risikoarme) Forderungen von der Einbeziehungspflicht ausgenommen sind, gleichwohl aber im Rahmen des Einbeziehungsrechts vom Exporteur in die Deckung einbezogen werden können, eröffnet die Ausfuhr-Pauschal-Gewährleistung dem Exporteur einen Spielraum zur **flexiblen Risikoabsicherung**. Bei den ausgenommenen Forderungen ist dem Exporteur somit auch die Möglichkeit einer privatwirtschaftlichen Absicherung belassen, sofern er nicht auf eine Absicherung überhaupt verzichten will.

Im Übrigen ist darauf hinzuweisen, dass sich der Bund aus der Absicherung sog. marktfähiger (d.h. am privatwirtschaftlichen Versicherungsmarkt versicherbarer) Risiken zurückzieht. So werden seit dem 1.10.1997 grundsätzlich **keine Deckungen mehr für wirtschaftliche Risiken aus kurzfristigen Geschäften** bis zu zwei Jahren Kreditlaufzeit **mit privaten Schuldnern** in maßgeblichen Handelsländern übernommen.

Selbstprüfung

Der Exporteur hat innerhalb einer festgelegten Grenze (sog. Selbstprüfungsgrenze) die Kreditwürdigkeit des ausländischen Schuldners anhand **vorgegebener Kriterien selbst zu prüfen.** Die Selbstprüfung bezieht sich nur auf Geschäfte mit Kreditlaufzeiten bis zu 6 Monaten und nicht auf Lieferungen an verbundene Unternehmen.

Höchstbetrag

Bei Exportgeschäften, die nicht unter die Selbstprüfung fallen (längere Laufzeit als 6 Monate, Überschreitung der Selbstprüfungsgrenze), wird vom Bund -auf Antrag des Exporteurs- ein **(revolvierender) Höchstbetrag** festgesetzt. Darüber wird dem Exporteur eine **Deckungsbestätigung** erteilt, die neben dem Höchstbetrag auch die Zahlungsbedingungen u.a. enthält.

Monatliche Meldungen

Der Exporteur hat die im Rahmen der Ausfuhr-Pauschal-Gewährleistung getätigten **Umsätze** monatlich zu melden, differenziert nach Ländern, Abnehmergruppen und Zahlungsbedingungen. Einer weiteren Aufgliederung (z.B. nach Schuldnern oder Versendungen) bedarf es nicht.

9.2.3.4 Länder-Pauschal-Gewährleistungen (LPG)

Einstellung der Deckung von marktfähigen Risiken im Kurzfristgeschäft

Zum 1. Oktober 1997 hat sich der Bund aus der Deckung sog. marktfähiger (also auf dem privaten Versicherungsmarkt versicherbarer) Risiken im Kurzfristgeschäft zurückgezogen. Als marktfähig gelten die **wirtschaftlichen Risiken** aus **Exportgeschäften** mit Kreditlaufzeiten von nicht mehr als zwei Jahren mit **privaten Schuldnern** in maßgeblichen Handelsländern (siehe Aufzählung in Abschnitt 9.2.2; eventuelle Änderungen der Länderliste sind im Anwendungsfall aktuell zu erheben). Zur Absicherung dieser Risiken müssen sich die Exporteure nunmehr an die **private Assekuranz** wenden (siehe dazu Kapitel 9.1).

Deckung politischer Risiken

Die mit Exportgeschäften in die in Abschnitt 9.2.2 genannten Länder verbundenen, **nicht marktfähigen politischen Risiken (Länderrisiken)** können beim Bund weiterhin -allerdings isoliert- abgesichert werden. Dafür stehen **nicht** die bekannten Deckungsformen "kurzfristige Einzeldeckung", "revolvierende Deckung" sowie "Ausfuhr-Pauschal-Gewährleistung" unter Beschränkung des Deckungsschutzes auf die politischen Risiken zur Verfügung. Vielmehr ist dafür vom Bund die Deckungsform **Länder-Pauschal-Gewährleistung (LPG)** geschaffen worden.

Anwendungsbereiche der LPG

Die Absicherung gegen **politische Risiken** im Rahmen der LPG bezieht sich auf Forderungen gegen private und öffentliche ausländische Schuldner mit Sitz in einem der in Abschnitt 9.2.2 genannten Länder aus Liefer- und Leistungsgeschäften, sofern die Kreditlaufzeit zwei Jahre nicht überschreitet. Zu beachten ist in diesem Zusammenhang, dass Forderungen gegen **private Schuldner** nur im Rahmen der LPG abgesichert werden können. Dagegen besteht hinsichtlich der Forderungen gegen **öffentliche Abnehmer** ein **Wahlrecht**: Insoweit ist die Absicherung sowohl unter der LPG als auch zum üblichen umfassenden Deckungsschutz unter den oben genannten Deckungsformen möglich.

Zu den nur im Rahmen der LPG absicherungsfähigen Forderungen gegen **private Schuldner** gehören auch solche Forderungen, bei denen die Deckung üblicherweise auf die politischen Risiken beschränkt wird (verbundene Unternehmen, Sichtakkreditiv).

9.2.3.5 Finanzkreditdeckungen

Grundstruktur von gebundenen Finanzkrediten

Deutsche Kreditinstitute gewähren -unter Vermittlung und teilweiser Mithaftung deutscher Exporteure- sog. **Besteller- bzw. Bank-zu-Bank-Kredite** direkt an ausländische Importeure bzw. an deren Banken. Der eingeräumte Kreditbetrag ist für den Importeur bzw. für die ausländische Bank in der Regel nicht frei verfügbar. Vielmehr wird der Kreditbetrag -entsprechend dem Produktionsfortschritt oder anderer im Kaufvertrag getroffener Vereinbarungen- an den Exporteur zulasten des Kreditkontos des Importeurs bzw. zulasten des Kreditkontos der ausländischen Bank ausgezahlt. Diese

Kredite der deutschen Banken an ausländische Schuldner werden wegen der Bindung an Ausfuhrgeschäfte deutscher Exporteure als **gebundene Finanzkredite** bezeichnet.

Hinweis

Einzelheiten zur **Struktur und** zur **Abwicklung von Bestellerkrediten sowie von Bank-zu-Bank-Krediten**, die sowohl von den deutschen Geschäftsbanken als auch von deutschen Spezialbanken (AKA, KfW) gewährt werden, siehe Kapitel 6.2, 6.3 und 6.4.

Finanzkreditgarantien

Der Bund übernimmt Finanzkreditgarantien für Kredite deutscher Banken an **privatrechtlich** organisierte **ausländische Schuldner**, die an Ausfuhrgeschäfte deutscher Exporteure gebunden sind.

Finanzkreditbürgschaften

Finanzkreditbürgschaften übernimmt der Bund für Geldforderungen deutscher Banken aus Kreditverträgen, die an Ausfuhrgeschäfte deutscher Exporteure gebunden sind, wenn der **ausländische Vertragspartner** des deutschen Kreditinstituts oder ein für das Forderungsrisiko voll haftender **Garant** ein **Staat**, eine **Gebietskörperschaft** oder eine **vergleichbare Institution** ist.

9.2.3.6 Sonderdeckungsformen

Beispiele

Die Sonderdeckungsformen des Bundes stehen -je nach ausländischem Schuldner- als **Garantien** oder als **Bürgschaften** zur Verfügung.

Sonderdeckungsformen sind beispielsweise:

Deckung von Risiken aus der (widerrechtlichen) Inanspruchnahme von (Bank-)Garantien, die der Exporteur gestellt hat.

Die Bundesdeckung ist im Wesentlichen auf die folgenden **Risiken** bzw. auf die in deren Gefolge entstehenden Verluste des Garantieauftraggebers (des deutschen Exporteurs) beschränkt:

- **Widerrechtliche Inanspruchnahme** der Bankgarantie infolge von im Ausland auftretenden **politischen Umständen.**
- (Rechtmäßige) **Inanspruchnahme** der (Bank-)Garantie durch den Garantienehmer (Besteller), weil der **Garantieauftraggeber** (der deutsche Exporteur) seine **Verpflichtungen aus** im Ausland liegenden **politischen Gründen nicht erfüllen** kann (Anzahlungs-, Liefer-/Leistungs- und Gewährleistungsgarantien).
- **Uneinbringlichkeit des** (gerichtlich zuerkannten) **Rückzahlungsanspruchs** nach widerrechtlicher Inanspruchnahme der (Bank-)Garantie aufgrund jener Risiken, wie sie allgemein bei Ausfuhrgarantien und Ausfuhrbürgschaften gedeckt sind.

Einzelheiten siehe Abschnitt 8.5.2 in Kapitel "8 Bankgarantien".

Deckung von Risiken für Leasinggeschäfte mit dem Ausland

Die bei Leasinggeschäften mit Leasingnehmern im Ausland für den Leasinggeber (Hersteller, Leasingunternehmen) entstehenden **besonderen wirtschaftlichen oder politischen Risiken** können durch Ausfuhrgewährleistungen des Bundes abgedeckt werden.

Die Leasingdeckung umfasst den Gesamtforderungsbetrag der im Leasingvertrag vereinbarten Leasingraten bzw. die bei einer verzugsbedingten Kündigung entstehenden vertraglichen Forderungen, die an die Stelle der als Gegenleistung vereinbarten Leasingforderung treten.
Einzelheiten, insbesondere Voraussetzungen und Einschränkungen der Leasingdeckung, siehe Abschnitt "6.6.2.2 Hermes-Deckungen für Leasinggeschäfte mit dem Ausland".

Deckung von Wechselkursrisiken

Die Deckung von Wechselkursrisiken wurde bereits in der Vergangenheit nur erteilt, wenn bestimmte Voraussetzungen erfüllt waren, so nur

- bei langfristigen Exportgeschäften,
- für bestimmte Fremdwährungen,
- nach Ablauf einer nicht deckungsfähigen Vorlaufzeit
- und weiteren Merkmalen des Exportgeschäfts.

Gemäß der Hermes-Mitteilung (AGA-Report) Nr. 69 vom November 1997 wurde die Wechselkursdeckung des Bundes eingestellt.

Deckung von Beschlagnahmerisiken für Lager im Ausland

Deckung wird beispielsweise für Konsignationslager und Messelager im Ausland erteilt. Möglich ist auch eine revolvierende Konsignationslagerdeckung. Dabei ist zu unterscheiden nach Deckungen mit Übernahme von sog. KT-Risiken (Konvertierungs- und Transferrisiken) und ohne die Übernahme solcher Risiken.

Deckung von Risiken bei Bauleistungsgeschäften im Ausland

Werden Bauleistungen vom ausländischen Auftraggeber nicht leistungsnah bezahlt, sondern kreditiert, dann sind für den Bauunternehmer die Kreditrisiken im Rahmen von Ausfuhrgewährleistungen -wie üblich- deckungsfähig. Für Bauunternehmen, die Bauleistungen im Ausland erbringen, ergeben sich jedoch selbst bei leistungsnahen Zahlungen der Auftraggeber besondere Risiken, denen der Bund mit Sonderdeckungsformen wie z.B. der **Baustellenkostendeckung**, der **Bevorratungskostendeckung**, der **Gerätedeckung**, der **Ersatzteillagerdeckung** usw. Rechnung trägt.
Einzelheiten siehe Hermes-Merkblatt "Ausfuhrgewährleistungen des Bundes: Bauleistungsgeschäfte".

9.2.4 Gedeckte Risiken bei Ausfuhrdeckungen (Forderungsdeckungen)

Vorbemerkungen:

Abbildung

- Die Gewährleistungen des Bundes decken einen Katalog verschiedenartiger politischer und wirtschaftlicher Risiken. Dieser Katalog ist einerseits nach forderungsbezogenen Risiken (bzw.

Forderungsdeckungen) und andererseits nach fabrikationsbezogenen Risiken (bzw. Fabrikationsdeckungen) untergliedert. Die Fabrikationsrisiken und -risikodeckungen werden im folgenden Abschnitt 9.2.5 beschrieben. Im Mittelpunkt der nachstehenden Ausführungen stehen die **gedeckten Risiken** bei **Ausfuhrforderungen**.

- Die mit den **Forderungsabdeckungen** des Bundes **abgesicherten Risiken** sind in **Abbildung 9.2-05** stichwortartig dargestellt und im Folgenden ausführlicher umrissen.

Wichtige Hinweise

- Die folgende Übersicht dient lediglich der **einführenden und unverbindlichen Information.** Die Deckungspraxis, insbesondere die jeweiligen Deckungsgegenstände, unterliegen Veränderungen, sodass es zwingend ist, die jeweils **aktuellen und die detaillierten Bedingungen bei Hermes zu erheben.**
- Bei den im Folgenden skizzenhaft dargestellten Schadensfällen sind regelmäßig **weitere Voraussetzungen** für die Deckung bzw. Entschädigung durch den Bund zu erfüllen, die in den Merkblättern des Bundes dargestellt sind. So ist beispielsweise bei Fabrikationsrisikodeckungen grundsätzliche Voraussetzung für die Entschädigung die Wirksamkeit des Ausfuhrvertrags und bei den Ausfuhrdeckungen die Rechtsbeständigkeit und Fälligkeit der gedeckten Forderung. Außerdem **unterscheiden** sich die **Definitionen** der Schadensfälle bei den verschiedenen Deckungsformen teilweise.
- Besteht für die gedeckte Forderung eine in der Gewährleistungserklärung bzw. Deckungsbestätigung (oder in den Länderbestimmungen) des Bundes aufgeführte **Mithaftung Dritter**, so tritt der Gewährleistungsfall bzw. Deckungsfall jedoch erst ein, wenn und soweit auch die **gegen mithaftende Dritte begründeten Forderungen uneinbringlich** sind.

Gedeckte politische Risiken

Bei Ausfuhrgarantien, Ausfuhrbürgschaften und Ausfuhr-Pauschal-Gewährleistungen sind die folgenden **politischen** Risiken gedeckt:

Allgemeiner politischer Schadensfall

- **Uneinbringlichkeit** der gedeckten Forderung infolge gesetzgeberischer oder behördlicher **Maßnahmen des Auslands** oder kriegerische Ereignisse, Aufruhr oder Revolution im Ausland.

Konvertierungs- und Transferfall (KT-Fall)

- **Nichtkonvertierung** und **Nichttransferierung** der vom Schuldner (an Stelle der vereinbarten Währung) in Landeswährung (oder mit Zustimmung des Bundes evtl. in einer Drittlandwährung) eingezahlten Beträge infolge von Beschränkungen des zwischenstaatlichen Zahlungsverkehrs.

Kursverluste

- **Abwertungsverluste** des Exporteurs an den vom ausländischen Schuldner eingezahlten Landeswährungsbeträgen. Diese Verluste sind jedoch nur unter **bestimmten Voraussetzungen** gedeckt. Nicht unter die Deckung fallen Kursverluste an der mit dem ausländischen Schuldner vereinbarten Währung oder einer anderen ohne die Zustimmung des Bundes angenommenen Währung.

Prof. Dr. Siegfried G. Häberle

Überblick über die Ausfuhrgewährleistungen des Bundes: Gedeckte Risiken bei Ausfuhrdeckungen (Forderungsdeckungen)

Gedeckte Risiken bei Ausfuhrforderungen

Gedeckte politische Risiken

Bei Ausfuhrgarantien und -bürgschaften sowie bei Ausfuhr-Pauschal-Gewährleistungen:

- Allgemeiner politischer Schadensfall: Gesetzgeberische oder behördliche Maßnahmen, Krieg, Revolution u.a. im Ausland, die die Erfüllung oder Beitreibung der gedeckten Forderung verhindern.
- Konvertierungs- und Transferfall: Nichtkonvertierung und Nichttransferierung von vom Schuldner ersatzweise hinterlegten Landeswährungsbeträgen. U.U. einschließlich evtl. entstandener Kursverluste.
- Verlust von Ansprüchen des Exporteurs wegen Unmöglichkeit der Vertragserfüllung infolge politischer Ursachen (Krieg, Maßnahmen des Auslandes usw.) bezüglich schon erbrachter Lieferungen und Leistungen.
- Verlust der Ware vor Gefahrübergang auf den ausländischen Schuldner infolge politischer Umstände (z.B. Beschlagnahme, Vernichtung, Beschädigung). Deckung nur unter bestimmten Voraussetzungen.
- Mindererlös des Exporteurs bei notwendiger anderweitiger Verwertung der Ware bei Eintritt bestimmter politischer Risiken und im Einvernehmen mit dem Bund.

Gedeckte wirtschaftliche Risiken

Bei Ausfuhrgarantien und Ausfuhr-Pauschal-Gewährleistungen:

- Uneinbringlichkeit gedeckter Forderungen
  - wegen Konkurs, amtlichem Vergleich oder außeramtlichem Vergleich des ausländischen Schuldners,
  - bei fruchtloser Zwangsvollstreckung oder Zahlungseinstellung des ausländischen Schuldners,
  - sowie Mindererlös bei anderweitiger Verwertung der versandten Ware wegen befürchteter Uneinbringlichkeit der gedeckten Forderung.
- Der Nichtzahlungsfall (Nichtzahlung der Forderung innerhalb von 6 Monaten nach Fälligkeit). Bei Einzeldeckung nur im Zusammenhang mit der Lieferung von Investitionsgütern möglich.

Bei Ausfuhrbürgschaften:

- Der Nichtzahlungsfall (Nichtzahlung der Forderung innerhalb von 6 Monaten nach Fälligkeit).

Anmerkungen:

- Die Einzelheiten der Deckungspraxis, insbesondere die Voraussetzung der Deckung, sind in den jeweils **aktuellen Merkblättern** zu erheben.
- Besteht für die gedeckte Forderung eine in der Gewährleistungserklärung bzw. Deckungsbestätigung (oder in den Länderbestimmungen) des Bundes aufgeführte **Mithaftung Dritter**, so tritt der Gewährleistungsfall bzw. Deckungsfall jedoch erst ein, wenn und soweit auch die **gegen mithaftende Dritte begründeten Forderungen uneinbringlich** sind.
- Zu den gedeckten Risiken bei **Länder-Pauschal-Gewährleistungen (LPG)** siehe Textteil bzw. Hermes-Merkblatt.

Abbildung 9.2-05

Unmöglichkeit der Vertragserfüllung

- **Verlust von Ansprüchen** des Exporteurs **infolge** auf politische Ursachen zurückzuführender **Unmöglichkeit der Vertragserfüllung**. Dieses Risiko tritt ein, wenn beispielsweise gesetzgeberische oder behördliche Maßnahmen des Auslands, die nach Abschluss des Ausfuhrvertrags ergangen sind, oder Krieg usw. die Erfüllung der vereinbarten Lieferungen und Leistungen ganz oder teilweise verhindern und dem Exporteur deswegen durchsetzbare Forderungen für die schon erbrachten Lieferungen und Leistungen nicht zustehen.

Verlust der Ware vor Gefahrübergang

- **Beschlagnahme**, **Vernichtung**, **Beschädigung**, **Verlust** und ähnliche Schadensmöglichkeiten an der Ware infolge **politischer Umstände** während des Zeitraums von der Versendung bis zum Übergang der Gefahr auf den ausländischen Schuldner.
  Deckung besteht jedoch nur insoweit als
  - der Ausfall **6 Monate nach Fälligkeit** der Forderung nicht ersetzt worden ist,
  - keine Möglichkeit bestanden hat, die Gefahren bei Versicherungsgesellschaften abzudecken,
  - und der Ersatz des Schadens nicht durch gesetzliche Bestimmungen gewährleistet ist.

Mindererlös bei anderwertiger Verwertung

- Wenn **nach Versendung der Ware** die Uneinbringlichkeit der gedeckten Forderung wegen des **Risikos**
  - des allgemeinen politischen Schadensfalls,
  - des Verlusts von Ansprüchen infolge Unmöglichkeit der Vertragserfüllung
  - oder des Verlusts der Ware vor Gefahrübergang

  zu befürchten ist und der Exporteur noch in seiner Verfügungsgewalt befindliche Ware anderweitig im Einvernehmen mit dem Bund verwertet und dabei einen **Mindererlös** erleidet.

Gedeckte wirtschaftliche Risiken bei Ausfuhrgarantien und Ausfuhr-Pauschal-Gewährleistungen

Bei Ausfuhrgarantien und Ausfuhr-Pauschal-Gewährleistungen (APG) sind die folgenden **wirtschaftlichen** Risiken gedeckt:

Uneinbringlichkeit wg. Zahlungsunfähigkeit

- Uneinbringlichkeit der gedeckten Forderung, wenn mit Bezug auf das Vermögen des ausländischen Schuldners oder dessen Nachlass einer der folgenden **Schadenstatbestände** erfüllt ist:
  1. ein **Konkursverfahren** eröffnet oder mangels Masse abgelehnt worden ist;
  2. ein **amtliches Vergleichsverfahren** oder ein anderes amtliches Verfahren, das zum Ausschluss der Einzelzwangsvollstreckung führt, eröffnet worden ist;
  3. ein **außeramtlicher Vergleich** (Stundungs-, Quoten- oder Liquidationsvergleich), dem alle oder eine Gruppe untereinander vergleichbarer Gläubiger einschließlich des Deckungsnehmers zugestimmt haben, abgeschlossen worden ist;
  4. eine **Zwangsvollstreckung** wegen der gedeckten Forderung nicht zur vollen Befriedigung geführt hat;

5. die wirtschaftlichen Verhältnisse nachweislich so ungünstig sind, dass der ausländische Schuldner seine **Zahlungen** ganz oder in wesentlichem Umfang **eingestellt** hat;
6. nach Versendung der Ware die Uneinbringlichkeit der garantierten Forderung gemäß Nr. 1-5 zu befürchten ist und der Deckungsnehmer noch in seiner Verfügungsgewalt befindliche Ware **anderweitig** im Einvernehmen mit dem Bund **verwertet** und dabei einen **Mindererlös** erleidet.

Nichtzahlungsfall ("protracted default")

- Uneinbringlichkeit infolge wirtschaftlicher Umstände ist auch dann anzunehmen, wenn die gedeckte Forderung **6 Monate nach ihrer Fälligkeit nicht erfüllt worden ist** und der Gewährleistungsnehmer die nach den Regeln der kaufmännischen Sorgfalt erforderlichen Maßnahmen zur Einziehung der gedeckten Forderung ergriffen hat.

Gedeckter Nichtzahlungsfall bei Ausfuhrbürgschaften

Nichtzahlungsfall

Uneinbringlichkeit und damit Forderungsdeckung liegt bei **Ausfuhrbürgschaften** auch vor,

1. wenn die verbürgte Forderung 6 Monate nach ihrer Fälligkeit nicht erfüllt worden ist und der Bürgschaftsnehmer die nach den Regeln der kaufmännischen Sorgfalt erforderlichen Maßnahmen zur Einziehung der verbürgten Forderung ergriffen hat;
2. wenn nach Versendung der Ware die Uneinbringlichkeit der verbürgten Forderung gemäß Ziffer 1 zu befürchten ist und der Bürgschaftsnehmer noch in seiner Verfügungsgewalt befindliche Ware anderweitig im Einvernehmen mit dem Bund verwertet und dabei einen Mindererlös erleidet.

Finanzkreditdeckungen

Analoge Risiken

So weit es sich nicht um warenbezogene Risiken handelt, sind die **oben genannten Risiken** weitgehend identisch mit den durch Finanzkreditdeckungen abgesicherten Risiken.

Abweichungen vom Regelkatalog

Abweichende/detaillierte Bestimmungen

Bei den verschiedenen Formen der Ausfuhrdeckung ergeben sich zum Teil Abweichungen der gedeckten bzw. ungedeckten Risiken vom vorstehenden Regelkatalog. Der Exporteur muss deswegen die **Detailbestimmungen** der für ihn relevanten Deckungsform(en) zurate ziehen.

9.2.5 Gedeckte Risiken bei Fabrikationsrisikodeckungen

Gewährleistungsfälle (Schadenstatbestände)

Arten/Abbildung

Der Gewährleistungsfall (Schadensfall) kann bei Fabrikationsrisikodeckungen von verschiedenartigen **Ereignissen** (Risiken und Umständen) hervorgerufen werden, die sich in vier Kategorien einteilen lassen:

- **Weisung des Bundes zum Abbruch u.a.,**
- **Politische Umstände im Ausland,**
- **Embargomaßnahmen des In- oder Auslands,**
- **Schuldnerverursachte Schadenstatbestände.**

In **Abbildung 9.2-06** sind diese **Risiken bzw. Schadenstatbestände** stichwortartig dargestellt und im Folgenden ausführlicher umrissen.

Weisungen des Bundes

Der **Gewährleistungsfall** einer Fabrikationsrisikodeckung

Weisung zum Abbruch der Fertigung u. Ä.

- tritt ein, wenn der **Bund** im Hinblick auf gefahrerhöhende Umstände eine **Weisung** an den Exporteur erteilt, dass dieser die **Fertigstellung** oder den Versand der Ware endgültig **abbricht** bzw. endgültig unterlässt oder länger als 6 Monate unterbricht bzw. zurückstellt;

Ausbleiben einer Weisung zur Wiederaufnahme

- tritt auch ein, wenn der Exporteur ohne Weisung des Bundes zum Abbruch im Hinblick auf gefahrerhöhende Umstände Fertigstellung oder Versand der Ware unterbricht bzw. zurückstellt und der **Bund** eine **Fortsetzung der Fertigung** bzw. den Versand der Ware **nicht** innerhalb von 6 Monaten seit dem Zeitpunkt **anordnet**, in dem der Exporteur den Bund von der Unterbrechung der Fertigung bzw. dem Zurückstellen der Versendung unterrichtet hat.

Politische Umstände im Ausland

Charakterisierung

Der **Gewährleistungsfall** einer Fabrikationsrisikodeckung tritt ein, wenn die Versendung der fertig gestellten Ware endgültig oder länger als 6 Monate durch

- gesetzgeberische oder behördliche **Maßnahmen** im Ausland
- oder **kriegerische Ereignisse**, Aufruhr oder Revolution im Ausland

gehindert ist.

Embargomaßnahmen

Der **Gewährleistungsfall** einer Fabrikationsrisikodeckung tritt ein,

Embargomaßnahmen des Inlands

- wenn die Durchführung des Ausfuhrvertrags (weitere Fertigstellung oder Versendung der Ware) durch ein **Embargo** gemäß dem **deutschen Außenwirtschaftsgesetz** (AWG) unmöglich wird (Einzelheiten und Voraussetzungen siehe Merkblatt). Analoges gilt für eine von einer **zwischenstaatlichen Einrichtung** erlassenen Rechtsvorschrift, die unmittelbar in der Bundesrepublik Deutschland gilt;

Embargomaßnahmen des Auslands

- wenn die Durchführung des Exportvertrags unmöglich oder unzumutbar wird, weil ein **Drittland Embargomaßnahmen** er-

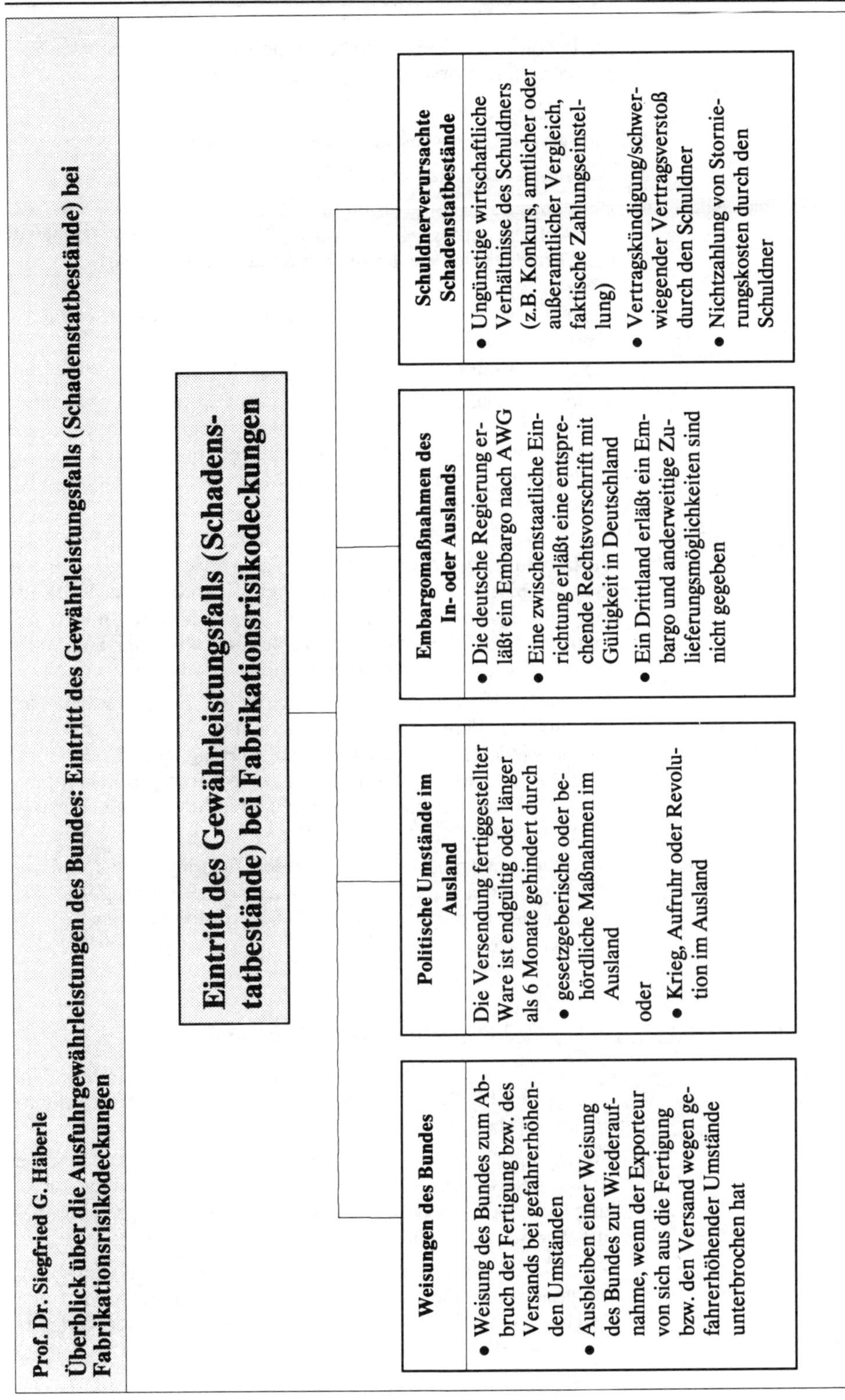

Abbildung 9.2-06

greift, sofern die Zulieferungen anderweitig nicht ersetzbar und einige weitere Voraussetzungen erfüllt sind.

Schuldnerverursachte Risiken (Schadenstatbestände)

Der **Gewährleistungsfall** einer Fabrikationsrisikodeckung tritt ein:

Bei Fabrikationsrisikogarantien

- Bei Fabrikationsrisikogarantien, wenn die Durchführung des Exportvertrags unmöglich oder unzumutbar ist, weil mit Bezug auf das **Vermögen** des **ausländischen Schuldners** oder dessen Nachlass
  - das Konkursverfahren oder ein amtliches Vergleichsverfahren eröffnet worden ist;
  - ein außeramtlicher Vergleich abgeschlossen worden ist;
  - die wirtschaftlichen Verhältnisse nachweislich so ungünstig sind, dass der ausländische Schuldner seine Zahlungen ganz oder in wesentlichem Umfang eingestellt hat;

  (Einzelheiten zu diesen wirtschaftlichen Schadenstatbeständen siehe Abschnitt 9.2.4).

Bei Fabrikationsrisikobürgschaften

- Bei Fabrikationsrisikobürgschaften, wenn die Durchführung des Vertrags unmöglich oder unzumutbar ist, weil die **wirtschaftlichen Verhältnisse des ausländischen Schuldners** nachweislich so ungünstig sind, dass er seine Zahlungen ganz oder in wesentlichem Umfang eingestellt hat und deshalb mit einer Durchführung des Vertrags nicht mehr gerechnet werden kann;

Vertragslossagung durch den Schuldner u. Ä.

- Wenn dem Exporteur die Fortsetzung der Fertigung bzw. der Versand der Ware deshalb nicht zuzumuten ist, weil der ausländische Schuldner sich endgültig **vom Vertrag lossagt** oder sonst in schwer wiegender Weise gegen seine **Vertragspflichten verstoßen** hat und deshalb mit einer Durchführung des Vertrags nicht mehr gerechnet werden kann;

Nichtzahlung von Stornierungskosten

- Wenn der ausländische Schuldner den Vertrag kündigt und **aus der Kündigung entstandene** gesetzliche und vertragliche **Ansprüche** des Exporteurs innerhalb von 6 Monaten nach Fälligkeit nicht erfüllt werden.

9.2.6 Gedeckte Risiken bei Länder-Pauschal-Gewährleistungen (LPG)

Gedeckte politische Risiken

Zu den in der Länder-Pauschal-Gewährleistung gedeckten politischen Risiken gehören:

- gesetzgeberische oder behördliche Maßnahmen, kriegerische Ereignisse, Aufruhr oder Revolution im Ausland, die die Erfüllung der gedeckten Forderung verhindern - sog. **allgemeiner politischer Schadensfall**;
- die Nichtkonvertierung und Nichttransferierung der vom Schuldner in Landeswährung eingezahlten Beträge in Folge von Beschränkungen des zwischenstaatlichen Zahlungsverkehrs - sog. **KT-Fall**.

Abgrenzung

Um diese politischen Gewährleistungsfälle **von (ungedeckten) wirtschaftlichen Schadensfällen abzugrenzen**, müssen die politischen Ereignisse bzw. muss die Landeswährungseinzahlung spätestens neun Monate nach ursprünglicher Fälligkeit eintreten bzw. erfolgen. Ist eine gedeckte Forderung neun Monate nach ursprünglicher Fälligkeit nicht erfüllt bzw. keine Landeswährungseinzahlung erfolgt, wird unwiderleglich vermutet, dass die Nichterfüllung der Forderung auf wirtschaftlichem Unvermögen bzw. Unwillen des ausländischen Schuldners beruht; es sei denn, es liegen eindeutige Anzeichen für politische Umstände vor. Nach Ablauf dieser Frist kommt der Eintritt eines Gewährleistungsfalles bezogen auf die jeweilige Forderung nicht mehr in Betracht.

Entschädigung

Im Schadensfall werden die in einer dreimonatigen Vertragsperiode entstandenen gedeckten und uneinbringlichen Forderungen entschädigt, bis ihre Summe die für diese Periode maßgebliche **Entschädigungsobergrenze** erreicht. Bei Liefergeschäften ist die Forderungsentstehung an den Versand, bei Leistungsgeschäften an die Erbringung der Leistung geknüpft. Maßgeblich ist demgemäß diejenige Obergrenze, in deren Drei-Monats-Periode dieses Ereignis fällt.

Die Leistung einer Entschädigung auf Grund eines nachgewiesenen **Gewährleistungsfalles** setzt insbesondere voraus, dass die gedeckte Forderung durch Eintritt gedeckter Risiken **uneinbringlich** geworden ist, obwohl die gedeckte Forderung rechtsbeständig und unbestritten ist und die zur Zeit der Forderungsentstehung maßgebliche Obergrenze noch ausreichendes Entschädigungsvolumen bietet. Kommt es zu einem Rückfluss auf eine entschädigte Forderung, gilt diese insoweit nicht als entschädigt, so dass sich der verfügbare Entschädigungsrahmen wieder entsprechend erhöht.

Selbstbeteiligung

Der Gewährleistungsnehmer ist mit einer Quote von **10% am Ausfall** selbst beteiligt. Die Selbstbeteiligung bleibt in Bezug auf die Entschädigungsobergrenze unberücksichtigt.

9.2.7 Pflichten und Verantwortung des Exporteurs

Der Exporteur hat gegenüber dem Bund verschiedene Pflichten, Verantwortungen, Haftungen u. Ä. als Voraussetzung für eine Risikodeckung bzw. Entschädigung zu übernehmen.

Beispiele:

Wahrheitspflicht

Der Exporteur hat bei der Beantragung einer Bundesdeckung alle für die Deckungsübernahme erheblichen Umstände **vollständig** und **richtig** schriftlich anzuzeigen. Er hat darüber hinaus unverzüglich zu berichten, wenn sich bis zum Zugang der Deckungserklärung gegenüber den bei der Antragstellung erfolgten Angaben Änderungen oder Ergänzungen ergeben.

Prüfung der Unterlagen

Wichtiger Hinweis für den Exporteur: Der Bund prüft die Verträge (Ausfuhrverträge u.a.) und die sonstigen Unterlagen des Exporteurs, aus denen sich die gedeckten (Export-)Forderungen und Sicherungsrechte ergeben sollen, **erst im Entschädigungsverfahren.**

Abweichungsverbot

Nach Übernahme der Bundesdeckung darf der Exporteur **keine Änderungen** oder Ergänzungen des gegenüber dem Bund dokumentierten Sachverhalts ohne schriftliche Zustimmung des Bundes vornehmen. Dies gilt insbesondere hinsichtlich der Zahlungsbedingungen und schließt auch ein, dass der Exporteur keine Zahlung in einer anderen als der vertraglich vereinbarten Währung an Erfüllungs Statt annehmen darf.

Meldepflicht bei Gefahrerhöhung

Der Exporteur hat ihm bekannt werdende **gefahrerhöhende Umstände** (z.B. Verzug oder Prolongationsbegehren des Schuldners und andere wirtschaftliche und politische Risiken) unverzüglich schriftlich anzuzeigen und mitzuteilen, welche **Maßnahmen** er zur Sicherung seiner Ansprüche beabsichtigt oder getroffen hat.
(Weitere) Lieferungen und Leistungen des Exporteurs dürfen sodann nur mit schriftlicher **Zustimmung des Bundes** erfolgen.

Schadensverhütungspflichten

Der Exporteur hat auf seine Kosten alle zur **Vermeidung eines Schadensfalls** und Minderung des Ausfalls erforderlichen und geeigneten **Maßnahmen** zu ergreifen und hierbei etwaige Weisungen des Bundes zu befolgen.

Pflichtverletzungen

Verstößt der Exporteur gegen diese und andere Pflichten, dann ist der **Bund** unter Umständen **von seiner Verpflichtung zur Entschädigung befreit.**

Beweislasten

Der Exporteur hat gegenüber dem Bund als Voraussetzung der Entschädigung

- die **Wirksamkeit des Ausfuhrvertrags** (bei Fabrikationsrisikodeckungen) einschließlich der bestellten Sicherheiten,
- den **Bestand der Forderungen** (bei Forderungsdeckungen) einschließlich der bestellten Sicherheiten,
- das Vorliegen der **Voraussetzungen** für den Eintritt des **Schadensfalls** (bei Forderungsdeckungen),
- den **Grund** und die **Höhe** des **Schadens**

auf seine Kosten nachzuweisen.

Verantwortung für Rechtsmängel

Der Exporteur trägt gegenüber dem Bund unter anderem die Risiken des anwendbaren Rechts und des Gerichtsstands sowie die bereits in anderem Zusammenhang angesprochene Verantwortung für die **Wirksamkeit des Ausfuhrvertrags** (bei Fabrikationsrisikodeckungen) bzw. für die **Rechtsbeständigkeit** der gedeckten Forderungen (bei Forderungsdeckungen) und der dafür bestellten Sicherheiten.

9.2.8 Entschädigung und Selbstbeteiligung

Bei Fabrikationsrisikodeckungen

Entschädigung bei Fabrikatonsrisikodeckungen:

- Grundlage für die Berechnung der Entschädigung sind die gedeckten und bis zum Eintritt des Entschädigungsfalls entstandenen **Selbstkosten.**

- Von diesem Ausgangswert sind **abzuziehen** alle vom ausländischen Schuldner oder von Dritten (z.B. von Bürgen) geleistete zuordenbare **Zahlungen** sowie die Erlöse aus der anderweitigen **Verwertung** der Waren und Leistungen sowie etwaige sonstige im Zusammenhang stehende Vermögensvorteile (abzüglich entsprechender Aufwendungen) des Exporteurs.
- Der errechnete Betrag wird **gekürzt** um die **Selbstbeteiligung** des Exporteurs. Der verbleibende Restbetrag ist der Entschädigungsbetrag.

Entschädigung bei Forderungsdeckungen:

Bei Forderungsdeckungen

- Ausgangspunkt für die Entschädigung ist der jeweilige Deckungsgegenstand, wie er in der vom Bund übernommenen Gewährleistung definiert ist (Kaufpreisforderung, eventuelle Surrogatsforderung, eventuelle Kreditzinsen und Finanzierungsnebenkosten bis zur Fälligkeit der Hauptforderung).
- Davon sind alle vom ausländischen Schuldner oder von Dritten (z.B. von Bürgen) geleisteten zuordenbaren **Zahlungen abzuziehen.** Die schwierige Zuordnung (gezielter oder ungezielter) Zahlungen, die entsteht, wenn dem Exporteur mehrere (gedeckte und ungedeckte) Forderungen gegen den ausländischen Schuldner zustehen, ist in den Bedingungen näher geregelt. Zu beachten ist, dass die Bedingungen des Bundes auch dann Anwendung finden, wenn zwischen dem Deckungsnehmer (Exporteur) und dem ausländischen Schuldner eine andere Anrechungsregelung vereinbart ist.
- Die vom Deckungsnehmer aufgewendeten **Rechtsverfolgungs- oder Beitreibungskosten** werden unter bestimmten Voraussetzungen angerechnet. Dagegen bleiben die zur Einziehung einer Forderung üblichen Kosten einschließlich Protestkosten sowie die im gewöhnlichen Geschäftsbetrieb des Garantienehmers entstandenen Kosten außer Betracht.
- Der errechnete Betrag wird **gekürzt** um die **Selbstbeteiligung** des Exporteurs.
- Einzelheiten und aktuelle Bedingungen -auch zu den Besonderheiten von Finanzkreditdeckungen- siehe Merkblätter des Bundes (Hermes).

Konkurrierende Schadensursachen

Bei der Entschädigung von Forderungsdeckungen gilt die **Grundregel**, dass aufgrund des **Gewährleistungsfalls** entschädigt wird, der **zuerst eingetreten** ist. Sind ein wirtschaftlicher und ein politischer Gewährleistungsfall gleichzeitig eingetreten, wird nach dem politischen Gewährleistungsfall entschädigt. Bei der Anwendung dieser Grundregel sind jedoch mehrere Differenzierungen und Ausnahmen zu beachten, die sich sowohl auf die Art der Deckung als auch auf die Art des Gewährleistungsfalls beziehen.
Einzelheiten und aktuelle Bedingungen siehe Merkblätter des Bundes (Hermes).

Abtretung von Entschädigungsansprüchen

Die Ansprüche aus den Ausfuhrgewährleistungen können zum Beispiel zu Refinanzierungszwecken **an Banken** oder andere Finanzierungsinstitute (z.B. Forfaitierungsgesellschaften) **abgetreten** werden. Die Abtretung der Ansprüche aus der Ausfuhrgewährleistung bedarf der schriftlichen Zustimmung des Bundes. Eine ohne Zustimmung des Bundes erfolgte Abtretung ist gemäß § 354a HGB gleichwohl wirksam; jedoch bleibt der Bund berechtigt, mit befreiender Wirkung an den Deckungsnehmer zu leisten.
In jedem Fall bleiben die Rechtsbeziehungen aus der Ausfuhrgewährleistung von einer Abtretung -mit oder ohne Zustimmung des Bundes- unberührt. Die Schadensabrechnung erfolgt ausschließlich zwischen dem Bund und dem Deckungsnehmer. Vor Auskehrung der festgestellten Entschädigungsbeträge ist der Bund berechtigt, die ihm gegen den Deckungsnehmer im Zusammenhang mit Ausfuhrgewährleistungen zustehenden Forderungen dem Auszahlungsanspruch des Abtretungsempfängers gegenüber aufzurechnen.

Schadensbearbeitung/ Auszahlung

Nach Einreichung aller erforderlichen Unterlagen stellt der Bund die Schadensberechnung **innerhalb von 2 Monaten** auf. Die Auszahlung des Entschädigungsbetrags erfolgt innerhalb eines Monats nach Bekanntgabe der vom Exporteur anerkannten Schadensberechnung. Bei Verzögerungen, die der Deckungsnehmer nicht zu vertreten hat, kann unter bestimmten Voraussetzungen und auf Antrag eine Abschlagszahlung gewährt werden.

Selbstbeteiligung/ Abbildung

Der Deckungsnehmer ist in jedem Schadensfall mit einer bestimmten Quote am Ausfall selbst beteiligt. Die **Regelsätze** sind in **Abbildung 9.2-07** dargestellt. In der Deckungserklärung können im Einzelfall abweichende **(höhere) Selbstbeteiligungsquoten** festgelegt sein, insbesondere, wenn die Kreditwürdigkeit des ausländischen Schuldners nicht über jeden Zweifel erhaben ist.

Verbot anderweitiger Absicherung

Das Risiko aus der **Selbstbeteiligung** darf vom Deckungsnehmer **nicht anderweitig abgesichert** werden. Die Weitergabe des Risikos des Exporteurs aus der Selbstbeteiligung an Unterlieferanten ist jedoch zulässig. Ebenso ist bei Finanzkreditdeckungen die Weitergabe der Selbstbeteiligung an den Exporteur zulässig, soweit die Selbstbeteiligung nicht auf 5% ermäßigt ist.

Verlust der Ansprüche bei Fristversäumnis

Der Deckungsnehmer hat bestimmte **Spätestfristen** bei der Stellung seines **Entschädigungsantrags** zu beachten (z.B. bei einzelgarantierten Forderungen spätestens 2 Jahre nach Fälligkeit der garantierten Forderung). Versäumt er derartige Fristen, dann verliert er seine Ansprüche (Einzelheiten und aktuelle Bedingungen siehe Merkblätter).

Weitere Bestimmungen

Zur Behandlung von Rückflüssen, zur Rückzahlung der Entschädigung, zur Rechtsverfolgung nach Entschädigung usw. enthalten die Bedingungen des Bundes weiter reichende Vorschriften.

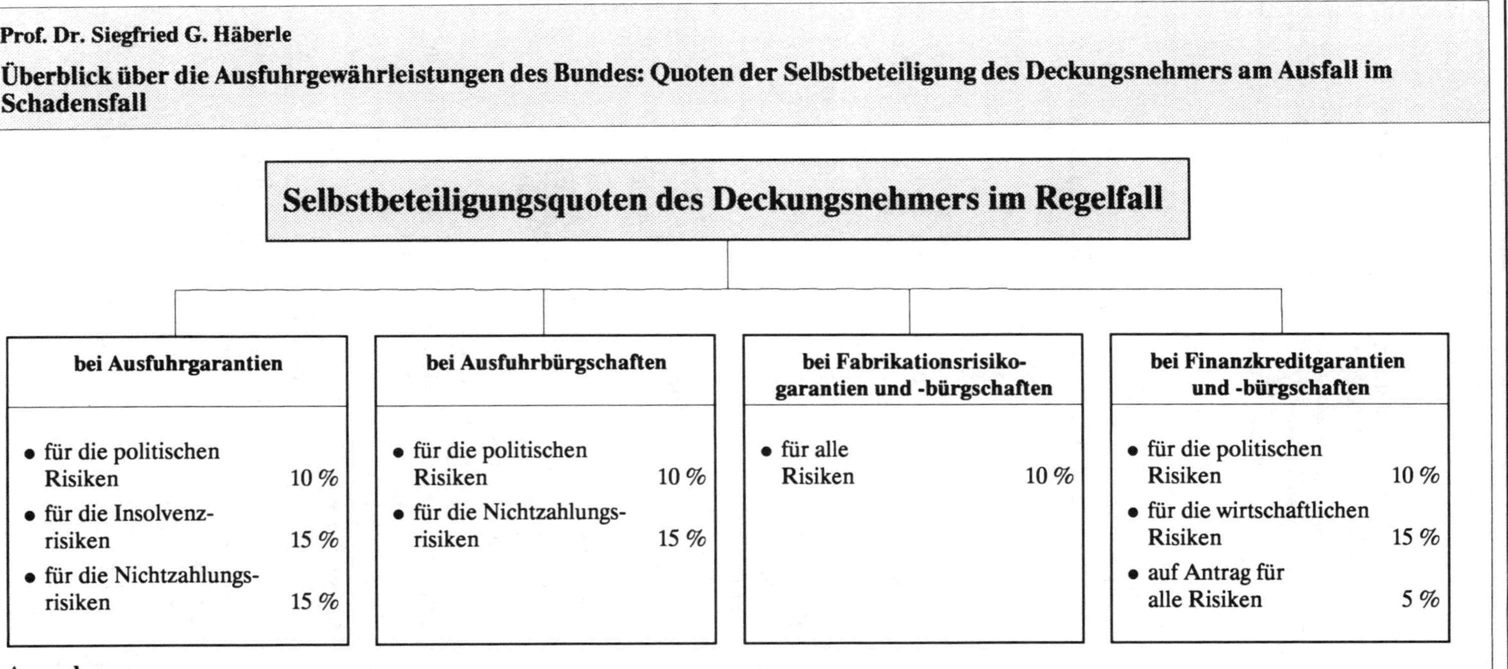

Anmerkungen:

- Bei **Länder-Pauschal-Gewährleistungen (LPG)** beträgt die Selbstbeteiligungsquote **10% des Ausfalls**.
- Die genannten Selbstbeteiligungsquoten des Deckungsnehmers gelten für den Regelfall. In der Deckungsurkunde können im Einzelfall andere (höhere) Selbstbeteiligungsquoten festgelegt sein.
- Das Risiko aus der Selbstbeteiligung darf vom Deckungsnehmer nicht anderweitig abgesichert werden.
- Die Weitergabe der Selbstbeteiligung an Unterlieferanten ist bei Fabrikations- und Forderungsrisikodeckungen zulässig.
- Die Weitergabe der Selbstbeteiligung an den Exporteur ist bei Finanzkreditdeckungen – soweit die Selbstbeteiligung nicht auf 5 % ermäßigt ist – zulässig.

Abbildung 9.2-07

9.2.9 Entgelt

Für beantragte bzw. für übernommene Ausfuhrgewährleistungen berechnet der Bund ein **Entgelt (sog. Hermes-Gebühr)**.

Arten/Abbildung

Zu unterscheiden sind **Bearbeitungsentgelte** und Entgelte für die Übernahme von Deckungen, die sog. **Deckungsentgelte**.
Die verschiedenen **Arten der Entgelte** sind in **Abbildung 9.2-08** dargestellt.

Länderrisikokategorien

Die Entgelte waren bis 30.6.1994 für alle Schuldnerländer gleich: Der Bund hatte bis zu diesem Zeitpunkt bei den Entgelten nicht nach Länderrisikogruppen unterschieden. Mit Wirkung vom 1.7.1994 hat der Bund nunmehr ein Entgeltsystem eingeführt, das auf **5 Länderrisikogruppen** beruht und das den unterschiedlichen Länderrisiken mit gestaffelten Entgeltsätzen Rechnung trägt:

- **Kategorie I**: Länder ohne besondere Risiken, hauptsächlich OECD;
- **Kategorie II**: Länder mit verhältnismäßig geringem politischen Risiko, insbesondere Länder, bei denen über einen längeren Zeitraum gute Zahlungserfahrungen gemacht wurden und das Risiko von Zahlungsschwierigkeiten gering erscheint;
- **Kategorie III**: Vom Hermes-System typischerweise gedecktes politisches Risiko, wie es insbesondere für Entwicklungsländer üblich ist, ohne konkrete Anzeichen für kommende Zahlungsschwierigkeiten;
- **Kategorie IV**: Erhöhtes Risiko, insbesondere Umschuldungsländer und Länder mit erheblichen Zahlungsstörungen, sowie Länder, deren Entwicklung Zahlungsschwierigkeiten konkret befürchten lässt;
- **Kategorie V**: Stark erhöhtes, in der Regel für Geschäfte mit mittel- bis langfristigen Zahlungsbedingungen nicht mehr akzeptables Risiko, sowie Länder, für welche die Deckungsmöglichkeiten aufgehoben sind.

Weitere Unterschiede der Entgeltsätze

Weitere Unterscheidungen trifft der Bund zum Teil bei den Entgelten für **Bürgschaften** und **Garantien**, weil bei den Bürgschaften nur das politische Risiko, bei den Garantien darüber hinaus auch das wirtschaftliche Risiko zu übernehmen ist.

Die **Höhe des Entgelts** ist ferner davon abhängig,

- welche **Art der Deckung** gewährt wird,
- welche **Laufzeit** das gedeckte Exportgeschäft bzw. die gedeckte Forderung aufweist (Grundentgelt bzw. Zeitentgelt),
- welche **Sicherheiten** zur Verfügung stehen (z.B. Banken als Schuldner oder Garanten).

Entgelt bei APG

Bei Ausfuhr-Pauschal-Gewährleistungen erfolgt die Festsetzung des Entgelts auf Grund der im jeweiligen Vertrag **gedeckten Risiken**.

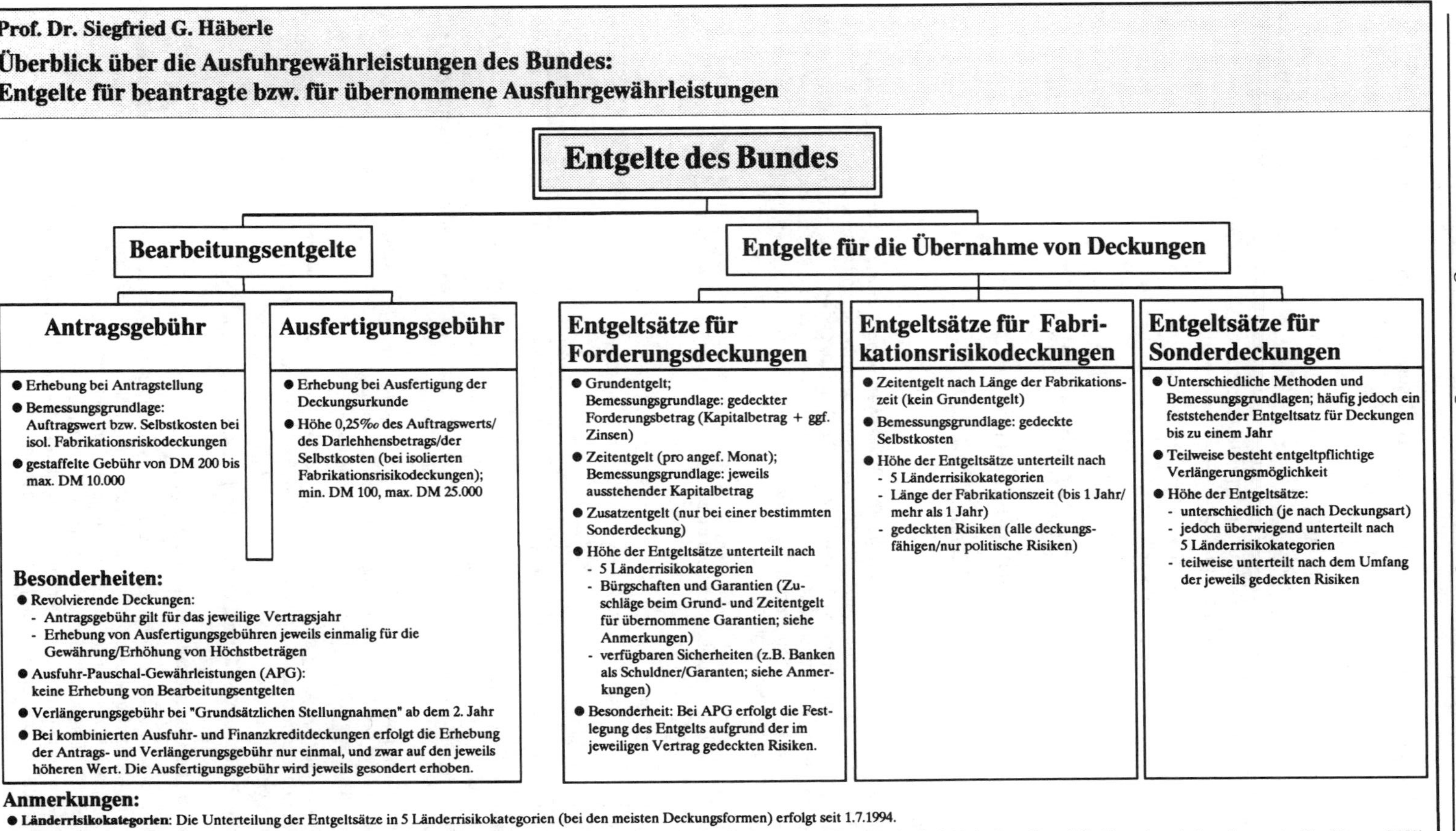

Abbildung 9.2-08

Merkblatt/Abbildung Die zurzeit gültigen **Entgeltsätze** sind in der folgenden Abbildung "Entgelt-Merkblatt -Ausfuhrgewährleistungen-" wiedergegeben, vgl. **Abbildung 9.2-09**.

Hinweis Einige Verbände stellen den Exporteuren ein Kalkulationsprogramm bzw. eine Diskette zur **Kalkulation von Hermes-Entgelten** für kurz-, mittel- und langfristigen Laufzeiten zur Verfügung, so z.B. der VDMA über den Maschinenbau Verlag GmbH,
Postfach 71 08 64,
60498 Frankfurt am Main,

Fax: 069/6603-1611.

Entgelt-Merkblatt

- Ausfuhrgewährleistungen -

Stand: 1. Juli 1994

1. Bearbeitungsentgelte

Bearbeitungsentgelte werden als **Antragsgebühr, Verlängerungsgebühr** und **Ausfertigungsgebühr** erhoben. Sie werden weder auf das Entgelt für die Übernahme von Deckungen angerechnet, noch können sie erstattet werden. Bei **kombinierten Ausfuhr**- und **Finanzkreditdeckungen** werden die Antrags- und Verlängerungsgebühren nur einmal, und zwar auf den jeweils höheren Wert erhoben, während die Ausfertigungsgebühr jeweils gesondert erhoben wird. Bei Erhöhungen ist der neue Wert maßgeblich. Bereits gezahlte Gebühren werden angerechnet.

1.1 Die **Antragsgebühr** wird bei Antragstellung erhoben und beträgt unabhängig vom Deckungsumfang bei Auftragswerten (bzw. Selbstkosten bei isolierten Fabrikationsrisikodeckungen bzw. Darlehensbeträgen bei isolierten Finanzkreditdeckungen)

bis	50 TDM	100 TDM	250 TDM	500 TDM	1 Mio. DM	5 Mio. DM
Gebühr	200,-- DM	400,-- DM	800,-- DM	1.200,-- DM	1.600,-- DM	2.000,-- DM

bis	10 Mio. DM	20 Mio. DM	30 Mio. DM	60 Mio. DM	100 Mio. DM	über 100 Mio. DM
Gebühr	3.000,-- DM	5.000,-- DM	7.000,-- DM	8.000,-- DM	9.000,-- DM	10.000,-- DM

1.2 **Grundsätzliche Stellungnahmen** werden üblicherweise auf sechs Monate befristet und können auf Antrag jeweils um maximal drei Monate verlängert werden. Das erste Jahr der grundsätzlichen Stellungnahme ist durch die Antragsgebühr abgegolten. Für weitere Verlängerungen wird jeweils eine **Verlängerungsgebühr** in Höhe von 25 % der Antragsgebühr erhoben.

1.3 Die **Ausfertigungsgebühr** wird bei Ausfertigung der Deckungsurkunde erhoben und beträgt 0,25 ‰ des Auftragswerts bzw. des Darlehensbetrags (bzw. der Selbstkosten bei isolierten Fabrikationsrisikodeckungen), mindestens aber DM 100,-- und höchstens DM 25.000,--.

1.4 Bei **revolvierenden Deckungen** gilt die **Antragsgebühr** für das jeweilige Vertragsjahr. **Ausfertigungsgebühren** werden einmalig sowohl für die Gewährung von Höchstbeträgen als auch für Erhöhungen von Höchstbeträgen erhoben.

1.5 Für **Ausfuhr-Pauschal-Gewährleistungen** werden Bearbeitungsentgelte nicht erhoben.

2. Entgelte für die Übernahme von Deckungen

Bei den nachfolgend unter 2.4 bis 2.8 aufgeführten Deckungen wird ein von spezifischen Länderrisiken abhängiges Entgelt erhoben. Es gibt fünf **Länderkategorien**, die von I (sehr geringe Risiken, geringstes Entgelt) bis V (stark erhöhte Risiken, höchstes Entgelt) reichen. Entscheidend für die Entgeltberechnung ist die zum Zeitpunkt der Deckungsübernahme geltende Einstufung in die Länderkategorie (siehe aber auch 3.2). Kann die Deckung innerhalb der Befristung einer grundsätzlichen Stellungnahme übernommen werden und war die Länderkategorie bei Erteilung der grundsätzlichen Stellungnahme günstiger, ist diese maßgeblich.

2.1 Grundentgelt

2.1.1 Für die verschiedenen Deckungsformen wurden unterschiedlich hohe Basiswerte festgelegt. Ein Basiswert entspricht grundsätzlich dem für die verschiedenen Deckungsformen unter der Länderkategorie III angegebenen Faktor. Dies gilt jedoch nicht für die unter 2.1.2 genannten Deckungsformen (siehe dort). Der für die Deckungsform geltende Basiswert ist mit dem jeweiligen Länderfaktor von 1/3 für Länder der Kategorie I, 2/3 für Länder der Kategorie II, 1 für Länder der Kategorie III, 1,5 für Länder der Kategorie IV und 2 für Länder der Kategorie V zu multiplizieren. Anschließend ist der auf diese Weise ermittelte Entgeltsatz mit dem jeweils gedeckten Betrag zu multiplizieren.

2.1.2 Eine Ausnahme gilt für Forderungsdeckungen auf private Schuldner, die als Garantien übernommen werden (zusätzliche Insolvenzrisiken). Auch hier wird zunächst der Basiswert von 1 % mit dem Länderfaktor multipliziert. Anschließend wird zum auf diese Weise ermittelten Entgeltsatz ein vom Länderrisiko unabhängiger, konstanter Zuschlag von 0,35 % addiert und das Ergebnis mit dem gedeckten Betrag multipliziert. Der konstante Zuschlag reduziert sich auf 0,1 %, wenn eine Bank als Schuldner oder Garant akzeptiert wird.

2.2 Zeitentgelt

Für Forderungsdeckungen wird ferner für jeden angefangenen Monat ab Risikobeginn auf den jeweils ausstehenden Kapitalbetrag ein Zeitentgelt erhoben. Der Basiswert von 0,6 ‰ ist mit dem Länderfaktor zu multiplizieren. Zum auf diese Weise ermittelten Entgeltsatz wird zusätzlich für Garantien ein konstanter Zuschlag von 0,21 ‰ bzw. für Garantien mit einer als Schuldner oder Garant akzeptierten Bank ein konstanter Zuschlag von 0,06 ‰ addiert und das Ergebnis mit dem ausstehenden Kapitalbetrag multipliziert.

2.3 Hinweis

Die Zahlen in den folgenden Tabellen wurden aus Darstellungsgründen gerundet. Die Anwendung der unter Ziff. 2.1 und 2.2 dargestellten Formel kann im Einzelfall zu Abweichungen führen. Maßgeblich ist in jedem Fall die Entgeltberechnung anhand der Formel.

2.4 Entgeltsätze für Forderungsdeckungen (Ausfuhrdeckungen und Finanzkreditdeckungen)

2.4.1 Bei Forderungsdeckungen wird ein Grund- und ggf. ein Zeitentgelt erhoben. Das **Grundentgelt** bezieht sich auf den gedeckten Forderungsbetrag (Kapitalbetrag + ggf. Zinsen). **Zeitentgelt** wird für jeden angefangenen Monat ab Risikobeginn auf den jeweils ausstehenden Kapitalbetrag erhoben.

Länderkategorie	I		II		III		IV		V	
	Grundentgelt	**Zeitentgelt**	Grundentgelt	**Zeitentgelt**	Grundentgelt	**Zeitentgelt**	Grundentgelt	**Zeitentgelt**	Grundentgelt	**Zeitentgelt**
Bürgschaften	**0,33 %**	**0,20 ‰**	**0,67 %**	**0,40 ‰**	**1,00 %**	**0,60 ‰**	**1,50 %**	**0,90 ‰**	**2,00 %**	**1,20 ‰**
Garantien	**0,68 %**	**0,41 ‰**	**1,02 %**	**0,61 ‰**	**1,35 %**	**0,81 ‰**	**1,85 %**	**1,11 ‰**	**2,35 %**	**1,41 ‰**
Garantien für Forderungen oder Forderungsteile mit **Banken** als Garanten oder Schuldner	0,43 %	0,26 ‰	0,77 %	0,46 ‰	1,10 %	0,66 ‰	1,60 %	0,96 ‰	2,10 %	1,26 ‰
Garantien für Geschäfte mit **Tochtergesellschaften** (Pol.-Ris.-/Pol.-Insolv.-Deckung)	0,33 %	0,20 ‰	0,67 %	0,40 ‰	1,00 %	0,60 ‰	1,50 %	0,90 ‰	2,00 %	1,20 ‰
Garantien/ Bürgschaften für Forderungen oder Forderungsteile aus Sichtakkreditiv bei **KT/ZM-Deckung**	0,25 %	–	0,50%	–	0,75 %	–	1,12 %	–	1,50 %	–

2.4.2 Bei Deckungen von Fremdwährungsforderungen mit **Aufhebung der Kursbegrenzung bei Entschädigung** wird ein **Zusatzentgelt** von 10 % auf das Entgelt (Grund- und Zeitentgelt) erhoben.

2.5 Entgeltsätze für Fabrikationsrisikodeckungen

Bei **Fabrikationsrisikodeckungen** wird ein nach der Länge der Fabrikationszeit (Zeit zwischen Beginn der Fertigung und Lieferende) differenziertes Entgelt auf die gedeckten Selbstkosten erhoben.

Länderkategorie	**I**	**II**	**III**	**IV**	**V**
Einschluß **aller deckungsfähigen Risiken**					
Fabrikationszeit ≤ 1 Jahr Garantien/Bürgschaften	0,33 %	0,67 %	1,00 %	1,50 %	2,00 %
Fabrikationszeit > 1 Jahr Garantien/Bürgschaften	0,42 %	0,83 %	1,25 %	1,87 %	2,50 %
Beschränkung **auf politische Risiken** (bei Garantien ggf. einschließlich der politischen Insolvenzrisiken)					
Fabrikationszeit ≤ 1Jahr Garantien/Bürgschaften	0,25 %	0,50 %	0,75 %	1,12 %	1,50 %
Fabrikationszeit > 1 Jahr Garantien/Bürgschaften	0,30 %	0,60 %	0,90 %	1,35 %	1,80 %

2.6 Entgeltsätze für Deckungen im Rahmen von Bauleistungsgeschäften

2.6.1 Bei einer **Bauleistungsdeckung zu Sonderbedingungen,** d. h. bei Bezahlung der Forderung nach Situationen mit einem maximalen Einbehalt von 10 % (schließt Gerätedeckung und Deckung von Exporteurgarantien - Ausnahme Bietungsgarantien - mit ein), wird das Entgelt auf den vollen Bauleistungswert (d. h. ohne Abzug von Vorauszahlungen) berechnet. Ist der Wert der eingeschlossenen Nebendeckungen höher, so wird das Entgelt auf diesen erhoben. Berechnet wird das Entgelt (Grundentgelt) wie bei anderen Forderungsdeckungen unter Ziff. 2.4.1 dargestellt.

2.6.2 Bei einer **Einlagerungsdeckung** (Laufzeit 12 Monate), einer **Ersatzteillagerdeckung**, einer **Gerätedeckung**, einer **globalen Gerätedeckung** (Laufzeit 2 Jahre mit entgeltpflichtiger Verlängerungsmöglichkeit), einer **Baustellenkostendeckung** und einer **Bevorratungsdeckung** beträgt das Entgelt in der

Länderkategorie	**I**	**II**	**III**	**IV**	**V**
Garantien/Bürgschaften	0,20 %	0,40 %	0,60 %	0,90 %	1,20 %

des gedeckten Werts.

2.7 Entgeltsätze für Deckungen von Exporteurgarantien

2.7.1 Bei Deckungen für Exporteurgarantien, wie Bietungsgarantien sowie Liefer-, Leistungs-, Gewährleistungs-, Erfüllungs-, Zoll-, Einbehaltablösungsgarantien und Anzahlungsgarantien über das Fabrikationsende hinaus (diese Deckungen werden in der Regel nur zusammen mit Fabrikationsrisiko- oder Forderungsdeckungen übernommen), wird das Entgelt auf den gedeckten Betrag erhoben.

Länderkategorie	**I**	**II**	**III**	**IV**	**V**
Garantien/Bürgschaften	0,13 %	0.27%	0,40%	0.60 %	0,80%

2.7.2 Bei Deckungen von **Exporteurgarantien** in Fremdwährungen mit **Aufhebung der Kursbegrenzung bei Entschädigung** wird ein **Zusatzentgelt** von 10 % auf das Entgelt erhoben.

2.8 Entgeltsätze für sonstige Beschlagnahmedeckungen

2.8.1 Bei **Beschlagnahmedeckungen mit KT-Deckung** (z. B. Konsignationslager) bzw. **ohne KT-Deckung** (z. B. Messelager) beträgt das Entgelt in der

Länderkategorie	**I**	**II**	**III**	**IV**	**V**
mit KT-Deckung					
Garantien/Bürgschaften	0,25 %	0,50 %	0,75 %	1,12 %	1,50 %
ohne KT-Deckung					
Garantien/Bürgschaften	0,13 %	0,27 %	0,40 %	0,60 %	0,80 %

des gedeckten Warenwerts.

2.8.2 Bei **revolvierenden Konsignationslagerdeckungen** (Laufzeit ein Jahr mit entgeltpflichtiger Verlängerungsmöglichkeit) beträgt das Entgelt in der

Länderkategorie	I	II	III	IV	V
mit KT-Deckung					
Garantien/Bürgschaften	0,30 %	0,60 %	0,90 %	1,35 %	1,80 %
ohne KT-Deckung					
Garantien/Bürgschaften	0,20 %	0,40 %	0,60 %	0,90 %	1,20 %

des gedeckten Höchstbetrags pro Jahr. Bei Erhöhungen wird das Entgelt des laufenden Vertragsjahres entsprechend erhöht.

2.9 Entgeltsätze für Wechselkursdeckungen*)

2.9.1 Bei einer **isolierten** Wechselkursdeckung: 0,7 % pro Jahr auf den jeweils ausstehenden gedeckten Forderungsbetrag.

2.9.2 Bei einer **kombinierten** Wechselkursdeckung (d. h. mit Forderungsdeckung): 0.6 % pro Jahr auf den jeweils ausstehenden gedeckten Forderungsbetrag.

2.9.3 Bei einer Wechselkursdeckung kombiniert mit einer lediglich alle politischen Risiken umfassenden Forderungsdeckung: 0,65 % pro Jahr auf den jeweils ausstehenden gedeckten Forderungsbetrag.

2.9.4 Bei einer Wechselkursdeckung unter Einbeziehung eines Zeitraumes von 12 Monaten nach jeder vertraglichen Fälligkeit (nur bei kombinierten Deckungen möglich): pauschale Entgeltberechnung bis 6 Monate nach jeweiliger Fälligkeit.

2.9.5 Bei einer Wechselkursdeckung, bei der eine Option auf Umstellung in die fremde Währung innerhalb oder nach Ablauf der Vorlaufzeit eingeräumt ist: 0,3 % pro Jahr (Zusatzentgelt).

2.10 Entgelte für Deckblattbürgschaften

Bei der Deckung von abgetretenen garantierten/verbürgten Finanzkreditforderungen gegenüber dem Zessionar (Deckblattbürgschaft): 0,125 % pro Jahr auf den abgetretenen und noch ausstehenden Kapitalbetrag.

2.11 Bei Ausfuhr-Pauschal-Gewährleistungen

erfolgt die Festsetzung des Entgelts aufgrund der im jeweiligen Vertrag gedeckten Risiken.

3. Besonderheiten hinsichtlich der Länderkategorien

3.1 Für Deckungen von Forderungen oder Forderungsteilen **mit Kapitalhilfe-Finanzierung sowie mit Finanzierung durch Weltbank, EIB oder vergleichbare internationale Finanzierungsinstitute** mit Direktauszahlungsverfahren oder gleichwertigen Auszahlungsverfahren wird das Entgelt für den entsprechend finanzierten Teil bei Ländern der Kategorie IV und V nach dem Entgeltsatz der Länderkategorie III berechnet.

3.2 Nach Übernahme der Deckung wirken sich **Veränderungen der Länderkategorie** nur auf zusätzliche Deckungen (z. B. zusätzliche Fabrikationsrisikodeckung, Exporteurgarantiedeckung, Gerätedeckung) oder Erhöhungen in Folge von Zusatzaufträgen aus.

3.3 Bei **revolvierenden Deckungen** mit Ausnahme von revolvierenden Konsignationslagerdeckungen gilt ein wegen **Länderumstufung** geändertes Entgelt für Versendungen ab dem 1. Tag des 4. Monats nach Bekanntgabe der Länderumstufung. Eine Nachberechnung des Vorausentgelts findet nicht statt.

*) Beibehaltung der Deckungsform wird überprüft

4. Erhebung des Entgelts

4.1 Fälligstellung des Entgelts

Grundsätzlich ist das Entgelt bei Aushändigung der Deckungsurkunde fällig. Es gelten jedoch folgende **Ausnahmeregelungen:**

- Für **Forderungsdeckungen** mit **Kreditlaufzeiten von mehr als 2 Jahren,** bei denen das Entgelt DM 10.000,-- übersteigt und zwischen Aushändigung der Deckungsurkunde und Lieferende (isolierte Finanzkreditdeckung: Auszahlungsende) mehr als 3 Monate liegen, ist die Hälfte des Grundentgelts sofort fällig (d. h. mit Aushändigung des Dokuments). Ein Viertel des Grundentgelts sowie die Hälfte des Zeitentgelts ist bei Lieferbeginn (isolierte Finanzkreditdeckung: Auszahlungsbeginn) und ein Viertel des Grundentgelts sowie die Hälfte des Zeitentgelts bei Lieferende (isolierte Finanzkreditdeckung: Auszahlungsende) fällig.

- **Wechselkursdeckungen**

  Bei Übernahme der Deckung wird ein Vorausentgelt in Höhe des Entgelts für die beiden ersten Jahre nach der Vorlaufzeit in Rechnung gestellt. Nach Ablauf der Vorlaufzeit wird die Entgelterhebung auf Kalenderjahre umgestellt; das Entgelt wird dann jeweils zu Jahresbeginn für das auf dieses Jahr folgende Kalenderjahr erhoben.

- **Revolvierende Deckungen**

  Es wird ein auf den genehmigten Höchstbetrag (gedeckter Forderungsbetrag) berechnetes Grundentgelt als Vorausentgelt erhoben, das mit den für die laufenden Versendungen zu entrichtenden Entgelten verrechnet wird.

- **Ausfuhr-Pauschal-Gewährleistungen**

  Das Entgelt ist binnen 14 Tagen nach Abgabe der Umsatzmeldung und Entgeltberechnung zu entrichten.

4.2 Erhebung einer Verzugskostenpauschale (Mahngebühr)

Wird das in Rechnung gestellte Entgelt bei Fälligkeit nicht entrichtet, wird mit der zweiten Mahnung neben dem angemahnten Entgeltbetrag eine Verzugskostenpauschale von DM 20,-- und mit der dritten Mahnung eine Verzugskostenpauschale von DM 30,-- erhoben. Die Geltendmachung von Verzugszinsen bleibt vorbehalten.

4.3 Entgelterstattung

Stimmt der Bund einer Änderung des Inhalts oder des Umfangs einer Ausfuhrgewährleistung zu und ändert sich hierdurch der Betrag der gedeckten Selbstkosten oder der gedeckten Forderung oder die Dauer des Risikos, erfolgt eine Neuberechnung des Entgelts. Sofern kein Gewährleistungsfall eingetreten ist, werden sich aus der Neuberechnung ergebende Überzahlungen erstattet abzüglich einer **Verwaltungskostenpauschale** in Höhe von 5 % der Überzahlung, höchstens jedoch von DM 5.000,--.
Ist der Bund von der Verpflichtung zur Entschädigung befreit, gebührt ihm gleichwohl das Entgelt, soweit es fällig geworden ist, bevor der Bund von seiner Leistungsfreiheit Kenntnis erlangt hat.

Der Bund hat die Geschäftsführung für die Ausfuhrgewährleistungen einem Konsortium übertragen, das aus der **Hermes Kreditversicherungs-AG**, Hamburg, als Federführer und der **C&L TREUARBEIT DEUTSCHE REVISION** Aktiengesellschaft Wirtschaftsprüfungsgesellschaft Steuerberatungsgesellschaft, Hamburg, besteht.

Nähere Informationen und Unterlagen sowie Beratung über die Möglichkeiten und Abwicklung der Ausfuhrgewährleistungen des Bundes durch die
Hermes Kreditversicherungs-AG
22746 Hamburg.

Außenstellen in:
Berlin, Bielefeld, Bremen, Dortmund, Dresden, Düsseldorf, Frankfurt, Freiburg, Hamburg, Hannover, Köln, Leipzig, Mannheim, München, Nürnberg, Saarbrücken, Stuttgart.

Abbildung 9.2-09

9.2.10 Beurteilung, Ratschläge und Vergleich

9.2.10.1 Beurteilung und Ratschläge

Beurteilung der staatlichen Ausfuhrgewährleistung sowie Ratschläge

Vorteile

- Die Ausfuhrgewährleistungen des Bundes **ermöglichen** dem Exporteur auch solche **mit** politischen und evtl. wirtschaftlichen **Risiken behaftete Ausfuhrgeschäfte**, die ohne Risikoüberwälzung auf den Bund nicht zu Stande kämen.
- Nach Übernahme der Deckung durch den Bund sind die bei Forderungsausfällen sonst eintretenden **Liquiditätsrisiken** und **Rentabilitätsrisiken** des Exporteurs eng **begrenzt.**
- Der Exporteur kann seine aus den Ausfuhrgewährleistungen ergebenden **Ansprüche** (Entschädigungsansprüche) mit Zustimmung des Bundes z.B. an Banken, Factoringgesellschaften oder Forfaitierungsgesellschaften **abtreten**. Diese Möglichkeit eröffnet dem Exporteur nicht nur die Höherbewertung seines Forderungsbestandes bei Dritten (z.B. bei Zessionen an Banken), sondern erhöht auch die Mobilität seiner Forderungen (z.B. bei Forderungsverkäufen). Zu beachten hat der Exporteur, dass er aus seinen Pflichten gegenüber dem Bund trotz Forderungsabtretung nicht befreit ist.

Restrisiken

Der Exporteur hat die trotz Bundesdeckung verbleibenden Risiken zu bedenken. Neben der **Selbstbeteiligung im Schadensfall**, die in der Regel anderweitig nicht abgesichert werden darf, ist beispielsweise zu bedenken,

- dass beispielsweise bei Forderungsdeckungen in Form von Einzeldeckungen das Risiko des **Zahlungsverzugs** in der Regel nicht abgesichert ist (Ausnahme: bei Einzeldeckungen im Zusammenhang mit der Lieferung von Investitionsgütern auf Antrag),
- dass das **Warenabnahmerisiko** des Exporteurs (insbesondere im Sinne der vertragswidrigen Nichtabnahme versandter Waren seitens des Importeurs) keineswegs immer, sondern nur unter bestimmten, frühzeitig bei Hermes zu erhebenden Voraussetzungen Gegenstand der Deckung ist,

- dass **Wechselkursrisiken** bei Fremdwährungsforderungen (mangels der nur noch selten gewährten Sonderdeckungsform) nicht gedeckt sind,
- dass Ausfuhrdeckungen, die auf dem **privaten Versicherungsmarkt** allgemein in derselben Art und in demselben Umfang angeboten werden, in der Regel nicht in die Ausfuhrgewährleistungen des Bundes einbezogen werden können,
- u.a.

Pflichten

Der Exporteur hat sich nach erteilter Bundesdeckung u.a. strikt an den in der Deckungsurkunde kommentierten Sachverhalt, insbesondere hinsichtlich der **Einhaltung der Zahlungsbedingungen** zu halten sowie die auferlegten **Pflichten** (z.B. Meldepflicht bei Gefahrerhöhung) einzuhalten, will er nicht Gefahr laufen, die Deckung zu verlieren.

Frühzeitige Kontaktaufnahme (Antragstellung)

Erscheint für ein Exportgeschäft die Bundesdeckung erwägenswert oder gar unabdingbar, dann ist **frühzeitige Kontaktaufnahme** bzw. Antragstellung **bei Hermes** als dem Mandatsträger des Bundes **erforderlich**:

- Der Exporteur kann vor Abschluss des Ausfuhrvertrags eine **grundsätzliche Stellungnahme** des Bundes zu den Aussichten für die Übernahme einer Deckung beantragen.
- Hermes benötigt selbst Zeit um die notwendigen **Informationen**, insbesondere über die Bonität der Importeure, also bezüglich des wirtschaftlichen Risikos, **einzuholen**.
- Etwaige **Auflagen** können in die mit dem Importeur festzulegenden **Zahlungsbedingungen** einfließen. Eventuell lässt sich dadurch auch eine Vorbehaltsklausel im Kaufvertrag vermeiden, wonach der Kaufvertrag bzw. die Zahlungsbedingungen nur bindend werden, wenn der Bund die beantragte Deckung erteilt.
- Ein **Antrag** auf Ausfuhrgewährleistung soll im Übrigen möglichst vor Abschluss des Ausfuhrvertrags und gegebenenfalls des Kreditvertrags, jedenfalls **vor Beginn des zu deckenden Risikos** gestellt werden.

Entgeltsätze

Bei einer **Beurteilung der Kosten** einer Bundesdeckung genügt es nicht, wenn sich der Exporteur allein an den Entgeltsätzen orientiert. In seine Beurteilung hat der Exporteur vielmehr auch folgende Aspekte einzubeziehen:

- **Die Selbstbeteiligungsquote** führt zu einer indirekten Erhöhung des Entgelts, weil sich einerseits die Entgeltberechnung aus dem vollen Forderungsbetrag bzw. auf die vollen Selbstkosten usw. bezieht, während andererseits eine Entschädigung des Exporteurs nur unter Abzug der Selbstbeteiligung erfolgt.
- Der **Entschädigungszeitpunkt** kann sich -in Abhängigkeit von der Definition des Schadenseintritts und der Abwicklung der Entschädigung- im Einzelfall über den ursprünglichen Fälligkeitstag der Exportforderung hinausschieben, was entsprechende Auswirkungen auf die Liquidität und Rentabilität des Exporteurs hat.

Analogie bei Finanzkreditdeckungen und bei Sonderdeckungsformen

Analoge Beurteilungen sind vom jeweiligen Deckungsnehmer anzustellen bei Finanzkreditdeckungen und bei den Sonderdeckungsformen.

9.2.10.2 Vergleich von Ausfuhrgewährleistung mit Warenkreditversicherung, Exportfactoring und Forfaitierung (Skizze)

Politische Risiken

Die Übernahme politischer Risiken wird von den privatwirtschaftlichen Warenkreditversicherungen ebenso wie von den Factoringgesellschaften in ihren Bedingungen ausdrücklich oder in ihrem geschäftspolitischen Verhalten faktisch **ausgeschlossen**.
Dagegen sind Forfaitierungsgesellschaften und Banken, die Forfaitierungsgeschäfte betreiben, im Allgemeinen bereit, alle mit der angekauften Forderung verbundenen Risiken zu übernehmen.
Anzumerken ist allerdings, dass manche Forfaitierung erst ermöglicht wird, wenn für die anzukaufende Exportforderung eine Bundesdeckung besteht und die Ansprüche abgetreten werden.

Fabrikationsrisiken

Fabrikationsrisikodeckungen, die zum Standardprogramm des Bundes gehören, sind bei privatwirtschaftlichen Warenkreditversicherungsgesellschaften **nur unter bestimmten Voraussetzungen versicherbar**. Bei Forderungsverkauf an Factoring- oder Forfaitierungsgesellschaften sind die Risiken der Fabrikationsphase definitorisch **ausgeschlossen**. Insoweit ist ein Vergleich von Bundesdeckungen mit dem Angebot von privatwirtschaftlichen Versicherungsgesellschaften bzw. von Factoring- und Forfaitierungsgesellschaften ohnehin nur begrenzt auf die Risiken der Forderungsphase möglich.

Sonstige Risiken

Sofern sich die **verbleibenden Risiken** durch Vereinbarung geeigneter Zahlungsbedingungen nicht ausschließen lassen, bleibt dem Exporteur meistens nur der Weg zur Bundesdeckung, es sei denn, der Exporteur ist bereit, diese Risiken selbst zu tragen oder auf das Exportgeschäft zu verzichten.

Ausgewählte Vergleichskriterien	Bundesdeckung	Warenkredit-versicherung	Factoring/ Forfaitierung
• **Mindestumsatz bzw. Anzahl der Forderungen**	Einzeldeckungen möglich	Versicherung aller Forderungen, zumindest bestimmter Forderungskategorien	Factoring: Ankauf aller Forderungen, zumindest bestimmter Forderungskategorien; Forfaitierung: Einzelforderungen
• **Laufzeit der Forderungen**	auch lange Forderungslaufzeiten möglich	kurzfristig bis ca. 180 Tage	Factoring: kurzfristig bis ca. 180 Tage, darüber hinaus Forfaitierung
• **Delkredererisiko (wirtschaftl. Forderungsausfallrisiko)**	Übernahme mit Selbstbehalt (politische Risiken eingeschlossen)	Übernahme mit relativ hohem Selbstbehalt (politische Risiken ausgeschlossen)	Factoring: Übernahme ohne Selbstbehalt, falls vertraglich vereinbart (pol. Risiken ausgeschlossen) Forfaitierung: Übernahme ohne Selbstbehalt (politische Risiken eingeschlossen)
• **Kosten**	einheitliche Entgelte, Ausnahme: Ausfuhr-Pauschal-Gewährleistung	individuell kalkulierte Entgelte	individuell kalkulierte Entgelte

Durch die **individuelle Kalkulation der Entgelte** können Warenkreditversicherungen bzw. Factoringgesellschaften/Forfaitierungsgesellschaften in isolierter Betrachtung der Prämien im Einzelfall günstiger abschneiden als der Bund.

10 Fachwörterverzeichnis (deutsch, französisch, englisch, italienisch, spanisch)

deutsch	französisch	englisch	italienisch	spanisch
ab Fabrik	ex usine	ex works	partenza fabbrica	ex fábrica
ab Lager	ex magasin	ex warehouse	partenza magazzino	ex almacén
ab Station	ex gare	ex station	partenza stazione	ex estación
ab Waggon	ex wagon	ex truck/car	partenza/franco vagone	ex vagón
Abänderung	modification	amendment	modifica	modificación
abgestempelt	estampillé	stamped	stampigliato	timbrado
abladen/ausladen	décharger	to unload	scaricare	descargar
abliefern	délivrer	to deliver	consegnare	entregar
absenden	expédier	to dispatch	spedire	expedir
Absender	expéditeur	consignor	mittente	expedidor
Akkreditiv	crécit documentaire	documentary credit	credito documentario	crédito documentario
Akzeptierung	acceptation	acceptance	accettazione	aceptación
akzessorisch	accessoire(ment)	accessory	accessorio	accesorio
an Bord	à bord	on board	a bordo	a bordo
an Deck	en pontée	on deck	sopra coperta	sobre cubierta
an Order	à ordre	order, to the	all'ordine	a la orden
ankommen	arriver	to arrive	arrivare/giungere	llegar
Annullierung	annulation	cancellation	annullamento	anulación
Anzahlungsgarantie	garantie de restitution d'acomptes	advance payment guarantee	garanzia per la restituzione di acconti	garantía de pago a cuenta
Arbeitsfortschritts-ausweis	confirmation d'avance-ment des travaux	work progress certificate	certificato di avanza-mento del lavoro	certificado de progreso de trabajo
Arbeitstag	jour ouvrable	working day	giorno lavorativo	día habil
auf erstes Verlangen	à première réquisition	on first demand	a prima richiesta	a primera demanda
aufgeschobene Zahlung	paiement différé	deferred payment	pagamento differito	pago diferido
Auftrag	ordre	order	ordine	orden
Auftraggeber	donneur d'ordre/ commettant	principal	ordinante	ordenante
Aushändigung	remise/délivrance	delivery/handing over/ surrender	consegna/rimessa	entrega
ausstellen	établir/émettre	to issue	emettere	expedir/establecer
Aussteller (von Wechseln)	tireur	drawer	traente	girador
Ausstellungsdatum	date d'émission	date of issue	data di emissione	fecha de emisión
Aval	aval	guarantee/surety	avallo	aval
Avis/Avisierung	avis	advice/notification	avviso	aviso
avisieren	aviser	to advise	avvisare	avisar

Bahn	chemin de fer	railway	ferrovia	ferrocarril
Bahnfrachtbrief	lettre de voiture ferroviaire	railway bill/railroad bill of lading/rail consignment note	lettera di vettura ferroviaria	carta de porte ferroviaria
Bankgarantie	garantie bancaire	bank guarantee	garanzia bancaria	garantía bancaria
Bedingungen	conditions	terms/conditions	condizioni	condiciones
beglaubigen	légaliser	to legalize	legalizzare	legalizar
Begünstigter	bénéficiaire	beneficiary	beneficiario	beneficiario
bei Sicht	à vue	at sight	a vista	a la vista
beladen	charger	to load	caricare	cargar
Beschädigung	avarie	average	avaria	avería
bestätigen	confirmer	to confirm	confermare	confirmar
bestätigtes Akkreditiv	crédit documentaire confirmé	confirmed documentary credit	credito documentario confermato	crédito documentario confirmado
Bestätigung	confirmation	confirmation	conferma	confirmación
bevorschussen	avancer (de l'argent)	to advance	concedere un anticipo	anticipar
bezahlen/bezahlt	payer/payé	to pay/paid	pagare/pagato	pagar/pagado
Bezeichnung	désignation	description	descrizione	descripción
Bezogener	tiré	drawee	trassato/trattario	girado
Bordkonnossement	connaissement à bord	on board B/L	polizza di carico per merce a bordo	conocimiento de embarque a bordo
Bruttogewicht	poids brut	gross weight	peso lordo	peso bruto
Bürge	garant/caution	guarantor	garante	garante
Bürgschaft	cautionnement	guarantee	(atto di) fideiussione	garantía
CFR Kosten + Fracht	CFR coût + fret	CFR cost + freight	CFR costo + nolo	CFR coste + flete
Charterpartie	charte-partie	charter party	contratto di noleggio	póliza de fletamento
CIF = Kosten + Versicherung + Fracht	CAF (CIF) = coût + assurance + fret	CIF = cost + insurance + freight	CIF = costo + assicurazione + nolo	CIF = coste + seguro + flete
circa	environ	about	circa	aproximadamente
COD = Nachnahme	COD = livraison contre remboursement	COD = cash on delivery	COD = incasso alla consegna	COD = reembolso
D/A = Dokumente gegen Akzept	D/A = documents contre acceptation	D/A = documents against acceptance	D/A = documenti contro accettazione	D/A = documentos contra aceptación
D/P = Dokumente gegen Zahlung	D/P = documents contre paiement	D/P = documents against payment	D/P = documenti contro pagamento	D/P = documentos contra pago
Dampfer	vapeur	steamer (s/s)/vessel	vapore	vapor
Devisen	devises	foreign exchange/ foreign currency	divise	divisas (monedas extranjeras)
diskontieren	escompter	to discount	scontare	descontar
Dokumentar-Akkreditiv	crédit documentaire	documentary credit	credito documentario	crédito documentario
Dokumentar-Inkasso	encaissement documentaire	documentary collection	incasso documentario	cobranza documentaria
Dokumente	documents	documents	documenti	documentos

Duplikat	duplicata	duplicate	duplicato	duplicado
Durchkonnossement	through B/L	through B/L	through B/L	through B/L
Eigenwechsel	billet à ordre	promissory note	vaglia cambiario/ pagherò	pagaré
Eilgut	grande vitesse	express goods	grande velocità	gran velocidad
Einheitliche Richtlinien und Gebräuche für Dokumenten-Akkreditive	Règles et usances uniformes relatives aux crédits documentaires	Uniform Customs and Practice for Documentary Credits	Norme ed Usi Uniformi relativi ai crediti documentari	Reglas y usos uniformes para créditos documentarios
Einheitliche Richtlinien für Inkassi	Règles uniformes relatives aux encaissements	Uniform Rules for Collections	Norme Uniformi relative agli incassi documentari	Reglas uniformes para cobranzas documentarias
Einreden/ Einwendungen	exceptions/objections	rights of objection and defence	eccezioni/obiezioni	objeciones
Einreichung	présentation	presentation	presentazione	presentación
Eisenbahn-Frachtbrief	lettre de voiture ferroviaire	railway bill (of lading)	lettera di vettura ferroviaria	carta de porte ferroviaria
Empfänger	destinataire	consignee	destinatario	destinatario
Empfangsstempel	timbre de réception	reception stamp	timbro di ricezione	sello de recepción
Erfüllungsgarantie	garantie de bonne exécution	performance bond	garanzia di esecuzione	garantía de cumplimiento
Erhöhung	augmentation	increase	aumento	aumento
Ermächtigung	autorisation	authorization	autorizzazione	autorización
eröffnen	ouvrir	to open	aprire	abrir
Exporteur	exportateur	exporter	esportatore	exportador
Faktura	facture	invoice	fattura	factura
Fälligkeit	échéance	maturity/due date	scadenza	vencimiento
FOB = frei an Bord	FOB = franco à bord	FOB = free on board	FOB = franco a bordo	FOB = franco a bordo
Fracht	fret	freight	nolo	flete
Frachtführer	transporteur	carrier	vettore	transportador/ transportista
Frachtgut	petite vitesse	by goods train	piccola velocità	pequeña velocidad
franko	port payé	freight paid	porto pagato	porte pagado
franko Grenze	franco frontière	free border	franco confine	franco frontera
Garantiesumme	somme garantie	guarantee amount	somma garantita	cantidad de garantía
Gegenakkreditiv	crédit documentaire «back-to-back»	back-to-back credit	credito documentario «dorso a dorso»	contra crédito documentario
Generalpolice	police d'abonnement	floating policy	polizza flottante	póliza flotante
Gerichtsstand	for	jurisdiction/venue	giurisdizione di tribunale/competenza	lugar de jurisdicción competente
Gewicht	poids	weight	peso	peso
Gewichtsliste	liste de poids	weight list	distinta pesi	lista de pesos
Gewichtszertifikat	certificat de poids	weight certificate	certificato di peso	certificado de peso
gezogener Wechsel/ Tratte	lettre de change/ traite	draft	cambiale tratta/ tratta	letra de cambio
gültig bis	valable jusque	valid until	valido fino	válido hasta
Gültigkeitsdauer	validité	validity	validità	validez

Hafen	port	port	porto	puerto
Haftung	responsabilité	responsibility/liability	responsabilità	responsabilidad
Handelsfaktura	facture commerciale	commercial invoice	fattura commerciale	factura comercial
Handelskammer	chambre de commerce	chamber of commerce	camera di commercio	cámara de comercio
Handelskreditbrief	lettre de crédit commerciale	commercial letter of credit	lettera di credito commerciale	carta de crédito comercial
Hauptschuldner	débiteur principal	chief debtor (party liable)	debitore principale	deudor principal
Hausluftfrachtbrief	lettre de transport aérien émise par un transitaire	house air waybill	lettera di trasporto aereo emessa da uno spedizioniere	guía aérea expedida por transportador
Havarie	avarie	average	avaria	avería
höhere Gewalt	force majeure	act of God	forza maggiore	fuerza mayor
Importeur	importateur	importer	importatore	importador
Inanspruchnahme	appel/demande de paiement	claim	escussione/richiesta di pagamento	aviso/demanda de pago
Indossament	endossement/endos	endorsement/ indorsement	girata	endoso
indossieren	endosser	to endorse	girare	endosar
Inhaber	porteur (au)	bearer	portatore	portador
Inkasso	encaissement	collection	incasso	cobranza
Käufer	acheteur	buyer	acquirente/compratore	comprador
Kaufvertrag	contrat d'achat	contract/bill of sale	contratto di compra-vendita	contrato de compra-venta
Kiste	caisse	case	cassa	caja
Kollo = Paket	colis	package	collo	bulto
kombinierter Transport	transport combiné	combined transport	trasporto combinato	transporte combinado
Kommission	commission	commission	commissione	comisión
Konnossement	connaissement	bill of lading	polizza di carico	conocimiento de embarque
Konsularfaktura	facture consulaire	consular invoice	fattura consolare	factura consular
Kontrakt/Vertrag	contrat	contract	contratto	contrato
kostenfrei	sans frais	without charges	senza spese	sin gastos
Kreditbrief	lettre de crédit	letter of credit	lettera di credito	carta de crédito
Ladung	cargaison	cargo	carico	carga
Lager/Lagerhaus	magasin/entrepôt	warehouse	magazzino/deposito	almacén
Lagerempfangsschein	récépissé d'entrepôt	warehouse receipt	ricevuta di deposito	resguardo de almacén
Lagerschein	certificat d'entrepôt	warehouse certificate	certificato di deposito	certificado de almacenaje
Lastwagenfrachtbrief (CMR)	lettre de transport routier (CMR)	truck waybill (CMR)	lettera di vettura per trasporto via strada (CMR)	carta de porte de camión (CMR)
Leistungssicherung	garantie de prestation	securing of performance	garanzia di prestazione	garantía de prestación de servicio
Lieferant	fournisseur	supplier	fornitore	suministrador
Lieferfrist	délai de livraison	time of delivery	termine di consegna	plazo de entrega

Lieferschein	bon de livraison	delivery order	bolletta di consegna	orden de entrega
lose	en vrac	in bulk	alla rinfusa	a granel
Luftfracht	fret aérien	air freight	nolo aereo	flete aéreo
Luftfrachtbrief	lettre de transport aérien	air consignment note/ air waybill	lettera di trasporto aereo	carta de porte aéreo
Luftpost	poste aérienne	air mail	posta aerea	correo aéreo
Mängelrüge	avis pour livraison défectueuse	notice of defects	ricorso in garanzia	reclamación por vicios
Meldeadresse (notify)	adresse à notifier	notify address	indirizzo per la notifica	dirección para la notificación
Menge	quantité	quantity	quantità	cantidad
Muster	échantillon	sample	campione	muestra
Negoziierung	négociation	negotiation	negoziazione	negociación
Negoziierungs-akkreditiv	crédit documentaire négociable	negotiable documentary credit	credito documentario negoziabile	crédito negociable
Nettogewicht	poids net	net weight	peso netto	peso neto
Notadresse	représentant du donneur d'ordre d'un encaissement	address in case of need	indirizzo in caso di necessità	dirección en caso de necesidad
Offertgarantie	garantie de soumission (caution provisoire)	bid bond (tender bond)	Bid Bond	caución provisoria
Order	ordre	order	ordine	orden
Packliste	colisage (liste de)	packing list	distinta d'imballo	lista de embalaje
Porto	port	postage	porto	franqueo
Postquittung	récépissé postal	post receipt	ricevuta postale	resguardo postal
Proforma-Rechnung	facture pro forma	proforma invoice	fattura proforma	factura proforma
Prolongation	prolongation	extension	proroga	prórroga
Protest	protêt	protest	protesto	protesta
Qualität	qualité	quality	qualità	calidad
Quittung	reçu	receipt	quietanza/ricevuta	recibo
Rechnung	facture	invoice	fattura	factura
Regress	recours	recourse	rivalsa/regresso	recurso
rein	net	clean	netto/pulito	limpio
Revers (Haftungserklärung)	lettre réversale	letter of indemnity	modulo di rivalsa	carta de indemnidad
revolvierendes Akkreditiv	crédit documentaire renouvelable/revolving	revolving credit	credito documentario rotativo	crédito rotativo/ renovable
Risiko	risque	risk	rischio	riesgo

Sammelwaggon	wagon de groupage	combined load	vagone collettame	vagón colectivo
Schiffahrtsgesellschaft	compagnie maritime	shipping company	compagnia marittima	compañía marítima
Seefracht	fret maritime	sea freight	nolo marittimo	flete marítimo
seemässige Verpackung	emballage maritime	seaworthy packing	imballaggio marittimo	embalaje marítimo
senden	envoyer	send/dispatch (to)	inviare	enviar
Sichtakkreditiv	crédit documentaire à vue	sight documentary credit	credito documentario a vista	crédito documentario a la vista
Spediteur	transitaire	forwarder/ forwarding agent	spedizioniere	agente de transportes
Spediteur-Übernahmebescheinigung	attestation de prise en charge du transitaire	forwarder's certificate of receipt	ricevuta di presa in consegna dello spedizioniere	certificado de recibo del agente de transportes
Spediteur-bescheinigung	récépissé du transitaire	forwarder's receipt	ricevuta del trasportatore	recibo de un agente de transportes
Spesen	frais	charges	spese	gastos
SRCC = Streik, Aufruhr, politische Unruhen	SRCC = grèves, émeutes, troubles civils	SRCC = strikes, riots, civil commotions	SRCC = scioperi, ammutinamenti e sommosse civili	SRCC = huelgas, motines, conmociones civiles
Streik	grève	strike	sciopero	huelga
Teilgarantie	garantie partielle	partial guarantee	garanzia parziale	garantía parcial
Teilsendung/ Teillieferung	livraison partielle	partial delivery	fornitura parziale	envío parcial
Telegramm	télégramme	telegram	telegramma	telegrama
Telex/Fernschreiben	télex	telex	telex	télex
TPND = Diebstahl, Plünderung, Abhandenkommen	TPND = vol, pillage, non-délivrance	TPND = theft, pilferage, non-delivery	TPND = furto, saccheggio, mancata consegna	TPND = robo, pillaje y falta de entrega
Tratte	traite	draft	tratta	letra de cambio
Übersetzung	traduction	translation	traduzione	traducción
übertragbar	transférable	transferable	trasferibile	transferible
Übertragung	transfert	transfer	trasferimento	transferencia
Umladung	transbordement	transhipment	trasbordo	transbordo
unbestätigtes Akkreditiv	crédit documentaire non confirmé	unconfirmed documentary credit	credito documentario non confermato	crédito documentario no confirmado
unfranko	port dû	freight unpaid	porto assegnato	porte debido
Unstimmigkeit	divergence	discrepancy	irregolarità	divergencia
unter Deck	sous le pont/en cale	under deck	sottocoperta	bajo cubierta
unwiderruflich	irrévocable	irrevocable	irrevocabile	irrevocable
Ursprungszeugnis	certificat d'origine	certificate of origin	certificato d'origine	certificado de origen
Valuta/Wert	valeur	value	valore/valuta	valor
Verbindlichkeit	obligation	liability	impegno/responsabilità	obligación
Verfalldatum (für Akkreditive)	date d'expiration	expiry date	data di scadenza (per crediti documentari)	vencimiento
Verfalldatum (für Wechsel)	date d'échéance (pour lettre de change)	due date/maturity date	data di scadenza (per tratta)	fecha de vencimiento

verfallen	expirer	to expire	scadere	vencer
Verkäufer	vendeur	seller	venditore	vendedor
Verladedatum	date de chargement	date of loading	data di carico	fecha de embarque
Verlängerung	prorogation	extension	proroga	prórroga
Verpackung	emballage	packing	imballaggio	embalaje
Verpflichtung	engagement	undertaking	impegno	compromiso
verschiffen	embarquer	to ship	imbarcare	embarcar
Verschiffungsdatum	date d'embarquement	date of shipment	data d'imbarco	fecha de embarque
versichern	assurer	to insure	assicurare	asegurar
Versicherung gegen alle Risiken	assurance contre tous risques	insurance against all risks	assicurazione contro tutti i rischi	seguro contra todo riesgo
Versicherungs-deklaration	déclaration d'assurance	insurance declaration	dichiarazione d'assicurazione	declaración de seguro
Versicherungspolice	police d'assurance	insurance policy	polizza d'assicurazione	póliza de seguro
Versicherungszertifikat	certificat d'assurance	insurance certificate	certificato d'assicurazione	certificado de seguro
verstauen	arrimer	to stow	stivare	estibar
voller Satz	jeu complet	full set	gioco completo	juego completo
vorausbezahlt	payé d'avance	prepaid	prepagato	pagado por anticipado
Vorbehalt	réserve	reserve	riserva	reserva
Vorlage	présentation	presentation	presentazione	presentación
Vorweisung	présentation	presentation	presentazione	presentación
WA (WPA) = einschliesslich Beschädigung	WA (WPA) = avec avarie particulière	WA (WPA) = with particular average	CA (CAP)/WA (WPA) = con avaria particolare	WA (WPA) = con avería particular
Waggon	wagon	railway car	vagone	vagón
Währung	monnaie	currency	moneta	moneda
Ware	marchandise	goods/merchandise	merce	mercancía
Wechsel	lettre de change	bill of exchange	cambiale	letra de cambio
valeur	value	Wert	valore/valuta	valor
widerruflich	révocable	revocable	revocabile	revocable
wiegen	peser	to weigh	pesare	pesar
Zahlung	paiement	payment	pagamento	pago
Zahlung bei erster Vorweisung	payable sur première présentation	payment on first presentation	pagamento a prima presentazione	pago a la primera presentación
Zahlungsverpflichtung	engagement de paiement	payment obligation	impegno di pagamento	obligación de pago
Zahlungsziel	délai de paiement	date of payment	termine di pagamento	plazo para el pago
Zession	cession	assignment of proceeds	cessione	cesión
Zollgebühr	droits de douane	customs duty	diritti doganali	derechos de aduana
zu getreuen Händen	à titre fiduciaire	in trust	in fiducia/a titolo fiduciario	a título fiduciario
zurückweisen	refuser	to reject	rifiutare	rehusar
Zustimmung	approbation	approval	approvazione	aprobación
Zweitbegünstigter	second bénéficiaire	second beneficiary	secondo beneficiario	segundo beneficiario

Quelle: Schweizerische Bankgesellschaft, o.O. 1994: S. 145 bis 151

Literaturverzeichnis

- AKA Ausfuhrkredit-Gesellschaft mbH: Ihr Partner für mittel- und langfristige Exportfinanzierung, Frankfurt am Main 1994
- AKA Ausfuhrkredit-Gesellschaft mbH: Diverse Merkblätter, Musterverträge, Konditionenlisten, Frankfurt am Main 1994 ff.
- AKA Ausfuhrkredit-Gesellschaft mbH: Geschäftsberichte, Frankfurt am Main, diverse Erscheinungsjahre
- Allgemeine Kreditversicherung Aktiengesellschaft, Mainz: Merkblatt "Europa-Police" Warenkreditversicherung S-Europa
- Ashauer G.: Wechsel- und Scheckrecht, Sammelwerk: Berufsausbildung Bankkaufmann, hrsg. von G. Ashauer, Heft 21, Stuttgart 1993
- Außenwirtschaftsgesetz vom 28.4.1961 (BGBl. I S. 481) zuletzt geändert durch Art. 3 des Gesetzes zur Änderung von Vorschriften über parlamentarische Gremien vom 28.4.1995 (BGBl. I S. 582)
- Außenwirtschaftsverordnung – AWV, Verordnung zur Durchführung des Außenwirtschaftsgesetzes vom 22.11.1993, zuletzt geändert durch die 38. Änderungsverordnung vom 12.12.1995
- Bach, A.: Das Akkreditiv und seine Dokumente, Tips und Informationen für den Exporteur und Importeur, hrsg. von der DG BANK, Abteilung Auslandsgeschäft Verbund, Frankfurt/Main o.J.
- Bach, A.: Das Dokumenten-Inkasso (incl. ausgewählter Lieferbedingungen mit dem Ausland), Tips und Informationen für den Exporteur und Importeur, hrsg. von der DG-Bank, Abteilung Auslandsgeschäft Verbund, Frankfurt/Main 1987
- Bayerische Vereinsbank (Hrsg.): Außenhandelsgeschäft, Inkasso und Akkreditiv, München 1989
- Bayerische Vereinsbank (Hrsg.): Das Devisengeschäft, München 1991
- Begemann, P.: UN/EDIFACT: Die Organisation der Nachrichtenentwicklung und -verabschiedung, in EDI und EDIFACT für Einsteiger, hrsg. von der DEDIG Deutsche EDI-Gesellschaft e.V., o.O., 1995, S. 6-8
- Beike, R., Devisenmanagement: Grundlagen, Prognose und Absicherung, Hamburg 1995
- Blomeyer, K.: Exportfinanzierung, Nachschlagewerk für die Praxis, 2., überarbeitete und aktualisierte Auflage, bearbeitet von Klaus Kuttner, Wiesbaden 1986
- Brinkmann, H., Köller, R., Das Auslandsgeschäft der Kreditinstitute, Grundlagen - Technik - Finanzierung, Sammelwerk: Berufsausbildung Bankkaufmann, hrsg. von G. Ashauer, Heft 4, 8., neubearbeitete Auflage, Stuttgart 1986

- Brüggemann, M.: Die Banktechnik des Auslandsgeschäftes, 6., neu bearbeitete Auflage, Stuttgart 1981
- Brunn, H.: Umgang mit Dokumenten-Akkreditiven und Akkreditiv-Dokumenten, Hinweise und Ratschläge für den Exporteur, Hrsg.: Commerzbank AG, Frankfurt/Main 1986
- Brunn, H.: Import-Akkreditive ohne Probleme, Hinweise und Ratschläge für den Importeur, Hrsg.: Commerzbank AG, Frankfurt/Main 1989
- Büschgen, H. und Graffe, F.: Handbuch für das Auslandsgeschäft, Sonderausgabe, Bonn 1993
- Bundesstelle für Außenhandelsinformation - Publikationsspiegel Köln 1997
- Bundesverband Deutscher Leasing-Gesellschaften e.V., Bonn, Geschäftsberichte, Erhebungen, Merkblätter, diverse Jahrgänge
- Commerzbank AG (Hrsg.): Ratschläge für die Ausfuhr, Frankfurt/Main, diverse Jahrgänge
- Commerzbank AG: Bericht der Abteilung Volkswirtschaft "Europäische Währungseinheit (ECU)" vom 27.9.1986, Frankfurt am Main 1986
- Christians, F.W. (Hrsg.): Finanzierungshandbuch, 2., völlig überarbeitete und erweiterte Auflage, Wiesbaden 1988
- Danzas GmbH (Hrsg.): Danzas-Lotse 1993, Frankfurt am Main 1992
- DEDIG Deutsche EDI-Gesellschaft e.V. (Hrsg.): EDI und EDIFACT für Einsteiger, o.O., 1995
- Deutsche Bank AG (Hrsg.): EDIFACT-Zahlungsverkehr, Information für Kunden, Frankfurt am Main 1995
- Deutsche Bank AG: Auslands-Service: db-forex, Devisen- und Länder-Informationssystem, Frankfurt am Main 1989
- Deutsche Bank AG (Hrsg.): Ratgeber für das Auslandsgeschäft, Bankgarantien im Auslandsgeschäft, Frankfurt am Main 1988
- Deutsche Bank AG (Hrsg.): Ratgeber für das Auslandsgeschäft, Eurokreditgeschäft, Frankfurt am Main 1987
- Deutsche Bank AG (Hrsg.): Ratgeber für das Auslandsgeschäft, Die wichtigsten Fragen zur Forfaitierung, Frankfurt am Main 1987
- Deutsche Bank AG (Hrsg.): Außenwirtschafts-Alphabet, Ratgeber für das Auslandsgeschäft, Frankfurt am Main 1986
- Deutsche Bundesbank, Mitteilungen u.ä., Frankfurt am Main:
  - Mitteilung Nr. 7006/88 vom 7. November 1988 "Ankauf von Auslandswechseln durch die Deutsche Bundesbank", veröffentlicht: Bundesanzeiger Nr. 213/88, S. 4854
  - Anlage 2 zur Mitteilung Nr. 7006/88 "Besondere Ländervorschriften", März 1990, S. 135f.
  - Mitteilung Nr. 7006/91 vom 19. September 1991 "Bekanntmachung der im Jahr 1992 beim Ankauf von Auslandswechseln in der Zinsberechnung zu berücksichtigenden Tage", veröffentlicht: Bundesanzeiger Nr. 183/91, S. 6918
  - Ankauf von Auslandswechseln, Vordruck 1010, 10.89, S. 3-7

- Deutsche Bundesbank: Monatsberichte der Deutschen Bundesbank, Frankfurt am Main, diverse Monate und Jahrgänge
- Deutsche Bundesbank: Statistische Beihefte zu den Monatsberichten der Deutschen Bundesbank, Devisenkursstatistik, Frankfurt am Main, diverse Hefte und Jahrgänge
- Deutsche Bundesbank: Diverse Merkblätter, Frankfurt am Main, diverse Erscheinungsjahre
- DIN Deutsches Institut für Normung: UN/EDIFACT, funktionale Beschreibungen ausgewählter UN/EDIFACT-Nachrichtentypen Berlin, März 1996 (korrigierter Nachdruck der 3. geänderten Auflage vom November 1995)
- DIN Deutsches Institut für Normung: UN/EDIFACT, Organisation und Ansprechpartner in Deutschland und Westeuropa, Berlin, 1995
- Discher, K., Köller R.: Das Auslandsgeschäft der Kreditinstitute, Stuttgart 1996
- Dortschy, J.W., Jung, K.-H., Köller, R.: Auslandsgeschäfte – Banktechnik und Finanzierung, Stuttgart 1990 und Neuauflage 1997
- Dresdner Bank AG (Hrsg.): Praxis des Zahlungsverkehrs im Frankreich-Geschäft, (Verfasser: Offizielle deutsch-französische Industrie- und Handelskammer Paris), ohne Erscheinungsort 1988
- Dresdner Bank AG (Hrsg.): Ratgeber für Auslandsgarantien, Frankfurt am Main 1990
- Eilenberger G.: Bankbetriebswirtschaftslehre, München und Wien 1993
- Eilenberger G.: Betriebliche Finanzwirtschaft, München und Wien 1991
- Eilenberger G.: Lexikon der Finanzinnovationen, München und Wien 1993
- Eisemann, F., Eberth, R.: Das Dokumenten-Akkreditiv im Internationalen Handelsverkehr, 2., völlig neubearbeitete und erweiterte Auflage 1979, Heidelberg 1979
- Eisemann, F., Schütze, A.: Das Dokumentenakkreditiv im Internationalen Handelsverkehr, 3., völlig neubearbeitete und erweiterte Auflage 1989, Heidelberg 1989
- Fischer H. und Hundertmark R.: Zahlungsbedingungen im Export und ihre Risiken, in Praxis-Handbuch Export, Freiburg i.Br. 1996 ff., Gruppe 4/1
- Fischer-Erlach, P.: Handel und Kursbildung am Devisenmarkt, Stuttgart, Berlin, Köln, Mainz 1988 sowie Neuauflage 1991
- Gacho, W.: Das Akkreditiv, Praktische Erläuterung für Banken, Handel und Industrie, Wiesbaden 1985
- Gerlach, A.: Leitfaden der kurz- und langfristigen Exportfinanzierungen unter Einbeziehung neuer Finanzierungsinnovationen, hrsg. vom Institut für Außenwirtschaft, Fachbereich Außenwirtschaftsverlag, Köln 1988
- Gerlach, A.: Zahlungsziele und deren Refinanzierung im Exportgeschäft, in: Praxis des Außenhandels, Sonderreihe der Bundesstelle für Außenhandelsinformation, Köln 1981

- Graffe, F., Weichbrodt, J. G., Xueref, C., Dokumenten-Akkreditive, -ICC-Richtlinien 1993-, Kurzkommentar, Reihe: Internationale Wirtschaftspraxis, hrsg. von Bredow, J., Bonn 1993
- Häberle, S.G.: Einführung in die Exportfinanzierung, Lehrbuch zur finanziellen Abwicklung von Exportgeschäften der Industrie- und Handelsbetriebe sowie zu den Auslandsgeschäften der Banken, München und Wien 1995
- Häberle, S.G.: Auslandsschecks, in Praxis-Handbuch Export, Gruppe 4/8, Loseblatt, Freiburg i.Br. 1996 ff.
- Häberle, S.G.: Auslandsüberweisungen mit Exkurs zu Fremdwährungskonten, in Praxis-Handbuch Export, Gruppe 4/5, Loseblatt, Freiburg i.Br. 1996 ff.
- Häberle, S.G.: Auslandswechsel - Ein Zahlungs-, Sicherungs- und Kreditinstrument, in Praxis-Handbuch Export, Gruppe 4/4, Loseblatt, Freiburg i.Br. 1996 ff.
- Häberle, S.G.: Bankgarantien: Instrumente zur Zahlungs- und Leistungssicherung, in Das Neue Export-Handbuch, hrsg. v. B.H.-J. Kitterer, Freiburg i.Br. 1984 ff., Heft 5 1994, Gruppe 9, S. 167 - 228
- Häberle, S.G.: Die Bankauskunft als Instrument der Bonitätsprüfung für Lieferanten, in Wirtschaftswissenschaftliches Studium (WiSt), hrsg. von E. Dichtl und O. Issing, Heft 4, April 1990, S. 201-204
- Häberle, S.G.: Factoring: Durch Verkaufen von Forderungen zu seinem Geld kommen, Teil 1: Was Ihnen Factoringgesellschaften bieten können; Teil 2: So prüfen Sie ein Factoringangebot, in Praktisches Marketing für mittelständische Unternehmen, hrsg. von D. Schmidt, D. Ferrero und L. Rottland, Köln, München, Zürich 1986, 10. Ergänzungslieferung 1990
- Häberle, S.G.: Finanzierung und Kurssicherung mit Eurokrediten, in Das Neue Export-Handbuch, hrsg. v. B.H.-J. Kitterer, Freiburg i.Br. 1984 ff., Heft 5 1993, Gruppe 10, S. 193 - 216
- Häberle, S.G.: Finanzierung und Kurssicherung mit Eurokrediten, in EU-Spezial, Der Binnenmarktreport für die deutsche Wirtschaft, Ausgabe Nr. 20/1994, Freiburg i.Br. 1994, S. 1 - 5
- Häberle, S.G.: Finanzierung und Kurssicherung durch Diskontierung von Auslandswechseln, in Das Neue Export-Handbuch, hrsg. v. B.H.-J. Kitterer, Freiburg i.Br. 1984 ff., Heft 5 1993, Gruppe 10, S. 91 - 108
- Häberle, S.G.: Finanzierungsformen im Auslandsgeschäft, Teil 1: Risikoanalyse des Exporteurs vor Abgabe von Finanzierungsangeboten; Teil 2: Kreditgewährung an Importeure auf Basis einfache Rechnung und mit Wechseln; Teil 3: Kreditgewährung an Importeure mit Dokumenteninkassi und mit Dokumentenakkreditiven, in Praktisches Marketing für mittelständische Unternehmen, hrsg. von D. Schmidt, D. Ferrero und L. Rottland, Köln, München, Zürich 1986, 11. Ergänzungslieferung 1990
- Häberle, S.G.: Forfaitierung: Finanzierung und Risikoüberwälzung durch Forderungsverkauf, in Das Neue Export-Handbuch hrsg. v. B.H.-J. Kitterer, Freiburg i.Br. 1984 ff., Heft 5 1993, Gruppe 10, S. 163 - 191

- Häberle, S.G.: Nutzen Sie die Informationsquellen zur Risikobeurteilung, in Praxis-Handbuch Export, Freiburg i.Br. 1996, Gruppe 4/14
- Häberle, S.G.: Risikoanalyse - Die wichtigste Voraussetzung für mehr Sicherheit im Export, in Praxis-Handbuch Export, Freiburg i.Br. 1996, Gruppe 4/13
- Hagenmüller, K.F., Sommer, H.J. (Hrsg.): Factoring-Handbuch, Frankfurt am Main 1987
- Hagenmüller, K.F. und Eckstein, W. (Hrsg.): Leasing-Handbuch für die betriebliche Praxis, Frankfurt am Main 1992
- Handelskammer Hamburg (Hrsg.): "K und M" - Konsulats- und Mustervorschriften, 32. Auflage, Hamburg 1997
- Hauptmann, A., Bankgarantien im Außenhandel, in Stepic, H. (Hrsg.), Handbuch der Exportfinanzierung, Wien 1990
- Hermes Kreditversicherungs-AG, 22746 Hamburg (Bezugsquelle): Merkblätter zu den verschiedenen Ausfuhrgewährleistungen des Bundes, diverse Jahrgänge
- Hermes Kreditversicherungs-AG: Bericht über das Geschäftsjahr 1996, Hamburg 1997
- Hermes Kreditversicherungs-AG: Ausfuhrgarantien und Ausfuhrbürgschaften der Bundesrepublik Deutschland, Bericht über das Jahr 1996, o.O., o.J.
- Hermes Kreditversicherungs-AG: "Auch unter fremder Sonne kann man sich verbrennen", Ausfuhrkreditversicherungen gegen Forderungsausfälle bei wirtschaftlichen Risiken, Hamburg o.J.
- Hermes Kreditversicherungs-AG: "Auf einem langen Weg kann viel passieren", Investitionsgüterkreditversicherung gegen Verluste aus Verkaufsfinanzierungen, Hamburg o.J.
- Hermes Kreditversicherungs-AG, Hamburg: Diverse Merkblätter sowie AGA-Report
- Hiering, W., Jacobs, R.: Die Absicherung von Fremdwährungsrisiken, Stuttgart 1991
- Holtij, H.-J., Bach, A.: Dokumentenakkreditiv-Geschäft - Leitfaden für den Banker -, hrsg. von der DG-BANK, Frankfurt am Main 1988
- Horn, N.: Internationale Zahlungen und Akkreditiv, in Dokumentenakkreditive und Bankgarantien im internationalen Zahlungsverkehr, Arbeiten zur Rechtsvergleichung, Frankfurt am Main 1977
- Huber, E., Schäfer, H.: Dokumentengeschäft und Zahlungsverkehr im Außenhandel, 2. Auflage, Frankfurt am Main 1990
- Hundertmark, R.: Die mittel- und langfristige Exportfinanzierung - Voraussetzung für Geschäfte mit devisenschwachen Ländern, in Praxis-Handbuch EXPORT, Freiburg i.Br. 1996 ff., Gruppe 4/19
- Internationale Handelskammer Paris: "Einheitliche Richtlinien und Gebräuche für Dokumenten-Akkreditive" Revision 1993, anwendbar ab 1. Januar 1994, ICC-Publikation Nr. 500 (UCP 500, ERA 500)
- Internationale Handelskammer Paris: "Einheitliche Richtlinien für Inkassi", Revision 1995, ICC-Publikation Nr. 522

- Internationale Handelskammer Paris: "Einheitliche Richtlinien für auf Anfordern zahlbare Garantien -Demand Guarantees-", ICC-Publikation Nr.458/1
- Internationale Handelskammer Paris: "Incoterms 1990", anwendbar ab 1. Juli 1990, ICC-Publikation Nr. 460
- Jacobs, R.: Fachwissen Auslandsgeschäft, Stuttgart 1995
- Jacobs, R.: Leitfaden durch das Auslandsgeschäft, 2., neubearbeitete Auflage, Stuttgart 1988
- Jahn, U.: Wechselrecht Europa, Köln 1993
- Jahrmann, F.-U.: Außenhandel, Kompendium der praktischen Betriebswirtschaft, hrsg. von Olfert, K., Ludwigshafen (Rhein) 1995
- Kemmer, H.T., Rädlinger, K.: Technik der Außenhandelsfinanzierung, 4., neubearbeitete Auflage, Frankfurt am Main 1979
- Keßler, H.: Internationale Handelsfinanzierung, Joint Ventures, Finanzinnovationen, Countertrade, Osteuropa, EG, Ludwigshafen (Rhein) 1990
- KfW Kreditanstalt für Wiederaufbau: Langfristige Exportfinanzierung der Kreditanstalt für Wiederaufbau, Frankfurt am Main 1996
- KfW Kreditanstalt für Wiederaufbau: Geschäftsberichte, Frankfurt am Main, diverse Erscheinungsjahre
- Klenke, G.: Auslandsgeschäfte der Kreditinstitute, Frankfurt/Main 1983
- Kuttner K.: Exportfinanzierung, Wiesbaden 1992
- LAKRA Landeskreditbank Baden-Württemberg: Merkblatt Exportförderungsprogramm, Stuttgart, Stand August 1995
- Müller, G.: Kurzfristige Außenhandelsfinanzierungen, hrsg. von der DG BANK, Frankfurt am Main 1988
- Nielsen, J.: Grundlagen des Akkreditivgeschäfts, Revision 1983, Köln 1985
- Nielsen, J., Schütze, R.: Zahlungssicherung und Rechtsverfolgung im Außenhandel, RWS-Skript 63, 3., neubearbeitete Auflage, Köln 1985
- Oelfke, W. u.a.: Güterverkehr und Spedition, Speditionsbetriebslehre, Bad Homburg v.d.H. 1991 sowie Neuauflage 1994
- Ohling, J.: Handbuch: Export-Import-Spedition, 10., überarbeitete Auflage, Wiesbaden 1986
- Piltz, B.: Internationales Kaufrecht, München 1993
- Piltz, B.: Stichwort Eigentumsvorbehalt, in Praxis-Handbuch Export, Freiburg i.Br. 1996 ff., Gruppe 8 Lexikon
- Praxis-Handbuch Export, hrsg. von der Redaktion des Verlags R. Haufe unter ständiger Mitarbeit von Häberle, Siegfried G. u.a., Freiburg i.Br. 1996 ff. (Loseblatt)
- Priewasser, E.: Bankbetriebslehre, München und Wien 1994
- Privatdiskont-Aktiengesellschaft: Geschäftsbedingungen, Frankfurt am Main 1987
- Quittnat, J.: Das Recht der Außenhandelskaufverträge - Internationales Privatrecht, deutsches Sachenrecht und Vertragsgestaltung, Heidelberg 1989

- Reinmüller, B.: Die gerichtliche Durchsetzung von Ansprüchen aus internationalen Verträgen, in Praxis-Handbuch Export, Freiburg i.Br. 1996 ff., Gruppe 6/3, S. 1 ff.
- Reitz, G.: Export-Finanzierung -neue und erprobte Formen-, Fachbuch Export-Akademie, hrgs. von Pfeiffer, R., Heidelberg 1989
- Schackmar, R.: Internationales Kaufrecht, in Praxis-Handbuch Export Gruppe 6/4, Loseblatt, Freiburg i.Br. 1996 ff.
- Schallehn, E. (Begründer), fortgef. von Stolzenburg, G.: Garantien und Bürgschaften der Bundesrepublik Deutschland zur Förderung der deutschen Ausfuhr, Köln, diverse Erscheinungsjahre (Loseblattsammlung)
- Scheckgesetz vom 14. August 1933 in der zuletzt durch Gesetz vom 17.7.1985 (BGBI I, S. 1507) geänderten Fassung
- Schierenbeck, H. (Hrsg.): Bank- und Versicherungslexikon, München und Wien 1994
- Schweizerische Bankgesellschaft: Akkreditive, Dokumentar-Inkassi, Bankgarantien, Handbuch des dokumentären Außenhandelsgeschäftes, o.O. 1984
- Schweizerische Bankgesellschaft: Akkreditive, Dokumenteninkassi, Bankgarantien, Handbuch des dokumentären Außenhandelsgeschäftes, Redaktion Helbing J. u.a., o.O. 1994
- Schweizer Bankverein (Hrsg.): Bankgarantien (mit Mustertexten ...), o.O. 1995
- Schweizer Bankverein, Akkreditive, 2. Auflage, o.O., o.J.
- Schweizerische Kreditanstalt (Hrsg.): Akkreditive - Dokumentarinkassi -Bankgarantien, Ein Handbuch für mehr Sicherheit im Auslandsgeschäft, Heft 69 der Schriftenreihe der Schweizerischen Kreditanstalt, Loseblatt, o.O. 1995 ff.
- Schweizerische Kreditanstalt (Hrsg.): Akkreditive - Dokumentarinkassi -Bankgarantien, Mehr Sicherheit im internationalen Geschäft, Heft 77 der Schriftenreihe der Schweizerischen Kreditanstalt, o.O. 1989
- Schweizerische Kreditanstalt: Handbuch der Exportfinanzierung, Heft 40 der Schriftenreihe der Schweizerischen Kreditanstalt, o.O. 1979
- Sichtermann, S., Feuerborn, S., Kirchherr, R., Terdenge, R.: Bankgeheimnis und Bankauskunft in der Bundesrepublik Deutschland sowie in wichtigen ausländischen Staaten, Frankfurt/Main 1984
- Stahr, G.: Angebots- und Vertragsgestaltung, in Handbuch für den deutschen Exporteur, 2 Bände, (Loseblattsammlung) Hamburg 1982, diverse Jahrgänge, 12. Ergänzungslieferung, Beitrag B 2
- Stepic, H. (Hrsg.), Handbuch der Exportfinanzierung, Wien 1990
- Übereinkommen der Vereinten Nationen über Verträge über den internationalen Warenkauf vom 11. April 1980 (BGBl. 1989 II S. 588, ber. 1990 II 1699)

- UN-Kaufrecht: Übereinkommen der Vereinten Nationen über Verträge über den internationalen Warenkauf vom 11. April 1980 (BGBl. 1989 II S. 588, ber. 1990 II 1699)
- Vögele, W.: Zollpräferenzen bei der Warenausfuhr, in Praxis-Handbuch Export, Gruppe 5/5, Loseblatt, Freiburg i. Br. 1996 ff.
- Voigt, H.: Handbuch der Exportfinanzierung, Frankfurt am Main 1989 und Neuauflage 1994
- Vorkauf, W.: Auslands-Schecks, Erläuterungen und Hinweise für den Umgang mit Schecks und artverwandten Papieren/Anweisungen, 4., neu bearbeitete Auflage, Stuttgart 1987
- Weber, A.: Neue Grundsätze für das Bankauskunftsverfahren, in Die Bank, 1987, S. 324-327
- Wechselgesetz vom 21. Juni 1933 in der zuletzt durch Gesetz vom 5.10.1994 (BGBI I, S. 2911) geänderten Fassung
- von Westphalen, F. Graf: Rechtsprobleme der Exportfinanzierung, 3., neubearbeitete und erweiterte Auflage 1987, Heidelberg 1987
- Zahn, J.C.D., Eberding, E., Ehrlich, D.: Zahlung und Zahlungssicherung im Außenhandel, 6., neubearbeitete und erweiterte Auflage, Berlin, New York 1986

und die in diesen Quellen angegebene weiter führende Literatur

Stichwortverzeichnis

Anmerkung: Bei Stichwörtern mit verschiedenen Seitenangaben verweist die fettgedruckte Seitenangabe auf die jeweilige Hauptfundstelle

Anhang: Aktualisierungen

Gliederungssystem des Anhangs

- Die Gliederungssystematik dieses Anhangs entspricht der Gliederungssystematik des Gesamtwerks.
- Es sind in den Anhang nur diejenigen Gliederungspunkte aufgenommen worden, die Aktualisierungen erfordert haben.

1 Risikoanalyse

Wichtige Veränderungen bzw. Ergänzungen:

- **„1.2 Wirtschaftliche Risiken des Exporteurs“**

  Versicherungen bzw. Hermes: Neue Definitions- bzw. Abgrenzungsprobleme zu den versicherten bzw. nicht versicherten oder auf Dritte überwälzbaren Risiken, insbesondere im Nichtzahlungsfall („protracted default“) und bei Eintritt des Warenabnahmerisikos. Die (Detail-)Bedingungen des Bundes (Hermes), der Kreditversicherungsunternehmen sowie anderer Risikoträger erfahren im Zeitablauf weitere Veränderungen und müssen jeweils aktuell erhoben werden.

- **„1.3 Informationsquellen zur Beurteilung wirtschaftlicher Risiken“**

  Banken: Bei einigen Bankgruppen ist die Erteilung von Auskünften zentralisiert bzw. auf (nahe stehende) Gesellschaften ausgelagert worden. Zum Teil ist vom Anfragenden (z.B. vom Exporteur) eine Zustimmungserklärung des Bankkunden (z.B. des Importeurs) als Voraussetzung dafür vorzulegen, dass dessen Hausbank eine Auskunft erteilt. Von den Banken einiger Länder werden Auskünfte generell verweigert.

  Auskunfteien: Die gewerblichen Auskunfteien bieten ein erweitertes Spektrum von online abrufbaren Informations-Modulen und Informations-Paketen sowie von Überwachungsmodulen bzw. Frühwarnsystemen. Weitere, inzwischen ausgebaute Dienstleistungsangebote sind: Risikomanagement, Marketingservice, Inkassodienst u.a.

- **„1.4 Garantendelkredererisiko“ – Informationsquellen**

  Hermes: Der Bund fordert bei der Deckung von Exporten in Entwicklungs- und Schwellenländer häufig „Sicherheiten anerkannter Garanten“. Hermes verfügt über Listen (vom Bund) anerkannter Garanten für einzelne Länder, zum Teil gestaffelt nach Laufzeit der Exportforderungen und nach Beträgen. Auf Grundlage dieser laufend aktualisierten Listen sind den Exporteuren Rückschlüsse auf die Bonität der Garanten (insbesondere von Garantiebanken) möglich.

  Banken: Die großen deutschen Geschäftsbanken haben mit ihren ausländischen Korrespondenzbanken sog. Kreditfazilitäten vereinbart bzw. sog. Grund- oder Rahmenkreditvereinbarungen abgeschlossen (siehe auch Kapitel „6.2 Mittel- und langfristige Exportfinanzierungen der Geschäftsbanken“). In diesen Fällen hat die deutsche Bank die Kreditwürdigkeit der jeweiligen Auslandsbank umfassend geprüft. Von diesem Wissen kann der Exporteur bei der Stellung von Garantien durch die Auslandsbank profitieren.

- **„1.5 Politische Risiken des Exporteurs“ – Informationsquellen**

  Hermes: Der Bund stuft die Länder (bei seiner Entgeltberechnung) in sieben (statt bislang fünf) Risikokategorien ein. Dabei umfasst die Kategorie I Länder ohne besondere Risiken, die Kategorie VII dagegen Länder mit einem stark erhöhten, in der Regel für Geschäfte mit mittel- und langfristigen Zahlungszielen nicht mehr akzeptablen Risiko, sowie Länder, für welche die Dekkungsmöglichkeiten aufgehoben sind. Die Exporteure erhalten auf Anfrage von Hermes die aktuellen Einstufungen sowie die aktuellen Absicherungsmöglichkeiten mitgeteilt.

- **„1.6 Wechselkursrisiken"**

  Euro: Das Anwendungsbeispiel „Exportangebot ... auf USD-Basis" und dessen Kommentierung bleiben bei Umstellung von DM auf Euro grundsätzlich aussagefähig.

2 Vereinbarung der Zahlungsbedingungen im Kaufvertrag

Im Wesentlichen sind die Ausführungen dieses Kapitels weiterhin aktuell. Ausgewählte Veränderungen bzw. Ergänzungen:

- **„2.1 Im Kaufvertrag festzulegende maßgebliche Merkmale der Zahlungsbedingung"**

  Euro: Die in DM ausgedrückten Beispiele (z.B. die Effektivklausel) bleiben bei Umstellung auf Euro weiterhin gültig.

- **„2.2 Häufige Zahlungsbedingungen"**

  Bankgarantien: Als Sicherungsbedingung werden in der Praxis in den Kaufvertrag häufig Bankgarantien einbezogen (z.B. zu Gunsten eines vorauszahlenden Importeurs oder zur Absicherung von Lieferungen und Leistungen), die ausführlich in Kapitel 8 vorgestellt und beurteilt sind.

  Zahlung durch Nachnahme u.Ä.: Dieser Zahlungsbedingung ist wegen weiterer Vorbehalte und Einschränkungen mit Vorsicht zu begegnen, z.B. bei Scheckzahlung des Warenempfängers oder der Gefahr, dass der Importeur eine vorgewiesene Zahlungsanweisung nach Warenempfang widerruft.

- **„2.3 Einflussfaktoren auf die Festlegung der Zahlungsbedingungen"**

  Meldevorschriften: Die gemäß der Außenwirtschaftsverordnung (AWV) zu erfüllenden Meldevorschriften sind mit Wirkung vom 1. Januar 2001 geändert worden. Die wichtigsten Änderungen sind: Die Meldefreigrenze für Zahlungen im Außenwirtschaftsverkehr wurde auf 12.500 EUR bzw. Fremdwährungsgegenwert angehoben. Die Meldepflicht für Wareneinfuhrzahlungen wurde aufgehoben (Importzahlungen werden nun auf anderem Weg statistisch erfasst, was für Exportzahlungen im Übrigen bereits zuvor gegolten hat).

3 Nichtdokumentäre (Reine) Zahlungsinstrumente

Wichtige Veränderungen bzw. Ergänzungen:

- **„3.2 Auslandsüberweisungen"**

EUROPA-Zahlungsauftrag: Seit Einführung des Euro ist die bisherige Bezeichnung „Euro-Zahlungsauftrag" missverständlich. Vielmehr ist diese vereinfachte, kostengünstige und in verschiedenen europäischen Währungen mögliche Zahlungsabwicklung in die Länder der EU und der EFTA zutreffender mit „EUROPA-Zahlungsauftrag" oder mit „EUROPA-Überweisungsauftrag" bezeichnet.

Überweisungsgesetz: Das Überweisungsgesetz vom 21. Juli 1999 regelt sowohl den inländischen Überweisungsverkehr als auch den grenzüberschreitenden Überweisungsverkehr, soweit sich dieser auf Überweisungen in Mitgliedsstaaten der EU sowie in Vertragsstaaten des Europäischen Wirtschaftsraums (EWR) bezieht. Wichtigste Regelung ist die Aufnahme von Ausführungsfristen, die für die meisten europäischen Länder auf 5 Bankgeschäftstage begrenzt sind (Ausnahmen: Überweisungen nach Portugal mit 7 und nach Griechenland mit 8 Bankgeschäftstagen). Das Überweisungsgesetz sieht eine weitreichende Haftung der Banken im Fall von Leistungsstörungen vor. Allerdings sind die Rechte der Überweisenden auf Beträge bis zu 75.000 Euro bzw. Gegenwert begrenzt.

Meldevorschriften: Die Meldepflicht gemäß Außenwirtschaftsverordnung (AWV) beginnt seit 1. Januar 2001 bei Beträgen über 12.500 Euro oder Fremdwährungsgegenwert. Ausgenommen sind Ausfuhrerlöse und seit 1. Januar 2001 u.a. auch Importzahlungen.

TARGET-Auslandsüberweisungen: TARGET ist die Kurzbezeichnung für **T**rans-European **A**utomated **R**eal-time **G**ross settlement **E**xpress **T**ransfer system. TARGET verbindet die nationalen Echtzeit-Bruttosysteme der EU-Zentralbanken und den Zahlungsverkehrsmechanismus der EZB. TARGET dient vor allem zur Durchführung der Geldpolitik des Europäischen Systems der Zentralbanken (ESZB) und ist somit ein Großzahlungssystem, das ausschließlich in Euro abgewickelt wird. Als sog. Echtzeitsystem sind die Zahlungen in kürzester Zeit vollzogen. Grundsätzlich steht TARGET, das sich durch niedrige Entgelte auszeichnet, auch Wirtschaftsunternehmen zur Verfügung, was jedoch ein Konto bei der Bundesbank voraussetzt.

AZV-Auslandsüberweisungen: Der Ausdruck AZV steht für Auslandszahlungsverkehr (der Deutschen Bundesbank). Im AZV wickelt die Deutsche Bundesbank Überweisungen über Korrespondenzbanken in den EU-/EWR-Staaten auf Euro-Basis bzw. auf Basis der dortigen Währung (z.B. Pfund Sterling) ab. Die jeweils aktuelle Länderliste ist bei der Bundesbank zu erfragen. Die AZV-Entgelte sind niedrig. Grundsätzlich steht das AZV-Überweisungssystem auch Wirtschaftsunternehmen zur Verfügung, die bei der Bundesbank ein Konto unterhalten.

- **„3.3 Auslandsschecks“**

Money Orders: Money Orders sind Zahlungsanweisungen international bekannter US-amerikanischer und kanadischer Banken, in denen sich diese verpflichten, eine bestimmte Summe an den im Ordervermerk der Money Order bezeichneten Begünstigten zu zahlen. Der Betrag ist fest eingedruckt. Die Übertragung erfolgt durch Indossament. Im Allgemeinen werden Money Orders, die u.U. den Charakter von Reiseschecks tragen, von den Banken – nach Legitimation des Begünstigten – sofort gutgeschrieben bzw. ausgezahlt.

- **„3.4 Auslandswechsel“**

UNCITRAL-Wechsel: Ein weltweit einheitliches Wechselrecht ist immer noch nicht geschaffen. Somit steht auch der einheitliche UNCITRAL-Wechsel (United Nations Commission on International Trade Law) noch nicht zur Verfügung. Es bleibt somit vorläufig bei den beiden großen Wechselrechtssystemen, dem sog. Genfer Einheitlichen Wechselrecht und dem angloamerikanischen Wechselrecht.

4 Dokumentäre Zahlungs- und Sicherungsinstrumente

- **„4.1 Exportdokumente“**
- **„4.2 Dokumenteninkassi (Documentary Collections)“**
- **„4.3 Dokumentenakkreditive (Documentary Credits)“**

Die „Einheitlichen Richtlinien für Inkassi“ (ERI bzw. URC 522 der ICC) sowie die „Einheitlichen Richtlinien und Gebräuche für Dokumenten-Akkreditive“ (ERA bzw. UCP 500 der ICC) haben unverändert Gültigkeit, sodass die relevanten Kapitel keiner Aktualisierung bedürfen.

In einigen Anwendungsbeispielen ist (gedanklich) die DM durch den Euro zu ersetzen. Der Aussagewert der unverändert auf DM lautenden Beispiele erfährt dadurch keine Beeinträchtigung.

5 Kurzfristige Refinanzierungs- und Absicherungsinstrumente

- **„5.1 Kontokorrentkredite“**
- **„5.2 Eurokredite“**
- **„5.3 Wechseldiskontkredite“**
- **„5.4 Akzeptkredite / Bankakzepte“**
- **„5.5 Negoziierungskredite (Negoziationskredite)“**
- **„5.6 Exportfactoring“**

Im Wesentlichen bleiben die Ausführungen dieser Kapitel aktuell, mit den folgenden Ausnahmen:

- In einigen Anwendungsbeispielen ist (gedanklich) die DM **durch den Euro zu ersetzen**. Der Aussagewert der unverändert auf DM lautenden Beispiele erfährt dadurch keine Beeinträchtigung.
- Die Bezeichnung **„Eurokredite“** (Kapitel 5.2) ist seit der Einführung des Euro missverständlich, weil diese auf dem nationalen bzw. internationalen Bankengeldmarkt beruhende Kreditart keineswegs nur Euro umfasst, sondern alle wesentlichen Welthandelswährungen. Die zutreffende, jedoch in der Praxis kaum durchgesetzte Bezeichnung ist deswegen „Eurogeldmarktkredite“.
- Die Ausführungen zu den Auslandswechseln (Kapitel 3.4) und zu den **Wechseldiskontkrediten** (Kapitel 5.3) sind grundsätzlich nach wie vor aktuell, weil der Wechsel unverändert ein Zahlungs- und Kreditinstrument zwischen den Lieferanten und deren Abnehmern ist. Als Finanzierungsinstrument der Wirtschaftsunternehmen bei den Geschäftsbanken hat der Wechsel allerdings an Bedeutung verloren. Dies hängt vor allem mit dem Wegfall der Möglichkeit des Rediskonts von Wechseln durch die Geschäftsbanken bei der Deutschen Bundesbank zusammen. Innerhalb der neuen Möglichkeit, nämlich der Hereinnahme (Verpfändung) von Wirtschaftskrediten durch die Bundesbank bzw. durch das ESZB (die bereits im bisherigen Abschnitt 5.3.3 angesprochen ist), hat der Wechsel keine nennenswerte Bedeutung als Refinanzierungsinstrument der Geschäftsbanken bei der Zentralbank erlangt.

6 Mittel- und langfristige Refinanzierungs- und Absicherungsinstrumente

Im Wesentlichen bleiben die Ausführungen dieser Kapitel aktuell. Lediglich in einigen Anwendungsbeispielen ist (gedanklich) die DM durch den Euro zu ersetzen. Der Aussagewert der unverändert auf DM lautenden Beispiele erfährt dadurch jedoch keine Beeinträchtigung.

7 Wechselkurse und Devisengeschäfte

Vorbemerkungen:

- Die maßgeblichen Aktualisierungen in diesem Kapitel sind durch die Einführung des Euro sowie durch die Umstellung der Devisennotierungen von der Preisnotierung auf die Mengennotierung verursacht.
- Nicht alle auf DM lautenden Anwendungsbeispiele können aus diesen Gründen unbesehen auf Euro umgestellt werden.
- Der Leser findet deswegen in diesem Anhang neue, auf den Euro bezogene Anwendungsbeispiele sowie neue Erklärungen und Anwendungen der in den Kursblättern ausgewiesenen (mengennotierten) Kassa- und Terminkurse.

7.1 Grundlagen: Wechselkursverhältnisse, Währungssysteme

Im Wesentlichen bleiben die Ausführungen dieses Kapitels aktuell, und zwar aus vier Gründen:

- Bereits in den Ausführungen der 2. Auflage des vorliegenden Handbuchs ist der Euro in diesem Kapitel angesprochen worden, obwohl bei der seinerzeitigen Ausarbeitung des Manuskripts seine Einführung erst beabsichtigt war.
- Der überwiegende Teil der Ausführungen ist grundsätzlicher Natur und nicht auf eine spezielle Währung bezogen, so z.B. die Ausführungen (Tabelle) in Abschnitt „7.1.3 Maßgebliche Bestimmungsfaktoren von Wechselkursen“.
- Ein weiterer Teil der erklärenden Beispiele und Abbildungen ist ohnehin auf die Vergangenheit bezogen, so u.a. die Ausführungen in Abschnitt „7.1.1.4 Bandfixierte Wechselkurse“. In solchen Abschnitten muss die DM verbleiben; eine Umstellung auf den Euro wäre falsch und würde im Übrigen zu einer unzutreffenden Interpretation führen.

- Lediglich in wenigen Anwendungsbeispielen dieses Kapitels kann (gedanklich) die DM durch den Euro ersetzt werden. Der Aussagewert dieser unverändert auf DM lautenden Beispiele erfährt dadurch keine Beeinträchtigung.

Die übrigen Anwendungsbeispiele sind neu ausgearbeitet, sie lauten auf Euro und sie sind in den nachstehenden Ausführungen vorgestellt und kommentiert.

7.2 Wechselkurse, Devisenkassa- und Devisentermingeschäfte

Hinweise

Die nachstehenden Ausführungen **ersetzen** die beiden bisherigen Kapitel

- „7.2 Grundbegriffe und Auswertung des Devisenkursblattes" **vollständig**
  sowie
- „7.4 Grundstruktur und Abwicklung von Devisentermingeschäften" **teilweise**.
- Dieses Kapitel 7.2 erhält deswegen im Vergleich zu den bisherigen Ausführungen geänderte Überschriften und eine veränderte Gliederungssystematik.

7.2.1 Grundbegriffe des Kursblattes: Devisen, Sorten, Mengennotierung, Geld- und Briefkurs

Abbildung

Die neue **Abbildung 7.2-01** zeigt die **"Devisen- und Sortenkursen für 1 Euro"** der Wirtschaftszeitung "Handelsblatt" (Düsseldorf und Frankfurt am Main) vom 16.07.2001.

Die in den folgenden **Anwendungsbeispielen** genannten Kurse sind dem abgebildeten Kursblatt entnommen.

DEVISEN- UND SORTENKURSE FÜR 1 EURO

16.7.2001		Referenzkurse EuroFX[1])		3 Monate[1])		6 Monate[1])		Referenzkurse EZB	Preise am Bankschalter[2])	
		Geld	Brief	Geld	Brief	Geld	Brief		Verkauf	Ankauf
USA	US-$	0,8537	0,8597	0,8521	0,8581	0,8510	0,8570	0,85830	0,8275	0,8825
Japan	Yen	106,9200	107,4000	105,7200	106,2000	104,6100	105,0900	107,45000	101,8000	111,8000
Großbrit.	£	0,6103	0,6143	0,6113	0,6153	0,6129	0,6169	0,61260	0,5920	0,6360
Schweiz	sfr	1,5104	1,5144	1,5055	1,5095	1,5013	1,5053	1,51350	1,4770	1,5420
Kanada	kan-$	1,3141	1,3261	1,3136	1,3256	1,3138	1,3258	1,32090	1,2300	1,3700
Schweden	skr	9,1931	9,2411	9,1913	9,2393	9,1976	9,2456	9,21070	8,7500	9,9000
Norwegen	nkr	7,9527	8,0007	8,0098	8,0578	8,0714	8,1194	7,97750	7,5500	8,6000
Dänemark	dkr	7,4242	7,4642	7,4321	7,4721	7,4388	7,4788	7,44430	7,1100	7,8000
Australien[3]	A-$	1,6700	1,6860					1,68300	1,5645	1,7645
Neuseeland[3]	NZ-$	2,0970	2,1130					2,10550	1,9525	2,4025
Tschechien[3]	Krone	33,6000	34,0000					33,82500	31,6000	37,6000
Polen[3]	n. Zloty	3,4970	3,6970					3,60630	3,3260	4,2310
Südafrika[3]	Rand	6,9700	7,1700					7,07910	5,7500	9,3500
Hongkong[3]	HK-$	6,6360	6,7360					6,69470	5,9100	8,2100
Singapur[3]	S-$	1,5670	1,5790					1,57640	1,4600	1,7650

[1] Mitgeteilt von der WestLB Girozentrale, Düsseldorf; [2] Frankfurter Sortenkurse aus Sicht der Bank, die Bezeichnungen Verkauf und Ankauf entsprechen dem Geld und Brief bei anderen Instituten; mitgeteilt von Deutsche VerkehrsBank; [3] Freiverkehr.

Abbildung 7.2-01

Devisen

Im strengen Sinne bezieht sich der Ausdruck Devisen auf das sog. **Buchgeld** in Form von Fremdwährungsguthaben auf Bankkonten. Als Devisen werden in der Praxis manchmal aber auch die **unbaren ausländischen Zahlungsmittel** bezeichnet, beispielsweise Schecks und Wechsel, sofern diese Zahlungsinstrumente auf Fremdwährung lauten. Gegenstand des Devisenhandels sind jedoch (letztlich) die Fremdwährungsguthaben auf Bankkonten.

Im weiteren Sinne können auch die Sorten als Devisen angesehen werden. Meistens werden Sorten – wegen ihrer von den Devisen abweichenden Kurse und wegen der anders laufenden Abwicklung des Sortenverkehrs – jedoch gesondert bezeichnet und behandelt.

Im abgebildeten Kurszettel handelt es sich bei den Bezeichnungen der Spalten „Referenzkurse EuroFX", „3 Monate", „6 Monate", „Referenzkurs EZB" um Devisenkurse (um Devisenkassakurse bzw. Devisenterminkurse, nicht jedoch um Sortenkurse; dazu siehe unten).

Sorten

Sorten sind die **baren ausländischen** gesetzlichen **Zahlungsmittel**, also ausländische Banknoten und ausländische Münzen.

Im abgebildeten Kurszettel als „Preise am Bankschalter" bezeichnet; Anwendungsbeispiele siehe unten.

Mengennotierung (seit Einführung des Euro)

- Die Mengennotierung (indirekte Notierung) drückt aus, wie viele, also **welche Menge ausländische Währungseinheiten** ein Käufer **für 1, 100 oder 1000 inländische Währungseinheiten**, also z.B. für 1 EUR, bezahlen muss bzw. wie viele ausländische Währungseinheiten, also welche **Menge** ausländische Währungseinheiten ein Verkäufer für 1, 100 oder 1000 inländische Währungseinheiten erhält.
- Das abgebildete Kursblatt „Devisen- und Sortenkurse für 1 Euro" beruht auf der Mengennotierung (Abbildung 7.2-01):

  Beispiele (Devisenkurse lt. abgebildeter Tabelle auf Basis des EuroFX der EZB):

  1 EUR entspricht der Menge von 0,8537 USD (Geldkurs) bzw. 0,8597 USD (Briefkurs);

  1 EUR entspricht der Menge von 106,9200 JPY (Geldkurs) bzw. 107,4000 JPY (Briefkurs);

  1 EUR entspricht der Menge von 1,5104 CHF (Geldkurs) bzw. 1,5144 CHF (Briefkurs).

Geld- und Briefkurse (bei Mengennotierung, die seit Einführung des Euro gilt)

Wie bereits festgestellt, wurden mit der Einführung des Euro die Sorten- und Devisennotierungen von der bisherigen Preisnotierung auf die Mengennotierung umgestellt. Das abgebildete Kursblatt „ Devisen- und Sortenkurse für 1 Euro" umfasst die Mengennotierung.

Die Bezeichnungen „Geldkurs" und „Briefkurs" sind bei der eingeführten Mengennotierung zwar geblieben, ihrer Zuordnung auf die Verkaufskurse bzw. auf die Ankaufskurse der Banken für Devisen und Sorten hat sich durch die Mengennotierung jedoch umgekehrt:

- Der (niedrigere) **Geldkurs** ist bei Mengennotierung stets der **Verkaufskurs** der **Banken**, also der Kurs, zu dem die Banken an ihre Kunden Devisen und Sorten verkaufen.
- Der (höhere) **Briefkurs** ist bei Mengennotierung stets der **Ankaufskurs der Banken**, d.h. der Kurs, zu dem die Banken von ihren Kunden Devisen und Sorten ankaufen.

Hinweis: Siehe auch Fußnote im abgebildeten Kurszettel.

Anwendungsbeispiele zu den Sorten

- **Kauf von 100 USD von der Bank** (nicht als Devisen, sondern als ausländisches Bargeld, d.h. als Sorten):

  Lt. Kurszettel „Sorten" entspricht 1 EUR als **Verkaufskurs**, also als **Geldkurs der Banken** 0,8275 USD; (Mengennotierung im abgebildeten Kurszettel). Der USD-kaufende Kunde bezahlt an die Bank für den Kauf von 100 USD folglich ca. 120,85 EUR.
- **Verkauf von 100 USD an die Bank** (nicht als Devisen, sondern als ausländisches Bargeld, d.h. als Sorten):

  Lt. Kurszettel „Sorten" entspricht 1 EUR als **Ankaufskurs**, also als **Briefkurs der Banken** 0,8825 USD; (Mengennotierung im abgebildeten Kurszettel). Der USD-verkaufende Kunde erhält von der Bank für den Verkauf von 100 USD folglich ca. 113,34 EUR.

Spanne

Die **Spanne zwischen dem Briefkurs** (als Ankaufskurs der Banken) und dem **Geldkurs** (als Verkaufskurs der Banken) einer Währung ist vordergründig gesehen die Handelsspanne der Banken.

- **Devisen:** Tatsächlich verbleibt den Banken diese Handelsspanne jedoch nur, wenn sie den Währungsbetrag von einem Kunden zum Briefkurs ankaufen und denselben Währungsbetrag am selben Tag "durchhandeln", d.h. an einen anderen Kunden am selben Tag zum Geldkurs weiterverkaufen. Verzögert sich der Weiterverkauf oder ist der Verkäufer bzw. der Käufer der Fremdwährung eine andere Bank oder "verhandelt" der Kunde (bei größeren Währungsbeträgen) über den festzulegenden Geld- bzw. Briefkurs, dann schrumpft die Spanne der Bank u.U. rasch.

- **Sorten:** Die bei Sorten ungleich höhere Spanne zwischen Geld- und Briefkurs (siehe obiges Anwendungsbeispiel) erklärt sich insbesondere mit den hohen personellen und sachlichen Aufwendungen der Banken bei ausländischen baren Zahlungsmitteln, mit der Zinslosigkeit der Bargeldbestände sowie mit weiteren Einflussfaktoren.

Devisenkurse im Freiverkehr

Unter der Bezeichnung "Devisenkurse im Freiverkehr" werden Kurse solcher Währungen in den Wirtschaftszeitungen veröffentlicht, die nicht in den Kurszettel der gängigsten Handelswährungen „Devisen- und Sortenkurse" (siehe Abbildung 7.2-01) aufgenommen sind.

Die Devisenkurse im Freiverkehr beruhen auf **Mitteilungen der Banken** und bieten insoweit nur mehr oder weniger grobe Anhaltspunkte.

Die Freiverkehrskurse sind Kassakurse, für die ebenfalls die seit Einführung des Euro ebenfalls die Mengennotierung („Basis 1 Euro"; siehe abgebildeten Kurszettel) gilt.

Die neue **Abbildung 7.2-02** zeigt die **"Devisen im Freiverkehr"**, wie sie vom Handelsblatt für den 16.07.2001 veröffentlicht wurden.

DEVISEN IM FREIVERKEHR

16.7.2001 / Basis 1 Euro		Geld	Brief
Algerien	Dinar	65,4300	70,4300
Argentinien	Peso	0,8530	0,8590
Brasilien	Brasil Real	2,2050	2,2110
Bulgarien	Leva	1,9358	1,9558
China	RMB	6,9255	-
Estland	Krone	15,2900	16,0100
Indien	Rupie	37,9100	-
Israel	Schekel	3,3800	3,8300
Korea, Süd	Won	1108,0000	1132,0000
Kroatien	Kuna	7,1410	7,1660
Kuwait	Dinar	0,2503	0,2773
Lettland	Lats	0,5449	0,5499
Litauen	Litas	3,3336	3,5216
Marokko	Dirham	9,7900	10,4900
Mexiko	n. Peso	7,8100	8,2900
Philippinen	Peso	45,3000	46,5000
Rumänien	Lei	24910,0000	25330,0000
Russland	Rubel	23,9600	26,1600
Saudi-Arabien	Rial	3,1644	3,2644
Slowakei	Krone	41,8900	43,3900
Slowenien	Tolar	215,6000	221,6000
Taiwan	NT-$	29,5500	30,4500
Thailand	Baht	37,2250	41,2250
Türkei	Lire/Pfund	1159000	1169000
Tunesien	Dinar	1,2238	1,3248
Ungarn	Forint	255,5000	257,3000
Ver. Ar. E.	Dirham	3,1081	3,1881

Mitgeteilt von Deutsche Bank Frankfurt/Main. Diese Kurse können nur als Anhaltspunkte dienen und haben keinen verbindlichen Charakter

Abbildung 7.2-02

7.2.2 Erklärung und Anwendung von Devisenkassakursen

Vorbemerkungen zu den Devisenkursen

- Mit Einführung des Euro wurden die **amtlichen Devisenbörsen** (wobei sich die amtliche Kursfeststellung in Wirklichkeit auf die amtliche Devisenbörse in Frankfurt konzentriert hatte) in Deutschland und in jenen weiteren Mitgliedsländern der Europäischen Union, die den Euro als gemeinsame Währung eingeführt haben, **abgeschafft**.
- Die Europäische Zentralbank (EZB) veröffentlicht nur noch tägliche Referenzkurse, die auf der Grundlage der Konzentration zwischen den Zentralbanken um 14.15 Uhr ermittelt werden; siehe Spalte Referenzkurs EZB im abgebildeten Kurszettel. Mit Wirkung vom 2.10.2000 wurde der Kreis von 17 Währungen auf 29 Währungen erweitert, die im abgebildeten Kursblatt jedoch nicht alle aufgenommen sind.
- Die im Kurszettel ausgewiesenen **„Referenzkurse EuroFX"** tragen keinen amtlichen Charakter, sondern beruhen – wie die dortige Fußnote ausweist – auf der Mitteilung einer im internationalen Devisenhandel tätigen großen Bank.

Kassakurse

Die Kassakurse (manchmal auch als Kassekurse bezeichnet) haben Gültigkeit für **Devisenkauf- und -verkaufsgeschäfte**, die von den Beteiligten **sofort zu erfüllen** sind. Die Kassakurse sind im abgebildeten Kurszettel in der Spalte **„Referenzkurse EuroFX"** aufgeführt.

Einschränkend ist allerdings anzumerken, dass auch bei angesprochenen "sofortigen" Erfüllung von Devisenkassageschäften die Usance **"Valutastellung 2 Arbeitstage"** zu berücksichtigen ist. Dies bedeutet, dass zwischen dem Tag des Abschlusses und dem Tag der Erfüllung von Devisenkassageschäften 2 Arbeitstage liegen.

Anwendungsbeispiel: Devisenkauf eines Importeurs

- Ein deutscher Importeur beauftragt seine Bank am 16.07.2001 zulasten seines EUR-Kontos eine **Überweisungszahlung** in Höhe von **USD 100.000** an einen US-amerikanischen Exporteur vorzunehmen.
- Die beauftragte Bank stellt dem Importeur für den Kauf der Devisen den am 16.07.2001 gültigen **Kassageldkurs** (siehe Spalte „Referenzkurse EuroFX" „Geld") 1 EUR = 0,8537 USD, d.h. pro gekaufte 0,8537 USD = 1 Euro in Rechnung. Bei gekauften 100.000 USD stellt die Bank dem Importeur folglich 117.137,16 Euro in Rechnung. Hinzu kommt eine **Courtage** (Maklerprovision) in Höhe von 0,25‰ des ausmachenden Betrags (des EUR-Gegenwerts). Bei kleineren Fremdwährungsbeträgen wird eine Minimum-Courtage berechnet.

Die **Belastung** des EUR-Gegenwerts auf dem EUR-Konto des deutschen Importeurs erfolgt am Tag des Devisenkaufs, also am 16.07.2001, und zwar mit gleicher Wertstellung.

7.2.3 Erklärung und Anwendung von Devisenterminkursen

7.2.3.1 Grundstruktur von Devisentermingeschäften

Es ist für das Verständnis von Devisentermingeschäften zweckmäßig, zunächst die maßgeblichen Unterschiede zwischen einem Devisenkassageschäft und einem Devisentermingeschäft herauszustellen.

Deswegen beginnen die nachstehenden Ausführungen mit der Darstellung der Grundstruktur eines Devisenkassageschäftes.

- **Grundstruktur eines Devisenkassageschäftes:**

  Abschluss des Devisenkassageschäftes: Ein deutscher Exporteur, der heute eine Überweisungsgutschrift über 100.000 USD erhält, verkauft diese 100.000 USD im Rahmen eines Devisenkassageschäftes an seine Bank.

Sofortige Erfüllung: Dieses Devisenkassageschäft umfasst die Verpflichtung des Exporteurs, der Bank 100.000 USD sofort zur Verfügung zu stellen. Hervorzuheben ist somit, dass bei Devisenkassageschäften der Zeitpunkt des Abschlusses des Devisengeschäftes und der Zeitpunkt der Erfüllung (von der Usance „Valutastellung 2 Arbeitstage" abgesehen) zusammenliegen.

Devisenkassakurs: Darüber hinaus vereinbart der Exporteur im Rahmen dieses Devisenkassageschäftes mit der Bank den anzuwendenden Devisenkassakurs. Anmerkung: Der Devisenkassakurs schwankt im Lauf des Tages, und zwar manchmal innerhalb kürzester Zeiträume, als auch innerhalb einer Minute.

- **Grundstruktur eines Devisentermingeschäftes:**

Abschluss des Devisentermingeschäftes: Ein deutscher Exporteur hat Waren nach den USA mit USD-Fakturierung über 100.000 USD und einem eingeräumten Zahlungsziel von 3 Monaten geliefert. Weil der Exporteur während dieses 3-Monate-Zeitraums eine Abwertung des USD gegenüber dem EUR fürchtet, schließt er mit seiner Bank ein Devisentermingeschäft über 100.000 USD ab, und zwar mit einer Laufzeit von 3 Monaten. D.h. der deutsche Exporteur verkauft an seine Bank 100.000 USD per Termin / per Fälligkeit 3 Monate.

Spätere Erfüllung: Dieses Devisentermingeschäft umfasst die Verpflichtung des Exporteurs, der Bank 100.000 USD nicht sofort, sondern nach Ablauf von 3 Monaten, d.h. bei „Fälligkeit 3 Monate" zur Verfügung zu stellen. Hervorzuheben ist somit, dass bei Devisentermingeschäften der Zeitpunkt des Abschlusses des Devisengeschäftes und der Zeitpunkt der Erfüllung, d.h. der Lieferung von 100.000 USD durch den Exporteur an die Bank, (im Gegensatz zu Devisenkassageschäften) zeitlich auseinander liegen. Bei Abschluss des Devisentermingeschäftes geht der Exporteur somit nur eine Verpflichtung zur Lieferung von Devisen an die Bank ein, die von ihm erst zu einem späteren Zeitpunkt zu erfüllen ist.

Devisenterminkurs: Darüber hinaus vereinbart der Exporteur im Rahmen dieses Devisentermingeschäftes mit der Bank den anzuwendenden Devisenterminkurs.

Dieser bei Abschluss des Devisentermingeschäftes fest vereinbarte Devisenterminkurs findet Anwendung bei Fälligkeit des Devisentermingeschäftes. Dies bedeutet, dass nach Ablauf der 3 Monate der Umtausch der 100.000 USD in EUR zu diesem fest vereinbarten Devisenterminkurs erfolgt, unabhängig davon, ob der USD inzwischen gegenüber dem EUR aufgewertet oder abgewertet wurde.

Anmerkung: Auch der mit der Bank zu vereinbarende Devisenterminkurs schwankt im Lauf des Tages, und zwar manchmal innerhalb kürzester Zeiträume, also auch innerhalb einer Minute. Dies hängt damit zusammen, dass der Devisenterminkurs auf dem Devisenkassakurs einer Währung beruht, allerdings erhöht oder vermindert um einen Zuschlag oder Abschlag der dem hinausgeschobenen Zeitraum (zinsbezogen) Rechnung trägt.

Abbildung

In **Abbildung 7.2-03** „Die Grundstruktur von Devisentermingeschäften" sind die durch den Abschluss von Devisentermingeschäften entstehenden Verpflichtungen der Exporteure bzw. der Importeure aufgeführt.

Mit Hilfe der Zeitachse verdeutlicht diese grafische Darstellung u.a.,

- dass der Exporteur bzw. der Importeur im Zeitpunkt des Abschlusses eines Devisentermingeschäftes (im Zeitpunkt 0) **nur Verpflichtungen** (Exporteur: zur Lieferung eines Devisenbetrages an die Bank, Importeur: zur Abnahme eines Devisenbetrages von der Bank) und die Festlegung des bei Fälligkeit anzuwendenden Terminkurses eingehen,
- die **Erfüllung** (Lieferung bzw. Abnahme der Devisen zum fest vereinbarten Terminkurs) aber erst im Zeitpunkt der **späteren Fälligkeit** des Devisentermingeschäftes erfolgt.

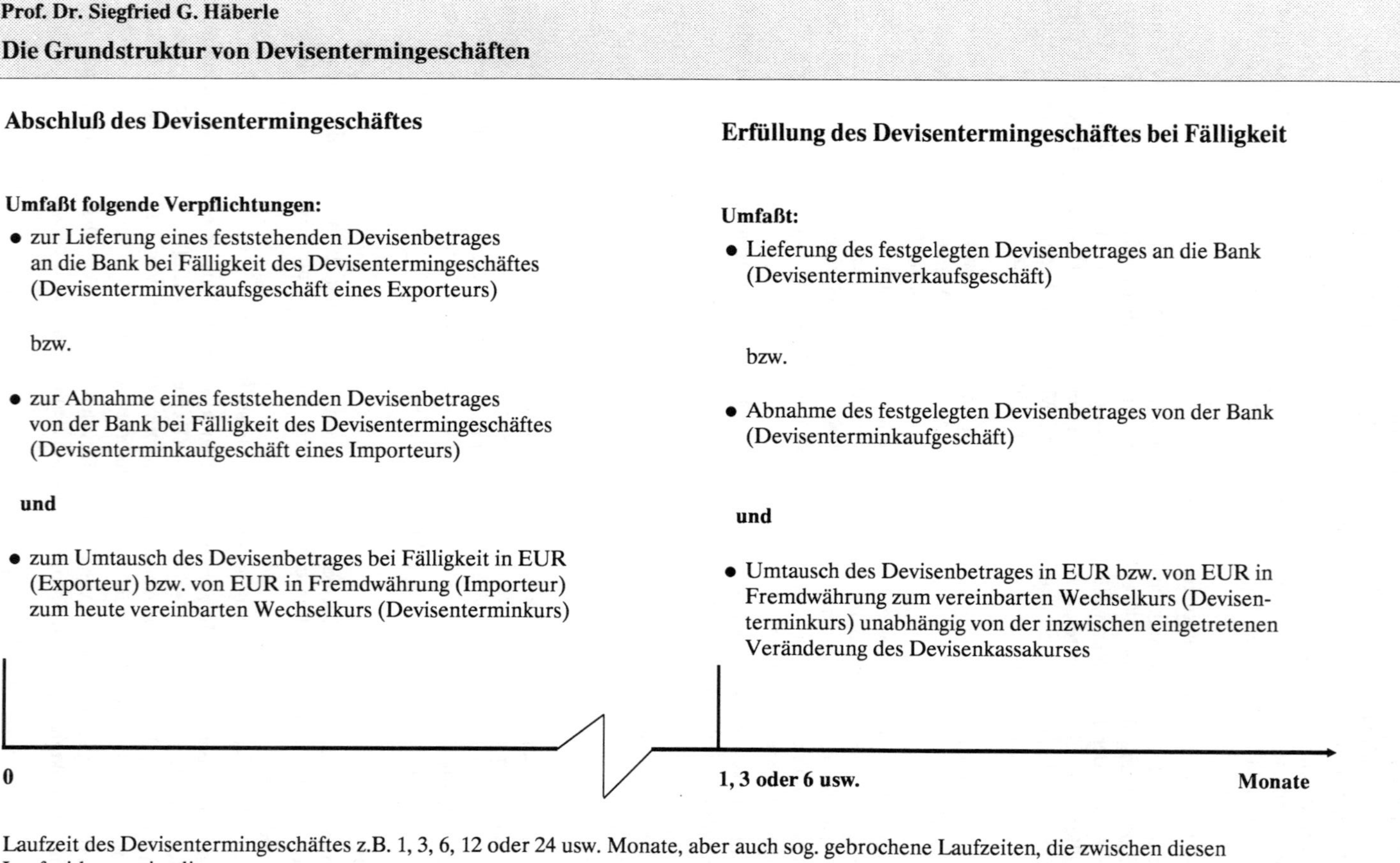

Abbildung 7.2-03

7.2.3.2 Anwendungsbeispiele zu Devisentermingeschäften

7.2.3.2.1 Grundlagen: Devisenterminkurse und Laufzeiten

Laufzeiten

- **„Glatte" Laufzeiten:** Im abgebildeten Kursblatt sind lediglich die **3-Monate-** und die **6-Monate**-Devisenterminkurse aufgenommen (siehe Abbildung 7.2-01). Übliche Laufzeiten sind aber auch 2 und 12 Monate. In den führenden Welthandelswährungen können mit den Banken Termingeschäft über Zeiträume von mehreren Jahren abgeschlossen werden.
- **„Gebrochene" Laufzeiten:** Häufig entspricht jedoch die Laufzeit eines Export- oder Importgeschäfts nicht den üblichen ("glatten") Laufzeitkategorien der Devisentermingeschäfte. Zumindest in den **gängigen Fremdwährungen** sind die Banken bereit, ihren Kunden Devisentermingeschäfte mit **gebrochenen (krummen) Laufzeiten** (broken dates) anzubieten. Die Banken rechnen den Deport bzw. Report (den Swapsatz) für ein Devisentermingeschäft mit gebrochener Laufzeit unter Zugrundelegung der Swapsätze für die beiden nächstliegenden glatten Termine (Einzelheiten zu Deport und Report siehe folgenden Abschnitt.

Kursfeststellung

Die Terminkurse beruhen auf **Angaben der Geschäftsbanken**. Insoweit tragen die veröffentlichten Devisenterminkurse lediglich den Charakter von **Indikatoren**, was auch bedeutet, dass der Exporteur bzw. der Importeur den Devisenterminkurs mit seiner Bank im Einzelfall vereinbaren kann. Eine Courtage fällt bei Devisentermingeschäften nicht an.

Währungen

In den gängigen **Welthandelswährungen** ermöglichen die Banken den Exporteuren und Importeuren den Abschluss von Devisentermingeschäften im Allgemeinen in der gewünschten Laufzeit. Dagegen ist der erwünschte Abschluss von Devisentermingeschäften in sog. **exotischen Währungen** auch schon bei kurzer Laufzeit manchmal mit Schwierigkeiten verbunden. Bei solchen Währungen sollten Exporteure bzw. Importeure bereits vor Abschluss des Kontrakts ihre Hausbank wegen der Verfügbarkeit von Wechselkurssicherungsmöglichkeiten zurate ziehen.

Anmerkung: Devisenoptionsgeschäfte

Devisenoptionsgeschäfte sind in der Praxis bislang eher von untergeordneter Bedeutung und werden deswegen nicht behandelt.

7.2.3.2.2 Anwendungsbeispiel zum Export – mit alternativen Abwicklungen

Anwendungsbeispiel

- **Ausgangssituation:** Ein deutscher Exporteur liefert am 16.07.2001 Waren zu einem Kaufpreis von **100.000 GBP (Pfund Sterling)** nach Großbritannien. Laut Kaufvertrag hat der Exporteur dem britischen Importeur ein **Zahlungsziel** ab Rechnungsdatum (16.07.2001) von 3 Monaten einzuräumen. Der Exporteur fürchtet, dass das GBP in diesem Zeitraum eine **Abwertung** erfahren könnte. Er schließt deswegen mit seiner Bank ein Devisenterminverkaufsgeschäft ab, das folgende Struktur aufweist:
- **Verkauf der Devisen per Termin:** Der Exporteur **verkauft** am 16.07.2001 100.000 GBP, also den Devisenbetrag in Höhe des zukünftig eingehenden Exporterlöses an seine Bank **per Termin** 3 Monate zum **Terminbriefkurs** von 0,6153 GBP (pro 1 EUR). Anmerkung: Da auch bei den Terminkursen die sog. Mengennotierung eingeführt ist, muss bei einem Terminverkauf des Exporteurs ebenso wie bei Kassaverkaufsgeschäften der Briefkurs angesetzt werden); siehe Kursblatt Abbildung 7.2-01.

  Der Exporteur wird durch das Termingeschäft verpflichtet, seiner Bank bei Fälligkeit des Termingeschäfts, also nach Ablauf der 3 Monate, 100.000 GBP zur Verfügung zu stellen sowie den vereinbarten Terminkurs von 0,6153 GBP (pro 1 EUR) beim Umtausch im Zeitpunkt der Fälligkeit gelten zu lassen. Der Exporteur geht davon aus, dass ihm der Exporterlös in Höhe von ebenfalls 100.000 GBP spätestens bei Fälligkeit des Devisentermingeschäfts zur Verfügung stehen wird, um damit das Devisentermingeschäft erfüllen zu können.

Der Exporteur erlangt durch den Abschluss des Devisenterminverkaufsgeschäfts die Sicherheit eines **garantierten Umtauschkurses**, unabhängig davon, welche Kursentwicklung das GBP in Relation zum EUR während der 3 Monate tatsächlich nimmt.

Kosten

Der "Preis", den der Exporteur für diese Kurssicherung zahlt, kann im **Unterschied zwischen dem Kassabriefkurs und dem Terminbriefkurs** des GBP gesehen werden: Hätte der Exporteur den Exporterlös in Höhe von 100.000 GBP bereits am 16.07.2001 zur Verfügung, dann würde seine Bank den GBP-Betrag zum aktuellen Kassabriefkurs von 0,6143 (pro 1 EUR) umtauschen; siehe Kursblatt. Der Gegenwert würde sich dann auf 162.786,91 EUR belaufen.

Bei Fälligkeit des abgeschlossenen Termingeschäfts erhält der Exporteur dagegen nur den vereinbarten Terminbriefkurs von 0,6153 GBP (pro 1 EUR; siehe Kursblatt), also einen Gegenwert von 162.522,34 EUR.

Die derart definierten **„Kurssicherungskosten"** belaufen sich somit im vorliegenden Beispiel auf 264,57 EUR pro 100.000 GBP bei 3-monatiger Laufzeit des Termingeschäftes

Hinweis: Es ist schwierig, den richtigen Maßstab zur Bestimmung der Höhe des Kursgewinns bzw. des Kursverlustes festzulegen, weil der Exporteur seiner Angebotskalkulation bzw. der Importeur seiner Einkaufskalkulation unterschiedliche Kurse zu Grunde legen kann, so zum Beispiel den Kassakurs am Tag der Kalkulation, den Devisenterminkurs am Tag der Kalkulation, dem vom Außenhändler für den Zahlungseingang (Exporteur) bzw. den Zahlungsausgang (Importeur) erwarteten Wechselkurs usw.

Alternative: Devisentermingeschäfte mit Optionszeit

Der Exporteur kann vor der Situation stehen, dass einerseits ein abgeschlossenes Devisentermingeschäft fällig und andererseits die damit abgesicherte Fremdwährungsforderung noch nicht eingegangen ist.

Diese Situation ist in gewissen Grenzen vermeidbar, wenn der Exporteur mit seiner Bank ein Devisentermingeschäft abschließt, das ihm bei der Ausübung (Erfüllung) eine Optionszeit einräumt: An der Stelle eines bestimmten Fälligkeitstages wird ein **Zeitraum vereinbart**, innerhalb dessen es in das Belieben des Bankkunden gestellt ist, zu welchem Zeitpunkt er die Option auszuüben, d.h. das Devisentermingeschäft zu erfüllen wünscht.

Üblich sind Optionszeiträume bis maximal 4 Wochen.

Die Höhe des festgelegten Wechselkurses (Devisenterminkurses) ist bei Devisentermingeschäften, die einen Optionszeitraum umfassen, davon abhängig, ob es sich um eine Währung handelt, die gegenüber ihrem Kassakurs einen Deport oder einen Report aufweist. In Abhängigkeit davon wird entweder der Terminkurs bis zum Beginn oder bis zum Ende der Optionszeit zugrunde gelegt.

Prolongation von fälligen Devisentermingeschäften

Sollte der Exporterlös später eingehen als die Fälligkeit des Devisentermingeschäftes ist, dann besteht die Möglichkeit, das fällige Devisentermingeschäft zu verlängern, was praktisch auf den Abschluss eines **„neuen" Devisentermingeschäftes** hinausläuft. Für den Exporteur bedeutet dies,

- dass die Bank im Zeitpunkt der Fälligkeit des „alten" Devisentermingeschäftes eine Glattstellung über den Devisenkassamarkt vornimmt: Kauf für den Exporteur von 100.000 GBP am Kassamarkt zur Erfüllung des fälligen „alten" Devisentermingeschäftes
- und gleichzeitig Verkauf des Exporteurs dieser 100.000 GBP an die Bank in Erfüllung des fälligen „alten" Devisentermingeschäftes.

Per Saldo verbleibt auf dem EUR-Kontokorrentkonto des Exporteurs lediglich die **Differenz** zwischen dem vereinbarten Terminkurs des „alten“ Devisentermingeschäftes und dem Kassakurs des GBP am Tag der Fälligkeit dieses „alten“ Termingeschäftes (also der Kassakurs zu dem er 100.000 GBP durch seine Bank am Kassamarkt in ersatzweiser Erfüllung des fälligen Devisentermingeschäftes kaufen lässt).

Glattstellung von Devisentermingeschäften vor Fälligkeit

Ein Bankkunde braucht keineswegs bis zur Fälligkeit von Devisentermingeschäften zu warten, um erst in diesem Zeitpunkt das Devisentermingeschäft zu erfüllen. Vielmehr kann der Bankkunde während der Laufzeit eines Devisentermingeschäftes jederzeit ein **Gegentermingeschäft** abschließen (also beispielsweise einen Devisenkauf per Termin abschließen, wenn das bisherige Termingeschäft ein Verkauf per Termin ist), und zwar im Allgemeinen bezogen auf denselben Fälligkeitstag (des bisherigen Termingeschäftes). Damit ist das bisherige Termingeschäft glattgestellt (sofern die Gegenposition nicht in einem später eingehenden Fremdwährungs-Exporterlös zu sehen ist).

Solche Glattstellungen vor Fälligkeit sind beispielsweise dann angebracht, wenn sich ein abgeschlossenes Termingeschäft plötzlich als **„offene“ Position** erweist, weil dieses Termingeschäft bereits im Zeitpunkt der Abgabe eines Angebotes an einen Importeur abgeschlossen wurde, der Importeur aber den Zuschlag nicht erteilt hat und folglich auch kein Fremdwährungs-Exporterlös in Zukunft eingeht.

Der Bankkunde wird erwägen, ein Gegentermingeschäft dann abschließen, wenn sich die **Kursentwicklung** während des bisherigen Termingeschäftes günstig darstellt und er befürchtet, dass diese Kursentwicklung bis zur Fälligkeit des bisherigen Termingeschäftes nicht anhält.

Ungesicherte (offene) Position

Ob der Exporteur das Fremdwährungs-Exportgeschäft besser ungesichert (Fachsprache: „offen“) gelassen hätte, hängt von der Wechselkursentwicklung ab.

- Erfährt das GBP in obigem Anwendungsbeispiel eine **Aufwertung** bis zur Fälligkeit des Devisentermingeschäftes, dann wäre es für den Exporteur besser gewesen, die GBP-Exportforderung ungesichert zu lassen. Der Exporteur könnte in diesem Fall den eingehenden GBP-Exporterlös zu einem höheren Kurs in EUR umtauschen, als er im Devisentermingeschäft fest vereinbart ist.
- Umgekehrt war rückblickend es zweckmäßig gewesen, ein Devisentermingeschäft abzuschließen, wenn das GBP eine **Abwertung** während der Laufzeit des Termingeschäftes erfährt.

Weil Wechselkursentwicklungen schwierig zu prognostizieren sind, tragen ungesicherte Währungspositionen spekulative Züge.

7.2.3.2.3 Anwendungsbeispiel zum Import

Anwendungsbeispiel

- **Ausgangssituation:** Ein deutscher Importeur hat aus Frankreich Waren im Wert von **10.000.000 JPY** bezogen. Die Rechnung ist **in 6 Monaten zur Zahlung fällig**. Der Importeur rechnet mit einer **Aufwertung des JPY** gegenüber dem EUR bis zum Zeitpunkt der Fälligkeit seiner Zahlung an den japanischen Exporteur.
- **Kauf der Devisen per Termin:** Um der drohenden Aufwertung des JPY zu entgehen, schließt der deutsche Importeur am 16.07.2001 ein 6-Monate-**Devisenterminkaufgeschäft** mit seiner Bank über den Terminkauf von 10.000.000 JPY und mit dem Termingeldkurs von 104,6100 JPY (für 1 EUR) ab.
- **Sicherheit:** Dieses Devisentermingeschäft sichert ihm den Terminkurs von 104,6100 JPY (für 1 EUR) für den Zeitpunkt seiner 6 Monate später fälligen JPY-Zahlung nach Japan.

Vorteil

Rückblickend war für den Importeur der Abschluss des Devisentermingeschäfts dann vorteilhaft, wenn der **Kassakurs des JPY** im Zeitpunkt der JPY-Zahlung nach Japan (also bei Ablauf der 6-Monate-Frist) gegenüber dem EUR tatsächlich **aufgewertet** wurde, und zwar über den vereinbarten Terminkurs hinaus.

Hätte der Importeur kein Devisentermingeschäft abgeschlossen, dann müsste er den JPY-Betrag bei Fälligkeit der Zahlung an den japanischen Exporteur am Kassamarkt "teurer" als zum vereinbarten Terminkurs kaufen.

Nachteil

Für den Importeur war der Abschluss des Devisentermingeschäfts dagegen nachteilig, wenn der im Zeitpunkt der JPY-Zahlung nach Japan (also bei Ablauf der 6-Monate-Frist) gültige **Kassakurs des JPY** - gemessen am vereinbarten Terminkurs – tatsächlich gegenüber dem EUR **abgewertet** wurde.

Ohne Abschluss des Devisentermingeschäfts hätte der Importeur dann bei Fälligkeit seiner JPY-Zahlung nach Japan den JPY-Betrag "billiger" am Kassamarkt kaufen können.

7.2.3.3 Erklärung von Deport, Report bzw. Swapsätzen

Deport

Als Deport (Abschlag) wird der **Unterschiedsbetrag** zwischen dem (höheren) **Kassakurs** einer Währung und dem **niedrigeren Terminkurs** dieser Währung bezeichnet.

Anmerkung: Die nachstehenden Wechselkurse beziehen sich auf das Kursblatt in Abbildung 7.2-01.

Beispiel Deport	Geldkurse	Briefkurse
Kassakurs des USD (für 1 EUR)	USD 0,8537	USD 0,8597
6-Monate-Terminkurs des USD (für 1 EUR)	USD 0,8510	USD 0,8570
Deport (Abschlag)	USD 0,0027	USD 0,0027

Report

Als Report (Aufschlag) wird der **Unterschiedsbetrag** zwischen dem (niedrigeren) **Kassakurs** einer Währung und dem **höheren Terminkurs** dieser Währung bezeichnet.

Anmerkung: Die nachstehenden Wechselkurse beziehen sich auf das Kursblatt in Abbildung 7.2-01.

Beispiel Report	Geldkurse	Briefkurse
Kassakurs des GBP (für 1 EUR)	GBP 0,6103	GBP 0,6143
3-Monate-Terminkurs des GBP (für 1 EUR)	GBP 0,6113	GBP 0,6153
Report (Aufschlag)	GBP 0,0010	GBP 0,0010

Swapsatz

Ein anderer Begriff und zugleich ein **Oberbegriff für Deport bzw. Report** ist der Ausdruck "Swapsatz". Dieser Ausdruck rührt von Devisengeschäften her, die insbesondere Banken durch **Tausch** (swap) von Devisenkassageschäften gegen Devisentermingeschäfte oder umgekehrt bzw.

durch Tausch von Devisentermingeschäften mit unterschiedlichen Fälligkeiten in derselben Währung vollziehen.

Statt der Nennung des Devisenterminkurses als absolutem Kurs, kann der **Devisenterminkurs** auch ausgehend vom Kassakurs einer Währung **zuzüglich bzw. abzüglich ihres Swapsatzes** für die entsprechende Laufzeitkategorie definiert werden.

Pari

Als "pari" wird eine Kurskonstellation bezeichnet, die keinen Unterschiedsbetrag (keinen Deport, Report bzw. Swapsatz) zwischen dem Kassakurs und dem Terminkurs einer Währung ausweist. "Pari" bedeutet somit **gleiche Termin- und Kassakurse** einer Währung.

Bestimmungsfaktoren für Deport bzw. Report

Die Höhe von Deport bzw. Report einer Währung (also die Abweichung des Terminkurses einer Währung vom Kassakurs derselben Währung) oder allgemeiner ausgedrückt, der Swapsatz einer Währung, wird maßgeblich von den **Zinsunterschieden dieser Währung zum Euro-Zinsniveau** am Eurogeldmarkt (Bankengeldmarkt) bestimmt. Dies hängt damit zusammen, dass die Banken die Zinsunterschiede zwischen den verschiedenen Währungen am Eurogeldmarkt durch Kapitalanlagen bzw. Kreditaufnahmen nutzen und zur Absicherung solcher Euromarkttransaktionen zugleich Devisenkassa- und Devisentermingeschäfte abschließen.

Anwendungsbeispiel Deport

Das obige Zahlenbeispiel „Deport" weist für den USD einen niedrigeren Terminkurs des USD als den Kassakurs des USD und somit ein Deport (Abschlag) aus.

Dieser Deport des Termin-USD gegenüber dem Kassa-USD ist maßgeblich verursacht durch den Zinsunterschied zwischen dem USD und dem EUR am sog. Eurogeldmarkt (Bankengeldmarkt).

Gemäß nachstehender Abbildung „7.2-04 **Eurogeldmarktsätze"** weist der USD gegenüber dem EUR in der Laufzeitkategorie „6 Monate" ein niedrigeres Zinsniveau auf. Dieses niedrigere Zinsniveau des USD zum EUR bestimmt im Wesentlichen die Höhe des Deports.

Wichtig ist, dass Zinssätze und Swapsatz (hier Deport) auf denselben Tag (noch genauer: auf dieselbe Uhrzeit) und auf dieselbe Laufzeitkategorie (im Beispiel jeweils 6 Monate) für Zinssätze und Swapsatz (hier Deport) bezogen sind.

Anwendungsbeispiel Report

Ein analoges Anwendungsbeispiel lässt sich für einen Report ableiten, z.B. für das obige Beispiel „Report GBP" in Verbindung mit den Zinssätzen für das GBP und den EUR gemäß den „Euro-

EUROGELDMARKTSÄTZE UNTER BANKEN (IN PROZENT)

16.7.2001	Tagesgeld	1 Monat	2 Monate	3 Monate	6 Monate	12 Monate
Euro	4,4600 - 4,5600	4,4400 - 4,5400	4,4500 - 4,5500	4,3900 - 4,4900	4,3500 - 4,4500	4,2800 - 4,3800
US-$	3,8200 - 3,9200	3,7400 - 3,8400	3,7000 - 3,8000	3,6500 - 3,7700	3,7100 - 3,8100	3,9500 - 4,0500
Pfund	5,8100 - 5,9300	5,1100 - 5,2300	5,1300 - 5,2500	5,1100 - 5,2600	5,2200 - 5,3400	5,4500 - 5,5700
sfr	3,0500 - 3,3200	3,1500 - 3,3200	3,1700 - 3,2300	3,1700 - 3,2300	3,1800 - 3,2600	3,0800 - 3,1800
YEN	0,0100 - 0,0500	0,0100 - 0,1100	0,0100 - 0,1100	0,0200 - 0,1200	0,0300 - 0,0900	0,0600 - 0,1600
kan-$	4,4300 - 4,5600	4,2500 - 4,3500	4,2500 - 4,3500	4,2700 - 4,3700	4,2700 - 4,3700	4,4300 - 4,5300
Dr.	4,4600 - 4,5600	4,4800 - 4,6000	4,4500 - 4,5500	4,4300 - 4,5300	4,3400 - 4,4600	4,2300 - 4,3200
A-$	4,5000 - 4,8000	4,8100 - 4,9900	4,8300 - 5,0100	4,8400 - 5,0200	4,8800 - 5,0600	5,1600 - 5,2800
NZ-$	5,4500 - 5,7500	5,6500 - 5,8000	5,6200 - 5,7700	5,6000 - 5,7500	5,6000 - 5,7500	5,8200 - 5,9700
HK-$	3,6200 - 3,6800	3,7100 - 3,9100	3,7000 - 3,9000	3,6800 - 3,8800	3,7800 - 3,9800	4,0800 - 4,2800
n. Zloty	13,5000 - 15,2000	15,9000 - 16,4000	15,9000 - 16,3000	15,7000 - 16,2000	15,5000 - 15,9500	15,3500 - 15,7000
SG-$	1,8750 - 2,1250	2,3500 - 2,5500	2,2300 - 2,4300	2,2300 - 2,4300	2,2200 - 2,4200	2,3400 - 2,5400
Rand	9,5000 - 10,0000	9,6200 - 9,8700	9,6800 - 9,9300	9,6800 - 9,9300	9,7200 - 9,9700	9,9300 - 10,1800
tsch. Krone	4,1000 - 4,2000	4,9900 - 5,2400	5,0500 - 5,3000	5,1300 - 5,3800	5,3000 - 5,5500	5,5800 - 5,8300

$ = 24 Monate 4,6300-4,6700, 36 Monate 5,1000-5,1300, Euro = 24 Monate 4,4600-4,4900, 36 Monate 4,6000-4,6300.
Eonia (Euro) = 4,52% (13.07.2001); **Euribor** (Euro) = 1 Mon. 4,536%, 2 Mon. 4,513%, 3 Mon. 4,486%, 6 Mon. 4,404%, 12 Mon. 4,327%,
Euro-Libor (Euro) = 1 Mon. 4,53638%, 2 Mon. 4,51538%, 3 Mon. 4,48638%, 6 Mon. 4,40175%, 12 Mon. 4,32775%.
Libor ($) = 1 Mon. 3,83%, 2 Mon. 3,79%, 3 Mon. 3,76%, 6 Mon. 3,80625%, 12 Mon. 4,03%.

Abbildung 7.2-04

geldmarktsätzen“ in Abbildung 7.2-04. Dort ist ausgewiesen, dass das GBP bei der hier angewandten 3-monatigen Laufzeit ein höheres Zinsniveau ausweist als der EUR. Dieser Zinsunterschied führt zu einem Report des Termin-GBP gegenüber dem Kassa-GBP.

Eurogeldmarktsätze / Abbildung

Die in den vorstehenden Anwendungsbeispielen zum Deport bzw. Report angesprochenen Währungen und Laufzeiten am Eurogeldmarkt, können der nachstehenden **Abbildung 7.2-04** entnommen werden.

7.3 Alternative Wechselkurse (Umrechnungskurse) in der Angebotskalkulation des Exporteurs

Im Wesentlichen bleiben die Ausführungen dieses Kapitels aktuell.

Lediglich in einigen Anwendungsbeispielen ist (gedanklich) die DM durch den Euro zu ersetzen und zu berücksichtigen, dass der Wechselkurs der Devisen nunmehr als Mengennotierung erfolgt. Der Aussagewert der unverändert auf DM lautenden Beispiele erfährt jedoch im Kern keine Beeinträchtigung.

7.4 Grundstruktur und Abwicklung von Devisentermingeschäften

Dieses Kapitel ist weitgehend aktualisiert und ist ersetzt durch die aktuellen Ausführungen in obigem Kapitel „7.2 Wechselkurse, Devisenkassa- und Devisentermingeschäfte“.

8 Bankgarantien

Die Einführung des Euro hat auf die Ausführungen in diesem Kapitel praktisch keine Auswirkungen. Nur an wenigen Stellen ist die DM durch den Euro zu ersetzen, ohne dass der Aussagewert dadurch beeinträchtigt wäre.

In Abschnitt „8.5.2 Absicherungsmöglichkeiten durch staatliche Ausfuhrgewährleistungen ...“ haben sich einige Änderungen ergeben, die aktuell bei Hermes abzufragen sind.

9 Ausfuhrversicherungen

Die Einführung des Euro hat – abgesehen von der üblichen Umstellung aller Beträge und Entgelte – weder auf die Ausführungen über die Privatwirtschaftlichen Ausfuhrkreditversicherungen (siehe Kapitel 9.1) noch auf die Ausführungen über die Ausfuhrgewährleistungen des Bundes (Hermes-Deckungen) große Bedeutung, sodass diese Ausführungen unter diesem Aspekt weiterhin aktuell sind.

Dagegen erfahren die Versicherungsbedingungen der privaten Gesellschaften ebenso wie die Ausfuhrgewährleistungen des Bundes laufende Veränderungen, wie zum Beispiel die Umstellung der Entgelte des Bundes auf 7 Länderrisikokategorien (und auf den Euro) oder dass Finanzkreditdekkungen seit 1999 auch für ausländische Banken möglich sind und dass bei Finanzkrediten die finanzierende Bank seit Mitte 1999 nur noch die Möglichkeit hat, die sog. 5%-Alternative zu ergreifen. Solche und weitere Veränderungen können aktuell bei Hermes abgefragt werden bzw. sind im „AGA-Report“ von Hermes enthalten.

Ganz überwiegend sind die Ausführungen dieses Kapitels jedoch weiterhin aktuell.